미국정치정부론

정치발전과 제도의 변화

Cal Jillson 지음

민병오 옮김

명인문화사

미국정치정부론: 정치발전과 제도의 변화

제1쇄 펴낸 날 2025년 2월 17일

지은이 Cal Jillson
옮긴이 민병오
펴낸이 박선영
주 간 김계동
디자인 전수연
교 정 김유원

펴낸곳 명인문화사
등 록 제2005-77호(2005.11.10)
주 소 서울시 송파구 백제고분로 36가길 15 미주빌딩 202호
이메일 myunginbooks@hanmail.net
전 화 02)416-3059
팩 스 02)417-3095

I S B N 979-11-6193-114-2
가 격 32,000원

ⓒ 명인문화사

· ·

American Government: Political Development and Institutional Change, 12th edition

Cal Jillson

All Rights Reserved. ⓒ 2023 Taylor & Francis

Authorised translation from the English language edition published by Routledge, a member of the Taylor & Francis Group LLC.

Korean language edition published by MYUNG IN PUBLISHERS, Copyright ⓒ 2025.

간략목차

세부목차

도해목차

다른나라와 비교

표

도표

저자서문

사회과학은 인간사회 및 그 인간사회의 사회적, 정치적, 경제적 구조와 과정, 생산을 분석한다. 인류학, 사회학, 경제학, 심리학 등과 마찬가지로 정치학은 사회과학에 속한다. 정치학은 생각, 제도, 행동, 정책의 연구를 통해 국제, 국가, 주, 지방 수준에서 영향력과 권력에 대해 검토하고 체계화한다. 이 책은 기본적으로 미국 국내정치에 대해 다루지만, 유익한 비교분석을 위해 다른 나라의 정치도 주기적으로 언급한다.

미국정치는 흥미로운 연구 분야이다. 아마도 항상 그랬던 것 같지만, 오늘날에는 그 어느 때보다 더욱 그렇다. 대통령이든, 전문가든, 학자든, 학생이든 누구나 이슬람 근본주의, 러시아 민주주의, 글로벌 자유무역, 북한의 핵무기 등의 문제에 어떻게 대처할 것인지 결정해야 한다. 국내문제로는 코로나19 팬데믹 대응, 사회보장제도의 붕괴 위험성, 사법 적극주의, 미국 민주주의의 상태 등에 대해 어떻게 대응할지 결정해야 한다.

한편, 대학교수가 학부생에게 미국정치를 소개하는 일이 어려워 봐야 얼마나 어렵겠는가? 결국, 정치와 정부는 우리 주변에 있다. 우리가 읽는 신문, 우리가 휴대하는 전자기기, 우리 모두 배운, 최근에 일부는 더 많이 배운, 고등학교 역사 과목 및 시민학 과목 등에서 정치와 정부에 대한 정보를 얻었다. 우리 모두 막연하나마 미국정치에 대한 대체적인 느낌이 있다.

그러나 학생들 대부분은, 심지어 고등학교를 졸업하고 대학에 입학하기 전까지 한동안 학교를 떠났던 사람들조차 정치와 정부에 관한 정보를 체계도 의미도 없는 단편적인 조각으로 부분부분 접한다. 여론과 투표권, 헌법상 제한과 정치제도, 특정 법률과 정책, 프로그램 등의 입법에 이르기까지 미국정치의 각 부분은 어떤 식으로 서로 함께 맞물려 작동하는가? 이 책은 학부생들을 대상으로 미국 정부와 정치를 체계적으로 소개하고 있다.

필자의 경험으로는, 미국 정치체제의 어느 한 측면을 설명하던지 학생들은 크게 보아 세 가지 반응을 보인다. 논의 주제가 선거과정이든, 의회의 위원회제도이든, 무료 식료품 수급자격 규정이든, 그 무엇이든 학생들이 논의에서 지속적으로 묻는 가장 중요한 질문은 이렇다. "그것이 어떻게 작동하나요?" 이러한 서술적 질문에 답변하기는 대체로 쉽다. 교수의 답변을 절반쯤 들었을 때 학생은 눈썹을 찌푸리기 시작하고,

얼굴에 교수가 익히 잘 아는 의아하다는 표정을 지으면서 이렇게 묻는다. "우리는 왜 그렇게 하는 걸까요?" 당연히 교수는 어떻게 상황이 흘러, 오늘날에 이르렀는지 하는 역사적 설명을 중심으로 답변하며, 그러면 종종 즉각적으로, 또 거의 필연적으로 학생들은 잠재적인 대안, 즉 규범적 문제에 대해 알고 싶어 한다. "이 일을 수행하는 데 있어 더 좋은 방안은 무엇인가요?"

이 책에서 필자의 목표는 두 가지이다. 위의 처음 두 질문에 대해 서술적이고 역사적인 답변을 확실하게 제공하고, 학생들 사이에, 학생과 교수 사이에 더 광범한 관련 문제의 토론을 권장하고 촉진하는 것이 목표이다. 역사적 발전과 제도적 변화가 이 책 전체를 관통하는 핵심 주제이다. 역사는 주기적으로 아이디어와 제도의 처음 의미를 비우고, 비록 완전히 다르지는 않지만 새로운 시대에 좀 더 적합한 의미로 또다시 채운다. 토머스 제퍼슨이 생각한 자유, 평등, 민주주의의 의미는 에이브러햄 링컨이나 프랭클린 루즈벨트가 생각한 의미와 똑같지는 않았다. 도널드 트럼프 대통령이 생각했던 자유, 평등, 민주주의의 의미는 전임 대통령들이 생각했던 의미와 완전히 똑같지는 않았다. 더욱이 트럼프가 차지했던 대통령직은 루즈벨트, 링컨, 제퍼슨 시대 대통령직과 무척 달랐다.

어디에서 왔는지 모르면 어디로 가는지 여러분이 알기 어렵다는 전제하에, 이 교재의 각 장은 개인적 권리와 자유, 선거제도, 대통령직, 국제사회에서 미국의 위상 등 그 장에서 논의하는 주제가 무엇이든 해당 장에서 다루는 주제의 기원과 발전에 대한 논의로 시작한다. 오늘날 미국정치의 일부 측면이 어떤 모습인지, 어떻게 그렇게 되었는지 알게 되면, 우리는 그에 대한 대안은 어떠해야 하는지 논의를 시작할 수 있다. 정말로 유익한 교재는 우리가 어디에 있었는지, 현재 어디에 있는지, 또 어디로 향하고 있는지 보여주어야 한다.

필자는 이 책보다 두 배는 훨씬 더 두꺼운 미국정부 교과서를 집필할 수도 있었지만, 그 대신 여러분이 지금 손에 들고 있는 교재의 집필을 선택했다. 왜냐하면 교수들은 흥미로운 내용을 너무 많이 알고 있고 학생들은 흥미로운 질문을 너무 많이 가지고 있기에 아무리 두꺼운 책도 모든 관심과 질문을 예상하고 설명하는 것이 현실적으로 불가능하기 때문이다. 필자는 미국 정치체제가 어떻게 작동하는지, 어떻게 그렇게 작동하게 되었는지, 지속성과 변화 모두 측면에서 일반적으로 가능한 대안이 무엇인지 설명하고자 했다. 당연히 무엇을 논의할지는 전적으로 학생과 담당교수의 선택에 달려 있다.

필자는 이 책을 사용하는 학생들에게 정치가 중요하며, 더 나아가 정치가 여러분의 삶에 몇 번이고 지속적으로 결정적 영향을 미칠 것이라는 점을 언급하고 싶다. 필자는 여러분에게 크게 우려하는 문제가 닥쳤을 때 여러분이 무력감을 느끼지 않게, 정치가 작동하는 방식에 대해 제대로 이해하도록 만들고 싶다. 정치는 단지 구경만 하는 스포츠가 아니다. 오히려 정치는 팀을 이룬 선수는 물론 처음으로 연습하러 오는 사람 모두가 참여하는 스포츠 경기와 같다. 언제나 늘 대표팀과 함께 뛰는 것은 아니더라도 정치는 누구나 참여할 자격이 있는 경기이다. 이 책이 미국정부를 가르치는 교수와 강사들이 정치학자로서 우리가 알고 있는 것과 그것을 발견하고 가르치는 과정에서 얻은 즐거움을 학생들과 교감하는 데 많은 도움이 되길 바란다.

특집코너

〈오늘날의 헌법〉

가장 중요한 현대 정치 논쟁과 논란에 대한 헌법의 지속적인 관련성, 심지어 중심성을 강조하는 작은 삽화와 함께 〈오늘날의 헌법〉으로 각 단원을 시작한다. 이런 점에서 미국은 매우 이례적이다. 건국자들은 국민주권을 기반으로 하는 성문헌법이라는 아이디어를 발명했다. 오늘날 많은 나라가 성문헌법을 가지고 있지만, 미국인만큼 헌법을 존중하는 나라를 찾아볼 수 없다. 나아가, 미국인처럼 중요하고 실질적인 정치적 논쟁과 다툼의 결과를 결정하는 데 헌법이 중심적 역할을 하는 나라는 없다. 미국에서는 모든 주요 정치적 분쟁이 결국은 법원으로 넘어가서 제안된 정치적 결과가 헌법에 부합하는지 판단을 받는다고 종종 말해왔다. 오늘날처럼 국론이 심하게 분열된 상황에서도 양측은 모두 헌법을 지지하며, 또 자신들이 헌법의 지지를 받고 있다고 주장한다.

이 책의 처음 두 장은 미국 정치원칙의 기원과 그 원칙이 독립선언문과 미국헌법에 어떻게 명시되어 있고 구체화 되었는지 다룬다. 우리는 이 장들을 '미국 예외주의'라는 개념과 건국자들이 '국민(the people)'에 대해 이야기할 때 그것이 무엇을 의미하는지 탐구하는 것으로 시작한다. 제3장부터 제16장까지 우리는 헌법의 주요 조항들이 우리 시대의 가장 중요한 정치적 싸움과 관련이 있다는 것을 강조한다. 〈오늘날의 헌법〉은 헌법 조항이 동성결혼, 총기 규제, 선거운동 기부금, 표현의 자유, 주의 권리, 의회 선거구 조정, 의료보험개혁, 국내 감시, 전쟁 권한, 그 외 더 많은 쟁점을 둘러싼 우리의 싸움을 형성하고 조직하는 방식을 집중 조명한다. 〈오늘날의 헌법〉은 헌법 조항이 결정하는 중요한 문제를 강조하며, 이를 통해 헌법의 모호한 조항에 생명을 불어넣는다.

〈중점질문 및 학습 목표〉

각 장은 학생들이 해당 장의 주요 사항에 대해 미리 점검할 수 있도록 일련의 중점질문과 학습 목표를 각 장 맨 앞에 제시한다. 중점 질문은 나중에 해당 질문을 논의하고 있는 본문 여백에 다시 제시되어 있으며, 따라서 학생들은 해당 장을 끝까지 공부하고 난 후 이를 활용하여 간단하게 훑어보면서 빠르게 복습할 수 있다.

글상자 〈찬성과 반대〉 및 〈다른 나라와 비교〉

이 책에는 두 가지 종류의 글상자가 있다. 글상자 〈찬성과 반대〉는 오늘날 뉴스에 나오고 논란이 되고 있는 쟁점에 대한 상반된 관점을 제시한다. 글상자 〈다른 나라와 비교〉는 미국정치 제도 및 과정에 대한 논의를 글로벌 맥락에서 다루고 있다. 두 가지 종류의 글상자를 통해 학생들은 미국정치 전통을 대체할 수 있는 가능한 대안에 대해 배울 수 있을 것이다.

각 장 끝부분 특별코너

각 장 끝부분에 〈이 장의 요약〉, 〈주요 용어〉, 〈추천 문헌〉 등이 포함되어 있다. 이 책은 본문에서 설명한 주제와 관련한 풍부한 정보를 얻을 수 있는 인터넷 사이트를 학생들에게 소개하고 있다. 각 장 맨 끝에서는 이 교재의 본문에서 논의한 쟁점, 제도, 집단, 데이터 등에 대한 추가 정보를 제공하는 URL을 학생들에게 제공한다.

인터넷 자료

이 책은 인터넷 사이트 www.routledge.com/9781032293967에서 학생 및 담당교수 모두에게 온라인 e-자료를 제공한다. 이 사이트는 학생들이 미국정치에 대해 학습하거나 미국정치를 가르치는 교수와 강사가 강의를 준비할 때 도움이 되는 많은 유용한 자료를 제공하고 있다.

이 책의 내용

- 트럼프 1기 행정부의 특징과 성과를 평가한다.
- 2020년 대선에서 어떻게 바이든이 승리했고 트럼프는 패했는지, 그리고 2022년 의회선거 결과가 초래한 변화에 대해 분석한다.
- 코로나19 팬데믹, 그로 인한 경제적 어려움, 2021년 1월 6일 국회의사당 난입 사건이 결정적 역할을 했던 정치적 혼란 등이 미국 정치체제에 미친 부정적 영향에 대해 다양한 측면에서 살펴본다.
- 초기 바이든 행정부, 정책적 성공과 실패, 워싱턴 및 전국적 차원에서 분위기 변화 시도 등을 설명한다.
- 〈오늘날의 헌법〉, 〈찬성과 반대〉, 〈다른 나라와 비교〉 등을 비롯하여 모든 표와 그래프를 최신 자료로 구성했다.
- 2021년 1월 6일 국회의사당 난입 사건의 의미와 이 사건이 우리 정치문화와 정당정치에 무엇을 시사하는지 평가한다.
- '가짜 뉴스'와 '모바일로의 이동'이 우리 정치에 미치는 영향에 대해 평가한다. 우리는 러시아와 같은 외국 행위자나 여론과 선거에 영향을 미치려는 국내 행위자에 의

한 뉴스의 의도적 조작이 우리 정치에 더 큰 타격을 가하는지, 아니면 많은 미국인들, 특히 휴대폰에 의존하는 사람들이 정치에 관한 제한된 정보로 인해 우리 정치가 더 큰 타격을 받는지 평가한다.

- 여론, 투표행태, 의회 활동, 법원 활동 등에 있어 정치적 양극화가 더욱 심해지고 있음을 보여주는 증거를 살펴본다.
- 트럼프 대통령은 고서치(Neil Gorsuch), 캐버노(Brett Kavanaugh), 배럿(Amy Coney Barrett)을 대법관으로 임명했고, 또 바이든 대통령은 잭슨(Ketanji Brown Jackson)을 대법관으로 임명했는데, 이러한 대법관 임명이 대법원에 미친 영향을 자세히 살펴본다.
- 러시아의 우크라이나 침공이 바이든 대통령의 미국 안보동맹 재건 노력에 미친 영향에 대해 상술한다.

이 책의 계획

『미국정치정부론: 정치발전과 제도의 변화』는 총 16개의 장으로 구성되어 있다. 각 장은 삽화와 해당 장의 주요 주제를 소개하고 제시하기 위해 마련된 몇 가지 중점 질문으로 시작한다. 각 장의 주제는 약 5~6개의 주요 단원으로 나뉘어 설명되고 있으며, 각 주요 단원은 학생들이 이해하고 학습하기 쉽도록 명시적인 개요 형태의 소단원으로 나뉘어져 있다.

제1장부터 제3장까지는 미국정치의 정치원칙과 헌법적 기초를 소개한다. 제1장에서는 식민지 개척자들이 구대륙에서 신대륙으로 가져온 정부에 대한 아이디어와 신대륙의 개방성과 풍요가 그러한 아이디어에 미친 영향을 설명한다. 제2장은 미국혁명이 임박했을 당시 아메리카 식민지에서 시행되고 있던 사회제도, 경제제도, 정치제도를 설명한다. 혁명 세대는 풍부한 역사 지식 및 실무 지식 덕분에 주 정부, 연합규약, 그리고 나중에 미국헌법을 설계할 때 선택할 수 있는 모든 가능한 제도들을 미리 머릿속에 갖고 있었다. 제3장은 미국이 농업 경제에서 산업 강국으로, 세계 초강대국으로 발전함에 따라 미국 연방제 구조에 발생한 광범위한 변화를 설명한다.

제4장에서 제8장까지는 미국인들이 어떻게 정치에 대해 배우고, 정치에 대한 생각을 정리하고, 이익집단과 정당에 모여 정치과정에 영향을 미치는지 설명한다. 제4장은 미국인들이 어떻게 정치 정보를 얻는지, 그리고 미국인들 사이의 정당 지지 분포 및 정치적 의견 분포가 어떤지 설명한다. 제5장은 미국의 대중매체 및 대중매체의 역할을 설명한다. 대중매체는 특정 정치적 이슈와 정치 정보가 우리의 집단적 관심의 대상이 되는 데 결정적 역할을 한다. 제6장에서는 미국인들이 이익집단에 모여, 정부를 상대로 자신들의 아이디어, 관심, 변화 요구를 어떻게 압박하는지 설명한다. 제7장은 제3당을 포함한 정당들이 선거와 거버넌스에서 수행하는 역할의 변화를 설명한다. 제

8장은 다양한 정보를 얻고 다양하게 조직된 시민들이 정치 지도자를 선택하거나 훨씬 더 광범위하게는 정치 지도자가 시행할 정책을 선택하기 위해 선거운동, 선거, 투표 과정을 어떻게 활용하는지 설명한다.

제9장부터 제12장까지는 중앙정부의 주요 기관과 이 기관들이 서로 어떻게 연결되어 있는지, 그리고 이 기관들이 당면한 문제 및 쟁점사안과 어떻게 관련되어 있는지 설명한다. 제9장에서는 의회의 구조를 설명하며, 의회가 국가 차원에서 아이디어와 필요, 관심사 등을 대표 및 대응하는 입법과정을 설명한다. 제10장은 미국 대통령과 대통령직에 주어진 책임과 기대의 범위를 설명한다. 제11장은 중앙정부의 관료구조와 다양한 서비스를 공정하고 효율적이며 합리적인 비용으로 제공하려고 노력할 때 관료가 직면하는 딜레마를 설명한다. 제12장은 연방 사법부의 구조와 연방 사법부의 역할이 사법 적극주의를 추구해야 하는지, 아니면 사법 소극주의를 추구해야 하는지에 대한 지속되는 논쟁을 제시한다.

마지막으로 제13장부터 제16장까지는 새로운 세기에 미국이 직면하고 있는 국내외 정책 쟁점과 기회에 대해 폭넓게 개괄한다. 제13장과 제14장은 우리의 시민적 자유와 민권의 변화 범위와 성격을 우리 사회의 진화 방향과 연결시킨다. 제15장은 한편으로 우리 중 가장 가난한 사람을 돕고 지원하기 위한 사회프로그램을 제공하려는 우리의 열망과 다른 한편으로 시민들이 노동의 결실을 누리고 미국 기업과 상품이 세계 경제에서 경쟁력을 유지할 수 있도록 세금을 낮추려는 우리의 열망 사이의 갈등을 설명한다. 제16장은 세계경제 및 세계정치 환경이 광범위하게 급변하는 맥락 속에서 미국과 미국의 미래를, 개별 시민의 미래와 국가의 미래를 모두 전망한다.

역자서문

'트럼프의 귀환'이 전 세계를 긴장시키고 있다. MAGA로 요약되는 트럼프의 미국 우선주의는 글로벌 무역관계 및 안보질서에 불확실성을 높이고 있다. 미국은 제2차 세계대전 이후 팍스아메리카나 시대 세계 안보, 경제 질서를 구축하고 관리해 온 패권국이다. 오늘날 미국의 국력이 상대적으로 약화되고, 중국의 부상으로 투키디데스의 함정이 언급되고 있는 것이 현실이지만, 미국은 여전히 세계 유일의 초강대국임을 부인할 수 없다. 이러한 미국의 정부와 정치에 대한 학습은 오늘날 불확실성의 시대를 살아가는 우리가 결코 소홀히 하거나 무시할 수 없는 과제이다.

이 책은 미국정치와 정부에 관한 입문서이다. 미국정치에 관한 많은 교과서 중 이 책은 다른 책들에 비해 몇 가지 점에서 두드러진 장점이 있다.

첫째, 역사적 접근법의 사용이다. 제도의 기원과 역사적 흐름 속에서 제도가 어떻게 바뀌었는지를 자세히 설명하고 있다. 풍부한 정보를 제공해 줄 뿐만 아니라 입문자에게 읽는 재미도 함께 준다.

둘째, 저자는 이념적으로 특정 시각에 치우치지 않고 균형 잡힌 시각으로 미국정부와 정치를 설명하고 있다.

셋째, 입문자의 학습 효과를 극대화 하기 위해 많은 표와 도표를 싣고 있고, 〈다른 나라와 비교〉 등 다양한 종류의 글상자를 포함하고 있으며, 용어해설, 판례해설도 추가하고 있다.

넷째, 책의 구성은 표준적인 주제를 중심으로 이뤄져 있어서 정치학개론 또는 비교정치학 수업에도 참고하기에 좋을 것이다.

다섯째, 국내 출판시장에는 미국정부와 정치에 관한 교재가 많지 않으며, 그나마도 출판이 된 지 제법 시간이 지난 것이 대부분이다. 이 책은 바이든 행정부시절의 미국정부와 정치에 대한 내용까지 담고 있는 등 최신 내용과 자료를 다루고 있다.

번역은 근본적으로 여러 사람의 공동작업이다. 우선 옮긴이의 게으름과 변덕스러움에도 불구하고 인내심을 발휘하여 완벽하게 편집해 준 명인문화사 전수연 디자이너에게 감사드린다. 원문과 일일이 대조하며 누락 부분을 하나하나 바로 잡는 등 무척 꼼꼼하게 번역을 점검해 준 김유원 박사에게 깊이 감사드린다. 비전공자의 입장에서 원고를 읽고 투박한 문장과 문구를 지적해 준 (사)생활정치연구소 진재성 실장에게도 고마운 마음을 전한다. 끝으로, 사회과학 교재 출판시장의 어려운 상황에도 불구하고 미국정부와 정치에 관한 최신 교재의 필요성을 인식하여 이 책의 번역 출판을 적극적으로 기획하고 주도한 명인문화사 박선영 대표님의 '뚝심'에 존경의 마음을 표한다. 여러 사람이 도움과 조언을 받아 번역을 단시간 내에 무사히 끝낼 수 있었지만, 방대한 분량을 서둘러 작업하였기에 크고 작은 오류나 오역이 숨어있을 수 있다. 당연히 모든 잘못과 오류는 옮긴이의 책임이며, 지적해 주시면 다음 인쇄 시 수정, 반영하도록 하겠다. 아무쪼록 이 책이 미국정부와 정치를 공부하는 학생들에게 큰 도움을 주는 유용한 교재가 되길 바란다.

2025년 1월 17일
옮긴이 민병오

1장

미국 정치원칙의 기원

중점질문 및 학습목표

Q1 정부의 광범위한 목적은 무엇인가?

Q2 정부는 정부의 목적을 달성하기 위해 어떻게 설계되어야 하는가?

Q3 식민지 미국인들은 고대 그리스와 로마의 역사에서 정부에 관해 어떤 교훈을 얻었는가?

Q4 어떤 상황에서 유럽인들은 고국을 떠나 미국에 정착하게 되었는가?

Q5 민주주의는 우리의 식민지 시대 선조들에게 어떤 의미였나? 그리고 그들은 민주주의에 찬성했나?

DOI: 10.4324/9781003303954-1

오늘날의
헌법

미국 예외주의?

전문(일부분): "우리 미국 국민은 보다 완벽한 연방을 형성하고, 정의를 수립
하고, 국내의 평온을 지키고 국방을 제공하여 일반 복지를 증진하고, 우리와
자손들에게 자유가 가져오는 혜택을 확보하고자 하는 목적을 가지고, 미국을
위해, 이 헌법을 제정한다."

미합중국 헌법 전문은 이 문서가 촉진하려는 원칙과 목적에 대해 개괄하고 있다.
많은 사람이 이 전문을 미국이 건국될 때부터 예외적이었다는 증거로 지적하지
만, 또 다른 사람들은 그러한 원칙과 목적의 실현에 실패했음을 지적하며 미국 예
외주의에 대해 의문을 제기한다. 역사적으로, 미국인 대부분은 '미국 예외주의'를
어느 정도 믿어왔다. 심지어 오늘날에도, 일부가 이 문구를 모를 수도 있지만, 미
국인 대부분은 광범위한 가정과 국가적 자부심의 저변에 깔린 감정을 잘 알고 있
다. 미국의 예외주의는 식민지 개척자 1세대부터 많은 미국인의 정신에 뿌리 깊
게 박혀 있는 확신으로, 미국이 세계에서 독특하고 긍정적인 역할을 하도록 운명
지어졌다는 생각이다. 그러나 오늘날 과거에 비해 더 많은 미국인이 미국 예외주
의에 의문을 제기하고 있으며, 심지어 회의하고 있다.

　　존 케네디, 로널드 레이건, 빌 클린턴, 조지 W. 부시, 버락 오바마, 그 나름대
로 도널드 트럼프, 조 바이든 등 지난 반세기 동안 사실상 모든 대통령과 대선 후
보들은 미국 예외주의를 지지했다. 그 이유는 간단하다. 미국의 기본 가치에 대한
확고한 의지를 밝히는 동시에 경쟁 후보의 의지에 의문을 제기하는 대선 후보가
선거에서 크게 유리하기 때문이다. 당연히, 미국 예외주의는 2020년 대선 경쟁에
서도 가장 중요한 쟁점이었다.

　　그러나 미국의 예외주의는 노예제도, 1930년대 대공황, 워터게이트 사건, 아프
가니스탄과 이라크에서의 끝없는 전쟁 등 여러 차례 사망선고를 받았다. 우리 시
대는 글로벌 코로나바이러스 팬데믹, 그로 인한 경제 불안, 권위주의 정권의 증가
등과 같은 도전들이 중첩적으로 나타나고 있다. 설상가상으로 민주주의 자체가 조
지 플로이드 살해에 이은 시민 소요와 시위로 전 세계에서 국내외적으로 압박을
받고 있는 것 같다. 놀랍게도 이 사건들로 인해 거의 같은 시기에, 거의 같은 방식
으로 세계의 모든 국가들이 어려움을 겪었다. 일부 사회와 정부는 잘 대응했고, 반
면에 일부 사회와 정부는 제대로 대응하지 못했다. 민주당은 가능한 피해를 줄이
고 복구에 착수하기 위해 개인과 크고 작은 기업을 보호하고 지원하는 연방정부의
광범위한 대응을 촉구했다. 공화당은 초기의 적극적 대응에 동참했지만, 곧 초기
회복을 평가한 후 재정적자를 줄이기 위해 한 발 뒤로 물러났다. 이러한 얽히고설
킨 의료 비상사태와 경제 비상사태가 장기간 계속되고 악화를 겪으면서, 과거 어
느 때보다 미국 예외주의에 대한 의구심이 광범위하게 확산되었다. 여러분은 미국

의사당 난입 사태가 미친 영향과 중요성에 대해 어떻게 생각하는가? 다른 나라들은 이 사태를 보고 미국 예외주의에 의문을 제기해야 할까? 우리도 그래야 할까?

전통적으로 대부분의 미국인은 자기 나라가 세계의 다른 나라들보다 우월하다고 믿어왔지만, 지금은 이전 세대보다 더 많은 사람이 이 점에 대해 확신하지 못한다. 퓨 리서치 센터(Pew Research Center)가 2021년 미국인에게 자신의 나라가 다른 나라보다 우월하다고 생각하느냐고 물어보았을 때 연령과 지지정당에 따라 다르게 응답했다. 18~29세의 10%만이 '그렇다'고 대답한 반면, 65세 이상의 38%가 '그렇다'고 답했다. 공화당 지지자와 공화당 성향 무당파의 38%가 '그렇다'고 답한 반면, 민주당 지지와 민주당 성향 무당파는 단지 12%만이 '그렇다'고 대답했다. 여러분은 이 질문에 어떻게 답할 것인가?

미국은 예외적인가? 만약 그렇다면, 우리는 우리가 하는 모든 일이 옳고 선하다는 오만에 빠지지 않으면서 미국 예외주의의 이점을 어떻게 누릴 수 있을까? 사실 잠깐만 생각해 보면, 미국의 예외주의에 대한 믿음이 우리의 국내외 정치에서 좋게도 또 나쁘게도 작용했다는 사실을 확인할 수 있다. 국내적으로 미국이 분명히 자유, 평등, 기회의 본산이라는 믿음은 노력과 기업가 정신을 고취시켰을 뿐만 아니라, 결과가 자연스럽고 심지어 축복이라고 믿게 했다. 국제적으로 미국이 세계를 더 밝은 미래로 이끌고 있다는 믿음은 폭정에 맞서 싸울 것을 고무했을 뿐만 아니라, 미국은 잘못을 저지를 수 없다는 생각을 갖게 했다.[1]

이 첫 장에서 우리는 미국 문화와 정치의 뿌리가 유럽의 지적, 정치적 토양에 깊은 연원을 두고 있지만, 미국에서 새롭게 꽃피웠음을 보여줄 것이다.

정치는 끊임없이 변화한다. 여러분의 조부모님이 태어나셨을 때, 아시아, 아프리카, 중동 대부분은 유럽 열강이 지배하는 식민지였다. 여러분의 부모님이 태어나셨을 때, 독일, 이탈리아, 일본은 얼마 전 전쟁에 패한 폭정이었고, 소련은 전 세계 확산을 위협하는 공산주의 본산이었다. 오늘날의 상황은 많이 달라 보인다. 많은 것이 변했다.

여러분이 태어난 이후 민주주의는 전 세계에 뿌리를 내렸다. 러시아(더 이상 소련은 존재하지 않는다)와 중앙아시아와 같은 일부 지역에서는 뿌리를 제대로 내리지 못했지만, 남아시아와 라틴 아메리카 등 다른 많은 지역에서는 신생민주주의가 활력을 유지할 수 있을 정도로 깊게 뿌리를 내렸다. 오랫동안 권위주의정부의 보루였던 중동에서는, 비록 폭정 세력이 권력을 다시 회복했지만, '아랍의 봄'이 민주주의에 대한 열망을 보여주었다.

여러분은 우리 정부와 정치에 한정하여 공부하려고 하겠지만, 미국과 그 동맹국들은 아프가니스탄과 이라크에 민주주의 제도를 이식하려고 거의 20년 동안 노력해 왔다. 오랜 역사에도 불구하고 두 나라 모두 민주주의를 제대로 경험하지 못했다. 가장 최근에는 양국 모두 비참한 폭정을 경험했다. 아프가니스탄은 탈레반의 종교적 폭정이었고, 이라크는 사담 후세인의 바트당의 세속적 폭정이었다. 아프가니스탄에서는 20년간의 전쟁 끝에 탈레반이 다시 정권을 장악했으며, 이라크가 계속 민주화의 길을 갈 것으로 가정할 때 이라크의 민주주의로 가는 여정은 멀고 험난할 것이다. 그러나 그들의 민주화 투쟁은 국가, 국민, 지도자들이 미래를 향한 새로운 과정을 계획할 수 있는 기회에 직면했을 때 모두의 역사적 경험을 어떻게 활용할 것인지에 관한 광범위한 질문에 봉착한다. 우리 미국은 거의 250년 전에 그와 같은 기회에 직면했었다. 사실, '흑인의 생명도 소중하다'운동, '여성의 행진', 그리고 아마도 가장 놀라운 일인 2021년 1월 6일 의사당 난입 사태는 우리의 민주주의가 무엇인지 정의하고, 또 재정의하기 위한 투쟁이 계속되고 있음을 암시한다.

우리가 미국정치에 대해 본격적으로 공부를 시작하기에 앞서, 이 책의 제목인 『미국정치정부론: 정치발전과 제도 변화』에 대해 잠시 생각해 보자. 이 제목 뒤에 숨어 있는 생각은, 미국정부는 역사적 접근방법으로 가장 잘 이해될 수 있다는 것이다. 왜냐하면 미국정부는 신중하게 설계된 일련의 정치제도로 국가 자체가 발전함에 따라 미국 정치사의 흐름 속에서 진화하고 변화했기 때문이다. 우리의 목적을 더욱 명확히 하기 위해서는 미국 정치발전과 제도라는 두 가지 용어의 의미를 이해할 필요가 있다.

미국정치발전(APD) 은 역사적 관점에서 미국정치를 연구하는 분야이다. APD는 현대 미국의 정치제도나 관행에 대한 이해는, 그것의 기원과 그것이 오늘날의 모습이 되기까지 겪었던 변화와 개혁에 대한 이해를 통해 더욱 풍부해지고 깊어진다고 가정한다. 심지어 투표 자격, 불법 이민, 가짜 뉴스, 러시아의 호전성과 같은 민감한 문제조차 역사적으로 처음 등장한 것이 아니다. 그 문제들의 역사를 아는 것, 그리고 성공 여부와 관계없이 과거에 그 문제를 어떻게 다루었는지 아는 일은 오늘날 우리가 그 문제들을 제대로 이해하는 데 도움이 된다. 이 책을 통해 계속해서 살펴보겠지만, 역사는 주기적으로 관념과 제도의 원래 의미를 비우고 완전히 다르지는 않더라도 새로운 시대에 더 적합한 다른 의미로 다시 채운다.[2]

마지막으로 우리는 제도라는 단어를 정의하고 **제도** 가 어떻게 변화하는지에 대해 약간 더 언급할 필요가 있다. 『옥스퍼드 영어 사전』은 제도를 "한 국민의 정치적, 사회적 생활에 있어 확립된 법률, 관습, 관례, 관행, 조직 또는 기타 요소"로 정의하고 있다. 제도는 의회나 대법원과 같은 기관일 수도 있지만, 결혼, 노예제, 투표와 같이 법으로 규정된 관습이나 관행일 수도 있다. 그러나 제도는 항상 역사적이며, 제도는 맥락이나 특정 역사적 환경 안에 존재한다. 그 환경이 변화하

미국정치발전(APD: American Political Development)
미국의 정치 과정, 제도, 정책의 발전과 변화를 연구하는 학문분야.

제도(institution)
일반적으로 규칙과 법률에 포함되어 있는 관습 또는 관행, 조직으로 사회활동 및 정치활동을 규정하고 구조화한다.

고, 진화하며, 더욱 다층화되고 복잡해짐에 따라, 의회부터 투표, 노예제, 결혼까지 정치제도 역시 변화할 수밖에 없었다. 의회, 결혼, 투표는 미국 건국 초기와 동일한 제도는 아니지만, 이러한 현대 제도의 뿌리를 추적하고, 시간이 지남에 따라 어떻게 적응했는지 확인할 수 있다. 또 다른 경우에는 사회 변화가 너무 심해서 과거의 제도가 더이상 존재하지 않는 경우인데 노예제가 명백한 예이다. 그러나 이런 경우조차 더이상 법률이 아니더라도, 기존 제도의 흔적은 규범과 전제로 남아 있을 수 있다. 일반적으로 진화적인 변화, 때로는 혁명적인 변화는 우리 정치에서 상수이다. 그러므로 여러분이 미국정부와 정치에 관한 논의와 연구에 입문한 것을 환영한다.

전통에서 얻은 교훈

남녀 모두 항상 정부는 무엇이 되어야 하고 무엇을 해야 하는지 궁금해 왔다. 정부는 시민들에게 어떤 혜택을 제공해야 하며, 그리고 최상의 결과를 얻기 위해 어떻게 조직되어야 하는가? 미국 건국자들은 역사와 경험에서 교훈을 찾아내어, 이를 미국 정치제도의 설계에 활용했다. 미국 건국자들이 왜 그런 선택을 했는지, 그리고 그들이 수립한 정치제도가 어떻게 작동할 것이라고 믿었는지를 제대로 알려면, 건국자들이 자기들 주장의 설득력을 높이려고 선택한 역사적 증거와 사례에 대해 알고 있어야 한다.

　미국 건국자들이 인지했던 대부분 역사를 통틀어 매우 소수의 여성과 남성만이 자유로웠다. 아테네나 로마와 같은 몇몇 사회에서는 일부 사람은 자유를 누렸지만, 이민자와 노예 노동에 기반을 두고 있었다. 서기 5세기 로마의 멸망부터 16세기와 17세기 근대 유럽의 동요에 이르기까지 사실상 모든 사람은 자유 사회의 시민이라기보다는 왕과 폭군의 신민이었다. 식민지 미국사회는 좀 더 자유로웠지만, 결코 모두가 자유롭지는 않았다. 백인 남자 대부분이 시민이었지만, 종교, 법, 정치는 백인 남성을 여성, 소수인종, 이민자보다 우월하다고 여겼다. 그렇다면 미국은 어떻게 20세기 중반의 저명한 정치사회학자 립셋(Seymour Martin Lipset)이 '최초의 새로운 국가'라고 지칭했던, 결코 전부는 아니지만 많은 사람이 민주주의 제도하에서 살아가는 최초의 국가가 되었을까?[3]

　이 장의 첫 번째 부분에서 우리는 건국자들이 알고, 고려하고, 깊이 생각하였던 정부가 어떻게 조직되어야 하며, 무엇을 하도록 설계되어야 하는지에 대한 세 가지 일반적인 관점을 설명한다. 즉, (1) 일반적으로 아테네와 로마를 의미하는 고대 세계는 정부가 인간의 우수성을 육성해야 한다고 생각했다. (2) 중세 기독교 왕국은 정부가 기독교인의 삶을 촉진해야 한다고 생각했다. (3) 근대 초기 유럽은 정부가 질서와 번영을 확립하고 유지해야 한다고 믿게 되었다.[4]

Q1 정부의 광범위한 목적은 무엇인가?

이 장의 두 번째 부분에서 우리는 수천, 수만 명의 사람이 유럽의 고향을 떠나 광대하고 불안정한 아메리카의 광활한 대륙으로 건너오게 만든 요인을 설명한다. 안락한 상황을 포기하고 아메리카로 떠난 사람은 사실상 전무했다고 하더라도, 처음 아메리카로 떠난 사람은 매우 소수에 불과했다. 실제로 아메리카로 떠난 사람들은 종교적, 경제적, 사회적 갈등을 피해 고국을 떠난 피난민이었다. 그들은 거의 항상 그 갈등의 패자들이었다. 승자는 승리로 얻은 혜택과 기회를 누리기 위해 떠나지 않고 고국에 남았다.

유럽에서 버림받은 개인과 집단이 아메리카로 탈출했을 때, 그들은 자신의 사회에서 겪은 경험과 역사적으로 사회가 어떻게 조직되었는지에 대한 지식을 가지고 미국으로 건너왔다. 그들은 자신의 이익에 부합하고 자신의 권리와 자유를 보호해 줄 것이라고 믿는 정치적, 사회적, 경제적 조직의 일정 유형을 찾아내기 위해 개인적 경험과 역사적 경험 모두 샅샅이 뒤졌다. 식민지 미국인들은 이전 사회의 역사에서 어떤 교훈을 얻었나?

고대인: 누가 통치하고 어떤 목적을 위해 통치하는가?

고대시대 유럽 사회의 두 개의 가장 위대한 중심지는 아테네와 로마였다. 아테네는 정의, 개방성, 우수성 등과 같은 오늘날 서구 사회가 여전히 추구하는 인간 가치 및 정치적 가치를 명확히 제시했다. 로마는 이러한 가치를 법 앞의 평등, 연방주의, 권력분립, 견제와 균형 등 정치제도 및 법적 제도에 심어 놓았는데, 이는 여전히 정치에 대한 우리의 생각의 중심을 이룬다. 그러나 아테네와 로마는 모두 노예 사회였다. 두 나라 모두 자신들이 자랑스럽게 여겼던 권리와 자유를 시민들에게만 제공했고, 결국에는 사회적, 정치적 불안정에 빠졌다. 건국자들은 아테네와 로마의 역사와 정치를 되돌아보면서 무엇을 보았고, 어떤 교훈을 얻었나?

그리스인: 군주정, 귀족정, 민주정.

유럽인과 그 뒤를 이어 미국인이 정치와 정부에 대해 생각해 온 많은 방식은 두 명의 그리스 정치이론가인 플라톤(기원전 428~348년)과 아리스토텔레스(기원전 388~322년)가 정립하였다. 둘 다 아테네에 살았고, 플라톤은 아리스토텔레스의 스승이었다. 정치생활의 본질과 목적, 그러한 목적을 달성하기 위해 정치가 조직될 수 있는 몇 안 되는 방식에 대한 그들의 논의는 미국 건국자들 사이에 널리 알려져 있었고, 무척 높게 평가되었다.

그리스인들은 정치가 해야 하는 일은 인간의 우수성을 육성하기 위해 **폴리스**, 즉 정치공동체를 조직하는 것이었고, 극복해야 할 주요 장애물은 정치적 불안정과 불의라고 믿었다. 플라톤은 이상적인 정치질서는 정의의 본질을 알고 모든 경우에 정의롭게 행동하는 훌륭한 지도자인 **철인왕**이 통치하는 질서라고 주장했다.

플라톤은 철인왕의 순수한 지성이 현실 세계에서는 거의 사용될 수 없다는 것

폴리스(polis)
도시 규모의 정치공동체를 가리키는 그리스어 용어.

철인왕(philosopher-king)
플라톤과 밀접하게 연관되는 용어로 이상적인 정치적 리더십을 의미한다. 철인왕은 정의의 진정한 본질과 정의가 모든 경우에 필요한 것이 무엇인지를 알 것이다.

을 알고 있었기에, 좋은 정부는 흔하지 않고 오래 유지될 수도 없을 것이라고 결론지었다.[5] 그러므로 대부분 상황에서 철학적 사고를 가진 사람은 정치적 갈등과 소란을 멀리하는 것이 좋을 것이다.

아리스토텔레스는 플라톤과 달리 어떤 형태의 정부가 가장 좋은지에 대한 규범적이거나 추상적인 질문에 관심이 거의 없었다. 그 대신 그는 세상에 어떤 종류의 정부가 존재하는지, 그리고 어떤 정부가 대부분 상황에서 꽤 잘 작동할 수 있는지에 대한 보다 실용적인 질문을 던졌다.[6] 그는 정부는 세 가지 기본 형태를 취할 수 있으며 각 형태는 광범위한 공공이익이 아니면 좁은 사적이익 및 계급이익 둘 중 하나에 의해 지배된다고 결론지었다. 좋은 정부는 지역사회에서 가장 뛰어난 인물을 중심으로, 즉 **군주정**으로 조직될 수 있으며, 또는 몇몇 좋은 남자들 중심으로, 즉 **귀족정**으로 조직될 수 있고, 또는 선의를 가진 다수의 사람 중심으로, 즉 폴리티(polity)로 조직될 수 있다. 그러나 플라톤과 마찬가지로 아리스토텔레스는 좋은 정부가 암담하게도 너무 자주 나쁜 정부로 쇠퇴했다는 사실을 알고 있었다. 군주정은 전제정이 되었고, 귀족정은 과두정이 되었으며, 폴리티는 통제되지 않는 민주주의나 폭민 지배로 쇠퇴했다 (표 1.1 참조).

아리스토텔레스는 계급갈등을 정치의 가장 큰 골칫거리로 보았다. 통치자들은 억압받는 사람들이 반란을 일으킬 때까지 자신의 이익을 위해 통치하는 경향이 있다. 아리스토텔레스는 "**과두정**은 … 소수의 부자가 국가의 공직을 맡는 구조로, **민주주의**는 … 다수의 가난한 사람들이 지배하는 구조"로 정의했다.[7] 아리스토텔레스의 위대한 통찰은 대부분의 정부가 계급갈등으로 인해 불안정하고 억압적이었지만, 과두정 요소와 민주정 요소가 결합되어 그가 폴리티라고 부르는 좋은 정부의 실제 근사치가 만들어질 수 있다는 것이었다. 폴리티는 소수의 부자와 다수의 가난한 사람 모두의 필요와 이익을 존중하며, 이를 통해 계급갈등의 감소가 기대되었다.

플라톤과 달리 아리스토텔레스는 기본적으로 일반 시민을 존중했다. 많은 사람은 국가에 매우 유용할 수 있는 집단적 판단을 할 수 있다. 그러나 개별적으로

군주정(monarchy)
고대인에게 군주정은 전체 공동체의 이익을 위해 한 사람이 통치하는 것을 의미했다. 더 넓은 의미로, 군주정은 어떤 사회에서의 왕정 또는 세습통치를 의미한다.

귀족정(aristocracy)
고대인에게 귀족정은 공동체 전체의 이익을 위해 대개 부유한 소수에 의한 통치를 의미했다. 더 넓은 의미로 단어 'aristocracy'는 사회 내의 귀족 계급을 의미한다.

과두정(oligarchy)
고대인에게, 또 보다 일반적으로 과두정은 대개 소수의 경제 엘리트가 자신의 이익을 위해 지배하는 것을 의미한다.

민주주의(democracy)
국민에 의한 통치. 고대 시대 사람들에게 민주주의는 공동체의 이익을 위해 사람들이 한곳에 모이는 대중 통치를 의미했다. 더 넓은 의미로, 민주주의는 자유선거로 공직자를 선출하고 공공정책 과정에 영향을 미치는 정치체제를 의미한다.

표 1.1 아리스토텔레스의 정부 유형

지배자의 수	정부의 목적		
	광범위한 공익		좁은 사적 이익
한 명	군주정	→	전제정
소수	귀족정	→	과두정
다수	폴리티	→	민주주의

필립 폰 폴츠의 〈페리클레스가 장례식 연설을 하다〉 (1852). 아테네는 사람들이 모여서 공공문제에 대해 토론하고 결정하는 직접민주주의였다. 이 그림에서 아테네의 지도자 페리클레스가 아테네의 시민들에게 연설하고 있다. 군중은 감정적이고 황급할 수 있으며, 따라서 직접민주주의는 너무 자주 불의와 불안정을 초래한다는 비판에 대해 생각해 보자.

많은 가난한 사람들은 개인적 판단과 결정이 요구되는 공직에서 일을 잘할 수 있을 만큼 충분한 여가와 교육의 혜택을 받지 못했을 것이다. 따라서 아리스토텔레스는 헌법 제정자들에게 투표권과 공무 담임권을 규율하는 법률에 대해 신중하게 생각하라고 조언했다. 공직을 갖기 위한 재산 자격 요건은 소수 부자를 만족시키고 안심시킬 수 있을 만큼 높게 설정될 수 있다. 투표 자격 요건은 많은 가난한 사람들을 안심시키고 만족시킬 만큼 낮게 설정될 수 있다. 이런 식으로 소수의 개인적 판단과 다수의 집단적 판단이 공동체에 도움을 줄 수 있었다.[8]

아테네 민주주의가 자유와 정의를 약속했지만, 계급갈등이 종종 불안정과 불의를 초래했다. 소수의 부자와 다수의 가난한 사람들은 기회가 있을 때마다 자신들의 편협한 계급적 이익에 따라 통치했다. 더욱이 의회에 함께 모이는 소수의 부자와 다수의 가난한 사람들은 서로 이해관계가 얼마나 다른지 너무나 쉽게 알 수 있었다. 우리 건국의 아버지들은 파벌이 과두정치과 민주정치를 손상시켰다는 플라톤과 아리스토텔레스의 의견에 동의했다. 균형 잡힌 정부, 즉 폴리티가 안정을 약속한다는 아리스토텔레스의 주장이 옳은 것처럼 보였지만, 고대 그리스 세계에서는 그러한 정부의 실제 사례를 찾아볼 수 없었다. 더 빈번하게, 권력은 자유를 희생시켜 안정을 얻는 것처럼 보였다.

Q2 정부는 정부의 목적을 달성하기 위해 어떻게 설계되어야 하는가?

공화정(republic)
반드시 동등하지는 않지만, 직접적으로 또는 선출된 대표를 통해 국민에게 상당한 권력이 부여되는 제한정부.

로마인: 공화주의와 혼합정부. 아테네와 마찬가지로 로마는 작은 도시국가로 출발했다. 전성기에 로마는 **공화정**이었으며, 이것은 부자와 가난한 사람 모두의 권리와 자유를 대변하는 제한정부, 혼합정부였다. 그러나 로마는 영국에서 이집트까지, 독일에서 북아프리카에까지 이르는 세계 제국이 될 때까지 계속 확장하고 발전했다. 로마의 정치사상가들은 광대한 규모에서 정치생활을 상상해야만 했다.

폴리비우스(기원전 204~122년)와 키케로(기원전 106~43년)가 플라톤과 아리스토텔레스의 지혜를 로마법과 행정의 실용적인 목적으로 전환하는 데 큰 역할을 했다. 아리스토텔레스와 마찬가지로 폴리비우스는 혼합정부가 정치적 안정을 촉진한다고 믿었다. 그러나 아리스토텔레스는 도시국가라는 좁은 범위 내에서 부자와 가난한 사람 사이의 균형을 통해 정치적 안정을 이룰 수 있다고 생각한 반면, 폴리비우스는 로마의 힘은 정부라는 정치구조 내에서 정치제도와 관직의 균형을 통해 안정을 이룰 수 있다고 생각했다. 폴리비우스한테서 권력분립, 견제와 균형, 연방주의의 중요성에 대한 초기 힌트를 볼 수 있다.

개인의 자유와 법치에 관한 고대 세계의 지혜를 요약한 것이 키케로가 정치사상에 크게 공헌한 부분이다.[9] 키케로는 자연법이 인간 존엄성의 원천이며 공동체에 대한 봉사가 인간의 가장 높은 목적이라고 믿었다.[10] 키케로에게 있어서 정치적 정당성과 안정성은 시민 개개인의 정보에 근거한 동의에서 비롯되었고, 동의는 자유와 평등을 모두 전제했다. 이러한 생각들은 여전히 정치에 관한 우리 생각의 불가결한 요소이다.

미국 건국의 아버지들이 폴리비우스와 키케로에게서 배운 교훈은 자연권은 법치주의에 의해 보호될 수 있으며, 혼합정체는 소수의 부자와 다수의 가난한 이들의 이익을 포괄하고 군주정, 귀족정, 민주주의 제도로부터 최선을 도출해 냈기 때문에 강력한 힘과 안정을 가져온다는 것이었다.[11] 그러나 마찬가지로 플라톤이 옳았다는 것도 분명해 보였다. 즉, 가장 좋은 형태의 국가라도 쇠퇴하고, 약해지고, 결국 멸망한다. 로마의 팽창은 결국에는 공화정의 몰락과 율리우스 카이사르와 그의 후계자들이 지배하는 로마제국의 부상으로 이어졌다.[12] 요컨대, 건국자들은 고대인들이 정치의 목표를 아름답게 묘사했으며, 심지어 한동안 평화, 정의, 안정을 가져올 수 있는 제도와 메커니즘을 찾아냈지만, 정의로운 정치질서를 계속 유지하는 방법을 찾지는 못했다고 생각했다. 미국 건국자들은 이 수수께끼를 풀어야만 했다.

Q3 식민지 미국인들은 고대 그리스와 로마의 역사에서 정부에 관해 어떤 교훈을 얻었는가?

중세 시대: 세속적인 것이 신성한 것에 복종

중세는 서기 5세기 로마제국의 멸망부터 16세기 근대 초기 유럽의 동요에 이르기까지 천년이 넘는 기간이었다. 로마제국의 붕괴와 함께 유럽은 사회적, 정치적, 경제적 혼란에 빠졌다. 갈수록 가톨릭교회는 유럽 전역에 걸쳐 활동하는 유일한 기관이 되었고, 가톨릭교회의 원칙과 우선순위는 당연히 세속적이 아니라 종교적이었다.

성 아우구스티누스(354~430년)와 성 토마스 아퀴나스(1225~1274년)가 가장 강력하게 언급한 정치생활에 대한 기독교적 관점은 근본적으로 고대 사람들의 관점과 무척 달랐다. 가장 중요한 중세 종교사상은 인간의 가장 큰 열망은 구원을 얻는 데 있지, 비록 현세에서 영광스럽고 좋은 것일지라도 임시적이고 한시적이며 지역적인 것에 있지 않다고 주장했다.[13]

중세 시대 기독교인의 최우선적이며 유일한 관심은 구원받기 위해 하느님의 율법에 따라 삶을 사는 것이었다.[14] 하느님은 인간을 인도하기 위해 모든 피조물, 특히 인간의 마음과 정신에 자연법을 심어놓았다. **자연법**은 인간을 포함한 모든 자연을 최선의 발전과 성취로 인도했지만, 인간은 자유롭게 다른 선택을 할 수 있

자연법(Natural Law)
하느님의 창조 행위는 인간을 포함한 자연 세계에 대한 정당하고 적절한 목표나 목적을 수반했다. 인간에 대한 하느님의 목적, 즉 자연법은 인간의 정신과 마음에 새겨졌다.

었고, 너무 자주 그랬다. 중세 교회가 신자들에게 전하는 메시지는 사람들이 이 세상의 가치에 따라 행동하면서 동시에 하느님이 보시기에 '올바르게 사는' 것이 불가능하다는 것이었다. 그러므로 이 세계, 즉 민족과 국가의 세계와 인류 역사는 너무나 자주 혼란에 빠졌다. 특혜와 권력을 차지하기 위한 끊임없는 투쟁에 휘말린 사람들은, 비록 카이사르의 영광을 얻었다고 하더라도, 무거운 대가를 치르게 된다. 그들은 영원히 지옥에서 불타는 저주를 받을 것이다.

세속(속세, secular)
비종교적이고 현세적이고 일상적인 삶의 측면.

중세 기독교 시각의 정치적 함의는 분명했다. 첫 번째는 일상생활의 정치나 경제와 같은 **세속**적인 관심사보다 종교적 관심이 훨씬 더 중요하고, 세속적인 세계는 종교를 보호하고 촉진하도록 조직되어야 한다는 것이었다. 두 번째는 세상이 죄악으로 넘쳐나기 때문에 정치의 목표는 평화로운 신앙생활이 가능하도록 질서를 유지하는 데 있어야 한다는 것이었다. 세 번째는 정치, 경제, 종교, 사회 전반의 계층구조가 평화, 질서, 안정을 가장 잘 보장한다는 것이다.[15] 안정과 질서가 유지되려면 권력은 계층구조의 위에서 아래로 내려가고, 복종은 아래에서 위로 올라가야 했다.[16] 확립된 질서에 대한 저항은 하느님을 거역하는 것이요, 형벌은 저주였다.

공동체, 순종, 믿음이 중세 세계의 지배적인 가치였다. 교황은 전 세계의 가톨릭교회의 정점에 자리했고, 교황이 임명하여 보위에 오른 왕은 사회의 정점에 위치하여 정치생활과 경제생활을 지배했다. 중세의 시각에 따르면 정치적 권위가 이 세상의 질서를 유지하며, 그 결과 종교적 권위가 신자들을 내세에 구원으로 인도할 수 있다고 생각했다. 초기 매사추세츠만 식민지의 청교도들은 공동체, 질서, 계층구조에 대한 중세 유럽의 신념을 상당 부분 공유했다. 150년이 지난 시점에서도 건국자들 거의 모두 몇 명의 예외를 제외하고는 여전히 신앙인이었지만, 그들은 여러 다양한 종교가 함께 공존하는 사회의 신앙인이었다. 그들 대부분은 종교적 다양성으로 인해 정치가 종교에 직접 복종하는 것이 불가능하게 되었다고 믿게 되었다. 따라서 중세로부터 건국자들은 자신들이 모방하고 싶은 정치를 이해하고 수행하는 방법보다는 부정적인 사례와 경고를 알게 되었다.

세속주의, 개인주의, 진보의 개념

세속주의는 이 세상의 삶이 단순히 영원을 준비하는 것이 아니라 그 자체로 관심과 존중을 받을 가치가 있다는 생각이다. 개인주의, 기회, 선택 등의 개념이 서서히 움텄으며, 그 이면에서는 진보와 발전, 세상의 개선이라는 훨씬 더 근본적인 개념이 서서히 움텄다. 제일 먼저 정치에서, 그다음으로 종교사상에서, 그리고 나중에 경제학에서 **개인주의**의 부상은 사회조직에 관한 지배적인 사고방식인 계층구조를 약화시켜 궁극적으로 해체시킨 용해제 역할을 했다. 자유에는 질서와 구조가 있다는 생각은 미국 독립혁명 시기에 가장 빛나는 순간을 맞이했다.[17]

개인주의(individualism)
국민이 정치적 권위의 정당한 원천이고, 정부가 존중해야 하는 권리가 국민에게 있다는 생각.

찬성과 반대

민주주의의 추구: 고대의 두려움, 현대의 희망

고대 세계에서는 민주주의가 정부의 한 형태로 진지하게 고려되지 않았다. 고대 그리스에서 데모스(demos)는 '국민'을 의미했고 크라티아(kratia)는 '통치' 또는 '권위'를 의미했기 때문에 민주주의는 문자 그대로 '국민에 의한 통치'를 의미했다. 18세기까지만 해도 사려 깊은 정치학자들은 시민 전체가 모여 모든 공공문제를 논의하고 결정하는 '직접민주주의'가 안정적인 정부를 제공할 수 있을지 의구심을 가졌다.

하지만 우리는 '아테네 민주주의'라는 말을 자주 듣는다. 그러므로 기원전 5세기의 아테네를 생각해 보고, 그것이 어떤 의미에서 우리가 아는 민주주의였는지 탐구해 보겠다. 데모스(Demos), 즉 인민이 총회에 모여 그날의 주요 문제를 논의하고 결정했다. 모든 시민은 총회에 참여할 자격이 있었다. 토론은 자유롭고 개방적이고 광범위했으며 각 시민은 한 표씩 행사했다. 공직은 자격이 있는 시민으로 구성된 교체 후보자 명단에서 추첨을 통해 채워졌다. 대표자들에 의한 정부는 국민의 완전한 권위를 부정하는 것처럼 보였기 때문에 비민주적이라고 생각되었다. 지금까지는 이것이 우리가 생각하는 이상적인 민주주의 이미지다.

그러나 아테네 민주주의에는 우리가 확실히 비민주적이라고 생각할 수 있는 몇 가지 주요 측면이 있었다. 첫째, 대규모 노예계급(전체 인구의 5분의 1)이 아테네를 지탱하는 육체노동의 상당 부분을 담당했으며, 주로 상인이었던 거주 외국인(또 다른 2/5)은 결코 시민이 될 수 없었다. 둘째, 아테네는 개인의 권리와 자유에 대한 인식이 거의 없었다. 인기가 없는 의견을 가진 사람은 도시에서 추방될 수 있었고, 소크라테스가 "청년을 타락시켰다"는 혐의로 기소된 경우처럼 단순다수결로 처형될 수도 있었다. 마지막으로 의회에서의 공개 토론은 종종 계급갈등을 촉발했다. 많은 가난한 사람들은 자신의 이해관계가 소수의 부유한 사람들의 이해관계와 다르다는 것과 자신들이 다수라는 사실을 쉽게 깨달았다. 아테네는 민주주의에 더 가까운가, 아니면 과두정에 가까운가?

현대 민주주의는 어떤가? 2500년의 세월이 우리에게 아테네의 대중정부가 겪었던 문제에 대한 해결책을 가르쳐 주었나? 18세기가 되어서야 대중선거와 연방주의, 권력분립, 견제와 균형과 같은 정부구조의 고안장치 덕분에 민주주의라는 개념을 작은 도시국가가 아닌 사회에 적용할 수 있게 되었다. 실제로 '대의민주주의'는 시민들이 정부 결정에 직접 참여하는 것보다는 정치적 평등과 투표권과 더 관련이 있다.

20세기 중반 오스트리아의 저명한 경제학자이자 『자본주의, 사회주의, 민주주의』(1942)의 저자인 슘페터(Joseph Schumpeter)는 대의민주주의에 대한 유명한 정의를 제시했다. 슘페터는 다음과 같이 썼다. "민주주의적인 방법은 정치적 결정에 도달하기 위한 제도적 장치인데, 이 장치 안에서 개인들은 국민의 투표를 획득하기 위해 경쟁적으로 투쟁함으로써 결정권을 획득한다." 선거 민주주의에 대한 슘페터의 견해에는 직접민주주의에 대한 애정이 확실히 부족하다. 하지만 그가 옳았나? 시민들은 단지 자신의 통치자, 즉 대표자를 선택하는 데 그치는가? 아니면 진정한 민주주의는 시민들에게 더 많은 것을 제공하고, 더 많은 것을 요구하나?[18]

여러분은 어떻게 생각하는가?

- 민주주의는 철저한 평등을 요구하는가? 또는 특권구조, 특히 경제적 특권이 민주주의와 공존할 수 있는가?
- 민주주의는 언제 과두정으로 변질되는가?

찬성	반대
모든 시민이 직접 만났다.	거주민 대부분은 시민이 아니었다.
쟁점사안에 대한 토론이 모두에게 열려 있었다.	개인의 권리가 보호되지 않았다.
각 시민은 한 표를 가졌다.	직접적인 논쟁은 계급갈등을 촉발했다.

이 세상의 인간에 초점을 맞춘 세속주의. 유럽에서는 16세기 초 니콜로 마키아벨리(1469~1527년)를 시작으로 관심의 초점은 구원에서 사람들의 사회적, 정치적, 경제적, 종교적 경험으로 옮겨가기 시작했다. 사실, 마키아벨리는 이러한 변화를 너무 갑작스럽게 강요했기 때문에 '마키아벨리적'이라는 단어는 위험한 정치적 생각을 지칭하는 말이 되었다. 마키아벨리는 "우리가 사는 방식은 우리가 마땅히 살아야 하는 방식과 너무나 동떨어져 있기 때문에 마땅히 해야 할 일을 위해 이미 행해진 일을 져버리는 사람은 자신을 보존하기보다는 오히려 자신의 파멸을 초래하는 법을 배우게 될 것"이라고 주장하여 동시대 사람들과 후대 사람들을 화나게 했다.[19]

마키아벨리가 정치적 현실주의에 찬성하여 윤리적 이상주의를 거부한 것은 그의 견해로는 당시 이탈리아의 위험과 불안정 때문에 불가피했다. 마키아벨리의 조국 이탈리아는 형편없는 폭군과 개인의 사병, 서로 싸우는 도시국가들로 혼란스러운 난장판이었다. 만연한 정치적 불안으로 인해 많은 사람이 허약하고, 취약하며, 빈곤에 시달렸다. 마키아벨리는 사회적, 정치적 질서를 유지하기 위해서는 '군주' 한 명의 손에 절대적인 정치권력이 주어져야 한다고 결론지었다. 일단 질서와 안전이 확립되면 사람들은 개인적인 목표와 이익을 추구할 수 있게 될 것이다. 하지만 어쩌면 마키아벨리의 사상은 너무 급진적이었고, 이전의 사상과 너무 달랐기 때문에 다음 한 세기 동안 억제되었다.[20]

개인주의와 프로테스탄트 종교개혁. 한편, 프로테스탄트 종교개혁의 주요 이론가들은 개인의 중요성을 인정했지만, 개인주의의 정치적 함의를 받아들이려 하지 않았다. 마르틴 루터(1483~1546년)와 존 캘빈(1509~1564년)은 가톨릭의 전통과 예배 의식을 거부하고, 루터가 '오직 믿음에 의한 정당화'라고 부르는 것에 찬성하여, '행위'나 의식의 가시적 수행을 강조했다. 라틴어 미사 의식과 접근할 수 없는 종교적 계층구조는 회중의 언어를 사용하는 찬송가, 설교, 종교적 예배로 대체되었다. 루터와 캘빈 모두 루터가 '만인 제사장'이라고 불렀던 적극적이고 참여적이며 견문이 넓은 회중을 주장했다. 성경은 유럽의 다양한 언어로 번역되어, 기독교도 개개인이 자신의 종교와 신에게 개인적으로 접근할 수 있게 되었다.

그럼에도 불구하고 루터와 캘빈 모두 군주제가 필요하고 바람직한 것으로 받아들였다. 마르틴 루터는 신민들에게 다음과 같이 알려주어 통치자들과 싸움을 피했다. "사람들 사이에 불평등이 없는 지상 왕국은 존재할 수 없다. 어떤 사람은 자유로워야 하고, 어떤 사람은 농노이고, 어떤 사람은 통치자이고, 어떤 사람은 신민이어야 한다."[21] 정치적, 사회적, 경제적 영역의 계층구조에 대한 헌신을 유지하면서도 종교적 영역의 계층구조를 부정한 것은 종교공동체가 평화와 질서에 기반한다는 전통적 가치를 반영한 것이었다. 종교개혁과 반종교개혁 간의 종교전쟁이 끝난 후, 주로 프로테스탄트를 중심으로 일부 신학자들은 정치적 계층구조에 대해서도 문제 삼기 시작했다.

과학과 인간 진보의 사상. 17세기에는 사람들의 생각을 지배하기 위한 계층구조와 특권과 개인주의 간의 싸움이 벌어졌다. 비록 그 결과는 17세기 대부분 동안어느 쪽도 확실하게 승리하지 못했지만, 프란시스 베이컨(1561~1626년), 토마스 홉스(1588~1679년), 존 로크(1632~1704년), 몽테스키외 남작(1689~1755년), 애덤 스미스(1723~1790년)는 향후 유럽과 미국의 사고를 지배하게 될 과학과 진보에 대한 믿음이 커지고 있음을 보여주었다. 이 싸움에서 승리한 후 이 시기는 이성의 시대(Age of Reason)로 알려지게 되었다.

베이컨(Francis Bacon)은 과학과 발견이 인간 사회에 영원한 이익을 가져다준다고 믿었다. 진보가 미래의 특징이 될 수 있다는 생각은 고대와 중세의 생각과무척 달랐다. 인류 역사가 항상 폭정과 야만으로 거듭 붕괴될 필요는 없다. 기독교인들이 단지 내세에서 구원을 얻기 위해 현세의 삶에서 고통을 겪을 필요도 없다. 아마도 때로는 뒷걸음치고 미끄러져 중단될 수도 있지만, 항상 발견과 개선을지향하는 경향을 가진 사회적, 경제적, 정치적 진보가 이 세상 인류의 새로운 미래가 될 수 있다. 불행히도 1626년 베이컨이 세상을 떠난 후 반세기 동안 영국 정치는 평화와 진보에 대한 이러한 비전을 조롱하는 것처럼 보였다. 영국의 신흥중산층과 그들의 의회 대표자들은 미래에 영국을 이끌 권리를 차지하기 위해 군주제와 토지 귀족들에게 도전했다. 영국의 지배 엘리트들은 저항했고, 영국은 내전의 비참함과 폭력 속으로 빠져들었다.

홉스(Thomas Hobbes)를 비롯하여 많은 사람은 끊임없는 정치적 갈등과 잦은 폭력으로 인해 무서웠으며, 절대군주제가 유일한탈출구처럼 보였다. 홉스의 고전 작품 『리바이어던』(1651)은 정치적 힘에 구속되지 않는 개인의 이기심이 만인의 만인에 대한 투쟁을 낳게 될 것이라고 주장했는데, 그의 인상적인 문구에 따르면, 그곳의 삶은 "고독하고, 가난하고, 추악하고, 잔인하고, 짧을" 수있다.[22] 전능한 군주가 평화를 확립하고 확실히 한 후에야 사회적, 경제적 발전에 대해 생각하는 것이 합리적이었다. 마키아벨리나루터와 마찬가지로 홉스는 계층구조를 무시하는 개인주의는 혼란을 초래할 것으로 생각했다. 홉스가 틀렸다. 거의 50년간의 정치적 갈등과 내전 끝에 1688년 명예혁명을 통해 의회와 영국의 신흥상공인 중산계급이 승리했을 때 마침내 평화가 찾아왔다.

로크(John Locke)는 명예혁명이 안전과 진보의 시대를 열었으며, 이 시대에는 정부가 토의와 자유로운 선택에 기초할 것으로 생

출처: The Granger Collection, New York

토마스 홉스는 오직 한 명의 주권자, 즉 절대군주만이 자기 이익을 억제하고 사회의 평화와질서를 지킬 수 있다고 생각했다.

존 로크는 법치주의와 제한정부가 평화와 질서를 가져올 수 있다고 생각했다.

사회계약론(social contract theory)
정부의 정당한 기원이 자유로운 사람들의 동의에 있다는 홉스와 로크의 주장.

각했다. 로크는 그의 유명한 『정부에 관한 두 편의 논고』 (통치론, 1689) 중 두 번째 논고에서 자연법 전통을 근대 세계로 끌어들였다. 그는 "본래 인간은 모두 자유롭고 평등하며 독립적인 존재이며, 누구도 스스로 동의하지 않고는 다른 사람의 정치권력에 종속될 수 없다. 서로 편안하고 안전하며 평화로운 삶을 영위하기 위해 다른 사람들과 공동체에 합류하고 합치는 데 동의한다"라고 주장하였다.[23] 분명히 자유로운 사람은 어떤 종류의 정부가 자신들에게 가장 유용할지 생각할 것이며, 자신들을 위협하기보다는 보호해주는 제한적이고 온건하고 합법적인 정권을 선택할 것이다. 피치자들의 동의만이 정치적 정당성, 안전, 번영을 낳는다는 로크의 **사회계약론**과 권력분립을 정부의 권력을 제한하고 통제하는 수단으로 묘사한 몽테스키외의 설명은 18세기 미국 정치사상의 기초가 되었다.[24]

몽테스키외는 미국 건국자들의 사고 형성에 영향을 미친 두 가지 점을 강조했다. 첫 번째는 나라의 제도와 법률이 그 나라의 국민과 상황에 맞아야 한다는 것이었다. 가난과 무지 때문에 군주의 완력이 필요할 수도 있지만, 광범위한 재산과 자유가 온건한 정부, 즉 인치가 아닌 법치에 기반한 정부를 가능케 할 것이다. 두 번째는 국민과 정부 사이에 사회 집단이 완충 지대를 형성하는 경우, 그리고 행정부와 입법부의 부서와 기관 사이에 정치권력을 분산하면, 즉 권력분립을 실현하는 경우 가장 효과적으로 정치권력이 제한될 수 있다는 것이었다.

100년도 채 되지 않아 애덤 스미스(Adam Smith)의 기념비적 저서 『국부론』 (1776)은 자유로운 선택과 동의라는 개념을 경제 영역에 적용하였으며, 상업과 시장은 국가에 의해 규제되지 않을 때 자연스러운 질서를 갖는다고 주장했다.[25] 이는 종교적, 정치적, 경제적 생활에서 평화와 질서를 보장하는 데 계층구조와 강제가 필요하지 않다는 것을 암시했다. 평화와 질서는 계층구조와 강제가 아니라 자유와 선택과 잘 어울렸으며, 사실 자유와 선택이 요구되었다.

귀족, 국가가 지원하는 교회, 관리 경제 등이 존재하는 유럽사회에서 이러한 생각들은 인정받기 위해 고군분투해야 했다. 영국에서는 정치체제가 사회구조를 아주 자연스럽게 나타내는 것 같았다. 즉, 왕은 분명히 군주정을, 상원은 귀족정을, 그리고 하원은 정확히 많은 가난한 사람들은 아니더라도 폭넓은 대중을 나타내었다. 사회에 정치제도, 경제제도가 없다면 인간이 어떤 종류의 정치제도, 경제제도를 만들 것인지의 문제는 유럽에서는 학문적으로 보일 수 있는 질문이었지만, 미국에서는 당면한 문제, 심지어 시급하고 중요한 문제였다. 미국인들은 오랫동안 영국의 제도에 대해 익히 알고 있었고 일반적으로 선호했지만, 미국인들은 영국의 제도가 완전하지 않다는 것을 잘 알고 있었고, 군주제와 귀족정치를 원하지 않았다. 그렇다면 미국인들의 정치제도는 더욱 단순하고 대중적인 사회구조와 어떤 관련이 있을까? 시간이 지남에 따라 미국인이 신민에서 시민으로 진화하면서 새로운 답변이 등장했다.

미국정치의 유럽 뿌리

홉스와 로크의 사상에 영향을 미친 영국 내전과 유럽 다른 지역의 유사한 혼란으로 인해 17세기 동안 수만 명의 유럽인이 아메리카 대륙으로 내몰렸다. 식민지 시대에 유럽인들은 고국의 종교적 박해를 피해 아메리카로 이주했다. 다른 사람들은 가난과 기아, 영원한 경제 기회 부족에서 벗어나기 위해 고국을 탈출했다. 또 다른 사람들은 정치적 탄압을 피해 도망쳤다. 이들 초기 정착민 중 다수는 다른 사람을 억압하여 자신들이 얻은 새로운 자유를 확고히 하려고 했지만, 광대한 열린 공간, 값싼 땅, 다양한 인구로 인해 자유와 관용을 부정하기가 너무 어렵다는 것을 곧 알게 되었다. 반면에 아프리카인 흑인들은 식민지 시대와 건국 초기에 아메리카 대륙으로 붙잡혀 왔으며, 노예주가 누린 권리와 특권을 흑인 노예들은 결코 누리지 못했다.

> **Q4** 어떤 상황에서 유럽인들은 고국을 떠나 미국에 정착하게 되었는가?

17세기와 18세기에 걸쳐 우리가 지금 **고전적 자유주의**라고 부르는, 자유롭고 평등한 시민이 정치적 권위의 정당한 원천이며 그들이 정부를 계약상 제한할 수 있는 권리가 있다는 로크의 사상이 미국 정치사상을 지배하게 되었다. 고전적 자유주의는 법의 지배하에 자신의 목표를 정의하고 자기 이익을 추구하는 자유 시민으로 구성된 사회를 구상했다. 고전적 자유주의는 정부가 시민의 생명과 재산을 보호할 것을 기대했지만, 그것 말고는 정부가 시민들을 자유롭게 내버려둘 것을 기대했다.

> **고전적 자유주의(classical liberalism)**
> 제한정부와 개인의 권리를 옹호하는 홉스, 로크, 스미스의 교리. 19세기와 20세기 미국의 지배적인 정치이념 및 사회이념.

그러나 이러한 로크의 생각에 대한 도전이 없었던 것은 아니다. 우리가 지금 시민 인본주의 또는 **고전적 공화주의**라고 부르는 더 오래된 전통이 고전적 자유주의에 도전하였고 혼합되었다. 고전적 공화주의는 로마 공화국, 마키아벨리의 피렌체, 영국 농촌생활의 역사적 양상에서 영감을 얻었다.[26] 시민은 자유주의 전통에서처럼 주로 자신의 사리사욕을 위해 행동하기보다는 오히려 공동체의 이익을 추구한다고 생각되었다. 고전적 공화주의는 시민들이 사적인 이익과 관심사를 공동선을 위해 희생함으로써 시민적 미덕을 발휘할 것을 장려했다. 고전적 공화주의는 정부가 나쁜 행동(예를 들어, 도박)을 적극적으로 억제하고 사회적으로 긍정적인 행동(예를 들어, 민병대 복무)을 장려할 것을 기대했다.

> **고전적 공화주의(classical republicanism)**
> 개인의 사리사욕보다 공동선에 대한 관심을 강조하는 몽테스키외와 흄의 교리.

우리는 아래 소절들과 이어지는 다음 장에서 좀 더 자세히 살펴보겠지만, 고전적 자유주의와 고전적 공화주의 두 사상 모두 혁명시기와 건국 시기에 무척 큰 영향을 미쳤다. 두 사상은 새로운 미국 국가의 지적 약속을 형성하기 위해 서로 충돌하고, 상호작용하고, 혼합되었다.

유럽에서의 억압과 미국 정착

17세기와 18세기 유럽은 여전히 정치, 종교, 경제적 기회를 장악한 사회 엘리트들이 주로 지배했다. 대부분 경우, 종교적 박해와 사회적, 경제적 기회의 박탈이 복잡하게 뒤섞여 영국인 및 기타 유럽인들은 북아메리카의 광활한 미지의 땅을 향해 자신이 살던 사회를 떠났다.

종교적 박해. 미국 식민지 역사 동안, 유럽 이민자들의 물결은 자기가 살던 나라의 당국이 금지한 방식으로 하나님을 예배하고자 하는 열망 때문에 미국 해안으로 밀려들었다. 영국의 순례자와 청교도가 먼저 도착했고, 그 뒤를 이어 영국의 퀘이커, 프랑스의 위그노, 독일의 경건주의자, 그 밖의 다른 다양한 종파가 뒤따라왔다.

영국의 순례자들과 청교도들은 일반적으로 중산층 상인, 장인, 여주인, 농부 등이었으며, 대개 자유를 누리고 종종 하던 일에서 성공했지만, 그들의 종교적 믿음으로 인해 당시의 사회적, 정치적 계층구조를 뛰어넘는 것은 불가능했다. 청교도 종교 지도자 및 세속 지도자들은 청교도 의회 지도자들과 협력하여 영국 사회를 자유롭게 만들려고 했다. 당연히 국왕, 영국 국교 성공회, 왕실의 총애를 받는 경제적 엘리트 등은 사회적, 경제적 기회의 평등을 요구하는 청교도들의 요구를 거부했다.

1629년부터 1640년까지 찰스 1세는 청교도의 요구를 거부했다. 첫째, 의회 내에서 청교도의 영향력이 강하고 갈수록 더 세졌기 때문에 국왕은 의회를 소집하지 않고 영국을 통치했다. 둘째, 국왕 찰스 1세는 영국 성공회에서 청교도 신자들을 추방하는 일에 앞장선 로드(William Laud) 대주교를 지지했다. 윈스럽(John Winthrop)과 코튼(John Cotton)이 이끄는 2만 1,000명의 영국 청교도들이 뉴잉글랜드*로 떠났다. 그들은 아메리카에서 자신들이 세우고자 하는 더욱 경건한 사회를 건설할 기회를 얻기 위해 그 대가로 자신이 태어난 나라와의 관계를 기꺼이 끊었다.

자신이 살던 나라에서 종교 탄압에 직면한 또 다른 사람들도 이와 비슷한 결정을 내렸다. 1682년에 처음으로 영국 퀘이커 교도는 윌리엄 펜의 '거룩한 실험'을 평화롭게 추구하기 위해 펜실베이니아로 떠났다. 불과 3년 후, 프랑스의 위그노 신교도들에게 관용을 약속한 '낭트칙령'을 100년 만에 루이 14세가 철회하자, 위그노 교도 1만 5,000명이 미국으로 도망쳤다. 펜실베이니아, 델라웨어, 메릴랜드 등을 포함한 여러 식민지가 어떤 한 종교집단 또는 모든 종교집단의 억압받는 사람들의 안전한 피난처로 설립되었다.

* 역자 주
뉴잉글랜드는 미국 북동부 지역의 6개 주, 즉 매사추세츠주, 코네티컷주, 로드아일랜드주, 뉴햄프셔주, 버몬트주, 메인주를 일컫는다.

사회적, 경제적 기회의 거부. 종교적 동기가 강했지만, 영국과 유럽의 나머지 지역에서 종교 갈등을 둘러싸고 소용돌이치는 사회적, 경제적 투쟁에서 패배 또한 아메리카로 사람들이 떠나게 된 요인이었다. 예를 들어, 크롬웰(Oliver Cromwell)과 의회가 찰스 1세에 맞서 반란을 일으켰을 때, 1642년 및 1651년에 왕당파가 패배하면서 왕당파 수천 명이 버지니아의 새로운 정착지로 도망쳤다. 심지어 1660년 찰스 2세가 왕위를 되찾은 후에도 자기 소유의 토지를 원했던 영국 영주들의 둘째, 셋째 아들과 사촌들의 버지니아로 이주가 계속되었다.

유럽의 사회체제 내에서 불가능해 보였던 경제적으로 더 나은 삶에 대한 갈망을 충족하기 위해 많은 사람이 미국으로 이주하였다. 유산계급 이하 대부분의 유럽인은 봉건적 제한으로 인해 자신의 땅을 얻는 것을 거의 상상조차 할 수 없었다. 견고하고 억압적인 세습귀족이 존재하지 않는 사회에서의 엄청난 기회에 대한 기대, 즉 무상토지분배 또는 값싼 땅에 대한 기대가 가난한 사람들은 물론 심지어 중산층조차 미국으로의 이주를 고려하도록 만들었다.

Q5 민주주의는 우리의 식민지 시대 선조들에게 어떤 의미였나? 그리고 그들은 민주주의에 찬성했나?

초기 식민지 시대의 정치참여. 많은 사람이 양심의 자유와 기회의 평등을 찾아 유럽에서 미국으로 이주했지만, 그렇더라도 민주주의를 찾아 미국으로 온 사람은 거의 없었다. 매사추세츠 초기의 정치적, 종교적 지도자인 윈스럽(John Winthrop)과 코튼(John Cotton)은 공개적으로 민주주의를 거부했다. 그들의 주장은 홉스와 아퀴나스를 거쳐 플라톤과 아리스토텔레스에 이르는 사상적 전통에 근거했다. 윈스럽은 "민주주의는 모든 형태의 정부 중에서 역사상 가장 비열하고 최악의 것으로 간주되며, 항상 오래 유지되지 못하고 가장 문제가 많았다"라고 썼다. 코튼도 이에 동의하며 다음과 같이 썼다. "민주주의, 나는 하나님께서 교회나 연방을 위해 적합한 정부를 정하셨다고 생각하지 않는다. 만약 백성이 통치자가 된다면 누가 통치를 받겠는가?"[27]

뉴잉글랜드 타운미팅은 처음에는 민주적인 기관이 아니었다. 타운미팅은 오히려 종교 지도자와 세속 지도자의 청교도 과두정이 지역공동체 구성원들에게 정보를 제공하고 지도하는 수단이었다. 타운미팅의 목적은 토론과 투표를 통해 다수의 뜻을 결정하는 데 있지 않았고, 오히려 공동체 구성원들을 설득하고 교육하기 위해 고안된 통제된 토론을 통해 합의를 유도하는 데 있었다.[28] 지역공동

출처: North Wind Picture Archives via AP Images

1620년에 첫 번째 순례자들을 태우고 플리머스 항구에 도착한 메이플라워호를 묘사하고 있다.

출처: North Wind Picture Archives via AP Images

시민들이 지역공동체가 직면한 문제를 논의하기 위해 뉴잉글랜드의 타운미팅에 모였다. 대부분의 남성 '자유토지보유자'는 참석할 자격이 있었지만, 당시 계층적 사회 규범 및 정치 규범은 엘리트가 지역공동체를 이끄는 것을 당연하게 여겼다.

체의 구성원이 교육을 거부하는 경우, 평화롭게 살도록 허락된 만큼 쫓겨날 가능성이 컸다.

남부 식민지의 정치제도는 뉴잉글랜드의 정치제도보다 훨씬 더 명백하게 과두정치였다. 버지니아의 주요 정치제도와 종교제도는 카운티와 교구였다. 대규모 농장주 젠트리가 카운티 법원과 교구의 예배실 둘 다 지배했다. 이들 버지니아 엘리트의 부와 사회적 지위는 노예제에 기반했다. 대부분의 젠트리는 자유, 해방, 평등과 같은 개념이 소유토지가 없는 백인이든 흑인 노예든 자기보다 못한 계급의 사람들에게도 똑같이 적용된다는 것을 거의 알지 못했다.

미국 식민지 시대 공간, 다양성, 다른 견해

남의 삶에 참견하지 않고 자기 방식대로 인생을 살려고 미국으로 이주한 식민지 주민은 거의 없었다. 대부분의 백인들은 청교도들이 그랬던 것처럼 특정 형태 및 특정 목적의 사회를 수립하기 위해 미국으로 건너왔다. 그러나 미국은 엘리트들이 일반 대중을 그들이 원치 않는 목적과 형태의 사회에 묶어 두기에는 너무 광활하고, 탁 트이고, 풍요로웠다. 식민지 시대 내내 사람들은 길을 따라 내려가거나 언덕을 넘어가서, 다른 곳에 자신이 원하는 대로 정치적, 종교적, 경제적 삶을 조직하는 것이 가능했다. 열린 공간과 다양한 인구가 식민지 미국의 계층구조를 서서히 와해시켰다.

다른 견해를 가진 사람들을 위한 '공간'.   영국에서는 성공회가 공식적으로 국교였기 때문에 청교도나 퀘이커교도가 국교에 반대하는 종교적 견해를 유지하기가 쉽지 않았다. 이단자는 영국 내 어디를 가든지 정통파 교리(공식 국가 교회가 승인한 믿음)와 직접 부딪혔고, 사실상 순응, 저항, 탈출 중 하나를 선택해야 했다. 미국에서는 이단자에게 주어진 선택지가 크게 달라 보였다. 영국에서와 마찬가지로 정통파 교리가 있는 경우가 흔했지만, 미국에서는 정통파 교리가 지배하는 좁은 지대와 지대 사이에 정통파 교리가 영향을 거의 미치지 못하는 광활한 빈공간이 존재했다.

그 결과, 윌리엄스(Roger Williams)가 매사추세츠에서 존 윈스럽과 존 코튼의 정통 교리와 충돌했을 때, 윈스럽과 코튼은 늘 그랬듯이 윌리엄스를 단호하게 추방할 수 있었고, 윌리엄스는 추종자들과 함께 남쪽으로 도망쳐 지금의 로드아일랜드로 갈 수 있었다. 허친슨(Anne Hutchinson)과 그녀의 추종자들도 문제를 일으켰을 때, 역시 추방되어 로드아일랜드로 옮겨갔다.[29]

마찬가지로, 1720년경부터 퀘이커 필라델피아에 스코틀랜드계 아일랜드인의 도래가 퀘이커 교도들에게 큰 골칫거리였다. 퀘이커 교도들은 스코틀랜드계 아일랜드인을 더럽고, 무식하고, 싸우기 좋아하고, 폭력적이고, 지나치게 술을 좋아하는 사람들로 여겼다. 퀘이커교도의 대응은 이들이 필라델피아를 거쳐 서둘러 변경 개척지로 향하도록 재촉하는 것이었다. 값싼 땅에 대한 약속에 이끌려 더 앞으로 이동한 스코틀랜드계 아일랜드인이 펜실베이니아, 버지니아, 캐롤라이나의 내륙지방의 언덕과 계곡을 가득 채웠다.

미국에서는 비정통파 종파가 그저 눈앞에서 사라져만 준다면, 정통파 종파는 굳이 비정통파 종파를 파멸시킬 필요가 없었다. 정통과 비정통을 구분하는 것이 저항과 격변을 조장한다는 사실이 분명해짐에 따라 정통주의는 약화되었다. 따라서 역사학자 부어스틴(Daniel Boorstin)은 "뉴잉글랜드의 청교도주의는 패배한 것이 아니라 미국의 기후에 의해 침식된 것이다"라고 지적했다.[30] 마찬가지로, 그리고 보다 일반적으로, 로시터(Clinton Rossiter)는 "미국 환경의 압력으로 인해 기독교는 보다 인본주의적이고 온건하게 되었다. 즉, 종파 갈등에 관대해지고, 낙관주의와 합리주의가 성장함에 따라 자유로워지고, 과학이 발전함에 따라 실험적이고, 민주주의가 출현함에 따라 개인주의적이 되었다."[31]

출처: North Wind Picture Archives via AP Images

존 윈스럽 총독이 가장 '문란한 여인'으로 묘사한 허치슨(Anne Hutchinson, 1591~1643년)은 독특한 종교적, 정치적 견해를 가진 이단자라는 이유로 재판을 받고 매사추세츠에서 추방되었다.

경제적 기회와 사회적 유동성.　18세기 동안 적어도 백인 남성에 대한 북아메리카 영국 식민지의 사회적, 경제적 개방성은 전 세계적으로 가장 두드러졌다. 모든 식민지의 인구는 압도적으로 시골에 거주하며 농업에 종사했다. 1765년까지도 미국에서 보스턴, 뉴욕, 뉴포트, 필라델피아, 찰스턴 등 5개 도시만이 주민 수가 8,000명이 넘었다. 이들 도시에 전체 인구의 5%만이 거주하고 있었고, 미국인 10명 중 8명은 농토에 농사를 지어 생계를 꾸렸다. 펜(William Penn)*이 지적했듯이 식민지 시대 내내 미국은 '착한 가난한 사람의 나라'였다. 비록 "'대서양 세계의 다른 어느 식민지보다 토지를 획득하고, 유지하고, 일하고, 팔고, 상속하는 일이 쉬웠지만', '저렴한 토지, 높은 임금, 공급 부족, 사회적 이동성 증가 등의 특별한 조합'이었다. [그것은] 노동자가 성공에 대한 희망을 가지고 스스로 계층

* 역자 주

영국 국왕의 개척 허가를 받아 영국의 북아메리카 펜실베이니아 식민지를 건설하고, 퀘이커 교도를 중심으로 정착지를 만들었다. 스스로 총독을 지내면서 양원제를 만들고, 인디언과 우호적으로 지냈다 (위키백과 참조).

이동을 실현하는 것이 가능했다."[32] 비록 엄청난 부자는 드물었지만, 열심히 일하는 사람들은 넉넉한 삶을 누릴 수 있었고, 똑똑하고 운이 좋은 사람들은 젠트리 계급으로 계층이동 할 수 있는 기회가 열려 있었다.

이질성. 17세기와 18세기에 식민지가 다양한 이민자로 채워졌지만, 여전히 뉴잉글랜드, 버지니아 해안, 찰스턴 및 기타 몇몇 지역의 자유로운 주민 대부분은 영국인이었다. 다른 지역은 빠르게 사회적, 문화적으로 다양한 사람들로 와글거리는 중심지로 변모했다. 윌리엄 펜은 1682년에 펜실베이니아에 도착했다. 몇 년 지나지 않아 그는 영국에 있는 편지를 주고받던 사람들에게 자신의 이웃이 "프랑스인, 네덜란드인, 독일인, 스웨덴인, 덴마크인, 핀란드인, 스코틀랜드인, 영국인 등 다양한 나라 출신 사람들의 집합체이며, 영국인은 나머지 다른 나라 출신 사람들과 평등하다"라고 알렸다.[33]

펜이 언급했듯이 식민지 곳곳에서 영국계 시민이 절대적 다수를 차지했지만, 결코 영국계만 있었던 것은 아니었다. 1765년 기준으로 전체 인구 185만 명 중 약 53%는 영국 출신, 11%는 스코틀랜드 출신 및 스코틀랜드계 아일랜드 출신, 6%는 독일 출신, 3%는 아일랜드 출신, 2%는 네덜란드 출신, 22%는 아프리카 출신, 나머지 3%는 스웨덴, 덴마크, 프랑스 등을 포함한 여러 다른 나라 출신이었다.[34] 그로부터 불과 10년이 채 지나지 않아 독립선언문에 서명할 당시 서명자 56명 중 적어도 18명이 비영국계 시민이었고, 8명은 이민자 출신이었다.[35]

더 놀라운 것은 미국의 종교적 다양성이었다. 1775년에 식민지에서 신앙생활을 하는 신도들의 종파별 분포는 다음과 같다. "회중교회 668명, 장로교 588명, 성공회 495명, 침례교 494명, 퀘이커 310명, 독일 개혁교 159명, 루터교 150명, 네덜란드 개혁교 120명, 감리교 65명, 가톨릭 56명, 모라비아 교회 31명, 회중 분리주의 27명, 덩커파 24명, 메노나이트 16명, 프랑스 개신교 7명, 샌더매니안 6명, 유대교 5명, 로게렌 3명" 등 종파 간 복잡한 교리 논쟁을 도처에서 볼 수 있었다.[36] 식민지 미국인들은 이웃들이 다양한 곳에서 왔고, 다양한 교리를 믿는다는 느낌을 피할 수 없었다.

평등과 관용. 특히 퀘이커 교도와 침례교인이 가장 두드러진 경우로 일부 미국 이민자들에게 평등과 관용은 종교적, 사회적 사고의 중심 원칙이었다. 두 교파 모두 개인을 그들의 하나님과 직접적이고 개인적인 관계에 두기 위해 교회의 위계 구조와 전례를 거부했다. 이 급진적인 개인주의는 하나님이 신자의 마음을 들여다 볼 때 신자의 국가, 인종, 계급 등을 보지 않는다는 침례교의 확신, 그리고 하나님이 개인에게 나타나시는 '하나님의 빛'이 각 신자를 비추고 그들의 신앙을 정당화한다는 퀘이커 교도의 견해를 반영했다. 그러나 대부분 사람에게 평등과 관용은 개인이 지적으로 추구하는 추상적인 원칙이 아니었다. 오히려 기억, 경험, 긴급한

다른 나라와 비교

북아메리카의 정착지: 영국 형태와 프랑스 형태의 비교

미국인 대부분은 세계에서 자기 나라와 가장 비슷한 나라를 꼽으라고 하면 아마도 캐나다라고 대답할 것이다. 전적으로 타당한 답변이다. 미국의 북쪽 이웃 국가 캐나다는 미국과 마찬가지로 부유한 자유시장 민주주의 국가이다. 그러나 미국과 캐나다가 늘 그렇게 유사했던 것은 아니다. 비유하자면, 미국은 영국식 거푸집에 쇳물을 부어 주조되었다면, 캐나다는 프랑스식 거푸집에 쇳물을 부어 주조되었다.

16세기 후반에 스페인 제국과 포르투갈 제국이 쇠퇴하자(1588년 영국은 스페인 무적함대를 격파했다) 유럽에서 가장 역동적인 제국주의 국가는 영국과 프랑스였다. 세계 무역로와 자원을 장악하기 위한 영국과 프랑스의 경쟁은 인도에서부터 아메리카 대륙에 이르기까지 세계 곳곳에서 벌어졌다. 이 경쟁 과정에서 영국은 스튜어트 왕조의 절대주의 주장을 거부하고, 의회 지배, 중산층의 부상, 종교적 관용, 재산권의 엄격한 보호 등을 특징으로 하는 제한 군주제의 상업 공화국이 되었다. 같은 기간 동안 프랑스는 정반대 방향으로 나아가서, '태양왕' 루이 14세와 그의 후계자들 치하에서 고도로 중앙집권화된 정치체제, 국가 교회, 토지 소유 및 재산권에 대한 봉건적 전통 등을 특징으로 하는 절대주의 국가가 되었다. 영국인이 시민이 된 후에도 프랑스인은 오랫동안 신민으로 남아 있었다. 놀랄 것도 없이, 영국과 프랑스는 북아메리카 식민지를 다른 형태로 만들었다.

영국 식민지의 다양성 덕분에 영국 식민지는 이민자들에게 좀 더 편안하고 환영받는 목적지가 될 수 있었다. 영국 식민지에는 다양한 종교, 언어, 민족이 존재했기 때문에 새로운 이민자들은 종종 새로운 나라에 정착하고 길을 배우는 데 기꺼이 도와주는 주민을 만날 수 있었다. 일단 정착하면, 이민자들은 단순 토지권(무조건 소유권)으로 자신이 일할 수 있는 토지를 확보할 수 있을 것으로 기대했다. 프랑스 본국 및 캐나다의 프랑스 식민지 당국은 이민자 개개인의 교회와 국왕에 대한 충성 여부를 꼼꼼히 감시했다. 캐나다의 토지는 '귀족(enseigneurie)' 정착민에게 부여되었다. 수혜자는 광물에 대한 권리, 매각 시 지분 1/5 및 특정 '부역(corvée 서비스)' 권리를 보유한 국왕에게 충성을 맹세했다. 놀랄 것도 없이, 프랑스령 캐나다는 인구가 느리게 늘어났지만 남부 이웃 영국의 식민지는 약 20년마다 인구가 두 배로 늘어났다. 1763년 프랑스-인디언전쟁 결과 캐나다가 영국의 손에 넘어가면서 캐나다의 성장은 빨라졌지만, 거의 반세기 동안 캐나다 주민 중 영국인 주민 수가 프랑스인 주민 수보다 적었다.

사회 및 문화 비교

	영국 식민지	프랑스 식민지
종교	다양	천주교
언어	다양	프랑스어
인종	다양	갈리아인 (프랑스)
신문	1960년 최초, 1764년 23개	없음
토지 사용권	단순 토지권, 개인소유	부역 의무가 있는 봉건적 종신 사용권
이민	70만 명, 또는 연간 4,500명(1607~1760년)	2만 7,000명, 또는 연간 200명(1608~1760년)
1760년 총인구	160만 명	5만 6,000명

출처: Edward J. Perkins, *The Economy of Colonial America*, 2nd ed. (New York: Columbia University Press, 1988), 1; John J. McCusker and Russell R. Menard, *The Economy of British America, 1607–1789* (Chapel Hill: University of North Carolina Press, 1985), 54; Bernard Bailyn, *Voyagers to the West* (New York: Knopf, 1986), 24–25; G. Thomas Tanselle, "Some Statistics on American Printing, 1764–1783," in Bernard Bailyn and John B. Hench, *The Press and the American Revolution* (Worcester, MA: American Antiquarian Society, 1980), 347.

필요 등이 말해주는 확실한 조언이었다. 기억은 일부 사람들에게 그들 자신이나 그들의 조상들이 유럽 어딘가에 있는 기성 교회의 억압을 피해 도망쳐 왔다는 사실을 상기시켰다. 경험은 일부 사람들에게 청교도에 의한 퀘이커 교도, 성공회 신자에 의한 가톨릭 신자, 모두에 의한 유대인의 경우처럼 자신들이 개별 식민지의 지배적인 교회가 자행한 탄압의 희생자였다는 사실을 상기시켰다. 긴급한 필요로 인해 그러한 다양성에 대한 적극적인 억압이 매우 명백하게 불가능하였다.

그러나 우리 초기 역사의 진정한 모습을 제대로 알기 위해서는 이러한 고상한 이상들이 오직 재산을 소유한 백인 남성에게만 적용되었음을 항상 기억해야 한다.[37] 우리는 종종 식민지 시대와 미국의 건국 시기를 묘사하는 데 일상적으로 자유, 해방, 기회를 언급하지만, 백인여성들은 아버지와 남편을 통해서 그것들을 누릴 수 있었고, 아메리카 원주민과 노예는 전혀 누리지 못했다. 미국 역사에서 모든 사람의 평등한 권리는 천천히 느리고 불완전하게 실현되었고, 지금도 마찬가지이다.

이 장의 요약

비록 긍정적인 모델만큼이나 자주 경고와 주의로 점철되었지만, 식민지 미국인들이 도출한 역사의 교훈은 분명했다. 고대 아테네는 군주정, 귀족정, 민주주의 등 세 가지 기본적인 정부 형태가 각각 독특하고 피할 수 없는 결함을 안고 있다고 경고했다. 군주정은 필연적으로 폭정에 굴복하고, 귀족정과 민주주의는 모두 계급갈등에 휘말린다. 귀족정은 이기적인 과두정치가 되고, 민주주의는 폭민정치가 된다. 그러나 아리스토텔레스는 소수의 부자와 다수의 가난한 사람들의 이익과 영향력을 균형있게 조정함으로써 적어도 한동안은 안정을 얻을 수 있다는 것을 이해했으며, 로마의 역사가 이를 입증한 것 같았다.

로마의 눈부신 부상은 무장한 대중의 힘을 귀족의 비전이 억제함으로써 혼합정부가 막대한 부와 힘을 창출할 수 있음을 보여주는 것 같았다. 그러나 마찬가지로 북부 게르만 군대에 의한 극적인 로마 파괴는 큰 성공은 안일함을 낳고, 안일함은 약함을 낳고,

약함은 필연적으로 힘에 굴복한다는 사실을 가르치는 것처럼 보였다. 좋은 정치제도가 힘을 창출할 수 있을지 모르지만, 오직 개별 시민의 덕성만이 시간이 지나도 그것을 유지할 수 있다.

식민지 미국인들은 중세 시대로부터 또한 많은 교훈을 얻었지만, 거의 모든 것이 부정적인 교훈이었다. 식민지 주민들이 유럽을 버리고 탈출하려 했던 이유의 상당 부분은 교황, 절대군주, 세습귀족, 토지의 봉건적 소유, 경제의 상업 조직 등과 같은 계층구조의 지배였다. 이러한 사회적, 경제적, 정치적 구조는 사회 내에서 자신의 계급과 신분의 좁은 경계를 뛰어넘어 노력하고 성공할 수 있는 기회를 부정하는 것이었다.

미국인들이 유럽에서 얻은 교훈, 특히 영국의 최근 역사에서 얻은 교훈은 밝은 미래에 대한 약속과 불길한 미래의 위협이 뒤섞여 있었다. 그 약속은 1688년 명예혁명에서 찾을 수 있었는데, 의회파가

최종적으로 왕당파를 무찌르고 입헌군주제 형태의 제한정부를 처음으로 수립했다. 위협은 식민지를.억압하려는 것이 바로 이러한 개혁적 기관들이었다는 사실에 있었다. 미국인들은 영국 정치의 사상과 제도에 계속 감탄했지만, 갈수록 점점 더 이러한 영국의 사상과 제도를 미국 환경에 곧바로 이식하는 것이 불가능함을 확신하게 되었다.

미국인들은 유럽의 귀족과 소작농이 모두 없는 뚜렷한 중산층 사회인 미국이 새로운 정치제도와 새로운 권력분배가 필요하다고 확신했다. 군주도 귀족도 없을 것이다. 국민의 대표가 가장 중요하게 될 것이다. 이는 분명했다. 미국혁명 이후 거의 10년 동안 불분명하게 남아 있던 문제는 계급이익이 계급이익을 견제하고 균형을 이루지 못하는 체제에서 어떻게 정의와 안정이 보장될 것인지의 문제였다. 이어지는 제2장은 건국의 아버지들이 이 수수께끼를 어떻게 풀었는지 설명한다.

주요 용어

개인주의(individualism)   10
고전적 공화주의(classical republicanism)   15
고전적 자유주의(classical liberalism)   15
공화정(republic)   8
과두정(oligarchy)   7
군주정(monarchy)   7
귀족정(aristocracy)   7
미국정치발전(APD: American Political Development)   4

민주주의(democracy)   7
사회계약론(social contract theory)   14
세속(속세, secular)   10
자연법(Natural Law)   9
제도(institution)   4
철인왕(philosopher-king)   6
폴리스(polis)   6

추천 문헌

이 📖 아이콘으로 표시된 읽을거리는 이 책과 짝을 이루는 선집인 『미국정부에 대한 관점(*Perspectives on American Government*)』에서 찾아볼 수 있다.

Ferguson, Niall. *Civilization: The West and the Rest*. New York: Penguin, 2011. 퍼거슨은 경쟁, 과학, 법치주의, 의학, 소비주의, 직업윤리 등 6가지 이유를 들어 서양이 세계를 지배하게 된 이유를 설명한다.

Ferris, Timothy. *The Science of Liberty: Democracy, Reason, and the Laws of Nature*. New York: HarperCollins, 2010. 페리스는 '이성의 시대'에 자유, 혁신, 개인의 권리 등에 관한 사상의 발흥에 있어서 과학의 역할을 설명한다.

Miller, James. *Can Democracy Work: A Short History of a Radical Idea, From Ancient Athens to Our World*. New York: Farrar, Straus, and Giroux, 2018. 밀러는 고대부터 오늘날까지 민주주의의 의미와 이해의 변화를 추적하고 있다.

Morone, James. "The Democratic Wish," 1998. 모론은 광범위한 공공이익을 위해 스스로 다스릴 수 있는 국민이라는 미국의 신조는 오래되고 영향력 있는 신화이지만, 어쨌든 신화일 뿐이라고 주장한다. 📖

Richard, Carl J. *The Founders and the Bible*. New York: Rowman and Littlefield, 2016. 리차드는 건국자들이 성경에서 얻은 정치에 관한 교훈을 탐구한다.

Rogers, Daniel T. *As a City on a Hill: The Story of America's Most Famous Lay Sermon*. Princeton, NJ: Princeton University Press, 2018. 로저스는 "기독교 자선의 모델(Model of Christian Charity)"이라는 제목의 윈스럽(Winthrop) 목사의 설교가 미국 예외주의의 개념과 너무 잘 맞아떨어졌기 때문에 20세기에 이르러서야 유명해졌다고 주장한다.

Smith, Rogers M. "The Multiple Traditions in America," 1993. 스미스는 미국인의 지적 생활에서 세 가지 대립

적인 흐름, 즉 자유주의, 공화주의, 귀속주의 또는 인종차별주의 등을 구별하고, 이들의 상호작용이 미국 정치사에 어떤 영향을 미쳤는지 설명했다. 📖

West, Thomas G. *The Political Theory of the American Founding.* New York: Cambridge University Press, 2017. 웨스트는 미국 건국자들의 자연권이론과 정치적, 사회적, 경제적 정책 선택의 관계를 설명한다.

인터넷 자료

1. www.archives.gov/exhibit_hall/featured_documents/
1215년 영국의 존 왕이 발표한 대헌장(The Magna Carta)은 왕의 권력이 절대적인 것이 아님을 확인시켜 주었다. 국립문서기록관리청(NARA)에서 제공하는 이 사이트에서 미국정부의 정치적 선례를 찾아볼 수 있다.

2. www.iep.utm.edu/Locke/
이 웹페이지는 짧은 전기, 작품 목록, 영국 경험주의와 사회계약론의 창시자에 대한 링크를 제공한다. 이 사이트는 홉스(Thomas Hobbes)와 같은 다른 철학자의 웹페이지 링크도 제공한다.

3. www.lawmoose.com/internetlawlib/8.htm
『연방주의자 논고』 및 기타 건국 문서의 전체 내용을

이전에 미국 하원에서 관리했던 인터넷 법률 도서관(Internet Law Library)에서 찾아볼 수 있다.

4. www.pbs.org/godinamerica/people/john-winthrop.html
총 6부작으로 구성된 이 PBS(미국 공영방송) 특집은 윈스럽 목사 시절부터 오늘날까지 미국사회에서 종교의 역할을 잘 소개하고 있다.

5. www.ted.com/talks/michael_sandel_the_lost_art_of_democratic_debate
하버드대학교의 대표적인 철학자 샌델(Michael Sandel)은 정의에 관한 아리스토텔레스의 관점을 의료보험 논쟁과 같은 오늘날의 논쟁에 연관시킨다.

주

1) John F. Harris, "Isn't That Special: Trump, Impeachment, and American Exceptionalism," *Politico*, January 21, 2020.

2) Walter Bagehot, *The English Constitution* (New York: Oxford University Press, 2001), 5. Originally published 1867. 또한, 다음 참조. Terence Ball and J.G.A. Pocock, ed., *Conceptual Change and the Constitution* (Lawrence: University Press of Kansas, 1988), 1.

3) Seymour Martin Lipset, *The First New Nation: The United States in Historical and Comparative Perspective* (New York: Basic Books, 1963).

4) Samuel H. Beer, *To Make a Nation: The Rediscovery of American Federalism* (Cambridge, MA: Harvard University Press, 1993), 31.

5) 플라톤은 다음의 책에서 정부 유형과 정부 변화 형태를 설명한다. *Republic*, Francis MacDonald Cornford, ed. (New York: Oxford University Press, 1941), 267–292.

6) 아리스토텔레스는 *Politics*에서 정부의 유형과 정부 변화의 형태를 설명한다. Ernest Barker, ed. (New York: Oxford University Press, 1970), 110–184. 특히 156쪽 참조.

7) Aristotle, *Politics*, 115–116.

8) Aristotle, *Politics*, 123, 125. 또한, 다음을 참조하라. Aristotle, *The Constitution of Athens*, any edition.

9) Marcus Tullius Cicero, *On the Commonwealth*, George Holland Sabine and Stanley Barney Smith, eds. (New York: Liberal Arts Press, 1929), 129–134.

10) Anthony Everitt, *Cicero: The Life and Times of Rome's Greatest Politician* (New York: Random House, 2002), 183.

11) Andrew Lintott, *The Constitution of the Roman Republic* (New York: Oxford University Press, 1999). 또한, 다음을 참조하라. Callie Williamson, *The Laws of the Roman Republic: Public Laws in the Expansion and Decline of the Roman Empire* (Ann Arbor: University of Michigan Press, 2016).

12) Edward J. Watts, *Mortal Republic: How Rome Fell into Tyranny* (New York: Basic Books, 2018).

13) St. Augustine, *On the Two Cities: Selections from The City of God*, E.W. Strothmann, ed. (New York: Frederick Ungar, 1957), 11.

14) St. Augustine, *On the Two Cities*, 101.

15) Talcott Parsons, "Christianity," in *International*

Encyclopedia of the Social Sciences, David L. Silk, ed. (New York: Crowell Collier and Macmillan, 1968), vol. 2, 434–435.

16) Beer, *To Make a Nation,* 42–45.

17) James Miller, *Can Democracy Work: A Short History of a Political Idea, From Ancient Athens to Our World* (New York: Farrar, Straus, and Giroux, 2018), 21–22.

18) 다음을 참조하라. Steven Levitsky and Daniel Ziblatt, How Democracies Die (New York: Broadway Books, 2019). 또한, 다음을 참조하라. Stephen J. Wayne, *Is This Any Way to Run a Democratic Election,* 6th ed. (New York: Routledge, 2018).

19) Niccolo Machiavelli: *The Prince* and *The Discourses,* ed. Max Lerner (New York: Modern Library, 1950), 56.

20) Erica Benner, *Be Like the Fox: Machiavelli in His World* (New York: W.W. Norton, 2017).

21) Robert C. Schultz, ed., *Luther's Works: The Christian in Society,* vol. 46 (Philadelphia: Fortress Press, 1967), 39.

22) Thomas Hobbes, *Leviathan,* Michael Oakeshott, ed. (London: Collier Books, 1962), 100.

23) John Locke, *Two Treatises of Government,* Peter Laslett, ed. (New York: Cambridge University Press, 1960), 374–375.

24) Mark Hulliung, *The Social Contract in America: From the Revolution to the Current Age* (Lawrence, KS: University of Kansas Press, 2007).

25) Joyce Appleby, *Economic Thought and Ideology in Seventeenth-Century England* (Princeton, NJ: Princeton University Press, 1978), 80, 93.

26) J. G. A. Pocock, *The Machiavellian Moment: Florentine Political Thought and the Atlantic Political Tradition* (Princeton, NJ: Princeton University Press, 1976).

27) Clinton Rossiter, *The First American Revolution* (New York: Harcourt Brace, 1956), 90.

28) Sean Wilentz, *The Rise of American Democracy* (New York: Norton, 2005), 6.

29) Denis Lacorne, *Religion in America: A Political History* (New York: Columbia University Press, 2011), 27. 또한, 다음을 참조하라. John M. Barry, *Roger Williams and the Creation of the American Soul: Church, State, and the Birth of Liberty* (New York: Penguin Books, 2012).

30) Daniel Boorstin, *The Genius of American Politics* (Chicago: University of Chicago Press, 1953), 53.

31) Rossiter, *American Revolution,* 69.

32) Rossiter, *American Revolution,* 52, 56. 또한, 다음을

참조. Peter H. Lindert and Jeffrey G. Williamson, *Unequal Gains: American Growth and Inequality Since 1700* (Princeton, NJ: Princeton University Press, 2016), 44.

33) David Hackett Fischer, *Albion's Seed: Four British Folkways in America* (New York: Oxford University Press, 1989), 429.

34) 이 수치는 다음에서 가져왔다. Rossiter, *American Revolution,* 18. 또한, 1790년의 인구조사의 비슷한 수치는 다음을 참조하라. Gordon S. Wood, *Empire of Liberty: A History of the Early Republic, 1789–1815* (New York: Oxford University Press, 2009), 39.

35) Arthur M. Schlesinger, *The Birth of the Nation: A Portrait of the American People on the Eve of Independence* (New York: Knopf, 1969), 10.

36) Rossiter, *American Revolution,* 68.

37) Desmond S. King and Rogers S. Smith, "Racial Orders in American Political Development," *American Political Science Review,* vol. 99, no. 1 (February 2005): 75–92.

2장

혁명과 헌법

중점질문 및 학습목표

Q1 미국혁명을 촉발한 결정적 사건과 주장은 무엇인가?

Q2 최초의 주헌법은 제도적 설계와 권한 배분에 있어 어떤 변화가 있었는가?

Q3 연합규약은 미국헌법과 어떤 점에서 달랐나?

Q4 버지니아 안(案)과 뉴저지 안(案)이 각각 구상한 중앙정부의 형태에는 어떤 차이점이 있었나?

Q5 미국헌법 제정 과정에서 권리장전에 대한 논의는 어떤 역할을 했나?

DOI: 10.4324/9781003303954-2

미국의 건국자와 국민

오늘날의
헌법

헌법 전문(일부): "우리 미합중국 국민은 좀 더 완벽한 연방을 형성하기 위해 … 이 미합중국 헌법을 제정한다."

제4조 4항(일부): "합중국은 이 연방 내의 모든 주에 공화정을 보장하며 …"

모두가 그렇지는 않았지만, 건국자들 대부분은 일반 국민을 전적으로 신뢰하지는 않았지만 존중했다. 일반 국민의 정치적 능력에 대해 양가적인 견해를 갖고 있었기 때문에 건국자들은 민주주의가 아닌 공화정 형태의 정부 건설에 착수했다. 건국자들이 '국민(the people)'에 대해 어떻게 느꼈는지 살펴보면, 그들이 정부형태로 공화정을 선호하고 민주주의를 경계했던 이유를 이해하는 데 도움을 얻을 수 있을 것이다.

건국자들은 안정된 정부가 피통치자의 동의에 달려 있다고 믿었지만, 건국자들 대부분은 국민이 직접 통치할 수 있거나 반드시 통치해야 한다고 생각하지는 않았다. 미국헌법 초안을 작성했던 1787년 제헌회의(Constitutional Convention)에서는 국민이 가진 강점과 약점, 그리고 국민이 정부에서 맡을 수 있는 역할에 대한 논의가 있었다. 국민을 가장 회의적으로 바라보는 여러 대표 중 한 명이 뉴욕의 해밀턴(Alexander Hamilton)이었다. 제헌회의 초기인 6월 18일, 해밀턴은 긴 연설을 통해 "국민은 난폭하고 변덕스러워, 올바르게 판단하고 결정하는 일이 매우 드물다"라고 주장했다. 해밀턴 혼자만이 아니었다. 펜실베이니아주 및 델라웨어주의 딕킨슨(John Dickinson)은 8월 7일 유권자 자격에 대한 장시간 토론에서 "그 나라의 자유토지보유자들은 … 최고의 자유 수호자들[이었고], 재산도 없고 원칙도 없는 군중들의 위험한 충동에 맞서는 … 필요한 방어 수단[이었다]"라고 주장했다.

다른 사람들은 자유 사회에서 국민의 위상에 대해 좀 더 관대하게 생각했다. 위에서 언급한 8월 7일 같은 토론에서 프랭클린(Benjamin Franklin)은 투표권의 확대를 선호했으며, "일반 국민의 사기를 떨어뜨리는 모든 것에 대해 혐오감을 표출했다." 버지니아주의 메이슨(George Mason)은 동료들에게 투표권과 관련한 문제 전체를 새로운 시각으로 바라볼 것을 촉구하면서, "우리 모두는 고대의 편견에 너무도 강하게 사로잡혀 있음을 느낀다 … 자유토지보유는 영국의 자격이며, 그러므로 이것이 유일하고 적절한 자격 기준이라고 상상할 수도 있다. 진정한 아이디어는 … 사회에 대한 애착과 사회와 영구적인 공통의 이해관계가 있는 것을 증명하는 사람은 누구나 모든 권리와 특권을 공유해야 한다는 것이다"라고 경고했다.

매디슨(James Madison)은 그가 종종 그랬듯이 절충점을 모색했다. 매디슨은 지방정부 공직자, 주의회 의원, 하원의원 등을 선출하는 책임이 국민에게 있어야 한다고 생각했다. 그러나 그의 유명한 표현에 따르면, 고위 공직자로 일할 가장 적합한 사람을 찾는 데 있어 국민의 선택은 '연속적인 여과 과정'을 거쳐야 한다. 매디슨은 대중이 선거를 통해 하원의원을 뽑는 것을 지지했지만, 거기까지만 찬성했다. 주의회가 미국 상원의원을 선출하고, 선거인단이 대통령을 선출하며, 상원의 조언과 동의를 얻어 대통령이 행정부의 고위직 공무원, 판사, 대사, 군 장교를 임명하는 것이 바람직했다.

자유토지보유 선거권에 대한 선호보다 더 강한 고대의 편견은 민주주의에 대한 혐오였다. 건국자들은 민주주의기 항상 직접민주주의, 즉 국민에 의한 직접 통치로 해석된다는 것을 알고 있었다. 매디슨은 『연방주의자 논고』 제14호에서 민주주의와 공화주의 간의 차이에 대해 다음과 같이 서술했다. "민주주의에서 국민은 모여서 직접 정부를 운영한다. 공화정에서 국민은 자신의 대표와 대리인을 통해 정부를 구성하고 관리한다. [선출된 대표]는 자신 나라의 진정한 국익이 무엇인지 누구보다 가장 잘 분별할 수 있는 지혜를 가진 선택된 시민들의 기구를 통해 여론을 개선하고 확대한다." 모든 사람이 아메리카의 새로운 국가가 직접민주주의를 실현하기에는 영토가 너무 넓다는 사실에 동의했으며, 일부는 새로운 정부의 민주주의 요소가 설령 제한적일지라도 분란을 일으킬 수 있다고 우려했다.

제헌회의 과정에서 제임스 매디슨 및 다른 사람들은 성문헌법이 권력을 제한하고 분리하고, 공직자들이 서로를 감시하고 견제하고, 시민의 자유를 정의하고 보호하도록 신중하게 기관을 구성할 수 있다고 믿게 되었다. 이 장에서 우리는 건국의 아버지들이 잠정적으로 독립을 향해 움직이고, 한동안 불안정한 시기를 보낸 후 230년이 넘는 세월과 여러 차례의 수정헌법을 거쳐 오늘날 우리가 입헌민주주의라고 부르는 공화정 형태의 정부를 건설하는 복잡한 과정에 대해 살펴본다.[1]

혁명의 배경

혁명은 본질적으로 소란스러운 일이다. 미국혁명(1774~1783년), 프랑스혁명(1787~1800년), 러시아혁명(1917~1921년), 중국혁명(1911~1949년) 등 현대사의 대혁명 가운데 미국혁명을 제외한 모든 대혁명은 사회적 격변과 내전으로 귀결되었다. 미국의 경우에는 초기 불안정한 시기를 겪은 이후 건국 세대는 독립선언문의 혁명적 이상을 완벽하지 않은 미국 헌법의 토대로 고쳐 만들었다.[2]

독립선언문과 미국헌법은 미국 건국 문서이다. 우리가 이들 문서의 성격과 특징을 탐구해 보면, 우리는 토머스 제퍼슨, 에이브러햄 링컨, 프랭클린 루스벨트 등

많은 사람이 독립선언문이 미국정치의 목표를 수립했다고 믿었으며, 미국헌법은 그러한 목표를 구현하는 방안을 개략적으로 설명하고 있다는 것을 알게 될 것이다.

이 장에서는 맨 먼저 미국독립 투쟁 당시의 정치적 상황에 대해 살펴본다. 첫째, 우리는 영국이 북아메리카 식민지를 어떻게 통치했는지, 그리고 어떤 문제가 발생하여 150년 동안 지속된 제국주의 관계가 붕괴에 이르렀는지 탐구한다. 둘째, 혁명 직후 새로운 국가의 시민들이 선택한 주 수준 및 중앙정부 수준의 정치 제도는 무엇이며, 독립 후 첫 10년 동안 이들 제도와 관련하여 겪었던 문제가 무엇인지 탐구한다. 셋째, 미국헌법이 무엇인지, 헌법이 우리 정치에서 어떤 역할을 하는지 설명하고, 이 헌법 주요 조항을 강조한다. 넷째, 새 헌법에 권리장전을 추가하겠다는 약속이 비준 논의에서 어떤 역할을 했는지 탐구한다. 마지막으로 우리는 미국 역사의 흐름 속에서 어떤 헌법 개정 또는 수정헌법이 있었는지, 그리고 오늘날 가장 빈번하게 요구되는 헌법 수정 사안이 무엇인지 탐구한다.

식민지 정치환경

영국은 아메리카 식민지 통치를 미국 식민지 개척자들의 손에 맡겼다. 대부분 경우 지시하고 통제할 수 있는 기회가 항상 열려 있었지만, 런던의 제국주의 관리들은 식민지의 정치, 경제 문제에 깊게 관여하지 않는 길을 선택했다.

아메리카 식민지의 정치적 통제. 식민지 정부들의 기본구조는 서로 크게 다르지 않았다. 로크와 몽테스키외가 제시한 국민주권, 권력분립, 견제와 균형, 대의제, 양원제 등과 같은 친숙한 개념이 처음부터 존재했다.[3] 각 식민지 정부는 총독이 이끌었다. 일반적으로 총독은 식민지 의회를 소집 및 해산하고, 세금을 징수하고 세출을 제안하고, 제국법령 및 식민지법령을 집행하고, 군대를 지휘하고, 행정부 관료를 임명할 수 있는 권한을 가지고 있었다. 영국 국왕과 의회의 권력과 위엄이 식민지 총독의 뒷배 역할을 했다.

그러나 총독의 권한은 크게 제한되었고, 이러한 제한은 시간이 지남에 따라 더욱 심해졌다. 총독은 당시 전부는 아니지만 대부분 식민지 주민으로 구성된 식민지 의회에 직면했다. 식민지 의회 대부분은 총독이 임명하는 상원과 식민지 주민이 선출하는 하원으로 구성되었다. 흔히 총독 자문위원회(Governor's Council)라고 불리는 상원인 참의원은 하원과 식민지 주민들에 맞서 총독과 제국의 이익을 대변했다. 흔히 민의원(House of Representative), 버지스 총회(House of Burgesses), 또는 간단히 의회(Assembly)라고 불리는 하원은 식민지 총독의 자의적 행위를 통제하고 제한하기 위해 '지갑의 힘'을* 사용했다. 거의 모든 식민지에서 주민의 대표로 이루어진 하원이 총독과 상원보다 우세했다.

시민의 권리와 책임도 식민지마다 달랐다. 모든 식민지에서 투표 자격이 제한

* 역자 주

과세권을 비롯하여 세입, 세출 권한이 하원에 있었다.

되었다. 가장 일반적으로는 인종, 성별, 재산 보유 등에 근거한 제한이었다. 더 나아가 대부분 식민지에서는 공무 담임에 대한 자격 제한이 존재했다. 이러한 제한은 종종 인기 있는 공직일수록 더욱 엄격했고, 더 인기 있는 공직에 복무하기 위해서는 그에 앞서 덜 인기 있는 공직에 복무한 경험이 요구되었다.[4] 그럼에도 불구하고 식민지 미국의 평균적인 백인 남성 대부분이 재산 마련의 기회가 있었기 때문에 지구상 어느 곳보다 많은 남성이 경제적, 정치적으로 영향력을 행사했다.[5]

경제력의 증가. 미국혁명이 발발하기 이전 75년 동안 북아메리카에 있는 영국 식민지는 인구와 경제에 있어서 자급자족을 실현했다. 1700년부터 독립 시점까지 식민지 인구수는 25만 명에서 250만 명으로 약 20년마다 두 배로 늘어났다. 인구가 증가함에 따라 국내경제가 더욱 중요해졌고, 식민지 모국이 규제하는 무역은 확실히 이득이 감소했다.[6]

프랑스 위협 제거. 식민지의 사회적, 경제적 발전이 정치에 미친 영향은 캐나다에 존재하는 프랑스인들로 인해 한동안 겉으로 드러나지 않고 잠재되어 있었다. 이는 1750년대 중반부터 1763년까지 일어난 '7년전쟁'에서 영국제국과 프랑스제국의 대규모 군대가 세계 곳곳에서 충돌하는 동안 특히 그랬다. 북아메리카에서 이 전쟁은 '프랑스-인디언 동맹 전쟁'으로 알려져 있다. 7년전쟁에서 영국이 승리하여 캐나다는 영국의 식민지가 되었고, 이로써 적대적인 프랑스 군대가 가하던 위협이 사라졌다. 개척지에는 아메리카 인디언, 남부와 서부에는 스페인 사람 등 여전히 위험이 곳곳에 도사리고 있었지만, 지난 100년 동안의 가장 큰 위협이 제거된 듯했다.

영국제국 당국의 주장. 7년전쟁으로 영국은 전쟁 시작 당시보다 두 배나 많은 국가 부채를 떠안게 되었다. 영국정부의 관점에서는, 전쟁의 주요 부분이 북아메리카에서 벌어졌기 때문에 식민지 주민들이 전쟁 비용 일부를 부담하는 것이 합리적으로 보였다. 아메리카 식민지 주민들의 생각은 달랐다. 식민지 주민들은 런던에 있는 영국정부의 금고를 채우기 위해 아메리카 식민지 정부의 세입을 늘리고자 하는 증세 조치를 급격한 제국 관계의 변화로 간주했다.

과거에 식민지 미국에서 징수된 영국 세금은 제국 내 무역의 흐름을 관리하고 감독하기 위해 부과되었다. 물론 이러한 세금이 전적으로 환영받았던 것은 아니지만, 대부분의 아메리카 식민지 주민이 생각하기에 정당한 조치였다. 그러나 영국의 재정수입을 늘리기 위한 세금의 부과는 별개의 문제였다. 1764년 말 「설탕법(Sugar Act)」과 1765년 초 「인지세법(Stamp Act)」이 영국 의회를 통과하자, 각 식민지 의회와 **인지세법 회의**라는 이름의 식민지 의회들의 연합체가 항의와 불매 운동 위협에 나섰다. 자신들의 소중한 식민지 무역이 피해를 보고 있다는 런던 상

Q1 미국혁명을 촉발한 결정적 사건과 주장은 무엇인가?

인지세법 회의(Stamp Act Congress)
아홉 개 식민지의 대표들이 1765년 10월 뉴욕시에서 회의를 열고, 식민지에 직접 세금을 부과하려는 영국 의회의 시도에 대한 저항을 조율했다. 회의에 참석한 대표들은 식민지 의회만이 식민지에 세금을 부과할 수 있다고 주장하였다.

인들의 울부짖음(오늘날 이익집단 활동이라고 부르는 것)으로 인해 영국 의회는 1766년 2월 「인지세법」을 폐지하고 「설탕법」을 개정했다.

「인지세법」의 폐지를 만회하기 위해 의회는 「**선언법**」을 통과시켰는데, 이것은 '어떤 경우에도' 미국 식민지에 구속력을 갖는 법률을 제정할 수 있는 권리를 다시 명시한 법이었다. 영국 의회와 아메리카 식민지 사이의 관계는 계속 삐걱거렸으며, 1770년 3월 5일 **보스턴 대학살 사건**과 1773년 12월 16일 **보스턴 차 사건**에서 가장 뚜렷하게 갈등이 폭발했다. 보스턴 차 사건은 '보스턴 자유의 아들(Boston Sons of Liberty)'이 주도한 시민불복종운동이었다. 아메리카 원주민으로 변장한 '보스턴 자유의 아들'은 차에 부과된 세금에 반대하여 세 척의 배에 실려 있던 차를 보스턴 항구 바닷속에 던져버렸다. 이 유명한 세금 반대 운동의 이미지는 오늘날 티파티운동(Tea Party Movement)과 훨씬 더 최근의 코로나바이러스 봉쇄 반대 시위 자체에 도움을 준 것은 아니더라도 적어도 이미지에 도움을 주었다.

식민지의 계속되는 저항에 대한 영국 의회의 반응은 광범위하고, 단호하며, 선동적이었다. 영국 의회의 조치는 총체적으로 '**참을 수 없는 법**'이라고 알려지게 되었다. 첫째, 보스턴 주둔 영국군 사령관인 게이지(Thomas Gage) 장군이 매사추세츠 총독으로 임명되었다. 둘째, 시민들은 게이지 장군의 군대가 숙영할 수 있도록 자기 집을 내주어야 했다. 셋째, 보스턴 항구에서 무역 활동이 금지되었다. 넷째, 타운미팅이 중단되고, 총독 자문위원회 위원임명권이 식민지 의회로부터 국왕한테 넘어갔다. 다섯째, 직무상 범죄를 저지른 혐의로 기소된 영국 국왕의 관리들은 보스턴이 아닌 노바스코샤나 런던에서 재판받을 것임을 식민지 주민들에게 통보했다.

젊은 제퍼슨(Thomas Jefferson)은 많은 아메리카 식민지 주민을 대변하여, "단 한 번의 폭정 행위는 그날의 우연한 의견에 기인한 것일 수 있지만, [그러나] 변함 없이 일관되게 추구되는 일련의 억압은 우리를 노예로 만들려는 의도적이고 체계적인 계획을 명백하게 증명한다"라고 주장하였다. 제퍼슨의 결론은 똑같이 분명해 보였다. "외국의 폭정에 대한 복종은 범죄이다."[7] 아메리카 식민지 주민 거의 모두가 복종을 거부했지만, 자신들의 저항이 어떻게 귀결될지 아는 아메리카 식민지 주민은 거의 없었다.

독립을 향한 첫 걸음

아메리카 식민지 주민들이 저항을 결정하고, 런던의 당국

「선언법(Declaratory Act)」
1766년 3월 영국 왕과 영국 의회가 아메리카 식민지에 대해 구속력을 갖는 법을 '어떤 경우에도' 통과시킬 수 있는 권한이 있다고 선언하는 법안이 의회에서 통과되었다.

보스턴 대학살 사건(Boston Massacre)
1770년 3월 5일 영국군과 보스턴 폭도 사이에 충돌이 발생하여 식민지 주민 5명이 죽고 8명이 다쳤다.

보스턴 차 사건(Boston Tea Party)
보스턴 애국자들은 세금의 납부를 거부하고 보스턴 항구의 바닷속에 차를 던져버려, 식민지에 세금을 부과하려는 영국의 시도에 저항하였다.

참을 수 없는 법(Intolerable Acts)
1774년 봄, 보스턴 차 사건 및 이와 유사한 사건들에 대응하여 영국의 식민지 지배를 강화하는 법안들이 영국 의회에서 통과되었다.

출처: AP Photo

1770년 3월 5일 보스턴 대학살 사건에서 영국군과 식민지 주민들 간의 갈등이 폭발했다. 식민지 주민 5명이 즉사했고, 8명이 부상을 당했다. 나중에 부상자 2명이 추가로 사망했다. 제일 먼저 목숨을 잃은 사람은 시위를 주동했던 도망친 노예 크리스퍼스 애턱스였다.

자들이 저항에 대해 무력 진압을 결정한 후, 렉싱턴, 콩코드, 벙커힐, 그리고 독립으로 이어지는 일련의 사건이 발생했다. 의도에 대한 오해, 양측의 과민 반응, 대서양을 횡단해야 하는 의사소통의 어려움 등은 먼저 열띤 설전으로 이어졌고, 그런 다음 어느 쪽도 멈추는 방법을 모르는 위협과 폭력의 소용돌이에 휩쓸렸다.[8]

제1차 대륙회의.   1774년 5월 아메리카에서 '참을 수 없는 법'이 공표되자, 아메리카 식민지 주들은 공동 대응을 모색하기 위해 회의를 소집했다. 조지아주를 제외한 모든 주가 제1차 **대륙회의**에 보낼 대표단을 임명했다. 제1차 대륙회의는 1774년 9월 5일 필라델피아에서 회의를 개최하고 논의를 시작했다.

당시 독립은 의제에 포함되어 있지 않았다. 대표들 대부분은 아메리카 식민지와 영국 사이에 발생한 균열이 치유되길 희망했다. 따라서 대륙회의는 두 개의 위원회를 구성했다. 첫 번째 위원회는 불만 사항을 명시하고 구제를 요구하는 청원서를 작성하는 임무를 맡았고, 두 번째 위원회는 식민지에 부여된 무역 및 제조 권리를 명시하고 이러한 권리의 근거를 확인하는 임무를 맡았다. 이들 위원회의 활동 결과를 바탕으로 작성된 청원서가 대륙회의에서 통과되어 국왕과 런던의 의회에 전달되었다. 제1차 대륙회의 대표들은 필요한 경우 다음 해 봄에 제2차 대륙회의를 개최하기로 합의하고 1774년 10월 26일에 휴회를 선언했다.

혁명 활동.   영국의 당국자들은 대륙회의가 미국에서 열렸다는 단순한 사실 자체를 영국에 대한 저항으로 받아들였다. 미국의 청원은 즉각적으로 거부되었고, 영국 의회 내에서의 논의는 무력 사용으로 급속하게 기울었다. 영국 의회는 보스턴에 증원군을 파병하고, 보스턴에 대한 무역 제재를 뉴잉글랜드 전역으로 확대했으며, 게이지 장군에게 식민지 반군이 사용할 수 있는 무기와 군수품을 압수하라고 명령했다. 당시 몇몇 식민지의 대리인으로 런던에 머물고 있던 벤저민 프랭클린은 대륙회의에 전갈을 보냈다. "3개의 보병 연대, 1개의 특수 기병 연대, 700명의 해병대원, 6개의 전함, 2척의 프리깃함에 지금 즉시 아메리카로 떠나라는 명령이 내려졌다."[9]

양측의 각오와 단호한 태도가 결국 1775년 4월 19일 아침 일찍 폭력 사태를 야기했다. 무기를 빼앗기 위해 보스턴을 떠난 영국군이 렉싱턴과 콩코드에서 식민지 민병대와 충돌했다. 어느 곳에도 군사 장비를 발견하지 못한 영국군은 보스턴으로 철수하려고 했다. 영국군은 행군 도중 내내 민병대의 공격으로 상당한 피해를 입었다. 영국군 행군대열이 마침내 보스턴에 도달하자, 민병대는 시골 지역으로 더 이상의 침입을 막기 위해 보스턴시를 둘러싼 언덕 위에 방어 진지를 구축하였다.

양측 모두 피를 보았지만, 많은 식민지 주민은 여전히 화해를 희망했다. 그럴 수 있는 일이 아니었다. 이 불안정한 상황에 페인(Thomas Pain)이라는 이름을

대륙회의(Continental Congress)
1774년 9월에 소집되어, 1775년 5월부터 영국의 정책에 반대하는 시위와 혁명을 조정하기 위해 열렸다. 1781년 3월 1일 연합규약(Articles of Confederation)이 발효되면서 대륙회의는 연합회의(Confederation Congress)로 대체되었다.

가진 최근 아일랜드에서 이주한 이민자가 끼어들었다. 페인은『상식론(*Common Sense*)』이라고 하는 선동적인 소책자에 그 순간의 감정을 담았다. 페인은 조지왕을 '왕실의 야수'라고 비난하고 즉각적인 독립을 촉구하며, "미국의 대의는 대부분 모든 인류의 대의"라고 선언했다.『상식론』은 1776년 첫 3개월 동안 12만 부가 팔렸고, 일반대중의 논의 분위기는 대결 쪽으로 바뀌었다.

제2차 대륙회의. 1775년 5월 초 제2차 대륙회의에 참석하기 위해 다시 필라델피아로 떠난 뉴잉글랜드 대표들은 보스턴 외곽 언덕 위에 진을 치고 있는 애국자들을 돕기 위해 보스턴을 향해 이동하는 민병대로 꽉 막힌 도로로 여행했다. 남부 식민지에서 도착한 대표들은 확고한 지지를 약속했다. 1775년 5월 10일까지 49명의 대표가 참석했는데, 모두가 사실상 제1차 대륙회의에 참석했던 대표들이었다.

제2차 대륙회의는 대륙군을 조직하기로 합의했다 (실제로는 보스턴 주변의 군대를 대륙군으로 수용했다). 버지니아주 대표인 워싱턴(George Washington) 대령이 이 새로운 군대의 총사령관으로 임명되었다. 대륙회의는 또한 외국으로부터 차관을 빌리고, 외국정부, 특히 프랑스정부와의 접촉을 승인했다. 프랑스는 적국인 영국을 힘들게 하려는 사람이라면 누구든 도와줄 것으로 기대되었다.

독립선언문

1776년 5월 15일, 버지니아주 하원은 자기 주의 대륙회의 대표들에게 독립을 제안하라고 지시하기로 의결했다. 1776년 6월 7일, 버지니아주 대표 리차드 헨리 리(Richard Henry Lee)가 결의안을 제출했다. "이 연합 식민지들은 자유로운 독립 국가들이며, 그리고 마땅히 그래야만 하며, 영국 국왕에 대한 모든 충성할 의무는 면제되었고, 식민지들과 대영제국 사이의 모든 정치적 관계는 완전히 단절되었고, 그리고 마땅히 단절되어야만 한다." 리차드 헨리 리의 결의안은 각 주 대표들이 각자 그 의미를 되새겨 볼 시간을 갖도록 처리가 보류되었다.

1776년 6월 10일, 대륙회의는 토마스 제퍼슨, 존 애담스, 벤저민 프랭클린, 로저 셔먼, 로버트 R. 리빙스턴 등 주요 의원 5명으로 위원회를 구성하고 리의 결의안에 대한 설명과 정당성을 준비하도록 했다. 제퍼슨이 뛰어난 글솜씨로 명성이 높았기 때문에 위원회는 제퍼슨에게 초안 작성 임무를 맡겼다. 제퍼슨의 독립선언문 초안은 대부분 프랭클린과 애담스에 의해 약간 수정되어 전체 회의에 제출되었다. 7월 초 대륙회의에서 논의와 수정을 거쳐 7월 4일 채택된 이 위원회의 산출물이 우리가 **독립선언문**이라고 부르는 문서이다. 사실, 실제 선언문인 헨리 리의 결의안은 독립선언문보다 이틀 앞서 통과되었다.

수십 년 후, 제퍼슨은 독립선언문을 작성할 때 "아리스토텔레스, 키케로, 로크, 시드니 등과 같은 공공 권리에 관한 기본적인 책들"을 참고했는데, 왜냐하면

독립선언문(Declaration of Independence)
이 문서는 미국 식민지가 영국으로부터의 독립을 선언하기로 한 결정을 설명하고 정당화하기 위해 1776년 7월 4일 대륙회의에서 채택되었다.

출처: North Wind Picture Archives via AP Images

제퍼슨과 그의 동료들이 독립선언문을 준비하고 있다. 독립선언문은 영국으로부터 미국이 독립해야 하는 정당한 이유를 제시하기 위한 것이었다.

이것들이 일반대중의 마음속에 자리 잡고 있었기 때문이라고 설명했다.[10] 특히 로크(John Locke)의 사회계약론이 남긴 흔적을 독립선언문에서 확실하게 찾아볼 수 있다 (이 책 뒷부분의 '부록 1'에 독립선언문이 실려 있다). 제퍼슨은 인권, 즉 개인의 안전, 존중, 자기 계발 등의 권리를 미국의 약속의 핵심으로 삼았다. 선언문의 당연히 유명한 두 번째 문단은 다음과 같다. "우리는 다음을 자명한 진리라고 믿는다. 모든 사람은 평등하게 태어났고, 창조주로부터 일정의 양도할 수 없는 권리를 부여받았으며, 그 권리 중에는 생명, 자유, 행복의 추구가 있다. 인류는 그러한 권리를 수호하기 위해 정부를 조직하였으며, 정부의 정당한 권력은 피통치자의 동의로부터 나온다. 어떤 형태의 정부이든 정부가 이러한 목적을 파괴할 시에는 그 정부를 고치거나 폐지하여 인민의 안전과 행복을 가장 효과적으로 가져올 수 있는 그러한 원칙에 기초하여 그러한 형태로 권력을 조직하여 새로운 정부를 세우는 것이 인민의 권리이다."

해당 단락의 첫 문장은 두 가지 점을 강조한다. 첫째, '생명, 자유, 행복의 추구' 등 '양도할 수 없는 권리'를 '자명한' 것으로, 즉 증명과 논쟁이 필요 없는 것으로 규정하고 있다. 자명하다는 개념은 주변에서 볼 수 있는 차이와 불평등의 존재에도 불구하고 자유로운 사회는 사람들을 근본적으로 평등하게 대해야 한다는 놀라운 말이다. 더욱이, '그 권리 중에는'이라는 간단한 문구는 생명, 자유, 행복의 추구 이외에도 또 다른 자명하게 양도할 수 없는 권리가 있을 수 있으며 아마도 그럴 것임을 암시한다.

둘째, 생명, 자유, 재산 등으로 규정한 존 로크의 기본권 개념은 제퍼슨이 재산을 '행복 추구'로 대체함으로써 상당히 완화되고, 확대되고, 풍부해졌다. 로크와 마찬가지로 제퍼슨도 생명과 자유를 기본권으로 인식하였다. 제퍼슨이 재산을 중시했다는 것은 의심의 여지가 없지만, 재산은 방어적이고 배타적인 반면, '행복의 추구'는 열려 있는 약속이다.

독립선언문은 자유로운 사람들이 사회계약을 통해 질서와 안전을 창출하고자 정부를 만들며, 만약 정부가 그렇게 하지 못한다면, 정부를 다시 새롭게 설계하거나 교체할 수 있다고 주장한다. 왕은 거듭된 자의적 행동과 폭압적인 행동으로 계약을 위반했다. 미국의 식민지 주민들은 영국 및 영국 왕과의 관계를 끊고 자신들만의 방식으로 정부를 수립해야 한다고 결론지었다. 독립선언문은 대륙회의의 독립 결정과 그 결정의 이면에 감춰져 있는 이유를 세상에 알렸다. 하지만, 독립선언문은 그보다 더 많은 것을 했다. 제퍼슨의 선언은 미국 공공생활의 목표, 즉 생명, 자유, 행복 추구에 대한 약속을 긍정적이고 발전적인 언어로 정의했으며, 이는 모든 후속 세대의 미국인들을 흥분시키고 도전하게 했다. 이러한 약속이 여성과 억압받는 사람들에게 지켜지도록 하는 일은 미국 역사에서 느리고 힘든 작업이었다.

오늘날 우리는 독립선언문을 미국의 정치적 약속과 가치를 훌륭하게 표현으로 위대한 문학적 성취로 생각한다. 그것에 서명한 사람들은 무척 다르게 이해했다. 서명한 사람들 각자는 자신이 독립선언문에 서명하는 것이 사실상 반역죄를 자인하는 것임을 알고 있었다. 프랭클린(Benjamin Franklin)은 그러한 순간에 단결의 중요성을 일깨워 주었다. "여러분, 우리는 뭉쳐야 합니다. 그렇지 않으면 우리는 분명히 따로따로 교수형을 당할 것입니다."

혁명기의 거버넌스

1776년 5월 대륙회의는 아직 독립혁명에 미온적이었던 주들에게 영국과의 관계를 기반으로 한 기관들을 폐지하고 그들 고유의 권한에 근거한 정부를 수립할 것을 아직 그렇게 하지 않은 주들에게 권고했다. 이것은 처음 드러난 것보다 훨씬 더 복잡한 지시였다. 영국을 포함하여 세계 어느 나라에도 아직 성문헌법은 존재하지 않았다. 식민지들은 글로 쓰인 칙허장을 갖고 있었지만, 그것은 영국 법률과 제도의 우월한 권위를 전제로 한 것이었다. 1776년에만 10개 주에서 헌법이 새롭게 제정되거나 개정되었다. 1776년부터 1787년까지 13개 주 중 12개 주(로드 아일랜드를 제외한 모든 주)가 적어도 한 번 이상 새로운 헌법을 제정했다. 미국 헌법의 설계자들은 예시와 영감을 얻기 위해 이 주헌법들을 활용했다.

미국의 경험에 따르면 헌법은 정부의 구조와 권한을 설명하고 규정하는 문서이다. 대개의 경우 헌법은 정부의 목표와 목적을 설명하는 전문으로 시작하며, 정부가 시민의 자유와 자유를 침해하는 것을 금지하도록 고안된 권리장전을 포함한다. 일반적으로 번호가 매겨진 일련의 조와 항으로 이루어진 헌법 대부분은 정부의 구조와 그 각 부분이 서로 어떻게 연관되어 있는지, 그들 각각의 권한은 무엇인지, 어떻게 이러한 공직을 선출 또는 임명하는지 설명한다. 헌법은 정치의 기본 틀을 세우고, 정당화한다. 헌법은 일반 법률 및 정부의 기타 결정보다 우선하고 우월하므로 국민투표에 의해 승인되어야 하며 국민투표에 의해서만 개정 또는 수정될 수 있다.[11] 헌법은 모든 시민이 공직자 당선 규칙과 각 공직이 갖는 권리와 한계를 인식하게 하기 때문에, 패배한 후보자의 지지자들은 패배가 합법적이고 공정하다고 생각하여 다음 선거가 있을 때까지 기다릴 가능성이 높다. 승자의 승리가 정당하다고 생각하는 선거 패배자는 질서 있는 민주주의 정치를 위해 매우 중요하다.

Q2 최초의 주헌법은 제도적 설계와 권한 배분에 있어 어떤 변화가 있었는가?

1776년에 관심의 초점은 주헌법의 개정에 있었지만, 미국인들은 중앙 권력도 필요하다는 사실을 예리하게 인식하고 있었다. 1777년에 대륙회의는 연합규약을 작성했지만 1781년까지 공식적으로 승인받지 못했다. 이러한 초기 노력은 그 후 10년 동안에 걸친 재검토, 조정, 개혁 등을 필요로 했다.

독립이 헌법의 변화를 촉발하다

자유, 평등, 인민 주권이라는 수사에 기반한 무장 저항과 궁극적으로 혁명에 대한 요구는 광범위한 정치적 변화를 촉발시켰다. 정치제도는 귀족 정치적인 요소에서 권력을 제거하고 민주주의적인 요소에 권력을 추가하는 방향으로 재설계되었다. 혁명의 격앙된 수사에도 불구하고, 권리와 자유가 이전에 권리를 누리지 못했던 여성, 노예, 아메리카 인디언 집단에까지 확대되어야 한다고 상상한 백인 남성은 거의 없었으며, 그것을 주장한 백인 남성은 더더욱 없었다.

주헌법. 비록 기관 내 및 기관 간의 권력분배가 크게 바뀌었지만, 대부분의 새로운 주헌법들은 상·하원을 가진 입법부와 주지사가 이끄는 행정부의 기본구조를 유지했다. 1776년의 모든 주헌법들에서, 대부분의 권력은 입법부의 하원에게 주어졌다. 구정권의 군주적이고 귀족적인 요소들을 암시하는 주지사와 상원인 참의원은 영향력이 감소했다. 주지사는 흔히 거부권, 임명권, 예산 통제권을 잃었다. 대중의 참여는 흔히 확대된 참정권과 매년, 혹은 기껏해야 2년에 한 번씩 열리는 선거를 통해 보장되었다.

새로운 주헌법은 배심원 재판, 표현의 자유, 언론의 자유, 집회의 자유, 불합리한 수색과 평시 상비군으로부터의 보호 등 전통적으로 백인 남성이 누려온 개인의 권리와 자유에 대한 보호를 더욱 확대하고 명시하는 데 주의를 기울였다. 이러한 권리 및 이와 유사한 다른 권리는 사회와 시민에 영향을 미치는 정부의 권력을 통제하고 제한하는 기본법의 일부로 널리 인식되었다. 혁명의 열정 때문에 대부분의 주는 적어도 한동안 자유 흑인 남성에게 투표권을 허용했다.

연합규약. **연합규약**은 시민들로 구성된 국가가 아니라 주들로 구성된 '연합'을 생산했다 (연합규약은 이 책 말미의 '부록 2'에 있다). **연합회의**의 각 주 대표단은 한 표씩 소유했고, 연합회의 의장직은 각 주에서 돌아가며 맡았다. 행정부도, 사법부도, 권력분립도, 견제와 균형도 없었다. 혁명으로 인해 미국인들의 통합의식은 높아졌지만, 아직 하나의 국가를 형성하자는 생각은 없었다.

연합규약은 연합회의에 대사의 파견과 접수, 조약 및 동맹의 협상, 전쟁과 평화의 결정 등을 포함하여 외교정책에 대한 권한을 부여했다. 연합회의는 동전을 주조하고, 도량형 기준을 정하고, 우편제도를 확립하고, 각 주의 변경 지역에 거주하는 아메리카 원주민과의 교역을 규제하고, 연합회의 통제하에 복무하는 육군 및

연합규약(Articles of Confederation)
1776년과 1777년 대륙회의에서 제정된 미국 최초의 중앙정부를 설명하는 규약으로 1781년 3월 1일에 마침내 채택되었다. 이 연합규약은 1789년 3월 4일에 미국헌법으로 대체되었다.

연합회의(Confederation Conrgress)
연합회의는 1781년 3월 1일 창립된 이후 1789년 3월 4일 미국헌법이 발효되면서 새로운 연방의회로 대체될 때까지 연합규약에 따라 운영되었다.

2장 혁명과 헌법 **37**

해군 부대의 고위 장교를 임명하는 권한을 가지고 있었다. 연합회의는 차관을 빌릴 수 있고, 전쟁을 수행하고, 연합회의의 다른 활동을 지원하는 데 필요한 재정, 인력, 자원을 연합회의에 참여한 주들에게 요청할 수 있는 권한을 가지고 있었다.

반면에 연합회의는 특정 주요 권한은 전혀 갖고 있지 못했다. 연합회의는 주간의 무역과 상업을 규제하거나 개별 주의 시민들에게 세금을 부과할 권한이 없었다. 연합회의의 유일한 국내 수입원은 각 주에 요청하는 것이었다. 마지막으로, 연합규약의 수정에는 13개 주의회의 만장일치 승인이 요구되었다. 규약 수정의 필요성이 다른 모든 주들에게 아무리 중요해 보이더라도 적어도 한 주는 항상 반대하였기 때문에 어떤 수정안도 통과될 수 없었다. 연합규약이 연합회의에 부여한 권한에도 불구하고 현실은 주정부가 거의 완전한 주권을 유지하였고, 적절하다고 판단될 때만 연합회의의 결정에 복종했다.

아직 건국되지는 않았지만, 독립을 향해 나아가고 있는 나라에서, 연합규약이 갖고 있는 결점과 취약성으로 인해 많은 사람이 좌절했고, 워싱턴 장군을 포함한 몇몇 사람들은 분노를 터트렸다. 문제의 근본은 연합회의가 각 주로부터 전쟁에 필요한 병력과 물자를 징발할 수는 있지만, 전적으로 따를 것인지, 부분적으로 따를 것인지, 전혀 따르지 않을 것인지 여부를 돈에 쪼들리는 주가 결정한다는 점이었다. 1776년에서 1777년 사이의 겨울 동안 밸리포지에서 고통을 당했던 워싱턴 군대의 이야기는, 대부분 보급이 원활하지 못했던 상황에 대한 이야기이며, 비일비재했던 수많은 이야기 중 하나일 뿐이다. 당연히, 큰 주는 작은 주가 연합회의에서 동등한 투표권을 가졌다는 사실에 발끈했고, 큰 주든 작은 주든 불문하고 대부분의 주들은 각 주가 홀로 연합규약의 개정을 막을 수 있다는 사실에 좌절했다. 독립이 확정된 후에도, 상업적인 분쟁을 해결하지 못하거나 심지어 계속해서 정족수를 채우지 못하는 연합회의의 무기력함으로 인해 새로운 국가의 미래를 비관적으로 보는 사람들이 많았다.

'중대한 시기'의 정치적 불안정

변덕스러운 주의회와 허약하고 가난한 연합회의로 인해 신생국 미국은 불안정하게 표류하였다. 점점 더 미국인들은 주 행정부와 주의회 상원이 약화되었을 뿐 아니라 중앙정부 차원에서 이들 기관의 부재로 인해 미국정부가 사회의 안정을 보장하고 경제성장을 촉진하는 데 어려움을 겪는다고 믿게 되었다. 주정부들은 주헌법의 개정을 통해 이러한 불안정을 해결하려고 했다. 1780년까지 뉴욕주와 매사추세츠주는 주지사와 상원의 권한을 다시 복원하는 새로운 헌법을 채택했다.

특히 로드아일랜드주와 펜실베이니아주, 노스캐롤라이나주, 조지아주 등 또다른 주들은 위험한 포퓰리즘에 휩쓸리는 것처럼 보였다. 투표권이 확대되었고 때로는 가난한 농부나 채무자 등 새로운 유권자들이 시의회와 주의회 의원 자리를 차지하기 위해 전통적인 엘리트들에게 도전했다. 전시 인플레이션은 재산 가치의 변동을 위협했고, 주의회는 종종 가난한 채무자의 편에 섰다. 항상 포퓰리즘이 야기하는 혼란을 경계하던 재산과 부를 가진 사람들은 질서, 안보, 번영을 회복하기 위해서는 지나치게 민주적인 주정부를 억제할 수 있는 중앙정부가 필요하다고 결론지었다. 새로운 유권자들은 신중한 입장이었지만, 전통적인 엘리트들이 이 상황을 주도했다.

아나폴리스 회의. 1786년 버지니아는 상업적 규제를 논의하기 위해 주 간 회의를 제안했다. 체서피크 교역에 관한 메릴랜드와 버지니아 간의 분쟁이 핵심 사안이었지만, 일반적인 상업적 권고안이 만들어지기를 바라는 마음에서 다른 주들도 초청되었다. 뉴욕, 뉴저지, 펜실베이니아, 델라웨어, 버지니아 등 5개 주의 대표단이 참석했다. **아나폴리스 회의**는 9월 11일에 열렸고 교역 문제는 주들이 함께 다루어야 하는 광범위한 연방 문제에 속한다는 데 동의했으며, 9월 14일에 휴회하였다. 연합회의와 각 주에 보낸 이 보고서는 "연방의 긴급 상황에 적합한 연방정부의 헌법을 제정하기 위해" 1787년 5월에 필라델피아에서 총회를 개최할 것을 요청했다. 필라델피아 회의가 무척 중요한 회의가 될 것임을 암시하는 사건들이 중첩해서 일어났다.

셰이즈의 반란. **셰이즈의 반란**은 실질적으로는 사소한 분쟁에 불과했지만, 많은 사람은 이 반란을 앞으로 다가올 더 나쁜 상황에 대한 경고로 받아들였다. 매사추세츠 주지사 보우도인(James Bowdoin)이 이끄는 보수적인 행정부가 토지세를 인상했다. 이는 매사추세츠 중부 및 서부의 소규모 농민들에게 큰 부담으로 작용하였으며, 많은 농장이 체납으로 압류되는 경우가 비일비재했다. 혁명전쟁 참전용사이자 지역 공무원이었던 셰이즈(Daniel Shays)가 이끄는 농민들은 1786년 8월부터 그해 겨울 내내 법원을 폐쇄하고, 무력으로 압류에 저항하였으며, 질서 회복을 요구하는 지역 민병대와 충돌했다.[12]

1787년 2월에 주로 보스턴의 상인과 상인들이 사재를 내어 모금한 2만 달러를 지원받은 주 민병대가 일련의 전투를 통해 반란군을 격퇴했다. 셰이지트(Shaysite, 셰이즈 추종자 – 역자주) 갈등의 여러 측면이 질서가 회복된 후에도 전국의 보수주의자들에게 깊은 우려를 남겨주었

아나폴리스 회의(Annapolis Convention)
1786년 9월 메릴랜드주 아나폴리스에서 주 간의 통상에 대한 주정부의 규제로 인해 발생하는 문제를 논의하기 위해 열렸다. 이 회의는 제헌회의(Constitutional Convention)의 개최를 요청하는 사전 회의 역할을 했다.

셰이즈의 반란(Shays's Rebellion)
1786~1787년 겨울에 매사추세츠주에서 발생한 농민봉기. 이 사건으로 많은 미국인은 주정부가 갖는 정치적 불안정을 피하려면 좀 더 강력한 중앙정부가 필요하다는 확신을 갖게 되었다.

출처: North Wind Picture Archives via AP Images

셰이즈가 이끄는 매사추세츠 농부들은 1786~1787년 겨울 동안 높은 세금과 억압적인 정부에 맞서 봉기했다. 이 그림에서 묘사된 이 운동은 '셰이즈의 반란'으로 불리게 되었다.

다. 첫째, 그들은 아리스토텔레스, 폴리비우스, 몽테스키외로부터 부자와 가난한 사람의 대립으로 인한 국내 불안이 역사적으로 대중 정권의 전형적인 실패 양상이 었음을 익히 알고 있었다. 둘째, 매사추세츠주에서 이런 일이 일어났다는 사실은 최고로 좋은 주헌법이라고 할 수 있었던 1780년 매사추세츠주 헌법조차 평화와 안정을 담보할 수 없음을 시사했다. 연방헌법 개혁이 유일하게 남은 해결 기회인 것처럼 보였다.[13]

제헌회의

아나폴리스 회의의 실패와 셰이즈의 반란에 대한 우려로 인해 1787년 5월부터 9월까지 필라델피아에서 개최된 **제헌회의**(연방회의라고도 한다)에 큰 관심이 쏠렸다. 가장 큰 주이자 가장 유명한 주인 버지니아는 조지 워싱턴, 에드먼드 랜돌프 주지사, 제임스 매디슨, 조지 메이슨 등으로 구성된 대표단을 파견했다. 다른 주에서도 자신의 주의 가장 중요한 시민을 대표로 보냈다. 이들은 독립한 지 불과 10년밖에 되지 않은 새로운 국가가 고대 시대부터 대중 정부의 특징이었던 불안정이라는 전통적 징후가 나타나기 시작했다고 우려했다.

　제헌회의에 참석한 대표들은 역사와 경험으로부터 제한정부, 권력분립, 견제와 균형, 양원제, 연방주의 등 여전히 해결되지 않은 '공화주의적 헌정주의'의 여러 퍼즐 조각을 얻었지만, 그 조각들이 어떻게 결합되어 시간이 흐르면서 정의, 힘, 안정 등을 만들어내는지에 대한 설득력 있는 설명은 얻지 못했다. 대표들 대부분은 중앙정부가 강화되어야 하며, 이는 적어도 상업을 통제하고 세금을 징수할 수 있는 권한이 연합회의에 있어야 함을 의미한다는 점에 인식을 같이했다. 그러나 이것은 중앙정부에는 법을 집행하는 행정기관과 분쟁을 해결하는 사법기관이 필요하다는 것을 의미했다. 그럼에도 불구하고, 필요한 개혁이 합쳐져서 진정한 중앙정부의 수립으로 이어질지 아니면 단지 기존의 연합규약을 손보는 일련의 수정으로 이어질지 아직 불확실했다.[14]

대표들과 그들의 개인적 배경

12개 주에서 온 55명의 대표(로드아일랜드는 대표 파견을 거부하였다)가 모여, 연방회의에 일정 기간 참여했다. 39명의 대표가 끝까지 남아 최종 문서에 서명했다. 대표들은 상대적으로 젊고, 일반적으로 교육수준이 높았으며, 일반적으로 해당 주의 사회적, 경제적, 정치적 엘리트에 속하는 경우가 많았다.[15]

　대표들 대부분은 이미 다양한 공무를 경험한 적이 있었다. 24명은 1774년부터 1781년 사이에 대륙회의에서 활동했고, 39명은 1781년부터 1787년 사이에 연합회의에서 활동했다. 21명은 혁명전쟁에서 무기를 들고 싸웠고, 7명은 자

제헌회의(Constitutional Convention)
1787년 5월 25일부터 9월 17일까지 필라델피아에 모여서 미국헌법을 제정했다. 연방회의(Federal Convention) 또는 필라델피아회의(Philadelphia Convention)라고도 한다.

Q3 연합규약은 미국헌법과 어떤 점에서 달랐나?

신의 주에서 주지사로 일했고, 총 46명은 주의회 의원이었다. 그들은 신생국 미국이 직면한 문제를 직접 경험했고, 정치무대에서 해결 방안을 도출하는 방법도 알고 있었다.[16]

기본원칙의 토대

각 주의 대표들은 그들 앞에 놓인 가장 근본적인 정치적, 헌법적 쟁점에 대해 대체적으로 의견을 같이했다. 그들은 일반적으로 알려진 역사적 지식과 당시 주 및 중앙 정치제도의 경험을 활용했다. 그 결과, 실제로 논의 테이블에 오른 정치원칙과 제도적으로 가능한 대안의 범위는 무척 한정적이었다.[17]

대표들은 자신들이 제한정부를 원하지만, 이미 판명된 연합규약보다 힘이 강한 정부가 있을 수 있다는 것을 알고 있었다. 그들은 정부에, 특히 멀리 떨어져 있는 중앙정부에 좀 더 많은 권력을 부여하는 경우 그 권력을 분산하고 제한하는 데 세심한 주의를 기울여야 한다는 것을 알고 있었다. 불행히도 아무도 이를 실현할 수 있는 구체적인 방법을 알지 못했다.

제한정부와 성문헌법의 아이디어. 존 로크는 개인의 기본권과 국민주권에 입각하여 제한정부를 주장했다. 그러나 성문헌법은 미국인의 발명품이었다. 건국자들은 성문헌법이 정부의 기관과 기관 사이 및 기관 내부의 권력을 정확하게 배분하고 제한할 수 있다고 믿었다. 그러면 시민들은 권력이 커지거나 그 체제 내에서 이동하지 않도록 감시할 것이다.[18]

대의제 정부(representative government)
국민이 직접 정부 업무를 수행하는 것이 아니라 선출된 국민의 대표가 정부의 업무를 수행하는 정부형태.

대의제 정부. 거의 400만 명에 달하는 인구와 뉴햄프셔주에서 조지아주까지, 대서양에서 미시시피까지 걸쳐 있는 커다란 영토를 가진 이 나라에서 아테네나 뉴잉글랜드 타운미팅을 모델로 하는 직접민주주의는 불가능했다. **대의제 정부**는 투표권을 가진 사람들이, 즉 일반적으로 재산을 소유한 백인 남성들이 실제로 통치할 사람을 자신 중에서 선택할 것을 요구했다. 그럼에도 불구하고, 확실하게 안정적이고 효과적인 결정을 내릴 수 있는 대의기관을 어떻게 설계할지는 전혀 확실하지 않았다. 어떤 사람들은 국민 개개인의 실제 삶으로부터 너무 멀리 떨어져 있는 중앙정부의 대의기구는 국민의 요구에 제대로 반응하지 않을 것이라고 우려하였고, 반면에 또 어떤 사람들은 지방정부의 대의기구는 본질적으로 불안정하다고 우려했다.

연방제(federalism)
일부 권한은 중앙정부에 주어지고, 또 일부 권한은 지방정부에 주어지며, 과세 권한과 같은 일부 권한은 중앙정부와 지방정부가 동시에 행사하는 정부형태이다.

연방제. 이어지는 다음 장에서 좀 더 자세히 살펴보겠지만, **연방제**는 정부의 권한을 중앙정부 수준과 지방정부 수준으로 나누는 정부형태이다. 제헌회의를 소집한 주요 이유 중 하나는 중앙정부와 주정부 간의 권한 배분을 조정하기 위해서였다. 그럼에도 불구하고, 주정부에 대한 애착이 무척 강했다. 적어도 일부 주정부는 식민지 정부 시절부터 시작하여 150년 동안 존재해 왔다. 따라서 대표들 대부분은 통합된 중앙정부에 지나치게 치중하는 방안이 어려움에 직면할 것임을 분명히 알고 있었다.

권력분립. 제1장에서 살펴보았듯이 **권력분립**을 뒷받침하는 기본적인 통찰은 매우 오래되었다. 로마 공화정은 소수의 부자 계급과 다수의 가난한 계급이라는 두 개의 사회 계급마다 별도의 기관과 관리를 두어 이들 계급 각자의 고유한 이익이 보호될 수 있도록 조직되었다. 17세기와 18세기에 로크와 몽테스키외는 고유한 정부 업무를, 즉 가장 중요하게는 법을 만드는 입법 업무와 법을 집행하는 행정 업무를 분리해야 한다고 주장했다. 미국의 건국과 함께 비로소 사법기능이 정부의 세 번째 고유 업무로 인식되었다.

단순한 권력분립이 갖는 문제는, 로크(John Locke)와 같은 권위자가 지적하였듯이 입법권을 최고 권력으로 만든다는 점이다. 법을 만드는 권한은 단순히 법을 집행하는 권한보다 더 근본적인 권한이다. 만약 정치권력이 위험하고, 그리고 건국 세대도 그렇게 생각했다면, 입법부에 집중된 권력이 문제였다.

견제와 균형. 견제와 균형과 권력분립이라는 두 개념은 건국 초기에도 자주 함께 생각되었고 오늘날에도 여전히 그러하지만, 두 개념은 서로 다르다. 사실, 견제와 균형은 순수한 권력분립과 관련된 문제에 대한 해결책을 제시한다. 견제와 균형은 한 기관의 행위자에게 다른 기관의 활동에 대한 역할이나 영향력을 부여함으로써 순수한 권력분립을 모호하게 만든다. 입법행위에 대한 행정부의 거부권, 조약 체결 및 행정부 고위직 인사의 임명에 입법부의 관여, 입법부와 행정부의 행위에 대해 위헌을 결정할 수 있는 사법부의 권리는 모두 제도적 권력분립을 침해하는 견제이다. 입법권을 상하 양원으로 나누는 **양원제**는 권력분립의 원칙을 침해하지 않는 견제이다.

공통 원칙에 대한 폭넓은 합의에도 불구하고, 대표들은 역사적으로 이러한 원칙이 실제 중앙정부에서 구현된 사례가 없다는 사실을 인식하고 심각해졌다. 주헌법에는 이러한 원칙 중 많은 부분이 포함되어 있었지만, 많은 대표에게 더 강력한 중앙정부가 필요하다고 확신하게 한 것은 주정부의 불안정성이었다. 대표들은 자신들 앞에 새로운 중앙정부의 많은 조각이 놓여 있다는 점을 알지만, 그 조

권력분립(separation of powers)
정부의 특정한 권력이, 즉 가장 명백하게는 입법권과 집행권, 그리고 나중에 사법권이, 각각 따로따로 소유되어야 한다는 생각.

견제와 균형(checks and balances)
정부의 각 부가 서로 다른 부를 견제하고 균형을 유지할 수 있도록 정부의 권력을 분산시켜야 한다는 생각.

양원제(Bicameralism)
단원제 또는 1원제 입법부가 아닌 2원제 입법부.

출처: The Granger Collection, New York

조지 워싱턴은 1787년 5월 25일부터 9월 17일까지 열린 연방회의를 주재했다. 미국 혁명군을 승리로 이끈 워싱턴은 미국에서 가장 신뢰받는 인물이었다. 의장으로서 그의 차분하고 진지한 태도 덕분에 연방회의 구성원들은 당면한 과제에 집중할 수 있었다.

각들을 어떻게 서로 끼워 맞춰 조립해야 할지는 알지 못한 채 제헌회의 개최를 초
조하게 기다렸다.

제헌회의 토론

필라델피아로 향하는 대표들은 제한정부와 대의제 정부, 연방제도, 권력분립, 양
원제, 견제와 균형 등의 생각에 대해 대체적으로 동의했지만, 일단 논의가 시작된
후에는 이러한 동의가 어떻게 귀결될지는 매우 불투명했다. 북부 주들은 남부 주
들과 다른 이해관계를 가지고 있었고, 큰 주는 자신의 주의 더 많은 인구수와 경제
적 부를 반영히여 중앙정부 치원의 의회에서 더 큰 영향력을 갖고 싶어 했다. 작은
주는 압도당할 것을 두려워했다. 제헌회의에서는 정치원칙과 실질적인 정치적 이
해관계가 반복적으로 크게 충돌했다. 마지막으로, 대표들 대부분은 새로운 국가
의 운명이 더욱 강력한 중앙정부를 수립하는 데 달려있다고 생각했다. 제헌회의의
성공을 위협하던 대표들도 어쩔 수 없이 마지못해 동조할 가능성이 높았다.[19]

버지니아주의 제임스 매디슨은 좀 더 강력한 중앙정부가 어떤 혜택을 줄 수 있
는지 오랫동안 고민해 왔다.[20] 그는 1787년 3월과 4월에 워싱턴, 제퍼슨, 버지니
아 주지사 에드먼드 랜돌프에게 편지를 보내 자기 생각을 밝혔다. 매디슨의 대담
한 생각은 워싱턴에게만 전달되었고, 워싱턴은 우호적인 반응을 보였다. 제헌회
의에서 워싱턴의 영향력이 클 것을 확신한 매디슨은 자기 생각을 헌법 초안으로
작성하여 다가오는 회의에 제출하기로 했다.[21]

1787년 5월 25일에 제헌회의가 시작되었다. 제헌회의의 첫 번째 조치는 조지
워싱턴을 의장으로 선출한 것으로, 모두가 당연하게 여겼다. 제헌회의 첫날부터
계속해서 매일 같이 제임스 매디슨은 회의장 앞쪽에 자리를 잡고 대표들을 바라

표 2.1 연합규약과 미국헌법의 비교		
	연합규약	**미국헌법**
대표 주체	주	국민과 주
의회에서의 투표	주	의원 개인
행정부	없음	대통령
사법부	없음	연방법원
외교정책	의회	대통령과 의회
세금에 대한 권한	주에 요구	시민, 기업, 수입에 과세
조항의 개정	만장일치	전체 주의 4분의 3

보며 회의의 논의와 결정을 기록했다. 우리는 회의가 어떻게 진행되었는지, 그리고 헌법이 실제로 어떻게 형성되었는지에 관해 우리가 아는 것 대부분을 매디슨의 비망록에 신세를 지고 있다. 자신들 앞에 놓인 민감한 임무를 잘 알고 있던 대표들은 절차에 관한 간단한 규칙을 채택하고, 회의장 창문과 출입문을 닫고, 서로 비밀을 지킬 것을 맹세한 후 헌법 제정 작업에 착수했다.

버지니아 안. 버지니아 안은 매디슨이 작성했고, 워싱턴 및 큰 주의 대표들 대부분이 지지했으며, 버지니아주 대표단을 이끌던 주지사 랜돌프(Edmund Randolph)가 5월 29일에 제출했다. 버지니아 안은 강력한 중앙정부를 구상했다. 정부를 구성하는 3부 중 입법부가 지배적인 부가 된다. 의회는 두 개의 원으로 구성되는데, 제1원은 국민이 선출하고, 제2원은 주의회가 제시한 복수의 후보 중에서 제1원이 선출한다. 각 원의 의석수는 주 인구에 비례한다. 버지니아 안에서 의회는 개별 주가 '무능하다'고 판단되거나 각 주의 개별 입법이 새로운 나라의 '조화'를 저해한다고 생각되는 모든 경우에 입법할 수 있는 권한을 갖는다.

행정부와 사법부 모두 입법부에 의해 임명된다. 행정부는 7년 단임제로 의회에서 선출된다. 하나의 대법원으로 구성되는 중앙정부의 사법부는 상원에 의해 임명되고, 하급법원은 중앙정부의 입법부에 의해 설치된다. 새 헌법은 주의회가 아니라 국민이 직접선거로 선출한 대의원들이 참석하는 주 대회에서 비준한다.[22] 버지니아 안의 주요 조항 대부분이 논의 첫 2주 동안 제헌회의에서 채택되었다.

뉴저지 안. 6월 14일 뉴저지 대표단은 '순수한 연방' 안을 작성하고 있는 대표들이 작업을 완료할 수 있도록 시간을 달라고 요청했다. 6월 15일 제헌회의에 제출된 **뉴저지 안**은 좀 더 제한적인 중앙정부를 구상했다. 당시 과세 및 상업 규제 권한이 없는 것이 연합규약 정부의 주요 결함으로 널리 인식되었다. 뉴저지 안은 기존 연합회의에 이러한 권한을 추가로 부여하지만, 주정부에게는 주어진 권한과 재량으로 이를 회피할 수 있도록 했다.

뉴저지 안이 구상한 중앙정부의 행정권 및 사법권은 새로운 것이지만 제한적이었다. 의회가 연방 행정부를 선출하는데, 이 연방 행정부는 연임이 금지되고, 다수의 주 행정부의 청원에 따라 의회에 의해 해임될 수 있다. 중앙정부의 사법부 권한은 더욱 제약되었다. 사실상 미국 시민에 대한 최초 재판관할권(original jurisdiction)은 전부 주법원이 행사했다. 제헌의회는 두 안의 장단점을 놓고 3일 동안의 토론 끝에 교착 상태에서 7대 3의 의결로 뉴저지 안 대신 수정된 버지니아 안을 승인했다. 비록 뉴저지 안 지지자들은 이 첫 번째 주요 대결에서 패했지만, 자신들의 요구를 계속해서 압박했다. 여러분은 다음 주제로 넘어가기에 앞서, 버지니아 안이 아니라 뉴저지 안이 새로운 헌법의 기초로 선택되었다면 오늘날 연방정부의 모습이 어떠했을지 각자 스스로 질문을 던지고 답해보자.

버지니아 안(Virginia Plan)
버지니아의 매디슨(James Madison)이 작성하고 대다수의 큰 주 대표들이 지지한 강력한 중앙정부 방안이 제헌회의의 초기 논의를 이끌었다.

Q4 버지니아 안(案)과 뉴저지 안(案)이 각각 구상한 중앙정부의 형태에는 어떤 차이점이 있었나?

뉴저지 안(New Jersey Plan)
작은 주 대표 대부분의 지지를 받아 버지니아 안의 대안으로 제헌회의에 제출된 헌법안으로 기존 연합규약에 새로운 권한을 제한적으로 추가하려는 방안이었다.

표 2.2 버지니아 안과 뉴저지 안	
버지니아 안	뉴저지 안
국민주권에 기초	주(州)주권에 기초
양원제 의회	단원제 의회
각 주의 인구수 또는 기여 정도에 따라 할당된 의회 의석수	의회에서 각 주가 동등한 투표권 보유
합중국의 '조화'가 요구되는 곳에서 입법할 수 있는 광범위한 권한	구 연합회의의 권한에 더해 추가로 과세와 상업에 대한 제한적 권한
의회에 의해 선택되고 제거되는 '중앙 정부의 행정부'	의회에 의해 선출되고 주정부들의 청원에 따라 해임되는 다수의 행정부
광범위한 권한을 가진 연방법원 제도	권한이 많지 않은 최고재판소
국민이 비준	주가 비준

대표성에 관한 대타협.   대표들이 버지니아 안이 여전히 제헌회의 활동의 전반적인 윤곽을 제공할 것이라고 결정한 후, 다음 주요 걸림돌은 대표성 문제라는 것을 모두가 확실히 인식했다. 큰 주들은 하원과 상원의 의석이 인구수에 따라 배분되기를(일반적으로 비례제라고 한다) 원했다. 작은 주들은 각 주가 상원과 하원에서 각각 한 표씩 갖기를 원했다. 남부 주들은 의석수 산정 시 노예들이 인구수에 포함되길 원했고, 북부 주들은 자신들의 재산 역시 의석수 계산에 반영되지 않는 한 남부 주의 요구에 반대한다는 입장이었다.

일찍이 6월 11일 코네티컷주 대표단이 하원은 각 주가 인구 기준으로 의석수를 차지하고 상원은 각 주가 동등한 의석수를 갖도록 하는 타협안을 제시했다. 코네티컷주 대표단이 찾아낸 중간 타협안이 마지못해 받아들여지기까지 제헌의회는 5주간의 격렬한 토론을 피할 수 없었다.[23] 마침내 7월 12일 북부 주들은 남부 주들이 같은 비율을 세금에도 적용하는 것에 동의하는 것을 전제로 의석수 산정에 각 노예를 5분의 3명으로 계산하는 것에 동의했다. 남부 주는 그렇게 하기로 합의했다. 의석수 산정에 노예의 포함은 노예에게는 아무 의미가 없지만, 백인 소유자의 정치적 영향력을 강화시켜 주었다. 7월 16일, 제헌회의는 하원에 대해서는 큰 주들이 원한 대로 인구비례를 채택했고, 상원에 대해서는 작은 주들이 요구한 바와 같이 동등한 투표권을 채택했다.

상업과 노예무역의 타협.   대표성 문제가 해결되자 상업과 노예제도를 둘러싸고 새로운 지역 간 대립이 발생하여 제헌회의의 지속을 위협했다. 북부의 상업적 이해관계를 대변하던 대표들은, 비록 몇몇은 선동적인 말로 노예제도를 비판하였지만, 노예제도의 폐지에 거의 관심이 없었다. 하지만 북부 대표들은 중앙정부의 상업 및 무역 정책을 만들기로 굳게 결심했다. 남부의 이해관계를 대변하던 대표들은 남부의 수출, 노예제도, 노예무역에 대한 북부의 영향력을 축소하려고 했다. 제헌의회를 떠나겠다는 남부의 위협에 직면한 대표들은, 비록 남부 주가 1808년 이후에는 새로운 노예의 수입을 금지하는 데 동의했지만, 상업에 대한 북부의 관심과 노예제도에 대한 남부의 관심을 서로 용인하기로 합의했다. 이 불건전한 부정거래는 남북전쟁의 전쟁터에서 재협상되었다.

투표와 대통령 선출에 대한 타협. 플라톤과 아리스토텔레스까지 거슬러 올라가는 정치학자들과 마찬가지로 제헌회의 대표들은 기껏해야 망설이는 민주주의자에 불과했다. 북부 주 중 일부는 21세 이상의 남성 시민에게 투표권을 주었지만, 일부 남부 주에서는 투표 권한을 얻기 위한 부와 재산 자격 요건이 엄격했다. 그들은 참정권에 대한 헌법 규정을 마련하기 위해 논쟁하고 다투기보다는 각 주가 투표 및 선거 시행 규칙을 각자 알아서 정할 수 있도록 하는 데 동의했다. 심지어 백인 남성의 보통선거권이라고 하더라도 보통선거권 자체가 대부분의 미국 지도자가 기꺼이 싸워서 실현해야 할 원칙은 아직 아니었다.[24]

제헌회의의 활동이 끝나가고 있었지만, 놀라울 것도 없이 대통령 선출이라는 논란의 여지가 있는 의제는 아직 해결되지 않은 채로 남아 있었다. 강력한 중앙정부를 주장하는 대표들은 변덕스러운 입법부를 견제할 만큼 강력한 독립적인 행정부를 원했고, 반면 중앙정부의 막강한 권한에 반대하는 대표들은, 심지어 입법부가 대통령을 선출하는, 입법부에 종속된 행정부를 원했다. 그러나 입법부의 행정부 수장 선출은 너무 명백하게 권력분립을 침해하는 것으로 보였다.

그들이 다른 어려운 문제에서도 그랬던 것처럼, 제헌회의는 행정부 선출 문제를 각 주에서 한 명씩 참여하는 위원회에 맡기기로 의결했다. 브리얼리 위원회 (Brearley Committee)라고 알려진 이 위원회는 해결책을 만들었으며, 많은 사람은 이 해결책이 큰 주와 작은 주의 이익을 공평하게 반영했다고 믿었다. 브리얼리 위원회는 한 주에 할당된 선거인단의 수를 그 주에 할당된 하원의원 수와 상원의원 수를 합친 수와 일치시키는 것을 제안했다. 그러나 많은 대표들은 서로 떨어져 있는 각기 다른 주에서 투표에 참여하는 선거인단은 1차 투표에서 대통령을 선출하기 위해 서로 투표를 조율하는 것이 불가능하고, 더 큰 주 출신의 대선후보들이 가장 많은 표를 받게 될 것이라고 확신했다. 만약 어떤 후보자도 과반수를 얻지 못하면, 작은 주들도 동등한 수의 표를 가진 상원에서 상위 5명의 후보자 중 한 명을 대통령으로 선출하기로 했다.

브리얼리 위원회의 제안을 놓고 진행된 전체회의 토론에서는 상원에게 주어진 여러 다른 권한에 더해 5명의 후보자 중에서 대통령을 선출하는 권한이 추가되면 상원이 위험한 귀족으로 변질될 수 있다는 골치 아픈 문제가 제기되었다. 코네티컷의 셔먼(Roger Sherman)은 결선투표는 하원에서 주별로 투표하여 결정하자고 제안했다. 이 해결책은 후보자 중 최종 선택하는 데 작은 주들이 가지는 유리함은 여전히 유지하면서, 상원이 힘이 너무 커진다는 문제점도 해결했다. 이 마지막 주요 교착 상태가 해결되자 연방회의는 활동을 빠르게 마무리했다.

최종적으로 채택된 헌법

7월 4일을 기념하기 위한 짧은 휴회를 제외하고 4개월 가까이 중단 없이 계속된 논의의 끝에 1787년 9월 17일 39명의 대표들이 미국헌법에 서명했다 (미국헌법은 이 책의 뒷부분의 '부록 3'에 있다). 대표들이 제헌회의에 올 때 가지고 온 원칙과 관심사는 최종 문서에 어떻게 나타났는가?

전문: 우리의 목표에 대한 진술. 전문은 헌법을 미국의 주권자인 국민들이 가장 소중히 여기는 공공의 목적을 확보하기 위한 결의라고 선언한다. 연합규약이 주간의 합의였던 반면, 헌법은 국민이 결의한 것이었다. 전문은 다음과 같다. "우리 합중국 국민은, 좀 더 완벽한 연방을 형성하고, 정의를 확립하며, 국내의 안녕을 보장하고, 공동의 방위를 도모하고, 국민복지를 증진하고, 우리와 우리의 후손들을 위한 자유와 축복을 확보할 목적으로 이 미합중국의 이 헌법을 제정한다." 제퍼슨이 독립선언문에 "모든 사람은 평등하게 태어났으며, 창조주로부터 양도할 수 없는 권리를 부여받았는데, 그중에는 생명, 자유, 행복추구가 있다"라고 명시한 자명한 진리처럼, 이러한 목표들은 계속해서 미국의 모든 새로운 세대들을 자극하고 고무하였다.

제1조 입법부. 많은 사람은 입법부가 새로운 정부의 핵심이 될 것이며, 입법부의 권한과 책임을 신중하게 명시할 필요가 있다고 생각했다. 제1조 제1항은 "여기서 부여되는 모든 입법권은 상원과 하원으로 구성되는 미국의 의회에 귀속된다." 비록 양원제 설계가 견제와 균형의 개념을 간과하지 않았음을 보여주지만, 이 문구는 권력분립이론을 엄밀하게 채택하고 있는 것으로 보인다. 제2항부터 제6항까지는 대체로 입법부의 일상 업무에 대해 언급하고 있다.

제7항은 입법과정에서 대통령의 역할을 기술하고 있다. 대통령은 의회를 통과한 법률안이 법률로 확정되기 직전에 최종적으로 법률안을 검토할 권한을 가지고 있다. 대통령은 법률안에 동의하는 경우 법률안에 서명하고, 입법부의 결정에 대해 강하게 반대하는 경우에는 의회를 통과한 법률안에 대해 거부권을 행사하여 재의를 요구할 수 있다. 그렇게 되면 상원과 하원이 각각 3분의 2의 찬성으로 재의결하여 대통령의 거부권을 무력화할 수 있다. 또는 대통령은 의회 통과 법률안

의 처리를 보류할 수 있으며, 이 경우 10일 후에 의회 통과 법률안은 자동으로 법률로 확정된다. 양원제와 대통령의 거부권 모두 입법부가 경솔하게 행동할 가능성을 견제하기 위한 것이었다.

제1조 제8항은 의회의 권한을 설명하고 있다. 제1조 제8항이 의회의 17개 특정 권한의 열거로 시작하고 있다는 점이 매우 흥미롭다. 이들 **명시적 권한** 중에서 가장 중요한 것은, 세금을 부과할 수 있는 권한과 상업을 통제할 수 있는 권한이다. 중앙정부의 권력 강화는 과세권이 핵심이었고, 앞으로 제3장에서 보다 자세히 살펴보겠지만, 모호하게 서술된 상업 권한 역시 중앙정부권력의 광범위한 강화의 밑바탕이 되었다. 나머지 명시적 권한으로는 금융 및 통화정책과 규제, 육군과 해군을 육성하고 지원할 수 있는 권리 등이 포함되어 있다. 제8항은 **'필요하고 적절한'** 조항으로 알려지게 만든 문구로 마무리 된다. "위에 기술한 권한들과 이 헌법이 합중국 정부 또는 그 부처 또는 그 관리에게 부여한 모든 기타 권한을 행사하는 데 필요하고 적절한 모든 법률을 제정한다." 많은 사람의 눈에는 '필요하고 적절한' 조항을 광범위하게 적용하는 것은 헌법 조항에 한정된 수의 권한들을 열거해 놓은 목적에 반하는 것으로 보였다.

제2조 행정부. 제2조 제1항은 "행정권은 미합중국의 대통령에 속한다"라고 선언하고 있다. 대통령의 선출 절차, 직무 자격, 대통령의 사망 또는 수행 능력 상실 시 부통령의 승계, 대통령 선서 등도 기술하고 있다. 제2항은 대통령에게 명시적으로 부여되는 일련의 권한과 '상원의 조언과 동의'를 전제로 대통령에게 부여되는 또 다른 일련의 권한을 설명하고 있다. 첫 번째 일련의 권한들은 실로 적절하다. 대통령은 육군과 해군의 총사령관으로서 직무를 수행하고, 행정부의 주요 책임자들에게 서면 의견을 요구할 수 있으며, 미국에 대한 범죄에 대해 유예와 사면을 허용할 수 있다. 상원의 출석의원 3분의 2의 **권고와 동의**를 얻어 대통령은 조약을 체결할 수 있고, 상원의 출석의원 단순 과반수의 찬성을 얻어 외국 파견 대사, 대법원의 구성원, 기타 행정부처의 장관과 공직자를 임명할 수 있다.

제3항은 대통령에게 영향력을 미칠 수 있는 몇 가지 기회를 제공하나, 추가 권한은 부여하지 않는다. 대통령은 수시로 의회에 '연방 상황'에 관하여 보고해야 하며, "필요하고 권고할 만하다고 인식하는 법안의 심의를 연방의회에 권고할" 권한을 가지고 있다. 또한, 제3항에는 대통령에게 "법률이 충실하게 집행되도록 유의할" 것을 요구하는 문구가 있다. 에이브러햄 링컨 이래로 대통령들은 이 **'유의' 조항**을 정부는 미국의 법률을 성실하게 집행해야 하고 시민들은 미국의 법률을 준수하라는 명령으로 이해했다. 끝으로, 탄핵 조항인 제4항은 대통령과 대통령의 측근 및 고위 공직자의 권력 남용을 경고하고 있다.

제3조: 사법부. 제1항은 "합중국의 사법권은 하나의 연방대법원에, 그리고 연방

명시적 권한(enumerated powers) 헌법 제1조 제8항에 규정된 구체적으로 명시 또는 열거된 의회의 권한이다.

'필요하고 적절한' 조항("necessary and proper" clause) 헌법 제1조 제8항의 마지막 단락은 의회가 제1조 제8항에 구체적으로 열거된 권한을 실행하는 데 필요하고 적절하다고 여겨지는 모든 법률을 제정할 수 있다고 명시하고 있다.

권고와 동의(advice and consent) 헌법 제2조 2항은 대통령이 대법관, 행정부 고위 관료, 대사 등을 임명하고 외국과의 조약을 비준할 때 상원의 권고와 동의를 구하도록 규정하고 있다.

'유의' 조항("take care" clause) 헌법 제2조 제3항은 대통령이 '법률이 충실하게 집행되도록 유의할 것을 규정하고 있다.

의회가 수시로 제정 설치하는 하급법원들에 속한다"라고 간략하게 쓰여 있다. 의회와 대통령이 하급연방법원을 구성하고 정의하는 것은 사법권에 대한 주요 견제와 균형이다. 제2항은 연방법원의 매우 제한적인 재판관할권을 설명한다. 연방법원은 헌법이나 연방법 및 조약에 따라 발생하는 소송사건, 대사 및 기타 공무원이 관여된 소송사건, 미합중국, 2개 이상의 주, 서로 다른 주의 시민들, 주와 다른 주 시민 등이 연루된 소송사건을 관할한다. 소송사건 당사자들이 하나의 주의 관할권에 속하지 않는 특별한 소송사건에 대해서만 연방법원이 관할권을 갖는다. 대사, 기타 공직자가 관여된 소송사건, 하나 이상의 주가 관여된 소송사건에 대해서는 연방대법원이 제1심 재판관할권을 갖는다. 그 외 다른 모든 사건의 경우에는 항소 재판을 담당한다.

제4조와 제6조: 연방 관계. 제4조는 주 간의 호혜성, 새로운 주의 연방 가입 허용, 공화정체제의 보장과 주 내 폭동으로부터 보호를 규정하고 있다. 제4조 제1항은 각 주가 다른 주의 법적 행위에 대하여 완전한 신뢰와 신용을 부여할 것을 보장하고 있다. 보다 일반적으로 **완전한 신뢰와 신용** 조항은 제4조 제2항의 **특권 및 면책권 조항**과 함께 정상적인 사회적 경제적 거래가 새로운 국가 내의 주 경계를 넘어 모든 주에 효력을 갖는다는 것을 보장하고 있다. 제4조 제3항은 새로운 주들이 연합에 가입할 수 있지만 관련된 주들의 동의가 없는 한, 기존 주들 또는 기존 주의 일부를 합병하여 새로운 주를 형성할 수 없음을 보장하고 있다. 제4항은 셰이즈의 반란(Shays's Rebellion)이 야기한 우려에 직접적으로 대응하여 "합중국은 이 연방 내의 모든 주에 공화정체를 보장하며, 각 주를 침략으로부터 보호하며, 또 각 주의 주의회 또는 행정부(주의회를 소집할 수 없을 때)의 요구가 있을 시에는 주 내의 폭동으로부터 각 주를 보호할" 것을 약속하고 있다.

제6조는 "본 헌법과 헌법에 의거하여 제정되는 합중국 법률은 … 이 국가의 최고 법률이다"라고 선언하고 있다. 더 나아가, '합중국 및 각 주의' 모든 공직자는 "선서 또는 확약에 의하여 본 헌법에 충성할 의무가 있다." '최고성 조항'은 주어진 책임 영역 내에서 연방권력이 최고임을 선언한다. 그럼에도 불구하고, 미국 연방주의에 관한 대표적인 학자 짐머만(Joseph F. Zimmerman)은 "미국헌법은 중앙정부와 주정부 사이의 중요한 권력분산을 규정한 세계 최초의 문서"라고 언급했다.[25]

제5조: 헌법개정의 절차. 제5조는 헌법개정안을 발의하는 방법 두 가지와 헌법개정안을 비준 또는 거부하는 방법 두 가지를 규정하고 있다 (도표 2.1). 상원과 하원 각각 3분의 2 이상의 찬성에 의해 의회가 헌법개정안을 발의하거나, 3분의 2 이상의 주의회의 요구가 있는 경우 헌법회의를 소집하여 헌법개정안을 발의해야 한다. 헌법개정안을 의회가 발의한 경우이든 또는 헌법회의가 발의한 경우이든

공화정(republican government)
국민을 기반으로 하지만 일부 군주제 또는 귀족정치의 특권 요소를 가지고 있는 혼합정부 또는 균형정부. 식민지 시대 미국인들은 특히 로마 공화정 사례로부터 깊은 인상을 받았다.

완전한 신뢰와 신용(full faith and credit)
미국헌법 제4조 1항에 따라 각 주는 반드시 다른 주의 법적 행위에 대해 '완전한 신뢰와 신용'을 가져야 한다.

특권 및 면책권 조항(privileges and immunities clause)
미국헌법 제4조 2항에 따라 각 주의 시민은 다른 주의 시민이 향유하는 모든 '특권과 면책권'을 보장받는다.

여세를 몰아가기:
세계 민주주의의 성장

연방회의 활동을 끝내고 떠날 때 벤저민 프랭클린은 시민들로부터 어떤 종류의 정부를 만들었냐는 질문에 직면했다. 프랭클린은 "만약 유지할 수 있다면 공화국입니다"라고 대답했다. 그가 의미하는 '공화국'은 자격을 갖춘 시민들이 채택하고 시민의 권리와 자유를 수호하겠다고 맹세한 선출직 공무원이 관리하는 제한정부였다. 프랭클린은 새 정부를 '민주주의'라고 부르지 않았다. 왜냐하면 미국 건국 당시 민주주의는 시민 스스로가 직접 통치하는 것을 의미했기 때문이다. 제퍼슨이 대통령이 되었을 당시, 새로운 국가는 스스로 민주공화국이라고 생각했다. 그리고 앤드루 잭슨 시대에는 대부분의 미국인이 자신의 나라를 단순히 민주주의 국가로 생각하는 것에 편안해졌다.[26]

우리 역사책에서는 대담하게 잭슨식 민주주의를 언급하고 있지만, 실제로 미국이 민주주의 국가로 성장하는 데는 거의 150년이 걸렸다. 잭슨 시대에는 미국 성인의 40% 미만, 오직 백인 남성만이 투표권이 있었다. 1870년 수정헌법 제15조가 채택되면서 흑인 남성이, 1920년 수정헌법 제19조가 채택되면서 여성이, 1971년 수정헌법 제26조가 채택되면서 18세에서 21세 사이의 젊은 이들이 투표권을 획득했다. 그러나 1960년대 말까지 흑인들 대부분은 투표할 수 없었으며, 오늘날 가장 중요한 선거에서도 흑인 유권자의 60% 정도만이 투표에 참여하고 있다.

그러나 세계는 아메리카에 민주주의 국가가 출현했을 당시보다 훨씬 더 민주적인 모습으로 바뀌었다. 전 세계적으로 민주주의 국가의 수가 19세기 전반과 20세기 대부분 동안 천천히 늘어났다. 1820년 나폴레옹전쟁 이후 유럽이 안정을 되찾았을 때, 23개의 민족국가가 있었고 그중 3개국만이 민주주의 국가였다. 20세기가 시작되었던 시점에는 55개의 국가가 존재했고 그중 13개국이 민주주의 국가였지만, 향후 더 큰 변화가 기다리고 있었다. 20세기에 일어난 두 차례의 세계대전, 즉 1914년부터 1918년까지 제1차 세계대전과 1939년부터 1945년까지 제2차 세계대전은 이전 세기의 거대한 식민지 제국을 붕괴시켰다. 그 결과 전 세계적으로 독립국가의 수가 3배 이상 증가했다. 민족국가의 수는 1900년 55개국에서 1950년 80개국, 오늘날 195개국으로 늘어났다. 더욱 놀랍게도, 민주주의 국가의 수가 1900년 13개, 1950년 22개, 오늘날 123개로 늘어났다.

세계 민주주의 국가의 절반 이상이 1990년 이후 민주주의 국가가 되었다 (전체 123개 민주주의 중 69개). 많은 신생 민주주의 국가는 경제적으로 가난하고 역사적으로 민주주의 관습과 관행을 거의 경험하지 못한 나라들이다. 따라서 많은 나라들이 여전히 인권의 존중, 자유롭고 공정한 선거, 투명하고 책임을 다하는 열린 정부 등에 있어서 충분하지 못하다. 민주주의는 전등을 켜고 끄는 스위치와 같지 않다. 오히려 밝기를 조절할 수 있는 조광기 스위치와 비슷하다. 실제로 최근 몇 년 동안 여러 국가 중 러시아, 이집트, 튀르키예, 헝가리 등의 민주주의 밝기는 더욱 어두워졌다. 불길하게도 비영리 민주주의 감시단체인 프리덤하우스(Freedom House)는 2019년을 전 세계적으로 15년 연속 민주주의가 후퇴한 해로 결론 내렸다.[27]

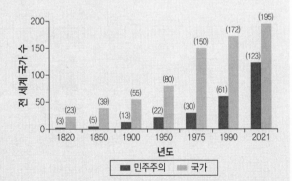

출처: J. David Singer and Melvin Small, "The Composition and Status Ordering of the International System, 1815–1940," *World Politics* 18, no. 2 (January 1966), 236–270. Francis Fukuyama, *The End of History and the Last Man* (New York: Free Press, 1992), 48–51. "Democracy's Century"와 "Freedom in the World 2021" 등 프리덤하우스의 다양한 출판물.

관계없이 해당 헌법개정안은 4분의 3 이상의 주의회가 비준하거나 4분의 3 이상의 주의 특별 헌법회의가 비준해야 효력이 발생한다.

건국자들은 향후 헌법개정의 가능성을 열어두기를 분명히 원했지만, 헌법이 너무 쉽게 또는 너무 자주 변경되는 것을 원치는 않았다. 실제로 미국헌법은 230년이 넘는 기간 동안 단 27차례 수정되었다. 의회는 항상 헌법 수정 절차를 엄밀하게 통제했다. 27개의 수정헌법안 모두 의회가 발의했다. 의회는 단 한 차례, 즉 수정헌법 제21조의 경우에는 의회가 발의한 수정헌법안의 비준 심의 방법으로 주헌법회의 방법을 선택했다. 다른 모든 경우에 의회는 발의한 수정헌법안을 주의회에서 검토하도록 명시했다.[28]

마지막으로, 미국헌법에 언급되지 않고 누락되어 있는 것들 때문에 꽤 흥미롭다. 미국헌법은 정당, 의회 원내 조직, 연방정부 내각의 구성원 및 역할, 관료제 또는 관료조직의 구조, 대법원 이하 연방법원의 구조 및 재판관할권 등에 대해 명시하지 않았다. 이를 비롯하여 더 많은 것들이 의회의 결정에 맡겨졌다.

비준을 둘러싼 싸움

연방회의 대표들은 발의된 헌법안이 비준 절차를 통과할 수 있도록 모든 노력을 기울였다. 그들은 연합규약에 명시된 헌법개정 절차, 즉, 의회와 '모든 주의회'

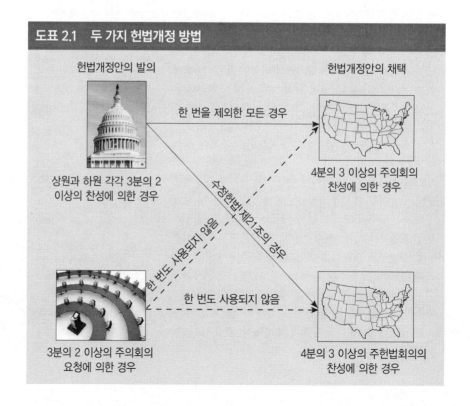

도표 2.1 두 가지 헌법개정 방법

헌법개정안의 발의   헌법개정안의 채택

한 번을 제외한 모든 경우

상원과 하원 각각 3분의 2   4분의 3 이상의 주의회의
이상의 찬성에 의한 경우   찬성에 의한 경우

수정헌법 제21조의 경우

한 번도 사용되지 않음

한 번도 사용되지 않음

3분의 2 이상의 주의회의   4분의 3 이상의 주헌법회의의
요청에 의한 경우   찬성에 의한 경우

의 찬성에 의한 비준 절차를 따르는 경우 비준 가능성이 사실상 제로임을 알고 있었다. 따라서 연방회의는 의회의 명시적인 승인이나 주의회의 역할을 배제한 비준 절차를 제안했다.[29] 연방회의의 의도는 헌법이 "입법부의 권고에 따라 국민이 선출한 각 주의 대표 대회에 제출되어 동의와 비준을 받게 한다"라는 것이었다.[30]

헌법안 제7조에 따르면 9개 주만 비준하면, 비준한 주들에 대해 새로운 정부가 효력을 발휘할 수 있었다. 일부 주는 전폭적으로 찬성하였고 바로 조치에 나섰다. 또 다른 주들은 강한 의구심을 가졌으며, 초기의 전개 상황을 지켜보며 의견을 수렴하기 위해 좀 더 시간을 갖길 원했다. 따라서, 첫 번째 비준 물결은 몇 주밖에 걸리지 않았고 심지어 몇몇 주는 만장일치로 찬성하였지만, 아홉 번째 주가 비준하기까지는 거의 7개월의 시간이 걸렸고, 열세 번째 주의 비준까지 끝나는 데는 추가로 2년이 더 필요했다.

게다가, 매사추세츠주는 187 대 168로 비준했고, 버지니아주는 89 대 79로, 그리고 뉴욕주는 두 차례에 걸쳐 투표해야 했다. 1788년 6월 17일 뉴욕주의 첫 번째 투표에서 헌법안은 19 대 46으로 부결되었다. 연방주의자들이 결집하여 31개의 수정 제안에 동의한 후, 7월 26일 두 번째 투표에서 헌법안은 30 대 27로 간신히 통과에 성공했다.

연방주의자 대 반연방주의자. 비록 **연방주의자**들은 제안된 헌법에 찬성했고 **반연방주의자**들은 반대했지만, 그들은 서로 간에 타협할 수 없을 만큼 큰 차이가 있었던 것은 아니다. 역사학자 캐첨(Ralph Ketcham)은 연방주의자와 반연방주의자 모두 "조건부 민주주의자였다. 그들은 다수결 원칙, 대표성, 광범위한 선거권 등의 아이디어에 찬성하거나 반대했으며, 그러한 과정이 질서, 자유, 정의, 번영, 헌법의 다른 광범위한 목적을 낳을 것처럼 보이는 한 그렇게 했다"라고 언급했다.[31]

문제는 연방주의자와 반연방주의자가 제안된 중앙정부가 실제로 어떻게 작동할지에 대해 의견이 다른 것이었다. 많은 미국인은 발의된 헌법안이 너무 강력해서 자신의 자유를 위협할 것이라고 걱정했다. 제임스 매디슨, 알렉산더 해밀턴, 존 제이(John Jay)는 팀을 이루어 뉴욕에서 비준 투쟁이 진행되는 동안 새 헌법을 설명하고 지지하기 위한 목적으로 일련의 신문 칼럼을 작성했다. 『연방주의자 논고』로 알려지게 된 이 칼럼들은 뉴욕주의 헌법 논의를 발의된 헌법안에 찬성하는 방향으로 유도했고, 대서양 연안의 지지자들에 의해 재인쇄되었다.

연방주의자들은 제임스 매디슨이 『연방주의자 논고』 제10번, 제48번, 제51번에서 설명했듯이, 당시의 표현으로 '확장된 공화정'인 큰 국가는 만약 그 정부가 현명하고 신중하게 만들어진다면 강력하고 안정적인 중앙정부를 가능케 한다고 믿었다. 광대한 영토는 집단과 이해관계의 광범위한 다양성을 의미하는데, 이들 중 어느 것도, 또는 그 어떤 조합도 안정적인 소수를 억압할 수 있는 안정적인 다

연방주의자(Federalists)
미국헌법의 비준을 선호했던 강력한 중앙정부 지지자.

반연방주의자(Anti-Federalists)
일반적으로 미국헌법의 비준에 반대했던 강력한 중앙정부 반대자.

표 2.3	발의된 헌법안에 대한 각 주의 비준		
주	날짜	찬성	반대
델라웨어	1787. 12. 7	30	0
펜실베이니아	1787. 12. 12	46	23
뉴저지	1787. 12. 18	38	0
조지아	1788. 1. 2	26	0
코네티컷	1788. 1. 9	128	40
매사추세츠	1788. 2. 7	187	168
메릴랜드	1788. 4. 28	63	11
사우스캐롤라이나	1788. 5. 23	149	73
뉴햄프셔	1788. 6. 21	57	47
버지니아	1788. 6. 25	89	79
뉴욕	1788. 7. 26	30	27
노스캐롤라이나	1789. 11. 21	194	77
로드아일랜드	1790. 5. 29	34	32

수를 구성할 수 없을 것이다. 오히려, 종교적, 사회적, 경제적, 지역적 이해관계의 다양성이 서로를 견제하고 균형을 이룰 것이다 (『연방주의자 논고』 제10호와 제51호는 이 책 뒷부분의 '부록 4'에 포함되어 있다).

만약 다양성이 사회에서 억압적인 다수가·형성되지 않고 다수의 요구를 정부에 강요할 가능성이 없다는 것을 의미한다면, 정부 자체 내에서 발생하는 억압적인 경향을 경계하기만 하면 된다. 매디슨과 그의 동료들은 제한적이고 명시적인 권한의 신중한 시스템을 구축하고, 순수한 권력분립을 적절한 견제와 균형으로 보완하고, 중요한 정부권력은 국가에 맡기고 권리와 자유는 국민에 맡김으로써 정부의 폭정을 실제로 막아왔다고 믿었다.

반연방주의자들은 확신하지 못했다. 그들은 대중정부가 오로지 남부의 카운티 법원이나 뉴잉글랜드의 타운미팅처럼 국민이 함께 모여 공적 문제를 처리할 수 있는 '작은 공화정'에만 존재할 수 있다고 생각했다. 그들은 미국처럼 다양성이 높은 국가가 단일의 공공이익을 가질 수 있다고 믿지 않았다. 오히려 그들은 다양한 부문 간의 분열이 연방의회의 분열로 이어지고, 자신의 선거구에서 멀리 떨어진 곳에서 일하는 의원들은 유권자의 이익을 망각하게 될 것이라고 생각했다. 반

찬성과 반대

권리장전이 필요한가?

오랫동안 연방주의자들은 헌법에 권리장전을 추가하는 것이 불필요할 뿐만 아니라 매우 위험하다고 주장했다. 두 가지 이유로 불필요했다. 첫째, 헌법의 구조가 위임, 대표, 권력분립, 양원제, 견제와 균형, 연방주의 원칙을 통해 국민의 권리를 보호하도록 설계되었기 때문이다. 둘째, 헌법은 위임된 권한으로 구성되어 있고 부여되지 않은 권한은 국민이 보유하기 때문이다. 일부 권리를 열거하는 것은 열거되지 않은 권리를 사람들이 보유하거나 주장하지 않았음을 암시하기 때문에 이는 매우 위험했다.

필라델피아 회의의 주요 참석자이자 필라델피아시의 거물 변호사인 월슨(James Wilson)은 펜실베이니아가 제안한 헌법안의 주요 옹호자였다. 1787년 10월 6일 그의 유명한 주 하원 연설에서 월슨은 권리장전을 헌법에 추가하는 것에 반대하는 연방주의자들의 표준 사례가 된 주장을 제시했다. 월슨의 '유보 권력이론'은 헌법이 제한된 권한과 열거된 권한을 가진 정부를 규정하고 있기에, 중앙정부에 '주어지지 않은 모든 권한'은 국민에 의해 '유보'된다고 주장했다. 월슨은 이러한 상황에서 정부는 명시적으로 권한을 부여받은 영역에서만 행동할 권한을 갖기 때문에 권리장전이 필요하지 않다고 주장했다. 월슨은 나아가 "만약 우리가 열거를 시도한다면, 열거되지 않은 모든 것은 주어진 것으로 추정된다"고 추론했다. "그 결과 불완전한 열거는 모든 묵시적 권한을 정부에게 던져주고, 국민의 권리는 불완전해질 것이다." 월슨만이 권리장전에 반대한 저명한 연방주의자가 아니었다.

반연방주의자들은 국민들이 언론, 출판, 종교, 수색 및 압수, 신속한 재판 등을 포함한 전통적인 권리들에 대한 명시적인 보호를 요구한다고 주장했다. 만약 연방주의자들이 짧은 권리 목록에 빠진 것이 있을까 봐 걱정된다면 긴 목록을 작성하라고 주장했다. 게다가, 그들은 일부 중요한 권리와 자유를 확실히 보호하는 것이 그렇지 않은 것보다 낫다고 주장했다.

마침내, 제퍼슨 및 다른 사람들은 제임스 매디슨에게 국가 권리장전의 중요성을 확신시켰다. 매디슨은 첫 번째 하원에서 그의 동료들에게 권리장전이 "대중의 마음속에 만연한 불안감을 잠재우고, 불만의 목소리를 안정시키고, [헌법]의 장점을 의심하는 많은 사람을 친구로 만들기 위해 필요하다"고 설득했다. 권리장전으로 알려진 헌법의 첫 10개 수정조항은 1791년 12월 15일에 발효되었다.

여러분은 어떻게 생각하는가?

- 만약 연방주의자들이 승리하고 권리장전이 헌법에 추가되지 않았다면, 우리 국가의 발전과정은 어떻게 달라졌을까?
- 좋게 달라졌을까, 나쁘게 달라졌을까?

찬성	반대
국민은 권리장전을 받을 자격이 있다.	헌법의 구조는 권리를 보호한다.
긴 목록을 작성한다.	일부 권리는 목록에서 제외될 수 있다.
일부 권리를 보호하는 것이 없는 것보다 낫다.	부여되지 않은 권한은 남용될 수 없다.

연방주의자들은 혁명의 축복이, 즉 지역 주민들이 지역의 필요, 이익, 관습에 따라 지방정부를 통제하는 것이, 강력한 중앙정부에 의해 위협받게 될 것이라고 믿었다.[32] 여러분은 다음 주제로 넘어가기에 앞서, 건국 시기 연방주의자와 반연방주의자 사이의 분열이 어떻게 오늘날 공화당과 민주당의 분열과 관련이 있는지 각자 스스로 묻고 답해보자. 당시 연방주의자와 반연방주의자를 분열시켰던 문제

로, 오늘날에도 여전히 공화당과 민주당을 분열시키고 있는 문제는 무엇일까?

Q5 미국헌법 제정 과정에서 권리장전에 대한 논의는 어떤 역할을 했나?

반대자에 대한 양보: 권리장전. 비준 논의가 진행됨에 따라 반연방주의자의 의견은 제안된 헌법이 가진 근본적인 결함으로 권리장전의 부재를 거론했다. 대중은 이러한 비판에 민감하게 반응했다. 권리와 권리의 침해에 대한 저항이라는 생각은 1760년대 중반부터 미국인들이 함께한 외침이었다. 그러나 권리장전이 빠졌다는 이유로 헌법 비준 반대 운동을 벌인 것이 궁극적으로는 반연방주의자들의 몰락을 가져왔다. 연방주의자들이 권리장전을 헌법에 추가하라는 요구를 수용하자, 반연방주의자들은 헌법의 비준을 반대해 온 핵심 이유를 상실하게 되었다. 뉴햄프셔가 1788년 6월 새로운 헌법을 비준한 9번째 주가 되었다.

새로운 헌법에 어떤 종류의 권리장전이 추가되어야 하는지는 한동안 미해결 문제로 남아있었다. 매디슨은 권리장전의 조항이 정부의 적법한 권한을 약화시키지 않는다고 가정하였으며, 시민의 전통적인 권리를 보호하기 위해 고안된 권리장전이 여전히 새로운 정부가 너무 강력하다고 걱정하는 시민들의 마음을 돌릴 수 있다고 결론지었다. 1789년 9월 28일 매디슨의 노력에 힘입어 의회는 12개의 헌법 수정안을 통과시키고 비준을 위해 각 주에 보냈다. 그중 10개가 승인되었으며 **권리장전**으로 알려지게 되었다.

권리장전(Bill of Rights)
초대 연방의회가 제안하고 1791년에 주들에 의해 비준된 미국헌법의 처음 10개 수정헌법은 새로운 중앙정부의 행위로부터 개인의 권리와 자유를 보호하기 위한 것이었다.

광범위한 생각을 담은 권리장전은 두 가지를 성취했다. 첫째, 권리장전은 정부권력이 침해해서는 안 되는 개인의 자율성, 선택, 표현의 보호를 정의하였다. 수정헌법 제1조는 "연방의회는 국교를 정하거나 또는 자유로운 신앙행위를 금지하는 법률을 제정할 수 없다. 또한, 언론, 출판의 자유나 국민이 평화로이 집회할 권리 및 고충의 구제를 위하여 정부에게 청원할 수 있는 국민의 권리를 제한하는 법률을 제정할 수 없다"라고 포괄적인 보장을 명시하였다.

둘째, 권리장전은 사람들이 정부권력에 어떻게 종속되는지를 정의했다. 정부가 잘 알려진 규칙과 절차에 따라 천천히, 신중하게, 진행하도록 요구받지 않는 한 고립된 개인, 특히 일반 국민은 집중된 정부권력에 제대로 맞설 수 없다. 따라서 권리장전은 공정한 배심원 앞에서 신속한 재판을 받을 권리, 증인과 대질심문을 받을 권리, 변호인의 도움을 받을 권리를 확인했다 (수정헌법 제6조). 권리장전은 시민들을 '부당한 수색과 압수'(수정헌법 제4조), 일사부재리와 자기에게 불리한 증언(수정헌법 제5조), 과다한 보석금이나 잔혹하고 비정상적인 형벌(수정헌법 제8조) 등으로부터 보호했다. 수정헌법 제9조는 독립선언문과 마찬가지로 시민은 인간으로서 헌법과 수정헌법에 구체적으로 명시된 권리보다 더 많은 권리를 갖는다고 주장했다. 수정헌법 제9조는 "본 헌법에 특정 권리들을 열거한 사실이 국민이 보유하는 그 밖의 여러 권리들을 부인하거나 경시하는 것으로 해석되어서는 아니된다"고 명시하고 있다. 마지막으로, 수정헌법 제10조는 "본 헌법에 의하여 연방에 위임되지 아니하였거나, 각 주에 금지되지 아니한 권한은 각 주나 국민이 보유한다"고 선언했다. 이와 같은 안심할 만한 약속 때문에 시민들은 새로운 헌법에 찬성했다. 매디슨이 바라던 대로 헌법에 대한 지지는 몇 년 내에 거의 만장일치 수준으로 높아졌다.

헌법개정의 검토

미국헌법은 비민주주의 시대에 작성되었다. 건국자들은 민주적인 헌법을 만들 의도가 없었다. 그들은 소수자와 여성을 동등하게 대할 의도는 없었다. 그들은 백인 남성의 개인 권리와 재산권을 보호하면서 정치권력을 견제하고, 균형을 맞추고, 제한하는 헌법을 제정하려고 했다.[33] 백인 미국인들은 헌법의 평등에 대한 편협한 생각에 대해 애써 모르는 척하는 경향이 있지만, 다른 사람들은 그렇지 않다. 전미 유색인 지위 향상 협회(NAACP)의 수석 변호사이자 1967년 존슨(Lyndon Johnson) 대통령이 임명한 미국 최초의 흑인 대법관인 마샬(Thurgood Marshall)은 헌법 제정 200주년을 맞아 초대되어 건국의 아버지들의 천재성과 그들이 만든 문서를 기념하는 연설을 했다. 마샬 대법관은 건국자들과 헌법에 대한 찬사를 빠르게 언급한 후, 둘 다의 약점과 문제점을 명쾌하게 살펴봄으로써 현장에 있던 청중들을 훈계하고 혼란스럽게 만들었다.

마샬은 다음과 같이 말했다. "나는 헌법의 의미가 필라델피아 회의에서 영원히 '고정'되었다고 믿지 않는다. 나는 미국헌법을 고안한 사람들이 보여준 지혜, 선견지명, 정의감이 특별히 심오하다고 생각하지도 않는다. 반대로, 그들이 고안한 정부는 처음부터 결함이 있었고, 오늘날 우리가 근본적인 것으로 생각하는 개인의 자유와 인권에 대한 존중과 헌정체제를 실현하기 위해서는 불가피 여러 차례의 헌법개정, 남북전쟁, 중대한 사회 변혁 등을 거쳐야만 했다. 현대 미국인들이 '헌법'을 인용할 때, 헌법 제정자들이 200년 전에 간신히 생각하기 시작한 개념과 크게 다른 개념을 언급한다."[34] 미국헌법에 대한 현대 비평가들은 헌법의 주요한 구성 요소 중 많은 것이 비민주적이라고 생각하고, 그것들의 제거 또는 개정을 요구한다.

아마도 20세기 후반기의 가장 저명한 민주주의 이론가인 달(Robert A. Dahl)은 2002년에 『헌법은 얼마나 민주적인가?』라는 책을 썼다. 달의 대답은 "그다지 그렇지 않다"이었다. 달은 대통령 선출에서 선거인단의 역할, 상원에서 각 주의 동등한 대표성, 선출된 행정부와 입법부 공무원의 행동을 뒤집을 수 있는 권한을 판사에게 부여하는 사법심사(헌법재판)에 대해 특별히 비판을 가했다.[35]

텍사스대학교 법학 및 정치학 교수 레빈슨(Sanford Levinson)은 선거인단, 상원, 연방법원이 그 기원과 운영에 있어서 비민주적이라는 달의 의견에 동의했다. 레빈슨은 『우리의 비민주적인 헌법』 (2006)에서 대부분의 현대 민주주의 국가가 구속받지 않는 단원제 의회의 원내 다수파에 의해 통치된다는 점을 지적했다. 레빈슨은 하원, 상원, 대통령의 '삼자'체제에서 합의에 도달하는 데 요구되는 시간적 지체와 고통은 민주적 통치에 대한 불필요하고 비효율적인 견제라고 주장했다. 그는 크게 기대하지는 않았지만, 연방의회와 주의회가 새로운 헌법회의를 승인하도록 요구하는 전국적인 청원 운동을 촉구했다.[36]

많은 사람이 우리 정치가 무너졌고 헌법이 근본적인 원인이라는 달과 레빈슨의 의견에 동의한다.[37] 또 다른 사람들은 선거인단, 상원, 대법원이 이상하게 구성되어 있고 약간 비민주적이라고 생각하지만, 그렇다고 하더라도 헌법의 전면적인 개혁이 꼭 필요하다고는 생각하지 않는다. 여러분은 어떻게 생각하는가?

이 장의 요약

18세기 동안 식민지 인구는 약 20년마다 두 배로 늘어났다. 경제가 성장하고 발달함에 따라 국내 시장이 점점 더 중요해졌고, 영국을 넘어 국제 시장에 자유롭게 접근하고 싶은 열망을 억누를 수 없었다. 7년전쟁에서 영국이 승리하여 캐나다로부터 프랑스의 위협이 없어진 후, 미국인들은 자신들의 경제적, 정치적 삶에 대한 영국의 간섭이 갈수록 점점 더 도움이 되지 않음을 인식하게 되었다.

독립은 많은 어려움을 수반했다. 미국혁명이 일어나기까지 10년 동안은 영국의 폭정과 미국의 자유에 대한 언급이 주를 이루었다. 런던의 멀리 떨어져 있는 정부의 권력에 의해 미국의 권리와 자유가 위협받고 있다는 주장이었다. 당연히, 미국인들은 자신들만의 정치제도를 만들기 시작했을 때, 정치권력을 가능한 지역이 갖게 하는 방식을 통해 정치권력을 제한하려고 했다. 연합규약하에서의 중앙정부와 같이 정치권력이 멀리서 행사되어야 하는 경우 정치권력은 최대한 자제될 수 있었다.

하지만 역사는 대중 정치제도들이 변덕스럽고 불안정하다는 사실을 말해준다. 셰이즈의 반란은 많은

사람들에게 주의 불안정한 정치를 안정시키고 국가의 경제적 기회와 발전을 촉진하기 위해서는 더욱 강력한 중앙정부가 필요하다는 점을 깨닫게 했다. 1787년 제헌회의에서 각 주를 대표한 대표들은 새로운 국가의 사회적, 경제적, 정치적 안정을 보장할 개혁을 제안해야 한다는 점을 매우 분명하게 알고 있었다.

대표들은 제헌회의에서 거의 이견이 없는 여러 가지 광범위한 원칙들을 공유했다. 그들은 성문헌법이 제한정부를 가장 확실하게 보장한다는 것에 동의했다. 그들은 연방제가 권력과 책임을 가장 효율적이고 안전하게 이행하는 데 적합한 정부 수준에 나눠준다는 점에 동의했다. 그들은 연방체제의 두 수준, 즉 중앙정부와 주정부 차원에서 양원제, 권력분립, 견제와 균형 등의 원칙이야말로 정치권력이 확실히 공공이익을 위해 행사되게 만드는 가장 최선의 방책이라는 데 동의했다.

그러나 그들은 연방체제 내에서 권력의 분배와 자신의 주와 지역이 새로운 연방체제에서 결정적인 영향력을 행사할 수 있는 유리한 위치에 있도록 보장하는 방법에 대해서는 의견을 달리했다. 작은 주 사람들

은 큰 주 사람들이 지배하는 경우 자신들의 이익이 침해될 것이라고 믿었고, 남부인들은 북부인들이 지배하는 경우 자신들의 이익이 침해될 것이라고 믿었다.

1787년 연방헌법은 1787년 여름 동안 제헌회의에서 논의된 아이디어와 관심사를 특정한 형태로 구성한 것이었다. 그 구성이 변경되고 사상이 꾸준히 확실하게 영향력을 발휘하면서 미국헌법은 미국혁명을 주장하는 발언에서 매우 중요했고, 제퍼슨과 그의 동료들이 미국독립선언문에서 분명히 밝혔던 자유와 평등, 기회의 가치를 더욱 완전하게 밝혔다.

미국헌법이 미국독립선언문의 가치를 구현하기를 열망했다고 말하는 것보다 더 큰 찬사는 없을 것이다.[38] 아마도 더 중요한 것은, 헌법에 암묵적으로만 존재하는 가치가 미국독립선언문에 명백히 명시되어 있다는 사실에 의해 미국헌법이 크게 강화된 것이다. 독립선언문과 미국헌법은 자유와 평등의 결실을 온전히 누리지 못하는 사람들에게 더 많은 몫을 차지하기 위해 자신의 주장을 펼치라고 권고하고 있다.

주요 용어

견제와 균형(checks and bal-ances) 41
공화정(republican government) 48
권고와 동의(advice and consent) 47
권력분립(separation of powers) 41
권리장전(Bill of Rights) 54
뉴저지 안(New Jersey Plan) 43
대륙회의(Continental Congress) 32
대의제 정부(representative government) 40
독립선언문(Declaration of Inde-pendence) 33
명시적 권한(enumerated powers) 47
반연방주의자(Anti-Federalists) 51
버지니아 안(Virginia Plan) 43
보스턴 대학살 사건(Boston Mas-sacre) 31
보스턴 차 사건(Boston Tea Party) 31
「선언법(Declaratory Act)」 31

셰이즈의 반란(Shays's Rebellion) 38
아나폴리스 회의(Annapolis Convention) 38
양원제(Bicameralism) 41
연방제(federalism) 40
연방주의자(Federalists) 51
연합규약(Articles of Confeder-ation) 36
연합회의(Confederation Conr-gress) 36
완전한 신뢰와 신용(full faith and credit) 48
'유의' 조항("take care" clause) 47
인지세법 회의(Stamp Act Con-gress) 30
제헌회의(Constitutional Convention) 39
참을 수 없는 법(Intolerable Acts) 31
특권 및 면책권 조항(privileges and immunities clause) 48
'필요하고 적절한' 조항("neces-sary and proper" clause) 47

추천 문헌

Amar, Akhil Reed. "America's Constitution," 2005. 아마르는 헌법이 약속한 자치 정부가 미국을 확대된 민주주의의 길로 이끌었다고 주장한다. 비록 느리기는 하지만, 궁극적으로 모든 성인 백인 남성, 여성, 소수 인종을 포함하게 될 것이다. 📖

Beeman, Richard. *Our Lives, Our Fortunes, and Our Sacred Honor.* New York: Basic Books, 2015. 비먼은 미국이 독립을 선언하기로 한 결정에 관한 이야기를 들려준다.

Fatovik, Clement. *America's Founding and the Struggle Over Economic Inequality.* Lawrence, KS: University Press of Kansas, 2015. 파토빅은 건국자들이 빈곤과 경제적 불평등에 대한 정부의 관심을 일관되게 지지하였다는 사실을 보여줌으로써 건국자들이 작은 정부를 지지했다는 생각에 이의를 제기한다.

Levinson, Sanford. *An Argument Open to All: Reading*

the Federalist in the 21st Century. New Haven, CT: Yale University Press, 2017. 레빈슨은 연방주의 논문이 오늘날 우리에게 어떤 중요한 교훈을 주는지 묻는다.

Maier, Pauline. *Ratification: The People Debate the Constitution*. New York: Simon & Schuster, 2010. 헌법의 비준 여부를 둘러싼 13개 주에서의 논쟁에 대한 최초의 완전한 설명.

Storing, Herbert. "What the Anti-Federalists Were For," 1981. 반연방주의자들은 헌법이 작은 정부 가치에서 벗어나 국민이 통제할 수 없는 중앙집권적 정부를 향한 잘못된 방향으로 한 걸음 내디딘 것이라고 믿었다. 📖

Wood, Gordon S. *Friends Divided: John Adams and Thomas Jefferson*. New York: Penguin, 2017. 우드는 공화국 초창기의 두 위대한 지도자의 협력관계, 몰락, 화해에 관한 이야기를 들려준다.

인터넷 자료

1. www.archives.gov/
   국립문서보관소는 헌법에 관한 소중한 정보를 제공한다. '미국의 역사 문서'를 클릭하자.

2. https://kinginstitute.stanford.edu/king-papers/documents/negro-and-constitution
   이 주목할 만한 웹페이지는 마틴 루터 킹 주니어(Martin Luther King Jr.)의 "흑인과 헌법"이라는 제목의 에세이를 제공한다. 이 에세이는 헌법에도 불구하고 백인계 미국인과 아프리카계 미국인 사이에 존재하는 권리 격차를 조명한다.

3. www.earlyamerica.com
   초기 미국 기록(Archiving Early America) 웹페이지는 역사 문서와 18세기 미국에 관한 정기간행물 『초기 미국 평론(Early America Review)』에 대한 링크를 제공한다.

4. www.constitutioncenter.org
   미국헌법에 대한 지식과 이해를 높이는 데 초점을 둔 비당파적 센터.

5. www.constitution.org/afp/afp.htm
   헌법에 반대하는 반연방주의 글들을 잘 골라놓았고 2차 문헌에 대한 훌륭한 소개.

6. www.youtube.com
   혁명과 제헌회의 시대의 사건과 성격에 대한 더 많은 정보를 얻으려면 유튜브 들어가서 관심 내용을 입력하라. 흥미로운 동영상 클립이 많이 있다.

주

1) James Miller, *Can Democracy Work: A Short History of a Radical Idea, From Ancient Athens to Our World* (New York: Farrar, Straus, and Giroux, 2018), 21–22. 또한, 다음 참조. Jedediah Britton-Purdy, "We're NOT a Real Democracy. That's Why January 6 Happened," *New York Times*, January 6, 2022, A23.

2) J. Franklin Jameson, *The American Revolution Considered as a Social Movement* (Princeton, NJ: Princeton University Press, 1925), 9. 또한, 다음 참조. Theda Skocpol, *States and Social Revolutions* (New York: Cambridge University Press, 1979); Miller, *Can Democracy Work*, 97.

3) Joseph F. Zimmerman, *Contemporary American Federalism: The Growth of National Power*, 2nd ed. (Albany, NY: State University of New York Press, 2008), 13.

4) 미국 식민지 정치기관의 일반적인 구조와 권한에 대해 자세한 논의에 대해서는 다음 참조. Jackson Turner Main, *The Sovereign States, 1775–1783* (New York: New Viewpoints, a division of Franklin Watts, 1973), 99–142.

5) Peter H. Lindert and Jeffrey G. Williamson, *Unequal Gains: American Growth and Inequality Since 1700* (Princeton, N.J.: Princeton University Press, 2016).

6) Marc Egnal, "The Economic Development of the Thirteen Continental Colonies 1720 to 1775," *William and Mary Quarterly*, vol. 32, no. 2 (April 1975): 221; 또한, 다음 참조. Gordon S. Wood, *The American Revolution* (New York: Modern Library, 2002), 12–16.

7) Thomas Jefferson 다음에서 재인용. Bernard Bailyn, *The Ideological Origins of the American Revolution* (Cambridge, MA: Harvard University Press, 1967), 118–143.

8) J. Franklin Jameson, *The American Revolution Considered as a Social Movement* (Princeton, NJ: Princeton University Press, 1925), 9.

9) *Journals of the Continental Congress, 1774−1789*, Worthington C. Ford, ed. (Washington, D.C.: U.S. Government Printing Office), 2: 22.

10) Thomas Jefferson to Henry Lee, May 8, 1825, in Paul Leicester Ford, ed., *The Works of Thomas Jefferson*, Vol. 10 (New York: G.P. Putnam's Sons, 1904−05), 342−343. 또한, 다음 참조. C. Bradley Thompson, "John Locke and the American Mind," *American Political Thought*, vol. 8, no. 4, Fall 2019, 575−593.

11) Donald S. Lutz, *Popular Consent and Popular Control: Whig Political Theory in the Early State Constitutions* (Baton Rouge, LA: Louisiana State University Press, 1980).

12) Leonard L. Richards, *Shays's Rebellion: The American Revolution's Last Battle* (Philadelphia, PA: University of Pennsylvania Press, 2003).

13) David R. Mayhew, *The Imprint of Congress* (New Haven, CT: Yale University Press, 2017), 116.

14) Richard Beeman, *Plain, Honest Men: The Making of the American Constitution* (New York: Random House, 2009).

15) David Robertson, *The Constitution and America's Destiny* (New York: Cambridge University Press, 2005).

16) Martin Diamond, *The Founding of the Democratic Republic* (Itasca, IL: Peacock, 1981), 16−18. 또한, 다음 참조. Charles A. Beard, *An Economic Interpretation of the Constitution of the United States* (New York: Macmillan, 1913), 73−151.

17) Alan Gibson, *Understanding the Constitution: The Critical Questions* (Lawrence, KS: University of Kansas Press, 2007), 특히 제4장, 130−164.

18) Mark Tushnet, *Why the Constitution Matters* (New Haven, CT: Yale University Press, 2010), 1.

19) Calvin C. Jillson, *Constitution-Making: Conflict and Consensus in the Federal Convention of 1787* (New York: Agathon, 1988), 1−17.

20) Gaillard Hunt, *The Writings of James Madison* (New York: Putnam, 1901), 2: 43, 134.

21) Colleen A. Sheehan, *The Mind of James Madison: The Legacy of Classical Republicanism* (New York: Cambridge University Press, 2017).

22) Max Farrand, *The Records of the Federal Convention of 1787* (New Haven, CT: Yale University Press, 1937), 1: 225−228.

23) Thornton Anderson, *Creating the Constitution: The Convention of 1787 and the First Congress* (University Park, PA: Pennsylvania State University Press, 1993).

24) Michael Wines, "Does the Constitution Guarantee a Right to Vote? The Answer Might Surprise You," *New York Times*, October 27, 2022, A14.

25) Sean Wilentz, *Rise of American Democracy* (New York: Norton, 2005).

26) Larry Diamond, *Ill Winds: Saving Democracy From Russian Rage, Chinese Ambition, and American Complacency* (New York: Penguin Books, 2019).

27) Zimmerman, *Contemporary American Federalism*, 29.

28) "Briefing: Amending the Constitution," *The Economist*, September 30, 2017, 21−23.

29) Jack N. Rakove, *Original Meanings: Politics and Ideas in the Making of the Constitution* (New York: Random House, 1996), 106.

30) Farrand, *Records*, 2: 665.

31) Ralph Ketcham, *Framed for Posterity: The Enduring Philosophy of the Constitution* (Lawrence, KS: University of Kansas Press, 1993), 75.

32) David J. Siemers, *The Anti-Federalists: Men of Great Faith and Forbearance* (New York: Rowman & Littlefeld, 2003). 또한, 다음 참조. Michael J. Faber, *An Anti-Federalist Constitution: The Development of Dissent in the Ratification Debates* (Lawrence: University of Kansas Press, 2019).

33) Joseph J. Ellis, *Founding Brothers: The Revolutionary Generation* (New York: Alfred A. Knopf, 2001), 1−19.

34) John Nichols and Robert W. McChesney, *Dollarocracy: How the Money and Media Election Complex Is Destroying America* (New York: Nation Books, 2013), 260. 또한, 다음 참조. Bernard Bailyn, *To Begin the World Anew: The Genius and Ambiguities of the American Founders* (New York: Alfred A. Knopf, 2003), 149.

35) Robert A. Dahl, *How Democratic Is the American Constitution?* (New Haven, CT: Yale University Press, 2002), 15−20, 141−157.

36) Sanford Levinson, *Our Undemocratic Constitution* (New York: Oxford University Press, 2006), 12, 171−176.

37) Steven Levitsky and Daniel Ziblatt, *How Democracies Die* (New York: Broadway Books, 2018).

38) Ketcham, *Framed for Posterity*, 40.

3장

연방주의와 미국정치발전

중점질문 및 학습목표

Q1 '연방'과 '연방주의'라는 용어의 의미는 건국과 국가 초기 시기를 거치면서 어떻게 바뀌었나?

Q2 미국헌법에 따르면 주정부와의 관계에서 연방정부, 연방정부와의 관계에서 주정부는 각각 어떤 권한과 책임을 갖고 있는가?

Q3 미국경제의 확대와 통합은 연방체제 내 정부 간 권력 및 권한의 균형에 어떤 영향을 미쳤는가?

Q4 '권한이양'이라고 하는 미국 연방주의의 변화를 이끈 재정적, 정치적 힘은 무엇인가?

Q5 21세기의 복잡성으로 인해 우리 정부는 본질적으로 중앙집권적이 되었나, 아니면 주정부 및 지방정부가 여전히 중요한 역할을 담당하고 있는가?

DOI: 10.4324/9781003303954-3

만약 마리화나가 불법이라면, 캘리포니아에서 마리화나 판매가 허용되는 이유는?

오늘날의 헌법

제6조: "이 헌법에 의거하여 제정되는 합중국의 법률은 … 이 국가의 최고법률이다."

수정헌법 제10조: "본 헌법에 의하여 연방에 위임되지 아니하였거나, 각 주에 금지되지 아니한 권한은 각 주나 국민이 보유한다."

1970년 의회에서 「통제물질법(CSA)」이 통과되어 대통령이 서명했다. CSA는 1937년 연방법이 불법으로 규정했던 마리화나를 '남용 가능성이 높고' 의학적 사용이 불가능한 1등급 규제 물질로 선언했다. CSA는 현재도 시행되고 있는 연방법이다. 그러나 마리화나의 의학적 이점에 관한 새로운 주장이 나오면서 캘리포니아는 1996년에 의료용 마리화나의 사용을 허용하는 법률을 제정했다. 2022년을 기준으로 36개 주와 워싱턴 D.C.가 의료용 마리화나를 합법화했다. 트럼프 행정부는 엇갈린 신호를 보냈고, 심지어 오바마 행정부 시절에는 의학적 필요 이상으로 캘리포니아의 마리화나 판매점 수가 뚜렷하게 급증하자 연방 당국은 단속에 나섰다. 2022년을 기준으로 18개 주가 주민투표를 통해 21세 이상의 모든 주민이 마리화나를 사용할 수 있도록 허용했다. 바이든 행정부는 전면 재검토를 약속했지만 신중하게 움직였다. 어떻게 연방법과 주법이 이처럼 상충할 수 있을까? 연방법과 주법이 충돌하는 경우 연방법이 우선해야 하는 것 아닌가? 일반적으로는 그렇다. 그러나 이 장의 주제인 연방주의는 때로는 일부 사람들이 생각하는 것보다 더 엉망이다.

연방법과 주법 중 무엇이 우선되어야 하느냐의 문제는 제헌회의 기간 내내 건국자들을 괴롭혔으며, 비준을 둘러싸고 논쟁을 벌인 주요 쟁점 중 하나였으며, 미국 역사 전반에 걸쳐 여러 차례 치열한 논쟁을 불러일으킨 문제였다. 1860년대에 우리는 바로 이 문제, 즉 연방체제 내 연방정부 대 주정부의 권한을 놓고 유혈 내전을 경험했다.

대부분의 미국 역사 동안, 연방대법원은 연방 공무원이 주어진 권한을 너무 광범위하게 해석하여 수정헌법 제10조에 의해 보호되는 주의 권한을 침해했다는 주 공무원의 주장을 진지하게 받아들였다. 정확히 1937년의 '대공황' 동안 그 모든 것이 바뀌었다. 루스벨트(Franklin D. Roosevelt) 대통령은 경기침체에 대응하기 위해 적극적으로 움직였지만, 연방대법원은 저항했으며, 루스벨트가 추진한 정책의 대부분을 위헌으로 결정하였다. 루스벨트는 이에 대응하여 대법원을 고분고분한 새로운 대법관으로 '채우려는' 시도로 맞섰다. 대법원은 그동안 정부의 경제규제를 제한하려 했던 전통적 역할을 거의 완전히 포기하고 못 본 척 내버려두고, 그 대신 시민의 권리와 자유에 집중하는 쪽으로 시선을 돌렸다. 연방정부

는 사회프로그램을 광범위하게 추진하고 규제 정책을 과감하게 도입했다. 1980
년대 중반에 이르러서야 대법원은 연방정부의 권한에 대해 이의를 제기하기 시작
했지만, 수정헌법 제10조에 근거하여 간헐적으로만 그렇게 했다.

그렇다면 주정부가 연방정부의 달갑지 않은 조치를 거부하는 방법은 무엇일
까? 한 가지 방법은 무효화이다. 이것은 주정부가 연방법률이 위헌이라고 판단하
는 경우 해당 주의 관할 영역 내에서 그 연방법률은 효력이 없다는 생각이다. 여기
서 위헌은 연방의회가 헌법에 열거된 명시적 권한의 범위를 넘어서는 사안에 관
여한 것을 의미한다. 이러한 주장을 이해하려면, 우리는 공식적 무효화와 비공식
적 무효화의 차이를 구별해야 한다. 공식적 무효화는 주정부가 의회의 입법 행위
를 무효로 선언하고, 수정헌법 제10조에 명시된 주정부의 '유보된 권리'에 따라 주
정부의 주장에 손을 들어주는 연방법원의 판결로 완성된다. 연방대법원은 지난 반
세기 동안 단 두 번 그렇게 했다. 가장 잘 알려진 대표적 소송사건인 '프린츠 대 미
국'(1997년)에서 연방대법원은 주정부 공무원들에게 권총을 구입하는 사람에 대
한 신원조사의 실시를 의무화한 「브래디 권총 폭력 방지법」의 조항을 무효화했다.

캘리포니아, 콜로라도, 워싱턴을 비롯하여 다른 15개 주에서 승인된 의료용
마리화나 또는 광범위한 마리화나 사용의 사례처럼 비공식적 무효화가 더 흔하
며, 이 법이 정치적 타협과 대중민주주의, 연방주의 등과 같은 미국 전통에 좀 더
잘 부합한다. 비공식적 무효화는 다양한 방식으로 이뤄지며, 대부분은 주와 대중
이 특정 연방법률의 준수를 꺼리는 것을 포함한다. 주의회는 상반된 법률을 통과
시키거나 연방이 결정한 명령의 시행을 거부할 수 있으며, 대중은 여론과 행동으
로 이를 준수할 의사가 없음을 보여줄 수 있다. 주 당국이 연방 당국에 직접 이의
를 제기하지 않거나 신중하게 이의를 제기하는 경우, 연방 당국은 해당 법률을 폐
지하거나 적어도 제한적으로만 시행하여 주정부의 반발에 대응할 수 있다. 사람
들은 때때로 이를 "연방주의가 춤춘다(the dance of federalism)"고 말한다.

연방주의와 미국정치발전

이 장은 미국정치의 이상과 제도의 기원에 대한 논의를 마무리하고, 현대 미국정
치에 대한 주제로 논의를 전환한다. 이 장에서 우리는 미국 연방제의 기원을 탐구
하고, 미국사회 전체에서 연방구조가 정치적 발전과 변화에 어떤 식으로 영향을
미쳤는지 탐구한다.

연방제는 정치권력과 책임을 연방정부와 지방정부 사이에 분산한다.[1] 우리는
국내 환경에서, 그리고 이제는 국제 환경에서 빠르게 증가하고 점점 더 복잡해지

고 있는 새로운 이슈와 문제에 대처하기 위해 세월의 흐름에 따라 미국 연방주의 본질과 그 안에서의 권력 균형이 어떻게 변화했는지 설명한다.

건국의 아버지들은 미국정부의 구조와 특성이 국가 발전 경로에 영향을 미칠 것이라는 점을 알고 있었다. 그런 이유로 그들은 어떤 종류의 중앙정부 또는 연방 정부를 수립할 것인지에 대해 무척 고민했다 (도표 3.1). 건국자들은 연방정부 내에서 행정, 입법, 사법 기능을 할당하고 제한하는 데 권력분립과 견제와 균형을 활용하였듯이, 연방정부와 주정부 간에 정치권력과 책임을 나누고 제한하는 데 연방주의를 활용했다. 건국자 및 후속 세대 일부는 항상 상대적으로 연방정부에 더 많은 권력과 주도권을 부여하길 원했지만, 반대로 또 다른 일부는 항상 연방정부에 더 적은 권력과 주도권을 주기를 바랐다. 미국 정치생활의 지배적인 문제가 무엇인지 규정하고 그것을 해결하는 데 필요한 권력과 자원을 차지하기 위한 연방정부 행위자와 주정부 행위자 간의 갈등은 미국 연방주의 드라마였으며 지금도 여전히 그렇다.

이어서 살펴보겠지만, 21세기 미국 연방주의는 복잡하게 뒤얽혀 있는 다양한 당국과 행위자를 포함한다. 현재 미국은 하나의 대륙에 터전을 잡고 있으며, 거의 3억 3천만 명의 시민이 살고 있다. 가능한 최근 집계에 따르면 연방제 내 9만 126개 정부가 미국 시민들에게 공공서비스를 제공하고 있다. 물론 연방정부는 단 하나뿐이다. 50개의 주정부가 존재한다. 주 아래에는 3,031개의 카운티정부, 1만 9,495개의 시 당국, 1만 6,253개의 자치적인 읍과 면, 1만 2,754개의 학군, 3만 8,542개의 특별구 등이 각종 공공서비스를 제공하고 있다.[2] 여러분은 이 장을 읽으면서 우리나라가 역사적으로 겪은 엄청난 성장과 변화에 대해 생각해 보자. 대서양 연안을 따라 흩어져 있는 여러 작은 식민지에서 출발한 미국은 오늘날 명실공히 경제적, 군사적으로 세계적 강대국이다. 건국 당시 미국인들이 주장하여 헌법에 명시한 '사회계약'은 오늘날에도 유효한가? 그동안 그 사회계약은 바뀌었나? 만약 바뀌었다면, 언제 그렇게 되었나? 연방 정치구조의 진화를 용인하고 심지어 촉진하기 위해 미국헌법은 어떻게 바뀌었나? 오늘날 미국 연방제는 얼마나 건강한가? 21세기에 미국 연방제가 효과적인 거버넌스를 실현할 수 있을까?

도표 3.1 미국 연방제

		권력분립		
		행정	입법	사법
연방주의	중앙	대통령과 관료제	하원	연방법원
	주	주지사와 관료제	주의회	주법원

연방주의의 원래 의미

연방주의는 매우 오래된 생각이다. '연방주의(federalism)'라는 단어와 '연방 (federal)' 및 '국가연합(confederation)'을 비롯한 여러 밀접하게 연관된 단어들은 '조약, 협약, 계약' 등을 의미하는 라틴어 어원 '포에두스(foedus)'에서 유래되었다. 사람들이 토론과 합의를 통해 서로 간에 지속적인 협약이나 계약을 맺을 수 있다는 생각은 미국 정치사상과 정치발전의 중심이 되어왔다. 첫 번째 순례자들이 플리머스 바위(Plymouth Rock)에 발을 내딛기 전에, '메이플라워' 회사 전체가 그 유명한 메이플라워협약(Mayflower Compact)의 승인을 통해 순례자들이 갖게 될 사회와 정부의 종류를 명확히 하였다.

정부를 협약이나 계약의 개념에 기초하는 것으로 생각하는 데 수반되는 큰 난제는 분명히 그 합의가 깨지기 쉽다는 점이다. 정치학자 비어(Samuel Beer)는 "연방정부가 계약에 기초한다는 생각에서 파생하는 생각 중 하나는 계약을 철회한다는 생각이었다. 즉 '계약의 상대방을 배신할 구실이 생기면 언제든지 마음에 안 드는 계약을 가차 없이 파기해 버린다는 생각'이었다"라고 언급했다.[3]

그럼에도 불구하고, 당시 건국자들은 넓은 영토를 통치해야 하는 정부의 형태는 둘 중 하나가 최선일 것으로 생각했다. 하나는 고대 세계의 제국이나 유럽의 군주제와 같이 통합된 정부 또는 **단일정부**였다. 이 중앙집권적 국가는 권력을 무도하게 휘두를 수도 방어적으로 행사할 수도 있는 한 명의 남자 또는 여자의 의지에 종속되었다. 다른 하나는 작은 공화국들의 **국가연합**이었다 (도표 3.2). 국가연합 방안은 개별 공화국이 완전한 주권을 갖고 자신의 국내 문제를 완전히 지배하도록 하되, 외교문제를 서로 조율하고 외부로부터 공격을 받는 경우 서로 돕기로 약속했다. 놀랄 일도 아니지만, 우리 연합규약을 비롯하여 국가연합은 위기 시에 취약하고 불안정한 것으로 판명되었다.[4]

단일국가로의 통합과 국가연합 사이의 선택에서 중요한 것은 주권에 대한 생각이었다. 즉, 어떤 정치체제에서든 궁극적 또는 최종적인 정치권력은 어딘가 특정한 곳에 있어야 한다는 생각이었다. 영국 역사에서 주권자가 왕인지 또는 의회인지에 대한 의견 차이로 인해 1640년에서 1688년까지 거의 50년 동안 내전이 발생했다. 미국의 경우, 주권이 중앙정부에 있거나, 나중에 국가연합을 형성할 수 있는 개별 주에 있어야 하는 것 같았다. 연합규약은 크지 않은 특정 권한을 연합회의에 부여하였지만, 각 주가 명백하게 주권을 유지했다. 연합규약 제2조는 "각 주는 주권과 자유, 독립, 그리고 이 연합이 특별히 미합중국에 명시적으로 위임하지 않은 모든 권력, 관할권, 권리를 연합회의에서 보유한다"라고 명시하고 있다. 각 정부의 권한과 관할권이 제한된다면, 동일한 공간과 동일한 시민에 대해 복수의 정부들이 운영될 수 있다는 강력한 아이디어는 아직 널리 이해되거나 받아들

Q1 '연방'과 '연방주의'라는 용어의 의미는 건국과 국가 초기 시기를 거치면서 어떻게 바뀌었나?

단일정부(unitary government)
중앙정부와 지방정부(주정부)가 서로 권력을 나누어 갖는 연방제와 달리 하나의 단일 권력의 지배 하에 있는 중앙집권적 정부.

국가연합(confederation)
개별적으로 독립된 공화국이나 국가들이 함께 연합하여 외교정책과 국방에 대해서는 조율하지만, 내치에 대한 권한은 그대로 유지하는 느슨한 통치체제.

도표 3.2 단일, 연방, 국가연합 정부제도			
	단일	연방	국가연합
중앙			
지방			
중앙집권화 정도	높음	중간	낮음
권력의 방향	주 위에 연방	권력집중 제한	연방 위에 주
정부제도 장점	통일된 법률	다원주의 권장	지방의 필요에 초점
	효율성	분산된 권력	권력이 흩어져 있음
정부제도 약점	집중된 권력	공유된 책임	목적이 다른 주들
	억압의 위험성	정책의 차이	비효율성
정부제도 사례	대부분 국가	미국	스위스
	중국	캐나다	벨기에
	일본	멕시코	유럽연합(EU)
	영국	인도	연합규약
	이집트	호주	
	이스라엘	독일	

여지지 않았다.

1787년 제헌회의는 친숙한 이름(국가연합)과 가정(주권)을 제쳐두고, 그들이 해결하려고 했던 문제를 다루는 과정에서 새로운 방향을 깨닫게 되었다.[5] 처음에 제임스 매디슨과 버지니아 안 지지자들은 필요하다면 주정부를 압도할 수 있는 강력한 중앙정부의 수립을 요구했다. 매디슨의 반대자들은 중앙정부가 주의 주권에 기초할 것을 요구하는 뉴저지 안을 중심으로 결집했다. 결국, 제헌회의는 막연하게나마 과거의 모델 어느 것도 새로운 국가에 적합하지 않고 연방주의에 대한 새로운 이해가 필요하다는 것을 깨닫게 되었다.[6]

헌법상의 연방주의

건국자들이 가장 중요하게 깨달은 점은 통합된 중앙정부와 주권을 가진 주들의 느슨한 국가연합 사이에서 둘 중 하나를 온전히 선택하려는 것이 잘못이라는 것이었다. 입헌주의와 제한정부의 개념은 단일 영토 내에서 두 개의 정부와 두 개의 공무원 집단이 성문헌법을 통해 각자 명확하고 구체적인 책임과 권한을 부여받을

Q2 미국헌법에 따르면 주정부와의 관계에서 연방정부, 연방정부와의 관계에서 주정부는 각각 어떤 권한과 책임을 갖고 있는가?

출처: Library of Congress

벤자민 프랭클린은 동료 식민지 주민들의 단결을 설득하기 위해 이 몸통이 절단된 뱀의 이미지를 만들었으며, 식민지 주민들에게 "뭉치지 않으면 죽는다 (Join, or Die)"고 경고했다.

가능성을 열어주었다.[7]

만약 정치권력이 국민으로부터 나온다면, 국민이 통합된 중앙정부나 느슨하게 연합한 독립 주에게 주권을 양도해야 하는 이유는 무엇인가? 매디슨(James Madison)은 『연방주의자 논고』 제51호 ('부록 4' 참조)에서 이 질문에 대한 고전적인 답변을 제시했다. 매디슨은 다음과 같이 설명했다. "미국의 혼합 공화정에서는 국민에 의해 양도된 권력이 먼저 각기 다른 두 개의 정부에 분산되고, 그다음 각 정부에 할당된 권력이 각기 다른 부서 간에 재차 분산된다. 그러므로 국민의 권리는 이중으로 안전이 보장된다." 연방주의자 매디슨은 이러한 이중의 안전이 확보된 후 "이것을 넘어서는 모든 것은 국민의 신중하고 굳건한 마음에 맡겨야 한다. 국민은 자기 손에 저울을 쥐고 있으므로, 바라는 바이지만, 국민이 일반 정부와 주정부 간의 헌법적 균형을 유지하기 위해 항상 주의를 기울일 것"이라고 결론지었다.[8]

헌법은 연방정부에 특정 권한을 부여했고, 특정한 영역에서는 주정부의 정책 수립을 금지했으며, 또 다른 영역에서는 주정부에 보장과 보증을 해주었으며, 또 다른 영역에서는 연방정부와 주정부 모두 권한을 행사할 수 있도록 했다. 연방정부와 주정부 사이의 헌법적 균형이 이에 대해 주의를 기울이는 국민에 의해 유지될 것이라는 매디슨의 확언에도 불구하고, 현대의 '티파티(Tea Party)' 운동처럼 연방주의가 대중적 소동의 대상이 된 경우는 거의 없었다. 보다 일반적으로, 의회, 대법원, 항상 주의를 소홀히 하지 않는 주 및 지방 공무원들이 미국 연방주의를 형성했다 (표 3.1). 사실, 미국 정치체제는 1990년대 중반부터 연방제도 내의 권력과 권위의 균형에 대해 주기적으로 재평가를 해왔다.[9]

명시적 권한, 묵시적 권한, 고유한 권한

매디슨은 중앙정부의 강화를 마음먹고 제헌회의에 참석했다. 버지니아 안은 입법 권한을 광범위하게 갖고 있으며 동시에 여러 주의회의 입법 행위를 검토, 수정, 거부할 수 있는 권한을 가진 전국적 차원의 의회를 구상했다. 특별히 열거된 권한을 행사하는 의회가 지지를 얻으면서, 주정부가 확실히 부차적 역할을 하는 이러한 강력한 국가 중심 연방주의는 거부되었다. 강력한 중앙정부를 원했던 사람들의 실망은 제헌회의가 미국헌법 제6조에 **최고성 조항**을 채택하면서 어느 정도

최고성 조항(supremacy clause)
미국헌법 제6조는 정당한 권한 범위 내에서 중앙정부의 행위가 주헌법과 법률보다 우선한다고 명시하고 있다.

표 3.1 연방주의 장점과 약점	
장점	**약점**
집중화된 중앙 권력을 제한	주 권력이 허약
주의 혁신을 장려	책임이 겹치는 복잡함
다원주의와 시민 참여를 촉진	통일성 결여
전국적으로는 소수이지만 지역적으로는 다수일 수 있음	바닥을 향한 경주를 촉진

누그러졌다. 제6조의 일부는 다음과 같다. "본 헌법과 본 헌법에 의거하여 제정되는 미합중국 법률, 미합중국의 권한에 의하여 체결되었거나 체결될 모든 조약은 이 나라의 최고법률이며, 모든 주의 법관은 어느 주의 헌법이나 법률 중에 이에 배치되는 규정이 있을지라도 이에 구속된다." 게다가 모든 주 공무원들은 "이 헌법을 지지한다는" 선서를 해야 했다.

미국헌법 제1조 제8항은 의회의 명시적 권한(열거적 권한)을 규정하고 있다. 제1조 제8항에는 과세권, 상업 및 통화의 규제 권한, 전쟁 선포 권한, 육군과 해군의 모집 권한 등 17개의 명시적 권한이 열거되어 있다. 이론적으로 의회는 명시적 권한 범위 내에서 법과 정책을 만들도록 제한된다. 하지만 헌법의 또 다른 조항들은 의회에 구체적으로 열거된 명시적 권한 이외에 이에 더하여 **묵시적 권한**을 부여하고 있는 것으로 판단된다. 제1조 제8항의 마지막 단락은 의회에 명시적 권한을 '실행하는 데 필요하고 적절한 모든 법률을' 제정할 수 있는 권한을 부여하고 있다. 흔히 '탄력적 조항(Elastic Clause)'으로 불리는 '필요하고 적절한' 조항은 의회가 17개의 명시적 권한 이외에 일반적인 권한을 갖고 있음을 암시한다 (표 3.2).

만약 명시적 권한이 상당히 구체적이고, 묵시적 권한이 좀 더 광범위하지만 여전히 열거된 목적을 달성하기 위한 수단이어야 한다면, 고유한 권한에 관한 생각은 특정 헌법 조항과 느슨하게 관련되어 있을 뿐이다. 의회와 대법원은, 특히 대통령과 외교 문제와 관련하여, 국가는 헌법의 특정 조항에 근거하지 않고 다른 나라와 동등한 입장에서 다른 나라를 상대할 수 있는 권리와 필요를 수반한다는 개념을 받아들였다. 사실, 이러한 국가의 **고유한 권한**은 독립선언문을 세계에 공표할 때 이미 언급되었다. 즉 "이 식민지들은 자유롭고 독립적이어야 하며, 그들은 전쟁을 개시하고, 평화를 체결하고, 동맹을 체결하고, 통상을 수립하고, 독립국들이 옳은 일을 할 수 있는 모든 권한을 가지고 있다."

위태로운 상황에서 취해졌지만, 헌법상 구체적으로 위임받은 권한 없이 대통령이 취한 조치의 한 가지 사례가 본질적 권력의 성격을 명확히 하기에 충분할 것

묵시적 권한(implied powers) 구체적으로 명시된 의회의 권한은 아니지만, 명시된 목적이나 활동을 수행하는 데 적절하고 필요한 의회의 권한.

고유한 권한(inherent powers) 헌법에 명시되어 있든 아니든 모든 주권 국가가 갖고 있는 것으로 주장되는 권한으로, 행정부가 국가를 방어하고 국익을 보호하는 데 필요한 모든 행동을 취할 수 있도록 해준다.

표 3.2 미국헌법에 나타난 권력분산		
중앙정부 권한	동시 권한	주정부 권한
화폐 발행	세금 징수	헌법개정 비준
전쟁 선포	금전 차입	지방자치단체 설립
외교정책 수행	법률 제정 및 집행	선거관리
주 간 상거래 및 해외 통상 규제	법인 허가	주 내의 상거래 규제
국가 방위	토지수용권 행사	치안권
새로운 주 허용	법원 설립	유보된 권한
우편 규제		
파산 규칙		

이다. 1861년 초 의회가 회기 중이 아니었고 의회로부터 사전 승인을 얻지 못했음에도 불구하고, 링컨 대통령은 남부 주들이 연방에서 탈퇴하자 곧바로 추가 병력을 소집하고 상당한 액수의 돈을 지출하는 등 몇 가지 즉각적인 조치를 취했다. 비평가들이 불평하자, 링컨은 그저 "국가를 잃고 나서도 헌법의 보존이 가능할까요?"라고 물었다. 링컨은 스스로 그 대답이 "아니오"라고 생각했고, 더 이상 자신의 조치를 정당화할 필요가 없다고 생각했다.

동시 권한

동시 권한(concurrent powers)
과세 권한과 같이 연방체제 내의 두 수준 정부 모두 사용할 수 있는 권한으로, 동일한 시민에 대해 중앙정부와 주정부 모두 행사할 수 있는 권한이다.

건국자들이 계획한 연방정부와 주정부가 '이중 주권'을 행사하는 복잡한 공화정의 핵심은 **동시 권한**의 개념이었다. 이중 주권은 과세 및 금전 차입 권한, 상거래 규제 권한, 법원 설립 권한, 도로 및 고속도로 건설 권한 등과 같이 일부 분야에서 연방정부와 주정부 모두 동시에 권한을 가지고 있음을 시사한다. 연방체제의 두 수준 정부 모두 법률 및 정책의 이러한 영역 및 유사한 영역에 관여할 권한이 있다. 여러분의 세금 고지서는 동시 권한의 좋은 예이다. 7개 주를 제외한 모든 주에서 시민은 연방정부 수준 및 주정부 수준(때로는 지방정부 수준도 포함)에서 소득세 신고서를 작성해야 한다.

연방정부에 금지된 권한

헌법 제1조 9항은 연방정부에 특정 권한을 부여하지 않았다. 의회는 반란이나 중대한 공공 위험이 있는 경우를 제외하고는 정상적인 법적 절차를 중단하고, 한 주의 상거래나 항구를 다른 주의 상거래나 항구보다 선호하고, 합법적이지 않게 돈을 지출하고, 귀족 작위를 부여하는 행위 등이 금지되었다. 연방정부에 대한 또 다른 제한 사항이 수정헌법을 통해 헌법에 추가되었지만, 학생들은 이것이 간략한 단락이라는 점을 인식해야 한다.

주에 유보된 권한

미국 연방주의의 기본 논리는 주들이 연방정부에 위임되지 않은 문제와 미국헌법이나 주헌법에 의해 금지되지 않은 문제에 대해 완전한 권한을 가지고 있다는 것이다. 매디슨이 『연방주의자 논고』 제39호에서 설명했듯이, 의회의 관할권은 "구체적으로 열거된 대상에 한정되며, 그 외 나머지 다른 모든 대상에 대한 불가침적인 주권을 여러 주가 보유하도록 내버려둔다."[10] 그럼에도 불구하고, 새로운 연방정부가 주의 권한과 국민의 권리를 침해할 수 있다는 우려가 확산되었고, 그에따라 많은 사람이 헌법 자체에 보호 장치를 추가할 것을 요구하였다. 제1차 의회는 이 문제의 처리에 착수하여 1791년에 10개의 수정헌법 조항, 즉 권리장전을통과시켰다. 수정헌법 제10조는 다음과 같이 쓰여 있다. "본 헌법에 의하여 연방에 위임되지도, 각 주에 의해 금지되지도 않은 권한은 각 주나 국민이 보유한다."

짐머만(Joseph Zimmerman)은 주에 **유보된 권한**을 유용하게 '경찰권, 시민에 대한 서비스 제공 … 지방정부의 수립 및 관리' 등 세 가지 범주로 구분했다.[11] '경찰권'은 공중 보건, 복지, 안전, 도덕, 편의를 보호하고 향상시키기 위해 개인과 기업의 활동에 대한 규제를 다룬다. 또한, 주들은 경찰과 소방, 도로 건설, 교육 등과 같은 서비스를 제공한다. 마지막으로, 주들은 지방정부를 설립하고 관리한다.

주정부에 금지된 권한

건국자들은 개별 주가 위험한 외세를 적대시하고 다른 주 사람들에게 해를 끼치면서 자기 주 사람들의 경제적 이익을 창출하려고 시도하는 등 연합규약 아래에서 경험했던 문제가 되풀이되지 않기를 원했다. 미국헌법 제1조 제10항은 주들이 다른 주와 또는 외국 세력과 조약이나 동맹을 체결하거나, 자체의 육군이나 해군을 유지하거나, 실제로 침략당한 경우가 아닌 한 전쟁에 참여하는 것을 금지하고 있다. 군사 및 외교정책은 중앙정부의 소관이다. 또한, 주정부가 독자적으로 화폐를 발행하거나, 계약을 파기하거나, 수출입에 세금을 부과하는 것을 금지하고 있다.

주에 대한 연방정부의 의무

미국헌법은 주들에게 일련의 명시적인 약속을 보장하고 있다. 이들 대부분이 제4조 제3항과 제4항, 제5조에서 발견된다. 주들의 동의 없이는 주의 경계와 상원에서의 동등한 대표성은 변경되지 않을 것이며, 모든 주의 공화주의 정부를 침략으

유보된 권한(reserved powers)
미국 수정헌법 제10조는 연방정부에 명시적으로 부여되지 않은 권한은 주 또는 국민이 보유한다고 명시하고 있다.

로부터 보호하고, 주의 요구가 있을 시에는 주 내의 폭동으로부터 보호할 것을 주들에게 약속하고 있다.

주 간의 관계

미국헌법 제4조 제1항과 제2항은 주 간 관계를 다루고 있다. 이들 조항은 주들이 서로의 민사법을 존중하고, 서로의 시민을 공평하게 대하며, 다른 주에서 도망친 범죄 혐의자들을 해당 주로 돌려보낼 것을 요구하고 있다.

완전한 신뢰와 신용. 미국헌법 제4조 제1항은 "각 주는 다른 주의 법률과 기록, 사법절차에 대하여 충분한 신뢰와 신용을 가져야 한다"라고 규정하고 있다. 단도직입적으로 말해서, "법률은 주의회가 제정한 민사법을 의미한다. 기록은 증서, 저당권, 유언 등과 같은 문서를 의미한다. 사법절차는 최종적인 민사소송절차를 의미한다."[12] 이 간단한 조항을 통해 건국자들은 주들이 서로의 법률 행위와 판결을 인정하고 존중할 것이 요구되는 국가 법률체계를 만드는 데 크게 성공했다. 그럼에도 불구하고 미국 역사 속에서 종교적 관용, 노예 제도, 그리고 최근에는 마리화나 사용을 허용하는 일부 주정부의 결정과 같은 사회적 문제로 인해 주 간의 호혜성과 협력이 어려웠다.

'폴 대 버지니아(Paul v. Virgina)' 사건 (1869년)
미국헌법의 특권 및 면책 조항이 다른 주를 방문하거나, 일하거나, 사업을 하는 시민들에게 해당 주의 시민에게 주어진 것과 똑같은 자유와 법적 보호를 보장한다고 판결했다.

범죄인 인도(extradition)
미국헌법 제4조 2항은 한 주에서 범죄로 기소된 사람이 다른 주로 도피하는 경우 범죄를 저지른 주로 돌려보내야 한다고 규정하고 있다.

특권과 면책권. 미국헌법 제4조 2항은 "각 주의 시민은 다른 어느 주에서도 그 주의 시민이 향유하는 모든 특권 및 면책권을 가진다"라고 규정하고 있다. 대법원은 1869년 '폴 대 버지니아' 사건에서 특권과 면책권 단어 뒤에 숨겨져 있는 논리에 대한 고전적인 주장을 제시했다. 대법원은 다른 주에서 사업을 하거나, 일하거나, 방문하는 시민들은 "재산을 취득하고, 향유하고, 행복을 추구하는 데 있어서 그 주의 시민들이 가지고 있는 것과 똑같은 자유를 가지며, 이는 그들에게 법의 평등한 보호를 보장한다"고 설명했다.

범죄인 인도. 미국헌법 제4조 제2항은 **범죄인 인도**에 대한 법적 절차를 규정하고 있다. 즉, "어느 주에서 반역죄, 중죄 또는 그 밖의 범죄로 인하여 고발된 자가 도피하여 재판을 면하고 다른 주에서 발견된 경우, 범인이 도피해 나온 주의 행정당국의 요구에 의해 그 범인은 그 범죄에 대한 재판관할권이 있는 주로 인도되어야 한다."

출처: AP/ Harris Pennick

주지사 캐시 호철이 코로나19의 확산을 늦추기 위해 백신접종 및 마스크 착용을 의무화한 것에 반대하는 수백 명의 사람들이 뉴욕주 올버니의 의사당 앞에서 시위를 벌이고 있다.

기본적으로 미국헌법은 주정부에게 자체의 치안을 담당하도록 하고, 군사 및 외교정책에 대한 책임은 연방정부에 맡겼다. 그러나 헌법은 또한 메인에서 조지아까지, 대서양 연안에서 서부 정착지의 가장 먼 끝에 이르는 국민경제, 즉 미국 자유무역지대를 만들기 위해 여러 주 경제들 사이에 존재하는 무역장벽 및 규제장벽을 낮추려고 노력했다. 당연히, 헌법상의 책임 영역 내에서 연방정부의 '최고성'과 각 주의 '유보된 권한' 사이의 경계는 모호하고, 논쟁의 여지가 있으며, 미국의 역사 속에서 변화해 왔다. 사실, 미국 연방주의에 대해 생각할 때 핵심 논쟁은 '탄력 조항'과 '최고성 조항'에 근거한 연방 권력과 수정헌법 제10조에 의해 개별 주에 '유보된 권한' 간의 균형을 어떻게 유지할 것인가 하는 것이라고 할 수 있다. 아래에서 살펴보듯이, 이러한 논쟁은 일찍부터 발생하였고, 오늘날에도 여전히 우리는 이 논쟁을 지속하고 있다.[13)]

이중적 연방주의와 이에 대한 도전자

건국 당시부터 20세기의 첫 3분의 1 시점까지 미국 연방주의의 지배적 관점은 **이중적 연방주의**였다. 종종 '레이어 케이크(layer-cake) 연방주의'로 일컬어지는 이중적 연방주의는 국가와 주들이 각기 헌법상 주어진 책임 영역 내에서 주권을 갖는다고 보았지만, 국가와 주 간에 정책이 거의 중복되지 않았다. 미국 초기 역사 동안, 그리고 그보다는 덜하지만, 미국 전체 역사 내내 이중적 연방주의에 대한 두 개의 경쟁세력이 존재했다. 하나는 국가 중심 연방주의이고 다른 하나는 주 중심 연방주의였다.[14)] 알렉산더 해밀턴, 대법원장 존 마셜, 상원의원 헨리 클레이, 대통령 에이브러햄 링컨 등 미국의 수많은 정치가가 국가 중심 연방주의 비전을 옹호하였다. 이 비전의 근본적인 생각은 주에 앞서 국가가 존재한다는 것이었고, 대륙회의가 모든 식민지에게 영국과의 관계를 단절하라고 지시한 1776년 6월에 주들이 실제로 생기게 되었다는 것이다.[15)]

두 번째 무리의 미국 정치인들은 다른 견해를 피력했다. 제퍼슨(Thomas Jefferson) 대통령, 전쟁 전 남부의 위대한 정치이론가 칼훈(John C. Calhoun) 상원의원, 미국 남부연합의 데이비스(Jefferson Davis) 대통령 모두 주가 국가보다 앞서 존재했으며, 주 간의 협약을 통해 국가를 건설했다고 믿었다. 협약은 참여한 주 간의 협력과 조정을 촉진하기 위한 공식적인 협정이었다. 이러한 주 중심 연방주의 비전에 따르면, 협약의 원래 당사자, 즉 개별 주는 연방정부가 주의 주권을 침해하여 협약을 위반하는 경우 연방에서 탈퇴할 수 있었다. 탈퇴가 아닌 경우, 주들은 의회의 제1조 8항에 열거된 권한에서 벗어났다고 생각되는 연방법을 무효화하거나 시행 불가를 선언할 수 있었다.[16)]

이 나라 역사의 초기 수십 년 동안 국가 중심 연방주의 비전과 주 중심 연방주

이중적 연방주의(dual federalism) 19세기 연방주의는 중앙정부와 주정부 두 수준이 거의 겹치거나 공유되는 권한 없이 상당히 다른 각자의 책임 영역에서 주권을 가지는 연방제도를 구상했다.

Q3 미국경제의 확대와 통합은 연방체제 내 정부 간 권력 및 권한의 균형에 어떤 영향을 미쳤는가?

의 비전은 서로 팽팽하게 싸웠다. 그러나 1840년대와 1850년대 동안 뉴잉글랜드의 산업경제가 남부의 농업경제를 앞지르면서, 주 중심의 연방주의는 갈수록 점점 더 고립되고 경직되었다. 1860년 링컨(Abraham Lincoln)이 대통령으로 당선되자 남부는 연방에서 탈퇴했고, 미국 연방주의에 대한 두 가지 비전이 남북전쟁의 싸움터에서 충돌했다.

존 마셜 대법원장과 국가 연방주의. 일찍이 1791년 연방법원이 로드아일랜드 주법을 위헌으로 판결했고, 1803년 대법원장 존 마셜(John Marshall)은 유명한 '**마버리 대 매디슨**' 사건에서 연방의회가 제정한 1789 「사법법」의 일부를 위헌으로 판결했다. '마버리' 판결 이후 연방대법원은 합헌인 것과 위헌인 것을 결정하며, 그에 따라 미국 연방주의의 의미, 형태, 경계를 결정하는 최종 결정자가 되었다.[17]

1819년 '**매컬록 대 메릴랜드**' 사건에 대한 대법원의 판결은 헌법의 의미에 대한 판정자로서 대법원의 역할의 중요성을 강조하였다. '매컬록' 사건에서 의회가 합법적으로 은행 설립을 허가할 수 있는지 여부의 문제는 대법원이 의회의 권한을 광범위하게 해석하고, 이에 대한 주의 간섭을 제한할 수 있도록 허용했다. 의회의 명시적 권한 가운데 은행 설립 권한은 열거되어 있지 않기 때문에, 은행의 반대자들은 주 중심 연방주의 또는 간결한 비전을 주장하며, 의회가 은행을 설립할 권한이 전혀 없다고 반대했다. 연방대법원장 마셜은 국가 중심 연방주의 비전에 입각하여 판결문을 작성하면서, 의회가 은행을 설립하고 운영할 수 있는 권한에 대한 근거를 '필요하고 적절한' 조항에서 찾았다. 마셜은 의회의 명시적 권한에는 '화폐를 주조하는' 권한과 '화폐의 가치를 규제하는' 권한이 포함되어 있다고 언급했다. 그는 이를 위해 은행은 아마도 '필수적'은 아니지만 '적절한' 수단이라고 주장했다. 마셜의 '필요하고 적절한' 조항에 대한 고전적 해석은 "목적이 정당하고 헌법의 범위 내에 있도록 하며, 목적에 명백하게 알맞으며, 금지되지 않으면서 헌법의 조항과 정신에 부합하는 모든 적절한 수단은 합헌이다"라고 강조했다. 연방정부의 권한에 대한 이러한 광범위한 해석은 수정헌법 제10조의 '유보된 권한'을 희생시키면서 이루어졌다.

세 번째 판결로 국가 중심 연방주의 비전을 헌법에 박아 넣으려는 마셜 대법원장의 노력이 완성되었다. 1824년 '**기번스 대 옥덴**' **사건**은 주 간 상거래 규제, 즉 주 경계선을 넘어 이뤄지는 상거래 규제를 다루었다. 통상 조항에 대한 법원의 해석은 난해하고 심지어 지루해 보일지 모르지만, 존 마셜 대법원장 시절부터 오늘날까지 연방정부권력을 확대하는 데 절대적으로 핵심이었다. 사실, '필요하고 적절한' 조항과 마찬가지로 의회의 통상 권한에 대한 광범위한 해석

'**마버리 대 매디슨(Marbury v. Madison)**' 사건 (1803년)
대법원장 존 마셜은 헌법이 최고 법이므로 법원은 이에 반하는 입법 행위를 무효화해야 한다는 논거를 통해 헌법에서 사법심사(헌법재판) 권한을 도출했다.

'**매컬록 대 메릴랜드(McCulloch v. Maryland)**' 사건 (1819년)
대법원은 의회 제1조 제8항의 명시적 권한은 구체적으로 명시되지는 않았으나 해당 권한을 실행할 수 있는 적절한 권한을 내포한다고 주장하여 '필요하고 적절한' 조항에 대한 광범위한 해석을 공표하였다.

'**기번스 대 옥덴(Gibbons v. Ogden)**' 사건 (1824년)
이 판결은 통상 조항에 대한 광범위한 해석, 즉 '연속 여행'의 원칙을 이용하여, 의회가 상거래의 일부분이라도 복수의 주 간의 상거래에 대해서는 규제를 할 수 있도록 허용했다.

출처: AP Photo

1801년부터 1835년까지 미연방 대법원장이었던 존 마셜은 사법부를 연방정부의 행정부, 입법부와 동등한 부처로 만들었다.

은 우리 연방체제 내에서 연방정부권력의 확대를 촉진하고 정당화해 왔다.

'기번스' 사건의 쟁점은 하나의 주에서 영업활동을 하는 증기선 회사가 복수의 주 간의 상거래에 참여하여 의회의 규제 권한의 대상인지 여부였다. 주 중심 연방주의 비전을 옹호하는 사람들은 그렇지 않다고 주장했다. 마셜은 다수의견을 대표하여 작성한 판결문에서 증기선에 실려 운반되는 승객이나 물품 중 어느 하나라도 '연속해서 여행'을 하는 경우 주 간 상거래를 규제하는 의회의 권한이 하나의 주에서의 항해에도 적용된다고 주장했다. 그러한 증기선에 탄 사람이나 화물이 주 간의 상거래이거나 나중에 상거래가 될 것이 거의 확실하기 때문에 이것은 매우 광범위한 판결이었다. 이러한 결정은 국가 중심 연방주의가 승리할 수 있는 토대를 놓았지만, 그러한 구조가 완전히 정립되기까지는 그 후 한 세기가 더 걸렸다. 그러는 동안 마셜의 반대파들이 백년 동안 전성기를 누렸다.

로저 태니 대법원장과 미국. 1835년 존 마셜이 사망하자 앤드류 잭슨 대통령은 태니(Roger B. Taney)를 새로운 대법원장으로 임명하였고, 그는 1863년까지 재직했다. 태니 대법원장은 주 중심 연방주의와 제한적 연방정부를 강력하게 옹호했다. 그보다 더 강력한 옹호자는 여전히 사우스캐롤라이나 상원의원 존 칼훈이었다. 압도적 다수인 북부로부터 남부가 위협을 받고 있다고 확신한 칼훈 상원의원은 각 주요 지역이 자신들의 근본적인 이익을 위협하는 연방법에 대해 거부권을 행사할 수 있는 '**동시 다수 원칙**'을 제안했다. 만약 남부가 그러한 보장을 거부당한다면, 칼훈은 주권을 가진 주들이 불법적인 연방법을 무효로 하고, 최후의 수단으로 연방에서 탈퇴할 수 있다고 주장했다. 여전히 이러한 생각이 때때로 언급된다.

대법원장 태니의 가장 악명 높은 의견은 1857년 '**드레드 스콧 대 샌드포드**' **사건**의 판결이었다. 태니는 의회한테는 노예 소유주가 자신의 재산, 심지어는 자신의 인적 재산조차 연방 내의 어떤 다른 주로, 심지어 자유로운 주로 옮겨가서 그 노예를 재산으로 보유하는 것을 금지할 권리가 없다고 주장했다. 다음 해 1858년 일리노이 주 상원의원 선거에서 더글라스(Stephen A. Douglas) 상원의원은 '국민주권'에 대한 미국의 열정적인 헌신은 개별 주의 시민들이 노예제에 찬성하거나 반대하는 투표를 할 수 있어야 한다는 것을 의미한다고 주장했다. 당시 링컨(Abraham Lincoln)이라는 잘 알려지지 않은 전직 하원의원 출신의 더글라스 반대자는 연방정부가 노예제를 현재 존재하는 주들로 제한할 수 있는 권한을 가지고 있다고 주장했다. 링컨이 졌다.

광범한 주의 권리에 대한 관점과 주 중심 연방주의를 지지하는

동시 다수(concurrent majority)
사우스캐롤라이나 상원의원 존 칼훈은 각 지역에 그 지역에 해롭다고 판단되는 연방정부의 법률을 거부할 수 있는 권리를 부여하여, 이를 통해 북부와 남부 간의 균형을 회복하자는 의견을 제시했다.

'드레드 스콧 대 샌드포드(Dred Scott v. Sandford)' 사건 (1857년)
대법원은 자유인이든 노예든 흑인은 미국 시민이 아니라고 선고했다. 더 나아가 노예는 재산이었고, 연방 내의 다른 주로, 심지어 자유 주로 가져가서 재산으로 보유될 수 있었다.

출처: The Granger Collection, New York

드레드 스콧 사건의 판결을 주도한 로저 태니는 종종 대법원 역사상 가장 악명 높은 대법원장으로 간주된다.

태니와 더글라스의 강력한 주장은 남북전쟁의 발발에 일조했다. 북부에서는 노예제도 확대에 반대하는 여론이 들끓었고, 링컨은 1860년 대통령선거에 출마했다. 남부는 연방을 탈퇴했고, 북부는 이에 맞섰으며, 미국은 미연방의 성격을 둘러싸고 전쟁을 시작했다.[18]

이중적 연방주의에서 협조적 연방주의로

비록 미국헌법을 주들이 탈퇴할 수 있는 협약이라고 보는 생각은 남북전쟁으로 사라졌지만, 연방체제에서 주를 위한 크고 안전한 피난처라고 할 수 있는 주의 권리에 대한 생각은 분명히 그렇지 않았다. 의회는 대공황으로 인해 미국 연방주의의 광범위한 성격과 기본 구조에 변화가 필요한 것처럼 보일 때까지 주와 지방 문제를 거의 규제하려 하지 않았다. 1930년대 이후 미국 연방주의는 이중적 연방주의보다는 협조적 연방주의로 더 잘 묘사될 수 있다.[19]

협조적 연방주의(cooperative federalism)
20세기 중반의 연방주의 관점으로, 이 관점에 따르면 사실상 모든 정부 기능에 대해 연방정부, 주정부, 지방자치 정부가 책임을 공유한다.

연방정부와 주정부의 책임 공유나 혼합을 강조하기 위해 종종 '마블 케이크(marble-cake) 연방주의'로 불리기도 하는 **협조적 연방주의**의 개념은 정치학자 워커(David Walker)에 의해 잘 설명되었다. 워커는 협조적 연방주의가 이중적 연방주의와 다른 두 가지 핵심 사항을 언급했다. 협조적 연방주의에서, 연방정부, 주정부, 지방정부의 공무원들은 "사실상 모든 기능에 대한 책임"을 공유하며, 이들 "공무원들은 서로 적이 아니다. 그들은 동료이다."[20] 그러나 시간이 지나면서 연방정부가 연방체제를 압도적으로 지배하는 것에 대한 우려가 커지고 있다. 흔히 연방정부는 주정부 및 지방정부에 제공하는 연방자금에 부속사항을 추가하는 방법으로 우월한 지배적 위치를 유지한다.

미국의 산업화와 도시화

1860년 에이브러햄 링컨의 당선으로부터 1932년 프랭클린 루스벨트의 당선까지 이 시기 동안 미국사회는 엄청나게 변화했다. 이 시기 동안 미국은 작은 마을과 고립된 농장 중심의 사회에서 벗어나 빠르게 성장하는 도시와 대규모 산업 중심 사회로 바뀌었다. 더 중요하게는, 미국이 철도와 전신으로 대표되는 상업과 통신 네트워크로 인해 보다 더 밀접하게 하나로 통합되었고, 이 네트워크는 주정부 및 지방자치 정부 수준 이상의 관리가 필요한 것처럼 보였다. 19세기에 걸쳐 그리고 20세기에 들어서 상업 네트워크가 확장되면서 의회 권력의 범위에 대한 논쟁이 헌법의 통상 조항을 놓고 격렬하게 벌어졌다.

이와 관련된 두 가지 발전, 즉 철도와 전신의 등장을 생각해 보자. 철도와 전신이 나타나기 전에는, 기업은 지방에 국한되거나 지역을 벗어나지 못했다. 기업의 규모는 마차, 바지선 또는 보트를 통해 완제품을 효율적으로 배송할 수 있는 거리에 의해 결정되었다. 전신의 발달로 장거리 주문과 광고가 가능해졌고, 철도의 발달로 멀리까지 상품을 빠르게 배송할 수 있게 되면서, 기업의 활동 범위는 매우 빠르게 확대되었다. 19세기 말 마지막 수십 년에 이르러서는 은행, 철도, 통신, 철강, 석유, 설탕 등과 같은 기본적인 서비스와 제품군에 대한 대규모 독점 또는 트러스트(기업합동)가 미국경제계를 장악했다.

지방자치 정부는 말할 나위도 없고 어떻게 주정부가 6개 주를 거쳐 지나가는 철도나 미국의 모든 주에서 사업을 하는 철강, 설탕, 담배전매 사업을 통제 및 규제할 수 있었을까? 주정부들은 전혀 그렇게 할 수 없었다. 그런데도 대법원은 '**미국 대 나이트**' 사건 (1895년)에서 주 간의 상거래를 규제하는 의회의 권한은 제조나 생산에는 미치지 못하고, 주 경계선을 통과하는 상품 운송에만 미친다고 판결했다. 그 결과 20세기가 시작되면서 미국 최대 기업들은 의회와 주의 규제 및 통제에서 자유롭게 되었다.

시어도어 루스벨트 대통령은 대규모 민간 부문 행위자들이 연방정부의 감독을 받아들이도록 설득하기 위한 목적으로 '트러스트의 해체'를 위협했다. 1908년 당시 프린스턴대학교의 총장이었던 윌슨(Woodrow Wilson)은 연방주의에 대한 보다 광범위한 역동적인 견해를 주장했다. 그가 생각하는 '미국 입헌정부'는 진화하는 사회에 알맞도록 정부의 원칙과 제도들이 바뀌어야 한다고 주장했다. "주정부와 연방정부의 관계에 관한 문제는 우리 헌정체제의 근본적인 문제이다… 그것은 사실 어느 한 세대의 의견에 의해 해결될 수 없다. 왜냐하면 그것은 성장의 문제이고, 우리의 정치적, 경제적 발전의 모든 연속적인 단계들이 새로운 측면을 제공하고 새로운 문제를 만들기 때문이다."[21] 루스벨트와 윌슨의 진보 시대 행정부가 정부 규제 권한을 위한 교두보를 마련했음에도 불구하고, 격동의 1920년대는 '자유방임주의'로 회귀했다. 루스벨트가 1930년대 대공황에 직면하면서 비로소 미국 연방체제 내의 균형에 변화가 발생하여, 책임과 권한이 연방정부로 크게 집중되기 시작했다.

20세기 초반에는 주정부와 지방정부가 미국 전체 정부 지출의 약 70%를 차지하였고, 반면에 연방정부는 약 30%를 차지했다 (도표 3.3). 그러나 1913년 윌슨 대통령이 연방 소득세를 제안하고 의회가 통과시켰다. 이는 미국 역사상 처음으로 연방정부가 시민과 주민의 연간 소득에 세금을 부과하여 막대한 재정자금을 조달할 수 있음을 의미했다. 연방정부가 20세기 첫 3분의 2 기간 동안 발생한 주요 위기를 해결하기 위해 노력하는 과정에서 연방정부 지출이 미국 전체 정부 지출에서 차지하는 비중이 눈에 띄게 증가했다. 각각의 위기가 지나간 후, 총지출에서 연방정부가 차지하는 비중은 매번 감소했지만, 결코 위기 이전 수준으로 감소하지는 않았다. 1950년대 중반부터 1960년대 중반까지 전체 정부 지출에서 연방정부가 차지하는 비중은 약 75%에서 약 65%로 낮아졌고, 나머지 35%는 주 및

'미국 대 나이트(U.S. v. E.C. Knight)' 사건 (1895년)
대법원은 복수의 주 간의 상거래를 규제하는 의회의 권한이 제조나 생산이 아닌 복수의 주의 경계를 가로지르는 상품 운송에만 있다고 판단했다.

주 권한의 지속적인 관련성

미국헌법은 연방정부와 주정부의 상대적인 권한에 대해 모호하게 언급하고 있다. 제6조가 연방의 '최고성'을 시사하고 있지만 ("본 헌법 의거하여 제정되는 합중국 법률 … 이 국가의 최고 법률이다"), 의회에게 부여된 권한은 포괄적으로 주어진 것이 아니라 구체적으로 열거되어 있다. 게다가, 1791년 권리장전의 일부로 채택된 수정헌법 제10조는 "본 헌법에 의하여 연방에 위임되지 아니하였거나, 각 주에 금지되지 아니한 권한은 각 주나 국민이 보유한다"고 명시하고 있다.

남북전쟁 이전에 새로운 연방국가에서 주의 권리에 대한 대부분의 논의는 무효화 및 탈퇴에 관한 생각을 중심으로 이뤄졌다. **무효화**는 주가 주의 영토 내에서 동의하지 않는 연방정부의 조치를 중단시킬 수 있다는 생각이었다. **탈퇴**는 주가 연방정부의 정책 활동의 일반적인 양상에 심각하게 반대하는 경우 그 주가 실제로 연방을 탈퇴할 수도 있다는 생각이었다.

남북전쟁이 미국의 정치체제 내에서 현실적인 아이디어로서 탈퇴를 소멸시켰지만, 주의 권한에 대한 더 광범위한 생각은 그 중요성을 유지했다. 어떤 사람들은 1960년대와 1970년대의 인종차별 및 빈곤과의 싸움이 그 당시에는 중요했지만, 더 이상 작동하지 않는 정책프로그램들과 21세기의 필요에 비해 너무 크고 개입하기 좋아하는 연방정부를 남겼다고 믿고 있다. 그러므로, 대부분 보수주의자인 많은 사람이 연방정부의 돈과 권한이 문제의 해결 방법을 알 수 있는 가장 좋은 위치에 있는 사람들과 해결해야 할 문제들에 더 가깝게 있는 주정부로 이전되어야 한다고 믿고 있다.

대부분이 진보주의자인 일부 다른 사람들은 지방 통제의 미덕에 대한 오래된 주들의 권리 주장이 지역 내에서 힘을 가진 다수가 힘없는 소수의 요구를 무시하는 데 다시 한번 사용될 것이며, 과거와 마찬가지로 가장 취약한 사람들(여성, 흑인, 동성애자)이 그 누구보다 가장 먼저 고통을 당하게 될 것이라고 우려한다. 오늘날 주의 권리에 반대하는 사람들은, 공정과 정의가 소수인종과 여성의 평등한 권리라는 명백한 영역뿐만 아니라 보건, 복지, 교육 등과 같은 다양한 영역에서 국가 기준을 정하고 유지할 것을 요구한다고 주장한다. 그러한 국가 기준이 없다면, 일부 주들은 자기 주 내의 가장 가난한 시민을 돕는 데 다른 주보다 훨씬 더 미온적일 것이라고 확신한다.[22]

오바마 대통령과 의회 다수파인 민주당이 오바마케어를 통과시키자, 전국의 민주당 지지자들은 환호했다. 대법원이 오바마케어가 합헌이지만 주정부가 이를 시행하도록 강제할 수 없다고 판결했을 때 보수주의자들은 환호해야 할지 울어야 할지 몰랐다. 주의 권리를 옹호하거나 국가적 통일성을 옹호하는 데는 원칙적인 이유가 있지만, 워싱턴을 장악하고 있는 집권 여당은 통일성을 선호하고, 야당은 일부 우호적인 주에서 승리를 추구하는 오랜 국가적 전통도 존재한다.[23]

여러분은 어떻게 생각하는가?

- 건강 관리, 마리화나 합법화, 낙태, 총기, 학교에서의 기도 및 기타 열띤 논쟁의 대상인 문제 등과 같은 중요한 문제를 각 주가 알아서 어떻게 처리할지 결정할 수 있도록 허용하는 경우의 장단점은 무엇인가?

- 정책 이슈에 따라 진보와 보수가 주연방 권한에 대해 상충된 견해를 갖는 이유는 무엇인가?

찬성	반대
주 간의 차이는 사실	정의에 대한 자연적 기준이 중요
문제는 발생지 근처에서 해결되어야 함	많은 문제는 국가적 차원의 조정이 필요
더 이상 존재하지 않는 주의 연방 탈퇴 권리	지역 내 소수는 여전히 취약한 상태

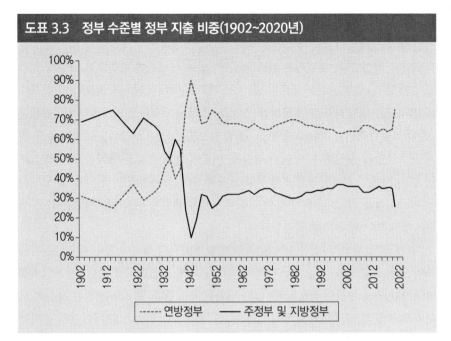

도표 3.3   정부 수준별 정부 지출 비중(1902~2020년)

무효화(nullification)
19세기 전반기에 두드러진 주장으로, 주는 연방헌법상의 권한을 넘어선 것으로 생각되는 연방정부의 행위를 무효화하거나 거부할 권리가 있다는 주장.

탈퇴(secession)
주들이 연방에서 탈퇴할 권리가 있다는 주장.

출처: *Historical Statistics of the United States, Colonial Times to 1957* (Washington, D.C.: U.S. Department of Commerce, 1960), 711, 시리즈 Y254–257, 726, 시리즈 Y536–546. 1960년 이후의 수치는 *Budget of the United States Government, Fiscal Year 2022*, Historical Tables (Washington, D.C.: Government Printing Office, 2022), 표 14.2에서 인용.

지방정부가 차지했다. 팬데믹 구호에 대한 지출로 인해 2020년에는 연방지출이 증가하고 주 및 지방 지출이 감소했다.

대공황

1929년 10월 말의 시장 붕괴는 미국경제 전체가 하나로 묶여 있다는 사실을 가장 잘 보여주었다. 주식 시장이 이틀간의 패닉 거래로 '폭락'하여 거의 4분의 1의 가치를 잃었으며, 그 후 10년 동안 지속된 심각한 경기침체와 실업이 시작되었다. 경기침체가 완화되자마자 제2차 세계대전이 발발했다.

1930년대와 1940년대는 국가비상사태의 시기였다. 1933년 초 프랭클린 루스벨트가 대통령에 취임했을 당시 미국은 이미 3년 이상 경제 불황의 깊은 수렁에 빠져 있었다. 대공황은 국가 경제의 붕괴, 심지어 전 세계경제의 붕괴를 의미했다. 경제 규모는 1929년 최고치에 비해 40%나 감소했고, 전체 노동력의 4분의 1이 실업 상태에 빠졌다. 주정부와 지방정부는 시민들의 요구에 제대로 대처할 수 없었다. 취임 후 '첫 100일' 동안 '뉴딜정책'으로 알려진 루스벨트의 적극적인 대응은 "국가 경제에 대한 연방정부의 특별한 가정과 통상 및 조세 권한의 대대적인 확대를" 포함했다.[24] 여전히 '이중적 연방주의'의 논리와 운영을 최대한 유지하려고 노력하던 대법원은 루스벨트의 조치 모두를 사실상 위헌으로 판결했다.

루스벨트는 자신의 연방정부를 옹호하는 활동가 역할의 비전에 보다 더 호의적인 새로운 대법관들로 대법원을 '채우기' 위해 대법관 수의 확대를 의회에 요청하겠다고 위협했다. 대법원은 깜짝 놀랐다. 일부 대법관은 합헌으로 자신의 의견을 번복했고, 일부는 은퇴했으며, 곧 루스벨트는 대대적인 연방정부의 역할 확대를 지지하는 대법원과 함께 국정을 운영할 수 있게 되었다. 1937년까지 대법원은 「전국 노동관계법」, 「철도노동법」, 「농장 담보법」, 「사회보장법」 등 여러 주요 경제 프로그램을 승인했다. 이러한 결정은 '이중적 연방주의'를 종식하고, 연방정부가 주 내에서의 경제활동을 조정하고 규제할 수 있는 광범위한 권한을 갖게 되는 시기의 시작을 알렸다. 전체 정부 지출에서 연방정부가 차지하는 비중은 1927년 28%에서 1936년 50%로 증가했다.

'위커드 대 필번(Wickard v. Filburn)' 사건 (1942년)
법원은 '미국 대 나이트' 판례에서의 통상 권한에 대한 좁은 해석을 거부하고, 의회가 궁극적으로 모든 상거래 활동을 규제할 수 있는 '기번스 대 옥덴' 판례의 광범한 해석으로 되돌아갔다.

'위커드 대 필번' 사건은 1942년까지 연방대법원이 얼마나 많이 바뀌었는지를 보여준다. 루스벨트가 농산물 가격의 회복을 위해 도입한 프로그램인 「농업조정법(AAA)」은 농부들이 파종할 수 있는 면적을 규제했다. 로스코 필번은 자신의 오하이오 농장의 11에이커에 밀을 심도록 허가받았다. 필번은 23에이커의 농지에 밀을 심었는데, 단지 11에이커에 심은 밀만 내다 팔 것이고, 나머지 12에이커에 심은 밀은 가축에게 먹일 것이라고 주장했다. 지난 수십 년 동안 자유시장을 굳건히 옹호해 왔고, 경제규제에 대한 의회의 역할이 제한적일 것을 주장했던 연방대법원은 이번에는 필번이 지나친 많은 양의 밀을 가축에게 먹이는 것은 그가 공개시장에서 밀을 살 필요가 없다는 것을 의미하며, 그것이 '주 간의 상거래'에 미치는 작은 영향으로 인해 그가 의회의 합법적인 헌법적 권한의 규제 대상이 되기에 충분하다고 주장했다.[25] 미국 연방주의 내에서 연방정부 권한과 주정부 권한 사이의 균형은 연방정부 쪽으로 크게 기울었다 (도표 3.3).

제2차 세계대전으로 인해 1944년까지 전체 정부 지출에서 연방정부 지출이 차지하는 비중이 90%까지 높아졌다. 1945년 전쟁이 끝났을 때 미국은 국제정치에 계속 관여하고, 유럽과 일본 경제의 재건을 도왔으며, 소련의 팽창주의에 맞서기 위해 군사동맹을 구축했다. 1950년에는 전체 정부 지출에서 연방정부가 차지하는 비중이 60% 미만으로 떨어졌지만, 1950년대 초반 한국전쟁으로 인해 그 비율이 다시 70%로 올라갔다. 지난 반세기

출처: AP Photo

1937년 4월 대공황 중에 '여성 공공사업 촉진청(WPA)'과 그들의 남성 지지자들이 새크라멘토 WPA 지역본부 입구에서 경찰과 대치하고 있다. 파업 참가자들은 저임금, 열악한 노동 환경, 고용불안 등을 비판했다.

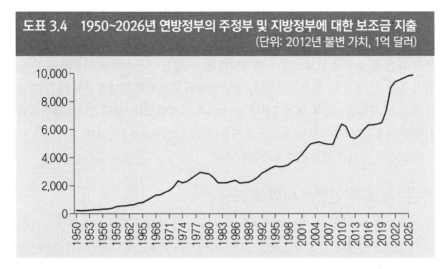

도표 3.4   1950~2026년 연방정부의 주정부 및 지방정부에 대한 보조금 지출
(단위: 2012년 불변 가치, 1억 달러)

출처: *Budget of the United States Government, Fiscal Year 2022, Historical Tables* (Washington, D.C.: Government Printing Office, 2021), 표 12.1. 2021년부터 2026년까지의 수치는 같은 표에 근거한 공식 추정치이다.

동안 그 비율은 60~70% 사이에 머물고 있다. 더욱이 연방정부 차원에서 정치적 권력의 강화는 외교정책 및 국가안보정책 못지않게 국내정책에서도 있었다.

재정 연방주의의 등장

대부분의 미국 역사 동안, 헌법의 제1조 8항에 명시된 의회의 제한적 권한은 교육, 의료, 소득 및 퇴직연금 등을 포함한 광범위한 정책 분야에 대한 연방정부의 간섭을 금지하는 것으로 이해되었다. 시어도어 루스벨트의 '스퀘어딜(Square Deal, 공정한 분배정책 – 역자 주)'로 천천히 시작하여 프랭클린 루스벨트의 '뉴딜'로 속도를 높이면서, 연방 당국은 의회가 "채무를 지불하고, 공동 방위와 일반 복지를 위하여 조세, 관세, 공과금 및 소비세를 부과징수"하는 것을 허용하고 있는 제1조 8항의 첫 번째 조항을 강조했다. 특히 '대공황' 기간 동안, 미국의 주와 지역사회에서는 연방정부의 적극적인 활동이 필요한 것처럼 보였다.

1960년대와 1970년대 초 동안 미국 연방주의의 구조 안에서 연방정부의 권한이 계속해서 확대되었다. 1960년 존 케네디는 아이젠하워 시절의 평온함 이후 "국가를 다시 움직이게 하겠다"고 약속하고 대통령에 당선되었다. 이 새로운 움직임의 원동력은 연방자금이었다. 연방자금을 주정부와 지방정부에 지원할 때 선호되는 수단이 **범주형 보조금**이었다. 각각의 범주별 보조금 프로그램은 주정부와 지방정부가 한정된 특정 활동에 참여하는 경우, 그리고 자격, 프로그램 설계, 서비스 제공, 보고 등에 관한 연방정부의 세부적인 지시 사항을 준수하는 경우 연방

범주형 보조금(categorical grant)
종종 좁은 특정 목적을 위해 주와 지역사회가 연방자금을 사용할 수 있도록 제공되며, 일반적으로 별도의 신청, 시행, 보고 절차를 요구하는 프로그램.

자금을 지원받을 기회가 주어졌다.[26]

1900년에는 단지 5개의 범주형 보조금 프로그램이 시행되었고 1930년에는 오직 15개의 보조금 프로그램이 시행되었다. 프랭클린 루스벨트 대통령의 첫 두 임기 동안 15개가 더 추가되었지만, 연방정부의 주정부와 지방정부에 대한 대대적인 자금 지원은 제2차 세계대전이 끝난 이후 시작되었다. 도표 3.4는 주정부와 지방정부에 대한 연방정부의 보조금 지출이 1950년부터 1970년대 후반까지 지속적으로 무척 빠르게 증가했음을 보여준다.

존슨: 창조적 연방주의와 보조금

존 케네디가 1961년 초 백악관에 입성할 당시 132개의 범주형 보조금 프로그램이 시행되고 있었다. 존슨(Lyndon Johnson)이 대통령으로 일했던 5년 동안, 그와 민주당이 압도적 다수를 차지하고 있던 의회는 미국 국내정책 계획의 전 영역에 걸쳐 200개 이상의 새로운 범주형 보조금 프로그램을 통과시켰다. **창조적 연방주**는 존슨 행정부의 활동의 폭과 넓이를 묘사하는 데 사용되는 용어였다.

1960년대의 '위대한 사회' 계획은 백악관과 의회에서의 민주당의 행동주의에 의해서 추동되었을 뿐만 아니라, 인종차별과 분리를 끝내고, 시민의 자유를 보호하며, 형사사법 절차를 개혁하고, 피고인과 유죄 판결을 받은 사람들의 권리에 대한 새로운 보호를 제공하기로 결심한 연방 사법부에 의해서도 추동되었다.[27] 새로운 연방 보조금 프로그램이 통과되고 사법부의 포용적인 결정이 내려질 때마다 연방정부 관료의 규제 권한 범위가 늘어났다. 존슨이 1969년 초에 대통령직에서 물러날 때, 그의 반대자들은 창조적인 연방주의를 **강압적 연방주의**라고 비난하기 시작했다. 1970년에 주정부와 지방정부가 지출한 매 4달러 중 거의 1달러가 연방정부 재무부에서 나온 돈이었다.[28]

닉슨: 세입 공유와 첫 번째 신연방주의

닉슨(Richard Nixon) 공화당 대통령의 '신연방주의(New Federalism)'는 연방정부로부터 받은 재정 자원을 어떻게 가장 잘 사용할 것인지를 결정하는 주정부의 재량권을 강화하는 데 목적이 있었다. 닉슨 대통령은 두 가지 주요한 연방주의 계획을 추진했다. 첫 번째는 **특별 세입 공유(SRS)** 또는 **블록 보조금**으로 불리는 것으로, 서로 관련 있는 범주형 보조금들을 단일 SRS 또는 블록 보조금 프로그램으로 묶었다. 주정부와 지방정부가 적격한 프로그램 활동 전반에 걸쳐 어떻게 자금을 할당할지를 결정할 수 있었다. **일반 세입 공유(GRS)**라고 불리는 두 번째 닉슨의 계획은 5년 동안 50개 주와 약 3만 8,000개 지방정부에 302억 달러를 제공했다. 범주형 보조금이나 블록 보조금과 달리 일반 세입 공유 자금에는 조건이 거의 붙지 않았다. 각 주는 자체적으로 지출 우선순위를 정할 수 있었다.

창조적 연방주의(Creative federalism)
주 및 지역 활동을 지원하고 새로운 비정부 주체를 이 과정에 참여시키기 위해 연방 프로그램의 범위를 확장하려고 했던 존슨의 의지를 나타내는 1960년대 연방주의 관점이다.

강압적 연방주의(coercive federalism)
1960년대와 1970년대의 연방주의를 경멸적으로 묘사한 용어로, 연방정부가 지방의 필요를 충족시키기 위해서가 아니라 주들에게 연방정부의 명령을 따르도록 강요하기 위한 목적으로 연방정부가 가진 재정권을 사용한다는 것을 암시한다.

특별 세입 공유(special revenue sharing)
닉슨 행정부는 자금 지출 방법에 대한 주 및 지방의 재량권을 강화하기 위해 서로 관련된 다수의 범주형 보조금들을 단일 보조금으로 통합한 블록 보조금을 개발했다.

블록 보조금(block grants)
주정부 및 지방정부에 제공되는 연방자금으로, 주정부 및 지방정부는 블록 보조금이 적용되는 광범위한 별도의 영역 내에서 자금이 어떻게 지출되는지에 대한 재량권을 갖는다.

일반 세입 공유(general revenue sharing)
1974년에 도입되어 1986년에 폐지된 프로그램으로, 주정부 및 지방정부가 판단하는 최우선적인 사업을 지원하기 위해 기본적으로 사용에 제한이 없는 연방자금을 주정부 및 지방정부에 제공하였다.

닉슨의 신연방주의는 민주당이 장악한 의회에 큰 대가를 지불하고 추진되었다. 의회는 닉슨 대통령에게 시민권, 소비자 보호, 작업장 안전, 환경 문제를 포함한 다른 분야에서 지출을 늘리고 주 및 지방정부에 대한 규제를 확대할 것을 요구했다. 그 결과, 1960년대 후반과 1970년대 초반에는 주정부와 지방정부에 대한 연방규제가 역대 최고 수준으로 확대되었다. 의회의 보수주의자들은 연방 명령 및 규정 비용에 대해 점점 더 우려하게 되었으며, 많은 주 및 지방 공무원들은 신청, 관리, 보고 등 복잡한 요구 사항에 대해 불평했다. 1970년대 후반 민주당 대통령 카터(Jimmy Carter)는 연방정부가 주정부 및 지방정부에 주던 보조금을 줄이기 시작했다.

놀랄 것도 없이, 지난 반세기 동안 연방정부의 전체 지출과 연방정부의 주들로의 이전 지출이 급격히 증가하면서 국가 중심 연방주의와 주 중심 연방주의 사이의 오랜 갈등이 다시 첨예화되었다. 이 투쟁의 현대판은 '우선'과 '권한이양' 간의 싸움이다. **우선**은 헌법 제6조의 '최고성 조항'에 근거하여 주법률에 우선하거나 주법률을 무시할 수 있는 연방정부의 권한이다. 미국 연방주의에 관한 최고 전문가 중 한 명인 짐머만(Joseph F. Zimmerman)은 의회가 1790년부터 2011년 사이에 은행, 상업, 의료, 환경 등에 이르는 정책 분야에서 678개의 우선 법률을 통과시켰다고 언급했다.[29] 그중 70%가 1970년 이후에 통과되었다.

반대로 **권한이양**은 미국 수정헌법 제10조가 연방정부의 부당한 침해로부터 주를 보장한다는 생각에서 유래된 것이다. 권한이양 옹호자들은 각 주가 자체적으로 판단하여 가장 중요한 문제를 처리할 수 있도록 권한과 재정 자원을 주정부에 돌려주라고 요구한다.

우선(preemption)
연방법률이 '이 나라의 최고법'이라는 헌법 제6조의 규정은 의회가 입법을 선택한 분야에서 주정부의 결정에 우선하거나 주정부의 결정을 대체할 수 있게 한다.

권한이양(devolution)
1970년대부터 오늘날에 이르기까지 연방정부의 정치적 권한을 주한테 돌려주는 것이다.

레이건의 수도꼭지 잠그기: 두 번째 신연방주의

1981년 초 대통령에 취임할 당시 레이건(Ronald Reagan)은 후버(Herbert Hoover) 이후 그 어떤 대통령과도 다른 독특한 미국 연방주의 관점을 가지고 있었다. 레이건은 첫 번째 취임 연설에서 "연방기관의 규모와 영향력을 억제하고 연방정부에게 부여된 권한과 주 또는 국민에게 유보된 권한이 확연히 구별된다는 것의 인정을 요구하겠다는 자신의 의도"를 피력했다.

레이건 행정부는 연방정부와 주정부가 너무 많은 사업을 벌이고 있으며, 정부들이 쓸 수 있는 돈이 줄어들면 벌이는 사업이 줄어들 것이라고 결론지었다. 1981년 「경제회복세법(ERTA)」은 개인소득세 세율을 3년에 걸쳐 25% 인하하였고, 법인세율도 인하했다. 개인소득세 최고세율은 1981년 70%에서 50%로 인하되었고, 1986년 「조세개혁법」을 통해 다시 28%로 인하되었다. 1980년대 후반에 세율이 약간 상향 조정되었지만, 연방정부의 세수 손실은 엄청났다.

게다가, 막대한 규모의 연간 예산적자는 국내 일반 지출과 특히 주정부와 지방정부로의 이전 지출에 매우 큰 압박으로 작용했다. 놀랍게도, 1980년에 주정부는 일반 세입 공유에서 제외되었고, 그 프로그램 자체가 1986년에 폐지되고 말았다. "1980년과 1987년 사이에 주정부와 지방정부에 대한 연방정부의 이전 지출이 33% 감소했다."[30] 주정부와 지방정부는 프로그램의 삭감을 위해 덜 중요한 부분을 고를 것인지 아니면 비난을 뒤집어쓸 것인지 결정해야 했다.

사실상 연방정부와 달리 모든 주와 지방은 헌법상 또는 법률상 반드시 매년 예산 균형을 실현해야 한다. 연방정부의 재정지원이 감소하면, 주와 지방은 특히 경기침체의 위험에 노출된다. 경기침체가 지속되고 세수가 줄어드는 경우 연방정부는 재정적자를 발생시키는 것이 가능하지만, 주정부는 다른 선택의 여지 없이 반드시 지출을 줄여야만 하며, 그에 따라 프로그램이 줄어들고, 이를 국민은 피부로 체감하게 된다.

현대 연방주의의 '우선'과 '권한이양'을 둘러싼 대립

Q4 '권한이양'이라고 하는 미국 연방주의의 변화를 이끈 재정적, 정치적 힘은 무엇인가?

1980년 이후 오직 로널드 레이건, 빌 클린턴, 두 번째 부시 대통령 등 단 세 명의 대통령만이 대통령이 되기 전 주지사를 역임했고, 그들 모두 연방정부와 주정부가 어떤 관계에 있는지 자신이 잘 안다고 생각했다. 최근의 몇몇 대통령이 연방정부의 주정부 및 지방정부로의 재정지원을 줄이려고 했음에도 불구하고, 가장 빈번하게 의회와 법원이 연방정부의 주정부와 지방정부로의 이전 지출을 지지했다. 도표 3.4가 명백히 보여주듯이 총지출은 증가했다.

레이건은 연방정부뿐만 아니라 주정부와 지방정부도 지나치게 크고, 개입적이며, 지출이 과도하다고 생각했다. 그는 연방정부 차원에서 세금을 삭감하고 주정부로의 세입 이전을 줄여, 그 결과 미국인의 삶에서 정부의 역할이 줄어들 수 있도록 했다. 빌 클린턴은 정부가 미국인의 삶에서 중요한 역할을 담당하지만 해당 주와 지역사회의 사람들이 많은 문제를 자체적으로 더 잘 해결할 수 있다고 생각했다. 클린턴은 재정 자원과 프로그램의 추진책임 두 가지 모두 주정부에 이전하려고 노력했다. 1994년 이후 균형 예산을 달성하고 싶은 클린턴 대통령의 열망, 그리고 연방관계 전반에 걸쳐 획기적인 변화를 가져오기 위해 미국의 사회 복지정책에 대한 우선적 책임을 연방정부 차원에서 주 차원으로 이전하고 싶어 했던 공화당이 장악한 의회의 열망이 서로 결합했다. 복지, 의료, 직업 훈련, 교통 등과 같은 주요 정책 분야에서 의회와 대통령은 수십 개의 개별 보조금 프로그램을 몇 개의 대규모 블록 보조금으로 통합했다. 조지 W. 부시 대통령은 특히 교육, 의료, 국토 안보, 선거 개혁 분야에서 재정 자원과 정책 책임을 주정부로 이양하는 작업을 가속화했다. 그러나 레이건과 마찬가지로 부시도 세금을 삭감했으며, 그에 따른 예산적자가 주에 대한 연방정부의 재정지원을 어렵게 하는 새로운 요인으로 작용했다.[31]

마찬가지로 중요하게도 '미국 대 로페즈' 사건 (1995년)에서 시작하여 '미국 대 모리슨' 사건 (2000년)에 이르는 일련의 팽팽한 5대 4 판결에서 대법원은 대통령과 의회가 주들이 원치 않는 방향으로 주를 압박하는 데 통상 조항을 사용할 수 있는 범위를 제한 하기로 결정했다. 로페즈 사건에서 법원은 연방정부가 학교 근처에서 총기 소유를 금지하는 것이 상거래 규제와 너무 느슨하게 관련되어 있어 정당화될 수 없다고 판결했다. 마찬가지로 모리슨 사건에서 법원은 1994년 「여성폭력방지법」이 상거래에 미치는 영향이 너무 미약해서 주정부가 이 분야에 적합하다고 판단하는 입법권을 대체할 수 없기 때문에 위헌이라고 판결했다. 로페즈 사건과 모리슨 사건은 1942년 '위커드 대 필번' 판례 이후 70년 만에 처음으로 있었던 판례이다. 이 사건에서 법원은 통상 조항에 따라 공공 활동의 일부 영역을 규제하려는 의회의 시도를 기각했다.

2010년에는 훨씬 더 큰 싸움이 벌어졌다. 2010년 초에 통과된 오바마 대통령의 의료보험 프로그램에 대해 주로 공화당 소속 주 법무장관 26명이 통상 조항의 남용과 주의 정책 영역에 대한 위헌적 침해라는 이유를 들어 즉각적으로 이의를 제기했다. 대다수의 정통한 관측통들은 대법원이 오바마케어(Obamacare)의 전부 또는 대부분을 위헌으로 결정할 가능성이 적어도 절반 정도는 된다고 생각했다. 의견이 반반으로 나뉜 대법원을 대표하여 판결문을 작성한 존 로버츠 대법원장은 통상 조항이 아니라 연방정부의 조세권에 근거하여 오바마케어 대부분을 합헌으로 판결함으로써 특히 보수주의자를 비롯하여 거의 모든 사람을 놀라게 했다. 그러나 로버츠 대법원장은 연방정부가 의료보험 개혁의 일환으로 메디케이드를 확대하도록 주정부를 강제할 수 없다고 판결함으로써 연방체제에서 주의 역할을 인정했다.

트럼프 대통령은 호흡을 가다듬을 틈도 없이 바로 싸움을 벌였다. '성역 도시(sanctuary cities)'에 대한 금지만큼 명확하게 트럼프 행정부의 연방주의 정책을 특징짓는 사안은 없다. 놀랄 것도 없이, 2017년 1월 20일, 그의 취임식 후 단 5일 후에, 트럼프의 대통령으로서의 첫 행보 중 하나's '성역 도시'를 금지하는 행정명령에 서명하고, 그 명령에 저항하는 경우 해당 주에 대한 연방 보조금을 끊는 형태의 처벌을 위협하는 것이었다. 성역 도시에 대한 공식적인 정의는 없지만, 일반적으로 연방 이민법의 시행에 협력하지 않겠다고 선언하는 지방정부로 이해된다. 트럼프 대통령의 성역 도시 행정명령에 잉크가 마르기도 전에, 샌프란시스코를 중심으로 하는 몇몇 이민자 옹호 단체와 도시들은 해당 행정명령에 대한 위헌 판결을 요구하며 연방법원에 소송을 제기했다.

역설적이게도, 대통령의 해당 행정명령에 반대하는 민주당 지지자와 진보주의자들은 보수주의자들이 이전에 준비하고 선전했던 법적 주장과 판례를 들고 법정에 나왔다. 수십 년 동안 보수주의자들은 주와 지방에 대한 연방의 권한을 제한

'미국 대 로페즈(U.S. v. Lopez)' 사건 (1995년)
법원은 학교 근처에서 권총의 소지를 금지하고자 하는 의회의 요구가 복수의 주들 사이의 상거래 규제 권한과 너무 느슨하게 관련되어 있다고 판단했다. 그러한 문제는 주 경찰의 관할 영역이다.

'미국 대 모리슨(U.S. v. Morrison)' 사건 (2000년)
'미국 대 로페즈' 사건을 인용하면서 법원은 「여성폭력방지법」이 복수의 주들 사이의 상거래를 규제하는 의회의 권한과 너무 느슨하게 관련되어 있다고 판단했다.

하기 위해 주의 권리와 수정헌법 제10조를 옹호해 왔다. 보수의 아이콘 스칼리아(Antonin Scalia) 대법관은 연방정부가 연방 총기법의 일부로서 주들에게 신원 조사를 수행하도록 명령한 사건인 '프린츠 대 미국' 판결문에서 "주를 독립적이고 자치적인 실체로 보존하는 것은 주 및 지방 공무원들에게 연방법률을 집행하도록 명령하는 것"을 배척한다고 썼다. 그러한 시도는 수정헌법 제10조를 위반하는 것이었다. 진보주의자들은 연방 지방판사가 불법 이민에 맞서 싸우기 위해 주 자원과 지원을 명령하려는 트럼프의 시도가 위헌에 해당한다고 판결하자 기뻐했다.

마지막으로, 코로나바이러스에 대한 대응에 있어 국가적 차원에서의 협력 대응과 주정부에 의한 대응 중 어떤 것이 더 효과적이었는지를 둘러싼 논쟁보다 헌법적 문제로서 그리고 대중의 기대 문제로서 미국 연방주의의 가변성을 가장 뚜렷하게 보여준 것은 없었다. 헌법적 문제로서, 연방정부는 국방과 같은 명시적으로 열거된 특정 권한을 가지며, 이러한 권한은 비상사태 동안 확대될 수 있지만, 주정부는 역사적으로 시민의 건강과 복지를 포괄하는 치안권을 보유하고 있다. 그러나 대중의 기대 문제로서, 코로나바이러스는 국가의 안녕에 대한 중대한 위협으로 여겨졌기 때문에 모든 시선은 워싱턴과 대통령에게 쏠렸다.

2020년 2월과 3월에 코로나바이러스가 창궐하여 서부해안과 뉴욕시로 확산되는 상황에서 트럼프 대통령은 경제적 혼란을 우려하여 전염병에 대한 대응을 주저했다. 전국의 시장과 주지사는 권고사항을 이행했고, 결국에는 봉쇄 조치(lockdowns) 및 자택 대기령을 내렸다. 봉쇄 상황에서 경제가 심각한 침체로 빠져들자, 트럼프 대통령은 4월 10일 자신만이 미국의 경제 봉쇄 해제 권한이 있다고 선언했다. "미국의 대통령이 되면 그 권한은 완전하다." 헌법 전문가, 도지사 등이 일제히 이구동성으로 '아니오!'를 외쳤다. 일주일도 채 지나지 않은 4월 16일, 트럼프 행정부는 경제 봉쇄 해제를 3단계로 나누어 한 단계에서 다음 단계로 이동할 시기를 주지사들이 최종적으로 결정하는 경제 봉쇄 해제에 대한 명령 아닌 일련의 권고사항을 발표했다.

2021년 초, 바이든(Joe Biden) 대통령은 백신이 코로나19를 물리쳐서 7월 4일까지 정상적인 삶을 되찾을 수 있다는 희망과 기대에 부푼 마음으로 백악관에서의 집무를 시작했다. 곧 델타 변이 코로나19와 더욱 전염성이 강한 오미크론 변이로 인해 병원은 다시 환자들로 가득 찼으며, 경제 회복을 어렵게 했다. 바이든 행정부는 모든 의료 종사자와 대기업의 모든 직원에 대한 백신접종이나 정기적 검사를 의무화할 것을 요구하는 행정명령을 내렸다. 거의 즉각적으로 공화당 주지사, 기업 단체, 보수적 이익단체들이 연방정부의 과도한 조치를 비난하며 소송을 제기했다. 연방주의는 누가 국가의 문제를 어떻게 해결해야 하는지를 놓고 연방 당국과 주 당국 간 계속되는 싸움이기 때문에 혼란스럽다.

다른 나라와 비교

전 세계 연방제 국가의 희소성

지난 200년간 전 세계 민주주의 국가의 수는 비약적으로 증가했지만, 연방제 국가의 수는 많지 않고 더디게 늘어나고 있다. 연방제를 사용하는 모든 국가가 민주국가라고는 하지만, 모든 민주국가가 연방제 국가는 아니다. 실제로 연방제를 사용하는 국가는 약 20개 나라에 불과하며, 이 표본에서 알 수 있듯이 이 국가들은 대부분이 민주국가이고 세계 기준으로 볼 때 상당히 부유하

다는 사실 외에는 공통점이 거의 없다.

연방제 도입을 선택한 나라들은 지리적 규모, 인구, 부, 민족적, 종교적 다양성 등 측면에서 서로 무척 다르다. 가장 흔하게는, 중앙집권의 효율성을 위해 지방자치와 지역자치의 희생이 불가피하다고 믿는 나라의 정치 지도자들이 연방제를 선택한다. 미국에서는 연방주의가 50개 주의 '민주주의 실험실'에서의 과감한 실험과 문제해결을 가져온다는 주장이 자주 제기된다.

국가	인구	면적(㎢)	일인당 GDP	인종적 다양성	종교적 다양성
독일	79,903,481	357,021	50,900	낮음	보통
러시아	142,320,790	17,075,200	26,500	낮음	낮음
말레이시아	35,519,406	329,750	26,400	보통	높음
멕시코	130,207,371	1,972,550	17,900	낮음	낮음
미국	334,998,398	9,826,630	60,200	보통	보통
브라질	213,445,417	8,511,965	14,100	보통	낮음
스위스	8,453,550	41,290	68,400	보통	보통
아르헨티나	45,864,941	2,780,400	19,700	낮음	낮음
오스트리아	8,884,864	83,870	51,900	낮음	낮음
인도	1,339,330,514	3,287,590	6,100	보통	높음
캐나다	37,943,231	9,984,670	45,900	보통	보통
호주	25,809,973	7,686,850	48,700	낮음	보통

출처: Central Intelligence Agency, *The World Factbook, 2022* (Washington, D.C.: U.S. Government Printing Office, 2022).

미국 연방주의의 미래

연방주의는 1643년 여러 개의 청교도 공동체가 뉴잉글랜드 연방을 설립한 이래로 미국 입헌주의의 한 부분이었다. 거의 4세기 동안의 연방주의 경험을 바탕으로 연방주의에 대한 우리의 약속이 안전할 것이라고 생각할 수도 있다. 그렇지 않다. 어떤 사람들은 미국 연방주의가 정치적 발전과 최근에는 세계 통신, 금융, 무역 구조의 세계화로 인해 아마도 회복 불가능한 정도로 손상된 것은 아닌지 궁금

Q5 21세기의 복잡성으로 인해 우리 정부는 본질적으로 중앙집권적이 되었나, 아니면 주정부 및 지방정부가 여전히 중요한 역할을 담당하고 있는가?

해한다. 이들은 최근 수십 년간의 권한이양에 찬성하고 더 많은 권한이양을 요구한다. 또 다른 사람들은 상거래의 세계화, 지구 온난화의 심각한 위협, 국제 테러, 에이즈와 조류독감, 코로나19 등의 위협으로 인해 더 많은 연방정부의 권한이 요구된다고 믿고 있다.

분명히 미국의 정치적 발전, 즉 우리의 사회적, 경제적, 도덕적 삶의 점진적 통합은 지난 150여 년 동안 거대한 정치적 변화를 가져왔다. 허리케인, 지진, 산불 등은 자연재해에 대처하는 노력에 있어서 지역, 주, 국가 권력의 협력을 강화할 필요가 있다고 강조한다. 미래에 우리는 더 나쁜 인재에 직면할 수 있으며, 우리의 연방정부 시스템은 이에 대응할 준비가 되어 있어야 한다.[32] 근본적으로, 사회와 경제가 성장하고 성숙함에 따라, 사회 및 경제활동은 점점 더 국가 수준 및 국제 수준에서 발생한다.

예를 들어, 1993년 캐나다, 미국, 멕시코가 서명한 '북미자유무역협정(NAFTA)'이 2018년 '미국 멕시코 캐나다 협정(USMCA)'이라는 명칭으로 재협상 되었는데, 이 두 협정 모두 북미 전역에 걸쳐 자유 무역을 허용하고 각 국가의 국내 교역 및 국내 노동시장을 규제할 수 있는 힘을 제한하였다. 이 협정들은 각 주에 각기 다르게 영향을 미친다. 일부 중서부 정치인들은 NAFTA로 인해 자신의 주의 높은 임금을 받는 좋은 제조업 일자리를 너무 많이 잃었다고 주장하는 반면, 텍사스 정치인들은 자신들의 주는 멕시코, 캐나다와의 교역 증가로 혜택을 본다고 주장한다. 바이든 행정부가 트럼프 행정부의 기후변화 정책을 폐기하는 방향으로 움직이자, 텍사스 공화당 주지사 애버트(Greg Abbott)는 공개적으로 저항을 선언했다. 이러한 의견 차이는 미국 연방주의에 큰 도전을 제기한다. 다시 한번, 미국 연방제도의 회복력이 시험대에 오르게 될 것이다.[33]

이 장의 요약

연방주의는 정치적 권력과 책임을 중앙정부 수준과 지방정부 수준으로 분산한다. 처음에 헌법에 명시된 정치권력의 분산은 연방정부가 외교 및 군사 문제를 처리하고 주와 외국 세력 간의 경제적 조정을 담당한다는 것을 의미했던 것 같다. 주정부는 국내 문제를 처리할 권한을 유지한다. 국민의 권리와 자유는 국가 수준 또는 하위국가 수준 정부 어느 하나에게 권력이 부여되지 않은 광범위한 영역에서 자유롭게 유지된다.

그러나 국가의 규모가 커지고 복잡해지면서 교통체계를 건설하고 관리하는 것과 같이 한때 주정부 수준 또는 지방정부 수준에서 해결이 적절해 보였던 많은 문제가 연방정부 수준에서의 지원과 조정이 필요한 것처럼 보인다. 문제가 연방체제 내에서 이동하는 것처럼 보였기 때문에 연방체제 내에서 권력을 재분배하거나 재편성해야 했다. 건국 이후 미국 연방체제 내에서 권력이 연방정부로 급격하게 상향 재분배된 시대가 역사적으로 두 번 있었다. 즉, 1860년대 남북전쟁 시대와 1930년대 대공황 시대였다.

1860년대와 1930년대는 모두 미국의 경제 및 사회 통합에 있어서 독특한 국면을 보여주었다. 남북전쟁 이전 20년과 이후 20년 동안 전국적으로 통신 및 교통체계가 발전했다. 철도와 전신은 상품과 정보의 전국적 이동을 가능케 했을 뿐만 아니라 이러한 상품과 정보를 생산하는 기업과 기업들이 전국적 행위자가 되는 것을 허용했다. 19세기 마지막 10년이 되자 통합된 국가 경제의 주요 부문을 지배하는 기업들에 대한 효과적인 규제는 연방 수준에서만 가능하다는 것이 분명해졌다. 1933년 3월 프랭클린 루스벨트가 대통령에 취임했을 때, 대부분의 미국인은 대공황의 경험을 통해 경제에 대한 연방 규제의 강화가 필요하다고 확신하게 되었다.

루스벨트의 '뉴딜'과 린든 존슨의 '위대한 사회' 계획에는 정책결정의 거의 모든 영역에서 연방정부가 참여했다. 전통적으로 그러한 분야 중 교육, 직업 훈련, 보건, 복지 등 상당 부분은 주정부와 지방정부가 전적으로 책임져 왔다. 처음에 주정부와 지방정부는 연방자금을 지원받기를 너무 열망하여, 재정지원에 수반되는 규칙과 규정에 대해 크게 걱정하지 않았다. 그러나 1930년대에 30개의 범주형 보조금 프로그램이 있었을 때 합리적으로 보였던 규칙과 규정은 1960년대에 그러한 프로그램의 수가 400개를 넘어서고 1970년에는 주정부 및 지방정부가 지출한 매 4달러 중 거의 1달러가 연방정부로부터 이전되었기 때문에 불합리해 보였다. 이 모든 보조금을 신청, 관리, 보고하는 데 수반되는 복잡한 업무로 인해 주정부 및 지방정부는 곤경에 빠졌다.

1980년대 말과 1990년대 초에 재정 연방주의와 미국 연방주의 문제가 재정립되었다. 로널드 레이건은 연방체제 내의 모든 수준의 정부가 너무 크고, 지나치게 요구가 많고, 비용이 많이 든다고 생각했다. 레이건은 재정지원을 거부함으로써 주와 연방 모든 수준에서 정부 규모를 축소하려고 했다. 빌 클린턴은 주와 지방에 대한 연방의 재정지원을 복구하려고 노력했지만, 클린턴 대통령은 그가 대부분의 임기 동안 직면했던 공화당이 장악한 의회와 연방정부의 책임과 자금이 가능한 경우 주정부로 이양되어야 한다는 데 합의했다.

그럼에도 불구하고, 이 합의는 글로벌 금융위기에 따른 2008~2009년의 '대침체'로 주정부의 예산부족 문제가 심각해지고 오바마 행정부가 경기부양책의 일환으로 주정부에 도움을 제공하면서 적어도 일시적으로 뒤집어졌다. 불과 10여 년 후 코로나바이러스와 이로 인한 경제 붕괴로 인해 기업, 실업자, 주정부, 지방정부에 더 많은 연방자금이 투입되었다. 오늘날 연방정부는 주정부와 지방정부가 지출하는 자금의 30%를 제공한다.[34] 미국 연방체제 내에서 권한과 자원을 확보하기 위한 싸움은 영원히 끝이 없다.

주요 용어

강압적 연방주의(coercive federalism)　80
고유한 권한(inherent powers)　67
국가연합(confederation)　64
권한이양(devolution)　81
'기번스 대 옥덴(Gibbons v. Ogden)' 사건　72
단일정부(unitary government)　64
동시 권한(concurrent powers)　68

동시 다수(concurrent majority)　73
'드레드 스콧 대 샌드포드(Dred Scott v. Sandford)'
　사건　73
'마버리 대 매디슨(Marbury v. Madison)' 사건　72
'매컬록 대 메릴랜드(McCulloch v. Maryland)' 사건　72
무효화(nullification)　77
묵시적 권한(implied powers)　67

추천 문헌

Bachner, Jennifer and Benjamin Ginsberg. *America's State Governments: A Critical Look at Disconnected Democracies.* New York: Routledge, 2020. 바크와 긴스버그는 미국 주정부의 세 가지 주요 결함, 즉 취약한 제도, 시민 참여 부족, 드러나지 않은 공공 부패 등을 설명한다.

Beer, Samuel H. *To Make a Nation: The Rediscovery of American Federalism.* Cambridge, MA: Harvard University Press, 1993. 비어는 고대부터 미국 건국 시대까지 연방주의에 관한 생각을 추적한다.

LaCroix, Alison L. *The Ideological Origins of American Federalism.* Cambridge, MA: Harvard University Press, 2010. 라크로익스는 법률, 이론, 관행 등에서 미국 연방주의의 뿌리를 추적한다.

Mettler, Suzanne. "Gender and Federalism in New Deal Public Policy," 1998. 매틀러는 1935년 「사회보장법」이 도시의 남성 노동자를 중심으로 설계되었음을 보여준다. 여성과 소수인종의 경우 상대적으로 적은 수만이 정규직 노동자이었기에 이 프로그램에 참여할 자격이 없었다. 📖

Robertson, David Brian. *Federalism and the Making of America.* 2nd ed., New York: Routledge, 2018. 로버트슨은 미국의 연방구조가 특히 경제정책 및 인종과 같은 중요한 영역에서 미국정치의 형성에 어떤 영향을 미쳤는지 보여준다.

Weir, Margaret. "States, Race, and the Decline of New Deal Liberalism," 2005. 위어의 분석에 따르면 정치와 정치제도가 수십 년에 걸쳐 진화하고 오늘날의 정치지형을 형성한 방식에 대한 많은 것을 연방주의가 설명해 준다 📖

Zimmerman, Joseph F. *Unifying the Nation: Article IV of the United States Constitution.* Albany, NY: State University of New York Press, 2016. 헌법 제4조의 "완전한 신뢰와 신용" 조항 및 "특권 및 면책" 조항이 어떻게 국가를 하나로 통합시켰는지에 대한 훌륭한 연구이다.

인터넷 자료

1. www.theamericanpartnership.com/federalism-links/
   이 사이트는 연방주의를 다루는 수십 개의 주요 웹사이트를 선별한다.

2. www.publius.oxfordjournals.org
   연방주의 연구를 집중적으로 다루는 학술지 『퍼블리우스(Publius)』의 홈페이지. 이 학술지는 연방-주 관계의 역학에 대한 독자의 좀 더 나은 이해를 도모한다.

3. www.whitehouse.gov/omb/budget/
   개인적으로 재정 연방주의에 관심이 있는 경우, 이 웹사이트는 매우 도움이 되며, 현재의 예산 통계는 물론 분석적이고 역사적인 자료와 정보를 제공한다.

4. www.ncsl.org
   '전국 주 의원 회의(NCSL)' 홈페이지는 주 의원 정보, 세금 및 예산 문제, 주 정책 결정 관련 일반 뉴스에 대한 링크를 제공한다.

5. www.statelocalgov.net/index.cfm
　'인터넷상의 주와 지방정부(SLGN)'는 각 주 내의 다

양한 지방정부에 대한 링크를 제공한다.

주

1) G. Ross Stephens and Nelson Wikstrom, *American Intergovernmental Relations: A Fragmented Federal Polity* (New York: Oxford University Press, 2007), 2–6.

2) *Proquest Statistical Abstract of the United States, 2022*, table 482. 또한, 다음 참조. "Government Organization Summary Reports" 2012, www2.census. qov/govs/cog/g12_org.pdf.

3) Samuel H. Beer, *To Make a Nation: The Rediscovery of American Federalism* (Cambridge, MA: Harvard University Press, 1993), 223–224. 비어는 다음으로부터 짧게 인용하고 있다. Patrick Riley, "The Origins of Federal Theory in International Relations Ideas," *Polity*, vol. 6, no. 1 (Fall 1973): 97–98.

4) Joseph F. Zimmerman, *Contemporary American Federalism: The Growth of National Power*, 2nd ed. (Albany, NY: State University of New York Press, 2008), 2–4. 또한, 다음 참조. Raymond A. Smith, *The American Anomaly: U.S. Politics and Government in Comparative Perspective*, 4th ed. (New York: Routledge, 2019), 31–32.

5) Vincent Ostrom, *The Meaning of American Federalism: Constituting a Self-Governing Society* (San Francisco, CA: ICS Press, 1991), 45.

6) Bernard Bailyn, *To Begin the World Anew* (New York: Alfred A. Knopf, 2003), 85.

7) David Brian Robertson, *Federalism and the Making of America*, 2nd ed. (New York: Routledge, 2018), 2–3, 30–33.

8) Edward Meade Earle, ed., *The Federalist* (New York: Modern Library, 1937), no. 51, 339, no. 31, 193.

9) Edward A. Purcell, Jr., *Originalism, Federalism, and the American Constitutional Enterprise: A Historical Inquiry* (New Haven, CT: Yale University Press, 2007), 3–10.

10) Earle, ed., *The Federalist*, no. 39, 249.

11) Joseph E. Zimmerman, *Contemporary American Federalism: The Growth of National Power* (New York: Praeger, 1992), 35.

12) Zimmerman, *Contemporary American Federalism*, 146.

13) Robertson, *Federalism and the Making of America*, 34–36, 40.

14) Bruce Ackerman, *We the People: Foundations* (Cambridge, MA: Harvard University Press, 1991), 40.

15) Kate Elizabeth Brown, *Alexander Hamilton and the Development of American Law* (Lawrence, KS: University Press of Kansas, 2017).

16) Akhil Reed Amar, *The Law of the Land: A Grand Tour of Our Constitutional Republic* (New York: Basic Books, 2015), 15.

17) Joel Richard Paul, *Without Precedent: Chief Justice John Marshall and His Times* (New York: Riverhead Books, 2017).

18) Noah Feldman, *The Broken Constitution: Lincoln, Slavery and the Refounding of America* (New York: Farrar, Straus, and Giroux, 2021).

19) Edward S. Corwin, "The Passing of Dual Federalism," *Virginia Law Review*, vol. 36, no. 1 (February 1950): 4.

20) David B. Walker, *Toward a Functioning Federalism* (Cambridge, MA: Winthrop, 1981), 66.

21) Woodrow Wilson, *Constitutional Government in the United States* (New York: Columbia University Press, 1908), 173.

22) Jamila Michener, *Fragmented Democracy: Medicaid, Federalism, and Unequal Politics* (New York: Cambridge University Press, 2018).

23) Robertson, *Federalism and the Making of America*, 143–147, 180–181, 198–204, 220.

24) Walker, *Functioning Federalism*, 68.

25) Theodore J. Lowi, *The Personal President: Power Invested, Promise Unfulfilled* (Ithaca, NY: Cornell University Press, 1985), 49–50. 또한, 다음 참조. Adam Liptak, "At Heart of Health Law Clash, a 1942 Case of a Farmer's Wheat," *New York Times*, March 20, 2012, A1, A14.

26) Bryan D. Jones, Sean M. Theriault, and Michelle Whyman, *The Great Broadening: How the Vast Expansion of the Policymaking Agenda Transformed American Politics* (Chicago: University of Chicago Press, 2019), 11.

27) Ross Sandler and David Schoenbrod, *Democracy by Decree: What Happens When Courts Run Government* (New Haven, CT: Yale University Press,

2003), 13-34.

28) Roberton Williams, "Federal, State, and Local Government Revenues," Tax Policy Center, July 2, 2007.

29) Joseph F. Zimmerman, *Congressional Preemption: Regulatory Federalism* (Albany, NY: State University of New York Press, 2005), 1-9. 또한, 다음 참조. Zimmerman, "Congressional Preemption Trends," *The Book of the States*, 2012, vol. 44, 51-55.

30) Timothy Conlan, *New Federalism: Intergovernmental Reform from Nixon to Reagan* (Washington, D.C.: Brookings Institution, 1988), 153-154.

31) Jackie Calmes, "States Confront Fiscal Crisis," *Wall Street Journal*, December 18, 2003.

32) Donald F. Kettl, *System under Stress: Homeland Security and American Politics*, 2nd ed. (Washington, D.C.: CQ Press, 2007), 102.

33) William T. Pound, "An Observation on the Federal-State Relationship," *State Legislatures*, July 2010, 29. 또한, 다음 참조. Evan Halper, "How Far Can California Push the Nation — and the World? Jerry Brown's Climate Summit May Provide the Answer," *Los Angeles Times*, September 12, 2018.

34) Tax Policy Center Briefing Book, www.taxpolicycenter.org/briefing-book/.

출처: AP Photo/Rick Bowmer

4장

정치사회화와 여론

중점질문 및 학습목표

Q1 미국이 세계에서 유일하게 신조, 즉 원칙과 이상에 기초한 국가라는 말은 무엇을 의미하는가?

Q2 미국인 개개인은 정치에 대한 의견을 어디서 얻으며, 그러한 의견의 형성에 영향을 미치는 것은 무엇인가?

Q3 오늘날 미국의 대중 여론은 얼마나 정보에 근거하고 있으며, 체계적으로 조직되어 있는가?

Q4 미국인들은 낙태를 지지하는가 또는 반대하는가, 아니면 그보다 더 복잡한 의견 분포인가?

Q5 오늘날 미국에서 진보 혹은 보수, 자유지상주의 혹은 포퓰리즘은 무엇을 의미하나?

DOI: 10.4324/9781003303954-4

오늘날의
헌법

미국의 사형제도 유지를 어떻게 설명할 수 있나?

수정헌법 제8조. "과다한 보석금을 요구하거나, 과다한 벌금을 과하거나, 잔혹하고 비정상적인 형벌을 과하지 못한다."

1960년대 나쁜 여자, 패션 아이콘, 시대를 초월한 록 가수 믹 재거(Mick Jagger)의 첫 번째 아내이자 인권 운동가였던 비앙카 재거(Bianca Jagger)는 사형 반대 투쟁에 앞장선 유럽평의회(the Council of Europe)의 친선대사로 거의 20년 동안 활동해 왔다. 그녀의 주요 목표 대상은 미국이다. 유럽평의회는 제2차 세계대전 발발 직후 설립되었으며, 현재 사형제에 반대하는 47개국이 회원국으로 참여하고 있는 지역기구이다. 1990년대 후반 이후 이 기구의 회원국 중 사형을 집행한 나라는 없다.

재거 대사는 제2차 세계대전 이후 사형제 폐지에 대한 유럽평의회의 의지를 설명하면서 다음과 같이 말했다.

1949년 창설된 이래로 유럽평의회는 우리의 기본 권리와 자유의 수호자로서 선도적 역할을 해왔습니다 …
1989년에 사형 폐지는 모든 신규 회원국 가입의 전제 조건이 되었습니다. 이제 이러한 가치를 유럽평의회의에 옵서버 지위를 누리고 있는 두 나라, 미국과 일본을 시작으로 전 세계에 널리 알리는 것이 목표입니다 … 나는 미국, 중국, 이란, 북한, 사우디아라비아, 이라크, 베트남, 아프가니스탄, 일본, 예멘, 소말리아 등에서 사형이 줄어들지 않고 여전히 집행되고 있다는 사실에 충격과 경악을 금치 못합니다.

이 국가 명단에 대해 잠시 생각해 보자. 미국과 일본을 제외하면 세계 불량 국가의 명단이다. 바로 재거가 말하고 싶은 점이다.

그럼에도 불구하고 미국은 "사형은 종종 인종 차별과 사법적 편견으로 가득 찬 법리에 기초하여 불공정하고 자의적이며 변덕스럽다"라고 재거 등이 제기한 비난에 민감하게 반응해 왔다. 실제로 미국 대법원은 '퍼맨 대 조지아' 사건 (1972년)에서 바로 이러한 근거만으로 사형을 선고했다. 대중의 반발과 급하게 개정된 주 및 연방법률로 인해 법원은 '그레그 대 조지아' 사건 (1976년)에서 사형제도를 부활시켰다. 그러나 최근 몇 년간 법원은 지적장애인(IQ 70 미만)과 청소년(18세 미만)에 대한 사형을 금지했다. 이렇듯 사형제도에 대한 사법부의 우려가 일부 있었다.

그러나 대다수의 미국 대중은 살인을 저지른 범죄자에 대한 사형 집행의 공정성과 유용성에 대해 여전히 신뢰하고 있다. 지난 20년 동안 사형제도에 대한 지지율이 오랫동안 천천히 감소한 후, 퓨 리서치 센터(Pew Research Center)의 조사에 따르면 2021년에는 찬성 60%, 반대 39%로 사형제도에 대한 지지가 늘어났다. 그러나 사형제도에 대한 다수의 지지를 살펴보면 충격적인 인종별 차이를 발견할 수 있다. 백인의 63%가 사형제도를 선호하는 반면, 흑인은 49%만이 사형제도를 지지한다. 이러한 의견 차이의 원인은 쉽게 찾을 수 있다.

사형 정보 센터(Death Penalty Information Center)에 따르면 1976년 이후 미국에서 처형된 1,540명 중 3분의 1 이상(34.2%)이 전체 인구의 약 12%에 불과한 흑인이었다. 더욱이 미국 내 사형수 2,474명 중 41%가 흑인이지만, 다시 한 번 미국 전체 인구 중 흑인은 12%에 불과하다. 더욱 놀랍게도 흑인 피해자를 살해한 혐의로 백인 피고인 21명이 처형된 반면, 백인 피해자를 살해한 혐의로 흑인 피고인 299명이 처형됐다. 따라서 활동가들이 "흑인의 생명도 중요하다(Black Lives Matter)"를 외칠 때 그들은 경찰의 폭력뿐 아니라 그보다 더 많은 것을 생각하는 것 같다. 그들은 아마도 전체 형사사법제도에 대해 생각하고 있을 것이다.

마지막으로, 미국이 조만간 사형제도를 폐지할 것 같지는 않지만, 일부 지역에서는 이미 사형을 폐지했다. '사형 정보 센터'에 따르면 1976년 사형이 재도입된 이후 남부에서는 1,255명의 수감자가 처형된 반면, 북동부에서는 단 4명만이 처형됐다. 중서부와 서부는 각각 194명과 87명으로 그 중간이지만, 주목을 끄는 것은 북동부와 남부의 차이이다.

이 장에서는 미국의 정치문화와 미국 국민이 어떻게 정치여론을 형성하는지에 대한 중요한 질문을 제기할 것이다. 그러나 이 장을 읽을 때 정치문화와 정치여론이 항상 전국적으로 하나로 통일되어 있는 것은 아니라는 점을 명심해야 한다. 정치문화와 정치여론은 종종 지역에 따라 또는 다른 구분에 따라 달라진다.

미국에서 정치정보

앞의 여러 장에서 자유, 평등, 기회, 제한정부, 법치 등 미국정치의 기본 사상과 권력분립, 연방주의, 의회, 대통령제, 법원 등 미국정치의 기본적인 제도를 소개했다. 이러한 사상과 제도의 미국 뿌리를 영국과 유럽의 역사로 거슬러 올라가 찾아보았고, 그것들이 독립선언문과 헌법에 담긴 건국자들의 생각에 어떤 식으로 영향을 미쳤는지 살펴보았다. 이 장에서는 정부와 정치에 관한 이러한 광범위한 생각이 오늘날 얼마나 널리 받아들여지고 있는지, 그것이 한 세대에서 다음 세대로 어떻게, 얼마나 잘 전달되는지, 그리고 현대 미국인들은 오늘날 주요 정치 문제에 대해 어떻게 생각하는지 묻는다.

역사적으로 미국인들은 그들 사회의 광범위한 정치 원칙을 확고하게 고수했지만, 그들의 정부 및 정책 토론에 관한 '실시간' 정보에는 비교적 거의 접근할 수 없

출처: Public Domain ([PD-US-expiered]) via Wikimedia Commons.

유명한 조지 칼렙 빙엄이 그린 '카운티 선거(The County Election)'라는 제목의 이 그림은 19세기 미국의 떠들썩한 민주주의에 대한 풍부한 암시를 담고 있다. 이 장면을 자세히 살펴보자.

었다. 1780년대에 앨러게이니 산맥을 넘어 처음으로 켄터키와 테네시로 이주한 주민들과 1870년대에 중서부 전역으로 흩어진 정착민들의 상황을 생각해 보자. 대부분이 농부였고, 농장은 고립되어 있었고, 외부인과의 교류는 제한적이었다. 신문이 배달되는 시점은 종종 발행 날짜가 한참 지난 후였다. 물론 미국의 안정된 정착지에서는 정보가 좀 더 풍부했다.

그러한 상황에서 정치학습은 어떻게 이루어졌나? 일반적으로 부모는 일상 중에 정치에 관해 이야기했고, 대안적인 정보 원천이 거의 없던 아이들은 자신의 부모로부터 정치를 배웠다. 오늘날 시민들이 직면한 사회적, 정보적 맥락은 그때와 매우 다르다. 수많은 정보원에서 쏟아져 나오는 정치 관련 정보 및 가짜 정보가 사회 전체를 뒤덮고 있다. 부모는 자녀의 관심을 끌기 위해서는 또래들, 라디오, TV, 영화, 인터넷, 소셜미디어 등과 치열한 경쟁을 벌여야 한다. 이러한 경쟁 상대들은 강력하며 끊임없이 정보를 쏟아낸다.

오늘날 사람들, 특히 젊은 세대는 자신의 정치적 견해를 어떻게 정하나? 연령, 성별, 인종, 소득, 지역과 같은 범주별로 다양한 종류의 사람들끼리 서로 유사한 의견을 갖고 있나, 아니면 어느 정도, 어쩌면 완전히 다른 의견을 갖고 있나? 공공문제에 대해 미국인의 의견은 얼마나 일관성이 있나? 여러분의 정치에 관한 생각은 어디서 얻었으며, 여러분의 정치에 관한 생각은 얼마나 일관성을 유지하고 있나? 민주주의는 지식을 소유한 시민의 정치참여를 전제로 하기에 이는 중요한 질문이다.[1]

정치문화, 정치사회화, 여론이라는 세 가지 중요한 개념에 대한 간략한 개념 정의는 미국인들이 정치와 공공생활에 대해 어떻게 생각하는지 이해하는 데 도움이 될 것이다. **정치문화**라는 용어는 한 사회에 널리 퍼져있고, 정치와 공공문제에 영향을 미치는 이슈에 있어서 시민과 정부와 시민 상호 간의 관계를 규정하는 사고와 행동의 패턴을 말한다.[2] 우리의 정치문화는 오랫동안 '미국의 신조'라고 일컬어져 왔다. 두 용어 모두 자유, 평등, 기회, 인민주권, 제한정부, 법치 등 미국의 건국이념을 말한다.

정치사회화는 정치문화의 핵심 신조들이 소통되고 흡수되는 과정을 말한다. 정치사회화는 다음 세대의 아이들과 이민자들이 기존의 정치체제 및 그것이 운영

정치문화(political culture)
한 사회에서 널리 퍼져있는 생각과 행동의 경향이며, 정치와 공공문제에 영향을 미치는 이슈에 대한 시민들과 정부, 시민들 간의 관계를 나타낸다.

정치사회화(political socialization)
정치문화의 핵심 신조가 그것에 깊이 빠진 사람들로부터 아이들과 이민자들과 같은 그렇지 않은 사람들에게 전달되는 과정이다.

되는 절차와 제도를 이해하고 수용하며 승인하는 과정이다.[3] 주로 정치사회화는 그 문화의 지배적인 정치사상을 새로운 시민들에게 재생산하기 때문에 보수적인 과정이다.

여론은 특정 공공문제나 관심사에 대한 시민 의견의 분포이다. 미국의 정치문화는 무척 일반적인 수준에서 작동하고, 정치사회화는 흑인과 백인에게 약간 다른 영향을 미치고, 여성과 남성에게 약간 다른 영향을 미치기 때문에 여론은 당시의 주요 쟁점에 따라 다양하다. 이제 우리는 미국 정치문화의 기원, 정치사회화, 오늘날 미국의 여론의 본질과 내용 등 순서대로 살펴본다. 그리고 정치개혁을 위한 몇 가지 가능성을 숙고하는 것으로 끝을 맺는다.

여론(public opion)
공공문제나 관심사에 대한 시민 의견의 분포이다.

정치문화: '미국 신조'의 정의

20세기 중반 미국의 대표적인 역사학자 중 한 명인 하츠(Louis Hartz)는 식민지 미국을 '파편화된 사회'로 묘사했다.[4] 하츠는 17세기에 미국으로 이주한 영국 남성과 여성이 유럽은 물론이고 영국의 정치적, 사회적, 종교적 견해 전체를 대표하지 않았다는 사실을 언급했다. 왕당파는 그들의 편안한 삶과 혜택을 포기하고 싶지 않았다. 매우 가난한 사람들은 이민을 떠날 능력조차 없었다. 그러나 농부, 상인, 장인 등과 같은 '보통 사람(middling class)'은 더 많은 기회를 생각할 수 있었고, 이주하고 싶은 욕구와 이주를 단행할 수 있는 수단 모두 가지고 있었다. 정착민들의 물결이 신세계로 가져온 영국 사회 및 사상의 파편 조각들은 크게 그러나 선별적으로 구세계에 가까웠다.

Q1 미국이 세계에서 유일하게 신조, 즉 원칙과 이상에 기초한 국가라는 말은 무엇을 의미하는가?

청교도들과 퀘이커 교도들이 미국으로 가져온 17세기 개신교는 마을과 교회에 대한 지방 통치를 선호하여 군주제와 유럽의 국교를 거부했다. 18세기 초 영국의 명예혁명과 유럽 계몽주의의 시작으로 자연권, 인민주권, 제한정부, 법치주의에 대한 주장이 더욱 주목받게 되었다. 이러한 영국의 유산에 더해 유럽 다른 나라 출신의 다채로운 이민자들이 다양성을 강화했다. 우리는 제1장에서 특히 로크(John Locke)와 몽테스키외 남작(Baron de Montesquieu)의 사상과 관련하여 이러한 영향에 대해 자세히 논의했다.

이러한 문화적, 지적 유산을 활용하여 식민지 미국인들은 공동체를 건설했고, 이 공동체는 광활하고 부유한 대륙 자체와 상호 작용 속

출처: AP Photo/ Evan Vucci

에너지부 장관 제니퍼 그랜홀름이 젠 사키 백악관 대변인과 경청하는 기자들로 가득 찬 방에서 행정부 정책을 설명 및 옹호하고 있다. 그랜홀름과 같은 공직자는 공공정책을 집행하기에 앞서 주요 쟁점에 대한 엘리트와 대중의 여론이 형성되기를 희망한다.

에서 발달하고 진화하였다. 18세기 말에 이르러 미국의 자아상, 미국 정치문화가 확립되었다. 1776년 대륙회의에서 제퍼슨(Thomas Jafferson)과 그의 동료들은 "모든 사람은 평등하게 창조되었고, 그들의 창조자에 의해 양도될 수 없는 특정한 권리를 부여받았으며, 그러한 권리 중에는 생명, 자유, 그리고 행복 추구가 있다"라는 선언에 근거하여 새로운 국가의 독립을 주장하는 데 로크에 크게 의지했다. 독립선언문은 자유, 평등, 기회를 미국 신조의 핵심으로 삼았다.[5] 우리가 아래에서, 또 이 책 전체에서 살펴보겠지만, 건국 세대와 우리 세대 모두에게 이러한 신조 가치는 현실이 아닌 열망이다.

현대의 분석가들은 여전히 미국 신조의 근간이라고 할 수 있는 생각과 관념을 강조한다. 저명한 학자인 헌팅턴(Samuel Huntington)은 "자유, 평등, 개인주의, 민주주의, 법치 등 거의 모든 분석에 동일한 핵심 가치가 나타난다"고 선언하면서 미국 신조에 관한 연구를 마무리했다. 또 다른 학자 립셋(Seymour Martin Lipset)은 "미국 신조는 자유, 평등주의, 개인주의, 포퓰리즘, '자유방임주의'라는 다섯 가지 용어로 설명될 수 있다"고 결론을 내렸다.[6] 이러한 개념들이 미국 정치문화의 기초를 형성하며 미국사회 내에서 널리 받아들여지고 있다.

미국 정치문화의 기본원칙에 대한 일반적인 지지에도 불구하고, 그 원칙이 무엇을 의미하는지, 그리고 이를 더욱 완전하게 실현하려면 무엇을 해야 하는지에 대해서는 의견 차이가 존재한다. 예를 들어, 사려 깊은 사람들은 자유와 평등과 같은 개념의 실제 의미에 대해 의견이 다르다. 소극적 자유(외부의 통제로부터의 자유)와 적극적 자유(바람직한 목적을 달성할 수 있는 실질적인 능력)에 대한 벌린(Isaiah Berlin)의 유명한 구분은 여전히 열띤 논쟁을 불러일으키고 있다. 평등은 하느님의 눈앞에서, 법 앞에서 기회와 결과를 의미한다고 다양하게 주장되었다. 기회의 평등은 달리기 시합의 공정한 시작을 약속하는 반면, 결과의 평등은 달리기 시합이 끝났을 때 상금 분배에 어느 정도 관심을 쏟을 것을 약속한다. 더 나아가, 자유는 평등과 충돌할 수 있고, 개인주의는 민주주의와 충돌할 수 있으며, '자유방임적' 경쟁은 법치와 충돌할 수 있다. 이 책의 뒷부분에서 살펴보겠지만, 정치의 상당 부분은 자유와 평등과 같은 용어의 의미와 정책적 요구사항이 무엇인지 명확히 규정하는 권리를 둘러싼 싸움이다.

마지막으로, 우리는 흔히 진보주의자(자유주의자)와 보수주의자, 그리고 민주주의자와 공화주의자 사이에 존재하는 커다란 간격이 우리 정치를 험악하게 만든다고 생각하지만, 미국의 이념적 스펙트럼은 유럽의 기준으로 볼 때는 물론 글로벌 기준으로도 상당히 좁은 편에 속한다. 미국에는 사실상 군주제 지지자가 전혀 없고, 소수의 파시스트나 공산주의자도 거의 없다. 미국의 정치인들은 서로를 파시스트나 공산주의자라고 부를지 모르지만, 대부분의 미국인은 상당히 좁은 범위 내의 민주주의-자본주의 이념에 사회화되어 있다.

정치사회화: 정치에 관한 우리 생각의 출처

미국 정치문화의 광범위한 생각들은 어떻게 한 세대의 미국인들에 의해 가르쳐지고, 다음 세대에 의해 학습되는가? 정치학자들은 정치사회화 과정을 사람들이 일생에 걸쳐 자신의 정치적 지식, 가치, 정체성, 행동을 발전시키는 수단이라고 정의한다. 어린 아이들은 가정과 어린 학창시절에 정치와 정치 지도자들에 대한 첫인상을 얻게 된다. 또한, 학자들은 사람들의 초년기의 정치학습이 생애주기 동안 얼마나 쉽게 바뀌는지 연구하였다. 학교, 직장, 결혼, 가족, 은퇴, 노년 등을 경험하면서 사람들의 정치적 관점이 바뀌는가? 가난한 집에서 태어난 아이가 성인이 되어 부자가 되면 정치적 가정과 신념을 바꾸는가?

정치참여는 정치적 뉴스와 사건에 대해 알려고 하고, 정치토론에 참여하고, 아마도 일련의 정치적 생각이나 문제를 다른 사람들보다 자세히 설명하기 위해 노력하고, 투표에 참여하고, 심지어 선거에 출마하려고 하는 등 정치 세계에 참여하고자 하는 열망과 의지를 수반한다. 정치참여를 연구하는 학자들은 사람들이 정치에 대해 어떻게 생각하는지, 정치에 얼마나 관심이 있는지, 정치인, 정치, 공공정책 등에 대해 실제로 얼마나 알고 있는지, 정치에 얼마나 많이 참여하고 있는지 등에 대해 연구한다. 앞으로 살펴보겠지만, 학자들은 연령, 교육, 소득, 인종, 지역별로 정치참여에 차이가 있다는 것을 발견했다.[7]

> **02** 미국인 개개인은 정치에 대한 의견을 어디서 얻으며, 그러한 의견의 형성에 영향을 미치는 것은 무엇인가?

사회화 기관

어떻게 대부분의 미국인이 시장 경쟁이 경제를 조직하는 가장 좋은 방법이고, 선거가 정치 지도자들을 선출하는 가장 좋은 방법이며, 국기, 백악관, 링컨 기념관, 국회의사당 돔 건물이 물려줄 가치가 있고, 방어할 가치가 있고, 심지어 그것을 위해 목숨을 걸만한 가치가 있는 정치적 유산과 문화를 대표한다고 믿게 되었을까? 앞으로 살펴보겠지만, 정치사회화는 강력한 과정이지만, 대부분의 과정은 비공식적으로 눈치채지 못하는 사이 거의 자동적으로 일어난다. 정치문화를 전달하는 사람도 학습하는 사람도 자신이 그렇게 하고 있음을 잘 인식하지 못한다. 그럼에도 불구하고, 현대 커뮤니케이션, 특히 인터넷과 수많은 소셜미디어 플랫폼으로 인해 의견을 형성하려는, 심지어 더 광범위한 세계관을 형성하려는 보다 일관된 시도가 가능해졌다.

사회화 기관은 정치사회화 과정을 담당하는 사람과 환경이다. 부모, 가족, 친구, 선생님, 직장동료, 다양한 종류의 아는 사람들뿐만 아니라 미디어와 온라인을 통해 의견을 전파하는 사람도 이에 해당한다. 가정, 교회, 학교, 직장, 클럽, 노동조합 회관, 전문가 협회 등이 환경에 해당한다.

또한, 사회화 기관들은 영향력의 시기, 범위, 강도에 의해 분류된다. 정치사회

> **사회화 기관**(agents of socialization)
> 정치사회화 과정을 담당하는 부모, 교사와 같은 사람들과 가정, 학교와 같은 환경.

1차 집단(primary groups)
개인이 정기적으로, 종종 지속적으로 만나는 가족 및 친구와 같은 대면 집단.

2차 집단(secondary groups)
1차 집단보다 더 광범위하고 널리 퍼져있는 2차 집단은 종종 집단 구성원들의 삶에서 특정한 역할이나 목적을 수행하며, 집단 구성원 전체가 함께 모이는 경우는 드물다.

화 연구자들은 1차 집단과 2차 집단을 구별한다. **1차 집단**은 개인이 정기적으로, 흔히 자주, 접촉하는 대면 집단이다. 여기에는 가족, 친구, 동료와 같은 가까운 개인적인 모임이 포함된다. 1차 집단은 흔히 정치문제를 포함하여 광범위한 주제에 대해 자주 대화를 나누는 비슷한 배경(소득, 교육, 인종, 종교)을 가진 사람들로 구성된다.

2차 집단은 더 광범위하고 더 널리 퍼져있다. 교회, 노조, 군대, 그리고 시에라 클럽, 전미총기협회, 상공회의소 등과 같은 시민단체 및 직능단체가 이에 해당한다. 그들의 구성원은 다양한 소득수준, 교육, 인종 및 종교적 배경을 가지고 있다. 게다가 2차 집단은 일반적으로 특정 문제에 무척 집중한다. 즉, 그들은 환경운동가, 사업가 또는 총기 소유자이다. 그들의 영향력은 그 단체와 관련이 있다고 여겨지는 뚜렷한 일련의 문제에 국한된다.

인터넷, 소셜미디어 등과 같은 신기술과 토크 라디오처럼 기존 기술의 새로운 활용을 통해 지리적으로 멀리 떨어져 있는 집단들이 서로 공통의 관심사를 중심으로 모이고 행동할 수 있게 되었다. 해니티(Sean Hannity)의 단골 시청자들은 매일 시청하면서 자신의 입장을 뒷받침하는 일관된 이념과 주장을 배운다. 미트업(www.Meetup.com), 유튜브 및 페이스북을 통해 비슷한 생각을 가진 사람들이 서로를 알아보고 열정, 새로운 생각, 계획 등을 공유할 수 있다. 그리고 비슷한 생각을 가진 사람들이 서로를 알아볼 수 없는 경우, 여론조사 전문가, 정치 전략가, 틈새 마케팅 담당자는 공통된 가치와 관심을 가진 사람들을 파악하고, 정치 행동에 동원하기 위한 목적의 정치정보를 그 사람들에게 전달한다.[8]

가족, 학교, 직장. 정치사회화의 첫 번째이자 가장 중요한 사회화 기관이 가족이라는 점에는 모두가 동의한다. 대부분의 미국 가정은 민주주의와 자본주의를 존중할 것을 가르치지만, 참여, 당파성, 정치, 공공정책 등과 관련하여 가르치는 지혜는 똑같지 않다. 연구에 따르면 결혼한 부부의 80~90%가 동일한 당파성을 갖고 있다.[9] 그러한 가정에서 아이들은 양쪽 부모로부터 일관된 메시지를 받는다. 부모가 민주당원인 가정에서 아이들은 자기 부모가 저녁 식사에서 대화하고 저녁 뉴스를 보면서 반응할 때 민주당에 대한 호의적인 말과 공화당에 대한 불리한 말을 들으면서 자란다. 부모는 어린아이들을 앉혀놓고 자신들이 공화당원 아닌 민주당원이라고 말하며, 그 반대의 경우도 마찬가지지만, 아이들은 부모의 말을 엿듣고, 부모의 행동과 반응을 관찰하고, 부모의 당파성에 대한 감지를 통해 똑같이 영향을 받는다.

지난 반세기 동안 학자들은 고등학생과 대학생 나이의 젊은이들이 일반적으로 부모가 지지하는 정당과 같은 정당을 지지한다는 점을 꾸준히 입증하였다. 부모가 모두 공화당 지지자 또는 민주당 지지자로 같은 당파성을 가지고 있는 경우,

60~65%의 젊은이들이 가족의 당파성을 따르고, 약 30%는 무당파로 가족의 당파성을 따르지 않는 반면, 약 10%가 가족의 당파성과 반대 정당을 지지했다. 흔치 않지만 엄마가 민주당 지지자이고 아버지가 공화당 지지자인 가정의 자녀들은 민주당 지지, 공화당 지지, 무당파가 놀랍게도 똑같이 3등분 된다. 부모가 모두 무당파인 가정의 자녀들은 고등학생과 대학생 나이 때 적어도 3분의 2 이상이 무당파를 선택하고, 나머지 3분의 1은 민주당 지지와 공화당 지지가 정확하게 반반이다.[10]

학교 또한 초기의 정치사회화에 중요한 역할을 한다. 학교 교육과정에는 미국의 역사, 시민학, 사회학이 층층으로 쌓여있다. 학생들은 애국적인 노래와 의식을 배우고(추수감사절 가장행렬에서 순례자가 아니었던 사람이 있는가?), 워싱턴("나는 거짓말을 할 수 없어")과 링컨(촛불로 법학 서적을 읽었음)과 같은 정치적 영웅들에 대해 배우고, 대통령선거 모의 투표에서 처음으로 한 표를 행사한다. 게다가 학교는, 심지어 초등학교조차 가족보다 더 넓은 시야를 제공한다. 실제로 서로 다른 사람들이 함께하는 상황에서 처음으로 다양성, 평등, 공정한 경쟁, 관용, 다수결, 소수의 권리에 대한 존중이 요구된다.

아이들은 초등학교 시절부터 정치에 대해 배우기 시작한다. 2학년은 대통령의 이름을 안다. 남은 학년 동안, 아이들은 정부의 다른 부처와 다른 수준의 정부에 대해 알게 된다. 처음에, 아이들은 의회를 대통령의 '조력자'로 본다. 8학년이 되면, 의회가 대통령과 다를 수 있다는 것과 이것이 시스템이 작동하는 방식이라는 것을 깨닫게 된다. 에릭슨(Robert Erikson)과 테딘(Kent Tedin)이 그들의 고전적인 저서 『미국 여론』에서 요약한 최근 연구는 조기 학습이 계속 힘을 발휘한다는 '기본 원리'를 다시 확인해준다. 그럼에도 불구하고 초기의 견해가 확실한 것은 아니다. 대학생활을 시작하는 학생들은 기성세대보다 좀 더 진보적이고 고학년이 되어도 여전히 좀 더 진보적이다. 학자들은 이것이 고정관념과 편견에 도전하는 교육과 대학 환경의 다양성 때문이라고 생각한다. 이러한 변화가 나중에 인생을 살면서 완화될 수도 있지만, 일부 부모들이 걱정하는 것처럼 대학은 진보적 경험을 제공하는 경향이 있다. 어린 시절의 정치사회화는 17세부터 29세까지의 '감수성이 높은 시기' 동안 심화 또는 부분적으로 재구성될 수 있다.[11] 사회화는 성인

출처: Mike Morones, The Free Lance-Star via AP Photo

미국독립혁명 전쟁 재연 배우가 아주 어린 아이들에게 독립전쟁에 대해 가르치고 있는데 아이들은 미국의 역사에서 독립전쟁이 얼마나 중요한 사건이었는지에 대해서는 아직 자세히 알지 못한다.

초기 이후에도 계속되지만, 초기에 형성된 기초가 깊게 자리 잡고 있다.[12]

직업이 정치사회화에 일반적, 구체적 영향을 미친다. 실제로, 직업의 성격과는 별개로 취업은 개인의 정치적 전망에 지대한 영향을 미친다. 직업을 갖는 것은 모든 범위의 사회적, 정치적 과정에 참여할 수 있는 입장권이다. 좋은 직업은 정치 활동으로 이어지는 자신감을 가르쳐준다. 실업은, 특히 만성적인 실업은 정치참여에 필요한 지위, 시간, 기회, 자신감을 빼앗는다. 낮은 임금을 받으며 장시간 일하는 나쁜 직업을 갖게 되면 자신감이 떨어지고 정치활동이 위축된다. 놀랍지도 않게, 연구에 따르면 고소득층이 저소득층보다 정치, 쟁점, 후보자 등에 대해 더 잘 알고 있다. 부유한 사람들은 가난한 사람들보다 더 적극적으로 정치생활을 하도록 사회화되어 있다.[13]

언론매체.   주류 언론은 단지 정치적, 경제적 사건의 일상적인 보도를 통해서도 학교와 마찬가지로 정치사회화에 광범위하게 지속해서 영향을 미친다. 대통령의 최근 발언, 의회의 업무, 최근 대법원의 판결들 모두 저녁 뉴스와 조간신문에 보도된다. 무역 실적, 기업의 수익, 주식시장 주가의 상승과 하락 등은 기본적으로 민주주의-자본주의체제의 정당성을 전제한 방식으로 보도된다. 토크 라디오와 인터넷조차도 현 정부를 비난할 수 있지만, 정치나 경제가 다르게 구성될 수 있음을 시사하는 경우는 거의 없다. 미국정치에서 미디어의 역할은 제5장에서 좀 더 자세히 다뤄진다.

변혁적 사건과 인물의 영향.   정치사회화는 가족, 학교, 미디어 등이 미국의 정치 문화를 젊은이들과 신규 이민자들에게 전달하는 과정이지만, 문화적 교육과 학습, 기억과 갱신의 광범위한 과정이 중단될 수 있다. 전쟁, 경제적 격변, 사회적 혼란, 정치적 추문 등 몇몇 사건으로 인해 사람들이 사회를 보고 이해하는 방식에 변화가 발생할 수 있다. 정치 지도자들이 이러한 문제를 어떻게 처리하는지에 따라, 그 나라의 정치문화에 대한 믿음, 그 나라의 기본적인 이상과 제도에 대한 신뢰가 새롭게 강화되거나, 의심을 받아 약화 된다. 지도자가 위기에 대처하는 모습을 보고 국민들은 사회와 정부가 오늘날의 주요 이슈에 잘 대응하고 있다고 확신하거나 그렇지 않다고 생각하게 된다.

링컨(Abraham Lincoln)은 끔찍한 남북전쟁을 겪으면서 국민을 일치단결시켰고, 마찬가지로 루스벨트(Franklin D. Roosevelt)는 12년간의 경제공황과 세계대전의 와중에서 국민을 일치단결시켰다. 이 두 가지 경우 모두 미국인들에게 훌륭한 정치적 성과를 목격하게 하였으며, 세상에 강하게 맞서 싸우면 거의 모든 경우 승리할 수 있다는 자신감을 심어주었다. 반대로 후버(Herbert Hoover)가 1930년대 대공황의 위협을 잘못 인식했던 경우처럼 당대의 주요 위협을 잘못 인식하거나 잘못 관리하는 지도자들은 미국의 가장 기본적인 정치적 전제의 구현

가능성에 대해 의구심을 불러일으킬 수 있다. 위기에 직면한 지도자들은 반드시 도전에 효과적으로 대응해야 하며, 국가의 기본 원칙을 보호하고 강화하는 방식으로 그렇게 해야 한다. 트럼프 대통령은 유엔과 NATO의 동맹국들이 공평하게 방위비를 분담하지 않고 우리를 등쳐 먹고 있으며, 기후변화협정이 미국의 일자리 감소를 초래할 수 있다고 확신했다. 비평가들은 트럼프 대통령의 정책이 실패했으며, 그가 정책 추진에 사용한 수단이 미국의 권리와 자유를 훼손하고 국가안보를 약화시켰다고 주장한다. 바이든 대통령은 멕시코 국경 통제와 같은 트럼프 대통령의 추진 정책 일부를 그대로 유지

그의 유명한 '노변담화'에서 프랭클린 루스벨트 대통령은 라디오를 사용하여 수십 년간의 경제불황과 세계대전 동안 내내 미국인들을 교육하고 안심시켰다. 여기에서 그는 전쟁의 승리를 선전하고 청취자들에게 승리에 대한 결의를 유지하라고 촉구하였다. 현대의 대통령들은 여전히 라디오를 사용하고 있지만, 전국적으로 연설해야 할 때는 주로 텔레비전에 의존한다.

했지만, 파리기후협정에는 재가입했다. 역사는 국가의 이상과 제도, 시민을 얼마나 잘 보호했는지를 기준으로 바이든과 트럼프 두 사람을 평가할 것이다.

계급, 인종, 성별에 따른 사회화의 편차

그렇다면 시민들의 정치적 의견과 견해가 계급, 인종, 민족, 성별에 따라 어떻게 다른지에 대해 우리가 알고 있는 것은 무엇인가? 대체로, 어떤 한 사람이 지역사회와 전체 사회에 철저하고 편안하게 통합될수록, 그 사람이 정치적으로 더 적극적일 가능성이 더 높아진다. 부유하고 교육수준이 높은 전문직 종사자는 투표에 참여할 뿐만 아니라 다양한 방식으로 정치에 참여하는 경향이 있고, 반면에 먹고 살기 어려운 사람은 상대적으로 정치에 적극적으로 참여하지 않는다.

계급. 가난한 아이들은 부유한 아이들보다 상대적으로 부족한 실력으로 학교에 입학하고 그들에 대한 기대 역시 크지 않다. 하층계급 아이들은 상류층 아이들보다 정치에 대한 정보가 더 적다. 가르시아(Chris Garcia)와 산체스(Gabriel Sanchez)의 광범위한 연구의 요지에 따르면 노동자 계층과 가난한 아이들이 다니는 학교들은 "미래의 지도자를 준비하는 데 덜 관여하고, 대신 법을 잘 지키는 시민이 되고, 세금을 잘 내고, 나라에 봉사하고, 참여자가 아니라 유사한 '신민' … 스타일의 중요성을 강조한다."[14] 이러한 초기의 지식과 자신감의 차이는 평생 지속되는 정치참여의 차이로 이어질 수 있다.

가장 최근의 전국선거연구(National Election Study)에 따르면 가난한 성인들은 '대체적으로' 공공문제에 관심을 기울였다고 응답한 비율이 22% 대 38%로 부

유층의 절반 정도에 불과한 것으로 나타났다. 그러나 가난한 사람들이 "사람들은 정부가 하는 일에 대해 발언권이 없다"는 진술에 동의하는 비율이 51% 대 38%로 부유층에 비해 13%p 더 높았다. 가난한 사람들은 많은 경우 사회와 정부가 자신들의 요구대로 움직이지 않는다고 믿는다. 그들은 또한 자신들이 사회와 정부를 이끌 것이 기대되지 않으며, 심지어 참여조차 기대되지 않고, 그리고 그렇게 하지 않은 경우가 많다는 것을 잘 알고 있다.

인종. 정치학자 데이비스(Theodore J. Davis)가 저술한 『오늘날 흑인 정치(*Black Politics Today*)』에서는 흑인들이 지배적인 정치문화를 완전히 수용하지 않은 것은 지배적 정치문화가 미국의 문화적, 제도적 인종차별을 거부하고 해체하려는 움직임을 보이지 않았기 때문이라고 주장한다. 이러한 문화적 격차는 광범위한 문제에 걸쳐 백인 여론과 흑인 여론 간의 깊고 체계적인 분열을 가져왔다. 데이비스는 흑인의 81%가 흑인 인종 집단에 대해 사회가 공정하게 대하지 않는다고 느꼈으며(백인의 15%만이 이에 동의함), 흑인의 76%는 정부가 흑인들의 상태를 개선하기 위해 더 많은 돈을 써야 한다고 생각했다고 보고했다 (반면 백인의 27%만이 이에 동의함).[15] 놀랄 것도 없이, AP통신과 공공업무연구센터(NORC)가 실시한 최근 여론조사에 따르면 흑인의 74%가 노예의 후손들에 대한 현금 배상을 선호하는 반면, 백인 중 15%만이 이에 찬성하는 것으로 나타났다.

2012년 대선에서 오바마는 흑인 표의 93%, 히스패닉 표의 71%, 그리고 백인 표의 39%만을 얻어 승리했다. 2016년 클린턴은 흑인 표의 88%, 히스패닉 표의 65%, 백인 표의 37%를 득표하면서 아슬아슬하게 선거에 패했다. 이 모두는 4년 전 오바마의 총 득표율보다 약간 떨어진 수치이다. 마찬가지로, 2020년 바이든은 흑인 표의 87%, 히스패닉 표의 65%, 백인 표의 41%를 획득했다. 놀랄 것도 없이, 흑인과 백인은 광범위한 정책 문제에 있어 차이를 보이며, 때로는 매우 극적인 차이를 보이는 경향이 있다. 흑인들은 백인보다 의료, 교육, 직업 훈련 등에 대한 정부 지출에 더욱 찬성하고, 국방 및 기업 보조금 지출에 대해서는 덜 찬성한다. 예를 들어, 지난 30년 동안, 흑인들은 공립학교의 인종차별 철폐를 위한 버스 운행에 백인보다 20~30%p, 정부가 일자리에서 공정한 대우를 보장해야 한다는 생각에 대해서는 백인보다 30~40%p 더 우호적이었다. 학자들은 흑인들이 인종차별이 발생하면 각 개인이 영향을 받을 것이라는 사실을 알고 있기 때문에 한결같이 인종차별에 반대한다는 '연관된 운명' 가설을 내세워 흑인 의견의 응집력을 설명한다.

마지막으로, 대외정책과 국내정책 모두에 있어서, 흑인들은 백인들에 비해 무력의 사용에 대해 훨씬 더 불편하게 여긴다. 2003년 3월 말, 이라크와의 전쟁이 다가오면서 실시된 『뉴욕타임즈』의 여론조사에 따르면, 백인의 82%와 흑인의

44%가 사담 후세인을 축출하기 위한 군사행동을 지지하는 것으로 나타났다. 여론조사기관인 일반사회조사(General Social Survey)는 설문에서 응답자들에게 경찰이 사람을 때리는 것을 승인할 수 있는지 물었다. 백인의 70%가 승인한다고 응답했지만, 흑인의 42%만이 경찰이 성인 남성을 때리는 것을 승인할 수 있는 상황을 상상할 수 있다고 응답했다.[16]

민족성. 미국정치체제의 히스패닉 분야 전문가인 정치학자 가르시아(Chris Garcia)와 산체스(Gabriel Sanchez)는 『미국 정치체제에서 히스패닉(*Hispanics in the U.S. Political System*)』에서 "대부분의 라틴계는 하위문화 환경, 즉 일정 부분 주류 환경과 다른 환경에서 성장할 것이다"라고 주장한다. 가르시아와 산체스는 전통적인 라틴계 가족을 주류 문화의 가족 모델에 비해 더 통제되고, 성별에 따라 정해지며, 가부장적이라고 설명한다.[17]

최근까지 히스패닉계 미국인들은 차별이 지역사회의 주요 문제라고 느끼는 비율이 흑인들보다 적다. 2002년 퓨 히스패닉 연구소(Pew Hispanic Center)의 여론조사에서, 히스패닉의 47%가 차별이 주요 문제라고 주장했다. 그러나 거의 20년이 지난 2021년에도 48%가 인종이나 피부색 차별이 '매우 큰' 문제라고 믿었다.[18]

히스패닉계는 과거의 차별을 시정하고 소수자들이 성공을 거두도록 돕기 위한 특별한 노력을 76% 대 14%로 선호하고, 더 광범위한 서비스를 제공하는 더 큰 정부를 75% 대 16%로 선호한다. 반면, 히스패닉계는 재정적자 감소보다 세금 감면을 2대 1, 즉 59% 대 30%로 찬성하고 있으며, 낙태를 불법화해야 한다고 생각하는 비율은 히스패닉계가 아닌 사람들에 비해 44% 대 22%로 두 배나 높았다.[19] 히스패닉계의 여론은 흔히 흑인과 백인 사이의 '중간적' 삶의 경험과 태도를 지닌 공동체의 문화를 반영하는 것으로 얘기된다.

아시아계 미국인들은 미국에서 가장 빠르게 인구수가 늘어나고 있는 소수인종 및 소수민족이다. 아시아인들은 현재 미국 전체 인구의 약 6%를 차지하고 있다. 최근의 주요 설문조사에서 아시아계 미국인의 32%는 민주당 지지자, 12%는 공화당 지지자, 19%는 무당파, 35%는 지지정당 없음으로 응답했다.* 중국계, 필리핀계, 인도계, 일본계, 한국계 미국인들은 민주당 성향인 반면, 베트남계 미국인들은 공화당 성향이다. 히스패닉과 아시아계 미국인들 모두 약 2 대 1로 민주당에 투표한다.

* 역자 주

기본적으로 Independent와 non-partisan은 공화-민주 양당 모두 지지하지 않는 유권자, 소속정당이 없는 유권자라는 점에서 유사하며, 흔히 동의어로 사용된다. 다만 미국의 일부 설문조사에서는 non-partisan과 별개로 약한 정당 지지자, 즉 스윙보터 및 제3당 지지자를 묶어서 응답자가 자신을 independent라고 대답할 수 있도록 구분하고 있다.

출처: ZZ/STRF/STAR MAX/IP via AP Images

2020년 5월 25일 미니애폴리스 경찰에 의해 조지 플로이드가 사망하자, 워싱턴 D.C.의 이것과 같은 벽화들이 애도와 추모의 일환으로 전국 곳곳에 등장했다.

2020년에는 아시아계 미국인의 54%가 바이든을 대통령으로 선택했고, 30%는 트럼프를 선택했다. 이번에도 베트남계 미국인 48%는 트럼프에게, 36%는 바이든에게 투표했다. 인도계, 일본계, 중국계, 한국계 미국인들의 지지는 바이든에게 크게 쏠렸다. 더욱이 세금 감면, 환경 문제, 기타 주요 문제 등에 대해서는 민주당 성향과 공화당 성향을 불문하고 아시아계 미국인 모두 진보적인 입장을 선호한다. 큰 인종 집단 또는 민족 집단은 결코 획일적인 단일체가 아니지만 대부분의 아시아계 미국인은 좌파로 기울고 있다.[20]

성별. 비록 그렇게 차이가 크지 않지만, 더 좁은 범위의 문제에 걸쳐 비슷한 차이가 남성과 여성 사이에도 존재한다. 남성에 비해 여성들은 일관되게 총기 규제, 음주운전에 대한 엄격한 처벌, 교육과 의료에 대한 재정지출에 대해 더 적극적으로 지지해 왔고, 국내에서의 사형처벌과 외국에서의 무력 사용에 대해서는 덜 지지해 왔다. 여성들은 국내외에서의 무력행사에 대해 남성들보다 약 10% 더 강하게 반대하고, 국내 문제에 대해 남성들보다 일관되게 약 3~4% 더 많이 좀 더 '도덕적' 입장을 선호한다.[21]

2001년 9월 11일의 테러공격과 그에 따른 알카에다, 아프가니스탄, 이라크와의 전쟁은 남성과 여성 간의 이러한 역사적 차이를 극명하게 드러냈다. 2001년 9월 초 테러 공격 직전에는 남성의 41%, 여성의 24%가 국방비 지출 증가를 선호했다. 9·11 테러 공격 직후, 남성의 국방비 지출 증가에 대한 지지는 53%로 높아졌고, 여성의 지지는 47%로 거의 두 배로 높아졌지만, 여전히 남성들보다 6%p 낮았다. 그럼에도 불구하고, 불과 1년 반 후인 2003년 2월 말 이라크와의 전쟁이 임박했을 때 여성은 파병에 따르는 예상되는 인적, 금전적 비용을 기꺼이 감당하겠다는 생각이 남성보다 약 10% 낮았다.[22] 그리고 2011년 말 이라크와 아프카니스탄 전쟁터에서 미군이 철수할 당시 남성은 여성에 비해 43% 대 26%로, 17%p나 더 높게 이 전쟁들을 지지했다.[23]

이 책의 다른 장에서 우리는 계층, 인종, 민족, 성별에 따른 정치사회화의 차이가 정당일체감과 투표행위에 어떤 영향을 미치는지 살펴볼 것이다. 정당에 관한 해당 장의 표 7.5와 선거에 관한 해당 장의 표 8.1을 잠깐 살펴보면 개인이 세상을 보고 행동하는 방식에 정치사회화가 평생 동안 미치는 영향을 명확하게 알 수 있다.

미국 여론의 성격

정치사회화가 자본주의와 민주주의를 중심으로 한 일반적인 미국 정치문화를 우리 대부분에게 효과적으로 전달했지만, 정치사회화가 모든 사회 구성원에게 동일한 교훈을 가르치는 것은 아니다. 가난한 사람과 부유한 사람은 서로 다른 역할로 사회화되고, 소수자는 백인과 다르게 사회화되고, 여성은 남성과 다르게 사회화된다. 따라서 앞에서 살펴보았듯이, 다양한 사회집단의 특성에 따라 여론은 각기 다르다.[24] 가장 일반적인 형태의 여론은 단순히 대중적 우려나 관심에 대한 시민 의견의 현재 분포이다.

그러나 여론은 실제로 그 이상이며 제임스 매디슨의 두 가지 중요한 통찰이 그 이유를 설명해 준다. 매디슨은 "여론은 모든 정부의 경계를 정하며, 모든 자유 정부의 진정한 주권자이다"라고 언급했다. 그리고 조금 더 불길하게도 매디슨은 "여론을 바꿀 수 있는 사람은 누구든지 정부를 바꿀 수 있다. 실제로 그렇게까지 할 수 있다"라고 경고했다.[25] 자유 정부는 오랫동안 여론에 맞서 싸울 수 없으므로, 시민들이 어떻게 생각하는지 파악하는 것이 중요하다.

여론에 대해 좀 더 자세히 논의하기에 앞서, 우리는 우선 중요한 질문에 답해야 한다. 우리는 어떻게 여론을 측정하고 있나? 그리고 그 측정 방법을 얼마나 확신해야 하나? 여론이 어떻게 측정되는지 이해하고 나면, 우리는 미국 대중의 태도와 의견이 계급, 인종, 민족, 성별에 따라 어떻게 다른지 살펴볼 수 있다.

여론조사의 역사

시민들은 언제나 선거경쟁에서 선두를 달리는 후보가 누군지, 오늘날 주요 문제에 대해 다른 사람들은 어떻게 생각하는지 궁금해한다. 매디슨과 20세기 초 사람들 모두 여론의 중요성을 인식했지만, 매디슨은 여론을 체계적으로 측정할 방법이 없었다. 그럼에도 불구하고, 1824년의 선거에서 일반대중의 주요 대통령 후보 지지도에 대한 추정치가 언론에 보도되었다. 사실, 19세기의 정파적 언론은 정기적으로 집회, 모의 투표, 해당 지역의 유권자 태도 등에 대한 시민 보고를 정기적으로 보도했다. 1916년 말 『리터러리 다이제스트(*Literary Digest*)』라고 하는 유명한 전국 잡지는 독자들에게 민주당 후보 우드로 윌슨과 공화당 후보 휴즈(Charles Evans Hughes) 간의 대통령선거에 관해 자신이 속한 지역에서 얻은 정보를 어떤 것이든 잡지사로 보내달라고 요청했다. 그 후 20년 동안 『리터러리 다이제스트』는 1920년부터 1932년까지 대통령선거 때마다 대규모 조사를 하여 대선 결과를 정확히 예측했다. 그러나 그 유명한 1936년의 조사 실패는 여론조사의 역사에서 새로운 시대가 열리는 데 일조했다.

1936년 『리터러리 다이제스트』는 자동차 등록 명부, 전화번호부, 잡지 구독자 명단에서 이름을 수집하여 이들 시민에게 1,000만 장의 모의 투표용지를 우편으로 보내, 민주당 후보 프랭클린 루스벨트와 공화당 후보 알프 랜던 중 한 사람을 선택해달라고 요청했다. 회신으로 돌아온 2백만 장의 모의 투표용지는 랜던이 큰 표 차로 승리할 것을 시사했다. 실제로는 루스벨트가 대중 투표에서 57% 대

43%, 선거인단 투표에서 523 대 8의 큰 표차로 압도적 승리를 거두었다. 분석가들은 『리터러리 다이제스트』의 결과가 실제와 너무 동떨어진 것은 이 잡지의 구독자 대부분이 자동차를 소유하고, 전화기가 있고, 문학잡지를 구독하는 부유한 사람들이었기 때문이라고 결론지었다. 그 여론조사에서는 자동차를 소유하지 않거나 문학잡지를 구독하지 않으며 루스벨트에게 투표할 가능성이 높은 덜 부유한 유권자가 조사 대상에서 빠졌다.[26]

과학적 여론조사. 200만 건의 회신을 접수한 『리터러리 다이제스트』가 선거 결과 예측에 완전히 실패했던 같은 해에 갤럽(George Gallup)은 과학적으로 선택된 훨씬 적은 수의 유권자 의견 표본을 사용하여 선거 결과를 정확하게 예측했다. 갤럽과 그의 경쟁자인 해리스(Louis Harris), 로퍼(Elmo Roper) 등은 광범위한 유권자를 대상으로 '할당 표본'을 사용하여 공공문제와 정치 후보자에 대한 시민 의견을 측정했다. 새로운 과학적 여론조사 전문가들은 1940년과 1944년 선거에서 좋은 결과를 얻었으나 1948년에 다시 한번 재앙적 결과에 직면했다.

사람들은 할당 표본이 『리터러리 다이제스트』의 여론조사를 망가뜨린 왜곡된 표집을 막아줄 것으로 생각했지만, 1948년에 더욱 미묘한 오류가 드러났다. 여론조사 전문가는 적절한 수의 남성, 여성, 흑인, 가톨릭 신자, 부자, 가난한 사람 등을 확보하여 주어진 할당을 채울 수 있지만, 어쩌면 그 과정에서 낯설거나 접근이 어려운 동네를 피했을 수 있다. 결과적으로 할당 표본도 왜곡될 수 있었다. 1948년에 과학적 여론조사 회사 모두가 이구동성으로 공화당 후보 토마스 듀이가 민주당 후보인 현직 대통령 해리 트루먼을 다가오는 대선에서 이길 것으로 예측했다. 트루먼 대통령이 승리하였으며, 후속 논의에서는 할당 표본을 보다 신뢰할 수 있는 '확률 표본'으로 대체해야 한다고 결론내렸다. 그들은 또한 여론조사회사들이 듀이의 안정적인 우세를 지나치게 과신하여 너무 일찍 여론조사를 더 이상 진행하지 않았고, 그로 인해 트루먼이 뒤늦게 급등했던 시기를 여론조사가 놓쳤다고 결론지었다.[27]

확률표본추출은 통계적 모형에 기초하는 것으로 모집단에 속한 모든 사람이 여론조사 표본으로 선택될 확률이 동일하거나 알려져 있다. 단순 확률 표본에서는 모집단의 모든 구성원이 선택될 확률이 동일하다. 다단계 확률 표본에서는 먼저 모집단을 성별, 수입, 투표 가능성 등 이론적으로 관련된 특성으로 나눈 다음 각 범주 안에서 무작위로 표본을 추출한다. 반세기 넘게 여론조사 전문가들은 단지 1,000명의 잘 구성된 전국 표본이 95%의 신뢰구간에서 +/− 3%의 표본오차를 갖는 결과를 산출한다는 사실을 잘 이해하고 있었다. 이들 심상치 않은 표현, 즉 표본오차와 신뢰구간은 실제로 무엇을 의미하는가?[28]

성인 1,000명을 대상으로 하는 잘 설계된 여론조사에서 60%가 어떤 특정 정

확률표본추출(probability sampling)
대상 모집단의 모든 사람이 표본으로 선택될 가능성이 똑같은 표본추출 모형이다.

책을 지지한다고 응답했다고 가정하자. 우리는 모든 미국 성인에게 그 정책을 지지하는지를 묻지 않았고, 단지 모든 미국 성인 중 신중하게 선택한 표본에게만 물어본 것으로 우리의 60% 결과가 완전히 정확히 그 수치일 가능성이 거의 없다는 것을 알고 있다. 3% 표본오차는 여론조사 전문가가 허용하거나, 적어도 표본추출이론이 허용한 것으로, 1,000명의 표본에서 결과가 어느 쪽이든 최대 3%까지 차이가 날 수 있다는 뜻이다. 즉, 정확히 60%가 아니라 57%와 63% 사이에서 그 정책을 지지한다는 것이다. 95% 신뢰구간은 또 다른 허용이다. 이것은 만약 비슷하게 추출한 100개의 표본에 대해 여론조사를 하면 최소 95개의 표본에서 57%에서 63% 범위의 결과가 나온다. 이는 나머지 5개는 위로든 아래로든 3% 이상 차이가 날 수 있다는 의미이다.[29] 이 중 어느 것도 여론조사가 항상 틀렸다는 것을 의미하지 않으며, 단지 잘 구성된 여론조사라도 특정 범위 내에서 벗어난 결과를 내놓을 수 있으므로 적절하게 해석해야 한다는 뜻이다.

　한편으로, 여론조사 정보를 소비하는 사람들은 모든 여론조사가 정확성을 추구하는 것이 아니라는 점도 명심해야 한다. 선거운동의 일환으로 발표되는 여론조사는 놀랍게도 정치적 목적을 달성하거나 추동력을 제공하거나 긍정적인 뉴스 기사를 촉발하려는 의도를 가진 경우가 많다. 파이브서티에이트(FiveThirtyEight.com)의 여론조사 전문가 실버(Nate Silver)는 선거운동의 일환으로 실시되는 여론조사가 독립적인 여론조사보다 자기 후보자에게 6%p 정도 더 유리한 결과를 보여주는 경향이 있다는 사실을 발견했다.[30] 아래에서 살펴보겠지만, 어떤 여론조사는 정확성을 추구하고, 어떤 여론조사는 다른 목적을 가지고 있다. 노련한 여론조사 소비자는 그 차이를 구별하는 방법을 알고 있으며, 여러분도 곧 그렇게 될 것이다.

여론조사의 종류.　다양한 종류의 여론조사와 설문조사가 다양한 종류의 정보를 생산하기 위해 고안되었다. 누가 앞섰고 왜 앞섰는지 판단하기 위해 선거운동에서 여론조사가 큰 역할을 하지만, 또한 그날의 주요 문제에 대해 시민들이 어떻게 생각하는지 가늠하기 위해 선거철이 아닌 때에도 실시된다. 여론조사의 주요 종류에는 벤치마크 조사, 선호조사, 의견조사, 포커스그룹(초점집단연구), 추적조사, 출구조사 등이 있다.

　특정 선거에 출마를 고려하는 후보자나 특정 이슈 캠페인을 고려하는 집단은 캠페인을 시작하기 전에 자신의 상황을 알아보기 위해 **벤치마크 조사**를 하는 경우가 많다. 벤치마크 조사에서는 후보자의 인지도, 잠재적 유권자의 후보자에 대한 평가, 선거구의 중요한 쟁점, 해당 선거구 유권자에 대한 주요 인구통계학적 정보 등을 파악하려고 한다. **선호조사**는 응답자들에게 대통령직과 같은 특정 공직에 출마한 후보자들의 명단을 제시하고 그 중 어느 후보를 선호하는지 물어본다. 선

벤치마크 조사(benchmark poll)
후보자의 인지도, 대중적 이미지, 당선 가능성 등을 측정하기 위해 선거운동 초기에 실시하는 여론조사이다.

선호조사(preference poll)
응답자에게 특정 공직 후보자의 명단을 제시하고 누구를 가장 선호하는지 묻는 여론조사이다.

의견조사(opinion survey)
특정 질문이나 이슈에 대한 의견을 측정하기 위해 선거운동, 미디어, 시민단체, 마케팅 담당자 등이 사용하는 여론조사 또는 설문조사이다.

포커스그룹(focus group)
신중하게 선택된 10명에서 15명으로 구성된 소규모 집단은 특정 정치 이슈나 캠페인에 대한 심층적인 토론을 통해 근본 원인을 알아내고자 의견을 캐묻는다.

추적조사(tracking poll)
조사 표본을 중복적으로 사용하는 빈번한 여론조사를 통해 매일매일 지지율 경쟁 상황의 변화를 보여준다.

출구조사(exit poll)
누가 이겼는지 그 이유가 무엇인지 선거가 종료되자마자 조기에 바로 파악하기 위한 목적으로 유권자가 투표를 끝낸 직후 실시되는 여론조사이다.

호조사는 어떤 한 후보자가 선두를 달리는 유리한 입장에서 선거경쟁에 뛰어드는지 아니면 많은 후보자가 몰려 있는 뒤 쳐진 불리한 입장에서 선거경쟁에 뛰어드는지 보여준다.

의견조사는 선거운동 상황에서 조사가 이루어질 수도 있지만, 주로 미디어, 시민단체 및 이익집단, 마케팅 담당자 등 특정 질문과 이슈에 대한 의견이 어떻게 분포되어 있는지 알고 싶어하는 다른 사람들에 의해 훨씬 더 광범위하게 사용되고 있다. **포커스그룹(FGI, 초점집단연구)**은 실제 여론조사는 아니지만, 여론조사와 함께 사용되는 경우가 많으며, 비슷하지만 더 풍부한 정보를 제공해 준다. 포커스그룹은 참여자들이 서로에 대한 경계심을 줄이기 위해 10명에서 15명의 비슷한 사람들로 구성되며, 그들은 특정 정책 문제, 후보자, 선거운동 주제와 주장 등을 놓고 자신들의 생각과 반응을 심층적으로 토론하는 방식으로 진행된다. 포커스그룹은 사람들이 왜 그렇게 생각하는지를 밝혀냄으로써 설문조사를 보완한다.[31]

추적조사는 후보자나 정책에 대한 지지도의 상승과 하락에 대한 업데이트된 정보를 지속적으로 제공한다. 예를 들어, 대통령 선거운동 후반기에 추적조사는 경쟁 상황에 대해 매일 업데이트된 정보를 제공한다. 즉, 격차가 줄어들고 있나? 아니면 선두를 달리고 있는 후보가 격차를 넓히고 있나? 추적조사는 하루에 수백 명의 새로운 사람들을 인터뷰한 다음, 지난 2~3일 동안의 표본을 대상으로 평균을 내어 지속적으로 업데이트된 경쟁 상황을 보여준다. **출구조사**는 유권자들이 투표한 후에 이루어진다. 출구조사는 잠재적 유권자 또는 투표할 가능성이 높은 유권자를 대상으로 조사하는 것이 아니라 실제로 투표한 사람을 대상으로 하는 조사이다. 출구조사는 투표를 마치고 투표소를 나올때 신중하게 선택된 투표자 표본을 대상으로 조사를 진행하여 그들이 어떻게 투표했는지, 왜 그렇게 투표했는지 알아낸다. 출구조사는 때때로 선거가 끝나기도 전에 언론이 선거 결과를 '판정'하는 데 사용된다.

시민들은 여론조사를 믿어야 하나? 많은 미국인은 여론조사에 대해 회의적이며, 그럴 만한 몇 가지 타당한 이유가 있다. 거의 모든 주요 전국 여론조사가 중서부 지역 북부의 전통적으로 민주당을 지지하는 주들로 이루어진 파란 장벽(민주당 텃밭 – 역자 주)이 든든하게 지원하는 힐러리 클린턴이 2015년 대선에서 2~5%p차로 승리할 것을 예상하면서 여론조사에 대한 의구심은 더욱 심해졌다. 선거 당일 밤, 비록 클린턴은 대중 투표에서 근소한 차이로 이겼지만, 트럼프는 플로리다, 펜실베이니아, 위스콘신, 미시간에서 승리했는데, 이들 주는 모두 여론조사에서 힐러리 클린턴이 앞섰던 주들이었다. 어떻게 여론조사 전문가들의 예측이 그렇듯 틀릴 수 있었나?

여론조사는 제대로 수행하기가 쉽지 않으며, 자동응답기, 발신자 식별 장치,

휴대전화의 사용이 증가하고 일반 시민들, 특히 교육 수준이 낮고 소득이 낮은 시민들이 설문조사에 응답하기를 꺼리는 현상이 여론조사를 더욱 어렵게 만든다. 게다가, 선거운동은 유권자 중 궁극적으로 투표에 참여하게 되는 사람들이 어떻게 생각하는지에 대한 정교한 예측인 '투표율 모델'을 개발해야 한다. 선거운동이 선거일에 얼마나 많은 백인과 흑인, 히스패닉계 사람들이 투표에 참여하게 될 것인지에 대한 가장 좋은 예측치인 클린턴 선거운동의 '투표율 모델'은 효과가 없었다. 클린턴 진영은 선거일 실제 투표와 비교하여 더 적은 수의 백인과 더 많은 소수인종, 더 적은 수의 농촌 유권자 및 더 많은 도시 유권자, 더 적은 수의 저학력 및 고학력 유권자가 투표할 것으로 추정했다. 그리고 클린턴 진영은 적어도 선거인단 선거에서 패배했다. 또한, 정치 전문가들은 설문 순서와 표현 방식에 따라 여론조사 결과가 다르게 나올 수 있으며 조작될 수 있다는 것을 잘 알고 있다.[32]

더욱이 모든 선거 주기에 **유도조사** 보고서가 포함된다. 유도조사는 응답자의 의견에 대한 정보를 수집하기 위한 것이 아니라 부정적이고 종종 잘못된 정보를 사용하여 응답자를 특정 후보로부터 멀어지게 하기 위한 가짜 여론조사이다. 유도조사는 정치의 사악한 기술 중 하나이다. "후보 X가 새끼 고양이를 고문했다는 사실을 알고 있다면 그 후보에게 투표할 가능성이 어느 정도 있나요?"와 같은 간단한 질문으로 위장한다. 후보 X는 새끼 고양이를 좋아할 수도 있고 지역 동물 보호 협회에 기여할 수도 있지만 효과적인 대응이 불가능한 선거운동 후반부에 실시되는 유도조사는 실제로 피해를 입힐 수 있다. 유도조사에 대한 우려가 모든 여론조사에 대해 대중이 회의감을 갖도록 더욱 부추겼다.

그럼에도 불구하고 회의론은 무엇보다 일부 여론조사에 한정되어야 한다. 일반적으로 시민들은 갤럽과 같은 주요 여론조사회사, ABC나 뉴욕타임즈와 같은 주요 뉴스매체, 퓨 자선 신탁(Pew Charitable Trusts)과 같은 주요 조사기관 등 정확성에 대한 명성을 추구하는 기관의 여론조사 결과를 신뢰할 수 있다. 시민들은 선거운동 도중에 나타나거나 개싸움을 벌이는 옹호 단체, 후보자, 슈퍼팩(Super PAC),* 정당이 하는 여론조사를 불신할 수 있다.[33]

여론의 속성

여론은 계층, 인종, 성별에 따라 다르지만, 여론은 일반적인 속성이나 특성도 많이 드러낸다. 대부분의 미국인은 제도, 지도자, 정책에 대한 자세한 정보가 거의 없음에도 불구하고 정치에 대한 광범위한 생각이나 성향을 가지고 있다. 유권자의 성향을 통해 매개되는 새로운 정보는, 일반적으로 후보자의 입장이 무엇인지 자세히 알지 못하더라도, 편안한 결정으로 이어진다. 가장 정보가 없는 시민들은 정치정보를 너무 신비롭게 생각하여 완전히 무시한다.

일부 학자들은 정치제도, 정당, 후보자, 정책 등에 대한 광범위한 정보 부족이

유도조사(push poll)
유도조사는 진짜 여론조사가 아니다. 그 대신 부정적이고 종종 잘못된 정보를 제공하여 유권자들에게 영향을 미치기 위한 목적으로 고안되었다.

* 역자 주
2010년 대법원의 판결로 특정후보를 직접 후원하지 않고 광고나 미디어를 통해 통해 지지거나 비판하는 행위는 위법이 아니게 되었으며, 기업과 노조는 별도의 PAC(정치활동위원회)을 구성하여 기존 규제를 피해 후원 활동을 하고 있다. 이 별도의 PAC이 슈퍼 PAC이다.

대의 민주주의를 위태롭게 한다고 우려해 왔다. 잴러(John R. Zaller)는 "많은 시민은 … 공공문제에 너무 관심을 기울이지 않아 그들이 접하는 정치 의사소통에 비판적으로 반응할 수 없다. 오히려 그들은 현재의 어떤 정보에 의해서든 가장 강력한 힘을 발휘할 수 있다"고 관찰했다.[34] 다른 학자들은 비록 많은 시민과 유권자가 정치에 대해 잘 알지 못하지만, 신뢰할 만한 대리인들이 유권자들을 책임 있는 선택으로 인도하는 '단서(cues)'의 '정보 지름길'이 있다고 주장한다. 루피아(Arthur Lupia)와 맥커빈스(Mathew McCubbins)는 "'제한된 정보가 사람들의 합리적인 선택을 반드시 방해하는 것은 아니다' … 선거운동 기간 동안 정당과 후보자부터 이익 단체, 언론기관, 친구, 가족에 이르기까지 수많은 화자가 유권자에게 어떻게 투표해야 하는지에 대한 조언을 제공한다"고 주장한다.[35]

여론을 연구하는 학자들은 엘리트 혹은 '오피니언 리더'와 대중을 구별한다. 오피니언 리더는 일반적으로 성인 인구의 약 10% 정도 되는 소수의 사람으로, 공공문제를 자세히 관찰하고 공공문제에 대해 많은 것을 알고 있다. 오피니언 리더는 정치와 공공정책에 대한 잘 정리되어 있어 언제든지 이용할 수 있는 많은 정보를 가지고 있다. 즉, 오피니언 리더는 주요 행위자, 주요 이슈, 주요 정책 선택 방안 등을 알고 있다.[36] 반면에 일반대중은 생업과 가족으로 바쁘고, 여가 시간을 정치적인 문제를 고민하는 데 쓰지 않는다. 일반대중이 정치에 대해 배우더라도 배운 것들은 일관된 관점으로 체계적으로 조직되지 않은 파편화된 조각으로 남아 있을 뿐이다.

여론은 얼마나 상세한가? 우리가 주목해야 할 여론의 첫 번째 측면은 대부분의 미국인이 자세하게는 모른다는 것이다. 어떤 면에서 대부분의 미국인은 정치, 공공정책, 정치지도자 등에 관해 '아는' 것이 거의 없다. 예를 들어, 지난 50년간의 설문조사에서 대부분의 미국인은 현직 대통령이 누구인지 알고 있었지만(보통 95% 이상) 부통령을 아는 사람은 약 60%에 불과했다. 미국 성인 중 절반 정도만이 자신의 주에 연방 상원의원이 두 명 있다는 사실을 알고 있었고, 자기 동네의 연방 하원의원의 이름을 알고 있었으며, 상원과 하원에서 어느 정당이 다수당인지 알고 있었다. 단 12%만이 대법원장이나 연방준비제도이사회 의장의 이름을 기억했다.[37]

Q3 오늘날 미국의 대중 여론은 얼마나 정보에 근거하고 있으며, 체계적으로 조직되어 있는가?

여러분은 대법원장의 이름을 알고 있는가? 그것이 중요할까? 시민들이 정부를 평가하고 국정운영 성과에 대해 지지 여부를 결정하기 위해서는 구체적인 정보가 얼마나 많이 필요한가? 시민들은 민권, 범죄 피의자의 권리, 학교에서의 기도 등에 대한 대법원의 판결을 좋아하는지 여부를 결정하기 위해 대법원장의 이름을 꼭 기억해야 하나? 일부는 시민들이 정치기관과 사업, 노동, 교육, 종교 등 같은 다른 전국 기관들이 어떻게 하고 있는지 꽤 감각적으로 큰 틀에서 판단하기 때문에 상세한 지식이 꼭 필요하지는 않다고 주장한다. 또 다른 사람들은 적어도 목적에 따라서는 당파성과 이념이 상세한 정보를 대신할 수 있다고 지적한다.

일반 시민들이 특정 공직자들에 대해 많이 알 필요가 없다고 가정하더라도, 지난 반세기 동안 연방의회 선거(2년 주기) 때마다 실시한 사전 설문조사에서 평균 57%의 응답자들만이 미국 하원에서 어느 당이 다수당인지 정확히 답했다는 것을 안다면 조금 긴장해야 할 것이다. 민주당과 공화당, 두 주요 정당만이 있기에 잠깐만 생각해 보면 이 둘 중 어느 하나가 다수당임을 알 수 있다.

두 가지 새로운 연구 방식의 발견이 이러한 실상을 조금 완화했다. 하나의 연구 방식은 시민들에게 더 많은 시간이 주어지고 설문조사를 진지하게 받아들이도록 인센티브가 주어지면 시민들이 정치적 정보와 기타 정보를 더 잘 기억할 수 있다고 제안하지만, 성과는 여전히 매우 저조하다.[38] 또 다른 연구 방식은 회상과 인식을 구별한다. 도움 없는 회상은 단순히 자기 동네 연방의회 의원의 이름을 기억하는 것인데, 약 40%의 시민만이 그렇게 할 수 있다. 그러나 거의 90%의 시민은 여러 사람의 이름이 실린 명단에서 자기 동네 연방의회 의원의 이름을 인식할 수 있다.[39] 도움 없는 회상은 어렵지만, 투표와 같은 많은 정치활동은 인식이라는 더 쉬운 작업에 해당하기 때문에, 시민과 유권자는 결국 그렇게 나쁜 상태가 아닐 수도 있다.

일반 원칙 대 실제 선택. 여론의 두 번째 걱정스러운 측면은 시민들이 주장하는 일반 원칙과 지역사회에서 내리는 구체적인 선택 사이에 종종 큰 격차가 있다는 것이다. 이러한 격차를 보여주는 가장 유명한 증거는 1950년대 후반 정치학자 프로스로(James M. Prothro)와 그리그(Charles M. Grigg)가 수행한 연구의 결과에서 나왔다. 최근의 많은 연구에서는 약간의 수정을 통해 그러한 결과를 재확인하였다. 프로스로와 그리그는 다수결, 소수자 권리, 표현의 자유에 대한 지지가 95~98%라는 사실을 발견했다. 하지만, 두 사람은 응답자의 44%만이 자신의 지역사회에서 공산주의자의 연설을 언제든지 허용할 준비가 되어 있고, 반종교적 견해를 가진 사람의 연설을 허용하겠다는 응답자는 63%에 불과하다는 사실을 발견했다. 프로스로와 그리그는 미국정치문화의 일반적인 원칙에서 그러한 원칙의 구체적인 적용으로 넘어가게 되면, "일치가 완전히 깨진다"고 결론지었다.[40]

일반 원칙과 특정 사례 사이의 수수께끼 같은 관계는 많은 연구를 촉발했다. 일반적으로 많은 연구결과는 국가의 일반 원칙에 대해 광범위하게 존중하지만, 특정 사례에 어떻게 적용해야 하는지에 대한 심각한 불확실성을 확인하였다. 깁슨(James Gibson)의 중요한 연구에 따르면 응답자들이 특정 사례에 대해 처음에 관대한 반응을 보였는지 편협한 반응을 보였는지 관계없이 그 반응에 대해 반론을 제기하면 그들의 마음이 쉽게 바꿀 수 있다고 한다. 일반 원칙과 특정 사례 사

다른 나라와 비교

16개 사회의 성평등에 대한 태도

퓨 리서치 센터(Pew Research Center)는 성평등 태도에 관한 2020년 설문조사 결과를 발표했다. 설문 문항 중 두 가지는 다음과 같다. 즉, 성평등이 매우 중요하다고 생각하는지, 그리고 여성에게는 성평등이 실현될 것이라고 얼마나 확신하는지 물었다. 일부 국가에서는 응답자 10명 중 9명 이상이 성평등이 매우 중요하다고 답했고, 전체적으로는 82%가 그렇다고 답했다. 게다가, 상당히 높은 비율의 여성들이 자기 나라에서 성평등이 실현될 것이라고 단언했다. 전체적으로는 응답자의 74%가 낙관적으로 답했다.

대부분의 북미와 서유럽 국가에서는 응답자의 90%가 성평등이 매우 중요하다고 답했으며, 프랑스를 제외한 여성 응답자의 80% 이상이 성평등이 이루어질 것이라고 확신했다. 튀르키예, 인도, 폴란드 등 일부 크고 중요한 국가에서는 응답자의 70~75%가 성평등이 매우 중요하다고 선언했지만, 성평등이 실현될 것이라는 확신을 표출한 여성의 비율은 나라별로 크게 다른 것으로 나타났다.

13억 4,000만 명의 인구를 가진 인도는 향후 몇 년 안에 주목할 만한 흥미로운 사례가 될 것이다. 인도는 가난하고 매우 다양하며 문화적으로 보수적이다. 그러나 응답자의 72%만이 성평등이 매우 중요하다고 답한 반면, 여성 응답자의 86%는 성평등이 이루어질 것이라고 확신했다. 마찬가지로, 폴란드와 이스라엘에서는 성평등이 매우 중요하다고 생각하는 남성과 여성의 비율보다 성평등이 실현될 것이라고 믿는다고 응답한 여성의 비율이 더 높았다. 성평등은 광범위한 사회적 동원과 긴 싸움을 필요로 할 것이기 때문에 여기에서는 회의론이 타당할 수 있다.

국가	성평등이 매우 중요	낙관적인 여성의 비율	국가	성평등이 매우 중요	낙관적인 여성의 비율
캐나다	93	88	헝가리	85	67
영국	92	82	스페인	84	69
미국	91	86	이탈리아	74	71
호주	91	83	튀르키예	74	68
아르헨티나	91	83	인도	72	86
프랑스	90	75	체코공화국	70	71
독일	90	80	폴란드	69	81
브라질	88	69	이스라엘	64	69
			설문조사 평균	82	74

출처: Juliana Menasce Horowitz and Janell Fetterolf, "Worldwide Optimism About Future of Gender Equality," Pew Research Center, April 30, 2020.

이의 관계가 잠정적인 것처럼 보이지만, 공정성과 포용성의 일부 광범위한 문제에 대해서는 여론이 분명히 바뀌었다.[41]

예를 들어, 백인과 흑인 어린이들이 같은 학교에 다녀야 하는지에 대한 의견은 1930년에는 겨우 30%만이 그렇다고 대답했지만 1980년대 초에는 90% 이상이 그렇다고 대답했다.[42] 더욱 놀라운 것은, 갤럽이 1937년부터 미국인들에게 여성을 대통령으로 뽑을 의향이 있는지 묻고 있는 점이다. 1937년에는 단지 33%만이 그렇다고 답했다. 1949년에는 48%, 1967년에는 57%, 1989년에는 82%, 2020년에는 93%로 늘어났다. 흑인 대통령 후보에게 투표할 의향도 비슷한 추이를 보였다. 1958년 38%에서 시작하여 2020년에 96%에 이르렀다.[43]

힐러리 클린턴(여), 버락 오바마(흑인), 미트 롬니(몰몬교도), 버니 샌더스(사회민주주의자) 등은 2012년과 2016년 대선 후보 경선과 본 선거에서 이와 같은 의견을 시험대에 올렸다. 2020년 대선 후보 경선이 시작된 직후인 2020년 2월 갤럽 여론조사에 따르면 대다수의 응답자가 흑인이나 여성 대통령에게 투표할 수 있다고 답했지만, 이슬람교도에게 투표할 수 있다는 응답은 66%, 사회주의자에게 투표할 수 있다는 응답은 45%에 그쳤다.[44]

여론의 양면성.   소수인종과 여성에 대한 광범위한 형평성 문제와 같은 일부 문제에 관해서는 지난 60년 동안 느리고 꾸준하며 뚜렷하게 영구적인 개선이 이루어졌고, 이는 우리 정치문화의 기본원칙이 조금이나마 좀 더 완전하게 실현되었음을 의미한다. 다른 한편으로, 앞서 제시한 바와 같이, 여론은 다양한 문제에 대해 미국 국민의 엇갈린 감정이나 모순된 생각을 반영한다는 막연한 몇 가지 느낌이 있다. 몇 가지 사례만으로도 여러 가지 관련 사항을 설명하는 데 충분할 것이다.[45]

아마도 미국정치에서 정책 양면성의 전형적인 예는 낙태 및 낙태가 가능해야만 하는 상황과 관련이 있을 것이다. 미국인의 약 55%는 인간의 생명이 임신 되는 순간(남성의 정자가 여성의 난자와 수정되는 순간)부터 시작된다고 믿고 있지만, 낙태가 모든 경우에 불법이어야 한다고 믿는 미국인은 15% 미만에 불과하다. 이는 미국인의 40%가 어린 생명을 끝내는 것이 때때로 필요하다고 믿는 불편한 입장에 있다는 것을 의미한다. 광범위한 여론조사에 따르면 미국인의 약 30%는 낙태를 항상 합법화되어야 한다고 생각하고, 50%는 때때로 합법화되어야 한다고 생각하며, 15% 미만은 항상 불법으로 금지되어야 한다고 생각한다.[46] 결국 대부분의 미국인은 낙태가 제한적으로 가능해지기를 원한다. 실제로 미국인의 약 85%는 여성의 생명이 위험할 때 낙태가 가능하길 원하며, 65% 이상은 여성의 건강이 위험하거나 강간이나 근친상간으로 인한 임신일 때 낙태가 가능하길 원한다. 반면 미국인의 88%는 의사가 여성에게 낙태가 아닌 대안을 알려주기를 원하고, 78%는 24시간 대기 기간이 주어지길 선호하며, 73%는 18세 미만 여성에 대한 부모의 동의를 원한다.

마찬가지로, 명성이 높은 퓨 리서치 센터가 실시한 최근의 한 여론조사는 미국

Q4 미국인들은 낙태를 지지하는가 또는 반대하는가, 아니면 그보다 더 복잡한 의견 분포인가?

인의 삶에서 종교에 대한 태도가 변화하고 있음을 강조했다. 미국 성인의 45%가 "미국이 '기독교 국가'가 되어야 한다고 생각하십니까?"라는 질문에 '그렇다'라고 답했다. 그런 다음 '그렇다'라고 답한 사람들을 대상으로 연방정부가 미국을 기독교 국가로 선언해야 하는지에 대해 질문했다. 28%만이 다시 '그렇다'라고 대답했고, 52%는 '아니다'라고 답했으며, 20%는 응답하지 않거나 응답할 수 없었다. 분명히 이 문제를 포함하여 많은 문제에 대해 사람들 대부분은 제대로 된 견해를 가질 만큼 충분히 생각하지 않았다. 그러므로 그들은 서로 상충하는 것처럼 보이는 매우 유사한 질문에 쉽게 대답하고 만다.[47]

게다가, 미국인들은 정부에 대해 전반적으로 양면적인 태도를 갖고 있다. 두 가지 중요한 데이터는 미국의 정치와 공공생활에 대한 대중의 만족도가 크게 요동치며 오르내린다는 것을 시사한다. '미국 전국 선거 연구(ANES)'는 정기적으로 "당신은 얼마나 워싱턴의 정부가 제대로 올바르게 일을 한다고 믿는가?"라고 물었다. 1964년에 여론조사 응답자 중 52%가 정부에 대한 신뢰를 표명했으며, 거의 비슷한 비율의 사람들이 정부를 신뢰하지 않았다. 1970년대에 약 30%만이 연방정부에 대한 신뢰를 답했을 때 신뢰도는 최저수준을 기록했다. 그때부터 정부에 대한 신뢰는 1980년대를 거치며 천천히 반등하다가 1986년과 1994년 사이에 20%p하락했다. 2002년 9·11 테러 이후에는 미국인의 43%가 연방정부를 신뢰한다고 답했다. 2020년에는 신뢰도가 20% 미만이었고, 불신은 80%를 넘어섰다.

마찬가지로, 1964년에는 미국인의 64%가 정부가 "모두의 이익을 위해" 운영된다고 응답했고, 29%는 정부가 "소수의 힘 센 세력에" 봉사한다고 응답했다. 1980년에는 70%가 정부가 "소수의 힘 센 세력에" 봉사한다고 응답했고, 반면에 단지 21%만이 "모두의 이익을 위해" 일한다고 응답했다. 또 다른 데이터들은 같은 기간 동안 사업, 노동, 기타 민간기관 및 공공 기관에 대한 대중의 신뢰가 떨어졌음을 보여준다. 그러나 미국 국가 기관들의 근본적인 공정성에 대한 대중의 신뢰는 1990년대 말에 다시 증가했다. 9·11 테러와 16%p 상승 이후 미국인의 51%는 정부가 "모두의 이익을 위해" 일한다고 답했고, 48%는 여전히 "소수의 힘 센 세력"에 봉사한다고 응답했다. 하지만 2020년에는 단지 16%의 응답자만이 "모두의 이익을 위해" 일한다고 응답했고, 84%는 "소수의 힘 센 세력"에 봉사한다고 답했다 (도표 4.1 참조).

정치이념과 여론의 일관성

우리는 대부분의 미국인이 정치에 깊은 관심을 기울이지 않는다는 사실을 살펴보았다. 그럼에도 불구하고 일부 미국인들은 정치에 대해 좀 더 많이 알고 있고, 일부는 다른 사람들보다 훨씬 더 많이 알고 있으며, 이 소수의 시민 집단이 미국정

유권자는 똑똑해야 하나?

사람들은 시민이 지역사회, 국가, 국가의 정치에 건설적인 진정한 참여자가 되기 위해 얼마나 많은 지식이 필요한지에 대해 의견이 다르다. 대부분의 대학생을 포함하여 많은 사람이 가장 먼저 직관적으로 생각하는 것은 만약 정치적 판단과 선택이 가장 견문이 넓은 시민들에 의해 내려진다면 사회에 이로울 것이며 그러므로 그러한 결과를 얻기 위해 합리적인 조치를 취해야 한다는 것이다. 또 다른 사람들은 민주주의가 시민들이 자신의 통치에 참여할 수 있도록 해야 하며, 시민들이 판단을 내리는 데 필요한 정보의 종류와 양을 결정할 수 있도록 해야 한다고 확신한다.

모든 참여자, 즉 공직자와 유권자가 모든 쟁점에 대해 속속들이 알고, 각 정당과 정치인이 각 주요 쟁점에 대해 어떤 해결 방안을 제시했는지 알고, 각 쟁점과 관련하여 자신의 이익과 더 넓은 공공이익에 대해 아는 경우 민주주의가 가장 잘 작동한다고 가정하는 것은 당연하다. 지식이 정치참여의 기초가 되어야 한다고 믿는 사람들은 대부분의 설문조사에서 나타난 것처럼 일반인은 정치에 대해 알지 못하며, 그와 같이 정치에 대해 거의 알지 못하는 사람들이 공적 결정을 올바르게 할 수 없다고 주장한다. 그들은 참정권에는 그 일을 제대로 준비해야 할 개인적인 책임이 수반된다고 생각한다.

다른 사람들은 민주정치에서 각 개인이 정치에 대해 알고 있는지를 기준으로 합법적인 참여자와 불법적인 참여자를 구분하는 생각에는 극복할 수 없는 도덕적, 정치적 난점이 있다고 믿는다. 그들은 공동체의 일부 구성원만이 지식을 갖고 있고 따라서 공동체를 위한 정치적 결정을 내리는 데 참여할 권리가 있다는 가정으로부터 시작되는 것은 민주정치가 아니라 귀족정치라고 지적한다. 민주정치는 자신들의 공동체에서 내려진 정치적 결정에 의해 영향을 받는 모든 사람이 그러한 결정을 내리거나 그러한 결정을 내리는 사람을 선택하는 데 참여할 권리가 있다는 가정으로부터 시작된다.

그러나 더 일반적으로 그들은 무지를 핑계로 공동체의 정치적 삶으로부터 사람들을 배제하는 것은 참여 자체가 교육적이라는 사실을 외면하는 것이라고 주장한다. 사람들은 정치참여를 통해 자신의 공동체가 직면한 문제, 이러한 문제를 처리하기 위한 대안적 접근 방식, 다양한 정치지도자와 정당이 제안하는 주장과 정책 접근 방식 등에 대해 배운다.

게다가 회의론자들은 시민들이 비교적 일반적인 몇 가지 단편적 정보를 많은 데 사용할 수 있다고 지적한다. 예를 들어, 1980년 로널드 레이건이 유권자들에게 "4년 전보다 오늘 살림이 나아졌나요?"라고 질문을 던진 것은 "아니다"라고 대답한 유권자들로부터 "엉망인 자들을 쫓아내자(throw the bums out)"라는 반응을 불러일으키기에 충분했다. 마찬가지로, 부유한 사람들은 일반적으로 공화당으로부터 더 나은 정책을 합리적으로 기대할 수 있으며, 반면에 가난한 사람들은 일반적으로 민주당으로부터 더 나은 정책을 기대할 수 있다. 부유한 사람들이든 가난한 사람들이든 그 정책이 "얼마나 더 나은지" 알기 위해 공부를 많이 해야 하는지는 아직 의견이 분분한 미해결 질문이다.

여러분은 어떻게 생각하는가?

- 얼마나 정치에 대해 잘 알아야 시민과 유권자가 우리 민주사회의 정당하고 소중한 참여자가 될 수 있을까?
- 만약 특정한 수준 이상의 지식이 필요하다면, 그것을 시험하는 방법은 무엇인가? 우리가 이전에 이러한 것을 시행한 적이 있나?

찬성	반대
자명한 일로서, 좋은 시민은 지식이 풍부하다.	민주주의는 폭넓은 참여를 필요로 한다.
복잡한 선택을 하려면 지식이 필요하다.	기본적으로 많은 정치적 결정은 간단하다.
필요하다면 시민들은 지식을 갖출 것이다.	참여 자체가 교육적이다.

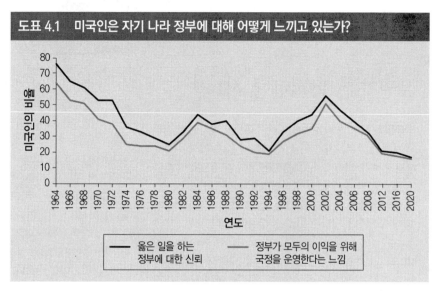

도표 4.1   미국인은 자기 나라 정부에 대해 어떻게 느끼고 있는가?

범례:
— 옳은 일을 하는 정부에 대한 신뢰
— 정부가 모두의 이익을 위해 국정을 운영한다는 느낌

출처: The ANES Guide to Public Opinion and Electoral Behavior at www.electionstudies.org/nesguide/toptable/tab5a_1.htmand-electionstudies.org/nesguide/toptable/tab5a_2.htm.

치의 방향을 결정한다.[48] 미국정치에 전적으로 참여하고 공공정책을 만들고 이에 반응하는 사람들은 일반적으로 자신들의 이익과 생계, 미래 등이 어느 정도 직접적으로 미국정치에 의해 좌우되는 사람들이다. 물론 그들은 정치인과 고위 관료이지만, 기업, 언론, 교육 엘리트일 수도 있으며, 특정한 정치적 선택의 의미를 해석하는 것이 그 사람들의 직업이다. 다른 사람들이 정치적 사건을을 이해하고 해석할 수 있는 가정과 조건, 기준 등을 세우는 일을 이러한 엘리트들이 도와준다. 반면 일반시민들은 낮은 교육 수준과 시간당 임금, 제한적인 저축과 투자 때문에 복잡한 금리, 무역적자, 유로화 대비 달러 가치의 하락 여부 등에 대해 탐구하려는 마음이 훨씬 부족하다.   ,

정치이념(political ideology)
정치 세계와 정치 세계의 작동 방식에 대한 관점을 형성하는 체계적이고 일관된 일련의 아이디어이다.

얼마나 많은 미국인이 이념적인 측면에서 생각하는가?   정치이념은 정치 세계와 정치 세계가 작동하는 방식에 대한 관점을 형성하는 체계적이고 일관된 일련의 아이디어이다. 일부 국가에서는 이념적 스펙트럼이 상당히 넓어서 우파의 전통적인 군주제 지지자로부터 좌파의 공산주의자까지 존재한다. 미국에서 이념적 스펙트럼은 민주주의와 자본주의를 강조하는 정치문화의 좁은 범위 안에서 존재한다. 그럼에도 불구하고, 이것은 여전히 미국 국민이 정부가 국가의 사회적, 경제적 삶에서 얼마나 큰 역할을 해야 하는지를 둘러싸고 의견을 달리할 여지를 남겨둔다.

『다수 대중의 신념 체계의 본질』이라는 제목의 미국에서 발생하는 이념적 사건에 관한 획기적인 연구가 1956년부터 1960년까지 아이젠하워 시대 동안 수집된 데이터를 바탕으로 정치학자 컨버스(Philip Converse)에 의해 수행되었다.[49]

컨버스는 미국의 이념이 좌/우, 자유/보수의 연속선상에서 가장 잘 파악된다고 가정했다. 그는 미국인의 약 절반만이 진보와 보수를 막연하게 이해하고 있으며, 미국인 중 약 10%만이('오피니언 리더'를 기억하자) 일관된 진보적 또는 보수적 관점에서 정치에 반응한다는 사실을 발견했다. 미국인의 3분의 2는 자신과 이웃, 국가가 어떻게 지내는지에 따라 정치에 반응했다. 미국인의 거의 4분의 1이 정치를 완전히 무시하는 것 같았다. 많은 후속 연구들은 컨버스의 기본적인 연구결과를 다듬고 정교하게 만들었지만, 컨버스의 연구결과를 그대로 유지했다.[50]

정당, 정치인, 언론 사이에서 정치에 대한 대부분의 공공 토론은 여전히 진보와 보수가 미국의 정치투쟁을 규정한다고 가정한다. 설문조사에서 질문을 받았을 때 많은 미국인은 자신을 진보-보수 스펙트럼 사이에 위치시켰다. 2020년에는 33%가 보수, 27%가 진보, 22%가 자기 자신을 중도파라고 부르며 진보와 보수 스펙트럼의 중간에 위치시켰고, 17%는 단순히 자신이 이 스펙트럼에 위치하는 것을 완전히 거부했다. 도표 4.2는 수십 년 동안 보수 성향 유권자가 진보 성향 유권자보다 많다는 점을 확실히 보여준다.

널리 명성이 높은 '일반 사회 조사(General Social Survey)'가 1973년 이래로 대부분의 미국인이 더 작은 정부와 더 낮은 세금을 원하지만, 대부분의 정부 활동에 대해 재정지출 감소가 아니라 재정지출 증가를 원한다는 사실로 인해 전통적인 진보-보수이념 스펙트럼이 보여주는 명확성은 크게 약화 되었다. 대부분의 정부 활동에 대해 가장 최근 조사에 따르면 응답자의 53%가 연방 소득세가 너무 높

Q5 오늘날 미국에서 진보 혹은 보수, 자유지상주의 혹은 포퓰리즘은 무엇을 의미하나?

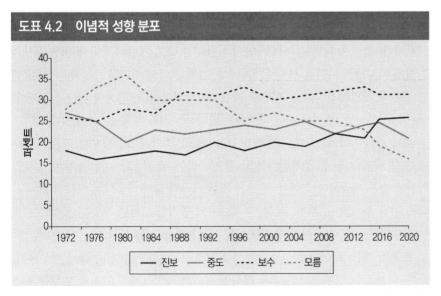

도표 4.2 이념적 성향 분포

출처: ANES 웹사이트 www.electionstudies.org/nesguide/toptable/tab3_1.htm. 분석의 편의를 위해 매우 진보, 진보, 약한 진보를 진보로 합쳤고, 매우 보수, 보수, 약한 보수를 보수로 합쳤다. 모름과 생각해 본 적이 없음을 모름으로 합쳤다.

다고 생각했지만, 여러 다른 프로그램 중 교육(72%), 빈곤층(66%), 건강(65%), 대체 에너지원(60%), 사회보장(55%) 등의 부문에 대한 지출 증가를 가장 선호했다.[51] 이는 미국 여론의 고전적 역설이다.

미국의 이념 유형. 오늘날 점점 더 많은 학자들은 미국의 정치이념의 범위와 다양성을 포착하는 데 전통적인 진보와 보수의 구분이 부족하다고 주장한다. 『미국의 이념(*Ideology In America*)』이라는 제목의 엘리스(Christopher Ellis)와 스팀슨(James Stimson)의 저술은 대다수의 미국인이 '상징적으로' 보수이며(자신들 스스로 보수라고 생각한다) "'운영적으로' 진보라고(정부의 서비스와 지출을 옹호한다) 설명함으로써 이러한 역설을 완화하려고 노력했다. 더욱이, 그들은 진보주의자는 일반적으로 정책적인 측면에서 일관성을 보이지만, 보수주의자는 상대적으로 그렇지 못하다는 것을 보여준다. 많은 보수주의자는 보수라는 단어가 신중하고, 사려 깊고, 책임감 있는 의미로 이해되기 때문에 이 단어에 매력을 느낀다. 또 다른 사람들은 가족과 성에 관한 전통적인 사회적, 종교적 가치에 대한 헌신을 나타내는 것으로 보수라는 단어를 이해한다. 그럼에도 불구하고, 보수주의자는 상당수는 서비스를 개선하고 문제를 해결하기 위해 노력하는 적극적인 정부를 옹호한다.[52]

진보(liberal)
진보는 일반적으로 경제활동과 사회생활에 정부가 개입하여 필요한 사람들에게 동등한 기회와 지원을 보장하는 것을 선호한다.

보수(conservative)
보수는 일반적으로 작은 정부, 낮은 세금, 규제완화, 가능한 한 경제적 인센티브의 이용 등을 선호한다.

자유지상주의자(libertarian)
자유지상주의는 일반적으로 개인의 사회생활과 경제생활에 정부가 최소한으로 개입하는 것을 선호하며 정부의 역할은 대부분 국방과 공공 안전에만 국한되어야 한다고 믿는다.

포퓰리스트(populist)
포퓰리즘은 일반적으로 성장과 기회를 보장하기 위해 정부가 경제에 개입하는 것을 선호하지만, 전통적인 가치를 위협하는 것으로 보이는 개인의 자유에 대한 정부의 보호에는 반대한다.

매덕스(William Maddox)와 라일리(Stuart Lilie)는 미국의 이념적 스펙트럼이 1차원이 아닌 2차원으로 가장 잘 이해됨을 제일 먼저 주장한 사람들에 속한다. 미국인들은 경제에 대한 정부의 개입 정도에 있어서 그리고 개인의 자유의 보장 및 확대에 대한 정부의 개입 정도에 있어서 생각이 서로 다르다. 매덕스와 라일리는 "경제에 대한 정부의 개입과 개인의 자유 확대를 지지하는 사람은 **진보주의자**이다. 경제에 대한 정부의 개입에는 반대하지만, 개인의 자유에 대한 정부의 간섭은 지지하는 사람은 **보수주의자**이다. 경제 분야와 시민의 사생활 둘 다에 대한 정부의 개입에 반대하는 사람은 **자유지상주의자**이다. 경제에 대한 정부의 활동은 지지하지만, 개인의 자유 확대에는 반대하는 사람은 **포퓰리스트**이다."[53]

보다 광범위하게, 진보는 정부가 교육, 의료, 직업 훈련, 필요한 모든 사람에 대한 그 밖의 지원 등 중요한 서비스를 제공하는 데 필요한 재정 조달에 충분할 만큼의 높은 세금을 선호한다. 진보는 또한 미국의 삶이 제공하는 모든 기회와 선택을 누릴 수 있는 소수자, 여성, 동성애자의 권리를 포함한 개인의 권리와 기회를 확대하고 보호하기 위한 정부 조치를 선호한다 (도표 4.3 참조).

보수는 재산, 개인 안전, 사회 질서를 보호하는 더 작은 정부, 값싼 정부를 선호한다. 보수는 정부보다 시장과 경쟁이 사회의 개인들에게 기회와 보상을 훨씬 더 잘 분배한다고 믿는다. 반면에 보수는 정부가 종교, 도덕, 가족, 법 등을 사회 질서의 기반으로 육성해야 한다고 믿는다. 따라서 보수는 종종 포르노, 낙태, 차

도표 4.3	미국 정치이념의 2차원 분류		

		정부의 경제 개입	
		찬성	반대
개인의 자유 확대	찬성	진보	자유지상주의
	반대	포퓰리즘	보수

출처: William S. Maddox and Stuart A. Lilie, *Beyond Liberal and Conservative: Reassessing the Political Spectrum* (Washington, D.C.: Cato Institute, 1984), p. 5.

별 철폐 조치(소수자 우대 정책), 성행위에 대한 법적인 규제뿐만 아니라 군대와 경찰에 대한 재정지출의 증가를 선호한다.

자유지상주의는 사회 질서에 부합하는 인간의 자유와 개인적 선택의 극대화를 선호한다. 따라서 자유지상주의는 종종 정부가 작은 정부, 값싼 정부이어야 한다는 보수의 의견에 동의하지만, 여성이 낙태를 선택할 수 있어야 하고 동성애자들이 결혼 상대를 선택할 수 있어야 한다는 진보의 의견에 동의한다. 자유지상주의는 국방, 사람과 재산의 보호 기능에만 국한된 제한정부를 선호한다.

포퓰리즘은 적극적인 정부를 선호하지만, 정부가 전통적인 사회 질서를 수호할 것을 기대한다. 따라서 포퓰리즘은 정부의 규모와 활동 범위에 대해서는 진보에 동의하지만, 전통적인 사회 및 종교적 관습의 중요성에 대해서는 보수에 동의하는 경향이 있다. 포퓰리즘은 일반적으로 정부가 개인의 기회와 발전을 지원하고, 필요할 때 교육, 의료, 직업 훈련, 실업 보상 등을 제공하는 데 적극적이기를 원한다. 그들은 일반적으로 소수인종이든 여성이든 관계없이 전통적인 가치와 지역 규범보다 앞서가는 사회적 변화에 반대한다.

여러분은 이념적 스펙트럼에서 자기 자신이 어디에 속하는지 깊이 생각해 본 적이 있는가? 여러분의 이념 성향은 진보인가, 보수인가, 자유지상주의인가, 아니면 포퓰리즘인가? 퓨 리서치 센터의 웹사이트에 25개 항목으로 구성된 비교적 짧은 설문조사가 있다. 그 설문조사 제목은 "정치 성향 분류에서 여러분은 어디에 속하는가?"이며 www.people-press.org/quiz/political-typology/에서 찾을 수 있다. 여러분도 한번 시도해 보아라.

개혁 가능성에 대한 숙고

우리가 정치사회화, 여론조사, 대중 여론에 대해 알고 있는 것을 고려할 때, 만약 개혁이 있다면 어떤 개혁이 우리 민주주의의 작동을 개선할 수 있을까? 예를 들어, 우리는 그 문제와 관련하여 초등학교와 중고등학교, 대학을 개혁하여 학생들에게 우리의 정치제도에 대해, 그것이 어떻게 운영되고, 누가 그것들을 운영하고 그 안에서 일하는지 좀 더 잘 교육해야 하는가? 아니면 그렇게 하는 것은 위험한 세뇌 작업에 가까운가? 우리 사회와 정치에서 완전하고 생산적인 역할을 하기 위해 청년세대가 반드시 알아야 하는 것은 무엇일까?

이민자 문제는 어떤가? 합법이든 불법이든 이민은 최근 우리 정치를 분열시키는 쟁점이었다. 우리나라에서 시민권을 얻는 일이 얼마나 쉬워야 하는가? 아니면 어려워야 하는가? 이민자들이 시민으로서 역할을 다하기 위해 미국의 역사, 제도, 정치에 대해 반드시 알아야 할 것은 무엇인가? 미국 생활에서 정보를 얻고 생산적인 역할을 하려면 영어를 구사할 수 있어야 하는가?

우리는 미국 국민의 약 10%만이 주의 깊고 박식한 역할을 하고 있다는 사실을 걱정해야 하는가? 우리는 이러한 '여론 주도층'이 지식이 부족한 동료 시민을 인도하는 것에 대해 감사해야 하는가, 어쩌면 적어도 안도해야 하는가? 아니면 여론 주도층은 자치 시민이 스스로 해야 할 역할을 빼앗고 있나? 두 경우 모두, 평범한 시민이 좀 더 박식한 시민이 되도록 촉진하기 위해 그들을 매일 저녁 두세 시간씩 C-SPAN* 앞에 묶어두는 것 외에 우리가 할 수 있는 일이 무엇일까? 이것들은 흥미롭고 중요한 질문들이지만, 시민들이 알고 있는 것을 바꾼다는 것이 쉽지 않은 일, 어쩌면 불가능한 일이라는 것을 상기시킨다.

* 역자주
C-SPAN(Cable-Satellite Public Affairs Network)은 미국의 비영리 공공방송으로 국정을 홍보하는 케이블 텔레비전 네트워크이다. 미국 연방정부의 활동을 보도 및 중계 방송 한다 (위키백과 참조).

이 장의 요약

이 장에서는 사람들이 자신이 갖고 있는 정치정보를 어떻게 얻는지, 그 정보가 얼마나 되는지, 그리고 그 정보가 얼마나 잘 체계적으로 조직되어 있는지 살펴보았다. 우리는 정치사회화 과정이 민주주의 제도에 대한 존중, 다수결, 소수의 권리, 다양성, 경쟁 등 미국 정치문화의 광범위한 원칙들을 한 세대에서 다음 세대로 전달하는 데 매우 효과적이라는 사실을 발견했다. 반면, 우리는 광범위한 민주주의 원칙과 오늘날 시민들이 쟁점에 대해 가지고 있는 의견 사이에는 커다란 간극이 있음을 발견했다. 수많은 연구에 따르면 대부분의 미국인은 정치에 관심을 거의 기울이지 않으며, 그들의 의견은 느슨하고 종종 일관성이 없으며, 자주 바뀐다.

정치사회화는 정치에 관한 사회의 근본적인 규범과 기대가 한 세대에서 다음 세대로 전달되는 과정이다. 정치사회화의 초기 연구들은 아동과 청소년이 획득한 정치적 정보와 태도에 대한 1차 집단, 2차 집단, 미디어의 역할과 상대적 영향에 초점을 맞추었다. 좀 더 최근에는 초창기 사회화가 생애주기 동안 개인의 행동에 어떻게 영향을 미치고 사회적, 정치적, 경제적 변화, 혼란, 위기에 어떻게 반응하게 하는지에 대한 연구에 집중되었다.

여론에 대한 학문적 연구는 미국인들이 특정 이슈에 대해 생각하는 것 이외에도, 사람들이 얼마나 알고 있는지, 그 정보가 얼마나 잘 조직되어 있는지, 정치생활에서 어떻게 활용되는지에도 관심이 있다. 대부분의 미국인은 정치에 별로 관심이 없고, 정치를 꼼꼼하게 살펴보지도 않는다. 그 결과 여론은 일부 사람들이 우려하는 여러 속성을 보여준다. 첫째, 많은 미국인이 정치적 쟁점에 대해 가지고 있는 의견은 매우 적은 정보에 근거한다. 둘째, 사람들이 지지한다고 주장하는 원칙과 자신의 삶과 공동체에서 내리는 선택 사이에는 종종 차이가 존재한다. 셋째, 낙태, 복지, 정부 지출 등과 같은 공공문제에 대한 미국인들의 생각이 모호하다는 것을 보여준다.

기본적으로 미국의 여론은 정치와 공공문제에 대해 일관되고 체계적으로 생각하는 상위 10%의 사람들에 의해 형성된다. 이들은 정치 엘리트, 그들을 지켜보고 연구하는 언론과 교육 엘리트, 직업과 소득이 정치와 공공정책으로부터 직접 영향을 받는 기업 엘리트와 사회 엘리트 등이다. 최근 수십 년 동안 소수자와 여성의 평등한 권리에 대해 그랬던 것처럼 이 엘리트들이 단결하면 일반 대중에게 도달하는 모든 정보와 주장은 통일되고, 더 광범위한 대중 여론도 엘리트의 통일된 주장을 따를 것이다. 소수인종 우대정책, 투표권, 이민, 정부의 규모 등과 같은 쟁점에서 자주 그렇듯이 엘리트들이 분열되면, 대중은 엇갈린 신호를 받게 될 것이고, 대중 역시 분열된다.

주요 용어

추천 문헌

Asher, Herbert. *Polling and the Public: What Every Citizen Should Know.* 9th ed. Washington, D.C.: CQ Press, 2016. 애셔는 여론조사의 설계, 방법론적 문제, 해석 등에 대한 설명을 통해 일반 시민들이 더 좋은 여론조사 소비자가 될 수 있게 도와준다.

Bejarano, Christina E. *The Latina Gender Gap in U.S. Politics.* New York: Routledge, 2014. 베자라노는 라틴계가 미국정치 세계에서 부상하고 있는 상황에서 라틴계 여성들이 남성들보다 정치에 더 관여하고 있는 점에 특히 주목한다.

Erikson, Robert S. and Kent L. Tedin. *American Public Opinion.* 10th ed. New York: Routledge, 2019. 미국의 여론에 대한 대표적인 일반 교과서이다.

Stimson, James A. *Tides of Consent: How Public Opinion Shapes American Politics* 2nd ed. New York: Cambridge University Press, 2015. 스팀슨은 여론이, 특히 여론의 변화가, 미국정치에 어떤 영향을 미치는지 보여준다.

Sunstein, Cass. "Polarization and Cybercascades," *Republic 2.0.* Princeton, NJ: Princeton University Press, 2007, Chapter 3. 선스타인은 인터넷이 정치정보를 공유하는 포럼으로서 장단점이 있음을 주장한다. 📖

Theisse-Morse, Elizabeth, Michael A. Wagner, William F. Flanigan, and Nancy H. Zingale, *Political Behavior of the American Electorate*. Washington, D.C.: CQ Press, 2018. 미국 정치행태에 관한 고전적 교과서의 개정판이다.

Verba, Sidney. "The Citizen as Respondent: Sample Surveys and American Democracy," *American Political Science Review*, vol. 90, no. 1, March 1995, 1–7. 미국정치학회 회장 취임 연설에서 버바는 민주정치에서 올바른 여론조사의 중요성을 강조하였다. 📖

인터넷 자료

1. www.cnn.com/politics/
   타임 워너(Time Warner) 웹사이트는 CNN에 의해 운영되며 집중적으로 정치에 관한 뉴스와 특집을 제공하고 있다. 최신 정치정보를 얻을 수 있다.

2. www.fair.org
   보도의 공정성과 정확성(Fairness and Accuracy in Reporting)의 공식 홈페이지이다. 이 단체는 언론매체의 성과를 보고하는 언론 감시 단체이다.

3. www.electionstudies.org/nesguide/nesguide.htm
   미국 전국 선거 투표행태에 관한 주요 학술적 설문조사는 전국선거연구(NES: National Election Studies)에서 주관하고 있다. 이 사이트를 통해 여론의 동향을 보여주는 표와 그래프에 온라인으로 접근할 수 있다.

4. www.gallup.com
   갤럽 조직 웹사이트에서는 현재 및 보관 중인 수많은 여론조사 및 분석을 이용할 수 있다.

5. www.pewresearch.org/politics/1985/11/15/the-people-thepress/
   이곳은 국민과 언론을 위한 퓨 리서치 센터(Pew Research Center for People and Press)의 웹사이트이다. 여러분도 정치성향 분류 설문조사에 참여하여 자신이 어느 유형에 해당하는지 확인해 보자.

6. www.csmonitor.com
   전국적 위상을 지닌 신문이다. 국내 및 해외 보도의 훌륭한 원천이다.

주

1) John R. Zaller, *The Nature and Origins of Mass Opinion* (New York: Cambridge University Press, 1992), 6–7, 16. 또한, 다음을 참조. Arthur Lupia and Mathew D. McCubbins, *The Democratic Dilemma* (New York: Cambridge University Press, 1998), 17.

2) 예를 들어, 다음을 참조하라. Donald J. Devine, *Political Culture of the United States* (Boston, MA: Little, Brown, 1972); and Herbert McClosky and John Zaller, *The American Ethos: Public Attitudes toward Capitalism and Democracy* (Cambridge, MA: Harvard University Press, 1984), 17.

3) Fred I. Greenstein, *Children and Politics*, rev. ed. (New Haven, CT: Yale University Press, 1969), 157–158. 또한, 다음을 참조. David Easton and Jack Dennis, *Children in the Political System* (New York: McGraw-Hill, 1969).

4) Louis Hartz, *The Founding of New Societies* (New York: Harcourt, Brace & World, 1964).

5) Gunnar Myrdal, *An American Dilemma: The Negro Problem and Modern Democracy* (New York: Harper and Brothers, 1944), I: 4, 8.

6) Samuel P. Huntington, *American Politics: The Politics of Disharmony* (Cambridge, MA: Harvard University Press, 1981), 14–15; Seymour Martin Lipset, *American Exceptionalism: A Double-Edged Sword* (New York: Norton, 1996), 19.

7) Lawrence R. Jacobs, Fay Lomax Cook and Michael X. Delli Carpini, *Talking Together: Public Deliberation and Public Participation in America* (Chicago: University of Chicago Press, 2009).

8) Jeffrey M. Berry and Sarah Sobieraj, *The Outrage Industry: Political Opinion Media and the New Incivility* (New York: Oxford University Press, 2014).

9) Shanto Iyengar and Sean J. Westwood, "Fear and Loathing Across Party Lines: New Evidence on Group Polarization," *American Journal of Political Science*, Vol. 59, no. 3, July 2015, 690–707. 또한, 다음을 참조하라. Eitan Hersh, "How Many Republicans Marry Democrats," *FiveThirtyEight.com*, June 28, 2016.

10) Frank J. Sorauf, *Party Politics in America*, 2nd ed. (Boston, MA: Little, Brown, 1972), 144. 또한 다음을 참조. M. Kent Jennings and Richard G. Niemi, *Generations and Politics: A Panel Study of Young Adults and Their Parents* (Princeton, NJ: Princeton

University Press, 1981), 특히 제4장. 좀 더 최근의 논문으로는 다음을 참조. M. Kent Jennings, Laura Stoker, and Jake Bowers, "Politics across Generations: Family Transmission Reexamined," *Journal of Politics*, vol. 71, No. 3, July 2009, 782–799.

11) Robert S. Erikson and Kent L. Tedin, *American Public Opinion*, 10th ed. (New York: Longman, 2019), 122–124, 133–134.

12) Yair Ghitza and Andrew Gelman, "The Great Society, Reagan's Revolution, and Generations of Presidential Voting," Working Paper, July 7, 2014. https://graphic8.nytimes.com/newsgraphics/2014/07/06/generations2/assets/cohort_voting_20140707.pdf.

13) Jan E. Leighley and Jonathan Nagler, *Who Votes Now? Demographics, Issues, Inequality and Turnout in the United States* (Princeton, NJ: Princeton University Press, 2014), 128, 135. Michele Lamont and Mario Small, *Culture and Inequality* (New York: W.W. Norton, 2008).

14) F. Chris Garcia and Gabriel R. Sanchez, *Hispanics and the U.S. Political System: Moving into the Mainstream* (New York: Routledge, 2007), 107.

15) Theodore J. Davis, Jr., Black *Politics Today: The Era of Socioeconomic Transition* (New York: Routledge, 2012), 35, 40, 72. 또한, 다음을 참조. Andrew Romano and Allison Samuels, "Is Obama Making It Worse," *Newsweek*, April 16, 2012, 40–42.

16) Jesse Holland, "Most Whites Back Police Hitting," *Associated Press*, April 14, 2015.

17) Garcia and Sanchez, *Hispanics and the U.S. Political System*, 104–106.

18) Luis Noe-Bustamonte, et al, "Latinos Divided on Whether Race Gets Too Much or Too Little Attention in the U.S. Today," Pew Research Center, November 4, 2021.

19) Simon Romero and Janet Elder, "Hispanics Optimistic About Life, Poll Finds," *Dallas Morning News*, March 6, 2003, 9A. Adam Nagourney and Janet Elder, "Hispanics Back Big Government and Bush, Too," *New York Times*, August 3, 2003, Yt 1, 14.

20) 다음을 참조. the 2020 National Asian-American Voter Survey at www.apaivote.com. 또한, 다음을 참조. Thomas B. Edsall, "Will Asian Americans Desert Democrats?" *New York Times*, March 6, 2022, SR10

21) Adam J. Berinsky, *In Time of War: Understanding American Public Opinion from World War II to Iraq* (Chicago: University of Chicago Press, 2009).

22) Pew Research Center for the People and the Press and the Council on Foreign Relations, Calendar and Correspondence, December 2001, 14. New York Times/ CBS News poll, *New York Times*, February 23, 2003, Wk 5.

23) CNN/ ORC Poll, October 28, 2011, Question 15 at http://iz.cdn.tur ner.com/cnn/2011/images/10/28/rel17h.pdf.

24) Deborah J. Schildkraut, "Defining American Identity in the Twenty-First Century: How Much 'There' Is There?" *Journal of Politics*, vol. 69, no. 3 (August 2007): 597–615.

25) Colleen A. Sheehan, *The Mind of James Madison: The Legacy of Classical Republicanism* (New York: Cambridge University Press, 2015), 49, 82.

26) Amy Fried, *Pathways to Polling: Crisis, Cooperation, and the Making of Public Opinion Professions* (New York: Routledge, 2012), 9, 30.

27) Fried, *Pathways to Polling*, 89–97.

28) Erikson and Tedin, *American Public Opinion*, 27–32.

29) Louis Jacobson, "Politifact's Guide to Understanding Public Opinion Polls," *Politifact.com*, November 20, 2019.

30) Nate Silver, "Spin and Bias Are the Norm in Campaigns' Internal Polling," *New York Times*, December 3, 2012, A17.

31) Nelson W. Polsby, Aaron Wildavsky, Steven E. Schier, and David A. Hopkins, *Presidential Elections: Strategies and Structures of American Politics* (New York: Rowman and Littlefield, 2020), 168.

32) Nate Cohen, "Election Review: Why Crucial State Polls Turned Out to be Wrong," *New York Times*, June 1, 2017, A12. 또한, 다음을 참조. Cliff Zukin, "What's the Matter with Polling," *New York Times*, June 21, 2015, SR3.

33) Joshua Clinton, "Polling Problems and Why We Should Still Trust (Some) Polls," January 11, 2021, Vanderbilt Project on Unity and American Democracy.

34) Zaller, *The Nature and Origins of Mass Opinion*, 311.

35) Lupia and McCubbins, *The Democratic Dilemma*, 4, 206.

36) James A. Stimson, *Tides of Consent: How Opinion Movements Shape American Politics* (New York: Cambridge University Press, 2004).

37) Erikson and Tedin, *American Public Opinion*, 59–60. 또한, 다음을 참조. The Annenberg Public Policy Center, "Americans Are Poorly Informed About Basic Con-stitutional Provisions," September 12, 2017.

38) Marcus Prior and Arthur Lupia, "Money, Time, and Political Knowledge," *American Journal of Political Science*, vol. 52, no. 1 (January 2008): 169–183.

39) Erikson and Tedin, *American Public Opinion*, 60.

40) James M. Prothro and Charles M. Grigg, "Fundamental Principles of Democracy: Bases of Agreement and Disagreement," *Journal of Politics*, vol. 22, no. 2 (May 1960): 276–294. 또한, 다음을 참조. John Sides, "The 40 – Year Decline in the Tolerance of College Students Graphed," *Washington Post*, March 9, 2017.

41) Darren Davis and Brian Silver, "Civil Liberties versus Security," *American Journal of Political Science*, January 2004, 48: 28–46.

42) Richard J. Niemi, John Mueller, and Tom W. Smith, *Trends in Public Opinion: A Compendium of Survey Data* (New York: Greenwood Press, 1989), 22–23, 180.

43) Lydia Saad, "Socialism and Atheism Still U.S. Political Liabilities," The Gallup Organization, February 11, 2020.

44) Ibid.

45) Zaller, *The Nature and Origins of Mass Opinion*, 58–62, 91–94.

46) www.pollingreport.com/abortion.htm. 또한, 다음을 참조. the poll archive at www.youdebate.com/abortion.htm.

47) Gregory A. Smith, "45% of Americans Say U.S. Should Be a 'Christian nation'," Pew Research Center, October 27, 2022.

48) Zaller, *The Nature and Origins of Mass Opinion*.

49) Philip E. Converse, "The Nature of Belief Systems in Mass Publics," in David E. Apter, ed., *Ideology and Discontent* (New York: Free Press, 1964), 215–218.

50) Michael S. Lewis-Beck, William G. Jacoby, Helmut Norpoth, and Herbert F. Weisberg, *The American Voter Revisited* (Ann Arbor, MI: University of Michigan Press, 2008), 241–247, 258–291. 또한, 다음을 참조. Donald R. Kinder and Nathan P. Kalmoe, *Neither Liberal Nor Conservative: Ideological Innocence in the American Public* (Chicago, IL: University of Chicago Press, 2017), 22.

51) Tom W. Smith and Jaesak Son, "Trends in National Spending Priorities, 1973–2018," *General Social Survey*, March 2019.

52) Christopher Ellis and James A. Stimson, *Ideology in America* (New York: Cambridge University Press, 2012). 또한, 다음을 참조. Robert S. Erikson, Michael B. Mackuen, and James A. Stimson, *The Macro Polity* (New York: Cambridge University Press, 2002), 223–230.

53) William S. Maddox and Stuart A. Lilie, *Beyond Liberal and Conservative: Reassessing the Political Spectrum* (Washington, D.C.: Cato Institute, 1984), 59.

5장
대중매체와 정치의제

중점질문 및 학습목표

Q1 미디어가 인쇄에서 전자, 모바일로 진화하면서 미국 역사 과정에서 언론매체의 역할은 어떻게 바뀌었나?

Q2 소수의 민간 기업이 미디어를 장악하게 되면서 그로 인해 시민들이 이용할 수 있는 정보의 정확성과 다양성이 위협받고 있는가?

Q3 미디어는 시민들이 자신의 세계에 대해 가지는 생각과 정보의 형성에 어떻게 영향을 미치나?

Q4 미디어는 미국에서 선거가 진행되는 방식과 정부가 운영되는 방식에 어떻게 영향을 미치는가?

Q5 민주사회에서 미디어의 역할은 무엇이며, 미디어가 그러한 역할을 하도록 하려면 우리는 무엇을 할 수 있나?

DOI: 10.4324/9781003303954-5

에드워드 스노든과 그를 도와준 언론인들

수정헌법 제1조 (일부분): "연방의회는... 언론의 자유를... 제한하는 법률을 제
정할 수 없다."

미국인은 본능적으로 '햇빛이 최고의 살균제'이며, 개방성과 홍보가 엘리트를 정
직하게 만들 것이라고 전제한다. '파나마 페이퍼스(Panama Papers)'로 알려진
2016년 데이터 유출 사건이 그것을 입증하는 것 같다. 익명의 정보원(源)이 파나
마에 본사를 둔 역외 로펌 모색 폰세카(Mossack Fonseca)로부터 1,150만 개의
파일을 유출시켰다. 이 파일들은 수십만 개의 기업들과 최소 12명의 국가 지도자
가 일부는 합법적으로, 일부는 단순히 조세 피난처로 역외 은행계좌를 가지고 있
음을 보여주었다. 이 대규모 데이터 유출 사건은 모든 것이 긍정적으로 보였다.
나쁜 사람들의 이름이 폭로되었고, 언론은 우리에게 기사로 알려줬다. 그러나 최
근 몇 년간 어센지(Julian Assange)가 주도한 클린턴 선거운동 민주당 전국위원
회 이메일 유출 사건과 스노든(Edward Snowden)이 주도한 미국 국가안보 파일
유출 사건을 포함한 최근 몇 년간 빅 데이터 유출 사건은 다소 석연치 않다.

　　에드워드 스노든이 국가안보국(NSA)의 기밀을 대량으로 공개하고 이후 미국
에서 형사 기소를 피하기 위해 해외로 도피를 둘러싸고 위대한 국제 드라마가 펼
쳐졌다. 스노든이 미국으로 귀국하면 기소, 유죄 판결, 감옥에 가는 것 등이 예상
되지만, 스노든이 비밀을 공개하도록 도와준 언론인들은 그들이 보도한 기사로
명예와 명성을 얻을 것이 예상되었다. 실제로 2014년 4월에 퓰리처상을 정식으
로 수상했다. 국가안보 기밀을 공개하는 것이 범죄 행위이고 어쩌면 반역 행위일
수 있는데, 왜 이런 똑같은 비밀 공개 행위가 범죄가 아닐 뿐 아니라 칭찬을 받는
일이 될 수 있을까?

　　이 질문에 대해 자세히 알아보기 전에 우리는 에드워드 스노든이 누구인지, 스
노든이 그런 혼란을 일으키기 위해 정확히 무슨 일을 했는지 알아볼 필요가 있다.
에드워드 스노든은 NSA와 계약을 맺은 회사의 직원으로 일하던 29세의 컴퓨터
전문가였다. 2013년 6월 스노든은 마이크로소프트와 구글을 포함한 9개 인터넷
기업의 데이터를 채굴하고, 정당한 영장 없이 미국 시민들을 도청하고, 수백만 건
의 외국 통신에 대한 메타데이터를 뒤지고, 독일의 앙겔라 메르켈 총리를 포함한
우방국가의 지도자들을 도청하고, 16개 정보기관에게 자금을 지원하는 '검은 예
산'을 공개하는 프로그램에 관한 민감한 NSA 문서를 복사하고 저장했다.

　　많은 사람은 스노든의 행동으로 인해 미국의 국가안보가 위태로워졌다고 주장
한다. 러시아, 중국, 이란, 북한 등을 포함한 미국의 경쟁자들과 적들은 이제 미국
의 감시 능력뿐 아니라 이를 회피하거나 이용하는 방법에 대해 이전보다 더 많이

알게 되었다. 독일, 프랑스, 스페인 등과 같은 동맹국의 지도자와 대중은 자국의 정보기관이 종종 미국의 노력에 공조하거나 도움을 받았음에도 불구하고 미국의 데이터 수집 및 감시에 대해 불만을 제기할 필요가 있다고 느꼈다. 오바마 행정부는 정보 시스템 및 활동을 옹호했지만, 정보 시스템이 합법적이고 피해보다 더 많은 이득을 창출하는지 확인하기 위해 전면적인 검토에 나설 수밖에 없었다. 게다가 스노든이 미국을 탈출하여 처음에는 홍콩으로, 이어서 러시아로 도피한 지 2주 만에 미국 법무부는 간첩 행위 등 세 건의 중범죄 혐의로 스노든을 기소했다. 2020년 러시아는 스노든에게 영주권을 부여했다.

스노든은 장기 징역형에 직면해 있지만, NSA의 데이터 수집 및 감시 프로그램을 공개하기 위해 그와 함께 일했던 언론인들은 그렇지 않다. 세 명의 언론인이 가장 직접적으로 관련이 있다. 즉, 미국 시민권자인 겔만(Barton Gellman, 『워싱턴포스트』)과 그린왈드(Glenn Greenwald, 런던의 『가디언』), 그리고 영국 언론인이자 위키리크스의 직원인 해리슨(Sarah Harrison)이었다. 사라 해리슨은 러시아에서 스노든과 거의 4개월 동안 함께 지냈다. 그녀는 러시아를 떠날 때, 변호사의 조언에 따라 자국인 영국으로 돌아가지 않고 베를린으로 갔다. 위키리크스 웹사이트에 게시한 성명서에서 해리슨은 "국가안보 저널리즘을 … 테러로 규정해야만 한다는 것은 기상천외한 주장이지만, 그것이 영국이 이 법을 해석하는 방식이다"라고 말했다. "연방의회는 … 언론의 자유를 … 제한하는 법률을 제정할 수 없다"라는 수정헌법 제1조의 선언에 의해 보호를 받는 미국 언론인은 법적인 위험을 덜 느낀다. 1973년, 미국 대법원은 '뉴욕 타임즈 대 미국' 사건, 즉 제13장에서 보다 자세히 논의하는 펜타곤 문서(Pentagon Papers) 사건에서 위해가 즉각적으로 발생할 가능성이 입증되지 않는 한, 언론인들이 심지어 비밀 자료를 출판하는 것조차 금지할 수 없다고 판결했다. 언론인들과 정부는 어떤 세부사항을 기사에서 빼야 할 지 혹은 보도가 끼칠 수 있는 해악을 놓고 협상하지만, 궁극적으로 언론인들은 '대중의 알 권리'라는 인식에 근거하여 결정을 내린다.

------◆◆✦◆◆------

대중매체

아마도 가족과 학교 다음으로 미디어가 미국의 정치문화와 여론의 형성에 가장 강력한 영향을 미친다. 그러나 가족과 학교는 개인적이고 지역적이기 때문에, 미디어와 정치를 전공하는 한 중견 학자는 "많은 미국인에게 미디어는 공적인 일의 세계와 접촉하는 유일한 수단이다"라고 언급했다.[1] 어떤 면에서는 이 점은 분명하다. 즉, 우리가 모두 워싱턴에 살고 있는 것은 아니기 때문에 의회와 대통령이 무엇을 하고 있는지 개인적으로 알 수는 없다. 그러나 이것은 또한 우리가 워싱턴에서 일어나고 있는 일에 대한 모든 것을 미디어를 통해 배우고 있다는 것을 의미한다. 여러분은 이러한 생각이 마음에 드는가?

소셜미디어를 포함한 현대 미디어는 우리 민주주의에서 어떤 역할을 하고 있나? 불가피하게 전통 미디어는 잠재적으로 상충되는 여러 역할을 한다. 전통 미디어는 몇몇 특정 이슈를 중심으로 대중의 관심을 끌고, 정보와 오락을 제공하며, 수익 창출 사업으로 운영된다. 일부 미디어 분석가들은 오락과 의견이 '하드 뉴스'를 압박할 수 있고, 우리 뉴스의 대부분을 제공하는 주요 기업의 이념적 선호나 이익을 창출하는 이해관계가 보도를 오염시킬 수 있다고 우려한다. 어떤 사람들은 여전히 소셜미디어가 정보와 의견, 논평에 대한 접근을 확대함으로써 우리 정치가 더욱 민주화될 것으로 희망한다. 우리가 책임 있는 민주시민이 되는 데 필요한 뉴스와 정보를 미디어에 의존할 수 있을까? 앞으로 살펴보겠지만, 아직 결론이 나지 않았다.

미국인들은 전통적인 미디어가 인력이 부족하거나, 너무 소심하거나, 사실이 엉성하거나, 지나치게 편향되어 있기 때문에 제대로 일을 하지 못한다고 불평한다. 미디어가 이 모든 면에서 유죄일 수 있지만, 시민들 역시 답해야 할 것이 많다. 과거 그 어느 때보다 신문을 읽는 미국인의 수가 적고, 신문을 자세히 읽는 미국인은 더 적다. 『타임』지나 『뉴스위크』와 같은 시사잡지의 발행 부수는 감소했고, 밋더프레스(Meet the Press)나 페이스더네이션(Face the Nation) 같은 일요일 뉴스 프로그램의 시청률도 감소했다. 특히 젊은 세대는 이러한 '오래된 미디어'가 변화가 없고, 지루하며, 상당히 편향적이라고 생각한다.[2]

현재 많은 사람이 인터넷, 소셜미디어, 토크 라디오를 통해 뉴스를 얻는다. 이러한 출처에서 얻은 정보를 바탕으로 개인이 정확하고 완전한 정보를 얻을 수 있을까? 가능하다. 하지만 신중한 노력 없이는 불가능하다. 토크 라디오는 정보만큼이나 엔터테인먼트로 간주되어야 하며, 다소 덜하지만 케이블 뉴스도 마찬가지이고, 인터넷의 정보는 광범위하게 검색한 후 깊이 검토해야 한다. 신문을 읽든, 방송 TV나 케이블 뉴스를 보든, 인터넷 검색을 하든 그 누구도 뉴스 및 정보를 얻는 데 하나 또는 몇 가지 출처에 의존해서는 안 된다. 의료 혹은 세제 개혁, 은행의 안정성, 글로벌 기후변화 등과 같은 주요 이슈에 대해 여러 출처로부터 대략적으로 같은 이야기를 들을 때 그 이슈를 제대로 '이해'한다고 할 수 있다.[3] 마지막으로, 소셜미디어 피드는 사용자의 선호와 편향, 그리고 그러한 편향을 개선하고 줄이는 플랫폼 알고리즘에 의해 고도로 선별된다는 것을 깨닫는 것도 중요하다.

종종 '가짜 뉴스'와 같은 가장 현대적인 관심사에는 역사적인 접근법이 가장 유용하다. 페이스북, 트위터, 유튜브, 웹상의 팝업 뉴스 사이트가 널리 퍼져있기 때문에 많은 사람은 모든 뉴스가 의심스럽게 여겨지는 절망감을 느낀다. 그러나 역사는 '가짜 뉴스'가 항상 어느 정도 우리 곁에 존재하는 영원한 문제이지만, 때로는 다른 어느 때보다 만연하고 위협적인 것처럼 여겨진다는 것을 보여준다. 조금만 주의를 기울이면 그때나 지금이나 사람들은 확실한 정치 정보를 얻을 수 있고, '가짜 뉴스'로부터 자신을 보호할 수 있다.

　이 장에서 우리는 미국정치 역사 과정에서 맨 먼저 인쇄매체, 그 다음에는 전자매체, 이제는 모바일매체가 어떻게 발전했는지 탐구한다. 우리는 미국이 선진국 중 사실상 전 세계적으로 유일하게 미디어가 민영화되고 규제가 강하지 않은 나라라는 사실이 시사하는 바를 살펴본다. 그리고 나서 미디어가 어떻게 뉴스와 정보를 수집하여 시민들에게 제시하는지, 시민들이 어떻게 그 정보를 받아 정치에 참여하고 정책과 정치인을 평가하는 데 활용하는지 탐구한다. 마지막으로 정부와 정치에 대한 시민들의 의견이 기껏해야 뒤죽박죽인 것과 관련하여, 만약 있다면, 언론이 어떤 책임이 있는지 묻는다.

미디어의 역사적 발전

최초의 신문이 세상에 나온 이후로 뉴스의 내용을 둘러싸고 삼자 간의 싸움이 벌어졌다. 언론은 신문이 잘 팔릴 것으로 생각되는 사건을 지면에 싣기를 원하고, 정부는 의심받지 않으면서 메시지를 전달하기를 원하며, 대중은 정보를 얻고, 확인하고, 즐길 수 있기를 원한다. 이 싸움은 뉴스, 오락, 잘못된 정보를 생산한다. 물론, 요령은 그들을 구별하는 것이다.

　런던에서는 1621년에 최초로 신문이 창간되었고, 1702년에는 처음으로 성공한 일간지 『데일리 쿠란트』가 창간되었다. 곧바로 뉴스의 내용을 놓고 정부와 언론 사이에 긴장 관계가 형성되었다. 영국 법원은 초기에 **선동적 명예훼손**이라는 개념을 발전시켰는데, 이는 정부 관료나 정책에 대한 대중의 비판이 사실이든 아니든 무조건 불법이라는 입장이었다. 언론의 비판이 정부의 명성과 권위를 떨어뜨리는 경향이 있다는 이유 때문이었다.

　미국 최초의 신문은 1690년 9월 25일에 보스턴에서 발행되었다. 현대적인 용어로 말하면, 타블로이드지였고 '가짜 뉴스'라는 외침이 거의 동시에 쏟아졌다. 프랑스 왕이 자신의 며느리와 '동침'했다는 창간호의 기사로 인해 총독과 주의회가 이 신문을 강제로 폐간시켰고, '의심스럽고 불확실한 보도'를 담고 있다고 지적했다. 덜 흥미롭지만, 상대적으로 더 중요한 식민지 당국과 언론 사이의 충돌이 1735년 뉴욕에서 일어났다. 새로운 왕실 총독 코스비(William Cosby)의 고압적인 행동이 식민지 주민들의 저항을 불러일으켰다. 야당 지도자들은 정부에 대항하여 장외 투쟁을 벌이기 위해 『뉴욕 위클리 저널(New York Weekly Journal)』의 인쇄업자인 독일 이민자 젠거(John Peter Zenger)를 고용했다. 이에 대응하여 코스비 주지사는 선동적 명예훼손 혐의로 젠거를 체포했다. 젠거의 변호사는

Q1 미디어가 인쇄에서 전자, 모바일로 진화하면서 미국 역사 과정에서 언론매체의 역할은 어떻게 바뀌었나?

선동적 명예훼손(seditious libel)
20세기까지 미국에 영향을 미친 영국의 법 원칙으로, 정부의 명성과 영향력을 떨어뜨리는 정부 관리 및 정책에 대한 비판을 처벌할 수 있다는 것이다.

진실은 선동적 명예훼손 혐의에 해당되지 않는다고 주장했다. 젠거의 배심원단은 이에 동의했지만, 그때부터 오늘날까지 공무원은 언론의 비판을 제한하고 통제할 방법을 찾고 있다.

1776~1880년 정파적 신문

대부분의 18세기 미국 신문은 상류층에게 정기구독의 방식으로 판매되었으며, 주로 외국 및 상업 뉴스를 집중적으로 다루었다. 미국의 독립과 미국헌법의 제정으로 인해 정치뉴스가 전면에 등장했다.[4] 워싱턴 대통령의 첫 번째 임기에도 지지자들 사이에 분열이 발생했다. 상업의 발전과 대외 무역을 촉진하고자 했던 해밀턴(Alexander Hamilton)과 서부의 농업 발전을 촉진하고자 했던 제퍼슨(Thomas Jefferson)이 대립했다. 해밀턴의 연방파와 제퍼슨의 공화파 모두 자기 집단을 선전하고 반대파를 비난하고자 신문사들과 정부 인쇄 계약을 체결했다.

1820년대에 잭슨식 민주주의와 대중정당이 등장하면서 이전보다 훨씬 더 많은 청중에게 후보의 입장과 정당의 공약을 전달해야 했기 때문에 **정파적 신문**이 더욱 확산될 수 있었다. 정파적 신문은 뉴스를 공평하게 전달하려는 노력을 전혀 하지 않았다. 그들의 역할은 충성스러운 정당 지지자들에게 정보를 제공하고 활력을 불어넣는 것이었다. 정파적 신문과 함께 **페니 신문**이 성장했으며, 결국에는 이 두 가지 성격의 신문이 합쳐졌다. 1833년 9월, 데이(Benjamin Day)가 『뉴욕 선』지 창간호를 발행하여 거리에서 1페니에 팔았다. 『뉴욕 선』은 새로운 청중, 즉 보통 사람들의 관심을 끌었고, 무척 선정적인 내용으로 딱딱한 뉴스 보도를 보완했다. 범죄, 자연재해, 화재, 그리고 사람이 개를 물고, 머리가 두 개인 염소, 수염이 난 부인 등에 관한 기사가 페니 신문의 주요 내용이 되었다.[5]

1830년대 중기 인쇄기와 1840년대 전신 등 기술의 발전은 뉴스가 수집, 포장, 배포되는 방식에 변화를 가져왔다. 전통적인 수동 인쇄기는 시간당 약 125장의 신문을 찍어낸 반면, 1840년대 말 증기 인쇄기는 시간당 거의 2만 부를 찍어냈다. 전신 덕분에 먼 곳에서 일어난 사건에 대한 소식이 거의 실시간으로 전달되었다. 1848년에 뉴욕의 6개 신문사는 뉴스의 수집과 배포를 조율하기 위해 AP통신사(Associated Press)를 설립했다. 그러나 19세기 말까지 미디어 시장은 매우 파편화되어 있었고, 모든 신문은 지역 신문이었고, 수천 개의 신문이 난립했다.

정파적 신문(partisan press)
19세기 대부분 신문은 정당과 같은 편으로 여겨졌으며, 모든 대중에게 객관적으로 보도하기보다는 정당의 지지자를 결집시키는 역할을 했다.

페니 신문(penny press)
19세기 초반 인기 있던 신문으로 거리에서 1페니에 팔았고, 보통 사람을 대상으로 하는 보도를 지향했다.

출처: Getty Images/ Buyenlarge/ Lewis Wickes Hine

길거리에서 신문을 파는 소년은 19세기 미국 도시의 전형적인 모습이었다.

1880~1920년 추문 폭로 저널리즘

19세기 후반은 엄청난 사회적 변화의 시기였으며, 사회의 다른 분야와 마찬가지로 언론도 이에 대응해야 했다. 첫째, 도시화로 인해 수백만 명의 잠재적 독자가 신문을 손쉽게 접할 수 있게 되었고, 언론사 사주와 편집인은 정당 대신에 구독자와 광고주로부터 수익을 얻을 수 있게 되었다. 둘째, 산업화로 인해 록펠러(John D. Rockefeller)의 스탠다드 오일과 카네기(Andrew Carnegie)의 카네기 제철과 같은 전국적 기업이 탄생했고, 정부가 이 기업들을 통제하고 규제하기 위해 행동에 나서야 하는지 여부의 중요한 새로운 문제가 제기되었다. 셋째, 이민이 전례 없는 수준으로 증가하여 수백만 명의 새로운 이민자들이 미국으로 쏟아져 들어왔다.

인쇄매체는 세 가지 방식으로 대응했다. 하나는 오랫동안 도시 신문의 특징이었던 선정성을 강화하여 노동계급의 관심을 끌기 위해 경쟁하는 것이었다. 또 다른 하나는 기업 및 정치 개혁에 대한 중산층의 요구를 충족시키는 탐사보도 언론의 **추문 폭로 전통**이었다. 마지막으로, 일부 신문들은 새로운 이민자들에게 미국에서 삶의 기회와 위험에 대해 가르쳐주려고 노력했다.

퓰리처(Joseph Pulitzer)와 허스트(William Randolph Hearst)라는 두 명의 신문 경영인이 경영난을 겪고 있는 신문들을 인수하여 1890년대에 전국적으로 출판 제국을 건설했다. 허스트는 자신의 대의와 이익을 너무 요란하게 추구해서 그의 신문은 선정주의가 개혁 정치를 압도하는 위험에 빠졌다. 조지프 퓰리처는 결국 허스트와의 경쟁에서 패했지만, 은퇴 후 그의 이름을 딴 유명한 언론 분야 우수상을 만들었다.

당시 새로 창간된 월간 잡지에서 추문 조사 저널리즘의 가장 순수한 형태를 찾아볼 수 있다. 『맥클루어스(*McClure's*)』와 『콜리어스(*Collier's*)』 같은 잡지는 스테펜스(Lincoln Steffens), 타르벨(Ida Tarbell), 싱클레어(Upton Sinclair)와 같은 공격적인 편집인과 작가에게 전적으로 자유를 주었고, 이들은 잡지 전체를 정치비리 및 기업비리 기사로 채웠다. 사진 촬영의 발달은 이러한 기사에 새로운 활력을 불어넣는 사진을 제공했다.

비록 진보적 저널리즘은 정치적, 경제적 부패를 세상에 폭로했지만, 많은 미국인이 혐오감에 빠져 정치로부터 멀어지게 하는 효과도 초래했다. 진보 시대부터 등장한 엽관제도, 정실주의, 부정선거 등 밀실정치(machine politics)에 대한 이해는 정치활동, 심지어 단순한 투표 행위조차 자발적으로 부패 행위에 가담하는 것처럼 보이게 만들었다.[6]

추문 폭로 전통(muckraking tradi-tion)
정치부패 및 기업부패를 폭로하는 데 많은 관심을 기울인 19세기 말과 20세기 초의 진보적 저널리즘이다.

출처: AP Photo

윌리엄 랜돌프 허스트(1863~1951년)는 1890년대부터 1930년대 후반까지 미국의 대표적인 신문 발행인 중 한 명이었다.

현대 미디어의 진화

대부분의 미국인은 유럽에서 벌어지고 있는 제1차 세계대전에서 승리하기 위해서는 큰 정부와 대기업이 함께 협력해야 한다는 점을 깨닫게 되었으며, 그에 따라 탐사 저널리즘의 추문 폭로 전통이 둔화되었다. 앞으로 살펴보겠지만, 전쟁과 비상사태가 발생하면 거의 항상 정부가 최소한 당분간은 경제와 언론 모두에 대해 우위를 점하게 된다. 전쟁에서 승리하고 평화 시기 걱정거리가 다시 거론되자, 과학, 공학, 객관성, 합리주의에 대한 새로운 인식이 미국인의 삶에 스며들었다.

1896년부터 1935년까지 『뉴욕타임즈』 사주이자 발행인이었던 오크스(Adolph S. Ochs)는 신문 기자와 편집자들 사이에서 언론의 전문성과 객관성을 지향하는 움직임을 주도했다. 객관성에 대한 새로운 강조는 의견이나 해석 대신에 사실을 강조했다.[7] 뉴스 산업의 전문성은 국영 통신사의 개혁과 확장을 가져왔다. AP통신(Associated Press)은 1900년에 개편 및 확장되었고, UP통신(United Press)은 1907년에 설립되었으며, 국제 뉴스 서비스(International News Service)는 1909년에 설립되었다. 국제 뉴스 서비스는 전국의 편집자들이 특정한 정치적 성향에 따라 그것들을 다시 쓰지 않고 바로 쓸 수 있도록 간단하고 사실적인 보도를 제공했다.[8]

갈수록 점점 더 언론인들은 전문가와 상의하고, 논쟁의 여지가 있거나 논란의 소지가 있는 진술에 대해 최소한 두 가지 출처를 제공하고, 모든 기사의 양 측면 또는 모든 관련 측면을 제공할 것이 기대되었다. **객관성**이라는 이상은 역피라미드 모델로 구성된 기사로 가장 잘 표현되었다. **역피라미드 모델**은 가장 중요한 정보를 기사의 맨 앞에 배치하고 그다음에 덜 중요한 2차적 정보와 보조적 정보를 배치했다. '도입(lead)' 단락에서는 그 사건의 "누가, 무엇을, 어떻게, 언제, 어디서"에 대해 자세히 설명하여 기사 내용을 간략하게 전달했다.

전파매체의 부상

라디오와 텔레비전이 제1차 세계대전과 제2차 세계대전 사이에 새로운 매체로 등장했다. 1920년 11월 2일, 피츠버그에서 최초의 상업 라디오 방송국 KDKA가 첫 방송을 시작했다. 1922년 말에는 전국적으로 거의 600개의 라디오 방송국이 운영되고 있었고, AT&T는 기존의 전화선을 따라 수많은 방송국을 연결하여 최초의 현대적인 네트워크를 구축했다. 제휴 방송국들은 네트워크 프로그램 방송 사용권을 돈 주고 샀다. 네트워크를 통해 전달된 최초의 광고는 50달러에 판매된 10분짜리 '스팟 광고'였다.

몇 년 지나지 않아 이와 경쟁하는 라디오 네트워크가 생겨났다. 1920년대 초에 NBC가 설립되었다. 독점에 대한 불만이 일찍이 1924년부터 제기되었고,

객관성(objectivity)
저널리즘에서 객관성에 대한 요구는 독자들에게 의견과 해석이 아닌 사실과 정보를 제공하는 보도를 요구했다.

역피라미드 모델(inverted pyramid model)
신문 기사는 첫 단락에 가장 중요한 사실을 담아야 한다는 생각, 그리고 이야기가 전개되면서 상대적으로 덜 중요한 사실과 세부적인 내용을 담아야 한다는 생각.

1927년에 이르러 NBC가 NBC와 ABC 두 개의 네트워크로 분리되었다. 1928년 팰리(William S. Paley)가 CBS를 설립했고, 전파 장악을 놓고 갈수록 점점 더 경쟁이 치열해졌다. 1935년에는 도시 거주자의 3분의 2와 농촌 거주자의 3분의 1의 가정에 라디오가 있었다.

네트워크 경쟁뿐만 아니라 기존 네트워크와 제휴하지 않은 독립적인 방송국의 존재는 경쟁하는 방송국의 전파들이 서로 방해하고 간섭하는 것을 막기 위한 규제 기관의 설립이 필요하다는 점이 분명해졌다. 의회와 방송계는 긴밀하게 협력하여 1927년 전파법을 제정하고 연방전파위원회(FRC)를 설립하였다. 방송국은 '공익, 편의, 필요' 등에 따라 행동하기로 합의하였고, 그 대신 FRC는 부족한 무선 주파수를 방송국 사이에 나눠주는 책임을 떠맡았다.

라디오 네트워크는 곧 텔레비전이라는 새로운 도전에 직면하게 되었다. 라디오 네트워크는 경쟁적으로 새로운 기술을 획득하고 개선하여 이에 대응하였다.

텔레비전은 1950년대에 급격하게 성장하였으며, 20세기의 가장 중요한 방송매체가 되었다. 텔레비전은 미국의 각 가정에 오락뿐만 아니라 국내정치와 세계정치를 전달했다. 1952년에 텔레비전은 민주당 전당대회와 공화당 전당대회 모두 다루었고, 1960년에는 3대 방송국 모두 대통령후보 닉슨(Richard Nixon)과 케네디(John Kennedy) 간의 대선후보 TV토론을 생중계했다. 케네디의 젊음과 활력이 텔레비전 토론에서 아주 확연하게 드러났다는 사실이 종종 11월 선거에서 케네디가 닉슨에 근소한 차이로 승리할 수 있었던 이유로 거론된다.[9]

1960년대에 발생한 일련의 사건들이 미국인들을 텔레비전 앞에 모이게 했다. 제일 먼저 존 케네디가 댈러스에서 암살당하는 흐릿한 장면이 있었다. 그리고 며칠 만에 암살 혐의자 오스왈드(Lee Harvey Oswald)가 루비(Jack Ruby)에 의해 TV에서 암살당했다. 더욱이 1960년대의 두드러진 사회적 관심사였던 민권운동과 베트남전쟁은 시각적으로 강렬했으며, 텔레비전은 이를 최대한 활용했다. 화난 백인들의 벽을 뚫고 학교에 들어가려는 흑인 아이들에게 인종차별이 무엇을 의미하는지, 혹은 미국 네이팜탄에 완전히 타버린 옷을 입은 채 겁에 질린 다른 아이들과 함께 텅 빈 길을 도망치는 어린 베트남 소녀의 잊을 수 없는 이미지를 못 본 척할 수 있는 미국인은 아무도 없었다. 텔레비전 영상은 멈추게 하는 힘, 놀라게 하는 힘을 가지고 있다. 영상 없이 말만으로는 거의 그렇게 할 수 없다.[10]

현대 미디어는 점점 더 복잡하고, 확산적이지만, 쌍방향적인 정보 생산 및 전달 시스템을 형성하고 있다. 미디어에는 1,300개 미만의 일간 신문, 7,000개의 주간지, 1만 5,000개의 저널 및 잡지, 2,600개의 서적 출판사, 1,500개의 라디오 방송국, 2,700개의 케이블 방송국 및 텔레비전 방송국 등이 포함된다. 구글, 페이스북, 트위터, 버즈피드, 드러지 리포트, 포챈 등과 같은 회사가 월드와이드웹에서 정보를 제공, 형성, 관리하는 데 특화되어 있다.

신문과 잡지. 지난 수십 년 동안 신문과 잡지의 독자수가 감소해 왔다. 16세 이상의 미국인 2억 4,000만 명 중 약 10%에 해당하는 2,500만 명도 안 되는 미국인만이 일간지를 구독한다. 약간 더 많은 약 2,600만 명이 일요일 신문을 구독하고 있다. 독자들 상당수가 신문의 다른 장으로 넘어가기에 앞서 제일 먼저 헤드라인을 훑어보고, 스포츠 경기 결과, 시장 관련 통계, 일기 예보 등을 확인하는 데 30분도 채 쓰지 않는다. 놀랄 것도 없이, 미국 신문 네 곳 중 한 곳이 2005년 이후 문을 닫았고, 신문사에서 일하는 기자들의 수는 절반 이하로 줄었다.[11]

퓨 리서치 센터의 2021년 연구에 따르면 30세 미만의 사람들은 특히 신문과 단절되어 있고, 갈수록 점점 더 텔레비전과 단절되고 있다. 신문을 자주 읽는다고 답한 사람은 단지 20%에 불과했고, 텔레비전 뉴스를 자주 본다고 답한 사람은 45%에 불과했다. 이와 대조적으로 50~64세 성인 중 78%, 65세 이상 성인 중 85%가 텔레비전 뉴스를 자주 시청한다고 응답했다. 젊은 세대 미국인은, 적어도 뉴스를 소비하는 젊은 세대 미국인은, 텔레비전(45%)에 비해 온라인(90%)에서 뉴스를 시청하는 비율이 두 배 더 높다.[12]

인쇄 및 디지털 발행 부수가 50만 부 이상인 신문은 약 6개에 불과하고, 『월스트리트저널』, 『USA투데이』, 『뉴욕타임스』 등 단 3개 신문만이 하루에 100만 부 이상 팔린다. 『월스트리트저널』은 『뉴욕타임스』, 『로스앤젤레스타임스』, 『워싱턴포스트』 등과 함께 권위 있는 '기록의 신문(papers of record)'으로 꼽히며 업계를 지배하고 있다.[13]

전국 최고의 시사 잡지인 『타임』은 매주 200만 부를 판매한다. 국내 최고의 신문과 시사 잡지를 읽는 사람의 수는 감소했지만, 이들 신문과 잡지의 독자들은 여론 주도층이기 때문에 여전히 여론형성에 상대적으로 큰 영향력을 미친다. 신문과 뉴스 잡지는 인터넷에서의 영향력을 대폭 증가시켜 자신들의 영향력과 독자수를 유지하려고 노력해 왔다.

라디오 및 텔레비전 방송. 많은 미국인은 하루 중 어느 시점에 라디오를 듣는다. 모든 뉴스와 정치 중심의 토크 라디오가 최근 수십 년 동안 급증했다. 보수주의자들에 의한 토크 라디오 지배를 매주 1,450만 명에 달하는 션 해니티의 청취자가 주도하고 있다. 진보주의자들은 '모닝 에디션'이 주 1,310만 명의 청취자를 보유한 NPR(전국 공공 라디오)에 쏠리는 경향이 있긴 하지만, NPR의 프로

1955년에 문을 연 아웃 오브 타운 뉴스(Out of Town News)는 구독자가 감소하면서 하버드 야드에 있는 유명한 신문가판대를 폐쇄했다.

그램이 대놓고 이념적이지는 않기 때문에 해니티가 상대적으로 유리하다.

미국 가정의 98.5%는 하루 평균 7시간 동안 하나 이상의 텔레비전을 켜놓는다. 미국인들은 많은 시간 텔레비전을 시청하지만, 뉴스는 잘 보지 않는다. 1980년에는 미국 전체 가구의 40%가 매일 같이 3대 방송사 중 하나의 저녁 뉴스를 시청했다. 2010년에는 그 수치가 평균 15%로 떨어졌고, 현재 평균적으로 매일 밤 2,300만 명의 미국인들이 저녁 뉴스를 시청하고 있는데, 이는 미국 성인의 약 10분의 1에 해당하는 규모이다.[14) 세 개 방송사 모두 워싱턴과 미국의 주요 도시, 외국의 수도, 그때 당시 가장 눈에 띄는 국내외 문제 지역 등에서 발생한 그날의 주요 사건에 관심을 집중한다. 『60분』, 『20/20』, 『데이트라인』 등과 같은 TV 뉴스 매거진은 좀 더 소프트하고 선정적인 콘텐츠를 제공한다. 『밋 더 프레스』가 주도하고 있는 일요일 아침 인터뷰 쇼는 매우 내용이 뛰어나지만, 시청자의 수가 매우 제한적이다.

미디어 노출에 대한 이러한 통계는 앞의 장에서 언급한 정치에 대해 많이 아는 10% 미국인들인 '주시하는 대중' 또는 '여론 주도층'과 신문, 저녁 뉴스, 일요일 아침 토크쇼에 간헐적으로 관심을 기울이는 정도에 그치고 있는 90%의 '일반 대중' 사이의 격차를 강조한다. 이러한 통계는 또한 너무 많은 미국인들이 토크 라디오, 콜베어(Stephen Colbert), 마이어스(Seth Meyers), 팰런(Jimmy Fallon)의 일방적인 이야기나, 또는 아래에서 자세히 살펴보겠지만, 휴대폰을 통해 뉴스를 얻는 것에 대해 많은 분석가와 평론가들이 우려하는 이유를 설명해 준다.

미디어 소유와 보도의 다양성 부족에 대해서도 많은 사람이 걱정하고 있다. 언론 감시 단체인 '프리프레스닷넷(Freepress.net)'은 여성이 미국 전체 인구의 51%를 차지하고, 유색인종이 36%를 차지하고 있음에도 불구하고, 여성은 라디오와 텔레비전 면허의 7%를 소유하고 있고, 소수인종은 라디오 면허의 7%, 텔레비전 면허의 3%를 소유하고 있다고 발표했다. 여성미디어센터(Women's Media Center)의 한 연구에 따르면 미국 상위 10대 신문에 실린 기사 중 63%가 남성 기자가 쓴 기사인 것으로 나타났다. 포더스테이트닷넷(4thestate.net)은 최상위 신문에 인용된 말을 한 사람의 성별을 분석하여 발표했다. 『뉴욕타임스』, 『월스트리트저널』, 『워싱턴포스트』, 『시카고트리뷴』 등은 모두 여성의 말보다 남성의 말을 두 배 더 자주 인용했다. 『USA투데이』는 인용 중 4분의 3이 남성의 말을 인용했다.[15)

케이블, 위성, 웹. '올드미디어(old media)'라고 조롱당하는 전통 미디어에서 잘못된 것으로 여겨졌던 많은 부분이 '뉴미디어'의 민주화 영향으로 치유될 수 있을 것으로 기대되었다. 다양성과 선택권이 강화되었지만, 새로운 문제들, 특히 '가짜 뉴스'의 확산이 새롭게 등장했다. 뉴미디어의 초창기 발전을 간략히 돌아보고 나서 현재의 소셜미디어와 모바일 미디어 환경을 살펴보자.

1980년 6월 1일, 최초의 24시간 케이블 뉴스 채널인 테드 터너의 CNN(케이블 뉴스 네트워크)이 방송을 시작했다. 1996년, 루퍼트 머독의 폭스뉴스와 신구 미디어 거물인 NBC와 마이크로소프트의 합작회사인 MSNBC가 독자적인 24시간 케이블 뉴스 채널로 CNN에 도전장을 내밀었다. 미국 가정의 거의 85%가 케이블, 위성 TV, 넷플릭스나 훌루(Hulu)와 같은 스트리밍 서비스에 가입하고 있으며, 많은 패키지가 수백 개의 채널을 제공하고 있다.

뉴미디어 채널이 확산되고 뉴스와 엔터테인먼트에 대한 온라인 접근이 보편화되었지만, 그럼에도 불구하고 올드미디어에서 뉴미디어로의 전환은 생각만큼 빠르지도 완전하지도 않다. 첫째, 사람들이 아무리 많은 수의 채널을 가지고 있더라도, 그들이 정기적으로 사용하는 채널의 수는 15개 정도인 경향이 있다. 둘째, 부분적으로 케이블 뉴스를 제외하면 뉴미디어는 새로운 최초 보도를 거의 하지 않는다. 오히려 그들은 다른 곳에서 보도한 뉴스에 대해 분석과 해설을 제공한다.[16] 그럼에도 불구하고, 일부 시청자들은, 특히 명백하게 정치적으로 편향된 뉴스를 원하는 시청자들은, 뉴미디어의 해설을 올드미디어의 최초 보도에 대한 보충자료, 때로는 수정자료로서 중요시한다.

케이블 뉴스 시청자는 9·11 테러 공격과 그에 따른 미국의 아프가니스탄 및 이라크전쟁으로 인해 엄청나게 늘어났다. 이라크전쟁을 노골적으로 대놓고 지지한 폭스뉴스가 중도적인 성향이자 전통적 저널리즘을 지향하는 CNN을 추월하였다. 폭스뉴스는 2002년 1월 CNN을 제치고 현재 시청률이 가장 높은 케이블 뉴스 채널이 되었다. 2009년부터 폭스뉴스의 자유주의적 대안인 MSNBC와 좌파 성향의 CNN이 2위 자리를 다투고 있다. 케이블의 성장에 대한 주요 방송사들의 대응은 케이블을 수용하는 것이었다. 모든 방송사는 케이블의 보유를 늘리고 있고, 케이블과의 협력 관계를 확대하고 있다.

케이블이 충실하게 성장하는 동안, 인터넷과 그 자손인 월드와이드웹도 마찬가지로 성장했다. 1990년대 중반까지 월드와이드웹은 수천만 명, 수억 명의 사람들에게 실시간으로 엄청난 양의 정보를 제공했다. 월드와이드웹은 미국정치의 새로운 개척지, 즉 개척 시대의 서부이다. 월드와이드웹은 조직화, 네트워크의 형성, 모금, 후보자나 정당의 메시지 전달 등에 매우 적합하지만, 상대적 익명성으로 인해 거짓말, 소문, 조작된 사진, 딥페이크 등 '가짜 뉴스'가 쉽게 퍼질 수 있다.

최근 몇 년 사이에 거대한 새로운 데이터와 오디오, 비디오 세계가 등장했다. 모바일 기기와 대화형 소셜미디어의 확산으로 인해 소비자는 스스로 콘텐츠, 시기, 사용 위치 등을 전례 없는 수준으로 통제할 수 있게 되었다. 많은 미국인이 그리고 점차 모든 미국인이 친구, 동료, 관심 있는 낯선 사람들의 네트워크와 생각, 사진, 정보, 일상을 공유하는 데 익숙해졌다. 기존의 올드미디어는 뒤처지지 않기 위해 뉴미디어와 협력 관계를 모색했다. 2020년에는 페이스북, 트위터, 포스퀘

다른 나라와 비교

상업 라디오와 텔레비전 대 공영 라디오와 텔레비전

일반적으로 미국이 유럽문화의 영향을 많이 받았다는 것은 사실이지만, 초기 백인 정착민들은 주로 농부, 장인, 상점 주인 등 중간 계층이었고, 유럽의 종교적, 정치적, 경제적 위계질서로부터 탈출하고 싶었다. 처음부터 미국의 문화는 유럽의 전통적이고 위계적이며 중앙집권

적인 문화보다 개인의 권리와 자유에 더 중점을 두었다. 흥미롭게도 작은 정부와 강력한 민간 부문에 대한 미국의 선호는 특히 미디어 소유 및 규제와 관련하여 분명하게 볼 수 있다. 미국은 1920년대 라디오와 1930년대 텔레비전의 초기 상업화 이후 개인 소유 체제를 발전시켰으며, 이에 대한 공공규제는 심하지 않을 뿐 아니라 축소되고 있다. 반면에 유럽은 정부 소유와 규제를 특징으로 하는 공영 라디오 및 텔레비전 모델을 발전시켰다.

주요 민주주의 국가의 공영미디어 자금조달 및 시장 점유율

국가	공영미디어 설립 연도	총 자금 대비 공적자금 비율	1인당 공적 자금 (미국 달러)	1인당 총수입 (미국 달러)	시장 점유율
네덜란드 (NPO)	1919	79.0%	67.21	85.01	34%
노르웨이 (NRK)	1933	95.0%	176.60	185.42	41%
뉴질랜드 (NZOR, TVNZ)	1925, 1960	29.0%	24.98	85.18	11%
덴마크 (DR, TV2)	1925	57.0%	122.57	215.33	66%
독일 (ARD, ZDF)	1950, 1961	86.2%	134.70	157.04	43%
미국 (PBS/ NPR)	1970	38.0%	3.32	8.85	2%
벨기에 (VRT)	1930	77.8%	74.62	95.92	32%
스웨덴 (SVT)	1956	96.0%	111.35	116.56	35%
아일랜드 (RTE)	1960	45.6%	71.65	157.13	37%
영국 (BBC)	1922	61.0%	99.96	163.19	31%
일본 (NHK)	1950	97.0	42.59	44.02	29%
캐나다 (CBC)	1936	64.0%	31.21	48.67	6%
프랑스 (F2, F3)	1963	81.0%	51.56	69.68	30%
핀란드 (YLE)	1926	96.0%	99.00	116.25	42%
호주 (ABC)	1932	82.3%	34.01	41.34	19%

출처: Rodney Benson, Matthew Powers, and Timothy Neff, "Public Media, Autonomy, and Accountability," *International Journal of Communication*, 4 (2017), 1–22, Table 1, 5. 또한, 다음을 참조하라. Rodney Benson and Matthew Powers, "Public Media and Political Independence," New York: Freepress, February 2011.

어 등과 같은 소셜미디어가 좋든 나쁘든 전국 선거 보도의 한 부분을 차지하게 되었다.

출처: AP Photo/ Andrew Harnik

레이디 가가는 선거 하루 전날인 2020년 11월 2일 피츠버그에서 열린 자동차 선거유세 집회에서 공연에 앞서 바이든-해리스 후보를 전폭적으로 지지하였다. 유권자 대부분은 유명인의 지지가 자신에게 큰 영향을 미치지 않는다고 말하지만, 후보자는 유명인 덕분에 자신의 행사가 입소문이 난다는 것을 알고 있다.

이러한 기술의 발전은 포용성, 품질, 개인정보 보호에 대한 중요한 질문을 제기한다.[17] 첫째, 이용할 수 있는 정보가 넘쳐나기 때문에 나쁜 정보로부터 좋은 정보, 편향된 정보나 우연한 정보로부터 신뢰할 수 있는 정보를 구별해 내는 일은 주로 소비자의 몫이다. 2016년이나 2020년 대통령 선거운동 기간 동안 실제 뉴스와 러시아의 정보 작전 및 다른 '가짜 뉴스'를 구분할 수 있었던 미국인은 거의 없었다. 그러나 2022년 우크라이나 침공 당시 러시아측 선전이 관련 사실을 호도하는 데 훨씬 덜 효과적이라는 사실을 사람들은 깨닫게 되었다. 둘째, 광범위한 접근과 개인정보 보호 사이의 적절한 균형은 무엇인가? 폭력적인 이미지와 음란물로부터 자녀를 보호하는 데 필요한 수단을 부모에게 제공하면서 인터넷에서의 언론의 자유를 어떻게 보장할 수 있나? 페이스북이나 트위터와 같은 플랫폼은 캠페인 광고의 '진실'에 대해 거짓말해야 하는가, 아니면 심판해야 하는가?[18] 러시아나 중국 국영 미디어의 주장은 어떤가? 셋째, 시장은 사회적 포용, 심지어 정치참여의 기본이 될 수 있는 시스템에 가난한 사람들이 접근할 수 있게 해줄 것인가? 넷째, 신용카드 및 금융기록, 법 집행 기록, 국가안보 기관의 메타데이터 검색, 인터넷 사이트에 내장된 데이터 수집 '쿠키' 등을 포함한 기술의 확산은 점점 더 시민에 관한 상세한 정보들이 이용 가능해지고 있음을 의미한다. 그런 정보들이 어떻게 사용될 것이며 누가 사용할 것인가?

소셜미디어와 휴대전화의 부상

소셜미디어와 그 후 휴대전화가 국내정치는 물론 국제정치에 가져온 변화의 범위와 정도는 늦게서야 인식되었고, 심지어 오늘날에도 잘 이해되지 않고 있다. 소셜미디어와 관련하여 잘 알고 있는 것은 소셜미디어가 미치는 영향이 긍정적이기도 부정적이기도 하다는 사실이다. 소셜미디어를 그토록 매력적으로 만드는 개방성, 접근성, 다양성, 선택이라는 속성은 동시에 소셜미디어를 사실과 허구, 진실과 거짓, 우발적이고 의도적인 허위 정보가 뒤섞인 혼재된 상태로 만들어 사용자에게 힘을 주기도, 위험에 빠트리기도 한다.

2010년대 초반 '아랍의 봄' 시위, 2022년 러시아의 우크라이나 침공, "월가를 점령하라" 운동, "흑인의 생명도 소중하다(Black Lives Matter)" 운동 등 수많은 국내외 투쟁이 페이스북, 유튜브, 트위터, 왓츠앱, 인스타그램, 스냅챗, 아이메시지, 트위치, 틱톡 등 나날이 진화하는 수많은 소셜미디어 플랫폼을 통해 거리와 인터넷에서 동시에 벌어졌다. 이러한 플랫폼을 이용하여 시위 주동자와 활동가들은 네트워크를 구축하고, 자원과 참가자를 동원하고, 서사(narrative)와 밈을 증폭시킬 수 있으며, 반면에 정부 당국 또한 진짜 또는 가짜 메시지를 퍼트릴 수도 있고, 상황이 심각해지면 골치 아픈 채널과 플랫폼을 폐쇄할 수도 있다.[19]

학자들은 소셜미디어와 휴대전화로의 이동이 사용자와 사용자가 이해하고 영향을 미치려는 사건에 미치는 영향을 탐구해 왔다. 2010년경 온라인 행동주의가 등장하기 시작하였을 때, 몇몇 학자들은 트윗을 보내고, 누군가의 페이스북 게시물에 '좋아요'를 누르거나, 온라인 청원에 서명하는 행위 등의 중요성과 영향에 대해 의문을 제기했다. 트윗, 게시물, 심지어 틱톡 동영상에 수반되는 최소한의 노력이 활동가로 추정되는 사람의 기분을 좋게 만들 수는 있지만, 실제 세계에는 거의 영향을 미치지 못할 가능성이 높다는 것을 완곡히 말하기 위해 '게으름뱅이 사회운동(slacktivism)'이라는 신조어가 등장했다.[20] 최근 또 다른 학자들은 온라인 활동과 오프라인에서의 조직, 조정, 행동 사이에 연관성이 있다는 증거를 제시했다.[21] 온라인 소셜 네트워크는 향후 유사한 문제가 발생하는 경우 다시 활성화될 수 있는 연결고리가 발달하고 있다. 그러나 『애틀랜틱』의 베커맨(Gal Beckerman)이 지적했듯이, 소셜미디어는 사회운동의 신진대사가 빨라지게 만들어, 사회운동이 불이 붙어 활활 타오르고, 그리고 나서 항상 그런 것은 아니지만 종종 의미 있는 사회 변화를 위한 노력이 성공하기도 전에 미리 다 타버리게 만든다.[22] 온라인 접속이 쉽다는 것은 접속을 끊기도 쉽고, 집중하는 시간이 줄어들 수 있음을 의미한다.

인터넷 접근 방법이 데스크탑 컴퓨터와 노트북 컴퓨터에서 휴대용 모바일 기기, 특히 스마트폰으로 계속 이동하고 있는 현상이 학자들의 우려를 자아내는 또 다른 이유이다. 공동의 정치적 행동의 기초가 될 수 있는 뉴스와 정보에 관여할 수 있는 기회와 편리함 측면에서 모바일 기기가 초고속 인터넷에 연결된 컴퓨터에 비해 못한 것이 사실이다. 더욱이 정치참여 시 다양한 제약에 직면하는 젊은 사람, 소수자, 빈곤층 역시 모바일에서만 인터넷에 접속할 가능성이 가장 높다.

따라서, 국내정치에서 우리는 인터넷, 특히 소셜미디어 공간의 장점과 단점을 각각 개방성 및 다양성 대비 제한적인 집중 시간 및 허위 정보의 위험성으로 생각한다. 우리는 일반적으로 장점이 단점보다 더 크다고 믿는다. 그러나 국제정치에서는 단점이 더 확연하게 커보인다. 2021년 말 러시아 대통령 블라디미르 푸틴은 우크라이나 국경에 군대를 배치하여 2022년 2월 24일 시작된 우크라이나 침공을 예고했다. 러시아의 우크라이나 침공은 제2차 세계대전 이후 유럽에서 발생한 가장 큰 규모의 적대적 군사행동이었다.

전 세계 대부분의 사람이 군사 전투에 주목했지만, 현대 군사전략을 연구하는 많은 언론인, 학자, 연구자들은 이 전쟁에 관한 정보와 이미지, 광범위한 서사 등을 통제하기 위한 치열한 싸움에 주목했다. 러시아는 이번 분쟁을 우크라이나 동부 돈바스 지역의 러시아어 사용자들을 대량학살로부터 보호하고, 필요한 경우에는 불법 파시스트 정부로 불리는 키이우(키에프)의 우크라이나정부를 몰아내기 위한 '특별 군사 작전'이라고 주장했다. 러시아의 국영 언론은 분쟁 초기에 이러한 내용을 계속해서 보도했다. 그러나 인터넷과 수많은 소셜미디어 플랫폼은 명분 없는 러시아의 침공에 맞선 영웅적인 우크라이나 군대와 민간인들의 저항에 관한 기사로 반박했다. 적어도 러시아 밖에서 정보전쟁의 전세는 급속하게 우크라이나 쪽으로 기울었다.

결정적으로, 위기 시에 인터넷과 소셜미디어 공간은 단지 나쁜 사람에 맞서는 좋은 사람, 푸틴에 맞서는 젤렌스키만이 아니다. 왜냐하면 많은 행위자는 어정쩡해서 명확하지 않기 때문이다. 일부 악의적인 행위자는 다른 행위자에 비해 눈에 띄기 쉽다. 전쟁 초기에 러시아 국영 언론은 젤렌스키가 수도에서 도망쳤고, 나중에는 우크라이나가 항복했다고 주장했다. 러시아의 목적은 혼란을 조장하고 우크라이나 국민의 사기를 떨어뜨리는 데 있었다. 키이우에서 젤렌스키가 우크라이나의 방위 태세를 지휘하는 장면이 담긴 우크라이나 동영상은 그러한 허위 주장에 일침을 가했다. 하지만 전 세계 평범한 일반시민들은 소문과 거짓말로부터 진실을 가려내는 일에 어려움을 겪는다. 마침내, 러시아나 우크라이나, 또는 다른 나라 국민이지만 자국 정부로부터 직접적인 통제를 받지 않는 사이버 자원봉사자들이 적을 혼란에 빠뜨리기 위해 가짜 영상을 제작하거나 정부 웹사이트를 공격하는 이 싸움에 뛰어들었다.[23]

전쟁에 대한 자신의 이해가 적어도 부분적으로는 가짜 틱톡 영상에 기반을 두고 있다는 것을 깨닫고 열받은 한 젊은 미국 학생이 말했다. "전쟁이 실제로 어떤 모습인지 나는 잘 모르는 것 같다 … 하지만 우리는 뭐든지 알고 싶으면 틱톡에서 찾아본다. 그래서 이것에 대해서도 신뢰할 수 있다."[24] 나름 이해할 수 있다. 하지만 뉴스와 정보의 출처를 알기 위해 배우는 것에 대한, 즉 자기 훈련에 대한, 교훈도 있다. 하버드대학교 쇼렌스타인 미디어, 정치, 공공정책 연구소의 도노반(Joan Donovan)은 다음과 같이 조언한다. 위험성이 너무 크기 때문에 "정보를 얻으려면 지금 당장 소셜미디어의 황무지보다 케이블뉴스를 켜는 것이 가장 바람직하다."[25] 가장 위험한 부분은 우리 중 일부가 틱톡의 비디오 게임 영상을 실제 탱크 전투로 착각할 수 있다는 점이 아니다. 학자들은 "정치는 신념에 기반한 시스템이므로 정치가 최첨단 기술을 활용한 정교한 허위 정보 캠페인을 통해 지속적으로 빈번하게 훼손되면 생기는 일"에 대해 경고했다.[26] 이것은 아마도 독재자들은 허위 정보의 바다에서 번창할 수 있지만 민주주의는 그렇지 못하기 때문에 나쁜 인간들이 승리한다는 것을 의미한다. 그러므로 진실과 거짓을 구별할 수 있도록 자신을 훈련하는 일은 여러분 각자의 의지에 달려 있다.

미디어 소유권과 규제

우리가 받고 진실하다고 여기는 뉴스의 대부분은 우리에게 전달되기 전에 다른 사람들에 의해 선택되고 형성된다. 미디어의 소유자는 누구이며, 소유권은 우리가 세상에 대해 배우는 내용에 어떤 영향을 미치나? 대부분의 국가에서 정부는 대중매체를 소유하고, 재정을 지원하고, 규제한다. 미국은 라디오, 네트워크, 케이블 TV, 위성, 인터넷 접속망, 전파통신 시스템 등 주요 언론매체의 소유권이 민간에게 있는 세계 유일의 선진산업국이다.

미디어 통합 및 확산

미국의 주요 언론매체는 민간 소유일 뿐만 아니라 몇몇 대기업의 손에 집중되어 있다.[27] 실제로 2022년 기준으로 AT&T, 컴캐스트, 디즈니, 버라이즌 등 4개 회사가 방송 및 케이블 TV에 대한 엑세스를 장악하고 있다. 대부분의 미디어 합병의 기본 아이디어는 인터넷, 전화, 케이블 회사 등과 같이 때때로 '멍청한 파이프'라고 불리는 '통신사'를 텔레비전 네트워크, 영화 스튜디오, 비디오 체인, 또 최근에는 유튜브, 틱톡, 핀터레스트 등과 같은 사용자 생성 콘텐츠 제공업체와 결합하는 것이다.[28]

2019년에 두 건의 초대형 규모의 미디어 거래가 완료되었다. 그중 하나는 AT&T가 850억 달러에 타임워너를 인수한 것이다. 미국 제일의 인터넷 제공업체인 AT&T는 타임워너의 CNN, HBO, 워너브라더스 영화 스튜디오가 갖고 있는 자산인 콘텐츠를 원했다. 또 다른 하나의 미디어 거래는 디즈니가 비록 폭스뉴스는 아니지만 폭스의 영화 및 TV 자산을 710억 달러어치 이상 구매한 것이다. AT&T와 디즈니 모두 정보와 엔터테인먼트의 미래가 온라인에 있다고 확신하고 있으며, 애플, 아마존, 구글, 페이스북 등 같은 기업과 더욱 효과적으로 경쟁할 수 있도록 그들은 소비자에게 직접 접근하기 위해 움직이고 있었다.[29]

동시에, 수십 개 때로는 수백 개의 TV 채널을 공급하는 케이블 및 위성 시스템과 스트리밍 서비스와 글자 그대로 수백만 개의 웹 및 블로그 사이트를 제공하는 인터넷은 민간 소유이지만 무척 다양한 정보 환경을 제공하고 있다. 어떤 사람들은 미디어 통합이 긴급을 요하는 위험한 문제라고 주장하는 반면, 또 다른 사람들은 기업이나 정부가 통제할 수 있는 것보다 더 많은 정보에 시민들이 접근할 수 있다고 주장한다.

Q2 소수의 민간 기업이 미디어를 장악하게 되면서 그로 인해 시민들이 이용할 수 있는 정보의 정확성과 다양성이 위협받고 있는가?

공공 규제

미디어를 규제하려는 민주사회의 열망은 충분히 이해가 간다. 결국, 시민들이 의미 있는 공적 역할을 담당하려면 정확하고 풍부한 정보가 요구된다. 그러나 최근 몇 년 동안 미디어의 수와 종류가 증가하면서 정부 규제의 근거가 바뀌었고, 적어도 최근까지 많은 사람의 생각 속에서 정부 규제가 거의 사라졌다.

의회는 90년 전에 전파매체와 공공 이익 사이를 조정하는 정부의 역할을 정의했다. **1934년의 「통신법」**에서 의회는 **연방통신위원회(FCC)**를 설립하고 통신산업을 규제하는 임무를 맡겼다. FCC의 규제 역할에 대한 합리적 근거는 전파가 공공이 소유한 한정된 자원이라는 것이었다. 방송 면허를 받는 대가로 면허 사용자는 '공익, 편의, 필요'에 따라 행동하기로 동의했다.

기술적 한계로 인해 각 도시에 단지 몇 개의 라디오 및 텔레비전 방송국만 가지고 있어야 할 때, 주요 네트워크가 대중이 이용할 수 있는 정보를 독점적으로 통제할 수 있다는 우려는 타당했다. 따라서, FCC는 개인이나 기업이 소유할 수 있는 라디오 및 텔레비전 방송국의 수를 제한하고, 대부분 시장에서 하나 이상의 TV 방송국의 소유를 금지하고 동일한 도시에서 신문, TV 방송국, 케이블 회사의 교차 소유를 금지했다.

케이블, 위성, 인터넷 기술의 발달로 인해 미디어 매체가 엄청나게 확산되자, 방송사는 FCC 규정이 시대에 뒤떨어지고 반경쟁적이라고 이의를 제기했다. 1996년의 획기적인 통신법과 그에 따른 FCC 규제 개혁은 한 회사가 소유할 수 있는 라디오 및 텔레비전 방송국의 수에 대한 제한을 완화하고, 단일 도시에서 여러 라디오 방송국을 소유하고, 미국 최대 도시에서 여러 텔레비전 방송국을 소유할 수 있도록 허용하는 방향으로 나아갔다. 미디어 소유 및 통제에 대한 이러한 제한을 완화하는 논리는 너무 많은 정보 및 오락 소스를 사용할 수 있는 상황에서 시민들은 누군가, 또는 심지어 일부 소규모 개인 또는 기업 그룹이, 모든 것을 통제할 수 있다는 걱정을 할 필요가 없다는 것이다.[30]

언론에 대한 정부의 규제가 줄어들고 있지만, 정치와 정부에서 언론의 역할 역시 확실히 줄어들고 있다고 할 수는 없다. 언론은 정치인 및 정부와 그들이 이끌어야 할 시민들 사이의 주요한 매개체이자 필터 역할을 한다.

미디어 영향력과 정치의제

Q3 미디어는 시민들이 자신의 세계에 대해 가지는 생각과 정보의 형성에 어떻게 영향을 미치나?

신문, 잡지, 텔레비전과 같은 전통 미디어는 우리나라와 세계에서 일어난 모든 일 중에서 골라내어 아주 조그만 한 조각을 우리에게 뉴스로 제공한다. 토크 라디오, 소셜미디어, 웹과 같은 뉴미디어는 전통 미디어의 저작물을 재포장하고, 해

1934년 「통신법(Communications Act of 1934)」
미디어에 대한 규제를 담당하는 연방기관인 '연방통신위원회(FCC)'를 설립했다.

연방통신위원회(FCC: Federal Communications Commission)
1934년 「통신법」에 따라 설립된 FCC는 대중의 이익을 위해 미디어를 규제하는 권한을 가진 5인 위원회이다.

석하고, 비평하고, 이를 오락, 논평, 악의, 기발한 말 등으로 대체한다. 이 절에서는 미디어가 어떻게 뉴스를 수집하는지, 어떤 종류의 뉴스를 가장 매력적으로 느끼는지, 시민들이 어떻게 그들에게 제공된 뉴스를 받아들이고 처리하는지 살펴본다. 특히 미디어가 선거와 정부를 어떻게 얘기하는지에 주목한다. 우리는 미디어가 정보를 제시할 뿐만 아니라 특정 이슈만 제기하고 다른 이슈는 제기하지 않으며, 그들이 제기하는 이슈를 어떻게 이해할 것인지 제시한다는 것을 발견했다. 그 결과 미국에서 미디어는 여론을 형성하는 데 중요한 역할을 한다.[31]

미디어, 정치인, 대중여론

공직자와 언론인은 서로 필요할 뿐만 아니라, 서로가 없이는 업무를 수행할 수도 없다. 공직자, 특히 정치인은 유권자와 소통할 필요가 있고, 언론인은 광고주를 위해 청중의 관심을 끌어 유지하기 위해 흥미진진한 최신 뉴스와 엔터테인먼트가 필요하다. 언론인과 정치인은 교환 관계에 있다. 즉, 널리 알리기 위해 정보를 교환하며 이를 통해 양측 모두 이익을 얻는다. 갈수록 점점 더 뉴미디어는 시민들에게 자신이 이익을 얻는지 여부에 대해 말할 수 있는 기회를 주며, 그렇지 않은 경우에는 불평하고 비판할 수 있는 기회를 준다. 주류 언론인과 정치인은 급변하는 환경에 대응하기 위해 고군분투하고 있다.

정치인과 언론은 서로를 필요로 하지만, 때때로 그들 사이에는 자연적 긴장 관계가 형성된다. 1966년부터 「**정보자유법**」에 따라 정부는 서면 요청 시 언론을 포함한 시민들에게 정부가 보유하고 있는 정보 대부분을 제공해야 한다. 정치인은 자기 자신과 자신의 정책을 좋게 평가할 수 있는 정보만 기자에게 제공하고 싶어 하지만, 기자들은 자신의 관심 주제에 대해 얻을 수 있는 가능한 모든 정보를 원한다. 그리고 일부 언론 기사, 특히 전쟁, 첩보전, 스캔들, 부패를 다루는 기사에서는 정치인과 언론이 서로 반대되는 엇갈린 목표를 추구한다. 국가안보와 개인정보 보호와 관련하여 애플, 구글, 마이크로소프트 등과 같은 글로벌 인터넷 거대 기업을 둘러싸고 현재 진행 중인 정치적, 법적 다툼은 훌륭한 예이지만, 최근의 예일 뿐이다.

언론은 어디서 뉴스를 얻는가? 전통적인 미디어가 뉴스를 얻는 곳에 대한 우리의 이미지는 워터게이트 사건을 폭로한 『워싱턴포스트』의 젊은 메트로 데스크 기자 우드워드(Bob Woodward)와 번스타인(Carl Bernstein)의 낭만적인 사례에서 비롯된다. 때로는 정치와 미디어의 관계가 이런 식으로 작동하지만, 일반적으로는 그렇지 않다. 일반적으로 기자들은 큰 뉴스감을 찾기 위해 하루를 보내지 않고, 기사 작성을 준비하기 위해 광범위한 배경 조사를 수행하지 않는다. 오히려 기자들은 기자회견, 공식 브리핑, 보도 자료, 백그라운드 인터뷰 및 공식 인터뷰, 비밀

「정보자유법(FOIA: Freedom of Information Act)」
1966년에 통과된 FOIA는 정부기관이 그들이 보유한 대부분의 정보를 언론을 포함한 시민들에게 제공하도록 요구하고 있다.

미디어는 편향되어 있는가? 물론 그렇다. 그러나 정확히 어떻게?

두 가지 요인이 전통적인 언론기관이 신중하고 예측가능한 방식으로 뉴스를 취재하고 전파하는 이유를 설명하는 데 도움을 준다. 첫째, 뉴스 조직들은 광고주들에게 공간이나 시간을 판매하여 돈을 버는, 관료주의적 영리 목적의 대기업이거나 대기업에 속해 있다. 네트워크 경영진은 자신들이 구애하고자 하는 대부분 시청자와 대기업 광고주가 언론매체의 보도 내용으로 인해 당황하거나 충격을 받는 상황을 원치 않는다는 점을 인지하고 있다. 뉴스 프로그램의 내용 때문에 시청자와 광고 수익을 잃고 있다고 생각하는 네트워크 경영진은 즉각적으로 변화를 추구할 것이다.

둘째, 인쇄매체와 전파매체 모두 효율적으로 업무를 조직하여 기자, 편집자, 제작자 등에게 업무를 할당해야 한다. 이를 위해서는 마감시간과 출입처가 필요하다. 조간신문은 아침 6시까지 문 앞에 배달되어야 하고, 저녁 뉴스는 정확히 예정된 시간에 방송되어야 하기 때문에 마감시간이 필요하다. 그러므로 신문이나 뉴스방송의 전 과정이 제대로 진행되려면 기자가 정해진 시간까지 기사와 사진을 제출해야 한다.

게다가, 기자들은 일반적으로 뉴스거리가 정기적으로 발생할 것이 예상되는 백악관, 의회, 국방부, 카운티 법원, 경찰서 등과 같은 기관들을 중점적으로 담당하는 출입처를 배정받는다. 이러한 자원을 투입한 편집자들과 제작자들은 주요 출입처에서 매일 무슨 일이 일어났는지 보도하는 것 외에는 선택의 여지가 거의 없다. 그 결과, 대부분의 뉴스 보도는 과도하게 정해진 곳에서 발생하는 공식적이며 미리 예정된 행사에 대한 보도로 치우치게 된다. 때로는 휴대전화를 가진 시민은 중요 기사의 불가결한 요소이다. 조지 플로이드 살인사건은 가장 잘 알려진 예일 뿐이지, 일반적인 경우는 아니다.

작지만 더 열렬한 연중무휴 청중을 대상으로 하는 토크 라디오, 케이블, 인터넷 등의 뉴미디어는 더 예리하고, 더 개성적이며, 더 노골적으로 이념적이다. 그러나 이들 뉴미디어는 『뉴욕타임즈』, 『타임 매거진』, AP통신과 같은 전통적인 미디어에 고용된 수백 명, 심지어 수천 명의 사람들과 비교하면 '소규모 자영업'으로 운영된다. 예를 들어, 이전에 배넌(Steve Bannon)이 운영했던 『브리트바트 뉴스』에는 직원이 96명 있다. 『허핑턴 포스트』, 폭스뉴스, CNN보다 더 많은 트래픽을 유발하는 뉴스 모아주는 사이트 『드러지 리포트』(www.drudgereport.com)에는 110명의 유급 직원이 있다.[32]

뉴스를 어디서 얻든, 많은 미국인은 뉴스처럼 보이는 내용과 고양이 동영상, 연예인 비키니 사진, 상위 10대 순위, 성격 퀴즈 등이 뒤섞여 있는 웹사이트는 고사하고, 신문이나 TV에서조차 무엇을 믿어야 할지 파악하는 데 어려움을 겪고 있다. 객관적인 저널리즘과 다양한 종류의 논평과 의견 간의 차이를 명확히 이해하는 데 몇 가지 기본적인 구별이 도움이 될 것이다.[33] 주요 신문의 1면 뉴스 섹션, 지하철 섹션, 비즈니스 섹션 또는 방송국 저녁 뉴스에서 볼 수 있는 일반 뉴스 보도는 기사에 등장하는 사건이나 쟁점에 대한 사실을 공평하고 균형 있게 전달해야 한다. 기사의 관점에 논쟁의 여지가 있다면, 기사에 등장하는 사건과 쟁점에 대한 확실한 취재 범위가 제시되어야 한다. 뉴스 기사의 어조는 균형 잡히고 유익해야 하며, 독자가 더 많은 정보를 원하더라도 안정적이고 차분해야 한다. 뉴스는 의도적으로 독자의 감정을 자극해서는 안 된다.

뉴스 분석은 일반적으로 신문이나 방송 같은 섹션에 있는 일반 뉴스와 유사하지만, 독자들이 기사의 사건과 이슈를 맥락에 맞춰 파악하도록 돕기 위한 것이다. 뉴스 분석은 이슈나 사건이 무엇을 의미하는지 제시하며, 종종 더 해석적이고, 더 미래지향적이며, 독자들에게 이야기가 어디로 흘러갈지 제시하려고 한다. 의도는 여전히 균형을 유지하면서 정보를 제공하려는 것이지만, 본질적으로 추측에 가깝고, 따라서 제안된 의미나 방향에 동의하지 않는 독자는 한쪽으로 치우친 편향성을 느낄 수 있다. 뉴스매체는 독자가 자신에게 제시되는 내용과 해당 콘텐츠에 대해 어떤 주장이 제기되고 있는지 알 수 있도록 표시를 분명히 하여 전통적인 뉴스 기사와 뉴스 분석 기사를 분리하는 것이 바람직하다.

뉴스와 뉴스 분석 외에도 다양한 형태의 의견이 있다. 예를 들어, 사설은 관심 있는 주제, 사건, 이슈 등에 대한 소유자, 경영진, 편집자 등의 의견이므로 사설이다. 사설은 뉴스가 아니다. 사설은 어떤 주제에 대한 언론사의 공식 성명 또는 입장이다. 전국적으로 유명한 칼럼니스트와 지역 언론사 논설위원 또는 지역 유명인사가 작성한 의견 칼럼은 해당 주제에 대한 사적 또는 개인적 견해를 제시한다. 그리고 대부분 신문은 독자들이 자신의 의견을 제시할 수 있도록 정기적으로 시민, 구독자, 독자의 편지를 뽑아서 신문에 싣는다. 오늘의 이슈, 사설, 의견 칼럼, 편집자에게 보내는 독자 투고 등은 뉴스가 아닌 누군가의 의견임을 강조하기 위해 일반적으로 잘 표시된 공간에 배치된다. 분명히 소셜미디어 피드나 임의의 웹사이트에서 보는 내용은 분류가 훨씬 더 어렵다. 주의해서 시작하라.

마지막으로, 편향성은 외부에서만 오는 것이 아니라 내부에서도 발생한다. 나이트 재단과 갤럽의 새로운 연구는 뉴스 소비자, 즉 여러분과 필자는 뉴스에 대해 각자 편향성을 갖고 있음을 보여주었다. 이 연구에 따르면 가장 극단적인 정치적 견해를 가진 사람들은 중도적 성향의 사람에 비해 자신이 인정한 출처의 기사는 더 높게 평가하고, 인정하지 않은 출처의 기사는 더 낮게 평가하는 경향이 있는 것으로 나타났다. 따라서 미디어 편향성은 사실이지만, 소비자, 특히 이념적으로 더 극단적인 소비자는 편향적인 미디어의 콘텐츠를 읽는다.[34] 다시 한번 조심하고, 그 못지않게 중요한 것은 조금이라도 자신에 대해 자각하려고 노력하는 것이다.

여러분은 어떻게 생각하는가?
- 좌파 성향의 기자가 중요한 이슈의 좌우 양측을 모두 다루는 뉴스 기사를 쓸 수 있을까?
- 대중은 일반 뉴스(스트레이트 뉴스)를 원하는가, 아니면 대중은 너무 정파적이고 양극화되어 있어서 좌우 양측의 의견을 모두 알기를 원치 않는가?

찬성	반대
기자들 대부분이 민주당에 투표했음을 인정한다.	언론사도 수익을 추구하는 기업이다.
신뢰할 수 있는 연구들은 편향성을 발견했다고 주장한다.	어떤 기업도 고객의 기분을 상하게 하고 싶지 않다.
일부 언론매체는 자신의 편향성을 분명하게 밝히고 있다.	객관성은 언론인의 직업적 의무이다.

누설 등을 포함한 일상적이고 공식적인 정보 채널에 크게 의존한다.

자신의 저서 『미디어와 정치의 이해』에서 정치학자 볼프스펠트(Gadi Wolfsfeld)는 일반적인 상황에서 정치인이 미디어보다 우위에 있다고 설명한다. 볼프스펠트는 다음과 같이 썼다. "정치적 권력은 대개 뉴스매체에 대한 권력으로 해석될 수 있다. 정치 커뮤니케이션 분야에서 가장 오랫동안 살아남은 교훈 중 하나는 정치적 권력을 가진 사람이 정치적 보도를 훨씬 더 쉽게 받을 수 있을 뿐만 아니라, 자신의 메시지를 전달하기에 훨씬 더 나은 위치에 있다는 것이다."[35] 다른 시기에 다양한 이유로 정치인이 정보의 흐름이나 기사의 내용을 통제할 수 없게 되면 미디어가 유리하게 된다.

행정부 관리들과 언론 간의 긴장은 특히 전쟁이나 스캔들이 발생한 시기에 두드러진다. 첫 번째 부시 대통령 행정부는 제1차 걸프전 당시 정보를 통제하려고 기자들에게 공식 브리핑만 제공했다. 언론의 불만으로 인해 두 번째 부시 대통령 행정부의 국방부는 2003년 이라크전쟁 당시 기자들을 야전부대에 '끼워 넣기' 하여 전시 접근성을 개선하였다. 끼워 넣어진 기자들은 전쟁 중 전례 없는 실시간 보도를 제공했지만, 일부는 기자들의 군대에 대한 의존이 기자들이 군대와 유대감을 갖게 했고, 그것이 미군이 바그다드를 향해 진군하는 동안 조금의 의심도 없이 긍정적인 보도가 쏟아진 이유였다고 우려했다.

주요 전투 작전이 끝난 후 행정부 관리들은 언론이 계속되고 있는 저항에만 너무 지나치게 치중하고, 재건된 학교와 교량, 전력망에 대해서는 제대로 다루지 않는다고 생각했다. 국내에서 부시 대통령은 우호적인 지역 TV 특파원들과 독점 인터뷰를 하는 방식으로 전국 언론과의 접촉을 피하면서 국정을 운영하려고 했다. 대통령은 "나는 뉴스가 전달되는 과정에서 일부 뉴스를 걸러내는 언론 필터에 대해 항상 유념하고 있지만, 때로는 불가피하게 언론 필터를 건너뛰어 국민과 직접 대화해야 할 필요가 있다"라고 설명했다.[36]

언론과의 갈등 관계로 유명한 트럼프 대통령은 언론 필터를 회피하기 위해 두 가지 새로운 접근방식을 시도하였다. 하나는 NBC나 CNN과 같은 전통적인 신문이나 방송매체를 피하면서 폭스뉴스의 우호적인 영역에 크게 의존하는 것이었다. 또 다른 하나는 백악관 공보실을 근본적으로 재조직 및 재설계하는 것이었다. 초기에 트럼프 행정부는 정부에 대해 비우호적이라고 여겨지는 기자의 백악관 출입을 정지시키거나 거부했다. 트럼프의 이러한 조치는 논쟁을 불러일으켰으며, 나중에 백악관은 단지 일일 언론 브리핑만 중단했다. 트럼프 대통령은 스스로 말하고 트윗하는 것을 더 좋아했을 뿐만 아니라 언론과 싸워 이기려고 하거나 언론의 협력을 구하기보다 적어도 일부 언론을 '국민의 적'이라고 부르는 것을 포함하여 언론에 도전하는 것이 자신에게 더 이롭다고 생각하는 것처럼 보였다. 이것이 사실상 트럼프 대통령의 평판을 나쁘게 만들었으며, 그는 단순히 그것을 '가짜 뉴스'라고 전면적으로 부인할 수 있었다. 이것은 애매모호한 전략이다.

대중은 어디서 뉴스를 얻나? 공직자와 언론 모두 대중의 관심을 끌고 유지하는 데 관심이 크지만, 대중은 이를 무시하는 경향이 있다. 대부분의 미국인에게 정치와 공무는 가끔 그리고 보통은 그들의 삶에서 부차적인 역할을 할 뿐이다. 그들의 관심은 자신의 직업과 가족에 집중되어 있으며, 여가 시간에는 정치가 아니라 여가, 스포츠, 오락에 관심을 쏟는다. 미국인들은 옷을 입으면서 조간신문을 대충 훑어보고, 퇴근길 자동차에서 라디오를 듣고, 하루 종일 휴대전화를 확인하고, 저녁 시간에 대화를 나누면서 저녁 뉴스를 부분부분 듣는 등 하루 종일 뉴스와 정보를 얻을 수 있다. 대부분의 미국인은 한 곳 이상의 출처에서 뉴스를 얻지만, 2021년 퓨 리서치 센터의 주요 뉴스 출처를 묻는 질문에 52%는 스마트폰, 컴퓨터, 태블릿 등을 통해 인터넷에서 얻는다고 답했고, 35%가 TV를, 그리고 단지 7%가 라디오, 5%가 인쇄매체라고 말했다.[37] 이 장의 뒷부분에서 살펴보겠지만, 상당수의 시청자는, 특히 젊은 시청자는 노라 오도넬(Norah O'Donnell)의 '진짜' 뉴스보다 콜베어(Stephen Colbert)의 가짜 뉴스를 선호한다. 여러분은 특히 어떤 미디어에 관심이 있나? 그 특정 미디어에서 어떤 정보를 찾는가?

마지막으로, 언론이 뉴스를 취재하여 보도하는 방식으로 인해 시민들이 그것의 패턴과 관계를 파악하기는 어렵다. 언론은 그날의 사건에 초점을 맞춘다. 최근 무차별 폭력행위, 혹은 가장 최근의 실업 수치, 가장 최근의 선거운동 여론조사나 후보의 공약 등에 대해 누가 무엇을 말했는지 등이다. 관심 대부분이 다른 데 있는 시민들은 최근에 발생한 개별 사건이나 진술에 대해 들었을 수도 있지만, 그것을 적절하고 의미 있는 맥락 안에서 이해할 시간이나 성향, 관련 정보 등을 갖고 있지 않을 가능성이 높다. 특정 주제에 대해 이미 높은 수준의 정보를 갖고 있는 시민들만이 해당 주제에 대한 다음번 얻게 되는 정보를 쉽게 이해할 수 있다. 정보가 없는 시민에게는 복잡한 주제에 대한 새로운 정보는 의미가 없으며 무시될 가능성이 높다.[38]

인터넷이 정치와 뉴스를 민주화했는가?　인터넷의 가능성은 무궁무진했고 앞으로도 계속 그럴 것이다. 우주와 마찬가지로 인터넷은 무한하다. 즉, 모든 사람을 위한 공간이 있고 수백만 명이 자신의 견해를 토론할 수 있는 토론장을 발견했다. 초기에는 공적 영역이 확장되고, 더 많은 목소리가 들리고, 더 넓은 범위의 생각과 의견이 제시될 수 있을 것이며, 이런 것이 우리의 민주주의에 활력을 불어넣고 우리의 민주주의를 풍성하게 할 것이라고 가정했다. 경험적 증거에 따르면 이 약속은 아직 실현되지 않았다. 이것의 많은 부분은 우리 자신의 한계, 즉 시간, 주의력, 인내심의 한계에서 비롯되기 때문에 예측가능했다. 더욱 불길하게도, 웹 자체가 정보 독점과 잘못된 정보를 낳는 것 같다.

첫째, 웹상의 뉴스 대부분은 AP, 로이터, 블룸버그, BBC, 『뉴욕타임즈』, 『월스트리트저널』, 『워싱턴포스트』 등과 같은 '올드미디어'에서 처음 보도한 것이다. 올드미디어에서 처음 보도한 뉴스는 그 후 다른 온라인 사이트에서 다시 게시하거나 링크하는데, 이들 사이트는 기존 미디어의 처음 뉴스 보도에 대해 논평은 하지만, 그들 자신의 고유 뉴스는 거

출처: AP Photo/Susan Walsh

언론부 장관만큼 매일 매일 일상적으로 중요한 일을 처리하는 행정부 관리는 거의 없다. 카린 장 피에르가 기자실 연단에서 백악관 정책을 설명하고 언론의 질문에 답하고 있다. 실수는 뉴스가 되며, 좋은 일이 아니다.

의 또는 전혀 보도하지 않는다. 볼프스펠트에 따르면 뉴스 기사의 3.5%만이 웹에서 처음 보도하였고, 전통 미디어가 그것을 받아서 보도했다. 나머지 96.5%는 전통 미디어에서 시작하여 웹이 받아 이어서 보도했다.[39]

둘째, 웹 트래픽은 웹상 가능한 모든 사이트로 널리 분산되기보다는 몇 개 사이트로 집중되는 경향이 있다. 『월스트리트 저널』, 『뉴욕타임즈』 등과 같은 일류 신문은 자신의 인쇄본 독자 수보다 2.5배나 더 많은 웹 트래픽 수를 기록한다. 규모가 작은 신문은 인쇄본 독자 수보다 적은 웹 트래픽 수를 갖고 있다.[40] 온라인에서 뉴스를 보는 사람들 대부분은 단지 몇 개의 가장 유명한 사이트로 쏠리는 경향이 있다. 퓨 리서치 센터의 우수 저널리즘 프로젝트의 설문조사에 따르면 대부분의 온라인 뉴스 독자는 한 달에 한두 번만 사이트를 방문하고, 그 사이트에서 머무는 시간은 5분 미만이다.[41]

셋째, 온라인 뉴스 사이트만큼이나 정치 블로그의 트래픽 역시 집중되어 있다. 100만 명 이상의 사람이 정치 블로그를 가지고 있지만, 이들 블로그 중 극히 일부만이 상당한 트래픽을 불러일으킨다. 누구든지 정치 블로그를 시작할 수 있고, 거기에 원하는 바를 마음대로 말할 수 있지만, 가족과 친구 이외에는 아무도 보지 않는다면 우리 민주주의에 기여하는 바는 거의 없다. 좌파로는 데일리 코스 (Daily Kos), 씽크프로그레스(ThinkProgress), 토킹포인츠메모(Talking Points Memo), 우파로는 레드스테이트(RedState), 뉴스버스터즈(Newsbusters), 레드 얼러트 폴리틱스(Red Alert Politics)가 이끄는 수십 개 미만의 블로그만이 수천, 수만 명의 독자를 끌어모은다. 하지만 흥미롭게도 토크 라디오와 달리 진보적 블로그는 보수적 블로그를 2대 1 비율로 앞선다.[42]

마지막으로, 워싱턴의 언론인이자 학자인 니콜스(John Nichols)와 맥체스니 (Robert W. McChesney)는 "대단히 역설적으로, 인터넷은 거의 틀림없이 경제학 역사에서 가장 큰 독점력을 창출한 주체가 되었다. 구글, 애플, 아마존, 마이크로소프트, 그리고 이들에 조금 못 미치는 페이스북과 트위터 등 세계에서 시장가치가 높은 기업 중 하나로 꼽히는 거대한 기업들이 거대한 디지털 시장을 독점적으로 지배하고 있다"라고 지적한다.[43] 이 회사들은 일부 우리의 가장 중요한 활동을 촉진하지만, 우리는 이들 회사는 무엇보다도 뼛속까지 사업체이며 우리 개개인에 대해 매우 많은 것을 알고 있음을 잊지 말아야 한다.

인터넷이 가짜 뉴스를 조장하는가?

진실과 거짓 사이의 싸움에서, 여러분은 어디에 판돈을 걸겠는가? 전통적으로, 언론의 자유, 출판의 자유, 표현의 자유 옹호자들은 좋은 정보가 나쁜 정보를, 진실이 거짓을 몰아낸다고 주장한다. 예를 들어, 이 책 권두 인용문의 저자인 영국의 위대한 시인 밀턴(John Milton)과 밀(John Stuart Mill)은 '아이디어의 장터

(marketplace of idea)'에서 거짓을 이기는 진실의 힘에 대한 확신을 언급했다. 대표적으로 트웨인(Mark Twain)과 같은 다른 사람들은 "진실이 출발하려고 신발을 신기도 전에 거짓말은 지구의 반을 여행할 수 있다"라고 우려했다. 알고 보니 마크 트웨인이 옳았다. MIT에서 수행한 연구에 따르면 적어도 트위터에서는 거짓말이 진실보다 6배 더 빠르게 전파되고 더 많은 사람에게 도달한다는 사실이 밝혀졌다.[44] 조심해야 한다!

최근 몇 년 동안 버락 오바마 전 대통령, 교황, 그리고 가장 빈번하게 도널드 트럼프 대통령은 모두 '가짜 뉴스'에 대해 경고했다. 많은 사람은 도널드 트럼프가 자신이 좋아하지 않는 보도는 모두 가짜 뉴스로 규정했다고 비난하는 반면, 또 다른 사람들은 보통 일부 또는 완전히 전부 꾸며낸 뉴스 보도를 가짜 뉴스라고 얘기한다. 가짜 뉴스는 홍보, 재정적이거나 정치적, 당파적 이익, 악의적인 오락 등 다양한 이유로 생산 및 유포될 수 있다. 분석가들은 실제로 얼마나 많은 가짜 뉴스가 존재하는지, 사람들이 이를 인식할 수 있는지, 이에 어떻게 반응하는지에 대해 논쟁하고 있다.

퓨 리서치 센터에서 실시한 설문조사에 따르면 성인의 거의 3분의 2는 가짜 뉴스가 큰 혼란을 야기한다고 생각했지만, 거의 85%는 가짜 뉴스를 접했을 때 이를 인지할 수 있다고 매우 또는 어느 정도 확신하였다.[45] 그러나 적어도 한 사람 웰치(Edgar Maddison Welch)는 '피자게이트' 이야기를 가짜 뉴스로 인식하지 못했다. 그 대신 웰치는 힐러리 클린턴이 워싱턴 D.C.의 '핑퐁 혜성'(Comet Ping Pong)이라고 하는 피자 레스토랑에서 아동 성매매 조직을 운영하고 있다는 온라인 보도를 믿었다. 웰치는 AR-15 소총과 권총을 챙겨 차에 짐을 싣고 아이들을 구출하기 위해 노스캐롤라이나에서 워싱턴 D.C.까지 차를 몰았다. 피자 가게에 총격을 가한 후, 잡혀있는 아이들을 찾지 못한 채 체포되었고, 재판을 받아 4년형을 선고받았다. 어이쿠 맙소사!

좀 더 광범위하게, 하버드와 MIT에서 수행되고 『컬럼비아 저널리즘 리뷰』에 발표된 연구는 〈브레이트바트 뉴스〉를 중심으로 한 미디어 '허위 정보' 작전을 확인했다. 연구자들은 〈브레이트바트〉가 "사실이거나 부분적으로 사실인 정보를 의도적으로 구성하여 본질적으로 오해를 불러일으키는 메시지로 만드는" 것을 전문으로 한다고 주장한다.[46] 비판적으로, 〈브레이트바트〉의 노력은 다른 보수적 미디어에 의해 수용되었을 뿐만 아니라 더 넓은 미디어 의제에 영향을 미쳤고, 주의 깊은 독자들조차 이를 피하기 어렵다.

학자들은 사람들이 가짜 뉴스로부터 자신을 더 잘 보호할 수 있도록 가짜 뉴스에 대한 사람들의 이해를 돕기 위해 노력하고 있다. 어떤 뉴스 보도에는 의도치 않게 실수가 포함되어 있으며, 또 어떤 보도는 의도적으로 사건의 일부만을 얘기하기 위해 짜맞춰진다. 둘 다 가짜 뉴스는 아니다. 가짜 뉴스는 검증 가능하며 종종 의도적으로 사실이 아닌 경우가 많다. 정치학자 리다웃(Travis N. Ridout)과 파울러(Erika Franklin Fowler)는 이러한 구별을 명확히 하고자 가짜 뉴스라는 표현을 거부하고, 자신이 좋아하지 않는 뉴스의 신빙성을 떨어뜨릴 목적으로 검증 가능한 거짓 뉴스, '정치화된 뉴스'를 '잘못된 뉴스(false news)' 또는 '조작된 뉴스(fabricated news)'로 표현하는 것을 선호하였다.[47]

대부분의 미국인에게 소셜미디어 플랫폼, 특히 페이스북과 트위터는 거짓이거나 정치화된 뉴스를 흔히 접하는 곳이다. 친구가 보낸 메시지라는 사실이 메시지의 신뢰성을 높일 수 있다. 많은 친구 집단은 사회적으로, 정치적으로 동질적이기 때문에 독자들은 신뢰할 수 있는 친구의 의심스러운 콘텐츠를 받아들일 준비가 되어 있을 수 있다. 결과적으로 단순히 정보가 부족한 사람만이 거짓인 정치화된 뉴스에 속아 넘어가는 것은 아니며, 박식한 사람도 가짜이지만 이념적으로 마음 편한 정보를 거부하기 어렵다. 게다가 사실 확인 작업은 단지 나쁜 정보를 되풀이해서 주입하는 것일 뿐이고, 애초에 그것을 수용하는 사람들의 머릿속에 나쁜 정보를 더 깊이 각인시킬 수도 있다.

리다웃과 파울러는 사람들에게 특정 기사를 어디서 접했는지, 그 기사를 작성한 사람은 누구인지, 그 기사를 여러 곳에서 본 적이 있는지, 그 기사를 통해 어떤 느낌을 받았는지 스스로 자문해 볼 것을 권한다. 널리 보도되고 있는 한 주제에 대해 인정 및 존중되는 출처에서 나온 기사는 더 알고 싶은 욕구를 불러일으키며, 아직 최종 결론은 아닐지라도 사실일 가능성이 높다. 출처를 알 수 없는 페이스북이나 트위터에서 아무도 논의하지 않는 주제에 대해 분노를 촉발하는 기사는 조작되었을 가능성이 높으며, 의심해야 한다.

미디어와 선거 과정

전쟁과 마찬가지로 선거로 인해 공직자와 언론 사이의 긴장 관계는 더욱 고조된다. 후보자들은 최대한 유리한 홍보를 원하고 불리한 홍보는 하지 않기를 원하는 반면, 언론은 선거운동을 극적이고 흥미진진하게 보이게 하는 방식으로 보도하기를 원한다. 후보자는 자신의 사건을 대중에게 공개할 필요가 있다. 반면에 언론은 선거운동의 어떤 측면이 뉴스거리이고 어떤 것이 그렇지 않은지를 결정한다.[48] 거의 변함없이 그들은 상대적으로 복잡하고 본질적으로 모호한 정책 문제를 사실상 배제하는 대신에 단순하지만 흥미진진한 '승마 경주' (누가 이기고 누가 지고 있는지) '전략' (왜 그렇게 말하거나 거기 갔을까), '인물' (누가 결함이 있고 어떤 결함인지) 이야기를 강조한다.

Q4 미디어는 미국에서 선거가 진행되는 방식과 정부가 운영되는 방식에 어떻게 영향을 미치는가?

자금과 미디어 접근. 미국인의 삶의 대부분 다른 영역과 마찬가지로 정치에 입문하는 '입장권'에도 일정한 가격이 있다. 정치적으로 높은 공직일수록 '입장권' 가격이 비싸다. 오늘날 선거 비용 대부분은 후보자가 통제하는 청중 접근, 즉 잠재적 유권자를 대상으로 하는 유료 정치광고 비용으로 언론매체에 지불된다. 선거운동은 또한 후보자의 메시지를 언론을 통해 유권자에게 전달하기 위해 여론조사 전문가와 선거 컨설턴트에게 선거운동 기조와 전략, 목표 대상 청중 등을 개발 및 테스트하고, 여론조사와 설문조사, 포커스그룹 등을 실시하는 데 비용을 지불해야 한다. 적어도 대통령 선거운동에 들어가는 총비용의 40%, 미국 상원의원 선거운동 총 비용의 3분의 1, 하원의원 선거운동 총 비용의 4분의 1이 라디오와 TV 광고에 사용된다.[49]

미국 상·하원 후보자들과 지지자들은 2020년 선거에서 57억 달러 이상의 선거자금을 모금하고 지출했다. 양당의 현역 의원들은 의원직을 지키기 위해 전례 없는 액수의 후원금을 모금하여 지출해야 했고, 많은 이들은 주로 이념 집단과 매우 부유한 개인들이 후원한 엄청난 액수의 '외부 자금'에 직면했다. 대부분의 '외부 자금'은 일반적으로 매우 부정적인 광고를 내기 위해 텔레비전 및 다른 미디어의 시간을 구입하는 데 사용되었다.

2020년 가장 돈을 많이 쓴 상원의원 선거 중 하나에서 처음 출마한 민주당 마크 켈리(Mark Kelly) 후보가 애리조나주 상원의원 마사 맥샐리(Martha McSally)를 약 3%p 차로 이겼다. 이 선거에 지출된 1억 7,200만 달러 중 8,400만 달러는 선거운동 해당 지역 외부에서 후원된 돈이었다. 텍사스주 22선거구 하원의원 선거에서도 민주당 스리 칼카르니(Sri Kalkarni)와 공화당 트레이 넬스(Trey Nehls) 등 2명의 처음 출마한 후보자가 각각 490만 달러와 150만 달러의 후원금을 모금했다. 외부의 이익집단이 1,500만 달러 이상을 이 선거에 쏟아부었고 넬스 후보가 7%p 차이로 이겼다. 너무 많은 외부 자금이 너무 많은 선거에 쏟아져 들어오게 되면서, 후보자들은 종종 자신이 자신의 선거에 대한 통제력을 상실했다고 느낀다.

경마식 정치 보도. 인쇄매체 및 전파매체는 선거운동을 주로 스포츠 경기처럼 보도하며, 후보자들의 정치적 경험과 정책적 입장에 대한 보도는 예전보다 줄어들었다. 스포츠 경기식 보도는 승패, 선거운동 전략과 전술, 상황과 소란 등을 다루지만, 정책 보도는 쟁점, 후보자의 장단점, 과거 기록, 향후 직무 수행 능력 등을 다룬다. 가장 대표적인 스포츠 경기 비유는 선거운동을 경마에 비유하는 것인데, 이것은 누가 가장 많은 돈을 모았는지, 누가 여론조사에서 앞서고 있는지, 누가 이길 가능성이 높은지 등 선거운동의 경쟁적 측면을 강조한다. 게다가 선거운동 주제와 정책 성명이 그것의 진가에 따라 해석되는 것이 아니라 유권자들의 이런 저런 요소를 가지고 "어떻게 경기하느냐"에 따라 해석될 때 스포츠 경기식 기사가 정책 기사를 압도하는 경향이 있다.

하버드대학교 케네디 스쿨의 쇼렌스타인 미디어, 정치, 공공정책 센터에서 실시한 중요한 연구는 CBS뉴스와 폭스뉴스가 2020년 선거운동 기간 동안 보도한 기사를 분석했다. 트럼프가 두 네트워크 모두의 초점이었다. 전체 CBS 선거운동 기사의 3분의 2 이상(68%)이 트럼프를 다루었고, 폭스뉴스의 절반 이상(56%)도 마찬가지였다. 바이든에 비해 트럼프는 훌륭한 뉴스 소재였으며 두 네트워크 모두 불을 향해 달려드는 나방처럼 그에게 끌렸다.[50] 자유 미디어는 어떤 선거운동이든 모든 선거운동에 중요하지만, 때로는 트럼프의 경우처럼 집중취재는 후보자를 불리한 상황에 빠지게 한다.

후보 개인 문제. 선거운동을 정책 용어가 아닌 스포츠 경기 용어로 프레이밍 하는 것에 대한 언론의 관심이 선거 보도의 두 번째 주요 발전을 촉진하였다. 최근 수십 년 동안 언론은 후보자의 사생활과 개인적 결점을 다루는 데 훨씬 더 적극적이었으며, 심지어 열성적으로 다루었다. 확실히 존 케네디 대통령 시절 기자들은 비정상적으로 과도한 음주와 같은 개인적 문제가 공직 수행에 직접적으로 부정적 영향을 미치는 것처럼 보이지 않는 한 일반적으로 후보자의 공적인 정치 업적과 사생활 사이에 선을 긋고자 노력했다.

최근에는 후보자들의 성생활, 알코올 및 약물 남용, 솔직함, 그리고 이와 유사한 많은 문제들이 정치학자 사바토(Larry Sabato)가 '무자비한 공격'(feeding frenzy)이라고 언급한 미디어의 공격 대상이 되었다.[51] 정당 중심 선거운동에서 후보자 중심 선거운동으로의 전반적인 전환의 일환으로서 공적인 것과 사적인 것의 구분이 희미해졌다. 후보자 중심 선거운동은 정당정치인들이 30년 전만 해도 거의 직면하지 않았던 개인에 대한 정밀 조사를 가져왔다. 2016년과 2020년에 공화당 측에서는 도널드 트럼프의 여러 번의 결혼, 불륜, 과격한 성향이 항상 진지하지는 않더라도 자주 대화의 주제였다.

대통령 선거운동보다 낮은 수준의 공직 선거운동에서는 인신공격이 더 흔하고 직접적이다. 후보자와 그의 코치가 정직, 충실, 솔직함 등 상대 후보의 개인적 특성을 공격하면 상대 후보의 선거운동을 무력화하거나 심지어 끝낼 수 있다는 것을 알고 있다. 따라서 후보자와 그의 코치는 공격받으면, 빠르고 강력하게 반격해야 한다는 것도 알고 있다. 현대 선거운동의 일반적 상식은 모든 공격에 빠짐없이 대응해야 한다는 것이다. 놀랄 것도 없이 현대 선거운동의 베고 찌르는 백병전은 선거운동이 끝나고 집권할 때 싸움에서 살아남은 후보가 상대 후보에게 손을 내밀기 어렵게 만든다.[52]

미디어와 성공적인 거버넌스의 정의

그렇다면 미디어, 특히 전파매체는 시민들이 그들의 정부와 정부의 공직자들을 이해하고, 생각하고, 평가하는 데 어떻게 영향을 미칠까? 이 질문에 대한 폭넓은 대답은 학자 코헨(Bernard Cohen)이 제시한 것이 유명하며, 이후 여러 차례에 걸쳐 재확인되었다. "언론은 … 사람들에게 무엇을 생각해야 할지를 알려주는 데는 대부분 성공하지 못하지만, 독자들에게 무엇에 관하여 생각해야 할지를 알려주는 데는 놀라울 정도로 성공적이다."[53]

대중이 정부, 정치, 정치인에 대해 무엇을 어떻게 생각하는지와 관련하여 미디어는 적어도 네 가지의 광범위한 영향을 미친다. 첫 번째는 대중이 미디어에서 듣고 보는 것으로부터 배우고 정보를 얻는 **교육 효과**이다. 두 번째는 **의제 설정 효과**로, 대중의 관심이 미디어가 특별하거나 불균형적으로 주목하는 이슈에 집중되기 때문이다. 세 번째는 **프레이밍 효과**로, 미디어가 문제를 제시하는 방식은 현재 상황에 대해 책임져야 할 사람이나 대상이 누구인지, 필요한 경우 이를 누가 해결해야 하는지를 제시한다. 네 번째는 **설득 효과**로, 미디어가 때때로 시민들이 알고 있다고 믿거나 생각하는 것의 내용을 바꿀 수 있다.

텔레비전 뉴스가 미국인들의 정치 지식과 정치 지식의 체계적 구성에 미치는 영향에 관한 오늘날 가장 대표적인 분석가는 정치학자 아이엔가(Shanto Iyengar)와 킨더(Donald Kinder)이다. 아이엔가와 킨더는 1987년에 처음 출판되어 2010년에 개정된 자신들의 획기적인 저서 『뉴스의 힘: 텔레비전과 여론』을 다음과 같이 요약했다. "텔레비전 뉴스의 힘은 … 설득이 아니라 대중의 관심을 끌고(의제 설정), 대중의 판단을 뒷받침하는 기준을 정하는 데(priming, 점화) 있는 것 같다."[54]

아이엔가와 킨더 등은 텔레비전 뉴스가 범죄든, 경제 실적이든, 전쟁이든 특정 문제에 대해 관심을 기울일수록, 대중은 그 문제를 국가가 직면한 더 중요한 문제로 인식한다는 것을 보여주었다. 더욱 흥미롭게도 아이엔가와 킨더는 텔레비전 뉴스 보도에서 문제를 제시하거나 틀을 짜는(프레이밍) 두 가지 일반적인 방식을 구별한다. 프레이밍은 주로 에피소드 프레이밍이거나 주제 프레이밍일 수 있다. 에피소드 프레이밍에 기초한 빈곤에 대한 텔레비전 뉴스 보도는 자신들이 처한 상황의 어려움을 묘사하는 한 명 또는 여러 명의 가난한 사람들의 사진이나 인터뷰를 포함할 수 있다. 주제 프레이밍에 기초한 보도는 해당 국가의 빈곤 정도와 그것이 증가하는지 감소하는지에 대해 설명하는 분석가 또는 공직자가 출연할 수 있다.

에피소드 프레이밍은 빈곤에 대한 책임을 가난한 개인에게 돌리는 반면, 주제 프레이밍은 사회와 정부에 책임을 묻는다. 아이엔가는 "텔레비전 뉴스는 매우 단편적이기 때문에, 그 효과는 일반적으로 광범위한 사회세력보다는 개인 피해자나 가해자에게 책임을 묻도록 유도하는 것"이라고 지적한다.[55] 특히 토크 라디오, 페이스북, 트위터 등 뉴스 미디어는 정치적 이슈와 주제를 다루는 데 있어 배타적이고 공격적으로 에피소드를 다룬다. 에피소드 프레이밍은 대중이 이슈 간의 연관성을 확인하고 패턴에 대한 책임을 선출직 공무원 및 정치기관에 돌리는 것을 막

교육 효과(educational effect)
대중은 미디어에서 논의되는 것을 통해 배우고, 미디어에서 다루지 않는 문제에 대해서는 당연히 배울 수 없다.

의제 설정 효과(agenda-setting effect)
어떤 문제에 대한 미디어 보도량이 대중의 관심과 주의에 영향을 미치는 정도.

프레이밍 효과(framing effect)
이슈가 언론에 의해 에피소드적 또는 주제적으로 프레임되거나 보도되는 방식은 대중에게 칭찬이나 비난의 대상이 누구인지를 제시한다.

설득 효과(persuasion effect)
미디어가 이슈를 보도하는 방식은 때때로 사람들이 그 이슈에 대해 생각하는 바를 바꿀 수 있다.

는다.

물론, 정치공작의 전문가들은 이 모두에 대해 잘 알고 있기에, 자신의 고객에게 이득이 되는 언론 기사를 만들기 위해 고군분투한다. 정치인들은 오랫동안 자신의 선거운동 참모로 미디어 고문을 두었지만, 지난 수십 년 동안 미디어 고문이 매일 매일 벌어지는 정치 싸움의 중심이 되었다. 공화당 미디어 전문가인 런츠(Frank Luntz)는 그 누구보다 오랫동안 미디어 고문으로서 자신의 역할을 훌륭히 수행했다. 1994년 런츠는 깅리치(Newt Gingrich)가 이끄는 공화당 의원들이 '미국과의 계약'을 개발하고 새로운 방식으로 그 쟁점들에 대해 말하는 방법을 배우도록 도와주었다. 상속세는 사망세가 되었고, 세금 감면은 세금 구제가 되었으며, 석유 시추는 에너지 탐사가 되었다. 런츠의 책, 『잘 먹히는 단어: 그것은 당신이 말하는 것이 아니라 사람들이 듣는 것이다』라는 책은 충분히 읽어볼 만한 가치가 있다. 민주당은 『도덕정치: 진보와 보수는 어떻게 생각하는가』의 저자 레이코프(George Lakoff)를 필두로 메시지 대가를 보유하고 있지만, 공화당이 먼저 시작했고, 일반적으로 전국적 정치논쟁을 프레이밍 하는 데 더 뛰어나다. 예를 들어, 누구에게나 '사회화된 의료(socialized medicine)'*? '죽음의 위원회(death panel)'**는 어떤가?

대통령: 자신의 프로그램 의회 통과 추진. 텔레비전은 대통령의 명성을 엄청나게 높여주고, 대부분의 주요 쟁점을 고려하고 해결하는 데 있어 대통령의 중요성을 더욱 강화 해준다. 텔레비전은 보도 내용을 전달하는 말과 함께 화면이 필요하며, 그 화면은 반드시 무언가가 있어야 한다. 주요 쟁점을 해결하는 데 관여할 수 있는 많은 기관과 행위자 중에서 아마도 대통령이 가장 중요한 사람이다. 정부의 주요 인사로서 그의 위치와 역할은 잘 이해되고 있으며, 그는 하나뿐인 사람이기 때문에 쉽게 화면에 나온다.

주요 방송사에서 방송되는 저녁 뉴스를 시청해 보아라. 뉴스 보도가 얼마나 철저하게 전국 중심적, 대통령 중심적인지 주목하라. 거의 매일 저녁, 전국적 쟁점과 이를 결하기 위해 시행 중이거나 고려 중인 정부 정책 및 프로그램에 대한 여러 방송 기사가 있을 것이다. 이러한 방송 기사의 대부분은 어떤 이슈와 관련하여 대통령의 입장을 설명하고, 그 이슈와 관련하여 대통령이 무언가를 하는 모습을 화면으로 보여줄 것이다. 예를 들어, 대통령은 어쩌면 폭풍이나 식량문제로 피해를 입은 지역을 방문하거나, 새로운 프로그램을 제안하거나, 백악관 로즈 가든에서 법안에 서명하는 등의 일을 하는 모습을 보여준다.

현대 미국정치에서 대통령의 이러한 가시성과 중심성은 대통령한테 쉽게 상처를 입힐 수 있는 양날의 칼로 작용한다. 높은 인기를 누리는 대통령은 반대자를 압도할 수 있을 뿐 아니라 언론이 자신의 주요 정치의제에 계속 관심을 집중할 수

---

* 역자 주

역사적으로 미국문화에는 사회주의(socialism)에 대한 부정적 생각이 강하며, 이를 의식하여 미국에서 공공의료보험제 도입에 반대하는 사람과 집단이 의도적으로 사용하면서 널리 퍼진 용어이다.

** 역자 주

오바마 대통령이 의료보험 개혁안을 추진하는 과정에서 "전문가 위원회가 의료보험의 막대한 비용 운용과 관련한 결정을 내리는 데 도움을 줘야 한다"고 인터뷰를 하자, 2008년 공화당 부통령 후보를 지낸 페일린(Sarah Louise Palin)은 오바마의 의료보험 개혁안이 "미국인들을 대신해 환자의 생사를 결정할 공무원 조직인 죽음의 위원회를 낳게 될 것"이라고 비판했다. 이어서 그녀는 "민주당의 의료보험개혁안 때문에 환자들과 노인들이 죽음의 위원회에서 의료혜택을 배급받는 사태가 올까 봐 염려하는 것이 뭐가 놀라운가?"라고 반문했다.

있다. 그러나 미국정치에서는 필연적으로 추진력이 약해지고, 반대자들이 시간을 끌고 방해하며, 피해가 누적된다. 이런 상황이 발생하면 대통령의 인기는 떨어지고, 반대자들은 대담해지며, 언론의 관심은 대통령의 입장이 애매하여, 어색하고 우유부단해 보일 수밖에 없는 이슈로 옮겨간다. 이러한 승산이 없는 이슈로는 전쟁, 낙태, 이민, 적자 등이 있다.

게다가 아이옌가와 킨더는 텔레비전 보도가 특정 상황이나 사건을 대통령이 취한 행동의 결과로 해석하면 할수록, 그러한 상황이나 사건이 시청자의 대통령에 대한 평가에서 더욱 주요 요인으로 작용한다는 것을 입증했다. 텔레비전 보도가 특정 이슈에 대한 대통령의 연관성을 최소화할 때, 시민들은 대통령이 어떻게 일하고 있는지 이해하는 데 그 이슈를 사용하지 않는 경향이 있다.

물론 대통령들도 이 사실을 잘 알고 있고, 자신이 이를 통제할 수 없다는 사실도 알고 있다. 1980년대 초 경제 불황이 심각하던 시절, 레이건 대통령은 "저녁 뉴스 시간 텔레비전을 켜면 일자리를 잃은 누군가를 인터뷰하는 화면이 빼놓지 않고 나옵니다. 사우스 서코타시(South Succotash)*의 어딘가에 사는 어떤 사람이 방금 해고되었고, 그러므로 그가 전국적으로 인터뷰를 해야 하는 것이 뉴스인가요?"라고 불만을 토로했다.[56]

대통령과 언론 사이의 관계는 점점 더 소원해지고 적대적이 되었다. 부정적인 선거운동 광고와 선거운동 보도는 1960년대와 1970년대에 20~25%에서 2008년에는 약 60%로 증가했다. 퓨 리서치 센터의 우수 저널리즘 프로젝트는 2008년에 버락 오바마에 대한 보도는 부정적 기사보다 긍정적 기사가 약간 더 많았던 반면, 존 매케인에 대한 보도는 긍정적인 기사보다 부정적인 기사가 4배 더 많았다고 발표했다.[57] 2020년에는 바이든과 트럼프 모두 긍정적인 기사보다 부정적인 기사가 더 많았지만, 바이든에 대한 보도가 트럼프에 대한 보도보다 약간 더 긍정적이었다.[58]

의회: 교착상태와 지역성. 대통령에 대한 취재가 집중적인 만큼 의회에 대한 보도는 분산되어 있다. 의회는 정당 간 의견 대립을 공개적으로 해결하기 위해 설립된 기관이다. 정당 간 의견 대립은 몇 달 또는 몇 년 동안 지속될 수 있지만, 의회가 또 다른 정당 간 의견 대립 주제로 넘어가기 때문에 그 해결책은 대개 마지못해 진행되고, 항상 짧다. 이 모든 것이 생방송 TV를 통해 이루어진다. 위성 케이블 TV 회사인 C-SPAN은 의회의 토론, 위원회 청문회, 의원 인터뷰, 외부 전문가, 기타 의회보다 비즈니스에 관심이 있는 다른 개인과 단체들을 24시간 내내 방송한다.

의회는 535명의 의원으로 구성되며, 각각의 의원들은 이해관계가 근본적으로 다른 선거구와 지역을 대표하고자 하는 노력에 따라 선출된다. 의회는 지도자가 없어서가 아니라 지도자가 너무 많기 때문에 이끌기 어려운 기관이다. 의회에

* 역자주

실제로는 지도상에 존재하지 않는 지역이다. 레이건이 오클라호마 지역 언론과의 인터뷰에서 언급한 가상의 지역이다. 옥수수, 콩, 당근, 양파 등 야채를 섞어 만든 유명한 남부지역 요리 서코타시(Southern Succotash)를 응용하여 만든 지명으로 보인다.

는 정당의 지도자, 위원회 및 소위원회의 위원장, 특별 전당대회, 지역 단체, 진보 또는 보수 연구 단체의 지도자, 그 밖에 더 많은 사람이 있다. 전체 의석수의 거의 절반에 이르는 야당의원들이 지도자에 반대하고, 다수당의 활동, 프로그램들, 프로젝트들을 방해하는 데 특별한 의무감을 느끼기 때문에 의회를 이끌기 어렵다. 게다가, 공화당 하원 다수당 의원 중 가장 보수적인 의원들은 자기들 스스로를 '자유 코커스'라고 부르며, 공화당 소속 하원의장 오하이오 주 출신 베이너(John Boehner)를 해임했다. 그 결과 2015년 의회는 가끔 생각난 듯이 천천히 움직이고, 항상 어느 정도 통제 불능 상태인 것처럼 보인다. 언론은 의회를 어떻게 다루며, 이러한 패턴은 어떤 영향을 미치는가?

미디어가 의회를 어떻게 보도하는가, 그리고 그 보도 패턴이 의회에 대한 대중의 생각과 느낌에 어떤 영향을 미치는가? 보다 일반적으로 선거나 정치와 마찬가지로, 의회에 대한 보도는 무엇이 문제이고 사람들은 이에 대해 제안하는 것이 무엇인지 다루는 '정책 프레임'보다는 누가 이기고 누가 지고 있는가를 다루는 '스포츠 경기 프레임'으로 가장 많이 다루어진다.

놀라울 것도 없이, 지난 40년 동안 갤럽 여론조사에서 의회 지지율 평균은 34%였다. 최근 몇 년 동안 의회 지지율은 약 20% 수준에 근접했고, 2012년 초에는 약 9%로 사상 최저 수준에 머물고 있다. 2021년에는 28%까지 치솟았다.[59]

연방법원: 이념의 불균형. 사법부는 행정부나 입법부에 비해 훨씬 개방적이지 않고, 기자와 시민들이 익숙하지 않은 기술적, 법률적 용어로 업무를 수행하기 때문에 언론은 법원을 취재하는 데 어려움을 겪는다. 대부분의 기자는 법원의 활동을 표준적인 경마 프레임과 갈등 프레임에 집어넣어 대응한다. 연방법원, 특히 대법원에 대한 보도는 두 가지 차원을 따른다. 첫 번째는 판결이 낙태, 차별 철폐 조치, 총기 규제 또는 이와 유사하게 분열을 일으키는 문제를 다루는지 여부 등 다음의 중요한 판결이 의회와 행정부의 관련 이익집단과 후원자들에게 어떻게 받아들여질 것인지를 묻는다. 두 번째는 연방법원, 특히 연방대법원의 인종, 민족, 성별, 종교 및/또는 이념적 구성이 어떻게 변화하고 있는지 묻는다. 현직 대통령의 연방법원 임명 패턴과 전임 대통령들의 임명 패턴이 어떻게 다른지 비교하는 보도를 자주 볼 수 있다. 현직 대통령이 자신의 전임 대통령보다 더 많은 소수인종 또는 여성을 법원의 판사로 임명하는가? 법원의 판사 중에는 진보주의자 혹은 보수주의자가 더 많은가, 아니면 더 적은가? 그리고 연방대법원에서 새로운 대법관을 임명해야 할 때 피할 수 없는 질문은 다음과 같다. 즉, 이 새로운 임명이 낙태 권리, 총기 규제 혹은 다른 중대한 이슈와 관련하여 대법원의 균형에 변화를 가져올 것인가?

미국에서 미디어의 책임

우리 사회와 같은 대중사회에서는 정치 지도자와 시민이 서로 직접 소통하기가 어렵다. 이상적으로는 언론과 공직자가 정치적 결정을 요구하는 문제, 가능한 선택지, 기존 정책의 좋고 나쁜 실제 효과 등에 대해 정확한 보도가 이뤄지도록 협력하는 것이 바람직하다.[60] 현실적으로는 정치인은 좋은 소식만 보도되고 나쁜 소식에 대한 책임이 자신에게 전가되지 않도록 최대한 노력한다. 반면에 언론은 갈등, 스캔들, 부패, 실수에 관한 기사에 강하게 끌린다. 분명히, 공직자와 언론은 시민들이 판단 근거로 삼을 수밖에 없는 보도된 뉴스와 정보의 종류에 대해 책임을 져야한다.

Q5 민주사회에서 미디어의 역할은 무엇이며, 미디어가 그러한 역할을 하도록 하려면 우리는 무엇을 할 수 있나?

엔터테인먼트 대 정보

많은 관찰자들은 '하드' 뉴스가 '인포테인먼트'라고 부르는 더 부드럽고, 경쾌하고, 개인화된 뉴스와 엔터텐인먼트의 조합에 의해 대체되고 있다고 우려한다. 심지어 신문조차도 이제는 예술과 엔터테인먼트, 주택 판매와 개선, 건강과 미용, 개인 투자 등과 같은 특집 기사와 섹션에 예전보다 더 많은 지면을 할애하고 있다.

지난 10여 년 동안 훨씬 더 급진적인 변화가 텔레비전 뉴스 산업에 영향을 미쳤다. 방송 규제 완화, 대기업의 주요 네트워크 인수, 케이블, 위성, 인터넷 등과의 경쟁 증가, 시청자 점유율을 위한 끊임없는 투쟁 등이 덜 심각하고 더 재미있는 방향으로 이끌었다. 폭스뉴스 채널의 성공으로 인해 일부 분석가들은 '폭스 효과(Fox Effect)'와 그리고 MSNBC와 같은 경쟁사들이 빠르게 진행하고, 무뚝뚝하며, 독선적인 폭스 스타일을 모방하려는 움직임에 대해 탄식하였다. 또 다른 분석가들은 너무 많은 미국인이 팰런(Jimmy Fallon), 노아(Trevor Noah), 콜버트(Stephen Colbert)로부터 전부는 아닐지 몰라도 일부 뉴스를 얻는 것에 대해 우려한다.

미국인들이 정치를 불신하는 이유

미국인들은 정치를 불신하는데, 그 이유는 그들이 보는 정치의 상당 부분이 실체보다는 쇼에 더 가까워 보이기 때문이다. 첫째, 정치적으로 해결해야 할 문제들은 복잡한데, 정치인과 언론은 이를 단순하게 다루는 경우가 많다. 예를 들어, 빈곤이 개인의 성격과 노력의 결핍에서 비롯되는지 아니면 인종차별과 이기심과 같은 사회적 병리에서 비롯되는지에 대한 질문은 어떤 의미에서는 답을 찾을 수 없다. 그 답은 확실히 둘 다이기 때문이다. 그러나 정치는 빈곤의 근원을 개인의 병리로 간주하거나 아니면 사회적 병리로 간주하며, 양측이 서로를 극단적인 위치로 내몬다. 그 이유는 이 문제와 유사한 문제를 개인의 책임으로 보는 것은 낮은

출처: AP Photo

이 두 장의 나란한 사진은 MSNBC의 〈레이첼 매도우 쇼〉 진행자인 텔레비전 방송 앵커 레이첼 매도우와 폭스뉴스의 숀 해니티의 모습이다. 저널리즘과 평론 사이의 오래된 경계는 날이 갈수록 모호해지고 있다.

세금과 작은 정부를 의미하고, 반면에 사회적 책임으로 보는 것은 높은 세금과 더 큰 정부를 의미하기 때문이다. 정치인이 단순한 정파적인 용어로 문제를 이야기 하더라도 시민들은 문제 및 문제의 원인이 복잡하다는 것을 알고 있다.

둘째, 언론은 정치인을 비현실적일 만큼 부정적으로 보도하여, 대중의 정치인에 대한 회의적인 생각을 더욱 악화시킨다. 정치학자 패터슨(Thomas Patterson)의 정치인 뉴스 보도에 관한 광범위한 연구에 따르면, 1960년대에는 정치지도자에 관한 언론기사의 약 3분의 1만이 부정적인 기사였다. 1980년대와 1990년대에는 전체의 60%가 부정적인 기사였다.[61] 패터슨은 정치와 정치인에 대한 언론의 끊임없는 부정적 태도가 언론이 보도하는 정치인의 신뢰도뿐만 아니라 언론의 신뢰도도 떨어뜨릴 위험성이 있다고 우려한다.

마지막으로, 시민과 유권자는 종종 자신의 후보자가 언론으로부터 부당한 대우를 받고 있다고 우려한다. 물론, 당파성이 강한 사람들은 자신들의 후보자에 대한 비판이 불공평하다고 보며, 상대 후보자에 대한 비판은 공정할 뿐만 아니라, 진작 있어야 마땅한 비판이라고 생각한다. 2012년, 공화당은 선거 당일 밤 결과가 나올 때까지, 심지어 그 후에도 대부분의 경합주에서 오바마가 선두를 달리고 있다는 언론 보도를 비웃었다. 언론에 대한 불신은 이제 보수 정치의 일부가 되었다. 하지만 2016년에는 진보적인 민주당도 진저리를 쳤다. 잘 알려진 하버드대학교 쇼렌스타인 센터의 연구에 따르면 힐러리 클린턴에 대한 보도는 도널드 트럼프에 대한 보도보다 더 부정적이었다.

언론개혁 또는 개인 책임

시민들이 우리가 생각하는 것만큼 충분한 정보를 얻지 못하거나, 정치를 피 흘리는 스포츠 경기로 취급하는 것처럼 보이며, 또는 언론이 우리가 생각하는 교육적 역할을 제대로 수행하지 않는 상황에서 사려 깊은 개혁이 과연 가능할지 의문이 드는 것은 당연하다. 앞의 장에서, 우리는 부적절한 정치 사회화와 정치 지식의 부족에 대한 우려가 자신이 무엇을 선택하는지 알거나 알 수 없는 개인의 자유 문제와 정치적 세뇌와 선전의 위험성 문제로 빠르게 이어진다는 점을 발견했다.

마찬가지로, 이 장에서, 우리는 우리의 문화와 정치에서 미디어의 역할에 대한 우려가 언론과 언론의 자유에 대한 우려로 이어진다는 사실을 발견했다. 라디오와 텔레비전은 공중파를 사용하기 때문에 규제의 대상이 되어왔다. 비록 의회가 특히 아이들이 노출될 수 있는 외설적 언어와 이미지의 문제를 해결하려고 시도하기는 했지만, 인쇄, 케이블, 위성방송, 인터넷 등은 상대적으로 훨씬 규제로부터 자유로웠다.

물론, 사상과 표현의 자유와 부모와 자녀를 포함한 사람들이 원치 않거나 불쾌한 내용으로부터 자유로울 권리 두 가지 모두를 동시에 누릴 수는 없다. 우리의 법원은 일반적으로 헌법이 표현의 자유를 보장하며, 부모들은 V칩 및 기타 바람직하지 않은 콘텐츠를 차단하는 수단을 통해 자녀를 보호해야 한다고 판결했다.

반면에 개인적 책임은 언제나 가능하며, 언제나 매우 바람직하다. 자신이 보고 듣는 미디어에 대해 각자 책임을 지려면 적극적인 자세가 필요하다. 자신이 소비하는 미디어의 출처를 확인하고, 그 출처를 신뢰할 수 있는지 판단해야 한다. 그런 다음 여러 출처에서 뉴스를 얻어야 한다. 그래야 한 가지 관점에 매몰되지 않고 신뢰할 수 있는 여러 출처에서 주요 이슈에 대해 거의 동일한 이야기를 하고 있는지 확인할 수 있다. 지면이나 온라인을 통해 주요 신문을 읽는 것이야말로 많은 정보를 얻을 수 있는 길이다. 페이스북이나 트위터, 아이폰 뉴스 피드를 수동적으로 팔로우하는 것은 그렇지 못하다.

이 장의 요약

미디어와 정치의 관계에 대해서는 두 가지 일반적인 모델이 있다. 하나는 미디어가 '헤게모니' 역할을 한다고 본다. 이 모델에서는 주류 미디어의 정보 통제가 사회의 기존 제도와 권력관계를 지지하는 데 이용된다. 미디어는 사회의 지배적인 기업, 계급, 정치제도와 그들의 개인주의적, 자유시장적, 경쟁적 이념을 대변하는 대변자로 여겨진다. 또 다른 모델은 '악마' 모델이라고 할 수 있다. 이 모델에서는 뉴미디어의 정치와 사회에 대한 부정적인 보도가 점점 갈수록 미국정치제도 및 이와 연관된 기업, 경제, 사회 제도의 근본적인 효율성과 공정성에 대한 시민들의 지지를 약화 및 감소시킨다.

그러나 특히 정치인의 관점에서 보면, '악마' 모델이 항상 널리 만연한 것처럼 보이는 진짜 이유가 있다. 19세기의 정파적 언론과 19세기 말과 20세기 초의 추문 폭로 언론 모두 서로 의견이 다른 정치인들에 전혀 관심을 두지 않았다. 오늘날의 미디어 전반과 특히 타블로이드, 토크 라디오, 블로그 등과 같은 특정한 미디어 요소에서도 마찬가지이다. 그러나 세 가지가 눈에 띄게 변했다. 첫 번째는 오늘날 정치적 대화가 이루어지는 규모와 속도이다. 진정으로 전국적이고 즉각적이다. 두 번째는 관련 행위자의 수와 그들이 자신의 견해와 의견을 우리에게 전달하는 말 그대로 수없이 많은 방법이다. 세 번째는 과거 시민에게 정치 정보를 전달하고 충성스러운 당원들을 위해 정보를 분류하고 해석하던 기관으로서 정당이 무너졌다는 점이다.

마지막으로, 우리는 언론의 보도가 시민들에게 어떻게 전달되고 활용되는지, 그리고 그것이 사회와 정치에 대한 그들의 견해에 어떤 영향을 미치는지에 있어서 몇 가지 골치 아픈 발전을 살펴보았다. 예를 들어, 우리는 경마식 선거 보도와 대통령, 국회, 사법부의 활동에 대한 갈등 프레임을 선호하는 언론의 보도가 정당 간 양극화를 심화시키고 선출된 대표자에 대한 시민들의 나쁜 평가를 더욱 악화시킨다는 것을 살펴보았다. 더욱이, 빈곤과 같은 문제에 대한 에피소드 프레이밍은 주제 프레이밍과 반대로 다른 사람들보다 일부 집단의 사람들에 대한 더 가혹한 평가로 이어진다. 구체적으로, 흑인 빈곤의 개별 사례를 묘사하는 것은 백인 빈곤의 동일한 사례를 묘사하는 것보다 더 높은 수준의 개인 책임으로 연결된다.[62]

경마식 보도, 갈등 중심 보도, 에피소드 프레이밍 모두 정치와 정치인에 대한 부정적인 평가를 조장한다. 경험적 증거는 정책 보도, 과정 중심 보도, 주제 프레이밍이 시민들에게 정치가 무엇에 관한 것인지, 정치인이 무엇을 하려고 하는지에 대한 긍정적인 인식을 갖도록 한다는 점을 보여준다.

주요 용어

1934년 「통신법(Communications Act of 1934)」 142

객관성(objectivity) 132

교육 효과(educational effect) 153

선동적 명예훼손(seditious libel) 129

설득 효과(persuasion effect) 153

역피라미드 모델(inverted pyramid model) 132

연방통신위원회(FCC: Federal Communications Commission) 142

의제 설정 효과(agenda-setting effect) 153

「정보자유법(FOIA: Freedom of Information Act)」 143

정파적 신문(partisan press) 130

추문 폭로 전통(muckraking tradition) 131

페니 신문(penny press) 130

프레이밍 효과(framing effect) 153

추천 문헌

Allen, Danielle and Jennifer S. Light, eds. *From Voice to Influence: Understanding Citizenship in a Digital Age*. Chicago: University of Chicago Press, 2015. 디지털 및 소셜미디어의 급성장으로 인해 많은 사람이 정치 정보를 수집하고 공유하는 방식에 변화가 있었다.

Berry, Jeffrey M. and Sarah Sobieraj. *The Outrage Industry: Political Opinion Media and the New Incivility*. New York: Oxford University Press, 2014. 이 중요한 책은 지나치게 정파적인 미디어와 이념적인 미디어가 여론과 정책에 미치는 영향과 성장을 탐구한다.

Kernell, Samuel. "The Early Nationalization of Political News in America," 1986. 커넬은 지역 뉴스, 주 뉴스, 전국 뉴스의 비율이 시간이 지남에 따라 달라졌음에도 불구하고, 19세기 지역공동체가 결코 전국 뉴스로부터 단절되지 않았음을 보여준다. 📖

Patterson, Thomas E. *How America Lost Its Mind*. Norman, OK: University of Oklahoma Press, 2019. 민주주의가 작동하는 데 필요한 사실을 대중에게 제공하기 위해 대안적 사실을 일축하는 공개 토론을 주장한다.

Rauch, Jonathan. *The Constitution of Knowledge*. Washington, D.C.: Brookings Institution Press, 2021. 사실을 검증하고 지식을 구축하는 과정에서의 붕괴를 설명한다.

Ridout, Travis N., ed. *New Directions in Media and Politics*, Second Edition. New York: Routledge, 2019. 대표적인 학자들이 집필한 이 책의 독창적인 논문들은

가짜 뉴스, 소셜미디어의 영향, '모바일로의 전환' 등 새로운 주제를 탐구한다.

Wolfsfeld, Gadi. *Making Sense of the Media and Politics*. 2nd ed., New York: Routledge, 2022. 언론, 정치, 정치인 간의 상호 작용에 대한 훌륭한 개괄서이다. 📖

인터넷 자료

1 www.ropercenter.uconn.edu

이 사이트는 가장 종합적인 여론조사 기관 중 하나에 대한 접근을 제공한다. 이것은 코네티컷대학교에 있는 비영리 기관이다. 방문자들은 지난 50년간 수집된 여론조사 데이터를 온라인으로 이용할 수 있다.

2 www.aim.org

뉴스에서 발견되는 진보적 편견이라고 생각되는 것을 집중적으로 폭로하는 웹사이트이다.

3 www.fair.org

뉴스에서 발견되는 보수적 편견이라고 생각되는 것을 집중적으로 폭로하는 웹사이트이다.

4 www.csmonitor.com

전국적으로 명성이 높은 신문사. 국내외 보도의 훌륭한 공급처이다.

5 www.aapor.org

이 사이트는 '미국 여론조사협회(AAPOR)'의 공식 홈페이지 역할을 한다. 이 협회는 여론조사 분야의 연구만을 게재하는 학술지 『계간 여론조사(*Public Opinion Quarterly*)』를 발간한다.

6 www.appcpenn.org

펜실베이니아대학교의 '아넨버그 공공정책센터'는 학생들에게 미디어 연구를 위한 사이트를 제공한다. 캠페인 광고, 어린이 텔레비전, 건강 관련 소통 등의 주제를 다루는 다양한 연구 프로젝트와 보고서를 특징으로 한다.

주

1) Shanto Iyengar, *Media Politics: A Citizens' Guide* (New York: W.W. Norton, 2011), 2.

2) Amy Mitchell, "Americans Still Prefer Watching to Reading the News," Pew Research Center, December 3, 2018.

3) Michael Luo, "The Urgent Quest for Slower, Better News," *The New Yorker*, April 10, 2019.

4) Sean Wilentz, *The Rise of American Democracy* (New York: Norton, 2005), 49-50.

5) Jill Lepore, "The Hijacking of America: Political and Technological Disruption Have Fed Off of Each Other Since the Nation's Founding," *New York Times*, September 16, 2018, SR1, 4. 또한, 다음을 참조하라. Stephen F. Frantzich, *Presidents and the Media: The Communicator-in-Chief* (New York: Routledge, 2019), 10-13.

6) Thomas C. Leonard, *The Power of the Press: The Birth of American Political Reporting* (New York: Oxford University Press, 1986), 193-213.

7) Will Dudding, "A Penny for Our Facts," *New York Times*, January 16, 2019, A2.

8) Katie Robertson, "AP Elevates Bureau Chief to Top Editor," *New York Times*, September 1, 2021, B6.

9) Stephen J. Farnsworth, *Presidential Communication and Character: White House News Management From Clinton and Cable to Twitter and Trump* (New York: Routledge, 2018), 16-19.

10) Meg Spratt, "When Police Dogs Attacked: Iconic News Photographs and Construction of History, Mythology, and Political Discourse," *American Journalism Review*, Spring 2008, 25: 2, 85-105.

11) Marc Tracy, "Local News Could Reap Federal Aid, *New York Times*, November 29, 2021, B5. 또한, 다음을 참조하라. Isabelle Simonetti, "Pandemic Not Death Sentence For Newspapers," *New York Times*, June 30, 2022, B6.

12) Amy Mitchell, Jeffrey Gottfried, Michael Barthel, and Elisa Shearer, "Pathways to News," Pew Research Center, July 7, 2016.

13) Pew Research Center, "Newspapers Fact Sheet," July 9, 2019.

14) Michael M. Franz, "Targeting Campaign Messages: Good for Campaigns But Bad for America," in Travis N. Ridout, ed., *New Directions in Media and Politics*, 2nd ed., (New York: Routledge, 2019), 181-182.

15) www.freepress.net/diversity-media-ownership. 또한, 다음을 참조하라. Liza Mundy, "The Media has a Woman Problem," *New York Times*, April 27, 2014, SR7. www.4thestate.net/female-voices-in-media-infograp hic/#.T910-tVfHxS. 또한, 다음을 참조하라. Frantzich, *Presidents and the Media*, 56.

16) Matt Guardino, "Media and Public Policy: Does Media Coverage Depend on the Medium," in Travis N. Ridout, ed., *New Directions in Media and Politics*, 2nd ed., (New York: Routledge, 2019), 252.

17) Robert W. McChesney, *The Problem of the Media: U.S. Communication Politics in the Twenty-First Century* (New York: Monthly Review Press, 2004).

18) Mike Isaac and Cecilia Kang, "Facebook Keeps Policy Protecting Political Ads," *New York Times*, January 10, 2020, B1, B6.

19) Regina Luttrell, Lu Xiao, and Jon Glass, *Democracy in the Disinformation Age: Influence and Activism in American Politics* (New York: Routledge, 2021).

20) Evgeny Morozov, "The Brave New World of Slacktivism," *Foreign Policy*, May 19, 2009).

21) Laurie L. Rice and Kenneth W. Moffett, *The Political Voices of Generation Z* (New York: Routledge, 2022), 70, 81, 194.

22) Gal Beckerman, "Radical Ideas Need Quiet Spaces," *New York Times*, February 13, 2022, SR2. 또한, 다음을 참조하라. Beckerman, *The Quiet Before: On the Unexpected Origins of Radical Ideas* (New York: Crown Books, 2022).

23) Kat Conger and Adam Satariano, "Volunteer Hackers Join Conflict, Scrambling a Digital Battlefield," *New York Times*, March 5, 2022, A1, A13.

24) Sheila Frenkel, "Unverified War Videos Fill TikTok," *New York Times*, March 7, 2022, B1, B3.

25) Craig Timberg and Drew Harwell, "Social Media Fuels a New 'Fog of War,'" *Washington Post*, February 25, 2022.

26) Cindy S. Vincent and Adam Gismondi, "Fake News, Reality Apathy, and the Erosion of Trust and Authenticity in American Politics," in Luttrell, et al., *Democracy in the Disinformation Age* (New York: Routledge, 2021), 86.

27) Ben H. Bagdikian, *The New Media Monopoly*, 7th ed. (Boston, MA: Beacon Press, 2004), 4–16.

28) Jeffrey M. Berry and Sarah Sobieraj, *The Outrage Industry* (New York: Oxford University Press, 2014), 78–87.

29) Edmund Lee and John Koblin, "AT&T Joins Media War as First Hybrid Among Giants," *New York Times*, March 5, 2019, B1, B6. 또한, 다음을 참조하라. Brooks Barnes and Michael J. de la Merced, "Blockbuster of Winter: Disney Close to Fox Deal," *New York Times*, December 12, 2017, B1, B4.

30) Cecilia Kang, "F.C.C. Opens Door to Increased Consolidation in TV Industry," *New York Times*, November 17, 2017, B2.

31) Amber E. Boydstun, *Making the News: Politics, the Media, and Agenda-Setting* (Chicago: University of Chicago Press, 2013), 12, 24.

32) zoominfo.com/c/brietbart-news/346563328 및 datanyze.com/companies/drudge-reoprt/351002574.

33) Ben Smith, "A 1979 Fight Over Ideals Is Still Going," *New York Times*, October 11, 2021, B1, B4. 또한, 다음을 참조하라. Ben Smith, "New Words to Label the Truth," *New York Times*, November 29, 2021, B1, B5.

34) Knight Foundation, "American Views: Trust, Media and Democracy," January 2018.

35) Gadi Wolfsfeld, *Making Sense of the Media and Politics* (New York: Routledge, 2011), 2. 또한, 다음을 참조하라. Murray Edelman, *Constructing the Political Spectacle* (Chicago: University of Chicago Press, 1988), 91.

36) Elizabeth Bumiller, "Trying to Bypass the Good News Filter," *New York Times*, October 20, 2003, A12.

37) Elisa Shearer, "More Than Eight in Ten Americans Get Their News From Digital Devices, Pew Research Center, January 12, 2021.

38) Patterson, *Informing the News*, 84.

39) Wolfsfeld, *Making Sense of the Media and Politics*, 19, 61–62. 또한, 다음을 참조하라. Berry and Sobierja, *The Outrage Industry*, 7–8, 197.

40) Matthew Hindman, *Myth of Digital Democracy* (Princeton, NJ: Princeton University Press, 2009), 98.

41) Kenny Olmstead, Amy Mitchell, and Tom Rosenstiel, "Navigating News Online: Where People Go, How They Get There, and What Lures Them Away," Pew Research Center's Project for Excellence in Journalism.

42) Matthew J. Kerbel, *Netroots: Online Progressives and the Transformation of American Politics* (Boulder, CO: Paradigm Publishers, 2009), 17. 또한, 다음을 참조하라. Hindman, *Myth of Digital Democracy*, 23, 25, 128.

43) John Nichols and Robert W. McChesney, *Dollarocracy: How the Money and Media Election Complex Is Destroying America* (New York: Nation Books, 2013), 228.

44) Seth Borenstein, the Associated Press, "Lies Travel Farther, Faster than Truth, Study Finds," *Dallas Morning News*, March 9, 2018, A1, A2.

45) Michael Barthel, Amy Mitchell, and Jesse Holcomb, "Many Americans Believe Fake News Is Sowing Confusion," Pew Research Center, December 15, 2016. www.journalism.org/2016/12/15/many-americans-believe-fakenews-is-sow ing-confusion/.

46) Yochai Benkler, Robert Faris, Hal Roberts, and Ethan Zuckerman, "Study: Breitbart Led Right-Wing Media Ecosystem Altered Broader Media Agenda," *Columbia Journalism Review*, p. 1. 또한, 다음을 참조하라. Nicholas Confessore and Justin Bank, "A Business Built on Right-Wing Disinformation," *New York Times*, August 22, 2019, A1, A14-15.

47) Travis N. Ridout, ed., *New Directions in Media and Politics*, 2nd ed. (New York: Routledge, 2018).

48) Marion R. Just, Anne N. Crigler, Dean E. Alger, Timothy E. Cook, Montague Kern, and Darrell M. West, *Crosstalk: Citizens, Candidates, and the Media in a Presidential Campaign* (Chicago: University of Chicago Press, 1996).

49) 다음을 참조하라. Center for Responsive Politics, www. OpenSecrets.org. www.opensecrets.org/overview/topraces.php.

50) Thomas E. Patterson, "A Tale of Two Elections," Shorenstein Center on Media, Politics, and Public Policy, December 17, 2020.

51) Larry J. Sabato, *Feeding Frenzy: How Attack Journalism Has Transformed American Politics* (New York: Free Press, 1991).

52) Iyengar, *Media Politics*, 176-177, 196.

53) Bernard C. Cohen, *The Press and Foreign Policy* (Princeton, NJ: Princeton University Press, 1963), 13.

54) Shanto Iyengar and Donald R. Kinder, *News That Matters: Television and American Opinion* (Chicago, University of Chicago Press, 1987), 117, 124-125.

55) Shanto Iyengar, *Is Anyone Responsible? How Television Frames Political Issues* (Chicago: University of Chicago Press, 1991), 124-125. 또한, 다음을 참조하라. Guardino, "Media and Public Policy," in Ridout, *New Directions in Media and Politics*, 253.

56) *The Daily Oklahoman*, 16 March 1982, 다음에서 인용. Iyengar and Kinder, *News That Matters*, 34.

57) Pew Research Center, Project for Excellence in Journalism, www.journalism.org/2012/11/02. 또한, 다음을 참조하라. Diane J. Heath, "The Presidency and Public Opinion," 73, in Lori Cox Han, *New Directions in the American Presidency* (New York: Routledge, 2011).

58) Dana Milbank, "Opinion: The Media Treat Biden as Badly as-Or Worse Than-Trump, Here's Proof," *Washington Post*, December 3, 2021.

59) http://news.gallup.com/poll/1600/congress-public.aspx.

60) Darrell M. West, *Going Mobile: How Wireless Technology Is Reshaping Our Lives* (Washington, D.C.: Brookings Institution Press, 2014).

61) Patterson, "News Coverage of the 2016 Election." 또한, 다음을 참조하라. Lexington, "A Full-Court Press," *The Economist*, September 14, 2019, 30.

62) Iyengar, *Is Anyone Responsible?* 67-68.

6장

이익집단: 영향력의 정치

중점질문 및 학습목표

Q1 현재 미국의 중앙정치는 건국의 아버지들이 파벌에 대해 가졌던 우려가 옳았음을 보여주고 있나?

Q2 미국정치에서 가장 큰 영향력을 발휘하는 이익집단은 어떤 유형의 이익집단인가?

Q3 이익집단은 어떤 식으로 공공정책에 영향력을 미치려 하는가?

Q4 정치과정에서 로비스트는 어떤 역할을 하는가?

Q5 의료개혁을 둘러싼 싸움에서 이익단체는 어떤 역할을 했는가?

DOI: 10.4324/9781003303954-6

수정헌법 제1조 집회 및 청원에 관한 권리

오늘날의
헌법

수정헌법 제1조 (일부분): "연방의회는 … 국민이 평화로이 집회할 권리 및 고충의 구제를 위하여 정부에게 청원할 수 있는 국민의 권리를 제한하는 법률을 제정할 수 없다."

일반적으로는 평화롭지만 때로는 그렇지 않은 일반 시민의 시위는 미국 역사에서 보스턴 대학살부터 1960년대의 민권운동, 티파티(Tea Party), 월스트리트 점령운동(Occupy Wall Street), 최근 몇 년간의 흑인의 생명도 소중하다 운동(Black Lives Matter)까지 끊임없이 이어졌다. 정부 당국은 거의 항상 시위대에 반격을 가한다. 일반적으로 시위대가 굴복하지만, 때로는 정부 당국이 불가피하게 후퇴해야만 한다.

2020년 5월 25일 미니애폴리스의 백인 경찰관이 거의 9분간 무릎으로 목을 짓눌러 46세의 흑인 남성 조지 플로이드(George Floyd)가 사망했다. 조지 플로이드의 죽음은 동떨어진 별도의 사건이 아니라, 유사한 사망 사건이 이어지던 상황에서 발생했기 때문에 미국 전역에서 시위를 촉발했고, 곧이어 전 세계 곳곳에서 몇 주 동안 시위가 지속되었다. 플로이드가 살기 위해 발버둥 치며 내뱉은 "숨을 쉴 수가 없어요"라는 문구는 '흑인의 생명도 소중하다 운동' 및 세계 곳곳에서 발생한 연합 시위의 상징이 되었다.

일반적으로 시위대와 경찰이 맞부딪치는 경우 당연히 우위를 점하는 쪽은 경찰이다. 즉, 경찰은 잘 훈련되고, 장비를 갖추고, 시위자를 감방에 쳐넣을 수도 있기에 시위의 확산을 억제하고 결국 진압에 성공한다. 그러나 영상에 찍힌 조지 플로이드의 죽어가는 모습은 너무 몰상식하고 말도 안 될 정도로 심각했기 때문에 시위는 흑인의 생명도 소중하다 운동 활동가들에 국한되지 않았고 전국의 크고 작은 도시에서 공무원을 포함하여 뜻을 같이하는 수많은 사람이 시위에 동참했다. 그럼에도 불구하고, 트럼프 대통령은 준법과 치안 질서를 요구하며 강력 대응에 나섰다. 흑인의 생명도 소중하다 운동 지도자들 및 시위에 동참한 시민들은 수정헌법 제1조 "국민이 평화로이 집회할 권리 및 고충의 구제를 위하여 정부에게 청원할 수 있는 국민의 권리"를 언급하여 시위를 억압하고 대중의 관심을 딴 곳으로 돌리려고 하는 정부에 맞서 싸웠다. 시위자들은 항상 집회와 청원의 권리를 폭넓게 해석해야 한다고 확신하지만, 정부와 경찰은 기성 질서이기에 그들이 시위에 대해 인내심이 부족한 사실에 너무 놀라서는 안 된다. 우리의 역사 속에서 시민의 집회와 시위에 관한 권리는 계속 논쟁을 불러일으켰다. 제2장의 보스턴 대학살 사건에 대한 설명을 다시 읽어보고, 건국자들이 시민의 집회 및 시위 권리를 무엇보다 가장 중요하게 여겼던 이유를 되새겨 보자.

"국민이 평화로이 집회할 권리"는 시민들이 공공장소에 모여 의견을 나누고,

서로의 의견을 듣고, 추가 행동을 위해 조직화할 수 있다는 것을 의미한다. "고충의 구제를 위하여 정부에게 청원할 수 있는 국민의 권리"는 시민들이 개별적으로 또는 집단적으로 공직자에게 불만과 비판을 제기하고, 변화를 요구할 수 있는 권리를 갖고 있음을 의미한다. 이러한 수정헌법 제1조의 권리는 현대 이익집단 조직(집회)과 로비활동(청원)의 기초이지만, 이것에만 국한되지 않고 그보다 훨씬 더 광범위한 범위에 적용된다.

20세기 훨씬 전까지 수정헌법 제1조는 개별 주헌법이 유사한 보호를 제공하지 않는 한 적용 범위가 연방정부에 국한되었다(수정헌법 제1조가 "의회는 법률을 제정하지 않는다"로 시작하고 있음을 상기하자). 1930년대 후반에 연방대법원은 주정부와 지방정부의 조치를 제한하기 위해 수정헌법 제14조의 '정당한 절차 조항'(이에 대한 자세한 내용은 이 책의 '시민의 자유'에 관한 장을 참조)을 사용하기 시작했다. 평화로이 집회할 권리의 현대적 의미는 '디종 대 오리건(Dejonge v. Oregon)' 소송사건(1937년) 판례에서 확립되었다. 오리건주에서는 급진주의자들의 모임을, 이 경우는 공산주의자들의 모임을 범죄로 규정했다. 대법원은 "적법한 논의를 위한 평화적 집회는 범죄가 될 수 없다"라고 판결했다. 홈즈(Oliver Wendell Holmes) 대법관은 "사상의 자유, 즉 우리가 의견을 같이하는 사상을 위한 사상의 자유가 아니라 우리가 싫어하는 사상을 위한 사상의 자유"를 보호하기 위해 헌법이 필요하다고 한층 더 도발적인 주장을 피력하였다.

우리가 싫어하는 사상을 위한 자유는 난해하다. 미국 제7순회항소법원이 '국가사회당 대 스코키(National Socialist Party v. Skokie)' 사건(1977년)에 대해 판결했다. 이 주목할 만한 사건의 실체는 일리노이주 스코키의 공무원들이 시카고 인근의 작은 도시 스코키를 통과하는 미국 나치주의자, 스와스티카(철십자), 다른 모든 것의 행진을 금지하는 조례를 통과시킨 것이다. 스코키에는 많은 유대인이 살고 있었고, 그들 일부는 홀로코스트 생존자였기 때문에 나치주의자들은 스코키 안에서 행진을 원했다. 데커(Bernard Decker) 판사는 "우리가 증오하는 사상에 대한 자유"를 강조한 홈즈 판사의 주장을 활용하여, "사람들이 겁에 질려 … 정부가 시민들이 말하고 들어야 하는 것을 결정하도록 허용하기보다는 인종혐오를 설교하는 사람들이 말로 악의를 표출하도록 허용하는 것이 더 낫다"라고 판결했다. 이러한 문제는 2017년 샬러츠빌의 로버트 리(Robert E. Lee)* 동상의 철거 제안에 항의하는 신나치주의자, 백인우월주의자, 쿠클럭스(Ku Kluxers)가 집단적으로 흑인 반대, 유대인 반대 구호를 외치며 버지니아대학교 캠퍼스를 가로질러 횃불 행진을 벌였을 때 또다시 발생했다. 수정헌법 제1조는 우리가 이러한 의사표현을 허용해야 한다는 것을 의미하는가? 어떤 사람들은 나치주의자의 혐오 발언, 혹은 흑인, 동성애자, 이슬람교도에 반대하는 발언을 공론장에서 배제하는 것이 큰 손실을 낳지 않는다고 주장할 것이다.

* 역자 주
미국 남북전쟁 당시 남부군 총사령관. 인종차별주의자이며 흑인의 투표권을 반대했다 (위키백과 참조).

그러나 대부분의 다른 권리와 마찬가지로, 자신의 견해를 공개적으로 표현하고 집회하는 권리에는 일정한 제한이 있다. 법원은 사전 허가를 요구하고 집회, 행진, 시위, 유사한 행사의 규모, 위치, 경로, 시간을 통제하는 시 정부의 권리를 지지해 왔다. 따라서 기본적으로 이를 따라야 하지만, 다행스럽게 우리는 소리를 지르는 것이 허용된다!

이익집단

지난 장에서 우리는 대부분의 미국인이 개인주의, 자유, 평등, 민주주의, 입헌주의, 법치주의 등과 같은 생각에 대해 광범위하게 약속하고 있음을 살펴보았다. 이러한 약속은 개방성, 공정성, 적법 절차, 언론 및 집회의 자유, 불만의 해소를 위해 정부에 청원할 수 있는 시민의 권리를 중심으로 구축된 정치체제에 구현되어 있다고 한다. 그러나 기본 원칙에 대한 이러한 광범위한 합의 아래에서 정치와 정치적 이익을 위한 투쟁이 벌어지고 있다.

이 장과 다음 장에서 우리는 정치를 비슷하게 보는 개인들이 어떻게 결집하여 사회와 정부에 대한 자신의 의견을 피력하는지 탐구한다. 앞으로 살펴보겠지만, 그 답은 정치와 관련된 이해관계를 공유하는 시민들이 이익집단과 정당을 중심으로 함께 모이는 것이다. 이번 장에서는 이익집단에 대해 살펴본다. 만약 미국정치에 악당이 있다면, 항상 많은 사람의 머릿속을 스치는 악당은 바로 이익집단과 로비스트이다. 이익집단과 로비스트는 일반적으로 우리 정치의 밀실주의, 유력 정치인의 부당한 영향력 행사, 엘리트주의 특성 등에 책임이 있다고 비난받는다. 그러나 이러한 견해는 너무 단순하다. 이익집단의 형태는 다양하며, 다양한 목표를 추구하고 있다. 이익집단 중 일부는 명백히 칭찬받을 만하다. 누가 어린이 안전이나 깨끗한 환경을 추구하는 단체와 논쟁을 벌일 수 있을까? 그러므로 이익집단이 무엇을 하고, 왜 그렇게 하는지 좀 더 많이 알기 전까지는 미국정치에서 이익집단의 역할에 대한 평가를 잠시 유보하자.

우리의 논의는 모든 사회가, 심지어 미국과 같은 민주사회조차도, 시민 한 사람 한 사람의 말을 모두 똑같이 주의를 기울여서 경청하지는 않는다는 간단한 사실에서 출발한다. 모든 사회에는 내부자(insider)와 외부자(outsider)가 존재하기 마련이다. 내부자는 그들의 주류 견해가 대체로 정치체제에 의해 대표되고 반영되는 유권자이며 이익집단의 구성원이다. 외부자는 투표에 참여할 수도 참여하지 않을 수도 있으며, 이익집단에 속할 수도 속하지 않을 수도 있지만, 그들의 견해는 이단 또는 급진적인 견해로 취급되며, 정치체제와 광범한 사회에 의해 일상적으로 무시되고 때로는 억압받는 시민이다.

일반적으로 내부자들이 지배한다. 이익집단과 이익집단의 로비스트는 선출직 및 임명직 공직자와 매일 교류한다. 그들은 자신의 의견이 반영되고 관심 사안이 해결될 수 있도록 조언과 정보를 제공하고 협력한다. 이익집단 대부분은 아니지만 상공회의소와 공화당, 미국노동연맹(AFL-CIO)과 민주당의 경우처럼 일부 이익집단은 공화당이든 민주당이든 어느 한 정당과 긴밀한 관계를 맺고 있기에 자신들이 가진 모든 자원을 동원하여 선거전에 참여한다. 이익집단들 대부분은 누가 최고의 자리인 대통령에 오르든 그 사람과 긴밀하게 협력할 수 있는 기회를 살려두기 위해 선거 기간 동안 잠시 한 발짝 뒤로 물러나 있다. 일단 개표가 끝나고 선거에 승리한 사람이 취임하면, 정치는 대체로 이전의 상태로 되돌아간다.[1] 2009년 오바마 행정부가 취임했을 때 그랬던 것처럼 민주당 내부자들이 공화당 내부자들을 대체할 수도 있고, 2017년 의기양양한 트럼프 행정부가 그랬던 것처럼 공화당 내부자들이 다시 복귀할 수도 있다. 그러나 많은 미국인은 실질적으로 거의 큰 차이를 느끼지 못한다. 민주당 내부자들은 2021년에 바이든과 함께 되돌아왔다.

때때로 외부자가 들고일어나 자신을 더 잘 대표하고 자신의 관점, 관심, 필요를 반영할 수 있도록 정치체계를 바꿀 것을 요구한다. 자신들의 요구가 받아들여지지 않는 것에 집단들은 좌절한다. 일부 집단들은 충분한 대중의 지지를 얻는 데 성공하며, 그 결과 정치체계의 상당한 개혁을 강제한다. 일부는 2016년 도널드 트럼프의 승리를 기술 변화 및 세계화로 인해 뒤처진 중서부의 백인 노동자 계층 유권자들이 자신들에게 관심을 보일 것을 요구하는 포퓰리즘적 집단행동으로 보았다. 또 다른 사람들은 2016년과 2020년 샌더스(Bernie Sanders)의 젊은 집단이 세대 변화를, 또는 좀 더 일반적으로는 커다란 구조적 변화를 요구하는 것으로 보았다. 보다 일반적으로 외부인들은 사소한 양보와 약속을 받아들이거나, 약해지고 무너질 때까지 무시당하고 조롱받는다.

이 장에서 우리는 미국의 이익집단제도의 역사, 이익집단제도를 구성하는 이익집단의 유형, 이익집단이 정치적 싸움에 동원하는 자원, 이익집단이 자신의 의지를 관철하기 위해 사용하는 전술 등을 설명한다. 우리는 미국정치에서 이익집단이 영향력을 행사하는 다양한 방식을 보여주기 위해 의료개혁법의 통과와 조

미국의 대표적인 기업 옹호 단체인 미국 상공회의소의 회장이자 최고경영자인 수잔 클라크가 로스앤젤레스에서 열린 2022년 미주 정상회의에서 앤서니 블링컨 미 국무장관과 이야기를 나누고 있다.

기 시행에 관한 사례 연구로 이 장을 마무리한다.

미국정치에서 이익집단

미국의 건국자들은 적어도 고대 그리스와 로마 이래로 정치학자들이 계급, 정당, 집단의 사회적 분열이 정치적 안정을 위협한다는 것을 경고했다는 사실을 잘 알고 있었다. 매디슨(James Madison)은 이 모든 사회적 분열을 '파벌'(factions)이라고 불렀고, 특별히 경계했다. 매디슨은 파벌을 "공동체의 영구적이고 총체적인 이익에 반하는 … 정념이나 이해관계의 어떤 공통된 충동으로 뭉친 … 수많은 시민"이라고 말했다.[2] **이익집단**에 대한 가장 두드러진 현대적 정의는 트루먼(David B. Truman)의 정치과정에 관한 고전적 연구에서 찾을 수 있다. 트루먼은 매디슨이 사용한 용어와 유사한 용어로 이익집단을 "하나 이상의 공유된 태도에 기초하여 사회의 다른 집단에 대해 특정 주장을 하는 집단"으로 정의했다.[3] 또 다른 사람들은 이익집단과 정부의 상호 작용을 강조한다. 윌슨(Graham Wilson)은 "이익집단은 일반적으로 정부와는 별개이지만 종종 정부와 긴밀한 협력관계를 구축하고, 공공정책에 영향을 미치려고 하는 조직으로 정의된다"라고 언급했다.[4]

미국정치에서 이익집단의 뚜렷한 존재와 영향력으로 인해 정치인과 학자들은 이익집단이 민주주의를 강화하는지 약화하는지 묻게 되었다. 역사적으로 미국 민주주의에서 이익집단의 역할에 대한 두 가지 관점, 즉 두 가지 답변이 있다. 그중 하나인 **다원주의**는 이익집단이 정부에 대해 시민들의 이익을 대변하고, 집단 간의 투쟁이 합리적인 정책적 균형을 만들어 낸다고 주장한다. 또 다른 관점인 **엘리트주의**는 가난하고 비천한 사람보다 부유하고 저명한 사람의 이익을 위해 자금이 충분하고 효과적인 이익집단이 형성되고, 접근권을 얻고, 영향력을 행사할 가능성이 훨씬 크다고 주장한다.

미국의 이익집단의 발전, 구조, 운영을 탐구할 때 다원주의와 엘리트주의에 대한 통찰을 염두에 두자. 그러나 또한 우리는 도널드 트럼프가 잘 보여주었듯이 특정한 정치적 격동기에 포퓰리즘 후보들은 엘리트주의와 다원주의가 함축하는 의미에 매우 효과적으로 대항할 수 있다는 것을 잊지 말자. 포퓰리즘의 구호는 항상 '엘리트'에 맞서는 '국민'이었고, 여기서 엘리트는 의회의 엘리트와 '이익'을 대변하는 로비스트들을 의미했다. "늪의 물을 빼라"*는 주장은 일반적으로 "진절머리가 난" 사람들의 이름으로 내부자들에게 도전하는 것이다. 첫째, 우리는 건국 초기부터 오늘날에 이르기까지 이익집단의 성장과 발전을 살펴본다. 둘째, 현재 미국정치에서 활동하고 있는 다양한 이익집단들을 설명한다. 셋째, 이익집단들이 영향력을 갖게 하는 자원이 무엇인지 살펴본다. 넷째, 정책결정과정에 영향을 미치기 위해 이익집단이 어떤 전략을 사용하는지 살펴본다.

이익집단(interest groups)
조직의 이익에 부합하는 방향으로 사회와 정부가 행동하도록 유도하려는 공동의 이익에 기초하는 조직.

다원주의(pluralism)
미국정치의 이익집단 구조가 합리적인 정책 균형을 낳는다는 견해.

엘리트주의(elitism)
미국정치의 이익집단 구조가 부유층의 이익에 치우쳐 있다는 견해.

＊ 역자 주
'Drain the swamp'는 1980년대부터 정치인들이 워싱턴 로비스트와 이익집단의 영향력을 줄이겠다는 의미로 사용하는 표현이다. 2016년 대선에서 트럼프 역시 트위터를 통해 100여 차례 이 표현을 사용하였으며, 로비스트와 관료의 부패고리를 일소하겠다고 주장했다. 우리말로는 '적폐청산'으로 번역할 수 있다 (Wikipedia 참조).

이익집단의 등장

사회 변화와 경제발전은 사람들이 살고, 일하고, 통치하는 환경을 변화시킨다. 서부로의 팽창, 산업화, 도시화, 이민 등 관련 변화로 인해 자원을 다시 배분하고, 새로운 문제를 제기하며, 새로운 이익집단을 동원한다. 당초 데이비드 트루먼 등은 변화가 사람들의 이해관계에 악영향을 미치므로 사람들은 자연스럽게 자신을 보호하기 위해 거의 자동적으로 이익집단을 형성한다고 가정했다.

1960년대 이후 올슨(Mancur Olson), 워커(Jack Walker), 솔즈베리(Robert Salisbury), 바움가르트너(Frank Baumgartner), 티체노(Dan Tichenor) 등과 같은 학자들은 어떤 종류의 집단은 다른 집단보다 더 쉽게 만들어지며, 이익집단 체제가 이전에 생각했던 것보다 더 복잡하고 다양하다는 것을 보여주었다.[5] 기업·산업, 전문가 집단 등의 이해관계는 잘 대표된다. 반면에 가난한 사람, 장애인, 어린이, 정신적 장애인 등과 같이 이익집단을 만드는 것이 쉽지 않거나 효과적으로 싸울 수 없는 이익을 추구하기 위해 집단을 만들고 싸우도록 장려하려면 부유한 후원자, 재단, 심지어 정부기관의 지원이 필요하다.

몇 개의 간단한 사례가 일부 이익집단이 다른 이익집단보다 더 쉽고 완전하게 만들어진다는 점을 강조하는 데 도움이 될 것이다. 첫째, 제약 산업은 상당히 집중되어 있고 단지 수십 개의 주요 제약회사들이 주도하고 있으며, 막대한 돈이 걸려 있다. 제약회사들은 정부의 의약품 테스트 및 승인 과정에 걸리는 시간과 비용에 대해 상당히 신경을 쓴다. 이들은 매우 조직적이고 매우 효율적이다. 반면에 민권 단체, 소비자 보호단체, 환경단체 등의 회원 수는 잠재적으로는 많지만, 즉 결국 우리 모두 깨끗한 공기를 원함에도 불구하고 종종 잠재적 회원 중 극히 일부만 회비납부 회원으로 단체에 가입하는 경우가 일반적이다.

우리 모두 깨끗한 공기를 원하는데, 강력한 힘을 발휘하는 환경단체가 등장하지 않는 이유는 무엇인가? 학자들은 깨끗한 공기라는 혜택을 누구나 누릴 수 있기 때문이라고 설명한다. 몇몇 사람들이 환경단체에 가입하고 회비를 납부하여, 일부 정책 성공 덕분에 공기가 더 깨끗해지는 경우, 환경단체에 가입하지 않은 사람들도 좀 더 깨끗한 공기를 마시는 데서 전혀 배제되지 않는다. 이익집단 연구 문헌에서는 이런 사람들을 '무임승차자(free-riders)'로 부르며, 정부 부패를 감시하는 단체, 소비자 안전 단체, 교육 개혁 단체 등과 같이 우리가 가입하지 않고 적극적으로 지지하지 않는 많은 단체의 노력 덕분에 우리도 혜택을 누린다는 의미에서 우리는 모두는 무임승차자이다. 여러분은 제약회사와 같은 기업 이익집단이 왜 환경단체나 소비자 보호단체보다 쉽게 이익집단을 결성하고, 그곳에 자금을 대고, 로비스트를 고용하고, 정책 싸움에서 승리하는 이유를 아는가?

분석가들은 미국 역사에서 다섯 차례의 주요 이익집단 형성 시기를 주장한다.

첫 번째는 증기기관, 전보, 철도 등과 같은 기술 발전으로 인해 규제가 기회를 막을 수 없다는 것을 보여주는 전국적 기업의 성장이 이뤄졌던 때인 남북전쟁 직전 수십 년 동안 생겨났다. 두 번째는 1880년대와 1890년대 초에 산업이 호황을 누리면서 북부 전역에서 도시가 급속하게 성장했으며, 급변하는 사회와 경제에서 자신들의 위치를 안정시키고 확보하기 위해 조직된 사무직 전문가들 중심으로 생겨났다. 세 번째는 20세기 초 진보주의와 뉴딜 시대에 숙련 노동자와 비숙련 노동자가 자신들의 경제적, 사회적 이익을 인정해달라고 정부에게 요구하면서 생겨났다. 네 번째는 1960년대와 1970년대에 민권운동, 소비자운동, 여성운동, 환경운동이 꽃을 피면서 생겨났다.

마지막으로 우리는 현재 다섯 번째 이익집단 형성기에 있다. 새로운 전자 기술 덕분에 아무리 전국 각지에, 심지어 전 세계 곳곳에 흩어져 있는 공통 관심을 가진 사람들과 거의 즉각적으로 비용을 들이지 않고 의사소통하고, 계획하고, 조직하고, 행동할 수 있다. 저렴한 장거리 전화, 팩스, 컴퓨터 메일이 통합되는 동안 스마트폰, 인스턴트 메시지, 인터넷, 소셜미디어는 개인화되고 민주화되었으며 조직적인 정치적 행동이 엄청나게 가속화되었다. 해시태그를 달라. 조직할 것이다.

매디슨의 가정. 매디슨(James Madison)과 건국 세대의 많은 사람들은 인간의 본성이 이기적이며, 공동의 이해관계를 가진 사람들이 함께 모여 이익을 보호하고 증진할 것이라고 가정했다. 매디슨은 『연방주의자 논고』 제10호('부록 D' 참조)에서 "파벌의 원인은 인간의 본성에 있으며", 필연적으로 다양한 이해관계로 이어진다고 썼다. 그는 "토지 이익, 제조 이익, 상업 이익, 더 적은 이익을 가진 금전 이익은 문명국가에서 필연적으로 커지며, 서로 다른 정서와 견해에 따라 서로 다른 계급으로 분열된다"라고 주장했다. 파벌이나 이해관계는 근절될 수 없기에 수용하고 통제할 필요가 있었다. 다행스럽게도 매디슨은 새로운 연방정부에 대해 파벌 이익이 부당하게 영향을 미치는 것을 막는 두 개의 방어선이 있다고 생각했다.

매디슨은 새로운 국가의 규모와 당시 이용이 가능한 원시적인 의사소통 수단이 공동의 이해관계를 가진 사람들이 서로를 알아보고 서로의 활동을 조정하는 것을 어렵게 만들 것이라고 가정했다. 그는 형성된 이해관계가 너무 많아서 그들 중 누구도 또는 그들의 결합도 연방정부를 지배할 만큼 강력하지는 않다고 생각했다. 그는 또한 권력분립, 견제와 균형, 양원제 입법부를 갖춘 새 정부의 구조로 인해 이해관계가 전체 정책 결정 과정을 통제하기 어려울 것으로 생각했다.[6] 따라서 매디슨은 국가의 규모와 연방정부의 복잡한 구조로 인해 파벌들이 궁지에 몰린 상황에서 정부 관리들이 공동선을 찾기 위해 서로 토론하고 협상하고 타협할 것이라고 결론지었다.

Q1 현재 미국의 중앙정치는 건국의 아버지들이 파벌에 대해 가졌던 우려가 옳았음을 보여주고 있나?

새 정부가 뉴욕시에 있었던 건국 후 첫 10년 동안 상업 및 금융 지도자들은 하원의원 및 행정부 고위 관료들과 밀접하게 접촉하고 사회적으로 교류하였다. 그러나 1800년에 정부가 새로운 수도 워싱턴으로 옮긴 후 정부는 완전히 고립되었다. 미국 초기 통치체제에 대한 가장 저명한 역사가는 "전국적 협회 중 정부의 활동 중심지를 자신의 활동 중심지로 삼은 전국적 협회는 없었으며, 워싱턴으로 심부름을 오는 사람도 거의 없었다. 현대적인 용어로 말한다면 상주 로비스트가 없었다"라고 썼다.[7] 정부가 새로운 수도에 고립되어 있는 상황에서 파벌에 대한 매디슨의 추측은 19세기 처음 1/4 시점까지 비교적 잘 유지되었다. 그러나 그 후 급격한 변화가 일어났다.[8]

전국적 이익집단의 출현.   남북전쟁 직전과 직후 수십 년 동안 전신과 철도로 인해 전국적인 상품 시장과 서비스 시장이 창출되었다. 전쟁 후 북부 경제의 산업화와 도시화가 가속화되었다. 지방 기업이 지역 대기업이 되었고, 일부는 전국적 트러스트(기업합동) 또는 거대 독점 기업이 되었다. 이러한 강력한 새로운 기업 이해관계는 우호적인 대우를 보장하고 연방상원의원의 임명을 통제하기 위해 고분고분하게 말 잘 듣는 주의회를 돈 주고 매입하거나 적어도 임대했다. 19세기 말 기업 친화적인 상원은 '백만장자 클럽'으로 알려져 있었다.[9]

최초의 경제단체와 노동조합은 19세기 마지막 10년에 시작되었다. 19세기 말에는 국가가 여전히 압도적으로 농업 중심이었고, 노동자 대부분이 농업에 종사했기 때문에 농민단체나 노동조합이 강력한 힘을 발휘했다. 그러나 그 시기에 가장 강력한 이익집단은 공화국 대군(GAR: Grand Army of the Republic)이었다. 미합중국군 퇴역군인들로 구성된 전국 조직인 GAR는 연금 수령액을 늘리고 연금 수급 자격 확대를 위해 집중적으로 로비를 벌였다. 1890년 「부양가족 연금법」은 전투에서 부상당한 군인인 경우에만 연금수급자격이 주어지던 것을 완화했고, 1906년에는 단순히 많은 나이가 연방 군 복무 연금을 받을 수 있는 장애 중 하나로 분류되었다.[10]

도시화와 경제발전으로 인해 곧 회계, 엔지니어링, 금융, 법률, 의학, 교육, 과학, 기타 많은 기술과 직업 분야에서 새로운 전문가 계층이 생겨났다. 위로는 기업과 고용주의 권력으로부터, 아래로는 경제적 경쟁으로부터 회원들을 보호하기 위해 직능단체와 전문가 협회가 설립되었다. 직능단체와 전문가 협회는 교육 및 훈련 기준을 정하고, 직능이나 전문직에 대한 진입을 통제하고, 정보를 공유하고, 회원들의 사회경제적 이익의 증진을 위해 노력했다.[11]

현대적 이익집단제도.   현대적 이익집단제도는 20세기 초반의 진보주의와 뉴딜 시대, 그리고 1960년대와 1970년대 초반의 '위대한 사회' 시대라는 두 가지 주요 국면에서 형성되었다. 진보 시대가 끝날 무렵에는 대량 발행 신문과 잡지, 라디오, 전화 등이 보편화되었다. '위대한 사회'가 끝날 무렵에는 텔레비전이 압도적으로 강력한 힘을 갖게 되었고, 컴퓨터, 팩스, 위성 기술이 개발되었다. 오늘날 인터넷과 이동통신 기술은 광고, 채용, 기금 모금 등을 위한 즉각적인 커뮤니케이션을 가능케 해준다.

기술의 발전과 더불어 정부의 규모와 범위가 커진 것도 이익집단제도의 확대에 일조했다. 정부가 규제 범위를 확대하면서 경제단체의 수가 늘어났을 뿐만 아니라, 정부가 민권, 복지, 보건, 교육, 공원과 여가, 농업 등으로 확대되면서 자신들 견해의 수용을 압박하는 공익단체 네트워크가 발달했다. 미국인 열 명 중 아홉 명은 전문가 협회, 교회, 사교 클럽, 민권 단체 등 적어도 하나의 자발적인 협회나 회원 단체에 속할 정도로 현대적 이익집단제도가 매우 잘 발달되어 있다. 미국 성인은 평균적으로 네 개의 단체에 속해 있다.[12]

더욱이, 솔즈베리(Robert Salisbury)는 이익집단체제가 회원집단을 넘어 "개별 기업, 주정부 및 지방정부, 대학교, 싱크탱크, 민간 부문의 대부분 다른 기관들의 … 다양한 형태"를 포함한다고 지적했다. 마찬가지로 눈에 띄지 않는 것은 변호사, 홍보 회사, 그 밖의 다양한 상담가 등 독립적으로 일하거나 고용되어 일하는 수많은 워싱턴의 대리인들이다."[13] 학자들은 공식적으로 등록된 로비스트의 수를 약 1만 1,700명으로 추정하고 있지만, 느슨한 관련 규정은 최대 10만 명이 등록 없이 자신의 업무시간의 20%까지 로비 활동에 쓸 수 있도록 허용하고 있다. 더 광범위한 영향력을 가진 산업에는 그보다 수없이 더 많은 사람이 로비활동에 관여하고 있다.[14]

놀랄 것도 없이, 오늘날 많은 사람은 제임스 매디슨이 국가의 규모와 연방주의, 삼권분립, 견제와 균형, 임기 차이 등과 같은 제도적 장치를 통해 파벌주의의 위험을 관리할 수 있다고 생각한 것이 잘못된 생각이 아니었는지 궁금해한다. 인터넷은 비록 전국에 흩어져 있더라도 이해관계와 관심을 공유하는 사람들이 서로를 찾고, 조직하고, 정부에 관심 사항을 압박할 수 있도록 해준다. 그리고 우리가 이 책의 선거운동과 선거에 관한 장에서 좀 더 자세히 살펴보겠지만, 일부 사람들은 때때로 익명의 기부자로부터 무제한의 정치자금을 기부받을 수 있도록 허용하는 슈퍼팩(SuperPACs)의 등장을 미국 이익집단 시스템 내의 새로운 종류의 위협으로 간주한다. 여러분은 이러한 우려에 공감하는가? 아니면 부유한 사람뿐만 아니라 가난한 사람도 정치적 결과에 영향을 미치기 위해 자신이 가진 자원을 사용할 수 있어야 한다고 생각하는가?

이익집단의 유형

미국의 이익집단에 대한 가장 포괄적인 연구는 바움가르트너(Frank Baumgartner)와 리치(Beth Leech)의 연구에서 시작되었다. 1959년 '협회 백과사전'에는

6,000개 미만의 이익집단의 명단이 실려있었다. 오늘날 같은 출처에는 2만 4,000개 이상의 이익집단의 이름이 실려있다. 이 단체들은 현재 의회와 행정부에 로비하는 데 매년 25억~30억 달러를 지출하고 있다. 바움가르트너와 리치는 이익집단체제의 4분의 3이 직업적 이해관계를 반영한다는 것을 보여주는 광범위한 문헌을 요약하고 있다. 이익집단의 거의 40%는 기업, 산업, 노동의 이해관계를 포함하는 민간 부문 직업 집단이고, 약 35%는 교육, 보건, 종교, 과학, 공공문제 직업 등에서 회원을 끌어모으는 공공부문 비영리 직업 집단이다. 이익집단체제의 나머지 25%는 공익 및 시민회원 단체이다. 이들은 소비자, 환경, 국제 문제 등과 같은 실질적 이해관계와 이념, 당파성, 인종, 민족, 성별 등과 같은 회원 속성을 기반으로 회원을 끌어들인다.

Q2 미국정치에서 가장 큰 영향력을 발휘하는 이익집단은 어떤 유형의 이익집단인가?

최근 수십 년 동안 비영리 단체와 시민단체 영역은 전통적인 기업, 전문가, 노동 영역보다 빠르게 성장했다. 비록 기업이 갖는 우월한 자금, 권위, 전문성 등으로 인해 기업의 이해관계가 여전히 지배하고 있는 것이 사실이지만, 미국정치에서 이해관계의 균형은 불과 몇십 년 전보다 더 완전하고 공정해졌다 (도표 6.1 참조).

아래에서 좀 더 자세히 살펴보겠지만, 민간 부문의 기업 협회와 단체로는 상공회의소, 자동차 노동자 연합(UAW), 미국 변호사 협회(ABA), 미국 제약 연구 및 제조업체(PhRMA) 등과 같은 잘 알려진 이름이 있다. 비영리 단체와 시민단체도 마찬가지로 친숙한 이름이다. 전미 유색인 지위 향상 협회(NAACP), 여성 유권자 연맹, 야생동물협회(NRA), 기독교연합 등이 이에 포함된다.

놀랄 것도 없이, 우리 사회의 무척 다양한 이익집단을 고려할 때, 조직과 개인

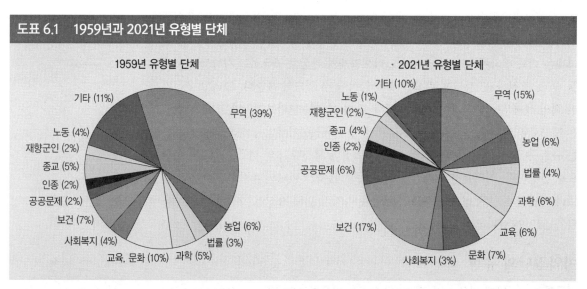

도표 6.1   1959년과 2021년 유형별 단체

출처: Frank L. Baumgartner and Beth Leech, *Basic Interests: The Importance of Groups in Politics and Political Science* (Princeton, NJ: Princeton University Press, 1998), 109.[a] *Encyclopedia of Associations*, 60th edition 따라 저자가 업데이트함.

이 이익집단에 가입하는 데에는 똑같이 다양한 이유가 존재한다. 학자들은 그러한 이유를 물질적 혜택, 목적적 혜택, 연대적 혜택 등 크게 세 가지로 분류했다. 물질적 혜택이란 세금 인하, 규제 완화, 임금 인상, 단체 보험료와 같이 종종 집단 가입으로 인해 발생하거나 최소한 기대할 수 있는 실질적이고 가시적인 혜택이다. 목적적 혜택은 기아 퇴치, 공화당 지지, 사회주의자들과의 투쟁 등과 같은 실질적, 당파적, 이념적 목표를 말하며 개인이 이익집단에 가입하도록 유도할 수 있다. 그리고 연대적 혜택은 같은 마음을 가진 사람을 만나고, 알아가고, 함께 일하는 데서 오는 단순한 기쁨이자 사회적 보상이다. 조직과 개인은 종종 여러 가지 다양한 이유로 이익집단에 가입하지만, 물질적 혜택, 목적적 혜택, 연대적 또는 사회적 혜택에 대한 기대가 거의 항상 그 이유에 포함된다.

민간 부문 및 공공 부문 직업 집단. 구성원의 경제적 이해관계를 대변하는 이익집단은 이익집단체제에서 가장 오래되고 수적으로도 가장 많은 유형의 이익집단이다. 그와 같은 유형의 집단이 가장 먼저 우후죽순 생겨났는데, 이는 회원들이 다른 집단, 정부, 시장 일반의 행위로부터 크게 도움을 받거나 해를 입을 수 있는 명확히 정의된 이해관계를 공유하기 때문이다.

경제계는 당연히 돈, 조직, 전문성 등에서 이점을 갖고 있기 때문에 항상 이익집단체제의 어떤 다른 부문보다 가장 철저하게 조직되어 있다. 미국 역사 전반에 걸쳐 정부와 기업은 경제성장을 촉진하고 이익을 증대시키기 위해 긴밀히 협력해 왔다. 실제로 정치경제학자 린드블럼(Charles E. Lindblom)은 자본주의 경제 또는 시장경제에서 기업과 회사의 위치를 설명하는 데 "기업의 특권적 지위"라는 유명한 표현을 사용했다. 기업인들은 정부에서 중요한 역할을 할 뿐만 아니라, 정부의 정책은 산업과 고용을 촉진하기 위해 신중하게 계획되었다. 선출된 공직자들은 자신의 재임 기간이 건강한 경제에 달려 있음을 알고 있으며, 주요 기업인이 원하는 결과를 가져올 가능성이 가장 높은 경제 정책이 어떤 것인지 말할 때 이에 귀를 기울인다.[15]

정상조직 일반적으로 해당 업계의 이익을 대변한다. 전미제조업자협회(NAM)는 1895년 1월 신시내티에서 개최된 회의에 그 뿌리를 두고 있다. NAM은 1만 4,000명의 회원을 보유한 미국 최대의 산업 협회이다. 미국 중소기업의 주요 목소리인 전미상공회의소는 1912년에 설립되었다. 전미상공회의소는 현재 산하에 거의 3,000개의 주 회의소 및 지방회의소가 있고 300만 개 이상의 기업이 기초 회원으로 참여하고 있다. 미국 기업들을 대표하는 새로운 주요 단체는 1972년에 결성된 비즈니스 라운드테이블(The Business Roundtable)이다. 포춘지 선정 500대 대기업 중 160개가 창립회원인 비즈니스 라운드테이블은 오직 미국 최대 기업만 회원이 될 수 있으며, 거대기업들이 자신들의 공통 관심사와 이해관계를

정상조직(Peak Associations, 또는 정상연합)
미상공회의소와 같은 정상조직은 재계의 일반적인 이익을 대변한다.

논의하는 포럼이다.

상공회의소는 가장 정치적으로 역동적이고 공격적인 정상 산업 조직이다. 도나휴(Thomas Donahue)가 1997년부터 2021년까지 상공회의소를 이끌었다. 도나휴는 연간 2억 5,000만 달러의 예산과 로비스트, 경제학자, 연구원 및 분석가, 커뮤니케이션 전문가 수십 명을 포함하여 500명의 직원을 관리했다. 2019년 상공회의소는 로비에 7,700만 달러를 지출했는데, 이는 2위인 열린사회정책센터(Open Society Policy Center)와 3위인 전미 부동산중개인협회(National Association of Realtors)가 지출한 4,400만 달러보다 훨씬 더 많은 금액이다. 도나휴는 2019년에 600만~700만 달러 수준의 급여를 받았다. 2021년 도나휴가 은퇴하자 수석 부회장 클라크(Suzanne Clark)가 회장이 되었다. 미국 기업의 관점에서 볼 때 정부의 프로그램과 규제가 많은 이해관계를 위협하므로 그와 같은 프로그램과 규제에 영향을 미치는 데 필요한 돈을 쓰는 것이 무척 합리적이다.[16]

직능 단체(trade association)
동일한 상업, 무역, 또는 산업 부문과 관련된 기업 및 관련 이해관계자에 의해 설립된 협회.

정상 조직 외에 거의 3,570개의 **직능 단체**가 있다. 직능 단체는 동종의 비즈니스, 상업, 산업 분야에 속한 회사들을 하나로 묶는다. 이러한 직능 단체로는 항공우주 산업 협회, 미국 전자 협회, 미국 석유 협회, 자동차 제조 협회와 같은 친숙한 이름들이 있다. 게다가 개별 기업 상당수는 독자적으로 엄청난 관심을 끌 수 있을 만큼 충분히 크고, 부유하며, 다양하다. 아메리칸 항공, AT&T, 뱅크 오브 아메리카, 제너럴 모터스, IBM, 제너럴 일렉트릭, 마이크로소프트, 구글 등과 같은 이름들이 바로 떠오른다.

비록 지역 노동자 협회가 건국 초기부터 존재했지만, 현대의 노동운동은 1886년 미국노동연맹(AFL)의 창립과 함께 시작되었다. AFL은 벽돌공, 목수, 시가 제조업자, 유리 기술자, 파이프 배관공, 공구 및 금형 제조업자 등 숙련 노동자들의 조합 또는 직능조합의 연맹이었다. 시가 제조업자 조합의 곰퍼스(Samuel Gompers)가 AFL의 초대 회장이었다. AFL은 가입 요건, 작업 규칙, 임금 및 복리후생 수준 등의 통제를 통해 기술과 구성원을 보존하고 보호하는 데 집중하면서 정치를 멀리했다.

미국노동총연맹(AFL-CIO)
미국 노동 연맹이 산업 단체 총회에 가입한 1955년에 창립한. 1,250만 명의 회원을 가진 AFL-CIO는 미국 최대의 노동단체이다.

1930년대 중반이 되어서야 프랭클린 루스벨트와 민주당 의회는 심각한 대공황 속에서 경제 활성화를 모색했고, 루스벨트가 의회에서 통과된 일명 와그너법으로도 알려진 전국 노동관계법에 서명하여, 노동조합이 조직하고, 교섭하고, 필요에 따라 파업할 수 있는 길을 열어주었다. 루스벨트 행정부의 최우선 과제는 광산업, 철강산업, 자동차 산업 등과 같은 산업 부문의 비숙련 노동자들을 조직하는 데 있었다. 1935년에는 광산 노동자 연합(United Mine Workers)의 루이스(John L. Lewis)가 산별 조직 회의(CIO)를 창립하여 이끌었다. 1940년대 중반부터 AFL의 의장이었던 목수 협회의 미니(George Meany)는 1955년 AFL과 CIO의 합병을 설계하는 데 도움을 주었고, 새로운 **미국노동총연맹**의 초대 회장이 되었다.

AFL-CIO는 1979년이 최고 절정기로 노조원 수가 거의 2,000만 명에 달했으며, 1995년에는 1,500만 명 수준으로 떨어졌고 그 후 계속 꾸준히 줄어들었다. 2009년에 AFL-CIO는 트럼카(Richard Trumka)를 회장으로 선출했다. 광산노동자 연맹(United Mineworkers)의 전직 회장이었던 트럼카는 노동자연맹의 조직 강화와 확장에 집중하겠다고 약속했다. 그러한 노력에도 불구하고 2009년의 대침체는 노조에 큰 타격을 입혔고, 2021년에는 AFL-CIO 노조원 수가 1,250만 명으로 줄어들었다. 트럼카가 2021년에 사망하자 AFL의 서열 2위 직책에 해당하는 사무총장직을 오랫동안 맡았던 슐러(Liz Shuler)가 사상 첫 여성 회장이 되었다. 글상자 〈다른 나라와 비교〉는 미국의 노동자가 세계 대부분의 다른 선진 산업국가의 노동자에 비해 훨씬 조직화 정도가 낮음을 보여준다.

최근 수십 년 동안 민간부문 노조는 쇠퇴한 반면, 공공부문 노조는 확대되었다. 미국 전체 노동자의 10.3%만이 노조에 소속되어 있는 반면, 공공부문 노동자는 35%가 노조에 소속되어 있다. 교사의 약 35%가 노조원이며, 회원 수가 300만 명에 달하는 미국교육협회(NEA)와 AFL-CIO 가입단체로 150만 명의 회원을 가진 미국교원단체총연합회(AFT)가 가장 크고 활발하게 활동하고 있다. 2009년 글로벌 금융위기와 대침체는 위스콘신주 워커(Scott Walker)와 오하이오주 케이식(John Kasich)이 이끄는 몇몇 공화당 주지사들이 공공부문 노조를 제한하는 법률을 성공적으로 추진할 수 있는 기회를 제공했다.[17]

변호사, 의사, 사회복지사, 학자 등이 표준을 정하고 가입 요건을 설계하기 위해 서비스를 제공하는 주요 전문가 협회들은 일반적인 관심과 정보를 공유하고, 지역 수준, 주 수준, 전국 수준에서 경쟁단체들과 정부 규제 기관으로부터 회원의 이익을 보호한다. 미국변호사협회(ABA)는 1876년에 설립되었다. 그 후 20년 동안 많은 미국의 학문 및 학술 협회가 조직되었다. 미국 의사 협회(AMA)는 1901년에 설립되었다. 사회가 전문가 협회 회원들에 대해 갖는 존경과 회원들이 보유한 전문성 또는 전문지식으로 인해 전문가 협회는 영향력을 갖는다.

공공부문에도 전문가 협회가 있다. 가장 유명한 것으로는 전국 주지사 협회(1908년), 시장 회의(1933년), 전국 주의회 회의(1975년) 등이 있다. 그러나 주정부와 지방정부의 예산 담당자, 복지 전문가, 교통 공무원, 그 밖의 많은 다른 사람들은 각각 그들만의 전문가 협회를 가지고 있다. 그들의 주요 서비스는 정보, 관련 동향, 모범 사례 등을 공유하는 것이지만, 그들의 활동에 대한 더 많은 자금 지원을 얻기 위해 주 및 국가 기관을 대상으로 로비활동을 벌이기도 한다.

공익단체와 시민단체. 대부분의 민간부문, 그리고 일부 공공부문 직능 단체들은 정부의 관심과 도움을 받기 위해 맞바꿀 수 있는 경제적 혹은 전문적 자산, 자금, 전문 지식, 때로는 많은 회원 수를 가지고 있다. 회원 단체, 법률 회사, 싱크탱크,

로비 단체, 지역사회 단체 등 다양한 조직으로 구성된 공익 운동은 정보와 공공성에 더욱 의존하여 기업 임원들과 정부 관료들이 좁은 자기 이익을 넘어 더 넓은 공익을 보도록 만들려고 한다. 정치학자 흐레베나르(Ronald Hrebenar)는 공익단체를 일반적으로 모든 사람이 이용할 수 있으며 일부 사람들만이 이용할 수는 없는 공공재를 추구하는 집단으로 정의한다.[18] 정직한 정부, 더 안전한 장난감, 고속도로와 직장, 더 깨끗한 공기와 물 등이 그러한 공공재에 해당한다.

가장 유명한 두 개의 공익단체는 코먼코즈(Common Cause, 공동대의)와 네이더(Ralph Nader)의 공공시민(Public Citizen) 단체이다. 코먼코즈는 전직 존슨 행정부 관료였던 가드너(John Gardner)에 의해 1970년 '인민 로비'(People Lobby)로 설립되었다. 윤리법, 개방형 정부법, 선거운동 자금 개혁 등과 같은 '구조와 과정' 문제에 중점을 두고 있다.[19] 의회감시단(Congress Watch)이 가장 유명한 네이더의 공공시민(1971년) 단체들은 광범위한 소비자 문제에 대해 의회와 행정부에 로비활동을 벌인다. 그 밖의 공익단체로는 야생동물 협회(Wilderness Society), 여성유권자연맹(League of Women Voters), 자유를 위한 젊은 미국인(Young Americans for Freedom), 자유의회재단(Free Congress Foundation) 등이 있다. 자연 그대로의 황야, 깨끗한 공기, 작고 효율적인 정부의 중요성에 대해 반박하기는 어렵지만, 공익운동은 상위 중산층의 의제에 국한되어 있다는 비판을 자주 받는다.

미국사회의 주요 요소는 경제 집단이나 소비자 단체 및 공익단체에 의해 잘 대표되지 않는다. 예를 들어, 소수인종과 여성은 직업 이익집단 및 소비자 단체가 그들에게 많은 도움을 주기에 앞서 미국의 경제 주류에 대한 접근을 요구하기 위해 조직을 만들어야 한다고 종종 느꼈다. 그럼에도 불구하고, NAACP, 도시 연맹, 남부 기독교 지도자 회의(SCLC), 연합 라틴 아메리카 시민 연맹(LULAC), 아메리카 원주민 권리 기금(NARF) 등과 같은 민권 단체는 회원 단체들에 대한 기회와 공정한 대우를 보장하기 위해 노력하고 있다. 마찬가지로, 전미 여성 기구(NOW)는 사회에서, 법 앞에서, 직장에서, 생식과 재생산과 관련해서 여성의 권리를 보장하기 위해 노력해 왔다.

이익집단의 자원

Q3 이익집단은 어떤 식으로 공공정책에 영향력을 미치려 하는가?

각기 다른 이익집단은 자신의 목표를 추구하기 위해 각기 다른 자원을 사용한다. 일부 이익집단은 수백만 명의 회원을 가지고 있다. 미국변호사협회(ABA)와 같은 다른 단체는 회원 수가 적지만, 회원들은 부유하고 정부가 이용할 수 있는 전문지식을 가지고 있다. 코먼코즈(Common Cause)과 의회감시(Congress Watch)와 같은 또 다른 단체들은 강력한 리더십, 조직의 목표에 헌신하는 회원, 관련 이익을 추구하는 다른 집단들과의 긴밀한 전략적 제휴 네트워크로부터 힘을 얻는다.

다른 나라와 비교

글로벌 관점에서
미국의 노동조합

다른 많은 선진국의 노동운동이 시민들의 삶에 영향을 미친 것만큼 노동운동이 미국 생활의 중심이었던 적은 없다. 그럼에도 불구하고 산업화된 세계의 대부분 지역에서 노동운동은 세계화의 거센 공격으로 지난 30년 동안 약화 되었다. 아래 표는 일부 선진국의 노동조합에 속한 비농업 노동 인구의 비율을 보여준다. 몇 가지 점이 분명하다.

첫째, 북유럽 국가들의 소규모 클러스터는 노동조합에 대한 지속적인 헌신을 가지고 있다. 이 국가의 노동자 대부분이 노동조합에 가입하고 있으며, 노동조합은 기업과 정부를 평등한 입장에서 대한다. 둘째, 많은 선진국은 노동자 노동조합 가입 수준이 약 절반에서 3분의 1 이하로, 때로는 그보다 훨씬 이하로 감소하였다. 마지막으로, 미국의 노동조합은 처음에는 약했고, 1970년 이후 꾸준히 감소했다. 1970년에는 미국 노동인구의 24%가 노조에 가입했지만, 2020년에는 미국 노동인구의 10%만이 노조에 가입했다.

1970년대 중반 이후 세계 무역, 상업, 투자의 강화가 노동조합에 큰 부담을 안겨주고 있다. 정부와 기업은 세계적 차원에서 경제 경쟁의 압력을 느끼고 있으며, 노동조합은 임금과 혜택을 줄이거나 국내외의 비노조원들에게 일자리를 빼앗길 가능성에 종종 직면한다. 더욱이, 노조는 철강과 자동차와 같은 전통적인 제조업에서 가장 강력한 영향력을 가지고 있다. 은행, 컴퓨터, 통신과 같은 새로운 서비스 산업과 정보 산업은 노조가 조직하기에 훨씬 더 어렵다.

국가	1970년	1990년	2010년	2020년 또는 가장 최근	1970~2020년 사이 변화 비율
스웨덴	68	81	70	65	−3
핀란드	51	73	70	59	8
덴마크	60	75	67	67	7
벨기에	42	54	54	49	7
노르웨이	57	59	50	50	−7
캐나다	32	33	30	27	−5
독일	32	31	20	16	−16
네덜란드	37	24	20	15	−22
오스트리아	63	47	29	26	−37
영국	45	39	27	24	−21
호주	50	41	18	14	−36
일본	35	25	18	17	−18
스위스	29	24	18	14	−15
미국	**24**	**16**	**11**	**10**	**−14**
프랑스	22	10	11	11	−11

출처: Organization for European Cooperation and Development (OECD), http://stats.oecd.org/Index.aspx?DataSetCode=TUD#

이 절에서 우리는 미국의 이익집단들이 이용할 수 있는 다양한 자원을 살펴볼 것이다.

회원 규모. 3,800만 명의 회원을 보유한 미국 퇴직자 협회(AARP)나 1,250만 명의 회원을 보유한 AFL-CIO와 같은 대규모 단체는 단지 그 회원 규모 때문에도 주목할 필요가 있다. 그러나 궁극적으로 큰 회원 규모가 제대로 힘을 발휘하려면 회원들의 강한 결속력과 많은 참여가 동반되어야 한다.

미국 노조는 규모에서 오는 영향력이 집단 내의 결속력 부족과 적용 범위 부족으로 인해 어떻게 손상될 수 있는지를 보여주는 좋은 사례이다. 어떤 한 집단의 구성원이 정책이나 선거에서 후보자에 대해 통일된 입장을 가지 못하는 경우 그 집단은 그렇지 않은 경우보다 영향력이 줄어든다. 참여 수준이 결속력만큼이나 중요하다. 스칸디나비아 노동자들의 경우에는 3분의 2가 노동조합에 소속되어 있지만, 미국 노동자들의 경우에는 약 10%만이 노동조합에 가입하고 있다. 따라서 미국 노동조합보다 스칸디나비아 노동조합이 정부에 더 큰 영향력을 발휘하는 것은 당연한 일이다. 노동조합만이 그런 것은 아니다. ABA는 변호사의 절반 미만이 회원이라고 주장하고, AMA는 의사의 4분의 1만이 회원이라고 주장한다. 모든 시민이나 모든 소비자가 잠재적 회원이라고 가정한다면, 공익단체 및 소비자 단체에는 잠재적 회원의 극히 일부만이 실제 회원이다.

회원의 열성. 미국인 대다수는 어떤 형태로든 총기 규제와 낙태 서비스에 대한 허용을 선호한다. 그러나 잘 조직되어 있고 관심이 많은 소수가 조직화되지 않은 다수를 압도하는 경우가 많다. 500만 명의 회원을 보유한 전미총기협회(NRA)는 회원의 규모와 열성에 상응하는 영향력을 갖고 있으며, 총기 소유자의 권리에 대한 대부분의 제한을 강력하게 반대한다. 마찬가지로, 생명권 운동 대부분은 낙태 서비스에 대한 전면적 금지를 선호한다. 두 단체 모두 잘 조직되어 있고, 자금이 넉넉하고, 동기부여가 되어 있기에 자기 회원들의 관심 분야에서의 정부 의사 결정에 대한 이들 단체의 영향력은 회원 수에 비해 훨씬 크다.

회원의 재정적 자원. 회원 수나 열성과 마찬가지로 자금은 이익집단의 성공을 위해 매우 중요하다. 학자들은 "훌륭한 리더십, 정치적 의사 결정자에 대한 접

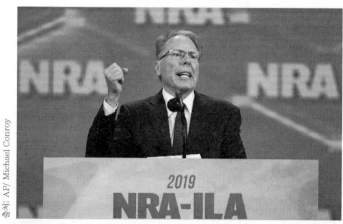

출처: AP/ Michael Conroy

전미총기협회(NRA) 수석부회장 웨인 라피에르가 2019년 4월 인디애나폴리스에서 개최한 연례 회의에서 열린 '입법 활동 리더십 포럼'에서 연설하고 있다. 오랫동안 워싱턴에서 막강한 힘을 행사하던 NRA는 최근 어려움을 겪고 있다.

근성, 호의적인 대중 이미지, 열심히 일하고 지식이 풍부한 직원 등은 적절한 금액의 자금을 신중하게 사용하여 살 수 있는 자원 중 일부에 불과하다"라고 지적한다.[20] 자금은 이익집단이 내부적으로 조직을 튼튼히 하고 외부적으로 영향력을 행사하는 데 도움이 된다.

기업, 이익집단, 노동조합 등은 연방정부에 대한 로비에 매달 3억 2,500만 달러를 지출하고 있다. 오픈시크릿(Open Secrets) 웹사이트는 로비 활동을 매우 상세하게 추적하여 공개하고 있다. 2020년에는 이익집단 전체가 로비활동에 총 35억 달러를 썼다. 로비스트들이 대규모 의료보험 법안, 국방 법안, 세출 법안 등에 대해 로비 활동을 벌이면서 일 년 내내 무척 많은 돈을 썼다. 지출 상위 10대 단체는 경제단체와 기업들이었다. 부동산 중개인 협회가 8,400만 달러로 1위였고, 미국 상공회의소가 8,200만 달러로 2위였다.[21]

회원의 권위와 전문성.   예를 들어 경제단체, 노동조합, 전문집단 등과 같은 일부 집단은 소비자 보호 단체, 자연 보호 단체, 민권단체 등과 같은 다른 집단에 비해 결정적 또는 배타적 전문성을 주장하는 데 더 나은 위치에 있다. 하원의원 대부분과 시민 대부분은 미국에 국유림이 더 필요한지, 아니면 더 강력한 차별 철폐 조치법이 필요한지에 대해 의견을 가질 수 있을 만큼 개인적 통찰력과 경험이 충분하다고 생각한다. 하원의원 대부분과 시민 대부분은 화학업계의 의견 없이 폐기물 처리 정책을 수립하거나 제약업계의 의견 없이 의약품 승인 가이드라인을 수립할 수 있는 역량을 가지고 있다고 생각하지 않는다.

조직과 리더십.   이익집단은 단일 조직이거나 연합체로 조직된다. 코먼코즈(Common Cause), NRA, NAACP, NOW 등은 단일 조직이다. 구성원은 조직에 직접적으로 소속되며 일반적으로 중앙 사무소나 본부와 같은 단일 수준의 행정구조가 존재한다. 조직에 지역 지부가 있을 수 있지만 이들 모두 중앙 본부의 지시를 따른다. 연맹은 상당한 수준의 독립성을 지닌 회원 조직으로 구성된다. 예를 들어 AMA는 180개 의료 학회로 구성된 연합체로, 일부는 공화당의 의료개혁 의제에 반대하고, 일부는 이를 지지했다. 일반적으로 단일 조직은 연합체보다 에너지 넘치고 일관성이 있다.

다른 종류의 조직은 다른 종류의 리더를 필요로 한다. 마틴 루터 킹(Martin Luther King Jr.)이 가장 자주 거론되는 예로 카리스마적 지도자는 개성과 의지의 힘으로 조직을 이끈다. 네이더(Ralph Nader)와 도나휴(Tom Donahue)가 좋은 사례인 기업가적 지도자는 에너지, 창의성, 전략적 감각으로 조직을 이끈다. 카리스적 지도자 및 기업가적인 지도자는 그들의 에너지와 아이디어가 전체 조직에 활력을 불어넣을 수 있는 단일 회원 조직에서 특히 흔하다. 관리자는 연합 조직에서 더 흔한데, 연합 조직에서는 지도자와 연합을 구성하는 단체 간의 협상을

언론의 관심을 끌기 위한 목적의 다양한 연합과 극적인 불만 공개는 자산과 의견을 직접 전달할 통로가 없는 집단이 취할 수 있는 최고의 방법이다.

통한 합의가 요구된다.

또한, 일부 이익집단은 지도자에게 분석, 정책, 법률 지원 등을 제공하는 다양한 분야의 많은 직원을 보유하고 있다. 제약 및 건강 제품 로비에는 워싱턴에 1,300명 이상의 등록된 로비스트가 활동하고 있으며, 이들은 2021년 로비에 5억 400만 달러를 썼다. 이는 다른 어떤 산업보다 많은 액수이다. 미국석유협회(American Petroleum Institute)는 워싱턴에 400명의 직원을 보유하고 있으며, 전미총기협회는 워싱턴에 460명 이상의 직원을 보유하고 있다.

전략적 동맹. 마지막으로, 일부 집단은 전략적 동맹을 맺어, 자체 자원을 활용할 수 있다.[22] 예를 들어, 소비자 단체는 종종 자신들의 활동을 민권단체, 환경운동가들 및 노조원들 등과 조율하여 자신들의 일반적 수준의 자원을 보완하는 경우가 많다. 마찬가지로 기독교연합은 생명권 단체, 세금 반대 단체, 그리고 카토 연구소(Cato Institute)와 헤리티지 재단(Heritage Foundation)과 같은 보수적 싱크탱크와의 동맹을 모색할 수도 있다.

주요 이슈를 놓고 싸우기 위해 형성된 이익집단 경쟁 연합의 한 가지 예는 의료보험 개혁과 관련이 있다. 2019년 초, 샌더스(Bernie Sanders)와 워렌(Elizabeth Warren)이 '전국민 의료보험(Medicare for All)'을 주요 선거공약으로 내걸고 민주당 대선 후보 경선에 출마를 선언했을 때, 다른 민주당 지지자들도 그들의 편에 섰고 수많은 민권단체 및 여권운동 단체들이 의료보험을 인권 중 하나로 선언했다. 그 반대편에는 대부분의 공화당 지지자와 미국의사협회(AMA), 미국병원협회(AHA), 블루크로스(Blue Cross)와 블루 쉴드 플랜(Blue Shield Plans) 등을 포함한 재계, 의료, 보험업계가 강력한 진영을 구성했다. 거의 20개에 달하는 다른 협회와 함께 '전국민 의료보험'에 반대하는 사람들은 '미국 의료의 미래를 위한 파트너십(Partnership for America's Health Care Future)'을 형성했다. 의료보험의 미래와 같은 큰 싸움은 양측에서 이익집단들과 로비스트들을 호출한다.[23]

이익집단의 목표와 전략

대부분 이익집단은 정책결정자 및 종종 대중의 의견과 행동에 유리한 영향을 미치고자 정보를 수집하고 만들고 퍼뜨리려고 한다. 이익집단은 상당히 기본적인 수단을 통해 그러한 일을 한다. 그들은 정보를 수집하고, 정부의 공직자들과 협의하고, 의회 및 정부 부처의 각종 위원회에서 증언하며, 선거운동 및 선거에 참여하고, 회원을 조직하고 배치하고, 공교육을 실시하며, 연합을 구축한다. 대부분의 이익집단은 동일한 빈도로 똑같은 자신감을 가지고 이 모든 활동을 사용하지는 않는다.

집단의 유형과 자원의 성격에 따라 어떤 집단은 '내부' 전략을 사용하고 어떤 집단은 '외부' 전략을 사용한다. 두 가지 전략 모두 공직자에게 영향을 미치는 것을 목표로 삼고 있지만, 각기 다른 방식을 사용한다. 내부 전략은 공직자에게 직접 영향을 미치는 것을 목표로 하며, 반면에 외부 전략은 여론을 변화시켜 공직자에게 간접적으로 영향을 미치는 것을 목표로 한다.[24] 내부 전략의 고전적 구성요소로는 의회 의원과의 만남, 위원회에서 증언, 선거운동 자금 기부 등이 있다. 외부 전략의 고전적인 구성요소로는 미디어 광고 실행, 편지 쓰기 및 이메일 선거운동 조직, 또는 심지어 의회 의사당에서 집회를 벌이기 위해 시위대를 버스로 동원하기 등이 있다.[25]

로비스트의 역할. 내부 전략은 전문 로비스트에 크게 의존하는 경우가 많다. **로비스트**는 자신이 대변하는 사람들에게 이익이 되거나 최소한 해를 끼치지 않는 방향으로 정부의 의사결정에 영향을 미치려고 한다. 전통적으로 대부분의 로비스트가 영향력을 행사하는 주요 도구는 정책결정자가 자신들 앞에 놓인 문제를 어떻게 진행할지 결정하는 데 유용한 정보의 제공이다. 로비스트는 자신의 입장을 뒷받침하는 정보를 제공하고, 자신의 입장에 반대되는 정보는 숨기거나 억제한다. 하원의원과 같은 의사결정자는 결정에 영향을 미치기 위한 로비스트들 간의 치열한 경쟁이 상당히 완전하고 정확한 그림을 제시할 수 있을 만큼 충분히 다양한 정보를 생산하기를 희망해야 한다.[26]

로비스트는 정보 제공 말고도 자기 마음대로 할 수 있는 것을 갖고 있으며, 일부 로비스트는 훨씬 더 그렇다. '슈퍼 로비스트' 에이브러모프(Jack Abramoff)는 1999년부터 2005년 사이에 300명의 의원에게 정치자금으로 140만 달러를 기부했다. 로비스트는 선거운동 자금 기부를 통해 접근 권한을 돈 주고 사려하는데 이는 불법이 아니다. 선거운동 자금이

로비스트(lobbyists)
고객에게 이익이 되거나 피해를 줄이는 방향으로 정부의 의사결정에 영향을 미치려는 고용된 대리인.

Q4 정치과정에서 로비스트는 어떤 역할을 하는가?

출처: AP Photo/ J. Scott Applewhite

유명하게도 'K 거리'는 워싱턴 D.C.에 소재하는 많은 최고의 로비 회사들의 본거지이다. 사실 'K 거리'라는 용어는 흔히 그들의 사무실이 워싱턴 D.C. 어디에 있든지 상관없이 워싱턴 D.C. 로비산업 전체를 일반적으로 지칭하는 데 사용된다.

나 선물을 공식적인 특혜와 교환하는 대가성 뇌물은 불법이다. 현대 최대 권력형 추문 사건에서 에이브러모프와 그의 몇몇 동료들은 기소되어 유죄 판결을 받고 감옥에 갔다. 몇몇 의원들은 투옥되거나 기소되었고, 다음 선거에서 떨어졌다. 로비스트들은 적어도 일시적으로는 서둘러 허둥지둥 윤리교범을 만들었고, 의회는 강력한 새로운 윤리 개혁을 시행에 옮겼다.[27]

최고 수준의 로비스트들은 소위 '회전문'을 통해 정부 내 중요한 직책과 돈을 많이 버는 로비 업무 사이를 번갈아 오가는 경우가 많다. 전 하원의원 타우진(Billy Tauzin)은 1980년부터 1995년까지 루이지애나주 제3의원 선거구에서 민주당 소속 하원의원이었다가 공화당으로 당을 옮겨 2005년까지 의원으로 활동했다. 25년 동안 하원에서 그는 양당의 지도부를 역임했는데, 이는 매우 드문 일이었다. 타우진은 2001년부터 2004년까지 공화당 소속으로 하원 에너지 및 상업위원회 위원장을 역임했다. 타우진은 2004년 선거 출마를 포기하고 그 대신 직능단체이자 로비 협회인 미국제약협회(PhRMA)의 회장 겸 CEO가 되었다. 그는 의회 내 폭넓은 인맥과 제약 산업의 영향력을 바탕으로 2009년과 2010년 초에 의회에 상정된 오바마케어 프로그램을 제약회사들이 수용하도록 하는 데 중심적 역할을 했다. 활동 대가로 2010년 미국제약협회(PhRMA)는 타우진에게 1,160만 달러를 지급했다. '타우진 라인'으로 알려진 이 금액은 로비스트 급여 기록상 최고 수준으로 남아 있다.[28] 앞으로 이 기록은 깨질 것이다.

많은 전직 고위 선출직 공무원, 군 장교, 관료가 은퇴하거나 퇴임한 후 로비스트로 활동하고 있다. 워싱턴의 주인이 다른 정당으로 바뀔 때 최고 로비스트의 몸값이 특히 적나라하게 드러난다. 전 몬태나 주지사이자 공화당 전국위원회 의장이었던 라시콧(Mark Racicot)은 부시행정부 시절 미국보험협회 회장으로 재직하면서 연봉으로 180만 달러를 받았다. 오바마가 대선에서 승리한 다음 주에 라시콧은 더 이상 미국보험협회에 쓸모가 없게 되었으며, 라시콧은 은퇴했다. 선거가 끝나자 워싱턴 전역의 로비회사들은 민주당에 영향을 미칠 수 있는 사람을 대량으로 고용하고 공화당 관련자는 내쫓았다. 타우진이나 라시콧과 같은 전직 정부 공직자가 민간 부문에서 갖는 가치는 그들이 여전히 정부에서 일하고 있는 옛 동료나 친구들에게 접근하여 영향력을 행사할 수도 있다는 점이다.[29] 지난 수십 년 동안 의회를 떠난 상원의원과 하원의원 중 거의 절반 가까이가 로비활동을 벌이기 위해 워싱턴에 거주했다. 최근 몇 년 동안 워싱턴에 거주하는 사람의 수가 약간 줄었다고 주장하는 사람들도 있지만, 그다지 많이 줄지는 않았다.[30]

트럼프 행정부는 오래된 이슈들을 제기하고 몇 가지 새로운 이슈를 창조했다. 트럼프의 첫 번째 선거운동 책임자였던 코리 레완도스키(Corey Lewandowsky)는 선거운동 도중 해고되었고, 즉시 독자적으로 정치 컨설팅 사업을 시작했다. 선거운동 당시 외교정책 수석고문이자 트럼프 대통령의 첫 국가안보 고문이었던 플린(Michael Flynn) 예비역 중장은 비공개 해외 접촉과 로비활동 혐의로 한 달 만에 해고되었다. 회전문은 좀처럼 회전을 멈추지 않는다. 그리고 트럼프 대통령의 가족은 어떻게 해야 할까? 즉, 형제자매가 가족 사업을 운영하는 동안 백악관에 있는 이방카 트럼프(Ivanka Trump)와 그녀의 남편 쿠슈너(Jared Kushner)는 어떻게 해야 하나?

공직자와 로비스트가 가족관계인 경우도 많다. 실제로 수십 명의 의원과 보좌관이 로비스트와 결혼했다. 많은 의원이 70대, 80대, 그보다 더 많은 나이로 의회에서 일하게 되면서 그들의 성장한 자녀들이 로비 산업에 종사하는 경우가 점점 더 많아지고 있다. 함께 식사하고, 휴식하고, 심지어 잠까지 함께 자는 경우 가정생활과 사업 사이의 공사 구분은 어려워진다.[31]

내부 로비. 일반적으로 긴밀하고 조용한 협의를 통해 선출직 및 임명직 공무원에게 어떤 집단과 구성원의 이익에 도움이 되는 방향으로 정책을 개발 또는 수정하거나 정책의 해석 또는 시행에 어떤 조치를 취하도록 설득하는 것이 **내부 전략**의 목표이다. 의회의 활동 대부분이 위원회를 중심으로 이루어지기 때문에 로비스트도 위원회에 집중한다. 위원회는 계류 중인 법안을 검토하면서, 조항을 추가, 수정, 삭제하며, 로비스트는 이 과정에서 일정 영향을 미치기 위해 열심히 노력한다. 로비스트는 또한 자기 고객에게 영향을 미치는 법률이나 규정이 논의 및 검토되는 행정 청문회에 참석하여 증언하거나 증거를 제시할 수도 있다. 로비스트는 항상 자기 고객의 관심사와 관련하여 무슨 일이 일어나고 있는지 알아야 하며 그 일의 진행에 최대한 영향을 미칠 수 있어야 한다.[32]

내부 전략을 추구하는 이익집단은 정부 관료들과 교환관계, 즉 상호 지원과 이득의 관계를 구축하려고 노골적으로 시도한다. 기본적으로 접근과 영향력을 정보와 금전적 후원과 서로 교환한다. 이익집단 및 그들의 로비스트 대표들은 정부의 의사 결정자들에게 제안된 변경 사항이 실제로 어떻게 작동할지, 그리고 해당 변경 사항이 관련 정책 커뮤니티와 대중에게 어떻게 받아들여질지에 대한 유용한 정보를 제공한다. 공무원들은 로비스트들이 정책 결정 과정에 접근하고 일정 정도 영향을 미칠 수 있게 해준다. 좀 더 노골적인 수준에서, 선거운동 자금 지원은 '예산 배정', 즉 목표로 삼은 입법부의 승인과 교환된다. 이에 대해서는 나중에 의회에 대해 논의할 때 더 많이 배우게 될 것이다.

외부 로비. **외부 전략**에는 대중을 교육하기 위해 고안된 미디어 광고, 특정 이슈에 대해 대중이 무척 심각하게 우려하고 있음을 공직자에게 알려주기 위해 고안된 이익집단 구성원들의 편지 쓰기, 전화, 팩스 캠페인 등이 포함될 수 있다. 외부 전략의 범위에는 교육 캠페인과 선거운동으로부터 항의와 시민 불복종까지 포함될 수 있다. 항의, 시위, 심지어 때로는 폭력이 최후의 수단이며, 대개 가난한 사

내부 전략(inside strategy)
일반적으로 선출직 및 임명직 공무원 또는 그들의 참모들과 직접 접촉하여 쟁점 이슈에 대한 그들의 견해에 영향을 미치려고 하는 로비 전략.

외부 전략(outside strategy)
정책결정자에게 간접적으로 영향을 미치는 방법으로 여론을 전파하고 형성하려는 로비 전략.

람이나 약자가 사용하는 무기이다. 항의와 시위의 효율성을 보여주는 전형적인 예는 1950년대와 1960년대 초의 민권운동이다. 물대포, 기마경찰, 개에게 공격받는 시위대의 사진은 미국인들에게 자유와 기회의 약속과 흑인들 삶의 현실 사이에 존재하는 엄청난 괴리를 보여주었다.

노동조합이나 시민단체의 경우가 자주 그렇듯이 내부 로비가 효과가 없는 경우, 외부 로비는 공직자들에게 일반 대중의 우려가 팽배함을 보여주어서 그들을 압박하는 방식이다. 선출직 공직자들은 특히 개인적으로 편지를 쓰거나, 전화를 걸거나, 의원실 밖에 팻말을 들고 나타날 만큼 큰 관심을 가진 사람들의 의견에 좀 더 민감하다. 시위가 언론의 주목을 받게 되면 시위대는 자신들이 우려하는 바를 더 많은 대중에게 알릴 수 있게 되고, 선출직 공직자는 종종 불편한 질문에 대한 공식 답변을 내놓아야 한다. 로비는 종종 효과가 있지만, 이익집단이 사용할 수 있는 도구 상자 속에는 또 다른 도구들이 담겨 있다.[33]

소송. 여론에 영향을 주어 공직자들에게 직간접적으로 영향을 미치지 못하는 이익집단들은 법원으로 눈을 돌릴 수도 있다. 법원으로 사건을 가져가는 것을 다른 말로 소송이라고 하며, 소송은 많은 시간과 비용을 요구한다. 상공회의소, NAACP(전미 유색인 지위 향상 협회), 시에라 클럽(Sierra Club)과 같은 일부 이익집단은 경험이 있는 소송 전문 변호사를 직원으로 고용하고 있지만, 이는 매우 드문 경우이며 거의 모든 이익집단에는 그와 같은 직원이 없다. 다른 이익집단들은 공공문제 전문 법률 회사를 고용하거나 그와 같은 법률 회사가 포함된 비슷한 생각을 가진 단체들의 연합에 가입해야 한다.

소송이 첫 번째 조치인 경우는 거의 없다. 일반적으로 내부 전략이 실패한 후, 그리고 아마도 똑같이 비용이 많이 들고 가능성이 낮은 외부 전략을 사용한 후 이거나 외부 전략 대신에 사용된다. 대부분의 이익단체 **소송**의 목적은 유익한 정책 변화를 요구하거나 불리한 변화를 미연에 방지하는 데 있다. 잘 알려져 있듯이, 1930년대부터 1960년대까지 NAACP는 정부의 정치적 부처(즉, 입법부와 행정부 – 역자 주)를 평등권을 존중하는 방향으로 유도할 수 없었기 때문에 결국 인종 차별과 기타 형태의 명백한 차별을 금지한 일련의 법원 소송을 시작했다. 전미 여성기구(NOW), 멕시코-미국 법률 변호 및 교육 기금(MALDEF), 그리고 최근에는 동성애자 권리 람다 법적 변호 및 교육 기금(Lambda Legal Defense and Education Fund) 모두 유사한 전략을 취했다.

소송은 특히 이익집단들이 의회, 행정부, 혹은 심지어 다른 집단의 해로운 결정에 맞서 싸우기 위해 채택할 가능성이 높은 전략이다. 예를 들어, 우리가 이미 앞서 살펴본 바와 같이, 의회가 통과시키고 부시 대통령이 마지못해 매케인-파인골드 선거운동 자금 법안에 서명함으로써, 이익집단들이 예비선거 전 30일 이내

소송(litigation)
유리한 방향으로 정책 변경을 요구하거나 불리한 정책 변경을 피하기 위한 목적으로 법원에 소송을 제기하는 행위.

에, 그리고 총선 전 60일 이내에 이익집단이 후보 지지 광고 및 반대 광고를 할 수 있는 권리가 제한되자, 위스콘신 생명권 회사(Wisconsin Right to Life, Inc.)는 소송을 제기했다. 2007년 '연방선거관리위원회(Federal Election Commission) 대 위스콘신 생명권 회사(Wisconsin Right to Life, Inc.)' 사건에서 대법원은 선거일이 임박한 기간에 지출을 금지한 「메케인-파인골드법」 조항을 뒤집었다. 마찬가지로, 2004년 미국 식품의약국(FDA)이 의료자문위원회의 결정을 무시하고 사후 피임약에 대한 접근을 금지하자 페미니스트 단체인 생식권 센터(Center for Reproductive Rights)가 소송을 제기했다. 이 센터의 변호인단은 FDA의 결정이 의학적인 이유가 아니라 정치적인 이유에 근거하여 내려졌다고 주장하면서, 사후 피임약에 대한 접근을 허용하라고 요구했다. 2006년 FDA는 스스로 입장을 번복하여, 의사의 처방전 없이도 약국에서 18세 이상 여성에게 '플랜-B'를 판매할 수 있도록 허가했다.

의료보험개혁을 둘러싼 싸움: 로비스트의 난투극

최근 기억되는 큰 정치적 싸움, 즉 큰 이익집단 싸움 중 하나가 현재도 여전히 진행 중인 의료보험개혁을 둘러싼 싸움이다. 이러한 싸움이 사전 예고 없이 발생하는 경우는 거의 드물다. 군대가 완전하게 배치되고, 싸움이 벌어질 지형이 정돈되어 있으며, 상대방의 공격 능력 및 방어 능력을 잘 알고 있다는 점 등이 그러한 싸움을 큰 싸움으로 만든다. 주력부대와 주력부대 간의 싸움이며 양측 모두 전투 결과에 큰 이익이 걸려 있다.

의료보험개혁의 기원

19세기에는 국민건강보험이 거의 언급되지 않았으나 20세기 미국 국내정치의 주요 쟁점 이슈로 떠올랐다. 민주당은 국민건강보험을 가장 일관되게 옹호해 왔다. 공화당도 이 문제의 중요성을 인식하여 때로는 자체 프로그램을 제시하기도 하지만, 흔하게는 의료 서비스에 대한 정부의 추가 개입에 반대하는 경우가 더 많다. 20세기 동안 모든 선진국에서 국민건강보험체계가 구축되었지만, 미국은 종종 '사회화한 의료(socialized medicine)'로 묘사되는 것에 대해 경계를 늦추지 않고 있다.

국민건강보험을 추구하는 최초의 구상은 민주당이 아니라 1912년 대통령선거에서 실패한 제3당 '큰 사슴(Bull Moose)'의 전직 공화당 대통령 시어도어 루스벨트에 의해 제안되었다. 그와 먼 사촌 관계인 프랭클린 델라노 루스벨트가 1932년에 대통령으로 당선되었고, 1935년 「사회보장법」 초기 법안에 국민건강보험을 포함시켰다. 결국 그는 그 법안의 나머지 부분을 통과시키기 위해 국민건강보험 조항을 삭제해야만 했다. 프랭클린 루스벨트의 후임자인 트루먼(Harry

Truman) 대통령이 1948년에 다시 국민건강보험을 제안했지만, 보수적인 남부 민주당과 공화당이 연합하여 반대하면서 실패했다. '몰래 다가오는 사회주의'에 대한 비난이 커졌다.

1965년 민주당 소속 린든 존슨 대통령은 자신의 '위대한 사회프로그램'의 일환으로 사회보장에 더하여 추가로 은퇴 노인을 위한 건강보험인 메디케어(Medicare)와 일자리가 없는 빈곤층을 위한 건강보험인 메디케이드(Medicaid)를 통과시켰다. 메디케어와 메디케이드는 재향군인 의료보험(Veterans' Health Care) 및 몇몇 소규모 연방정부 의료보험 프로그램과 함께 오늘날 미국정부 의료 지출 예산의 절반을 차지한다. 마침내 2003년 공화당의 조지 W. 부시(George W. Bush) 대통령은 메디케어에 처방약의 보장을 추가하는 법안을 통과시켰다. 그 당시 이 4,000억 달러 규모의 프로그램은 1965년 메디케어가 처음 채택된 이후 의료서비스 제공에 대한 연방정부의 개입을 가장 크게 확대하였다. 공화당은 자신들이 처방약 법안을 통과시킨 것이 사회보장제도와 메디케어의 통과를 기억하는 노인 유권자의 민주당에 대한 지지를 깨는 데 도움이 되길 바랐다.

메디케어 법안 통과와 처방약 법안 통과 사이에 민주당 빌 클린턴 대통령의 주요 의료보험 정책은 실패했다. 클린턴은 1992년 대통령선거에서 큰 차이로 승리했으며, 하원과 상원에서 민주당이 다수 의석을 차지했다. 클린턴은 자신이 추진하는 주요 국내정책으로 의료보험을 선택하고, 아내 힐러리 클린턴을 의료보험개혁 태스크포스의 책임자로 임명했다. 이 태스크포스는 대체로 비밀리에 포괄적인 법안을 작성하여 의회의 승인을 얻기 위해 법안을 의회에 제출했다. 공화당, 고용자, 의료 업계의 강력한 반대로 인해 이 법안은 무산되었다. 의회에서 다수당이었던 민주당은 반대에 굴복했으며, 하원과 상원 모두에서 이 법안은 최종 표결을 위해 상정조차 되지 못했다. 대중은 민주당을 무능하다고 여겼고, 1994년 하원과 상원 모두에서 공화당에게 다수 의석을 주었다.

당연히 오바마 행정부는 클린턴의 의료보험 개혁 노력의 실패를 면밀하게 조사했다. 오바마의 비서실장 임마누엘(Rahm Immanuel)을 비롯하여 클린턴 행정부에서 일했던 많은 사람들이 오바마의 이러한 노력에서 핵심적인 역할을 했다. 그들은 클린턴의 실수를 되풀이하지 않기로 마음먹었다. 특히 의회에 완전한 법안을 제시하고 거의 승인 또는 거부 둘 중 하나를 강요했던 실수를 피하려 했다. 따라서 이번에는 광범위한 지침만 제공하고 구체적인 법안 작성은 의회가 직접 맡아달라고 요청했다. 결과적으로는 이 방식 역시 거의 실패할 뻔했다.

의료보험 논쟁에 있어서 이익집단

2009년에 의료산업은 미국경제의 17%인 2조 4,000억 달러를 차지했다. 의료보험 개혁에 걸린 이해관계가 너무 엄청났다. 의료산업계가 일반적으로 나머지 재계와 함께 반대입장을 고수했던 클린턴 보건의료 논쟁 때와는 달리 오바마 행정부는 공론화 과정이 시작되기 전에 미리 의료산업계의 지지를 얻기 위해 열심히 노력했다. 의회에서의 논의와 공론화 과정이 시작되면서 오바마 행정부는 의료보험산업계로부터의 지지를 얻는 데 실패했지만, 의사와 병원한테는 대체로 지지를 얻는 데 성공했다. 역사적으로 늘 그랬듯이 미국 상공회의소가 주도하는 기업과 고용주 단체들은 반대에 나섰다.

Q5 의료개혁을 둘러싼 싸움에서 이익단체는 어떤 역할을 했는가?

의료개혁에 걸린 이해관계가 너무 컸기 때문에 양측의 로비 연합은 무척 광범위하고 복잡했다. 근본적으로 민주당과 전통적으로 민주당을 지지하는 이익집단들은 의료보험개혁 노력을 지지했고, 반면에 공화당과 공화당을 지지하는 주요 이익집단들은 반대했다. 의료보험개혁을 지지하는 이익집단 연합에는 AARP, AMA, AFL-CIO, 민권단체, 가난한 사람들과 장애인을 위한 옹호 단체(www.MoveOn.org), '안정적 품질 관리를 위한 미국인들'(Americans for Stable Quality Care)이라고 불리는 제약회사, 의사, 영리 병원들의 연합 등이 있다. 또 다른 의료보험개혁을 지지하는 집단들의 연합은 '지금 미국을 위한 의료보험'(Health Care for America Now)이라고 불렸다. 반대자들 또한 광범위한 연합을 구성했다. 보수적인 헤리티지 재단(Heritage Foundation)은 '보건 정책 합의 단체'(Health Policy Consensus Group)라고 하는 연합을 이끌었고, 또 다른 연합은 '환자의 권리를 위한 보수주의자들'(Conservatives for Patients' Rights)이라고 불렸다. 반대 세력은 항상 막강한 미국 상공회의소와 보험업계를 대표하는 '미국 의료보험 공급자'(America's Health Care Providers)라는 단체가 주도했다. 전 공화당 하원 원내대표 아미(Dick Armey)가 이끄는 프리덤웍스(Freedom Works)와 '티파티(Tea Party)' 운동도 반대 목소리를 높였다.

제약회사들은 향후 자신들의 이익을 보장받기 위해 백악관과 거래를 했다. 그들은 2009년 한 해 동안 로비에 거의 2억 7,000만 달러를 사용했는데, 대부분 이 법안에 찬성했지만 거래가 실현되기 어려울 것으로 보이자 태도를 바꿔 양다리 걸치기에 나섰다. 2009년 제약회사가 로비에 사용한 금액은 한 해 동안 그 어떤 업계가 로비 활동에 사용한 금액보다 더 많은 액수이다. 제약회사의 2억 7,000만 달러는 2009년에 로비 지출 금액이 두 번째로 많은 석유 및 가스 산업보다 1억 달러 더 많은 액수이다. 로비활동 지출 이외에도 제약회사는 텔레비전 광고와 풀뿌리 조직 활동에 1억 2,000만~1억 3,000만 달러를 사용했다. 이 법안을 지지하기로 백악관과 거래를 한 병원들도 로비활동에 거의 1억 1,000만 달러를 지출했다.

보험회사들은 의료보험개혁에 반대하는 로비활동에 1억 6,200만 달러를 지출했고, 상공회의소는 로비활동에 약 1억 4,400만 달러, 추가로 TV 광고에 5,000만 달러를 지출했다. 보험회사들은 항상 경계의 눈초리를 갖고 있었고, 결국 개혁에 격렬하게 반대했다. 처음에 보험회사들은, 만약 그들이 기존 조건과 연간 및

출처: Tom Williams/ CQ Roll Call via AP Images

오바마케어 지지자들이 오바마케어 대체 법안에 대한 의회 청문회를 방해하고 있다. 오바마케어의 주요 조항 중 하나를 잃게 될 위기에 항의하고 있는 사진 중앙 하단의 사람이 입고 있는 티셔츠의 슬로건 "나는 기존 질환이 있다"는 문구에 주목하자.

평생 비용 한도를 고려하지 않고 모든 미국인을 보장하는 데 동의해 주면, 법안에 모든 미국인의 의료보험 가입을 의무화하고 빈곤층이 그렇게 할 수 있도록 빈곤층에 보조금을 제공하는 내용을 포함한다는 약속을 받았다. 논쟁이 진행되는 동안 보험회사들은 보험 가입 요건과 빈곤층 지원 보조금이 너무 약하다는 결론을 내렸고, 따라서 지지입장을 철회했다.[34] 상공회의소는 25명 이상의 직원을 가진 고용주 모두가 자기 직원에게 의료보험을 제공할 것을 의무화하는 사용자 의무 조항이 담겨 있었기 때문에 처음부터 이러한 개혁 노력에 반대했다. 만약 회사들이 의료보험을 제공하지 않으면, 회사들은 그 대신 연방정부에 정규직 직원 1인당 연간 750달러를 내도록 했다.

의료보험법안의 주요 조항

2010년 3월 21일 이례적으로 일요일 저녁 본회의에서 공화당 의원의 지지를 받지 못한 채 하원에서 민주당은 의료개혁 법안을 219 대 212로 통과시켜 대통령의 서명 절차를 위해 대통령에게 송부하였다. 법안의 작성 및 통과 과정은 시간이 오래 걸리고 복잡했으며, 실제로 타결을 위해서는 제2의 동일 법안(companion bills)을 통과시켜야 했다. 의료개혁의 핵심 요소는 보장성 확대, 의료보험산업 관행에 대한 규제, 개혁 재원 마련을 위한 증세와 수수료였다.

첫째, 의료개혁이 완전히 시행되면 2019년 기준으로 의료보험에 가입하지 못한 3,200만 명의 미국인이 새로이 의료보장 혜택을 받을 수 있게 되었다. 그렇게 되면, 의료보장 혜택을 받는 사람은 전체 미국인의 83%에서 95%로 늘어나게 될 것이다. 새로 보험에 가입한 사람 중 약 절반이 '메디케이드' 대상자 명단에 추가될 것으로 예상되었다. 이들은 이전에는 자격이 없었던 자녀가 없는 성인과 자격이 있는 자녀를 둔 부모를 포함하여 연방 빈곤선의 최대 133%(2만 9,327달러)에 해당하는 빈곤층이다. 나머지 절반은 연방정부 및 주정부 보험거래소를 통해 제공되는 민간보험을 선택할 것이다. 연방 빈곤선의 133%에서 400%(8만 8,200달러) 사이에 있는 사람들을 위한 연방정부 보조금 차등제는 보험거래소를 통해 제공되는 의료보험 정책의 비용을 줄이는 데 도움이 될 것이다. 끝으로, 노인의 처방약품 비용을 보장하는 데 도움이 되는 연방 지원은 2020년까지 늘어날 것이다.

둘째, 의료보험 개혁은 특정 의료보험산업의 관행을 금지했다. 2010년부터 부양자녀가 26세까지 부모의 의료보험에 남아 있을 수 있도록 허용하고, 의료보험회사가 보험 지급액의 연간 또는 평생 한도를 두는 것을 금지했다. 그리고 2014년부터는 보험회사가 암, 당뇨병, 선천적 결함 및 이상과 같은 기존 질환을 근거로 보험 가입을 거절하는 행위를 법적으로 금지했다. 또 다른 중요한 규정에 따르면 50명 이상 규모의 민간기업은 직원들에게 의료보험을 제공하지 않으면 벌금을 내야만 했고, 대부분 자영업자이거나 소규모 회사에서 일하는 개인은 주 보험거래소에서 의료보험을 구매하거나 벌금을 내야 했다.

셋째, 수천만 명에게 의료보장 혜택을 제공하는 것은 적지 않은 비용을 요구하기에 추가 비용 조달을 위해 새로운 세금, 수수료, 벌금을 징수하도록 했다. 연간소득이 20만 달러 이상인 개인과 25만 달러 이상인 가족의 경우 기존의 메디케어 급여세가 3.8% 인상되었다. 의료보험회사와 의료기기 제조업체에 새로운 세금 및 수수료가 부과되었다. 유명상표 의약품을 판매하는 회사와 고가의 '캐딜락' 보장 보험상품에 세금을 부과했다. 두 경우 모두 목표는 소비자를 복제약품 사용으로 유도하여 의료 비용을 절감하고, 모두 전적으로 보장하여 소비자가 의료 비용을 전혀 고려할 이유가 없게 만드는 고가의 값비싼 보험을 억제하여 소비자가 일반적으로 의료 비용에 좀 더 신경을 쓰도록 하는 데 있다.

마지막으로, 의회예산국(CBO)의 분석에 근거한 주장은 이러한 세금과 수수료, 절약이 의료개혁에 요구되는 비용지출에 비해 더 크다는 것이었다. CBO는 의료개혁에 처음 10년간 9,400억 달러가 들지만 수입은 총 1조 8,083억 달러에 달해, 10년 동안 예상 적자를 1,430억 달러 줄일 것이라고 말했다. 많은 사람이 이러한 추정치를 회의적으로 보았지만, 예산 증가 없이 의료개혁에 필요한 재원을 조달할 수 있다고 민주당 의원들을 안심시키는 데 중요한 역할을 했다.[35]

이 싸움은 계속된다: 채택 후 내부 로비 및 외부 로비

이익집단은 이기든 지든 무관하게 주요 싸움이 끝난 후에도 계속 싸울 강력한 동기가 있다. 의료개혁 법안이 통과되자 찬성자들과 반대자들 모두 초점을 의회로부터 시행령이 만들어지는 행정부로 옮겨갔다. 일부 반대론자는 통과 법안에 대해 법원에 이의를 제기하는 추가 단계를 밟았다. 공화당 소속 선출직 공직자와 공화당 지지자들은 '폐지 및 개정'을 주제로 계속 대중을 상대로 활동했다.

내부 로비는 관료조직을 집중공략 했고, 반면에 외부 로비는 법원과 대중에 초점을 두었다. 내부 로비스트들은 자신들이 통과된 법안에 찬성하든 반대하든 보험 가입 대상자, 보험거래소 접근, 고용주 명령 등에 관한 연방정부의 요구 사항이 어쨌든 작성되어야 한다는 것을 잘 알고 있었다. 연방정부의 요구 사항은 상세하게 작성될 수도 있고 느슨하게 작성될 수도 있다. AARP의 리몽드(Nancy

오바마케어: 개정인가 폐지인가?

'오바마케어'로 보다 더 잘 알려진 「부담 적정 보험법(ACA)」은 지난 수십 년 만에 가장 중요한 새로운 국내 정책 구상이었다. 민주당은 법안의 통과를 위해 최선을 다했고, 공화당은 통과를 막고 시행을 지연 및 방해하기 위해 모든 수단을 동원했다. 오바마케어의 주요 요소 대부분이 시행되고 의료보험거래소나 메디케이드 확대를 통해 2,000만 명의 미국인이 보험에 가입한 후에도 지지자와 반대자는 자신들의 주장을 다듬었지만 변하지는 않았다.

대부분이 민주당 지지자인 오바마케어 지지자들은 수백만 명의 사람들이 이 프로그램으로부터 혜택을 받고 있고, 그에 상응하는 대안을 제시하지 못하고 있는 공화당은 감히 이 프로그램을 폐지하지 못할 것이라고 주장했다. 그들은 게다가 이 프로그램이 좀 더 오래 시행되고, 사람들이 그 혜택을 더 명확하게 알게 될수록, 이 프로그램에 대한 대중의 인기가 더 높아질 것이라고 주장했다. 대부분이 공화당 지지자인 반대자들은 비용이 증가하고, 사람들이 기존의 의료보험과 의사를 잃고, 여전히 수천만 명이 의료보험이 없는 상태로 남아 있기에 이 프로그램이 붕괴 될 가능성이 있다고 주장했다. 그들은 오바마케어를 폐지해야 한다고 주장하지만, 오바마케어를 대체하는 자신들의 대안 프로그램은 기존 질병에 대한 보험 거부 금지, 연간 및 평생 한도 제한, 26세 이전에 부모의 보험에서 자녀 제외 등 오바마케어의 가장 인기가 많은 요소를 그대로 유지할 것이라고 주장했다. 또한, 그들은 대안 프로그램에는 주 경계를 넘어 보험 구매, 고위험 보험 풀에 가입, 건강 저축 계좌(HSA)에 참여 등의 기회를 허용하는 조항이 포함될 것이라고 주장했다. 이런 것들 모두가 비용을 줄여줄 것이다.

2016년 11월 도널드 트럼프가 대선에서 승리했을 당시 갤럽은 미국인의 53%가 오바마케어에 반대하고 42%가 지지한다고 보도했다. 하지만 트럼프와 공화당이 다수당인 의회가 조직적으로 이 법의 폐지에 나서자, 오히려 오바마케어를 지지하는 비율이 높아지기 시작했다. 2019년 11월에 이르러 민주당 지지자의 83%, 무당파 유권자의 52%, 공화당 지지자의 22% 등 미국 전체 국민의 52%가 오바마케어를 지지했다. 오바마케어를 폐지하려는 공화당의 시도는 실패했을 뿐만 아니라, 민주당은 바이든 행정부 초기에 이 프로그램을 확대하는 데 성공했다. 민주당은 처음부터 줄곧 일단 통과되어 수혜자들이 이미 경험한 대규모의 새로운 혜택 프로그램을 없애는 것이 생각처럼 쉽지 않을 것이라고 장담했었다.

여러분은 어떻게 생각하는가?

● 건강보험 및 의료 서비스의 이용은 인권인가? 아니면 개인과 가족이 책임져야 하는 일인가?

● 오바마케어는 주요 국내정책 성과인가? 아니면 이미 심한 적자 상태의 국가 예산에 부담을 주는 또 하나의 정부 복지 프로그램(entitlement program)인가?

찬성	반대
의료서비스는 권리다.	대부분 경우 이는 개인 책임이다.
이전에 보험에 가입하지 못했던 수백만 명이 이제 보험에 가입했다.	연방예산 및 주 예산에 부담으로 작용한다.
시행되었기에 이제는 폐지할 수 없다.	지속가능한 프로그램으로 대체되어야 한다.

LeaMond)는 이렇게 말했다. "법안이 서명되었다고 해서 옹호자로서 우리의 역할이 다 끝난 것이 아니다. 우리는 악마는 디테일에 있다는 것을 잘 알고 있으며,

이 법안에서 실제로 회원들에게 전달되는 내용 상당 부분이 연방정부 및 주정부의 시행령 차원에서 결정된다."36) 미국 상공회의소와 같은 반대파는 보다 기업 친화적인 규제 용어를 위해 로비를 하겠다고 약속했다. 그러나 확실히 내부 로비에서는 찬성파가 유리했다.

그래서 반대론자들은 TV 광고, 마을 모임, 우호적인 후보들에 대한 기부 등 외부 로비 방식으로 재빨리 전환했다. 네거티브 방식의 대중 로비의 목표는 의료개혁에 대한 의구심을 증폭시키고, 법안을 폐기하지 못할 경우 법안을 지지하는 민주당 의원들을 선거에서 떨어뜨려 법안 개정에 힘쓸 공화당 의원들로 대체하는 것이었다. 반대론자들은 2010년 중간선거에 수억 달러를 쏟아부었고, 공화당이 하원을 재탈환하는데 일조했다. 2012년 공화당 대선 후보들은 만약 자신이 당선된다면 오바마케어를 취임 '첫날' 폐지하겠다고 공약했다. 오바마케어 찬성자들은 마찬가지로 활발한 교육 및 캠페인을 약속했다. 그들의 희망은 메디케어나 처방약 법안처럼, 사람들이 이 프로그램에 대해 더 많이 알고 그 혜택을 경험하여, 대중들과 여론조사의 초기 의구심이 개선되기를 바랐다.

또한, 반대론자들은 곧바로 법정 싸움에 나섰다. 오바마가 법안에 서명한 지 5분도 안 되어, 공화당 소속 버지니아주 법무장관 쿠치넬리(Ken Cuccinelli)는 위헌 여부에 대해 이의를 제기하는 소송을 걸었다. 몇 주 내에 플로리다주의 맥컬럼(Bill McCollum)이 이끄는 26명의 주법무장관(대부분 공화당 소속)*이 오바마케어의 전국적 시행의 중단을 요구하는 소송을 제기했다. 주법무장관들은 이 법안이 모든 사람이 건강보험에 가입해야 한다고 명령함으로써 주 간 상거래를 규제할 수 있는 의회의 제1조 제8항 권한에 대해 극단적으로 과잉 대응했다고 주장했다. 그들은 또한 이 방대한 새로운 연방 프로그램이 연방정부와 주정부의 관계를 변화시킬 것이라고 주장하면서, 주에게 유보된 권한에 관한 수정헌법 제10조의 보장을 위반한다고 주장했다.

2010년 말부터 몇몇 연방지방법원과 항소법원은 이 법이 합헌이라고 판결한 반면, 또 다른 법원들은 보통은 개별적으로 권한을 부여하는 등 해당 법의 일부 또는 전부를 위헌으로 판결했다. 하급심 법원들 사이에 의견 충돌이 커지자, 미 법무부는 2011년 9월 연방대법원에 이 문제의 해결을 요청했다. 연방대법원은 2012년 3월, 3일간 5시간에 걸친 전례 없는 구두변론을 듣고 대통령 선거운동이 본격화되기 시작한 6월에 판결했다.

놀랍게도, 로버츠(John Roberts) 연방대법원장은 5-4의 근소한 차이로 다수 의견을 작성하면서, 상거래 조항이 의료개혁법을 인정할 수는 없지만, 과세권에 근거하여 의료개혁법이 합헌이라고 주장했다. 2012년 중반 연방대법원은 대체로 오바마케어를 지지했지만, 오바마케어에 상당히 큰 타격을 입혔다. 연방대법원은 주정부가 빈곤층을 지원하기 위해 메디케이드 프로그램을 확대하도록 강제할

* 역자주

미국 각 주에서 State Attorney General은 주검찰총장을 겸임하는 주법무장관을 지칭한다. 연방법무장관과 달리 대부분의 주에서 주법무장관은 선출직이며, 4년마다 주민의 선거에 의해 선출된다. 참고로 연방검찰청의 수장인 연방검찰청장을 겸임하는 연방법무장관은 주법무장관과 달리 선출직이 아니다 (나무위키 참조).

수는 없다고 판결했다. 텍사스, 플로리다 등 보험에 가입되지 않는 빈곤층이 많은 큰 주를 포함하여 약 절반의 주들은 주정부의 예산 부담이 너무 크다는 이유를 들어 메디케이드 확대를 거부했다.

오바마케어가 합헌이라는 대법원의 판결로 싸움 자체가 완전히 끝나지는 않았지만, 법률 제정 단계에서의 싸움은 끝났다. 정부 안팎의 반대자들은 두 개의 주요 전선에서 싸움을 계속했다. 공화당이 장악한 미국 하원은 4년 동안 54차례의 표결을 통해 오바마케어를 개정, 연기, 재정지원을 거부했다. 정부 밖에서는 상공회의소와 천주교 교회와 같은 반대론자들이 의료보험법에 대한 대중의 지지를 떨어뜨리고, 특히 피임 및 낙태 서비스에 대한 보장을 제한하기 위해 언론 캠페인과 법정 소송에 자금을 지원했다. 반대론자들은 오바마케어의 속도를 늦추었지만 막지는 못했다.

2016년까지 거의 2,000만 명의 시민이 보험에 가입하거나 주정부 메디케이드 대상자 명단에 추가되었다. 숫자가 증가함에 따라 공화당 반대파는 서서히 변화하기 시작했고, 심지어 온건파로 바뀌기도 했다. 플로리다의 스콧(Rick Scott)과 오하이오의 케이식(John Kasich)와 같은 일부 공화당 주지사들은 메디케이드확대를 승인했고, 의회 지도자들은 메디케이드 확대 시행 전에 프로그램을 반대했던 것보다 이 프로그램의 대상자들로부터 의료보장을 빼앗는 것이 정치적으로 더 위험하다고 걱정하기 시작했다. 공화당은 여전히 가능한 한 빨리 이 법을 폐지하겠다고 위협했다.

2016년 대선에서 도널드 트럼프가 깜짝 승리를 거두고 공화당이 상원과 하원에서 다수 의석을 유지한 것은 오바마케어를 '폐지하고 대체'할 것임을 암시하는 것처럼 보였다. 그러나 2017년 두 차례의 치열한 전투에서 공화당이 패했고, 오바마케어는 살아남았다. 의료보험 가입에 대한 '개인의 의무'를 없애고, 주정부에 지원하는 메디케이드 보조금의 제한 및 개편에 초점을 맞춘 공화당의 대안들은 10년 동안 의료보험 가입자 수를 2,200만 명 감소시킬 것이 예상되었다. 공화당 중도파들은 특히 의료보험 가입 요건의 강화가 선거에 미칠 영향을 우려했다.

대부분의 공화당 유권자와 선출직 공직자들은 계속 오바마케어를 혐오했지만, 무엇으로 대체할 것인지에 대해서는 의견이 분분했고, 완전 폐지는 현실성이 없어 보였다. 뜻밖에도 2017년 크리스마스 직전에 통과된 세제개혁 법안은 오바마케어에 비록 결정적이지는 않지만 제법 큰 타격을 입힐 수 있는 기회를 제공했다. 공화당 지도자들은 세금 고지서에 '개인의 의무'를 폐지하는 조항을 포함시키면 오바마케어를 약화시키고 예산 절감을 통해 더 많은 감세를 추진할 수 있다는 것을 깨달았다. 트럼프 대통령의 주장에도 불구하고, 비록 개인 의무 조항의 폐지가 일부 의료보험 시장을 불안정하게 만드는 위협으로 작용했지만, 그것이 오바마케어를 '사실상' 폐지하지는 못했다. 사실, 오바마케어는 2021년 대법원에서 세 번째 도전에서도 살아남았다. 이 프로그램은 미국의 의료체계와 깊이 연관되어 있으며, 그러므로 이 프로그램이 여전히 정치적으로 취약하다고 생각하는 사람은 거의 없다.

2022년 1,450만 명의 미국인들이 오바마케어 보험에 가입했고, 추가로 1,480만 명이 이 프로그램의 확대된 메디케이드 보장을 계속 받았다.[37]

이 장의 요약

미국의 건국자들은 파벌이 공동체 내의 분열을 반영하기 때문에 공공이익과 공동선을 정하고 추구하기가 더욱 어려워질 것을 우려했다. 매디슨은 미국의 엄청나게 넓은 영토가 공통의 이해관계를 가진 사람들이 함께 모여 정부에 자신들의 주장을 제기할 가능성을 어렵게 하는 요인으로 작용하기를 기대했다. 하지만 그사이 두 세기 동안의 기술 발전으로 인해 매디슨의 희망이 공허하게 되었다.

재계 및 노동단체, 전문가 단체, 자발적 결사체, 시민단체 등 이 장에서 설명한 모든 이익집단은 시민들과 정부 및 정치 영역을 연결하는 역할을 한다. 종종 활동 범위가 한정적이고 고도로 집중되어 있는 이익집단은 자기 회원들에게 영향을 미치는 정책의 개발과 실행에 영향을 미치려 한다. 이익집단은 자신들의 주장을 정부에 압박하기 위해 집단의 규모, 자금, 강도, 리더십 등의 자원을 동원한다. 이익집단은 대개 조용한 로비라는 내부 전략을 선호하지만 때로는 어쩔 수 없이 풀뿌리 캠페인과 항의라는 외부 전략을 불가피하게 선택한다.

오바마케어를 둘러싼 논쟁은 최근 기억에 남는 거대하고 치열한 이익집단 싸움 중 하나였다. 이 쟁점을 둘러싸고 대결하는 양측 모두 광범위하고 다양한 이익집단 연합을 형성하였으며, 양측은 수억 달러를 이 싸움에 투입했다. 이 자금은 광범위한 내부 로비 및 외부 로비 기법에 사용되었다. 겉보기에는 싸움이 끝나서 의료보험법이 통과된 이후에도 로비스트들은 규제당국의 업무와 의료개혁에 대한 대중의 생각에 영향을 미치려는 일로 전환하였다. 게다가 대규모 프로그램은 거의 끊임없이 개정 작업이 이뤄지며, 대중의 관심이 사라진 지 한참 지난 후에도 로비스트들은 여전히 그러한 개정이 자신들의 고객에게 미치는 영향이 있는지 확인하는 일을 한다.

이 장의 초반부에서 학생들은 미국의 이익집단이 어떻게 조직되고 운영되는지에 관한 두 가지 이론을 배웠다. 엘리트이론에서는 이익집단이 기업의 이익, 더 일반적으로는 사회경제적 엘리트의 이익을 중심으로 손쉽게 조직되고 운영된다고 주장한다. 다원주의이론은 엘리트가 갖고 있는 이점을 인정하면서도 소수자, 가난한 사람, 인기 없는 사람들을 포함하여 공공이익 및 공동체 이익을 중심으로 하는 집단이 아마도 어렵게나마 드물게 형성될 것이라고 주장한다.

주요 용어

내부 전략(inside strategy) 185
다원주의(pluralism) 169
로비스트(lobbyists) 183
미국노동총연맹(AFL-CIO) 176
소송(litigation) 186

엘리트주의(elitism) 169
외부 전략(outside strategy) 185
이익집단(interest groups) 169
정상조직(Peak Associations, 또는 정상연합) 175
직능 단체(trade association) 176

추천 문헌

Baumgartner, Frank R., Jeffrey M. Berry, Marie Hojnacki, David C. Kimball and Beth L. Leech. *Basic Interests: The Importance of Groups in Political and Political Science*. Chicago: University of Chicago Press, 2009. 이 책은 98개 이슈를 대상으로 한 연구에서, 수백만 달러를 지출했음에도 불구하고 로비스트들이 정책을 바꾸는 데 성공하는 경우보다 실패하는 경우가 더 많다는 사실을 발견했다.

Berry, Jeffrey M. and Clyde Wilcox. *The Interest Group Society*, 6th ed. New York: Routledge, 2018. 이익집단에 관한 대표적인 일반 개론서이다.

Clemens, Elisabeth. "Politics Without Party: The Organizational Accomplishments of Disenfranchised Women," 1997. 여성이 투표권을 갖기 이전에는 여성들은 정당 조직에 접근할 수 없었기 때문에 정부 당국과 직접 협력하여 취약 계층 여성과 어린이를 위한 서비스를 시작했다. 📖

Gray, Virginia, David Lowrey, and Jennifer Benz, *Interest Groups and Health Care Reform Across the United States*. Washington, D.C.: Georgetown University Press, 2013. 부담 적정 보험법과 주에서 이를 어떻게 다루었는지 검토한다. 📖

Harris, Richard and Daniel Tichenor. "Organized Interests and American Political Development," 2002–2003. 헤리스와 티체노는 잘 알려진 뉴딜정책의 확대와 1960년대보다 훨씬 전의 진보 시대에 이익집단의 형성과 활동이 급증했다는 사실을 발견했다.

Holyoke, Thomas T. *Interest Groups and Lobbying: Pursuing Political Interests in America, Second Edition*. New York: Routledge, 2020. 미국정치에서 이익집단 활동이 갖는 명성으로 인한 이득과 갈등으로 인한 손해를 모두 탐구한다.

Lowery, David and Holly Brasher. *Organized Interests and American Government*. Prospect Heights, IL: Waveland Press, 2011. 이익집단이 어떻게 영향력을 행사하려고 하는지 살펴보고, 그러한 활동이 흔히 묘사되는 것처럼 부정적인지 묻는다.

인터넷 자료

1. www.naacp.org
전미 유색인 지위 향상 협회(NAACP)의 공식 웹사이트. 이 홈페이지는 1950년대와 1960년대 민권운동을 대부분 주도한 조직에 대한 풍부한 정보를 제공한다.

2. www.mojones.com
『마더 존스(*Mother Jones*)』잡지는 돈과 정치적 이해관계에 관한 자료의 온라인 리스트를 가지고 있다. 또한, 미국 최대 개인 기부자 400명의 데이터베이스도 찾아볼 수 있다.

3. www.opensecrets.com
후보자, 업계, 정당 등의 선거운동 자금 기부를 추적하는 최고의 웹사이트이다.

4. www.afcio.org
이 사이트는 보도자료와 연설문은 물론 노조 산하기관, AFL-CIO 주 연맹, 중앙노동 위원회와의 링크도 제공한다. 또한, 직장 여성을 위한 프로젝트를 포함한 다양한 풀뿌리 활동에 대한 정보를 제공한다.

5. www.citizen.org
1971년 네이더(Ralph Nader)가 설립한 퍼블릭 시티

즌(Public Citizen)은 활동가와 소비자에게 의약품, 의료기기, 청정에너지원, 자동차 안전, 공정거래 등 의회에서 논의되고 있는 안전 문제에 대해 알려주는

사이트이다. 이 단체는 대중을 대신하여 '의회 감시자' 역할을 담당함으로써 보다 개방적이고 민주적인 정부의 유지를 목표로 한다.

주

1) Jeffrey M. Berry and Clyde Wilcox, *The Interest Group Society*, 6th ed. (New York: Routledge, 2018), 104–130.

2) James Madison, *The Federalist* (New York: Modern College Library Edition, 1937), no. 10, 54.

3) David B. Truman, *The Governmental Process: Political Interests and Public Opinion* (New York: Knopf, 1958), 33.

4) Graham Wilson, *Interest Groups* (Cambridge, MA: Blackwell, 1990), 1.

5) Mancur Olson, *The Logic of Collective Action* (Cambridge, MA: Harvard University Press, 1965); Jack L. Walker, *Mobilizing Interest Groups in America* (Ann Arbor, MI: University of Michigan Press, 1991). 또한, 다음 참조. Berry and Wilcox, *The Interest Group Society*, 45–56.

6) David Brian Robertson, *Federalism and the Making of America* (New York: Routledge, 2012), 167. 또한, 다음 참조 Raymond A. Smith, *The American Anomaly*, 2nd ed. (New York: Routledge, 2011), 106.

7) James Sterling Young, *The Washington Community, 1800–1828* (New York: Columbia University Press, 1966), 25, 또한, 161.

8) Daniel Walker Howe, *What God Hath Wrought: The Transformation of America, 1815–1848* (New York: Oxford University Press, 2007).

9) David J. Rothman, *Politics and Power: The United States Senate, 1869–1901* (Cambridge MA: Harvard University Press, 1966), 191–220.

10) Theda Skocpol, *Protecting Soldiers and Mothers* (Cambridge, MA: Harvard University Press, 1992), 111–112.

11) Dorothy Ross, *The Origins of American Social Science* (New York: Cambridge University Press, 1991).

12) Sidney Verba, Kay L. Schlozman, and Henry E. Brady, *Voice and Equality: Civic Volunteerism in American Politics* (Cambridge, MA: Harvard University Press, 1995), 83–84.

13) Salisbury, "Interest Representation," 64.

14) www.opensecrets.org/lobby/.

15) Charles E. Lindblom, *Politics and Markets* (New York: Basic Books, 1977), 170–188.

16) Sheryl Gay Stolberg, "The Pugnacious Builder of the Business Lobby," *New York Times*, June 21, 2013, BU1, BU6.

17) "Briefing: Trade Unions and Technology," *The Economist*, November 17, 2018, 23–26.

18) Ronald J. Hrebenar, *Interest Group Politics in America*, 4th ed. (New York: Routledge, 2019), 315.

19) Lawrence S. Rothenberg, *Linking Citizens to Government: Interest Group Politics at Common Cause* (New York: Cambridge University Press, 1992), 32.

20) Hrebenar, *Interest Group Politics in America*, 72.

21) www.opensecrets.org/lobbyists/overview.asp. 또한, 다음 참조. Alex Gangitano, "Health Care, Spending Bills Fuel Year For K Street," *Roll Call*, December 16, 2019.

22) Marie Hojnacki, "Interest Groups' Decisions to Join Alliances or Work Alone," *American Journal of Political Science*, vol. 41, no. 1 (January 1997): 61–88.

23) Robert Pear, "Eager to Sink Medicare Plan, Lobbies Unite," *New York Times*, February 24, 2019, A1, A18.

24) Roger H. Davidson, Walter J. Oleszek, Frances E. Lee, and Erik Schickler, *Congress and Its Members*, 16th ed. (Washington, D.C.: CQ Press, 2018), 374–397.

25) Adam J. Newmark, "Regulating Lobbying in the United States," 230–232, in Allan J. Ciglar, Burdett Loomis, and Anthony J. Nownes, eds., *Interest Group Politics*, 10th ed. (New York: Rowman and Littlefeld, 2020).

26) Geoffrey Miles Lorenz, "Prioritized Interests: Diverse Lobbying Coalitions and Congressional Committee Agenda-Setting," *Journal of Politics*, vol. 82, no. 1, January 2020, 225–240.

27) David D. Kirkpatrick, "Tougher Rules Change Game for Lobbyist," *New York Times*, August 7, 2007, A1, A12.

28) Mark Leibovich, "Eric Cantor Is on the Market," *New York Times Magazine*, July 20, 2014, 12–13.

29) David Kirkpatrick, "For Lobbyists, No Downturn, Just a Turnover," *New York Times*, November 25, 2008, A1, A16.

30) 다음을 참조. Lawrence Lessig, *Republic Lost: How*

Money Corrupts Congress—and a Plan to Stop It (New York: Twelve, 2011), 99, 123. 또한, 다음 참조. Isaac Arnsdorf, "The Lobbying Reform that Enriched Congress," *Politico Online*, July 3, 2016; and Carl Hulse, "Seeking Work After Congress? Sharp Partisans Need Not Apply," *New York Times*, October 19, 2018, A18.

31) John Soloman, "Lawmakers' Lobbying Spouses Avoid Hill Reforms," *Washington Post*, January 17, 2007, A1.

32) Berry and Wilcox, *The Interest Group Society*, 132–139.

33) Ken Kollman, *Outside Lobbying* (Princeton, NJ: Princeton University Press, 1998).

34) Katharine Q. Seelye, "Pro and Con: Lobbying Thrived," *New York Times*, January 31, 2009, A21.

35) Margot Sanger-Katz, "Affordable Care Act Appears to Have Improved Health," *New York Times*, August 9, 2016, A3. 또한, 다음 참조. Noam N. Levey, "Study: More Poor Patients Visiting Doctors," *Tribune News Service*, August 9, 2016.

36) Dan Eggen, "Interest Groups' Work Has Just Begun," *Washington Post*, March 24, 2010, A1.

37) Adam Liptak, "Justices Fend Off 3rd GOP Attempt to Scrap Care Act," *New York Times*, June 18, 2021, A1, A17.

7장

정당: 정치권력의 획득

중점질문 및 학습목표

Q1 미국정치에서 정당의 역할은 미국 역사 속에서 어떻게 바뀌었는가?

Q2 19세기 말과 20세기 초의 진보적 개혁은 미국의 정당에 어떤 영향을 미쳤는가?

Q3 미국의 정당들은 쇠퇴하고 있는가? 만약 그렇다면, 우리는 그것에 대해 걱정해야 하는가?

Q4 미국 역사에서 흔히 제3정당이라고 불리는 군소정당은 어떤 역할을 했는가?

Q5 이익집단이나 정당은 정부에 대해 시민의 의견을 대변하는 가장 좋은 수단이라고 할 수 있는가?

DOI: 10.4324/9781003303954-7

각 주가 선거규칙을 제정해야만 하나?

제1조 제4항 (부분): "상원의원과 하원의원을 선거할 시기, 장소 및 방법은 각 주에서 그 주의회가 정한다. 그러나 합중국의회는 언제든지 법률에 의하여 그러한 규칙을 제정 또는 개정할 수 있다."

2월 아이오와 코커스를 시작으로 6월에 코로나바이러스로 인해 연기되었던 일련의 행사를 통해 힘겹게 끝난 2020년 대통령후보 경선은 트럼프(Donald Trump) 자신과 샌더스(Bernie Sanders)의 열성 지지자 일부가 경선이 불공정하고 심지어 '조작'되었다는 다양한 비난으로 얼룩졌다. 대부분의 주에서는 많은 사람이 참여한 예비선거가 있었고, 몇몇 주에서는 소수가 참여하는 코커스(당원대회)가 열렸으며, 이들 후보 경선 중 일부는 등록된 당원들에게만, 일부는 무당파 유권자들에게도, 일부는 참여를 원하는 모든 유권자에게 투표에 참여할 기회를 주었다. 각 주가 선거규칙을 제정하는 데 있어서 그토록 폭넓은 재량권을 가지고 있는 이유는 무엇이며, 그러한 재량권에는 어떤 제한도 없는가?

위 헌법 조항은 의회의 일반적인 감독하에 있는 주가 그들 자신의 선거규칙을 정해야 한다는 건국자들의 생각을 반영하고 있다. 건국자들은 각 주가 각자의 선거를 어느 정도 다른 주와 다르게 만들 것으로 예상했다. 실제로 일부 주에서는 백인 남성의 보편적 참정권이 먼저 실현되었고, 여성 참정권도 마찬가지였고, 어떤 주에서는 투표하기를 원하는 사람들에게 인두세를 부과했지만, 다른 주에서는 그렇게 하지 않았다. 하지만 연방의회는 이러한 주 간 차이점을 평가하고, 불공정할 뿐만 아니라 위헌이라고 결론을 내린 차이점을 법으로 금지할 수 있는 권한을 갖고 있다. 백인 남성의 보편적 참정권은 남북전쟁 이전에 주의 입법 조치를 통해 이뤄졌으나, 흑인과 여성의 참정권은 1870년 제15차 헌법 수정, 1920년 제19차 헌법 수정을 통해 실현되었고, 1964년 수정헌법 제24조에 따라 인두세는 불법화되었다.

오늘날 선거는 투명하고, 공정하며, 깨끗해야 한다는 것에 모든 사람이 동의하는 것 같다. 유권자들은 투표할 수 있는 법적 자격을 갖고 있어야 하며, 공무원들은 합법적으로 투표한 모든 투표용지를 하나도 빼먹지 않고 제대로 집계해야 한다. 선거과정 전체가 별 다른 문제 없이 완전하게 이뤄지려면 합리적인 조치가 취해져야 하지만, 때로는 합리적인 조치와 비합리적인 조치의 구별이 말처럼 쉽지 않다. 예를 들어, 최근 몇 년간 전체 주의 3분의 2가 통과시킨 「선거인 본인 확인법」이 합당한지 여부를 놓고 열띤 논쟁이 벌어지고 있다.

높은 명성을 가진 주의회 전국회의(NCSL)는 엄격한 선거인 본인 확인법과 비엄격한 선거인 본인 확인법, 사진 부착법과 비사진 부착법을 구별하여 도움을 주고자 노력하고 있다. 선거인 본인 확인 절차가 엄격한 주에서는 인정되는 신분증

없이 투표장에 나온 유권자들에게 임시 투표를 허용하고 임시 투표가 집계되기 전 수일 내에 올바른 신분증을 가지고 재차 방문할 것을 요구한다. 선거인 본인 확인 절차가 엄격하지 않은 주에서는 인정되는 신분증이 없는 유권자에게 신원진술서에 서명할 것을 요구하지만, 추가로 또 다른 신분증을 가지고 다시 투표소에 올 것을 요구하지는 않는다. 가장 엄격한 주에서는 특정한 형태의 사진이 부착된 신분증을 요구한다. 예를 들어, 텍사스 주에서는 유권자에게 운전면허증, 선거 신분증, 공공안전부 개인 신분증, 군인 신분증, 시민권 증명서, 미국 여권, 권총 소지 허가증 등 7가지 형태의 사진이 부착된 신분증 중 하나를 제시할 것을 요구한다. 다른 주에서는 선거인 본인 확인 절차를 요구하지만, 공과금 청구서나 급여명세서를 포함하여 훨씬 더 광범위한 신분 확인 방법을 허용한다.

「선거인 본인 확인법」에 찬성하는 사람들 대부분이 공화당 지지자이며, 선거는 신성불가침하며 잠재적 유권자에게 자신이 누구인지 증명하도록 요구하는 것은 상식적인 일이라고 주장한다. 그들은 또한 비행기에 탑승할 때 또는 도서관에서 책을 대출할 때 일반적으로 사진이 부착된 확실한 신분증이 필요하므로 투표할 때 신분증을 요구하는 것이 과도한 조치라고 할 수 없으며 모든 사람이 그에 필요한 신분증을 가지고 있다고 주장한다. 반대자들 대부분은 민주당 지지자이며, 「선거인 본인 확인법」이 또 다른 문제를 야기하는 해결 방안이라고 주장한다. 사진이 부착된 신분증으로 불법 투표를 미연에 방지할 수 있는 유권자 사칭 사건에 대한 보고는 극히 드물다. 대신에, 반대자들은 엄격한 「선거인 본인 확인법」이 가난한 사람, 노인, 소수민족 및 소수인종 등 필요한 신분증이 없을 가능성이 가장 큰 사람들을 투표에서 배제하기 위한 것이라고 주장한다.

2013년 엄격한 텍사스 투표자 신분 확인법이 시행된 후 첫 선거에서, 주지사 후보인 공화당의 애벗(Greg Abbott)과 민주당의 데이비스(Wendy Davis)는 운전면허증과 유권자 명부에 등재된 이름이 약간 달랐기 때문에 두 사람 모두 임시 투표를 할 수밖에 없었다. 게다가 이 싸움은 상당히 커졌다. 트럼프 대통령이 2020년 재선에 실패한 후, 대부분 공화당이 지배하고 있던 19개 주에서 새로운 선거법이 통과되었다. 공화당은 이 법을 유권자 무결성(integrity) 법이라고 불렀고, 민주당은 유권자 억압법이라고 불렀다.

미국의 정당

건국 세대는 제임스 매디슨이 소위 '파벌'이라고 불렀던 것과 오늘날 우리가 이익 집단과 정당이라고 하는 것을 심각하게 불신했다. 건국자들은 공익과 공동선이 존재하며, 정치인들이 이를 발견하고 이에 따라 행동할 수 있다고 믿었다. 파벌, 집단, 정당은 공동선의 본질, 심지어 존재에 대한 지배계급 내부 및 아마도 대중 내부의 분열과 의견 차이를 반영했다. 1830년대가 되어서야 미국인들은 민주주의를 위해 정당 간의 충돌이 실제로는 건전하고 심지어 필요할 수도 있다고 생각하기 시작했다.

19세기 동안 미국인들은 정당이 시민들의 참여를 더 쉽게 만드는 방식으로 민주정치를 조직하고 구성하며 촉진할 수 있다고 생각하게 되었다. 정당이 없으면 유권자는 모든 이슈와 모든 후보자를 각자 독자적으로 연구해야 한다. 그러나 정당에는 역사가 있고, 기업의 이익이나 일반 대중을 대변한다는 평판이 있으며, 시민들은 보통 자신을 가장 잘 대변해 주는 정당을 선택할 수 있다. 매번 선거 때마다 모든 이슈와 모든 후보자를 일일이 살펴보기보다는 정당을 선택하는 것이 훨씬 쉽다.[1]

정당(political party)

조직의 이름을 달고 출마한 후보자를 정부 공직자로 당선시키기 위해 고안된 조직.

정당은 공직후보자들이 행정부의 공직선거에서 승리와 의회에서 다수 의석 장악을 목표로 선거에서 경쟁하는 것을 특징으로 한다. 정당은 후보자를 공모하여 골라내고 공천하여 선거운동을 벌이고 선거에 승리할 경우 선거공약을 이행하려고 노력한다. 정당과 정당 지도자에게 부여된 최종적이며 매우 중대한 책임은 브랜드를 관리하거나 보호하는 것이다.[2] 선거에서 패배한 정당은 감시자 역할을 하고, 집권당을 비판하며, 비리와 권력 남용을 폭로하며 다음 선거를 준비한다. 현대 정당 연구자들은 현대 민주주의 정치는 정당을 빼놓고는 생각할 수 없다는 샤트슈나이더(E.E. Schattschneider)의 의견에 대체로 동의한다. 표 7.1은 미국 민주주의에서 정당이 수행하는 몇 가지 주요 역할을 강조하고 있다.

공직선거 승리, 공공정책 통제, 야당 감시 등과 같은 미국정당의 기본 목표는 분명해 보이지만, 학자들은 정당의 기원과 추진 동력에 대해 의견이 엇갈린다. 다원주의자들이 사회에는 수많은 이익집단이 있다고 보는 것처럼, 일부 학자들은 정당을 같은 생각을 가진 사회집단과 이익집단의 느슨한 연합으로 본다. 이 관점에서 정당은 '빅텐트(big tent)'*이며, 민주당 빅텐트는 주로 진보적인 사람들과 중도적인 사람들의 이익을 보호하고, 공화당 빅텐트는 대부분 중도적인 사람들과 보수적인 사람들의 이익을 보호한다. 두 빅텐트 모두 새로운 구성원과 새로운 집단이 들어갈 수 있도록 텐트 옆쪽이 열려 있다. 따라서 각 정당은 상대 정당에 마음이 기울어진 유권자와 단체 중 일부를 끌어들이기 위해 노력한다. 민주당은 소상공인 일부를 끌어들이기 위해 노력하고, 공화당은 흑인 일부를 끌어들이기 위해 노력한다.[3]

* 역자 주

또는 포괄정당(catch-all party).

정당을 빅텐트로 보는 관점에 대한 대안적 관점은 '책임정당 모델'이다. 책임정당을 옹호하는 사람들은 정당이 자신이 지지하는 것이 무엇인지 명확하게 밝혀 유권자들이 특정 정당에 표를 주면 무엇을 얻게 될지 알 수 있어야 한다고 주

표 7.1 민주주의 정치에서 정당

1. 정당은 일반 시민들이 정부의 국정운영 방향에 영향을 미칠 수 있는 통로를 제공한다.

2. 정당은 정치지도자에게 입법부와 일반 유권자들 사이에서 자신의 프로그램에 대한 지지를 구축하는 데 도움이 되는 신뢰할 수 있는 기반을 제공한다.

3. 정당은 현 정부의 정책에 반대하는 의견을 결집할 수 있는 수단을 제공한다.

4. 정당은 표현의 자유에 대한 자신의 권리를 보호하기 위해 시민의 자유를 자연스럽게 수호한다.

5. 각 정당은 상대 정당의 부패, 기만, 권위 남용을 폭로하는 데 정치적 이해관계를 갖고 있으므로 정당들은 "서로를 성실하게 만든다."

6. 정당은 유권자의 등록과 투표, 정보의 전파, 의견 표출을 위한 대중 모임의 조직 등 민주주의의 많은 일을 수행한다.

7. 정당은 지방선거 공직자부터 미국 대통령까지 다양한 공직 후보자를 공개 모집하고 심사한다.

8. 정당은 새로운 아이디어의 개발을 촉진한다.

출처: A. James Reichley, *The Life of the Parties: A History of American Political Parties* (New York: Rowman and Littlefield, 2000), 340.

장한다. 책임정당은 일관성 있는 구체적인 정책공약을 제시하면서 선거운동을 벌이고, 당선되면 이를 실천하려고 하며, 재임을 노리는 경우 다음 선거에서 공약의 실천 여부에 대해 심판을 받아야 한다.[4] 그러나 일부에서는 추구하는 바가 명확한 정당은 유권자의 투표 선택을 수월하게 해주지만, 이런 정당은 통치하기에는 지나치게 경직되어 있을지도 모른다고 우려한다. 아래에서 살펴보겠지만, 흔히 양극화라고 하는 정당 간의 극단적 분열은 정국의 교착상태로 이어질 수 있다.

마지막으로, 일부 학자들은 빅텐트 모델과 책임정당 모델 모두 거부한다. 그들은 정당이 당직자, 후보자, 공직자, 유권자뿐만 아니라 지지하는 이익집단, 사회운동, 선거운동 컨설턴트, 기부자, 언론의 정파적 요소들이 포함된 '사회 네트워크'로 보는 것이 제일 좋다고 주장한다.[5] 사회 네트워크로서의 정당은 시간이 지남에 따라 진화하지만, 새로운 지도자, 운동, 이슈 등이 등장하더라도 완전히 바뀌지는 않는다. 2015년 이후 도널드 트럼프가 공화당에 미친 영향을 생각해 보자. 물론 사회적 네트워크로서의 정당은 구멍이 너무 많고 쉽게 침투할 수 있어 거의 존재의 의미가 없다는 위험성을 내포하고 있다. 도널드 트럼프의 공화당 대선후보지명과 당선은 종종 국가안보에서 무역, 세금, 적자, 부채 등에 이르기까지 오랫동안 유지되어 온 공화당의 정당 브랜드를 바꿔놓은 '적대적 인수'로 묘사되었다. 아래에서 살펴보겠지만, 미국정당에 대한 이러한 각각의 관점은 우리가 선거운동, 선거, 거버넌스 등에 있어서 정당과 당파성에 대해 깊이 이해할 수 있도록 도와준다.

지금부터 우리는 미국정치체제에서 정당의 위치를 살펴보겠다. 첫째, 우리는 미국정치사의 광범위한 정당 시대를 주요 인물, 주요 이슈, 각 시기별 주요 정당

바이든 대통령 후보가 워싱턴 D.C.에서 열린 여성 리더십 포럼(Women's leadership forum)에서 연설하고 있다. 바이든 후보는 최근 다른 많은 민주당 후보들처럼 여성들로부터 강력한 지지를 받았다.

의 상대적 성공의 측면에서 설명한다. 둘째, 우리는 유권자 내에서 정당, 조직으로서 정당, 정부 내에서 정당으로서 현대 정당의 위상을 검토한다. 셋째, 우리는 미국정치에서 군소정당이 수행하는 특별한 역할과 이들이 이전 장에서 논의한 이익집단과 어떤 식으로 연결되어 있고 주요 정당의 성과에 어떤 영향을 미치는지 검토한다. 넷째, 우리는 미국정당들의 미래에 어떤 변화가 일어날 것인지, 그리고 그러한 변화에 정당들이 어떻게 대응할 것을 기대할 수 있는지 논의한다. 마지막으로, 우리는 특정 개혁이 정당의 역량을 강화시킬 수 있는지 논의한다.

미국정치에서 시기별 정당의 변화

오늘날의 시민들은 정치와 정부에게 200년 전에 시민들이 기대했던 것과 동일한 것을 기대한다.[6] 시민들은 안전, 기회, 진보를 기대한다. 즉, 그들과 그들의 가족들이 안전하고 무사할 것이고, 사회가 제공하는 좋은 것들을 차지하기 위해 공정하게 경쟁할 기회를 가질 것이고, 그들과 그들의 자녀들이 열심히 일한다면 시간이 지남에 따라 삶이 더 나아질 것이라고 기대한다. 정당들은 더 나은 미래에 도달하기 위해 정부가 시민들을 어떻게 지원해야 하는지에 대한 대안적 비전의 제시를 통해 서로 경쟁한다.

Q1 미국정치에서 정당의 역할은 미국 역사 속에서 어떻게 바뀌었는가?

　앞으로 살펴보겠지만, 정당은 자신의 비전을 실행할 기회를 얻기 위해서는 단 한 차례의 선거에서 승리 그 이상이 필요하다. 정당은 대통령선거, 연방의회 상하양원 선거, 대부분의 주지사 선거에서 승리하고, 대부분의 주의회에서 과반수 의석을 차지해야 하며, 이 땅의 관료제와 법원에 깊숙이 자리잡은 반대자들을 압도할 수 있을 만큼 충분히 오랫동안 그 자리를 유지해야 한다. 그래야만 정당의 정강정책이 법으로 제정될 수 있고 약속대로 작동하는지 확인할 충분한 시간을 가질 수 있다.[7]

　역사적으로 미국의 정치체제는 약 35년마다 정당 간 힘의 균형에 큰 변화가 있었다 (표 7.2 참조). 각각의 경우 15년 정도 하나의 정당이 지배한 후 15~20년 동안 주요 정당이 번갈아 집권하는 경쟁정치가 뒤따랐고, 제3정당이 등장하여 새로운 문제를 놓고 다투었으며, 분점정부(divided government)가 일반적이었다. 이러한 양상은 1830년대에서 1960년대 사이에 특히 뚜렷했으며, 그 시기 전후로

표 7.2   1828~2022년 대통령 소속 정당, 하원 다수당, 상원 다수당

선거연도	정당	하원다수당	상원다수당	선거연도	정당	하원다수당	상원다수당	선거연도	정당	하원다수당	상원다수당	선거연도	정당	하원다수당	상원다수당
1828	민	민	민	1876	공	공	민	1926		공	공	1976	민	민	민
1830		민	민	1878		민	민	1928	공	공	공	1978		민	민
1832	민	민	민	1880	공	공	공	1930		공	민	1980	공	공	민
1834		민	민	1882		공	민	1932	민	민	민	1982		공	민
1836	민	민	민	1884	민	공	민	1934		민	민	1984	공	공	민
1838		민	민	1886		공	민	1936	민	민	민	1986		민	민
1840	휘	휘	휘	1888	공	공	공	1938		민	민	1988	공	민	민
1842		휘	민	1890		공	민	1940	민	민	민	1990		민	민
1844	민	민	민	1892	민	민	민	1942		민	민	1992	민	민	민
1846		민	휘	1894		공	공	1944	민	민	민	1994		공	공
1848	휘	민	민	1896	공	공	공	1946		공	공	1996	민	공	공
1850		민	민	1898		공	공	1948	민	민	민	1998		공	공
1852	민	민	민	1900	공	공	공	1950		민	민	2000	공	공	공
1854		민	공	1902		공	공	1952	공	공	공	2002		공	공
1856	민	민	민	1904	공	공	공	1954		민	민	2004	공	공	공
1858		민	공	1906		공	공	1956	공	민	민	2006		민	민
1860	공	공	공	1908	공	공	공	1958		민	민	2008	민	민	민
1862		공	공	1910		공	민	1960	민	민	민	2010		민	공
1864	공	공	공	1912	민	민	민	1962		민	민	2012	민	민	공
1866		공	공	1914		민	민	1964	민	민	민	2014		공	공
1868	공	공	공	1916	민	민	민	1966		민	민	2016	공	공	공
1870		공	공	1918		공	공	1968	공	민	민	2018		공	민
1872	공	공	공	1920	공	공	공	1970		민	민	2020	민	민	민
1874		공	민	1922		공	공	1972	공	민	민	2022		민	공
				1924	공	공	공	1974		민	민				

민=민주당. 공=공화당. 휘=휘그당.

출처: Jerome M. Clubb, William H. Flanigan, and Nancy H. Zingale, *Partisan Realignment: Voters, Parties, and Government in American History* (Beverly Hills, CA: Sage, 1980), 164. 저자가 최근 자료 추가.

는 더 느슨하고 유동적인 당파적 활동이 있었다. 당파주의는 1980년대 중반부터 다시 모습을 드러내기 시작했으며, 오늘날에도 여전히 건재하다.

재편성(realignment) 이론 또는 중대 재편성(critical realignment) 이론이라고 불리는 정당경쟁의 이러한 양상을 기술하고 설명하는 정치학 분야의 문헌이 광범하게 존재한다. 1955년 저명한 정치학자 키(V.O. Key)는 『중대선거론(*A*

Theory of Critical Elections)』을 출판했는데, 여기에서 그는 일반적으로 민주주의, 노예제, 전쟁, 경제적 혼란 등과 같은 중요한 문제를 두고 싸운 특정 선거가 정치체제와 그 정치체제 내의 정당 간 세력 분포를 재편성하거나 재구성한다고 주장하였다. 예를 들어, 1860년 링컨의 당선과 그에 따른 남북전쟁으로 인해 공화당은 한 세대 동안 집권을 유지했다. 마찬가지로, 1932년 프랭클린 루스벨트의 당선과 대공황 및 제2차 세계대전에 대한 그의 대응은 한 세대 동안 민주당의 지배로 이어졌다. 그러나 이러한 거대한 정당 간 싸움이 사라지면서, 유권자 해체(dealignment)라고 불리는 과정에서 유권자들의 기존 정당체제에 대한 헌신은 약화되었고, 새로운 이슈가 등장하면서 정당 경쟁은 더욱 예측하기 어려워졌다.

2004년 부시(George W. Bush)가 재선에 성공하고 공화당이 의회에서 더 큰 차이로 과반수 의석을 확고히 한 사례나 2008년 버락 오바마와 민주당이 압승했던 사례와 같이 대통령선거를 전후하여 재편성이 많이 언급된다. 가장 두드러지게 예일대 정치학자 메이휴(David Mayhew)를 비롯하여 일부 재편성 비판론자들은 모든 선거에서 변화가 일어나며 1860년과 1932년과 경우와 같이 명백한 사례를 제외하고 일부 선거를 중대선거로 규정하는 것은 다분히 자의적인 판단이라고 주장하였다.[8] 또 다른 사람들은 중대 재편성이 역사적으로 일어났다고 하더라도, 무당파의 증가로 인해 주요 정당에 장기적으로 충성할 가능성이 있는 유권자의 수가 줄어들었기 때문에 더 이상 재편성은 일어날 수 없다고 주장한다. 그들은 지난 20년 동안의 선거 변동성이 뉴노멀(new normal)이라고 주장한다. 어느 쪽이 맞든 표 7.2는 흥미로운 선거 양상을 잘 보여주며, 그러므로 좋은 교육 및 학습 도구이다. 1800년, 1828년, 1860년, 1896년, 1932년의 선거가 미국정당사의 중요한 전환점이었다는 주장을 재편성으로 간주하기 위해 다음번 재편성이 늦었거나 바로 코앞에 왔다고 생각할 필요는 없다.

정당 이전 시대. 건국 세대는 합리적인 토론과 탐구가 공공이익을 발견할 수 있는 제도적 환경에 지역공동체 최고의 인재를 배치하도록 정치가 조직될 수 있다고 믿었다. 정당 또는 파벌은 일반적으로 대중 내부의 건강하지 못한 분열을 반영하고 더욱 악화시키며, 공공이익의 발견을 더 어렵게 만든다고 믿었다.

연방헌법을 제정한 사람들은 새로운 국가의 주요 시민들이 관리하는 보수적이고 안정적인 중앙정부를 만들고자 했다. 그러나 실제로 일어난 일은 워싱턴 대통령의 첫 임기 후반부터 내각과 의회 내에서 한쪽은 해밀턴(Alexander Hamilton), 다른 한쪽은 매디슨(James Madison)과 제퍼슨(Thomas Jefferson)을 중심으로 하는 파벌의 형성이었다. 이들 경쟁적인 파벌의 지도자들은 의도치 않게 미국정당체제의 아버지들이 되었다.[9]

재무장관이자 워싱턴 대통령의 최측근이었던 알렉산더 해밀턴은 북부의 상업과 제조업 이익을 추구하는 강력한 연방정부를 상정한 경제계획을 제안했다. 사실상 모든 북부 하원의원과 심지어 행정부와 친한 관계의 남부 하원의원 다수가 해밀턴의 경제계획을 지지했지만, 남부 농업 이익을 추구하는 하원의원들 위주로 제임스 매디슨을 중심으로 하는 느슨한 반대파가 형성되기 시작했다. 국무장관 토머스 제퍼슨은 워싱턴이 해밀턴의 조언을 선호한다는 사실이 명백해지기 전까지 내각에서 해밀턴에 대항했다. 제퍼슨은 내각에서 사퇴하고 버지니아로 돌아갔다.

　연방파의 집권 시기는 워싱턴 대통령의 두 번째 임기 직후까지였다. 워싱턴이 자신의 후계자로 선택한 존 애덤스 부통령이 1796년 대선에서 승리했고, 토머스 제퍼슨이 2위를 차지하였으며 당시 시행 중이던 헌법 규정에 따라 부통령이 되었다.

1800~1824년: 연방파 대 제퍼슨 공화파.
1790년대 전반기 동안 의회의 분열이 깊어지고 고착되기는 했지만, 1790년대 말까지 이 분열이 유권자에게까지 확대되지는 않았다.[10] 연방파와 제퍼슨 공화파(나중에 민주당으로 불림) 모두 정치적 대화는 엘리트들 내에서만 제대로 이뤄질 수 있다고 가정했다. 불행하게도 연방파는 민주당보다 훨씬 더 공개적으로 이 견해를 고수했다. 연방파는 특히 재산이 없는 일반 사람들은 자기 공동체의 정치생활에서 제대로 역할을 다하는 데 필요한 경험, 안정성, 판단력이 부족하다고 설명하는 데 주저하지 않았다.[11]

　연방파는 미국의 북부, 도시, 상업적 이해관계에서 힘을 얻었다. 민주당은 남부와 서부의 농업 이익에서 힘을 얻었다. 분명히, 90% 이상이 소규모 농민이었던 나라에서 민주당은 압도적인 전략적 우위를 점할 수 있었다. 1800년에서 1824년 사이에 제퍼슨과 매디슨, 먼로는 대통령선거에서 각자 두 차례씩 승리했다. 1812년 이후 연방파는 뉴잉글랜드를 제외한 다른 곳에서 경쟁력을 잃었다. 그러나 민주당은 일당지배 순간에도 정당에 대해 회의적인 태도를 유지했다. 그들은 연방파의 의제에 반대하는 데 자신들의 정당이 필요하다고 생각했다. 연방파가 패배한 이상 정당 자체를 폐지할 수 있었고, 제퍼슨파는 공동체 전체의 이익을 위해 통치할 수 있었다. 그렇게 하지 않았다.

1828~1856년: 잭슨파 민주당 대 휘그당.
우리가 알고 있는 정당들은 1830년대에 생겨났다.[12] 늘어난 유권자 수와 주 행정부 및 대통령 선거인단을 뽑는 대중선거로 인해 이전에는 존재하지 않았던 조직 문제, 관리 문제, 소통 문제 등이 발생했다. 게다가 1824년 먼로 대통령이 퇴임하면서 격렬한 정치적 혼란이 촉발되었다. 앤드루 잭슨이 대통령선거에서 가장 많은 표를 얻었지만, 과반수 획득에는 실패했다. 헌법의 규정에 따라 최종 결정은 하원으로 넘어갔고, 하원 의장 클레이(Henry Clay)는 애덤스(John Quincy Adams, 전 대통령 존 애덤스의 아들)에게 승리를 안겨주기 위해 계략을 썼다. 그 후 애덤스는 신속하게 클레이를 누구나 탐내던 국무장관 자리에 임명했고, '부패한 거래'에 대한 비난이 하늘을 찔렀다.

출처: The Granger Collection, NYC

휘그당은 1840년 대통령 선거운동 기간에 선거집회를 열었다. 휘그당 후보인 윌리엄 헨리 해리슨이 현직 민주당 대통령 밴뷰렌을 꺾었다. 휘그당 본부의 간판 '민주휘그당'은 상대방의 연못에서 낚시를 하려고 하는 것이었다.

뉴욕의 밴뷰렌(Martin Van Buren)이 이끄는 앤드루 잭슨 지지자들은 1828년 선거운동을 위해 조직을 만들기 시작했다. 밴뷰렌과 그 주변의 잭슨 활동가들은 처음으로 정당에 대해 긍정적인 입장을 취한 미국 정치인이었다. 그들은 정당이 잘 조직된다면 일반 시민들이 정부를 장악하고 다수의 정치적 견해를 법률로 제정할 수 있는 수단이 될 것이라고 주장했다. 만약 그 과정의 일부로서 공직, 계약, 기타 다양한 기회의 형태로 정치적 전리품이 당에 충성하는 사람들에게 돌아간다면 훨씬 더 좋을 것이다.[13] 앤드류 잭슨은 지역공동체의 평범한 남성들이 자의적 권력에 대한 두려움 없이 노동의 결실을 누릴 수 있는 확장되고 민주화된 제퍼슨식 제한정부 비전을 지지했다. 작은 정부, 낮은 세금, 개인의 자유가 표어였다. 1828년에서 1856년 사이에 민주당 대통령 후보들은 세 번의 선거에서 연속으로 승리했고, 여덟 번 중 여섯 번을 승리했다.

그러나 다른 사람들은 더 넓은 범위에서 생각하고 더 웅대하고 전국적이며 심지어 국제적인 규모의 기회를 모색했다. 1830년대에 걸쳐 클레이는 산업 발전을 보호하고 육성하기 위해 높은 관세와 내부 개선을 추구하는 부활시킨 연방파 의제인 '미국체제'(American system)를 옹호했다. 코네티컷과 매사추세츠의 웹스터(Daniel Webster), 뉴욕의 위드(Thurlow Weed)와 시워드(William Seward), 펜실베이니아의 스티븐스(Thaddeus Stevens) 등이 비슷한 정책을 주장하고 있었다. 1830년대 후반 동안 잭슨, 밴뷰렌, 그들의 프로그램 등에 반대하는 다양한 중심인물들이 함께 모여 휘그당을 창당했다.[14]

휘그당은 유권자의 지지를 놓고 경쟁하려면 민주당의 정당 조직과 선거 기법을 모방할 수밖에 없다는 점을 깨닫게 되었다. 1840년까지 휘그당은 20번의 주지사 선거에서 승리했고, 1840년과 1848년에는 대통령선거에서 승리했다. 1840년부터 남북전쟁 전야까지 민주당과 휘그당은 서로 호각을 이루는 전국 정당이었다.

1860~1892년: 남북전쟁체제. 노예제와 미국의 미래에 있어서 역할을 둘러싼 경쟁은 민주당을 주로 남부 정당으로 전락시켰고, 휘그당을 파괴하고, 북부에서 공화당의 부상을 가져왔다. 1850년대 후반 공화당은 중서부의 값싼 가족 농장을 뜻

하는 자유 토지를 옹호하고 노예제 확대에 반대했다. 에이브러햄 링컨이 첫 공화당 출신 대통령으로 선출되었던 1860년, 공화당은 또한 연방의회의 상·하 양원과 모든 북부 주의 주지사 선거, 대부분의 북부 주의회 상·하 양원 선거에서 승리했다. 1860년 대통령선거의 투표율은 법적으로 투표권이 있는 유권자의 81.2%로 미국 역사상 두 번째로 높았다.

공화당은 1860년부터 1874년까지 대통령직과 상·하원 양원을 모두 장악했으며, 당시 민주당은 하원에서 약진했다. 1876년과 1896년 사이에 민주당과 공화당은 다시 대등한 경쟁을 벌였고, 클리블랜드(Grover Cleveland) 이후로 민주당이 5차례의 대통령선거에서 2차례 승리하였고, 1874년에서 1896년까지 22년 중 16년 동안 하원을 장악했다. 이 기간 공화당은 18년 동안 상원을 장악했다.

미국 역사상 최고 투표율인 81.8%로 절정을 기록했던 1876년 선거 이후 재건 시대는 끝났다. 연합군은 남부에서 철수했고, 공화당은 폭넓게 해석한 전통적인 연방파와 그 후 휘그당의 공격적인 경제개발 계획을 법률로 제정하는 데 관심을 집중했다. 공화당은 경제개발을 지원하기 위한 보조금, 상공업에 대한 높은 관세, 중서부에 가족 농장을 만들고자 하는 사람들을 위한 농장 무료 제공, 공장과 농장에 노동력을 충분히 공급하기 위한 이민 개방을 추진했다. 그러나 공화당의 관세와 통화 정책이 미국 농민들에게 점점 더 큰 부담을 안겨주었을 때 공화당은 단호하게 기업 자본의 이익을 옹호하는 방향을 택했다. 남부는 사회적 혼란, 인종 갈등, 경제적 파탄에 시달려야 했다.[15]

19세기 마지막 4분기의 선거는 후보자들이 하루 종일 토론하거나 몇 시간 동안 계속될 수도 있는 연설을 듣기 위해 수천 명의 사람들이 몰려드는 대규모 집회, 횃불 퍼레이드, 소풍 등이 특징이었다. 미국 전역의 도시와 카운티에서는 정당들이 수백 개, 때로는 수천 개의 관직 임명, 계약 및 관련 기회를 독점했다. 연방의회 내에서 정당들은 그 어느 때보다 응집력 있고 전투적이었다. 유권자의 투표율은 꾸준히 70%를 상회 했는데, 이는 미국 역사상 다른 어느 때보다 가장 높았다.

1896~1928년: 1896년 체제. 1896년부터 1928년까지 기간 동안의 정당경쟁 동학은 이전 정당체제에서의 동학과 현저하게 비슷했다. 즉, 14년 동안 다수당 지배 기간에 이어, 보수주의와 표류 기간이 뒤따랐고, 또 한 번의 정당 재편성으로 이어졌다. 1896년에 주요 정당들이 제시한 무척 서로 다른 정책공약이 이 선거를 결정적인 선거로 만들었다. 공화당은 매킨리(William McKinley)를 후보로 내세우고 기업이 번영을 가져온다는 약속을 제시했다. 민주당은 브라이언(William Jennings Bryan)을 후보로 내세우고 주로 남부와 서부의 농민과 기타 소규모 이익을 상업과 산업의 무지막지한 힘으로부터 보호하기 위해 마련한 정책공약을 제시했다.

Q2 19세기 말과 20세기 초의 진보적 개혁은 미국의 정당에 어떤 영향을 미쳤는가?

법적으로 투표권이 있는 유권자의 79% 이상이 투표에 참여했다. 1896년 매킨리와 공화당은 대통령직과 상원과 하원 양원을 모두 차지했고, 민주당이 하원을 장악한 1910년의 의회 선거까지 계속 대통령직, 상원, 하원 등 세 곳 모두를 차지했다. 그 후 민주당은 1912년과 1916년의 대통령선거에서 이겼지만, 상·하 양원 장악은 윌슨 대통령 임기 첫 6년 동안뿐이었다. 제1차 세계대전 이후 공화당은 1930년 하원 선거에서 민주당이 다시 승리할 때까지 권력을 장악했다.

1900~1920년 양대 정당 안에서 일어난 진보적 반란이 미국의 정당체제를 엄청나게 변화시켰다. 진보주의자들은 연방정부의 고용을 조직하고 규제하기 위해 공무원 개혁을 단행하여, 엽관제의 후원 기반을 끊었다. 그 후 몇 년 동안 유권자 등록 요건, 호주식 (비밀)투표, 분할투표 기회 등이 광범위하게 도입되었다. 이러한 개혁은 유권자들의 선택에 대한 정당의 통제를 줄이기 위해 고안되었다. 또 다른 정당 약화 개혁도 뒤따랐다. 1903년 위스콘신은 당 지도자와 내부 인사들뿐만 아니라 당과 관련된 모든 유권자가 당의 후보자를 선출하는 선거에서 투표하는 **정당 예비선거**를 도입했다. 1912년까지 15개 주가 예비선거를 채택했고, 1916년에 이르러서는 26개 주가 예비선거를 채택했다.

이 시기에 **주민발의, 주민투표, 주민소환** 등의 조항이 널리 채택되면서 개별 시민과 유권자의 역할이 더욱 강화되었다. 일반적으로 주민발의는 유권자가 투표용지에 문제를 제기할수 있고, 주민투표는 주정부와 지방정부가 투표용지에 문제를 제기할 수 있으며, 주민소환은 유권자가 마음에 안 드는 공직자를 임기가 정상적으로 끝나기 전에 공직에서 쫓아낼 수 있게 한다. 진보 시대의 정당 약화 개혁은 20세기 전반기에 걸쳐 꾸준히 진행되었다.[16]

1932~1964년: 뉴딜체제. 1929년 10월 주식시장의 붕괴와 대공황의 시작, 그리고 이에 대한 후버 대통령의 비효율적인 대응 이후 1932년 프랭클린 루스벨트와 민주당이 대선과 총선에서 압승했다. 이 시기에 국가가 직면한 문제는 심각했다. 대공황 초기 몇 년 동안 국민총생산(GNP)이 1929년 1,040억 달러에서 1933년 740억 달러로 3분의 1 감소하고 실업률은 5%에서 25% 이상으로 높아졌다.

루스벨트는 다양한 측면에서 연방정부의 활동을 통해 대공황에 적극적으로 맞서 싸웠다. 그는 실업을 해소하기 위해 연방정부를 최후의 수단으로 삼았다. 시민자원보존단(Civilian Conservation Corps)과 공공사업진흥국(Works Progress Administration)은 수십만 명의 청년을 고용했다. 루스벨트는 일자리를 잃은 노동자들과 노인들의 빈곤을 퇴치하기 위해 1935년에 사회보장제도와 실업수당제도를 시행했다. 또한, 루스벨트는 경제 규제를 담당하는 여러 기구를 설치하거나 확대했다. 연방준비은행(1913년)은 증권거래위원회(1935년), 연방예금보험공사(1935년), 1935년 「은행법」에 의해 보완되었다.[17]

정당 예비선거(party primary)
어떤 한 정당을 지지하는 유권자가 다음 총선에서 그 정당의 이름을 달고 선거에 출마할 후보자를 선택하는 선거이다.

주민발의(Initiative)
시민들이 문제를 투표에 부쳐 유권자가 직접 결정할 수 있도록 하는 주 차원에서의 일반적인 법적 또는 헌법 절차이다.

주민투표(Referendum)
주정부 및 지방정부가 유권자에게 문제를 제시하여 직접 결정할 수 있도록 하는 법적 또는 헌법적 장치이다.

주민소환(Recall)
유권자가 정상적인 임기 중에 마음에 거슬리는 공직자를 쫓아낼 수 있도록 하는 법적 또는 헌법적 장치이다.

제2차 세계대전 직후 트루먼(Harry Truman) 대통령은 모든 미국인에게 페어
딜(Fair Deal)을 약속했으며, 이를 통해 루스벨트의 뉴딜 의제에 기반하여 연방
정부가 "의료, … 쇠퇴하는 도시의 경제적 재생, 교육, 주택 등과 같은 광범위한
서비스"를 책임지도록 했다.[18] 아이젠하워 임기 기간(1952~1960년) 잠시 끊어
졌던 민주당 집권 시기는 린든 존슨 대통령의 '위대한 사회(Great Society)' 구상
으로 절정에 달했다. 존슨 행정부는 빈곤 프로그램, 교육, 주택, 의료, 민권 등에
대한 연방정부의 책임을 대폭 확대하는 일에 앞장섰다.

1968~2022년: 분점정부의 시기. 일부에서는 미국정당정치의 전통적 양상이 사
라졌다고 주장한다. 잭슨 시대 이전의 정당 이전 시기와 마찬가지로 베트남전쟁
이후 및 워터게이트 이후 시기의 미국정당들은 일관성 있는 프로그램을 시행하기
에는 너무 허약하고 지리멸렬해 보였다. 1980년대와 1990년대에 정당은 되살아
났으며, 오늘날까지 이어지고 있다.

　1968년부터 1992년까지의 기간은 유권자들이 백악관은 공화당이, 의회는 민
주당이 차지하기를 원했던 시기인 것 같다. 이 기간에는 공화당이 상원을 장악했
던 1980년부터 1986년까지 짧은 기간을 제외하고는 민주당이 의회를 장악했고,
반면에 공화당은 7차례의 대통령선거에서 5차례 승리했다. 1990년대는 이 양상
이 뒤집혔다. 클린턴(Bill Clinton)은 1992년에 아슬아슬하게 대통령에 당선될
수 있었지만, 1994년에는 1952년 이후 처음으로 공화당이 하원을 장악하는 상황
에 직면했다. 클린턴은 1996년에 재선에 성공하였지만, 공화당은 의회에서 다수
당의 위치를 유지했다. 유권자들은 정당정부*를 허용할 의사가 없고, 거의 모든
형태의 다양한 분점정부**를 시도해 볼
용의가 있는 것처럼 보였다.

　20세기 말 분점정부는 세기가 바뀌면
서 심각하게 분열되었지만 균등하게 균
형을 이룬 유권자들을 반영한다.[19] 비록
2000년부터 2016년까지 다섯 차례의 대
통령선거 중 네 차례의 선거에서 민주당
이 대중 투표에서 이겼지만, 실제로는 공
화당이 선거인단 선거에서 네 차례 중 두
차례, 즉 2000년과 2016년에 승리했다.
2000년에 민주당 앨 고어가 공화당 조
지 W. 부시를 50만 표 이상 차이로 누르
고 일반 대중 투표에서 승리했으나, 부시
는 플로리다주의 선거인단 25명을 놓고

* 역자 주
정당정부(party government)는 단
일 정당에 의한 정부 과정의 지시
와 통제를 의미한다 (메리엄-웹스
터 영어사전 참조).

** 역자 주
분점정부(divided government)는
대통령제 국가에서 행정부의 다수
인 정당과 입법부의 다수인 정당
이 일치하지 않는 상태를 지칭한
다. 여소야대라고도 한다 (위키백
과 참조).

출처: AP Photo/ David Tulis/ Pool Photo

2021년 1월 20일 대통령 취임식 당일 카멀라 해리스 부통령과 그녀의 남편
더그 엠호프가 마이크 펜스 전 부통령과 그의 아내 카렌이 취임식 행사가 끝
난 후 국회의사당 계단을 내려가는 모습을 지켜보고 있다.

한 달간의 법정 싸움 끝에 선거인단 투표에서 271대 266의 근소한 표차로 승리했다. 마찬가지로 중요한 것은 미국 상원이 민주당 50명과 공화당 50명으로 완벽하게 양분되었고, 하원 공화당은 다수당에서 소수당으로 전락했다. 부시 대통령은 2004년 재선에 성공했으나 공화당은 2006년 상·하 양원 모두에서 다수당의 지위를 빼앗겼다.

민주당의 약진은 2008년 선거주기 내내 강력하게 지속되었다. 흑인으로서 최초의 주요 정당 공식 대선후보인 공식 대선후보인 민주당 오바마(Barack Obama)는 53% 대 46%로 매케인(John McCain)을 꺾고 대통령에 당선되었다. 오바마는 2004년 민주당이 승리했던 모든 주와 그해 공화당이 승리한 9개 주에서 모두 승리했다. 게다가, 민주당은 새롭게 하원 의석 21개와 상원 의석 8개를 얻어, 하원을 257석 대 178석, 상원을 59석 대 41석으로 장악했다. 그러나 분점정부가 아닌 단일정부와 거대한 의회 다수 의석이 통치할 기회를 주지만, 성공을 보장하지는 못한다.

버락 오바마는 아프가니스탄과 이라크에서 계속되는 전쟁과 붕괴 직전의 미국경제 상황에서 대통령에 취임했다. 민주당은 경제 회복을 촉진하기 위해 거의 8,000억 달러에 달하는 경기 부양 법안을 즉시 통과시켰고, 이어서 1930년대 이후 민주당의 중점 과제인 주요 의료개혁 법안을 통과시켰다. 2010년 중간선거에서 유권자들의 평가에 직면했을 때 민주당은 오바마의 말을 빌리자면 '완패'(shellacking) 당했다. 민주당은 상원에서 6석을 잃었지만 53석 대 47석으로 과반수를 유지했고, 하원에서는 놀랍게도 63석을 잃어 242석 대 193석으로 공화당이 다수당이 되었다.

2012년 오바마 대통령은 51%를 얻어 48.5%를 얻는 데 그친 롬니(Mitt Romney)를 제치고 재선에 성공했고, 민주당은 상원에서 2석, 하원에서 7석 등 의회에서 약간의 의석수 증가가 있었다. 이러한 현상유지 선거 결과가 자신이 원하는 변화 및 국가가 필요로 하는 변화가 실현될 것이라고 믿는 유권자는 거의 없는 것 같았다. 2014년 이라크전쟁과 아프가니스탄전쟁이 끝났으나 더 넓은 중동지역이 혼란에 빠졌고, 미국경제가 회복되었으나 임금이 정체되고 불평등이 심각해지면서 민주당은 상원에서 9석을 잃어서 다수당의 자리를 빼앗겼고, 하원에서는 13석을 잃었다. 선거가 끝난 후 오바마 대통령은 54석 대 46석으로 공화당이 다수당인 상원, 247석 대 188석으로 공화당이 다수당인 하원에 직면하였다. 공화당은 하원에서 거의 한 세기 만에 가장 큰 의석수를 가진 다수당이 되었다. 양당은 엉망진창이었던 2016년 대선을 대비했다.

사실 2016년은 공화당이 '오바마 세 번째 임기'라고 지칭한 민주당 선두 주자 힐러리 클린턴에 반대하는 공화당이 약간 더 유리할 수도 있었던 아슬아슬한 선거였다. 도널드 트럼프의 후보지명과 그의 아웃사이더 선거운동은 큰 변화를 약속한 반면, 힐러리 클린턴의 후보지명은 변화보다 현상유지를 의미했다. 오바마

Q3 미국의 정당들은 쇠퇴하고 있는가? 만약 그렇다면, 우리는 그것에 대해 걱정해야 하는가?

시절의 꾸준하지만 느린 경제 회복과 국내외 혼란은 많은 유권자를 불안하게 하고 회의적으로 만들었다. 양대 정당의 두 후보 모두 인기가 없었고, 두 명의 군소정당 후보였던 자유당 존슨(Gary Johnson)과 녹색당 스타인(Jill Stein)은 선거운동 기간이 끝나가는 시점에도 5~10%의 득표율을 기록했다.

그러나 선거 당일 밤 특히 전통적으로 민주당 우세지역이던 중서부 지역에서 트럼프는 예상치 못한 강세를 보였다. 비록 클린턴이 대중 투표에서 300만 표 차이로 승리했지만, 트럼프는 결정적인 선거인단 투표에서 넉넉하게 승리했다. 공화당은 상·하 양원 모두 각각 약간씩 의석수가 줄어들었지만, 하원과 상원을 모두 장악했다. 선거 후 상원은 공화당 의원 52명, 민주당 의원 46명, 민주당 성향의 무소속 의원 2명으로 구성되었다. 하원은 공화당이 241 대 194로 다수당의 자리를 유지했다. 2017년 말 앨라배마주 미국 상원 특별선거에서 민주당 존스(Doug Jones)가 승리하자 공화당은 소란스러운 2018년 선거를 준비했다.

2018년 민주당은 전례 없이 많은 수의 여성 후보를 영입했고, 트럼프 대통령과 공화당의 오바마케어 폐지 시도에 반대하여 맞섰다. 민주당은 상원의원 2석을 공화당에 빼앗겼지만, 하원에서는 40석이 늘어나 다수당이 되었다. 항상 그렇듯이 양당은 다음 선거에 기대를 걸었다. 민주당은 트럼프 대통령이 소외시킨 교외지역 유권자들에 더하여 소수인종 유권자와 진보적인 백인 유권자 기반이 계속해서 커질 것이라고 가정했다. 공화당은 경제가 성장하면 트럼프와 공화당 후보들이 근소한 차이로 이길 수 있다고 가정했다.

2020년에 들어서면서 트럼프 대통령은 재선에 성공할 가능성이 매우 높은 것처럼 보였다. 비록 그의 국정운영 지지도가 50%를 넘은 적은 없었지만, 경제는 성장하고 있었고, 실업률은 역사상 최저 수준이었다. 그러나 많은 유권자가 그의 성격, 인간성, 재임 중 행위에 대해 의구심을 품고 있었기 때문에 그의 승리를 낙관할 수는 없었다. 그 후 코로나바이러스 전염병이 발발하고, 경제는 심하게 침체했으며, 실업률은 약 16%까지 치솟았으며, 모든 예측은 틀렸다.

민주사회주의자 샌더스(Bernie Sanders) 버몬트 상원의원이 일치감치 주도한 크고 다양한 의제가 민주당의 전체 의제를 좌측으로 치우치게 하는 것처럼 보였다. '전국민 의료보험(Medicare for All)', '그린 뉴딜', '무상 대학 등록금' 등 모두 큰 예산이 요구되는 항목을 중심으로 토론이 벌어졌다. 이러한 문제에 있어서 대표적인 온건파였던 조 바이든 전 부통령은 아이오와에서 4위, 뉴햄프셔에서 5위에 그쳤다. 바이든은 경선에서 살아남지 못할 것으로 보였다. 그러다가 남부의 첫 번째 주요 경선이었던 사우스캐롤라이나 예비선거에서 흑인 유권자들이 오바마의 부통령이던 바이든을 지지했고 그 덕분에 바이든이 승리했다. 며칠 후 그는 슈퍼 화요일 선거에서 승리했고, 몇 주 안에 경선은 끝났고 버니 샌더스가 이끄는 좌파는 바이든에 힘을 실어주었다.

바이든은 대선 선거운동 기간 내내 트럼프에 앞섰다. 9월 말 첫 번째 토론에 들어가면서, 바이든은 전국적으로 7%p 차이로 앞섰고, 대부분의 경합 주에서는 흔히 더 근소한 차이로 앞섰다. 선거 당일 밤 트럼프가 플로리다주에서 승리했을 때, 민주당은 가슴이 철렁했지만, 이어진 며칠 동안 개표가 계속되면서 바이든이 근소한 4%p 차이로 승리했다. 하지만, 민주당은 단 한 석의 상원의원(조지아주 상원의원 두 자리는 결선투표로 넘어갔다)을 추가했고, 하원에서 약 12석을 잃어서 다시 분점정부로 바뀐 것처럼 보였다. 하지만 예상치 못한, 심지어 놀랄만한 일이 발생했다. 트럼프의 변덕스러운 행동으로 인해 전통적으로 공화당이었던 조지아주 두 명의 상원의원이 민주당으로 당적을 바꾸었고, 그로 인해 상원이 50 대 50으로 정확하게 양분되어 민주당이 아슬아슬하게 상원을 지배할 수 있게 되었다.

비록 자리에서 물러났지만, 도널드 트럼프는 결코 정치 현장에서 사라지지 않았다. 그는 계속해서 2020년 선거에서 대규모 부정 투표 때문에 자신이 승리를 빼앗겼다고 주장했고, 이에 반하는 모든 증거에도 불구하고 점점 더 많은 공화당 의원이 그의 주장에 동조했다. 한편, 바이든은 팬데믹을 극복하고 경제 회복을 촉진하기 위해 고군분투했다. 미국 구조 계획(American Rescue Plan)과 주요 인프라 법, 학자금 대출 면제, 국내 반도체 산업 지원 등을 포함한 대규모 지출 프로그램으로 인해 경제 회복과 더불어 인플레이션이 40년 만에 최고치인 9%에 육박하게 되었다. 2022년 중간선거가 가까워지면서 공화당이 유리해 보였는데, 2022년 6월 대법원이 '로 대 웨이드' 판결을 뒤집으면서 민주당이 희망의 불씨를 되살릴 수 있었다. 낙태 자유를 지지하는 에너지가 사라지고 경제 문제가 다시 주목을 받게 되면서 공화당의 자신감이 커졌다. 그러나 널리 기대되었던 '레드 웨이브(red wave)'*는 결코 발생하지 않았다. 모든 표의 최종 집계 결과 공화당은 하원에서 9석이 늘어났고, 민주당은 여전히 상원을 근소한 차이로 지배할 수 있었다.

미국의 정당 현황

오늘날 미국의 주요 정당들의 상황은 어떠한가? 우리는 **유권자 내 정당, 조직으로서 정당, 정부 내 정당**이라는 세 가지 고전적인 역할에 대해 각각 살펴볼 것이다.[20] 유권자 내 정당을 살펴보면서 우리는 유권자들의 정당에 대한 헌신이 최근 수십 년 동안 얼마나 안정적이었는지, 그리고 오늘날 얼마나 광범위하고 확고한지 묻는다. 조직으로서 정당을 살펴보면서 정당이 어떻게 구성되어 있는지, 그리고 정당과 관련된 유권자 및 공직자에게 어떤 종류의 서비스를 제공하는지 묻는다. 정부 내 정당을 살펴보면서 공직자들이 자신이 소속한 정당과 정당의 프로그램에 얼마나 헌신적인지 묻는다. 우리는 정당들이 유권자들 사이에서 더 튼튼해지고 있고, 정부에서 더 강해지고, 여전히 전국적 조직으로서 그리고 갈수록 주

* 역자 주
공화당이 선거에서 승리하여 상·하원을 모두 차지하는 상황. 참고로 빨강은 공화당을 상징하는 색깔이다.

유권자 내 정당(party in the electorate)
어느 정도 직접적이고 일관되게 어떤 한 정당을 지지하는 유권자들이다.

조직으로서 정당(party organization)
일상적으로 당 기구를 관리하는 당 사무처와 당료들로 이루어진 상설 구조.

정부 내 정당(party in government)
정당의 공천을 받아 출마했거나 정당 몫으로 임명된 선출직 공직자들과 정당 추천 공직자들이다.

및 지방 조직으로서 점점 더 강해지고 있음을 알게 될 것이다.

유권자 내 정당

하버드대학교 정치학자이자 역사학자인 슐레진저 주니어(Arthur M. Schlesinger, Jr.)는 몇 년 전 미국선거가 노동집약적 사업에서 자본집약적 사업으로 진화했다는 사실을 발견했다.[21] 선거는 선거운동 기간 거리에 포스터와 마당 표지판을 붙이고, 전단지를 나눠주고, 새로운 유권자를 등록시킨 후 선거 당일 투표소로 데려오는 등의 일을 하는 많은 운동원을 투입할 수 있는 정당이 흔히 유리했었다. 여전히 이러한 정당 활동이 중요하고, 특히 지방선거, 주 경선, 전국 경선 등에서 그렇지만, 정당과 후보자는 새로운 기술을 배워야 했다. 이제 선거는 최첨단 미디어 선거운동을 잘하고 표를 얻는 데 필요한 자금을 모금할 수 있는 후보가 유리하다.[22] 아래에서 자세히 살펴보겠지만, 선거운동이 노동집약적 선거운동에서 자본집약적, 미디어 중심의 선거운동으로 발전하였을 때 처음에는 유권자와 정당의 유대는 느슨해졌다. 최근에는 정부의 당파성이 강해지고 이념적 색채가 뚜렷한 언론이 늘어나면서 유권자들이 다시 정당으로 되돌아오게 되었다. 유권자의 정당에 대한 헌신이 시간이 지남에 따라 커졌다 줄어들었다, 약해졌다 강해졌다 한다면, 도대체 그것은 어떤 종류의 헌신이란 말인가?

시민들이 정당 선호를 선택하고 시간이 지남에 따라 이를 갱신하는 방법에는 크게 두 가지 설명이 있다. 하나는 정당일체감을 뿌리 깊은 심리적 헌신으로 설명한 『미국 유권자(*The American Voter*)』에 뿌리를 두고 있으며, 정당일체감은 초기에 확립되어 시간이 지나도 안정적으로 유지된다. 정당 지지자는 특정 선거에서 정당을 배신하거나 지지 정당이 없는 무당파 유권자로 이탈할 수 있지만, 한 정당에서 다른 정당으로 옮겨가서 옮겨간 정당에 그대로 머무는 사람은 거의 없다. 대안적인 관점은 당파성을 정당 후보와 정책에 대한 긍정적 평가와 부정적 평가의 합리적 계산 또는 '총계'로 본다. 총계가 일관되게 한 정당을 가리키는 유권자는 해당 정당에 대해 '고정된 결정'을 내린 것처럼 보일 수 있지만, 만약 증거가 바뀌면 궁극적으로 유권자의 정당 선호도 바뀔 수 있다. 두 관점 모두 통찰력을 제공하므로 유권자가 정당과 상호작용하는 방식을 생각할 때 염두에 두어야 한다.[23]

정당일체감: 유대 약화. 정치학 문헌은 유권자의 정당에 대한 헌신을 **정당일체감**이라고 얘기한다. 70년 넘게 미시간대학교 설문조사연구센터(SRC)는 유권자들에게 다음과 같은 질문을 해왔다. 즉, 일반적으로 귀하는 자신을 공화당 지지자, 민주당 지지자, 무당파 중 어디에 해당한다고 생각하십니까? 아니면 다른 무엇이라고 생각하십니까? (만약 공화당 지지자 또는 민주당 지지자라면) 귀하는 자신이 강한 (공화당 지지자 또는 민주당 지지자) 또는 별로 강하지 않은 (공화당 지지

정당일체감(party identification)
선호하는 정당에 대한 유권자의 정서적, 지적 헌신.

자 또는 민주당 지지자)라고 생각하십니까? (만약 무당파라면) 귀하는 자신이 공화당에 더 가깝다고 생각하십니까, 아니면 민주당에 더 가깝다고 생각하십니까? 이러한 질문들에 대한 답은 자신을 주요 정당 중 하나에 대해 강한 일체감 또는 약한 일체감을 갖고 있는 유권자, 주요 정당 중 하나에 기울어진 무당파 유권자, 순수 무당파 유권자 등으로 구별한다. 연구결과는 7점 척도와 좀 더 간단한 3점 척도로 보고된다.

먼저 7점 척도를 살펴보자 (표 7.3 참조). 1950년 이후 정당일체감 분포의 변화와 관련하여 매우 간단한 몇 가지 사항만 언급하면 된다. 첫째, 1960년대 중반까지 지속된 민주당 '루스벨트 연합'의 폭과 깊이에 주목하라. 강한 정당일체감과 약한 정당일체감을 합치면 민주당이 전체 유권자의 45~50%를 차지하며, 반면에 공화당은 아이젠하워가 1952년과 1956년 두 차례의 선거에서 쉽게 승리했음에도 불구하고 30% 미만을 차지했고, 무당파가 23% 정도 수준을 유지했음을 알 수 있다.

둘째, 1960년대 후반과 1970년대에는 두 주요 정당 모두 지지자 상당수가 지지를 철회하고 무당파로 전향했다. 1964년 린든 존슨이 배리 골드워터를 상대로 대승을 거두고, 1973년 워터게이트 스캔들과 리처드 닉슨 대통령의 어쩔 수 없는 하야로 인해 공화당의 정당일체감은 25% 아래로 떨어졌으며, 1980년대까지 그 수준에 머물렀다. 동시에 1960년대 후반과 1970년대 초반의 베트남전쟁, 사회불안, 경제침체 등의 혼란이 누적되면서 민주당의 지지율은 10% 감소했다.

셋째, 자신을 무당파라고 밝힌 유권자의 비율은 1964년만 해도 꾸준히 23% 수준이었던 것이 1968년에는 30%로, 그리고 1976년에는 37%로 증가했는데, 그 이후로는 비교적 안정적인 상태를 유지하고 있다. 최근 통계에 따르면, 전체 유권

표 7.3 1952~2020년 유권자의 정당일체감																		
	'52	'56	'60	'64	'68	'72	'76	'80	'84	'88	'92	'96	'00	'04	'08	'12	'16	'20
강한 민주당	23	22	21	27	20	15	15	18	17	18	18	18	19	17	19	20	21	23
약한 민주당	26	24	26	25	26	25	25	23	20	18	17	19	15	16	15	15	14	12
민주당 성향 무당파	10	7	6	9	10	11	12	11	11	12	14	14	15	17	17	12	11	11
무당파	5	9	10	8	11	15	16	15	13	12	13	10	13	10	11	14	15	12
공화당 성향 무당파	8	9	7	6	9	10	10	10	12	13	12	12	13	12	12	12	11	10
약한 공화당	14	15	14	14	15	13	14	14	15	14	14	15	12	12	13	12	14	11
강한 공화당	14	16	16	11	10	10	9	9	12	14	11	12	12	16	13	15	16	12

출처: American National Election Studies. http://electionstudies.org/nesguide/toptable/tab2a_1.htm.

자의 33%가 자신을 무당파, 35%는 민주당 지지자, 32%는 공화당 지지자라고 밝혔다. 이러한 변화는 미국 유권자는 특정 정당을 덜 지지하게 되었으며, 기꺼이 두 주요 정당 후보자를 모두 살펴보며, 따라서 미국의 선거가 무당파 유권자의 대규모 부동표에 의해 좌우된다는 것을 보여주는 증거로 자주 제시된다.

지난 40년 동안 미국인 중 자신을 민주당 지지자 또는 공화당 지지자라고 밝힌 사람보다 더 많은 사람이 자신을 무당파라고 밝히게 되었다는 사실은 충격적이다. 그러나 우리가 유권자 자신이 인식하는 정당일체감을 넘어 당파적 행동을 고려하게 되면 다소 다른 이야기가 성립된다.

정당일체감: 척도 재조정.   첫째, 광범위한 문헌에 따르면 '무당파'라고 하는 넓은 범주는 일반적으로 이해되는 것보다 더 구조화되어 있고 정당과 더 많이 연관되어 있다.[24] 놀랄 것도 없이, 강한 정당일체감을 가진 유권자는 선거 초기에 일찍 선택을 결정하고, 투표 참여율이 높고, 압도적으로 자기 당의 후보자에게 투표하는 경향이 있다. 그들의 정당에 대한 강한 헌신이 그들을 자기 당의 메시지를 받아들이고, 상대당의 메시지에 저항하게 만든다.[25] 약한 정당일체감을 가진 유권자는 강한 일체감을 가진 유권자에 비해 투표 참여율이 다소 떨어지며, 자기 당 후보에 대한 충성도가 다소 떨어진다. 그러나 흥미롭게도, 무당파 중 특정 정당에 기울어진 성향의 사람들은 그 해당 정당에 대해 약한 정당일체감을 가진 사람들과 매우 유사하게 행동하는 경향이 있다. 투표참여율이나 정당 후보자에 대한 충성도가 거의 똑같은 수준이다. 순수 무당파만 양대 정당 사이에서 투표선택이 갈라지는 경향이 있고, 그들의 투표율은 정당파 유권자나 특정 정당 성향의 무당파보다 낮다.[26]

표 7.4는 당파적 행태를 더 잘 반영하는 그림을 보여준다. 무당파 중 특정 정당 성향의 유권자는 그 해당 정당에 할당되어 순수 무당파만 무당파 범주에 속한다. 이제 우리는 순수 무당파의 수치가 1952년과 1976년 사이 5%에서 15%로 세 배 증가했다가, 1980년 이후에는 10~15%로 감소한 것을 알 수 있다. 민주당 성향의 무당파는 1950년대 이후로 10~15%p 하락했다. 민주당의 선거 패배에도 불구하고, 공화당은 1980년대 중반까지 지지자의 비율이 거의 늘어나지 않았다. 1984년 로널드 레이건의 재선 승리로 공화당 지지자는 유권자의 약 40%로 늘어났고, 2020년까지 꽤 안정적으로 유지되었다.[27] 민주당은 2008년과 2016년 선거 주기 동안 정당 등록에서 상당한 이점을 누렸고, 2020년에는 어느 정도 이점을 누렸다. 그러나 공화당은 자신들 나름의 유리함을 가지고 있었다.

전통적으로 민주당은 정당 간 힘의 균형을 유지하려면 어느 정도 앞서야 할 필요가 있었다. 정당 간의 지지율 균형은 공화당이 유리한 상황임을 의미한다. 강한 정당일체감, 약한 정당일체감, 특정 정당 성향의 무당파 등 모든 수준의 정당일체감에서 공화당의 지지율이 5~6% 더 높았으며, 1996년까지는 자기 당의 후보자

	'52	'56	'60	'64	'68	'72	'76	'80	'84	'88	'92	'96	'00	'04	'08	'12	'16	'20
표 7.4 1952~2020년 유권자의 정당일체감																		
민주당 + 민주당 성향 무당파	59	52	53	62	56	51	51	52	48	47	50	52	50	50	51	49	46	46
무당파	5	9	10	8	11	15	16	15	13	12	13	10	13	10	11	10	15	12
공화당 + 공화당 성향 무당파	36	39	37	31	33	34	33	33	40	41	37	38	37	41	37	41	39	42

출처: American National Election Studies. http://electionstudies.org/nesguide/toptable/tab2a_2.htm.

에게 투표할 가능성이 5~10% 더 높았다. 보수적인 남부 백인들이 민주당에서 공화당으로 완전히 옮겨가면서 더욱 한결같이 민주당 지지자는 진보적이 되고, 공화당 지지자는 보수적이 되었다. 현재 민주당 지지자와 공화당 지지자 모두 꾸준히 자기가 지지하는 정당의 후보자에게 투표하고 있다.[28]

실제로 필라델피아 연방준비은행과 스토니브룩대학교 아지몬티(Marina Azzimonti) 교수는 정당 간 갈등이 역사적으로 최고조에 달했음을 보여주는 '정당 간 갈등 지수(Partisan Conflict Index)'를 유지 관리하고 있다. 1891년부터 신문 데이터베이스의 정당 간 갈등 기사의 검색을 통해 구성된 이 지수는 1890년대와 1900년대에 높은 수준의 갈등을 보여주며, 제1차 세계대전(1914~1918년)부터 1960년대 중반까지 온건한 수준을 유지하다가 그 후 계속 상승하기 시작했다. 20세기 초반의 갈등이 최고로 높았던 시절만큼 1970년대와 1980년대에 갈등이 심해졌고, 오바마 시절에 새롭게 역대 최고치에 도달했다. 민주당이 하원을 다시 장악하고 탄핵 문제로 트럼프 대통령과 대치한 이후 2019년에 갈등 지수는 다시 급등했다. 바이든 행정부 첫 몇 달 동안 상당히 안정되었다가 그 후 2022년까지 다시 상승했다.[29]

2020년 투표 내역. 선거에서 승리하는 가장 확실한 방법은 가장 많은 표를 얻는 것이다(그러나 2016년 트럼프 대 클린턴 선거에서 또 한 번 보았듯이 이것이 항상 효과가 있는 것은 아니다). 선거에서 가장 많은 표를 얻는 가장 확실한 방법은 규모가 큰 유권자 집단으로부터 표를 많이 얻는 것이다. 전체 유권자를 성별, 인종, 교육, 소득, 나이, 거주지, 종교로 나누었을 때 바이든과 트럼프는 어땠는가? 두 후보는 각자 어떤 유권자 집단에서 가장 많이 표를 얻었는가?

표 7.5는 바이든이 여성, 소수자, 가난한 사람, 젊은 사람, 도시 거주자, 교회를 가끔 가는 사람들 사이에서 가장 높은 지지를 얻었음을 보여준다. 트럼프는 남성, 백인, 중간 소득, 노인 유권자, 농촌 거주자, 일반 교회 신자들 사이에서 가장

표 7.5	2020년 누가 바이든과 트럼프에게 투표했나?		
	전체 투표 (%)	바이든 득표 (%)	트럼프 득표 (%)
합계	100	51.1	47.2
성별			
남자	47	48	49
여자	53	56	43
인종			
백인	65	42	57
흑인	12	87	12
히스패닉	13	66	32
아시안	3	63	31
교육			
고등학교 또는 그 이하	19	48	51
대학 재학	37	50	48
대졸	27	51	46
대학원졸	16	62	36
소득			
5만 달러 이하	35	57	42
5~10만 달러	38	56	43
10만 달러 이상	28	43	54
나이			
18~29세	17	62	35
30~39세	16	52	45
40~49세	16	54	43
50~64세	30	48	51
65세 이상	22	48	51
거주지 유형			
도시	30	60	37
교외	51	51	48
농촌	20	45	54
종교			
개신교	42	37	62
가톨릭	25	51	47
다른 종교	8	65	31
없음	23	65	30

출처: 출구조사 및 선거 후 분석을 바탕으로 저자가 정리.

높은 지지를 얻었다. 일반 대중 투표에서 바이든이 승리한 이유는 전통적인 민주당 지지집단은 인구가 늘어나고 있는 반면, 전통적인 공화당 지지집단은 그렇지 않기 때문이다. 선거에서 승리하기가 쉬운 일은 아니지만, 그렇다고 로켓 과학처럼 고도의 지능을 요하는 일은 아니다.

전체 투표 중 여성이 53%를 차지했고, 여성은 56% 대 43%로 바이든의 손을 들어줬다. 전체 투표 중 남성이 47%를 차지했고, 남성은 49% 대 48%로 트럼프를 지지했는데 남성은 일반적으로 공화당을 지지하는 경향이 있다. 전체 투표 중 백인은 65%를 차지했고, 백인은 57% 대 42%로 트럼프를 지지했다. 그러나 흑인은 87% 대 12%로 바이든을 지지했고, 히스패닉계와 아시아인 유권자도 2대1 이상으로 바이든을 지지했다. 미국은 점점 더 다양해지고 있으며 미래의 민주당은 소수인종으로부터 바이든만큼 절대적 지지를 얻지 못할 수도 있지만, 만약 경쟁에서 이기려면 공화당은 트럼프보다는 소수인종으로부터 좀 더 많은 지지를 얻어야 한다.[30]

소득별로는 저소득자와 고소득자는 바이든 지지가 높았고, 중간소득자는 트럼프 지지가 높았다. 트럼프는 교육수준이 낮은 사람, 50세 이상의 유권자, 농촌 거주자, 개신교도에서 승리했다. 바이든은 젊은 사람, 교육 수준이 높은 사람, 천주교 신자와 종교가 없는 사람에게서 승리했다.

특히 공화당이 그렇듯 정당들이 접근하는 데 어려움을 겪는 집단 중 하나가 이민자인데, 사실 이민자 집단은 하나의 집단이 아닌 매우 다양한 집단이다. 미국에 거주하는 라틴계의 3분의 2와 아시아인의 87%가 이민자 또는 미국 1세대이다. 대부분 이민자는 미국정치, 정당, 문제 또는 관행에 대해 거의 이해하지 못한 채 미국에 도착한다. 미국에서 태어난 이민자의 자녀라도 자신이 직면한 문제에 대해 민주당과 공화당의 입장이 무엇인지 제대로 깨닫지 못할 수도 있다.[31] 대부분의 미국 역사에서 정당들은 이민자들에게 직접 호소했고 때로는 이민자를 실은 배가 항구에 도착할 때 마중 나가서 도움과 안내를 제공했다. 오늘날 우리의 자본집약적, 후보자 중심적 정당은 이민자와 새로운 미국인의 지지를 얻으려는 노력을 하지 않을 가능성이 높다.

정당 조직

21세기의 정당은 어떤 모습일까? 전통적인 정당 조직은 광범위한 지역 선거구의 기반으로부터 일련의 중간층, 즉 구, 시, 군, 의원 선거구, 주 중앙위원회 등을 거쳐 양당의 전국위원회와 전당대회에 이르는 피라미드 구조로 인식되었다. 미국에는 거의 20만 개의 선거구가 있고 선거구 위로 여러 단계의 정당구조가 있는데, 오직 두 주요 정당의 당조직에만 전부 합쳐 50만 명 이상의 당직자와 자원봉사자가 일하고 있다.

1960년대까지만 해도 정당 조직 내에서 피라미드의 꼭대기 상층부보다는 아래쪽 하층부가 활발하게 활동했고 더 많은 영향력을 갖고 있었다. 선거운동이 진화함에 따라, 선거운동을 따라잡기 위해 정당도 조직되었다. 오늘날 정당은 공직선거에서 승리하여 정부 정책을 이끌어갈 후보자를 선발, 훈련, 지원하는 당파적 소셜네트워크를 개발하고 관리하는 데 초점을 맞추고 있다. 즉, 당 조직이 자본집약적, 후보자 중심 선거운동에 동참한 것이다. 그렇게 함으로써 정당은 19세기와 20세기의 많은 것을 버리고 21세기에 맞게 자기 자신을 재창조했다.

정당 지역조직. 20세기가 시작한 해 앞뒤로 10년씩, 20년 기간이 정당 조직의 전성기였다. 비난하는 사람들이 종종 '머신(machines)'*이라고 부르는 일부 정당 지역조직은 수백, 심지어 수천 개의 일자리와 수익성이 좋은 시 및 카운티 계약을 좌지우지하였다. 그 조직이 유권자를 지배 관리하고 있었기 때문에, 후보자를 공천하고, 당론을 따르지 않는 공직자를 징계하고, 당에 충성하는 사람들에게 공직과 출세의 기회를 대가로 제공했다.

가장 유명한 도시 정당 머신은 1931년 세르마크(Anton J. Cermak) 시장이 만들고 1955년부터 1976년 사망할 때까지 막강한 데일리(Richard J. Daley)가 지배한 시카고 민주당 조직이었다.[32] 1989년에는 데일리의 아들 리처드 M. 데일리가 시카고 시장으로 당선되었다. 2007년에 데일리는 6선 시장선거에서 승리했지만, 2011년 7선 시장선거 출마는 거부했다. 아버지와 아들 둘이 합쳐 무려 21년 동안 시장직을 차지했다.[33] 정당 머신은 여전히 존재하며, 여전히 특정인을 후보로 세우고 때로는 선거에서 승리하지만, 시카고와 쿡 카운티의 3만 7,000명의 후원 일자리는 더 이상 정치적 전리품으로 남아있지 않으며, 그 정당 머신은 시카고 주 전역 및 의회 선거에서 영향력을 상당 부분 잃었다.

20세기 동안, 특히 지난 30년 동안 몇 가지 강력한 추세가 대부분의 지역 당조직을 유명무실한 존재로 만드는 데 일조했다. 첫 번째는 정부 일자리가 공무원 규정에 포함되었다. 정부 일자리에 대한 공무원 규정의 적용 대상은 1930년대에는 연방정부 인력 전체로 확대되었고, 1970년대와 1980년대에는 대부분의 주정부 및 지방정부로 확대되었다. 둘째, 정당 공천을 금지하는 무소속 지방선거**를 향한 움직임이다. 지역 정치가 이권을 둘러싼 정당 간 싸움일 때 시민들은 고통을 받고, 후보자가 정당 꼬리표를 떼고 이슈와 전문성을 바탕으로 출마한다면 지역 문제에 대해 보다 효율적이고 사업적인 접근이 가능하다는 생각이었다. 오늘날 미국 지방선거의 거의 4분의 3은 정당 공천을 금지하는 무소속 선거이다. 세번째 추세는 기술이었다. 1960년에 이르러 대통령 후보들은 텔레비전을 이용하여 집에 있는 유권자들에게 정치적 메시지를 직접적으로 전달하였다. 1980년에 이르러서는 주 차원의 공직선거 후보와 많은 지방선거 후보는 텔레비전을 선거운

* 역자 주
정치 머신(political machine)은 조폭 조직처럼 보스를 중심으로 강한 위계질서 속에서 움직이는 정당의 지역조직. 당원은 선거 때 표를 동원하고 보스는 돈, 일자리 등 이권을 제공하였다.

** 역자 주
현재 미국 지방정부는 정당 선거(partisan election)를 실시하는 곳과 무소속 선거(nonpartisan election)를 실시하는 곳으로 나뉘어 진다. 무소속 선거는 투표용지에 후보자의 소속정당을 표기하지 않는 선거이다 (가상준, "미국의 지방선거 공천제도" 국회입법조사처 정책용역연구보고서, 2010년 참조).

흑인의 민주당 지지

60년이 넘도록 흑인들은 투표의 약 90%를 민주당의 대통령 후보와 하원의원 후보에게 투표했다. 다른 어떤 인종이나 민족 집단은 민주당에 대해 흑인들이 그러는 것처럼 주요 정당 중 하나에 깊이 헌신하지는 않는다.

우리는 먼저 흑인과 민주당 사이의 이러한 긴밀한 관계가 역사적으로 매우 묘하다는 점에 주목해야 한다. 결국, 민주당은 남북전쟁 당시 남부와 노예제도를 지지하는 정당이었으며, 1960년대까지 남부 인종차별과 가장 동일시되었던 정당이라는 점을 생각해보자. 또한, 공화당은 노예제도에 반대하는 정당으로 1850년대에 등장했고, 노예제도를 종식시키기 위해 위대한 내전을 벌인 것이 에이브러햄 링컨과 노예해방선언을 한 정당인 공화당이었다는 점도 생각해보자.

그럼에도 불구하고, 1930년대, 그리고 결정적으로 1960년대에 흑인 유권자들은 공화당에서 민주당으로 옮겨갔다. 1960년 선거운동 기간 케네디 형제와 마틴 루터 킹 주니어(Martin Luther King Jr.)의 관계, 그리고 짧았던 케네디 행정부의 사회운동은 특히 흑인들을 고무했다. 그런 다음 1964년과 1965년의 「민권법」, 1965년의 「투표권법」, 그리고 교육, 주거, 복지, 보건의료, 직업훈련 등 '위대한 사회' 계획 전체가 흑인들이 평등한 권리를 위해 헌신하는 새로운 민주당에 확실하게 결합하도록 만들었다.

흑인들이 거의 전적으로 민주당에 헌신하는 것의 장단점은 무엇인가? 장점으로는 적어도 다음과 같은 것이 있다. 첫째, 민주당의 철학과 프로그램은 흑인들의 필요와 이익에 부응해 왔다. 민주당은 미국 복지국가와 차별철폐조치를 만들고 옹호했다. 둘째, 민주당은 정치적 열망을 가진 흑인들을 당으로 영입했다. 2008년과 2012년에 민주당은 버락 오바마를 미국 대통령으로 선출했고 재선에도 성공했다. 의회의 흑인 의원 총 59명 중 3명을 제외하고는 모두 민주당 소속이다.

단점으로는 적어도 다음과 같은 것이 있다. 첫째, 버락 오바마를 포함하여 민주당은 백인 유권자들이 겁을 먹고 지지를 철회할 것이 두려워 자신들의 선거운동이 흑인 커뮤니티와 너무 가깝게 동일시되는 것을 꺼려왔다. 둘째, 두 주요 정당 모두 흑인들 대부분이 민주당에 표를 던질 것이라는 점을 알고 있다는 사실은 흑인들의 표를 얻기 위해 경쟁할 필요가 없음을 의미한다. 셋째, 흑인들의 민주당에 대한 전면적인 헌신은 공화당이 선거에서 승리하는 경우 흑인들은 정부에 접근할 방법이 거의 전혀 없음을 의미한다.

여러분은 어떻게 생각하는가?

- 플러스와 마이너스, 어느 것이 더 많은가?
- 민주당에 대한 흑인들의 거의 전폭적인 지지가 흑인들의 정치적 영향력을 강화시키는가? 또는 약화시키는가?

찬성	반대
민주당이 더 적극적으로 반응했다.	민주당은 종종 흑인들의 지지를 당연하게 여긴다.
민주당은 공공서비스와 차별철폐 조치를 지지한다.	민주당이 지면 흑인들은 고립된다.
대부분의 흑인 선출직 공직자는 민주당 소속이다.	공화당이 흑인 표를 얻으려 노력할 동기가 없어진다.

동의 핵심 요소로 삼았다. "지역조직은 등록 운동, 집회 준비, 전화 선거운동본부 설치, 부재자 투표 촉진, 선거 당일 투표 격려 등과 같은 선거운동의 일부 측면을 관리하는 데 여전히 필수적이지만" 갈수록 점점 더 많은 선거운동이 지역 정당구조를 배제한 상태에서 이뤄진다.[34]

이러한 20세기 후반과 21세기 초반의 추세가 여러 면에서 정당을 변화시켰지만, 한 가지 중요한 변화는 정당 업무에서 '실용주의자'보다 '순수주의자'가 늘어난 것이다. 예전에는, 즉 적어도 1960년대까지는 당 간부와 공직자들은 전리품을 공유하고, 연합한 집단들과 흥정하고, 반체제 인사를 회유하고, 가장 중요하게는 승리할 수 있는 후보자를 공천하는 것이 실용적이라는 것을 알았다. 반면에 순수주의자들은 당내 파벌이나 선거에서 이기기 위해 종종 요구되는 타

출처: AP Photo/Tyler LaRiviere, Chicago Sun-Times

시카고 시장 로리 라이트풋이 전 댈러스 경찰서장이던 데이비드 브라운 신임 시카고 경찰서장을 소개하고 있다.

협보다 이슈와 이념에 훨씬 더 많은 관심을 기울인다. 실용주의자인 낸시 펠로시 (Nancy Pelosi) 미국 하원의장이 하원 민주당 코커스의 순수주의적 진보적 의원들을 다루는 데 겪었던 어려움에 대해 잠시 생각해 보자.

50개 주 조직. 50개 각 주의 정당구조의 최상단에는 민주당 중앙위원회와 공화당 중앙위원회가 있다.[35] 이러한 주 중앙위원회는 흔히 여러 가지 전통적인 임무를 수행하는 경우가 많지만, 지난 수십 년 동안 눈에 띄게 발전해 왔다. 주 위원회의 전통적인 책무로는 주당 코커스와 전당대회 조직, 주당 강령 초안 작성, 선거운동 자금 배분, 주당 전당대회 및 전국위원회 대의원 선출 등이 있다.

오늘날 대대적으로 엽관제를 시행하거나 주 전역에 걸쳐 공직 후보자를 내세우고 지원하는 주당은 거의 없다. 주당 조직은 유권자 동원에 중점을 두었다가 선거운동 관리에 중점을 두는 방향으로 변화했다. 이제 전국 각지의 주당 조직은 후보자, 선거운동 책임자, 선거운동원에게 기술적인 조언을 제공하고 있다. 주당은 유권자 명부를 관리하고, 전화 선거운동 본부를 운영하고, 대량 우편물을 발송하고, 선거 당일 투표참여를 독려하고, 주법 및 연방법이 요구하는 대로 자금을 관리하고 회계하는 활동가들을 교육한다.[36]

중앙당 조직. 공화당과 민주당 전국위원회는 물론 상원과 하원 공화당과 민주당 선거운동 위원회는 역사상 그 어느 때보다 강력하고 활동적이다. 선거운동 위원회는 후원금을 모금하고 현직 상원 및 하원의원한테 선거운동 서비스를 제공한다. 매케인-파인골드 선거운동 자금 개혁으로 중앙당과 선거운동 위원회에 대한 '소프트머니' 기부가 둔화되었지만, 여전히 지난 수십 년보다 훨씬 더 활기차고 능력이 있다.

현대의 전국위원회는 선거주기에 따라 운영을 확대하고 축소하는 것이 확실하

지만 지속적으로 정당의 지원 및 발전 활동을 벌이고 있다. 전국위원회는 후보자와 당직자를 모집하여 훈련시키며, 여론조사 및 이슈조사, 미디어 제작, 후원금 모금, 컨설팅, 상시적인 운영관리 비용을 지출한다. 후보자들은 전국위원회가 제공하는 서비스에 의존하게 되었다.

정부 내 정당

정부 내 정당은 선출직 공직자와 당파적으로 임명된 공무원 등 정당 소속으로 출마했거나 정당과 관련이 있는 모든 공직자로 구성된다. 정당은 선거운동 기간 동안 대중에게 대안 프로그램을 제시하고, 집권하면 이를 입법화하려고 노력한다. 일반적으로 이는 대통령의 프로그램을 의미하지만, 특히 대통령직을 차지하지 못한 경우에는 원내 다수당의 프로그램을 의미할 수도 있다.

대통령이 추진하는 프로그램의 홍보. 매년 대통령이 의회에 프로그램을 제출해야 한다는 생각은 비교적 새로운 것이다. 뉴딜 이전에는 다수당의 프로그램은 백악관에서 나온 것만큼이나 의회에서 나온 것일 가능성이 높았다. 하지만 이제 **대통령 지지**는 대통령이 자신의 프로그램을 의회에서 통과시키고, 의회 내 자신의 당 소속 의원들에게 해당 프로그램을 계속 지지하도록 설득하는 데 달려 있다 (도표 7.1 참조).

　　의회 투표 기록에 따르면 케네디, 존슨, 카터, 클린턴, 오바마, 바이든 민주당

대통령 지지(presidential support)
매년 '의회 분기별 보고서'는 대통령이 명확한 입장을 표하고 의회가 그런 대통령을 지지한 의회 투표 비율을 보고한다.

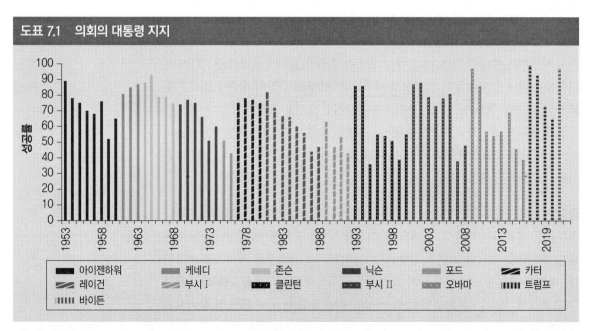

도표 7.1　의회의 대통령 지지

출처: Vital Statistics on Congress, The Brookings Institution, 2019. www.brookings.edu/multi-chapter-report/vital-statistics-on-congress/.

대통령들과 조지 W. 부시, 도널드 트럼프 공화당 대통령들이 임기의 전부 또는 일부 동안 그랬던 것처럼 대통령이 소속한 정당이 상원과 하원 양원에서 다수당의 지위를 차지했을 때, 대통령은 80% 이상 성공을 거두는 것으로 나타났다. 공화당 대통령 아이젠하워와 레이건처럼 소속 정당이 의회 상원과 하원 양원 중 적어도 한 곳을 장악하고 있는 경우에도 대통령은 거의 70%로 잘 처리한다. 공화당의 닉슨, 포드, 조지 H.W. 부시와 조지 W. 부시 대통령, 민주당 버락 오바마 대통령이 임기 마지막 2년 동안 그랬던 것처럼 '힘든 시기(tough sledding)'에는 성공률이 약 55%에 불과하다.

조지 W. 부시 대통령은 2001년과 2002년 취임 첫 2년 동안 의회가 균등하게 양분되어 있고 상원에서 권력이 공화당에서 민주당으로 넘어갔다가 다시 공화당으로 돌아왔음에도 불구하고 성공률이 평균 88%로 1964년과 1965년 린든 존슨 이후 가장 높은 수치였다. 부시의 성공률 수치는 2003년부터 2006년까지 거의 80%를 유지했다. 2006년 11월 공화당은 상원과 하원 모두에서 다수당의 지위를 빼앗겼고, 부시의 개인적 인기는 사상 최저치를 기록했다. 2007년 그의 성공률 수치는 38%로 곤두박질쳤는데, 이는 빌 클린턴이 1999년 르윈스키 사건 이후 기록했던 지난 반세기 동안 최악의 대통령 성공률과 똑같은 수치였다. 2008년에는 48%로 약간 회복되었다.

버락 오바마의 취임 첫 해 대통령 성공률은 무려 97%였다. 이는 역대 가장 높은 수치였다. 1964년과 1965년 린든 존슨보다 높았고, 1993년과 1994년 클린턴보다 높았으며, 2001년과 2002년 조지 W. 부시보다 높았다. 대통령들은 거의 항상 취임 후 첫 몇 해 동안 높은 성공률을 기록하지만, 그런 다음에는 어려운 문제, 부분적 해결책, 익숙함 등의 정치적 위협으로 인해 성공률이 떨어진다. 오바마의 성공률은 2010년에 여전히 꽤 높이 평가할 만한 수준인 86%로 떨어졌지만, 2011년 공화당이 하원을 장악한 이후에는 50% 중반대로 추락하였다. 2016년에는 성공률이 39%로 떨어졌다. 도널드 트럼프 대통령의 취임 첫해 2017년의 98.7%로 역대 최고치였다. 이 기록은 당분간 깨기 어려울 수 있다.

충성스러운 야당. 충성스러운 야당의 역할은 대통령직을 차지하지 못한 정당의 원내 지도부에게 있다. 만약 민주당이 트럼프 대통령 임기의 첫 2년 동안 그랬던 것처럼, 야당이 원내에서도 소수당이라면, 야당의 지도자들은 대부분 반대 의견을 조직하고 대통령의 프로그램에 대해 의문을 제기하는 역할에 그친다. 야당이 일치단결하고 단호하다면, 2021년에 공화당이 그랬던 것처럼 대통령이 추진하는 프로그램의 중요한 부분을 뜯어고치거나 방해할 수 있다. 만약 야당이 2022년 이후 공화당이 그랬던 것처럼, 의회 상원과 하원 한 곳에서 다수당의 지위를 차지하면, 대통령과 대통령의 프로그램에 대해 더 효과적으로 협상할 수 있다. 만약 야

출처: Paul Loeb/Pool via AP

바이든 대통령이 2022년 국정연설에서 카멜라 해리스 부통령과 낸시 펠로시 하원의장으로부터 박수를 받고 있다. 만약 카메라의 초점이 의원들의 얼굴을 잡았다면, 민주당 의원들은 서서 환호하는 반면, 공화당 의원들은 얼굴을 찡그리며 속삭이는 모습을 볼 수 있었을 것이다.

당이 양원 모두에서 다수당의 지위를 차지한다면, 야당은 아마도 자신들의 프로그램을 추진할 수 있는 위치에 있을 것이다. 적어도 이것이 전통적인 이론이었다.

많은 사람이 전통적인 권력분립 규범과 행정부에 대한 의회의 감독이 붕괴되는 것에 대해 깊은 우려를 표하고 있다. 과거 대통령들이 의회의 정보 요청과 심지어 의회의 소환까지 거부했지만, 모든 소환에 저항해야 한다고 선언한 대통령은 도널드 트럼프가 처음이었다. 행정부의 권력에 대한 조지 W. 부시 대통령의 폭넓은 주장에 관해 책을 낸 유(John Yoo)는 "대통령이 실제로 소환된 사안에 대한 모든 의회 증언을 중단시키려 한다면 이는 특별한 일이 될 것이다. 만약 전면 금지라면 사실상 이는 유례가 없는 일이 될 것"이라고 말했다. 그리고 스탠포드대학교 법대 교수 스클랜스키(David Sklansky)도 이에 동의했다. "전면적으로 민주당이 장악하고 있는 하원에서 보낸 소환장에 우리는 응하지 않을 것이라고 말하는 것은 뭔가 다르다 … 우리의 시스템은 양당과 모든 공직자가 헌법 질서를 지키겠다는 약속에 달렸다."[37] 실제로 그렇다!

어떤 한 정당의 다수가 다른 정당 다수의 의견에 반대하는 표결의 비율로 정의되는 의회에서 **정당단합** 점수는 일반적으로 1950년대와 1960년대 초반에 높았다가, 1960년대 내내 하락했고, 1970년대 초반 다시 서서히 증가하기 시작했으며, 1980년대에 더욱 급격하게 증가했다 (도표 7.2 참조).[38] 클린턴의 첫 번째 임기 첫해인 1993년에 당파적 표결 비율은 하원 65%, 상원 67%로 사상 최고치를 기록했다. 상원에서의 이러한 분열은 1994년에 다소 완화되었지만, 공화당이 하원과 하원을 모두 장악하면서 1995년에 사상 최고치로 치솟았다. 즉, 하원 표결의 73%와 상원 표결의 69%가 당파적 표결이었다.[39]

1998년 말과 1999년 초 클린턴 탄핵 사건으로 의회가 당파적 분노에 휩싸이기 전인 1996년과 1998년 사이 당파성은 현저하게 감소했다. "당파를 초월하여 의견을 전달하여" "워싱턴의 분위기를 바꾸겠다"는 조지 W. 부시 대통령의 결심은 처음에는 효과가 있는 것처럼 보였다. 당파적 표결은 2001년 하원에서 40%, 상원에서 55%로 감소했고, 2002년에는 하원에서 43%, 상원에서 45%로 감소했다. 이는 지속되지 않았다. 9·11 테러 이후의 국민통합 분위기가 시들해지자, 2003년 당파성은 하원에서 52%, 상원에서 67%로 급증했다. 2004년부터 2008

정당단합(party unity)
매년 「의회 분기별 보고서」는 하원과 상원에서 한 정당의 다수가 다른 정당 다수의 의견에 반대하는 표결의 비율을 보고한다.

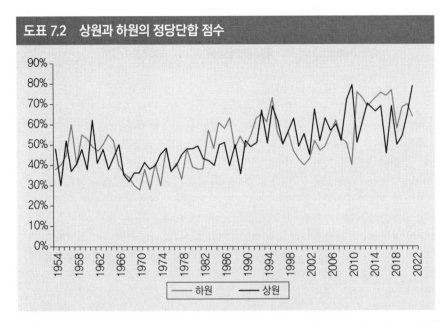

도표 7.2　상원과 하원의 정당단합 점수

출처: Vital Statistics on Congress. The Brookings Institution. 2017. www.brookings.edu/
multi-chapter-report/vital-statistics-on-congress/.

년까지 정당단합은 하원에서 평균 약 53%, 상원에서 57%였다.

하원에서 정당단합은 2009년과 2010년에 51%와 40%로 전통적인 범위에 머물렀고, 상원의 정당단합은 72%와 79%로 역대 최고치를 기록했다. 상원의 민주당 의원과 공화당 의원 모두 매우 단결되어 있었다. 왜냐하면 민주당은 의사진행 방해를 중단하는 데 필요한 표 수인 60표에 불과했고, 공화당은 의사진행 방해를 유지하고 민주당을 차단하려면 40표 전부와 추가로 한 명 이상의 민주당 의원의 표가 필요했기 때문이다. 2010년 11월 공화당은 하원을 장악하고 상원에서 다수당인 민주당과의 격차를 좁혔다. 2011년에 하원의 공화당 의원들은 민주당 의제를 저지하고 자신들의 대안을 제시하기 위해 움직였고, 그 결과 하원 정당단합 점수는 사상 최고 수준인 76%로 올라갔다. 53명의 민주당 의원과 47명의 공화당 의원으로 구성되어 거의 균형을 이룬 상원은 때때로 어쩔 수 없이 타협해야 했기 때문에 정당단합은 다시 51%로 떨어졌다.

2012년 오바마 대통령이 재선에 성공했지만, 공화당은 하원의 다수 의석 장악에 이어 상원도 장악했고, 정부의 정치적, 정책적 주도권에 대해 대통령에게 도전하기 시작했다. 오바마의 두 번째 임기 동안 하원의 정당단합은 평균 73%, 상원의 경우에는 평균 63%였다. 도널드 트럼프의 임기 동안 양당은 그와 같은 기록이 유지되어 온 지난 70년 동안 그 어느 때보다 심각하게 대립했다. 조 바이든은 취임 첫해 동안 상원 전체 표결의 79%에서 정당 간 분열을 경험하느라 쉴 틈이 없었다.

다른 나라와 비교

15개 국가의 선거규칙과 정당체제

정치학에서 가장 유명한 이론적, 경험적 통찰 중 하나가 **뒤베르제의 법칙**이다. 뒤베르제(Maurice Duverger)는 선거제도, 정당체제, 국가 정치 간의 직접적인 연관성에 주목했다. 특히 뒤베르제는 한 선거규칙이 양당정치를, 또 다른 선거규칙이 다당정치를 만들어냈다고 주장했다.[40]

서유럽의 선진공업 국가와 그 문화적 후손 중 영어권 국가는 일반적으로 한 선거구에서 한 명의 의원을 뽑는 소선거구제와 단순다수나 절대다수의 표를 획득한 후보자가 당선자가 되는 특징을 가진 선거제도를 채택했다. 소선거구는 공직에 한 명을 선출하는 지리적 구역이다. 단순다수제에서는 총득표수가 과반 여부는 따지지 않고 무조건 가장 많은 표를 얻은 사람이 승자이다. 절대다수제에서는 확실하게 과반의 표를 얻어야 승자가 되며, 때로는 결선투표가 요구될 수도 있다. 단순다수제와 절대다수제 모두 경마의 이미지를 사용하여 1위제(FPTP: first-past-the-post)로 자주 불린다.

유럽 대부분은 한 선거구에서 다수의 의원을 뽑는 대선거구 또는 정당명부제와 비례대표제(PR)를 특징으로 하는 또 다른 선거제도를 선호한다. 선거구가 전국적이든 지방자치단체 수준이든 정당은 해당 선거구의 정해진 의석수에 맞춰 후보자 명단을 작성한다. 그런 다음

유권자는 후보자가 아닌 정당에 투표하고, 각 정당이 얻은 총득표율에 따라 각 정당이 차지하는 의석수와 정당명부에 올라가 있는 후보자 중 몇 명까지 의석을 차지하게 되는지가 결정된다. 아래의 첨부된 표에서 볼 수 있듯이, 일부 국가에서는 비례대표제 및 절대다수제를 최대한 활용하도록 설계된 혼합제도를 사용한다. 혼합제도에서는 입법부의 일부 의원은 정당명부를 통해 선출되고, 일부는 소선거구에서 선출된다.[41]

1위제(FPTP)와 비례대표제(PR)의 주요 차이점은 각각의 제도가 만드는 정당체제와 정치체제의 상대적 개방성과 다양성이다. 1위제는 각 선거구에서 최고 득표자가 승자가 되기에 양당제를 촉진한다. 미국 하원 435석 전체를 놓고 한 정당이 모든 선거구에서 51%를 얻고 다른 정당이 49%를 얻는 가상의 양당 경쟁을 생각해 보자. 1위제에서는 51%를 득표한 정당이 모든 의석을 차지하고 49%를 득표한 정당은 단 한 석도 차지하지 못한다. PR 제도에서는 그렇지 않다. 각 정당은 전체 투표에서 자신이 득표한 비율에 비례하여 의회 의석을 차지하게 된다. 선거규칙이 중요하다. 다음 표의 자료는 PR 제도가 더 많은 주요 정당이 존재하는 다당제를 장려하고 군소정당과 새로운 사회집단이 등장할 수 있는 여지를 준다는 것을 시사한다.

마지막으로, 승자독식제가 아닌 비례대표제는 투표율을 높인다. 다음 장에서 다시 살펴보겠지만, 선거규칙은 유권자의 투표행태에 영향을 준다. 자기 당이 1위가 아니더라도 의석을 차지하는 PR제의 군소정당 투표자와

뒤베르제의 법칙(Duverger's law)
정치학자 모리스 뒤베르제는 선거규칙이 정당체제에 영향을 미친다는 사실에 가장 먼저 주목했다. 다수제는 일반적으로 양당제를, 비례대표제는 일반적으로 다당제를 가져온다.

Q4 미국 역사에서 흔히 제3정당이라고 불리는 군소정당은 어떤 역할을 했는가?

군소정당이 미국정치에 미치는 영향

미국은 종종 양당제로 묘사된다. 여러 면에서 그렇다. 민주당과 공화당은 남북전쟁 이전부터 서로 대립해 왔다. 그들은 거의 모든 관심을 독차지하고 사실상 모든 선거에서 승리한다. 그러나 양당제 민주주의 국가인 미국은 이야기의 일부일 뿐이다. 여기에서 우리는 군소정당을 정의하고, 미국정치에서 군소정당의 전통적 역할을 설명하며, 주요 정당이 군소정당의 의회 진출을 가로막기 위해 세우는 장벽을 설명하고, 미국정치에서 군소정당의 최근 역사와 미래 전망을 평가한다.

민주당과 공화당이 미국의 양대 정당으로 선거에서 승리하고, 정부를 조직하

1위가 아니면 낙선인 승자독식제의 군소정당 투표자가 갖는 상이한 인센티브를 고려해 보자. 승자독식제에서 군소정당 투표자들은 투표장에 가는 대신 단순히 집에 머무르려는 것에 대한 인센티브가 매우 크다. 아울러, 연구 결과에 따르면 패배한 정당의 지지자들은 PR 국가의 정치체제에서 상대적으로 좀 더 행복해하는 것으로 나타났다.[42]

여러분은 어떻게 생각하는가?
- 미국의 경우 현재의 양당제보다 다당제가 더 나은가?
- 비례대표제에 따른 다당제가 경쟁을 강화하고 투표율을 높일 수 있을까?
- 더 많은 소수자와 여성들이 당선될까?

국가		주요 정당 수	군소정당 의석비율(%)	2020년 여성의원 비율(%)
미국	단순다수	2.0	0.2	27.0
영국	단순다수	2.3	7.6	34.0
호주	절대다수	2.4	1.9	30.5
캐나다	단순다수	3.0	32.3	29.0
프랑스	혼합형	2.4	3.6	40.0
아일랜드	비례대표제	3.2	6.2	23.0
독일	혼합형	3.4	8.6	30.9
오스트리아	비례대표제	3.5	8.7	39.3
뉴질랜드	혼합형	3.2	12.6	48.0
스웨덴	비례대표제	4.2	16.4	47.3
노르웨이	비례대표제	4.7	17.4	40.8
덴마크	비례대표제	4.9	17.7	40.0
핀란드	비례대표제	5.0	9.3	46.0
네덜란드	비례대표제	5.4	13.0	33.0
벨기에	비례대표제	7.5	15.0	41.0

출처: David M. Farrell, *Electoral Systems: A Comparative Introduction* (New York: Palgrave, 2011), 234-237; Russell J. Dalton and Martin P. *Wattenberg, Parties without Partisans* (New York: Oxford University Press, 2000), 205; Women in National Parliaments. www.ipu.org/wmn-e/classif.htm. 여성 의원 비율(2019년)은 국회나 의회의 하원 또는 단독 하원에서의 비율이다.

고, 공공정책을 수립할 가능성이 가장 높은 정당이다. **군소정당**도 지지를 구하고, 이슈를 제기하고, 선거에 후보를 내지만, 군소정당은 일반적으로 승리할 가능성이 거의 없으며, 모두가 이를 익히 알고 있다. 때때로 정치 스타들이 제대로 힘을 합치면 제3정당이 선거과정을 바꾸기에 충분할 만큼의 관심과 표를 얻을 수 있다. 실제로 많은 사람은 웹과 다른 뉴미디어가 제공하는 향상된 의사소통 및 조

군소정당(minor party)
이슈를 제기하고 후보를 내지만 당선 및 집권 가능성이 거의 없는 정당.

직 기회로 인해 군소정당의 성장이 21세기 초반에 가속화될 가능성이 높다고 믿는다.[43]

군소정당의 역사적 역할

군소정당은 미국 정치생활에서 특별히 눈에 띄는 존재는 아니지만 흔한 존재이다. 2020년 대통령선거에서 민주당의 조 바이든과 공화당의 도널드 트럼프 말고도 24명의 후보가 적어도 한 개 주의 대선 투표용지에 이름을 올렸다. 이 후보들이 대표하는 정당들은 대부분 선거 진행이나 결과에 영향을 미치지 못했지만, 2000년 대선에서 녹색당의 네이더(Ralph Nader)는 중요한 요인이었고, 결과에 영향을 끼쳤다. 사실 그가 대선 결과를 앨 고어의 승리에서 조지 W. 부시의 승리로 바꿔놓았을 가능성이 크다.

　제3정당은 미국정치에서 일반적으로 어떤 역할을 하며, 어떤 상황에서 제3정당이 선거 과정에 영향을 미칠 가능성이 가장 큰가? 일반적으로 제3정당의 주요 목표는 주요 정당들이 두려워하거나 단순히 무시하는 이슈들을 제기하는 데 있다. 이러한 이슈들은 종종 다수의 지지를 얻을만한 잠재력은 없지만, 19세기 중반의 자유토지주의자와 주지주의자, 19세기 후반의 주류 판매 금지주의자와 포퓰리스트, 20세기 초의 사회주의자와 진보당 당원들(Bull Moosers), 최근 선거 주기의 개혁당들처럼 강력한 추종자를 끌어모을 수 있는 이슈들이다. 이 정당들은 새롭고, 종종 분열을 일으키는 이슈들을 제기하고, 관심을 끌고, 가능하면 추종자를 만들고, 변화를 유도하려고 한다.[44]

　흔히 제3정당은 실패하고 무명 상태에 머물지만, 때로는 불을 붙여서 더 넓은 정치체제의 반응을 요구한다. 거의 항상 동시에 발생하는 세 가지 요인이 제3정당의 부상을 설명한다. 첫째, 제3정당은 양대 정당이 무시하고 싶어 하는 중요한 이슈에 대해 입장을 잘 정해야 한다. 일반적으로는 경제 이슈이지만, 통치 방식이나 도덕, 문화 이슈일 수 있다. 둘째, 페로(Ross Perot)나 랄프 네이더 같은 흥미로운 지도자가 있어야 한다. 그리고 셋째, 상황이 제3정당에 불리하기 때문에 기회를 완벽하게 활용해야 한다.

　오직 1860년에 에이브러햄 링컨만이 제3정당 후보로 백악관에 입성했다. 또 다른 후보들도 거의 그럴 뻔했다. 루스벨트(Theodore Roosevelt)는 1912년에 2위를 차지했고, 페로는 1992년 6월 대선 경선에서 일시적으로 선두를 달리다가 주춤하고, 기권하고, 다시 경선에 뛰어들어 결국 19%의 놀라운 득표율로 3위를 차지했다. 미국정치에서, 특히 대통령선거에서, 비틀거리는 제3정당은 짓밟힌다. 최근 보수적인 『위클리 스탠더드』의 편집자인 역사학자 베슐로스(Michael Beschloss), 크리스톨(Bill Kristol), 전 트럼프 정치전략가 배넌(Steve Bannon) 등 몇몇 이름난 분석가들은 공화당의 분열로 인해 새로운 제3정당이 탄생할 가능성이 있다고 주장한다. 실제로 그렇게 될 가능성이 얼마나 될까?[45]

군소정당의 성공을 가로막는 장애물

미국에서 선거의 운영에 관한 규칙과 법률은 민주당과 공화당이 제정한다. 주의
회와 주지사 사무실, 의회와 백악관에서 민주당과 공화당은 누가 출마하고 승리
를 위해 필요한 것이 무엇인지에 관한 규칙을 작성했다. 그리고 놀랍지 않게도 이
들 민주당과 공화당의 선출직 공직자들은 자신들에게 유리하고, 자신들에게 도전
하는 사람들에게는 불리한 미국 선거제도를 설계했다.

양대 정당의 제3정당의 도전에 대한 방어는 크게 세 가지 단계에서 이루어진
다. 첫째, 사실상 모든 미국선거는 개별 선거구(종종 소선거구라고 한다)에서 실
시되며, 여기서 가장 많은 표를 얻은 후보(반드시 과반수는 아니지만 단순다수 득
표)가 승리한다. 이는 군소정당에게는 어려운 일이다.[46]

둘째, 대부분의 선거규칙은 주 규칙이다. 주들은 주요 정당의 후보는 투표용지
에 자동적으로 이름을 올려주고, 군소정당의 후보의 경우에는 투표용지에 이름을
올리기 어렵게 만들어 놓았다. 군소정당의 후보자가 투표용지에 이름을 올리기
위해 요구되는 유효한 유권자 서명 수가 매우 많은 경우가 흔하다. 서명을 받는
과정이 끝나면 정파적인 선거관리 공무원들은 기술적인 이유를 핑계로 많은 서명
을 무효로 처리한다. 제3정당 후보가 천신만고 끝에 투표용지에 이름을 올리더라
도 투표용지의 가장 맨 위 자리를 차지하는 특권은 일반적으로 양대 정당 후보에
게 주어진다. 더욱이 이러한 청원 절차는 일반적으로 새로운 선거주기마다 새롭
게 다시 절차를 밟아야 한다.

제3정당의 대통령 후보에게는 훨씬 더 큰 장애물이 존재한다. 50개 주 전체에서
투표에 참여하려면, 각 주의 규칙을 파악해야 하며 이를 세심하게 준수해야 한다.
대부분의 제3정당 후보의 자금 조달 능력은 양대 정당 후보에 비해 미미하다. 제3
정당 후보는 전국 여론조사에서 지지율이 15%가 아니면(주요 정당이 후원하는 대
선토론위원회가 제정한 규칙) 대선후보자 토론회에 참여할 수 없다. 총선에서 양
대 정당 후보는 수억 달러를 모금하거나 선거운동을 위해 수천만 달러의 공적 자금
을 지원받지만, 제3정당 후보는 지난 선거에서 정당 득표율이 5% 이상이 아니면
(주요 정당이 주도하는 연방선거위원회가 제정한 규칙) 한 푼도 받지 못한다.[47]

일반적으로 주요 정당은 군소정당의 요구와 계략을 인지하는 것조차 경멸한
다. 그러나 군소정당이 추진력을 얻기 시작하면, 주요 정당이 반응한다. 처음에
주요 정당은 제3정당의 성장을 부채질하는 정서를 잠재우기 위해 반쪽짜리 조치
를 취한다. 만약 이 조치가 실패한다면, 주요 정당 중 하나 혹은 둘 다가 제3정당
의 주요 이슈 입장 중 하나 이상을 자기 당의 입장으로 채택한다. 이러한 제3정당
의 행동과 주요 정당의 반응은 최근 대통령선거 기간 동안 네이더와 다른 사람들

표 7.6 2020년 주요 정당 및 군소 정당 득표			
후보자*	정당	일반대중투표	선거인단 투표
조 바이든	민주당	81,284,666	306
도널드 트럼프	공화당	74,224,319	232
조 요르겐센	자유당	1,865,720	0
하위 호킨스	녹색당	392,191	0
기타		436,467	0

* 여기에 열거되지 않은 22명의 다른 후보들이 대선에서 약간의 표를 얻었다.
출처: www.cbsnews.com/election-results-2020/president.shtml.

이 미국정치에서 양대 정당의 우위에 도전하면서 극명하게 드러났다.

2016년 선거에서 군소정당의 성적은 어땠는가 (표 7.6 참조)? 1930년대 대공황의 경제적 혼란 이후 어느 때보다도 많은 군소정당 후보가 2020년 선거에 출마했다. 자유한국당의 요르겐센(Jo Jorgensen)이 50개 주와 컬럼비아 특별구에서, 녹색당의 호킨스(Howie Hawkins)가 30개 주에서, 헌법당의 블랭켄십(Don Blankenship)이 18개 주에서 각각 선거에 참여했다.

2020년 선거를 지켜본 사람이라면 누구나 분명히 보았듯이, 제3정당의 삶은 쉽지 않다. 요르겐센은 2020년 자유당 대선후보였으며, 50개 주 모두에서 선거에 참여했다. 공화당은 요르겐센이 트럼프의 표를 빼앗을 수 있다고 우려했고, 그녀는 다른 군소정당 후보와 비교하여 거의 5배에 달하는 186만 표를 얻었지만, 그녀와 다른 군소정당 후보 모두 선거결과에 영향을 미칠 만큼 충분한 표를 얻지는 못했다. 2020년 대선에서 제3정당은 거의 존재감을 발휘하지 못했다. 그들의 존재감과 영향력이 미래에 커질 수 있다고 믿을 만한 타당한 이유가 있나?

군소정당의 미래는?

군소정당의 승리는 항상 기대하기 어렵다. 선거제도는 군소정당에게 불리하며, 주요 정당과 선출직 공직자들이 조만간 선거제도를 변경하도록 허용할 것이라고 믿을 만한 이유는 거의 없다. 그럼에도 불구하고 제3정당의 지속적인 성장을 가능케 해줄 사회적, 정치적, 기술적 발전이 일어나고 있다. 시민과 유권자들은 그 어느 때보다 더 잘 교육받고, 더 부유하며, 더 안전해졌다. 더욱이 양대 정당이 매우 엇비슷하게 균형을 이루고 있는 상황에서 소수의 유권자만이라도 군소정당으로 이탈하면 결과에 큰 영향을 미칠 수 있다. 민주당원이 녹색당으로, 공화당원이 자유당과 헌법당으로 이탈할 위험이 여전하다. 그리고 통신기술, 특히 인터넷 덕분에 비슷한 생각을 가진 사람들이 서로를 찾아내고, 활동을 조정하고, 정치체제가 그들에 반응하도록 유도하는 것이 수월해졌다.[48]

우리는 많은 제3정당의 발전을 기대하는가? 아니면 군소정당이 부상하여 주요 정당 중 하나에 도전하고 주요 정당을 대체하기를 기대하는가? 말하기 어렵지만, 그러나 너무 진보적인 민주당과 너무 보수적인 공화당 사이에 있는 비옥한 땅을 찾아내야 할 것이다. 그곳은 로스 페로와 제시 벤츄라, 랄프 네이더가 최근 선거에서 정치체제를 뒤흔들기에 충분할 만큼 많은 수의 경제적 보수주의자와 사회적 진보주의자를 발견했던 옥토이다.

2020년 이후 정당개혁

최근의 대통령선거는 정당개혁에 대한 여러 가지 의문을 제기하였다. 예를 들어, 민주당과 공화당의 중앙당이 예비선거와 코커스의 순서와 진행을 결정할 수 있어야 하는가, 아니면 각 주가 자신의 주의 예비선거나 코커스를 언제 어떻게 할 것인지 결정할 수 있어야 하는가? 그리고 주요 정당들이 제3정당 후보 및 무소속 후보들의 삶을 어렵게 하도록 내버려두어야 하는가, 아니면 제3정당 및 무소속 후보의 출마를 촉진하고 심지어 환영해야 하는가?

각 선거주기마다 많은 주가 자신의 주의 경선 일정을 최대한 일찍 잡으려고 달려든다. 이는 아이오와와 뉴햄프셔의 전통적인 첫 번째 경선 직후 대선후보 경선 과정 초기에 경선을 실시하여, 양당의 대선후보지명자가 확정되기 전에 자신의 주의 유권자들의 선택이 후보자 지명에 영향을 미칠 수 있도록 하기 위한 것이다. 민주당 및 공화당 전국위원회(DNC 및 RNC)는 제일 먼저 경선을 진행할 주, 그리고 다른 주가 경선을 실시할 수 있는 가장 빠른 일정에 관한 규칙을 제정하려고 노력한다. 때때로 불량한 주는 후보지명이 사실상 결정 나기 전에 자신의 주의 유권자들이 경선에 참여할 수 있도록 새치기에 나선다. 중앙당이 대통령 후보 경선 진행 순서를 정할 수 있어야 하는가, 아니면 주들이 자신이 원하는 대로 경선 날짜를 정할 수 있어야 하는가?

또한, 2016년에는 중앙당과 주당이 전당대회에 대의원을 배정하는 방식에 대해서도 우려가 제기되었다. 민주당은

출처: AP Photo/Matt Rourke

2020년 민주당 대선후보 경선은 최소 24명의 후보들로 시작되었다. 2월 말, 중요한 사우스캐롤라이나 예비선거에 가까워지자 단 7명만이 살아남았다. 왼쪽부터 마이크 블룸버그 전 뉴욕시장, 피트 부티지지 전 사우스벤드 인디애나 시장, 엘리자베스 워렌 상원의원, 버니 샌더스 상원의원, 조 바이든 전 부통령, 에이미 클로부샤 상원의원, 사업가 톰 스타이어 등이 그들이다. 사우스캐롤라이나 예비선거 이후 민주당 경선은 바이든을 중심으로 빠르게 정리되었다.

주별 투표에 비례하여 대의원을 배정하였다. 예를 들어, 클린턴이 60%, 샌더스가 40%의 득표율로 클린턴이 승리한 경우, 민주당 전당대회 대의원은 60 대 40으로 비슷하게 분배된다. 공화당은 3월 15일까지는 비례로, 그 이후부터는 승자독식으로 대의원을 배정하였다. 대의원의 비례 배분과 승자독식 배분 둘 중 어느 것이 좀 더 합리적으로 보이는가?

그리고 마지막으로, 민주당과 공화당 양대 정당이 제3정당과 무소속 후보들이 경쟁하기 어렵게 하는 선거규칙을 제정하도록 내버려둘 것인가? 선거규칙은 제3정당 후보자 및 무소속 후보자가 투표용지에 이름을 올리는 방법, 한 선거에서 다음 선거까지 후보 자격을 유지하는지 여부, 투표용지에 이름이 명기되는 순서 등을 결정한다. 상식적으로는 그러한 규칙이 필요하다고 할 수 있다. 우리는 수백 명의 후보자가 떼로 대통령선거에 출마하는 상황을 원하지는 않는다. 하지만 누가 선거 규칙을 만들어야 하는가? 헌법은 의회와 주가 규칙을 만들도록 규정하고 있지만, 이는 민주당과 공화당의 선출된 의원들을 의미한다. 주요 정당의 후보와 마찬가지로 제3정당 후보 및 무소속 후보에게도 공정한 선거 기회를 제공하기 위해 초당적 위원회가 선거규칙을 만들도록 해야 하는가? 그래서 유권자가 모든 후보 중에서 선택할 수 있어야 하는가? 의회나 대법원이 그러한 변화를 요구할 수 있는가? 그래야 할까?

미국의 이익집단과 정당의 관계

제6장에서는 이익집단에 대해 논의했고, 이번 장에서는 주요 정당과 군소정당에 대해 논의했다. 이 셋 모두 시민집단이 공유하는 관심, 아이디어, 목표 등을 모으고 촉진하기 위한 제도적 장치이다. 표현의 자유, 언론의 자유, 결사의 자유 등에 기반하여 의사소통의 기술적 능력이 나날이 발전하는 우리 사회에서는 이익집단과 군소정당이 급증하고 양대 정당이 계속 강세를 유지할 가능성이 높다. 미국 국민이 같은 생각을 가진 동료 시민들과 함께 자신의 의견을 정부에 알리고 압박하는 방법은 점점 더 많아질 것이다.

정치 세계가 복잡해질수록 우리는 이익집단과 정당을 구별하고 이들이 각각 할 수 있는 것과 할 수 없는 것이 무엇인지 기억해야 한다. 우리가 제6장에서 살펴보았듯이, 이익집단은 일반적으로 현재 어떤 정당이 정권을 장악하든 관계없이 정부에게 자기 회원들의 견해를 받아들이도록 압박한다. 군소정당은 공직에 오르는 경우가 거의 없고 정부의 최고 직책을 맡는 경우도 거의 없다. 그러나 군소정당은 주요 정당에 도전하고, 그렇지 않으면 청문회가 열리지 않았을 문제를 제기한다. 이익집단과 군소정당들은 비슷해 보일 수 있지만, 이익집단들은 정부에 영향을 미치는 데 관심을 집중하는 반면, 군소정당들은 종종 전통적인 정치와 정책결정을 경

Q5 이익집단이나 정당은 정부에 대해 시민의 의견을 대변하는 가장 좋은 수단이라고 할 수 있는가?

멸하고 대중을 교육하고 조직하는 데 주력한다. 주요 정당은 정부를 운영하고 정책을 수립할 수 있도록 행정부와 입법부를 장악하기를 바라는 마음으로 지방 수준에서 국가 수준까지 모든 또는 대부분의 공직선거에 후보자를 공천한다.[49]

마지막으로, 이익집단과 정당은 정치적 재능, 정치적 에너지, 정치 자금 등의 한정된 공급을 놓고 경쟁하지만, 중요한 방식으로 서로를 보완한다. 정당은 선거 기간과 정부가 조직될 때 지배적인 역할을 한다. 이익집단은 입법 청문회, 프로그램 설계, 관료적 규칙 제정 및 정책 시행 과정 등 정부 업무의 정상적인 과정에서 가장 영향력 있는, 아마도 심지어 지배적인 위치에 있다. 정당은 광범위한 공공 의제를 수립하고, 이익집단은 수용 가능하고 종종 이익집단의 목표에 도움이 되는 방향으로 그 세부 내용을 구체화한다.

이 장의 요약

이익집단은 크거나 작을 수 있고 내부 로비 또는 외부 로비에 집중할 수 있지만, 일반적으로 상당히 제한된 범위의 이슈에 집중한다. 정당은 시민집단을 정부 및 보다 일반적으로 정치 부문에 연결하는 역할을 한다. 군소정당은 이익집단과 비슷할 수 있지만, 그들의 목표는 주요 정당의 위치에 오르고 국가의 정치 기관을 통제하기 위해 경쟁하는 데 있다. 주요 정당은 정권을 장악하고 다수당의 지위를 차지하여 정책 결정 및 실행의 모든 범위에 영향을 미칠 수 있기를 희망하며 선거에서 경쟁한다.

건국세대는 이익집단과 정당이 공익이나 공동선의 본질에 대한 사리사욕의 차이를 대변하는 것으로 보았기 때문에 이익집단과 정당을 극도로 경계했다. 그럼에도 불구하고 1830년대에 이르러 미국정치체제의 일부로 양당제가 확고하게 자리 잡았지만, 대부분의 시기에 군소정당도 존재했다. 20세기 정치개혁으로 인해 유권자에 대한 정당의 지배력이 느슨해졌지만, 여전히 유권자 대부분은 당파성을 가지고 정치를 바라본다.

이 장에서 우리는 유권자 내에서, 정치 조직으로 서, 정부 내에서 주요 정당을 분석했다. 19세기에 강했던 유권자의 정당일체감은 20세기 대부분 동안 약화되었다. 부와 교육의 증가로 인해 정당이라는 '필터'를 통해 정치적 정보를 얻기보다는 스스로 복잡한 이슈를 분석할 수 있는 유권자가 양산되었다. 그러나 워싱턴의 매우 엇비슷한 정당 간 균형, 정확히 양분된 유권자, 더욱 명백히 이념적이고 정파적인 언론으로 인해 많은 사람이 정당으로 되돌아왔다. 유권자의 3분의 2는 특정 정당을 지지한다고 밝히고 있으며, 유권자의 90% 이상은 주요 정당 후보에게 투표하며, 주요 정당에 대한 유권자들의 정서적 애착은 수십 년 만에 그 어느 때보다 강해졌다.

정당들은 전국 차원 및 주 차원의 정당 조직이 후보자와 후보자의 참모들에게 첨단 선거운동 관련 서비스를 제공하는 데 집중하여, 자본집약적 선거운동, 후보자 중심 선거운동으로의 전환에 대응해 왔다. 중앙당은 선거자금 모금, 선거운동 관리, 광고 등에 있어 매우 효율적이 되었다. 후보자와 정당 조직이 긴밀하게 연결된 결과, 정당은 또한 정부 내에서 더욱 응집력 있고 일관된 세력이 되었다.

집단과 정당의 표준적인 민주정치는 대부분의 경우 대부분의 시민의 이익에 부합한다. 군소정당과 항의 행위는 점점 더 많은 사람이 자신이 깊이 느끼는 일련의 중요한 문제들을 정치체제가 단순히 처리할 의지가 없거나 처리할 능력이 없다고 판단할 때 발생한다. 군소정당은 새로운 이슈를 제기하거나 기존 이슈에 대한 새로운 해결책을 요구한다. 군소정당은 이슈를 명확히 하고, 논쟁하며, 후보를 출마시키지만 승리할 가능성은 거의 없다. 그러나 때로는 1992년 페로나 2000년 네이더처럼 선거의 방향을 바꾸고 주요 정당의 대응이 요구될 만큼 많은 관심을 끌기도 한다.

주요 용어

군소정당(minor party) 229
대통령 지지(presidential support) 224
뒤베르제의 법칙(Duverger's law) 228
유권자 내 정당(party in the electorate) 214
정당 예비선거(party primary) 210
정당(political party) 202
정당단합(party unity) 226

정당일체감(party identification) 215
정부 내 정당(party in government) 214
조직으로서 정당(party organization) 214
주민발의(Initiative) 210
주민소환(Recall) 210
주민투표(Referendum) 210

추천 문헌

Aldrich, John H. "Why Parties Form," 2011. 정당은 야심 찬 정치인들이 안정적이고 일관성 있는 정당 기구가 선거와 정책 싸움에서 어떤 다른 방법보다 일관되게 승리하는 데 도움이 될 것이라는 점을 깨달았기 때문에 생겨났다. 📖

Hanjal, Zoltan L. and Taeku Lee. *Why Americans Don't Join the Party: Race, Immigration, and the Failure (of Political Parties) to Engage the Electorate.* Princeton, NJ: Princeton University Press, 2011. 이민자와 소수인종이 주요 정당과 쉽게 연결되지 않는 이유와 이러한 문제를 좀 더 잘 해결하는 방법을 탐구한다.

Hershey, Marjorie R. *Party Politics in America.* 17th ed. New York: Routledge, 2017. 미국의 정당에 관한 대표적인 교과서로, 정당이 유권자 내에서, 조직으로서, 정부 내에서 어떻게 활동하는지에 대해 설명하고 있다.

Maisel, L. Sandy, *American Political Parties and Elections,* 2nd ed. (New York: Oxford University Press, 2016). 미국 선거에서 정당의 역할에 관한 연구.

Skocpol, Theda and Vanessa Williamson. *The Tea Party and the Remaking of Republican Conservatism.* New York: Oxford University Press, 2012. 인터뷰와 설문조사에 따르면 티파티가 공화당을 더욱 우경화시킨 것으로 나타났다. 📖

Tamas, Bernard. *The Rise and Demise of American Third Parties.* New York: Routledge. 타마스는 제3정당이 쇠퇴기에서 벗어났으며 앞으로 몇 년 동안 더 큰 역할을 할 가능성이 있다고 주장한다.

Theiss-Moore, Elizabeth A., Michael W. Wagner, William H. Flanigan, and Nancy H. Zingale, *Political Behavior of the American Electorate.* 14th ed. (Washington, D.C.: Sage, 2018). 미국 유권자들의 당파성과 정치행태에 관한 고전적인 개괄서.

White, John Kenneth and Matthew R. Kerbel, *Party On! Political Parties from Hamilton and Jefferson to Trump,* 2nd ed. (New York: Routledge, 2017). 미국 정당사.

인터넷 자료

1. www.democrats.org/index.html

   이것은 민주당 전국위원회(Democratic National Committee)의 공식 홈페이지 역할을 한다. 당 소식과 당에 참여하는 방법에 대한 정보를 포함하고 있다. 입법 및 쟁점 이슈에 관한 토론 주제도 제공하고 있다.

2. www.gp.org/index.php

   주 녹색당 연합(Association of State Green Parties)의 공식 웹 페이지. 이 국제적인 민주주의 풀뿌리 정당은 환경과 사회 문제에 전념하고 있다. 그 페이지는 정당 후보자와 공직자에 대한 프로필을 포함하고 있다. 또한, 당원으로 참여하는 방법에 대한 정보를 제공한다.

3. www.lp.org

   그 어떤 제3정당보다도 오래 생존하고 몸집을 키워온 자유당(Libertarian Party)의 공식 웹사이트. 이 사이트는 자유지상주의 원칙과 자유당의 주 차원에서의 활동에 대한 정보를 제공한다.

4. www.gop.org

   공화당 전국위원회(Republican National Committee) 공식 웹사이트. 공화당에 참여하는 방법에 대한 정보를 담고 있다. 조직과 선출직 공직자들의 프로필에 대한 정보도 포함되어 있다.

5. www.reformparty.org

   개혁당(Reform Party)의 홈페이지.

주

1) E.J. Dionne, Norman J. Ornstein, and Thomas E. Mann, *One Nation after Trump* (New York: St. Martin's Press, 2017), 73. 또한, 다음 참조. John F. Bibby and L. Sandy Maisel, *Two Parties—or More: The American Party System* (Boulder, CO: Westview Press, 2003), 5.

2) Steven Levitsky and Daniel Ziblatt, *How Democracies Die* (New York: Broadway Books, 2018), 24.

3) Austin Ranney, *Curing the Mischiefs of Faction* (Berkeley, CA: University of California Press, 1975), 202. 또한, 다음 참조. Raymond J. LaRaja and Brian F. Schaffner, *Campaign Finance and Political Polarization: When Purists Prevail* (Ann Arbor: University of Michigan Press, 2015), 7–15.

4) James MacGregor Burns, *The Deadlock of Democracy* (Englewood Cliffs, NJ: Prentice-Hall, 1963), Chapters 9 and 10. 또한, 다음 참조. Stephen J. Wayne, *Is This Any Way to Run a Democratic Election?* (New York: Routledge, 2018), 167–170.

5) Barbara Norrander, T*he Imperfect Primary: Oddities, Biases, and Strengths of U.S. Presidential Nomination Politics* (New York: Routledge, 2010), 125–126.

6) Cal Jillson, *Pursuing the American Dream: Opportunity and Exclusion over Four Centuries* (Lawrence, KS: University of Kansas Press, 2004), chapter 1.

7) Martin Gilens, *Affluence and Influence: Economic Inequality and Political Power in America* (Princeton, NJ: Princeton University Press, 2012), 163, 192.

8) David R. Mayhew, *Electoral Realignment: A Critique of an American Genre* (New Haven, CT: Yale University Press, 2004). 그리고 Jeffrey M. Stonecash, *Political Parties Matter: Realignment and the Return of Partisan Voting* (Boulder, CO: Lynne Rienner Publishers, 2006).

9) John Aldrich, *Why Parties? A Second Look* (Chicago: University of Chicago Press, 2011), 70–101.

10) Sean Wilentz, *The Rise of American Democracy: Jefferson to Lincoln* (New York: Norton, 2005), 49–62.

11) Allan J. Lichtman, *The Embattled Vote in America: From the Founding to the Present* (Cambridge, MA: Harvard University Press, 2018), 41.

12) Richard P. McCormick, *The Second American Party System: Party Formation in the Jacksonian Era* (New York: Norton, 1966), 28–30, 343–344.

13) Richard Hofstadter, *The Idea of a Party System: The Rise of a Legitimate Opposition in the United States* (Berkeley, CA: University of California Press, 1969).

14) Michael Holt, *The Rise and Fall of the American Whig Party* (New York: Oxford University Press, 2003).

15) Charles W. Calhoun, *Conceiving a New Republic: The Republican Party and the Southern Question, 1869–1900* (Lawrence, KS: University Press of Kansas, 2006).

16) Michael McGeer, A *Fierce Discontent: The Rise and Fall of the Progressive Movement in America, 1870–1920* (New York: Free Press, 2003).

17) Sidney M. Milkis, *The President and the Parties: The Transformation of the American Party System Since the New Deal* (New York: Oxford University Press, 1993).

18) A. James Reichley, *The Life of the Parties: A History of American Political Parties* (New York: Rowman and Littlefeld, 2000), 248.

19) Stanley B. Greenberg, *The Two Americas: Our Current Political Deadlock and How to Break It* (New York: Thomas Dunne Books, 2005).

20) Marjorie R. Hershey, *Party Politics in America*, 17th ed. (New York: Routledge, 2017), 6–10.

21) Arthur M. Schlesinger Jr., *The Cycles of American History* (Boston, MA: Houghton Miffin, 1986), 272.

22) Hershey, *Party Politics in America*, 278–300.

23) Robert S. Erikson and Kent L. Tedin, *American Public Opinion*, 10th ed. (New York: Pearson, 2019), 79–80, 85. 또한, 다음 참조. Donald R. Kinder and Nathan P. Kalmoe, *Neither Liberal Nor Conservative: Ideological Innocence in the American Public* (Chicago: University of Chicago Press, 2017), 56.

24) Erikson and Tedin, *American Public Opinion*, 80. 또한, 다음 참조. Michael S. Lewis-Beck, William G. Jacoby, Helmut Norpoth, and Herbert F. Weisberg, *The American Voter Revisited* (Ann Arbor, MI: University of Michigan Press, 2008), 126–130.

25) John R. Zaller, *The Nature and Origins of Mass Opinion* (New York: Cambridge University Press, 1992), 121–122.

26) William H. Flanigan and Nancy H. Zingale, *Political Behavior of the American Electorate*, 13th ed. (Washington, D.C.: CQ Press, 2015), 113–118. 또한, 다음 참조. Thom File, "Characteristics of Voters in the Presidential Election of 2016," *Current Population Reports*, P20–582.

27) Pew Research Center Publications, "Obama's 2010 Challenge: Wake Up Liberals, Calm Down Independents," December 17, 2009.

28) Erikson and Tedin, *American Public Opinion*, 143–146.

29) Jeff Sommer, "Political Strife Is High, but the Market Doesn't Care," *New York Times*, July 23, 2017, Bu3.

30) Zoltan L. Hajnal and Taeku Lee, *Why Americans Don't Join the Party: Race, Immigration, and the Failure (of Political Parties) to Engage the Electorate* (Princeton, NJ: Princeton University Press, 2011), 2–3.

31) Hajnal and Lee, *Why Americans Don't Join the Party*, 148, 168.

32) David R. Mayhew, *Placing Parties in American Politics* (Princeton, NJ: Princeton University Press, 1986), 73.

33) Andrew Stern, "Chicago Mayor Daley Won't Run for Re-election," *Reuters*, September 7, 2010.

34) Reichley, *The Life of the Parties*, 321.

35) David Brian Robertson, *Federalism and the Making of America*, 2nd ed. (New York: Routledge, 2018), 53–57.

36) LaRaja and Schaffner, *Campaign Finance and Political Polarization*, 62–65.

37) Adam Liptak, "This Clash Might Have Made the Framers Gasp," *New York Times*, May 8, 2019, A1, A17.

38) Jeffrey M. Berry and Clyde Wilcox, *The Interest Group Society*, 6th ed. (New York: Routledge, 2018), 84–85.

39) Scot Schraufnagel, *Third Party Blues: The Truth and Consequences of Two-Party Dominance* (New York: Routledge, 2011), 7.

40) Maurice Duverger, *Political Parties: Their Organization and Activity in the Modern State* (New York: Wiley, 1954).

41) Raymond A. Smith, *The American Anomaly: U.S. Politics and Government in Comparative Perspective* (New York: Routledge, 2011), 138–151.

42) Christopher J. Anderson and Christine Guillory, "Political Institutions and Satisfaction with Democracy: A Cross-National Analysis of Consensus and Majoritarian Systems," *American Political Science Review*, March 1997, 91: 66–81.

43) Danielle Allen and Jennifer S. Light, eds., *From Voice to Infuence: Understanding Citizenship in a Digital Age* (Chicago: University of Chicago Press, 2015), 19.

44) J. David Gillespie, *Parties in Two-Party America* (Columbia, SC: University of South Carolina Press, 1993), 6–40.

45) Jeremy W. Peters, "Many See Potential in Trump for Future Third Party," *New York Times*, September 12, 2017, A18.

46) Bibby and Maisel, *Two Parties—or More*, 55–78.

47) Bernard Tomas, T*he Demise and Rebirth of American Third Parties* (New York: Routledge, 2018), 2, 22, 31.

48) John Kenneth White and Daniel M. Shea, *New Party Politics: From Jefferson and Hamilton to the Information Age* (Boston, MA: Bedford/St. Martin's Press, 2001), 291–296.

49) Berry and Wilcox, *The Interest Group Society*, 82–83.

8장

투표행태, 선거운동, 선거

중점질문 및 학습목표

Q1 왜 그렇게 많은 미국인이 의회 선거, 주지사 선거, 대통령선거 등과 같은 중요한 선거에서조차 투표하지 않는 이유는?

Q2 투표자는 어떤 정당과 후보에게 투표할지 어떻게 결정하는가?

Q3 정치적 공직에 출마하는 사람은 누구이며, 선거운동을 어떻게 조직하는가?

Q4 대통령 선거운동은 상대적으로 덜 눈에 띄고, 덜 힘 있고, 덜 권위 있는 다른 공직 선거운동과 어떻게 다른가?

Q5 돈이 대선을 지배하는가?

DOI: 10.4324/9781003303954-8

오늘날의
헌법

기업은 사람의 모든 권리를 가지고 있나?

수정헌법 제1조 (일부분): "연방의회는 언론의 자유를 … 제한하는 법률을 제정할 수 없다."

수정헌법 제14조 (일부분): "어떠한 주도 … 그 관할권 내에 있는 어떠한 사람에 대하여도 법률에 의한 평등한 보호를 거부할 수 없다."

여러분이나 여러분의 부모님, 또는 여러분이 아는 사람이 공직에 출마한 후보자에게 선거후원금을 기부한 적이 있는가? 선거과정에서 다른 형태의 참여 방법과 함께 선거자금 후원은 오래전부터 선거에서 이기길 바라는 후보에게 지지를 표하고, 후보가 추구하는 가치와 쟁점을 뒷받침하는 데 널리 사용되는 방법이다.

2010년 초 연방대법원은 '시민연합 대 연방선거위원회' 사건에서 기업이 미국 내 선거에서 후보자, 정당, 쟁점을 지지하거나 반대하는 데 자신이 원하는 만큼 얼마든지 많은 돈을 쓸 수 있다고 판결했다. 대법원은 수정헌법 제1조 언론의 자유 보호와 수정헌법 제14조 평등 보호 조항을 인용했다. 언론의 자유와 선거자금 개혁을 연구하는 학자들은 아연실색했고, 양대 정당은 이 판결로부터 이득을 얻을 방법을 찾아내기 위해 허둥댔다. 기업 역시 새롭게 알게 된 선거에 공개적으로 참여할 수 있는 자유를 제대로 활용하는 방법을 몰라서 애먹었다. 이 결정으로 많은 역사가 뒤바뀌었다.

미국 건국 초기부터 '기업'은 주로 상품과 재산의 매매, 계약의 체결, 고소 및 피고소 등 주로 상업적 목적의 제한된 범위에서 인공적인 사람 또는 법적인 사람, 즉 '법인'으로 간주 되었다. 마셜(John Marshall) 대법원장은 다트머스대학교 사건(1819년)에서 기업을 다음과 같이 정의한 것으로 유명하다. 즉 "기업은 인공적인 존재이며, 보이지 않고, 무형적이며, 오직 법을 고찰할 때만 존재한다. 단지 법의 피조물이기 때문에, 그것은 [주] 창설 헌장이 명시적으로 또는 그 존재 자체에 부수적으로 부여하는 속성만을 소유한다."

일부는 막대한 부를 소유한 기업을 처음부터 위험하다고 보았다. 1816년에 제퍼슨(Thomas Jefferson)은 이렇게 썼다. "나는 이미 우리나라의 법을 무시하고 힘을 과시하며 감히 우리 정부에 도전하는 우리의 돈 많은 기업 귀족을 탄생과 함께 분쇄하기를 희망한다." 링컨(Abraham Lincoln)은 남북전쟁이 끝나갈 무렵 "전쟁의 결과로 기업이 왕좌에 오르고, 상류층이 부패하는 시대가 올 것"이라며 비슷한 무서운 경고를 했다. 도금시대(Gilded Age) 또는 강도 남작의 시대(Age of the Robber Barons)*로 알려진 시대에 그랬다.

위에 부분적으로 인용한 수정헌법 제14조는 1868년에 비준되어 해방된 노예가 백인이 누리는 모든 권리와 특권을 누릴 자격이 있는 '인격(person)'으로 주정

* 역자주
신흥 벼락부자를 지칭한다.

부에 의해 대우받도록 보장했다. 불과 몇 년 만에 흑인의 인격은 법원의 시각에서 사라졌고, 제퍼슨과 링컨이 우려했던 것처럼 기업의 인격이 법원의 초점이 되었다. 대법원은 '샌타클래라 카운티 대 서던퍼시픽 철도' 사건 (1886년)에서 기업은 수정헌법 제14조의 의미에 속하는 인격이며, 따라서 자연인이 갖는 모든 권리와 보호를 향유한다고 판결했다.

곧 기업이 선거에 미치는 영향이 극명하게 드러났다. 1896년 한나(Mark Hanna)는 미국 최대 기업을 대상으로 민주당 브라이언(William Jennings Bryan)에 대항하는 공화당 매킨리(William McKinley)의 대통령 선거운동 자금을 모금했고, 그 덕분에 매킨리가 브라이언에 비해 10배, 어떤 사람은 말하길 20배 더 많은 돈을 쓰면서 쉽게 대통령에 당선될 수 있었다. 매킨리는 1900년에 재선에 성공했으나 암살당했고, 부통령 루스벨트(Theodore Roosevelt)가 대통령직을 승계했다. 개혁가인 루스벨트는 기업의 선거후원금 기부를 금지하는 「틸먼법」 (1907년)에 서명했다. 「연방부패방지법」 (1925년)과 「태프트-하틀리법」 (1947년)은 기업의 선거운동 지출에 대한 금지를 강화하고, 이를 노동조합에까지 확대했다. 「연방 선거운동법」 (1971년)과 개정된 「매케인-파인골드법」 (2002년)은 기업과 노조의 선거운동 지출에 대한 금지를 유지했다.

기업이 선거에 직접 참여하는 것을 금지한 이유는 기업이 막대한 재정 자원을 이용할 수 있다는 사실 때문이었다. 한 가지 놀라운 예가 이 점을 확실하게 보여준다. 2022년 초 애플은 거의 2,000억 달러에 달하는 현금을 보유하고 있다고 보고했는데, 그 돈의 단지 1%, 즉 20억 달러면 애플의 이해관계가 걸린 모든 미국 선거에서 애플은 주요 행위자가 될 수 있었다. 시민연합(Citizens United) 사건 판결에 반대하는 스티븐스 판사는 "재판부의 의견은 … 건국 이후 기업들이 자치 정부를 훼손하는 것을 막아야 할 필요성을 인식해 왔고, 시어도어 루스벨트 시절부터 기업의 선거운동이 가진 특유의 부패 가능성에 맞서 싸워온 미국 국민의 상식에 반한다"고 주장했다.

투표행태, 선거운동, 선거

투표, 선거운동, 선거는 민주주의 정치생활의 주요한 구조와 행위이다.[1] 선거운동은 유권자가 대안 정책, 프로그램, 정치인을 고려하고 선택할 수 있도록 유권자에게 제시한다. 게다가 정치학자 루피아(Arthur Lupia)와 맥커빈스(Mathew McCubbins)는 유권자들이 정보를 찾으러 갈 필요가 없다고 지적한다. 정보가 유권자에게 온다. "선거 후보자 간, 언론사 간, 이익집단 간, 그리고 정책 과정에 영향을 미치고 싶은 시민들 간의 경쟁이 유권자가 필요로 하는 모든 정보를 생성할 수 있다."[2] 그러나 다른 선진 산업민주주의 국가의 국민에 비해 투표할 권리를 실제로 행사하는 미국 국민은 상대적으로 적다. 그러므로 모든 것이 좋지 않다.

우리는 먼저 미국의 선거권 역사에 대해 살펴보는 것부터 시작한다. 식민지 시대 동안 유권자는 21세 이상의 재산을 보유한 백인 남성으로 제한되었다. 가난한 백인 남성, 흑인 남성, 여성, 마지막으로 18세에서 21세 사이의 젊은이들이 천천히 추가되어, 이제는 사실상 모든 미국 성인 시민이 투표권을 가지고 있다. 그러나 대통령선거 기간에도 투표할 권리를 가진 유권자의 3분의 1 이상이 투표장에 투표하러 가지 않는다. 우리는 누가 투표하고, 누가 투표하지 않는지, 그리고 그 이유에 대해 살펴본다.

그런 다음 우리는 일부 미국인들이 공직에 출마하는 동기가 무엇인지 살펴본다. 우리는 의회 의원 선거운동이 어떻게 조직되고, 도전자에 비해 현직 의원이 누리는 엄청난 이점에 대해 살펴본다.[3] 마지막으로 우리는 미국정치에서 최고의 전리품에 해당하는 대통령직을 차지하기 위한 선거운동이 초기 조직과 자금 조달에서부터 주 예비선거와 코커스의 오랜 경선 기간을 거쳐 후보지명 전국대회, 그리고 마지막으로 유권자들이 최종적으로 선택을 하는 일반 유권자 선거에 이르기까지 어떻게 계획되고 실행되는지 탐구한다.

미국 정치생활의 가장 큰 수수께끼 중 하나는 베네수엘라, 케냐, 이란 등 다른 나라의 국민은 여전히 얻기 위해 목숨을 걸고 싸우는 정치적 권리를 우리 중 너무나 많은 사람이 등한시하고 있다는 점이다. 이 절에서는 미국인들이 언제, 어떻게 투표권을 획득했는지 논의하고, 어떤 사람은 이 권리를 지속적으로 사용하고, 어떤 사람은 이를 계속해서 등한시한다는 사실을 설명한다. 지난 몇 번의 선거주기 동안 유권자의 투표참여가 증가했지만, 여전히 우리나라 건국 초기 및 대부분의 현대 민주주의 국가의 투표참여 수준에는 훨씬 못 미친다.

Q1 왜 그렇게 많은 미국인이 의회 선거, 주지사 선거, 대통령선거 등과 같은 중요한 선거에서조차 투표하지 않는 이유는?

1789~2020년 선거권 확대

누가 투표할 수 있는지는 자유 사회에 있어서 가장 근본적인 질문이다. 건국자들은 직접민주주의를 경계했고, 솔직히 말해서 가난하고 교육을 제대로 받지 못한 사람들이 정치와 통치에 참여하는 것을 경계했다는 점을 기억하자. 그들은 고대 그리스와 로마 이래로 공화정은 소수의 부유한 사람들과 다수의 가난한 사람들 간의 이익의 균형을 맞추는 방법으로 선거권의 또 다른 용어인 **참정권**에 제한을 두었다는 사실을 알고 위안을 얻었다. 투표의 효율성에 대해 생각할 때 우리는 두 가지 수치를 확인하기를 원한다. 즉, 성인 인구 중 투표할 자격이 있는 유권자의 비율, 그리고 투표할 자격이 있는 인구 중 실제로 선거일에 투표장에 나타난 유권자의 비율이 그것이다. 우리는 **투표율**을 투표 자격이 있는 인구 중 실제로 선거일

참정권(suffrage)
법적 선거권을 지칭하는 또 다른 용어.

투표율(voter turnout)
투표 자격이 있는 사람 중에서 실제로 선거일에 투표하러 나온 비율.

에 투표하러 가는 사람의 비율로 정의된다.

미국 최초의 유권자는 보통 50에이커 토지 혹은 그에 상응하는 재산을 소유한 백인 남성과 소수의 자유 흑인 남성이었고, 그들은 지역사회에 영구적인 지분을 가지고 있으며, 그 지역사회의 통치를 도울 수 있음을 암시했다.[4] 그러나 1810년에서 1850년 사이에 대중 기반 정당의 부상과 특히 백인 남성의 보통선거권에 대한 잭슨 민주주의의 헌신은 자격 있는 유권자의 확대와 투표율의 증가를 가져왔다.[5] 그것은 또한 뉴잉글랜드를 제외하고 자유 흑인 남성의 선거권이 박탈되는 결과를 초래했다. 대통령선거에서 유권자의 투표율은 1824년 30% 미만 수준에서 1828년 60%에 조금 못 미치는 수준으로 급등했다. 1840년대에 이르러 유권자들 상당수가 투표에 참여했고, 투표율은 그 후 50년 동안 70~80% 범위에 머물렀다.[6]

남북전쟁이 끝난 후 흑인 남성에 대한 보통선거권이 부여되면서 두 번째 중요한 유권자 확대가 있었다. 의회는 남부 주정부들에게 군사점령을 끝내는 대가로 인종 구분 없이 모든 남성의 참정권을 연방 차원에서 보장하는 수정헌법 제15조(1870년)의 비준을 요구했다. 남부의 전통적인 엘리트들이 남부 주정부의 지배를 되찾기 위해 고군분투하는 상황에서 흑인 남성이 유권자에 추가되면서 백인 유권자의 투표율은 더욱 높아졌다. 19세기 마지막 10년 동안 선거권을 가진 백인 및 흑인 남성 중 80%가 실제로 투표에 참여했다.

1880~2020년 유권자 관리

미국 역사에서 19세기 후반은 유난히 거센 격동기였다. 남북전쟁, 노예제의 종식, 1865년부터 1876년까지 남부지역에 대한 군사점령으로 절정에 달한 지역 갈등 등은 과열된 정치 환경을 조성했다. 전쟁에 패한 남부의 운명과 화해를 이루어야만 하는 나라의 운명이 불안한 상태에 있었기 때문에 투표율은 약 80%에 달했다. 놀랄 일도 아니지만, 미국 역사에서 가장 높은 투표율을 보인 두 개의 선거는 링컨이 당선되어 나라가 분열되었던 1860년 선거(두 번째로 높은 투표율)와 두 후보가 동수가 되면서(2000년 조지 W. 부시와 엘 고어의 경우와 무척 유사) 남부에 대한 군사점령을 끝내는 대가로 공화당 헤이스(Rutherford B. Hayes)가 대통령직을 차지하는 타협안이 만들어졌던 1876년 선거(가장 높은 투표율)였다.

다음 20년 동안 남부 엘리트들은 주 정치를 다시 장악하였으며, 흑인들을 다시 유권자에서 제외하고 사회경제적 삶의 변두리로 끊임없이 내몰았다. 북부에서는 이민자가 급격하게 늘어나고, 전통적인 북유럽 출신 이민자 대신에 새롭게 남부 유럽과 동부 유럽 출신의 이민자들이 쏟아져 들어왔으며, 그로 인해 북부에서조차 많은 사람이 시민권과 참정권에 대한 제한이 필요하다고 확신했다. 전통적인 북부와 남부 엘리트들은 좀 더 신뢰할 수 있고, 예측 가능하며, 관리 가능한 규모로 유권자의 수를 줄이기 위해 조직적으로 움직였다.

극심하게 정파적이고, 변동이 심하며, 접전을 벌였던 일련의 전국 선거들이 매킨리(William McKinley, 공화당)가 브라이언(William Jennings Bryan, 민주당)을 물리쳤던 1896년 선거로 종결되었다. 이 선거 경쟁으로 인해 북부에서는 공화당의 보수적 기업 진영이 우세하게 되었고, 남부에서는 백인 민주당의 보수적 농장주 진영이 우세하게 되었으며, 전국적으로는 공화당이 우세하게 되었다.

북부와 남부의 백인 보수주의자들은 유권자에 대한 통제의 강화를 통해 유권자의 규모를 줄이고자 다양한 법률과 규칙을 사용했다. 남부의 농장주 계급은 민주당을 활용하여 대부분의 흑인과 가난한 백인 유권자를 유권자 명부에서 제외시키는 인두세, 문자해독 시험, 할아버지 조항,* 백인 예비선거, 제한적인 유권자 등록 절차를 도입했다. 남부의 유권자 투표율은 1876년 75%에서 1896년 선거에서는 57%, 1900년에는 43%, 1904년에는 29%로 떨어졌다. 이 기간에 남부의 흑인들은 유권자 명부에서 사실상 사라졌다.

북부의 보수주의자들은 급증하는 이민자들의 투표 참여를 억제하기 위해 유권자 등록과 선거 규칙을 제정했다. 공무원 시험, 도시 행정담당관 및 위원회 형태의 정부, 대규모 선거, 유권자 신분 등록 등을 포함한 이러한 개혁은 좋은 정부의 실현을 위한 조치로 제안되었다. 여러 면에서 그러했지만, 그들은 또한 정당을 심각하게 약화시켰고, 유권자의 참여를 제한했다. 북부의 투표율은 1896년 선거의 86%에서 1924년 57%로 뚝 떨어졌다.[7]

1920년 수정헌법 제19조 채택으로 인해 유권자의 세 번째 대규모 증가가 있었다. 수정헌법 제19조는 여성의 투표권을 보장했다.[8] 하룻밤 사이에 유권자 수가 두 배로 늘어났다. 다른 신규 유권자와 마찬가지로 여성도 선거과정에 익숙해지고 선거에 참여하는 데 필요한 자신감을 얻는 데까지 다소 시간이 걸렸다. 처음에는 여성 참정권이 20세기 초 전체 투표율 감소에 영향을 미쳤다.

유권자의 투표율은 1930년대 중반 무렵 다시 60% 이상으로 높아졌으며, 1960년대 중반까지 그 수준을 유지했다. 새로운 하향 추세는 1960년대 중반에 시작되었고, 1992년의 상당한 상승에도 불구하고 2000년 선거까지 투표율은 계속 하락하였다. 이러한 최근의 투표율 하락 시기는 1971년 모든 미국 선거에서 투표연령을 18세로 낮춘 수정헌법 제26조가 통과되면서 더욱 악화되었다. 반세기 전의 여성들과 마찬가지로, 젊은 세대는 유권자의 적은 비율만이 투표에 참여하는 경향이 있었다. 1996년과 2000년의 투표율은 평균적으로 자격이 있는 유권자의 54%를 약간 넘었지만, 2004년에는 60%로, 2008년에는 거의 62%로 증가했다. 2012년에는 투표율이 60% 약간 아래로 떨어졌고, 2016년에는 다시 59%로 떨어졌다. 2020년 투표율은 66.5%로 급등하였는데, 이는 100년 만에 가장 높은 수치였다.

* 역자 주

남북전쟁이 끝난 뒤에, 일부 주에선 당시 문맹률이 높은 흑인들의 투표참여를 제한하려고 문자해독 시험 등을 도입했는데, 1867년 이전에 투표권을 획득한 자들의 후손은 문자해독 시험에서 예외로 한다는 이른바 '할아버지 조항'을 뒀다.

오늘날에는 공식적으로 교도시설에 수감된 인원과 약 520만 명의 중범죄 전과자를 제외하고는 사실상 18세 이상의 모든 국민이 선거권이 있다.[9] 최근 몇몇 주에서는 중범죄자에 대한 법적 금지를 풀었다. 2019년에 켄터키주는 14만 명의 중범죄 전과자에게 선거권을 다시 부여했다.[10] 아래에서 살펴보겠지만, 많은 미국인은 투표할 수 있는 법적 자격을 활용하지 못하고 있다.

투표율을 높이려면 어떻게 해야 할까?

분석가들 대부분은 미국의 유권자 등록제도를 만들고 관리하며 선거를 수행하는 방식이 미국의 낮은 투표율을 설명하는 원인이라고 주장한다. 첫째, 글상자 다른 나라와 비교(p. 248 참조)에서 볼 수 있듯이 미국의 투표율은 사실상 세계의 거의 모든 다른 선진국보다 상당히 낮은 편에 속한다. 둘째, 흑인과 가난한 백인을 유권자 명부에서 제외하려는 합법적, 불법적 노력으로 인해 야기된 20세기 초의 낮은 투표율과는 달리, 현대의 낮은 투표율은 이러한 오래된 장애물이 제거되고 전통적으로 투표 및 다른 형태의 참여를 증가시키는 교육, 소득, 기타 요인들의 개선에도 불구하고 발생했다. 이전 장에서 우리는 소선구 단순다수제를 특징으로 하는 미국 선거제도가 투표율을 억제할 가능성에 대해 논의했던 것을 기억하자. 여기서 우리는 다른 특정한 규칙과 절차가 투표율을 억제하는지, 특정한 개혁이 투표율을 높이는지 살펴본다.

오래전부터 분석가들은 **유권자 등록** 및 투표 절차를 단순하게 만드는 것이 투표율을 높이는 열쇠라고 주장해 왔다. 클린턴 대통령과 민주당이 장악한 의회는 이를 받아들여 1993년 「전국 유권자 등록법(National Voter Registration Act)」을 통과시켰다. **자동차 유권자**라고 불리는 이 법은 미국인들이 운전면허증을 취득하거나, 사회복지 서비스에 가입하거나, 재산세를 확인하는 등 다른 일을 처리할 때 동시에 유권자 등록을 하는 것을 허용하고 있다. 대부분의 주는 온라인 등록을 허용하고 있다. 1993년 이후 유권자 등록이 증가한 것은 사실이지만, 그저 약간 증가했을 뿐이다.[11]

투표율 제고에 대한 일반적으로 알려진 제안 중에는 전국 선거, 주 선거, 지방 선거를 한데 묶어 같은 날 동시에 실시하여 유권자의 참여를 요구하는 선거 횟수를 줄이자는 주장도 있다. 선거일 또한 대부분 사람의 근무일인 전통적인 화요일에서 토요일 또는 토요일 등 여러 다른 날로 바뀔 수도 있다. 직접 투표 또는 우편 투표를 통한 사전투표는 많은 지역에서 사용되고 있으며, 일부 지역에서는 선거 당일 유권자 등록이 허용되고 있다. 둘 다 투표율을 어느 정도 증가시키는 역할을 한다. 일부는 고등학교 3학년의 유권자 등록을 옹호하고 일부는 '의무투표'를 요구한다.[12]

2000년 대통령선거에서 플로리다 개표의 대실패는 투표가 정확하게 기록되고

유권자 등록(voter registration)
투표 연령 인구가 선거일에 투표할 수 있는 권리를 확립하기 위해 가입하거나 등록하는 절차.

자동차 유권자(Motor Voter)
1993년 전국 유권자 등록법(National Voter Registration Act of 1993)의 대중적 명칭이다. 이 법은 운전 면허증의 취득 또는 갱신과 같은 다른 일반적인 업무를 수행하는 동안 투표 등록을 할 수 있도록 허용한다.

집계되고 있는지에 대한 의구심을 부풀렸다. 이러한 의문을 해결하기 위해 의회는 2002년 「미국 투표 지원법(HAVA: Help America Vote Act)」을 통과시켰다. HAVA는 오래된 낡은 투표 장비를 교체하고, 주 전체를 대상으로 유권자 등록 데이터베이스를 만들고, 선거관리 요원을 훈련하는 데 40억 달러 이상을 지원했다. 새로운 장비가 설치되자마자 장애인의 접근성과 전자 투표 장비의 신뢰성에 대한 문제가 제기되었다. 특히 유권자가 의도한 대로 투표가 이루어지고 집계되었음을 확인할 수 있는 종이 기록 장치가 없는 경우 더더욱 그랬다. 이 문제는 현재까지 해결되지 않은 채 남아 있다.[13]

유권자 등록과 투표하기가 편리한 것이 매우 바람직하다는 주장에 모든 사람이 동의하는 것은 아니다. 공화당 의원들은 불법 투표가 심각한 문제라고 주장한다. 인디애나주와 다른 36개 주의 공화당 의원들은 투표 시 여권이나 운전면허증 등 정부에서 발급한 사진이 부착된 신분증 제시를 의무화하는 법안을 통과시켰다. 트럼프가 자신이 표를 도둑맞았다고 주장한 2020년 선거 이후, 주로 공화당이 장악한 19개 주는 우편투표와 투표함을 제한하고 선거관리를 강화하는 새로운 법률을 제정했다. 민주당 지지자들은 거주를 증명하기 위해 이름과 주소가 적힌 전기요금 청구서와 같은 광범위한 문서를 허용하는 기존의 법으로 충분하며, 사진이 있는 신분증을 요구하는 것은 특히 가난한 사람들, 노인, 소수인종의 투표 참여를 어렵게 만들 것이라고 주장한다. 2008년 초, 대법원은 인디애나주 사진 신분증법을 합헌으로 결정했다. 하지만, 만약 민주당이 사진 신분증이 없어 합법적인 유권자가 제외되었다는 사실에 대한 실제 증거를 제시할 수 있다면, 법원은 재심리의 기회를 가질 것이다. 2013년 노스캐롤라이나주와 텍사스주의 연방법원은 엄격한 유권자 신분증법을 폐지했고, 대법원은 그 결정을 지지했다. 이 싸움은 아직 끝나지 않았다.

사망한 유권자의 이름(맞다), 이사한 사람의 이름(아마도), 최근에 투표하지 않은 사람(아마도 아니다) 등의 이름을 유권자 명부에서 제외시켜 주기적으로 유권자 명부를 정리해야 하는지 여부 등 유권자 명부의 무결성을 두고 비슷한 싸움이 진행 중이다. 오하이오주 공화당은 투표용지의 무결성을 위해서는 공격적인 정리가 필요하다고 주장했다. 민주당은 가난한 사람과 소수인종이 주로 피해를 볼 것이라고 주장했다. 대법원은 보수 대 진보의 표결에서 5 대 4로 오하이오주의 공격적인 접근법을 지지했다.[14]

두 가지 결정: 투표 여부 및 투표선택

등록된 유권자는 여전히 두 가지 중요한 결정을 내려야 한다. 즉, 주어진 선거에서 투표할 것인지를 결정해야 하고, 그리고 투표하기로 마음먹었다면 누구에게 투표할지 투표선택을 결정해야 한다.[15] 첫 번째 결정은 선거 종류에 따라 크게 달라진다. 유권자들은 해당 공직이 중요하고 눈에 띄는 경우, 후보자가 잘 알려져 있고, 인기가 있고, 매력적인 경우, 선거 경쟁이 치열한 경우, 치열하게 다투는 주민발의나 주민투표와 같은 다른 주요 문제가 함께 투표에 부쳐지는 경우 투표하러 투표장에 갈 가능성이 높다. 당연히 상대적으로 덜 중요한 공직을 선출하는 별로 알려지지 않은 후보자들이 출마한 지방선거에서는 유권자의 투표참여율이 떨어진다.

유권자가 누구에게 투표할지 투표선택을 결정하는 방식은 흥미롭지만 복잡한 과정이다. 역사적으로 선거로 뽑는 공직이 덜 중요한 눈에 띄지 않는 자리일수록 유권자들은 자신의 정당일체감에 이끌려 투표할 가능성이 높다. 중요한 선거에서는 유권자가 후보자에 관한 정보를 얻게 되면 후보자 개인의 특성과 쟁점에 대한 입장이 전통적인 특정 정당에 대한 애착보다 중요하게 될 수 있다. 그러나 최근 선거에서는 '설득이 가능한' 유권자의 수가 감소하는 추세이다. 2004년, 2008년, 2012년에는 민주당 지지자와 공화당 지지자의 5분의 1 미만 정도가 다른 당 후보에게 투표할 수 있다고 응답했다. 2020년에는 비록 무당파 유권자는 민주당에 기울었지만, 공화당 지지자 10명 중 9명은 변함없이 자기 당 후보를 지지했다.

누가 투표장에 가고 누가 투표장에 가지 않는가?   사회경제적 지위(SES, 즉 교육, 소득, 직업 등의 수준을 종합적으로 측정한 것)가 높은 사람은 상대적으로 사회경제적 지위가 낮은 사람에 비해 자주 투표장에 가고, 선거운동에 시간과 돈을 기부하고, 공무원과 접촉하고, 친구 및 지인과 정치에 대해 이야기하고, 그 밖의 다른 정치활동에 참여한다.[16]

교육은 투표율에 영향을 미치는 사회경제적 지위(SES) 중 가장 중요한 요소이다. 실제로 표 8.1의 데이터는 교육이 갈수록 점점 더 강력한 투표율 결정 요인이 되고 있음을 보여준다. 1972년 대통령선거에서 8년 미만 학교에 다닌 사람 중 47.4%가 투표를 했고, 반면 4년 이상 대학에 다닌 사람 중 78.8%가 투표했다는 점에 주목하자. 31%p가 넘는 이 격차는 인상적이다. 그러나 1972년부터 2020년 사이에 교육 수준이 가장 높은 사람들의 투표율은 4%p 조금 넘게 떨어졌지만, 교육 수준이 가장 낮은 사람들의 투표율은 47.4%에서 20.7%로 26%p나 급락했다는 점에 주목하자. 오늘날 교육 수준이 높은 사람들은 교육 수준이 가장 낮은 사람들보다 투표율이 3배 이상 높다.

분석가들은 정치활동을 촉진하는 교육의 세 가지 효과를 지적한다. 첫째, 교육은 대다수의 사람이 갖고 있는 정치와 정책 결정이 복잡하고 이해하기 어렵다는 생각을 감소시켜준다. 둘째, 교육을 통해 시민들은 세금, 무역 정책, 이자율과 같은 문제에 대한 정부의 조치에 따른 예상 가능한 결과를 더 잘 예측할 수 있다. 셋째, 교육 수준이 높은 사람들은 자신이 정부에 영향을 미칠 수 있는 지식과 기술

Q2 투표자는 어떤 정당과 후보에게 투표할지 어떻게 결정하는가?

다른 나라와 비교

투표율과 대안적 유권자 등록제도의 효과

국가	1983년 투표율	가장 최근 투표율	의무투표	자동 유권자 등록
벨기에	94%	88%	그렇다	그렇다
이탈리아	92%	73%	아니다	그렇다
스웨덴	89%	87%	아니다	그렇다
뉴질랜드	87%	82%	아니다	아니다
오스트리아	87%	76%	아니다	그렇다
덴마크	86%	85%	아니다	그렇다
노르웨이	83%	77%	아니다	그렇다
스페인	83%	72%	아니다	그렇다
핀란드	81%	69%	아니다	그렇다
호주	81%	92%	그렇다	그렇다
독일	81%	77%	아니다	그렇다
네덜란드	80%	79%	아니다	그렇다
이스라엘	80%	67%	아니다	그렇다
아일랜드	76%	65%	아니다	그렇다
영국	72%	68%	아니다	그렇다
일본	68%	56%	아니다	그렇다
캐나다	68%	62%	아니다	아니다
프랑스	64%	43%	아니다	아니다
미국	**53%**	**71%**	**아니다**	**아니다**
스위스	41%	45%	아니다	그렇다

이 자료는 몇 가지 점을 분명하게 보여준다. 하나는 등록된 유권자가 일반적으로 투표에 참여하지만, 일부 국가에서는 다른 국가에 비해 좀 더 열심히 투표에 참여한다는 점이다. 또 다른 하나는 지난 수십 년 동안 선진국 대부분에서 투표율이 급격하게 떨어지고 있다는 점이다. 10%의 투표율 하락도 드물지 않다. 또 다른 하나는 대부분의 선진국은 지속적으로 대략 70% 내외의 투표율을 보이고 있고, 일부 국가는 지속적으로 80%를 상회하는 투표율을 보이고 있다는 점이다. 그리고 또 다른 하나는 전통적으로 선진국 중 가장 낮은 투표율을 보여온 미국이 2020년 건실한 투표율 증가를 기록했다는 점이다. 우리보다 훨씬 높은 투표율을 지속적으로 기록하고 있는 나라들은 어떻게 그렇게 할 수 있을까? 첫째, 70%를 넘는 투표율을 가진 나라 중 두 나라는 법으로 의무투표를 실시하고 있다. 둘째, 위의 표에 나열된 거의 모든 나라에서 모든 유권자가 유권자 등록 명부에 등록되어 있고, 선거일에 투표권이 있는지 확인할 책임이 정부에게 있다는 점이다.

미국, 캐나다, 프랑스, 뉴질랜드 등만 의무투표나 유권자 자동등록방식을 채택하지 않고, 시민들이 스스로 등록 및 투표 여부와 방식을 결정하도록 하고 있다.

출처: 민주주의와 선거 지원 국제연구소(the International Institute for Democracy and Electoral Assistance)의 웹사이트 www.idea.int/vt

을 갖고 있으며, 정부가 자신과 같은 사람들의 의견에 귀를 기울인다고 믿는다.

나이는 교육과 마찬가지로 투표하는 사람과 투표하지 않는 사람을 구분하는 중요한 요인이다. 표 8.1에서 35세 미만 유권자의 투표율은 1972년에서 2016년 사이에 8~12%p 감소한 반면, 45~64세 유권자의 투표율은 1972년에 비해 5~9%p 하락했고, 노년층의 투표율은 5%p 증가했다. 18~24세 유권자의 경우 12%, 25~34세 유권자의 경우 5% 증가하는 등 2004년과 2008년에 청년층 투표율은 2000년보다 높아졌지만, 45세 이상의 유권자보다 거의 20%p 낮았다. 2020년에는 25세 미만 유권자가 1972년 이후 모든 기반을 상실하게 되었고, 중장년층의 투표율은 정체되었으며, 노년층의 투표율은 계속해서 증가했다.

성별과 투표율 사이의 관계는 흥미로운 방향으로 발전했다. 1970년대 이전 및

표 8.1	1972~2020년 인구 특성별 투표율												
	1972	1976	1980	1984	1988	1992	1996	2000	2004	2008	2012	2016	2020
교육													
8년 미만	47.4	44.1	42.6	42.9	36.7	35.1	28.1	26.8	23.6	23.4	21.6	18.3	20.7
고등학교 재학	52.0	47.2	45.6	44.4	41.3	41.2	38.8	33.6	34.6	33.7	32.2	29.3	35.2
고졸	–	59.4	58.9	58.7	54.7	57.5	49.1	49.4	52.4	50.9	48.7	47.4	51.1
대학 재학	65.4	68.1	67.2	67.5	64.5	68.7	60.5	60.3	66.1	65.0	61.5	60.5	66.8
대졸 또는 그 이상	78.8	79.8	79.9	79.1	77.6	81.0	73.0	72.0	74.2	73.3	71.7	71.0	74.2
나이													
18~20세	48.3	38.0	35.7	36.7	33.2	38.5	31.2	28.4	41.0	41.0	35.1	36.4	45.5
21~24세	50.7	45.6	43.1	43.5	38.3	45.7	33.4	35.4	42.5	46.6	40.0	42.0	49.9
25~34세	59.7	55.4	54.6	54.5	48.0	53.2	43.1	43.7	46.9	48.5	46.1	46.4	53.7
35~44세	66.3	63.3	64.4	63.5	61.3	63.6	54.9	55.0	56.9	55.2	52.9	51.8	56.4
45~64세	70.8	68.7	69.3	69.8	67.9	70.0	64.4	64.1	66.6	65.0	63.4	61.7	69.9
65세 이상	63.5	62.2	65.1	67.7	68.8	70.1	67.0	67.6	68.9	68.1	69.7	68.5	71.9
성별													
남성	64.1	59.6	59.1	59.0	56.4	60.2	52.8	53.1	56.3	55.7	54.4	53.8	59.5
여성	62.0	58.8	59.4	60.8	58.3	62.3	55.5	56.2	60.1	60.4	58.5	58.1	63.0
인종													
백인	64.5	60.9	60.9	61.4	59.1	63.6	56.0	56.4	60.3	59.6	57.6	64.1	63.7
흑인	52.1	48.7	50.5	55.8	51.5	54.0	50.6	53.5	56.3	60.8	62.0	55.9	58.7
히스패닉	37.4	31.8	29.9	32.6	28.8	28.9	26.7	27.5	28.0	31.6	31.8	32.5	38.8

출처: Department of Commerce, Bureau of the Census, *ProQuest Statistical Abstract of the United States, 2022* (Washington, D.C.: U.S. Government Printing Office, 2022), Table 456. "Voting Age Population – Reported Registration and Voting by Selected Characteristics."

여성 공직 후보자를 양성하는 데 전념하는 단체인 에밀리 리스트(Emily's List)는 전국적으로 공직 후보자 교육 워크숍을 개최하고 있다. 이 워크숍은 텍사스주 댈러스에 소재한 엘센트로대학에서 열렸다.

1970년대 전반 내내 남성의 투표율이 여성의 투표율보다 높았지만, 1980년부터 여성의 투표율이 남성의 투표율을 앞지르기 시작했고, 그 이후로 대부분의 선거에서 점점 더 그 격차가 커졌다. 2020년 전체 투표 중 여성의 비중은 53.1%이었다. 인종과 민족은 마지막으로 흥미로운 비교를 제공한다.[17] 백인 투표율은 1972년부터 2020년 사이에 1%p 감소했지만, 흑인 투표율은 약 7%p 증가하여, 2020년 흑인 투표율은 백인 투표율보다 약 5% 낮았다. 2008년에는 흑인 투표율이 백인 투표율보다 1%p 높았고, 2012년에는 오바마 효과로 4%p 이상 높았다. 2020년 히스패닉 유권자의 투표율이 거의 39%에 달해 사상 최고치를 기록했지만, 여전히 백인과 흑인의 투표율보다 훨씬 낮았다.[18]

유권자들은 어떻게 마음을 정하는가?　투표하는 사람들은 누구에게 투표할지 어떻게 결정하는가? 유권자가 고려하는 중요 요소 중에는 좋아하는 정당이 있는 경우 정당일체감, 정당의 이미지와 쟁점에 대한 입장, 후보자의 속성 등이 있다. 대부분의 상황에서 유권자들은 사회 계층, 인종, 민족, 성별, 심지어 지역 등 측면에서 자신과 유사하다고 여겨지는 후보자에게 긍정적으로 반응하며, 유권자는 그런 후보자가 세상을 자신이 보는 것처럼 보고 이해할 가능성이 클 것이라고 희망한다.[19]

　그러나 연구에 따르면 결국 유권자는 철저한 합리적 계산보다는 본능적인 반응을 통해 결정을 내리는 경우가 더 많다. 특히 전쟁과 경제적 혼란의 시기에 두려움과 불안은 강력한 감정이다. 희망과 낙관주의도 강력한 감정이지만 두려움과 불안으로 인해 희석될 수 있다. 2020년 대선에서는 트럼프 행정부의 코로나바이러스에 대한 대응의 적절성 여부와 그에 따른 경제적 어려움을 둘러싼 싸움이 이 지형에서 격렬하게 벌어졌다.

정당일체감.　특정 정당에 대한 애착심은 개인의 정치행태에 지속적으로 가장 강력하게 영향을 미치는 요인이다. 정당일체감은 종종 어린 시절에 확립되어 성인기 내내 유지되며, 한 정당을 다른 정당보다 선호하는 성향이다. 비록 좋아하는 정당에 대한 헌신은 특정 선거의 분위기와 사건에 의해 흔들릴 수 있지만, 다른 모든 조건이 동일하다면 유권자의 투표선택에 지배적인 영향을 미칠 것이다.

　강한 정당일체감을 가진 사람은 약한 정당일체감을 가진 사람보다 자신의 정당 후보자를 더욱 일관되게 지지하는 경향이 있고, 선거운동 기간 초기에 투표선택을 결정하는 경향이 있다. 선거 때마다 특정 정당을 계속 지지하는 유권자는 거의 자기 편의 말에만 귀를 기울이는 경향이 있기에 선거운동 기간 동안 좀처럼 자신의 마음을 바꾸지 않는다.[20] 강한 정당일체감을 가진 사람은 약한 정당일체감을 가진 사람이나 무당파보다 정치에 관심이 더 많고, 선거 때가 아닌 평상시에도 정치를 꼼꼼하게 살펴보며, 더 많은 정보에 접할 가능성이 높다. 2020년 대선 초기에 63%의 투표가 이루어졌으며, 초기에 투표한 유권자의 대부분은 헌신적인 정당 지지자들이었다.

비록 현재 유권자의 거의 40%가 무당파이지만, 무당파 중 3분의 2는 자신이 민주당이나 공화당에 '기울어 있음'을 인정하고 있다. 이런 성향의 사람들은 '순수' 무당파에 가깝게 행동하기보다는 정당 지지자처럼 행동한다. 순수 무당파는 정치에 대한 정보가 거의 없고, 투표를 잘 하지 않는 경향이 있다.[21] 따라서 양대 정당 모두 상대적으로 적은 수의 무당파나 부동층에게 손을 내밀기보다는 자신들의 지지기반을 유지하는 데 집중해야 함을 배웠다.

정당과 후보자의 입장. 대규모 여론조사는 일부 이슈 정보가 양대 정당의 역사적 이미지에 고정되어 있다는 것을 보여주었다. 민주당은 빈곤층과 소수자, 사회복지 문제, 소득과 고용 문제에 더 민감한 것으로 널리 인식되고 있다. 공화당은 국가안보, 범죄, 인플레이션, 기업 및 규제 정책 등의 문제에 있어서 더 나은 것으로 널리 인식되고 있다. 이러한 정당 이미지는 유권자들의 마음속에 뿌리 깊게 박혀 있으며, 바꾸기 어렵다.[22] 그 결과 인종, 범죄, 국가안보가 강조된 선거(예를 들어, 1968년과 1972년 닉슨 선거, 1980년과 1984년 레이건 선거, 2004년의 부시 선거, 2016년의 트럼프 선거 등)에서는 공화당이 유리한 경향이 있고, 반면에 서민의 경제적 이익이 강조된 선거(예를 들어, 1992년과 1996년의 클린턴 선거, 2008년과 2012년의 오바마 선거 등)에서는 민주당이 유리한 경향이 있다.[23] 그러나 집권당이, 특히 더 잘한다고 알려진 문제에 있어서 무능한 것으로 판명되면, 유권자들은 변화를 선택하는 것이 나을 수도 있다.

개별 선거의 특정 역학은 후보자들이 몇 가지 이슈를 제기하고 또 다른 이슈들이 유권자의 관심을 끌지 못하게 하려고 노력하도록 장려한다. 후보자는 자신에게 유리하고 상대방에게 불리한 이슈를 제기하고, 상대방에게 유리하고 자신에게 불리한 이슈를 덮으려고 한다. 그러나 일반적으로 후보자가 과거에 취했던 입장과 정당의 핵심 입장이 후보자를 제약 한다.

2016년에 기성질서에 도전하는 아웃사이더로 아슬아슬하게 당선된 도널드 트럼프는 2020년 글로벌 전염병과 경제 파탄에 직면했다. 2020년 초 팬데믹이 닥치기 전, 트럼프는 감세, 번창하는 경제, 낮은 실업률, 경제 규제 및 사회 규제 완화에 재선 선거를 집중할 계획이었다. 팬데믹이 강타하고, 미국경제가 약 2,200

만 개의 일자리를 잃자, 트럼프는 행정부의 정책이 바이러스를 잘 통제하고 있으며 경제가 빠르게 회복될 것이라고 주장하는 등 코로나바이러스를 대수롭지 않게 여겼다. 버락 오바마 시절 부통령 조 바이든에게는 좀 더 쉬운 과제가 주어졌다. 그는 주로 트럼프가 바이러스를 통제하는 데 실패했다고 주장하고, 오바마케어를 옹호 및 강화하고, 대학 교육 비용을 줄이고, 대법원이 낙태를 금지하려는 태세에 맞서 여성의 선택권을 옹호하기 위해 출마했다. 여러분은 누구의 손을 들어주고 싶었을까?

후보자 속성. 정당 소속과 이슈 정보가 여전히 중요하지만, 후보자와 후보자의 개인적 속성과 자질에 대한 관심도 증가했다. 유권자는 후보자가 공직에서 어떻게 생각하고 반응할지에 대한 통찰력을 얻기 위해 후보자가 어떤 사람인지 알고 싶어한다. 즉, 그 후보자는 강력한 리더인가, 좋은 도덕적 인격을 갖고 있는가, 경험이 많은가, 대인관계가 원만한 사람인가?[24]

드와이트 아이젠하워와 로널드 레이건과 같은 일부 후보자의 경우에는 힘, 정직, 일관성과 같은 개인적 자질에 기초하여 선거에서 승리하였다. 골드워터(Barry Goldwater), 맥거번(George McGovern), 딘(Howard Dean) 등과 같은 대선 후보의 경우에는 후보 개인의 안정성, 판단력, 성격에 대한 우려가 극복하기 어려운 걸림돌이었다. 그러나 성격은 다면적이므로 후보자의 성격 일부 측면에 대한 의문은 후보자의 성격 다른 측면이 매력적으로 보이면 극복될 수 있다.

1992년과 1996년에는 화이트워터와 같은 사업 거래, 제니퍼 플라워스, 폴라 존스 등과의 성행위, 마리화나와 징집 관련 그의 초기 이력 등 때문에 빌 클린턴의 인격에 관한 문제가 널리 논란이 되었다. 많은 유권자는 클린턴 개인의 인격에 대한 이러한 의문에 주목하는 대신에 겉으로 보이는 클린턴의 사람들에 대한 깊은 공감 능력과 유권자의 어려움을 해결하기 위한 클린턴의 정책 제안을 보다 더 중요하게 생각했다.

2000년과 2004년에 조지 W. 부시가 승리한 선거와 2008년과 2012년에 버락 오바마가 승리한 선거에서 오직 극단적인 정당 지지자들만이 후보자의 성품에 대해 걱정했다. 2016년에 많은 유권자는 도널드 트럼프나 힐러리 클린턴 모두 공감과 신뢰가 없어 보였기 때문에 '차악'의 선택을 추구했다. 둘 다 선거운동 기간 내내 호감도보다 비호감도가 더 높았다. 2020년은 달랐다. 조 바이든은 민주당 후보지명을 수락하는 연설에서 "인격이 투표용지 위에 있다. 민주주의는 투표용지 위에 있다"라고 선언했다.

선거일까지 두 달도 채 남지 않은 2020년 노동절에* 실시한 리얼클리어 정치 여론조사 결과, 도널드 트럼프는 비호감 55.3%, 호감 42%로 비호감이 13.3% 더 높았다. 대부분의 민주당 지지자 및 무당파 유권자는 트럼프가 무능하고, 신뢰할

* 역자주
미국 연방 공휴일로 9월 첫째 월요일

수 없으며, 일반적으로 대통령감이 아니라고 보았다. 대부분의 공화당 지지자는 그가 무능하지만 강하고 의지가 굳건하다고 보았다. 노동절 조사에서 조 바이든은 비호감 46.1%, 호감 44.5%로 비호감이 1.6%p 더 높았다. 민주당 지지자는 바이든을 정직하고 공감능력이 있는 사람으로 보았고, 공화당 지지자들은 트럼프의 74세에 비해 77세의 바이든을 허약하고 노쇠한 사람으로 보았다. 후보자의 개인적 특성은 여전히 중요한가? 얼마나 중요한가?

결과: 불안정한 투표율과 양극화.   현대 선거운동과 선거의 본질로 인해 두 가지 주요 결과가 나타났다. 첫째, 일부 사회 인구통계학적 집단, 즉 가난한 사람들과 교육 수준이 낮은 사람들의 투표율은 감소했지만, 나이가 많고 경제적으로 안정되고 교육 수준이 높은 사람들의 투표율은 유지되었다. 지난 20년 동안 교육 수준이 높은 사람들은 좀 더 당파적으로 되었고, 좀 더 이념적으로 되었으며, 더욱 양극화되었다.[25]

둘째, 기존의 정당 중심 선거운동과 달리 후보자 중심 선거운동은 효율성은 높지만 동시에 '네거티브' 선거운동으로 전락할 가능성이 크다. 이슈에 대한 차이에서 후보의 특성이나 역량에 대한 비판으로 관심을 돌리는 것은 후보자로서 상대방의 근본적인 생존 가능성에 의문을 제기하고, 이를 통해 후보자를 무너뜨릴 기회를 잡는다.[26]

그러나 2022년 재선에 도전하지 않기로 결정한 전 상원의원 팻 투미(Pat Toomey, 공화당 오하이오주)와 롭 포트만(Rob Portman, 공화당 펜실베이니아주)은 승리를 위해 모든 대가를 불사하는 혹독한 선거운동이 국정을 운영하는 데 반드시 요구되는 초당적 협력을 너무 어렵게 만든다고 주장한다. 게다가, 네거티브 선거운동은 투표율을 떨어뜨리고 정치체제 전체에 대한 유권자의 신뢰를 손상시킨다.

의회 선거운동: 야망과 조직

시의회, 주의회, 연방의회, 심지어 백악관 집무실을 차지하는 사람 등 우리의 정치지도자는 어디서 왔는가? 그들이 공직에 출마하게 된 이유는 무엇인가? 대부분은 자신의 야망에 따라 공직선거에 출마하고, 그 다음에는 더 높은 자리의 공직자를 뽑는 선거에 출마한다. 오늘날 전국적 수준에서의 정치인과 점점 더 크고 복잡한 주와 시의 정치인은 전문적인 선거운동 책임자와 컨설턴트팀의 도움을 받아 경력을 추구하는 사람들이다. 이 장에서는 의회 선거에 출마하는 사람들에 초점을 맞춘다. 우리는 현역의원이 갖는 이점이 무엇이고, 도전자가 직면하는 어려움은 무엇이며, 선거운동을 어떻게 조직하고 수행하는지 살펴본다.

03 정치적 공직에 출마하는 사람은 누구이며, 선거운동을 어떻게 조직하는가?

현직이 누리는 이점

현역의원은 대개 재선에 성공한다는 점은 그다지 놀랄 일도 아니다. 이렇듯 현역이 갖는 이점은 현역의원이 도전자보다 더 잘 알려져 있고, 경험이 더 많고, 좀 더 확실하게 선거자금을 모금할 수 있다는 사실에서 비롯된다.

반면에 지난 70년 동안 재선에 도전한 현역 하원의원의 94% 이상, 현직 상원의원의 83% 이상이 승리했다는 사실에 대해 우리는 당연히 우려할 수 있다.[27] 우리의 우려는 더 커질 수 있다. 2000년, 2004년, 2006년, 2008년, 2012년에 재선을 노리는 하원의원 중 98% 이상이 승리했다. 2004년, 2012년, 2016년에 재선을 노리는 상원의원 중 90% 이상이 승리했다. 2016년에는 포퓰리스트 후보인 도널드 트럼프가 선거 당일 밤 대통령에 당선되었지만, 힐러리 클린턴은 일반 유권자 투표에서 근소하게 승리했으며, 민주당은 상원 2석과 하원 7석을 차지했다. 재선에 도전한 상원의원 중 90%가 승리했고, 하원의원 중 97%가 선거에 이겼다. 2018년에는 팽팽한 선거 상황에서 민주당이 하원에서 36개 이상의 의석을 차지해 다수당의 지위를 차지했고, 공화당은 상원에서 2석을 추가하여 근소하게 다수당의 지위를 공고히 했다. 선거 결과 여전히 재선에 도전한 하원의원 중 93%, 상원의원 중 86%가 승리했다.

2022년 중간선거는 민주당이 불리할 것으로 예상되었다. 바이든 대통령의 국정운영 지지율은 44%에 머물렀고, 인플레이션은 심각했으며, 휘발유 가격은 높았고, 범죄가 증가했다. 하원에서는 민주당 22명, 공화당 10명 등 32명이 정계 은퇴를 선택했고, 상원에서는 공화당 5명, 민주당 1명이 은퇴를 결정했다. 11월 8일 선거 당일 밤에 개표가 진행되면서, 다음 며칠 동안 여러 현역의원이 흔들렸고, 부정 혐의가 제기되었으며, 재검표 명령이 내려졌다. 사건이 완전히 종결되었을 때, 큰 이득을 기대했던 공화당은 실망했고, 민주당 의원 대부분은 안도했다. 놀랍게도 재선에 도전한 하원의원의 95%와 상원의원의 100%가 재선에 성공했다. 좋지 않은 어려운 해에도 현역의원은 상당히 유리하다.

인지도 및 광고. 유권자는 자신이 잘 알거나 혹은 조금이라도 아는 후보에게 투표하는 것을 좋아하지만, 그렇다고 후보자를 알기 위해 시간을 쓰는 것을 좋아하지는 않는다. 그 결과, 의회 선거운동이 한창일 때에도 유권자의 절반 이상이 자기 동네 의원의 이름을 제대로 알지 못했고, 16%만이 도전자의 이름을 알고 있었다. 한 명의 이름만을 아는 경우는 거의 항상 현역의원의 이름만 알고 있었다.[28] 도전자의 이름만 아는 사람은 거의 없었다.

현역의원은 의원직에 수반되는 다양한 자원을 사용할 수 있는데, 워싱턴과 자신의 여러 지역구 사무실에 배치된 유급 직원, 워싱턴에서 보내는 무료 우편(franking privilege, 프랭킹 특권), 일주일에 한 번 정도 집에서 지역구까지 갔다

올 수 있는 여행 수당, 그 외 통신 수당 등이 이에 해당한다. 의원들은 정기적으로 자신의 지역구 전역에 뉴스레터와 다른 정보 및 광고를 우편으로 발송하며, 의원들은 주로 지역구 불만 사항과 문제를 처리하기 위해 지역구 사무실을 운영한다. 이러한 활동을 통해 의원의 이름이 지역구 유권자에게 좋게 각인된다.

모금 기회. 현역의원들은 자신의 지역구 내에서뿐만 아니라 전국적으로 이익집단의 후원금과 정당 지원금으로부터 선거자금을 조달한다. 잠재적 기부자는 현역이 거의 항상 승리한다는 것을 잘 알고 있으며, 누구도 알려지지 않은 도전자에게 헛돈 쓰는 것을 좋아하지 않는다. 그 결과, 선거 후원금은 도전자보다 현직자에게 훨씬 더 많이 몰린다. 최근 의회 선거에 관한 한 연구는 현역의원은 도전자보다 약 50만 달러 정도 더 많은 액수의 후원금을 모금한다고 추정하였다.[29]

중앙당 지원금은 자기 당 현역의원을 최우선으로 보호하기를 원하고, 이익집단은 나중에 자신들에게 도움을 줄 수 있는 위치에 있을 가능성이 가장 높은 사람에게 후원금을 주기를 원한다. 2022년 선거 동안 책임정치센터(Center for Responsive Politics)에서 수집한 자료에 따르면 재선을 노리는 상원과 하원의 현역의원은 도전자에 비해 적어도 10배 이상 더 많은 선거자금을 후원받는 것으로 나타났다.[30]

도전자와 그들의 도전

대부분 도전자는 확고한 현역의원에 대항하여 믿을 만한 입장을 보여줄 수 있는 인지도, 조직, 자원 등이 부족하다. 현직에 있으면서 더 높은 자리로 올라가고자 하는 공직자 또는 전직 공직자가 제일 유력한 도전자이다. 왜냐하면 그들은 강력한 도전을 벌이는데, 아마도 심지어 선거에서 승리하는 데 필요한 조직과 자원을 동원할 수 있는 경험, 자금 조달 능력, 인맥을 보유하고 있을 가능성이 가장 높기 때문이다. 이전에 선출직 공직을 경험한 도전자는 현역의원을 이길 가능성이 경험이 없는 후보자보다 4배 더 높다.[31]

경험이 없는 도전자는 지역구와 공천 여부에만 집중하는 경향이 있다. 경험이 많은 도전자는 현역의원을 상대로 강력한 본선거를 치르는 데 필요한 조직적, 재정적 자원이 없는 경우 후보지명경선 승리는 빛 좋은 개살구에 불과하다는 것을 잘 알고 있다. 이전에 공직을 맡던 후보자는 해당 지역구를 잘 알고 있으며, 워싱턴에 있는 중앙당과 이익집단의 자원에 접근할 가능성이 가장 크다.

국가적 영향. 의회 의원 도전자의 전망에 영향을 미치는 국가적 영향은 크게 두 가지 형태로 나타난다. 하나는 국가의 정치적, 경제적 상황이다. 다른 하나는 정당 위원회, 이익집단, 선거컨설턴트, 슈퍼팩(SuperPAC) 등의 국가 시스템이다. 도전자 승리하는 것이 매우 어렵기 때문에, 경험 많은 도전자들은 유리한 상황을 기다리는 경향이 있다. 경험 많은 도전자들은 전반적으로 자기 당의 전망이 밝을 때 출마하고, 정당의 전망이 어두워 보일 때에는 다른 희생양에게 양보하고 뒤로 물러난다.[32] 2006년에 부시 대통령은 여론조사에서 부진했고, 이라크전쟁은 악화일로에 있었으며, 여론조사에서 유권자 대다수는 변화를 선택하려 한다고 응답했다. 민주당은 하원에서 30석, 상원에서 6석을 추가하여 1994년 이래 처음으로 상원과 하원 모두에서 과반수 의석을 차지했다.

2008년 유권자들은 오바마를 백악관의 주인으로 선택했고, 민주당은 하원에서 이전보다 21석, 상원에서 8석 더 많이 확보하여 다수당을 유지했다. 2010년 오바마 대통령은 여론조사에서 부진했고, 경기가 침체되고, 실업률은 9.5%까지 치솟았다. 피 냄새를 맡은 몇몇 전직 공화당 의원들이 의원직을 탈환하기 위해 민주당 현역의원에 강력하게 도전하는 후보자 대열에 합류했다. 공화당은 하원에서 2006년과 2008년에 잃었던 의석수보다 더 많은 63석을 추가했고, 상원에서는 6석을 추가했다. 똑똑한 정치인은 정치바람이 등 뒤에서 밀어줄 때 더 높은 공직을 향해 돛을 올리고 항해에 나선다.

하지만 2020년은 예상하기 어려운 해였다. 비록 많은 사람이 개인적으로 트럼프 대통령에 대해 의구심이 있었지만, 경제는 좋았고, 실업률은 낮았으며, 2020년 신년 초 트럼프는 재선에 성공할 가능성이 커 보였다. 그러나 2020년 4월이 되면서 코로나바이러스가 경제를 붕괴시켰고, 실업률은 15%에 육박했으며, 불확실성과 심지어 공포까지 만연했다. 봄이 되자 바이든은 통합 정당을 이끌었고, 크고 작은 민주당 기부자들을 샅샅이 찾아냈다. 전례 없는 자금 지원 덕분에 민주당은 지리적으로 선거 경합지역을 확대할 수 있었지만, 최종 선거 결과 민주당은 대통령선거에서 승리하고 하원의원 선거에서는 위험할 정도로 매우 아슬아슬하게 과반수 의석을 차지했다. 조지아주에서 두 차례의 승산 없는 결선투표 끝에 50 대 50의 똑같은 의석수로 민주당이 상원을 장악했고, 카멀라 해리스 부통령이 상원 본회를 주재하여 주기적으로 가부동수를 깨야만 했다.

2022년 중간선거는 민주당이 불리한 상황에서 열렸다. 비록 조 바이든이 백악관을 차지하고 있고, 아주 작은 의석수 차이로 의회에서 다수당을 유지하고 있었지만, 민주당이 대통령직과 의회를 장악하고 있었기 때문에 유권자가 불만이 있는 경우 누구를 탓할지는 불 보듯 뻔했다. 팬데믹은 여전히 끝나지 않았고, 실업률은 낮았지만, 인플레이션은 곧 수십 년 만에 가장 높은 수치를 기록했고, 바이든의 국정운영 지지도는 40%대 초반으로 떨어졌다. 대법원이 '로 대 웨이드' 판결을 번복하자, 민주당은 특히 여성과 관련된 강력하고 새로운 이슈를 가지고 있다고 생각했고, 희망을 되찾았다. 선거결과 민주당은 9석이 감소하여 하원을 공화당에 빼앗겼지만,* 상원에서는 근소한 차이로** 다수당을 유지했다.

전국 차원의 자원은 대부분의 의회 선거운동에서 매우 중요하다. 중앙당과 이

* 역자 주
하원 선거 결과. 민주당 213석 대 공화당 222석으로 공화당이 다수당이 되었다.

** 역자 주
상원 선거 결과. 민주당 51석 대 공화당 49석으로 민주당이 근소한 의석수 차이로 다수당을 유지했다.

익집단은 단지 지지성명을 발표하는 데 돈을 쓰지는 않는다. 자신의 지역구에서 돈을 모을 수 있다는 것을 증명하고, 과거에 의회, 행정부, 이익집단 구조, 의원 보좌관 등의 경험이 있어 워싱턴에 연줄이 있는 후보자에게 중앙당과 이익집단은 돈을 지원 및 기부한다. 워싱턴에서 이미 잘 알려진 정계 유력인사의 후원도 정당성을 갖는 데 도움이 된다.

지역적 고려 사항.　정치적 상황이 유리하고 필요한 자원을 동원할 수 있는 후보자라고 하더라도 여전히 선거운동 기술, 적절한 정치 경험, 지역 조직 및 지원 등이 필요하다. 선거운동 기술은 이전 선거 출마를 통해 개발되며, 적절한 정치 경험은 주의회나 시의회 의원으로 재직한 경험을 의미할 수 있으며, 지역 조직 및 지원은 지역 당부, 지역사회, 이익집단 구조와의 친밀한 관계 및 영향력을 의미한다.[33]

도전자는 반드시 자신이 출마하는 선거구에 대해 잘 알아야 한다. 도전자는 유권자와 유권자들 사이에 존재하는 분열이나 집단을 알아야 하고, 그들로부터 어떻게 다수가 만들어질 수 있는지 알아야 한다. 또한, 도전자는 자기 선거구에서 영향력, 위세, 부의 분포를 알아야 한다. 이것들은 선거운동이 끌어들여야 하는 인적 및 재정적 자원이다.

선거경쟁

세계 그 어느 나라보다 미국의 정치과정은 열려있다. 그럼에도 불구하고, 선거제도가 높은 단계로 올라갈수록 유권자와의 간접적인 접촉이 더 많아진다. 지역 수준에서는 후보자와 지지자들이 동네를 돌아다니지만, 그러나 시와 의회, 주, 전국 수준에서는 텔레비전과 인터넷이 지배적이며 선거운동은 비싼 전문가과 컨설턴트팀이 선거운동을 주도한다.[34]

선거운동 조직.　미국 의회 의원들은 지역 정치와 중앙 정치의 기로에 서 있다. 지역 차원에서 의회 선거운동은 여전히 집집마다 방문하고 동네와 쇼핑몰을 돌아다니며 유권자에게 직접 메시지를 전달하는 후보자와 자원봉사자에게 크게 의존한다. 자원봉사자들은 또한 선거구를 조직하고, 전단지와 범퍼 스티커를 배포하고, 마당 표지판을 설치하고, 전화 선거운동 본부를 차리고, 소셜미디어를 활용하며, 선거 당일 유권자를 투표소에까지 차를 태워주는 일 등을 한다. 대부분의 의회 선거운동은 지역 전문가들이 후보자의 잠재적 지지자를 파악하고, 접촉하고, 동원하는 능력에 따라 당락이 결정된다.[35]

아울러 대부분의 의원 선거운동, 특히 도시 지역 선거구 및 상원의원 선거운동은 전문적인 정치 컨설턴트의 도움을 받는다. 유명 정치 컨설턴트는 일반적으로 후보자에게 여론조사 및 포커스그룹 정보를 제공하고, 토론 준비와 경쟁 후보에 대한 조사를 제공하며, 일정 관리, 선거자금 모금, 언론 대응 등의 경험 많은 노련한 조직을 지휘한다. 또한, 명망 높은 선거컨설턴트는 이익집단과 정당 위원회, 슈퍼팩의 시스템을 통해 워싱턴에서 즉각적으로 신뢰를 얻게 해준다.

선거운동 주제(theme) 결정.   선거운동은 유권자들이 후보자와 그날의 주요 이슈에 대해 어떻게 생각하는지 알아야 최대한 유리한 방향으로 후보자와 이슈를 연결할 수 있다. 기초 여론조사와 포커스그룹이 이런 종류의 정보를 제공해 준다. 핵심은 후보자의 강점을 강화하고 상대방이 후보의 약점을 악용하는 것을 방지하고, 후보자와 소속 정당이 당연히 우위에 있는 주제를 강조하려고 노력하는 것이다.

마이크로 타겟팅(micro targeting)
선거 컨설턴트는 수십 개의 인구 통계학적 자료, 정치 데이터, 소비자 데이터를 분석하여 어떤 한 유권자 또는 비슷한 성향의 유권자 집단을 특정 후보자 지지로 이동시킬 수 있는 이슈, 주제, 주장을 결정한다.

선거운동 후반부에는 정교한 추적 여론조사, 미디어 기술, 정치 컨설턴트 덕분에 후보자들은 매일 매일 일반 대중의 분위기를 파악하고 그에 맞춰 대응할 수 있다. **마이크로 타겟팅**은 기업 마케팅에서 빌려온 방법으로, 페이스북과 같은 온라인 플랫폼을 통해 정치 컨설턴트가 유권자 전체를 더 소규모의 더 정확한 표적 집단으로 나눈다. 그들은 "사용자의 위치, 정치적 성향, 관심사 등과 같은 세부 사항을 기반으로 … [페이스북] 15억 명 일일 사용자 중 20명 정도의 아주 적은 수의 사람만 대상으로 광고를 보낼 수 있다." 선거운동은 지지자들이 갖고 있는 특성, 선호도, 태도의 혼합을 파악한 다음, 해당 정치적 DNA를 공유하는 다른 사람들에게 고도로 표적화된 방식으로 다가가려고 한다.[36]

선거자금 모금.   성공하는 후보자는 지역 모금 활동과 전국 차원에서의 정당 및 호의를 가진 독립적 집단의 참여를 결합해야 한다. 지역 차원에서의 모금에는 조찬모임과 오찬모임, 야외연회와 칵테일 파티, 후보자나 정당을 대신하여 당 지도부나 기타 유명 인사의 방문 등 친숙한 기술이 사용된다. 전국 차원에서의 모금은 지역 또는 주 전체 차원에서의 모금원을 넘어 로스앤젤레스, 댈러스, 워싱턴, 뉴욕에 집중된 대규모 자금을 활용한다. 선거 비용이 계속 증가함에 따라 전국 차원에서의 자금원이 갈수록 점점 더 지역 차원에서의 자금원을 대체하고 있다. 놀랍게도 상원의원 선거에 출마한 민주당 연방하원의원 데밍스(Val Demings)가 플로리다주 현직 공화당 상원의원 마르코 루비오(Marco Rubio)와 상대하여 약 7,200만 달러를 모금했다. 루비오 상원의원은 4,700만 달러를 모금하여 58% 대 41%, 17%p의 차이로 승리했다. 현역의원을 이기기는 결코 쉽지 않다. 2022년 당선된 상원의원의 선거비용은 평균 2,300만 달러, 당선된 하원의원의 선거비용은 평균 260만 달러였다. 물론 이 총액에 외부 자금(outside money)이 별도로 추가되어야 한다. 때때로 그 추가액의 규모는 엄청났다.

선거운동 비용의 60%는 모금 비용, 즉 더 많은 돈을 모으는 데 쓰는 비용과 미디어 및 후보 마케팅에 사용된다. 점점 더 많은 선거자금을 모아야 할 필요성 때문에 "상근 직원, 모금 활동, 그리고 향후 선거에서 잠재적인 유권자들의 반응에 대비하여 후보자가 임기 중 자신의 행동을 평가하는 데 도움을 주는 여론조사 등과 함께 '항시적 선거운동'(permanent campaign)이 등장했다.["37)]

지난 10년 동안 의회 선거, 주 전체 선거, 대통령 선거운동 등은 이전에는 상상할 수 없었던 방식으로 '빅 데이터'에 집중하게 되었다. 선거운동 데이터 분석가들은 이제 주 유권자 파일, 인구조사 자료, 다양한 소비자 데이터베이스, 개인이 직접 제공한 정보 등을 통합하여 선거운동 전략과 전술을 조정하고 집중할 수 있는 전문지식과 컴퓨터 능력을 갖추고 있다. 이러한 거대한 데이터베이스를 제대로 구축하고 분석하면, 선거운동과 후보자를 위해 자원봉사하고, 기부하고, 투표할 가능성이 가장 높은 사람에 대한 확률 추정치를 뽑아낼 수 있다. 선거운동을 통해 소액의 비용으로 주 유권자 파일과 인구조사 자료를 얻을 수 있지만, 컴퓨터 데이터베이스는 비용을 지불해야 하는 경우가 많다. 하지만 그들이 얻을 수 있는 가장 가치 있는 데이터는 유권자 자신으로부터 나온다.[38)]

대통령선거 출마

대통령은 미국정치체제의 정점에 있으며, 그렇기에 미국 정치인 모두가 추구하는 궁극적 목표이다. 주 및 지방 정치인 대부분에게 그 목표는 실현 가능성이 없지만, 현직 및 전직 주지사, 상원의원, 하원 주요 의원의 경우 문제는 그들이 원하는지 여부가 아니라 그것을 어떻게 달성할 수 있는지에 있다.[39)] 19세기에는 백악관에 입성하려면 당 지도부가 결정적인 영향력을 행사하는 주 및 전국 전당대회를 통과해야 했다. 20세기에 들어서는 주 코커스와 예비선거를 통과해야 하는 것으로 바뀌었고, 영향력은 당 지도부에서 후보자, 후보자를 코치하는 전문가, 유권자에게로 이동했다.[40)]

이 절에서 우리는 대통령 후보들이 얼마나 진지하게 선거운동을 조직하고 운영하는지 살펴본다. 대통령 선거운동은 실제 선거가 있기 몇 년 전에 대중이 거의 인지하지 못하는 일련의 중요한 조직적 조치들로 시작된다. 이러한 선거운동의 조직 단계는 짧고 격렬한 후보지명 단계를 대비하여 후보자를 준비시켜 출마시키기 위한 것이다. 후보지명 단계는 일반적으로 2월에 아이오와와 뉴햄프셔에서 시작하여 종종 3월에 끝나고, 한여름에 열리는 대선후보지명 전당대회에서 공식적으로 끝난다. 2008년 공화당 후보지명은 이러한 각본대로 진행되었지만, 민주당은 6월까지 힐러리 클린턴과 버락 오바마가 큰 싸움을 벌였다. 2012년 공화당은 롬니(Mitt Romney), 샌토럼(Rick Santorum), 깅그리치(Newt Gingrich), 폴(Ron Paul) 등이 오랫동안 후보지명 경쟁을 벌이는 동안 민주당은 휴식을 취했다. 2020년 이번에는 공화당이 휴식을 취하고, 민주당은 조 바이든이 최후의 생존자임이 입증된 4월 초까지 느리게 진행되었다. 가을 본선거는 민주당과 공화당 후보자 간의 전국적 차원에서의 대결이며, 때로는 1992년 페로(Ross Perot)와

Q4 대통령 선거운동은 상대적으로 덜 눈에 띄고, 덜 힘 있고, 덜 권위 있는 다른 공직 선거운동과 어떻게 다른가?

2000년 네이더(Ralph Nader)처럼 대선 경쟁의 성격과 결과를 바꿀 만큼 관심을 끄는 제3당 후보가 등장한다.

초기 조직 및 선거자금 모금

유력 정치인이라 할지라도 대선 출마는 중대한 결정이다. 그들은 효과적인 선거 운동을 위한 조직적, 재정적, 당파적 지원을 구축하기 위해 종종 여러 번의 선거 주기에 걸친 수년간의 준비가 필요하다는 것을 알고 있다.[41] 2008년 공화당 후보 였던 매케인(John McCain)이 대표적인 사례이다. 1982년 미국 하원의원에 당선, 1986년 상원의원에 당선된 매케인은 2000년 공화당 대선후보 경선에서 조지 W. 부시에 패했지만 끝까지 치열한 경쟁을 펼쳤다. 그는 2004년 부시 대통령 재선 선거운동을 대대적으로 도왔고, 2008년 일찌감치 대선 후보 경선 출마를 선언했다. 그는 한두 차례 이 길을 걸었던 적이 있었다.

대통령선거 출마 가능성을 고민하는 정치인 대부분은, 심지어 의심할 여지 없이 전국적 위상을 가진 정치인조차 결국 물러난다. 그러나 현직 대통령이나 부통령이 출마하지 않은 열린 대선 경쟁이나 허약한 현직 대통령과의 경쟁은 양당 정치인들에게 매우 좋은 기회이다.[42] 2020년에 도널드 트럼프가 공화당 대선후보가 될 것임을 의심하는 공화당 의원은 거의 없었다. 그는 2016년 예상치 못한 대선 승리 이후 곧 재선을 선언했고, 공화당 전국위원회는 그를 위해 열심히 밭을 일구었다. 전 매사추세츠 주지사 웰드(William Weld), 전 사우스캐롤라이나 주지사 샌포드(Mark Sanford), 전 일리노이 주 하원의원 월시(Joe Walsh) 등 오직 세 명의 진심 어린 영혼만이 트럼프의 연임에 조심스럽게 반기를 들었다. 이들 모두 쉽게 옆으로 밀려났다.

민주당에서는 일부 전국적으로 평판이 좋은 정치인을 포함하여 24명 이상이 후보지명경선에 출마했다. 6선의 미국 상원의원이자 부통령을 두 번이나 역임한 바이든(Joe Biden)이 2019년 한 해 내내 민주당 경선을 주도했다. 2016년 경선 에서 2위를 차지한 버몬트의 샌더스(Bernie Sanders)를 비롯해 매사추세츠의 워렌(Elizabeth Warren), 콜로라도의 베넷(Michael Bennett), 뉴저지의 부커(Cory Booker), 뉴욕의 길리브랜드(Kirsten Gillibrand), 캘리포니아의 해리스(Kamala Harris), 미네소타의 클로부차(Amy Klobuchar) 등 7명의 상원의원이 경선에 참여했다. 워싱턴의 인슬리(Jay Inslee), 몬태나의 불록(Steve Bullock), 콜로라도의 히켄루퍼(John Hickenlooper), 매사추세츠의 패트릭(Deval Patrick) 등 전 직 및 현직 주지사 4명과 카스트로(Julian Castro) 전직 의원 및 HUD 장관과 전·현직 하원의원 6명이 짧게나마 출마했다. 부티지지(Pete Buttigieg) 전 사우스벤드 시장, 억만장자 스타이어(Tom Steyer)와 억만장자이자 전 뉴욕시장 블룸버그 (Michael Bloomberg), 사업가 출신의 앤드루 양(Andrew Yang), 그리고 그 밖의 다수가 대거 출마했다. 이렇듯 다수의 후보가 경선에 출마한 것은 민주당 내에서 공화당 후보 트럼프가 취약하다는 인식이 널리 퍼져 있음을 암시했다.

초기 자금과 경험이 풍부한 선거운동 조직은 후보자가 언론에 의해 진지하게 받아들여질 가능성을 높이고 체계적인 계획을 세울 시간을 갖게 한다.[43] 스타이어와 블룸버그는 말할 것도 없고 샌더스, 워렌, 부티지지 등 몇몇 민주당 의원들은 본격적으로 선거운동을 벌였고, 출마 결정을 공식적으로 선언하기 몇 달 전에 이미 수억 달러 규모의 선거자금을 마련했다. 해리스, 부커, 바이든을 포함한 다른 몇몇 후보들은 선거자금 모금이 지지부진했다. 2019년 초에는 모든 주요 후보자가 후보자 약력, 선거운동 일정, 정책 성명 및 연설, 채팅방과 게시판, 선거자금 기부에 대한 항상 긴급한 호소 등을 담고 있는 웹사이트를 갖고 있었다. 후보자들은 페이스북에 친구를 등록하고 유튜브의 선거운동 동영상을 통해 지지자들에게 즐거움과 정보를 경쟁적으로 제공했다.

후보지명경선 선거운동

오늘날 양당의 대선후보를 뽑는 경선은 주별로 진행되는 일련의 예비선거와 코커스로 진행되며, 2월 초 아이오와주와 뉴햄프셔주에서 시작하여 봄에 끝난다. **예비선거**는 주 전체 차원에서 유권자가 자기가 지지하는 정당의 여러 후보 중에서 대선에 나갈 자기 당 후보를 선택하는 선거이다. 폐쇄형 예비선거는 등록 당원만 참여할 수 있는 예비선거이고, 개방형 예비선거는 그렇지 않은 다른 유권자도 참여가 허용된다. **코커스**는 유권자들이 후보자를 선택하기에 앞서 후보자의 장점에 대해 토론하는 일련의 소규모 모임, 대면 집회로 구성된다. 별도의 코커스 투표는 카운티, 의원 선거구, 주 전체로 각각 집계되며 이에 따라 주의 전당대회 대의원 의석이 할당된다.

예비선거(primary)
유권자가 차후 본선거에서 자신의 정당을 대표하여 입후보할 후보자를 선택하는 예선이다.

코커스(caucus)
당원들이 차후 본선거에서 정당을 대표하여 공직선거에 출마할 후보자에 대해 토론하고 투표하는 대면 회의이다.

2008년 후보지명 과정 이후, 많은 공화당 지도자는 버락 오바마와 힐러리 클린턴의 오랜 기간 경선 싸움이 민주당에 활력을 불어넣었고, 반면에 존 매케인 상원의원의 비교적 이른 시점 쉬운 승리가 매케인의 경쟁력 강화에 별 도움이 되지 못했다고 결론지었다. 그래서 공화당 전국위원회는 새로운 후보지명 규칙을 도입하여 공화당 절차를 민주당 절차에 가깝게 만들었다.

또한, 공화당은 규칙 변경을 통해 전체 경선 일정에서 점점 더 많은 주가 경

출처: AP Photo/Pablo Martinez Monsivais

2020년 2월 11일 버몬트주 상원의원 버니 샌더스의 지지자들이 뉴햄프셔주 맨체스터에서 집회를 열었다.

초기 실시(front-loading)
대통령 후보 예비선거 및 코커스
가 전체 경선 기간 초반 몇 주로
몰리고 있다.

선을 **초기 실시**하는 것을 막으려 했다. 목표는 경선 과정이 늦게까지 진행되고, 경선 승부가 결정 나서 후보자가 정해지긴 전에 더 많은 주가 후보지명에 영향을 미칠 수 있게 하고, 공화당 지지자들에게 활력을 불어넣어 최종적으로 경선에 승리하는 후보자의 본선 경쟁력을 강화하는 데 있었다. 2012년부터 규칙에 따라 아이오와, 뉴햄프셔, 사우스캐롤라이나, 네바다는 2월에 투표할 수 있었고 나머지는 3월까지 기다리도록 했으며, 일부 주에서는 4월, 5월, 심지어 6월까지 기다릴 것이 권장되었다. 가장 중요하게는 2016년에 공화당은 3월 15일 이전 경선 초기에 실시되는 주 예비선거 또는 코커스에서 승리한 후보자가 공화당 지명 전당대회에 보낼 해당 주의 대의원을 모두 독차지하는 승자독식 방식에서 각 후보자가 자신의 득표에 비례하여 대의원을 확보하는 비례 방식으로 전환했다. 3월 15일 이후에 경선이 열리는 주에서는 승자독식 경선이 허용되었다.[44]

코커스 및 예비선거. 2020년에는 47개 주에서 예비선거를 통해 전당대회에 참석할 대의원을 선출했고, 반면 3개 주와 4개 준주에서만 코커스를 실시했다. 전통적으로 첫 번째 행사는 아이오와 코커스(2020년 2월 3일)이며, 뉴햄프셔 예비선거(2020년 2월 11일)가 그 뒤에 실시된다. 이 두 주는, 비록 규모가 작은 농촌지역이며 동질적이지만, 대통령 선출 과정에서 영향력 있는 역할을 한다. 후보지명 과정의 이른 시기에 각 주의 지역적, 인종적, 민족적 다양성을 강화하기 위해 네바다주 코커스와 사우스캐롤라이나주 예비선거가 2월 말에 열린다.

공화당 후보지명은 의심할 여지 없이 결과가 무척 뻔했지만, 훨씬 더 규모가 큰 민주당 경선은 후보지명자를 뽑는 데 더 오랜 시간이 걸렸다. 히켄루퍼(John Hickenlooper) 전 주지사와 질리브랜드(Kirsten Gillibrand) 상원의원과 같은 몇몇 민주당 후보들은 관심을 끌기 어려웠고, 선거운동을 시작하는 데 필요한 선거자금조차 모금할 수 없었다. 상원의원 부커(Cory Booker)와 같은 주요 후보와 주지사 인슬리(Jay Inslee), 전 하원의원 무튼(Seth Mouton), 전 하원의원이자 오바마 내각의 각료 카스트로(Julian Castro)와 같은 덜 알려진 후보는 첫 번째 경선 개최 몇 주, 심지어 몇 달 전에 경선을 포기했다. 흔히 매우 결정적인 영향을 미치는 아이오와주의 결과는 소프트웨어 문제 및 행정적 혼란으로 인해 며칠 동안 지연되는 등 뒤죽박죽이었기 때문에 2020년 민주당 경선 분위기가 식

출처: AP Photo/Evan Vucci

트럼프 대통령의 후보지명은 거의 경쟁 없이 일방적이지만, 트럼프 대통령은 뉴햄프셔주 예비선거 직전인 2020년 2월 10일 섰던 뉴햄프셔 대학교 경기장에 지지자들을 불러모았다.

었다. 최종적으로 아이오와주 경선 결과가 나왔을 때 부티지지는 26.2%, 샌더스는 26.1%로 사실상 동률을 이루었지만, 이미 다른 주에서 경선이 진행된 상태였기 때문에 아이오와주 선거 결과로부터 두 후보 모두 새로운 추동력을 얻는 데 실패했다. 워렌은 18%로 3위, 바이든이 15.8%로 4위, 클로부차(Klobuchar)가 12.3%로 5위였다. 바이든의 4위는 실망스러운 것으로 보였으며, 특히 바이든이 계속해서 미끄러진다면 클로부차의 5위가 유망해 보였다.

일주일 후 뉴햄프셔주 예비선거에서 샌더스가 부티지지를 25.7% 대 24.4%로 이겼고, 클로부차가 19.8%로 그 뒤를 이었으며, 워렌이 4위, 바이든 전 부통령이 8.4%로 5위를 차지하면서 바이든은 이미 끝난 것처럼 보였다. 즉각적으로 마이클 베넷, 디발 패트릭, 앤드류 양 등이 후보를 사퇴했다. 네바다에서 샌더스는 바이든을 46.8% 대 20.2%로 꺾었고, 부티지지와 워렌이 그 뒤를 이었다. 샌더스는 최초의 남부 경선인 사우스캐롤라이나로 대중의 관심이 쏠리는 시점에서 확실한 선두 주자인 듯 보였다.

2월 28일 사우스캐롤라이나 예비선거를 앞두고 많은 민주당 후보와 유권자들은 버니 샌더스가 1위를 달리고 있는 민주당 경선 전망에 대해 점점 더 우려하기 시작했다. 사우스캐롤라이나와 그 밖의 지역의 시선은 사우스캐롤라이나주에서 오랫동안 하원의원으로 재직하고 널리 존경받는 흑인 하원의원 클라이번(James Clyburn)에게로 쏠렸다. 사우스캐롤라이나주 예비선거 불과 며칠 전 클라이번은 바이든을 강력하게 지지했고, 69%가 흑인인 사우스캐롤라이나주 민주당 예비선거 투표자들은 바이든 48.4%, 샌더스 19.9%로 바이든을 압도적으로 지지했다. 스타이어, 부티지지, 클로부차는 더 이상의 경선을 포기하고 바이든 지지를 선언했다.

사우스캐롤라이나 예비선거로부터 불과 사흘 뒤 3월 3일, '슈퍼 화요일'에 가장 큰 두 주 캘리포니아와 텍사스를 포함해 14개 주에서 투표가 있었고, 바이든은 그중 10개 주에서, 샌더스는 4개 주에서 승리했다. 블룸버그와 워렌은 곧 후보 경선에서 물러났다. 일주일 후 바이든은 대의원 수가 많은 미시간을 포함해 경합하던 6개 주 중 5개 주에서 승리했고, 그다음 주에는 플로리다를 포함하여 경합을 벌이던 3개 주에서 모두 승리했다. 3월 18일 수요일 아침, 샌더스 선거운동본부는 후보자가 다른 선택지를 검토하고 있다고 발표했지만, 이때쯤에는 이미 모든 사람이 바이든이 민주당 후보가 될 것으로 예상하고 있었다. 3주 후 코로나바이러스가 최악의 상황에 이르고 있는 가운데 샌더스는 적극적인 선거운동의 종료를 선언하고 바이든의 경선 승리를 인정했지만, 여전히 많은 것이 불확실했다.

전당대회의 중요성 감소. 전국 전당대회는 한때 극적인 장면을 연출했었다. 중앙당 지도자, 지역 지도자, 주의 '총애하는 아들'*이 추종자들을 전당대회로 불러 모았고, 그곳에서 자기 당의 대선 후보지명을 위해 때로는 며칠에 걸쳐 수십 차례의

* 역자 주
해당 주에서 승리한 대통령 후보자

투표를 통해 공개적으로 싸웠다. 최근에는 예비선거와 코커스에서 유권자가 내린 결정을 전국 전당대회에서 비준하고 있다. 1952년 민주당 전당대회는 대통령후보를 선출하기 위해 한 차례 이상의 투표를 실시한 마지막 전당대회였다.

전국 전당대회(national party conventions)
민주당과 공화당은 4년마다 대통령선거가 열리기 직전 여름에 전당대회를 열어 대선 후보를 선출하고 정강 정책을 채택한다.

최근 수십 년 동안 **전국 전당대회**는 갈수록 각 정당이 유권자들에게 당의 최고의 모습을 보여주려고 하는 잘 통제되고 정형화된 행사가 되었다. 온 국민이 지켜보는 가운데 정당들은 지도자와 프로그램 아래 일치단결한 것처럼 보이려고 노력한다. 정당들은 주요 이슈와 주제를 강조하고, 지지자들의 적극적 행동을 촉구하고, 무당파 유권자들의 관심을 끌고, 다가오는 본선거 선거운동의 분위기를 조성하려고 한다. 과거 거의 개회 때부터 폐회 때까지 보도하던 전당대회 보도는 주요 방송사들의 황금 시간대에 불과 3시간 보도로 줄어들었다. 2000년 이후 개회 때부터 폐회 때까지 황금 시간대 보도는 주요 방송사에서 CNN, FOX, C-SPAN, MSNBC와 같은 케이블 채널로 옮겨갔다.

2020년 코로나바이러스로 인해 양당은 대면으로 열리는 오프라인 전당대회를 포기하고 급하게 준비한 온라인 전당대회로 대신할 수밖에 없었다. 양당 모두 의외로 전당대회를 성대하게 치렀다. 그 결과, 향후 전당대회는 전통적인 형식으로 돌아갈 것 같지 않으며, 그 대신에 오프라인 및 온라인 구성 요소를 더 간략하게 혼합할 것이다.

본선거 선거운동

본선거(general election)
각 정당을 대표하는 후보자들이 공직에 선출되기 위해 경쟁하는 최종 또는 확정 선거이다.

본선거 선거운동은 모든 주가 동시에 그리고 과정 전반에 걸쳐 똑같이 진행된다는 점에서 전국적인 싸움이다. 반면에, 경쟁의 논리와 규칙은 특정한 근본적인 방법으로 싸움이 다시 주 차원에서 벌어지게 강요한다. 가장 놀랍게도, 2000년과 2016년에 우리가 분명히 보았듯이 대선에서 승리한 당선자는 단순히 가장 많은 유권자로부터 표를 얻은 후보가 아니다. 오히려 선거인단으로부터 가장 많은 표를 얻은 후보가 당선자가 된다. 선거인단제도란 무엇이고, 어디서 왔으며, 어떻게 작동하는가?

건국의 아버지들이 만든 선거인단제도는 많은 미국인에게 혼란과 걱정을 안겨 주었다. 건국자들은 유권자들이 국가의 최고 통치권자를 선출하는 데 필요한 충분한 정보나 판단력을 갖지 못할 것을 우려했다. 그들은 유권자의 판단을 각 주의 정치엘리트, 즉 선거인단의 판단에 맡기려고 했다. 각 주에는 의회 의원 수와 동일한 수의 선거인단 수가 할당되었다. 각 주에는 인구 규모에 관계 없이 두 명의 상원의원이 있기 때문에, 이는 인구수가 적은 작은 주의 영향력을 높이는 역할을 했다. 각 주는 해당 주에서 가장 많은 표를 얻은 대통령 후보에게 선거인단 표를 모두 몰아준다.

오늘날 선거인은 독자적으로 판단하여 투표하지 않는다. 때때로 한 두명의 선거인이 자신의 주에서 승리한 후보에게 투표할 의사가 없다고 선언하면서 반란을 일으키기도 한다. 이러한 소위 '신의 없는 선거인'이 결과에 영향을 미친 적은 없지만, 선거인단 누군가 월권을 저지를 때마다 파문이 일어난다. 일부 주에서는 선거인단에게 자신의 주의 승자에게 투표하겠다는 서약을 요구한다. 2016년에는 7명의 선거인이 약속을 깨고 다른 후보에게 투표했다. 2020년 7월, 대법원은 자신의 주에서 승리한 후보자에게 투표하기를 거부하는 선거인을 처벌하거나 해임하는 주법을 합헌으로 결정했다. 따라서 이 문제는 사라질 수도 있다. 그러나 더 골치 아픈 문제가 여전히 남아 있다.

대부분의 선거인은 자신이 대표하는 주의 일반 대중의 투표 결과를 그대로 반영하여 표를 행사하지만, 모든 주(약간 다른 절차를 사용하는 네브래스카와 메인의 경우 제외)는 매우 근소한 차이로 이긴 경우라고 할지라도 일반 유권자 투표(popular vote)에서의 승자가 모든 선거인단 표를 획득한다. 일반 유권자 투표와 선거인단 투표 간의 이러한 불완전한 관계는 2000년과 2016년에 실제로 발생하였던 일반 투표와 선거인단 투표의 승자가 각기 다를 가능성을 열어준다. 이 경우 선거인단 투표의 승자가 대통령이 된다. 이런 일이 자주 발생하지는 않지만(2016년 이전은 2000년이었고, 그 이전은 1888년이었다), 그럴 때마다 미국인들은 집단적으로 머리를 긁적이며 우리가 아직도 이런 제도를 갖고 무엇을 하는 것인지 의아해한다. 당연히, 1944년 이후 대다수 미국인은 선거인단제도 폐지와 일반 유권자의 직접 투표를 선호해 왔다.[45] 인구가 적은 작은 주들이 선거인단제도의 혜택을 누리고 있으며 변화를 원치 않기에 이러한 선거인단제도가 조만간 바뀔 가능성은 거의 없다.

따라서, 본선거의 논리는 일반 대중의 표를 최대한 많이 얻는 것이 아니다. 가능한 많은 주에서 상대 후보보다 더 많은 표를 얻는 것이다. 그러므로 정상적인 전략은 자신의 후보가 넉넉하게 이기고 있는 주로부터 약간의 추가적인 시간, 노력, 광고비만 있으면 선거인단 표를 모두 독식할 수 있는 아직 경합상태에 있는 다른 주들로 자원을 이동시킨다 (왜냐하면 51%로 이기든 91%로 이기든 마찬가지로 해당 주의 선거인단 표를 모두 독차지하기 때문이다).[46] 대체로 양당이 최근 선거에서 승리한 적이 있고 대규모 선거인단 투표권을 보유한 주들이 최근 선거에서 '격전지' 경합 주가 된다. 동부에서는 펜실베이니아와 버지니아와 같은 주가, 중서부에서는 일리노이, 미시간, 오하이오 같은 주가 격전지이며, 남부에서 가장 선거인단 규모가 큰 주는 플로리다이다. 서부에서는 콜로라도, 네바다, 뉴멕시코가 양당이 관심을 쏟는 주들이다.

따라서 본선거의 선거운동은 선거운동의 흐름과 각 주의 전략적 상황의 변화에 따라 전국적 차원에서 광범위한 전투를 벌이면서 동시에 어떤 주에서 다른 주로 자원을 이동하여 투입하는 것을 계획한다. 각 선거운동에는 후보자와 긴밀하게 전략을 수립하는 내부 자문 집단과 선거운동 계획을 실행에 옮기는 더 광범위한 조직이 존재한다 (도표 8.1 참조).

선거운동 조직. 대통령 선거운동은 조직에 다소 차이가 있지만, 일반적으로 선거대책본부장은 광범위한 활동을 조직하고 후보자, 정당, 대통령 선거운동 위원회, 의회 선거운동 위원회 사이의 접촉을 책임진다. 선거운동 책임자는 종합 전략의 수립을 돕고, 주 차원의 활동을 조정하며, 선거운동 메시지를 계속 전달하려고 한다. 재정위원장은 중요한 모금 활동을 담당한다. 2020년 선거운동을 포함한 최근 선거운동에서는 최고위 임원이 고위 정치고문이나 수석 전략가와 같은 좀 더 고급스러운 직함을 사용하지만, 그들은 여전히 전통적인 전략 계획 수립 및 조직의 역할을 수행한다.

정치 책임자는 일상적인 운영을 감독하고 최상의 결과를 얻는 방향으로 자원이 할당 및 재할당되는지 확인한다. 모든 선거운동에는 또한 주요 여론조사기관, 미디어 컨설턴트, 데이터 분석가, 커뮤니케이션 전략가 및 기술자, 연설 작가, 기금 모금자, 일정담당자 등이 있다.

후보자의 일정은 선거운동 일정관리팀에서 결정한다. 일정관리팀의 임무는 후보자가 자신에게 가장 도움이 되는 또는 가장 큰 영향을 주는 장소와 행사를 방문하도록 하는 것이다. 예를 들어, 선거운동 기간이 끝나가는 시점에 후보가 이미

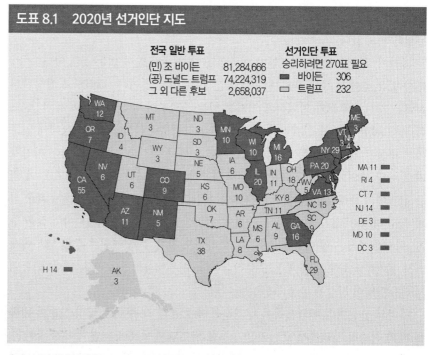

도표 8.1 2020년 선거인단 지도

출처: 연방선거위원회(Federal Election Commission).

승리가 예정된 주의 충성스러운 지지자들의 대규모 집회에 참석하는 것은 후보 자신에게 별로 도움이 되지 않을 것이다. 후보의 시간은 2%p 앞서 있거나 혹은 2%p 뒤처져 있는 주의 부동층 유권자들을 만나는 데 사용하는 것이 훨씬 더 나을 것이다.

대통령 후보의 방문 장소가 확정되면, 선발대가 앞서서 후보와 열광적인 군중, 언론, 그 외 실질적, 시각적으로 만족스러운 행사에 필요한 모든 것이 제대로 준비되어 있는지 확인하는 작업에 착수한다. 선발대의 역할은 계획된 행사에 직접 참석하는 사람들과 그 행사에 대해 신문에서 읽거나 텔레비전 뉴스에서 볼 사람들 모두에게 올바른 메시지와 느낌을 전달하는 데 있다. 영상은 매력적이어야 하며, 미디어는 그날의 주제에 맞게 준비되어야 한다.[47]

마지막으로, 전국적 선거운동에는 신속대응팀이 존재한다. **신속대응팀**은 방치하는 경우 후보자에게 피해를 입힐 수도 있는 경쟁 후보의 비난이나 논평에 즉각적으로 강력하게 대응하는 임무를 맡은 팀이다. 1992년 클린턴 선거운동본부는 조지 H.W. 부시 재선 선거운동본부가 제기하는 비난, 부정확성, 실수 등에 신속하고 강력하게 대응하기 위해 전략가 제임스 카빌이 이끄는 '작전 상황실(war room)'을 운영했다. 1990년대에 후보자들의 작전 상황실 운영은 전통적인 인쇄 매체 및 전자매체의 관리에 중점을 두었다.

오늘날 후보자들이 관리해야 할 미디어 환경은 엄청나게 더 복잡해졌다. 2004년은 모든 후보자가 인터넷을 사용한 첫 번째 대통령 선거운동이었다. 2008년부터 후보자들은 "전통적인 하향식 선거운동 접근 방식과 인터넷의 분산적인 장점"의 조화를 추구하는 하이브리드 미디어 전략을 수립하려고 노력해 왔으며, "텔레비전, 직접 우편, 방문, 기타 전통적인 수단을 통해 덜 헌신적인 유권자에게 다가가는 동시에 자신의 지지기반을 확고히 하기 위해 뉴미디어와 온라인 선거운동 기술을 활용하였다."[48] 최근의 선거주기에 출마한 모든 후보자는 유튜브와 페이스북에 프로필과 친구 페이지가 있었고, 트위터와 텀블러를 통해 지속적으로 소통했다.

2016년 파스케일(Brad Parscale)이 도널드 트럼프의 웹 활동을 이끌었다. 2020년 트럼프는 재선에 도전하기 위해 파스케일을 선거운동 책임자로 뽑았으며, 이는 전국 선거운동에서 웹 타겟팅과 광고의 중요성이 커지고 있음을 보여주었다. 민주당은 2020년 초 민주당 대선 후보를 뽑느라 경선에 시간을 보냈지만, 트럼프 선거운동은 체계적으로 웹 운영을 개선했다. 비록 파스케일은 2020년 중반에 교체되었지만, 그의 웹 전략은 그렇지 않았다. 전투가 벌어질 것으로 예상되었던 주요 플랫폼인 페이스북은 "정치광고에는 사실확인 규칙이 적용되지 않아 후보자들이 허위 및 오해의 소지가 있는 주장을 퍼뜨릴 수 있다"고 선언했다.[49] 사람들 대부분은 이것이 트럼프 대통령의 더욱 자유분방한 선거운동에 도움이 될

신속대응팀(ready response team)
경쟁상대나 언론의 비난이나 부정적인 논평에 즉각적으로 대응하는 임무를 부여받은 선거운동 요원 내부의 집단이다.

것으로 생각했다.

전국 선거운동 담당자는 주 및 지역 단위에 이르는 선거운동 요원 구조를 감독하기 위해 고군분투한다. 이러한 주 차원 및 지역 차원의 활동은 자원봉사자와 유권자를 파악하고 조직하며, 마당 표지판을 세우고, 집집마다 돌아다니며 선거운동을 하는 중요한 책무를 담당한다. 수십 년 동안 미디어 선거운동의 '공중전'에 치중한 후, 2004년 공화당이 먼저 시작한 후 양당은 새로운 자산을 '그라운드 게임' 또는 GOTV(get out the vote, 기권 방지) 노력에 투입했다. 각 정당은 선거 전에 가능한 한 많은 잠재적 유권자와 현관 앞에서 접촉하기 위해 동네 구역 단위로 파악된 유권자 정보가 탑재된 휴대폰과 태블릿으로 무장한 자원봉사자 부대를 만들려고 노력했다.

선거자금과 백악관으로 가는 길

미국정치사의 대부분 동안 정당과 후보자는 소수의 부유한 지지자들한테 간청하여 모금한 돈으로 대선을 치렀다. 19세기 후반의 유명한 정치공작 전문가 한나(Mark Hanna)는 "정치에서는 두 가지가 중요하다. 첫 번째는 돈이고, 두 번째는 뭔지 기억이 나지 않는다"라고 말했다. 의회는 지난 반세기 동안 선거에서 돈의 번성을 막기 위해 고군분투했지만 크게 보아 성공하지 못했다. 하지만 아래에서 살펴보겠지만 법원은 다른 관점을 취했다. 최근 몇 년간 초고액 기부자들(superdonors)이 다시 주목을 받고 있다.[50]

Q5 돈이 대선을 지배하는가?

「연방선거운동법(FECA: Federal Election Campaign Act)」
1971년에 선거운동 개혁법안이 통과되었고, 1974년 및 그 이후 주요 개정을 통해 선거 기부금의 공개를 의무화하고, 한도를 설정하고, 대통령선거에 대해 공적자금을 지원하기 시작했다.

선거자금 규칙. 1970년대 초반에 대통령 선거운동에 유입되는 자금을 규제하는 법적 근거가 마련되었다. 1971년 **「연방선거운동법(FECA)」**과 1974년에 통과된 이를 강화하는 일련의 개정법률은 대통령 또는 부통령 후보가 자신의 선거운동에 지출할 수 있는 금액의 한도를 정했고, 대통령 선거운동을 포함한 연방 선거운동에 대한 개인 기부금을 1,000달러로 제한했으며, 대통령선거에 공적자금을 지원하기 위해 대통령선거 기금을 조성했다. 공적자금을 지원받는 대통령 후보는 후보 경선 과정에서 주별 지출 한도를 준수해야 했다. 그리고 경선을 통과한 주요 정당의 후보자는 본선거에서 경쟁을 위해 일정 한도 내에서 상당한 액수의 공적자금을 지원받았다. 이 규칙은 처음 제정된 이후 여러 차례에 걸쳐 개정되었다.

1970년대 후반, FECA 선거자금 제도에 상당히 큰 두 개의 구멍이 뚫렸는데, 하나는 법원에 의해, 다른 하나는 의회에 의해 뚫렸다. 1976년 **'버클리 대 발레오'** 사건에서 대법원은 1974년 FECA 개정안 중 후보자가 자신의 선거운동에 기여할 수 있는 금액을 제한하는 조항이 표현의 자유를 침해하는 위헌적 제한이라고 판결했다. 또한, 대법원은 정치활동위원회(PAC)와 다른 단체들이 후보자의 선거운동과 그들의 활동을 조율하지 않는 한, 선거활동에 그들 자신이 원하는 만

'버클리 대 발레오(Buckley v. Valeo)' 사건 (1976년)
이 판결은 후보자의 선거운동에 기여할 수 있는 금액을 제한하는 1974년 제정된 연방선거운동법(FECA)의 조항이 언론의 자유에 대한 위헌적 제한이라고 선언했다.

큼 무제한적으로 지출할 수 있다고 판결
했다. 1979년 의회는 정당이 창당, 유권
자 등록, 유권자 투표 독려 활동을 위해
무제한의 자금을 모을 수 있도록 허용하
는 FECA 개정안을 통과시켰다. 이러한
제한 없는 자금을 **소프트머니**라고 한다.

1990년대에는 선거자금 제도의 이런
저런 구멍으로 인해 거의 규제 없이 많은
자금이 대선에 투입되었고, 추가적인 개
혁 움직임을 낳았다 (도표 8.2 참조).

7년간의 교착상태 끝에 2002년 3
월 의회에서 「**초당적 선거운동 개혁법
(BCRA)**」이 통과되었고, 부시 대통령은

출처: AP Photo/Sipa USA

대선 후보들은 가족에 둘러싸여 선거운동을 하는 경우가 흔한데, 가족이 후보
자가 부드럽고 인간적으로 보이게 한다고 생각하기 때문이다.

마지못해 통과 법안에 서명했다. 상원의 주요 지지자인 존 매케인(공화당, 애리
조나)과 러스 파인골드(민주당, 위스콘신)의 이름을 따서 「매케인-파인골드법」으
로 널리 알려진 BCRA는 허용되는 개인의 기부금 한도를 1,000달러에서 2,000
달러로 높이고 인플레이션에 따라 향후 추가로 한도를 높일 수 있게 했다. 2020
년에 기부금 허용 한도는 최대 2,800달러였다. BCRA는 또한 중앙당에 기부되는
소프트머니를 금지했으며, 보다 직설적으로는 '공격 광고'라고 일컬어지는 이슈
광고는 예비선거 30일 전부터, 본선거 60일 전부터 금지되었다. 처음에 대법원은

소프트머니(soft money)
1979년에 통과된 FECA 개정안
은 창당, 유권자 등록, 유권자 투
표 독려를 위해 정당에 대한 무제
한 기부를 허용했다.

「**초당적 선거운동 개혁법(BCRA:
Bipartisan Campaign Reform
Act)**」
일반적으로 매케인-파인골드법
(McCain-Feingold)으로 알려진
2002년 BCRA는 1970년대 초반
이후 처음으로 선거자금법을 대
대적으로 개정한 것이다.

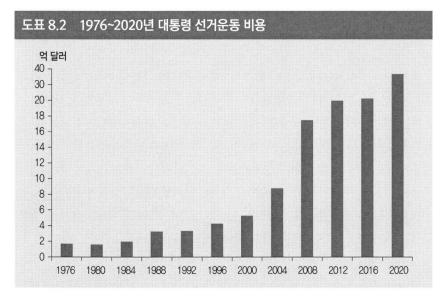

도표 8.2   1976~2020년 대통령 선거운동 비용

억 달러

출처: Center for Responsive Politics, Open Secrets, "Presidential Fundraising and Spending,
1976-2012," www.open secrets.org/pres12/totals.php?cycle=. 저자에 의해 업데이트 되었음

BCRA를 지지했지만, 2007년과 더욱 결정적으로 2010년 두 차례에 걸쳐 대법원 구성이 크게 바뀌면서 BCRA의 핵심 요소가 무효화 되었다.

비록 선거자금 개혁법의 통과는 중요한 성과였지만, 모든 개혁과 마찬가지로 불완전했고 허점이 남아 있었다. PAC는 기업, 노조, 부유한 개인이 기꺼이 그들에게 제공하는 소프트머니를 무제한적으로 자유롭게 받을 수 있었다. 게다가, BCRA는 보수적인 성장 클럽(Club for Growth)과 진보적인 에밀리 리스트(Emily's List)와 같은 독립적이고 매우 당파적인 '527' 단체*에 제한을 두지 않았다. 마지막으로, 시민연합(Citizens United) 사건 판결은 정치적 옹호를 위해 기업, 노조, 부유한 개인으로부터 대놓고 금액 한도 없이 무제한적으로 선거자금을 모을 수 있는 수백 개의 '슈퍼팩'의 등장을 낳았다. 비록 슈퍼팩은 FEC(연방선거위원회)에 등록해야 하고 결국에는 기부자가 누구인지 보고해야 하지만, 슈퍼팩은 특정 후보자를 드러내놓고 지지하거나 반대할 수 있다.[51]

* 역자주
미국 내국세법(IRC: Internal Revenue Code) 제527조의 규정에 따라 세금 면제를 받는 비영리 조직이다. 정당, 정치활동위원회, 슈퍼팩 등이 527 조직(또는 단체)에 포함된다 (Wikipedia 참조).

돈은 어디서 나오는가?　2008년까지 대선 자금 대부분은 FECA 제도(현재 BCRA 제도)를 통해 조달되었는데, 연방 한도 및 매칭이 적용되는 민간기부이거나 아니면 각 주요 정당 후보자에게 제공되는 대선 본선거 국고보조금이었다. FECA 조항은 연방 선거자금지원 제도 내에서 활동하는 후보자들의 기부금 액수를 1,000달러 이하로 제한하고 있으며, 그 중 250달러만이 연방 매칭의 대상이었다. 연방 매칭 자금 지원 자격을 갖추려면 후보자는 10만 달러를 모금해야 했다. 즉, 250달러 이하로 20개 주에서 5,000달러씩 모금해야 했다. 2008년 대선 후보 대부분은 BCRA 제도 내에 머물러 있었지만, 힐러리 클린턴, 버락 오바마, 존 매케인 모두 이 제도에서 탈퇴를 선택했다. 2012년 오바마 재선 선거운동과 롬니 선거운동 모두 FECA의 공적자금 지원을 수락하여 선거자금 모금이 제한당하는 것을 생각조차 하지 않았다.

오바마 대통령과 민주당 전국위원회, 미트 롬니와 공화당 전국위원회는 각각 2012년 선거운동을 위해 10억 달러 이상의 자금을 모금하여 사용했다. 민주당은 공화당보다 더 많은 돈을 모금했지만, 외부 단체인 소위 '슈퍼팩'과 심지어 더 모호한 비영리 '사회복지단체'들이 모금하고 지출한 10억 달러는 공화당 쪽으로 크게 치우쳤다. 추가적으로 의회 선거운동에 18억 달러가 사용되었고, 의회 선거에 영향을 미치기 위해 외부 단체가 4억 3,000만 달러를 사용하였으며, 장부에 없는 수억 달러의 그림자 자금이 사용되어 완전히 설명될 가능성이 결코 거의 없어 보인다. 책임정치센터(Centre for Responsive Politics)는 2012년 선거에서 총 60억 달러를 사용한 것으로 추산했는데, 이는 기록적인 액수이다.[52]

도널드 트럼프는 개인 재산이 100억 달러에 달한다고 주장하고, 2016년 대선에 기꺼이 자기 돈을 최대 10억 달러까지 쓸 용의가 있다고 밝혔지만, 그는 대선 내내 힐러리 클린턴에 비해 모금이 부진했다. 오바마와 달리 클린턴은 로비스트들과 얽히는 것을 허용했고, 처음부터 슈퍼팩을 기꺼이 받아들였다. 클린턴 슈퍼팩, 민주당과의 공동 모금, 그녀의 선거운동 등 모두 합쳐 총 13억 달러를 모금했다. 도널드 트럼프는 공화당 후보지명이 거의 확정될 때까지 소극적이다가 늦게서야 본격적으로 모금에 나섰고, 공화당 거액 기부자들의 더욱 회의적인 입장에 직면했다. 트럼프 선거운동과 공화당과 슈퍼팩 단체들은 약 8억 5,000만 달러를 모금했다. 선거가 한 달 남았을 때, 트럼프가 약 7,500만 달러를 보유하고 있었던 반면, 클린턴은 약 1억 5,000만 달러를 수중에 가지고 있었다.[53] 선거가 끝났을 때, 클린턴은 일반 투표에서 이겼지만, 트럼프는 선거인단 투표에서 승리하여 백악관을 차지했다.

다시는 초과 사용을 하지 않기 위해, 트럼프 대통령은 2017년 1월 취임식 날에 재선을 선언하고 2020년을 대비하여 모금을 시작했다. 2019년 초부터 2020년 노동절까지, 트럼프 선거운동 및 관련 위원회는 11억 달러를 모금했다. 관측통들은 트럼프가 상대 후보에 대해 싸움 내내 상당한 재정적 우위를 점할 것으로 예상했다. 바이든은 후보지명경선에서 거의 파산할 뻔했지만, 그의 선거자금 모금은 극적으로 증가했다. 2020년 7월 트럼프와 공화당은 1억 6,500만 달러를 모금했지만, 2020년 8월 바이든과 민주당은 3억 6,500만 달러를 모금했다. 선거를 한 달 남기고 트럼프의 3억 2,500만 달러에 비해 바이든은 4억 6,600만 달러의 현금을 보유하고 있었으며 두 사람 모두 미친 듯이 모금에 앞장섰다.[54]

선거운동 및 선거개혁

2000년 플로리다 사태부터 2016년의 떠들썩한 대통령 선거운동, 2020년 선거운동의 여파까지 최근 미국 선거를 우연히 지켜본 사람조차 개혁에 대해 궁금할 것이다. 우리의 선거제도는 안전하고 공정한가? 우리는 더 많은 더 좋은 정보에 입각한 투표를 장려할 수 있나? 우리는 우리의 정치 캠페인, 특히 대선 선거운동을 어떻게 조직하고 자금을 조달해야 하는가? 그리고 선거인단제도는 여전히 우리 대선 과정의 필수적인 부분인가, 아니면 위험과 혼란을 초래하는 과거의 잔재인가?

첫째, 미국에서 부정선거는 얼마나 큰 문제인가?[55] 17개 주는 유권자가 투표하기 전에 정부가 발행한 사진이 부착된 신분증을 선거관리인에게 제시하도록 요구하는 법안을 통과시켰으며, 그 중 일부는 대법원에서 합헌 결정을 받았다. 또 다른 16개 주는 사진이 없는 신분증을 요구한다. 분명히 우리는 사람들이 불법적으로 투표하는 것을 원하지 않는다. 그러나 마찬가지로, 우리는 합법적인 유권자의 투표를 방해하고 싶지도 않다. 특히 낮은 투표율이 정말로 걱정되는 경우 더욱 그렇다. 그리고 우리는 러시아 해커들이 민주당 전국위원회, 루비오 선거운동,

대법원이 돈을 표현으로 간주한 것이 옳은가?

'버클리 대 발레오(Buckley v. Valeo)'사건 (1976)으로 알려진 획기적인 판결에서 연방대법원은 개인이 연방 선거운동에 기부할 수 있는 금액의 한도를 제한할 수 있는 의회의 권한을 합헌으로 결정했다. 선거운동에서의 전체 지출에 대한 제한, 후보자 자신의 개인 재산으로부터의 지출에 대한 제한, 후보자를 대신하는 개인 및 단체의 독자적인 지출에 대한 제한 등을 없앴다.

대법원은 버클리 사건에서 선거운동 지출은 생각을 전달하기 위한 발언이므로 수정헌법 제1조에 의해 정부의 규제로부터 보호된다고 판결했다. 대법원은 "개인이나 단체가 선거운동 중 정치적 의사소통에 지출할 수 있는 돈의 양을 제한하면 필연적으로 표현의 양이 줄어든다"고 판결했다. 대법원은 또한 선거운동 지출을 명시적으로 제한할 수 있는 유일한 근거는 "금전적 대가. 즉, 정치적 호의를 위한 달러"로 정의된 부패와 싸우는 일이라고 판결했다.

2002년의 매케인-파인골드법안은 대법원이 버클리 사건에서 다루었던 것과 같은 문제, 즉 '소프트머니' 기부와 선거 직전 기간에 이슈 광고를 통한 집단과 개인의 정치적 지출에 대한 제한을 제안하는 것처럼 보였다. 따라서 상원에서 이 법안의 반대에 앞장선 상원의원 매코널(Mitch McConnell, 공화당, 켄터키)이 구성한 법률팀이 즉각적으로 매케인-파인골드 법안에 이의를 제기했다.

'매코널 대 F.E.C.(McConnell v. F.E.C.)' 판례가 2003년 9월 8일 대법원에 상고 되었다. 매코널의 법률팀은 부유한 기부자와 이익집단의 소프트머니 기부 금지와 예비선거 30일 전, 본선거 60일 전 이슈 광고의 제한이 표현의 자유에 대한 위헌적 제한이라고 주장했다. 「매케인-파인골드법」 지지자들은 이 법이 정치에서 큰 돈의 역할을 제한하고 소액 기부자와 개별 시민에게 통제권을 돌려줄 수 있는 마지막 기회라고 주장했다.

놀라운 일도 아니지만, 2003년 12월 10일 의견이 갈린 대법원은 5대 4로 판결했다. 스티븐슨(John Paul Stevens) 판사와 오코너(Sandra Day O'Connor) 판사가 작성한 다수 의견은 반대자들의 수정헌법 제1조 표현의 자유 주장을 기각하고 「매케인-파인골드법」의 모든 주요 조항을 합헌으로 결정했다. 표현의 자유로서 선거운동 지출이 타격을 입은 것 같다.

2007년, 부시가 대법원장과 대법관 등 두 명을 새로 임명한 후, 즉 렌퀴스트(William Rehnquist) 대법원장 대신 로버츠(John Roberts) 대법원장, 그리고 더 중요하게 오코너(Sandra Day O'Connor) 대법관 대신 알리토(Samuel Alito) 대법관이 임명된 후 대법원은 '연방선거관리위원회 대 위스콘신 생명권 회사'라고 불리는 사건에서 「매케인-파인골드법」의 요소를 재심리했다. 다시 한번 대법원은 5 대 4로 갈라졌으며, 로버츠 대법원장은 "단순히 이슈가 선거와 관련이 있을 수 있다는 이유만으로 그 이슈에 대한 논의를 억제할 수는 없다. 수정헌법 제1조와 관련된 경우 검열관이 아니라 발언자가 결정권을 가질 것이다"라고 판결했다. 반대 의견에서, 수터(David Souter) 대법관은 "오늘 이후 … 기업과 노조의 선거자금을 규제할 가능성은 불투명하다"라고 말했다. 매케인 상원의원은 이번 결정이 "유감스럽다"고 선언했다.[56]

2009년에 연방대법원은 **'시민연합 대 F.E.C.(Citizens United v. F.E.C.)' 판례**를 기업과 노조가 자신들의 금고에서 직접 선거에 지출하는 것을 제한하는 것에 대해 직접적으로 문제를 제기하는데 활용했다. 초기 변론 이후 대법원은 기업의 선거 비용 지출을 금지하는 것이 기업 및 노동조합의 표현의 자유를 침해하는 위헌인지 여부에 대한 근본적인 질문을 재판 당사자들에게 브리핑하도록 지시했다. 재심리 이후 2010년 연방대법원은 기업과 노조의 선거자금 기부에 대한 「매케인-파인골드법」의 제한을 대부분 폐지했다.

케네디 대법관은 다수 의견을 작성하면서 다음과 같이 선언했다. "수정헌법 제1조에 효력이 있다면, 단순히 정치적 표현에 관여했다는 이유로 의회가 시민이나 시민단체를 벌금형에 처하거나 구금하는 것을 금지한다." 많은 관찰자가 깜짝 놀랐다. 특히 큰 관심을 갖고 지켜보던 사람 중 한 명인 버락 오바마 대통령은 이 결정을 "특별한 이해관계가 있는 자금의 새로운 유입에 대한 청신호 … 이것은 거대 석유회사, 월스트리트 금융기관,

의료보험 회사들 및 다른 강력한 이익집단들의 대승이다 … 일상적인 미국인들의 목소리가 물에 잠기게 하는 것이다."[57]

여러분은 어떻게 생각하는가?

- 돈이 발언인가?
- 부유한 개인, 기업, 노조 등이 선거운동에 원하는 만큼 무제

한적으로 돈을 쓸 수 있도록 허용해야 하는가?

- 만약 그렇다면, 그들은 직설적으로 X후보에게 투표하라고 하거나 Y후보에게 투표하지 말라고 대놓고 말할 수 있어야 하는가?
- 만약 그렇지 않다면, 부유한 사람이나 부유한 기업이나 노조가 표현의 자유의 한계를 넘어섰다는 말을 어떻게 정당화할 수 있나?

찬성	반대
사람은 자신을 표현할 권리가 있다	우리 정치에는 이해관계가 있는 자금이 넘쳐난다.
의사소통을 위한 돈의 사용은 표현의 자유이다.	큰 돈은 1인 1표를 잠식할 수 있다.
발언을 제한하는 것은 위헌이다.	제한은 모든 사람의 들을 수 있는 권리를 보호한다.

21개 주 투표 시스템의 컴퓨터에 침입했다는 보도에 대해 어떻게 대응해야 할까?

둘째, 미국은 자유시장경제를 가진 민주주의 사회이므로 우리는 부의 차이를 당연한 것으로 여기며, 사람들이 자신의 선호와 이익의 증진을 위해 돈을 쓸 것임을 알고 있다. 그러나 의회는 1970년대 초에 대통령선거에 대한 공적자금 지원을 채택하여, 큰 돈의 영향력을 제한하려고 했다. 그 시스템은 현재 붕괴 직전 상태에 있다. 대부분의 주요 후보들이 2008년 선거운동의 후보지명 단계에서 공적자금 지원을 포기했고, 버락 오바마는 1972년 이후 본선거에서 개인적 모금에 의존한 최초의 주요 정당 후보였다. 2012년, 2016년, 2020년에는 양대 정당 후보 모두 그렇게 했다.

셋째, 주별 예비선거 및 코커스 대선후보 경선 제도가 일부 개혁되었다. 2008년 선거 주기에서는 각 주가 앞다투어 가장 일찍 경선 일정을 잡으려고 나섰기 때문에 양당은 규칙을 어기고 너무 일찍 경선을 개최한 주들을 처벌하지 않을 수 없었다. 2012년에 공화당은 일찍 경선을 개최하려는 주들로 인해 또다시 어려움을 겪었다. 하지만 2016년과 2020년에는 경선 개최 일정이 좀 더 질서정연해 보였다. 일부는 여전히 좀 더 확실한 개혁을 요구한다. 한 제안은 동부, 중서부, 남부, 서부와 같이 지역 경선 개최를 요구하는데, 아마도 한 선거에서 다음 선거로 각 지역의 경선 순서가 순차적으로 돌아갈 것이다. 델라웨어안(Delaware plan)이라고 하는 또 다른 제안은 인구가 가장 적은 12개 주는 3월에, 다음으로 적은 13개 주는 4월에, 다음으로 적은 13개 주는 5월에, 그리고 인구가 많은 12개 주는 6월에 투표할 것을 주장했다. 그렇게 하면 대부분의 유권자는 자신이 경선 투표에

'매코널 대 F.E.C.(McConnell v. F.E.C.)' 판례

대법원은 소프트머니 및 이슈 광고 규제를 허용하는 조항을 포함하여 2002년 초당적 선거운동 개혁법(BCRA)의 모든 주요 요소를 합헌으로 판결했다.

'시민연합 대 F.E.C.(Citizens United v. F.E.C.)' 판례

시민연합(Citizens United)은 매케인 대 파인골드와 1907년까지 거슬러 올라가는 다른 법령들에 있었던 선거 관련 기업 및 노조의 지출 한도를 철폐했다.

참여하기 전에 더 일찍 있었던, 더 작은 규모의 경선에서 후보자의 모습을 지켜볼 수 있다. 국민의 절반 이상이 가장 큰 12개 주에 살고 있으므로 6월까지는 국민의 절반 이상이 투표를 하지 않은 상태에 있을 것이다. 여러분은 이 개혁안들이 갖는 장점과 단점이 각각 무엇이라고 생각하는가?

마지막으로, 우리는 일반 유권자 투표를 통해 직접 대통령을 뽑기 위해 선거인 단제도를 폐기해야 할까? 선거인단제도는 헌법에 명시되어 있고, 헌법 개정이 통과되기가 매우 어렵기 때문에 대안으로 지름길이 제시되었다. 각 주는 지금처럼 주 전체의 일반 투표의 승자가 아니라, 전국 일반 투표의 승자에게 선거인단 투표권을 부여하는 데 동의하는 법을 통과시킬 수 있다. 만약 충분한 수의 주들이, 심지어 12개의 가장 큰 주들이 전국적 일반 투표 주간 협약(the National Popular Vote Interstate Compact)이라고 불리는 이러한 변경을 적용한다면, 헌법을 수정하지 않고도 사실상 일반 투표로 대통령을 뽑을 수 있을 것이다. 2020년 초 현재, 196명의 선거인단을 가진 15개의 주와 워싱턴 D.C.가 이 협약을 통과시켰고, 75명의 선거인단을 가진 8개의 주가 주의회 양원 중 한 곳에서 이 협약을 통과시켰다. 만약 8개 주가 나머지 주의회에서 이 협약을 마저 통과시키면, 이 협약은 발효될 것이다. 어떤 사람들은 의회에서 선거인단 투표를 집계하고 확인하는 데 있어서 부통령의 역할을 명확히 하자는 좀 더 온건한 개혁을 요구한다. 향후 또 다른 논란의 여지가 있는 선거로 인해 더 많은 사람이 이 문제에 대해 심각하게 생각하게 될 수도 있지만, 너무 기대하지 말자.

이 장의 요약

선거운동과 선거는 민주주의 국가가 미래로 나아갈 길을 선택하는 집단적 과정이다. 이상적으로 투표는 민주주의 모든 구성원이 동등하게 그 중요한 결정에 영향을 미칠 수 있는 단 한 번의 기회이다. 그러나 투표 연령 인구의 3분의 1 이상이 심지어 대통령선거마저도 참여하지 않고 있다.

이 장에서 우리는 미국 선거의 일반적으로 낮은 투표율에 대한 몇 가지 무척 단순한 설명을 살펴보았다. 우리 미국은 국민이 유권자 등록 방법을 스스로 알아서 하도록 하지만, 사실상 모든 다른 부유한 민주주의 국가에서 그 일은 정부의 책임이고, 일부 국가는 의무투표제를 도입하고 있다. 자동차 유권자(Motor Voter) 덕분에 유권자 등록이 좀 더 쉬워졌지만, 2020년 투표를 하지 않은 투표연령의 미국인은 여전히 거의 8,000만 명에 달했다.

투표자는 여러 가지 영향을 고려하여 정당과 후보자 사이에서 결정을 내린다. 특정 당에 대한 적극적인 지지자 및 특정 정당에 기울어진 무당파 유권자들에게는 정당일체감이 여전히 가장 큰 영향을 미치며, 특히 정보가 부족한 선거에서 그렇다. 더 많은 정보를 쉽게 얻을 수 있는 더 눈에 띄는 선거운동에서는 이슈 입장과 후보자 속성이 유권자로 하여금 적어도 해당 선거 한 번만이라도 자신이 평소 지지하는 정당에 대한 충성을 철회하도록 만든다.

낮은 투표율은 민주적 정당성에 대해 의문을 제기한다. 무척 놀라울 정도로 높은 재선 성공률은 반응성과 책임성에 대해 의문을 제기한다. 현역은 개인적 가시성, 정치 조직, 자금 등의 측면에서 유리하다. 현지에서 자금을 조달할 수 있고 중앙당과 PAC(정치활동위원회)의 관심을 끌 수 있는 경험이 풍부한 정치인이 아니거나 막대한 개인적 재산을 보유하지 않는 한 도전자는 제대로 선거운동을 하지 못하는 경향이 있다. 그럼에도 불구하고 공화당의 2010년과 민주당의 2018년과 같이 일부 선거 환경은 전국적 흐름이 어느 한 정당에 매우 불리하기 때문에 도전자가 더

유리할 수도 있다.

대선 경쟁은 전형적인 미국 선거이다. 대부분 눈에 띄지 않게 잠재적 후보자들이 자신만의 것을 구축하고 서로의 조직적, 재정적 전망을 평가하는 것으로 시작된다. 험난한 대선 후보지명 과정에서 살아남기 위해서는 초기 충분한 자금과 경험이 풍부한 조직이 필요하다. 경선을 통과한 후 각각의 양대 정당 후보자는 한여름에 매우 정형화되고 철저하게 잘 짜여진 후보지명 전당대회에서 미국 국민에게 소개된다. 대선 본선거 선거운동은 늦여름부터 11월 첫 번째 화요일까지 진행된다. 이는 일반 유권자 과반수와 선거인단 과반수의 지지를 얻기 위한 전국적 경쟁이다.

주요 용어

마이크로 타겟팅(micro targeting) 258
'매코널 대 F.E.C.(McConnell v. F.E.C.)' 판례 273
'버클리 대 발레오(Buckley v. Valeo)' 사건 268
본선거(general election) 264
소프트머니(soft money) 269
'시민연합 대 F.E.C.(Citizens United v. F.E.C.)' 판례 273
신속대응팀(ready response team) 267
「연방선거운동법(FECA: Federal Election Campaign Act)」 268
예비선거(primary) 261

유권자 등록(voter registration) 245
자동차 유권자(Motor Voter) 245
전국 전당대회(national party conventions) 264
참정권(suffrage) 242
초기 실시(front-loading) 262
「초당적 선거운동 개혁법(BCRA: Bipartisan Campaign Reform Act)」 269
코커스(caucus) 261
투표율(voter turnout) 242

추천 문헌

Dowling, Conor M. and Michael G. Miller. SuperPAC: Money, Elections, and Voters after Citizens United. New York: Routledge, 2015. 미국의 선거자금제도와 관련된 시민연합(Citizen United) 사례의 기원과 의미를 살펴본다.

Hasan, Richard. Plutocrats United: Campaign Money, the Supreme Court, and the Distortion of American Elections. New Haven, CT: Yale University Press, 2016. 하산은 대법원의 심리에서 살아남고 돈이 선거에 미치는 영향을 제한할 가능성이 가장 높은 선거자금 개

혁의 종류를 검토한다.

King, Anthony. "Running Scared," 1997. 킹은 선거가 너무 공개적이고 너무 빈번하게 있기 때문에 미국정치가 항상 겁에 질려 있다고 주장한다. 📖

Leighley, Jan E. and Jonathan Nagler. Who Votes Now? Demographics, Issues, Inequality, and Turnout in the United States. Princeton, NJ: Princeton University Press, 2014. 울핑거와 로젠스톤의 1980년 고전 『누가 투표하는가?』에 대한 중요한 업데이트이다. 리글리와 나글러는 투표자 등록, 투표율, 투표 선택 등

을 이해하는 데 인구통계가 얼마나 중요한지 보여준다.

Lichtman, Allan J. *The Embattled Vote in America: From the Founding to the Present*. Cambridge, MA: Harvard University Press, 2018. 리히트먼은 특히 소수자의 투표를 제한하기 위해 미국 역사 전반에 걸쳐 사용되어 온 무수히 많고 진화 중인 장치를 집중 조명한다.

Popkin, Samuel L. "The Reasoning Voter," 1991. 팝킨은 유권자들이 '완전한 정보'가 아니라 '낮은 정보'와 과거의 경험에서 이끌어 내며 쉽게 정보를 수집하는 '직감적 추론'을 바탕으로 결정한다고 주장한다. 📖

Wattenberg, Martin P. *Is Voting for Young People?* 5th ed. New York: Routledge, 2020. 와텐버그는 청년세대들이 정치에 관심을 갖고 투표하도록 동기를 부여하는 것은 힘든 일이라고 주장하면서 이를 바꿀 방법을 제안한다.

Wayne, Stephen J. *The Road to the White House 2020*. New York: Cengage, 2019. 폴스비와 와일드브스키처럼 이 책은 대통령선거에 출마하는 과정을 묘사한다.

인터넷 자료

1. www.fec.gov
   연방선거관리위원회(the Federal Election Commission) 공식 웹사이트는 선거자금 기부 방법, 유권자 등록 방법, 연방 선거의 선거결과 등에 대한 정보를 제공한다. 또한, 등록 및 유권자 투표율에 대한 전국 통계 및 주 통계도 제공한다.

2. www.fairvote.org
   투표와 민주주의 센터(the Center for Voting and Democracy)의 공식 웹사이트. 이 조직은 다양한 외국의 선거제도와 그것이 유권자 투표율에 미치는 영향에 대해 일반인들을 교육하는 데 전념하고 있다. 이는 미

연방체제의 소선거구제 이외에 비례대표제 제안을 검토한다.

3. www.realclearpolitics.com
   가장 중요한 뉴스 기사, 논평, 블로그, 비디오, 여론조사 등을 편집한 모음으로 자주 업데이트되고 있다.

4. www.opensecrets.org
   이것은 선거 기부금 및 후보, 정당, 로비스트의 지출에 관한 최고의 웹사이트이다.

5. www.lwv.org
   미국의 대표적 공익 단체 중 하나로, 유권자 등록 및 교육에 중점을 두고 있다.

주

1) Allan J. Lichtman, *The Embattled Vote in America* (Cambridge, MA: Harvard University Press, 2018), 3.

2) Arthur Lupia and Mathew McCubbins, *The Democratic Dilemma* (New York: Cambridge University Press, 1998), 208.

3) Gary C. Jacobson and Jamie L. Carson, *The Politics of Congressional Elections*, 9th ed. (Lanham, MD: Rowman and Littlefield, 2016).

4) Van Gosse, *The First Reconstruction: Black Politics in America from the Revolution to the Civil War* (Chapel Hill: University of North Carolina Press, 2021. Kate Masur, *Until Justice Be Done: America's First Civil Rights Movement from the Revolution to Reconstruction* (New York: W.W. Norton), 2021.

5) David R. Mayhew, *The Imprint of Congress* (New Haven, CT: Yale University Press, 2017), 27.

6) Richard J. Ellis, *The Development of the American Presidency*, 3rd ed. (New York: Routledge, 2018), 38−40.

7) Alexander Keyssar, *The Right to Vote: The Contested History of Democracy in the United States* (New York: Basic Books, 2000).

8) Holly J. McCammon and Lee Ann Banaszak, *100 Years of the Nineteenth Amendment: An Appraisal of Women's Political Activism* (New York: Oxford University Press, 2018).

9) Chris Uggen, Ryan Larson, Sarah Shannon, and Arleth Pulido-Nava, "Locked Out in 2020: Estimates of People Denied Voting Rights Due to a Felony Conviction," The Sentencing Project, October 30, 2020.

10) Michael Wines, "Kentucky Restores Vote to 140,000 Ex-Felons," *New York Times*, December 13, 2019, A23.

11) U.S. Bureau of the Census, "Voting and Registration in the Election of November 2016," 표 2 및 1860년대 유사한 표들.

12) Matthew J. Streb, *Rethinking American Electoral Democracy*, 3rd ed. (New York: Routledge, 2016), 11−36. 또한, 다음 참조. Kate Samuelson, "7 Ideas from Other Countries That Could Improve U.S. Elections," *Time*, November 14, 2016, 11.

13) Ian Urbina, "Hurdles to Voting Persisted in 2008," *New York Times*, March 11, 2009, A14.

14) Adam Liptak, "Supreme Court in 5-to-4 Ruling, Upholds Ohio Bid to Purge Voter Rolls," *New York Times*, June 12, 2018, A1, A13. 또한, 다음 참조. Alan Blinder and Michael Wines, "Get Out the Vote 1, Suppress the Vote 0," *New York Times*, December 25, 2017, A15.

15) Michael S. Lewis-Beck, William G. Jacoby, Helmut Norpoth, and Herbert F. Weisberg, *The American Voter Revisited* (Ann Arbor, MI: University of Michigan Press, 2008), 293−414.

16) Stephen J. Wayne, *Is This Any Way to Run a Democratic Election?* 6th ed. (New York: Routledge, 2018), 39−43.

17) Elizabeth A. Theiss-Morse, Michael W. Wagner, William H. Flanigan, and Nancy H. Zingale, *Political Behavior of the American Electorate*, 14th ed. (Washington, D.C.: Congressional Quarterly Press, 2018), 55−63; Conway, *Political Participation in the United States*, 32−35.

18) Jan E. Leighley and Jonathan Nagler, *Who Votes Now? Demographics, Issues, Inequality and Turnout in the United States* (Princeton, NJ: Princeton University Press, 2014). 또한, 다음 참조. Christine E. Bejarano, *The Latino Gender Gap in U.S. Politics* (New York: Routledge, 2014); Emily Badger, "What Would Happen if Everyone Voted?" *New York Times*, October 30, 2018, A17.

19) Richard R. Lau and David P. Redlawsk, *How Voters Decide: Information Processing in Electoral Campaigns* (New York: Cambridge University Press, 2006). 또한, 다음 참조. John Sides and Lynn Vavreck, *The Gamble* (Princeton, NJ: Princeton University Press, 2013), 7−9.

20) Arthur Lupia, *Uninformed: Why People Know So Little about Politics and What We Can Do about It* (New York: Oxford University Press, 2016), 11, 45.

21) Nelson W. Polsby, Aaron Wildavsky, Steven Schier, and David Hopkins, *Presidential Elections*, 15th ed. (Lanham, MD: Rowman and Littlefield, 2020), 16.

22) Samuel L. Popkin, *The Reasoning Voter: Communication and Persuasion in Presidential Campaigns* (Chicago: University of Chicago Press, 1991), 41, 57.

23) Gary C. Jacobson, *Presidents and Parties in the Public Mind* (Chicago, IL: University of Chicago Press, 2019), 76−94.

24) Domenico Montanaro, "7 Reasons Donald Trump Won the Presidential Election," NPR, November 12, 2016.

25) Donald R. Kinder and Nathan P. Kalmoe, *Neither Liberal Nor Conservative: Ideological Innocence in the American Public* (Chicago, IL: University of Chicago Press, 2017), 65.

26) W. Lance Bennett, *The Governing Crisis: Media, Money, and Marketing in American Elections* (New York: St. Martin's Press, 1996), 66, 126.

27) Gary C. Jacobson and Jamie L. Carson, *The Politics of Congressional Elections*, 10th ed. (New York: Rowman and Littlefield, 2020), 39−40.

28) Alan Ehrenhalt, *United States of Ambition: Politicians, Power, and the Pursuit of Office* (New York: Times Books, 1992), 9.

29) Alexander Fouirnaies and Andrew B. Hall, "The Financial Incumbency Advantage: Causes and Consequences," *Journal of Politics*, vol. 76, no. 3, May 2014, 711−724.

30) www.opensecrets.org/elections=overview/incumbent-advantage.

31) Jacobson and Carson, *The Politics of Congressional Elections*, 37−75.

32) Walter J. Stone, et al., "Candidate Entry, Voter Response and Partisan Tides in the 2002 and 2006 Elections," in Jeffrey J. Mondak and Donna-Gene Mitchell (eds.), *Fault Lines: Why the Republicans Lost Congress* (New York: Routledge, 2008).

33) David R. Mayhew, *Parties and Policies: How the American Government Works* (New Haven, CT: Yale University Press, 2008), 26.

34) Matea Gold and Elizabeth Dwoskin, "Facebook's Election Reach Draws Scrutiny," *Washington Post*, October 15, 2017.

35) Dennis W. Johnson, *Political Consultants in American Elections* (New York: Routledge, 2016), 1−43.

36) Natasha Singer, "Facebook Ad Service Is Seen as Ripe for Political Trickery," *New York Times*, August 17, 2018, B1, B3. 또한, 다음 참조. Bloomberg Business Week, "Politicians are Stuck With Facebook," October 10, 2022, 20−22.

37) Bennett, *The Governing Crisis*, 145.

38) Eitan D. Hersh, *Hacking the Electorate: How Campaigns Perceive Voters* (New York: Cambridge University Press, 2015). 또한, 다음 참조. Sasha Issenberg, *The Victory Lab: The Secret Science of Winning Campaigns* (New York: Broadway Books, 2012).

39) Matt Flegenheimer, "The Many Reasons to Run for President Even if Chances are Slim," *New York Times*, April 14, 2019, A1, A16.

40) Barbara Norrander, *The Imperfect Primary*, 2nd ed. (New York: Routledge, 2015), 9–14.

41) Rollcall, "Odds Stacked Against House Members Considering 2020 White House Bids," December 3, 2018. 또한, 다음 참조. Stephanie Saul, "Democrat Backing Away from a Run for President," *New York Times*, December 6, 2018, A20.

42) Samuel L. Popkin, *The Candidate: What It Takes to Win–and Hold–the White House* (New York: Oxford University Press, 2012).

43) Polsby, et al., *Presidential Elections*, 87–102.

44) Wayne, *Is This Any Way to Run a Democratic Election?*, 148–149.

45) Stephen J. Wayne, *Is This Any Way to Run a Democratic Election?* 6th ed. (New York: Routledge, 2018), 30.

46) Polsby, et al., *Presidential Elections*, 130–140.

47) Polsby, et al., *Presidential Elections*, 136–140.

48) Matthew R. Kerbel, *Netroots: Online Progressives and the Transformation of American Politics* (New York: Routledge, 2009), 9. 또한, 다음 참조. Matthew R. Kerbel and Christopher J. Bowers, *Next Generation Netroots: Realignment and the Rise of the Internet Left* (New York: Routledge, 2016).

49) Matthew Rosenberg and Kevin Roose, "In War of the Web, Trump Mobilizes an Ad Offensive," *New York Times*, October 20, 2019, A1, A26. 또한, 다음 참조. Jonathan Easley, "Trump Campaign Bets Big on Digital Ads to Counter Biden," *The Hill*, September 12, 2020.

50) Shane Goldmacher, "Wielding Political Influence: 12 Megadonors, $3.4 Billion," *New York Times*, April 21, 2021, A22.

51) Allan J. Ciglar, Burdett A. Loomis, and Anthony J. Nownes, eds. *Interest Group Politics*, 10th ed. (New York: Routledge, 2020), 122–133.

52) www.opensecrets.org/overview

53) Nicholas Confessore, "Clinton Doubles Trump: $150 Million on Hand," *New York Times*, October 16, 2016, Y19.

54) Elena Schneider, "Biden Takes Huge Cash Lead Over Trump While Outspending Him 2-to-1," *Politico*, September 21, 2020.

55) Linda Greenhouse, "Justices, in a 5 to 4 Decision, Back Campaign Finance Law That Curbs Contribution," *New York Times*, September 11, 2003.

56) Conor M. Dowling and Michael L. Miller, *SUPER PAC! Money, Elections, and Voters after Citizens United* (New York: Routledge, 2014), 31.

57) Christina A. Cassidy, "Far Too Little Vote Fraud to Tip Election to Trump, AP Finds," Associated Press, December 14, 2021.

출처: Tom Williams/CQ Roll Call via AP Images

9장

의회:
당파성, 양극화, 교착상태

중점질문 및 학습목표

Q1 건국자들은 의회 구성과 권한 부여를 통해 어떤 목적을 달성하려고 했나?

Q2 의회의 위원회 제도는 의원들의 전문적인 지식과 전문성 강화에 어떤 효과가 있는가?

Q3 대부분의 법안이 법률로 제정되기 위해 통과해야 하는 심사단계는 무엇인가?

Q4 의원이 중요한 법안에 대한 표결을 준비할 때 의원들에게 어떤 압력이 가해지는가?

Q5 의회는 최근의 개혁 노력에 얼마나 진지하였나?

DOI: 10.4324/9781003303954-9

인구조사, 선거구 재획정, 게리맨더링

제1조 2항 (부분): "하원의원 … 각 주의 인구수에 비례하여 각 주에 배정한다 … 인구수의 산정은 제1회 합중국의회를 개회한 후 3년 이내에 행하며, 그 후 는 10년마다 법률이 정하는 바에 따라 행한다."

인구조사 결과는 미국의 어디에 얼마나 많은 사람이 사는지를 말해준다. 각 주의 인구수에 따라 그 주가 미국 하원에서 차지할 의석수가 결정된다. 그런 다음 주의 회는 각 선거구에 동일한 수의 유권자가 포함되도록 연방의회 및 주의회 의원 선거구 경계를 재조정해야 한다. 선거구 조정 과정을 장악하면, 여당에게 유리하고 야당에게 불리한 방향으로 선거구를 획정할 수 있다. 권력을 자치하려는 싸움은 항상 정치인들의 흥미를 자극한다.

게리(Elbridge Gerry)는 당파적 이익을 위해 어떻게 선거구 획정이 사용될 수 있는지를 처음으로 깨달은 사람 중 한 명이었다. 그의 시대에 게리는 위대한 인물이었다. 하버드대학교를 졸업한 그는 독립선언문과 연합규약에 모두 서명했다. 그는 헌법회의에 참석하여 적극적으로 자신의 역할을 다했지만, 권리장전이 빠졌다는 것을 이유로 최종 헌법에 서명하지 않았다. 1814년 그는 제임스 매디슨 대통령의 행정부에서 부통령으로 재직하던 중 사망했다. 이 모든 업적에도 불구하고, 게리는 오늘날 무엇보다 게리맨더(Gerrymander)의 아버지로 기억되고 있다. 게리는 매사추세츠 주지사로서 1810년 인구조사 이후 의회 선거구 경계를 재조정하는 일을 감독했다. 연방파에 대한 제퍼슨 민주당의 선거 승리 가능성을 극대화하기 위해 만들어진 이상하게 생긴 한 선거구의 모양이 지역 신문 편집자로 하여금 살라맨더(도롱뇽), 아니 게리맨더를 연상하게 했다. 그래서 그러한 이름이 붙여졌다.

헌법 제1조 제2항은 미국 하원에서 각 주의 의석수는 10년마다 실시되는 인구수 계산, 즉 우리가 인구조사라고 부르는 것에 의해 결정되는 인구수에 기초해야 한다고 명시하고 있다. 각 주는 하원에서 적어도 한 개의 의석을 보장받으며, 인구수에 따라 추가 의석이 주어진다. 1910년 인구조사를 통해 인구가 늘어남에 따라 하원의 의석수가 늘어나서 일부 주들은 추가로 의석을 얻었지만, 의석수가 줄어든 주는 거의 없었다. 이민자가 엄청나게 늘어나고 있는 와중에 실시한 1910년 인구조사 이후, 하원의 전체 의석수는 435석으로 늘어났고 법으로 고정되었다. 하지만 하원의 크기를 435석으로 정해 놓은 것이 선거구 획정 과정을 훨씬 더 논란거리로 만들었다. 오늘날에는 만일 일부 주에서 인구 증가 때문에 추가 의석을 얻게 되는 경우, 다른 주들이 대신 의석수 감소를 감당해야 한다.

물론 의석수 재조정으로 이 과정은 끝나지 않는다. 선거구 획정, 즉 의회 선거구 및 다른 선거구의 경계를 다시 그리는 일이 여전히 남아있으며, 이는 복잡하고 치열한 대립이 벌어지는 정치과정이다. 엘브리지 게리 시절부터 우리 시대에 이르기까지 영리한 정치인들은 자신과 자신의 정당에 유리하게. 동시에 상대에게 불리하게 선거구 경계선을 긋기 위해 노력해왔다. 현역 의원들은 혹여 자신의 선거구에 변화가 생기더라도 자신의 선거구가 더 경쟁적으로 되기보다는 더 안전하게 되기를 원하기 때문에 이 과정을 매의 눈으로 쳐다본다. 다수당은 분명히 자기 당 현역 의원을 보호하고 다른 당 현역 의원을 불리하게 만들기를 원하지만, 다른 선거구에서 유리한 위치를 차지하려고 자기 당 현역 의원의 선거구로부터 너무 많이 남아도는 지지표 일부를 다른 선거구로 이동시키기를 원할 수도 있다. 마지막으로 다수당은 소수당의 영향력을 여러 선거구에 조금씩 분산시키거나 아니면 단지 몇 개의 선거구에 몽땅 몰아버리는 방식으로 소수당의 영향력을 제한하려고 한다.

미국 연방대법원은 수년에 걸쳐 선거구 획정에 관한 몇 가지 법적 요건을 제시했다. 첫째, 각 선거구에는 동일한 수의 주민이 거주해야 한다. 둘째, 선거구는 지리적으로 가능한 한 작고 하나로 붙어있어야 한다. 셋째, 선거구는 소수인종의 대표성이 줄어들지 않도록 한다. 그러나 현대의 컴퓨터 기술을 이용하면 이러한 제한을 지키면서도 엘브리지 게리가 상상하지 못했던 수준의 당파적 조작과 창의성이 가능하다.[1] 연방법원은 선거구 조정이 본질적으로 당파적이고 정치적인 것인지, 아니면 소수당을 지지하는 유권자들에게 법의 동등한 보호를 거부하는 것이 헌법적으로 그렇게 당파적이고 정치적일 수 있는지에 대해 오랫동안 고민해 왔다.[2] 대법원은 수십 년간 차일피일 미루다가 마침내 2019년에 선거구 획정은 법원이 입법부와 시민의 의견을 따라야 하는 본질적으로 정치적 행위라고 선언했다. 선거구의 경계가 어떻게 그어지느냐에 따라 결정적으로 향후 10년간 특정 정당이 정치적으로 유리한 위치에 놓이게 된다.

마지막으로, 인구조사와 의석수 재조정, 선거구 획정 과정에서 특히 불법이민은 논쟁의 대상이지만 미묘한 역할을 한다. 인구조사에서는 미국 시민권을 보유한 시민의 수가 아니라 시민권 보유 관계 없이 거주하는 주민의 수를 세는데, 인구조사 결과에 따라 재조정 및 선거구 획정이 이루어지기 때문에 논란의 소지가 있다. 시민의 수를 집계하는 대신 주민의 수를 집계하면 텍사스, 플로리다, 애리조나 같은 주에는 의석수가 늘어나고, 반면에 일리노이, 오하이오, 미시간 같은 주에서는 의석수가 줄어들 수밖에 없다.

미국 의회

미국인들은 항상 정부에 대해 상충적인 태도를 보여왔다. 혁명세대부터 오늘날까지 미국인들은 평화와 번영을 촉진하기 위해 정부가 필요하지만, 종종 예산 낭비와 지나친 규제가 이루어지고 있다고 생각해 왔다. 더욱이 미국인들은 진정으로 열심히 일하고 창의적인 사회의 구성원들은 민간 부문에 있고, 반면에 기회주의자와 모략꾼은 정치에 몰리는 경향이 있다고 가정하여 정치인들을 항상 의심해 왔다.

아마도 미국 역사상 가장 위대한 유머 작가인 트웨인(Mark Twain)은 정치인 전체를, 특히 미국 의회 의원들을 신랄하게 조롱했다. 트웨인은 의회 의원들을 "유일한 미국 토종 범죄 계급"으로 묘사했으며, "여러분이 바보라고 가정해 보세요. 여러분이 의원이라고 가정해 보세요. 하지만 나는 같은 말을 반복했네요"라는 농담으로 청중을 웃겼다. 의회에 대한 이와 유사한 입장은 미국 역사 전체에 널리 퍼져 있으며 킴멜(Jimmy Kimmel), 콜버트(Stephen Colbert), 마이어스(Seth Meyers) 등이 사회 보는 정치토크쇼에서 매일 밤 들을 수 있다.[3]

우리는 의회에 무엇을 기대하며, 왜 의회는 우리의 기대를 충족시키는 데 그렇게 어려움을 겪는가? 불행히도, 우리는 의회로부터 적어도 잠재적으로 양립할 수 없는 몇 가지를 기대한다. 첫째, 우리는 의회를 대의기관으로 생각한다. 의회의 각 의원은 자신의 견해를 분명히 밝히고 유권자의 이익을 보호할 것이 기대된다. 둘째, 우리는 의회가 어느 시점에서는 논의를 끝내고 국가 전체 차원에서 효과가 있는 정책이나 프로그램을 법률로 통과시킬 것을 기대한다. 이어서 살펴보겠지만, 의회는 논의과정을 매끄럽게 의결로 이어지게 하는 데 어려움을 겪고 있으며, 의회 의원 개개인은 지역구 유권자의 이익으로부터 국가 전체의 이익으로 시선을 돌리는 데 어려움을 겪고 있다.[4]

이 장에서 우리는 몇 가지 중요한 질문에 대해 묻고 답한다. 첫째, 건국자들은 보다 넓은 미국정치체제 내에서 의회의 역할이 무엇이라고 생각했나? 둘째, 공화국 초기부터 현재까지 의회는 어떻게 변화해 왔는가? 셋째, 의회는 업무를 수행하기 위해 어떻게 조직되어 있는가? 넷째, 의회의 심의와 의결에 영향을 미치는 핵심 세력이나 영향력은 무엇인가? 다섯째, 최근 수십 년 동안 의회는 무슨 개혁을 했으며, 도움이 될 만한 개혁으로 현재 논의되고 있는 것은 무엇이 있나?

의회의 기원과 권한

Q1 건국자들은 의회 구성과 권한 부여를 통해 어떤 목적을 달성하려고 했나?

건국자들은 영국의 이론과 관행으로부터, 그리고 식민지 입법부를 관찰하고 그곳에서 일하면서 입법부에 대해 이해하게 되었다. 영국 의회는 12세기에 세금과 수수료를 승인받기 위해 왕이 소집한 의회로 시작하여 발전했다. 수 세기에 걸쳐 세입을 승인하는 의회의 역할로 인해 의회는 국왕에게 불만을 제기하고 마침내 국가적 문제와 잠재적 해결책에 대한 공개적인 논의에 참여할 수 있게 되었다. 17세기 후반 영국의 정치 이론가 로크(John Locke)는 의회, 특히 하원에 해당하는 평민원(the House of Commons)의 지배를 정당화하기 위해 '국민주권'과 '입법부 우위'라는 개념을 사용했다.

국민주권은 모든 합법적인 정부의 권한이 국민으로부터 무상으로 부여된 것이며, 정부가 이를 무시하거나 남용할 경우 국민이 그 권한을 되찾을 수 있다는 생각이다. **입법부 우위(입법권의 우월)**는 법을 만드는 권력이 최고라는 생각, 즉 로크의 말을 빌리자면 "다른 사람을 대상으로 법을 만드는 자는 반드시 그 사람보다 우월해야 한다"라는 생각이다.[5] 입법부가 법을 만들고 행정부와 사법부가 단지 그 의미를 집행하고 판결하기만 한다면, 법을 만드는 권한 또는 입법권이 분명히 우월하다. 미국인들은 국민주권과 입법부 우위라는 로크의 이러한 생각으로부터 정치에 대한 미국 고유의 생각을 갖기 시작했다.

더욱이, 식민지 미국 입법부에서의 경험은 일관되게 폭군처럼 보이는 왕실 총독에 맞서는 주민 대표의 경험이었다. 혁명 직전 몇 년 동안 긴장이 고조되면서, 미국인들은 모든 정치권력을 위험하다고 여기게 되었고, 인민의 가장 직접적인 대표자를 제외한 다른 모든 사람이 가진 권력을 특히 위험하다고 생각하게 되었다. 따라서, 그들이 처음으로 정부를 건설할 기회가 생겼을 때, 그들은 정부에 제한된 권력만을 부여했고, 주어진 권력조차 남용을 최대한 억제했고, 가장 직접 선출한 대표들의 손에 권력을 단기적으로 맡겼다.

대륙회의

1774년 9월 5일, 최초의 미국 의회인 대륙회의(Continental Congress)가 소집되었다. 각 식민지는 한 표씩 행사했고, 회의장에서 대표들 간의 공개 토론을 거쳐 의결이 이루어졌다. 대륙회의는 의결 사항을 여러 식민지에 권고할 수 있었지만, 식민지는 부분적으로, 전체적으로 따를 것인지, 또는 전혀 따르지 않을 것인지를 자유롭게 결정할 수 있었다. 전쟁이 발발하자 대륙회의와 주들은 정치 권력과 권한을 보다 명확하게 나눠야 할 필요성을 느꼈다.

1777년 대륙회의에서 초안이 작성된 연합규약(The Articles of Confederation)은, 비록 1781년까지 모든 주가 비준하지는 않았지만, 국가 권력을 규정하고 이를 주 권력과 구별하기 위한 것이었다. 제2조는 주가 주권을 가지며, 의회에 특별히 부여되지 않은 모든 권력을 주가 보유한다고 확실히 명시하고 있다.[6] 연합규약은 중앙정부 차원에서 행정부나 사법부에 대해 전혀 언급하지 않았다. 연합

국민주권(popular sovereignty)
모든 합법적인 정부 권한은 국민에게서 나오며 정부가 이를 무시하거나 남용하는 경우 국민이 이를 되찾을 수 있다는 생각이다.

입법부 우위(legislative supremacy, 입법권의 우월)
정부의 법을 만드는 권한이 행정권과 사법권보다 우위에 있어야 한다는 생각이다.

출처: The Granger Collection, NYC

켄터키주 헨리 클레이 상원의원은 19세기 전반의 위대한 연설가 중 한 명이었다. 이 사진에서 그는 의원직 말년에 노예제를 둘러싼 교착상태의 악화를 타개하기 위해 '1850년의 타협'을 제안하고 있다.

다른 나라와 비교

의원내각제의 의회(Parliament)와 삼권분립체제의 의회(Congress)

의원내각제와 삼권분립체제의 근본적인 차이점은 행정부의 권한 및 공직자와 입법부의 권한 및 공직자 간의 관계에 있다. 의원내각제에서는 입법부의 다수당 의원들 또는 때로는 다수 연립정부 참여 정당 의원들이 자기들끼리 총리와 내각의 각료를 선출한다. 다시 말해, 행정부의 지도자는 입법부의 다수당 지도자이며 그 지위를 계속 유지한다. 이러한 행정부 각료들은 의회 내 동료 의원들의 신임과 지지를 유지하는 한 행정부의 공직을 유지할 수 있다.

의원내각제에서 정부 전체의 안정성은 다수당이나 연립정부의 힘과 결속력에 달려 있다. 따라서 의원내각제에서 정당은 소속 의원들을 철저하게 통제하는 경향이 있다. 정당은 특정 선거구에 출마할 후보자를 선택하고, 선거운동을 조직하고 선거자금을 지원하며, 원내 표결에서 소속 의원들에게 당론을 따를 것을 요구한다. 당론을 줄곧 따르지 않는 의원은 결코 다음 선거에서 살아서 돌아오지 못한다.

의원내각제 정부 형태를 지지하는 사람들은 이러한 권력의 집중화가 상대적으로 좀 더 효율적이고 정치적 책임성의 강화를 가져온다고 주장한다. 행정부 공무원, 즉 총리와 그/그녀의 동료 장관들이 동시에 의회 다수당 지도부를 겸하고 있기 때문에 좀 더 효율적이다. 그들의 주요 정책 제안은 원내에서 당연히 자동적으로 과반수 지지를 확보한다. 더욱이 대중은 자신들이 지켜보는 가운데 일어나는 좋은 일이나 나쁜 일에 누가 책임이 있는지, 어느 당이 책임이 있는지 혼동하지 않고 명확하게 알 수 있다.

미국의 삼권분립체제는 매우 다르게 작동한다. 첫째, 미국 의회 의원들은 헌법상 행정부의 직책을 겸직하는 것이 금지되어 있다. 행정부의 공무원들은 입법부와 별개로 독립적으로 임명되며, 임기가 정해져 있어 오직 입법부의 탄핵을 통해서만 해임될 수 있다. 이는 대통령이 의회 내 모든 주요 표결에서 승리할 필요가 없으며, 중요한 표결에서 패해도 정부가 해산되지 않고 임기가 끝날 때까지 정권을 유지하며, 모든 의원이, 심지어 대통령 소속 정당의 의원들조차 당론과 무관하게 자신의 판단에 따라 원내에서의 표결에 임할 수 있음을 의미한다.

둘째, 원내에서 지속적으로 다수당의 지위를 유지하지 않아도 되기 때문에 미국의 정당은 상대적으로 허약한 편이다. 의원들은 선거에 출마할지 여부를 스스로 결정하고, 선거자금 대부분을 스스로 모으고, 선거운동 역시 스스로 책임지고, 자신과 같은 정당 소속의 대통령과 의견이 다를 수 있을 정도로 자유롭게 자신의 판단에 근거하여 의정활동을 한다.

셋째, 삼권분립체제는 행정부와 입법부가 운명을 함께하지 않도록 고안된 체제이기 때문에 각기 다른 정당이 행정부와 입법부를 부분적으로 또는 전체적으로 장악하는 분점정부(divided government)가 단순히 있을 수 있는 현상이 아니라 오히려 일반적 현상에 속한다. 많은 미국인이 생각하기에 분점정부는 나쁜 것이 아니다. 오히려 정치권력을 분산하고 견제하며 균형을 맞추는 또 다른 방식일 뿐이다.

규약은 전쟁과 외교 문제에 대해서는 광범위한 권한을 연합회의에 부여하였지만, 국내 문제에 대해서는 직접적인 권한을 거의 부여하지 않았고, 세금 및 상업 규제에 대해서는 아무런 권한도 부여하지 않았다. 연합회의가 명백하게 권한을 가지고 있는 경우에도 연합회의는 목표를 추구하는 데 필요한 예산을 독자적으로 충당할 재정수입이 없었다.[7]

의회와 헌법

1789년에 발효된 미국헌법은 의회가 중심적인 역할을 하는 중앙정부를 명시하고 있다. 제1조는 전체 헌법의 절반을 차지하며, "이 헌법에 의하여 부여되는 모든 입법권은 합중국 의회에 속하며, 합중국 의회는 상원과 하원으로 구성한다"라는 단호한 선언으로 시작한다. 제1조 8항은 17개의 호에 의회의 권한을 열거하고 있다.

출처: AP Photo/J. Scott Applewhite

하원의원 호아킨 카스트로(민주당, 텍사스주)는 하원의 2020년 인구조사 태스크포스의 위원장이다. 그의 뒤에는 하원 흑인 코커스, 히스패닉 코커스, 아메리카 원주민 코커스, 아시아 태평양 제도 코커스 소속 의원들이 서 있다. 가장 왼쪽에는 하원 민주당 코커스 의장인 하킴 제프리스(민주당, 뉴욕)가 있다.

처음 8개 호는 연합규약에 없었던 조세와 상업에 관한 권한을 규정하였다. 의회는 세금을 부과 및 징수하고, 미국의 신용으로 돈을 빌리고, 국가 통화를 발행하고, 상업을 규제하고, 우체국과 우편 도로를 건설할 수 있는 권한을 부여받았다. 그다음 호는 의회가 연방대법원 아래에 연방법원을 설치할 수 있도록 하였다. 이어지는 7개의 호는 외교와 군사에 관한 의회의 권한을 규정하였다. 의회는 국제법 위반과 해상에서의 불법 행위를 처벌하고, 선전포고할 수 있으며, 육군, 해군, 합중국의 군무에 복무 시 주 민병대 등을 모집, 훈련, 무장할 수 있는 권한을 부여받았다. 의회는 또한 국가 수도가 위치한 10마일 제곱을 넘지 않는 구역에 대해 독점적인 관할권을 행사할 수 있는 권한을 부여받았다. 마지막으로 제1조 제8항의 마지막 호는 앞서 열거된 권한을 '행사하는 데 필요하고 적절한 모든 법률을 제정하는' 권한을 의회에 부여하였다.[8]

하원과 상원은 입법 과정에서 동등한 역할을 하지만 각각 몇 가지 특별한 권한과 책임을 갖고 있다. 의원내각제 의회 및 식민지의 선례에 따라 제1조 7항은 "세입 징수에 관한 모든 법률안은 먼저 하원에서 제안되어야 한다"라고 명시하고 있다. 상원은 탄핵을 심판하고 조약, 행정부의 고위공직자 임명, 대법관 지명 등에 관해 조언 및 동의할 권한과 책임을 갖는다.

의회 의원 및 의정활동

미국 의회의 의원이 되기 위한 헌법상의 자격요건은 거의 없고 간단하다. 나이, 시민권, 거주권 등의 자격요건이 있다. 하원의원은 25세 이상, 7년 이상 시민권자로 자신이 선출된 주의 거주자여야 한다. 상원의원은 30세 이상, 9년 이상 시민권자로 자신이 선출된 주의 거주자여야 한다. 게다가, 주나 의회는 헌법을 개정하지 않고는 자격요건이나 제한조건을 추가할 수 없다.

    헌법상 의원의 자격요건은 최초 의회 이후 전혀 변하지 않았지만, 의회에서 일하는 사람들의 종류와 의정활동의 성격이 크게 바뀌었다. 19세기에는 의원이 거의 모두 백인이었다. 그들은 한 해의 대부분을 집에서 보냈고, 의원직과 더불어 종종 정규 직장에서 일했으며, 의회가 회기 중일 때만 워싱턴에 머물렀다. 20세기, 특히 20세기 후반에 들어서면서 소수인종과 여성의 의회 진출이 점점 더 늘어났다. 오늘날 의원들은 항공 여행이 일상화된 덕분에 거의 매주 주말과 쉬는 시간을 자신의 선거구에 있는 집에서 보낼 수 있다.[9] 의회는 2010년 이후 매년 평균 약 110일의 회기를 갖고 있지만, 선거가 있는 해에는 그보다 훨씬 짧은 기간 동안 회기를 유지한다.

의원 특성

의회 의원은 항상 전국적 차원에서의 경제, 사회, 교육 엘리트들이었다. 평생동안 처음부터 공공부문에서 일하는 것이 점차 보편화되고 있지만, 의원들은 법조계 및 경제계 출신이 불균형적으로 많다. 거의 모든 의원이 대학을 졸업했고, 75%는 대학원 학위를 가지고 있으며, 대학원 학위 대다수는 법학(J.D.)과 경영학(M.B.A.) 석사 학위이다. 의회에 변호사 출신이 많다는 것은 놀랄 일이 아니다. 20세기 초 위대한 정치 사회학자 베버(Max Weber)는 『직업으로서의 정치』(1919)에서 입법부에 변호사가 왜 그렇게 흔한지에 대해 설명했다. 읽어볼 만한 가치가 충분히 있다. 변호사들은 법률 분야에서 일하며, 의회는 법을 만드는 일을 한다. 게다가, 변호사들은 어느 정도 손쉽게 하던 일을 그만둘 수 있고, 의회에서 의원으로 재직하면서 생긴 인지도는 변호사 업무로 복귀하는 경우 일반적으로 도움이 된다. 변호사 네트워크가 제공하는 초기 선거자금 조달에 유리한 점도 나쁘지 않다.[10]

출처: AP/Tom Williams

상원 다수당 원내대표 척 슈머(민주당, 뉴욕)와 소수당 원내대표 미치 매코널(공화당, 켄터키주)은 토론을 지휘하기 좋게 통로를 가운데 두고 서로를 맞은편에 두고 맨 앞자리에 앉아 있다. 비록 매코널이 그저 슈머의 양말을 어렴풋이 보고 있을 수도 있지만, 마스크를 쓰고 있음에도 매코널의 얼굴에서 찌푸린 표정을 볼 수 있다.

    경제계 경력은 다르게 작동하며, 이것은 의회에서 찾는 경제계 인사의 종류에 영향을 미친다. 일반적으로 의회 의원들은 중소기업, 종종 개인 기업 또는 가족 소유 기업 출신인 경우가 많다. 중소기업 사업가 출신이 의원에 당선되면 배우자, 형제, 사촌, 동업자가 매장, 보험 대리점, 해충 박멸 프랜차이즈를 유지할 수 있다. 동료와 경쟁자에게 설 자리를 잃지 않고 기업 사다리를 오르 내리는 것은 더 어렵다. 따라서 기업이나 금융계 고위직 출신이(은퇴했거나 복귀할 계획이 전혀 없는 경우가 아니라면) 의회 선거에 출마하여 공직에 봉사하는 경우가 거의 없다.

현재 여성은 의회의 약 28%, 흑인은 약 12%, 히스패닉은 약 11%를 차지하고 있다. 이들 모두, 특히 여성이 인구에서 차지하는 비율에 비해 상당히 과소대표되어 있다 (도표 9.1 참조). 제118차 의회(2023~2025년)에는 하원에서 124명의 여성이, 상원에서 25명의 여성이 당선되었는데, 이는 지난 회기보다 소폭 증가한 수치이다. 제118차 의회는 또한 아프리카계 미국인 58명, 라틴계 미국인 55명, 아시아계/태평양제도 21명, 북미 원주민 4명 등의 하원의원이 있었다. 상원에는 3명의 흑인 의원, 6명의 히스패닉계 의원, 2명의 아시아계 의원이 있었다. 의회 의원의 약 55%는 개신교, 31%는 가톨릭, 6%는 유대인, 3%는 모르몬교이며, 그 밖에 소수의 이슬람교도, 힌두교도, 불교도 등이 있다.[11]

분명히 지난 수십 년 동안 의회의 다양성이 증가했지만, 이러한 증가의 대부분은 민주당 의원들 사이에서 발생했음을 지적해야 한다. 제116차 의회에서 여성, 흑인, 히스패닉, 아시아계 의원(흑인 여성 등과 같이 일부 이중 계산) 총 241명 중 단 32명, 즉 13%만이 공화당 의원이었다.[12]

마지막으로, 의원들은 일반적으로 이미 상당한 정치 경험을 가지고 의회에 진출한다. 하원의원 대부분은 지역 및 주 공직에 먼저 봉사함으로써 국가 수준의 공직 선거 출마를 준비했다. 더욱이 하원의원이 상원으로 '승진'하는 것은 꽤 흔한 일이다. 그 결과, 현재 미국 하원의원 중 절반은 이전에 주의회에서 활동했고, 현

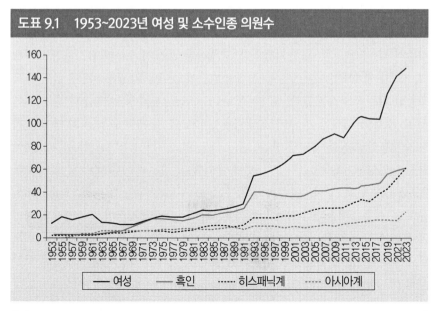

도표 9.1   1953~2023년 여성 및 소수인종 의원수

범례: 여성 / 흑인 / 히스패닉계 / 아시아계

출처: Brookings Institution, *Vital Statistics on Congress*, updated March 2021. https://brookings.edu/multi-chapter-report/vital-statistics-on-congress/.

상원의원 중 절반이 이전에 미국 하원에서 의원으로 활동했다. 상원의원이 되는 또 다른 일반적인 경로는 주지사와 같은 주 전체 수준의 선출직 공직을 거치는 길이다. 그 결과, 의회 의원의 평균 나이는 약 60세이며, 하원의원의 평균 나이에 비해 상원의원의 평균 나이는 약 4살 정도 더 많다.

일부 의원은 어쩌면 민간 부문에 그대로 있었으면 더 많은 돈을 벌었을 수도 있겠지만, 의원 세비와 혜택 덕분에 의원들은 미국에서 가장 넉넉하게 사는 사람들 측에 속한다. 제118차 의회 의원들은 17만 4,000달러의 세비와 많은 혜택을 받는다. 단 5년 동안만 의회에서 의원으로 일해도 의회 의원은 물가상승률에 맞춰 매년 조정되는 별로 많지 않은 약간의 연금과 의료보험 혜택을 받는다. 오랫동안 의원으로 재직하면 할수록 더 많은 액수의 연금을 받는다. 2018년에는 617명의 전직 의원이 평균 약 6만 달러의 연금을 받았다. 텍사스주 하원의원 랄프 홀(Ralph Hall)은 자신의 마지막 선거에서 패하여 92세의 나이로 은퇴했는데, 의회에서 34년간 재직하고 매년 13만 9,000달러의 연금을 받았다. 전체 의원의 거의 절반에 가까운 253명의 의원은 100만 달러 이상의 순 개인 자산을 보유하고 있다.[13]

임기, 현역, 재선

미국 역사의 대부분을 통틀어 정치를 전업으로 삼은 경우는 흔하지 않았다. 자신의 진짜 직업에 종사하면서 시간을 내어 정치적 공직에 복무한 사람들은 대부분 국가 수준의 공직보다 주 수준의 공직, 심지어 지방정부 수준의 공직을 선택했다. 의회가 위치하고 있는 수도 워싱턴은 너무 멀어서 가기 어려운 곳이었다. 따라서 의원의 평균 교체율은 높았고, 평균 재임 기간은 짧았다.

19세기 동안 의원 교체율, 즉 새로운 의회가 시작할 때 새로운 의원 비율은 꾸준히 40~50% 수준을 유지했었다. 교체율은 20세기 초부터 감소하기 시작했고, 제2차 세계대전 이후에는 평균 재임 기간이 늘어났다. 일부 의원은 유난히 오랫동안 의원직을 유지했다. 헤이든(Carl Hayden, 민주당, 애리조나)은 하원에서 15년 동안 재직한 후 추가로 상원에서 42년을 더 재직했다. 의회 역사상 가장 오랫동안 재직한 의원인 딩겔(John Dingell, 민주당, 마이애미)은 1955년에 하원에 입성하여 60년 만인 2015년에 은퇴했다. 딩겔의 아내 데비 딩겔(Debbie Dingell)이 현재 그 자리를 이어받았다. 2003년 초 서먼드(Strom Thurmond, 공화당, 사우스캐롤라이나)는 상원의원으로 47년 이상 재직한 후 100세의 나이에 은퇴했다. 버드(Robert Byrd, 민주당, 웨스트버지니아)는 1959년 상원의원으로 선출되기 전까지 6년 동안 하원에서 일했다. 미국 역사상 가장 오랫동안 상원의원으로 재직한 버드는 2010년 6월 28일 92세의 나이로 사망했다 (도표 9.2 참조).[14] 상원의원 미컬스키(Barbara Mikulski, 민주당, 메릴랜드)는 의회 역사상 가장 오랫동안 재직한 여성 의원이었다. 그녀는 1986년부터 2016년까지 상원의

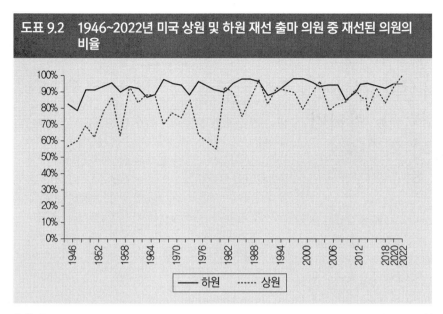

도표 9.2   1946~2022년 미국 상원 및 하원 재선 출마 의원 중 재선된 의원의 비율

출처: Brookings Institution, *Vital Statistics on Congress*, updated March 2019. https://brookings.edu/multi-chapter-report/vital-statistics-on-congress/.

원으로 일하기 전에 10년 동안 하원의원으로 일했다.

일반적으로 1950년부터 2020년까지 재선에 도전했던 하원의원의 94%와 상원의원의 83%가 재선에 성공했다.[15] 1980년, 1994년, 2010년 이후 단 두 번, 자발적으로 불출마를 선언한 의원 수보다 재선에 실패한 의원 수가 더 많았다. 심지어 하원에서 30석, 상원에서 6석을 확보하여 1994년 이후 처음으로 민주당이 상·하 양원을 모두 장악하였던 2006년조차 재선에 도전했던 하원의원의 94%와 상원의원의 79%가 재선에 성공했다. 2010년은 좀 더 유혈이 낭자했다. 재선에 도전했던 상원의원과 하원의원 중 85%만이 재선에 성공했다. 2010년 선거 이전에 37명의 상원의원과 하원의원이 자발적으로 불출마를 선언했지만, 54명은 선거에서 패했다. 2016년에는 트럼프(Donald Trump)의 예상하지 못한 승리로 인한 대선에서의 격변에도 불구하고 의회 선거에서는 놀랄 만큼 거의 변화가 없었다. 하원의원의 97%와 상원의원의 90%가 재선에 성공했다. 2020년에는 트럼프가 재선에 실패했지만, 다시 한번 의회 선거는 큰 변화 없이 조용했고, 재선에 출마한 하원의원의 95%와 상원의원의 93%가 재선에 성공했다.

이 놀라운 재선율을 어떻게 설명할 수 있나? 메이휴(David Mayhew)의 『의회: 유권자 관계』(1974)와 페노(Richard Fenno)의 『위원회의 하원의원』(1973)이라는 두 개의 고전적 연구는 오랫동안 의원의 의정활동 동기를 이해하는 데 기초를 제공해 왔다. 메이휴는 재선 성공이 의원들의 지배적 동기라고 강력하게 주장했다. 의원들은 재선 성공 없이는 아무 일도 할 수 없다. 페노는 일단 재선 성공

국민의 대표는 자신의 양심에 따라 행동해야 하는가, 아니면 자신의 선거구민의 의견을 그대로 대변해야 하는가?

플라톤과 아리스토텔레스가 고대 아테네에 살았던 이후 거의 2,500년 동안 민주주의는 국민에 의한 통치를 뜻하는 것으로 이해되었다. 아테네 민주주의에서는 모든 남성 시민이 공개적으로 모여 그날의 주요 문제를 논의하고 해결할 수 있었다. 그러나 현대 국민국가는 너무 크고 모든 사람이 자신을 스스로 대표하기에는 시민의 수도 너무 많다. 따라서 우리는 시민들이 자기를 대신하여 정부 심의 및 정책 결정을 담당할 대표자를 선출하는 대의제 정부를 언급한다.

대표성의 본질에 대한 진지한 생각은 종종 1774년 11월 브리스톨 하원의원 선거에 출마한 후보자 버크(Edmund Burke, 1729~1797년)의 유명한 연설에서 찾을 수 있다. 민주적 이상은 영국과 점점 더 반항적인 영국의 북미 식민지에서 대체적으로 아직 널리 받아들여지지 않았었다. '지시(instructions)'의 문제. 즉 유권자가 선출된 공직자에게 직무 수행을 구속하거나 지시할 수 있는지 여부가 사람들의 초미의 관심사였다. 버크와 경쟁하는 후보는 '지시'라는 개념에 찬성했고, 당선되면 자신의 선거구 유권자들의 바람과 견해를 따르겠다고 약속했다.

따라서 버크는 지시의 문제와 자신의 유권자들에 대한 대표자의 책임에 대해 의견을 밝혀야 할 필요성을 느꼈다. 그는 다음과 같은 기억에 남는 말로 자신의 견해를 피력했다. "물론, 신사 여러분, 대표자의 행복과 영광은 선거구민과 가장 완전한 결합, 가장 긴밀한 서신 교환, 가장 거리낌 없는 의사소통 속에서 사는 것이어야 합니다. 선거구민의 바람은 그에게 큰 영향을 미쳐야 합니다. 선거구민의 의견은 높이 존중되어야 합니다. 선거구민의 일에 부단한 관심을 쏟아야 합니다 … 그러나 그의 편파적이지 않은 의견, 성숙한 판단, 계몽된 양심, 그는 … 살아 있는 어떤 집단에게도 희생해서는 안 됩니다 … 여러분의 대표자는 여러분에게 그의 근면함뿐만 아니라 그의 판단력도 빚을 지고 있습니다. 그리고 만약 그가 여러분의 의견을 위해 그것을 희생한다면, 그는 여러분을 섬기는 것이 아니라 배신하는 것입니다."

그때 당시와 마찬가지로 버크의 웅변은 여전히 감동적이지만, 버크의 말은 본질적으로 대표자는 자신의 유권자의 의견을 경청하되 궁극적으로는 자신의 판단을 사용해야 한다는 것이다. 건국 세대의 많은 미국인들, 특히 해밀턴 주변에 모인 연방주의 엘리트들은 버크의 견해를 받아들였지만, 제퍼슨 주변에 모인 사람들은 입법부가 더 광범위한 사회를 반영해야 하고, 대표자는 자기 선거구민의 견해와 이익을 대변해야 한다고 주장했다.

오늘날 우리는 이 문제들을 어느 정도 논의하지만, 다소 다르게 논의한다. 학자들은 현대의 대표자가 누구인지 또는 무엇을 대표하는지를 설명하기 위해 신탁자, 대리인, 정치꾼이라는 세 가지 용어를 사용한다. 버크의 견해를 따르는 신탁자는 자신이 선거구 유권자의 의견을 경청해야 할 책임이 있지만, 광범위한 공공이익 또는 국가이익을 위해 자신이 가진 지식과 판단을 활용하도록 의회에 파견된다고 생각한다. 선거구 이익과 국가 이익이 겹치는 경우가 많겠지만, 그렇지 않은 경우, 특히

이 확실해지면, 비로소 의원들이 정책 영향력이나 기관 내의 더 광범위한 권력 또는 두 가지 모두에 관심을 돌린다는 똑같이 설득력 있는 주장을 했다. 어떤 선택을 하든, 장기적인 성공은 일련의 재선 성공을 둘러싼 경쟁에 달려 있다. 계속해서 의원들이 무엇보다 자신의 재선 가능성에 집중적으로 매달리기 때문에 하원의원 재선율은 90% 이하로 떨어지는 경우가 거의 없고, 상원의원 재선율도 80% 이하로 떨어지는 경우가 거의 없다.

중요한 문제의 경우 **신탁자**는 반드시 국익 또는 공익을 대표해야 한다.

　대리인은 거울 대표성 관점을 취하여, 자신의 역할을 유권자의 이익을 보호하고, 유권자의 견해를 반영하는 것으로 생각한다. **정치꾼**은 문제, 상황, 압력이 다양하기 때문에 신탁자 입장과 대리인 입장 사이를 오가는 경향이 있다. 정치꾼은 유권자의 관심을 끌지 못하는 문제나 유권자의 의견이 애매하거나 분열된 문제에 대해 신탁자처럼 행동하고 자신의 판단을 사용할 수 있는 자유를 가질 것이다. 사실, 모든 대표자는 어떤 문제와 자신

의 업무 일부 측면에 대해서는 국가적 견해를 갖고, 또 다른 측면에 대해서는 지역 또는 선거구의 견해를 갖는다. 그러나 각 대표자는 또한 신탁자, 대리인, 정치꾼으로 자신을 표시하는 일반적인 접근방법과 방식을 채택하고 있다.

여러분은 어떻게 생각하는가?

● 대표자는 누구인가 또는 무엇을 대표해야 하는가?
● 여러분은 정치인이 자신의 유권자들이 동의하지 않는다는 것을 알면서도 자신의 판단을 활용하는 것에 만족하는가?

찬성	반대
대표자는 많은 걸 이뤄낸 뛰어난 사람이다.	유권자 자신이 생각하고 원하는 것이 무엇인지 알고 있다.
대표자는 문제를 연구하고 토론한다.	예상치 못한 문제는 거의 발생하지 않는다.
적어도 가끔은, 대표자는 폭 넓은 관점을 취해야 한다.	지방의 견해는 강력한 목소리를 낼 만하다.

　그러나 의회가 발전함에 따라, 의회의 동기에 대한 학자들의 생각 역시 발전했다. 메이휴의 주장에 따르면, 정당의 지도자는 의원들의 이익을 위해 봉사했으며, 의원들의 재선 가능성을 위협하지 않으면서 당의 단합을 이루기 위해 노력했다. 의회에서 정당 간의 이념적 거리가 더욱 멀어짐에 따라, 정당의 지도자가 다시 권한을 갖게 되었다. 정치학자 앨드리치(John Aldrich)와 로드(David Rohde)는 '조건부 정당 정부'라고 명명한 메이휴와 페노의 주장을 수정한 의견을 제시했다. 조건부 정당 정부의 '조건'은 만약 당 지도자가 이념적으로 당 대의원들의 중앙에 가까운 경우 의원들은 기꺼이 당 지도자에게 권한을 부여하고 당 지도자의 지휘를 따른다는 것이다. 메이휴와 페노가 50년 전에 설명했듯이, 의원들은 자신의 재선 가능성, 즉 자신의 의원직이 당 지도부와 갈라서는 것에 달려 있다면 기꺼이 그렇게 할 것이다. 그러나 앨드리치와 로드가 최근에 설명했듯이, 의회에서 양당이 더욱 심하게 대립하면서, 의원들은 당 지도자를 따르는 것이 자신의 정치 이익, 선거 이익에 도움이 된다는 것을 점차 깨닫게 되었다.

　마지막으로 2020년은 인구조사의 해였기 때문에 2020년 말과 2021년에는 각 의원이 같은 수의 인구를 대표하도록 435개 하원 선거구 전체가 다시 획정되었다. 선거구 획정 과정에서 재선 동기가 뚜렷하게 드러난다. 하원의원들은 기존 선거구에서 당선되었고, 기존 선거구의 어떤 변화라도 향후 자신의 당선 가능성을 떨어뜨리기보다는 높여주기를 원하기 때문에 **선거구 획정**에 매우 민감하다.

신탁자(trustee)
대표자가 공공문제에 대해 의사결정을 내릴 때는 자신의 선거구 유권자의 의견을 경청하되 자신의 전문지식과 판단력을 사용해야 한다는 대표성의 관점이다.

대리인(delegate)
대표자의 주된 역할을 자신의 선거구 유권자의 견해를 반영하고 이익을 보호하는 것으로 보는 대표성의 관점이다.

정치꾼(politico)
자신의 선거구 유권자의 견해가 명확할 때는 대표자가 유권자의 의견을 따르고, 유권자의 의견이 불분명하거나 분열되어 있을 때는 대표자가 자신의 판단이나 정치적 이해관계를 따른다고 보는 대표성의 관점이다.

선거구 획정(redistricting)
각 인구조사 후에 의회 선거구 경계를 재조정하는 것이다.

출처: AP/Greg Nash

상원의원 밋 롬니(공화당, 유타)가 코로나19 대응 관련 보건, 교육, 노동, 연금위원회 회의에서 발언하고 있다. 공화당 대선후보 출신으로 유타 주지사를 지낸 롬니는 웬만한 사람들보다 더 독립적으로 움직인다.

게리맨더(gerrymander)
정당이 정치적 이점을 극대화하는 방향으로 선거구를 획정할 때 발생하는 일부 의회 선거구의 이상한 모양을 가리킨다.

주 정당이 일반적으로 선거구 획정 과정을 주도하며 그렇게 하는 동기로 두 가지를 들 수 있다. 첫째, 가능한 한 많은 현역 의원을 지키는 것이고, 둘째, 당의 전체적인 선거 전망을 최대로 좋게 만드는 것이다. 때로는 정당의 목적을 달성하기 위해 의회 선거구 경계를 비정상적으로 긋는 경우가 있다. 이 장의 시작 부분에서 보았듯이, 1810년 인구조사 이후 매사추세츠주 주지사 엘브리지 게리가 획정한 이상한 모양의 선거구에 처음 적용된 '게리맨더'라는 용어는 흔히 비난의 대상이 되고 있지만, 오랜 세월에 걸쳐 검증된 정치 수단이므로 조만간 사라질 것 같지는 않다. 이제 우리는 의회가 어떻게 일을 하며, 재선, 정책 영향력, 의회 내 리더십 등과 같은 의회의 동기를 염두에 두는 것이 이해에 도움이 될 것인지에 대한 논의로 전환한다.

의회가 업무를 수행하기 위해 조직된 방식

1789년 첫 번째 회기를 위해 소집된 의회는 하원의원 65명, 상원의원 26명으로 구성되었다. 하원과 상원 모두 중요한 결정 대부분을 본회의에서 의원들 간의 공개 토론을 거쳐 내렸고, 필요하다고 판단되는 특별 과제를 위해서만 위원회를 구성했으며, 지도자들은 단지 토론을 주재하고 감시할 수 있는 권한만을 갖고 있었다. 그러나 양원의 의원 수가 증가하고 업무량이 증가함에 따라 상원과 하원 각각은 의원을 조직하고 업무량을 관리하기 위한 시스템과 절차를 발전시켜야만 했다.[16]

하원의 의석수가 상원의 의석수보다 훨씬 더 빠르게 증가했기 때문에, 하원은 강력한 리더십, 내부 조직 및 명시적인 절차 규칙의 준수에 더 일찍, 더 철저히 의존하게 되었다. 상원은 좀 더 비공식적이고 개인주의적인 입장을 유지해 왔다. 기본적으로 하원은 규칙을 엄격하게 집행하는 방식으로 운영되는 반면, 상원은 합의에 의해 운영된다 (표 9.1 참조).[17]

의회의 주요 조직적 특징은 정당, 위원회, 입법 규칙 및 절차로 요약된다. 정당은 원내 지도부를 선출하고, 원내 의원들을 조직한다. 위원회는 원내에서 쟁점에 대해 논의하고, 정책을 입안하고, 행정관료를 감독하고, 유권자의 필요와 이익을 충족할 수 있는 실질적인 분업구조를 형성한다. 마지막으로 입법 규칙 및 절차는 의안의 처리 순서와 각 단계에서 누가 참여할 자격이 있는지, 어떤 결과가 허용되

표 9.1	하원과 상원의 차이점	
	하원	**상원**
임기	2년	6년
크기	435석	100석
특별한 역할	과세 및 세출 탄핵소추	조약 및 임명 탄핵심판
규칙	엄격함	느슨함

는지 등을 규정한다.

정당의 역할

정당은 입법부, 행정부, 사법부 등 권력분립의 3부에 모두 걸쳐 있으며, 미국정치체제 내의 본질적으로 서로 다른 기관과 행위자들을 통합시킨다. 민주당과 공화당은 미국정치체제의 모든 수준의 선거에 후보를 내고 경쟁한다. 민주, 공화 양당은 유권자의 관심과 지지를 얻기 위해 정강 정책을 제시하며, 일단 당선되면 이러한 프로그램을 실행할 것이 기대된다.

원내 다수당 지도자들은 의원들을 조직하고, 위원회를 구성하고, 가능한 한 많은 자기 당의 프로그램이 통과되도록 의회를 통제할 책임을 갖고 있다. 소수당의 지도자들은 소속 의원들을 조직하여 다수당이 준비하는 프로그램에 영향을 미치고 수정하며, 영향을 미치기 어려운 경우에는 통과를 방해한다. 아래에서 살펴보겠지만, 지난 10년 동안 당파성의 증가로 인해 이러한 전통적인 다수당과 소수당의 관계가 일관되게 더욱 심한 갈등상태에 처하게 되었다. 특히 상원에 미친 영향은 매우 컸다.

당 지도자: 책임과 권한. 의회의 당 지도자는 의회 내에서 책임뿐만 아니라 대통령, 행정부, 이익집단, 언론, 대중 등과 같은 다른 행위자와 의회 간의 활동을 조정할 책임을 갖고 있다. 게다가 의회 지도자는 제도적 역할과 책임뿐 아니라 당파적 역할과 책임이 있다.[18] 지도자는 원을 구성하고, 정보를 수집하여 의원들에게 전달하고, 본회의 일정을 정하고, 상원과 하원 다른 원 및 대통령과 협의하고 조정해야 할 책임이 있다. 동시에 지도자들은 당을 조직하고, 당의 단합을 촉진하고, 중요한 표결이 있는 본회의에 소속 의원들의 출석을 확실히 단속하고, 당과 소속 의원들의 선거운동을 지원해야 한다.

지도자는 자신의 맡은 바 책임을 수행하는 데 공식적이거나 비공식적인 권한을 사용한다.[19] 지도자의 공식적인 권한은 상원과 하원 각각의 규칙에서 파생한다. 지도자는 위원회의 위원장과 위원의 임명에 영향을 미치고, 의원의 본회의 출석과 법안의 본회의 회부를 통제하고, 의회의 직원, 공간, 재정 자원을 관리한다. 지도자의 비공식적인 권한은 현재 일어나고 있는 모든 일에 지도자가 중심적 역할을 하는 것에서 나온다. 지도자들은 어떤 타협안이 제안되고 받아들여질 것인지 알고 있고, 다른 의회의 지도자들과 대통령이 어떻게 생각하는지 알고 있으며, 그 밖에도 훨씬 더 많은 것을 알고 있다. 지도자는 또한 다른 의원들의 명성과 존재감에 상당한 영향을 미친다. 지도자가 의견을 묻고 중요한 정보를 주고받는 의원은 동료들 사이에서 명망과 위세를 얻는다.

하원. 하원 회의를 주재하는 사람은 하원의장이다 (도표 9.3 참조). 의장직은 헌법 제1조 제2항에 명시되어 있지만, 자세하게 설명되어 있지는 않다. 간단히 말하면, "하원은 의장과 그 밖의 임원을 뽑아야 한다." 하원의장은 새로운 의회가 개원할 때 전체 의원의 투표로 선출되지만, 실제로는 다수당의 일사불란한 정당 투표로 선출된다. 각 당은 또한 원내대표와 부대표 또는 원내총무를 뽑는다.

19세기 초 클레이(Henry Clay) 하원의장을 제외하고, 19세기 대부분 동안 하원의장은 영향력 있는 존재였지만, 지배적인 존재는 아니었다. 리드(Thomas Reed, 공화당, 메인) 하원의장과 캐넌(Joseph Cannon, 공화당, 일리노이) 하원의장이 자신들의 권한을 체계적으로 확장하면서 1890년과 1910년 사이 약 20년 동안 지배적 위치를 차지하게 되었다. 1910년 '조 삼촌(Uncle Joe)' 캐넌에 대항

도표 9.3 연방 하원과 상원의 지도체제

하원

다수당	하원의장	소수당
다수당 원내대표 스티브 스컬리스(공화당, 루이지애나)	캐빈 매카시 (민주당, 캘리포니아)	소수당 원내대표 하킴 제프리스(민주당, 뉴욕)
다수당 원내총무 톰 에머(공화당, 미네소타)		소수당 원내총무 캐서린 클라크(민주당, 마이애미)

상원

다수당	상원의장	소수당
다수당 원내대표 척 슈머(민주당, 뉴욕)	부통령 카멀라 해리스	소수당 원내대표 미치 매코널(공화당, 켄터키)
다수당 원내총무 딕 더빈(민주당, 일리노이)	상원 임시의장 패티 머레이(민주당, 워싱턴)	소수당 원내총무 존 툰(공화당, 사우스다코타)

하는 반란은 하원의장의 권한을 제한했고, 원내에서 위원회 위원장의 영향력이 갈수록 더 커졌다.[20] 1975년에 실시된 일련의 개혁으로 인해 위원회 위원장의 지위가 약화되었고, 점점 더 결속력이 높아진 하원 다수당의 대표인 하원의장의 지위가 강화되었다.

오늘날 하원의장은 리드와 캐넌 시대 이후 전례 없는 공식적이고 비공식적인 권한을 누리고 있다. 하원의장은 본회를 주재하고, 의제를 정하고, 위원회에 위원회 위원을 배정하는 정당위원회 위원장직을 맡고, 법안을 하나의 위원회에 회부할지 아니면 복수의 위원회에 회부할지를 결정하고, 법안의 본회의 상정과 방식을 결정하는 규칙위원회를 지배하고, 하원 본회의 토론을 주재하고, 대통령, 언론, 대중 등에게 자신이 소속한 당의 입장을 대표로 밝힌다.

매카시(Kevin McCarthy, 공화당, 캘리포니아)는 2007년부터 베이커스필드 지역을 대표하는 하원의원이었다. 그는 하원 수석 원내부총무(2009~2011년), 하원 다수당 원내총무(2011~2014년), 하원 다수당 원내대표(2014~2019년)를 역임하는 등 공화당 하원 지도부의 일원으로 활동하면서 빠르게 성장했다. 매카시는 2018년 민주당이 과반수를 차지했을 때 하원 소수당 대표를 역임했는데, 그는 공화당이 과반수 회복을 통해 자신을 의장으로 선출하기를 바라는 마음을 공개적으로 표출했다. 2022년 하원의원 선거는 승리와 실망을 가져왔다. 매카시를 포함하여 많은 사람이 '적색 물결(red wave)'을* 예상했지만, 공화당은 9석의 의석을 얻어 과반수에서 4석 더 많은 다수당이 되었다. 매카시는 하원의장 자리를 차지하는 데 성공했지만, 향후 하원의 운영이 어렵게 될 것이라는 점을 미리 알고 있었다.

의장이 부재 시 그 업무를 대리하는 사람은 다수당 원내대표이다. 공식적으로는 2년마다 당 간부회의에서 비밀투표로 선출되지만, 일반적으로 다수당 원내대표는 의장의 가까운 정치적 동맹자이다. 제118차 의회에서는 루이지애나주의 스컬리스(Steve Scalise)가 다수당 원내대표로 선출되었다. 다수당 원내대표는 의장과 협력하여 입법 의제를 정하고, 위원회 및 위원장들과의 의사소통을 유지하며, 의원들에게 주요 안건의 본회의 상정을 통보하고, 쟁점 및 입법에 대한 의원들의 분위기를 판단하고, 정당 입장 및 법안에 대한 지지를 독려할 책임이 있다. 소수당 원내대표는 의제 설정이나 일정 수립에 거의 역할을 하지 못하며, 다수당 법안에 수정을 가하기 위해 위원회와 본회의에서 동료 의원들을 규합하는 데 주로 관심을 쏟는다. 원내에서 정당 간의 균형이 이뤄지면 질수록 소수당은 더 많은 영향력을 행사하게 된다.

다수당 원내총무의 임무는 다수당의 입장과 법안에 대한 다수당 의원들의 지지를 독려하고, 투표수를 계산하고, 당의 원내대표에게 본회의에서 법안의 가결 또는 부결 가능성에 대해 조언하고, 당의 중요한 이슈에 대해 일반적으로 의원들

* 역자 주
빨간색은 공화당의 상징 색깔. 즉, 공화당 압승을 의미.

을 결집하고 다수당 연립정부를 구성한다. 물론 소수당 원내총무의 임무는 다수당의 의제에 반대하는 의원들을 규합하고 결집시키는 것이다.[21]

상원. 하원이 무척 잘 조직되어 있고 규칙에 따라 운영된다면, 상원은 느슨하게 조직되어 있고 상대적으로 규칙에 얽매이지 않는다. 상원은 처음부터 비공식적이고, 집단적이며, 평등주의적이었다. 게다가 상원은 일반적으로 **만장일치 동의**라고 불리는 의사 진행 합의로 운영된다. 이 용어가 매우 명확하게 시사하듯이, 상원의원들이 특정한 안건의 본회의 상정이나 이를 특정한 방식으로* 신속하게 처리하는 데 찬성하는 만장일치 동의는 단 한 명의 상원의원에 의해 거부될 수 있다.

헌법은 부통령을 상원의장으로 명시하고 있지만, 의장은 가부 동수인 경우를 제외하고는 표결에 참여하지 않는다. 따라서 부통령은 중요한 안건이 가부동수의 경우 자신이 투표권을 행사하여 행정부가 원하는 방향으로 안건을 처리할 수 있는 경우를 제외하고는 상원에 거의 모습을 보이지 않는다. 게다가 헌법은 상원이 부통령이 없을 때 직무를 '대행할' 임시의장(President pro tempore)을 두도록 규정하고 있다. 이 자리는 전적으로 명예로운 자리이며, 대개 다수당의 가장 선수가 높은 상원의원이 맡는다.** 하지만 실제로는 다수당의 선수 낮은 상원의원이 당일 하루 본회의를 주재하며, 그날 본회의에 상정된 안건에 대해 개인적으로 영향력을 행사하지 않는다.

상원의 다수당 원내대표는 다수당 의원들이 선출하고, 소수당 원내대표는 소수당 의원들이 선출한다. 상원의 협력적인 특성 때문에 다수당 원내대표는 항상 소수당 원내대표와 긴밀하게 협의하여 상원에서 다룰 의제를 정하고, 원내에서의 토론을 감독 및 관리하며, 상원의 법안 처리 과정에서 수많은 합의, 타협, 거래를 조정한다.

상원을 이끄는 일은 최선의 상황에서조차 힘들고 실망스러운 과정의 연속이다. 가장 유명하고 여러 면에서 가장 성공한 상원 다수당 원내대표는 존슨(Lyndon Johnson, 민주당, 텍사스)이었다. 1960년 존슨은 "지도자가 사용할 수 있는 유일한 진정한 힘은 설득의 힘입니다. 임명권도 없고, 징계권도 없고, 대통령이 각료를 해임하듯이 상원의원을 해임할 권한도 없습니다"라고 언급했다.[22] 아마도 민주당 다수당 원내대표 슈머(Chuck Schumer)가 바이든 대통령 취임 첫 해에 수적으로 월등하지 않은 다수당을 관리하는 데 어려움을 겪은 것을 목격했더라도 존슨은 놀라지 않고 당연하게 생각했을 것이다.

위원회 제도의 발달

초창기 상·하원의원들은 위원회를 경계했다. 그들은 결의안이나 법안의 기본 윤곽을 잡고 구체적 내용을 처리할 임무를 맡을 위원회를 선택하기에 앞서 본회의

만장일치 동의(unanimous consent)
상원이 본회에서의 의사 진행 절차에 관한 의회의 기본 규칙을 따르지 않고, 그 대신 협상을 통해 합의한 방식을 적용할 수 있도록 하는 의회의 제도적 장치. 하원의 규칙이나 특별 명령과 거의 똑같은 기능을 한다.

* 역자 주
만장일치 동의는 법안의 신속한 처리를 위한 제도이다. 본회의 심의 과정에서 지연을 방지하기 위해 토론시간 제한, 수정안 제출 권한 유보 등의 방식으로 법안심의를 진행한다.

** 역자 주
하지만, 대통령 유고 시 부통령, 하원의장, 상원 임시의장 순으로 대통령직을 승계한다.

에서 공개 토론을 통해 정책을 정하는 것을 선호했다.[23] 그러나 의회의 업무량이 많아지면서 의원들은 본회의에서 모든 문제를 논의하는 것이 비효율적이고 시간이 많이 소모된다는 사실을 깨닫게 되었다. 일찍이 1790년대 중반에 하원은 해밀턴이 이끄는 재무부의 전문지식에 대응하는 균형추로서 세입세출위원회(Committee on Ways and Means)의 설치를 승인했다. 1820년경에는 상원과 하원 모두 상임위원회 또는 상임위원회 제도를 개발했다. 상임위원회는 의회가 일하는 방식을 근본적으로 바꾸어놓았다. 1880년대 말 우드로 윌슨은 의회정치를 '위원회 정부'로 묘사했는데, 위원회 정부에서는 상임위원회 위원장이 지배적 영향력을 행사한다.

리드 및 캐넌(1890~1910년)은 힘 있는 의장이었지만, 그럼에도 불구하고 윌슨의 의회에 대한 묘사는 1970년대까지 대부분 사실이었다. 1970년대의 의회개혁은 소위원회 위원장의 권한 강화, 그리고 더 중요하게는 하원과 상원 원내 지도부의 권한 강화를 통해 위원회 위원장의 권한 약화를 가져왔다. 1980년대와 1990년대 동안 정당들은 더욱 결속력을 강화했고, 원내 지도부는 심지어 위원회 위원 다수와 위원장이 동의하지 않는 경우조차 당론을 따르도록 강제하는 힘을 차츰 얻게 되었다.[24]

분업. 20세기 대부분 동안 의회의 위원회 제도는 입법 활동을 안정적인 주제 전문가 집단들이 각각 분담하는 분업을 의미했다. 입법 활동은 법률 제정과 행정부 활동에 대한 감독과 조사를 모두 포함한다. 일련의 규범과 기대는 의원들이 위원회 활동에 집중하고 소관 분야에 대한 높은 전문성을 개발하면, 영향력으로 보상받을 것이라고 약속했다. 이러한 생각은 지난 수십 년 동안 다소 금이 갔다. 처음에는 상원에서, 이어서 하원에서 점점 더 많은 의원이 본회의 및 언론에서 더 일반적인 영향력을 추구하기 위해 위원회의 전문성을 포기했다. 그럼에도 불구하고, 위원회 제도로 대표되는 입법 활동의 분업구조는 여전히 의회의 대표적인 특징으로 남아 있다.

고정된 담당 소관 업무. 현대 의회에서 분업구조의 근간은 위원회마다 고정된 담당 소관 업무가 정해져 있는 상임위원회 제도이다. 1880년부터 하원 규칙은 하원에 제출된 법률안을 본회의에 상정하기에 앞서 소관 위원회에서 심의할 것을 요구하고 있다. 상원의 절차도 유사하지만, 공식적인 규칙보다는 선례에 기초하고 있다. 일반적으로 위원회 소관 업무는 여전히 존중되지만, 1980년대 중반 이후 하원 지도부는 중요한 법안을 다루기 위한 특별 태스크포스를 구성했다. 관련 위원회의 위원장과 위원들이 종종 이러한 태스크포스에 참여하지만, 일반 상임위원회 과정에 비해 그들의 영향력은 감소한다.

02 의회의 위원회 제도는 의원들의 전문적인 지식과 전문성 강화에 어떤 효과가 있는가?

척 슈머(민주당, 뉴욕) 상원의원이 트럼프 행정부의 코로나19 대책본부장 마이크 펜스 부통령과 회담 후 기자들의 질문에 답하고 있다.

전문화.   전통적으로 하원의원, 그리고 그보다 약간 덜하게 상원의원은 위원회의 업무에 대한 전문성을 강화(**전문화 규범**)하고 나머지 다른 의원들이 의존할 수 있도록 특정 주제에 대한 전문성을 개발할 것이 기대되었다. 전문화 규범을 준수한 의원은 다른 사람들의 전문성을 존중하여 기꺼이 보답(**상호주의 규범**)하려는 경우 자신의 전문성이 존중될 것으로 기대할 수 있다. 따라서 의회의 대부분 주제 분야는 그 과정을 이해하고, 쟁점을 안팎으로 알고, 할 수 있는 일과 할 수 없는 일을 아는 소수의 의원에 의해 지배된다.

전문화 규범(specialization norm)
의회 의원이 위원회 소관 분야에 대한 전문지식을 추구하고 전문성을 개발할 것을 권장하는 규범.

상호주의 규범(reciprocity norm)
의원들이 다른 위원회 소속 의원들의 견해와 전문성을 존중하면 자신의 위원회의 전문성도 존중될 것임을 약속하는 의회 규범.

연공서열 규범(seniority norm, 다선 우선 원칙)
위원회에서 가장 오랫동안 재직한 해당 위원회 소속 위원이 위원장직을 맡는다는 규범.

다선 우선과 영향력.   전통적으로 **연공서열 규범(다선 우선 원칙)**에 따라 해당 위원회에서 가장 오래 재직한 다수당 의원이 해당 위원회 위원장직을 차지했다. 이는 또한 의원이 일단 어느 한 위원회에 배정되면, 자신이 원하는 경우 얼마든지 오랫동안 그 위원회에 남을 수 있도록 허용했다. 연공서열 제도의 장점은 의회 내 갈등을 줄여준다는 점이다. 모든 의원은 자신의 위원회 자리가 안정적이며 자신의 선수가 늘어나면 영향력이 커지는 자리에 앉게 될 것이라는 점을 알고 있었다. 이 제도의 약점은 의원들이 자신의 재능이나 자신의 견해가 지도부나 동료, 국가의 견해와 일치하는지 관계없이 위원회를 주도하는 요직을 차지한다는 점이었다.

오늘날 의회에서 당 지도부는 위원장을 임명하는 데 있어서 연공서열보다는 이념, 효율성, 모금 능력에 더 크게 의존한다. 예전과 달리 연공서열에 대한 고려가 훨씬 덜해진 것은 사실이지만, 여전히 어떤 한 위원회에서 가장 오래 재직한 의원들이 가장 활발하고 효과적으로 입법활동을 한다.[25]

위원회의 종류.   위원회는 상·하원 입법 활동의 대부분을 담당하는 주요 수단이다. 다양한 종류의 위원회가 있다. 그중 가장 중요한 종류의 위원회는 **상임위원회**이다. 상임위원회는 정해진 소관 업무를 가지고 있으며, 한 의회에서 다음 임기의 의회로 의회가 바뀌어도 자동적으로 계속 존속된다. 상임위원회 전체는 권력위원회와 승인위원회로 대별될 수 있다.

상임위원회(standing committee)
정해진 소관 업무를 가지고 있으며, 한 의회에서 다음 의회로 의회가 바뀌어도 자동적으로 유지되는 의회의 상설위원회.

권력위원회(power committees)
세금 부과, 지출, 입법 의제 통제 등을 담당하는 하원과 상원의 위원회.

의회의 **권력위원회**는 과세 및 예산지출 수준을 정하고, 구체적 내용을 담은 법안을 본회의에 상정할 것인지 결정하고 또한 상정하는 경우 언제 할 것인지 결정하는 위원회이다. 하원 세입세출위원회와 상원 재정위원회는 정부의 재정 수입 규모를 결정하는 세율과 정책을 정한다. 세출위원회는 각각의 정부 활동과 프로그램에 실제로 얼마의 돈이 지출될 것인지를 결정한다. 하원 규칙위원회는 어떤 위원회의 법률안이 최종 통과를 위해 본회의에 상정될지, 어떤 조건으로 본회의에 상정될지 결정한다. 하원 규칙은 세출위원회, 세입위원회, 규칙위원회를 이들 위원회 위원이 다른 위원회의 위원이 될 수 없는 '배타적인' 위원회로 규정하고 있다. 하원과 상원의 예산위원회도 중요하면서도 힘이 있다.

승인위원회는 법안, 정책, 프로그램 등을 제출한다. 농업위원회, 에너지 및 상업위원회, 교통위원회 등과 같은 이러한 위원회 중 일부는 의원들이 위원회 소관 관련 혜택을 자신의 지역구에 가져갈 수 있는 기회를 제공한다. 외교 및 교육 및 노동위원회와 같은 다른 위원회는 의원들이 가시적이고 중요한 공공 정책을 만드는 데 중심적 역할을 할 수 있도록 한다.

상설특별위원회는 의회가 새로운 임기를 시작하여 개원할 때 명확하게 기한을 연장하지 않는 한 폐지되는 한시적 위원회이다. 상설특별위원회는 일반적으로 특정 주제에 대해 연구하고 보고하는 임무를 맡지만, 법안을 심의하거나 법안을 발의할 수 있는 입법 권한이 없다.

합동위원회는 고령화 문제 등과 같이 구체적 특정 분야에 대해 지속적인 분석과 감독을 수행할 임무를 부여받은 상원과 하원 양원 의원 공동으로 구성된다. 합동위원회는 법안을 발의할 권한을 가지며, 흔히 한 의회에서 다음 의회로 계속 존속한다. **양원협의위원회**는 동일한 안건에 대해 상·하 양원에서 각각 통과된 법안 간에 존재하는 차이점을 조정하여 통일된 하나의 법안으로 만들기 위해 양원 의원들로 구성된다 (표 9.2 참조).

의원의 위원회 배정은 의원과 원내 지도자 모두에게 매우 중요하다.[26] 의원의 경우 위원회 배정은 자신의 선거구민에게 중요한 문제를 자신이 다룰 수 있는지 여부에 큰 영향을 미친다. 캔자스 시골 지역구 출신 의원은 농업위원회에 배정되면 큰 혜택을 누릴 수 있는 반면, 도시 문제를 다루는 위원회에 배정되면 농촌지역 유권자에게 별 다른 이해관계가 없는 문제에 많은 시간을 할애해야 한다. 의회의 지도부 입장에서 위원회 배정은 의원들에게 원하는 위원회를 배정해주고 감사의 대가를 요구할 기회와 지도부의 의제를 관철하는 데 수월한 의원들로 위원회를 구성할 기회를 준다.[27]

상원은 하원에 비해 4분의 1 미만의 의원수로 하원과 거의 동일한 수의 위원회를 가지고 있기 때문에, 각 상원의원은 필연적으로 각 하원의원보다 더 많은 수의 위원회와 소위원회에서 활동해야 한다. 상원의원은 평균 12개의 위원회와 소위원회에서 활동하며, 하원의원은 평균 6개의 위원회와 소위원회에서 활동한다. 상원의원은 실제로 광범위한 위원회에 소속되는 것을 추구하는데, 이는 합법적으로 자신의 주에 영향을 미칠 수 있는 거의 모든 범위의 문제를 다룰 수 있기 때문이다. 따라서 상원의원은 특정 분야의 전문가이기보다는 다방면에 전반적인 지식을 가진 사람인 경향이 있다.[28]

승인위원회(authorizing committees)
입법을 통해 특정 정책이나 프로그램을 개발하거나 승인하는 하원과 상원의 위원회.

상설특별위원회(select committees)
특별히 갱신하지 않는 한 업무를 완료하거나 각 의회의 임기가 끝나면 자동 폐지되는 의회의 임시 위원회.

합동위원회(joint committees)
상원과 하원 양원 의원들로 구성되며 특정 주제의 연구를 담당하는 의회의 위원회.

양원협의위원회(Conference committees)
동일한 안건에 대해 상·하 양원에서 각각 통과된 법안 간에 존재하는 차이점을 조정하여 통일된 하나의 법안으로 만들기 위해 양원 의원들로 구성되는 위원회.

표 9.2 현대 의회의 주요 위원회	
하원	**상원**
권력위원회	**권력위원회**
세출	세출
예산	예산
세입	재정
규칙	
승인위원회	**승인위원회**
농업	농업, 영양, 임업
군사서비스	군사서비스
금융서비스	은행, 주택, 도시문제
에너지, 상업	상업, 과학, 교통
교육 및 노동	건강, 교육, 노동, 연금
국토안보	국토안보 및 정부 업무
감독, 정부개혁	
주택 관리	
외교	대외관계
사법	사법
천연자원	에너지 및 천연자원
과학, 기술	환경 및 공공사업
중소기업	규칙 및 운영
교통 및 인프라	중소기업 및 기업가 정신
재향군인	재향군인
상설 특별, 비상설 특별, 기타 위원회	**상설 특별, 비상설 특별, 기타 위원회**
정보 상설 특별	정보 상설 특별
공식 행위 표준(윤리 – 역자 주)	윤리 상설 특별
	고령화 특별
	아메리카 원주민 문제

위원회와 소위원회 위원장. 다수당 원내 지도부 다음으로 위원회 위원장, 그리고 그 아래 주요 소위원회 위원장이 의회에서 가장 영향력 있는 의원들이다. 그들의 영향력은 그들의 위원회의 소관 사안에 대한 오랜 경험과 깊은 지식뿐만 아니라 위원회의 자원과 위원회의 관심과 자원이 집중되는 사안에 대한 통제에서 파생된다. 그럼에도 불구하고, 지난 50년 동안 위원회 전체의 위원장에서 소위원회 위원장으로, 다시 위원회 전체 위원장으로 흥미롭게 영향력의 부침이 있었다.

1940년대와 1960년대 사이에 위원회 위원장은 자주 '남작(barons, 귀족)'으로 묘사되었으며, 상·하원 지도자나 해당 위원회 소속 의원들이 쉽게 넘볼 수 없는 권한을 이용하여 위원회를 지배했다. 위원회 위원장들은 위원회의 의제를 정하고, 소위원회 위원장을 임명하고, 위원회 회의를 소집하고, 직원을 고용하고, 모든 위원회 자원을 통제했다.

1970년의 「의회 재조직법(Legislative Reorganization Act)」과 1973년 「소위원회 권리장전(Subcommittee Bill of Rights)」이 통과되면서 위원회 내에서 권력 이동이 발생하기 시작했다. 이 법안은 예산위원회를 제외하고 20명 이상의 위원으로 구성된 위원회의 경우 명확한 소관 분야, 적절한 예산, 자체 직원을 고용할 권리 등을 가진 소위원회를 적어도 4개 이상 구성할 것을 요구했다. 그럼에도 불구하고, 위원회 위원장들은 위원회 전체 차원에서 상당한 영향력을 유지했다.

1995년 공화당이 하원을 장악하였을 때 공화당은 「소위원회 권리장전」의 많은 요소를 폐지하고 공식적으로 위원장에게 권한을 다시 되돌려 주었다. 위원장들은 소위원회 위원장과 위원을 임명하고, 다수당 직원 전체를 고용하고, 다수당 소위원회 직원들을 승인했으며, 이전에 소위원회가 개별적으로 관리하던 부분을 포함하여 모든 위원회 예산을 통제했다. 반면 공화당은 위원장의 임기를 6년으로 제한하고, 위원장의 임명 및 해임에 대한 하원의장의 권한을 강화하고, 어떤 특정 사안을 위원장이 반드시 당론을 존중해야 하는 리더십 이슈로 지정하는 하원의장의 권한을 강화하는 등 위원장을 억제하는 쪽으로 움직였다.[29]

보좌진 구조. 한 명 한 명의 의원은 자신의 의정활동을 지원하는 일을 전적으로 담당하는 작은 기업의 중심이다. 각 의원은 해마다 의원 대표 수당(MRA)을 받으며, 이 돈을 보좌진의 고용 및 운영 비용으로 쓴다. 상원의원은 자신의 주의 인구 수에 기초하여 수당을 받는 반면, 하원의원 모두 기본적으로 동일한 액수의 수당을 받는다. 하원의원은 보좌진을 고용하고(평균적으로 15명에서 20명), 여행, 컴퓨터, 통신, 사무기기, 소모품, 우편요금 등과 같은 것에 지출하는 비용에 필요한 약 158만 달러를 지원받는다.

상원의원은 유타주처럼 인구가 적은 주를 대표하는지, 또는 캘리포니아주처럼 인구가 많은 주를 대표하는지에 따라 받는 금액이 달라진다. 상원의원의 보좌 직원 수는 평균적으로 약 35명이며, 최소 15명에서 최대 70명에 이른다. 각 상원의원에게 보좌 직원 비용으로 그들이 대표하는 주의 규모에 따라 320만 달러에서 510만 달러를 제공한다. 사무실 비용 역시 상원의원이 속한 주 규모에 따라 최소 12만 2,000달러에서 최대 45만 7,000달러이며, 우편요금 지원금은 최소 3만 2,000달러에서 최대 30만 달러이다.[30]

위원회 직원들은 위원회에 고용되어 의원회 소속 위원들의 위원회 업무를 돕는 반면, 의원 보좌진은 각 의원실별로 해당 의원을 보좌한다. 의원 보좌진과 위원회 직원의 수는 20세기 후반에 상당히 늘어났지만, 상원에서는 그 수가 꾸준히 유지되었고, 하원에서는 1980년대 중반 이후 약간 감소했다.

지난 35년 동안 의회 직원의 수는 안정적이었지만, 한때 보통우편으로, 그리고 오늘날에는 이메일로 전달되는 의정활동 보고서는 폭발적으로 늘어났다. 이제 의원 웹사이트는 의원실의 전자 현관문 역할을 한다. 대부분의 의원실은 일상적인 통신을 수신, 분류, 응답, 저장하기 위해 민간 공급업체의 콘텐츠 관리 시스템(CMS)에 가입한다. 이러한 시스템은 선거구 유권자의 전화 및 이메일 연락과 이익집단 및 선거구 유권자가 아닌 사람의 연락을 구별하여 전자에 더 많은 관심을 기울이도록 해준다.[31]

의원 보좌진은 의회에서 중심적인 역할을 한다. 그들은 의원실 서신을 처리하고, 자료를 수집하고, 위원회를 위한 정보를 준비하고, 회의와 청문회를 준비하는 등의 명백한 업무를 수행하지만, 또한 자기 의원실과 위원회의 업무와 본질에 영향을 미치기도 한다. 보좌진은 의원들로 하여금 특정 직책을 맡도록, 특정 정책을 추진하도록 영향을 미치고 설득하는 데 활용하기 위한 전문지식과 정책선호를 개발한다. 의원실 직원 중 상급자인 보좌관들은 또한 의원을 대신하여 법안을 작성하고, 조사를 수행하고, 다른 의원실 보좌관들과 협상한다.[32]

의회는 또한 연구와 분석을 제공하는 3개의 초당파적 입법 보조기관을 운영하고 있다. 의회조사국(CRS)은 위원회와 의원들에게 연구 지원을 제공하기 위해 1914년에 설립되었다. 2004년에 정부책임처(Government Accountability Office)로 이름을 바꾼 일반회계감사원(GAO)은 분석과 조사 기능을 의회에 제공하기 위해 1921년에 설립되었다. 그리고 1974년에 의회는 예산의 대안과 선택에 관한 독립적인 정보와 분석을 제공하는 의회예산처(Congressional Budget Office)를 설립했다. 세 가지 경우 모두에 있어서 의회는 행정부기관과 이익단체 사무실의 분석 능력과 동등한 수준의 분석 능력을 확보하는 데 관심이 있었다.

입법 과정

하원의 각 위원회와 위원장은 1950년대와 1960년대에 비해 영향력이 약화된 반면, 원내 지도부의 영향력은 더 커졌다. 비록 위원회의 위원장은 자신의 위원회에서 여전히 영향력을 행사하고 있지만, 원내 지도부가 본회의를 통제한다. 점점 더 많은 하원의 원내 지도자들은 만약 다수당의 목표를 달성하기 위해 불가피하다고 생각되면, 정상적인 하원 절차를 기꺼이 건너뛸 의향이 있다. 반면에 상원의 입법 과정은 1950년대와 1960년대에 비해 훨씬 더 복잡하고 번거로워졌다. 상원의원들은 언제든지 무제한 토론을 실시할 권리와 어떤 법안이든 수정할 권리를 가지고 있지만, 그렇더라도 최근에 상원의원들은 중대한 문제가 아닌 문제에 대해서도 빈번하게 이러한 권리를 행사하는 경향이 있다. 정치학자 싱클레어(Barbara Sinclair)가 언급했듯이, 상원의 리더십은 "이해 당사자들 모두의 편의 모색을 실천하는 것이 되었다."[33]

전통적인 입법 과정(무척 단순화시킨 모습을 보여주는 도표 9.4 참조)은 최근 의회 다수가 보여주지 못한 수준의 인내와 자제를 요구한다. 의회 분석가와 전문가들은 입법 과정을 일련의 '거부권'으로 설명하는데, 어떤 법안이 최종적으로 법률로 공포되려면, 이 모든 거부권을 극복해야 한다.[34] 원내 지도부의 반대, 소위원회나 위원회의 심의, 본회의 심의, 양원협의위원회, 대통령의 거부권 행사 등 어떤 거부권 행사든 간에 대개는 그 법안을 죽인다. 법안이 여러 거부권에 직면해 있음을 아는 반대자들은 입법 과정 전체에서 가장 취약한 지점이라고 판단되는 지점에서 법안을 공격하여 폐기시키려고 한다.

예를 들어, 2011년에 상원과 하원에서 의원들이 1만 1,461개의 법안 및 공동결의안을 제출했는데, 이는 이전 의회보다 상당히 증가한 수치이며, 지난 40년 동안 어느 의회보다 많은 수치이다. 이 중 단지 81개의 새로운 법률과 389개의 결의안만이 통과되었는데, 이는 현대에서 가장 낮은 비율에 해당한다. 법안과 결의안의 85%에서 90%가 본회의에서 표결로 넘어가기 전에 폐기된다.[35]

Q3 대부분의 법안이 법률로 제정되기 위해 통과해야 하는 심사단계는 무엇인가?

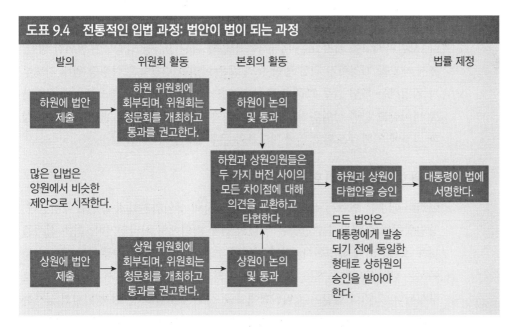

도표 9.4 전통적인 입법 과정: 법안이 법이 되는 과정

발의 위원회 활동 본회의 활동 법률 제정

하원에 법안 제출 → 하원 위원회에 회부되며, 위원회는 청문회를 개최하고 통과를 권고한다. → 하원이 논의 및 통과

많은 입법은 양원에서 비슷한 제안으로 시작한다.

하원과 상원의원들은 두 가지 버전 사이의 모든 차이점에 대해 의견을 교환하고 타협한다. → 하원과 상원이 타협안을 승인 → 대통령이 법에 서명한다.

모든 법안은 대통령에게 발송되기 전에 동일한 형태로 상하원의 승인을 받아야 한다.

상원에 법안 제출 → 상원 위원회에 회부되며, 위원회는 청문회를 개최하고 통과를 권고한다. → 상원이 논의 및 통과

출처: Roger H. Davidson, Walter J. Oleszek, Francis E. Lee, and Eric Schickler, *Congress and Its Members*, 16th ed. (Washington, D.C.: Congressional Quarterly Press, 2017), 221. 또한, Walter J. Oleszek, *Congressional Procedures and the Policy Process*, 10th ed. (Washington, D.C.: CQ Press, 2015), 14-15도 참조. 전통적인 법률 제정과 비전통적인 법률 제정의 차이점에 대해 잘 설명하고 있다.

법안 발의 및 배정

오직 하원의원 또는 상원의원만이 법안을 발의할 수 있고, 그렇게 한 의원을 해당 법안의 대표발의자라고 한다. 하원이나 상원에서 법안이 발의되면, 법안 번호(예를 들어, HR1은 하원 결의안 1, S1은 상원 법안 1이 됨)가 부여되고 최초의 법안 심사를 위해 해당 소관 위원회에 배정된다. 상원의 전통은 여전히 법안을 단 하나의 위원회에 배정해야 하는 반면, 하원 규칙은 단순 회부와 두 가지 종류의 다중 회부 또는 복합 회부, 즉 순차 회부와 분할 회부를 허용하고 있다.

회부(referral)
최초의 심의를 위해 법안이 상임위원회에 회부 또는 배정되는 과정.

단순 **회부**는 어떤 법안을 가장 적합한 소관 위원회 하나에만 법안을 회부하는 전통적인 관행이다. 하원에서 사용되는 두 가지 복합 회부 형식은 많은 법안에 하나 이상 복수의 위원회가 관심이 있는 주제가 포함되어 있다는 사실을 인식하고 설명하기 위한 것이다. 순차 회부는 법안이 한 위원회에 먼저 보내진 다음 이어서 다른 위원회로 보내질 때 발생한다. 분할 회부는 어떤 법안이 실제로 분할되어 각기 다른 위원회로 법안의 각 위원회 관련 부분이 보내지는 경우를 말한다. 복합 회부를 채택할 때 의장은 해당 위원회 중 한 위원회를 기본 위원회로 지정한다. 기본 위원회가 본회의로 법안을 보낼 때까지 다른 위원회들이 법안 심사를 완료할 수 있도록 기한을 정한다.

핵심 법안, 종종 해당 회기에서 가장 중요한 법안, 일반적으로 다수당의 최우선 순위 법안 등은 점점 더 위원회 법률안 심사 절차의 일부 또는 전부를 생략한다. 오바마케어를 폐지 또는 대체하는 상원과 하원 공화당 의원들이 발의한 법안, 조세 제도를 개정하기 위한 법안 등과 같은 이러한 법안들은 다수당 원내 지도부가 임명하는 특별 실무 그룹 또는 태스크포스에 배정된다. 태스크포스에는 다만 몇 명이라도 관련 상임위원회의 위원들이 참여하기도 하지만, 원내 지도부 충성파 의원에 의해 주도되고 원내 지도부와 두루 협의한다.[36]

위원회 및 소위원회의 심의

여전히 대부분 법안은 심의를 위해 하나 이상의 상임위원회에 복수로 배정된다. 상임위원회에 배정된 법안들은 위원회 전체 회의에서 처리되거나, 최초 심사를 위해 소위원회에 배정된다. 전체 위원회 수준이든 소위원회 수준이든 어느 수준에서든 법안심사의 단계는 본질적으로 공청회, 축조심사, 보고서 등의 세 단계로 구성된다. 그러나 법안이 소위원회에서 최초 심사를 받으면, 전체 위원회 심사는 축조심사 단계로 바로 넘어가 두 번째 공청회를 생략하는 경우가 많다. 위에서 언급했듯이 대다수 법안은 위원회에서 폐기된다.

공청회는 입법 과정의 개방적이고, 참여적이며, 민주적인 특성을 보여준다. 공청회는 해당 사안에 대한 광범위한 의견을 공식 기록으로 남기고 최종 결정이 내

려지기 전에 이해 당사자들에게 의견을 제시할 기회를 준다. 불과 10년 전까지만
해도, 공청회는 거의 항상 수도 워싱턴에서만 열렸고, 의원, 의회 직원, 소수의 일
반인에게만 공개되었다. 1979년부터 C-SPAN은 많지 않은 시청자를 대상으로
공청회를 엄선해서 방송해 왔지만, 최근에는 위원회들이 대화형 기술을 사용하여
잠재적인 증인을 인터뷰하거나 국내나 전 세계 곳곳에 있는 전문가의 증언을 듣
는다. 원격 회의는 의원들이 수도에서 멀리 떨어져 있더라도 청문회에 참여할 수
있게 해준다.

청문회를 개최한 이후 위원회 위원들은 법안심사 과정의 다음 단계인 축조심
사 또는 법안 재작성 단계로 이동한다. 여기서 위원회 위원들은 법안을 한 단락
씩, 한 줄씩, 한 단어씩 자세히 살펴보고, 다수가 법안의 쟁점 사안을 가장 잘 처
리하는 방법이라고 만족할 때까지 법안의 내용을 고친다.

마지막으로 법안이 소위원회와 위원회의 축조심사를 거쳐 전체 위원회의 과반
수 찬성으로 가결되면, 위원회 직원이 법안의 취지와 주요 조항, 부수 예산 등을
기재한 보고서를 작성한다. 위원회의 승인을 받은 이 보고서는 토론과 최종 의결
을 위해 위원회를 통과한 법안이 본회의로 보내질 때 첨부된다. 이 보고서는 다른
의원들이 해당 법안에 대한 지지 여부를 결정하기에 전에 읽는 유일한 내용이기
때문에 중요하다.

점점 더 유동적이고 원내 지도부 중심의 입법 과정을 가진 현대 의회에서는 법
안의 통과 가능성을 높이기 위해 일반적으로 위원회와 원내 지도부 간의 논의를
통해 법안이 자주 변경된다. 위원회 이후의 법안 변경은 통과에 대한 압박이 큰
주요 다수당 법안에서 특히 흔히 볼 수 있다.[37]

안건 상정 및 의사일정

주요 지도부 법안은 가장 유리한 시기에 본회의 심사 일정이 정해지는 반면, 일반
상임위원회에서 본회의로 넘어온 법안들은 여러 종류의 의사일정표 중 하나에 시
간 순서대로 나열되어 있다. 의사일정표는 처리를 기다리고 있는 법안들의 목록
이다. 상원의 절차는 간단하다. 모든 법안은 일반 명령 의사일정표에 올라가고,
모든 조약과 지명은 행정부 의사일정표에 올라간다. 하원은 좀 더 복잡하다. 세입
과 세출에 관한 법안들은 연합 의사일정표에, 다른 주요 공공 법안들은 하원 의사
일정표에, 사소하고 논란의 여지가 없는 법안들은 수정 의사일정표에 올라간다.

상·하 양원의 법안들은 위원회에서 넘어온 순서대로 적절한 의사일정표에 올
라가지만, 그 순서대로 본회의에 상정되지는 않는다. 상원에서는 다수당 지도자
와 소수당 지도자가 대화와 협상을 통해 어떤 법안이 어떤 순서로, 어떤 방식으로
논의될 것인지 결정한다. 원내 지도부는 특정 법안이 본회의에서 처리되는 방식
을 의미하는 '만장일치 동의'를 합의한다. 상원의원 중 누구라도 한 명이 혼자서

반대하더라도 만장일치 동의를 저지할 수 있기 때문에, 본회의에서 토론이 시작되기도 전에 의견이 갈리는 쟁점 대부분에 대해 협상이 이뤄진다.

다시 한 번 하원의 입법 과정은 좀 더 형식적이고 상세하며 엄격하다. 하원 **규칙위원회**는 가장 중요한 법안이 다수당의 승리로 이어질 가능성이 가장 높은 순서 및 상황에서 본회의에 상정되도록 의사일정표의 순서를 뒤바꾼다. 규칙위원회는 공식적인 의회 규칙이나 특별 명령을 통해 본회의에서 법안의 토론과 수정에 대한 조건을 정해 놓았다. 이 규칙은 법안이 언제 심의를 위해 본회의에 상정될 것인지, 법안에 대한 토론이 얼마나 오랜 시간 진행될 것인지, 그리고 만약 있다면 어떤 종류의 수정이 허용될 것인지를 규정하고 있다.

일반적으로 규칙위원회는 개방형 규칙, 폐쇄형 규칙, 수정된 폐쇄형 규칙 등 세 가지 종류의 의회 규칙 또는 특별 명령을 작성한다. 수정된 폐쇄형 규칙은 구조화된 규칙이라고도 한다. 개방형 규칙은 법안의 어느 부분에나 수정을 제안하는 것을 허용한다. 폐쇄형 규칙은 법안의 수정을 금지하고, 따라서 현 상태의 법안에 대한 찬성 또는 반대 의결만을 요구한다. 수정된 폐쇄형 규칙은 법안의 특정 부분에 대한 수정을 금지하지만, 나머지 다른 부분에 대한 수정을 허용한다. 오늘날 의회에서는 개방형 규칙이 드물다. 법안의 약 3분의 2는 수정된 폐쇄형 규칙 또는 구조화된 규칙하에서 상정되고, 3분의 1은 폐쇄형 규칙하에서 상정된다.

중요하지 않은 법안을 신속하게 본회의에 상정하기 위한 특별한 장치가 존재한다. 논란의 여지가 없는 사안은 매달 둘째, 넷째 화요일에 수정 의사일정표를 통해 본회의에 상정될 수 있다. 매주 월요일과 화요일에 규칙 절차가 일시적으로 중지된다. 규칙의 일시적 중지는 40분간의 토론을 허용하며, 수정은 불가능하며, 가결되려면 3분의 2 이상의 찬성을 요구한다. 최근 몇 년 동안 전체 법안의 거의 3/4이 규칙의 일시적 중지하에서 본회의에 상정되었다.

본회의 토론 및 수정

하원에서의 본회의 토론은 최종 통과 여부에 대한 표결까지 이어지는 고도로 구조화된 일련의 단계를 통해 진행된다. 하원 규칙은 의장에게 권한을 부여하고, 다수당의 의지가 비교적 쉽게 관철될 수 있도록 하고 있다. 하원에서 본회의 토론의 과정은 법안이 본회의에서 처리되는 방식을 정하는 규칙의 채택으로 시작된다. 적절한 규칙이 채택된 후 하원은 전원위원회로 알려진 의원내각제에서의 의회 형태로 전환한다.

간단히 말해, **전원위원회**는 하원과 하원의원 모두가 하원의 공식 규칙보다 덜 제한적인 일련의 규칙에 따라 활동하는 것이다. 전원위원회에서 적용되는 핵심 규칙은 법안심사를 수행하는 데 필요한 의사정족수가 하원 정규 규칙의 218명이 아니라 100명이며, 토론이 제한될 수 있으며, 수정이 허용되는 경우 수정 사항은 하원 정규 규칙에 규정된 소요 시간이 아닌 '5분' 규칙에 따라 심의된다.

본회의 심사의 주요 단계는 일반토론, 수정, 통과 여부에 대한 하원의 최종 표결 등이다. 일반토론에 할당된 시간은 관련 규칙에 명시되어 있으며, 법안에 찬성하는 사람과 반대하는 사람에게 고르게 배분된다. 일반적으로 법안 발의자 또는 법안을 처리한 상임위원회의 선수 높은 의원이 맡는 본회의 사회자는 찬반 양측이 사용할 수 있는 시간을 관리하고, 법안의 전반적인 장단점에 대해 말하고 싶

출처: Senate Television via AP Images

조 맨친(민주당, 웨스트버지니아)은 거의 반반으로 갈라진 상원에서 표결에 결정적 영향을 미치는 부동표였다. 보수적인 민주당 의원 맨친은 바이든 의제의 주요 요소를 지연시켰다. 이 사진에서 맨친은 민주당이 의제를 추진하는 데 수월하도록 필리버스터 규칙을 변경하는 것에 반대한다고 말하고 있다.

은 의원들에게 시간을 나누어준다. 본회의 토론은 법안의 성격과 내용에 대해 알지 못하는 의원들을 교육하고, 찬성자들의 가장 강력한 주장과 반대자들의 가장 중요한 지적이 표출되도록 하는 역할을 한다.

일반토론 후에, 그리고 해당 법안에 적용된 규칙이 수정을 허용한다고 가정하면, 수정을 위해 법안을 읽는다. 법안의 특정 조항을 읽은 후 어떤 의원이든 수정(조항의 표현 변경 제안)을 제안할 수 있으며, 5분 동안 그에 대해 설명하고 찬성 이유를 주장한다. 수정에 반대하는 의원은 자신이 반대하는 이유를 5분 동안 설명한다. 수정 여부에 대해 의결한 후에, 전원위원회는 최종 통과를 위한 표결을 위해 수정된 법안을 다시 전체 본회의에 '상정'하고 보고한다.

상원의 본회의 논의 과정은 하원에 비해 훨씬 더 유동적이다. 각 상원의원은 무제한 토론, 즉 **필리버스터(의사진행 방해)**의 권리를 가지며, 법안에 대한 자신의 의구심이 해결될 때까지 비공식적으로 '보류'하는 것만으로도 법안의 본회의 상정을 막을 수 있다. 각 상원의원은 필리버스터, 보류, 만장일치 동의 거부 등 의사진행을 막을 수 있는 다양한 방법을 갖고 있기 때문에 상원은 하원처럼 공식적인 규칙과 절차에 따라 진행되기보다는 협상을 통해 느리게 진행된다.

많은 관찰자는 현재 상원이 거의 기능장애 상태에 빠져있다고 생각한다. 한때 필리버스터는 1960년대 남부 상원의원들이 민권 법안에 반대했던 것처럼 중요한 문제에 대해서만 사용되었지만, 이제는 주기적으로 빈번하게 사용된다. 필리버스터를 중단시키려면 **토론 종결**에 찬성하는 60표가 필요하다 (표 9.3 참조). 토론 종결이 결정되면 논의를 끝내고, 결국 최종 통과 여부를 묻는 표결로 넘어가게 된다. 『월스트리트저널』의 의회 담당 기자인 세이브(Gerald Seib)는 최근 필리버스터와 토론 종결 표결은 지나친 당파성이라는 광범위한 질병의 증상이라고 주장했다. 캔자스주 상원의원이자 공화당 원내대표였던 돌(Robert Dole)은 "결론은 오늘날 50

필리버스터(filibuster, 의사진행 방해)
상원의원은 무제한 토론의 권리를 누린다. 법안 통과를 지연시키거나 막기 위해 상원의원이 무제한 토론을 진행하는 것을 필리버스터라고 한다.

토론 종결(cloture)
가결을 위해 60명의 찬성을 요구하는 토론 종결 표결은 상원에서 필리버스터를 중단시킬 수 있는 유일한 방법이다.

표 9.3 1950년~현재, 상원의 토론 종결 동의안에 대한 조치			
연도	토론의 종결 동의	토론 종결에 대한 표결	토론 종결 선포
1951~1960년	2	2	0
1961~1970년	28	26	4
1971~1980년	159	111	44
1981~1990년	202	139	54
1991~2000년	361	254	82
2001~2010년	477	367	204
2011~2020년	1,205	1,035	862
2021~2022년	181	155	147

출처: www.senate.gov/pagelayout/reference/cloture_motions/clotureCounts.htm.

표의 상원이 아니라 60표의 상원이 되었다는 것이다"라고 말했다.[38]

2013년 상원의 다수당 원내대표이던 네바다주 민주당 상원의원 리드(Harry Reid)는 필리버스터를 폐지하지 않은 채 여러 차례에 걸쳐 필리버스터를 억제하는 조치를 취했다. 매우 드문 초당적 순간이었던 그해 초에 민주당과 공화당은 법안별로 소수당에게 최소 두 개의 수정을 할 수 있도록 보장하는 대신에 소수당 필리버스터의 허용 횟수와 시간을 줄이기로 합의했다. 이 정도의 적당한 합의에도 불구하고, 공화당이 오바마가 지명한 행정부 및 사법부의 인사 후보자에 대한 인준을 반대하면서 일 년 내내 긴장이 고조되었다.

2013년 말, 다수당 원내대표 리드는 마침내 양당 모두 '핵 선택(nuclear option)'이라고 부르는 방식, 즉 단순다수결을 통해 지난 수십 년 동안 가장 중요했던 상원 규칙의 변경을 승인하였다. 52 대 48의 의결로 민주당은 대법관 후보자나 법률안에 대해서는 아니지만 대통령이 지명한 행정부 및 사법부의 인사 후보자에 대해서는 필리버스터를 중단시킬 수 있음을 선언했다. 그런 다음 민주당은 이전에 교착상태에 빠졌던 일련의 인사 후보지명자에 대한 인준 절차를 처리했고, 공화당은 상원과 백악관을 다시 장악했을 때 보복하겠다고 경고했다.[39] 공화당은 2015년 상원을 다시 장악했지만, 오히려 트럼프 대통령은 민주당이 저지하겠다고 위협한 고서치(Neil Gorsuch)의 미 연방대법원 대법관 후보지명을 둘러싸고 논쟁이 벌어질 때까지 기다렸다가 대법관 후보지명까지 확대하는 방향으로 해당 규칙을 변경했다.

상·하원 양원협의위원회

의회는 법안이 하원과 상원에서 완전히 동일한 내용이 통과되기 전까지는 법안의 승인을 위해 대통령에게 송부할 수 없다. 그러나 앞서 설명한 위원회 및 심사 과정을 고려할 때 많은 법안이 다소 다른 내용으로 하원과 상원을 통과하는 것은 놀라운 일이 아니다. 양원이 모두 만족할 수 있는 방향으로 양쪽 법안의 차이점이 해소되어야만 양원은 완전히 똑같은 동일 법안을 통과시켜 대통령에게 송부할 수 있다.

역사적으로 매년 가장 중요한 법안을 포함하여 약 10% 정도의 법안이 양원협의위원회로 보내졌다. 양원협의위원회 위원은 하원의 경우에는 의장이 지명하고 상원의 경우에는 다수당 원내대표가 지명한다. 양원협의위원회 위원들은 일반적으로 관련 소관 상임위원회 또는 상임위원회를 주도하는 의원이었고, 상원과 하원의 가장 박식한 의원도 포함되었다. 전통적으로 양원협의위원회 위원들은 상원과 하원 양쪽에서 각자 가장 중요하게 여기는 법안의 조항을 서로 주고받는 식으로 거래하고, 가능한 경우 조금씩 양보하여 차이를 줄여나가는 방식으로 양측 법안의 차이점을 해결했다. 지난 40년 동안 의회의 당파성이 심해지면서 양원협의위원회는 종종 무시되었다. 어떤 경우에는 차이를 해결하기 위해 협상하기보다는 상·하 양원 중 한 원이 다른 원에서 통과한 법안을 그대로 채택한다. 또 다른 경우에는 하원과 상원의 다수당 원내대표 간의 비공식 협상을 통해 차이를 좁힌다. 의회 전공 학자들은 "양원협의위원회가 거의 사라졌다"고 지적한다.[40]

의회 의사결정

의원들은 자신들이 직면하는 많은 결정과 선택에 있어서 외부 영향을 인지하고 이에 열려 있어야 한다. 의원들은 자신의 선거구 유권자, 보좌진, 같은 당 소속 동료 의원들과 지도자, 이익집단과 그들의 로비스트, 대통령과 행정부처 장관들 등의 견해에 주의를 기울여야 한다. 게다가 의원들은 거의 다른 사람들이 이용할 수 없는 지식과 정보에 접근할 수 있기 때문에 스스로 판단을 내릴 수 있어야 한다. 그들은 또한 자신만의 이념적 관점, 정치적 견해, 정책적 관심사를 가지고 있다. 그렇지 않았다면 애초에 공직에 출마하지 않았을 것이다.[41]

Q4 의원이 중요한 법안에 대한 표결을 준비할 때 의원들에게 어떤 압력이 가해지는가?

선거구민

의원의 선거구민, 즉 의원의 지역구에 거주하는 유권자들만이 그 의원이 계속 의원직을 유지할지 여부를 결정한다. 이익단체, 정당 지도자, 심지어 대통령까지 특정 의원의 재선에 찬성하거나 반대하는 의견을 낼 수 있지만, 의원직 유지에 찬성하거나 반대하는 투표는 오직 해당 지역구 유권자만이 할 수 있다. 당연히 의원들은 자신의 지역구 주민의 의견에 세심한 주의를 기울인다. 하지만 의원들은 다양한 이슈에 대한 지역구 주민의 의견을 이해하는 데 어려움을 겪고 있다. 대부분의 주, 심지어 대부분의 지역구조차 유권자 구성이 천차만별이며, 다양한 의견과 견해를 가진 유권자 및 유권자 집단을 포함하고 있다.[42] 이러한 다양한 집단은 여러 다른 관점에서 문제를 이해할 가능성이 높다.

재선에 성공하기 위해 노력하는 의원들은 선거구민으로부터 긍정적 평가를 얻는 데 사용할 수 있는 몇 가지 전통적인 도구와 의원들이 실험하고 있는 일련의 새로운 온라인 도구를 가지고 있다. 유권자로부터 인정을 받는 가장 확실한 방법은 우리가 **케이스워크(민원처리)**라고 부르는 것을 통해서이다. 케이스워크는 의원이 선거구민을 대신하여 능동적이고 직접적으로 문제해결에 나서는 것을 의미한다. 전통적으로 의원이 선거구민을 위해 수행할 가능성이 가장 높은 서비스는 선거구민을 대신하여 일부 완강하게 거부하거나 응답이 없는 연방정부기관에 대해 직접 개입하는 것이다. 의원은 종종 기관이 응답하도록 만들거나 심지어 받아들일 수 없는 결정을 수정하거나 번복하도록 만들 수도 있다. 의원이 관료들에게 영향력을 발휘할 수 있는 것은 행정부기관의 자금, 인사, 프로그램을 의회가 통제하고 있기 때문이다. 의원의 좋은 서비스에 대한 대가는 선거구민의 감사 표시와 선거일 투표로 돌아온다.[43]

케이스워크와 마찬가지로, 종종 "생활비를 번다(bringing home the bacon)"라고 불리는 연방자금을 지역구로 끌어오는 일은 전통적으로 선거구민의 지지와 선거 승리로 이어졌다. 생활비를 버는 행위가 일반적으로 의원들에게 기대되는 일이지만, 사실상 똑같은 것인 **선심정치(돼지여물통 정치)**는 고상하지 않은 평판을 가지고 있다. 시민들과 의원들 모두 선심정치를 비난하고 다른 주와 의회 지역구의 선심정치를 종종 예산 낭비라고 여기지만, 오늘날 시민과 의원 일부는 자신의 주나 지역구의 프로젝트도 그런 식으로 본다. 도표 9.5는 1991년부터 2006년까지 선심성 지출이 꾸준히 증가했음을 보여주지만, 2008년 대통령 선거운동과 2010년 의회 선거운동에 대한 철저한 조사가 공화당으로 하여금 배당금 지불을 거부하도록 만들었다. 선심성 프로젝트는 2011년이나 2013년에는 없었지만, 2014년부터 2017년까지 그 액수가 완만하게 증가하면서 2018년에는 147억 달러, 2019년에는 153억 달러, 2020년에는 159억 달러로 껑충 뛰었다.

선심성 지출이 줄어들면서 의회의 많은 의원들은 유권자들과 접촉을 유지하기 위해 새로운 온라인 커뮤니케이션 도구를 찾고 있다. 의원들은 자신의 선거구 유권자들과 접촉을 유지하기 위해 TV로 중계방송되는 타운홀 미팅, 위성 기자 회견, 유튜브에 올라가는 케이블 뉴스 출연, 블로그 등의 '텔레데모크라시(원격민주주의)' 도구를 사용한다. 페이스북, 트위터, 인스타그램, 스냅챗, 핀터레스트를 포함한 다른 좀 더 개인적인 도구들을 통해 의원들은 선거구민과 유권자들에게 좀 더

케이스워크(casework, 민원처리)
케이스워크는 의회 의원이나 의원 보좌진이 연방 기관이나 부서로부터 무언가 필요한 선거구민을 직접 나서서 도와주는 것을 의미한다.

선심정치(pork barrel politics, 돼지여물통 정치)
돼지여물통 정치는 일반적으로 하원의원 또는 상원의원이 정규 세출 절차 외에 획득한 특별 대상 지역 프로젝트에 대한 지출예산을 말한다.

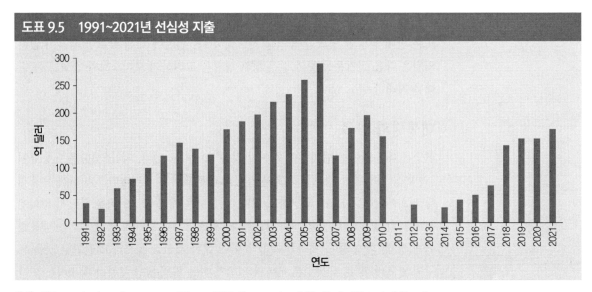

도표 9.5 1991~2021년 선심성 지출

출처: Citizens Against Government Waste: 2021 Congressional Pig Book, Historical Trends.

개인적이고 일상적인 면을 보여줄 수 있다. 하지만 결정적으로 이 새로운 도구들은 양날의 칼이라고 할 수 있다. 즉, 의원들에게 선거구민과 접촉을 유지할 수 있게 해주지만, 생각 없이 올린 게시물을 취소하고 되돌리기는 매우 어려울 수 있다.[44]

보좌진, 동료 의원, 당 지도자

선거구민의 의견이 확실하게 통일되어 있어 찬성이든 반대든 선거구민의 선택을 무조건 따라야 하는 경우를 제외하고 의원들은 법안에 대해 어떻게 표결할지에 대한 힌트를 얻기 위해 종종 보좌진, 동료 의원, 정당 지도자에게 조언을 구한다. 의원들은 너무 바빠서 모든 문제를 자세히 연구할 수 없으므로 해당 문제 영역을 조사하도록 임무를 맡은 보좌진에게 조언을 구한다. 의원들은 또한 해당 상임위원회 위원장, 인정받는 진짜 전문가, 가장 자주 의견을 같이하는 개별 의원에게 조언을 구한다. 몇몇 이슈에 대해서는 당 지도부가 의원들에게 당론을 따를 것을 요구할 것이며 의원들은 그렇게 해야 한다는 강한 압박을 받게 될 것이다.[45]

이익단체 및 로비스트

의원이 특정 사안에 대해 어떻게 투표할지에 대한 힌트를 얻기 위해 보좌진과 동료 의원들에게 조언을 구하고 나면, 이익단체와 로비스트 대표와 빠르게 마주친다. 의원들은 이익단체와 로비스트(이들 중 다수는 전직 의원이다)가 법안처리 과정에 제공할 수 있는 지식과 정보 때문에 그들을 중요하게 생각한다. 이러한 지식과 정보는 특히 법안 조항이 논의되고 형성되는 동안 위원회의 청문회 및 축조심사 단계에서 가치가 있다. 법안이 본회의에 회부되고 의원들이 해당 법안에 대해 최종 결정을 내려야 할 때, 그들은 자세한 정보를 찾으려 하기보다는 법안의 찬성 또는 반대해야 할 명확한 동기를 찾으려 한다. 법안에 대해 확고한 생각이 없는 의원은 다음 선거운동 등과 같은 향후 상황을 고려하여 로비스트와 찬성 또는 반대를 거래할 수도 있다.[46]

대통령과 관료

헌법은 대통령이 입법과정에 참여할 것을 요구하고 있다. 제1조 3항은 대통령이 "연방 상황에 대한 정보를 의회에 제공하고 필요하고 적절하다고 판단하는 조치를 의회에 권고"하도록 요구하고 있다. 대통령은 매년 국정연설을 하면서 의회에서 심사할 일련의 행정 법안을 발표한다. 게다가 지난 반세기 동안 의회는 대통령에게 경제, 환경 등 구체적인 특정 분야에 대한 계획을 보고하고 권고할 것을 요구해 왔으며, 물론 대통령은 해마다 의회가 하는 일의 상당 부분을 차지하는 연간 예산을 제출한다.[47]

대통령은 의회에서 통과된 각 법률안을 검토하고 이를 승인할지 거부할지 여부를 결정할 권한이 있다. 대통령이 이러한 권한을 갖고 있다는 사실을 알고 있기에 의회는 법안 작성 시 대통령의 의견을 고려하고 심지어 대통령과 적극적으로 협상한다. 대통령이 소속한 정당의 개별 의원들은 가능하다면 대통령을 지지할 것이며, 대부분 경우 그렇게 하지만, 양쪽을 다 자세히 살펴보면 일반적으로 대통령 대신 자신의 선거구 유권자를 선택한다.[48]

대중의 불만과 의회개혁

대중의 생각은 결코 의회를 높게 평가하지 않는다. 따라서 주기적으로 개혁의 물결이 의회를 뒤흔든다. 20세기에 의회는 주요 개혁 물결을 네 차례 경험했다. 각각은 기관과 의원의 대표성, 효율성, 도덕성에 대한 대중과 의원의 우려가 복합적으로 작용하였다. 20세기의 첫 번째 주요 개혁은 1910~1911년 사이에 하원에서 일어났는데, 당시 의원들은 리드 의장과 캐넌 의장이 구축한 독재 권력에 반기를 들었다. 이러한 개혁은 의장의 권한을 약화시키고 위원회와 위원장의 권한을 강화시켰다.

Q5 의회는 최근의 개혁 노력에 얼마나 진지하였나?

위대한 의회개혁의 두 번째 시기는 제2차 세계대전 직후이었다. 대부분의 관측통들은 전쟁으로 인해 의회와 관련된 대통령의 권한이 크게 증가한 것으로 보았다. 1946년의 「입법 개편법」은 하원과 상원의 상임위원회 수를 줄이고, 항시적으로 전문 지원 및 업무 지원을 제공하고, 예산 과정에서 의회의 역할을 재확인하여 대통령에게 치우친 불균형을 시정하려고 했다.

세 번째 대개혁 시기에 1970년의 「입법개혁법」이 만들어졌다. 이 시기에 제정된 주요 개혁은 대중의 감시가 더욱 강화되도록 의회를 공개하고, 입법 관리 및 예산 책정과 같은 주요 분야에서 의사결정 능력을 강화하며, 의회 내 다수당의 권한을 강화하기 위한 것이었다. 그러나 권한을 부여받은 다수당은 소수당의 권리를 제한하고, 자신의 의제를 입법화하려고 시도하기 때문에 시간이 지남에 따라 소수당의 권리를 더욱 제한하는 경향이 있다. 이는 규칙이 다수당의 절대적 지배를 허용하고 있는 하원의 경우 특히 더 그렇다 (도표 9.6 참조).

1990년대 초반의 하원 스캔들은 의회개혁의 네 번째 물결을 불러일으켰다. 1994년 깜짝 놀랄만한 승리를 거둔 후 공화당은 하원을 더 개방적이고, 공정하며, 책임 있는 의회로 만들겠다고 약속했다. 그들은 이전에 민주당이 자신들은 거칠게 짓밟았다고 주장하면서 자신들은 원내 소수당인 민주당을 거칠게 짓밟지 않겠다고 맹세했다. 그러나 권력은 휘두르지 않기 어렵고, 반대는 곧 방해물처럼 보인다. 공화당 지도부는 그들의 안건을 의회에서 통과시키기 위해 폐쇄적 규칙, 연장 투표, 팔 비틀기, 선심성 지출예산의 확대 등을 사용했다. 2003년 이후 하원 다수당 원내대표 딜레이(Tom DeLay, 공화당, 텍사스)와 관련된 일련의 스캔들과 이라크전쟁으로 인해 여론은 다수당인 공화당에 불리한 방향으로 바뀌었다.

민주당은 공화당이 워싱턴에 '부패 문화'를 조장했고, 이를 바꿀 필요가 있다고 주장했다. 민주당은 당파성을 억제하고 의회 공동체의 회복을 통해 원내 교착상태를 종식시키겠다고 약속했다. 민주당은 또한 정규 질서를 회복하고, 소수파가 토론에 참여하고 수정안을 제시할 수 있는 기회를 더 많이 허용하며, 대중에게

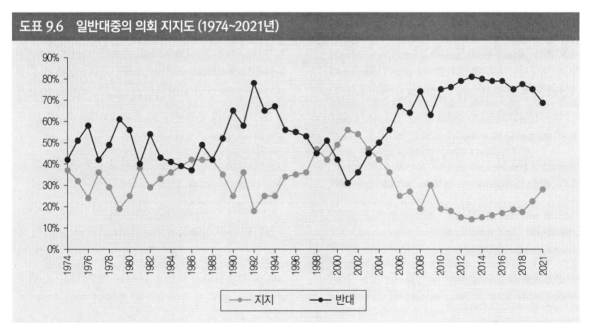

도표 9.6　일반대중의 의회 지지도 (1974~2021년)

출처: Data from Gallup Historical Trends, www.gallup.com/poll/1600/congress-public.aspx.

회의를 공개하겠다고 약속했다. 민주당은 곧 이러한 절차적 약속을 철회하고, 공화당의 참여 여부에 대해 과도하게 걱정하기보다는 법안을 통과시키는 것이 보다 더 중요하다고 결정했다.

민주당은 새로운 윤리 및 로비 규칙을 통과시키는 데 더 성공했다. 의원들은 자신들이 법안에 집어넣은 선심성 지출예산 및 특별 조세 조항을 확인하고 정당화해야 했다. 로비스트에 대한 새로운 규정은 로비스트에게 하원과 상원의 규칙을 위반하여 의원과 직원들에게 선물을 제공하지 않았음을 증명하는 분기별 보고서를 제출하도록 요구했다. 로비스트 법을 준수하지 않았을 경우 처벌이 강화되었고, 로비스트들은 의원, 리더십 PAC,* 정당 등에 기부한 기부금에 대한 반기별 보고서를 제출해야 했다.

제도 개혁은 대부분의 주요 사회 제도에서와 마찬가지로 의회에서도 계속 진행 중이다. 대중은 의회로부터 책임성(결국 이들은 국민의 대표이다), 효율성(중요한 문제를 식별하고 효과적으로 해결하는 능력), 도덕성(기본적인 정직성)을 기대한다. 이러한 기대는 거의 충족되지 않고 있다. 개혁 노력에도 불구하고, 의회에 대한 대중의 지지는 사상 최저치로 떨어졌으며, 2013년 말에는 지지율이 9%에 그쳤다. 2021년에는 28%로 치솟았다.

> *** 역자 주**
> leadership PAC(정치활동위원회)은 전국 단위 모금조직으로 모금액을 여론조사와 개인경비에 활용할 수 있다.

이 장의 요약

건국 시기의 미국인들은 정부가 필요하다는 사실과 정부에 부여된 권력이 남용될 수 있다는 사실을 모두 알고 있었다. 처음에 그들은 정부를 약화시켜 정치권력이 남용될 위험성을 억제하려고 했다. 연합규약 하에서의 연합회의는 세금을 부과하고 주 간 및 외국과의 통상을 통제할 수 있는 권한이 없었다. 연합회의가 허약함으로 인한 불안정성으로 인해 많은 사람들은 개혁이 필요하다고 결론을 내렸다. 미국 헌법은 양원제 입법부를 중심으로 하는 강력한 중앙정부를 구상했다.

처음에 새 의회는 대부분의 중요한 업무를 상원과 하원에서 공개 토론을 통해 수행했다. 원내 지도부는 여전히 힘이 없었고, 앞서 본회의 토론에서 도달한 합의 내용을 반영하는 법안을 작성하는 데에만 위원회가 활용되었다. 19세기 초에 의회의 의석수와 업무량이 증가하면서 원내 지도부의 힘이 강화되었고, 상임위원회가 상원과 하원 모두에서 입법 업무의 중심이 되었다. 의회의 상임위원회 제도는 의원의 전문성을 촉진하는 정해진 위원회 소관 업무를 중심으로 구축되었다. 위원회에서 가장 오래 재직한 다수당 의원이 위원장을 맡도록 하는 연공서열 규범은 전문성 강화를 더욱 촉진시켰다.

의회에서 가장 중요한 위원회는 상임위원회이다. 상임위원회는 정해진 소관 업무를 가지고 있고 한 의회에서 다음 의회로 계속 이어진다. 법안이 하원이나 상원에 제출되면, 해당 상임위원회에 배정된다. 위원회의 심사 과정은 일반적으로 공청회, 축조심사, 법안의 주요 조항을 설명하는 보고서 초안 작성 등을 포함한다. 위원회에서 보고된 법안에 대한 본회의 심의는 일반적으로 일반토론, 수정, 최종 통과 여부에 대한 표결을 포함한다. 하원에서 통과된 법안과 상원에서 통과된 법안이 차이가 있어 다를 경우, 하원 통과 법안과 상원 통과 법안 간에 존재하는 차이를 해결하기 위해 양원에서 선출된 의원들로 양원협의의원회가 구성된다. 그런 다음 단일화된 법안이 대통령의 승인을 얻기 위해 송부된다.

비록 입법 과정은 충분히 명확해 보이지만, 의회는 항상 다소 통제 불능 상태인 것처럼 보인다. 다수당은 신뢰할 수 있는 프로그램을 개발하고 채택할 수 없는 것 같고, 소수당은 무조건 반대만 하고 첨예하게 대립각을 세우는 것으로 보이며, 다수당이 낭비, 사기, 부패 등의 방식으로 해로운 일을 하고 싶어한다고 비난한다. 의원들은 선거구민, 당 지도자, 로비스트, 행정부의 대표들에 의해 이리저리 끌려다니는 것처럼 보인다. 국가의 문제를 제대로 해결하지 못할 뿐 아니라 심지어 현명하고 예의 바르게 토론조차 할 수 없는 사람들을 국민은 당연히 나쁘게 생각할 수밖에 없다.

주요 용어

게리맨더(gerrymander) 292
국민주권(popular sovereignty) 283
권력위원회(power committees) 298
규칙위원회(Rules Committee) 306
대리인(delegate) 291
만장일치 동의(unanimous consent) 296
상설특별위원회(select committees) 299
상임위원회(standing committee) 298
상호주의 규범(reciprocity norm) 298
선거구 획정(redistricting) 291
선심정치(pork barrel politics, 돼지여물통 정치) 310
승인위원회(authorizing committees) 299

신탁자(trustee) 291
양원협의위원회(Conference committees) 299
연공서열 규범(seniority norm, 다선 우선 원칙) 298
입법부 우위(legislative supremacy, 입법권의 우월) 283
전문화 규범(specialization norm) 298
전원위원회(Committee of the Whole) 306
정치꾼(politico) 291
케이스워크(casework, 민원처리) 310
토론 종결(cloture) 307
필리버스터(filibuster, 의사진행 방해) 307
합동위원회(joint committees) 299
회부(referral) 304

추천 문헌

Adkins, Randall E. and David A. Dulio, eds. *Cases in Congressional Campaigns, Third Edition.* New York: Routledge, 2019. 이 책은 2018년 선거 주기부터 미국의 주요 상·하원의원 선거운동을 상세히 살펴보고 있다.

Davidson, Roger H., Walter J. Oleszek, Francis E. Lee, Eric Schickler, and James M. Curry. *Congress and Its Members,* 18th ed. Washington, D.C.: Congressional Quarterly Press, 2021. 이 교과서는 의원들이 워싱턴과 자신의 지역구 둘 다에서 효과적으로 활동해야 한다는 사실이 기관에 미치는 영향을 강조하고 있다.

Dionne, E.J., Jr., Norman Ornstein, and Thomas E. Mann. *One Nation after Trump.* New York: St. Martin's Press, 2017. 저자들은 트럼프 대통령이 의회 및 좀 더 일반적으로 미국정치 전반에 미친 영향을 추적한다.

Evans, Jocelyn and Jessica M. Hayden, *Congressional Communication in the Digital Age.* New York: Routledge, 2018. 저자들은 편하게 사용할 수 있는 디지털 통신 기술이 의회 의원실에 주는 어려움을 설명한다.

Mayhew, David. "The Electoral Incentive," 1974. 메이휴는 의원의 재선 성공 여부는 자신의 선거구 유권자에게 자신을 알리고, 유익한 공공정책에 대한 자신의 공

로를 주장하고, 영리한 정책 입장을 취하려는 노력에 달려 있다고 설명했다. 📖

Schickler, Eric. "Institutional Development of Congress," 2004. 쉬클러는 의원들의 재선 및 정책 결정 목표가 오늘날 상원과 하원을 만든 의회개혁을 추동했다고 주장한다. 📖

Sinclair, Barbara. *Unorthodox Lawmaking: New Legislative Processes in the U.S. Congress*, 5th ed. Washington, D.C.: Congressional Quarterly Press, 2016. 이 책은 최근의 변화를 중심으로 오늘날의 입법 과정을 서술하고 있다.

인터넷 자료

1. www.thehill.com
   의회에 관한 모든 것을 다루는 온라인 신문이다.

2. thomas.loc.gov
   토마스 홈페이지에서는 의회 기록, 법안의 원문 및 처리 현황에 대한 보고서, 위원회 정보, 입법 과정 및 의회 역사에 관한 문서 등에 대한 링크를 제공한다.

3. www.house.gov
   미국 하원의 공식 웹사이트. 이 사이트에서는 입법 활동, 의원들의 투표, 의원 약력 및 연락처 등에 대한 최신 정보를 찾아볼 수 있다.

4. www.senate.gov
   미국 상원의 공식 웹사이트. 관심을 끄는 자료로는 가상 투어, 입법 뉴스, 위원회 배정, 상원의원 개인 약력, 키워드로 검색 가능한 아카이브 등이 있다.

5. www.rollcall.com
   의회 의사당의 일상적인 사건을 전문적으로 다루는 온라인 정기 간행물이다.

주

1) Ryan Teague Beckwith, "Math Nerds May Have An Answer to Gerrymandering," Bloomberg News in *Dallas Morning News*, October 17, 2021, A14.

2) Michael Wines, "Court, Ruling 5–4, Gives Green Light to Gerrymander," *New York Times*, June 28, 2019, A15.

3) John R. Hibbing and Elizabeth Theiss-Morse, *Congress as Public Enemy: Public Attitudes toward American Political Institutions* (New York: Cambridge University Press, 1995). 또한, 다음 참조. Gallup's Rating Congress website at www.gallup.com/poll/ratecong.html.

4) Barbara Sinclair, *Unorthodox Lawmaking: New Legislative Processes in the U.S. Congress*, 5th ed. (Washington, D.C.: Congressional Quarterly Press, 2017).

5) John Locke, *Second Treatise*, chap. 13, no. 150 (New York: Cambridge University Press, 1960), 413–414.

6) 영국과 미국 시스템에 대한 고전이자 여전히 최고의 비교분석은 다음의 책이다. Walter Bagehot, *The English Constitution*, originally published in 1867 (New York: Oxford University Press, 2001), 특히 11페이지 참조.

7) Calvin C. Jillson and Rick K. Wilson, *Congressional Dynamics: Structure, Coordination, and Choice in the First American Congress, 1774–1789* (Stanford, CA: Stanford University Press, 1994).

8) Raymond A. Smith, *The American Anomaly*, 4th ed. (New York: Routledge, 2018), 77, 87–88.

9) Roger H. Davidson, Walter J. Oleszek, Frances E. Lee, and Eric Schickler, *Congress and Its Members*, 16th ed. (Washington, D.C.: Congressional Quarterly Press, 2018), 6.

10) Adam Bonica, "Why Are There So Many Lawyers In Congress," *Legislative Studies Quarterly*, 45, 2. May 2020, 253–289.

11) Jennifer E. Manning, "Membership of the 117th Congress: A Profile," Congressional Research Service, January 3, 2022.

12) Nancy L. Cohen, "Why Female GOP Politicians Are Vanishing," *New York Times*, January 1, 2020, A19.

13) Katelin P. Isaacs, "Retirement Benefts for Members of Congress," Congressional Research Service, August 8, 2019. 또한, 다음 참조. "Open Secrets, Member Personal Finances," www.opensecrets.org/personal-finances.

14) *Congressional Careers: Service Tenure and Patterns of Member Service, 1789–2021*, Congressional Research Service, January 5, 2021.

15) Davidson, et al., *Congress and Its Members*, 98–101.

16) David R. Mayhew, *The Imprint of Congress* (New Haven, CT: Yale University Press, 2017), 21.

17) Walter J. Oleszek, Mark J. Oleszek, Elizabeth Rybecki, and Bill Henliff, Jr., *Congressional Procedures and the Policy Process*, 10th ed. (Washington, D.C.: CQ Press, 2016), 26−33.

18) Randall B. Ripley, *Party Leaders in the House of Representatives* (Washington, D.C.: Brookings Institution, 1967), 54. 또한, 다음 참조. C. Lawrence Evans, *The Whips: Building Party Coalitions in Congress* (Ann Arbor: University of Michigan Press, 2018).

19) Ripley, *Party Leaders in the House of Representatives*, 6−8.

20) Ronald M. Peters Jr., *The American Speakership: The Office in Historical Perspective* (Baltimore, MD: Johns Hopkins University Press, 1990), 92−93.

21) David W. Rohde, *Parties and Leaders in the Postreform House* (Chicago: University of Chicago Press, 1991), 83−88. 또한, 다음 참조. Evans, *The Whips*, 3.

22) Phil Duncan, "Senate Leader's Role a Recent One," *Congressional Quarterly Weekly Report*, May 18, 1996, 1368−1369. 또한, 다음 참조. Steven S. Smith, *The Senate Syndrome: The Evolution of Procedural Warfare In the Modern U.S. Senate* (Norman, OK: University of Oklahoma Press, 2014).

23) Christopher J. Deering and Steven S. Smith, *Committees in Congress*, 3rd ed. (Washington, D.C.: Congressional Quarterly Press, 1997), 26.

24) Davidson, et al., *Congress and Its Members*, 211−214; Steven S. Smith, Jason M. Roberts, and Ryan J. Vander Wielen, *The American Congress*, 10th ed. (New York: Rowman & Littlefeld, 2020), 194−195, 210−212.

25) John Hibbing, *Congressional Careers: Contours of Life in the U.S. House of Representatives* (Chapel Hill: University of North Carolina Press, 1991), 2.

26) Richard E. Fenno, *Congressmen in Committees* (Boston, MA: Little, Brown, 1973), 1.

27) David R. Mayhew, *Congress: The Electoral Connection* (New Haven, CT: Yale University Press, 1974), 16.

28) Barbara Sinclair, *The Transformation of the United States Senate* (Baltimore, MD: Johns Hopkins University Press, 1989), 145. 또한, 다음 참조. Sinclair, *Unorthodox Lawmaking*, 82−86.

29) Evans and Oleszek, *Congress under Fire*, 91−92.

30) Ida R. Brudnick, "Members Representation Allowance: History and Usage," Congressional Research Service, August 13, 2020. 또한, 다음 참조. Brudnick, "Congressional Salaries and Allowances: In Brief," April 11, 2018.

31) Jocelyn Evans and Jessica M. Hayden, *Congressional Communications in the Digital Age* (New York: Routledge, 2018).

32) Alexander C. Furnas and Timothy M. LaPira, "Congressional Brain Drain: Legislative Capacity in the 21st Century," New America, September 8, 2020.

33) Sinclair, *The Transformation of the U.S. Senate*, 131.

34) Arthur Lupia and Mathew D. McCubbins, *The Democratic Dilemma* (New York: Cambridge University Press, 1998), 213.

35) www.govtrack.us/congress/bills/statistics/. 또한, 다음 참조. Smith, et al. *The American Congress*, 209.

36) Sinclair, *Unorthodox Lawmaking*, 18, 20, 52, 114−116, 170−218. 또한, 다음 참조. Dionne, et al., *One Nation After Trump*, 79.

37) Sinclair, *Unorthodox Lawmaking*, 22−23, 53−55, 102−109, 258.

38) Gerald F. Seib, "Senate Woes Flag Wider Disease," *Wall Street Journal*, February 15, 2010, A2.

39) Jeremy W. Peters, Senate Vote Curbs Filibuster Power to Stall Nominees," *New York Times*, November 22, 2013, A1, A16.

40) Hong Min Park, Steven S. Smith, and Ryan J. Vander Wielen, *Politics and Process: Partisan Confict and Post-Passage Processes in the U.S. Congress* (Ann Arbor, MI: University of Michigan Press, 2018), 11.

41) Rohde, *Parties and Leaders in the Post-reform House*, 41; Davidson, Oleszek, Lee, and Schickler, *Congress and Its Members*, 276−285.

42) Richard Fenno, *Home Style: House Members in Their Districts* (Boston, MA: Little, Brown, 1978), 1−30.

43) Morris P. Fiorina, *Congress: Keystone of the Washington Establishment* (New Haven, CT: Yale University Press, 1977), 42−43.

44) Sydney Ember, "Never Mind the News Media: Politicians Test Direct-to-Voter Messaging," *New York Times*, June 3, 2018, Y20.

45) Steven S. Smith, *Party Influence in Congress* (New York: Cambridge University Press, 2007).

46) Thomas F. Holyoke, *Interest Groups and Lobbying: Pursuing Political Interests in America* (Boulder, CO: Westview Press, 2016).

47) Stephen E. Frantzich, *Presidents and the Media: The Communicator in Chief* (New York: Routledge, 2019), 28.

48) Mayhew, *The Imprint of Congress*, 114. 또한, 다음 참조. E.J. Dionne, Jr., Norman J. Ornstein, and Thomas E. Mann, *One Nation after Trump* (New York: St.Martin's Press, 2017), 73.

출처: John Lamparski/NUR Photo via AP

10장

대통령:
삼권분립체제에서 행정권

중점질문 및 학습목표

Q1 건국자들이 미국의 대통령직을 설계할 때 고려했던 행정권의 역사적 사례는 무엇인가?

Q2 건국자들은 대통령에게 주어진 권한을 어떤 방식으로 제한하였나?

Q3 미국 정치사에서 행정권이 강화된 이유는 무엇인가?

Q4 대통령이 국내정책에 비해 외교정책을 수립하고 실행하는 것이 상대적으로 더 쉬운 이유는 무엇인가?

Q5 백악관 참모들이 대통령의 가장 가까운 자문 역할을 하던 내각 구성원을 대체한 것에 대해 우려해야 하는가?

DOI: 10.4324/9781003303954-10

대통령 권한에 대한 단일행정부론

오늘날의
헌법

제2조 1항: "행정권은 미합중국 대통령에게 속한다."

위 조항을 중심으로 대통령의 헌법상 권한은 분명하지만, 대통령 권한의 범위와 한계를 둘러싸고 논쟁이 치열하다. 오랫동안 학자들은 국군통수권, 사면권, 상원의 조언과 동의에 따른 광범위한 임명권 등 헌법 제2조에 명시적으로 열거된 권한은 몇 개 안 되지만, 대통령은 이에 더해 수많은 권한을 가지고 있다고 지적해 왔다.

더 나아가, 로크(John Locke, 1632~1704년)에까지 거슬러 올라가는 행정권 연구자들은 국왕과 대통령이 큰 위험이 닥쳤을 때 법의 테두리 밖에서 행동하거나 심지어 법에 반하는 행동도 할 수도 있어야 한다고 주장했다. 그들은 행정부의 '고유한 권한'은 심각한 위협에 맞서기 위해서는 대담한 행동을, 심지어 정상적인 상황에서는 불법일 수도 있는 행동을 할 필요가 있을 수 있다고 주장한다. 조지 W. 부시(George W. Bush) 행정부의 관료들은 대통령 권한에 대한 훨씬 더 광범위한 '단일행정부론(unitary executive theory)'을 주장했다. 단일행정부론은 대통령이 행정부의 유일한 권한이며, 그 권한을 제한하려는 어떤 시도도 위헌이라고 주장한다. 이 견해는 트럼프(Donald J. Trump) 대통령의 백악관 내에서도 인기가 있었다.

통제받지 않는 행정 권한에 대한 부시 행정부의 시각은 독특했지만, 이는 전례가 없는 것은 아니었다. 미국 건국 시기부터 대통령과 국회의원, 대법관, 학자들은 이 문제를 놓고 논쟁을 벌여왔다. 핵심 쟁점은 대통령의 권한 주장을 삼권분립의 맥락에서 볼 것인지 아니면 단일행정권의 맥락에서 볼 것인지 여부이다.

9·11 테러 사건 이후 부시 행정부의 '테러와의 전쟁'은 이러한 문제에 대한 논쟁에 다시 불을 붙였다. 의회가 행정부에 "테러 공격을 계획, 승인, 자행, 지원하는 국가, 조직, 개인에 대해 모든 필요하고 적절한 무력을 사용할 수 있는" 권한을 부여했음에도 불구하고, 존 유(John Yoo)가 이끄는 행정부 변호사들은 그러한 권한 부여 자체가 불필요하다고 주장했다. 유는 "특히 무력 공격의 위협에 대응하여 군사적 적대행위를 개시할 권한이 전적으로 대통령에게 있다"라고 주장했다. 게다가 부시 행정부의 변호사들은 대통령이 국군통수권을 갖고 있으며, 그러므로 테러와의 전쟁을 수행하는 방법을 결정할 수 있는 권한이 전적으로 대통령에게 주어져있다고 주장했다.

9·11 테러 사건 발생 직후 큰 충격을 받은 대중과 당시 상원과 하원의 다수당이었던 공화당은 대통령의 권한 확대 주장에 반대하지 않았다. 그러나 대중이 비상사태가 이미 끝났다고 생각할 무렵 아프가니스탄과 이라크전쟁이 악화일로에 접어들었고, 행정부의 정책에 대한 더 많은 정보가 쏟아져 나오면서 여론, 법원,

그리고 마침내 의회에서 반대의견이 제기되었다.

대법원은 '햄단 대 럼스펠드' 사건 (2006년)에서 부시 행정부의 단일행정부론을 재심의했다. 부시 행정부는 관타나모 수감자들을 재판하기 위해 군사재판소를 설치할 권리가 있다고 주장했다. 다수의견을 작성한 존 폴 스티븐스(John Paul Stevens) 대법관은 "대통령이 독립적인 권한을 가지든, 의회의 승인 없이 군사위원회를 소집할 권한이 있든 없든, 그는 의회가 그 자신의 전쟁 권한을 적절히 행사하는 데 있어 그의 권한에 주어진 제한을 무시할 수 없을 것이다"라고 선언했다.

당연히, 평시나 심지어 전쟁 초기의 충격에서 벗어난 후에 대통령은 더 많은 제약에 직면한다. 오바마 행정부는 부시 행정부가 주장하는 단일행정부론 주장을 진전시키지는 않았지만, 주기적으로 폭넓은 행정권을 주장했다. 오바마가 이민 정책을 바꾸려고 했을 때, 법원들은 그를 견제했고, 그가 쿠바에 대한 대외개방을 모색했을 때, 의회는 무역에 대한 오래된 금수 조치 대부분의 해제에 반대했고, 오바마가 파리 기후변화협정에 대한 체결 권한을 주장했지만, 그것은 공화당이 장악한 상원에 의해 기후 조약이 거부될 것임을 암묵적으로 인정한 것이었다. 도널드 트럼프 대통령도 마찬가지로 좌절했다. 그는 이민, 쿠바, 기후변화에 대한 오바마의 행정명령을 철회하기 위해 조직적으로 움직였지만, 그의 행정부 초기에 의회와 법원에 의해 여행 금지, 불법 이민자 보호도시(sanctuary city),* 국경 장벽 등에 대한 명령이 제동이 걸리는 것을 목격했다.

놀랍게도, 조지 W. 부시의 단일행정부 주장을 설계한 존 유는 새 행정부가 출범한 지 불과 몇 주 만에 트럼프의 행정 권한 주장에 대한 '심각한 우려'를 언급했다.[1] 존 유만이 아니었다. 2019년 초 트럼프 대통령이 남부 국경에 대해 '국가 비상사태'를 선포하자 즉각적으로 의회의 반발과 대중의 항의가 이어졌다. 바이든 대통령은 트럼프의 정책을 상당 부분 수정했지만, 아울러 법원에 의한 국경 통제와 백신 의무화에 대한 중요한 무효 결정도 경험했다. 우리 미국의 제한정부, 삼권분립, 견제와 균형 시스템의 설계자인 건국의 아버지들은 이 과정을 인식 못하지 않았을 것이다.

* 역자 주
연방정부에 의한 불법 이민자. 불법외국인 추방에 협력을 거부하는 도시. 트럼프 대통령은 불법 이민자를 체포해 이민자 보호도시로 보낼 절대적 권한이 있다고 주장했다.

미국의 대통령

1857년 초 대통령직에서 물러나면서 피어스(Franklin Pierce)는 "백악관을 떠나게 되면, 술 마시는 일 말고 따로 무슨 할 일이 있나요?"라고 물었다. 거의 한 세기가 지난 후 1945년 4월 12일 루스벨트(Franklin D. Roosevelt) 대통령의 사망 소식을 들은 트루먼(Harry S. Truman) 부통령은 몇몇 기자들에게 "아이고, 여

러분이 기도할 것이면, 지금 나를 위해 기도해 주세요"라고 말했다. 두 사람 모두
미국 대통령직에 부여된 막중한 책임에 대해 생각하였다.

갈수록 심해지고 있는 남부와 북부의 분열에 맞서 싸우느라 지친 피어슨 대통
령은 술집의 평화가 위안이 될지도 모른다고 생각했다. 트루먼 대통령은 곧 미국
이 엄청난 파괴력을 지닌 원자폭탄을 보유하고 있으며 그 원자폭탄을 일본에 투
하할지 여부를 결정해야 한다는 사실을 깨닫게 되었다. 대부분의 대통령들은 자
신의 직무권한이 자신이 해야 할 공익에 대한 대중의 기대 범위와 영역은 고사하
고, 자신의 직무 책임 범위와 영역에도 크게 미치지 못하는 것을 발견하고 술과
기도에 의지한다.[2]

근본적으로 미국 대통령의 직무와 그에 대한 우리의 기대가 일치하지 않는 것
이 문제이다. 대통령을 둘러싼 일반 대중의 기대는 대통령이 중앙정부를 책임지
고 있다는 시민학 책의 이미지에서 비롯된다. 현실은 다소 다르다. 헌법적 권한과
정치적 자원은 대통령과 의회, 법원이 공유한다.[3]

그 결과 나타난 딜레마는 스코브로넥(Stephen Skowronek)이 훌륭하게 설명
했다. 스코브로넥은 미국정치체계에서 대통령직에 대한 대중의 이해와 헌법적 권
한 사이의 불일치를 설명하면서, "공식적으로 중심적인 권력은 없다. 통치 책임
은 공유되며, 권력에 대한 주장은 논쟁의 여지가 있다. 그러나 현실적으로 가장
중요한 기준점으로 두드러지게 눈에 띄는 것은 대통령이다. … 국민의 이목을 끌
고 애착심을 갖게 하는 것은 행정부이다"라고 썼다.[4]

헌법 제2조는 대통령의 권한과 입법부, 사법부 다른 부와의 관계를 대략적으
로만 설명하고 있다. 20세기 중반 대표적 대통령 연구 학자인 코윈(Edward S.
Corwin)은 전쟁 권한(의회가 전쟁을 선포하고 대통령이 총사령관이다)에 관한
헌법의 광범위한 표현은 '투쟁의 초대'를 의미한다고 경고했다.[5] 헌법과 법률, 판
례 등이 대통령 권한에 대한 대략적 기준을 제시한다. 궁극적으로 이러한 기준 내
에서 각 대통령은 자신에게 적합하고 정부 안과 밖의 다른 사람들이 인정하고 받
아들일 수 있는 대통령직과 대통령 직무 수행 방식을 정의한다. 물론 도널드 트럼
프는 이 위안을 주는 설명에 반기를 들었다. 조 바이든은 이를 다시 재확립하려고
시도했다.

베트남전쟁과 워터게이트 스캔들로 힘이 약해진 대통령들이 행정부의 정당한
특권을 의회와 법원이 침해하도록 만들었다고 확신하였던 조지 W. 부시와 체니
(Dick Cheney)는 이를 회복시키기 위해 부단히 노력했다. 부시의 첫 임기 동안,
특히 9·11 테러 사건 이후 행정부는 대통령 권력의 **단일행정부론**을 옹호했다. 앞
에서 논의한 단일행정부론은 행정부의 권한은 대통령에게 주어져 있으며, 특히
전시에는 대통령이 총사령관 역할을 맡아 미국 국민을 보호하는 데 필요한 것을
판단하는 유일한 존재라는 주장이다. 버락 오바마(Barack Obama)는 대통령 취

**단일행정부론(unitary executive
theory)**
대통령이 행정 권한을 구체적으
로 보여주며, 특히 전시에는 국가
와 국민을 보호하는 데 필요한 사
항을 결정하는 유일한 판단자라고
주장하는 강력한 대통령직 이론.

임 당시 전례 없는 문제에 직면하였다. 즉, 대중의 참을성이 한계에 달한 두 개의 전쟁과 미국경제와 글로벌경제가 직면한 심각한 어려움이 그것이었다. 큰 문제에는 큰 권력이 필요하지만, 그렇더라도 반드시 그것이 일방적으로 행사되는 권력을 의미하지는 않는다.

도널드 트럼프는 현대 미국 역사상 가장 소란스러운 네거티브 선거운동에 이어 전국이 정치적, 정서적 고통이라는 또 다른 고통에 처한 상황에서 대통령에 취임했다. 조 바이든 대통령은 국내외 문제를 관리하고 코로나19 팬데믹을 통제하려고 노력해야 했다. 의회에서 근소한 차이로 다수당의 지위를 차지한 대통령들 대부분은 당파적 분열을 극복하기 위해 기꺼이 협력할 파트너를 구하려 한다. 그러나 오바마케어의 폐지 및 대체에 실패하고 세제 개혁에 성공한 트럼프 대통령은 의회 내 공화당의 지지에만 의존하여 국정을 운영하려 했고, 바이든 대통령은 초당파주의를 시도했지만, 공화당 의원 중에서 지지자를 얻지 못했다. 각 대통령은 의식적으로, 무의식적으로 대통령직 이론과 대통령 스타일을 채택한다.

이 장에서 우리는 건국자들이 이 새로운 대통령직에 대해 생각할 때 검토했던 행정권의 역사적 사례를 살펴본다. 그런 다음 우리는 대통령이라는 공직의 성격, 주어진 권한, 유보된 권한 등과 관련하여 건국자들이 어떤 선택을 했는지 기술하고 설명한다. 우리는 19세기와 20세기를 거쳐 21세기까지 대통령 권력의 성장과 발전을 시간 순서대로 살펴본다. 그런 다음 오늘날 국내외 정책에 있어 대통령의 책임 범위를 분석한다. 우리는 대통령이 불확실하고 위험한 세상에서 자신의 책임을 다하기 위해 대통령의 권한을 확대하는 데 도움이 되는 백악관 참모진, 대통령실, 내각, 부통령실 등과 같은 대통령 소속 기관이 어떻게 조직되어 있는지 검토한다. 우리는 대통령직에 대한 우려와 이러한 우려를 해소하기 위해 생각할 수 있는 개혁에 대한 논의로 끝을 맺는다.

행정권의 역사적 기원

건국자들이 친숙한 중앙정부의 행정부는 자신이 적합하다고 생각하는 대로 외교정책을 수행하고 전쟁을 선포할 수 있는 권리를 포함하여 광범위한 권한을 가진 군주들이었다. 심지어 제한정부의 최고 이론가인 영국의 존 로크도 행정부가 전쟁을 일으키는 것을 포함하여 외교 정책에서 자유재량권을 가져야 하며, 국가 비상 상황에서는 법을 무시하거나 심지어 위반할 권리도 있어야 한다고 주장했다.[6] 더 가깝게는 국왕의 식민 총독이 광범위한 행정권에 더해 입법권과 사법권을 행사했다. 혁명 시대 주지사들은 자신을 방어하기에는 너무 약했고, 당시 지배적인 입법부를 견제하고 균형을 유지할 능력도 없었다. 역사나 경험에서 공화제 행정부의 좋은 모델을 찾지 못한 건국자들은 자신들만의 모델을 발명할 수밖에 없었다.

Q1 건국자들이 미국의 대통령직을 설계할 때 고려했던 행정권의 역사적 사례는 무엇인가?

역사적 선례: 국왕을 대신한 총독

대부분의 식민지에서 총독은 국왕이나 식민지를 소유한 영주를 대표했다. 국왕의 식민지에서 총독은 총사령관이자 대부분의 식민지 관리의 임명권자로서 광범위한 권한을 행사하면서 국왕의 권위를 구현하였다. 아울러 국왕의 총독은 마음대로 의회를 소집하고 해산할 수 있었고, 의회의 조치와 요청을 거부할 수 있었다. 일반적으로 입법부의 상원 역할을 하는 총독이 임명한 의회는 식민지 최고 법원의 역할을 했다. 식민지를 소유한 영주의 총독들도 거의 비슷한 위치에 있었다. 그들은 식민지의 기업 소유주들에 의해 임명되고 그들을 위해 일했다.

18세기에 걸쳐 식민지의 인구와 경제적 부가 늘어나면서, 식민지 정치와 정책의 관리를 둘러싸고 지방의회가 이 강력한 행정부와 경쟁했다. 식민지 주민들은 자의적이고 잠재적으로 횡포를 부릴 수 있는 행정부권력에 대항하여 입법부가 자신들의 자유와 재산, 궁극적으로 생명을 보호해 준다고 생각했다. 당연히, 식민지 주민들은 독립을 통해 자신들의 주정부를 수립할 기회가 생겼을 때 행정부권력을 제한했다.

역사적 선례: 주지사

초기의 주헌법들은 권력 집중이 자유에 미치는 위험에 대한 폭넓은 합의를 반영했다. 따라서 주지사들은 주의회에 복종하게 되었고, 전통적인 행정부 권한 다수가 박탈되었다. 주지사들은 일반적으로 주민이 아니라 주의회에 의해 보통 1년의 짧은 임기로 선출되었고, 절반 이상은 재선에 나설 수 없었다. 주지사들은 의회를 통과한 법률안에 대한 거부권이 없었고, 단지 자문위원회와 관련하여 임명권이 허락되었다. 단지 1777년의 뉴욕 헌법과 1780년의 매사추세츠 헌법만이 행정부에 좀 더 많은 자율성과 권한을 부여했다.

연합규약의 행정부권력

연합규약은 순전히 독립적인 행정권의 필요성을 거부했다. 연합규약에는 행정부에 대한 언급이 없었고, 심지어 외교와 전쟁에 관한 모든 권한도 연합회의에 주어졌다. 연합회의가 매년 대통령을 선출했지만, 대통령의 역할은 연합회의를 주재하는 일이었다. 그는 연합회의의 명시적인 허가 없이는 위원회의 업무를 감독하거나, 하층민에 대한 조치에 영향을 미치거나, 심지어 서신에 답변할 권한도 없었다. 대통령의 임기는 1년이었고, 각 주가 돌아가며 맡았다.

1780년대 중반에 이르러 워싱턴, 매디슨, 해밀턴이 이끌던 미국의 보수 엘리트 사이에서는 연합규약의 해당 조항이 부적절하다는 공감대가 형성되었다. 개혁안들은 안정과 방향을 제공할 만큼 강력하지만, 그렇다고 위험하게 될 만큼 강력하지는 않은 중앙정부 행정부에 적합한 형태와 권한에 초점을 맞추었다.

대통령 권한의 헌법적 근거

02 건국자들은 대통령에게 주어진 권한을 어떤 방식으로 제한하였나?

1787년 여름, 제헌회의에 참석하기 위해 필라델피아에 도착한 대부분의 대표자들은 행정권을 강화하는 동시에 억제해야 한다는 것을 확신했다. 그 방법을 아는 사람은 아무도 없었고, 회의적인 대중에게 그 결과를 설명할 방법은 더더욱 없었다.[7]

대통령직에 대한 대안적 개념

건국자들은 새로운 공직의 자격 기준을 정하는 데 별 어려움을 겪지 않았다. 대통령은 적어도 35세, 14년 이상의 거주자, 미국에서 태어난 시민이어야 했다 (글상자 〈다른 나라와 비교〉 참조). 다른 문제들은 좀 더 어려웠다. 즉, 누가 대통령을 선택할 것이며 어떤 방식으로 선택할 것인가, 얼마나 오래 재임할 것인가, 두 번 이상의 임기를 연임하는 것이 가능할 것인가? 제헌회의는 최종 폐회 며칠 전까지 이 문제들을 놓고 고심했다.[8]

제헌회의의 메신저. 처음에 회의 참석자들 대부분은 "행정부는 입법부의 의지를 실행에 옮기기 위한 기관에 지나지 않는다"라는 코네티컷의 셔먼(Roger Sherman)의 의견에 동의했다. 그러므로 대표자들 대부분은 입법부가 행정부를 선출하는 것이 적절하다고 생각했다. 그러나 특히 더 작은 주 대표자를 중심으로 일부 대표자들은 입법부에 의한 선출이 큰 규모의 의회 대표단을 가진 큰 주들에게 유리하다는 점을 우려하였고, 반면에 일부 대표자들은 권력분립 원칙에 명백하게 위배되는 것이 계속 신경이 쓰였다.

강력하고 독립적인 대통령. 결국에는 매디슨(James Madison)의 지지를 받았던 윌슨(James Wilson)과 모리스(Gouverneur Morris)는 최고 통치권자를 대중이 선출하면 그가 독립성이 보장되고 입법부를 견제하는 역할을 할 수 있는 충분한 권한이 부여될 것이라고 주장했다. 대통령과 의회는 주권자인 국민으로부터 권한을 얻고 국민에게 책임을 지게 될 것이다. 따라서 그러한 대통령은 3년이나 4년 정도로 비교적 짧을 임기와 재선이 허용될 것이다. 그러나 하는 일과 가족 때문에 바쁘며, 개척지의 농장에 고립되어 당시의 주요 정치인과 현안에 대한 지식이 부족한 보통사람들이 국가의 최고 통치권자를 선출할 수 있으리라고 상상할 수 있는 대표자는 거의 없었다. 여전히 민주주의는 위험할 정도로 불안정하다고 여겨졌다. 대통령을 선출하는 또 다른 방식이 필요했다.

선거인단과 대통령 선출. 제헌회의는 이러한 여러 방안과 각각의 안이 가지고 있는 결점을 놓고 3개월 이상 고심했다. 마침내, '연기된 부분과 해결되지 않은 부분'에 관한 특별위원회가 대표자들 대부분을 만족시키는 절충안을 보고했다. 위원회는 대통령을 선출하는 새로운 기관, 즉 **선거인단**(각 주는 상원과 하원 대표단을 합친 것과 동일한 수의 투표권을 갖는다)을 제안했다. 의회가 선출에 관여하지 않기 때문에, 대통령의 임기는 4년으로 비교적 짧을 수 있고, 현직 대통령이 연임할 수도 있다고 생각되었다.

이러한 절충안에 대해 대표자들 대부분이 합리적이라고 생각했지만, 이 절충안의 또 다른 측면이 흥미로운 난제를 제기했다. 만약 선거인단 선거에서 과반수를 획득한 후보가 없는 경우 어떻게 대통령을 선출할 것인가? 다시 말하지만, 어떤 형식이든 입법부에 의한 선출이 확실해 보였지만, 상원은 조약 체결 및 임명에서 대통령과 너무 밀접하게 연계되어 있기에 행정부 선출에 있어 역할을 부여받을 수 없었다. 하원의 선택은 큰 주들에 유리할 것이기 때문에 작은 주들은 그것에 강력하게 반대했다. 마침내, 셔먼(Roger Sherman)과 윌리엄슨(Hugh Williamson)은 하원에서 주별로 투표하여 대통령을 선출할 것을 제안했다.[9] 제헌회의 동안 다양한 방안에 대해 제기되었던 거의 모든 의구심이 선거인단의 정교한 설계로 해결되었다. 이 책의 독자들은 현대 대통령 정치에서 선거인단제도에 대한 보다 자세한 논의를 위해 제8장을 다시 참조할 수 있다.

선거인단(Electoral College)
1787년 연방회의에서 대통령의 선출을 위해 만들어진 제도.

헌법상의 행정권

헌법 제2조는 "행정권은 미합중국 대통령에게 속한다"라고 명시하면서 대담하게 시작한다. 그러나 건국자들은 어떤 것을 행정권에 포함시키려고 했는가? 유럽의 군주제에서 행정권(집행 권한)은 참으로 광범위해서 외교 업무(전쟁 포함)의 수행, 집행유예 및 사면 부여, 행정 직위 신설 및 그 공직에 사람들을 임명, 관료제의 지휘, 법률 거부권 행사, 입법부의 소집 및 해산에까지 이르렀다.

건국자들은 행정권에 대해 더 좁은 시각을 가지고 있었다. 앞으로 살펴보겠지만, 전통적인 행정권 중 사면권만 전적으로 대통령에게 주어졌다. 국내 입법 및 행정 업무와 외교 및 군사 업무에 있어서 대통령의 행정권 대부분은 입법부와 사법부의 견제를 받았다. 더욱이 건국자들은 미래 대통령의 권한의 원천이자 그 권한에 대한 제한의 원천으로 헌법에 집중시키는 데 중점을 두었다. "나는 합중국 대통령의 직무를 성실히 수행하며, 나의 능력의 최선을 다하여 합중국 헌법을 보전하고, 보호하고, 수호할 것을 엄숙히 선서(또는 확약)한다"라고 명시한 헌법 제2조 제1항의 마지막 문단은 미국 헌법에서 찾아볼 수 있는 유일한 취임서약이다.

그럼에도 불구하고 건국자들은 자신들이 미래를 확실하게 예견하는 것이 불가능하다는 것을 알고 있었기 때문에 행정권을 느슨하게 구성했다. 국가가 성장하고, 확대되고, 성숙해지면서 대통령의 공식적 또는 헌법적 권한은 그러한 권한을 중심으로 성장한 비공식적 권한에 의해 보완되었다.

사면권. 제2조 제2항은 대통령에게 "대통령은 합중국에 대한 범죄에 관하여 탄핵의 경우를 제외하고, 형의 집행유예 및 사면을 명할 수 있는" 권한을 부여하고 있다. **집행유예**는 행정부가 **사면** 요청을 고려할 시간을 주기 위해 사법적 결정의 효력을 일시적으로 연기하는 것이다. 사면은 공식적인 사법적 판결 이전에 주어지든 이후에 주어지든 관계없이 과거를 청산하고 사면을 받는 사람을 법의 관점에서 '새로운 사람'으로 만든다.[10]

건국자들은 사면권이 대통령으로 하여금 부적절하거나 부당한 법 적용을 거부할 수 있도록 허용했다는 점이 중요했다. 또한, 사면권은 대통령에게 반란과 기타 대중적 소란을 조기에 제압하거나 협상하고, 그 여파로 남은 상처를 치유할 수 있는 수단이 되었다. 미국 정치사에서, 경미한 범죄자와 전직 대통령들에게 사면이 행해졌다. 최근 사면에 대한 논란이 점점 더 커지고 있고, 범죄에 관대해 보이기를 원하지 않는 대통령들은 사면권 행사를 줄이고 있다.[11]

제안권과 거부권. 제2조 3항은 대통령에게 의회의 심의를 위해 의회에 법률안을 제출할 수 있는 권리를 부여하고 있다. "대통령은 연방의 상황에 관하여 수시로 연방의회에 보고하고, 필요하고 권고할 만하다고 인정하는 법안의 심의를 연방의회에 권고하여야 한다." 이 헌법 조항은 의회의 입법 활동의 초기 단계 또는 의제 설정 단계에 대통령이 참여하는 것을 합법화한다.[12]

대통령의 **거부권**(거부권은 라틴어로 "나는 금지한다"를 뜻함)은 헌법 제1조 7항에 명시되어 있다. 이 조항은 의회를 통과한 모든 법률안은 대통령의 심의를 위해 반드시 대통령에게 보내져야(이송) 한다. 동의하는 경우 대통령은 법률안에 서명하고 법률안은 정식 법률이 된다. 반대하는 경우 대통령은 자신의 반대의견을 첨부하여 법률안을 의회로 되돌려 보낸다(환부). 대통령의 반대의견을 검토한 후 의회는 상원과 하원 각각 3분의 2 이상의 찬성으로 거부된 법률안을 원안 그대로 재의결하여 대통령의 반대를 무력화하고 법률로 확정하거나, 또는 대통령의 동의를 얻기 위해 거부된 법률안의 원안을 수정하여 수정안을 의결할 수 있다.

대통령의 거부권을 무시하기는 어렵다. 따라서 거부권은 실제 사용되는 경우만큼 거부권 사용을 위협하는 것도 중요하다. 대통령이 법률안의 특정 조항에 반대한다는 사실을 알고 있는 의원들은 거부권을 피하기 위해 해당 조항의 수정을 고려할 가능성이 높다. 거부권의 위협을 통해 대

집행유예(reprieve)
행정부에게 사면 요청을 고려할 시간을 주기 위해 법원 판결의 효력을 일시적으로 연기하는 것이다.

사면(pardon)
사면은 법의 관점에서 사면 대상자를 마치 범죄를 저지른 적이 없는 것처럼 새로운 사람으로 만든다.

거부권(veto power)
대통령은 의회를 통과한 법률안에 대해 거부권을 가지고 있다. 만약 상·하 양원이 거부된 법률안을 3분의 2 이상의 찬성으로 재의결하면, 그 법률안은 법률로 확정된다.

출처: North Wind Picture Archives via AP Images

조지 워싱턴(앉아 있는 사람)이 내각의 장관들과 회의하고 있다. 왼쪽부터 토머스 제퍼슨 국무장관, 알렉산더 해밀턴 재무장관, 헨리 녹스 전쟁장관, 에드먼드 랜돌프 법무장관 (뒤쪽).

다른 나라와 비교

전 세계 지도자의 자격 요건

헌법에 명시된 대통령직 자격 요건은 매우 간략해서 우리는 이에 대해 깊이 생각하지 않는 경향이 있다. 제2조 1항에 명시된 자격은 다음과 같다. "출생에 의한 합중국 시민이 아닌 자 … 대통령으로 선임될 자격이 없다. 연령이 35세에 미달한 자, 또는 14년간 합중국 내의 주민이 아닌 자도 대통령으로 선임될 자격이 없다." 그동안 나이 및 대통령직 자격요건은 그다지 관심의 대상이 아니었지만, 최근 제니퍼 그랜홀름(캐나다 출생)과 아놀드 슈왈제네거(오스트리아 출생)가 각각 미시간 주지사와 캘리포니아 주지사 선거에 출마하면서 출생 요건에 대한 의문이 제기되었다. 2016년 텍사스 상원의원 테드 크루즈(캐나다 출생)의 대통령선거 출마 결정은 이러한 문제를 다시 불러일으켰다.

더욱 우려스러운 것은 버락 오바마의 당선이 '출생에 의한 시민'이라는 그의 지위에 의문을 제기하는 '버서(birther) 운동'을 촉발했다는 점이다. 오바마의 아버지는 케냐인이고 어머니는 캔자스에서 태어난 미국인이며, 오바마가 하와이에서 태어났음을 보여주는 충분한 증거가 있다. 하지만 오바마가 대통령이 될 자격이 있는지 의문을 제기하고 싶었던 일부 사람들은 그 증거를 믿지 않았다.

왜 우리는 이러한 자격 요건을 가지고 있으며, 이러한 자격요건은 다른 나라의 헌법이 자국의 국가 원수와 정부 수반에게 요구하는 자격요건과 비교하여 어떤 차이가 있나? 나이에 대한 요건은 간단하다. 각 주는 일반적으로 참정권 연령을 21세(이후 18세로 감소)로 하였고, 그러므로 건국자들은 하원의원 선거 출마 자격을 25세, 상원의원 출마 자격은 30세, 대통령선거 출마 자격을 35세로 하였다. 많은 나라들이 최고 지도자의 연령 요건을 가지고 있다 (35~40세가 대세이며, 40세가 가장 일반적이다).

거주 요건과 출생 요건이 더 흥미롭다. 건국 당시 미국은 유럽 이민자들(그리고 아프리카 노예들)의 땅이었다. 유럽은 계속해서 미국에 대해 흉계를 가지고 있는 군주들에 의해 통치되었다. 건국자들은 미국에서 공직에 선출된 사람들이 군주제 원칙을 버리고 공화제 원칙을 채택할 수 있을 만큼 충분히 오랫동안 이곳에서 살았는지 확인하고 싶었다. 그러므로 헌법은 하원의원 후보자는 7년 동안, 상원의원 후보자는 9년 동안 미국 시민권자이어야 하고, 대통령 후보의 경우에는 태어날 때부터 미국 시민일 것을 요구한다. 대부분의 다른 나라들은 시민권 요건을 가지고 있지만, 놀랍게도 출생 요건을 가지고 있는 나라는 거의 없다.

몇몇 나라가 출생 요건을 가지고 있다. 알제리, 브라질, 불가리아, 콩고, 이집트, 핀란드, 인도네시아, 필리핀은 출생을 요구한다. 두 나라는 심지어 부모와 조부모의 출생도 따진다. 그리스는 대통령 후보자가 최소한 5년 동안 시민권자이고 '아버지 또는 어머니 혈통이 그리스 혈통일' 것을 요구한다. 튀니지 대통령에 출마하기 위해서는, 아버지, 어머니, 친할아버지, 외할아버지가 한결같이 튀니지 국적자이어야 한다. 그리고 2012년 당시 이집트 대통령선거에서 선두 주자였던 쉐이크 하젬 살라 아부 이스마일은 그의 어머니가 말년에 미국 시민이 되었다는 이유로 부적격 판정을 받았다.

비록 이제는 건국자들이 우려했던 바가 사라졌다고 믿는다고 하더라도 헌법은 개정이 매우 어렵고, 대선에 혼란을 일으키는 경우가 아니라면 광범위하게 지속적인 정치적 관심을 끌 수 있는 사안이 아니며, 그런 경우조차 관심을 끌지 못할 수도 있다.

통령과 그의 대리인들은 단지 입법과정의 처음과 끝이 아니라 입법과정 전반에 걸쳐 참여할 수 있다.

'유의' 조항. 제2조 3항에는 "대통령은 법률이 충실하게 집행되도록 유의한다"라고 명시되어 있다. 일반적인 상황에서 '유의' 조항은 단순히 대통령이 의회를 통과한 법률을 효율적으로 집행할 것을 요구할 뿐이다. 그러나 남북전쟁이 다가오면서 링컨 대통령이 직면했던 상황과 같은 특별한 상황에서는 대통령들은 국가를 구하기 위해 특별한 조치, 심지어 초법적 조치조차 필요할지도 모른다고 주장해 왔다. 놀랍지도 않은 일이지만, 때때로 대통령은 남들이 보지 못하는 특별한 상황을 인식한다.

임명권. 대통령들은 법이 충실하게 집행되도록 '유의'할 책임이 있다면, 자신을 대신해 직무를 수행할 공직자를 임명하고 해임할 권한을 가지고 있어야 한다고 주장한다. 건국자들은 일정 부분 동의했다. 제2조 2항은 **임명 권한**을 다음과 같이 나누고 있다. "대통령은 대사, 그 밖의 공사 및 영사, 연방대법원 판사, 그리고 그 임명에 관하여 본 헌법에 특별 규정이 없고 법률로써 정하는 그 밖의 모든 합중국 관리를 지명하여 상원의 권고와 동의를 얻어 임명한다." 대통령은 고위 공직자를 임명하는 권한을 상원과 공유하며, 사전에 의회에서 입법을 통해 만든 공직에만 관리를 임명할 수 있다.

새로운 공직을 만들 수 있는 의회의 권리에는 해당 공직을 정의하고 제한할 수 있는 권리가 포함된다. 더욱이 제2조 2항은 "연방의회는 적당하다고 인정되는 하급관리 임명권을 법률에 의하여 대통령에게, 법원에게, 또는 각 부 장관에게 부여할 수 있다"라고 명시하고 있다. 헌법은 의회가 처음부터 끝까지 임명 권한에 있어서 중요한 역할을 하도록 규정하고 있다.

조약체결과 외교. 건국자들은 외교 문제에 대통령과 의회 모두 참여시키려고 했다. 제2조 2항에는 대통령이 "대사와 그 밖의 외교사절을 접수한다"라고 명시되어 있다. 외국의 사절을 받을 수 있는 이 권리는 세계 각국과의 공식적인 관계를 인정하고 시작할 수 있는 중요한 권리로 발전했다.

제2조 2항은 또한 대통령은 "상원의 권고와 동의를 얻어 조약을 체결하는 권한을 가진다. 다만, 그 권고와 동의는 상원의 출석의원 3분의 2 이상의 찬성을 얻어야 한다"라고 규정하고 있다. 대통령은 **행정협정**을 통해 **조약체결권**을 자유롭게 보완해 왔다. 행정협정은 대통령과 외국 사이에 협상되며 조약과 동일한 법적 지위를 갖지만, 상원의 승인을 요하지 않는다. 반면에, 행정협정은 후임자가 추인하거나 갱신하지 않는 한 해당 대통령 임기 동안에만 유효하다.

총사령관. 마지막으로 제2조 2항은 "대통령은 합중국 육해군의 총사령관 그리고 각 주의 민병이 합중국의 현역에 소집되었을 때는 그 민병대의 총사령관이 된다"라고 규정하고 있다. 의회는 육군과 해군을 '모집 및 지원'하고 '전쟁을 선포'할 책임과 권한을 부여받았다. 건국자들은 유럽의 군주들에게 주어졌던 평화와 전쟁을 선택할 수 있는 권한은 결코 대통령에게 주어지지 않을 것이라는 점을 아주 분명

임명권(appointment power)
미국헌법 제2조 2항은 대통령에게 종종 상원의 권고와 동의를 얻어 많은 고위공직자를 임명할 수 있는 권한을 부여하고 있다.

행정협정(excutive agreement)
대통령과 외국정부 사이에 협상된 협정. 행정협정은 조약과 동일한 법적 효력을 가지지만 상원의 승인을 요하지 않는다.

조약체결권(treaty-making power)
헌법 제2조 2항은 대통령에게 상원의 권고와 동의를 얻어 외국과 조약을 체결할 수 있는 권한을 부여하고 있다.

히 했다. 대통령은 군대가 전투에 투입된 후에는 책임을 맡게 되지만, 전투 투입 여부는 의회의 결정에 달려 있다.[13)

포크와 링컨을 제외하고 19세기의 모든 대통령은 외세의 공격에 대응하는 경우를 제외하고는 무력을 사용하려면 의회의 사전 승인이 필요하다는 원칙을 철저히 지켰다. 아래에서 살펴보겠지만, 20세기 대통령들은 다른 견해를 취했다.

헌법적 제한

적어도 제퍼슨 이후의 대통령들은 자신들의 자율성과 독립적 권한을 유지하고 정당화하기 위해 권력분립 이론을 강조해 왔다. 실제로 제퍼슨은 특히 대통령의 권한과 관련하여 대통령들이 헌법을 해석할 수 있는 권리와 권한을 법원과 마찬가지로 상당히 많이 가지고 있다고 주장했다. 마셜(John Marshall) 대법원장은 이에 동의하지 않았으며, 획기적인 '마버리 대 매디슨' 사건 (1803년)에서 이를 무척 명령조로 얘기했다. 그럼에도 불구하고, 대통령들은 자신의 권한이 폭넓게 해석되어야 한다고 계속 주장하고 있다.

아이젠하워를 시작으로, 좀 더 공식적으로는 닉슨을 시작으로, 대통령들은 **행정 특권**의 한 영역, 즉 대통령과 참모들이 대화와 의사소통을 기밀로 유지할 수 있는 권리를 주장해 왔고, 대법원은 이를 인정했다. 그러나 건국자들은 적절한 견제와 균형을 보장하기 위해 각 부에 다른 부의 활동에 대한 역할을 부여함으로써 권력분립을 모호하게 만들었다. 따라서 의회가 감독 책임을 다하기 위해 행정부에 자료제출을 요구하고 대통령이 행정 특권을 인용하여 이에 대응하면 장기간의 협상 또는 법적 논쟁 단계로 넘어가는데, 종종 두 가지 모두 동시에 벌어진다.

의회와 법원. 행정부의 부서와 기관은 의회, 법원, 대통령으로부터 동시에 감독을 받는다. 행정부의 모든 요소, 모든 국, 기관, 부서는 대통령이 서명한 의회를 통과한 법률안에 의해 설립되고 권한과 관할권이 정해진다. 그들의 프로그램 책임과 승인된 직원 수는 매년 의회에 의해 축소되거나, 유지되거나, 확대된다. 더나아가 의회는 프로그램이 의도한 대로 시행되고 있는지 여부의 조사를 통해 관료에 대한 감독을 유지한다.[14)

행정부를 감독하는 데 있어서 법원은 중요하지만 잘 인식되지 않는 역할을 한다. 첫째, 법원은 정기적으로 헌법, 법률, 행정명령, 관료적 규정의 의미를 해석한다. 둘째, 대통령의 지시나 행정명령이 의회에서 통과된 법률과 충돌할 때 공무원은 법률을 따라야 하며, 공무원이 이를 받아들이지 않는 경우에는 법원이 그렇게 하도록 강제할 것이다.

시민들 대부분은 직접적이고 명확한 의미에서 대통령이 행정부를 '책임지고' 있다고 생각한다. 사실 대통령과 의회는 관료집단을 통제하기 위해 싸우며, 법원

행정 특권(executive privilege)
대통령이 참모들과의 대화와 의사소통을 기밀로 유지할 수 있는 권리로 대법원이 인정했다.

은 행정부와 입법부의 법적 권한에 근거하여 싸움이 이루어지도록 하는 중재자 역할을 한다. 이 과정은 특히 부시 행정부의 이라크 및 테러 정책, 오바마 행정부의 대내외 감시 프로그램, 트럼프 행정부의 러시아 측 접촉과 관련하여 적나라하게 드러났다. 비상사태 시에는 대통령이 주도권을 가지지만, 비상사태가 끝나면 의회가 기존의 취해진 조치에 대해 조사와 청문회를 열고, 법원은 그 조치의 최종적 합법성과 합헌성을 결정하며, 대중이 판단을 내린다.[15]

탄핵 절차. 대통령이 자신의 자율성과 영향력을 유지하기 위해 지나치게 다투거나 법을 벗어나는 경우 의회는 탄핵이라는 최후의 카드를 쓸 수 있다. **탄핵**은 의회가 대통령을 포함한 중앙정부의 공직자를 해임할 수 있는 절차이다.[16] 제1조 2항은 "탄핵의 유일한 권한", 즉 불법 행위 혐의에 대한 탄핵안 발의 권한을 하원에 부여하고 있다. 제1조 3항은 "상원은 모든 탄핵에 대한 심판의 권한을 독점하여 가진다", "합중국 대통령에 대한 심판을 하는 경우에는 연방대법원장을 의장으로 한다"고 명시하고 있다. 제2조 4항은 탄핵이 제기될 수 있는 혐의로 "반역죄, 수뢰죄, 또는 그 밖의 중대한 범죄 등"을 규정하고 있다.

탄핵은 하원이 일련의 혐의에 대해 의결하고 상원에서 해당 혐의에 대한 재판을 진행하면서 시작된다. 유죄를 선고하려면 출석한 상원의원 3분의 2 이상의 찬성이 필요하며, 처벌은 직위 해임과 추가적인 정부 활동 금지에 한정된다. 그러나 탄핵 대상자는 주법원과 연방법원에서 추가로 재판을 받을 수 있다. 앤드루 존슨, 빌 클린턴, 도널드 트럼프 대통령(2번)을 포함해 상원의원 1명, 장관 1명, 연방판사 15명 등 연방정부 공무원 20명이 하원에서 탄핵안이 가결되었고, 실제로는 상원에서 오직 연방판사 8명에 대해서만 탄핵이 결정되었다.

야당이 대통령 탄핵을 거론하는 것은 드문 일이 아니지만, 도널드 트럼프에 대한 탄핵 논의는 일찍부터 시작되어 좀처럼 수그러들지 않았다. 하지만 탄핵 '논의'가 그 이상으로 진행되기는 어렵다. 도널드 트럼프 이전에는 남북전쟁 이후 앤드루 존슨과 1990년대 후반 빌 클린턴 두 명의 대통령만이 하원에서 탄핵안이 통과되었지만, 상원은 두 사람 누구도 유죄를 선고하지 못했다. 어느 쪽도 반역죄나 수뢰죄로 기소되지 않았고, 상당히 명확한 범죄로 기소되지 않았지만, '중대한 범죄 및 비행'이라고 주장되는 다른 행동으로 기소되었다. 이는 탄핵 결정이 유죄 판결은커녕 법적 판단보다 정치적 판단에 가깝다는 사실을 부각시킨다. 따라서 트럼프든 다른 누구든 자신의 소속 정당이 상원과 하원 양원 모두를 장악하고 있는 상황에서 대통령은 탄핵당할 가능성이 매우 낮고 유죄 판결을 받을 가능성도 매우 낮다. 그러나 가능성이 매우 낮더라도, 심지어 거의 없더라도, 전혀 불가능한 것은 아니다.[17]

도널드 트럼프는 4년 단임에도 불구하고 두 번씩이나 탄핵당한 유일한 대통령

탄핵(impeachment)
중앙정부 공직자를 해임하는 절차. 하원은 세부 사항 또는 혐의에 대해 의결하고, 상원에서 재판을 진행한다.

이다. 그는 두 번 다 무죄 판결을 받았다. 내부 고발자가 트럼프 대통령이 조 바이든과 그의 아들 헌터 바이든의 우크라이나에서 정치 및 사업 활동을 조사하도록 볼로디미르 젤렌스키 우크라이나 대통령에게 압력을 가했다는 증거를 제공한 후 하원 다수당이던 민주당은 2019년 9월 탄핵 조사에 착수했다. 트럼프 행정부가 바이든 부자에 대한 수사를 강제하기 위한 지렛대로 우크라이나에 대한 미국의 군사 지원을 보류했음을 보여주는 증거도 나왔다. 하원은 3개월 동안의 조사 끝에 트럼프 대통령을 직권 남용과 의회 방해 혐의로 탄핵했다. 두 가지 고발 모두에 찬성표를 던진 공화당 의원은 단 한 명도 없었고, 민주당 의원은 3명을 제외하고 전원이 두 가지 고발에 찬성표를 던졌다. 2020년 2월 5일, 상원은 의회 방해 혐의에 대해서는 공화당과 민주당 의석수를 그대로 반영한 53대 47로, 직권 남용 혐의에 대해서는 52대 48로 트럼프에게 무죄를 선고했다. 미트 롬니(공화당, 유타주)는 소속 정당의 당론과 무관하게 찬성표를 던진 유일한 상원의원이었다.

그로부터 1년도 채 지나지 않은 시점으로 트럼프 대통령이 퇴임하기 불과 7일 전인 2021년 1월 13일에 그는 2020년 대선 패배에 격분한 트럼프를 지지하는 폭도들이 1월 6일 미국 의사당을 난입한 사건에서 그가 한 역할로 인해 하원 다수당 민주당에 의해 반란 선동 혐의로 다시 탄핵당했다. 상원 재판이 시작되기 전에 조 바이든은 대통령 취임 선서를 했고 트럼프는 마라라고*로 도망쳤다. 대부분의 공화당 의원들은 트럼프가 더 이상 대통령이 아니라는 사실을 적극적으로 활용하여 탄핵제도는 현직에 있는 공직자를 해임하기 위해 고안되었으며 전직 공직자에 대해서는 사용될 수 없다고 주장했다. 모두가 그런 것은 아니지만 대부분의 공화당 의원이 그렇게 주장했다. 공화당 상원의원 7명은 민주당 상원의원 50명과 합세하여 선동 혐의에 대해 유죄 결정을 내렸다. 57 대 43의 표결 결과는 유죄 결정을 위해 필요한 67표에 10표 모자랐지만, 여전히 대통령 유죄 결정에 찬성한 대통령 소속 여당 상원의원의 숫자로는 미국 역사상 가장 많은 숫자이다.

* 역자주

마라라고(Mar-a-Lago)는 미국 남부 플로리다주 팜비치에 소재한 트럼프 소유의 별장이자 회원제 리조트이다.

수정헌법 제25조.   1967년에 채택된 수정헌법 제25조는 부적합한 대통령을 자리에서 물러나게 하는 두 번째 방법을 제시한다. 수정헌법 제25조의 대부분은 대통령이 임기 중 사망하거나 일시적 또는 영구적으로 직무를 수행할 수 없게 되는 경우 따라야 할 절차를 명시하고 있다. 그러나 수정헌법은 또한 부통령과 내각의 다수가 대통령이 "권한과 의무를 수행할 수 없다"고 선언하는 미국 역사상 단 한 번도 사용된 적이 없는 절차를 제공하고 있다. 그러한 선언이 있으면 부통령이 대통령 권한대행이 된다. 만약 대통령이 자신이 적합하다고 선언하며 공식적으로 저항한다면, 의회가 이 문제의 해결에 나서야 한다. 만약 양원의 3분의 2 이상이 대통령이 부적합하다는 내각의 주장에 동의하면, 대통령은 해임되고, 만일 그렇지 않으면, 대통령은 다시 직무에 복귀한다. 여러분은 여기서 어떤 문제점을 감지했나? 앞서 이 조항이 단 한 번도 사용된 적이 없다고 언급한 것을 기억하는가?

대통령 권력의 확대

건국자들은 대통령이 정부에 에너지, 초점, 방향을 제공한다고 결정했으며, 대통령이 법의 틀 내에서 의회와 법원과 협력하는 데 관심을 가졌다. 따라서 건국자들은 대통령에게 권력과 권한 대부분을 의회와 공유하도록 요구했다. 그럼에도 불구하고, 건국자들 상당수는 시간이 지나면 행정권이 확대되고 증가하여 결국 거만하게 될 것이라고 우려했다 (워싱턴부터 트럼프에 이르기까지 역대 대통령 명단은 이 책의 뒷부분의 '부록 E'를 참조하라).

Q3 미국 정치사에서 행정권이 강화된 이유는 무엇인가?

사실, 대통령의 권력은 19세기 동안 대체로 헌법의 테두리 안에 머물러 있었다.[18] 그러나 20세기에는 국내외적으로 위기가 발생하면서 대담하고 단결된 행동이 필요했으며, 그런 일을 하기에는 행정부가 가장 적합한 것처럼 보였다. 프랭클린 루스벨트, 해리 트루먼, 린든 존슨, 리처드 닉슨, 조지 W. 부시, 도널드 트럼프 등 현대 전시 대통령들은 제국주의적 열망을 품고 있다고 비난받았다. 도표 10.1을 잠깐 살펴보면, 위대한 대통령이 되려면 혁명, 내전, 대공황, 세계대전 등과 같이 대통령이 잘 대처하여 극복하는 큰 도전이 필요하다는 것을 알 수 있다. 대통령의 실패는 직면한 큰 도전에 무력하게 대처한 데 기인한다는 것을 알 수 있다.

초기 패턴: 대통령과 의회의 관계

헌법은 대통령과 그의 대리인들이 의회를 어떻게 다루어야 하는지에 대한 지침을 거의 제공하지 않았다. 워싱턴 대통령은 자신의 모든 행동을 통해 전통과 선례가 확립된다는 것을 깨닫고 있었기 때문에 의회를 대하는 데 매우 신중하고 정확했다. 의회도 마찬가지로 신중했다. 양자 모두 대통령이 의회를 이끌 것인지 아니면 의회를 따를 것인지 문제와 양자 간의 주도권과 협의, 영향력의 균형이 무엇인지가 불분명하다는 것을 알고 있었다.

워싱턴이 처음 생각했던 대통령이라는 자리는 전 국민을 결속시키는 초당파적 통합의 구심점이었다. 그는 내각의 조언을 구하고 의회의 심의에 복종하는 행정부의 위치를 확립하는 과정에서 발생할 수 있는 모든 논쟁을 중재할 수 있을 것으로 기대했다. 워싱턴은 의회에서 논쟁이 있을 것을 예상했고, 무엇보다 의원들은 주와 지방의 대표였지만, 자신의 내각 내에서 파벌이 형성될 것을 예상하지는 못했다.

워싱턴 대통령의 기대는 그의 첫 번째 임기 동안 산산조각 났다. 워싱턴은 집권 초기에 남부 인디언 부족과 협상 중인 조약의 특정 측면에 대해 상원과 협의해야 했을 때, 단순히 직접 질문을 제기하고 상원의원들의 조언을 듣기 위해 상원

도표 10.1 미국 대통령의 성과 순위

위대한 대통령
1. 링컨
2. 워싱턴
3. F. 루스벨트

거의 위대한 대통령
4. T. 루스벨트
5. 아이젠하워
6. 트루먼
7. 제퍼슨
8. 케네디
9. 레이건
10. 오바마
11. L.B.존슨

평균 이상
12. 먼로
13. 윌슨
14. 맥킨리

15. J. 애덤스
16. 매디슨
17. J.Q. 애덤스
18. 포크
19. 클린턴

평균
20. 그랜트
21. G.H.W. 부시
22. 잭슨
23. 태프트
24. 쿨리지
25. 클리블랜드
26. 카터
27. 가필드

28. 포드

평균 이하
29. G.W. 부시
30. 아서
31. 닉슨
32. B. 해리슨
33. 헤이즈
34. 밴 뷰렌
35. 테일러
36. 후버
37. 하딩
38. 필모어

실패
39. 타일러
40. W.H. 해리슨
41. 트럼프
42. 피어스
43. A. 존슨
44. 뷰캐넌

조 바이든은 어디에 속할까?

출처: CSPAN "Presidential Historians Survey 2021, www.c-span.org/presidentssurvey2021/
?page= overall. 또한, 다음을 참조. Sarah Lyall, "Nixon, Harding, Buchanan? Trump may
end Up in the Subbasement," *New York Times*, January 24, 2021, Y18.

에 출석하기로 했다. 상원의원들은 대통령과의 직접 대화를 거부했고, 대신 대통령의 당당한 면전 밖에서 자신들끼리 숙고하고 논의할 수 있는 서면 질문을 원했다.[19] 워싱턴은 분노했고 다시는 직접 상원의 '조언과 동의'를 구하지 않았다.

한편, 첫 번째 의회는 재무장관 해밀턴(Alexander Hamilton)이 준비한 일련의 상세한 보고서와 입법 제안을 통해 국내정책결정을 주도했다. 해밀턴은 국내 경제, 관세, 부채에 대한 보고서를 준비하고, 이러한 중요한 문제를 해결하기 위한 법안을 만든 다음 확실한 법안 통과를 위해 의회 내 행정부 동맹 세력들과 협력했다. 1790년대 초 그의 영향력이 최고조에 달했을 때 해밀턴은 내각의

출처: AP Photo/Ken Lambert

모든 대통령은 자신이 위대한 인물로 기억되기를 바란다. 극소수만이 그렇게 되지만, 이미지 메이커들은 끊임없이 시도한다. 이 사진에서 트럼프 대통령은 러시모어산 앞에 신중히 위치하여 자신이 그곳에 얼마나 잘 어울리는지 넌지시 비쳤다. 역사가 생각하는 바와는 완전히 달랐다.

주요 구성원이자 의회의 다수 여당 지도자로서 마치 워싱턴의 '총리' 역할을 하는 것처럼 보였다.

제퍼슨의 유산: 1800~1900년 의회 지배

해밀턴의 경제 프로그램의 범위가 명확해지자, 당시 워싱턴의 국무장관이었던 토머스 제퍼슨과 하원의 주요 의원 중 한 명인 제임스 매디슨은 조직적으로 반대 운동에 나섰다. 워싱턴이 두 번의 임기를 마치고 대통령직에서 물러날 때, 제퍼슨은 대통령 자리를 놓고 부통령 존 애덤스와 맞서게 되었다. 비록 애덤스가 이겼지만, 2위를 차지한 제퍼슨이 당시 규정에 따라 부통령이 되었다. 제퍼슨은 1800년에 다시 애덤스와 맞서 그를 이겼다.

　제퍼슨과 그의 같은 당 동료들은 행정부의 권력에 대해 해밀턴과 연방주의자들이 그랬던 것보다 좀 더 많이 우려했다. 실제로 제퍼슨의 이론은 입법 권한이 의회에 있으며 행정부의 영향력에 과도하게 종속되어서는 안 된다고 주장했다.[20] 19세기에는 대통령이 아니라 의회가 상업과 관세, 통화와 조세, 노예제, 분파주의, 팽창과 같은 당시 가장 중요한 문제들을 다루었다. 대통령들은 당파적인 연설을 거의 하지 않았고, 적극적으로 선거운동을 벌이거나, 당선되는 경우 실행에 옮길 입법 프로그램을 제시하지 않았다. 20세기는 미국 대통령에게 새로운 것을 요구하였다.

현대 대통령직: 1901년~현재

20세기 초 미국은 국제적으로 정치적, 경제적 이해관계를 가진 산업 강국이 되었지만, 아직 중요한 군사 강국은 아니었다. 20세기 전반 3분의 1은 국내외적으로 즉각적이고 단호한 조치를 요구하는 위협이 발생했다. 의회는 느리게 대응하였으며, 시어도어 루스벨트, 우드로 윌슨, 프랭클린 루스벨트와 같은 대통령들은 자신들 스스로 권력을 강화했다.

　시어도어 루스벨트는 일반적으로 그가 대통령직을 이해한 방식뿐만 아니라, "부드럽게 말하되[그는 실제로 그렇게 하지 않았다] 큰 막대기를 드는[그는 실제로 그렇게 했다]" 행동 방식을 통해 대통령의 권력을 확대한 것으로 평가된다. 시어도어 루스벨트는 대통령직의 '청지기이론(stewardship theory)'으로 알려진 것을 명확하게 설명했다. 이 관점에서 대통령은 선출된 국가의 지도자이자 국가의 안보와 국가의 미래 전망과 약속을 관리하는 청지기이다. 링컨에 이어, 시어도어 루스벨트는 "행정부의 권력은 헌법에 명시되어 있거나 의회가 헌법상의 권한에 따라 부과한 특정 제한에 의해서만 제한된다"라고 주장했다.

　시어도어 루스벨트가 직접 선택한 후임자 태프트(William Howard Taft)는 좀 더 전통적인 견해를 취하여 대통령은 "행사할 수 있는 권력이 남아 있지 않다. 왜

냐하면 그것이 공익에 이롭기 때문인 것
같다"라고 주장했다. 태프트의 후임자인
민주당 윌슨(Woodrow Wilson)은 시어
도어 루스벨트의 의견에 동의하며, 대통
령은 "법과 양심 모두에서 자유롭게 최대
한 중요한 인물이 될 수 있다. 그의 능력
이 그 한계를 정할 것이다"라고 선언하였
다. 태프트는 19세기의 제한된 대통령직
을 되돌아보고 있었고, 시어도어 루스벨
트와 윌슨은 20세기의 새로운 대중 독재
대통령을 예고하고 있었다.

출처: AP Photo

1960년 10월. 최초로 텔레비전으로 중계된 대통령 후보 토론회에서 부통령 리처드 M. 닉슨과 매사추세츠 상원의원 존 F. 케네디가 맞붙었다. 라디오에서 토론을 들은 사람들은 닉슨이 이겼다고 생각했지만, 텔레비전에서는 케네디의 젊음과 활력이 좀 더 진지하고 불안해 보이는 닉슨과 대비되었다.

　대통령의 더 큰 가시성과 더 넓은 책
임은 제도 개혁을 요구하는 것처럼 보였
다. 대통령들은 나라를 이끌기 위해 도움이 필요하다는 것을 알았다. 1930년대에
브라운로우(Louis Brownlow)가 이끈 개혁위원회는 "효율적인 정부의 기준은 에
너지, 방향, 행정 관리의 중심으로서 책임감 있고 효과적인 최고경영자를 필요로
한다"라고 보고했다.[21] 1937년 1월에 개혁위원회는 보고서를 루스벨트 대통령에
게 전달했고, 2년이 조금 지난 후 의회는 대통령실을 설립하고 대통령에게 추가
직원 지원을 제공하는 1939년 「재조직법」을 승인했다.

　20세기 중반 미국정치에서 대통령의 지배적인 역할은 세계 대공황과 제2차 세
계대전에 대한 프랭클린 루스벨트의 인상적인 대응에서 찾아볼 수 있다. 국내정
치에서 루스벨트는 자기가 추진하는 법안들을 통과시키기 위해 의회와 법원을 괴
롭혔지만, 실제로 의회와 법원은 그 법안들을 승인했다. 외교 문제에서 루스벨트
는 1939년부터 미국이 참전을 결정한 1941년 말 사이에 헌법적으로 의심스러운
여러 가지 행동을 취했다. 영국으로 가는 보급품 수송을 호위하는 미 해군에게 보
이는 즉시 발포하라는 루스벨트의 명령은 미국을 전쟁 직전으로 몰고 갔다. 더욱
심각한 사실은 1950년 트루먼 대통령이 미 공군과 해군에게 북한의 침략에 맞서
한국군을 지원하라는 명령을 단독으로 내렸다는 점이다.[22] 루스벨트와 트루먼은
모두 의회 지도자들에게 자신들이 하려는 의도가 무엇인지 알렸지만, 행동하기
전에 의회의 조언과 동의를 구하지는 않았다.

확대된 권한은 어디에서 발견되는가?

제2차 세계대전 이후 생겨난 거대한 새로운 행정권은 어디에서 찾을 수 있나? 일
반적으로 헌법 밖에서, 주권 및 독립 국가의 지위와 관련된 **고유한 권한**, 의회의
행위 및 사법부의 해석, 확대된 대중의 기대에서 발견된다.

고유한 권한(inherent powers)
헌법에 명시되어 있든 아니든 모
든 주권국가에 부여되는 권한으
로, 행정부가 국가를 방어하고 국
익을 보호하는 데 필요한 모든 행
동을 취할 수 있도록 해준다.

특히 링컨, 프랭클린 루스벨트, 조지 W. 부시 등과 같은 대통령들은 큰 위협을 받거나 국제체제에서 활동하는 주권 국가들이 폭넓은 자위권을 가지고 있다고 주장했다. 대통령은 기존의 법률에 명시적으로 허용되었든 아니든 여부에 무관하게 국가를 보호하고 방어하는 데 필요한 조치를 취할 수 있는 고유한 권한을 가지고 있다. 그 과정에서 국가가 심각한 피해를 입거나 파괴된다면 법과 절차를 철저히 지키는 것이 의미가 없다는 논리이다.

1937년 이래로, 대법원은 경제와 사회생활에 대한 정부의 광범위한 규제를 기꺼이 승인해 왔다. 대법원의 새로운 관대한 견해에 상응하여 의회는 많은 권한을 대통령에게 이양했다. 예를 들어, 1946년 「고용법」은 대통령에게 "자유롭고 경쟁력 있는 기업을 육성 및 촉진하고, 경제적 변동을 피하거나 그 영향을 줄이고, 고용, 생산 및 구매력을 유지할 것"을 요구하였다. 최근 대법원이 바이든 대통령의 대기업에 대한 백신 의무화 조치를 금지하는 등 약간의 후퇴가 있었지만, 여전히 대통령은 광범위한 권한을 유지하고 있다.

외교 및 안보문제와 관련하여 의회가 통킹만 결의안에서 베트남전쟁의 수행을 위한 대통령의 조치를 광범위하게 승인하였으며, 이를 통해 행정부의 권한이 더욱 확대된 것처럼 보였다. 1970년대에 이르러 학자, 정치인, 시민들은 '제왕적 대통령제'를 경고했다.[23] 의회는 2001년 9월 14일 공동결의안을 통해 부시 대통령이 국제적 테러 위협에 맞서 "모든 필요하고 적절한 무력을 사용"할 수 있도록 광범하게 승인하였으며, 이는 '제왕적 대통령제'에 대한 물음을 다시 불러일으켰다.[24]

1976년 의회는 「국가비상사태법」을 제정하여 긴급상황 발생 시 신속하게 조치를 취할 수 있도록 '대통령의 비상적 권한'을 대통령에게 부여했다. 의회는 거의 100개의 다른 법률에서 대통령에게 위기 해결을 위해 자원을 재배치할 권한을 부여했다. 「국가비상사태법」은 주로 테러, 금융 범죄, 사이버 침입에 연루된 외국 행위자를 다루기 위해 수십 차례 사용되었다. 그래서 트럼프 대통령이 미국 남부 국경에 국가 비상사태를 선포하고 국방 및 자산 몰수 예산계정에서 수십억 달러를 이전하여 국경에 장벽과 울타리를 추가로 건설하자 무척 시끄러워졌다.

비록 의회가 반세기 전에 '대통령의 비상적 권한'을 대통령에게 부여했지만, 유력한 민주당 의원들과 몇몇 공화당 의원들은 트럼프의 이의 사용이 도를 넘어섰다고 선언했다. 특히, 대통령의 선언이 있기 불과 며칠 전에 의회는 대통령에게 국경 안보를 위해 23억 7,500만 달러를 지원하는 세출법안을 통과시켰다. 트럼프는 57억 달러를 요청했었다. 이를 얻지 못하자 그는 비상사태를 선포하고 추가로 50억 달러를 국경 장벽 건설 사업으로 이전했다. 정부 안팎의 반대자들은 이것이 권력분립 원칙과 의회의 재정 권한에 대한 명백한 침해라고 선언했다. 소송은 기각되었지만, 더 기본적인 질문은 의회가 애초에 대통령에게 너무 많은 권한을 양보한 것이 아닌지의 여부일 수도 있다.

비록 바이든 대통령이 자신의 역할에 대해 좀 더 전통적인 권력분립의 관점을 취했음에도 불구하고, 오늘날 많은 사람들은 현대 대통령의 권한이 공식적인 헌법 개정 없이 확대된 것을 우려해야 한다고 주장한다. 결국 성문헌법의 핵심은 의회, 대통령, 법원에게 주어진 권한을 명확하게 명시하는 것인 것 같다. 반면에 의회, 법원, 대중이 확대된 대통령의 권한에 대한 현대의 필요성에 동의한다면, 그것도 중요하다. 여러분은 어떻게 생각하는가?

오늘날 대통령의 책임 범위

오늘날 대통령의 책임 범위는 매우 광범위하다. 국내문제에서 대통령은 최고 통치권자, 최고 입법자, 정당 지도자, 국가지도자 등의 역할을 한다. 외교 문제에서 대통령은 총사령관, 최고 외교관, 최고 무역 협상자 등의 역할을 한다. 이들 중 일부 분야에서 대통령은 헌법상, 법률상 공식적인 권한을 갖고 있으며, 이는 그에게 행동할 수 있는 강력한 지위를 부여한다. 그러나 대부분 경우 대통령은 비공식적인 권한만을 가지고 있으며, 때로는 단지 기회에 참여할 권리와 결과에 영향을 미칠 수 있는 수단 등을 대통령에게 부여하지만, 대통령이 사건을 주도하거나 통제할 수 있는 힘은 무척 부족하다.

> **Q4** 대통령이 국내정책에 비해 외교정책을 수립하고 실행하는 것이 상대적으로 더 쉬운 이유는 무엇인가?

1960년에 처음 출판된 뉴스타트(Richard Neustadt)의 고전적 연구인 『대통령의 권력(*Presidential Power*)』에서는 '설득하는 힘'을 대통령 리더십의 핵심으로 묘사했다.[25] 뉴스타트는 대통령이 명령을 내릴 수 있는 경우가 거의 없으며, 일반적으로 대통령은 자신이 원하는 방향으로 흥정하고, 타협하고, 회유하고, 영감을 주어야 한다고 지적했다. 대통령은 리더십을 발휘할 기회를 인식하고 포착할 수 있는 정치적 기술을 갖고 있어야 한다. 또한 대통령은 소통할 수 있는 비전을 갖고 있어야 하며, 피할 수 없는 역경에서 딛고 일어나 앞으로 계속 나아갈 수 있는 사람으로서 정직하고 결단력 있으며 회복력이 있는 사람으로 보여야 한다. 만약 국민의 신뢰를 잃으면, 리더십도 잃게 된다.

그럼에도 불구하고, 이제 반세기가 지난 "두 대통령제"라는 제목의 윌다브스키(Aaron Wildavsky)의 매우 통찰력 있는 에세이는 고도로 숙련된 대통령일지라도 외교정책보다 국내정책을 이끄는 것이 더 어렵다고 지적했다.[26] 의회의 의견은 말할 것도 없고, 일반적으로 국내정책 문제와 관련하여 국민여론은 분열되어 있다. 세금, 사회 보장, 의료, 환경 정책과 관련한 대통령의 제안 대부분은 일부 사람들로부터는 지지를 얻고, 또 다른 사람들로부터는 반대에 직면하게 될 것이다. 게다가 많은 이익단체와 양대 정당은 현재 대부분의 국내정책 문제에 대해 이미 확고한 입장을 갖고 있기 때문에 사실상 싸움은 불가피하다.

외교정책에서 대통령은 일반적으로 의회나 대중보다 좀 더 최신 정보와 종종 좀 더 관련성이 높은 정보를 가지고 있다고 여겨진다. 외교문제와 관련된 이익집단 구조는 국내문제와 관련된 이익집단 구조보다 훨씬 빈약하며, 대부분의 외교정책 갈등은 '우리 대 그들'의 사건으로 해석되어 미국 국민은 미국정부의 입장을 자동적으로 지지하는 '결집 반응'을* 보인다. 조지 W. 부시 대통령이 아프가니스탄전쟁 및 이라크전쟁 초기 단계에서 전쟁을 준비하고 수행하는 데 있어 비교적 자유로울 수 있었던 것이 이러한 현상의 좋은 예이다. 대통령의 국내정책 조치는 즉각적으로 평가받는 경향이 있고, 반면에 외교정책 조치는 일이 잘 풀리는지 나쁘게 풀리는지에 따라 평가되는 경향이 있다.

* 역자주

a rally-round-the-flag reaction. 직역하면 '국기 아래 모이는' 반응이다. 미국에서 국제적 위기 발생이나 전쟁 등 국가 위기 시 미국 대통령의 대중적 지지가 증가하는 현상을 의미한다.

최근 수십 년 동안 대통령이 직면할 수 있는, 예상했거나 예상하지 못한, 무수한 문제들을 대비하는 것이 점점 더 어려워지고 있다. 대통령 관리는 종종 홍보와 이미지 관리로 축소된다. 백악관의 홍보 및 언론 담당 참모들은 정책 싸움을 "현실과 동떨어진 터무니 없는 주인공과 그를 지원하는 팀이 국내외의 부도덕하고 위험한 적들과 상징적인 대결을 벌이는 일련의 구경거리 쇼"로 제공한다.[27] 어떤 사람들은 대통령직이 너무 큰 책무를 갖게 되었다고 주장한다. 이 장이 끝날 때 여러분들의 생각을 확인해보자.

국내정책 관련 대통령의 책무

대통령선거에서 승리하면 국가지도자로 활동하고, 국민의 명령을 말하고, 통치할 수 있는 기회의 창이 열린다. 만약 새 대통령이 순조롭게 국정을 운영하고 자신의 프로그램을 의회에서 신속하게 통과시킬 수 있는 위치에 있게 되면, 국가지도자에 대한 국민의 위임은 초기 입법 리더십으로 확대될 수 있다. 예를 들어, 2001년에 새로 선출된 조지 W. 부시 대통령은 대대적인 감세안과 낙오 아동 방지 법안을 통과시켰다. 트럼프 대통령의 최우선 순위는 오바마케어를 폐지 및 대체하는 것이었고, 이어서 세제 개혁에 대한 주요 계획이 뒤따랐다. 바이든 대통령은 임기 첫해에 주요 코로나19 구호 및 복구 법안과 오랫동안 추구해 온 인프라 법안을 통과시켰고, 두 번째 해에 환경법안을 통과시켰다. 대부분의 새 행정부와 마찬가지로, 어떤 사람들은 정책적 우선순위 전반에 대해 대대적으로 비난을 쏟아내었고, 또 다른 사람들은 여러 다른 문제를 다루기 전에 한두 가지 주요 문제에서 기선을 제압할 것을 촉구했다.

신임 대통령은 시간이 지남에 따라 자신의 영향력이 줄어들 가능성이 높기 때문에 재빨리 추진해야 한다는 것을 익히 알고 있다. 대통령은 의회 의원 중 거의 절반, 때로는 절반이 넘는 의원들이 자신의 정책프로그램에 대해 단호한 당파적 반대 입장에 서 있으며, 자기 당의 많은 의원이 자신의 계획에 대해 의구심을 품고 있으며, 의원들이 각자의 이익을 보호 및 추구할 수 있다는 사실도 알고 있다. 그리고 마지막으로, 대통령은 280만 명에 달하는 연방정부 공무원 대부분이 대통령 취임 전날과 마찬가지로 취임 다음 날에도 변함없이 거의 같은 일을 할 것이라는 사실을 알고 있다.

재임에 성공한 대통령은 좀 더 제한된 기회에 직면하게 된다. 조지 W. 부시 대통령은 2004년 재선에서 자신이 쓰려고 했던 "정치적 자본을 얻었다"고 주장했지만, 2005년 그의 최대 입법 계획인 사회 보장 개혁은 즉시 대중 및 당파적 반대의 벽에 부딪혔다. 2012년 오바마 대통령은 상대적으로 쉽게 재선에 성공했지만, 그의 최우선 과제인 이민 개혁이 하원에서 무산되었다. 그들이 첫 번째 임기 동안 자신의 좋은 아이디어를 모두 활용하지 않았다고 가정하더라도, 두 번째 임기의 대통령은 이미 잘 알려진 사람이다. 대중은 이미 그에 대해 판단을 내렸고, 반대자들은 약간의 욕설을 퍼부으며 복수를 모색하며, 머지않아 차기 대선의 열기가 고조되면서 모두가 그를 지나간 사람으로 보기 시작한다.

그럼에도 불구하고 현대의 대통령은 이전 대통령이 가지고 있지 않았던 대중과 접촉할 수 있는 도구를 갖고 있다. 프랭클린 루스벨트는 1930년대에 새로운 라디오 기술을 훌륭하게 활용했고, 존 케네디는 1960년대에 텔레비전을 그렇게 사용했다. 오늘날의 기술은 대통령에게 인터넷과 트위터, 유튜브, 페이스북과 같은 특정 플랫폼을 포함하여 대중과 의사소통할 수 있는 수많은 새로운 채널을 제공하고 있다.[28] 물론 이렇게 가볍게 매개된 대중 접촉은 대통령에게 위험할 수 있다. 예를 들어, 2011년 오바마 대통령의 유튜브 질의응답에서 가장 높은 평가를 받은 질문 200개 중 198개가 마리화나 규제 및 마약 정책과 관련이 있었다.[29] 누가 청년들이 정치에 관심이 없다고 말하는가? 트위터에 대한 트럼프 대통령의 애착은 잘 알려져 있다.

국가지도자. 대통령의 가장 중요한 관계는 미국 국민과의 관계이다. 국민의 투표는 그를 대통령 자리에 오르게 하고, 국민의 투표는 그를 재선에 성공하게 하며, 국민의 지지는 그에게 통치할 추진력과 자신감을 제공한다. 여론조사에서 높은 지지를 얻고 있는 대통령은 기자회견을 열고, 미국 방방곡곡과 의회에서 주요 연설을 하며, 일반적으로 전국적 정치 분위기를 조성하려고 노력할 가능성이 높다 (도표 10.2 참조).[30]

하지만, 대통령이 여론조사에서 얻는 힘은 종종 순식간에 사라진다. 대부분의 대통령은 60% 이상의 국정운영 지지율로 취임하지만, 지난 70년 동안 프랭클린 루스벨트, 드와이트 아이젠하워, 로널드 레이건, 빌 클린턴, 버락 오바마 등 5명의 대통령만이 50% 이상의 지지율로 퇴임했다. 빌 클린턴만이 취임 첫해보다 더 높은 지지율로 퇴임했다. 인기가 없는 것보다 낫지만, 높은 대중 지지율이 대통령과 의회의 역학관계를 크게 변화시키지는 못한다. 도널드 트럼프의 초기 국정운영 지지율은 약 40%로 현대에서 가장 낮았지만, 의회의 공화당 의원들은 그가 실패하면 자신들 역시 실패하는 것임을 알고 있었다.[31] 조 바이든의 취임 초기 국정 운영 지지율은 좀 더 높았지만, 아프가니스탄에서 미군 철수에 실패하고 민주당이 원내에서 내홍에 빠졌기 때문에 임기 첫해 말에는 트럼프의 지지율 수준으로 떨어졌다.

행정부 수반. 대통령에 관한 시민학 책의 관점은 행정부 산하 각 부처와 기관의 업무를 그가 감독한다는 것이다. 행정부에 대한 그의 감독은 상원의 조언과 동의를 얻어 부처 및 기관의 지도자를 임명하고, 정책과 프로그램을 제안하고, 법이 통과된 후 시행을 감독할 수 있는 권리에 근거한다. 부시 행정부는 '단일행정부론'으로 이러한 전통적인 관점에 도전했지만, 2006년 의회와 법원은 전통적인 권력분립 관점을 재확인했다.

상원의원이자 대통령 후보로서 오바마는 부시 행정부에 대해 비판적이었지만, 대통령에 당선되고 나서는 대통령 권력의 확대 관점이 매력적이라는 것을 깨달았다. 전 헌법학 교수이자 새 대통령으로서 오바마는 서명 성명서를 '절제'해서 사용하고, '충분한 근거가 있는 헌법적 반대'가 있는 경우에만 서명 성명서를 사용할 것이라고 말했다. 실제로 오바마 대통령의 서명 성명서 사용은 부시 대통령이

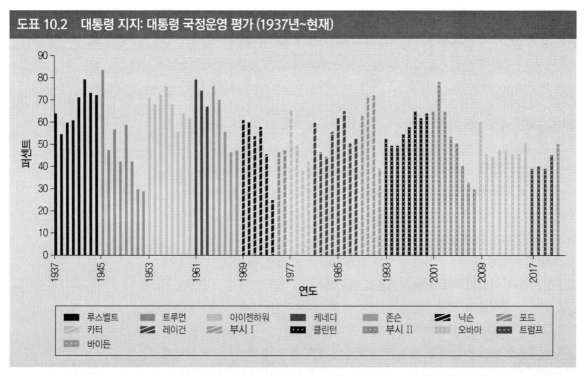

도표 10.2 대통령 지지: 대통령 국정운영 평가 (1937년~현재)

출처: Gallop data from the Roper Center for Public Opinion Research. 다음을 참조. Data Access, Presidential Approval. 또한, 다음을 참조. UCSB, The American Presidency Project, "Job Approval."

서명 성명서 사용 빈도에 비해 1/5 정도에 불과했다.[32]

중앙정부의 행정부는 전국에 흩어져 있는 사무실에서 민간 근로자를 고용한다. 중앙정부의 민간 직원들은 15개 주요 부처와 140개 개별 기관에서 일한다. 부처의 규모는 국방부의 74만 1,500명부터 교육부의 3,900명까지 다양하다. 각 부처는 국토안보, 외교정책, 보건의료, 국가 공공토지 관리 등 다양한 분야를 다루고 있다.

이 거대하고 멀리 떨어져 있는 관료기구에 대한 대통령의 통제는 3,400명의 고위정책결정자들의 임명과 그에 따른 직무 수행을 통제할 수 있는 대통령의 권리에 달려 있다. 이러한 정치적 임명자들은 대통령의 뜻에 따라 직무를 수행하고 대통령의 재량에 따라 해임될 수 있다. 대통령은 또한 약 8,500명의 고위공무원단(16~18등급)을 기관 내 또는 기관 간에 인사 이동할 수 있는 권리를 갖는다. 정치적 임명자들과 고위공무원단 아래에는 성과 기반 공무원 제도에 의해 보호받는 약 280만 명의 직업 공무원이 일하고 있다.

최고 입법자. 대통령이 국가의 최고 입법자가 되어야 한다는 생각은 새로운 것이다. 1921년까지 행정부와 기관들은 자신들의 예산 요청과 입법 제안을 의회에 제출했다. 1921년 예산국 창설은 대통령에게 예산 편성과 정책 개발을 좀 더 잘 통제할 수 있게 해주는 제도적 수단을 주었다.

현대 대통령의 입법 리더십은 매년 예산과 입법 프로그램을 준비하고, 이를 심의를 위해 의회에 제출하는 것에 따라 결정된다. 대통령과 그의 대리인들은 대통령의 프로그램을 위해 로비하고, 대통령의 프로그램과 충돌하는 제안에 반대하는 로비를 하고, 원하는 것을 얻기 위해 호의를 약속하고, 통과에 실패할 것 같으면 거부권을 행사하겠다고 위협한다.

일반적으로 대통령은 임기 후반보다 임기 초반에 더 많은 입법안의 통과에 성공한다. 정치학자 라이트(Paul Light)는 1960년 이후의 신임 대통령들이 임기 첫해 1월과 3월 사이에 의회에 제출한 법안의 72%, 4월과 6월 사이에 제출한 법안의 39%, 7월과 12월 사이에 제출한 법안의 25%가 통과에 성공했다는 사실을 발견했다.[33] 라이트는 또한 대통령의 성공 가능성이 신속하게 행동에 옮길 뿐만 아니라 명확하고 구체적인 초점과 메시지가 있는 경우 높아진다는 것을 보여주었다.

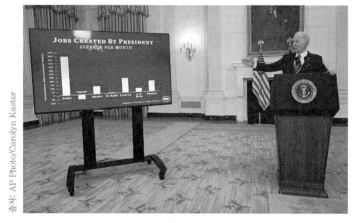

출처: AP Photo/Carolyn Kaster

모든 대통령의 대중적인 지위와 여론조사 결과는 시민과 유권자들이 경제와 같은 주요 문제에 대해 얼마나 잘하고 있다고 생각하는지에 달려 있다. 이 사진에서 바이든은 그의 감독 아래 일자리 창출을 크게 선전하고 있다. 좋은 수치에 대해서는 요란하게 자랑하고, 나쁜 수치에 대해서는 변명한다.

대통령은 의회와 연락을 유지하고 법안을 통과시키는 데 필요한 거래, 협상, 타협을 관리하기 위해 입법부 연락관에 의존한다. 그럼에도 불구하고 대통령은 거부권의 위협이나 실제 사용에 대한 협상에 나서는 경우가 많다. 일부 대통령은 다른 대통령보다 거부권에 훨씬 더 많이 의존했지만, 모든 대통령에게 있어서 거부권은 의회와의 거래에서 상당한 영향력을 의미한다 (표 10.1 참조).

부시 대통령은 다른 길을 택했다. 그는 대통령직에 취임한 지 6년이 다 된 2006년 7월 19일, 줄기세포 연구에 대한 연방자금 지원을 확대하기 위해 마련된 법안에 대해 첫 거부권을 행사했다. 그가 첫 거부권을 행사할 때까지, 그는 적어도 135차례에 걸쳐 거부권 위협 협상을 벌였다. 더 중요하게, 그는 의회를 통과한 법안의 1,200개 조항에 대해 이의를 제기하는 서명 성명서들을 발표했는데, 이는

표 10.1 1933~2021년 대통령 거부권 행사와 재의결

대통령	거부권이 행사된 법안의 수	재의결 횟수	성공률
루스벨트	635	9	97.6
트루먼	250	12	93.3
아이젠하워	181	2	97.3
케네디	21	0	100
존슨	30	0	100
닉슨	43	7	73.1
포드	66	12	75.0
카터	31	2	84.6
레이건	78	9	76.9
부시	44	1	96.6
클린턴	37	2	94.4
부시	12	4	63.6
오바마	12	1	91.7
트럼프	10	1	90.0
바이든	0	0	0

출처: Harold W. Stanley and Richard W. Niemi, *Vital Statistics on American Politics, 2015–2016* (Washington, D.C.: Congressional Quarterly, 2015), Table 6.9, 257–258. 또한, 다음 참조. www.presidency.ucsb.edu/data/vetoes.php.

이전의 모든 행정부의 그것을 모두 합친 것보다 더 많은 숫자이다.[34] 이전 대통령들은 법안 통과에 대한 공로를 주장하거나 통과 법안의 의미와 중요성에 대한 이해를 돕기 위해 서명 성명서를 사용했다. 부시 행정부는 서명 성명서를 사용하여 행정부의 권한을 침해한다고 생각되는 조항들은 대통령에게 구속력이 없다고 선언하였다. 법무부 법률 고문실의 브로드먼(Michelle Broadman)은 "대통령은 법을 충실히 집행해야 하지만, 헌법은 최고의 법이다. 헌법과 법률이 충돌한다면, 대통령은 선택해야 한다"라고 말했다.[35]

비평가들은 서명 성명서가 의회의 법률 제정 권한과 무엇이 합헌인지 아닌지를 판정하는 연방법원의 권리를 침해한다고 주장한다. 2006년 7월, 미국 변호사 협회 패널은 서명 성명서가 "법치주의와 헌법상의 삼권분립 체계에 위배된다 … 대통령의 헌법상 의무는 자신이 서명한 법률이 대법원에 의해 위헌으로 판정되지 않는 한, 판정이 내려질 때까지 집행하는 것이다 … 대통령이 말하는 것이 헌법은 아니다"라고 선언했다.[36] 앞서 살펴보았듯이, 이것은 토머스 제퍼슨과 존 마셜까지 거슬러 올라가는 오래된 논쟁이지만, 오늘날에도 매우 활발하게 논쟁이 벌어지고 있다. 오바마 대통령은 재임 8년 동안 일 년에 평균 5차례 서명 성명서를 발표했다.

정당 지도자. 대통령은 소속 정당의 명목상 지도자이며 정당의 활동에 어느 정도 영향력을 행사한다. 대통령은 중앙당 의장을 포함하여 소속 정당의 중앙당 지도부를 임명할 수 있으며, 종종 당의 강령 및 기타 성명에서 중앙당이 취하는 입장을 전적으로 결정하지는 못하지만 어느 정도 영향을 미칠 수 있다. 그러나 대통령은 의회에서 소속 정당 의원들을 통제하지 않는다. 의원들은 자체적으로 자신들의 지도자를 선출하고, 자체 코커스에서 결정된 직책을 차지하며, 자체적으로 선거운동 자원을 통제한다. 대통령은 소속 정당에 대한 통제력을 주 수준 및 지방 수준에서는 훨씬 더 적게 행사한다. 주당 및 지방당은 자체적으로 후보자를 모집하고 자체적으로 선거운동을 계획하고 운영한다. 대통령은 중앙당 수준 이하에서 소속 정당을 통제하려고 시도하지 않는다.

외교정책 관련 대통령의 책무

19세기 대부분 동안 대통령들은 일반적으로 외교정책에 있어서 주도권을 장악했지만, 군사력 사용에 관한 결정은 의회에 맡겼다. 20세기 초부터 대통령은 군사력 사용을 포함한 모든 외교정책에 점점 더 많은 영향력을 행사해왔다. 대통령들은 현대 세계의 고조되는 세계적인 위험, 대통령의 신속한 행동 능력, 대통령의 뛰어난 정보력과 전문 지식에 대한 접근성 등으로 인해 대통령이 미국 외교정책을 주도해야 한다고 주장했고, 의회는 일반적으로 이에 동의했다. 트루먼 이후 모

든 미국 대통령은 전 세계에 미군을 배치했으며 심지어 자신의 권한으로 미군을 분쟁지역에 파병했다.[37]

군통수권자. 대통령은 전쟁과 평화 시에 미군을 지휘한다. 그는 장교단을 임명하고 진급할 장교를 정하고, 가장 합리적으로 군대, 군함, 기타 군사 자산을 배치하고, 전반적인 군사 전략 및 국방 전략의 수립에 참여한다. 그러나 헌법은 '전쟁선포' 권리와 재정지출 권한을 통해 대통령의 모든 활동을 규제할 수 있는 권한을 의회에 주고 있다. 그러므로, 대통령과 의회는 군통수권자로서 대통령의 역할이 갖는 의미 및 한계에 대해 고심해 왔다.

제2차 세계대전 이후 두 가지 주요 측면이 전쟁 개시와 관련하여 의회와 대통령의 헌법적 지위에 커다란 변화를 가져왔다. 첫째, 제2차 세계대전 이후 만일 회원국이 공격을 받는 경우 미국의 지원을 의무화한 북대서양조약기구(NATO), 동남아시아조약기구(SEATO), 중앙조약기구(CENTO), 태평양 안전보장조약(ANZUS), 리오조약(Rio Pact) 등을 포함한 세계적 방위 조약 네트워크와 대통령은 협상에 나섰고, 의회는 이를 승인하고 자금을 제공했다.

둘째, 소련과 중국, 공산주의 전체에 대한 미국의 '봉쇄'정책이 우리의 냉전 전략의 핵심이었다. 정부 안팎의 오피니언 리더뿐만 아니라 일반 대중도 미국이 공산주의에 대항하는 전 세계적 차원의 싸움에 나서고 있다고 확신했다 (오늘날 여러분은 공산주의를 급진 이슬람으로 대체할 수 있다). 대통령들은 미국의 군사 자산을 세계 곳곳으로 이동시켜 항상 필요한 곳에 배치할 때 책무를 다하는 것으로 생각되었다. 갈수록 점점 더 대통령은 자신의 군통수권자로서 권한이 적대행위를 개시하고 그 범위와 기간을 결정할 수 있는 헌법적 권리를 자신들에게 부여하고 있다고 주장하게 되었다. 베트남에서 대통령이 시작한 전쟁의 파급영향에 대응하여 의회는 1973년 **전쟁 권한 결의안**을 통과시켰다. 그럼에도 불구하고 전쟁 개시에 대한 입법부와 행정부의 영향력 사이의 균형은 찾기 어렵다 (글상자 〈찬성과 반대〉 참조).

조지 W. 부시 대통령은 2003년 이라크전쟁을 일으키기에 앞서 의회와 유엔에 참석했다. 상·하 양원 모두에서 민주당 의원들 대부분이 공화당 의원 전원과 합세한 의회는 대통령에게 사담 후세인에 의해 야기되는 위험을 통제하는 것이 필요하다고 판단되는 경우 무력을 사용할 수 있는 권한을 부여했다. 유엔 안전보장이사회로부터 만장일치의 지지를 얻지 못한 부시는 이라크가 점점 더 위험해지고 있다고 선언하고, 2003년 3월 전쟁을 시작했다.

공화당 의회는 처음에는 부시 대통령이 전시 군통수권자로서 광범위한 권한을 주장하는 것에 제한을 두는 것을 꺼렸지만, 대법원은 부시 대통령의 주장을 일부 기각했다. 아프가니스탄전쟁 및 이라크전쟁 동안 부시 행정부는 대통령이 군통

전쟁 권한 결의안(War Powers Resolution)
대통령에게 무력 사용에 대해 의회와 협의하고, 의회의 승인을 얻는 데 실패하는 경우 분쟁에서 미군을 철수할 것을 명령하는 결의안으로 1973년 의회에서 통과되었다.

수권자로서 전쟁 기간 동안 미국 시민을 포함한 '적 전투원'을 구금하고, 법원이 아니라 자신이 판단하기에 최선이라고 생각한 군사재판소에서 변호인 없이 재판할 수 있다고 주장했다. 2004년 일련의 소송사건에서 대법원은 부시 행정부에게 "전쟁 상태가 국민의 권리에 관한 한 대통령에게 백지 수표를 준 것은 아니다"라는 점을 상기시켰다.[38]

2006년 대법원은 관타나모 수감자들을 군사위원회에서 재판하려는 부시 행정부의 계획을 무산시켰다. 법원은 제안된 위원회가 의회의 승인을 받지 못했다고 판단하고, 연방법원이 해당 사건을 심리할 관할권이 없다는 행정부의 주장을 기각했다. 스티븐스(John Paul Stevens) 판사는 법원의 다수의견을 대표로 작성하면서 "행정부는 이 관할권에 보편화 되어있는 법의 지배를 준수할 의무가 있다"라고 선언했다.[39] 2008년에 법원은 관타나모 수감자가 미국 법원에서 재판받을 권리를 확인했다. 그러나 의회는 오바마 행정부가 관타나모 수감자들을 미국 연방법원에서 재판에 회부하는 것을 막았다.

수많은 열성 지지자가 경애하는 도널드 트럼프 대통령의 거침없는 자신감과 공격성이 의회 안팎의 대부분의 민주당원들과 일부 공화당원들을 걱정에 빠뜨렸다. 2017년 북한의 핵무기가 늘어나고 있는 상황에서 도널드 트럼프와 북한 독재자 김정은 간의 원격 비난 대결은 많은 사람을 불안하게 만들었다. 2017년 4월과 2018년 4월 시리아 내전에서 아사드 정권의 화학무기 사용에 대한 보복으로 시리아에 대한 미사일 공격도 마찬가지였다. 트럼프 행정부는 해외에서 미국의 이익을 보호하기 위해 제한된 무력을 사용할 수 있는 대통령 권한을 요구하는 법무부 메모를 작성했다. 상원의원 케인(Tim Kaine, 민주당, 버지니아)을 비롯하여 다른 많은 사람은 미사일 공격이 제한적 무력 사용이라는 주장에 회의적이었다. 케인은 "미국은 다른 나라가 미국 영토에 있는 목표물을 향해 미사일을 날리는 것을 전쟁 행위로 볼 것이라는 점에 의문의 여지가 있나요?"라고 물었다.[40] 대통령이 혼자서 미사일 공격 명령을 내릴 수 있어야 하나?

대통령 권한은 또한 역으로 권한을 휘두르는 대통령에게 부메랑이 될 수 있다. 바이든 대통령이 전임자가 정한 아프가니스탄 철군 일정을 이행에 옮긴다고 결정했을 때 의회와 국민 대부분이 찬성했다. 하지만 철군 과정에서 실책이 발생하자 바이든은 이를 인정할 수밖에 없었고, 그의 국정운영 지지율도 큰 타격을 입었다.

최고 외교관.   대통령과 의회는 우리의 외국과의 관계를 함께 관리한다. 대통령은 국무부와 국방부, 국가안전보장회의의 정책 결정 팀의 주요 구성원들뿐만 아니라 다른 나라들에 파견하는 미국 대사를 임명과 다른 나라와 체결하는 조약 및 다자간 협정을 협상하는 데 주도권을 갖고 있다. 상원은 대통령의 임명과 행동을 승인하거나 거부해야 하고, 하원과 상원 모두 필요한 자금을 제공하는 데 동의해야 한다.

의회는 또한 대외원조, 무역, 이민, 지식재산권 등 세계의 나머지 국가들과의 관계에 영향을 미치는 다양한 모든 문제에 관한 정책을 만들 수 있다. 대안적으로, 대통령이 중요하다고 생각하는 사안이지만 의회와의 문제가 예상되는 사안의 경우 의회와의 충돌을 피하고자 의회를 우회하여 조약 대신 행정협정을 사용할 수 있다. 당연히 대통령은 공식 조약보다 행정협정을 선호한다.

최고 무역 협상자. 시장과 무역이 글로벌 차원으로 확대되면서 최고 무역 협상자로서 대통령의 역할이 더욱 중요해졌다. 경제학자들 대부분은 글로벌 자유무역이 소비자에게 값싼 가격으로 좋은 품질 상품을 접할 수 있게 함으로써 소비자의 이익에 도움이 된다는 데 동의한다. 그러나 수입품은 국내 제품과 그것을 생산하는 기업과 노동자에게 문제를 야기한다. 최근 수십 년 동안 철강, 자동차, 전자와 같은 부문에서 미국의 세계 시장 점유율 감소는 자유 무역이 초래하는 부정적 영향의 일면을 보여준다. 국민 여론은 일반적으로 미국 시장과 미국 이익 보호를 선호하며, 의회는 불공정한 국제 무역 관행을 처벌할 수 있는 새로운 권한을 대통령에게 주었다.

미국은 투트랙(two-track) 국제 무역 전략을 추구해 왔다. 하나의 트랙은 대만, 일본, 중국 등 미국이 상당한 규모의 대외무역 적자를 겪고 있는 나라와 양자 협상을 추진하여 미국 시장이 이들 나라 상품에 대해 개방하고 있듯이 이들 나라의 시장도 미국 상품에 대해 개방하도록 하는 것이었다. 두 번째 트랙은 지역적 또는 전 세계적으로 무역 장벽을 낮추는 다자간 무역 협정을 추구하는 것이었다. 비록 2001년 이후 글로벌 무역 협상이 지연되기는 했지만, 두 가지 전략 모두 20세기 후반에 성공적이었다. 특히 외국과의 경쟁으로 인해 어려움을 겪고 있다고 생각하는 미국 기업과 노동자들 사이에서는 보호무역주의 정서가 여전히 확연하게 감지된다. 트럼프 대통령은 양자 간 트랙을 선호했다. 그는 2016년 대통령 선거운동에서 미국이 북미자유무역협정(NAFTA)과 환태평양경제동반자협정(TPP)에서 탈퇴하겠다고 위협함으로써 반자유무역 정서를 자극했다. 미국은 TPP에서 탈퇴했으며, NAFTA 재협상에 나섰다.*

2021년 초 조 바이든 대통령은 마침내 아프가니스탄전쟁을 끝내고, 국제기구와 동맹관계에서 미국의 위상을 되찾고, 코로나바이러스 팬데믹을 해결하며, 경제 성장을 둔화시킨 글로벌 공급망 문제를 해결하겠다고 마음먹고 대통령직에 취임했다. 2022년 중간선거가 다가옴에 따라 바이든의 계획 중 많은 부분이 바뀌었다. 아프가니스탄 철수는 잘 진행되지 않았고, 글로벌 공급망 문제가 지속되어 인플레이션을 촉발했으며, 러시아의 우크라이나 침공으로 인해 주요 경제시장에 내려진 경제 제재 조치 중 가장 광범위한 조치가 뒤따랐다. 서로 뒤얽혀 있는 국내외 정책적 문제로 인해 조성된 가공할 혼란 상태를 어떻게 해결하느냐에 따라 바

* 역자 주
실제로 트럼프 대통령은 미국의 TPP 탈퇴를 선언하였고, 미국이 빠진 TPP는 일본이 중심으로 CPTPP로 변경되었다. 또한, NAFTA 역시 재협상을 통해 USMCA로 바뀌었다.

대통령이 전쟁 개시 권한을 가져야 하는가?

연방헌법 제1조 8항은 "의회는 … 전쟁을 포고할 권한을 가진다"라고 선언하고 있는 반면, 제2조 2항은 "대통령은 합중국 육해군의 총사령관이 된다"라고 명시하고 있다. 물론, 대통령은 미국에 대한 공격에 대응할 권리가 주어져 있다. 왜냐하면 공격이 시작되면 전쟁 상태에 돌입하며, 의회의 '선포'가 불필요하기 때문이다.

그 논리는 20세기 중반까지 통했던 것 같다. 하지만 지난 70년 동안 모든 대통령은 미국이 유엔과 NATO와 같은 국제 집단안보 기구에 참여하고 전 세계 기지 및 해상에 미군을 주둔시키는 것은 미국의 국가이익, 영토, 주권이 공격에 노출되어 있고 본질적으로 끊임없이 교전중에 있는 것을 의미한다고 주장했다. 대통령들은 또한 미군 병력, 비행기, 군함, 군사 장비를 전 세계 어디든 가장 필요로 할 수 있는 곳으로 이동시킬 권한이 자신에게 있다고 주장한다. 마지막으로, 대통령들은 미국의 조약 동맹국에 대한 공격이나 전 세계 어디에서든 미국 군대, 시민, 이익에 대한 공격은 미국에 대한 공격이며, 따라서 총사령관으로서 대통령은 행동을 개시할 수 있다고 주장한다.

전쟁을 결정하는 데 있어서 의회가 할 수 있는 역할은 무엇일까? 의회는 1973년에 닉슨 대통령의 거부권 행사를 무력화 하고 해외에서 미국의 군사력 사용을 승인하는 의회의 역할을 재확인하기 위해 마련된 **전쟁 권한 결의안**의 통과를 통해 이 질문에 답하려고 했다. 실제로 의회는 의회의 승인 없이 대통령이 군사력 사용을 얼마나 오랫동안 지속할 수 있는지를 결정하는 권한을 의회가 갖기 위해 사전 승인에 대한 의회의 권리를 포기하겠다고 제안했다.

전쟁 권한 결의안은 다음과 같은 세 가지 주요 조항이 포함되어 있다.

1. 제3조는 "대통령은 미군을 적대행위에 투입하거나 적대행위에 대한 임박한 개입이 명백히 나타나는 상황에 투입하기 전에 가능한 모든 경우에 의회와 협의할 것"을 명령하고 있다.

2. 제4조는 미군이 교전할 때 "대통령은 48시간 이내에 투입이 필요한 상황 … 그러한 투입이 이루어진 헌법상, 법률상 권한 … 적대행위 또는 개입의 예상 범위 및 기간" 등에 관한 정보를 의회에 제출할 것을 명령하고 있다.

3. 제5조는 앞의 두 번째에서 언급한 보고서를 제출한 후 "익일 기준 60일 이내에 … 의회가 동의하지 않는 한 … 대통령은 모든 미군의 사용을 종료할 것"을 명령하고 있다.

대통령 누구도 전쟁 권한 결의안의 합헌성을 인정한 적이 없다. 각 대통령은 총사령관으로서의 대통령의 권한은 미국 군대를 전 세계에 배치할 수 있으며, 유엔과 같이 의회가 승인한 집단안보체제에 참여하게 되면 대통령이 미국과 동맹국의 이익을 수호하기 위해 군사력을 사용할 수 있다고 주장해 왔다.

여러분은 어떻게 생각하는가?

- 해외에서 미국의 군사력 사용을 결정하는 데 있어 의회와 대통령 각각의 역할은 무엇인가?

- 의회는 너무 혼란스럽고, 분열되고, 느려터져서 그와 같이 중요한 문제의 결정에서 신뢰할 수 있는 역할을 할 수 없는가?

- 베트남전쟁과 관련하여 존슨과 닉슨 대통령, 이라크전쟁과 관련하여 부시 대통령의 실적 이후, 우리는 대통령들이 올바른 판단을 내릴 것인지를 어떻게 확신할 수 있는가?

찬성	반대
현대의 분쟁은 너무 빠르게 일어나서 토론할 여유가 없다.	헌법에는 의회가 전쟁을 선포해야 한다고 명시되어 있다.
미국의 이익은 전 세계적으로 관여되어 있다.	예고 없이 갈등이 발생하는 경우는 거의 없다.
국제협정에는 안전보장에 대한 약속이 포함되어 있다.	의회와의 협의가 여전히 필요하다.

출처: AP Photo/Evan Vucci

그의 가장 저명한 전임자들이 무섭게 쳐다보고 있는 사진 아래에서 바이든 대통령은 전 세계 다른 나라 지도자들과 회담한다. 이 사진에서 캐나다의 저스틴 트뤼도 총리가 무역 및 다른 문제들로 바이든과 회담하고 있다.

내각(cabinet)
15개 행정 부처의 장관들과 대통령이 지명한 공직자들. 내각은 대통령과 협의할 수 있다.

이든의 국정운영에 대한 평가가 결정될 것이다.

대통령 직속기관

당연히 대통령은 도와줄 사람들이 필요하다. 대통령은 자신 앞에 놓인 모든 선택과 결정을 내리는 데 필요한 조언과 정보를 확실히 얻을 수 있도록 비서실과 참모진 지원조직을 꾸린다. 대통령들 대부분은 주로 **내각** 구성원들로부터 조언을 받는 '내각 중심 정부'를 약속하며 취임한다. 그러나 대통령이 백악관의 수석보좌관보다 내각의 장관들을 잘 모르거나 신뢰하지 않는다는 것을 깨닫는 데까지 그리 오랜 시간이 걸리지 않는다. 백악관 수석보좌관들은 전적으로 대통령에게 헌신하는 반면, 내각의 장관들은 좀 더 광범위한 이해관계를 대변해야 한다. 따라서 대부분의 대통령들은 백악관 직원 중 긴밀한 고위 참모 집단을 선호하여 '내각 중심 정부' 행세를 포기하고 퇴임한다. 트럼프 대통령은 내각 중심 정부인 척하지 않고 처음부터 백악관 참모진에 의존했다.[41]

대통령실

대통령실(EOP: Executive Office of the President)
1939년 설립된 EOP는 대통령을 보좌하는 전문 지원 인력을 보유하고 있다.

미국 **대통령실(EOP)**은 대통령이 참모진의 적절한 지원을 받을 수 있도록 하기 위한 노력의 일환으로 1939년에 설립되었다. EOP는 6명의 수석비서관과 3개의 자문위원회로 구성되었다. 오늘날 EOP는 관료, 의회, 이익단체, 언론, 대중과의 관계에서 대통령을 돕는 거의 2,000명에 달하는 전문가들로 구성되어 있다. 도표 10.3은 EOP를 보여준다. 조직상으로, 백악관 참모진은 EOP에 속해있고, EOP의 수뇌부이다. EOP의 다른 주요 부서로는 관리예산실(OMB)과 국가안전보장회의(NSC)가 있다.

Q5 백악관 참모들이 대통령의 가장 가까운 자문 역할을 하던 내각 구성원을 대체한 것을 우려해야 하는가?

백악관 참모. 각 대통령은 자신이 적절하다고 생각하는 대로 참모진을 구성하지만 적어도 프랭클린 루스벨트 이후 참모 조직에 대한 두 가지 광범위한 접근 방식이 있었다. 루스벨트는 각 주요 직원이 대통령에게 직접 연결되는 바퀴형 모델로 직원을 조직했다. 루스벨트는 심지어 자신의 보좌관들에게 중복되게 책임을 할당하여 그는 결코 단일 정보원으로부터의 정보와 조언에 의존하지 않았다. 트루먼, 케네디, 존슨, 카터, 클린턴은 비슷한 설계를 따랐다.

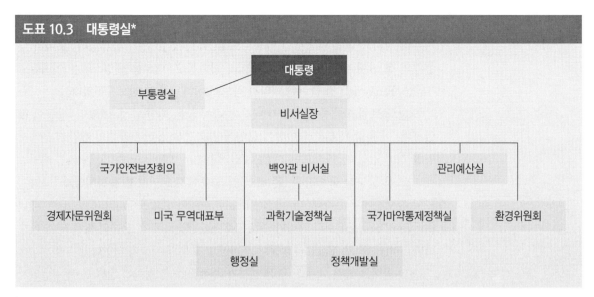

도표 10.3   대통령실*

* 대통령실 내에는 공식적으로 또는 법적으로 계층 구조가 없지만, 영향력이 더 큰 계층과 더 적은 계층의 패턴이 있다. 일반적으로 하위층보다 상위층의 영향력이 더 크다. 그럼에도 불구하고 심지어 부통령, 비서실장, 국가안보보좌관, 관리예산실장 등 최고위 관료들 사이에서도 대통령을 얼마나 쉽게 얼마나 자주 만날 수 있느냐에 많은 것이 달려 있다.

출처: U.S. Government Manual, 2013 (Washington, D.C.: U.S. Government Printing Office, 2013), 21.

  아이젠하워는 자신의 군대 경험에서 익숙한 위계적 참모 설계를 사용했다. 이는 권한과 보고 계통이 명확하고 대통령의 문지기 역할을 하는 권력이 막강한 비서실장이 존재했다. 닉슨은 훨씬 더 엄격한 위계적 체계를 채택했고, 레이건은 처음에 한 명의 비서실장 대신 제임스 베이커, 에드윈 미스, 마이클 디버의 '트로이카'를 사용했다.

  아이젠하워와 마찬가지로 조지 W. 부시 대통령도 파월(Colin Powell) 국무장관과 럼즈펠드(Donald Rumsfeld) 국방장관 등 노련하고 영향력 있는 인사를 내각에 임명하고 조언과 자문을 구하려고 했다. 부시 대통령의 백악관 참모진은 효율적이고 독립적인 비서실장 카드(Andrew Card)와 대통령의 오랜 정치 고문이자 전략가였던 로브(Karl Rove)를 중심으로 돌아갔다. 부시 대통령의 첫 임기를 독특하게 만든 것은 종종 막후에서 이뤄졌지만, 그렇더라도 무척 명백하게도 체니(Dick Cheney) 부통령이 엄청난 역할을 했다.

  오바마 내각은 조지 W. 부시의 첫 임기 내각과 매우 흡사했다. 부시 내각과 유사한 점으로 힐러리 클린턴과 같은 유력인사가 국무장관이 되었고 공화당의 로버트 게이츠가 국방장관 자리에 남았다. 2011년에 게이츠가 은퇴하였고, 그와 마찬가지로 경험이 풍부한 패네타(Leon Panetta)가 후임자가 되었다. 2013년 초, 오바마의 첫 대통령 선거운동을 일찍부터 지지했던 존 케리 매사추세츠 상원의원이 힐러리 클린턴을 대신하여 국무장관이 되었다. 백악관 참모진에는 오랫동안 고문이자 정책 보좌관이었던 자렛(Valerie Jarrett)과 2008년 대선 선거운동 당시부터 정치 전략을 담당했던 액셀로드(David Axelrod)가 합류했다. 오바마 대통령의 첫 번째 비서실장은 무뚝뚝하고, 까다롭고, 때로는 불경스러운 이매뉴얼(Rahm Emanuel) 전 클린턴 백악관 참모이자 하원 최고 지도자이었다.

도널드 트럼프 대통령의 초기 내각은 나이 많은 백인 남성, 기업인, 장군이 많았으며, 이들 중 대부분은 이전에 군인이었던 경우 정부나 정부의 민간 부문에서 일한 적이 없었다. 엑손모빌 전 CEO 틸러슨(Rex Tillerson)이 국무장관, 제임스 매티스 전 장군이 국방장관, 존 켈리 전 장군이 국토안보부 장관이었다. 백악관 고위 참모진에는 쿠슈너(Jared Kushner), 이방카 트럼프(Ivanka Trump), 배넌(Steven Bannon) 수석 전략가, 플린(Michael Flynn) 전 장군의 짧은 임기 이후 맥매스터(H.R. McMaster) 장군이 국가안보 고문 등이 포함되었다.

거의 곧바로 높은 비율의 회전 인사가 시작되었다. 첫해가 끝나기 전에 켈리가 국토안보부에서 백악관 비서실장으로 자리를 옮겼다. 켈리는 백악관 운영에 질서를 부여하기 위해 노력했지만, 도널드 트럼프의 변덕스러운 행동으로 인해 켈리는 일하는 것이 거의 불가능해졌다. 2018년 초 수석 경제 고문 콘(Gary Cohn)과 국가안보 고문인 맥매스터는 자진해서 백악관을 떠났다. 틸러슨 국무장관은 해임되었고, 폼페이오(Mike Pompeo) CIA 국장으로 대체되었다. 코언은 오랜 CNBC 경제 분석가 커들로(Larry Kudlow)로 대체되었고, 맥매스터는 전 유엔 대사이자 폭스뉴스 해설가인 볼튼(John Bolton)으로 대체되었다. 회전문은 결코 회전을 멈추지 않았다.

조 바이든은 자신의 내각과 백악관 팀이 미국 역사상 가장 다양할 것이고, 주요 직책이 자신의 소속 정당의 진보파와 온건파 모두에게 분배될 것이며, 상원의 다수당인 공화당이 그가 지명한 후보자들을 승인해 줄 것이라는 기대 속에 자신의 내각과 백악관팀을 구성했다. 이는 세심하게 균형을 맞추려는 행동이었다. 바이든의 첫 국방장관은 퇴역 장군 오스틴(Lloyd Austin)이었다. 그는 전 중동 중부사령부 사령관을 역임했으며, 그 직책에 임명된 최초의 흑인이었다. 바이든은 오바마 행정부 시절 국무차관을 지낸 안토니 블링컨을 국무장관으로 임명했고, 전 연방준비위원회 의장 옐런(Janet Yellen)을 최초의 여성 재무장관으로 임명했다. 첫 번째 내각에는 14명의 남성과 12명의 여성이 포함되었고, 그중에는 백인 13명, 흑인 6명, 히스패닉 4명, 아시아계 미국인 3명, 아메리카 원주민 1명이 있었다. 바이든의 백악관은 클라인(Ron Klain)이 이끄는 오랫동안 바이든을 보좌했던 마찬가지로 다양한 집단과 오바마/바이든 백악관의 경험 많은 직원들로 구성되었다.

백악관 참모진이 어떻게 구성되어 있든, 그들의 임무는 대통령이 결정을 내릴 수 있도록 적절한 사람과 정보를 적절한 양으로 대통령에게 전달하는 것이다. 대통령은 자신이 결정해야 할 문제, 자신이 선택할 수 있는 옵션, 특히 서로 의견이 다른 경우 고위 참모와 내각 구성원의 의견, 그 결정이 주요 이해관계자와 대중에게 어떻게 받아들여질지 등에 대해 알아야 한다. 마지막으로 참모들은 대통령의 결정과 그 이유를 각 부처와 기관, 의회, 언론, 오피니언 리더, 대중에게 전달하는 데 도움을 주어야 한다.

관리예산실. OMB의 역사는 재무부 내에 예산국이 만들어졌던 1921년으로 거슬러 올라간다. 예산국은 1939년 재무부에서 대통령실로 이전했고, 1970년에는 보다 명확한 관리 업무 및 예산 책임을 강조하기 위해 **관리예산실(OMB)**로 이름이 바뀌었다.

OMB의 주요 책임으로는 대통령의 연간 예산 준비 지원, 행정 부처 및 기관의 입법 우선순위가 대통령의 프로그램에 부합하도록 중앙 입법 허가 기능 담당, 프로그램들이 효과적이고 비용 효율적으로 이행되고 있는지 확인하기 위한 감시 기능 등이 있다 기본적으로 OMB는 연방정부의 OMB를 제외한 나머지 부처와 기관이 행정부의 프로그램 목표와 예산 목표를 모두 반영하도록 감독할 책임이 있다. 영(Shalanda Young)은 최초의 흑인 OMB 실장이었다.

국가안전보장회의. 1947년 설립된 **국가안전보장회의(NSC)**의 중요성은 행정부마다 다르지만 국가안보와 관련하여 대통령에게 조언과 정책을 조정하는 책임을 맡은 대통령실 소속 기관이다. 법에 정해진 NSC 구성원으로는 대통령, 부통령, 국무장관, 국방장관 등이 있다. 법에 정해진 NSC 고문에는 합참의장, 중앙정보국장, 군비통제국장 등이 포함된다.

NSC는 NSC의 책임 범위를 정책조정과 조언을 넘어 정책집행에까지 확대되도록 대통령을 꼬드긴다. NSC 정책 지배력이 최고조에 달했던 시점은 국가안보보좌관 헨리 키신저가 윌리엄 로저스 국무장관을 압도하고 결국 로저스의 후임으로 키신저가 NSC에서의 직위를 그대로 유지하면서 국무장관에 임명되었던 닉슨 행정부 시절이었다. NSC가 바닥을 쳤던 시점은 레이건 행정부 2기의 이란-콘트라 사태가 발생했던 시기였다. 그럼에도 불구하고 전후 이라크 정책의 통제와 실행을 놓고 국무부와 국방부 간의 갈등이 너무 심각해지자 부시 대통령은 콘돌리자 라이스를 국가안보보좌관 겸 NSC 수장으로 임명해 이라크 정책을 관리하게 했다. 그녀는 실패했다. 하지만 2005년 라이스가 국무장관이 되고 2006년 말 게이츠가 럼즈펠드를 대신해 국방장관이 되자 두 사람은 이라크 정책을 비롯한 여러 문제에서 긴밀히 협력했다. 오바마 행정부 시절 NSC는 본연의 정책조정 역할로 움츠러들었고, 일반적으로 그 상태를 유지했다. "자신의 직감을 따르겠다"는 트럼프 대통령의 의지로 인해 NSC와 같은 백악관 참모 기구는 이에 발맞추기 위해 너무 자주 허둥대었다.

관리예산실(OMB: Office of Management and Budget)
대통령에게 예산 전문 지식, 중앙 입법 허가, 관리 지원을 제공하는 대통령실 소속 기관이다.

국가안전보장회의(NSC: National Security Council)
대통령실의 일부로 1947년에 만들어졌으며, 국가안보 문제와 관련하여 대통령에 대한 조언과 정책을 조정한다.

내각

헌법은 대통령이 각 부처의 업무와 관련된 사항에 대해 해당 행정 부처의 책임자에게 서면 의견서를 요구할 수 있도록 하고 있다. 이 책임자들이 내각을 구성하여 대통령과 협의하고 조언을 제공하라고 헌법에 명시되어 있지는 않다. 그럼에도 불구하고, 역대 모든 대통령은 행정 부처의 장관들을 내각으로 불러 모았다. 어떤 대통령은 다른 대통령들보다 훨씬 더 실질적이고 일관되게 내각을 활용했다.

19세기 대부분의 대통령은 당일 내각에서 토론할 주요 문제 대부분을 스스로 제시했다. 내각의 행정 각료들은 종종 독립적으로 중요한 정치인들이었기 때문에 그들의 의견을 쉽게 무시하기가 어려웠다. 게다가 다른 조언을 제시하는 지원조직을 현대 대통령처럼 쉽게 이용할 수 없었고, 백악관과 지원 참모 조직은 존재하지 않거나 거의 없었으며, 정당들은 대부분 주 및 지역 차원에서 운영되었고, 이익집단 구조는 오늘날보다 훨씬 덜 발달되어 있었다. 프랭클린 루스벨트 이후 미국 대통령들은 정보와 조언을 얻을 수 있는 다른 지원조직을 가지고 있다. 점점 더 백악관 참모와 대통령실의 전문가들이 내각은 물론 심지어 내각의 개별 행정 각료를 대신하여 대통령에게 프로그램적, 정치적 조언을 제공하는 주요 지원조직으로 등장했다.

내각 중심 정부의 명백한 가능성. 처음에는 내각이 대통령이 조언을 구하기 위한 명백하고 자연스러운 장소인 것처럼 보인다. 내각은 행정부 각 부처의 장관들로 구성된다. 역대 대통령들은 일반적으로 부통령을 내각에 포함시켰고, 최근의 대통령들은 또한 유엔 주재 미국 대사와 고위 무역 및 국가안보 관리들을 추가했다. 행정부가 직면한 중요한 문제들에 대한 조언을 얻기 위해 이 인상적인 전문지식 집단을 활용하는 것은 어떨까? 결국 대통령들은 교육 정책에 관한 논의에 재무장관이 어떤 새로운 얘기를 할 수 있어야 하는지 또는 주택 정책에 대한 논의에 국무장관이 어떤 새로운 얘기를 할 수 있어야 하는지 의문을 가진다.

닉슨, 레이건, 조지 W. 부시와 같은 몇몇 대통령은 내각 전체는 아니지만 단일 부서 수준 이상에서 서로 협조하는 직원과 정책 업무를 고려하여 유관 내각 부처들로 내각 협의회를 구성하였다. 흔히 백악관 수석보좌관이 지시하는 역할을 맡고, 백악관에서 내각 협의회 회의를 개최하여 부처 장관들에게 정책 수립과 조정 과정에서 대통령의 이해관계를 강조한다. 그럼에도 불구하고 내각의 행정 각료들은 대통령 말고도 민감한 선거구 유권자가 있기 때문에 내각 협의회는 분열 양상을 보이는 경향이 있다.

분열된 충성심, 잡다한 동기. 내각 구성원들은 대통령이 자신을 임명했고 대통령이 자신들의 업무에 불만이 있는 경우 자신을 해임시킬 수 있다는 사실을 잘 알고 있다. 내각 구성원들은 자신의 임명이 상원으로부터 인준을 받았고, 프로그램과 예산 승인이 의회에 달려 있으며, 자신이 여전히 의회의 감독과 조사의 대상이라는 사실도 잘 알고 있다.

또한, 내각의 행정 각료들은 소관 부서의 관료들이 그들 나름의 생각과 이해관계를 갖고 있으며, 일정 부분 대통령의 생각과 충돌한다는 것을 발견한다. 더욱이, 각 부서는 그 부서에서 관리하는 프로그램들에 깊은 관심을 갖고 그것들을 보호하고 향상시키기 위해 그 부서의 직업 관료들과 긴밀히 협력하는 조직적인 이해관계에 묶여 있다.

일을 잘하는 장관들은 자신들의 부서 내외의 모든 유권자와 함께 일할 수 있는 방법을 찾아야 한다. 때때로 이것은 장관이 자신의 부서, 프로그램, 자신이 추구하는 이해관계를 대변해서 대통령에 맞서야 한다는 것을 의미한다. 대통령은 이러한 상황을 이해하지만 좋아하지 않으며, 대통령의 (그리고 아마도 자신들의) 고려 사항 외에는 관심이 없는 참모진과 가장 긴밀하게 일하는 것을 선호한다. 대통령들은 내각의 행정 각료들이 자신이 담당하는 소속 부서의 풍조와 이해관계에 '포획'되는 것을 우려한다. 따라서 내각의 행정각료들은 일반적으로 완전히 통합되고 완전히 신뢰할 수 있는 대통령 내부 정책집단의 구성원이기보다는 자신들의 부서와 자신들이 추구하는 이해관계를 대표하는 친선대사로 여겨진다.

부통령

미국의 첫 번째 부통령인 애덤스(John Adams)는 이 직책을 "인간이 고안하거나 상상으로 생각해 낸 것 중 가장 하찮은 직책"이라고 선언했다. 프랭클린 루스벨트의 첫 번째 부통령이자 전 텍사스 하원의장이었던 가너(John Nance Garner)는 그 직책이 "따뜻한 오줌 한 양동이의 가치도 없다"라고 선언했다. 미국 정치사 대부분에서 부통령의 그러한 특징은 완전히 정확했다. 헌법에는 "합중국의 부통령은 상원의장이 된다. 다만, 의결시 가부 동수일 경우를 제외하고는 투표권이 없다"라고 간단하게 명시되어 있다. 부통령은 대통령이 특별히 다른 임무를 부여하지 않는 한, 상원을 주재하는 것 외에 다른 직무가 없다. 일반적으로 부통령은 주로 상대적으로 덜 중요한 집단들에 대해 대통령을 대표하는 일과 제트기 여행의 출현으로 외국 고위 인사의 장례식에 참석하는 일로 제한되었다.

그러나 최근 수십 년 동안 부통령직의 위상이 높아졌다. 대통령이 되기 전까지 워싱턴 정가에서 활동한 경험이 전혀 없었던 지미 카터 대통령은 워싱턴 내부 인사이자 미네소타 출신의 오랜 상원의원이었던 월터 먼데일 부통령에게 크게 의지했다. 먼데일은 항상 비밀리에 그리고 종종 사적으로 솔직하게 조언을 해주었고, 카터는 모든 주요 토론과 결정에 그를 포함시켰다. 레이건 시절 부통령이었던 조지 부시(George Bush)는 많은 중요한 결정에 관여했지만, 레이건 내부 인사들로부터 완전한 신뢰를 얻지는 못했다. 빌 클린턴은 앨 고어를 자신의 정책팀에 없어서는 안 될 중요 멤버로 삼았다. 고어는 대통령이 일정을 정한 후에 자신의 일일 및 주간 일정을 정하여 고어 자신이 참석하고 싶은 대통령 회의를 선택할 수 있었다.

딕 체니는 분명히 미국 역사상 가장 영향력 있는 부통령이었다. 카터, 레이건, 클린턴과 마찬가지로 조지 W. 부시 대통령도 워싱턴 정계 경험이 전무한 상태에서 대통령직에 취임했다. 체니는 이전에 하원 지도부를 역임했고, 제럴드 포드 행정부에서 비서실장, 조지 부시 대통령 첫 번째 행정부에서 국방장관을 역임했다. 체니 부통령은 부시 행정부의 일상 업무를 관리하는 고위 관리자가 되었다.

오바마 대통령은 의심할 바 없이 바이든 부통령이 자신의 국정운영을 도와주기를 바랐지만 두 사람 모두 체니 모델은 너무 지나치다고 생각했다. 부통령의 역할은 늘 다소 애매하지만, 바이든은 국내외적으로 중요한 문제가 발생했을 때 오바마 대통령의 수석 고문이자 문제 해결사 역할을 꾸준히 수행했다. 도널드 트럼프 대통령의 과장된 성격으로 인해 마이크 펜스 부통령이 그늘에 가렸다.

조 바이든은 77세에 미국 역사상 가장 나이가 많은 대통령으로 백악관에 입성했다. 바이든의 부통령으로 캘리포니아 초선 상원의원 해리스(Kamala Harris)의 선택은 많은 사람들에게 운명적으로 여겨졌다. 그녀는 최초의 여성 부통령이자 최초의 흑인이자 최초의 남아시아계 부통령이 되었다. 바이든 대통령은 해리스에게 남부 국경과 선거권이라는 두 가지 주요 사안을 감독하라고 지시했다. 둘 다 복잡한 문제였고, 그녀의 초기 노력에 대한 평가는 엇갈렸다.

대통령의 직무는 매우 까다롭고, 그 직무를 맡은 사람 모두는 당시의 주요 문제를 논의할 수 있는 독립적인 국가적 위상을 지닌 서열 2위의 노련한 성공적인 정치인의 존재 가치를 인식하고 있다. 이로 인해 부통령의 선택이 그 어느 때보다 중요해졌다. 부통령은 대통령이 사망하거나 다른 이유로 직무를 수행할 수 없는 경우에만 개입할 수 있지만, 부통령의 임명 선택이 잘 이뤄진다면 일상적으로 의지할 수 있는 귀중한 자산이자 파트너 역할을 한다.[42]

오늘날 대통령 개혁

현대 대통령직에 대한 요구는 많고, 단점도 분명하며, 개혁에 대한 논의가 실제로 지속되고 있다. 미국인들은 각각의 신임 대통령이 선거 공약을 정치적, 정책적 성과로 바꾸려고 고군분투하는 모습을 지켜보고 있다. 대통령은 전임자들로부터 어떤 교훈을 얻을 수 있고, 대통령직에 대한 어떤 개혁이 가장 시급해 보일까?

첫째, 미국 대통령은 비록 주도적인 일원이기는 하지만 공유되는 권한과 법적 한계가 있는 시스템의 일원임을 인식하고 인정해야 한다. 전시에 대통령직은 본질적으로 국내법과 국제법상 제한이 없는 자리라는 부시 대통령과 체니 부통령의 견해는 역사적으로 받아들이기 어려우며 정치적으로도 이치에 맞지 않는 것으로 판명되었다. 마찬가지로, 도널드 트럼프의 포퓰리즘적 본능은 그의 여행 금지에 대한 사법적 도전, 오바마케어를 폐지하고 대체하기 위한 의회의 더딘 투쟁, 불리한 언론 보도에 반기를 들었다. 의회가 국경 장벽에 자금을 지원하지 않으려는 의지를 표명하자 그는 의회의 재정권을 우회하기 위해 '국가 비상사태'를 선포하였다.[43] 그러나 비상사태가 끝나면 반대자들이 목소리를 다시 내기 시작하고 제임스 매디슨이 『연방주의자 논고』 제10호에서 예상했던 것처럼 야망을 견제하기 위한 움직임이 나타난다. 의회, 법원, 대중의 광범위한 지지를 얻기 위해서는 대통령이 혼자 단독으로 지배하거나 처음에 너무 서두르지 않는 것이 더 낫다. 광범위한 지지는 처음 움직임과 초기 성공이 사라지더라도 계속 유지될 가능성이 더 크다.

둘째, 대통령은 서명 성명서와 관련하여 정치적 절차와 법률에 대한 전통적인 이해를 고수해야 한다. 미국 역사의 대부분을 통틀어 서명 성명서는 통상적으로 악의가 없었으며, 새로운 법의 중요성을 언급하거나 관련 법 제정을 요구하는 내용이었다. 부시 행정부는 이전의 모든 행정부를 합친 것보다 더 많은 서명 성명서를 작성했을 뿐만 아니라 새롭고 골치 아픈 목적으로 이를 사용했다. 서명 성명서는 행정부가 대통령의 권한과 특권을 침해한다고 생각하는 법률의 요소를 파악하고, 대통령이 그 조항에 구속되지 않을 것임을 선언하는 데 사용되었다. 거부권 대신 서명 성명서를 사용하면 헌법에 명시된 정치적 절차를 건너뛸 수 있다.

셋째, 많은 사람들은 국가가 전쟁에 개입하는 방식이 위험할 정도로 모호하다고 우려했다. 건국자들은 자유 사회에 대한 어떤 질문도 이보다 더 중요한 질문은 없다고 생각했다. 전쟁은 정부에 힘을 실어주기 때문에, 헌법은 대통령이 전쟁을 수행할 권한을 부여받기 전에 의회에서 국민의 대표들이 전쟁을 선포하도록 명시하고 있다. 그러나 1941년 12월 일본이 진주만을 공격한 후에도 의회는 전쟁을 선포하지 않았다. 오히려 1950년대 한국, 1960년대 베트남, 9·11 테러 이후 아프가니스탄과 이라크의 경우 종종 공포와 혼란, 명백한 위험 상황 속에서 의회는 서둘러 대통령에게 초당적 백지 수표를 건네주었다. 「전쟁권한법」 개정으로 논의가 집중될 수도 있지만, 그것은 미국 대법원이 「전쟁권한법」을 확인하고 21세기 전쟁 선포로 간주되는 것이 무엇인지 정의할 것이 요구될 수 있다.

마지막으로 부통령, 내각, 백악관 참모진의 역할에 대한 명확한 생각이 중요하다. 대통령은 막중한 책임을 떠맡고 있으며, 이를 수행하려면 많은 도움이 필요하다. 그러나 조력자들이 적재적소가 아닌 자리를 차지하면 그들을 그 자리에 있게 놔둔 대통령에게 피해를 입힌다. 권력이 비대해진 부통령은 누가 책임자인지에 대해 의구심을 불러일으키며, 그 결과 대통령의 지위를 약화시킨다. 비판자들은 백악관 참모진이 정책 주창자나 프로그램 관리자가 아닌 정직한 중개자, 촉진자, 프로세스 관리자 역할을 할 것을 요구한다. 그리고 마지막으로, 비판자들은 대통령의 관심과 국민의 관심이 똑같지 않으며, 백악관 참모진이 전자를 후자로 착각하는 실수가 너무 빈번하다고 지적한다.

이 장의 요약

제헌회의에서 초기 논의는 행정부가 단순히 통과된 법률을 집행하는 입법부의 메신저 역할을 해야 할지, 아니면 입법부에 맞서고 견제할 수 있는 독립적인 권력의 중심이어야 하는지를 중심으로 전개되었다. 결국 제헌회의는 대통령을 선출하기 위해 선거인단제도를 창안하여 대통령의 독립성을 확보하고 대내외 중요한 권한들이 대통령에게 집중될 수 있도록 하였다.

그러나 헌법에서 행정부에 주어진 대부분의 권한은 입법부와 공유하게 되어있다. 대통령은 단독으로 사면권을 행사하지만, 대통령의 임명권, 조약체결권, 전쟁 수행권 등은 모두 상원의 조언과 동의, 또는 의회 전체의 사전 조치를 요구한다. 반면에 대통령은 제안과 거부권을 통해 입법과정에 확실히 참여한다. 건국자들은 의회와 법원 모두의 지속적인 협력(물론 때로는 마지못해) 없이는 대통령이 결코 성공할 수 없는 권한공유체제를 만들었다.

19세기 대통령들 대부분은 국내정책과 무력 사용에 관한 결정에 있어서 의회를 따랐지만 외교 문제를 주도했다. 대통령은 입법 프로그램을 만들 것으로 기대되지 않았으며 공개적으로 선거운동을 벌이는 경우도 드물었다. 20세기로 접어들면서 성숙한 산업 경제가 발전하고, 20세기 전반에 미국이 세계정치에 개입하면서 중앙정부에 새로운 요구가 제기되었고 의회는 이 새로운 요구에 대응할 능력이 없어 보였다. 시어도어 루스벨트에서 우드로 윌슨을 거쳐 프랭클린 루스벨트에 이르는 대통령들이 그 공백을 채우기 위해 움직였다.

대통령직은 미국이 지배적인 세계 강국으로 부상한 20세기 중반에 가장 크게 발달했다. 오늘날 우리가 알고 있는 대통령직은 프랭클린 루스벨트에 의해 만들어졌고, 트루먼과 케네디 시대에 권력의 정점에 이르렀고, 존슨과 닉슨 시대에 해체되기 시작했다. 지미 카터부터 로널드 레이건, 조지 H. W. 부시, 빌 클린턴에 이르는 대통령들은 미국의 자원이 제한적이라는 사실을 인식하면서도 세계에서 미국의 지위를 유지하려고 노력했다. 조지 W. 부시는 그보다 더 나갔다가 실패했으며, 부시의 사례로 인해 미래의 대통령들은 냉정한 판단을 내릴 것이다. 부시의 공격적인 외교정책을 되풀이하지 않겠다고 결심한 버락 오바마는 북한, 러시아, 중동 문제를 해결하지 못한 채 그대로 남겨두었다. 자신의 전임자들이 모두 실패했다고 확신한 도널드 트럼프는 "역사에서 배우지 못한 사람은 그것을 반복할 운명이다"라는 윈스턴 처칠의 명령을 무시하고 역사에서 거의 아무것도 배우지 못했다. 바이든 대통령은 전후 동맹을 재건하기 위해 열심히 노력했고 러시아의 침공에 맞서기 위해 우크라이나에서 NATO가 모였을 때 초기에 성공을 거두었지만, 일부 사람들은 미국이 여전히 세계에서 그러한 역할을 맡을 의지나 재정적 여력이 있는지 궁금해 한다.

주요 용어

추천 문헌

Beschloss, Michael. *Presidents at War*. New York: Crown Books, 2018. 베슐로스는 건국부터 오늘날까지 미국이 어떻게 전쟁에 참여했는지 설명하고, 이제 대통령들이 그 운명적인 결정에 대해 너무 많은 통제권을 갖고 있다고 우려한다.

Brown, Lara M. *Amateur Hour: Presidential Character and the Question of Leadership*. New York: Routledge, 2020. 브라운은 대통령의 성격에 대한 새로운 사회적, 정치적 기대가 앞으로 우리가 더 많은 '아마추어 아웃사이더'를 보게 될 것임을 시사한다고 주장한다. 📖

Ellis, Richard J. *The Development of the American Presidency*. 3rd ed. New York: Routledge, 2018. 엘리스는 미국 대통령직의 깊은 역사와 대통령직의 역할과 권력이 시간이 지남에 따라 어떻게 발전해 왔는지에 대해 설명한다.

Fisher, Louis. *Supreme Court Expansion of Presidential Power: Unconstitutional Leanings*, Lawrence, KS: University Press of Kansas, 2017. 피셔의 논지는 대법원이 헌법상의 주어진 범위 이상으로 대통령 권한을 확장했다는 것이다.

Skowronek, Stephen. "The Conservative Insurgency and Presidential Power: A Developmental Perspective on the Unitary Executive." *Harvard Law Review*, 2009, vol. 122, 2070–2103. 스코브로넥은 '단일 행정부'에 대한 최근의 보수적 주장을 대통령 권력의 기원과 범위에 관한 주장에서 찾는다. 📖

Suri, Jeremi. *The Impossible Presidency: The Rise and Fall of America's Highest Office*. New York: Basic Books, 2017. 수리는 현대 대통령에 대한 요구가 이를 충족할 수 있는 능력을 능가하여 확실히 실패할 것이라고 주장한다.

Wegman, Jesse. *Let the People Pick the President: The Case for Abolishing the Electoral College*. New York: St. Martin's Press, 2020. 처음부터 잘못만든 것은 아니더라도 이제 선거인단제도를 교체해야 한다고 주장하는 수많은 책 중 가장 최신 서적이다.

인터넷 자료

1. www.ipl.org/div/potus/
   인터넷 공공도서관은 각 대통령에 대한 훌륭한 정보와 링크를 제공하는 POTUS(미국 대통령) 사이트를 포함하고 있다.

2. www.whitehouse.gov
   대통령 공식 사이트이다. 백악관의 역사, 가상투어, 보도자료, 문서, 사진 등을 제공하고 있다.

3. loc.gov
   의회 도서관 사이트는 모든 연방 웹사이트에 대한 링크를 제공한다. 행정부 내의 모든 기관에 대한 액세스 포인트를 찾을 수 있고 대통령과 이들 기관의 관계에 대해 배울 수 있다.

4. www.presidency.ucsb.edu
   캘리포니아 대학교 샌타바버라 캠퍼스의 미국 대통령

프로젝트(American Presidency Project)는 초대 워
싱턴부터 모든 대통령에 대한 정보와 데이터의 보고
(寶庫)이다.

5. www.firstladies.org

영부인에 관한 서적, 원고, 저널, 뉴스 기사, 기타 자
료를 제공하고 있는 온라인 도서관이다.

주

1) John Yoo, "Executive Power Run Amok," *New York Times*, February 6, 2017.
2) Jeremi Suri, *The Impossible Presidency: The Rise and Fall of America's Highest Office* (New York: Basic Books, 2017), ix, xv.
3) Richard Waterman, Carol L. Silva, and Hank Jenkins-Smith, *The Presidential Expectations Gap* (Ann Arbor, MI: University of Michigan Press, 2016), 1.
4) Stephen Skowronek, *The Politics Presidents Make: Leadership from John Adams to George Bush* (Cambridge, MA: Harvard University Press, 1993), 20.
5) Edward S. Corwin, *The President: Office and Powers, 1787–1957* (New York: New York University Press, 1957, originally published, 1940), 3, 171.
6) Donald L. Robinson, *To the Best of My Ability: The Presidency and the Constitution* (New York: Norton, 1987), 22–24.
7) Suri, *Impossible Presidency*, 15, 18.
8) Calvin Jillson, "The Executive in Republican Government: The Case of the American Founding," *Presidential Studies Quarterly* (Fall 1979): 386–402.
9) Charles C. Thach Jr., *The Creation of the Presidency, 1775–1789* (Baltimore, MD: Johns Hopkins University Press, 1923), reprinted in 1969 with an introduction by Herbert J. Storing, 132–133.
10) Richard J. Ellis, *The Development of the American Presidency*, 3rd ed. (New York: Routledge, 2018), 491–492.
11) U.S. Justice Department, Office of the Pardon Attorney, www.justice.gov/pardon/actions-administration.htm.
12) Roger H. Davidson, Walter J. Oleszek, Frances E. Lee, and Eric Schickler, *Congress and Its Members*, 16th ed. (Washington, D.C.: CQ Press, 2018), 293–319.
13) Louis Fisher, *Presidential War Power*, 3rd ed. (Lawrence, KS: University Press of Kansas, 2013), 3–16.
14) Emily Bazelon, "Checks and Imbalances: What Happens When a President Defies Congress," *New York Times Magazine*, November 5, 2019, 39–42.
15) Mark Rozell, *Executive Privilege: Presidential Power,*
Secrecy, and Accountability, 3rd ed., revised (Lawrence, KS: University Press of Kansas, 2010).
16) Darren Samuelsohn, "The Only Impeachment Guide You'll Ever Need," *Politico*, January 11, 2019.
17) www.routledge.com/blog/article/is-impeachment-still-really-a-thing/.
18) Stephen Skowronek, *Building a New American State: The Expansion of National Administrative Capacities, 1877–1920* (New York: Cambridge University Press, 1982). See also Waterman, et al., *The Presidential Expectations Gap*, 6–9.
19) Lewis W. Koenig, *The Chief Executive*, 6th ed. (New York: Harcourt Brace, 1996), 214. 또한, 다음 참조. Suri, *Impossible Presidency*, 42.
20) Ellis, *The Development of the American Presidency*, 151–155. 또한, 다음 참조. Joseph Cooper, *The Origins of the Standing Committees and the Development of the Modern House*, Rice University Studies, vol. 56, no. 3, Summer 1970, 3–5.
21) John Hart, *The Presidential Branch: Executive Office of the President from Washington to Clinton*, 2nd ed. (Chatham, NJ: Chatham House, 1995), 4.
22) Robert E. DiClerico, *The American President*, 5th ed. (Upper Saddle River, NJ: Prentice-Hall, 2005), 34.
23) Arthur Schlesinger Jr., *The Imperial Presidency* (Boston, MA: Houghton Mifflin, 1973).
24) Matthew Crenson and Benjamin Ginsberg, *Presidential Power: Unchecked and Unbalanced* (New York: W.W. Norton, 2007).
25) Richard E. Neustadt, *Presidential Power and the Modern Presidents* (New York: Free Press, 1990), Chapter 3.
26) Aaron Wildavsky, "The Two Presidencies," in Aaron Wildavsky, *The Presidency* (Boston, MA: Little Brown, 1969), 230–243. 더 최근의 자료로는, 다음을 참고. Stephen J. Farnsworth, *Presidential Communication and Character* (New York: Routledge, 2018), 165–166.
27) Bruce Miroff, *Presidents on Political Ground* (Lawrence, KS: University Press of Kansas, 2016), 14. 또한, 다음 참조. Martha J. Kumar, *Managing the President's Message* (Baltimore, MD: Johns Hopkins University

Press, 2007), 3.

28) Roger H. Davidson, Walter J. Oleszek, Frances E. Lee, and Eric Schickler., *Congress and Its Members*, 16th ed. (Washington, D.C.: CQ Press, 2018), 309.

29) Stephanie Condan, "Marijuana Dominates Questions for Obama's YouTube Q&A," CBS News, January 27, 2011.

30) Charles O. Jones, *The Presidency in a Separated System*, 2nd ed. (Washington, D.C.: Brookings Institution, 2005), 133–145. 또한, 다음 참조. Michael Eric Siegel, *The President as Leader*, 2nd ed. (New York: Routledge, 2018).

31) Robert S. Erikson and Kent L. Tedin, *American Public Opinion*, 10th ed. (New York: Longman, 2019), 116–120.

32) The American Presidency Project, Signing Statements, www.presidency.ucsb.edu/data.php.

33) Paul Light, *The President's Agenda*, 3rd ed. (Baltimore, MD: Johns Hopkins University Press, 1999), 45. 또한, 다음 참조. Jeffrey S. Peake, "Presidential Agenda-Setting in Foreign Policy," *Political Research Quarterly*, vol. 54, no. 1 (March 2001): 69–86.

34) John T. Woolley and Gerhard Peters, *The American Presidency Project*, University of California, Santa Barbara, 다음 참조. www.presidency.ucsb.edu/signingstatements.php.

35) Charlie Savage, "Obama's Embrace of Bush Tactic Criticized by Lawmakers of Both Parties," *New York Times*, August 9, 2009, Y18.

36) Michael Abramowitz, "Bush's Tactic of Refusing Laws Is Probed," *Washington Post*, July 24, 2006, A5.

37) Fisher, *Presidential War Power*, 69, 75, 81.

38) 다음에서 재인용. Anthony Lewis, "License to Torture," *New York Times*, October 15, 2005, A35.

39) Linda Greenhouse, "Justices, 5–3, Broadly Reject Bush Plan to Try Detainees," *New York Times*, June 30, 2006, A1, A18.

40) Charlie Savage, "Legal Memo Says Trump Has Wide Power to Attack," *New York Times*, June 2, 2018, A11.

41) Richard A. Smith, "Make the Cabinet More Effective," *New York Times*, Op-Ed, January 11, 2013, A21.

42) Mark Landler, "Obama's Growing Trust in Biden Is Reflected in His Call on Troops," *New York Times*, June 25, 2011, A4, A9.

43) Charlie Savage, "Arguments on Broad Reach of Executive Power Alarm President's Critics," *New York Times*, January 31, 2020, A20.

출처: AP Photo/Susan Walsh

11장

관료제:
21세기를 위한 정부 재설계

중점질문 및 학습목표

Q1 관료제는 무엇이며, 정부에서 어떤 역할을 하는가?

Q2 미국 정치사에서 연방 관료제의 규모와 역할은 어떻게 변화되어 왔는가?

Q3 미국의 경제성장을 촉진하기 위해 정부는 무엇을 해야 하는가?

Q4 연방정부의 관료집단이 대규모 기업의 관료주의적인 사람들보다 대부분 덜 유연하고, 덜 역동적이며, 덜 혁신적인 이유는 무엇인가?

Q5 대통령, 의회, 법원은 어떻게 관료집단을 통제하는가?

DOI: 10.4324/9781003303954-11

연방준비제도는 위험한가?

제1조, 제8항 (일부): "연방의회는 다음의 권한을 가진다. 조세를 부과하고 징수하고 … 합중국의 채무를 지불하고 … 합중국의 신용으로 금전을 차입한다 … 화폐를 주조하고, 그 가치를 규정하며 … 이 헌법이 합중국정부에게 부여한 권한을 행사하는 데 필요하고 적절한 모든 법률을 제정한다."

켄터키주 상원의원 랜드 폴(Rand Paul)의 아버지인 전 하원의원 론 폴(Ron Paul, 공화당, 텍사스)은 최근 미국정치의 가장 흥미로운 인물 중 한 명이다. 의과대학을 나온 폴은 1976년에 처음으로 하원의원에 당선되었다. 그는 1984년 상원의원 선거에서 졌고, 1988년에는 자유당 대통령후보로 출마했다. 1996년에 폴은 다시 미국 하원의원에 당선되었다. 2008년과 2012년 그는 공화당 대선후보 경선에 출마했다. 그는 공화당 후보 경선에서 결코 유력주자라고는 할 수 없었지만, 많은 사람은 특히 2012년 경선에서 폴이 '티파티' 운동에 영감을 주었음을 인정한다. 그는 2012년에 의원직에서 물러났다.

그의 정치경력 내내 통화정책과 연방준비제도(Federal Reserve system[the Fed], 연준)의 역할이 그의 주요 관심사였다. 론 폴 하원의원은 자신이 생각하길 미국의 번영과 자유를 위협한다고 믿었던 연준과 연준의 위험성에 집중했기 때문에 많은 사람이 그를 이상하게 여겼다. 이러한 평판이 완전히 거짓은 아니었지만, 연준에 대한 그의 우려는 2008~2009년 금융위기 이후 훨씬 더 널리 확산되었다. 폴 하원의원은 연준에 대한 완전한 감사를 요구하는 HR 1207, 「연방준비제도 투명성법」 법안을 발의했다. 이 법안은 하원에서 300명의 공동 발의자를 확보한 후 더 포괄적인 재정 개혁 법안으로 통합되었다. 버몬트주 무소속-사회주의 상원의원이자 2016년과 2020년 민주당 대통령후보 경선에 출마했던 샌더스(Bernie Sanders)가 상원에 동반 법안을 제출했다. 자유지상주의 우파 인사가 공공연하게 유일한 사회주의자 상원의원과 뜻을 같이하여 연준과 같은 강력한 워싱턴 기관에 대한 면밀한 조사를 촉구했다면, 분명히 그 이유에 대해 살펴볼 가치가 있을 것이다. 이 논쟁에 흥미를 더하는 것은 도널드 트럼프 전 대통령도 연준을 자주 비판했다는 사실이다. 그럼에도 불구하고, 연준은 코로나19 팬데믹으로 인한 부정적인 경제적 영향을 최소화한 덕분에 널리 칭찬받았다.

연방준비제도는 1913년에 설립되었고, 1930년대에 국가의 화폐 및 신용 시스템을 관리하고, 은행 공황상태를 예방하며, 꾸준한 경제성장을 촉진하는 역할이 강화되었다. 연준은 미국의 중앙은행이다. 대부분의 나라들이 중앙은행을 가지고 있지만, 우리 중앙은행은 대부분의 다른 나라 중앙은행보다 더욱 분리되어 있고, 어떤 사람들은 우리의 중앙은행이 비밀스럽고 독립적이라고 말한다. 현재 제롬 파월 의장이 이끄는 연준 최고위층 인사들은 대통령이 지명하고 상원이 승인하지만, 그들은 누구에게도 자신들의 정책 결정을 투명하게 밝힐 필요가 없다. 연준이 2008~2009년 글로벌 금융위기의 발생을 예상하지 못했고, 뒤이은 혼란을 막기 위해 특단의 조치를 취할 수밖에 없었다는 사실이 연준에 대한 감시의 강화를 가져왔다.

론 폴은 오랫동안 연준이 잘못하고 있고, 비밀스럽고, 무책임하다고 비난했다. 폴은 자신이 발의한 법안 HR 1207에 대한 지지를 촉구하는 의회 의원들에게 보낸 공개서한에서 이렇게 썼다. "한편, 의회, 연준, 미국 재무부는 12조 달러가 넘는 구제 금융과 대출로 미국 납세자들을 곤경에 빠뜨렸으며, 연준이 거의 완전한 비밀 속에서 국가 통화 시스템을 운영하도록 허용하는 것은 남용을 초래한다. … 이제 연준에게 책임을 물어야 할 때이다." 연준은 당연히 반격했고, 추가적인 투명성이 요구되기도 했지만, 2010년 「도드-프랭크 금융 규제 개혁법」의 일환으로 중요한 새로운 권한을 부여받았다.

다른 모든 독립 규제 기관(자세한 내용은 아래 참조)과 마찬가지로 연준은 단기적으로는 의회와 대통령으로부터 '독립적'이지만, 장기적으로는 입법부의 개혁 대상이 된다. 그럼에도 불구하고, 트럼프 대통령은 예외지만, 대통령들 대부분과 의회는 독립성에 대한 연준의 명성이 경제가 나빠졌을 때 비난을 회피하는 중요한 보호 수단이 된다는 점을 깨달았다. 즉, 우리에게 책임을 묻지 말라. 의회는 경제에 대한 책임은 연준에 있다고 한목소리로 합창한다. 의회는 연준을 '개혁'하여 유권자들로부터 신망을 얻으려 할 수도 있다. 여러분은 정치인과 관료 둘 중 어느 쪽이 미국의 통화정책을 담당하는 것이 바람직하다고 생각하는가?

관료제

연방정부라고 하면, 우리는 흔히 의회와 대통령을 떠올린다. 그들의 선거, 그들의 정책 싸움, 그들의 승리와 스캔들은 우리의 저녁 뉴스 단골 소재이다. 그러나 또 다른 연방정부가 있다. 우리가 흔히 간과하는 280만 명의 직업공무원이 일하고 있는 부서와 기관의 항구적 정부이다. 종종 간단히 '관료제'라고 일컬어지는 항구적 정부가 국방에서부터 의학 연구에 이르기까지 중요한 일을 하고 있지만, 대부분의 미국 역사를 통해 항구적 정부는 비대하고, 비용이 많이 들며, 적어도 잠재적으로 억압적이라고 여겨져 왔다. 상설 연방정부 인력 외에도 연방정부의 기관과 부서들의 업무 수행을 돕기로 계약하고 급여를 받는 민간 부문 및 비영리단체 노동자들이 있다.[1]

사실, 토머스 제퍼슨이 독립선언문에서 언급했던 주요 불만 사항 중 하나는 국왕이 "많은 새로운 직책을 만들고, 우리 국민을 괴롭히고 재산을 약탈하기 위해 이곳 미국으로 새로운 관리를 떼거리로 보냈다"라는 것이었다. 독립 후, 건국자들은 사소한 폭정 또는 거대한 폭정 모두를 방어하려고 했다. 그들은 선출된 관료들에게 항구적 정부에 대한 여러 가지 통제권을 부여하여 혈기왕성한 관료들에 의한 사소한 폭정 가능성을 차단했다. 그들은 권력분립, 견제와 균형, 양원제, 연방제도를 신중하게 활용하여 왕, 대통령, 의회 다수파에 의한 거대한 폭정 가능성을 차단했다.

결과적으로 대통령, 의회, 법원 모두 관료제를 조직하고 감시해야 하는 중요한 헌법적, 법적 역할을 갖고 있다. 하지만 이들 중 그 누구도 관료제를 통제하고 지시할 수 있는 독점적인 권리를 가지고 있지 않다.[2] 이는 모호함을 야기하고 관료제가 해야 하는 일과 그 일을 어떻게 처리하는지에 영향을 미치기 위한 지속적인 싸움을 초래한다. 학자들은 이러한 통찰을 여러 흥미로운 방식으로 표현한다. 사이먼(Herbert Simon)과 그의 동료들은 "삼권분립으로 인해 … 행정부를 통제할 수 있는 행정수반의 권리가 다소 모호하게 된다"라고 지적한다. 뉴스테드(Richard E. Neustadt)는 미국정치체계의 설계와 구조를 "권력을 공유하는 분리된 기관들"로 설명한다.[3]

의회 및 대통령과 관료 간의 중요한 차이점은 의회와 대통령은 정책을 결정하고, 관료가 정책을 시행한다는 데 있다. 중앙정부의 모든 기관은 법률에 따라 설립되며, 그 예산과 인력 수준은 매년 의회와 대통령이 정한다. 예를 들어, 미국 고속도로 교통 안전국(NHTSA)은 자동차 및 교통안전에 관한 프로그램을 관리하기 위해 1970년에 설립되었다. 연방 관료기구로서, 평상시 NHTSA는 비효율적이고, 고압적이며, 비용이 많이 든다는 비난을 받는다. 그런 상황에서 가속 페달이 붙어 있고 에어백이 폭발하여 수백만 대의 자동차가 전 세계적으로 리콜되고, NHTSA에 대한 손가락질이 시작되었다. 마지못해 프로그램, 인사 규모, 예산 등을 승인했던 선출직 공직자들은 NHTSA가 결함을 더 일찍 발견하지 못한 이유에 대해 밝히라고 요구한다. 청문회가 열리고, 의기양양한 의원들이 풀이 죽은 관료들을 호되게 질책한다. 이는 세금을 싫어하고 관료를 불신하는 나라에서 자주 볼 수 있는 익숙한 장면이다. 관료는 중요한 업무를 수행한다. 여러분의 자동차는 안전한가? 하지만 위기가 우리에게 닥치기 전에는 흔히 이를 알기 어렵다.

이 장에서는 관료제가 어떻게 작동하는지, 미국인들이 관료제에 대해 왜 그렇게 느끼고 있는지 설명한다. 첫째, 우리는 관료제를 정의하고 그 용어의 의미가 시간이 지남에 따라 어떻게 바뀌었는지 설명한다. 둘째, 미국 연방 관료제의 기원, 성장, 구조 등을 설명한다. 셋째, 공공정책을 수립하고 실행하는 데 있어 관료제의 역할을 설명한다. 마지막으로, 정치적 기관이 관료제를 어떻게, 얼마나 효과적으로 지도하고, 견제하고, 통제하는지 설명한다.

Q1 관료제는 무엇이며, 정부에서 어떤 역할을 하는가?

관료제(bureaucracy)
각 부서에 특정한 임무가 부여되고, 부서의 직원들이 능력, 지식, 경험에 기초하여 책임을 부여받은 계층적 조직.

후견제(patronage)
능력이나 전문성 대신 당파적 관계에 기초한 정치적 일자리나 계약을 주는 것이다.

「펜들턴법(Pendleton Act)」
1883년 「펜들턴법」은 직업 공무원 제도를 확립한 최초의 입법이었다.

직업 공무원 제도(civil service system)
민간 연방 직원의 채용, 승진, 급여, 징계에 관한 규칙이다.

관료제란?

비록 오랜 세월에 걸쳐 정부에는 공무원과 직원이 있었지만, **관료제**라는 용어는 현대적인 조직, 커뮤니케이션, 통제 시스템을 암시한다. 관료제는 각 부서에 특정 임무가 부여되어 있고, 직원들이 능력, 지식, 경험에 기초하여 특정 책임을 부여받은 계층적 조직을 의미한다.

미국 역사에서 처음 100년 동안 연방 공무원들은 **후견제**를 통해 자리를 차지했기 때문에 선출된 정치인들에게 직접적으로 책임이 있었다. 새로운 대통령이 집권하거나 한 정당이 다른 정당을 대체하여 다수당이 되면, 수많은 정부 공무원을 자기 당 소속 인사로 교체하였다. 정부가 커지고 정부가 직면한 과제들이 복잡해짐에 따라 더 많은 제도와 구조가 필요해 보였다. 발전된 경제와 전 세계 광대한 제국을 가진 영국은 1854년에 정당정치와 후견제와 반대로 능력에 기초하는 정부 인력 또는 직업 공무원 제도를 도입했다.

미국 공무원 제도의 창설을 촉발한 주요 사건 중 하나는 1881년 7월 2일 기대했던 공무원 자리를 얻지 못해 실망하여 불만을 품은 한 지지자가 가필드(James Garfield) 대통령을 암살한 사건이었다. 1883년 **「펜들턴법」**은 기존의 엽관제를 고용, 급여, 승진이 입증 및 측정 가능한 능력과 성과에 기초하는 제도로 바꾸었다. **직업 공무원 제도**의 주요 목표는 능력에 따라 직원을 채용하고 효율적으로 관리하며 공정하게 대우하는 것에 있었다.[4]

1923년 「분류법(Classification Act)」의 통과로 능력과 종신제의 원칙이 보완되었다. 입법자와 기관 관리자는 각 기관이 책임지는 업무를 체계적으로 규정해야 했다. 그런 다음 인사 전문가는 각 기관이 해당 업무를 수행하는 데 필요한 자격요건을 규정하고 담당 공무원의 숙련 정도를 급여 수준과 연동시켰다.

1949년 의회는 직업 분류를 특정 직원을 제외한 모든 민간 연방정부 직원에게 확대했다. 그 결과, 민간 연방정부 직원의 90% 이상이 18개의 정부 공무원 직급(GS-1~GS-18) 중 하나에 해당한다. 정부 공무원 직급 각각은 세부 등급으로 나뉘며, 그에 따라 공무원의 호봉이 정해져 있다.

직업 공무원 제도는 항상 비판을 받아왔다. 오늘날 비판자들은 공무원 제도가 "고용, 해임, 승진, 경력 이동에 있어서 극단

출처: AP Photo/Pool Image/Greg Nash

미국 알레르기 및 전염병 연구소 소장이자 대통령의 수석 의료 고문인 앤서니 파우치 박사가 상원의 위원회에 출석하여 증언하고 있다. 파우치 소장은 특히 랜드 폴 상원의원(공화당, 켄터키) 등 공화당의 비판이 자신의 가족을 위협했다고 주장하며 화를 냈다. 보통은 차분히 조용하게 진행되는 청문회가 폭발할 수 있다.

적인 절차적 형식주의와 심지어 경직성을 특징으로 한다"고 주장한다.[5] 1990년
대에 클린턴-고어의 '정부 재창조' 계획과 2000년대 초반 부시 행정부의 '관리 의
제'는 공식적인 공무원 제도에 대한 선택 대안을 제공하고, 국토 안보 및 방위 분
야에서 일하는 사람과 같은 민감한 분야의 직원을 공무원 제도의 제약 및 보호로
부터 제외하고자 했다. 오늘날 연방 직원의 약 절반만이 공무원 제도의 적용을 받
고 있다.

　오늘날의 분석가들은 관료제가 약속과 동시에 위협을 제기한다고 보았다. 약
속은 효율성, 질서, 공정성을 가진 공공 서비스에 관한 것이다. 위협은 정치적 윗
사람들이 통제하기에는 관료제가 너무 강력하고 민원인의 의견을 경청하기에는
너무 고집스럽다는 것이다. 19세기 초 프랑스 소설가 발자크(Honore de Balzac)
는 관료제를 "피그미족이 휘두르는 거대한 권력"으로 묘사했다.[6] 발자크보다 더
존경받는 인물이며 현대 관료제의 아버지로 알려진 독일의 위대한 사회학자 베버
(Max Weber)는 20세기 초에 이렇게 경고했다. "완전히 발전된 관료제의 권력 위
상은 언제나 월등하다. 정치적인 주인은 자신이 전문가와 대척점에 있는 아마추
어 평론가의 위치에 있음을 발견하며, 행정부의 관리 안에 있는 훈련된 관료들과
마주한다."[7] 베버 이후로, 민주사회에서 관료제의 위치에 관한 중요한 질문 중 하
나는 어떻게 효율성과 공정성을 정치적 반응성과 책임성과 균형을 맞출 것인가
하는 것이었다.

미국 관료제의 성장

연방정부의 공무원 수는 19세기 대부분 동안 서서히 증가했다. 1830년경까지
1만 명, 1880년까지는 10만 명, 1940년까지는 100만 명을 돌파하지 못했다.
1960년대 후반에는 300만 명에 이르렀고, 1990년대 초반까지 그 숫자가 유지
되었다. 1990년대에는 민간 경제에서
2,000만 개 이상의 일자리가 창출되었
음에도 불구하고 실제로 연방정부의 정
규직 인력은 270만 명으로 감소했다.
9·11 사건 이후 약간 증가하여 연방 공
무원 수는 현재 280만 명에 달한다.[8]

　그럼에도 불구하고 이 놀라운 숫자는
어느 정도 가감하여 받아들여야 한다. 비
록 연방정부 정규직 고용은 반세기 전보
다 낮은 수준이지만, 연방정부의 계약직
노동자의 고용은 특히 2000년 이후 급격

출처: AP Photo/Susan Walsh

확실히 연방 관료제의 상징적 존재 중 하나는 국세청이다. 소득이 있는 모든 미
국인을 대상으로 세금을 징수하는 데 필요한 조직, 절차, 인력을 생각해 보자.

Q2 미국 정치사에서 연방 관료제의 규모와 역할은 어떻게 변화되어 왔는가?

히 증가했다. 뉴욕 대학의 라이트(Paul C. Light)는 셀 수 없이 많은 계약직 비밀부대를 '약간의 손'이라고 부르며, "연이은 행정부들이 연방 인력 감축을 자랑할 수 있도록 한다"라고 주장했다. 놀랍게도 라이트는 670만 명의 직원들이 연방 계약 및 보조금을 통해 '비공식적으로' 연방정부에서 일한다고 추정한다.[9]

초기 설립

초대 의회에서는 국무부, 재무부, 전쟁부 등 연방정부의 세 부서만 창설되었으며 각 부처의 책임자는 장관이었다. 법무장관은 미국 최고의 법무당당관이자 대통령 내각의 일원이었다. 세 개의 부서, 법무장관, 우체국은 외교, 통화 및 금융, 국방, 사법, 우편물 배달 등 중앙정부 차원에서 정부가 제공하는 기본 서비스를 담당했다. 워싱턴 대통령의 첫 번째 임기 첫해인 1790년에 약 2,000명을 연방 관료로 고용했는데, 이들 중 상당수는 우편 서비스를 담당했다.

미국의 서부 확장이 시작되었음에도 불구하고 연방 관료기구의 규모는 여전히 크지 않았다. 항구에서 세금을 징수하고, 토지 증서를 기록하고, 우편물을 배달하는 등 대부분 업무가 일상적인 일에 국한되었다. 사실, 19세기 전반 가장 유명한 두 대통령, 토머스 제퍼슨과 앤드류 잭슨은 명백히 관료제에 반대하였다.[10]

제퍼슨 대통령은 정부 규모를 축소했고, 잭슨 대통령은 정부 일자리를 선거에서 승리한 정당의 '전리품'으로 삼았다. 잭슨은 "모든 공직자의 임무는 너무 쉽고 단순해서 지성인이면 누구나 쉽게 업무를 수행할 수 있다"고 말했다. 잭슨은 관료제를 미국의 거칠고 뒤죽박죽인 정당정치의 일부로 만들었다.

경제활동의 촉진자로서 정부

1861년 링컨(Abraham Lincoln)이 대통령이 되었을 때 연방정부 관료의 수는 3만 6,000명이 조금 넘었다. 링컨은 국가 정부 정책과 권력이 경제가 성장과 기회를 창출하도록 돕는 데 중앙정부의 정책과 권한을 사용해야 한다고 믿었다. 링컨의 공화당은 서부로 빠르게 뻗어 나가려는 철도에 대한 관대한 토지 보조금 지급, 산업 발전의 촉진을 위한 관세 및 보조금 제공, 중서부 지역의 주민정착을 가속화하기 위한 저렴한 토지 제공, 농업 과학 및 교육 개선을 위한 토지 공여 대학의 설립 등에 찬성했다. 남북전쟁이 한창 심각한 상황 속에서도 의회는 1862년에 농무부를 창설했다. 링컨 대통령은 이를 '국민의 부(the people's department)'라고 불렀다.[11]

19세기 중반 공화당의 국내정책의 배경에는 경제발전을 촉진해야 한다는 생각이 있었다. 따라서 관료제가 성장하여 세기말에는 25만 명 이상이 되었지만, 여전히 관료의 임무는 주로 농부, 철도업자, 산업가들에게 지방의 토지, 특히 서부의 정착 주민이 없는 토지를 분배하는 일이었다. 그러나 19세기 마지막 10년 동안 상업과 산업이 호황을 기록하면서 미국 역사상 처음으로 전국적 기업, 트러스트(기업합동), 독점이 등장했다. 정부가 어떤 식으로 대응해야 하는지, 아니면 대응 자체를 하지 말아야 하는지가 그 시대의 근본적인 정치적 문제였다.[12]

경제활동의 규제자로서 정부

산업화의 문제가 더욱 분명해지고 심각해지면서 정부 규제를 요구하는 목소리도 커졌다. 은행, 철도, 철강, 석유는 물론 설탕, 밀가루, 식용유와 같은 생필품에 대한 전국적 트러스트와 독점은 이에 반격할 힘이 없음을 느끼는 소비자들을 불안에 떨게 했다. 이들 새로운 거대 기업들의 부와 권력은 정부에게 그들을 다룰 수 있는 새로운 수단을 개발할 것을 요구하는 것처럼 보였다. 정부는 새로운 책임을 떠맡게 되면서 더 많은 전문지식과 기술 역량을 갖춘 보다 숙련된 인력이 필요했다. 따라서 앞서 언급한 바와 같이 1883년 「펜들턴법」에 의해 직업 공무원 제도가 처음으로 만들어졌다.

> **Q3** 미국의 경제성장을 촉진하기 위해 정부는 무엇을 해야 하는가?

더욱이 19세기 후반에 의회는 새로운 유형의 관료기구에 몰두했다. 1887년에 철도를 규제할 목적으로 설립된 **주간통상위원회(ICC)**는 '공정한' 그리고 '합리적인' 운임을 개발, 실행, 판정할 수 있는 광범한 권한을 부여받았다. ICC를 창설하면서 의회는 권력분립이라는 개념을 무시했다. 그 대신 의회는 관련된 기업의 범위와 운영의 복잡성으로 인해 전문가가 정책을 수립하고, 이를 집행하고, 위반을 처벌해야 한다고 판단했다.

> **주간통상위원회(ICC: Interstate Commerce Commission)** 공정하고 합리적인 운임을 개발, 시행, 판정하기 위해 1887년에 설립된 최초의 독립 규제위원회이다.

독립 규제위원회는 20세기 동안 미국 연방정부의 산하기관이 되었다. 예를 들어, 의회는 통화공급을 규제하고 미국의 은행을 감독하는 역할을 맡은 연방준비제도이사회(Federal Reserve Board)와 소비자에게 제공되는 제품의 품질과 안전을 감시하는 소비자제품안전위원회(Consumer Product Safety Commission)를 설립했다. 12개의 각기 다른 정책 분야에서 초당적 전문지식을 복잡한 문제에 적용하면 국가에 가장 큰 도움이 될 것으로 생각했다.

부와 기회의 분배자로서 정부

미국인들은 20세기 전반까지 경제력의 대규모 집중을 억제하기 위해 정부가 필요할지 모르지만, 여전히 개인의 사회적 지위는 경쟁을 통해 결정되어야 한다고 믿었다. 1930년대의 대공황은 이와 관련하여 많은 사람의 생각을 바꾸어 놓았다. 대공황이 한창이던 1932년, 1933년, 1934년에는 성인 노동자의 3분의 1이 실업 상태이거나 극도로 불완전한 고용 상태에 처해 있었다. 수천 개의 은행이 파산했고, 수만 명의 기업이 도산했으며, 수십만 채의 주택이 압류당했고, 수백만 개의 일자리가 사라졌다 (도표 11.1 참조).

미국 관료제의 두 번째 큰 폭의 급격한 성장은 1960년대 존슨(Lyndon

Johnson)의 위대한 사회(Great Society) 계획과 함께 진행되었다. 존슨 대통령의 이 사회프로그램은 미국의 중심 도시들 및 가장 불우한 시민들의 빈곤과 부패의 악순환을 끊기 위해 마련되었다. 메디케어와 메디케이드와 같은 프로그램이 도입되었고, 보건부, 교육부, 복지부가 빠르게 성장했으며, 주택도시개발부와 교통부 등 두 개의 새로운 부처가 만들어졌다. 이 기간에 연방정부의 관료제의 규모가 최대로 커졌지만, 도표 11.1에서 강조했듯이 주정부 및 지방정부에 대한 연방보조금으로 인해 지역에서 관료제는 훨씬 더 크게 발전하였다.[13]

1980년 로널드 레이건의 대선 승리는 연방 관료제의 운명에 큰 변화를 가져왔다. 레이건 대통령은 관료제가 너무 비대해져서 경제·사회생활의 너무 많은 영역에 개입하고 있다고 생각했다. 레이건은 연방정부의 관료제가 '낭비, 사기, 남용'으로 가득 차 있으며 그 규모와 비용을 줄여야 한다고 주장했다. 민주당이 장악한 의회는 레이건 대통령의 계획에 동의하지 않았고, 대체로 레이건 대통령의 계획을 가로막았지만, 관료제의 성장은 둔화되었다.

빌 클린턴 대통령은 관료제에 대해 좀 더 긍정적인 견해를 갖고 있었지만, 그럼에도 불구하고 미국 관료제가 좀 더 작고, 좀 더 효율적으로 바꾸어야 한다고 생각했다. 클린턴은 연방정부 관료제를 개혁하고 줄이는 데 성공했다. 37만 7,000개 이상의 연방정부 일자리를 줄이고 구매에서 인사에 이르기까지 모든 시스템과 절차를 좀 더 능률적으로 만들었다. 9·11 테러사건 발생 전까지 부시 행정부는 관료제의 관리와 정보 시스템을 개선하는 데 관심을 기울일 것을 지시했다. 그 후 제2차 세계대전 이후 가장 큰 조직 개편이라고 할 수 있는 국내 안보 관료집단인 국토안보부 설립에 착수했다.

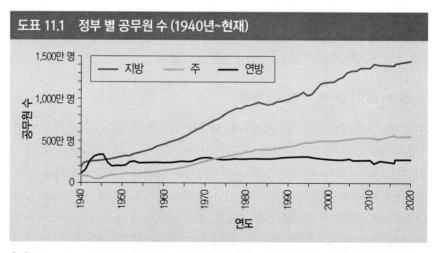

도표 11.1   정부 별 공무원 수 (1940년~현재)

출처: Annual issues of the *Statistical Abstract of the United States*, U.S. Department of Commerce, Bureau of the Census. 2022 edition, Table 511, Government Employment and Payrolls by Level of Government, 1982 to 2022.

15개 부유한 국가의 총고용 대비 일반적인 정부 고용 비율

미국인들은 정부 규모에 대해 걱정하는 데 많은 시간을 소모한다. 아래 데이터는 미국의 정부 고용이 대부분의 다른 부유한 국가보다 작은 편이고, 최근 수십 년 동안 증가하지 않고 있으며, 실제로 약간 감소하였음을 보여 준다. 이 데이터를 자세히 살펴보면 몇 가지 흥미로운 점이 발견된다. 대략적으로 말해서, 정부 규모와 관련하여 스칸디나비아식, 유럽식, 영미식 접근 방식이 존재한다.

변동추세를 살펴보면, 대부분 국가에서 공공고용의 증가는 대부분 1990년 이전에 이루어졌으며, 그 이후 안정되었고, 대부분 경우에 감소했다. 스웨덴, 노르웨이, 덴마크, 핀란드의 공공고용은 1990년 이후 약간 감소했지만, 여전히 높은 수준을 유지하고 있다. 포르투갈과 스페인의 경우, 유럽연합 가입과 급속한 경제성장으로 이웃 국가들과 어깨를 나란히 하게 되었다. 프랑스,

이탈리아를 포함한 유럽국가 대부분은 1990년 이후 안정되거나 천천히 하락 추세에 접어들었다. 미국, 캐나다, 일본은 대부분의 유럽국가보다 낮은 수준에서 시작하여 거기에서부터 하락하였다. 독일, 이탈리아, 영국을 포함한 여러 유럽국가는 1985년까지 성장한 후 정부 성장을 극적으로 억제하여 1980년 수준보다 훨씬 밑도는 수준에 머물고 있다.

이러한 양상에 대한 설명으로는 두 개가 가장 유명하다. 첫째는 정치리더십이다. 마가렛 대처(영국, 1979~1990년), 로널드 레이건(미국, 1981~1989년), 헬무트 콜(독일, 1982~1998년) 등 보수적 지도자들이 집권하여 정부 규모 축소와 더욱 경쟁적인 시장경제를 강조했다. 두 번째 요인은 세계화이다. 세계화는 모든 나라의 기업들로 하여금 다른 모든 나라의 기업들과 경쟁하도록 만든다. 대규모 공공 관료제를 뒷받침하는 데 필요한 높은 세금은 기업 및 기업가 정신의 희생을 의미하며, 그로 인해 다른 나라의 기업에 비해 경쟁력이 떨어질 수 있다.

	1980	1990	2000	2009	가장 최근
스웨덴	35%	36%	33%	29%	29%
노르웨이	28%	33%	34%	29%	31%
덴마크	32%	32%	33%	29%	28%
핀란드	23%	27%	29%	25%	24%
프랑스	23%	25%	24%	22%	21%
캐나다	23%	25%	24%	19%	20%
벨기에	23%	24%	22%	19%	18%
영국	30%	25%	21%	20%	16%
아일랜드	21%	20%	16%	16%	15%
이탈리아	20%	22%	21%	14%	13%
포르투갈	15%	19%	24%	15%	14%
스페인	12%	16%	17%	15%	16%
미국	**18%**	**17%**	**16%**	**17%**	**15%**
독일	16%	16%	13%	11%	11%
일본	12%	11%	10%	6%	6%

출처: OECD, Government at a Glance, 2017. 전체 고용에서 정부 고용이 차지하는 비율.

직업 관료는 누구인가?

직업 관료는 정부의 정규 직원이다. 정해진 임기에 따라 선출되거나 임명된 공직자들과 달리 관료는 종종 공무원이라는 직업에 취직한다. 오늘날 미국 취업 시장에 나선 대학생들은 취업한 성인 6명 중 거의 1명이 정부에서 일한다는 사실을 깨닫곤 한다. 연방정부는 총 410만 명의 인력을 고용하고 있는데, 약 280만 명이 일반 공무원이고 130만 명이 군인이다. 추가로 주정부는 550만 명을, 지방정부는 1,430만 명을 고용하고 있다. 이러한 정부 직원들은 바다 청소부터 국립공원 관리, 암 연구까지 우리가 상상할 수 있는 거의 모든 종류의 일을 담당한다. 따라서 관료제는, 특히 연방 차원에서 관료집단의 구성은 자신이 일하는 사회를 점점 더 정확하게 반영하고 있다. 연방정부 관료집단에서 흑인, 히스패닉계, 여성 등이 차지하는 비율은 제2차 세계대전 이후 거의 두 배로 증가했다 (표 11.1 참조).

연방정부 관료제의 구조

오늘날의 연방정부 관료제는 규모가 크고 복잡하다. 가장 중요한 구성 요소는 15개의 내각 부처로, 각 부처는 대통령이 지명하고 상원의 승인을 받은 장관이 지휘한다 (표 11.2 참조). 부처 외에도 수십 개의 규제위원회와 규제기관, 말 그대로 수백 개의 국영기업, 연구소, 자문회의 및 자문위원회가 있다.

표 11.1 연방 관료제의 인구통계학적 특성			
	흑인 비율	히스패닉 비율	여성 비율
1950	9.3		24.0
1960	11.7	·	25.0
1970	15.0	3.3	27.0
1980	15.5	4.1	35.1
1990	16.6	5.3	42.7
2000	17.9	6.6	45.0
2010	17.9	7.8	43.0
2020	18.1	9.3	44.1

출처: Office of Personnel Management, *The Fact Book, 2008* (Washington, D.C.: U.S. Government Printing Office, 2010), 10–11. Statistical Abstract of the United States, 2022, "Federal Employees – Summary Characteristics, 1990–2020," Table 536.

부서	설립 연도	직원 수
표 11.2 미국 연방정부의 내각 부처		
초기 부서		
국무부	1789	25,400
재무부	1789	103,500
전쟁부 (1947년 국방부로 명칭 변경)	1789	786,000
법무장관 (1870년 법무부 설립)	1789	117,900
고객 부서		
내무부	1849	67,000
농무부	1862	91,500
상무부	1903	43,000
노동부	1903	17,000
보훈부	1989	425,500
서비스 부서		
보건교육복지부 (1979년 보건복지부로 명칭 변경)	1953	82,900
주택도시개발부	1965	8,800
교통부	1966	54,700
에너지부	1977	16,000
교육부	1979	4,200
국토안보부	2003	198,400

출처: Budget of the United States Government: Analytical Perspectives, Fiscal Year 2022 (Washington, D.C.: U.S. Government Printing Office, 2022), Table 5.1, 43. 직원 수는 모두 2022년 기준이다.

내각 부처

연방정부의 부처는 크게 세 가지 유형으로 이루어져 있으며 세 차례의 대대적인 물결 속에 설립되었다. 앞서 언급했듯이 초기 연방기관은 법무장관과 정부의 기본 업무를 담당하는 세 개의 부처로 구성되었다. 특정 피후견 집단의 요구를 충족시키는 일을 주로 담당하는 부처들이 두 번째 물결을 이루며 19세기 중반에서 20세기 초 사이에 추가로 설립되었다. 일반 사회복지 부처의 세 번째 물결은 제2차 세계대전 이후 주로 1960년대와 1970년대에 추가로 설립되었다. 국토안보부는 2003년에 설립되었다.

　연방정부의 부처가 대부분의 연방 인력을 고용하고 있으며, 대부분의 연방정부 프로그램을 관리하고 있다. 그들은 외교 관계를 다루고, 국방을 감독하고, 연방 공원과 산림을 관리하고, 복지, 도시 재개발, 교통 프로그램을 시행한다. 일반적으로 이들은 고전적인 관료제 방식으로 구성된 대규모 조직이다. 이들은 장관으로부터 국장과 그 밑의 실무담당자에 이르기까지 단선적 명령계통을 가진 다층적, 계층적 조직이다 (도표 11.2 참조).

예를 들어, 농무부는 바이든의 첫 번째 임기인 2021~2025년 동안 빌색(Tom Vilsack) 장관이 이끌었다. 내각의 장관은 대통령이 임명하여 상원의 인준을 받는다. 내각의 장관들은 2022년 기준으로 22만 6,300달러를 받았다. 일반적으로 부장관은 부처의 일상적인 관리자(20만 3,700달러)이다. 6개의 참모실은 재무, 법률, 통신, 기타 서비스를 장관에게 제공한다. 각 부처의 주요 실질적인 프로그램을 담당하는 부서는 각각의 차관(18만 7,300달러)이 책임진다. 차관은 그 부처의 수혜자에게 혜택과 서비스를 제공하는 관련 프로그램을 관리한다. 국(bureau) 또는 사업(service)이 연방정부의 기본 조직 단위이다.

규제위원회 및 규제기관

역사적으로 독립 규제위원회는 전문지식에 바탕하여 기술 정책 분야를 담당해왔으며, 당파 정치의 영향으로부터 어느 정도 자유롭다. 현재 12개의 독립 규제위원회가 있다 (표 11.3 참조). 그 중 대표적인 기관으로는 증권거래위원회(SEC), 연방준비제도(Fed), 소비자제품안전위원회(CPSC), 연방거래위원회(FTC), 연방통신위원회(FCC) 등이 있다. **규제위원회**는 한 명의 최고책임자가 아니라 이사회가 주도한다. 이사회는 초당파적이어야 하며 비교적 임기가 길고 중복될 수 있다. 위원은 '비효율, 직무태만, 불법행위' 등의 이유로만 해임이 가능하다.

규제위원회(regulatory commissions)
초당파적 이사회가 이끄는 위원회는 담당 분야의 정책을 개발, 실행, 판결하는 일을 수행한다.

도표 11.2 농무부의 관료구조

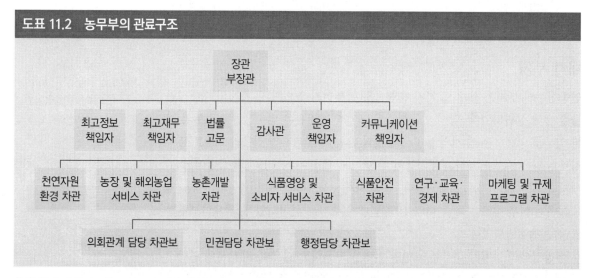

출처: United States Department of Agriculture. www.usda.gov/img/content/org_chart_enlarged.jpg.

표 11.3 주요 연방 규제위원회의 인원, 임기, 정당 간 균형

기관	인원	임기	정당 간 균형
소비자제품안전위원회	5	7	같은 정당 출신 3명 이상 금지
연방통신위원회	5	5	같은 정당 출신 3명 이상 금지
연방선거관리위원회	6	6	같은 정당 출신 3명 이상 금지
연방에너지규제위원회	5	4	같은 정당 출신 3명 이상 금지
연방해사위원회	5	5	같은 정당 출신 3명 이상 금지
연방준비위원회	7	14	정당에 대한 제한 없음
연방공정거래위원회	5	7	같은 정당 출신 3명 이상 금지
국가노사관계위원회	5	5	정당에 대한 제한 없음
국가조정위원회	3	3	같은 정당 출신 2명 이상 금지
연방교통안전위원회	5	5	같은 정당 출신 3명 이상 금지
원자력규제위원회	5	5	같은 정당 출신 3명 이상 금지
증권거래위원회	5	5	같은 정당 출신 3명 이상 금지

출처: Robert E. DiClerico, *The American President*, 4th ed. (Englewood Cliffs, NJ: Prentice-Hall, 1995), 168. Revised and updated by the author.

규제위원회는 우리 국가 생활의 중요한 부분을 감시, 감독한다. 예를 들어, 연준은 꾸준히 경제성장이 지속되도록 은행 시스템을 감시하고 금융시장과 신용시장을 관리한다. 연방통신위원회(Federal Communications Commission)는 미국 전역의 전파를 규제하고, 소비자제품안전위원회(Consumer Product Safety Commission)는 우리가 매일 사용하는 많은 제품을 시험하고 승인한다.

2020년 '미국 정부매뉴얼'에는 46개 이상의 주요 청, 위원회, 연구원이 나열되어 있다. 여기에는 환경보호청(EPA), 미국 교통안전위원회(NTSB), 미국 국립보건원(NIH)과 같은 친숙한 이름이 포함되어 있다. 여러분은 기름 유출과 같은 환경 위험이 발생할 때마다 EPA에 대해 들으며, 비행기 추락 사고 후 NTSB에 대해 듣고, 보건 위기 시 NIH에 대해 듣게 된다. 이러한 기관들은 다양한 의도로 설립되었고 정치적인 기관이기보다는 기술적인 기관이기 때문에 독립적인 규제위원회에는 일반적으

출처: NYSB via AP Photo

여러분은 재난이 닥쳤을 때 미국 교통안전위원회(NTSB)와 같은 일부 연방정부기관에 대해 듣게 된다. 이 사진에서는 NTSB 조사관들이 호놀룰루에서 이륙한 직후 추락한 트랜스에어 항공기를 조사하기 위해 비행기 동체를 회수하고 있다.

로 명시적인 여야 균형은 없다.

정부기업, 회의, 위원회

의회는 전문적인 업무를 추구하고 특정 유권자로부터 조언을 구하기 위한 기관도 설립했다. 예를 들어 미국 우체국, 테네시강 유역개발 공사, AMTRAK(전국 철도 여객 공사) 등 일부 정부기업은 주요 사업을 조직하고 관리했다. 반면, 특정 집단이 정부에 접근하는 통로인 약 1,000개의 각종 소규모 자문회의(boards)와 자문위원회(committees, commissions)가 있으며 위원의 수는 최대 6만 명에 달한다. 이러한 자문회의와 자문위원회 중 다수는 거의 회의를 열지 않고 실제로 권한을 행사하지는 않지만, 정부와 소통할 수 있는 창구이며 끈질기게 보호된다.

Q4 연방정부의 관료집단이 대규모 기업의 관료주의적인 사람들보다 대부분 덜 유연하고, 덜 역동적이며, 덜 혁신적인 이유는 무엇인가?

엽관제(spoils system)
1830년에서 1880년 사이에 두드러졌던 후견제. 강력한 정당들이 의회와 대통령직을 장악하기 위해 싸우고, 선거에 승리한 정당이 상으로 관료제와 공무원 자리를 차지했다.

정책 시행과 함정

19세기 **엽관제**에서는 강력한 정당들이 의회와 대통령직을 장악하기 위해 싸우고, 선거에 승리한 승자가 상으로 공직을 차지했다. 관료제의 통제는 일자리와 계약을 지지자들에게 나눠주고 반대자들에게는 주지 않도록 허용했다. 1880년대 후반부터 1915년경까지 포퓰리즘과 진보적 시대에 개혁자들은 이권 추구의 후견제를 초당파적 능력 중심의 직업 공무원제로 대체하려고 노력했다.

　개혁자들은 정책 입안은 갈등, 협상, 타협의 과정을 거쳐 법과 정책을 수립하려는 선출된 공직자들 간의 싸움이라고 주장했다. 반면에 정책 시행은 정치인이 설정한 목표를 달성하기 위한 수단을 초당파적이고 전문적이며 거의 과학적으로 선택하고 적용하는 것이어야 한다. 진보주의자들은 정치인들이 정책을 수립하고, 비당파적 공무원들이 이를 공정하고 효율적으로 시행해야 한다고 믿었다.

　그러나 정치와 행정이 다르다는 것이 분명해 보여도 실제로 이를 구분하기는 매우 어렵다.[14] 정책 결정 과정에서 타협을 강요받은 정치인들은 종종 그들의 원래 목표와 이익을 최대한 확보하는 방향으로 정책 시행을 구체화하기 위해 고군분투한다. 따라서 거의 영구적으로 관료들은 정치적 밀고 당기기가 행정을 혼란스럽게 만드는 극도로 긴장이 고조된 당파적 환경에서 일한다.

정책 시행 과정

의회와 대통령은 법률을 제정하고 정책을 수립할 뿐만 아니라 관료들이 그것을 시행하는 광범위한 절차를 정립한다. 1946년 「**행정절차법(APA)**」은 관료적 의사결정의 성격과 절차를 규정하려는 의회의 가장 중요하면서도 유일한 시도이다. APA는 관료적 규칙 제정 및 행정심판의 합리성과 공정성을 위한 절차와 표준을 요구했다. APA는 관료적 결정이 내려지는 절차를 규정하고 관료들이 해당 절차

「행정절차법(APA: Administrative Procedures Act)」
1946년에 통과된 APA는 관료적 의사결정의 성격과 과정을 규정하려는 의회의 가장 중요한 유일무이한 시도로 남아 있다.

를 준수하는 한 정치적 압력으로부터 보호해준다.[15]

시행규칙 제정.　의회는 정부 프로그램을 승인하는 법률을 통과시킨다. 그런 다음 관료는 프로그램이 어떻게 관리될 것인지를 규정한 구체적인 시행규칙을 만든다 (도표 11.3 참조).[16] **시행규칙 제정** 과정에서 해당 프로그램의 서비스 및 혜택 대상자의 자격 기준을 정한다. 예를 들어, 의회는 특정 소득 수준 이하의 시민이 무상 식료품 지원(food stamps)을 받을 수 있도록 법률을 제정했다. 무엇이 소득으로 간주되어야 하는지, 무엇이 제외되어야 하는지, 그 이유는 무엇인지 명시한 시행규칙을 반드시 제정해야 한다. 잘 만들어진 시행규칙은 기관이 책임을 질 수 있는 균일하고 예측 가능한 결과를 만들어낸다. 관료는 개인적인 판단에 의지하기보다는 그저 시행규칙이나 규정을 적용하기만 하면 된다.

　시행규칙의 제정 과정에서 관료는 충족해야 할 요구 사항을 명확하게 생각하고, 영향을 받을 수 있는 모든 집단과 이해관계를 고려한 다음, 공정하면서도 가장 적합한 조건에서 최상의 결과를 얻을 수 있는 시행규칙을 만들 것이 권장된다. 그럼에도 불구하고, 일부 관료적 결정은 시행규칙의 단순한 적용에 머물지 않는다. 그러므로, APA가 발효된 지 불과 1년 만에 대법원은 'S.E.C 대 체너리' 사건 (1947년)에서, "일반 규칙에 따라 처리하거나 개별 임시 소송을 통한 처리 사이의 선택은 주로 행정기관의 정보에 입각한 재량에 달려있다"라고 판결했다.

시행규칙 제정(rule making)
개인, 사건, 활동의 종류에 균일하게 적용되는 규칙 또는 표준을 정하는 절차.

도표 11.3　연방관보와 관료적 시행규칙 제정의 증가

행정부 활동에 대한 공식 공보인 연방관보(Federal Register)에 매년 출판되는 페이지 수. 2020년에 연방관보는 총 8만 7,351페이지를 출판했다.

■ 민주당 대통령　　■ 공화당 대통령

출처: Congressional Research Service, "Counting Regulations: An Overview of Rulemaking, Types of Federal Regulations, and Pages in the Federal Register."

행정심판(administrative adjudication)
일반적인 규칙이 아닌 구체적인 사실에 기반하여 복잡한 문제를 해결할 수 있도록 고안된 절차.

행정심판. 행정심판은 기관에 앞서 당사자 간 분쟁 또는 개인과 기관 간의 분쟁을 사건별로 해결하는 것이다. APA는 행정심판을 준사법적 절차로 확립했다. 행정법원 판사는 청문회를 개최하여 선서를 받고, 증언을 듣고, 증거와 정보를 채택하거나 제외하고, 기관 규칙 및 규정에 관해 구속력 있는 심판을 내린다. 이러한 엄격한 절차는 관료적 결정의 대상이 되는 사람들이 공정하고 공평한 청문회를 받을 수 있도록 보장하기 위한 것이다.

　행정심판은 상상하는 것보다 훨씬 더 빈번하게 이뤄지고 있다. 2021년에 행정법원 판사는 메디케어 서비스에 관한 분쟁만 10만 2,670건을 심리했다. 각 사건에서 청구인은 서비스 제외에 대해 이의를 제기했고, 판사는 메디케어 법률 및 규칙에 따라 서비스 제외가 합법적이었는지 여부를 결정해야 했다. 사회보장 장애 청구 건수는 훨씬 더 많아 연간 평균 50만 건에 이른다. 메디케어 청구인과 사회보장 장애 청구인 모두 이러한 분쟁의 절반 정도를 이겼다.[17]

정책 설계 및 시행의 한계

시행(Implementation)
프로그램이나 정책이 실제로 현실 세계에서 매일 작동하도록 만드는 과정.

시행은 프로그램이 현실 세계에서 실제로 작동하도록 만드는 과정을 의미한다. 대부분의 프로그램은 효율적인 시행을 어렵게 하는 방식으로 설계된다. 첫째, 연방 부처와 기관, 국은 다양한 목표를 갖고 있고 때로는 상반된 목표를 갖고 있다. 둘째, 국방이나 아동복지와 같은 일부 업무에 대한 책임은 관료제를 통해 무척 광범위하게 분산되어 있어 결과가 어떻든 그 책임이 누구에게 있는지 책임 소재를 정하는 것이 거의 불가능하다. 셋째, 성공의 측정은 종종 논란의 대상이 된다. 마지막으로, 연방 차원에서 감시 감독하는 프로그램의 실제 시행 대부분은 주 차원 및 지방 차원에서 종종 정부 직원이 아닌 계약자에 의해 이루어지며, 그러므로 면밀하게 감시하기가 어렵다.

정치와 프로그램 요구 사항. 공공정책 결정자는 기업이나 산업계의 정책결정자들보다 더 자주 여러 목표를 다루거나 여러 가치를 동시에 제공할 것이 요구된다. 프로그램의 주요 목표가 국방을 증진하고, 읽기를 준비하는 취학 전 아동을 지원하거나, 전국 고속도로를 보수 유지하는 것일 수도 있다. 그러나 각각의 경우에는 여러 가지 부차적 또는 상황에 따른 요구 사항이 포함된다. 예를 들면, 요구 사항은 계약이 최저 입찰자에게 돌아가고, 소수인종과 여성에게 공정한 몫이 돌아가도록 할 것을 명시할 수 있다. 때때로 이러한 요구 사항들은 서로 충돌한다.[18]

　정치학자 윌슨(James Q. Wilson)은 공공정책 결정에 널리 퍼져 있는 부차적인 목표와 정치적 제약이 관리자들로 하여금 효율성과 결과보다는 형평성과 과정에 더 중점을 두도록 부추긴다고 주장했다.[19] 따라서 공공 부문 관리자들은 규칙과 절차 뒤에 숨어서 혁신을 택하기보다는 위험을 회피하는 경향이 있다.

불명확하고 모순적인 목표.　일부 기관들은 일관성이 없거나 심지어 모순적인 업무를 담당한다.[20] 식품의약청(FDA)은 의약품이 시장에 출시되기 전에 안전한지 확인할 책임과 아울러 생명을 구하는 의약품을 가능한 한 빨리 제공할 책임이 있다.[21] 학교는 배고픈 아이들에게 먹을 것을 주고, 아동 학대가 의심되는 경우 신고하고, 방과 전후에 보육 서비스를 제공하고, 시간이 허락되면 읽기와 산수를 가르칠 책임이 있다. 경찰관은 동네 아이들의 친구이자 가장 폭력적인 범죄자와 맞서 싸울 책임이 있다. 국경 순찰대원은 사람들이나 상업 활동의 흐름을 방해하지 않으면서 아울러 불법 이민자와 마약 밀수업자를 차단할 책임이 있다.

파편화 및 잘못된 조정.　연방정부의 프로그램을 만들고, 감시하고, 시행하는 책임이 널리 분산되어 있다. 의회와 관료집단 모두, 프로그램에 관심이 있는 사람 중 프로그램에 영향을 미치지 않으려는 사람은 아무도 없다. 예를 들어, 하원과 상원의 36개 위원회와 소위원회가 다양한 국방 프로그램에 대한 감시 감독에 관여하고 있고, 108개의 위원회와 소위원회가 국토안보부를 일정 부분 감시 감독하고 있다.[22]

부정확한 성공의 측정.　정부가 하는 일의 대부분은 최상의 상황에서 평가하기 어렵다. 예를 들어, 소련의 붕괴는 내부 부패로 인한 것인가, 아니면 레이건의 군비 증강에 따른 압력으로 인한 것인가? 국가가 해외원조, 헤드 스타트(Head Start),* 혹은 신앙 기반 사회서비스 전달을 통해 얻는 혜택은 정확히 무엇인가?

* 역자주
저소득층 아동을 위한 교육 지원 프로그램.

대리인 관리.　마지막으로, 연방정부는 실제로 프로그램을 관리하고 개별 시민에게 서비스를 제공하기보다는 규칙을 수립하고 자원을 제공하는 경우가 많다. 많은 연방 프로그램은 계약자에 의해 또는 주 차원 및 지방 차원의 서비스 제공자에 의해 관리된다. 학자들은 이를 '대리 행정(proxy administration)'이라고 설명한다. 앨라배마주 버밍햄의 지역 관리자와 워싱턴주 벨링햄의 지역 관리자가 똑같은 일을 매우 다른 방식으로 처리할 것을 결정하기 때문에 대리 행정은 종종 일관성과 조정에 심각한 문제를 발생시킨다.[23]

관료적 자율성과 책임성

20세기에 걸쳐, 일부 관점에서 볼 때 매우 똑똑하게도, 의회는 갈수록 늘어나고 복잡해지는 의회 앞에 놓인 문제들에 대응하기 위해 인상적인 새로운 전문지식을 가진 새로운 관료제를 창설하고 관료에게 주요 문제를 정의하고 해결할 책임을 위임하였다. 의회는 또한 과도한 정치적 조정으로부터, 즉 주로 의회 의원, 대통령과 그의 보좌관 등 정치인의 과도한 영향력으로부터 관료제를 보호하려고 노력했다.

Q5 대통령, 의회, 법원은 어떻게 관료집단을 통제하는가?

찬성과 반대

학자금 대출 이자율의 결정을 시장에 맡겨야 하는가?

관료에 의한 시행규칙 제정은 학생들이 두려워하는 주제이자 이목을 끄는 주제 중 하나이다. 하지만 다음을 보자. 최근에 의회와 교육부가 연방 지원 자격을 결정하는 공식을 변경했기 때문에 여러분의 학비가 올랐다. 의회는 대학생 학비 지원에 관한 법률을 제정하지만, 교육부는 프로그램 시행을 위한 세부 시행규칙을 만든다. 일반 가정은 법과 규칙이 혼합된 것을 본다.

매년 교육 기관과 정부는 거의 2,400억 달러에 달하는 학비 지원을 제공한다. 학비 지원을 받을 자격은 '연방 요구 분석'이라는 하나의 복잡한 공식에 의해 결정된다. 저축, 재산, 소득, 지출을 포함한 한 가족의 개인 금융 정보는 이 공식을 통해 학비로 지출할 수 있는 가처분 소득의 규모를 결정한다. '요구'가 충족되지 않는 경우 지원자격이 생긴다.

학비 지원 방식을 둘러싼 마지막 큰 싸움은 거의 20년 전에 일어났다. 그 후 관련 법의 요구에 따라 교육부는 평균 소득, 지출, 대학 학비에 대한 최신 데이터를 사용하여 주기적으로 연방 요구 공식을 재조정해야만 했다. 2003년에 공식을 재조정하였으며, 그 결과 주로 경기 침체 때문에 수백만 명의 학생들이 학비 지원을 받을 수 있는 자격을 잃었다. 이러한 변화는 가족 소득에 따라 학생들에게 수백 달러에서 수천 달러에 이르는 비용을 부담시켰다 (2005년 평균은 1,749달러였다). 연방 요구 공식의 수정이 발표되었을 때, 암허스트대학의 학비 지원 담당자인 케이스(Joe Paul Case)는 언론에서 "연방 관보에 실리는 모호한 표의 하찮은 게재가 개인에게 심각한 결과를 초래한다"라고 말했다.

2006년 민주당이 의회에서 다수의석을 차지했을 때. 민주당은 대부분의 정부 지원 대출에 대한 이자율을 6.8%에서 그 절반인 3.4%로 낮추었고, 이 이자율은 2013년까지 그대로 유지되었다. 2013년에는 예산 압박으로 인해 당시 하원 다수당이었던 공화당은 오바마 대통령의 동의를 확보했고, 상원에서 민주당은 고정 금리에서 시장 금리로 전환을 주도했다. 2018~2019년 기준 학자금 대출 기본 스태포드 대출* 이자율은 5.05%였으며, 2020~2021년에는 2.75%로 하락했다가 2021~2022년에는 3.73%로 상승했다.[24] 이는 다른 미국 금리와 함께 계속해서 상승할 가능성이 높다.

하지만 관료들의 결정은 법적 구속력이 있지만 최종 결정은 아니다. 의회는 위원회를 통해 최고위직 관료들에게 질문에 답하도록 요구하는 입법 감독에 관여한다. 만약 감독 청문회에서 현행법이 시행되는 방식에 대해 심각한 의문이 제기되면, 의회는 법을 수정하거나 개정할 수 있다. 시행규칙은 현행법을 따르거나 집행하기 때문에 법이 바뀌면 시행규칙도 바뀌어야 한다. 그러므로 여기서 얻을 수 있는 교훈은 대통령이나 의원 같은 화려한 행위자들만 지켜보지 말아야 한다는 것이다. 관료들도 주시해라. 관료들이 하는 일은 중요하며 여러분에게 직접적인 영향을 미칠 수 있다.

여러분은 어떻게 생각하는가?

- 의회는 대학 진학을 촉진할 만큼 학자금 대출 이자율을 충분히 낮게 책정하고, 연방정부 기금과의 차이를 좁혀야 하나?
- 아니면 대부분의 다른 대출과 마찬가지로 학자금 대출 이자율을 시장이 결정하도록 내버려 두어야 하나?

***

* 역자 주

스태포드 대출(Stafford Loan)은 미국 연방 교육부에서 만들고 보장하는 학자금 대출이다. 고등교육의 발전에 기여한 버몬트 상원의원 스태포드(Robert Stafford)의 이름을 딴 스태포드 대출은 자격조건을 충족하는 학부, 대학원 학생에게 제공된다.

찬성	반대
이자 지불은 돈을 빌리는 비용이다.	비용을 통제하면 더 많은 학생의 이용이 용이해진다.
학자금 대출은 다른 대출의 비용을 쫓아가야 한다.	이용을 촉진하기 위해 학자금 대출 금리를 억제해야 한다.
시장에서는 지속적인 이자율 조정이 가능하다.	더 많은 학생의 이용을 보장하기 위해 대출 금리를 의회가 정해야 한다.

하지만, 또 다른 관점에서 보면, 관료제는 국민과 국민이 선출한 대표자에게 종속되어야 한다. 의회, 대통령, 법원은 인사관리, 회계 및 재정 관리, 정부 계약 및 조달, 재산 관리, 정보 접근에 대한 치밀한 통제를 통해 관료집단을 제약한다. 정치학자 더티크(Martha Derthick)는 "미국정부의 분산된 성격 및 다원적 성격은 본질적으로 관료제에 부담스러운 제도적 환경을 조성하여 관료를 정부 부처 간의 진행 중인 제도적 싸움의 앞잡이로 만든다"라고 주장한다.[25] 오늘날 관료적 자율성과 책임성 사이의 균형은 무엇일까?

관료적 자율성의 원천

관료적 자율성의 원천은 여러 가지이다. 내부 원천 및 외부 원천을 생각할 수 있다. 영향력의 내부 원천은 관료제의 본질에서 비롯되며, 영향력의 외부 원천은 더 넓은 정치공동체 및 사회와의 긴밀한 관계를 포함한다.

관료적 영향력의 첫 번째이자 가장 중요한 내부 원천은 전문성이다. 대통령에게는 상당히 가까운 개인 고문이 수십 명이 있다. 의회에는 의원과 위원회에 조언을 해주는 수천 명의 직원이 있다. 민간 관료는 280만 명의 남성과 여성으로 구성되어 있고, 그들 중 상당수는 고등교육을 받은 기술 전문가들로 배운 교육과 경험을 직접 활용하는 프로그램을 운영한다.

관료제에서 활용할 수 있는 전문지식은 관료제가 조직되는 방식에 의해 더욱 강화된다. 첫째, 경험은 역사, 사람, 성격, 선택 대안에 대한 지식을 가져다준다. 국무부는 1789년에, 농무부는 1862년에, 노동상무부는 1903년에 설립되었다. 오랫동안 이 기관들은 자신들의 일을 처리해 왔다. 각 부서 내에서 노동 분업과 전문화는 작업자와 관리자가 단 하나의 프로그램이나 업무에 집중하는 것을 의미

한다. 따라서 그들은 자신의 프로그램이나 업무에 대해, 즉 그것이 어떻게 작동하는지, 잘 되고 있는 것은 무엇인지, 어떻게 개선할 수 있는지에 대해 정부 안팎의 그 누구보다 더 많이 알게 된다. 흔히 말하듯이 정보가 힘이라면 관료제는 힘의 보고(寶庫)이다.[26]

마지막으로, 법원은 적어도 부분적으로 관료의 판단과 결정에 대한 끊임없는 이의 제기로부터 관료를 보호하기 위해 노력해 왔다. 심지어 이러한 이의 제기가 의회와 법원 자체에서 시작된 경우에도 그랬다. 1984년 '쉐브론 대 천연자원

출처: U.S. Forest Service via AP Photo

산불은 점점 더 심각한 문제가 되고 있다. 이 사진에서 미국 산림청은 미네소타주 북동부 지역에 소재한 슈피리어 국유림(Superior National Forest) 가장자리의 불길이 꺼진 불에 탄 삼림을 감시하고 있다. 산림 보존부터 백신 개발까지 연방 관료는 광범위한 정부 정책과 프로그램의 시행을 담당한다.

보호협회'라는 제목의 소송사건은 입법 의도에 대한 적절한 기관 해석의 법적 기준을 확립했다. 쉐브론 존중(Chevron deference) 법리는 법령어가 당면한 다툼을 해결하지 못하는 경우, 의회의 입법 의도에 대한 기관의 그럴듯한 해석이 우선할 것이라는 의견이었다. 두 번째 사건인 '아우어 대 로빈스' (1997년)는 기관들이 자신의 규칙과 규정을 해석하고 적용하는 데 있어 폭넓은 재량권을 갖고 있다고 판결하는 데 쉐브론 사건을 선례로 인용하였다. 쉐브론과 아우어의 존중은 오랫동안 '무책임한 관료'가 정부에서 너무 많은 권력을, 즉 선출된 국회의원과 대통령이 행사해야 하는 권력을 휘두른다고 믿는 보수주의자들의 골칫거리였다. 그럼에도 불구하고 2019년 대법원은 근소한 차이로 간신히 아우어를 지지했고, 그 배후에 쉐브론이 있다.[27]

유권자와의 긴밀한 관계는 권력, 독립성, 특권에 대한 심각한 도전에 대항하는 관료제의 가장 강력한 외부 방어선 중 하나이다. 오래전부터 학자들은 프로그램을 관리하는 관료들, 프로그램을 승인하고 재정을 지원하는 입법자들, 그것으로부터 혜택을 받는 유권자들 간의 강력한 유대 관계에 주목했다. 이러한 관계는 철의 삼각관계, 이슈 네트워크, 정책 커뮤니티, 정책옹호연합 등으로 다양하게 묘사된다.

관료제의 통제

삼권분립과 견제와 균형이라는 우리 헌정체제에서 관료는 다양한 곳으로부터 지시를 받는다.[28] 대통령은 자신이 보유한 임명 권한, 새로운 프로그램과 예산을 제안하는 권한, 구조조정 및 재조직하는 권한 등을 이용하여 관료에게 영향력을 행사한다. 입법부는 새로운 프로그램과 예산 지원을 승인 또는 거부하고, 공직 후보 지명자를 인준하고, 국정에 대한 감독과 조사에 나선다. 사법부는 법령 해석을 둘러싼 다툼을 해결하고 적법 절차 및 공정성을 감시하기 위해 개입한다. 이는 관료적 재량을 강력하게 제한하며, 일반적 인식과 달리 관료들이 자신의 여러 주인에게 좀 더 민감하게 반응하도록 만든다.[29]

행정부의 통제. 대통령은 세 가지 주요 원천에 기초하여 관료제를 통제한다. 이러한 통제의 원천들은 정부 내에서 조정력과 책임성을 강화해 줄 가능성이 있다. 첫째, 대통령은 자신이 보유한 임명 권한 및 해임 권한을 사용하여 충성스럽고 유능한 행정관료를 관료제의 최상층에 배치할 수 있다. 둘째, 대통령은 자신의 목적을 좀 더 잘 달성하기 위해 행정절차를 변경하고 기관과 부서를 개편할 수 있다. 셋째, 대통령은 인사, 프로그램, 예산에 대한 의사결정 권한을 인사혁신처(OPM), 관리예산처(OMB), 그리고 그의 다양한 정책협의회에 집중시킬 수 있다.[30]

대통령은 종종 상원의 인준을 받아야 하는 관료기구의 최고위직에서 일할 관료를 뽑는다. 이 관료들은 각 부서와 기관에서 대통령을 대표하는 역할을 한다. OMB의 강력한 지원, 정책협의회 및 기타 의사결정 집단에 참여, 백악관 고위 관료들과 개인적 회의와 소통 등 다양한 방식으로 대통령은 자신이 임명한 사람들이 그들의 프로그램에 전념할 수 있도록 노력한다.

도널드 트럼프를 포함한 대부분의 공화당 대통령은 자신이 가지고 있는 관료에 대한 영향력을 활용하여 관료조직이 민간 부문에 개입하는 것을 제한한다. 보수주의자들은 관료주의적 규칙과 규정을 그대로 따르면, 이는 경쟁력 약화를 초래하고 비즈니스에 불필요한 비용을 발생시킨다고 생각하는 경향이 있다. 흔히 민주당 대통령들 그리고 확실히 버락 오바마 대통령, 조 바이든 대통령 등과 같은 일부 대통령은 관료들에게 권한을 부여하여 연방법률과 규정이 엄격하게 지켜질 수 있도록 하였다. 예를 들어, 오바마 행정부는 2008년과 2009년 경제불황을 초래한 원인으로 금융산업의 느슨한 규제를 비난했다. 이들 대통령은 시스템적 위험을 감시하기 위한 규제기관 협의회를 제안하고, 소비자가 그들이 사용하는 금융상품을 확실히 이해할 수 있도록 새로운 소비자 금융 보호 기관을 제안했다. 바이든 대통령은 직업안전보건청(OSHA)을 활용해 직원이 100명 이상인 모든 기업에 대해 코로나19 백신 접종을 의무화하려고 했다. 금융규제를 강화하는 것은 좋은 생각인가 아닌가?

모든 대통령은 백악관 직원을 개편하고, 거의 모든 대통령은 일부는 약간만, 일부는 더욱 철저하게 관료제를 개편하려고 한다. 정치개혁은 종종 민간 부문의 '모범 사례'를 공공 부문으로 가져오기 위해 커뮤니케이션, 인사, 금융 시스템을 업그레이드하려는 단순한 시도이다.

때로는 연방정부의 국, 기관, 부서를 재조직하려는 광범위한 시도가 이루어진다. 제2차 세계대전 이후 내각 수준의 여러 부처가 새로 연방 관료제에 추가되었다. 트루먼 대통령은 국가안보국을 개편했다. 존슨 대통령은 보건·교육·복지부를 보건복지부와 교육부로 분리했다. 카터 대통령은 에너지부, 레이건 대통령은 보훈처, 부시 대통령은 국토안보부를 각각 추가했다.

대통령의 재정 권력은 관료제에 대한 통제를 중앙집중화하는 수단도 제공한다. 대통령은 행정부의 우선순위를 정하기 위해 예산을 제안하는 데 자신의 권한을 사용한다. 행정부처와 기관은 법률안과 새로운 규칙 및 규정을 의회에 제출하거나 시행하기에 앞서 대통령실 소속기관인 예산관리처에 제출하여 승인을 받아야 한다. 이는 백악관에게 행정부에서 나오는 모든 새로운 제안이 대통령의 프로그램에 부합하는지 확인할 기회를 준다.

마지막으로, 9·11 테러 사건을 계기로 부시 행정부는 연방정부의 인력을 조직하는 데 있어 새로운 유연성을 얻었다. 의회는 국방부와 국토안보부의 민간인 노동자를 대상으로 하는 공무원 규칙을 개정하여 인력 채용, 승진, 배치에 더 큰 유연성을 주었다.

의회의 통제. 비록 대통령이 최고 통수권자이고 관료집단을 관리해야 할 일상적인 책임은 대통령에게 있지만, 연방 기관들은 의회에 크게 종속된다. 의회는 연방기관을 만들고, 연방기관의 프로그램을 수립하고, 매년 연방기관에 예산을 배정한다. 의회는 연방기관의 조직 구조를 명시하고, 최대 직원 수를 규정하며, 조달 및 회계 기준과 같은 관리체계를 만든다. 마지막으로 의회의 위원회가 소관 부처와 기관을 면밀하게 감시 및 감독한다.

공식적인 의회 위원회의 감독은 종종 연방 기관 활동에 대한 의회 검토의 '경찰 순찰' 접근법이라고 한다. 마치 경찰이 담당 지역을 순찰하듯이 의회 위원회는 소관 관료 영역을 순찰한다. 의회는 또한 행정 감독에 '화재 경보' 접근법을 사용한다. 연방 기관들이 제안된 정책이나 규정을 발효에 앞서 반드시 의회의 해당 위원회에 미리 제출할 것을 요구하는 통지 및 동의 조항, 기관 의사결정에 외부 집단의 참여를 의무화하는 법적 조항, 정보의 자유 및 공개회의 요건 등이 화재 경보에 해당한다. 이러한 장치들은 문제가 정말로 심각해지기 전에 의회가 대응할 수 있도록 하는 조기경보체계를 구성한다.

마지막으로, 의회와 그 위원회들은 의회예산국(CBO), 정부회계감사원(GAO), 의회조사국(CRS)을 포함하여 자신들의 감독 책임을 도와주는 여러 전문 기관을 이용한다. 그러므로 관료들은 의회의 부정적 반응을 예측하고 미리 피하고자 자신들의 행정조치가 확실하게 의회의 선호에 부합하도록 만들려고 노력한다.

사법부의 통제. 법원은 법원과 의회가 부과한 제약을 강제하는 데 중심적인 역할을 한다. 법원은 확립된 판례(과거의 판결)와 현재와 미래의 관료적 행위에 대한 위헌심사 가능성을 통해 이를 수행한다. 사법부는 법원 명령을 발부하고, 보상 및 손해를 판단하고, 획기적인 판결에 새로운 기준을 설정하는 등 직접적으로 행동한다.

반면에, 행정 결정을 사법화하는 데는 시간적, 금전적 측면에서 많은 비용이 든다. 법원은 행정기관의 결정이 공정하고 일관성이 있을 뿐만 아니라 서면 기록으로 뒷받침되는 실질적인 증거에 근거할 것을 요구한다. 기관의 결정이 법원에 의해 검토될 가능성이 있다는 사실을 알게 되면, 행정관료들은 지나치게 보수적으로 변하고, 기관에서 의견이 일치하지 않는 당사자들은 더욱 완고하게 행동한다.

행정부의 재량권을 감시하는 사법부의 역할과 관련하여 최근 세간의 이목을 끈 사례는 2020년 인구조사에 시민권에 관한 질문 항목을 추가하려는 트럼프 행정부의 열망과 관련이 있다. 비평가들은 시민권에 관한 질문으로 인해 많은 사람, 특히 불법적으로 미국에 거주하는 사람들이 인구조사에 전혀 응답하지 못하게 될 것이라고 주장하면서 소송을 제기했다. 인구조사를 감독하는 로스(Wilbur Ross)

상무장관은 민권법을 좀 더 잘 집행하기 위해 이 질문을 인구조사에 포함해야 할 필요가 있다고 주장하였고, 반면에 이 질문에 반대하는 사람들은 히스패닉계 인구와 비시민권자의 수를 줄이려는 숨긴 의도가 있다고 주장했다. 대법원은 행정부의 민권 주장이 '인위적'이며 '핑계'에 불과하다고 판결했다. 수개월 동안 법원과 언론에서 치열한 논쟁 끝에 인구조사에서 시민권에 관한 질문은 빠졌다.[31]

시민 참여 및 감시. 마지막으로, 시민들은 정부를 예의주시하고 있으며, 일부는 목소리를 내야 한다고 느낀다. 1946년 「행정절차법」은 시민들이 시행규칙 제정에 참여하고 의견을 개진할 기회를 갖도록 요구했다. 규칙은 발효되기 최소 30일 전에 대중이 인지하고 의견을 개진할 수 있도록 공표되어야 한다. 정치학자 해리스(Richard Harris)와 밀키스(Sidney Milkis)는 시민 참여의 중요성을 강조한다. 청원 기회의 증가, 공공자금으로 운영되는 중재자 및 모니터링 프로그램, 자문위원회, 햇볕 조항,* 정보자유법** 등은 정부 당국 및 관료적 절차에 시민 참여를 보장하는 장치들이다.[32]

정부 활동을 추적할 기회가 지난 10년 동안 급격하게 늘어났다. 의회조사국(Congressional Research Service)의 올레섹(Walter Oleszek)은 연방정부가 수천 개의 인터넷 사이트를 운영하고 있으며, 많은 의원실, 부처, 기관이 블로그, 페이스북 페이지, 유튜브 채널, 트위터 피드, 유사한 홍보 수단을 운영하고 있다고 말한다.[33] 이러한 관료적 개방성은 햇볕(투명한 공개)에 대한 의무 사항을 충족시키고 기관과 그 기관의 프로그램을 지지하는 사람들에게 정보를 제공하고 연결되도록 하기 위한 것이다.

인터넷 접속, 청원 기회 증가 및 자문위원회는 관심 있는 일반 대중에게 규칙 제정 과정에서 의견을 제시할 기회를 제공하기 위한 것이다. 공공자금으로 운영되는 중재자 프로그램은 지역사회 단체가 프로그램의 시행을 모니터링하도록 권장한다. 예를 들어, 복지, 깨끗한 공기와 물, 멸종 위기종 프로그램 등의 연방정부 시행을 감시하기 위해 시민단체에 자금을 지원하는 데 공공자금이 사용되었다.

햇볕 법들은 정부의 모든 심의과정을 일반 대중에게 공개하여 햇볕이 비추도록 하기 위한 것이다. 이 법들은 입법부 및 행정부의 공무원 모두에게 적용되며, 정책 논의와 결정이 비공개 회의가 아닌 완전한 공개회의에서 이루어지도록 하기 위한 것이다. 공개회의는 사전에 발표되어야 한다. 정보자유법들은 대중이 대부분의 정부 기록에 접근할 수 있도록 해준다. 일반적으로 「정보자유법」에 따라 인사 기록, 법원 기록, 국가 안보 문제, 기업 및 영업 비밀 등을 포함하지 않는 한 모든 기록은 공개 대상이라고 가정한다.

* 역자 주

햇볕 조항(sunshine provisions 또는 sunshine law). 시민들에게 정부 활동을 투명하게 공개하도록 규정한 법률조항을 의미한다.

** 역자 주

정보자유법(freedom of Information laws). 미국정부가 소유하고 있는 정보를 국민이나 단체가 합법적으로 요구할 수 있도록 허용하는 법률들이다.

이 장의 요약

미국은 독단적이고 관료적인 영국정부와의 전쟁 속에서 탄생했다. 따라서 건국자들이 자신들의 정부를 만들 때 정부의 손에 쥐어주는 권력을 신중하게 제한하고 견제한 것은 놀라운 일이 아니다. 그들은 대통령, 의회, 법원에 서로를 견제할 수 있는 권한을 부여했을 뿐만 아니라, 연방정부의 관료를 지휘하고 통제하는 데 입법, 행정, 사법 3부 중 하나 또는 둘이 아닌 셋 모두에게 중요한 역할을 부여했다.

정부에는 항상 관리와 공무원이 존재해 왔지만, 진정한 관료제는 현대적 현상이다. '관료제'라는 용어는 공공 또는 민간의 크고 복잡한 계층적 조직을 말하며, 정부 부서는 특정 임무를 가지고 있고, 부처에 속한 직원은 능력에 따라 특정 책임을 맡는다. 관료제는 공공정책 및 프로그램의 시행에 있어 통일성과 질서, 공정성을 약속한다. 반면에 관료제가 경직되고, 오만해지고, 비효율적이고, 비용이 많이 들 것이라는 우려가 항상 존재한다.

연방정부 관료제는 19세기 내내 느리게 성장했다. 19세기의 4분의 3 동안 연방정부 인력은 우편물을 배달하고, 항구에서 관세를 징수하고, 토지 증서와 혼인 증명서를 기록하는 것 외에는 거의 하는 일이 없었다. 19세기 마지막 4분기와 20세기 첫 4분기 동안 연방정부는 점점 더 다양한 규제 책임을 떠맡게 되었다. 1930년대부터 1970년대까지 연방정부는 미국의 가장 취약한 시민들에게 사회적, 경제적 '안전망'을 제공하는 프로그램을 광범위하게 개발하고 시행했다. 최근 몇 년 동안 연방정부 인력의 규모가 다시 증가하기 시작했다.

연방정부 관료제는 15개의 주요 내각 부처, 12개 이상의 독립 규제위원회, 54개의 주요 기관, 회의, 공공 서비스, 그리고 말 그대로 수백 개의 자문위원회와 패널로 나뉘어져 있다. 각 내각 부처는 계층적으로 조직되어 있다. 내각의 구성원인 장관 밑에는 여러 층위의 차관 및 차관보가 있고, 그 아래 수준에 실제 프로그램 관리 및 서비스 제공이 이루어지는 국 또는 서비스가 존재한다. 부정확하고 상충된 목표, 분열과 잘못된 조정, 부정확한 성공 측정 등으로 인해 프로그램 시행은 쉽지 않다.

대통령, 의회, 법원은 모두 관료집단의 업무를 지휘 감독하는 데 중요한 역할을 한다. 의회는 관료기구를 만들고, 책임 범위를 정하고 제한하며, 해마다 일정 수준의 예산 및 인력을 배정한다. 대통령은 관료기구의 수장을 임명하고, 새로운 프로그램과 연간 예산 규모를 제안하고, 일상적인 운영을 감독한다. 법원은 관료적 결정과 조치를 검토하고, 법원 명령을 통해 직접 행동하며, 보상과 손해를 평가한다. 관료집단은 자신의 주인 중 하나 이상을 불쾌하게 하지 않고는 어떤 방향으로도 움직일 수 없는 것처럼 보인다.

관료조직 개편과 개혁은 거의 연속적인 과정이다. 2002년과 2003년에 국토안전부(DHS)의 출범은 반세기 넘는 기간 동안 있었던 가장 큰 개혁이었다. DHS의 신설이라는 개혁의 성패에 대해 공정하면서도 정보에 근거한 제대로 된 판단이 내려지기까지는 수년, 어쩌면 수십 년이 걸릴 것이다.

주요 용어

관료제(bureaucracy) 364

규제위원회(regulatory commissions) 372

시행(Implementation) 376

시행규칙 제정(rule making) 375

엽관제(spoils system) 374

주간통상위원회(ICC: Interstate Commerce Commission) 367

직업 공무원 제도(civil service system) 364

추천 문헌

Binder, Sarah, and Mark Spindel. *The Myth of Independence: How Congress Governs the Federal Reserve*. Princeton, NJ: Princeton University Press, 2017. 저자들은 1913년 연방준비제도가 출범한 이래 연방준비제도의 경제위기, 비난, 의회에 의한 제도적 개혁의 일정 양상을 설명하고 있다. 가장 최근의 사례는 대침체(Great Recession) 이후 연방준비제도의 독립성을 둘러싼 의회 내 논쟁이다.

Carpenter, Daniel. "The Evolution of the National Bureaucracy," 2005. 카펜터는 연방 관료제가 기본적인 서비스에서 벗어나 전문적이고 관리적인 서비스로 진화하면서 전문화되었다고 강조한다. 📖

Goodsell, Charles T. *The New Case for Bureaucracy*, 5th ed. Washington, D.C.: CQ Press, 2014. 관료제는 많은 비판을 받고 있다. 굿셀은 광범위한 주장과 정보를 활용하여 관료제의 강력한 긍정적인 사례를 제공한다.

Holzer, Marc and Richard W. Schwester. *Public Administration: An Introduction*, 3rd ed. New York: Routledge, 2019. 현대의 공공 행정에 대한 훌륭한 입문서이다.

Light, Paul C. *The Government-Industrial Complex: The True Size of the Federal Government*, 1984-2018. New York: Oxford University Press, 2019. 라이트는 연방정부의 정규 직원뿐만 아니라 계약 및 보조금을 통해 급여를 받는 직원을 포함하여 연방정부 인력의 실제 규모를 설명한다.

Lynn, Laurence E., Jr. "Theodore Roosevelt Redux: Barack Obama Confronts American Bureaucracy." *International Journal of Public Administration*, 2009, 32, 773-780. 린은 오바마 행정부 초기 동안 관료들이 경기부양 자금을 현명하게 사용하는 데 어려움을 겪었다고 설명한다. 📖

Postell, Joseph. *Bureaucracy in America: The Administrative State's Challenge to Constitutional Government*. Columbia: University of Missouri Press, 2017. 포스텔은 현대의 행정국가가 우리의 헌법체계와 상충하는 자율적인 권력이 되었다고 주장한다.

인터넷 자료

1. www.whitehouse.gov/government/independent-agency.html
   백악관의 종합 페이지는 모든 연방정부 웹사이트와의 링크가 제공된다. 이 사이트는 여러분에게 관료제에 대한 통찰을 제공해 줄 것이다.

2. www.usajobs.gov
   일자리에 관심이 있는 사람들을 위한 연방정부 공식 인터넷 사이트이다. 해당 사이트는 인사관리청(the Office of Personnel Management)에서 운영하고 있다.

3. www.faculty.rsu.edu/~felwell/Theorists/Weber/Whome.htm
   이 사이트에서는 관료제 및 정부 전반에 관한 막스 베버의 여러 저작을 볼 수 있다.

4. www.gpoaccess.gov/index.html
   미국 정부인쇄국(Government Printing Office) 웹사이트는 관료조직뿐만 아니라 입법부, 사법부에 관한 많은 자료를 제공하고 있다. "벤(벤저민 프랭클린)의 미국 정부가이드"도 놓치지 마라.

5. www.opm.gov
   인사관리청(The Office of Personnel Management)은 연방정부의 인사부에 해당한다. 이 사이트는 일자리 유형, 채용 절차, 급여 규모, 인력의 인구학적 통계 등을 집중적으로 제공하고 있다.

주

1) Paul C. Light, *The Government-Industrial Complex: The True Size of the Federal Government, 1984–2018* (New York: Oxford University Press, 2019).

2) Roger H. Davidson, Walter J. Oleszek, Frances E. Lee, and Eric Schickler, *Congress and Its Members*, 16th ed. (Washington, D.C.: CQ Press, 2018), 321–347.

3) Joel D. Aberbach, *Keeping a Watchful Eye: The Politics of Congressional Oversight* (Washington, D.C.: Brookings Institution, 1990), 3 (both quotations).

4) Sean M. Theriault, "Patronage, the Pendleton Act, and the Power of the People," *Journal of Politics*, vol. 65, no. 1 (February 2003): 50–68.

5) Allan W. Lerner and John Wanat, *Public Administration* (Englewood Cliffs, NJ: Prentice-Hall, 1992), 13.

6) Scott Shane, "The Beast that Feeds on Boxes," *New York Times*, April 10, 2005, WK3.

7) H.H. Gerth and C. Wright Mills, eds., *From Max Weber: Essays in Sociology* (New York: Oxford University Press, 1946), 228–229, 232–233.

8) U.S. Government Printing Office, *Budget of the United States, 2022, Analytical Perspectives*, Table 5.1 and 5.2, 43–44.

9) Paul C. Light, "The True Size of Government Is Nearing a Record High," Brookings Institution, October 7, 2020.

10) Noble E. Cunningham, Jr., *The Process of Government under Jefferson* (Princeton, NJ: Princeton University Press, 1978).

11) Richard Bensel, *Yankee Leviathan: The Origins of Central State Authority in America, 1859–1877* (New York: Cambridge University Press, 1990).

12) Richard Bensel, *The Political Economy of American Industrialization, 1877–1900* (New York: Cambridge University Press, 2000).

13) Bryan D. Jones, Sean M. Theriault, and Michele Whyman, *The Great Broadening: How the Vast Expansion of the Policymaking Agenda Transformed American Politics* (Chicago, IL: University of Chicago Press, 2019).

14) Joseph Postell, *Bureaucracy in America: The Administrative State's Challenge to Constitutional Government* (Columbia: University of Missouri Press, 2017), 72, 137, 249.

15) Margot Sanger-Katz, "Struggling to Follow the Rules About Rules," *New York Times*, January 23, 2019, A18.

16) Richard L. Pacelle, Jr., *The Supreme Court in a Separation of Powers System* (New York: Routledge, 2015), 103.

17) Medicare Appeals Dashboard, accessed January 2022. 또한, 다음 참조. Kate Davidson, "Trump Administration Weighs Tighter Requirements for Disability Payments," *Wall Street Journal*, January 10, 2020.

18) Tim Padgett, "Are Minorities Being Fleeced in the Stimulus?" *Time*, November 23, 2009.

19) James Q. Wilson, *Bureaucracy: What Government Agencies Do and Why They Do It* (New York: Basic Books, 1989), 131–133.

20) Charles T. Goodsell, *The Case for Bureaucracy: A Public Administration Polemic*, 5th ed. (Washington, D.C.: CQ Press, 2014), 60.

21) Gardiner Harris, "Potentially Incompatible Goals at FDA," *New York Times*, June 11, 2007, A16.

22) U.S. Department of Education, Federal Student Aid, https://studentaid.ed.gov/sa/types/loans/interest-rates. 또한, 다음 참조. Ann Carrns, "Interest on Federal Student Loans Poised to Rise," *New York Times*, May 29, 2021, B6.

23) Paul Rosenzweig, "Streamlining Congressional Oversight of DHS," lawfareblog.com, April 12, 2018.

24) Matthew J. Dickinson, "Presidents, the White House, and the Executive Branch," in Lori Cox Han, ed., *New Directions in the American Presidency*, 2nd ed. (New York: Routledge, 2018), 173–209.

25) Martha Derthick, *Agency under Stress: The Social Security Administration in American Government* (Washington, D.C.: Brookings Institution, 1990), 192.

26) Donald F. Kettl, *System under Stress: The Challenge to 21st Century Governance*, 3rd ed. (Washington, D.C.: CQ Press, 2013), 49.

27) Josh Gerstein, "Justices Upheld Precedent on Strengthening Government Regulators," *Politico*, June 26, 2019. 또한, 다음 참조. Postell, *Bureaucracy in America*, 289–290.

28) Francis E. Rourke, "Whose Bureaucracy Is This Anyway? Congress, the President and Public Administration," the 1993 John Gaus Lecture, *PS: Political Science & Politics*, December 1993, 687–691.

29) B. Dan Wood and Richard W. Waterman, *Bureaucratic Dynamics: The Role of Bureaucracy in a Democracy* (Boulder, CO: Westview Press, 1994), 1.

30) Light, *A Government Ill-Executed*, 163–188.

31) Lyle Denniston, "It's Final: No Citizenship Question on 2020 Census," *National Constitution Center*, July 3, 2019.

32) William F. West, *Controlling the Bureaucracy: Institutional Constraints in Theory and Practice* (Armonk, NY: Sharpe, 1995), 67.

33) Walter J. Oleszek, Mark J. Oleszek, Elizabeth Rybecki, and Bill Heniff, Jr., *Congressional Procedures and the Policy Process*, 10th ed. (Washington, D.C.: CQ Press, 2016), 425–426.

12장

연방법원:
적극주의 대 소극주의

중점질문 및 학습목표

Q1 대륙법 전통과 보통법 전통의 주요 차이점은 무엇인가?

Q2 미국에서 위헌심사권(사법심사)의 이론 및 관행은 어떻게 생겨났나?

Q3 미국의 법원제도에서 연방대법원의 위치는?

Q4 1950년대 중반 이후 대법관 지명 및 인준 과정의 분위기와 기조는 어떻게 바뀌었나?

Q5 일부 문제는 입법부, 행정부 등 정부의 정치적 부처가 다루기가 너무 어렵기 때문에 사법 적극주의가 요구되는가?

DOI: 10.4324/9781003303954-12

오늘날의
헌법

헌법은 위헌심사권을 구상하였나?

제3조 1항 및 2항 (일부분) "합중국의 사법권은 1개의 연방대법원에, 그리고 연방의회가 수시로 제정 설치하는 하급법원들에 속한다 … 사법권은 본 헌법과 합중국 법률과 그리고 합중국의 권한에 의하여 체결된 조약으로 인하여 발생하는 … 모든 사건에 미친다."

2020년 대선 선거운동 과정에서 조 바이든은 코로나19 바이러스에 대한 연방정부의 더욱 적극적인 대응을 약속했다. 그의 행정부 첫해 동안 질병통제예방센터(CDC)와 산업보건안전청(OSHA)은 바이러스를 통제하기 위한 노력의 일환으로 공공 및 민간 고용주에게 마스크 착용 의무화와 백신 의무접종을 공식적으로 명령했다. 몇몇 연방법원이 이 명령이 잠재적으로 대통령의 법적 권한 밖에 있는 조치라고 판단하고 추가 청문회가 있을 때까지 시행을 중단시키자 바이든 대통령은 이를 결코 인정할 수 없었다. 대통령이 코로나19의 위협을 그렇게 심각하게 생각했다면, 단순히 "인정할 수 없다"라고 의견을 피력하고 CDC와 OSHA에게 흔들리지 말고 계속해서 임무를 수행하라고 명령할 수 있었을까? 아니다. 할 수 없다. 하지만 이러한 질문이 제기된 것이 이번이 처음은 아니다.

미국 정치사에서 가장 중요한 싸움 중 하나는 토머스 제퍼슨 대통령의 첫 번째 임기 중에 일어났다. 연방정부는 아직 비교적 신생 정부였고 행정부, 입법부, 사법부 간의 관계는 아직 제대로 확립되지 않은 상태였다. 사법부는 독립적인 정부 기관이었지만 해밀턴(Alexander Hamilton)이 『연방주의자 논고』 제78호에서 쓴 것처럼 3부 중 "가장 덜 위험한 부"로 여겨졌다. 대통령은 칼의 힘을 장악했고, 의회는 지갑의 힘을 장악했다. 그러나 법원은 어떠한 권력 자원을 장악했는가?

연방법률과 주법률에 대해 무효를 선언하는 권한인 위헌심사권(judicial review, 사법심사)이 사법부 권력의 토대가 되었다. 1803년 '마버리 대 매디슨' 사건에서 대법원이 처음으로 위헌심사권을 사용하게 된 배경의 기본 줄거리는 익히 잘 알려져 있다. 1800년 선거에서 토머스 제퍼슨과 그의 제퍼슨주의 공화파 의원들이 승리하여 연방파 존 애덤스 대통령과 의회 다수파였던 연방파를 대체했다. 새 행정부가 출범하기 전에 애덤스 대통령과 의회의 연방파 의원들은 새로운 법원을 만들고, 신뢰할 수 있는 연방파 판사들로 법원을 구성하여 사법부에 대한 통제를 계속 유지하려 했다. 제퍼슨은 새로운 법원을 해체하고, 판사 대부분의 임용을 거부했다. 이 문제는 존 마셜 대법원장과 토머스 제퍼슨 대통령 간에 대결이 벌어지면서 법원으로 넘어갔다.

마셜은 자신의 정치적 영향력이 미약함을 알고 있었다. 그는 제퍼슨에게 마버리의 판사 임명장을 교부하라고 명령할 수도 있었다. 그러나 제퍼슨은 단순히 명령을 무시할 수 있었고, 그러면 법원의 약점이 부각되고 어쩌면 그 약점이 영원히

고착될 수 있었다. 대신 마셜은 법원의 현재 약점을 능숙하게 가려 미래의 강점을 위한 토대를 마련했다. 마셜은 마버리가 판사 임명을 받을 자격은 있지만, 이전 연방파가 장악했던 의회와 대통령이 새로운 법원을 창설한 법이 위헌이었기 때문에 법원이 판사 임명장의 교부를 명령할 수 없다고 선언했다. 마셜은 제퍼슨이 무시할 가능성이 있는 판결을 내리는 것을 피했으며 동시에 이전에 대법원이 행사하지 않았던 권한, 즉, 위헌심사권을 사용했다. 마셜은 두 가지 중요한 점을 지적했다. 하나는 헌법에 위배되는 법률은 무효라는 점이다. 둘째, 그렇게 판결하는 것이 법원의 특별한 의무라는 점이다. 마셜은 성문헌법과 제한정부의 논리 자체가 "반드시 헌법에 위배되는 입법부의 행위는 무효"라고 썼다. 이어 그는 "그 법이 무엇인지 밝히는 것은 분명히 사법부의 영역이자 의무이다"라고 덧붙였다.

제퍼슨과 대부분의 관찰자는 헌법에 위배되는 법률은 무효라는 마셜의 첫 번째 주장에 동의했지만, 제퍼슨을 포함한 많은 사람은 어떤 정부의 행위가 합헌인고 어떤 행위가 위헌인지 판단하는 것이 법원의 역할이라는 마셜의 두 번째 주장에는 동의하지 않았다. 제퍼슨은 정부의 3부, 즉 행정부, 입법부, 사법부가 각각 자신의 권한과 책임에 관해 헌법을 해석할 자격이 있다고 믿었다. 제퍼슨은 전 대통령 애덤스의 영부인 아비게일 애덤스(Abigail Adams)에게 보낸 편지에서 자신이 「외국인 및 선동법」에 따라 유죄 판결을 받은 언론인들에게 내린 사면에 관한 헌법 해석에 대한 자신의 '부'의 관점을 제시했다. 그는 행정부와 사법부가 "자신에게 주어진 활동 영역에서 똑같이 동등하게 독립적이다"라고 썼다. "그 법이 합헌이라고 믿는 판사들은 벌금형과 징역형을 선고할 권리가 있었다. 왜냐하면 헌법에 의해 그 권한이 그들의 손에 맡겨졌기 때문이다. 그러나 그 법이 위헌이라고 믿었던 행정부는 집행을 면제할 수밖에 없었다. 왜냐하면 헌법에 의해 그 권한이 행정부에 위임되었기 때문이다." 제퍼슨은 평생 동안 헌법 해석에 대해 자신의 '부'의 관점을 고수했다. 그러나 우세했던 것은 마셜의 견해, 즉 위헌심사권이었다.

연방법원

세계 그 어떤 나라보다 미국의 법률과 법원은 국내적으로 지대하고 강력한 역할을 한다. 대부분의 나라에서 법원은 단순히 현행법을 적용하고 일부 나라에서는 그저 폭군의 뜻을 집행하고 있을 뿐이다. 미국에서는 법원이 연방헌법이라는 기본법에 비추어 현행법과 정책을 판단한다. 우리의 판사와 법원의 주변 온도는 최근 수십 년 동안 뜨거워졌다. 왜냐하면 그들이 너무 많은 중요한 사안을 결정하고 있기 때문이다.

하지만 우리가 미국정치에서 연방법원이 담당하는 역할에 대해 공부를 시작하려면 훨씬 더 광범위한 관점이 제시되어야 한다. 명백한 의미에서, 1787년에 작성되고 1789년에 비준된 미국헌법은 오늘날에도 여전히 우리를 지배한다. 그러나 더 깊은 의미에서, 초기 미국 역사 전문가인 위대한 하버드대 역사학자 베일린(Bernard Bailyn)이 다음과 같이 가장 잘 표현했다. "『연방주의자 논고』들이 옹호하고 설명했던 헌법은 단지 우리가 지금 알고 있는 헌법과는 다른 도구일 뿐이다. 헌법 조항을 시행하면서 수백 건의 연방법원 판결이 헌법 조항에 새로운 형태를 부여했다 … [그리고] 헌법의 범위와 의미를 근본적으로 바꿔놓았다."[1] 연방법원은 좋든 나쁘든 여부와 관계없이 오늘날 미국헌법이 작동하고 이해되고 있는 미국헌법을 우리에게 주었다.

정치학자 제이콥(Herbert Jacob)은 **법률**을 "정부가 제정한 권위 있는 규칙"으로 매우 단순하게 정의하고 있다.[2] 또 다른 미국 사법제도 전공자인 에이브러햄(Henry Abraham)은 비슷하지만 좀 더 설명적인 정의를 제시한다. 에이브러햄은 "넓게 말해서, 법은 사회의 주어진 정치 질서에 관련된 행동 규칙, 즉 공동체의 조직적인 힘에 의해 뒷받침되는 규칙을 나타낸다"고 말한다.[3] 모든 법은 공동체의 정당한 권위에 의해 뒷받침되지만, 미국 법에는 그것이 유래한 출처에 따른 계층이 있다. 헌법은 가장 기본적인 법의 출처이고, 의회가 만든 법률이 그 다음이며, 행정명령과 기관 규칙 및 규정이 가장 낮다. 법적 구속력을 가지려면 기관 규칙은 유효한 법령을 시행해야 하며, 법령이 유효하려면 헌법에서 부여한 입법 권한의 범위 내에 있어야 한다.[4] 법이 요구하는 것, 허용하는 것, 금지하는 것에 대한 의견 불일치는 법원에서 해결한다.

이 장에서는 미국 연방법원의 기원, 발전, 구조, 역할에 대해 설명한다. 첫째, 미국법의 영국 보통법(관습법) 배경과 헌법 제3조에 명시된 미국 법원의 공식적인 기원을 설명한다. 둘째, 경제 문제로부터 개인의 권리와 자유로 연방법원의 구체적인 초점이 진화하고 있음을 설명한다. 셋째, 지방법원에서 상소법원을 거쳐 미국 대법원에 이르는 연방법원의 3단계 구조를 설명한다.

우리는 판사 임명과 사법 철학이라는 두 가지 격해지기 쉬운 문제를 다루면서 이 장을 마무리한다. 판사 임명은 연방법원에서 일할 사람을 선발하는 절차와 정

법률(law)
정부가 만들고 공동체의 조직적인 힘에 의해 뒷받침되는 권위 있는 규칙.

출처: AP Photo/Susan Walsh
2005년 9월 29일 부시 대통령과 제인 설리번 로버츠가 지켜보는 가운데 존 폴 스티븐스 대법관의 주재 아래 존 G. 로버츠 주니어 대법원장이 취임 선서를 하고 있다.

치에 관한 것이다. 사법 철학은 우리 민주주의에서 판사들의 논쟁적인 역할에 관한 것이다. 법관은 단순히 법을 적용해야 하는가, 아니면 새로운 사건을 해결하고 시급한 사회 문제를 다루기 위해 헌법과 법을 개정해야 하는가? 놀랍게도 이 일은 일단 임명되면 법관 개개인에게 달려 있다.

미국 법체계의 보통법 기원

서양에서는 두 가지 법적 전통이 지배적이다. 하나는 고대 로마, 중세 가톨릭교회, 그리고 더 최근에는 프랑스에 뿌리를 둔 대륙법 전통이다. 다른 하나는 영국에서 유래되었으며 미국도 공유하는 보통법(영미법) 전통이다. 대륙법 전통이 더 오래되었고 더 널리 사용되고 있다.

대륙법(민법전) 전통은 특정 시점에 완전하게 공포되거나 발표되는 포괄적인 법체계를 상정한다. 대륙법 전통의 기원은 유스티니아누스 황제가 '유스티니아누스 법전'으로 알려지게 된 로마법에 대한 완전하고 상세한 진술을 만들었던 4세기 로마 제국에서 시작되었다. 대륙법 전통은 중세시대 로마 카톨릭교회의 교회법을 거쳐 18세기 후반 나폴레옹에 의해 현대까지 이어졌다. '나폴레옹 법전'은 시민들이 쉽게 이해하고 판사와 치안판사가 적용할 수 있는 단순한 원칙에 기초한 완전하고 포괄적인 법체계로 설계되었다.

미국의 법률 전통은 영국의 법률 전통에서 유래했으며, 미국이 독립하기 훨씬 이전부터 미국인의 머릿속에 깊이 각인되어 있었다. 영국의 **보통법(관습법, 영미법)** 전통은 시간이 지남에 따라 법원의 판결이 천천히 점진적으로 축적되는 것을 의미했다. 보통법이라는 어휘는 왕의 재판관들이 공포한 법을 가리키며, 따라서 한 지역사회나 특정 지방의 관습 및 전통과는 달리 전체 사회에 공통적(common)으로 적용되었다. 수세기에 걸쳐 판사가 만든 이 보통법은 식민지 미국인들이 자신들의 자유를 수호하는 주요 수단으로 인식한 "광범위한 권리와 구제의 법리"로 확장되었다.[5] 보통법은 정부의 권력을 제한하고, 권력이 개별 시민에 대해 권리를 주장할 수 있는 방법을 제한했다.

17세기 초 영국 법원의 대법원장이었던 영국의 가장 유명한 법률가 코크(Edward Coke) 경은 두 개의 판결문을 통해 정치 권력을 제한하는 보통법과 법원의 역할에 대해 말했다. 1608년 11월 13일, 자신의 왕권에 따라 법적 분쟁을 판결할 수 있다는 왕의 주장에 대해, 코크 대법원장은 "왕 자신은 어떤 사건도 판결할 수 없다 ⋯ 그러나 이것은 영국의 법과 관습에 따라 어떤 법원에서 결정되고 판결되어야 한다"라고 응답했다.

2년 후 **본햄 사건**(1610년)에서 코크는 "우리의 기록에 나타나 있는데 ⋯ 의회가 제정한 법이 일반 권리와 이성에 반할 때 ⋯ 보통법이 그것을 통제하고 그러한

대륙법(civil code, 민법전)
시민이 이해하고 준수할 수 있는 법적 원칙과 명령을 평범한 말로 제시하는 명확한 법령에 기초하여 완전하고 전적으로 명료한 법체계를 구상하는 법적 전통이다.

Q1 대륙법 전통과 보통법 전통의 주요 차이점은 무엇인가?

보통법(common law, 관습법, 영미법)
완전히 통합된 법전과 달리, 판사가 만든 법은 판사가 특정 법적 분쟁을 심리하고 이후 미래의 판사가 유사한 문제를 해결하는 데 있어 이전의 판결을 인용하면서 오랜 세월에 걸쳐 발전되었다.

본햄 사건(Bonham's Case) (1610년)
영국 대법원장 에드워드 코크 경이 사법심사의 토대를 마련했던 영국 판례.

법이 무효가 되도록 판결할 것"이라고 언급했다.[6] 식민지 시대와 독립 초기 시절 미국 법학자들은 정치권력이 법에 의해 제한되고 정치 당국의 일부 행위는 처음에 보통법에서, 나중에 성문헌법에서 명시된 공동체의 근본적인 전통과 충돌하기 때문에 무효이며 시행할 수 없다는 생각을 발전시켰다.

밀접하게 관련된 두 가지 사법 원칙인 **선례** 및 **선례구속**은 보통법의 성격과 발전을 설명하는 데 도움이 된다. 보통법은 판사가 특정한 법적 문제와 분쟁을 심리하고 해결하면서 시간이 지남에 따라 발전한 법적 전통과 원칙의 집합체이다. 판사는 유사한 문제를 수반하는 나중의 소송사건을 해결하는 데 이러한 앞선 판결을 선례 또는 지배적 사례로 인용한다. "결정을 그대로 두다"라는 뜻의 라틴어 *stare decisis*, 즉 선례구속의 사법 원칙은 나중에 유사한 성격의 사건을 판결할 때 이전 소송사건이나 선례에 의존하라는 명령이다.

영국 식민지 개척자들은 아메리카대륙으로 이주할 때 보통법을 신대륙으로 가져왔지만, 지난 400년 동안 미국 의회는 주법 및 연방 법령에서 보통법 원칙을 정교하게 다듬고 구체화했다. 판사, 판례법, 앞선 판례 등이 핵심 역할을 한다는 보통법의 원칙은 여전히 명확하게 미국 법률에서 볼 수 있지만, 구체적인 권리와 책임은 법령에 명시되어 있다.

형법과 민법

보통법과 대륙법 전통 모두에서 두 가지 일반적인 유형의 제정법(성문법)이 구별된다. **형법**은 특정 행위를 금지하고, 그 금지된 행위에 관여한 사람에 대해 처벌을 규정한다. 살인, 강간, 절도는 형법 위반이다. 형사 고발은 정부가 개인이나 개인들에 대해 제기하며, 유죄 판결을 받는 경우 감옥에 수감되거나 심지어 사형을 허용하는 관할권에서는 사형에 처해질 수 있다. **민법**은 주로 결혼 및 가족법, 계약, 재산매매 등 개인이나 단체 간의 관계를 다룬다. 민사 고발은 한 개인이 다른 개인에 대해 제기하며, 위반 시 투옥이나 신체적 처벌보다 주로 판결과 벌금이 내려진다.

확실히 형법과 민법의 차이와 이 두 가지 유형과 관련된 가장 유명한 처벌 사례는 1995년에서 1997년까지 니콜 브라운 심슨(Nicole Brown Simpson)과 로널드 골드만(Ronald Goldman)의 죽음에 대해 O. J. 심슨(O. J. Simpson)을 기소한 사건이다. 심슨은 전 서던캘리포니아대학교와 NFL(미국 프로 미식축구 리그)에서 러닝백으로 뛴 프로 미식축구 선수자 전국적인 유명인이었기 때문에 이 사건은 엄청난 관심을 끌었다. 형사재판에서 혐의는 살인이었고, 형량은 최대 무기징역이었다. 심슨은 제시된 증거가 '합리적인 의심을 넘어' 결정적인 것이 아니었기 때문에 무죄를 선고받았다. 그는 나중에 민사 재판에서 부당 사망 혐의로 유

선례(precedent)
나중에 유사한 성격의 사건을 판정하기 위한 규칙 또는 지침 역할을 하는 사법적 판결.

선례구속(stare decisis)
과거 판결이나 선례에 의존하여 나중에 일어난 사건을 판결하는 사법 원칙.

형법(criminal law)
형법은 특정 행위를 금지하고, 그 금지된 행위에 관여한 사람에 대해 처벌을 규정한다.

민법(civil law)
결혼 및 가족법, 계약 및 재산과 같이 주로 개인과 조직 간의 관계를 다루는 법률. 위반 시 처벌보다는 판결과 벌금이 주로 부과된다.

죄 판결을 받았고, 그 기준은 '증거의 우세'였으며, 배심원단은 브라운과 골드만 가족에게 3,350만 달러의 손해 배상금을 지급하도록 했다. 심슨은 나중에 다른 혐의로 감옥에 갔다. 9년을 복역한 후 2017년 말에 풀려났다. O. J. 심슨 사건은 여전히 매우 강력한 반향을 불러일으키고 있으며, 2016년 FX 영화인 〈피플 대 O. J. 심슨〉은 500만 명의 관객을 동원했다.

소송과 법

미국의 법체계는 사건이나 논란이 분쟁에 직접 연루된 당사자를 적절한 법원에 회부할 때에만 가동된다. 그런데 그 당사자는 정부기관일 수도 있다. 에이브러햄(Henry Abraham)은 미국 법원에 해결을 위해 회부되는 분쟁은 "(1) 적대적 과정, (2) 재판 가능한 문제, (3) 사법적 결정을 위한 충분한 숙성, (4) 실제 처분 등 네 가지 조건이 존재"해야 한다고 언급한다.[7]

미국 법원은 실제 사건과 분쟁을 다룬다. 법원은 개인이나 공무원의 가설적 또는 "만약 그렇다면?" 질문에 조언하거나 응답하지 않는다. 적대적인 과정에는 특정 잘못된 행위를 주장하는 고소인과 해당 행위가 잘못이 아니라고 부인하거나 만약 그 행위가 잘못인 경우에는 자신이 해당 행위를 저질렀다는 사실을 부인하는 피고인이 포함된다. 법원은 고소된 행위로 인해 개인이 실제 피해를 입거나 위협을 받고 있는지 여부를 기준으로 개인이 법원에 출두해야 하는지 여부를 판단한다.

둘째, 법원은 고소된 분쟁이 재판의 대상인지 아닌지 결정해야 한다. **재판 가능성**이란 간단히 말해 사법적인 해결의 대상이 됨을 의미한다. 일부 문제는 사법적 해결보다는 정치적 해결이 필요한 것으로 여겨지며, 법원은 전통적으로 '정치적 덤불'이라고 불리는 곳에 끼어들기를 거부해 왔다. 예를 들어, 1970년대 후반에 지미 카터 대통령은 중국과의 외교관계를 수립하기 위해 대만과의 공동방위조약을 대통령 권한으로 파기했다. 상원의원 배리 골드워터(공화당, 애리조나)는 대통령이 상원의 동의 없이 조약을 파기할 수 없음을 판결해 달라고 대법원에 요청했다. 법원은 이를 정치적 분쟁으로 규정하고 개입을 거부했다.

셋째, 법원은 해당 사안이 사법적 해결을 위해 충분히 숙성되었는지 여부를 고려한다. 숙성되어 무르익었다는 것은 적시성과 필요성의 문제와 관련이 있다. 예를 들어, 임기 제한법의 통과와 같은 입법 조치는 재판의 대상이 아니다. 향후 어딘가에 해를 끼칠 위험이 있지만, 아직 공무원의 교체를 통한 피해가 직접 발생하지 않았기 때문이다. 법원은 이 법안을 통과시킨 입법부가 누군가가 실제로 다치기 전에 법안을 철회할 수 있다고 가정할 것이다. 법원은 누군가가 피해를 입었거나 피해가 명백히 임박하기 전까지는 행동에 나서지 않는다. 마지막으로, 법원은

재판 가능성(justiciability)
문제나 분쟁이 사법적 해결에 적합하거나 그 대상이 될 수 있음을 나타내는 법적 용어.

다른 나라와 비교

전 세계 보통법 전통과 대륙법 전통의 사용

물리적 거리가 급격히 줄어들고 사람과 자본이 빠르게 이동하는 세상에서 세계의 다양한 사회가 어떻게 조직되어 있느냐가 큰 차이를 만든다. 구소련으로부터 독립한 국가들, 동유럽, 아시아, 라틴 아메리카 등에서 사업을 하려는 미국 기업은 이들 국가의 법체계를 이해해야 한다. 각 국가의 법체계는 재산의 획득 및 양도 방법, 허용되는 사업 활동 및 관행의 종류, 기업과 그 직원에게 적용되는 세금 및 기타 요금의 종류를 규정하고 있다.

종교학자들이 기독교, 유대교, 이슬람교, 불교, 신도교 등 여러 주요 종교적 전통을 구분하는 것처럼 법학자들은 여러 주요 법적 전통을 구분한다. 보통법 전통과 대륙법 전통이 가장 널리 실행되고 있지만, 많은 국가의 특정 법적 전통은 보통법 전통 또는 대륙법 전통과 그 사회의 종교규칙과 전통적 관습이 섞여 혼합된 것이다.

마지막으로, 구소련과 동유럽의 공산권 붕괴로 인해 이들 국가는 세계경제에서 자국의 위치를 재평가하고 그에 따라 자국의 법률체계를 조정하게 되었다. 따라서 대부분의 공산주의 법률체계는 사유재산과 자본주의 기업에 대한 가정을 반영하기 위해 1990년대 초에 완전히 뜯어 고쳐졌다. 공산주의 법체계를 포기한 대부분의 나라에서는 대륙법 법체계가 이를 대체했다.

지금부터는 현대 세계에서 자신의 자리를 찾기 위한 이슬람 또는 무슬림 법적 전통, 특히 보수적인 샤리아 계통의 투쟁에 관심의 초점을 맞추고자 한다. 2018년 41세 말레이시아 남성이 11세 소녀를 세 번째 아내로 맞이했다. 소셜미디어에서 논쟁이 벌어졌지만, 정부는 종교의 자유를 이유로 아무런 조치도 취하지 않았다. 말레이시아의 비이슬람교도들은 18세 이전에 결혼할 수 없지만, 이슬람교도 남성들은 샤리아 법원의 허가를 받으면 나이와 무관하게 모든 연령대의 소녀와 결혼할 수 있다. 유니세프는 전 세계적으로 현재 살아있는 여성 중 6억 5,000만 명이 18세 이전에 결혼했다고 추정한다.

대륙법 전통[a]	보통법 전통[b]	종교법 및 전통법[c]
프랑스, 이탈리아, 스페인, 포르투갈, 오스트리아, 스위스, 덴마크, 스웨덴, 네덜란드, 노르웨이, 핀란드, 그리스, 칠레, 브라질, 아르헨티나, 일본, 대만, 태국, 한국, 인도네시아	영국, 미국, 아일랜드, 요르단, 호주, 뉴질랜드, 남아프리카공화국, 캐나다	이슬람법 • 파키스탄, 모로코, 튀니지, 시리아, 이란, 인도네시아, 모리타니, 알제리, 사우디아라비아, 예멘, 쿠웨이트 힌두법 • 인도 유대법 • 이스라엘

a. 대부분의 유럽, 남미 전역, 대부분의 아프리카, 일부 아시아

b. 거의 모두가 영국과 영국의 과거 식민지

c. 대부분의 경우 종교법은 국가의 세속법과 함께 나란히 존재한다. 가족법, 결혼, 상속과 같은 분야는 주로 종교법이 지배할 가능성이 높다. 극단적인 경우, 세속법은 관습법이나 종교법의 지배를 감추는 얇은 포장지에 불과하다.

자신의 판단에 따라 적어도 잠재적으로 문제가 해결되거나 처리될 수 있는 사건만 처리한다. 예를 들어, 미국 법원은 유죄 판결을 내리기에는 입증할 증거가 충분하지 않거나 증거가 불법적으로 수집된 사건을 기각한다.[8]

미국 법률체계의 탄생

북아메리카의 영국 식민지는 보통법 전통에서 탄생했다. 독립 후 군주제 및 귀족제 요소의 전통을 제거하려고 노력했지만, 기존 법률체계의 기본 절차와 개인 및 재산권에 대한 중시는 그대로 유지했다. 각 주는 스스로 주권을 갖고 있다고 생각하고 독립적으로 사법부를 발전시켰다. 비록 각 주는 연합규약으로 느슨하게 묶여 있었지만, 연합은 중앙정부에 사법부를 따로 두지 않았다.

미국 연방헌법의 채택으로 그러한 상황이 바뀌었다. 미국 연방헌법은 분리되고 명확하고 제한된 권력을 가진 중앙정부를 규정하였다. 연방헌법 제3조 1항은 "합중국의 사법권은 1개의 연방대법원에, 그리고 연방의회가 수시로 제정 설치하는 하급법원들에 속한다"라고 선언했다. 헌법의 다른 주요 조항들은 미국 사법부, 특히 대법원의 독립성과 위상을 위한 토대를 제공했다. 헌법에 사법권의 기초가 마련되었지만, 사법권의 구조는 아직 세워지지 않았다. 그 건설은 신생국의 초기 역사 동안 이뤄졌다.

워싱턴 대통령과 제1차 의회가 출범할 당시 사법부는 미국 정치생활에서 어떤 역할을 할 것인지, 얼마나 많은 권력을 갖게 될 것인지, 어떻게 경쟁상대인 의회와 행정부로부터 자신을 방어하고 견제할 것인지 불분명했다. 행정부의 권력과 입법부의 권력이 제 위치에서 벗어나지 않도록 하기 위한 견제와 균형은 분명해 보였다. 그러나 사법부가 스스로를 어떻게 방어할 것인지는 훨씬 덜 명확했다. 알렉산더 해밀턴은 『연방주의자 논고』 제78호에서 연방 사법부가 신생 정부의 3부 중 "가장 덜 위험한 부"라는 유명한 말을 남겼다. 의회는 지갑의 권력을, 행정부는 칼의 권력을 휘둘렀다. 게다가 3부 중 다른 부는 사법부가 움직이도록 만들어야 한다. 대통령은 상원의 인준 대상인 판사를 지명해야 하며, 의회는 물론 대통령의 동의를 얻어 하급 연방법원을 구성하고 권한을 부여해야 한다.

그러나 미국 법원에 중요한 역할을 제안하는 사상과 관행이 널리 퍼져 있었다. 1780년에서 1787년 사이의 일련의 판결에서 주법원은 주헌법 조항을 위반했다는 이유로 주 법령을 무효화했다. 더욱이, 『연방주의자 논고』 제78호의 다른 부분에서 해밀턴은 "법원은 무엇보다도 국민과 입법부 사이의 중간 기관이 되도록 설계되었으며, 후자가 자신의 권한을 주어진 한계 내에서 벗어나지 않도록 하기 위한 것이다"라고 설명했다. 해밀턴은 헌법에 담긴 정부에 대한 제한이 의미가 있으려면 "법원들은 헌법의 명백한 취지에 어긋나는 모든 행위를 무효로 선언해야 한다. 이것이 없다면 특정 권리나 특권에 대한 모든 유보는 무의미해질 것이다"라고 추론했다. 해밀턴이 옳았다. 그럼에도 불구하고 사법부는 신생 정부 내에서 자신의 위치와 권력을 확립하기 위해 싸워야 했다.

Q2 미국에서 위헌심사권(사법심사)의 이론 및 관행은 어떻게 생겨났나?

1789년의 「법원조직법」과 초기 법원

1789년 「법원조직법(Judiciary Act of 1789)」
제1차 의회에서 통과된 연방 사법부 창설을 규정한 법률.

새 헌법 아래의 제1차 의회는 즉시 연방법원을 조직하는 일에 착수했다. 1789년 「법원조직법」은 6명의 대법관으로 구성된 미연방대법원을 설치하고 두 단계의 하급 연방법원체제를 만들었다. 더욱이 제25조는 연방법원이 헌법과 연방 법령과의 양립을 위해 주정부의 행위와 결정을 심의할 것을 요구했다. 1789년의 「법원조직법」은 여러 번 개정되었지만, 여전히 연방법원을 규율하는 기본법이다.

1789년 「법원조직법」은 연방법원체계의 구조와 기본 절차를 규정했다. 각 주에는 재판 관할권을 가진 항소법원이 있었다. 미연방대법원은 새로운 국가의 법원제도의 화룡점정이었다. 순회법원은 두 명의 대법관(1793년 이후 한 명)과 담당 지역 전체를 '순회하는' 지방판사로 구성되었다.

1801~1835년 마셜 법원

버지니아의 마셜(John Marshall)은 1801년부터 1835년까지 34년 동안 미국 대법원의 대법원장으로 재직했다. 임기 동안 마셜은 신생 정부에서 권력과 위치가 불분명했던 법원을 중앙정부의 평등하고 대등한 3부 중 하나로 확립했다. 마셜 대법원은 중앙정부에서 대법원의 위치와 권한을 확립하는 것 외에도 '최고성 조항'에 내용과 중요성을 부여했다.

유명한 1803년 '마버리 대 매디슨' 사건에서 마셜은 위헌심사권이 법원의 특권이라고 판결했다. 그는 대법원의 만장일치 결정을 대표하여 다음과 같이 썼다. "해당 법률에 대해 말하는 것은 단연코 사법부의 영역이자 의무이다 … 따라서 만약 어떤 법률이 헌법과 충돌한다면, 법원은 그 법률을 무시하고 헌법에 부합하는 방향으로 해당 사건을 판결해야 한다."

새로운 중앙정부에서 사법부의 지위와 중요성을 확보하려는 마셜의 목표에 결코 반대가 없었던 것은 아니다. 몇 년이 지난 후에도 여전히 제퍼슨 대통령은 마셜이 사법부의 역할을 광범위하게 해석한 것이 삼권분립 원칙을 침해했다고 주장하였다. 제퍼슨은 1819년 9월 6일 보낸 편지에서 버지니아 판사 스펜서 로안에게 다음과 같이 주장했다. 정부의 3부는 각각 "그 행동에 제출된 사건에서 헌법의 의미를 스스로 결정할 동등한 권리를 가지고 있으며 … 그리고 법원은 정부의 정치적 부처보다* 더 박식하지도, 더 객관적이지도 않다." 또한, 헌법 해석에 있어서 연방법원이 지배적인 역할을 한다는 마셜의 주장에 반대한 사람은 제퍼슨뿐만이 아니었다. 1832년에 앤드루 잭슨 대통령은 "대법원은 … 정부의 동등한 기관들을 통제하려 해서는 안 된다. 의회, 행정부, 법원은 각각 헌법에 대한 자신의 견해를 따라야 한다."[9] 그럼에도 불구하고 35년 동안 대법원장으로 재직하면서 꿋꿋하게 밀어붙인 마셜의 견해가 결국 승리했다.

* 역자 주
입법부, 행정부를 의미한다.

위헌심사권

위험심사권(사법심사)은 법률이나 법률에 근거한 공식 행위가 헌법과 충돌하기 때문에 무의미, 무효, 집행 불가능하다고 판단하는 연방법원의 권한이다.[10] 비록 연방법원이 위헌심사권을 특히 연방법률과 관련하여 드물게 사용했지만, 위헌심사권이 존재한다는 사실은 의회, 대통령, 행정부, 주를 포함한 미국정치체계의 다른 행위자에게 제약으로 작용해 왔다.

의회 입법에 대한 위헌심사권. 위헌심사권의 행사는 일반적으로 의회에서 통과되어 대통령이 서명한 법률을 폐지하는 것으로 생각되지만, 이런 일은 실제로는 상당히 드물다 (표 12.1 참조). 남북전쟁 이전에는 단지 두 개의 기념비적 사건, 즉 '마버리 대 매디슨' 사건(1803년)과 '드레드 스콧 대 샌드포드' 사건(1857년)에서만 대법원이 의회가 제정한 법률을 위헌으로 판결했다. 위헌심사권의 사용은 남북전쟁 이후에 더 빈번해졌으며 1950년대 이후까지도 빈번하게 사용되었다. 위헌심사권의 사용은 1990년대 중반에 다시 증가했다. 그럼에도 불구하고, 의회가 제정한 법률은 미국 전체 역사를 통틀어 오직 185개만이 위헌결정을 받았다.[11]

위헌심사권(judicial review, 사법심사)
어떤 법률이나 법률에 근거한 공식 행위가 헌법과 충돌하기 때문에 집행할 수 없다고 판결할 수 있는 연방 법원의 권한.

표 12.1 1790~2019년 대법원의 위헌결정 연방 법령 건수			
기간	**건수**	**기간**	**건수**
1790~1799년	0	1900~1909년	9
1800~1809년	1	1910~1919년	6
1810~1819년	0	1920~1929년	15
1820~1829년	0	1930~1939년	13
1830~1839년	0	1940~1949년	2
1840~1849년	0	1950~1959년	4
1850~1859년	1	1960~1969년	18
1860~1869년	4	1970~1979년	19
1870~1879년	7	1980~1989년	16
1880~1889년	4	1990~1999년	24
1890~1899년	5	2000~2009년	16
		2010~2019년	21
		합계	185

출처: Lawrence Baum, *The Supreme Court*, 14th ed. (Washington, D.C.: Congressional Quarterly Press, 2021), 168.

표 12.2 1790~2019년 대법원의 위헌결정 주법 및 지방조례 건수			
기간	건수	기간	건수
1790~1799년	0	1900~1909년	39
1800~1809년	1	1910~1919년	93
1810~1819년	7	1920~1929년	119
1820~1829년	6	1930~1939년	77
1830~1839년	2	1940~1949년	48
1840~1849년	7	1950~1959년	47
1850~1859년	7	1960~1969년	125
1860~1869년	15	1970~1979년	174
1870~1879년	36	1980~1989년	116
1880~1889년	43	1990~1999년	49
1890~1899년	33	2000~2009년	27
		2010~2019년	37
		합계	1,108

출처: Lawrence Baum, *The Supreme Court*, 14th ed. (Washington, D.C.: Congressional Quarterly Press, 2021), 168.

행정조치에 대한 위헌심사. 의회는 흔히 일반적인 용어로 법을 만들며, 법이 효과적으로 시행될 수 있도록 시행규칙과 규정을 개발하는 일은 행정부의 관련 부서와 기관에 맡긴다. 이러한 기관의 시행규칙 및 규정은 적절한 상황에서 위헌심사또는 법원 조치의 대상이 될 수 있다. 예를 들어, 이전 장에서 자세히 논의한 「행정절차법(APA)」은 법원에 "불법적으로 기관 조치를 보류하도록 강요"하거나 "임의적이고 변덕스러운 기관 조치, 발견, 결론을 제쳐두도록" 지시한다.[12] 행정조치에 대한 위헌심사는 연방법률 또는 주법률에 대한 위헌심사보다 훨씬 더 일반적이다.

하급법원 조치에 대한 위헌심사. 대법원은 연방제도의 하급법원에 대해 특히 집중적 형태의 위헌심사권을 행사한다. 대법원이 심리하는 사건들 대다수는 반드시심리해야 하는 의무적 사건과 달리 재량적 관할권의 일부로 이뤄지기 때문에 하급법원에서 잘못 결정되었을 가능성이 있는 주요 사건만을 심리 및 결정을 위해선택한다. 따라서 대법원이 심리하는 사건의 3분의 2가 하급법원의 결정 전부 또는 일부를 뒤집는 결과를 가져왔다.[13]

주 입법에 대한 위헌심사. 연합규약을 더 강력한 연방헌법으로 대체한 주요 이유 중 하나는 일부 중앙정부기관이 여러 주정부의 활동을 감독, 감시, 조정할 수 있도록 하기 위한 것이었다. 매디슨을 포함한 많은 사람은 모든 주법이 발효되기 전에 중앙정부 차원에서 의무적으로 주법에 대해 위헌심사를 행해야 한다고 주장했다. 비록 제헌회의에서 '보편적 부정'이라고 언급된 이 요구 사항은 헌법에 포함되지 않았지만, '최고성 조항'은 연방헌법과 충돌하는 것으로 보이는 주정부의 조치에 대한 위헌심사를 허용했다. 당연히, 연방법원은 의회와 대통령에 대해서보다는 주에 대해 위헌심사권을 더 자주 행사했다 (표 12.2 참조).

1790년 이후 약 1,108개의 주법률과 주헌법 조항이 위헌 판정을 받았다. 주정부의 행위에 대한 위헌심사는 1980년대 후반까지 점점 더 빈번하게 사용되었다. 그 이후로 연방법원이 점점 더 주의 권리와 자치에 대해 존중하게 되면서 그 숫자는 급격하게 감소했다.

대법원과 개인의 권리의 진화

1835년 존 마셜이 사망하자 앤드루 잭슨 대통령은 태니(Roger B. Taney)를 마셜의 후임으로 임명했다. 잭슨, 태니, 민주당은 마셜 대법원이 초점을 두었던 재산 및 계약에 관한 권리가 지역사회의 더 넓은 권리와 좀 더 양립할 수 있도록 만들려고 했다. 저명한 잭슨주의자 편집인 브라운슨(Orestes A. Brownson)은 민주당의 철학을 다음과 같이 표현했다. "우리는 재산이 사람에게 종속되어야 하며 사람이 재산에 종속되어서는 안 된다고 믿는다."[14]

남북전쟁 이후 공화당이 정권을 잡으면서 재산권, 특히 재산권의 기업 형태가 급격하게 재확인되었다. 법원은 대다수가 재산을 보유하고 계약할 권리가 신성하고 침해할 수 없는 권리라고 믿었기 때문에 재산 규제에 대한 정부의 권리를 대체적으로 거부했다. 1930년대의 대공황으로 인해 민주당이 다시 집권하였으며, 많은 미국인은 경제에 대한 정부의 관리와 개입이 필요하다는 믿음을 갖게 되었다. 프랭클린 루스벨트 대통령은 대법원이 경제에 대한 정부 규제 강화를 허용하도록 압박했다. 1950년대 중반부터 1970년대까지 워렌의 법원과 버거의 법원은 점차 개인의 권리와 자유에 초점을 맞추기 시작했다. 렌퀴스트 법원과 로버츠 법원은 점점 더 많은 성공을 거두면서 개인의 권리에 두었던 초점을 다시 재산권으로 되돌리려고 노력했다.

태니 법원과 주의 권리

태니 법원이 남긴 주된 공헌은 재산권을 근본적으로 손상하지 않으면서 공동체의 권리를 주장한 데 있었다. 이와 관련하여 중요한 판결이 **'찰스 리버 브리지 대 워**

'찰스 리버 브리지 대 워렌 브리지(Charles River Bridge v. Warren Bridge)' 사건(1987년)
대법원은 마셜 법원의 보다 광범위한 재산권 판례를 제한하고, 계약 내 모호성은 재산권을 근본적으로 손상시키지 않으면서 공동체의 권리를 강조하여 공익에 도움이 되도록 해석되어야 한다고 판결했다 (제12장).

렌 브리지' 사건(1837년)의 판결이었다. 매사추세츠주의회는 보스턴 근처 찰스강을 가로지르는 유료 교량에 대한 특허장을 내주었다. 건설 비용이 회수될 때까지만 통행료를 부과하고 그 이후는 무료 사용을 약속하는 두 번째 교량에 대한 제안이 생기자, 찰스 리버 브리지의 소유자는 특허장의 의미를 독점적이며 경쟁자를 금지하는 것으로 이해해야 한다고 주장하며 소송을 제기했다.

태니 법원은 찰스 리버 브리지 회사의 특허장을 독점적인 것으로 이해한다는 것은 민간 회사에게 지역사회의 미래 성장과 발전을 주도하도록 허용하는 것이라고 판결했다. 특허장이 명시적으로 독점권을 부여하지 않는 한, 공동체가 경제 발전과 과학 발전을 향유하고 혜택을 누릴 권리를 갖는다. 이와 유사한 판결은 비록 마셜 법원의 판결보다 재산 보호에 있어서 다소 덜 명확했지만, 급속한 경제 발전을 촉진하고 정부가 이를 지도하고 지시할 수 있는 몇 가지 수단을 제공했다.

태니 법원이 남긴 유산의 어두운 측면은 국가의 권리, 더 명백히 말하면 인간의 재산을 보호하는 데 있었다. 실제로 태니 법원은 '드레드 스콧 대 샌드포드' 사건(1857년)의 악명 높은 판결에서 주의 권리와 연방 내 노예의 지위에 관한 남부의 입장을 보호하려고 시도하면서 참담한 수준으로 도를 넘었다. 핵심적으로, 법원은 흑인은 시민이 될 수 없으며 자유 주와 준주로 옮겨간 노예는 여전히 변함없이 재산이라고 판결했다. 이 결정은 자유 주와 준주가 원하더라도 노예제를 없앨 수 없다는 것을 시사하여 남북전쟁의 발발에 커다란 영향을 미쳤다.

'산타클라라 카운티 대 서던퍼시픽철도(Santa Clara County v. Southern Pacific Railroad)' 사건(1886년)
법원은 수정헌법 제14조의 '사람'이라는 단어를 법인에도 똑같이 적용하도록 해석했다. 계약을 체결할 수 있는 실질적인 권리도 이 결정에 기초했으며, 이후 정부의 사업 규제를 철폐하기 위한 명분으로 사용되었다.

미국 연방대법원장 로저 태니의 후손인 찰스 태니 3세가 드레드 스콧 사건 판결 160주년에 드레드 스콧의 후손인 린 잭슨에게 사과하고 있다. 이 행사는 2017년 3월 6일 메릴랜드주 아나폴리스에서 열렸다.

자유방임과 재산권

남북전쟁의 결말은 주에 대한 중앙정부의 권력에 관한 문제를 해결하는 동시에 기업 재산의 권리를 재확인했다. 산업자본주의는 남북전쟁의 수요로 인해 엄청나게 성장했다. 북부 경제가 극적으로 팽창하는 동안에도 대법원은 민간 기업을 규제하는 정부의 권한을 심각하게 제한하는 헌법 해석을 내놓았다. 처음에는 새로 해방된 노예의 권리를 보호하기 위해 통과시킨 수정헌법 제14조를 정부 규제로부터 사유재산을 거의 완전하게 보호하기 위한 것으로 해석했다.

'산타클라라 카운티 대 서던퍼시픽철도' 사건(1886년)에서 법원은 수정헌법 제14조의 '인격'이라는 단어가 법인과 개인에게 동일하게 적용되며, 따라서 법인도 개인과 마찬가지로 동일한 적법 절차 및 평등한 보호의 혜택을 누린다고 판결했다.[15] 법원은 정부 규제에 대한 대부분의 시도가 **실질적인 적법 절차** 위반임을 선언함으로써, 즉 단순한 규제 시도가 재산 소유자의 적법 절차 권리를 침해한다고 판결함으로써 시장의 자유로운 운영을 보호하려고 했다.

재산권에 대한 관심이 높아지면서, 이전 노예에게 부여한 민권에 대한 관심이 줄어들었다. 남북전쟁 직후 통과된 수정헌법 제13조, 제14조, 제15조는 흑인의 시민적, 정치적 권리에 대한 연방정부의 보호를 약속하는 것처럼 보였다. 그러나 통과된 지 10년도 지나지 않아 법원을 포함한 연방정부는 사실상 시행을 포기했다. 1880년부터 1930년까지의 기간에는 재산권이 강화되고 민권, 특히 흑인의 민권이 급격하게 약화 되었다.

아홉 명의 노인과 시의적절한 전환

1933년 초 프랭클린 루스벨트(Franklin D. Roosevelt)가 대통령직에 취임했을 당시 연방판사의 78%와 대법관 9명 중 6명이 공화당 소속이었고, 이들 대부분은 자유방임경제에서 사유재산을 법적으로 확실하게 보호하는 데 전념했다. 그럼에도 불구하고, 대공황의 암울한 현실로 인해 자유방임경제와 정부의 불개입 논리에 대해 꾸준히 의문이 제기되었다.

1935~1936년 대법원 회기에 판사들은 루스벨트 대통령의 대공황에 대한 대응조치의 두 가지 핵심 내용인 「국가 산업 회복법」과 「농업 지원법」을 포함하여 10개의 행정 법안을 무산시켰다.[16] 대통령의 반응은 신속하고 격렬했다. 루스벨트 대통령은 "우리는 … 국가로서 헌법을 대법원으로부터 구하기 위해 조치를 취해야 하는 시점에 도달했다"라고 선언했다.[17] 좀 더 고분고분한 판사들로 대법원을 '채우려는' 루스벨트 대통령의 시도는 실패했지만, 일부 성가신 판사들을 은퇴시켰고 다른 판사들도 좀 더 고분고분한 입장으로 바뀌었다. 1937년에서 1943년 사이에 프랭클린 루스벨트는 8명의 새로운 대법관을 지명하여 손쉽게 상원의 승인을 받았다.

새로운 대법원은 전 대법관 홈즈(Oliver Wendell Holmes)와 브랜다이스(Louis Brandeis)가 옹호했던 사법소극주의 전통을 따랐다. 두 사람 모두 대법원은 국민이 선출한 의회의 의원과 백악관의 업무를 방해해서는 안 된다고 주장했고, 루스벨트 행정부도 이에 대해 확실히 동의했다. 새로운 대법원은 경제를 안정시키고 관리하기 위해 입안된 광범위한 새로운 연방정부 프로그램에 대해 합헌 판정하였다. 1937년 이후 대법원은 연방 경제 규제 문제에 거의 개입하지 않았다.[18]

개인의 권리와 자유의 확대

1953년 대법원장 자리에 워렌(Earl Warren)이 임명되면서 새로운 시대가 열렸다. 워렌은 법학자나 현직 판사라기보다는 뛰어난 정치지도자이자 전 캘리포니아

실질적인 적법 절차(substantive due process)
19세기 후반 대법원 학설은 재산을 규제하려는 대부분의 시도가 적법 절차 위반이라고 주장한다.

주지사였다. 그는 대법원을 사법소극주의와 행정부와 입법부 등 정부의 정치적 부처에 복종이라는 뉴딜 입장으로부터 개인의 권리와 자유를 옹호하거나 심지어 요구하는 입장으로 탈바꿈시켰다.[19]

워렌 법원은 언론, 출판, 종교의 자유, 참정권과 경제적 기회를 평등하게 누릴 수 있는 소수자의 권리, 변호인의 조력과 공정하고 신속한 재판을 받을 수 있는 피고인의 권리, 입법부와 행정위원회와 이사회에서 적법한 절차를 밟을 수 있는 시민의 권리 등 다양한 영역에서 개인의 권리를 확대하는 일련의 극적인 판결을 내렸다. 많은 사람은 워렌 대법원이 민권이나 피고인의 권리와 같은 영역에서 너무 빨리 앞서 나가고 있다고 느끼게 되었다.

1969년 얼 워렌의 사임으로 닉슨(Richard Nixon) 대통령은 그의 후임자를 지명할 기회를 얻었다. 새로운 대법원장이 워렌 법원의 진보적인 계획 중 일부를 철회하는 방향으로 대법원을 이끌기를 희망하던 공화당과 남부 보수주의자들은 대법원장으로 워렌 버거(Warren Burger)의 지명과 상원의 인준에 고무되었다. 버거는 13년 동안 컬럼비아 특별구 순회 항소법원에서 근무한 보수적인 법학자였다.

하지만, 버거 대법원이 대단히 보수적일 것으로 기대했던 사람들은 실망했다. 버거 대법원은 워렌 대법원의 주요 결정을 단 하나도 번복하지 않았으며, 사실 버거 대법원은 워렌 대법원의 유산에 문제를 제기하기보다는 통합에 노력을 기울였다. 버거 대법원은 차별철폐조치 프로그램을 지지했고, 낙태 서비스를 받을 수 있는 여성의 권리를 인정했으며, 범죄로 기소된 사람들이 변호인을 도움을 받을 권리와 자기 부죄를 거부할 권리를 확대했다.

현대 사법적 보수주의의 아버지

'로 대 웨이드(Roe v. Wade)' 사건(1973년)
이 획기적인 결정으로 법원은 여성의 사생활 보호에 대한 기본권을 침해를 이유로 낙태에 대한 접근을 규제한 텍사스 법률을 무효화했다.

'웹스터 대 생식 건강 서비스 (Webster v. Reproductive Health Services)' 사건(1989년)
법원은 문제가 된 모든 낙태에 대한 규제를 지지하면서 그러한 규제가 여성의 낙태를 금지하는 것이 아니라 출산 장려에 대한 국가 이익을 상당히 증진시켰다고 결론지었다. 삼분기(trimester) 분석이 기각되었지만, '로 대 웨이드' 판결은 번복되지 않았다.

렌퀴스트(William Rehnquist)는 33년 동안 대법원에서 일했으며, 그중 마지막 18년은 대법원장으로 재직했다. 1972년 닉슨 대통령이 대법관으로 임명했고, 1986년 레이건 대통령이 대법원장으로 승진 임명했다. 그는 2005년에 사망했다. 렌퀴스트가 남긴 유산은 의회와 행정부에 대항하여 사법부의 역할을 강화하면서 연방정부의 범위를 제한한 것이다. 그는 법원이 경찰의 역할을 강화하고, 유죄판결자의 항소권을 제한하고, 종교적 학교에 대한 간접적인 정부의 재정 지원을 허용하고, 미국 연방주의에서 주의 역할을 옹호하도록 독려했다.[20]

렌퀴스트 대법원은 기존의 판결을 번복할 수 없었던 학교 기도 금지, 차별 철폐조치, 동성애자 권리, 낙태 서비스를 받을 여성의 권리 등을 제한하려고 했다.[21] 예를 들어, 렌퀴스트 판사가 대법관으로 취임한 첫해 판결한 **'로 대 웨이드' 사건**(1973년)은 특히 임신 초기에 낙태를 선택할 수 있는 여성의 권리를 확립했다. 법원이 더욱 보수적으로 변하고 렌퀴스트가 대법원장으로 승진한 직후 **'웹스터 대 생식 건강 서비스' 사건**(1989년)은 낙태 시술 서비스에 대한 접근을 제한할 수 있는 기회를 제공했다. '로 대 웨이드' 사건의 판결을 뒤집지는 못했지만 '웹스터 대 생식 건강 서비스' 판결은 낙태 클리닉을 규제하고, 낙태 시술에 공적자금 및 공공 시설이 사용되는 것을 방지할 수 있는 주정부의 권리를 지지했다.

렌퀴스트 법원이 주요 진보적 판례를 약간 다듬었지만, 완전히 뒤집지는 못한 또 다른 좋은 예가 민권이다. 1973년의 '캘리포니아대학교 대 바키' 사건에서 연방대법원은 인종이 대학 입학의 유일한 기준이 되어서는 안 되지만 하나의 기준으로 사용하는 것을 허용했다. 1995년, 대법원은 고용, 계약, 보조금 수여 등과 같은 정부 결정과 정부 프로그램에서 인종에 기초한 우대는 의심의 여지가 있고 일반적으로 위헌이라고 판결했다. 그러나 렌퀴스트는 차별철폐조치(소수우대정책)를 뒤집을 수 있는 과반수 의견을 결코 확보하지 못했다. 2003년 대법원은 미시간대학교가 입학 기준 중 하나로 인종을 선택할 수 있다고 판결하면서 25년 후에는 더 이상 인종을 적용할 필요가 없게 될 수도 있다는 희망을 표명했다.

윌리엄 렌퀴스트로 인해 의심할 바 없이 최고법원이 우향우한 것은 사실이었지만, 그는 '그가 원했던 만큼 법원과 국가 전체의 우경화를 원하는 대법관을 과반수' 확보하는 데는 실패했다. 그럼에도 불구하고 노틀담 로스쿨 교수 가넷(Richard Gannett)은 "렌퀴스트 대법원장은 대화를 바꾸었다. 그는 제한정부, 연방주의, 원전(原典)주의 등 특정 아이디어를 다시 테이블에 올려놓았다"라고 지적했다.[22]

로버츠(John Roberts)가 대법원장이 되면서 최고법원의 보수화는 더욱 빨라졌다.[23] 로버츠는 하버드 로스쿨을 졸업하고 1980년에 렌퀴스트 대법관 밑에서 서기로 근무한 후 레이건 행정부의 법무부와 백악관 법률고문실에서 근무했다. 조지 W. 부시 대통령은 2005년 오코너(Sandra Day O'Connor) 대법관이 사임을 표하자 로버츠를 후임 대법관으로 지명했다. 렌퀴스트 대법원장이 로버츠의 대법관 인사청문회를 앞두고 직전에 암으로 사망했다. 로버츠에 대한 지명은 대법관에서 대법원장으로 바뀌었고, 오코너는 두 번째 대법관 지명이 이루어져 상원의 인준이 끝날 때까지 대법원에 남기로 동의했다.

로버츠는 2005년 9월 상원 표결에서 78대 22로 인사청문회를 통과했다. 부시 대통령은 오코너의 후임으로 알리토(Samuel Alito)를 지명했다. 알리토는 미국 제3순회항소법원에서 15년간 일했기 때문에 매우 박식했지만, 로버츠에 비해서는 원만하지 못하고 인품이 떨어졌다. 상원과 진보적 이익단체들이 더욱 단호하게 반대하고 나섰음에도 불구하고 알리토는 2006년 2월에 상원 표결에서 58대 42로 인준을 받았다.

로버츠 법원은 시작은 느렸지만, 곧 신속한 추진력을 과시했다. 2005~2006년 회기에서는 대부분의 초기 결정이 만장일치로 이루어졌지만 회기가 진행되면서 행정권 문제가 발생했으며, 그로 인해 의견의 분열, 격렬한 논쟁, 날카로운 표현 등이 촉발되었다. 2006~2007년 회기에서는 공립학교의 자발적 통합 계획을 허용할지 아니면 뒤집을지 여부 문제를 포함하여 훨씬 더 분열적인 문제를 다루었다. 로버츠 대법원장은 5대 4로 심하게 분열된 대법원의 판결문에서 학군(교육구)이 학교 통합을 유지하기 위해 인종을 이용할 수 없다고 선언했다. 로버츠는 아무리 좋은 명분일지라도 차별은 나쁜 명분의 차별과 마찬가지로 합법적이지 않다고 이유를 밝혔다. 그는 "인종에 기초한 차별을 멈추는 방법은 인종에 기초한 차별을 멈추는 것"이라고 썼다.[24] 2007~2008년 회기는 무기 소지 권리를 다룬 재판이 가장 중요했다. 스칼리아(Antonin Scalia) 대법관이 주도하여 5대 4로 다수의견의 보수적 대법관들은 최초로 수정헌법 제2조의 무기 소지 권리가 민병대 복무와 관련된 집단적 권리가 아니라 개인의 권리라고 판결했다.[25]

2008~2009년 회기에서 로버츠 대법원장은 투표권, 고용, 형사절차 등을 다룬 다양한 사건에서 법원을 계속 우경화시켰다. 2009~2010년 회기의 첫 번째 큰 판결은 시민연합(Citizens United) 사건이었다. 연방대법원은 개인과 마찬가지로 기업과 노조 역시 선거운동에서 표현의 자유를 갖는다고 판단하여 수십 년 동안 유지되던 선거운동 자금법을 뒤집었다. 공화당은 환호했고, 민주당은 비명을 질렀다. 케네디(Anthony Kennedy) 대법관은 5대 4로 법원에 제출한 판결문에서 다음과 같이 서술했다. "수정헌법 제1조는, 만약 효력이 있다면, 의회가 단순히 정치적 발언을 했다는 이유로 시민이나 시민단체를 벌금형에 처하거나 구금하는 것을 금지한다." 소수의견을 대표해서 작성한 글에서 스티븐스 대법관은 다음과 같이 선언했다. "의회가 정치 영역에서 기업을 인간 발언자와 똑같이 대우해야 한다는 오늘 발표된 판결은 법의 급격한 변화를 보여준다. 법원의 결정은 여러 세대 동안 유지된 미국인들의 견해와 전쟁을 벌이고 있다."[26]

많은 관측통들은 법원이 점점 더 당파적으로 양극화가 되는 것에 대해 우려를 표명했다. 특히 존 로버츠 대법원장을 비롯하여 모든 대법관은 법원의 정당성과 대중적 지지가 당파주의로 간주되는 것에 달려 있다는 것을 알고 있었기 때문에 당파적 동기를 강력하게 부인했다. 학자들과 대중이 점점 더 당파주의가 법원을 움직이고 있다고 확신하는 것처럼 2014~2015년 회기에서는 일련의 진보적인 판결이 내려졌다. 4명의 대법관으로 구성된 견고한 진보파, 5명의 대법관으로 구성된 분열된 보수파, 그리고 당파성에 대한 비판을 차단하려는 로버츠 대법원장의 열망은 일련의 진보적 판결이 나온 이유를 설명하는 데 도움이 된다. 임기 중 가장 중요한 두 가지 사건이었던 오바마케어와 관련한 '킹 대 버웰' 사건과 동성결혼에 관한 '오버지펠 대 호지스' 사건에서 진보적 대법관들이 표결에서 승리했다. 오바마케어에 대한 두 번째 주요 위헌법

앤서니 케네디 대법관은 종종 9명으로 구성된 미연방대법원의 부동표였다. 케네디는 2018년 은퇴했다.

률심판 청구에서 로버츠 대법원장과 케네디 대법관 모두 진보적 대법관들의 편을 들어주었고, 케네디 대법관은 동성 결혼 사건에서 또다시 그렇게 했다.[27]

2017년 고서치(Neil Gorsuch)와 2018년 캐바나(Brett Kavanaugh) 등 두 명의 새로운 대법관이 임명되면서 보수적 대법관들이 다시 다수를 형성하게 되었고 심지어 이전에 비해 좀 더 견고하게 결속했다. 그러나 로버츠 대법원장은 정치적 독립성과 재판의 공정성에 대한 법원의 평판이 위험에 처해 있다고 걱정하였고, 법원을 당파적으로 설명하는 주장에 반대했다. 실제로 트럼프 대통령이 '오바마 판사들'을 비난했을 때, 로버츠 대법원장은 "우리는 민주당원이나 공화당원으로 일하지 않는다"고 말했다.[28] 어떤 의미에서 트럼프가 분명히 옳았고, 많은 판사들이 정치적으로 이념적으로 보수나 진보, 어느 한쪽으로 기울어져 있는 것 같지만, 로버츠는 만약 국가가 대법관들을 정치적이라고 간주하는 경우 대법원에 피해가 올 것이라는 점을 알고 있다. 로버츠 대법원장은 상원에서 트럼프 대통령의 탄핵 재판을 주재하기 불과 몇 주 전에 연방 사법부 현황에 관한 연례 보고서를 통해 법치와 시민교육에 대한 국가적 헌신을 다시 한번 강화할 것을 촉구했다. 로버츠는 사법부의 동료 판사들에게 "두려움이나 편애 없이 재판해야 할 우리의 의무를 되새기고 … 우리는 법에 의한 평등한 정의에 대한 엄숙한 의무를 충실히 수행하고 있다는 대중의 신뢰에 부응하기 위해 각자 최선을 다해야 한다"라고 촉구했다.[29]

도널드 트럼프의 임기가 거의 끝날 무렵에 배럿(Amy Coney Barrett)을 서둘러 지명하고 인준하면서 대법원은 보수적 성향 대법관들이 확고하게 다수를 점하게 되었고 더욱 대담하게 되었다. 2020~2021년 회기 대부분 동안 명백하게 6 대 3으로 우위를 점한 보수파 다수는 조용했고, 로버츠, 캐버노, 배럿이 때때로 진보파에 합류하기도 했지만, 이 회기 후반에 보수파는 주정부에게 투표권을 제한할 수 있는 재량권을 새롭게 부여했고 2021~2022년 회기 동안 블록버스터급 임신 중지권 및 총기 권리 사건을 본격적으로 심리했다.

2021~2022년 회기는 정말로 놀랄만했다. 17년간 대법원장직을 수행한 로버츠 대법원장은 대법원을 통제하지 못하게 되었을 뿐 아니라, 로버츠 대법원장보다 더 보수적인 보수 성향의 대법관 5명이 거의 100년 만에 가장 보수적인 회기를 만들었다. 법원은 임신 중지권, 총기권, 환경 규제, 종교적 권리 등에 관한 중요한 판결을 했고, 이는 모두 관련 법률을 좀 더 보수화하는 방향으로 바꾸어놓았다. 가장 극적인 판결은 기존의 '로 대 웨이드' 판결을 파기하고 낙태에 대한 통제 권한을 개별 주에 되돌려준 것이었다. 법원은 또한 집 밖에서 총기를 소지할 수 있는 권리를 확대했고, 연방정부의 규제 재량권과 권한을 축소했으며, 공공 생활에서 종교의 역할을 확대했다.

미국인들은 백악관과 의회의 정치인들이 당파 싸움을 벌일 것을 당연한 일로 예상했지만, 미국인들은 연방 법관들, 특히 미국 최고법원의 연방 대법관들에 대

'셸비 카운티 대 홀더(Shelby County v. Holder)' (2013년)
연방대법원의 위헌결정으로 '사전 승인' 조항을 포함하여 1965년 민권법의 중요한 요소들이 효력을 잃었다. 법원은 사전 승인 조항이 적용되는 주를 결정하는 데 사용된 데이터가 오래되었다고 주장했다.

'미국 대 윈저(United States v. Windsor)' (2013년)
법원은 결혼을 한 남자와 한 여자 사이로만 규정한 「결혼보호법」이 동성애자의 평등한 자유를 보호하는 수정헌법 제5조에 반한다고 위헌결정을 내렸다.

해서는 헌법과 법치를 존중하고 옹호하기를 기대한다. 미국인들은 대법관들이 항상 이러한 높은 기준을 충족하는 것은 아니라는 것을 알고 있지만, 대법관들은 대중의 신뢰를 잃으면 자신들의 역할과 영향력이 위태로워진다는 것을 익히 알고 있다. 강경파 대법관들이 기관에 해를 끼치지 않도록 제지하는 일은 로버츠 대법원장의 몫이다.[30]

연방법원제도의 구조

연방헌법 제3조 1항은 연방 사법제도의 구조와 권한을 개괄하고 있다. "합중국의 사법권은 1개의 연방대법원에, 그리고 연방의회가 수시로 제정 설치하는 하급법원들에 속한다"라고 규정하고 있다. 이 조항은 의회가 대법원 구성을 구체화하고 하급법원 제도를 수립할 것이라고 분명히 가정했다. 현재 연방법원체계는 미국 지방법원이 맨 아래에, 미국 항소법원이 중간에, 미국 대법원이 최상위에 위치하는 3개 층으로 구성된다.

Q3 미국의 법원제도에서 연방대법원의 위치는?

제3조 2항은 연방법원의 사법권은 "본 헌법과 합중국 법률과 그리고 합중국의 권한에 의하여 체결되었거나 체결될 조약으로 인하여 발생하는 모든 보통법상 및 형평법상의 사건에 미친다"라고 규정하고 있다. 연방법원에 제소되는 사건 대부분은 세 가지 범주로 나눠진다. 정치학자 바움(Lawrence Baum)은 이러한 범주를 다음과 같이 설명한다. 즉 "첫 번째는 헌법을 포함하여 연방법률에 따라 발생하는 형사 및 민사 사건이다. … 두 번째는 미국정부가 당사자인 사건이다 … 세 번째는 문제의 금액이 최소 7만 5,000달러 이상인 경우로 다른 주의 시민이 관련된 민사 사건이다."[31]

연방 하급법원

연방법원제도에서 하급법원은 미연방지방법원과 제한적인 관할권을 가진 많은 특별법원으로 구성된다. **지방법원**은 연방법원제도의 주요 재판법원이다. 특별법원은 조세, 파산, 군사법 등 명확하게 규정된 관할 사건을 심리한다.

지방법원(district courts)
연방 사법제도의 94개 일반 재판법원.

지방법원. 지방법원은 연방법원제도 내에서 대부분의 사건을 심리할 수 있는 권한을 가지고 있다. 26개 주에는 지방법원이 하나씩 있고, 더 크고 인구가 많은 일부 주에는 무려 4개의 지방법원이 있다. 미국 50개 주, 컬럼비아 특별구, 미국령 등에 총 94개의 미연방지방법원이 있다. 2021년에 지방법원은 약 34만 4,567건의 민사사건과 9만 2,618건의 형사사건을 처리했다.[32] 2005년 의회의 파산 개혁 통과 이후 파산법원의 처리 건수는 사람들이 기한을 넘기려고 노력하면서 2005년 120만 건에서 2006년 60만 건으로 급격하게 감소했다. 2007년에 소폭 증가한 후 2008~2009년 경기침체로 인해 2012년까지 매년 100만~150만 건의 파산이 발생했다. 경제가 회복되면서 파산 건수는 2019년 77만 6,674건, 2021년 43만 4,540건으로 감소했다.

지방법원의 사건은 대부분 1명의 판사가 단독으로 심리한다. 각 지방법원에는 최소 2명의 판사가 있고, 일부 지방법원에는 최대 28명의 판사가 있다. 전체 94개 지방법원에 총 673명의 연방 지방법원 판사들이 일하고 있다. 추가로 500명의 퇴직 판사 또는 은퇴하여 퇴직급여 전액을 받을 자격이 충분한 선임 판사들이 계속해서 전일제 또는 시간제로 일하고 있다. 흔히 중요하고 신속한 처리가 요구되는 매우 적은 수의 사건들은 두 명의 지방법원 판사와 한 명의 항소법원 판사로 구성된 특별 3인 재판부가 심리한다. 지방법원 판사들의 연간수입은 21만 900달러이다.

특별법원. 헌법 제1조 8항에 따라 의회는 "연방대법원 아래에 하급법원을 조직"할 수 있는 권한을 부여받았다. 이러한 의회가 필요에 따라 법률로써 설치한 법원(legislative courts)에는 미국 조세 법원, 미국 군사 항소법원, 영토 법원, 미국 재향군인 항소법원 등이 포함된다. 또한, 각 지방법원에는 파산판사, 치안판사라고 불리는 특별 입법 판사를 두고 있다. 파산판사는 해당 분야의 전문 업무를 처리한다. 지방판사가 임명하는 치안판사는 재판 전 움직임을 돕고, 일상적인 문제를 결정하며, 경미한 민사, 형사 사건을 심리하고 판결한다.

항소법원

연방법원의 역사 첫 100년 동안 지방법원 판결에 대한 항소는 한 명의 연방대법원 판사와 두 명의 지방법원 판사로 구성된 3인 재판부에 의해 심리되었다. 1891년이 되어서 지방법원과 대법원 사이 중간에 공식적인 미국 항소법원 구조가 추가되었다. 현재 13개의 미국 **항소법원**이 있다. 12개는 미국의 특정 지역을 관할한다. 마지막 13번째는 조세, 특허, 국제무역 사건을 관할하는 미국 연방 순회 항소법원이다 (도표 12.1 참조). 각 항소법원에는 업무량에 따라 6명에서 29명의 판사가 있으며, 2021년에는 총 179명의 판사가 항소법원에서 일했다. 일반적으로 판사는 3명이 하나의 재판부를 구성하여 사건을 심리하며, 2명이 정족수이다. 때때로 중요한 사건의 경우 항소법원에 배정된 모든 판사가 단일 재판부를 구성하여 재판에 참여한다. 항소법원 판사의 수입은 23만 6,900달러이다.

항소법원의 목적은 지방법원이 내린 결정을 검토할 수 있는 법정을 제공하는 데 있다. 비록 법과 사실의 문제가 때때로 분리하기 어렵지만, 항소는 일반적으로 사실이나 사실의 해석보다는 절차와 법 규칙의 적용에 대한 문제를 다룬다. 항소법원은 또한 조세 법원, 연방 청구 법원, 재향군인 항소법원, 특정 연방 기관 등의

항소법원(courts of appeals)
연방 사법제도의 중간 수준을 구성하고 연방 지방법원에서 재판받은 사건의 항소를 심리하는 13개 법원.

도표 12.1 순회항소법원의 경계도

컬럼비아 특별구 순회항소법원
제1순회항소법원
제2순회항소법원
제3순회항소법원
제4순회항소법원
제5순회항소법원
제6순회항소법원
제7순회항소법원
제8순회항소법원
제9순회항소법원
제10순회항소법원
제11순회항소법원

판결 및 결정에 대한 항소도 심리한다. 2019년 항소법원은 4만 8,486건의 사건을 처리했다.

미연방대법원

미연방대법원(Supreme Court)
미연방 사법제도의 최고법원 또는 최종심(=최후의 수단) 법원.

미연방대법원은 세계에서 가장 강력한 사법 재판소이다. 역사적으로 연방법원은 우리사회가 직면한 가장 중요하고 종종 가장 논란이 되는 문제들을 때로는 성공적으로, 때로는 그렇지 못하게 다루어 왔다. 지난 반세기 동안 대법원은 민권, 참정권, 성조기 소각, 낙태, 그리고 이에 못지않게 중요한 그 밖의 수많은 논쟁적 사안의 정책에 대해 판단해 왔다. 격렬한 논쟁을 불러일으킨 2000년 대통령선거에서 마침내 연방대법원이 싸움을 끝내기 위해 개입했고, 어떤 사람들은 직접적으로 또 다른 사람들은 간접적으로 연방대법원이 조지 W. 부시의 손을 들어주었다고 말했다.

비록 연방대법원이 노골적으로 정치적인 것은 아니지만, 즉 의회정치의 특징인 주고받는 거래를 통해 대법원의 결정이 내려지지는 않지만, 우리 사회 대부분의 주요 갈등을 둘러싸고 싸우는 사람들은 결국 어느 시점에서는 연방대법원의 판단을 구한다. 2020년 회기에 소송 당사자들이 약 5,307건의 사건과 청구를 연방대법원에 제출했다. 연방대법원은 이 중 69건에 대해서만 상고를 허용했다. 연방대법원 대법관들은 27만 4,200달러를 받고, 대법원장은 28만 6,700달러를 받는다.

대법관들은 강의료, 강연 사례금, 출판 인세 등을 통해 자신의 수입을 어느 정도 보충할 수 있다. 대법관은 강의료, 즉 보통 로스쿨 여름학기 강의료와 강연 사례금으로 연간 최대 25,000달러까지 벌어들일 수 있다. 출판 인세에 대해서는 제한이 없으며, 일부 대법관과 연방판사들은 인세를 통해 상당한 수입을 올린다.

미연방대법원은 원심 재판 관할권과 상고심 재판 관할권 모두 가지고 있다. 그러나 미연방대법원은 헌법 제3조 2항에 명시된 **원심 재판 관할권**을 평균적으로 일 년에 한 번 미만, 또는 1789년 이후 약 200회 정도만 행사했다. 대법원의 **상고심 재판 관할권**은 연방 문제가 쟁점일 때 최종심으로 미국 항소법원, 미국 지방법원, 특별 입법 법원, 영토 법원, 주법원의 결정에 대해 감독 및 검토할 책임에서 비롯된다 (도표 12.2 참조).

1988년 이래로, 대법원은 심리하여 해결할 사건의 선택에 있어 거의 완전한 재량권을 가지고 있다. 관찰자들은 대법원이 업무량을 대폭 줄이는 데 재량권을 행사하고 있다고 불만을 토로한다. 1985년에 대법원은 146개의 서명된 의견서를 공개했다.* 2000년에 이르러 서명된 의견서의 수는 70년대 중반 수준으로 감소했다. 2020년 회기에는 서명된 의견서가 55개에 불과했다.

원심 재판 관할권(original juris-diction)
헌법 제3조에 명시된 대법원의 의무적 관할.

상고심 재판 관할권(appellate jur-isdiction)
상급법원이 하급법원으로부터 상고된 사건을 심리할 수 있는 실질적인 범위.

* 역자 주
미 연방대법원의 판결은 대법관 9명의 과반수 표결로 결정되지만, 표결 자체가 공식 판결로 간주되지 않고, 궁극적으로는 대법관들의 표결 의견서 서명으로 확정된다.

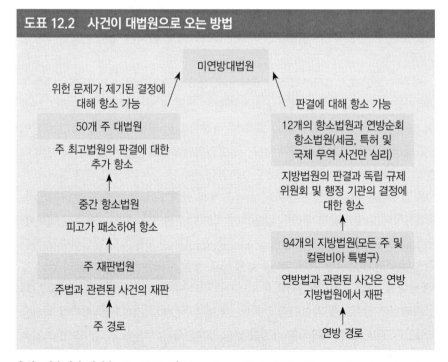

도표 12.2　사건이 대법원으로 오는 방법

미연방대법원

위헌 문제가 제기된 결정에 대해 항소 가능

50개 주 대법원

주 최고법원의 판결에 대한 추가 항소

중간 항소법원

피고가 패소하여 항소

주 재판법원

주법과 관련된 사건의 재판

주 경로

판결에 대해 항소 가능

12개의 항소법원과 연방순회 항소법원(세금, 특허 및 국제 무역 사건만 심리)

지방법원의 판결과 독립 규제 위원회 및 행정 기관의 결정에 대한 항소

94개의 지방법원(모든 주 및 컬럼비아 특별구)

연방법과 관련된 사건은 연방 지방법원에서 재판

연방 경로

출처: 다음에서 재인용, David M. O'Brien, *Storm Center: The Supreme Court in American Politics*, 10th ed. (New York: Norton, 2017), 169.

상고이유서(writ of certiorari)
상급법원에서 사건을 심리해달라고 정식으로 요청하는 데 사용하는 사법적 수단.

4인의 규칙(rule of four)
사건이 미연방대법원에서 상고심으로 심리되기 위해서는 4명의 대법관이 상고이유서의 수리에 동의해야 한다.

구술 변론(oral argument)
미연방대법원의 상고심 재판에서 서로 다투는 양측 변호인들이 자신의 법적 주장을 구두로 진술할 수 있는 기회이다.

변론요지서(briefs)
사건의 변호인이 준비한 서면 변론으로, 관련 법률에 대한 자신의 견해와 법률에 따라 내려져야 할 결정을 개괄적으로 설명한다.

참고인 의견서(amicus curiae brief)
사건에 직접 연루된 사건 당사자는 아니지만 사건에 이해관계가 있는 당사자가 법원에 제출한 의견서. Amicus curiae는 "법원의 친구"라는 뜻의 라틴어이다.

의견(opinion)
법원의 서면 판결 또는 결정.

미연방대법원은 주로 항소법원 간에 해석의 차이가 발생했을 때 특정 사건에 대한 상고를 받아들인다. 대부분의 사건은 **상고이유서**(사건 이송 명령), 즉 대법원이 심리할 사건을 제출하라고 하급 법원에게 지시하는 명령을 통해 연방대법원으로 넘어온다. 매년 회기마다 대법관의 법률 서기들은 연방대법원에 제출된 수천 건의 상고이유서를 심사하고 어떤 사건이 흥미롭고 중요한 연방 및 헌법 문제를 제기하는지 대법관에게 조언한다. **4인의 규칙**에 따르면 어떤 한 사건에 대한 상고이유서가 수리되고 대법원이 심리에 들어가기 위해서는 4명의 대법관의 동의가 필요하다.

미국 대법원은 10월 첫 번째 월요일부터 매년 한 차례의 회기를 갖는다. 이 회기는 법원이 구술 변론을 듣고 사건을 결정하는 약 2주간에 걸친 일련의 개정기와 대법관들이 법률 조사 및 판결문 작성을 하는 2주 또는 그 이상의 휴정기로 나뉜다. 주어진 사건을 논의하기 위해 대법관들은 개정기에는 협의회의를 열고, 휴정기에는 가끔 회의한다. 5월 중순 이후에는 대법원은 더 이상 새로운 사건을 심리하지 않으며, 판결을 선고하기 위한 공식 회의만 연다.

개정기에는 월요일부터 수요일까지 점심시간 한 시간을 빼고 오전 10시부터 오후 3시까지 변론이 진행된다. 각 사건에는 일반적으로 1시간의 시간이 주어지며, 소송 당사자 양측에 균등하게 시간이 주어진다. **구술 변론**에 앞서 판사는 소송 당사자의 **변론요지서** 또는 서면 변론과 사건의 공식 당사자가 아닌 이해관계자 또는 단체가 작성한 **참고인 의견서**(법정 조언자 소견)를 읽는다. 그런 다음 판사는 서면 변론 및 구술 변론에서 제시된 법적 주장과 논리에 대해 변호인에게 질문한다.

매주 수요일 오후 3시부터 오후 6시까지, 금요일 오전 10시부터 오후 6시까지, 대법관들은 협의회의 또는 비공개 회의를 열고 그 주에 심리한 사건에 대해 논의한다. 대법원장은 이러한 토론을 주도하며, 쟁점이 되는 질문의 구성을 통해 토론의 결과에 영향을 미치려고 노력할 수 있다. 협의회의에서 토론과 대법관들의 예비 표결 이후, 대법원장은 만약 자신이 다수의견에 속하는 경우 자신이 직접 판결문 초안을 집필하는 임무를 맡거나 아니면 다른 동료 한 명을 지정하여 그 일을 시킨다. 대법원장이 다수의견에 속하지 않은 경우에는 다수의견에 속한 대법관 중에서 경력이 가장 오래 된 선임 대법관이 그 임무를 맡는다. 대법원장 및 대법원장과 가까운 선임 대법관 일부가 다른 대법관들에 비해 가장 중요한 사건을 더 많이 맡고 있지만, 대법원의 업무는 일반적으로 대법관들 사이에 매우 균형 있게 분배되고 있다

대법원의 판결문을 **의견**이라고 한다. 각 대법관은 매회기마다 5~8개의 의견을 작성한다. 의견을 작성하도록 지명된 판사는 초안을 작성하여 의견, 제안, 조언을 받기 위해 다른 대법관들에게 회람한다. 충분한 수의 판사가 그 의견을 해당 사건에 대한 법원의 최종적인 의견으로 채택하기 전에 여러 개의 초안이 작성되고 회

람될 수 있다. 법원의 결정에 대해 9명의 대법관은 각자 다양한 수준 및 다양한 종류의 지지 또는 반대를 표명할 수 있다.

법정 의견 초안 작성을 맡은 대법관 개인은 만장일치의 의견, 즉 각각의 모든 대법관들이 동의하고 서명할 수 있는 의견을 제시하기를 희망한다. 그러나 그것이 항상 가능하지는 않다. 다수의견은 대법관 전원이 아니지만 법원의 과반수가 승인하고 서명한 의견이다. 소수의견은 다수를 구성하기에는 충분하지 않은 여러 구성원이 다수의견보다 더 나은 의견을 제시하는 것이다. 마지막으로, 개별 대법관은 다른 대법관이 채택할 의사가 있는 관점과 다소 차이가 있는 의견을 제시할 수 있다. 동의의견은 법원의 다수의견의 기본 취지에 동의하거나 이를 수용하지만 다수의견에 대해 다소 다른 근거를 제시하기를 원하는 대법관이 작성한다. 반대의견은 다수의견에 명시된 법원의 판단에 동의하지 않고 반대하는 이유를 설명하려는 대법관에 의해 작성된다.

대법원의 심의 결과는 통상 원심을 **확정**하거나, 원심을 **파기**하거나, 사건을 다시 하급심으로 **환송**하여 추가 심의를 요구하는 것이 일반적이다. 대법원이 원심의 판결을 지지하는 경우에는 원심이 확정되었다고 한다. 만약 대법원이 원심을 파기한다면 이는 대법원이 현 수준에서 그 결과에 전체 또는 부분적으로 동의하지 않고 그 결과가 어떠했어야 하는지 말하는 것을 의미한다. 마지막으로 대법원은 사건을 다시 하급법원으로 환송하여 특정 쟁점을 고려하거나 특정한 구체적인 질문에 집중하도록 요구한다.[33]

마지막으로 언급이 꼭 필요한 또 다른 핵심 행위자는 종종 10번째 판사라고 불리는 미연방정부의 법무부 송무차관(SG: Solicitor General)이다. SG는 행정부에 속한 법무부 소속이기 때문에 대통령이 상원의 인준을 받아 임명한다. SG는 연방법원 및 주법원에서 연방정부를 대표하여 하급법원에서 이긴 승소 사건을 변호하고 하급법원에서 패소한 사건을 상고할지 여부를 결정한다. SG는 단연코 그 누구보다 대법원에 더 빈번하게 출석한다. SG는 법무장관을 거쳐 대통령에게 보고하지만, 일반적으로 대법관들과 가깝고 동료 관계이기 때문에 상당한 독립성을 누리고 있다. 대법원 자체가 정부가 추천하는 사건을 선별하는 데 SG에 의존하며, 정부가 공식 당사자가 아닌 사건에 대해서는 대법원이 종종 'SG의 견해를 요구' 한다.[34]

확정(affirm)
하급법원의 결정을 지지하는 상급법원의 조치.

파기(reverse)
하급법원의 결정을 뒤집는 상급법원의 조치.

환송(remand)
추가 검토를 위해 사건을 하급법원으로 돌려보내는 것.

출처: Fred Schilling/Collection of the Supreme Court of the United States via AP Photo

미연방대법원 대법관들. 왼쪽부터 대법관 에이미 코니 배럿, 대법관 닐 고서치, 대법관 소니아 소토마요르, 대법관 클래런스 토머스, 대법원장 존 로버츠, 대법관 커탄지 브라운 잭슨, 대법관 새뮤얼 알리토, 대법관 엘레나 케이건, 대법관 브렛 캐버노.

법관의 지명과 임명

연방판사를 선출하는 공식 절차는 매우 간단했었다. 약 870명의 현역 연방판사들 각각을 대통령이 지명하고 미국 상원의원 과반수 출석과 과반수 찬성의 표결로 상원의 인준을 받아 임명된다. 일단 인준을 받은 연방 판사들은 "선한 행동을 하는 동안" 직위를 유지하는데, 이는 본질적으로 임기 제한 없는 종신을 의미한다. 왜냐하면 그들은 하원의 어렵고 번거로운 탄핵 절차와 상원의 유죄 판결을 통해서만 공직에서 해임될 수 있기 때문이다.[35]

Q4 1950년대 중반 이후 대법관 지명 및 인준 과정의 분위기와 기조는 어떻게 바뀌었나?

연방 사법부 구성원의 배경

역사적으로 연방판사로 지명된 후보자 중 90% 이상이 자신을 지명한 대통령과 같은 정당 소속이었으며, 3분의 2는 저명한 정치 활동가였다.[36] 절반은 판사 경험이 있었으며, 거의 절반이 하급 판사로 재직했다. 연방판사로 지명된 사람의 거의 90%가 남성이었고, 거의 90%가 백인이었다. 두 수치 모두 천천히 감소하고 있다 (표 12.3 참조).

대통령이 지명한 판사 후보자 대부분이 상원의 인준을 받는다. 연간 약 45~50명의 법관이 대통령의 지명과 상원의 인준을 받아 연방판사로 임명된다.

표 12.3 존슨 대통령부터 바이든 대통령까지 연방판사 임명의 인구통계학적 특성

대통령	정당	백인 (%)	흑인 (%)	히스패닉 (%)	아시아인 (%)	여성 (%)
존슨	민주당	93.4	4.1	2.5	0.0	1.6
닉슨	공화당	95.5	3.4	1.1	0.0	0.6
포드	공화당	88.5	5.8	1.9	3.9	1.9
카터	민주당	78.2	13.9	6.9	0.5	14.4
레이건	공화당	92.2	2.1	4.8	0.7	8.3
부시 I	공화당	89.2	6.8	4.0	0.0	19.6
클린턴	민주당	75.1	17.4	5.9	1.3	28.5
부시 II	공화당	81.2	6.9	10.3	1.5	20.7
오바마	민주당	64.0	18.4	10.8	6.4	41.2
트럼프	공화당	83.6	4.0	4.0	5.8	24.3
바이든	민주당	34.7	24.0	17.3	13.3	75.0

출처: Harold W. Stanley and Richard G. Niemi, *Vital Statistics on American Politics, 2015-2016*, Washington, D.C.: CQ Press, 2015, 280-281. 또한, 다음 참조. John Gramlich, "Biden Has Approved more Federal Judges Than Any President Since JFK at This Point in His Tenure," Pew Research Center, August 9, 2022.

대통령은 누구를 지명하느냐에 따라 연방 사법부의 중요한 부분을 다르게 구성할 수 있는 기회에 직면한다. 더욱이 백악관의 주인이 다른 정당 소속의 대통령으로 바뀌면 상대적으로 몇 년 안에 사법부의 이념적 색채가 크게 바뀔 수 있다.

여러 해 동안 공화당이 집권한 후 프랭클린 루스벨트가 1933년 초 대통령이 되었을 당시, 연방판사 중 22%만이 민주당 소속이었다. 프랭클린 루스벨트는 1940년까지 연방판사의 다수를 민주당 소속 인사로 교체하였으며, 연방판사의 70.5%가 민주당 소속이었던 린든 존슨 대통령 재임 시기 민주당의 우세는 최고조에 달했다. 레이건(Ronald Reagan)이 1980년대에 이 수치를 뒤집었다. 레이건 대통령은 재임 8년 동안 전체 연방판사의 48.9%를 임명했으며, 첫 번째 부시 대통령이 임기를 마친 1992년에는 전체 연방판사의 70% 이상이 공화당 소속이었다. 클린턴 대통령은 연방 사법부의 46.6%를 임명했으며, 8년(1993~2001년) 동안의 임기를 마칠 무렵 연방판사의 53.4%가 민주당 소속이었다. 조지 W. 부시 대통령은 2008년 말까지 현직 연방판사의 37%를 임명했다. 그 당시 현직 연방판사의 약 60%와 대법관 9명 중 6명이 공화당 대통령이 임명한 사람이었다.[37]

버락 오바마 대통령은 상원의 승인을 얻어 320명의 판사를 임명했다. 오바마가 임명한 판사들이 전체 연방판사의 약 3분의 1을 차지했고, 민주당 소속 판사의 비율이 50%를 넘어서게 되었다. 더욱이, 소토마요르와 케이건의 임명 이후, 9명의 대법관 중 4명이 민주당 대통령이 임명한 대법관이었는데, 이는 닉슨 시대 이후 가장 많은 숫자이다. 도널드 트럼프는 임기 동안 대법관 3명을 포함해 226명의 연방판사를 임명했다. 조 바이든은 취임 첫해에 40명의 연방판사를 임명했는데, 이는 임기 첫해 기준으로 40년 만에 가장 신속한 처리였다. 바이든의 임명은 역사상 가장 다양했다.

공화당과 민주당 모두 지난 반세기 동안 상당 부분 상원과 하원에서 대통령직과 다수당의 지위를 번갈아 차지했지만, 대법원은 1970년대 초반부터 줄곧 보수적 대법관들이 다수를 차지했다 ('부록 E' 참조). 닉슨 대통령 임기 후반부터 버락 오바마 첫 임기까지 대법관 9명 중 7~8명이 공화당 대통령이 지명한 사람이었다. 오바마가 두 사람, 케이건(Elena Kagan)과 소토마요르(Sonia Sotomayor)를 지명하면서 대법원은 공화당 대통령이 임명한 5명과 민주당 대통령이 임명한 4명으로 구성되었다. 만약 오바마가 또 한 명의 대법관을 지명할 수 있었다면, 대법원은 거의 반세기 만에 처음으로 민주당 대통령이 지명한 대법관이 다수를 차지했을 것이다. 4년 반 만에 두 명의 대법관이 사망하면서 대법원은 전쟁터가 되었다.

보수의 아이콘인 스칼리아(Antonin Scalia) 대법관이 2016년 2월 13일 갑작스럽게 사망했다. 스칼리아의 법적 대척점에 있던 긴즈버그(Ruth Bader Ginsberg) 대법관은 오랜 암 투병 끝에 2020년 9월 18일 사망했다. 스칼리아 판사가 사망했을 때 버락 오바마 민주당 대통령은 두 번째 임기를 9개월 남겨두고 있었지만 매코넬(Mitch McConnell)이 이끄는 공화당이 다수당인 상원과 상대해야 했다. 매코넬은 다가오는 대선에서 유권자들이 의견을 얘기할 자격이 있기 때문에 상원은 오바마가 내세우는 어떤 후보자도 고려하지 않을 것이라고 즉시 발표했다. 그럼에도 불구하고 오바마 대통령은 컬럼비아 특별구 항소법원의 재판장인 갈랜드(Merrick Garland)를 지명했다. 그는 상원의 공화당 의원들로부터 크게 무시당했다. 도널드 트럼프는 2016년 선거에서 승리하자 대법관 후보로 고서치(Neil Gorsuch)를 지명하였고 상원은 원활하게 승인하였다.

2020년 선거를 불과 몇 주 앞두고 긴즈버그 판사가 사망했을 당시, 도널드 트럼프는 여론조사에서 지고 있었고 공화당 상원 다수당도 위험에 처한 것처럼 보였다. 그래서 4년 전 자신들이 국민이 대선에서 선택을 통해 차기 임명권자를 결정해야 한다고 주장했음에도 불구하고, 트럼프 대통령과 매코넬 상원 원내대표는 즉각 대법관 공석을 채우는 데 나서겠다고 선언했다. 트럼프 대통령은 2020년 9월 26일 에이미 코니 배럿 제7순회항소법원 판사를 대법관 후보로 지명했다. 한 달도 채 지나지 않은 10월 22일, 상원 법사위원회는 민주당 의원 10명 모두 보이콧 한 상태에서 12 대 0의 표결로 배럿의 대법관 지명안건을 상원 전체 회의에 넘겼다. 베럿의 지명은 10월 26일 거의 정당 간 표 대결을 통해 52대 48로 당연히 인준되었다. 관찰자들은 대통령이 자신의 임기를 훨씬 넘어서 사법부를 구성하거나 재편할 수 있는 잠재적 힘을 가지고 있다는 것을 오래전부터 깨닫고 있었다.[38] 그러나 오늘날 대법관 지명 및 인준 절차를 둘러싼 정치적 칼부림은 미국 역사상 완전히 전례가 없는 상황은 아니지만 매우 이례적이다. 역사적으로 작동했던 절차를 살펴보자.

지명절차

상원의원 예우(senatorial courtesy)
대통령은 연방 지방법원 판사가 근무할 주의 소속 정당 상원의원과 함께 연방 지방법원 판사 인선을 처리할 것이라는 기대.

대통령들의 연방 하급법원 판사에 대한 지명절차는 연방대법원의 대법관에 대한 지명절차와 다른 지명절차를 따른다. 연방 지방법원 판사 후보자가 지명을 받으면, **상원의원 예우**라고 불리는 절차를 통해 연방 상원의원, 그리고 후보자가 근무할 주의 대통령 소속 정당의 다른 정치인을 통해 인준을 받는다. 순회항소법원의 관할지역은 여러 주를 포함하기 때문에 상원의원과 주 정치 인사는 연방 순회항소법원 지명에서 상대적으로 큰 역할을 하지 않는다. 더욱이 순회항소법원 판사들은 일반적으로 지방법원 판사에서 승진하기 때문에 상원은 이미 한 번 그들을 통과시켰고 그들의 재판 기록과 실적이 더욱 명확하게 확립되어 있다.

아이젠하워 행정부(1953~1961년) 시절부터 미국 변호사 협회 연방 사법부 상임위원회(ABA)는 판사 후보자 지명에 대해 미리 통지를 받았다. ABA의 위원회는 후보자들의 법적, 사법적 기록을 검토하고 후보자를 '적격', '반대하지 않음' 또는 '자격 없음'으로 선언한다. 부시 행정부 (2001~2009년)는 위원회가 진보에

편향되어 있다고 주장하며 ABA의 전통적인 역할을 중단시켰지만, 오바마 행정
부는 위원회가 출범하자마자 그들을 다시 판사 지명절차에 참여시켰다. 트럼프
행정부는 다시 ABA를 쫓아냈다. 바이든 행정부는 ABA의 역할을 다시 재개하지
는 않았다.[39) 연방판사 후보자들에 대한 ABA의 전문적인 평가는 갈수록 점점 더
당파적 갈등으로 변하고 있는 지명절차와 더 이상 잘 어울리지 않는다.

대법원장과 대법관의 지명은 매우 중요하기 때문에 대통령과 그의 측근들
은 다른 사람들로부터 많은 조언을 받고 있음에도 불구하고 지명을 직접 진행한
다.[40) 지명이 이루어지자마자, 백악관은 지명받은 후보자가 성공적으로 인준 절
차를 진행할 수 있도록 전직 상원의원이나 백악관 참모들로 이루어진 경험 많은
인준 대책팀을 임명한다. 지명자들은 상원 지도부와 법사위원회 위원들로부터 시
작하여 상원의원들과의 일련의 회의를 통해 안내를 받는다. 인준 대책팀은 또한
법사위원회 위원들로부터 예상되는 질문들에 대비하도록 지명 후보자들을 준비
시키기 위해 12~15개의 '살인 위원회'를 구성한다.[41)

후보지명에 찬성하거나 반대하는 이익단체 연합은 대중과 인준 표결에 참여할
상원의원들을 대상으로 자신들의 입장을 알리려고 한다. 양측 모두 수천만 달러
를 사용한다. 지출 규모와 발언의 수준이 꾸준히 높아지면서, 정치적 지지 및 선
거운동 지지를 얻기 위해 같은 이익단체에 의존하고 있는 상원의원들이 중간에
갇히게 된다. 2005년 상원에서 민주당 의원들이 보수 후보자에 대한 필리버스터
를 위협하고 공화당 의원들이 단순 다수결로, 즉 60표가 아니라 50표로 인준을
결정할 수 있도록 상원 규칙을 변경하는 '핵 옵션'을 위협하면서 법관 지명과 상
원에서의 인준 절차가 거의 폭발상태에 직면하였다.

불행히도 당파적 긴장은 계속해서 고조되었다. 2013년 말 상원 민주당 대
표인 리드(Harry Reid) 네바다주 상원의원은 대법관 후보는 아니지만 대부분
의 대통령이 지명하는 후보를 50표로 인준할 수 있도록 상원 규칙 변경을 추진
했다. 2017년 당시 상원에서 소수당이던 민주당이 닐 고서치 대법관 후보의 인
준을 필리버스터로 방해하자 켄터키주 공화당 다수당 원내대표 매코널(Mitch
McConnell)은 단순 다수결로 대법관 후보자를 인준할 수 있도록 상원 규칙을 또
한 번 변경했다. 민주당과 공화당 양쪽 모두 이러한 규칙 변경으로 인해 상원이
더욱 당파적, 갈등적 상황에 빠질 것임을 인정했지만 상대가 선택의 여지를 주지
않았다고 서로 상대를 비난했다. 2018년 브렛 캐버노의 대법관 지명을 둘러싼 싸
움과 상대적으로 덜 심했지만 2020년 에이미 코니 배럿의 대법관 지명을 둘러싼
싸움은 그들의 판단이 옳았음을 보여주었다.

인준절차

상원은 대통령의 대법관 후보지명에 대한 자신들의 '조언과 동의의 책임'을 매우

'브라운 대 교육위원회(Brown v. Board of Education)' 사건 (1954)
이 획기적인 판례는 플레시 사건*의 판결을 뒤집어서 분리는 본질적으로 불평등하다고 선언했다. 결과적으로 공립학교 분리는 위헌이었다.

＊ 역자주
1896년 '플레시 대 퍼거슨' 사건에서 미연방대법원은 인종 분리 정책에 대해 "분리하되 평등하다(separate but equal)"고 판결했다. 보다 자세한 내용에 대해서는 제14장의 해당부분을 참조하라.

인사청문회(confirmation hearing)
연방법원 판사 후보자가 상원 법사위원회에 출석하여 법사위 위원들의 질문에 답변하는 무대.

중요하게 생각한다. 미국 역사상 대통령이 상원에 제출한 164명의 대법관 후보지명자 중 127명이 인준되었다. 대부분 미국 건국 초기에 대법관으로 인준받은 남성 7명이 복무를 거부하여서, 120명의 남성과 여성이 최고법원에 재직하였다. 상원은 11명의 후보자에 대해서는 어떠한 조치도 취하지 않았으며, 3명은 연기하고, 12명은 부결하였고, 그리고 11명은 지명을 철회했다.[42]

그럼에도 불구하고, 1954년 '브라운 대 교육위원회'의 인종 차별 철폐 판결 이후, 그리고 1960년대 중반의 '위대한 사회(Great Society)' 운동이 우리 사회생활의 온도를 높인 후 인준 정치의 분위기가 확실히 바뀌기 시작했다. 1968년 이후 27명의 대법관 후보자 중 11명이 상원에서 25표 이상의 반대표를 받았고, 7명은 부결되거나 지명을 철회했다. 실버스타인(Mark Silverstein)은 "이념적 스펙트럼의 모든 지점의 강력한 집단들은 이제 중요한 정책 목표의 개발과 달성에 가장 중요한 마음이 통하는 사법부를 고려한다"고 지적한다.[43]

사법부 후보자에 대한 조사가 이루어지는 가장 집중적인 공개 토론은 상원 법사위원회가 개최하는 **인사청문회**이다. 위원회 직원은 후보자에 관한 광범위한 정보를 수집하고 제기된 질문과 문제를 조사한다. 준비와 조사가 완료된 후, 후보자를 상대로 종종 며칠에 걸쳐 장시간 심문하는 공개 청문회가 진행되며, 후보자에 대해 찬성 또는 반대하는 사람 모두가 위원회에 자신의 의견을 제시한다.

상원의원은 대법관 후보자가 향후 법원에 제출될 주요 사회적, 정치적 문제들에 대해 어떻게 투표할 것인지는 아니더라도 적어도 어떻게 생각할 것인지 암시해 주기를 기대하는 질문을 던진다. 후보자들은 항상 나중에 자신들 앞에 놓일 중요하고 논란이 많은 문제에 대해 나름의 판단을 이미 하고 있음을 암시하는 방식으로 직접적인 답변을 피한다. 인사청문회는 모든 관계자에게 실망을 안겨주는 행사이다.

인사청문회가 끝난 후, 법사위원회 위원들은 후보자 지명 건에 대해 긍정적, 부정적, 분할 권고 중 어떤 것으로 상원 본회의에 보고할지 표결에 부친다. 상원 본회의에서 후보지명 건을 토론하고 인준 표결을 실시한다. 대부분의 상원의원은 법관 후보자가 자격, 경험, 품성, 성격 등을 기준으로 평가되어야 한다는 데 동의한다. 최근에는 상원의원들이 이념을 단지 고려하는 정도가 아니라 절대적으로 가장 중요시한다는 사실이 점점 더 확연해지고 있다.[44]

Q5 일부 문제는 입법부, 행정부 등 정부의 정치적 부처가 다루기가 너무 어렵기 때문에 사법 적극주의가 요구되는가?

논란이 되는 연방 사법부의 역할

미국 법원이 인종, 낙태 서비스의 이용 가능성, 정치생활에서 종교의 역할, 피고인의 권리와 같은 정치적으로 민감한 정책 영역에서 다른 어떤 나라의 법원보다 훨씬 더 결정적인 역할을 한다는 사실을 어떻게 설명할 수 있는가? 근본적인 정치적 문제를 입법부의 다수가 아니라 법원이 결정할 수 있고 실제로 결정한다는 생각은 얼핏 보기에는 노골적으로 비민주적인 것처럼 보인다.

앞서 언급한 바와 같이, 일부 사람들은 미국 법원의 주요 역할 중 하나가 입법부, 행정부 등 정부의 정치적 부처를 헌법에 따라 위임된 책임으로 제한하는 것이라고 주장한다. 따라서 연방법원은 헌법이 금지하고 있다고 판단할 경우, 심지어 입법부의 다수와 대통령의 지지를 받는 대중에게 인기 있는 계획이라 할지라도 그 계획을 중단시켜야 한다. 1990년대 중반부터 법원은 주 간 통상을 규제하는 권한의 범위에 대해 의회에 이의를 제기했고, 2005년부터는 대통령의 총사령관 권한의 범위에 대해 이의를 제기해 왔다.[45] 이것이 바로 법원이 해야 할 일이지만, 일부 사람들은 임명된 판사들이 선거를 통해 선출된 공직자들보다 우위에 있는 경우를 걱정한다.

다른 사람들은 법원이 미국정계의 주류에서 벗어나 오래 머물지 않는다는 점에 주목한다. 국가의 다른 사회 및 정치 엘리트와 마찬가지로 판사는 오늘날의 주요 문제에 관한 광범위한 여론의 흐름을 알고 있다. 더욱이, 판사들은 표현의 자유와 언론 문제와 관련한 제퍼슨 시대의 연방주의 판사나 연방 권한의 확대와 관련한 뉴딜 시대의 보수적인 판사들의 경우처럼 법원이 주류로부터 너무 멀리 떨어져 있었을 때 대중의 압박과 정치적 압력이 가해졌고 법원은 어쩔 수 없이 물러날 수밖에 없었다는 것을 잘 알고 있다. 법원과 판사는 자신의 판결을 대중이 따르도록 하기 위해서는 대중의 신뢰와 존중을 유지해야 한다는 점을 알고 있다. 그들은 일반적으로 과도한 행동을 해서는 안 된다는 것을 알고 있다.[46]

사법 적극주의의 한계

법원은 중앙정부를 구성하는 다른 두 개의 부처, 입법부 및 행정부와 동등한 위치에 있지만, 해밀턴(Alexander Hamilton)이 『연방주의자 논고』 제78호에서 언급한 것처럼 사법부는 입법부의 지갑과 행정부의 칼을 이용할 수 없는 "가장 덜 위험한 부"이다. 그러나 입법부와 행정부 등 다른 부처는 법원을 직접 지휘할 수 없으며, 판사는 헌법적으로 탄핵을 제외하고는 봉급 삭감과 직위해제로부터 보호된다. 그렇더라도 법원은 결코 자율적이지 않다.

정치학자 에이브러햄(Henry Abraham)은 법원이 정치체계의 다른 요소들로부터 여러 가지 수많은 압력을 받고 있다고 주장한다. "첫째, 미연방대법원의 판결은 통치 과정의 다른 참여자들에 의해 사실상 뒤집힐 수

* 역자 주

면책 청원(discharge petition)은 원내 다수당이 특정 법안에 대하여 논의하고 조치를 취할 수 있도록 하기 위해 소관 위원회가 해당 의안에 대하여 더 이상 관여하는 것을 금하고 직접 본회의에서 토론하여 처리하도록 요구하는 절차이다. 대한민국 국회의 경우에는 국회의장에 의한 '직권상정'이 똑같은 기능을 한다. 대한민국정부 법체처는 '면책 청원'으로 번역하고 있으며, 다수의 언론은 '심사배제 청원'으로 번역하고 있다.

출처: Associated Press/Andrew Harnik

바이든 대통령이 미연방대법원의 대법관 후보로 지명한 케탄지 브라운 잭슨 판사가 상원 법사위원회의 인사청문회에서 발언하고 있다. 4일간의 소란스러운 증언이 끝난 후 법사위원회는 완전히 당파적 노선에 따라 11대 11로 후보자 인준 문제를 놓고 교착상태에 빠졌다. 민주당 원내대표 척 슈머(민주당, 뉴욕)는 면책 청원을* 제출하여 상원 본회의에서 53대 47로 대법관 후보 인준안을 통과시켰다. 민주당 의원 50명 전원과 공화당 의원 3명이 찬성표를 던졌다.

미국정치체계가 작동하려면 사법 적극주의가 필요한가?

법원은 정책을 만드는 것을 피할 수 없다. 법원이 새로운 상황에 기존 법률을 적용하거나 기존 법규를 새롭게 해석할 때마다, 법원은 법령을 재구성하고 어느 정도 정교하게 만들고 있다. 그럼에도 불구하고, 미국 정치사의 몇몇 시기에서는 법원이 다른 시기보다 국가 정책 대화를 주도하고 싶은 의지가 강했던 것으로 보인다. 국가 초기 시절의 마셜 법원, 19세기 말과 20세기 초 풀러, 화이트, 태프트의 자유방임 법원, 20세기 중반의 워렌 법원 등이 가장 분명한 세 가지 사례에 해당하는 그러한 법원은 **사법 적극주의**를 실천하고 있다고 언급되었고, 그 주요 구성원들은 활동가 판사(activist judge, 운동가 판사)라고 지칭된다. 활동가 판사와 법원은 사회적, 경제적, 정치적 문제가 해결되어야 하며 법원이 이를 위한 하나의 수단이라고 믿는다. **사법 소극주의**는 판사가 정부의 정치적 부처의 지시를 따르고 스스로 정책 결정을 피해야 한다고 하는 상대적으로 덜 매력적인 견해이다.

사법 적극주의와 사법 소극주의는 자유주의나 보수주의, 큰 정부나 작은 정부, 능동적 정부나 수동적 정부와 자연적, 논리적으로 일치하는 점이 없다. 19세기 초 마셜 법원은 큰 정부 성향과 친기업적 성향이 있었다. 19세기 후반과 20세기 전반기, 즉 자유방임 시대에 사법 적극주의는 확실히 자유시장, 심지어 반정부 성향을 띠게 되었다. 이 두 기간 동안 사법적 소극주의는 주와 국가의 입법부와 행정부가 기업, 은행, 철도와 같은 크고 강력한 경제 주체를 통제하는 입법을 할 수 있도록 법원이 비켜주기를 원하는 사람들의 입장이었다. 실제로 같은 법원이 예를 들어 경제 규제와 같은 일부 문제에 대해서는 사법 적극주의 입장이지만, 예를 들어 대통령 전쟁 권한과 같은 다른 문제에 대해서는 사법 소극주의 입장일 수 있다.

1950년대 중반부터 많은 사람이 심지어 워렌(Earl Warren)의 대법원장 임명과 함께 사법 적극주의가 민권, 성평등, 피고인의 권리 등과 같은 다양한 분야에서 평등한 권리와 많은 사람이 우려하는 사회적 경제적 결과를 공격적으로 추구하는 것으로 이해되기 시작했다고 말할 것이다. 사법적 소극주의는 법원이 일반적으로 스스로 정치적 변화를 유도하기보다는 입법부, 행정부 등 정부의 정치적 부처를 따르는 것으로 이해되었다.

클린턴 전 대통령을 포함한 동시대의 많은 관찰자는 사법 적극주의를 특별히 어려운 문제를 해결하는 데 있어 사회를 돕기 위해 때때로 필요한 장치로 보고 있다. 1997년 클린턴 대통령은 미연방 제5순회항소법원의 위즈덤(John Minor Wisdom) 판사에게 자유훈장을 수여하면서 이렇게 말했다. 사법 적극주의 판사들은 "그 지역의 선출된 공직자들 대다수가 시간을 질질 끌고 있었던 1950년대부터 1970년대까지 민권 혁명을 수행했던 용기로 나라 전체, 특히 남부에 큰 봉사를 했다.[47]

조지 W. 부시 전 대통령을 비롯하여 많은 사람은 민

사법 적극주의(judicial activism)
특히 인종 차별 및 낙태와 같은 민감한 사건에 대한 법원의 적극적인 정책 결정.

사법 소극주의(judicial restraint)
법원이 입법 및 집행 의도를 이행하는 데 국한해야 하며 정책 결정을 피해야 한다는 생각.

있다. 둘째, 그들은 조만간 거의 필연적으로 전반적인 정책 수립에 민감할 수밖에 없다. 셋째, 집행을 위해서는 정부의 행정부에 의존해야 한다. 넷째, … 이를 준수하는 것이 반드시 자동으로 이루어지는 것은 아니다."[48]

대통령의 영향력. 법원의 독립성에 대한 가장 명백한 제약 중 하나는 법원의 구성원 자격이 정부의 정치적 부처에 의해 정해진다는 점이다. 재판석에 앉기 위해서는 상원에서 다수의 지지를 얻어야 하는 판사 후보자를 대통령이 지명한다. 일반적으로 자주 언급되지는 않지만, 대통령이 소송 정책의 내용과 법무부 임명의 성격에 따라 법원의 활동에 영향을 미친다는 것도 사실이다.

주주의에서는 사법부가 정부의 정치적 부처인 의회, 대통령, 행정부를 따를 것이 요구된다고 주장한다. 이러한 관점에서 볼 때, 모든 시민을 구속할 법령을 통과시켜 정책을 만드는 일은 국민에 의해 선출된 대표자의 책임이다. 법령 위반 혐의를 검토하고, 만일 해당 혐의가 사실이라고 법원이 결론을 내리면 처벌을 내리는 것이 법원의 역할이다. 사법적 소극주의는 법원이 정책 결정에 관여하지 못하게 하고, 입법부와 행정부의 목적을 이행하는 것으로 법원을 제한하려는 판사들의 명시적인 약속을 뜻한다.

여러분은 어떻게 생각하는가?

- 사법 적극주의와 사법 소극주의 중 어느 것이 합리적인가?
- 사법 적극주의에 대한 비난은 단지 판사의 결정에 동의하지 않는다고 것을 표현하는 방식일 뿐인가?

찬성	반대
일부 문제는 정치인이 해결하기 너무 어렵다.	헌법은 의회에 입법권을 부여하고 있다.
판사는 옹호자를 필요로 한다.	시간이 주어진다면 정치인이 어려운 문제를 해결할 수 있다.
헌법상 권리는 무시할 수 없다.	법원은 새로운 권리를 '발견'해서는 안 된다.

대통령은 또한 법원의 결정에 대해 의회와 대중에게 보여주는 지지 정도 및 여부에 의해 연방법원의 역할과 지위에 영향을 미친다. 사법권의 제한에 대한 유명한 사례는 1832년 존 마셜 대법원장과 앤드루 잭슨 대통령 사이의 갈등에서 비롯되었다. 마셜은 '우스터 대 조지아' 사건에서 중앙정부와 주정부 모두 아메리칸 인디언 부족을 주권과 자치권을 가진 존재로 대해야 한다고 판결했다. 마셜의 결정을 듣고, 잭슨 대통령은 "존 마셜이 판결했으니 이제 그에게 그 판결을 집행하게 하라"고 선언한 것으로 보도되었다. 1954년 '브라운 대 교육위원회' 사건에서 논란이 되었던 대법원의 인종차별 철폐 판결에 대한 아이젠하워 대통령의 냉담한 반응은 의회 의원들과 남부 정치인들이 법원에 저항하더라도 대통령의 분노에 직면하지 않을 것이라는 신호였다.

훨씬 더 최근에 오바마 대통령은 9명의 판사 중 6명이 자신 앞에 나란히 서 있고 4,800만 명의 미국 국민이 텔레비전을 통해 바라보고 있는 가운데 의회 양원 합동회의 전에 행한 2010년 연두교서(국정연설)라는 매우 잘 알려진 행사를 이용하여 그 전주에 있었던 시민연합(Citizens United) 선거운동 자금에 대한 미연방 대법원의 판결을 비난했다. 법원에 대한 이러한 보기 드문 공개적인 대통령의 질책은 특히 알리토(Samuel Alito) 대법관이 고개를 저으며 "사실이 아닙니다"라고 입으로 말하는 공개적인 반응으로 기억이 남는다. 오바마 대통령은 민주당 의원들에게 선거운동 과정에서 잠재적인 기업 자금의 흐름을 막을 수 있는 합헌적인 방법을 찾아달라고 촉구했다. 트럼프 대통령은 특히 판사들과 법원들이 중요한 정책 목표를 방해한다고 생각할 때 큰 목소리로 그들에게 싸우자고 달려들었다.

입법부의 반응과 법원의 억제.   의회는 여러 형태로 상당히 직접적으로 법원에 대해 통제를 가한다. 첫째, 모든 연방판사는 상원의 인준 절차를 통과해야 한다. 2005년 법사위원회 위원장인 스펙터(Arlen Specter, 공화당, 펜실베이니아) 상원의원은 존 로버츠에게 의회의 권위에 대한 그의 견해를 매우 면밀하게 캐물었다. 스펙터는 렌퀴스트 법원이 의회의 잘못된 추론으로 여겨지는 것에 근거하여 여러 법률을 무효화한 것에 대해 불쾌해했다. 스펙터는 로버츠가 상원의원들은 물론 판사들도 추론한다는 것을 인정하도록 만들려고 했지만, 성과는 미미했다. 로버츠는 인준되었지만, 스펙터 상원의원은 자신의 주장을 분명히 했다.

둘째, 로버츠 대법원장과 그의 동료 대법관들은 연방법원의 예산이 매년 의회가 적절한 수준이라고 생각하는 만큼 매년 늘거나 감소하면서 통과된다는 것을 잘 알고 있다. 셋째, 연방판사의 수, 그들에 대한 전문적 지원 및 사무적 지원 수준, 그들의 급여 수준 등을 의회가 정한다. 넷째, 법원의 항소심 재판 관할권을 의회가 정하며, 일부에서는 민감한 문화적, 종교적 문제를 법원의 범위 밖에 둘 것을 요구하고 있다. 다섯째, 의회는 기존 법률에 대한 법원의 해석이 마음에 들지 않으면 언제든지 새로운 법률을 통과시키거나 헌법 개정을 발의할 수 있다.

국민의 정서.   국민 불복종은, 비록 항상 위협으로 존재하지만, 불규칙적으로 발생해 왔다. 학교에서의 기도, 인종 차별 철폐, 낙태 등의 현대 사례에서 볼 수 있듯이 대법원과 판결에 대한 존중이 때로는 증가하지만, 대부분의 경우 법원은 미국인으로부터 겉으로 드러나지 않는 지지를 얻고 있다.

더 일반적으로, 미국정치체계의 동학은 법원이 국민 정서에 직접적으로 이의를 제기하기보다는 국민 정서에 맞도록 법원의 판결 방향을 조정하는 것이었다. 맥클로스키(Robert McCloskey)는 "대법원은 때때로 국민의 의지를 점검하고 어떤 식으로든 수정하는 동시에 대법원 자체를 스스로 점검 및 수정한다. 실제로 대법원은 정말로 명백한 국민 정서의 물결에 단호하거나 오랫동안 저항한 적이 거의 없다. 법원은 정치 자체가 그렇듯이 헌법도 가능성의 과학이라는 전제에 기초하여 작동해 왔다"라고 주장한다.[49]

오늘날 사법개혁

많은 사람들은 연방 사법부의 개혁이 절실하다고 생각한다. 법관의 선발, 임기, 보상 등의 세 가지 문제가 자주 언급된다. 많은 사람들은 법관의 선발이 언론 서커스로 변질되었고, 종신 임기는 시대에 뒤떨어졌으며, 급여가 너무 낮기 때문에 최고의 법조 인재들은 사법부를 기피한다고 주장한다.

특히 대통령이 소속한 정당과 상원에서 다수를 차지한 정당이 다른 경우, 대법관 지명 절차는 고도로 정치화된다. 주들은 판사를 다르게 임명하며 덜 소란스럽게 임명한다. 전체 2/3 주에서는 유권자가 주 대법원 판사 선출에 직접 참여한다. 이들 중 다수는 전문가 패널이 판사 후보자를 지명하고, 주지사가 그들 중에서 선택하는 미주리 제도 또는 능력 선택(merit selection)이라고 불리는 방식을 사용한다. 판사의 임기는 약 6년이며, 계속 판사직을 유지하려면 유임 선거에 참여해야 한다. 유권자들이 해당 판사를 그대로 자리를 유지하게 할지 여부를 놓고 찬반 투표를 한다. 미주리 제도와 같은 방식이 연방 수준에서도 제대로 작동할 수 있을까? 물론 그러한 변화에는 헌법 개정이 필요하므로, 아마도 단지 전문가가 3명 또는 4명의 대법관 후보자를 지명하고, 대통령이 그들 중에서 선택하고, 그리고 상원의 인준을 받는 방식으로의 변경만으로도 우리가 현재 하는 방식보다 더 잘 작동할 수 있지 않을까? 여러분은 이 아이디어에 어떤 문제점이 있다고 보는가?

판사의 임기는 어떤가? 오늘날의 기대 수명은 연방헌법이 제정될 당시보다 두 배 정도로 늘어났다. 연방판사는 사회적, 정치적 압력으로부터 독립을 보장받기 위해 종신 임기가 필요한가? 어떤 사람들은 그렇다고 말하고 또 다른 사람들은 그렇지 않다고 말한다. 종신 임기에 반대하는 사람들은 처음부터 또는 6~10년 임기가 끝난 후 유임여부를 결정할 때 선거를 해야 한다고 주장한다. 또 다른 사람들은 연임이 불가능한 18년에서 20년 또는 25년의 장기간의 임기를 요구한다. 연방판사는 자신이 원하는 경우 80대나 90대 나이까지 판사직을 유지할 수 있어야 할까?

마지막으로, 일류 로스쿨 졸업생들의 첫해 연봉 수준은 연방판사의 연봉과 크게 차이가 없다. 중견 변호사들은 연방판사가 버는 것보다 몇 배나 많은 돈을 벌고 있다. 의회는 연방판사의 급여를 억제하고 있으며 최근까지 의회 의원들이 받는 급여 이상으로 연방판사의 급여를 인상하는 것을 꺼려왔다.[50]

이 장의 요약

헌법은 대법원과 법원 자체가 아니라 의회가 필요하다고 생각하는 하위 또는 하급법원으로 구성된 중앙 정부의 사법부를 규정하고 있다. 헌법은 중앙정부 책임 범위 내에서 주정부에 대해 중앙정부가 최고임을 선언하고 주 공직자들이 미국헌법과 법률에 충성을 맹세하도록 하는 '최고성 조항'을 포함하고 있다.

그럼에도 불구하고, 미국 건국 초기에는 여전히 연방법원의 역할과 위상이 불확실했었다. 대법원은 존 마셜 대법원장의 오랜 재임 기간(1801~1835년)에 독자적인 위치를 차지하기 시작했다. 마셜이 1803년에 의견을 작성한 '마버리 대 매디슨' 사건보다 법원의 역할과 향후 중요성을 더 확고하게 확립한 사건은 없다. 마버리 사건의 판결은 법원의 주요 역할 중 하나가 헌법을 수호하고 지키는 것임을 강조했다. 사법심사(위헌심사)는 헌법이 의회, 대통령, 주 또는 지방정부, 하급 법원의 법령과 양립할 수 없다고, 즉 위헌이라고 선언하는 법원의 권한이다.

대법원과 미국 연방법원 전체의 광대한 역사는 재산권과 개인의 권리가 충돌할 때 이 둘 사이에 적절한 균형을 찾기 위한 노력으로 점철되었다. 19세기의 대부분 동안 법원은 때때로 재산권에 매우 유리한 방향으로 판결했지만, 20세기에는 비록 더 큰 폭으로 진전과 후퇴가 있기는 했지만, 좀 더 균형을 추구했다. 오늘날에는 재산권 강화의 방향으로 되돌아가고 있는 것 같다. 2010년 시민연합(Citizens United) 사건과 2014년 하비로비(Hobby Lobby) 사건은 모두 선거운동 자금 기부와 종교의 자유와 관련하여 '기업인격(corporate personhood)' 여부에 의해 결정되었다.

현대 연방법원제도는 세 가지 수준으로 구성되어 있다. 94개의 지방법원, 13개의 항소법원, 1개의 대법원이 있다. 사실상 모든 연방 사건은 지방법원에서 심리하며, 해당 항소법원에서 재판받는다. 대법원은 중요한 헌법 문제를 일으키는 사건만 골라서 심리할 수 있는 폭넓은 재량권을 가지고 있다.

연방법원의 판사는 대통령이 지명하고, 상원이 표결을 통해 출석 의원 과반수의 찬성으로 지명 후보자를 인준한다. 연방판사는 '선한 행동을 하는 동안' 자리를 유지한다. 이는 사실상 종신 임기를 의미한다. 이들의 급여는 삭감될 수 없으며, 하원에 의한 탄핵과 상원에서의 재판에 의해서만 해임될 수 있다. 대통령은 연방판사 전체의 3분의 1에서 3분의 2 정도를 새롭게 임명하여 교체할 기회를 가지며, 임명된 판사의 90%는 대통령과 같은 당 소속이다.

마지막으로, 법원이 매우 힘이 세기 때문에 주요 사회 문제의 해결을 둘러싸고 법원의 역할에 대해 치열한 논쟁이 벌어지고 있다. 일부는 선출직 정치인이 어려운 문제를 다루는 것을 꺼리는 경우가 많으며 평생 임명되는 판사가 주도적인 역할을 맡기에 더 나은 위치에 있을 수 있다고 주장한다. 사법 적극주의는 마셜 법원과 워렌 법원 경우처럼 미국 역사의 특정 단계에서 강력한 힘을 발휘했지만, 사법 소극주의가 대중의 기대에 더 가깝다.

주요 용어

추천 문헌

Amar, Akhil Reed. *The Law of the Land: A Grand Tour of Our Constitutional Republic*. New York: Basic Books, 2015. 아마르는 지리적 차이와 연방주의를 통해 바라본 광범위한 헌법 문제를 논의한다.

Baum, Lawrence. *The Supreme Court*, 14th ed. Washington, D.C.: CQ Press, 2021. 대법원, 판사, 사법적 의사결정을 강조하는 대표적인 교과서.

Feldman, Noah. *The Broken Constitution: Lincoln, Slavery, and the Refounding of America*. New York: Farrar, Straus, and Giroux, 2021. 펠드먼은 미국 건국자들이 제정한 헌법이 링컨의 대응과 연방 탈퇴로 인해 망가졌고 좀 더 평등주의적인 문서로 다시 만들어졌다고 주장한다.

Goldstein, Leslie F. *The Supreme Court and Racial Minorities: Two Centuries of Judicial Review on Trial*. Cheltenham, UK: Elgar, 2017. 골드스타인은 연방법원이 입법부, 행정부 등 정부의 정치적 부처보다 소수인종을 보호하기 위해 서슴없이 행동에 나섰는지 묻는다. 대답은 '그렇다' 이다. 조금 더 낫다.

Lemieux, Scott E. and David J. Watkins, *Judicial Review and Contemporary Democratic Theory: Power, Domination, and the Courts*. New York: Routledge, 2018. 저자들은 사법심사(위헌심사)가 민주주의 원칙에 어긋난다는 견해에 이의를 제기한다.

Pacelle, Richard L. Jr. *The Role of the Supreme Court in American Politics: The Least Dangerous Branch*. New York: Routledge, 2019. 미국 대법원이 미국정치에서 다른 주요 행위자와 세력에 어떻게 영향을 미치고 또 그들로부터 영향을 받는지에 대한 설명.

Rosen, Jeffrey. "The Most Democratic Branch," 2005. 로젠은 대법원이 적절히 의회와 다수 대중의 의견을 존중함으로써 대법원의 신망과 권위를 강화했다고 주장한다. 📖

Sunstein, Cass R. *Legal Reasoning and Political Conflict*, 2nd ed., New York: Oxford University Press, 2018. 이 책은 법원이 다양한 사회에서 어떻게 갈등을 해결해야 하는지에 대한 현명한 논의를 제공한다.

인터넷 자료

1. www.findlaw.com/casecode/supreme.html
   이것은 1893년 이후 대법원 판결을 검색할 수 있는 '파인드로(Findlaw)' 데이터베이스이다.

2. www.uscourts.gov
   연방 사법부의 공식 웹사이트인 이 사이트는 연방 사법부에 관한 뉴스, 정보, 출판물, 자주 묻는 질문목록 등을 제공한다.

3. www.oyez.org
   시카고대학교 켄트 법대의 대법원 웹사이트이다. 모든 대법원 판례와 관련하여 여러분이 알고 싶은 모든 정보를 제공한다.

4. www.loc.gov/law/guide/
   이 웹사이트에는 미국 사법부 자료에 대한 링크가 포함되어 있다.

5. www.library.cornell.edu/libraries/law
   코넬대학교 로스쿨 법률도서관은 대법원 판결, 미국 법전의 하이퍼텍스트 버전, 미국헌법, 연방 증거 및 절차 규칙은 물론 기타 법률 관련 사이트 등에 관한 환상적인 정보의 원천이다.

주

1) Bernard Bailyn, *To Begin the World Anew: The Genius and Ambiguities of the American Founders* (New York: Vintage, 2004), 105.

2) Herbert Jacob, *Law and Politics in the United States* (Boston, MA: Little, Brown, 1986), 6–7.

3) Henry J. Abraham, *The Judicial Process*, 7th ed. (New York: Oxford University Press, 1998), 5

4) Robert A. Carp, Ronald Stedham, Kenneth L. Manning, and Lisa A. Holmes, *Judicial Process in America*, 10th ed. (Washington, D.C.: CQ Press, 2017), 3–6.

5) Geoffrey C. Hazard Jr. and Michele Taruffo, *American Civil Procedure: An Introduction* (New Haven, CT: Yale University Press, 1993), 11.

6) Bernard Schwartz, *A History of the Supreme Court* (New York: Oxford University Press, 1993), 3–4.

7) Abraham, *Judicial Process*, 147.

8) Carp, et al., *Judicial Process in America*, 74–80.

9) Barry Friedman, *The Will of the People* (New York: Farrar, Straus, and Giroux, 2009), 94.

10) Raymond A. Smith, *The American Anomaly: U.S. Politics and Government in Comparative Perspective*, 4th ed. (New York: Routledge, 2019), 23.

11) Roger H. Davidson, Walter J. Oleszek, Frances E. Lee, and Eric Schickler, *Congress and Its Members*, 16th ed. (Washington, D.C.: CQ Press, 2018), 348–373.

12) Jared P. Cole, "An Introduction to Judicial Review of Federal Agency Action," Congressional Research Service, December 7, 2016. www.crs.gov R44699.

13) Lawrence Baum, *The Supreme Court*, 13th ed. (Washington, D.C.: CQ Press, 2019), 100.

14) 다음에서 인용. Arthur Schlesinger Jr., *The Age of Jackson* (Boston, MA: Little, Brown, 1945), 312.

15) Schwartz, *A History of the Supreme Court*, 180.

16) Davidson, et al., *Congress and Its Members*, 342.

17) 다음에서 인용. Schwartz, *A History of the Supreme Court*, 232.

18) Lawrence Baum, *The Supreme Court*, 25. 또한, 168, 176–181.

19) Erwin Chemerinsky, *Presumed Guilty: How the Supreme Court Empowered the Police and Subverted Civil Rights* (New York: Liveright, 2021), xi, 33.

20) Charles Lane, "Chief Justice Dies at 80," Washington Post, September 4, 2005, A1, A4

21) Schwartz, *A History of the Supreme Court*, 374.

22) Warren Richey, "Rehnquist's Unfinished Agenda," *Christian Science Monitor*, September 6, 2005, 1–2.

23) Adam Liptak, "Justices Offer a Receptive Ear to Business Interests," *New York Times*, December 19, 2010, A1, A32.

24) Linda Greenhouse, "Justices 5–4, Limit Use of Race for School Integration Plans," *New York Times*, June 29, 2007, A1, A20. 또한 다음 참조. Greenhouse, "In Steps Big and Small, Supreme Court Moved Right," *New York Times*, July 1, 2007, A1, A18.

25) David G. Savage, "Justices Affirm Gun Rights," *Los Angeles Times*, June 27, 2008, A1.

26) Adam Liptak, "Stevens' Era, Nearing End, Takes on Edge," *New York Times*, January 26, 2010, A12.

27) Adam Liptak, "Right Divided, Disciplined Left Steers Justices," *New York Times*, July 1, 2015, A1, A19.

28) Adam Liptak, "Roberts Rebukes Trump Over Slam on Obama Judges," *New York Times*, November 22, 2018, A1, A19.

29) Chief Justice John Roberts, "2019 Year-End Report on the Federal judiciary," December 31, 2019

30) Linda Greenhouse, "Can the Supreme Court Save Itself," *New York Times*, November 24, 2019, SR3.

31) Baum, *The Supreme Court*, 6.

32) Chief Justice John Roberts, "2019 Year-End Report on the Federal Judiciary," December 31, 2019. 다음 참조. www.supremecourtus.gov.

33) Carp, et al., *Judicial Process in America*, 29–30.

34) Richard L. Pacelle, Jr. *The Supreme Court in a Separation of Powers System* (New York: Routledge, 2015). 또한, 다음 참조. Adam Liptak, "Justices Greet Old 'Friend' at the Bar," *New York Times*, March 10, 2020, A19.

35) Steven G. Calabresi and James Lindgren, "Term Limits for the Supreme Court: Life Tenure Reconsidered," *Harvard Journal of Law and Public Policy*, vol. 29, no. 3 (2006): 768–877

36) Mark V. Tushnet, *Why the Constitution Matters* (New Haven, CT: Yale University Press, 2011), 175.

37) Alliance For Justice, "Judicial Selection Snapshot," December 12, 2018, 2. www.allianceforjustice.org.

38) Emily Cochrane and Catie Edmondson, "Senate Passes a Milestone in Judicial Confirmations," *New York Times*, May 16, 2019, A12.

39) Charlie Savage, "Biden Won't Restore Bar Association's Role in Vetting Judges," *New York Times*, February 5, 2021, A13.

40) Baum, *American Courts*, 7th ed., 2013, 94–98.

41) Richard Davis, *Electing Justice: Fixing the Supreme*

Court Nomination Process (New York: Oxford University Press, 2005), 19.

42) www.senate.gov/pagelayout/reference/nominations/Nominations.htm.

43) Silverstein, *Judicious Choices*, 71.

44) Linda Greenhouse, "The Supreme Court Has Crossed the Rubicon," *New York Times*, February 10, 2020, A25.

45) Tom Raum, AP, "Court Asserting Its Own Power," *Dallas Morning News*, June 30, 2006, A24.

46) Pacelle, *The Supreme Court in a Separation of Powers System*.

47) Abraham, *Judicial Process*, 364.

48) David S. Broder, "It Is the Judges Who Set the South on a New Course," *Dallas Morning News*, December 8, 1993, A17.

49) Robert G. McCloskey and Sanford Levinson, *The American Supreme Court*, 6th ed. (Chicago: University of Chicago Press, 1960, 2016), 14.

50) Tushnet, *Why the Constitution Matters*, 164. 또한, 다음 참조. Roger C. Cramton and Paul D. Carrington, eds., *Reforming the Court: Term Limits for Supreme Court Justices* (Durham, NC: Carolina Academic Press, 2006).

13장

시민의 자유:
미국의 질서 있는 자유

중점질문 및 학습목표

Q1 시민의 자유는 시민의 권리(민권)와 어떻게 다른가?

Q2 표현의 자유와 언론의 자유에 대한 우리의 약속은 국기를 불태우는 행위를 금지해야 한다는 우리의 생각이나 음란물을 규제해야 한다는 우리의 생각과 상충하는가?

Q3 정교분리에 대한 우리의 약속은 정부가 종교적 정서나 상징적 흔적을 일절 표출하지 말아야 함을 의미하는가?

Q4 만약 경찰이 수사 과정이나 체포 및 심문 과정에서 절차상의 오류를 범한다면, 중대한 범죄로 기소된 사람을 석방해야 하는가?

Q5 만약 우리가 시민의 자유를 매우 소중하게 여긴다면, 우리는 왜 그렇게 많은 사람을 감옥에 가두고 있는가?

DOI: 10.4324/9781003303954-13

미국 수정헌법 제2조와 총기에 관한 권리

오늘날의
헌법

수정헌법 제2조: "기강이 확립된 민병들로서 자유로운 주의 안보에 필요한 무기를 소장하고 휴대하는 국민의 권리는 침해당하지 않는다."

총기 난사 사건의 발생은 항상 우리 사회에서 총기의 역할에 대한 우리의 관심을 되살린다. 특히 여섯 살과 일곱 살짜리 어린아이 20명이 사망한 샌디 훅 학교 총기 난사 사건, 9명이 사망한 엠마누엘 AME 교회에서 발생한 찰스턴 총기 난사 사건, 49명의 게이와 레즈비언 라틴계 나이트클럽 손님이 사망한 올랜도 총기 난사 사건, 수십 명이 사망한 라스베이거스 야외음악회 총기 난사 사건, 22명이 사망한 엘패소 월마트 총기 난사 사건 등 비극적인 사건들은 고뇌에 찬 논쟁을 불러일으켰지만, 실질적인 정책 변화는 없었다. 우리 사회에서 총기와 총기 소유에 대해 헌법은 뭐라고 얘기하고 있는가?

수정헌법 제2조는 이상하게 표현되어 있으며, 대부분의 미국 역사에서 그 의미는 다소 모호하게 여겨졌다. 법률 전문가, 정치학자, 역사학자들은 수정헌법 제2조의 "기강이 확립된 민병들로서 자유로운 주의 안보에 필요하다"라는 처음의 두 문구가 "무기를 소장하고 휴대하는 국민의 권리는 침해당하지 않는다"라는 마지막 두 문구의 분명한 선언을 수정하거나 제한하는지를 놓고 오랫동안 논쟁을 벌였다. 만약 처음 두 문구가 마지막 두 문구를 수정하고 제한한다면, 아마도 국민은 민병대 복무에 따른 무기를 보유하고 소지할 수 있는 헌법상의 권리만을 갖게 될 것이다. 그러나 수정헌법 제2조의 처음 두 문구가 제한을 표현하고 있는 것이 아니라면, 무기를 보유하고 소지할 권리는 훨씬 더 크고 완전하다.

적어도 현재로서는 논쟁이 일단락된 것으로 보인다. 2008년에 대법관 스칼리아는 대법원 판사들이 5 대 4로 의견이 나뉜 '컬럼비아 특별구 대 헬러'라고 불린 사건에서 "수정헌법 제2조는 민병대 복무와 무관하게 총기를 소유하고, 그 무기를 가정 내에서 자기방어와 같은 전통적인 합법적 목적을 위해 사용하는 개인의 권리를 보호한다"고 판결했다. 헬러 판례는 수정헌법 제2조가 민병대의 집단적인 책임과 관련이 없는 개인의 권리라는 대법원의 첫 번째 중요한 판결이었다. 게다가, 헬러 사건 판결 직후 이어서 바로 헬러 사건 판결을 주 총기법 및 지역 총기법에 전면적으로 적용할 것을 청구하는 '맥도날드 대 시카고' 사건이 제소되었다. 2010년에 알리토 대법관이 다수의견을 작성한 또 다른 5대 4 판결에서, 미연방대법원은 헬러 사건 판결을 시민들의 무기를 보유하고 소지할 수 있는 개인의 권리에 대한 지방정부, 주정부, 연방정부의 침해를 금지하는 총체적인 보호로 확대했다.

헬러 사건(2008년)과 맥도날드 사건(2010년)에 대한 대법원의 판결에 비추어 볼 때 두 가지 질문이 남아 있다. 첫째, 연방대법원이 헬러 판례에서 수정헌법 제

2조의 무기를 소지할 권리가 민병대 복무와 관련된 집단적 권리가 아니라 개인의 권리라고 판단한 것은 옳았는가? 적어도 역사적 관점에서는 그런 것 같다. 법원과 많은 학자들은 건국 시기의 몇몇 주헌법이 무기 소지에 대한 명백한 권리를 포함하고 있었다고 지적한다. 더욱이 1789년 6월 8일 제임스 매디슨이 의회에 제출한 수정헌법 제2조의 원안에는 다음과 같이 쓰여 있다. "무기를 소장하고 휴대하는 국민의 권리는 침해되어서는 안 된다; 잘 무장하고 기강이 확립된 민병대가 자유로운 나라의 최고의 안보이며 …" 8월 17일에 제출된 두 번째 안은 다음과 같다. "국민들로 구성된 기강이 확립된 민병대는 자유로운 주의 최고의 안보이며, 국민이 무기를 소장하고 휴대하는 권리가 침해되어서는 안 된다." 어느 쪽이든 무기를 소지할 수 있는 개인의 권리는 분명해 보인다. 첫 번째 원안에서는 세미콜론 앞에 대놓고 언급하고 있고, 두 번째 안에서는 민병대가 전체 성인 남성 인구로 구성되는 것이 분명하다.

둘째, 연방대법원은 주와 지방에 수정헌법 제2조를 적용할 수 있는 권리가 있었나? 이 두 사건에 대한 판결이 있기 전까지 대부분의 총기 소유는 주헌법과 법률에 따라 규제되었다. 한 세기가 훨씬 넘는 기간 동안 '미국 대 크루이크섕크'(1875년), '프레저 대 일리노이'(1886년), '밀러 대 텍사스'(1894년), '미국 대 밀러'(1939년) 등 일련의 사건에서 법원은 다음과 같이 판결했다. 법원은 크루이크섕크 사건에서* "수정헌법 제2조는 … 중앙정부의 권한을 제한하는 데에만 효력이 있다"고 말했다. 맥도날드 사건에서 논거는 무기 소지 권리가 수정헌법 제14조에 의해 주 및 지방의 침해로부터 보호되는 "미국 시민의 특권과 면제" 중 하나라는 것이었다. 오늘날 대법원은 그 주장에 동의하고 있다.

* 역자 주
정치적 이유로 백인이 흑인 100여 명을 학살한 콜팩스 대학살(Cofax Massacre) 사건의 용의자 크루이크섕크 등에 대한 형사재판.

시민의 자유, 민권, 다수결원칙

인권(human right)
모든 인간이 가지는 자유와 안전에 대한 기본권.

우리 모두는 **인권**, 즉 모든 인간에게 속한 자유와 안전에 대한 기본권리를 믿는다. 사실 우리나라는 인권에 대한 약속을 바탕으로 건국되었다. 토머스 제퍼슨은 독립선언문에서 매우 분명하게 밝혔다. "우리는 다음과 같은 자명한 진리를 믿는다. 모든 사람은 평등하게 창조되었으며, 창조주에 의해 양도할 수 없는 특정한 권리들을 부여받았고, 그중에는 생명, 자유, 행복의 추구가 포함되어 있다." 인권이라는 개념에 매력을 느낀 것은 우리뿐만이 아니다. 유엔의 가장 기억에 남는 초기 업적 중 하나는 세계인권선언(1948년)의 통과였다. 그러나 인권 선언과 인권 보장은 전혀 별개이다. 개인의 권리와 자유를 보장하는 것은 헌법, 법률, 정치, 공공 정책이 실현해야 할 어려운 일이다.

Q1 시민의 자유는 시민의 권리(민권)와 어떻게 다른가?

미국 역사 내내 우리는 정치제도를 사용하여 일반적으로 개인이 원하는 대로 자유롭게 행동할 수 있는 사회생활 영역과 개인에게 특정 종류의 선택이 요구 또는 금지되는 사회생활 영역을 구분하였다. **시민의 자유**는 정부권력이 개인의 자유로운 선택을 침해해서는 안 된다고 믿는 사회생활 영역을 표시한다. 우리 사회는 항상 그런 것은 아니지만 오랫동안 종교의 영역 내에서 정부는 개인을 내버려 두어야 한다고 가정해 왔다. 다만 개인이 여러 명의 아내를 동시에 갖거나 규제 물질을 신성시하는 것과 같은 행동을 종교가 요구한다고 믿지 않는 한 말이다. 반면에 **시민의 권리(민권)**는 모든 시민이 공평하게 대우받도록 정부가 행동을 취해야 하고, 정부의 개입이 없다면 개인이 선택할 일에 정부가 나서야 한다고 믿는 사회생활 영역을 표시한다. 우리는 인종, 민족, 성별과 같은 외적인 특성이 무엇이든, 우리 각자가 경쟁하고 성공하고 우리 사회의 혜택을 향유할 공정한 기회를 얻을 것이라고 서로에게 약속한다. 시민의 자유와 시민의 권리가 한 차원에서는 서로를 보강하고 강화하지만, 다른 차원에서는 직접적으로 충돌한다는 사실이 개인의 권리에 대한 광범위한 질문을 흥미롭게 만들며 동시에 곤혹스럽게 만든다. 이번 장에서는 시민의 자유, 다음 장에서는 시민의 권리에 초점을 맞출 것이다.

이 장에서, 우리는 미국 역사 초기에 시민의 자유가 어떻게 구상되었고, 시간이 지나면서 그것들에 대한 우리의 이해가 어떻게 변화하고 확장되었는지 설명한다. 우리는 먼저 언론 및 출판 모두와 관련이 있는 표현의 자유, 그 다음으로 종교와 양심의 자유, 그리고 범죄 피의자와 피고인에게 제공되는 보호에 대해 차례로 살펴본다. 각각의 경우에 우리는 이러한 자유가 수반하는 것이 무엇인지에 대한 우리의 인식이 이전보다 훨씬 더 광범위하고 포괄적이라는 사실을 깨닫게 될 것이다. 우리는 미국이 세계 어느 나라보다 더 많은 사람을 교도소와 구치소에 가두고 있다는 사실과 함께 시민의 자유에 대한 우리의 약속을 검토하는 것으로 이 장을 마무리 한다.

시민의 자유(civil liberties)
언론의 자유, 출판의 자유, 종교의 자유 등 헌법이 개인의 자유로운 선택에 대한 정부의 침해를 제한하거나 금지하는 사회생활 영역이다.

시민의 권리(civil rights, 민권)
투표권, 인종 차별로부터 자유로울 권리 등과 같은 사회생활 영역으로, 헌법에 따라 정부는 시민들이 평등하게 대우받을 수 있도록 조치를 취해야 한다.

시민의 자유와 권리장전

영국령 북아메리카에 식민지를 건설한 남녀노소는 유럽의 정부가 그들이 적합하다고 생각하는 종교적, 사회적, 경제적인 삶을 추구하는 것을 허용하지 않았기 때문에 유럽을 떠났다. 놀랍지 않게도, 이 식민지 개척자들이 아메리카의 정부들의 헌장을 작성하기 시작했을 때 그들은 국민의 자유를 명시적으로 정의하는 문서를 생산했다. 이러한 식민지 헌장 중 가장 유명한 것으로는 매사추세츠 자유헌장(1641년), 뉴욕 자유헌장(1683년), 펜실베이니아 특권헌장(1701년) 등이 있었다.

1765년 이후 영국과의 갈등이 심해지면서 미국인들은 점점 더 영국의 폭정이 자신들의 소중한 자유를 위협한다고 믿게 되었다. 언론의 자유와 출판의 자유가

"GIVE ME LIBERTY, OR GIVE ME DEATH !"

아마도 1770년대와 1780년대의 가장 유명한 미국인 웅변가라고 할 수 있는 패트릭 헨리가 버지니아 의회에서 연설하고 있다. 그의 가장 유명한 표현인 "자유가 아니면 죽음을 달라"는 미국혁명을 일으키는 데 일조했다.

제한되었다. 가정, 기업, 재산은 구체적 영장 없이 수색당했고, 때로는 압류되었다. 동료 배심원에 의한 재판을 받을 권리를 거부당했다. 그 밖에 사람과 재산의 치안과 안전에 대한 위협이 임박한 것처럼 보였다.

영국 의원 중 미국에 가장 우호적이었던 버크(Edmund Burke)는 영국 국민에게 개인의 권리와 자유가 보통법(관습법)의 필수 요소임을 상기시켰다. 1777년에 버크는 "영국의 모든 고대의 정직한 사법 원칙과 제도는 폭력과 억압의 무모한 행로를 견제하고 지연시키는 족쇄였습니다. 그것들은 이러한 한 가지 좋은 목적을 위해 발명되었습니다. 즉, 정의롭지 못한 것은 사용하기 쉬워서는 안 된다는 것입니다"라고 썼다.[1] 비록 버크의 주장은 자신의 고국에서 무시되었지만, 많은 미국인이 버크의 주장에 귀를 기울였다.

독립을 선포한 직후, 각 주는 새로운 헌법을 제정했는데, 그중 다수는 국민의 자유를 열거하고 정당화하는 전문으로 시작하였다.[2] 이 헌장들은 분명히 당시 영국의 행동을 염두에 두고 작성되었다. 따라서 그 문서들은 주로 정부권력을 제한하고 정의하기 위한 목적의 반정부 문서였다.

권리장전의 기원

제2장에서 우리는 1780년대 후반의 새로운 헌법제정 운동을 설명했다. 새로운 강력한 중앙정부를 만든 후 제헌회의 마지막 날까지 권리장전을 추가해달라는 일부 대표들의 요구는 모든 주에 의해 만장일치로 거부되었다. 대표들은 자신들이 새 헌법에 권리장전을 포함시키지 못하는 것이 일반 대중에게 어떻게 받아들여질지 오판하였다.

버지니아의 헨리(Patrick Henry)가 이끄는 반연방주의자들은 헌법 비준에 반대하는 주요 이유로 권리장전의 결여를 거론했다. 비준 절차가 진행되면서 권리장전에 대한 요구가 탄력을 받았다. 1788년 6월 버지니아주에서 비준 회의가 열렸던 시점에는, 비록 몇몇 주는 헌법 수정에 대한 권고를 비준 조건으로 달았지만, 이미 9개 주가 연방헌법의 비준을 끝냈다. 연방주의자들이 제1차 연방의회에서 수정에 동의하겠다고 약속한 덕분에 버지니아주는 89 대 79의 근소한 차이로 비준에 성공했다. 제임스 매디슨의 침례교 신자들은 침례교 신자의 종교의 자유를 특히 버지니아의 성공회 신자 대다수가 부정할 수 있다고 염려했다.

매디슨은 제1차 의회가 열린 뉴욕에 도착하는 즉시 헌법 개정 초안 작성에 착수했다. 그에게는 여러 주의 권리장전과 주들이 각자 비준 과정에서 제안한 200개 이상의 수정안이 주어졌다. 그는 1788년 8월 말까지 하원을 통해 17개 수정안을 제안했다. 하원은 수정안의 숫자를 12개로 줄이자는 상원의 제안에 동의했고, 이것들이 9월 말 비준을 위해 각각의 주정부에 제출되었다. 제안된 12개 수정안 중 2개는 비준 요건인 4분의 3 이상의 주의회들의 승인을 얻는 데 실패했다.

그러나 10개의 수정헌법, 즉 권리장전이 승인되어 1791년 12월 15일에 발효되었다. 처음 8개의 수정헌법은 개인의 자유를 광범위하게 보장하는 내용을 담고 있다. 즉, 종교, 언론, 출판, 집회 등의 자유, 무기를 보유 및 휴대할 권리, 가정의 사생활에 대한 보호, 재판의 이중 위험과 자기에게 불리한 진술을 강요당하지 않을 권리, 변호인의 도움과 배심원에 의한 재판을 받을 권리, 잔혹하고 비정상적인 형벌을 받지 않을 자유 등이 그것이다. 수정헌법 제9조는 처음 8개의 수정조항이나 헌법의 다른 부분에 구체적으로 열거되지 않은 권리들이 이로 인해 상실되지 않는다고 명시했고, 수정헌법 제10조는 중앙정부에 위임되지 않은 모든 권한은 각 주나 국민이 보유한다는 점을 확실히 했다. 여론조사에 따르면 미국인들은 이러한 기본적인 자유에 대해 응당 알아야 하는 것에 비해 훨씬 잘 모르고 있다. 제대로 잘 공부하자.

일부 수정안의 명시적인 표현(예: 수정헌법 제1조의 "의회는 법률을 제정할 수 없다")은 권리장전이 중앙정부에 한해서만 적용된다는 점을 분명히 했다. 대법원은 유명한 '배론 대 볼티모어' 사건(1833년)에서 이러한 견해를 재확인했다. 대법원장 마셜은 "권리장전은 연방정부의 행위만을 제한하고 주정부의 행동은 제한하지 않으므로, 주정부와 지방정부에 의해 자신의 권리가 침해되었다고 주장하는 사람들은 주헌법, 주 판사, 지방 배심원단에 대한 항소에 의존해야 한다"고 주장했다.[3] 사실 대법원은 20세기가 되기 전까지 주정부와 지방정부에 대해 권리장전에 명시된 개인의 자유를 시행하려는 움직임을 보이지 않았다.

아래에서 살펴보겠지만, 대법원은 일찍이 1890년대에, 그리고 그 이후 1920년대에 더욱 일관되게 수정헌법 제1조와 다른 권리장전의 자유가 연방정부의 행위뿐만 아니라 주정부의 행위로부터도 보호된다고 판결했는데, 왜냐하면 그 수정조항들이 '어떠한 주도' 자신의 주의 시민의 '정당한 법의 절차'를 거부하지 못한다는 수정헌법 제14조의 선언을 통해 '통합'되었기 때문이다.[4] 1947년 '애덤슨 대 캘리포니아' 사건에서 대법관 블랙(Hugo Black)은 반대의견을 작성했는데, 다른 세 명의 재판관들과 함께 권리장전을 수정헌법 제14조에 완전하게 **통합**시킬 것을 주장했다. 블랙 대법관은 "어떠한 주도 자신의 주의 시민으로부터 권리장전의 특권과 보호를 박탈할 수 없다"고 주장했다. 비록 블랙 대법관은 완전한 통합에 성공하지는 못했지만, 가장 최근에는 위에서 논의한 무기 소지 권리에 관한 사례에서 "선택

'배론 대 볼티모어(Barron v. Baltimore)' 사건
법원은 권리장전이 주정부가 아닌 연방정부에만 적용된다고 판결했다. 그 결과, 주정부 및 지방정부에 의해 권리가 침해된 개인은 주헌법, 주 판사, 지방 배심원에게 항소해야 했다.

통합(incorporation)
권리장전의 많은 보호가 원래는 오직 중앙정부에만 적용하려는 의도였다는 생각은 수정헌법 제14조의 '정당한 법의 절차'와 '법의 동등한 보호'에 대한 보장에 '통합'되었기 때문에 각 주정부에도 적용되었다.

적 통합" 과정이 계속되었고, 그 결과 오늘날에는 대부분의 권리장전 조항들이 연방정부와 주정부 모두를 제한한다 (표 13.1 참조).

표현의 자유: 언론과 출판의 자유

02 표현의 자유와 언론의 자유에 대한 우리의 약속은 국기를 불태우는 행위를 금지해야 한다는 우리의 생각이나 음란물을 규제해야 한다는 우리의 생각과 상충하는가?

표현의 자유는 대중 정부 사상에서 절대적으로 중요하다. 정치참여, 정책과 프로그램에 대한 공개 토론, 다수결 원칙 모두 언론, 출판, 집회 등의 자유에 달려 있다. 하지만, 공직자들을 포함하여 사회의 지도층 인사들은 자신과 자신의 활동이 비방이나 언론의 비판을 받는 상황을 꺼린다. 다수의 대중 역시 마찬가지로 자신의 주된 가치가 무시되는 상황을 좋아하지 않는다.

놀랄 것도 없이, 다수의 지지를 확신하는 정치 지도자는 흔히 인기 없는 소수 의견을 억압하는 방향으로 움직인다. 법원은 때로는 그들의 행위를 지지하기도 하고, 때로는 반대한다. 정치 지도자나 대중 다수가 자신이 생각하기에 잘못되거나 불편하다고 여겨지는 표현을 제한할 수 있어야 할까? 어떤 상황이 정부가 시민들의 표현할 권리를 제한하는 것을 정당화할 수 있는 적절한 상황일까? 이것은

표 13.1 통합 견해: 시간별 발전순서

조항	사건	년도
언론의 자유	'기트로 대 뉴욕'	1925년
출판의 자유	'니어 대 미네소타'	1931년
집회의 자유	'디종 대 오리건'	1937년
자유로운 신앙 행위	'캔트웰 대 코네티컷'	1940년
국교 설정 금지	'에버슨 대 이사회'	1947년
부당한 수색 및 압수	'맵 대 오하이오'	1961년
공정한 재판을 받을 권리	'어바인 대 도우드'	1961년
잔혹하고 비정상적인 형벌	'로빈슨 대 캘리포니아'	1962년
변호인의 도움을 받을 권리	'기드온 대 웨인라이트'	1963년
청원할 수 있는 권리	'에드워즈 대 사우스캐롤라이나'	1963년
고소인과 대질할 수 있는 권리	'포인터 대 텍사스'	1965년
자기에게 불리한 증언을 강요당하지 않을 권리	'미란다 대 애리조나'	1966년
신속한 재판	'클로퍼 대 노스캐롤라이나'	1967년
형사 사건의 배심원 재판	'덩컨 대 루이지애나'	1968년
무기 소지의 권리	'맥도날드 대 시카고'	2010년
과다한 벌금 부과 금지	'팀스 대 인디애나'	2019년

자유 사회의 근본적인 질문이며, 이라크전쟁과 아프가니스탄전쟁, 그리고 더 광범위한 테러와의 전쟁에서 핵심 이슈였다.[5] 개인적, 정치적 모욕에 대해 대부분의 다른 정치인들보다 더욱 민감한 트럼프 대통령은 명예훼손 관련 법을 바꾸고자 하는 자신의 열망을 표출했다. 어떠한 변화도 없었다.

언론의 자유.　1919년 3월 늦게 '셍크 대 미국' 사건에서 연방대법원은 미국이 제1차 세계대전에 참전하는 것을 반대하는 전단을 제작하여 우편으로 발송한 저명한 사회주의자의 유죄 판결에 대해 합헌으로 판정했다. 올리버 웬델 홈즈 대법관은 대법관 다수를 대표하여 찬성의견을 작성하면서 언론의 자유는 절대적인 것이 아니며 셍크의 행동에 대해 처벌할 수 있다고 주장했다. 홈즈의 유명한 주장은 "표현의 자유를 가장 엄격하게 보호한다고 해도 극장에서 거짓으로 불이야라고 외치는 사람을 보호할 수는 없다"는 것이었다. 그는 보호받는 발언과 처벌 가능한 발언의 구분은 "사용된 단어가 그러한 상황에서 사용되는지 여부, 그리고 명백한 현재의 위험을 야기할 정도의 성격인지 여부"에 따라 결정된다고 썼다. 비평가들은 사회와 정부에 실질적인 혼란을 초래할 가능성이 가장 희박한 전망에 불과했던 셍크의 행위와 같은 항의 행위를 억제해서는 안 된다고 주장했다. 곧, 홈즈 역시 그러한 견해에 동의했다.

　언론의 자유에 관한 법률의 다음의 중요한 발전이 1925년 '**기트로 대 뉴욕**' **사건**에서 있었다. 기트로(Benjamin Gitlow)는 미국의 민주주의와 자본주의의 전복을 옹호한 혐의로 뉴욕법에 따라 유죄 판결을 받은 공산주의자였다. 그를 변호한 유명한 변호사 대로우(Clarence Darrow)는 해당 뉴욕법이 위헌이라고 주장했다. 그 이유는 연방 수정헌법 제1조에 명시된 언론의 자유에 대한 기트로의 권리가 주정부의 행위에 적용되는 수정헌법 제14조의 '정당한 법의 절차' 조항에 '통합'되어 있었기 때문이었다. 법원은 대로우의 통합 주장을 받아들여, "우리는 수정헌법 제1조에 의해 의회의 제한으로부터 보호받는 언론과 출판의 자유가 수정헌법 제14조의 정당한 법의 절차 조항에 의해 주정부의 침해로부터 보호받는 기본적인 개인의 권리와 '자유' 중 하나라고 가정할 수 있고, 그렇게 가정한다"고 선고하였다. 그러나 동시에 법원은 홈즈의 '명백한 현재의 위험' 기준을 좀 더 일반적인 '나쁜 경향' 기준으로 완화했다. '나쁜 경향'을 가진 어떤 발언도, 심지어 먼 미래의 시점에서 어쩌면 사회적 또는 정치적 혼란을 불러일으킬 수 있는 발언조차 처벌될 수 있었다.

　홈즈와 그의 동료 브랜다이스(Louis Brandeis)는 1927년 '휘트니 대 캘리포니아' 사건에서 이번에는 브랜다이스의 글로 대응했다. 휘트니(Charlotte Whitney)는 공산당 조직 활동에 관여한 혐의로 캘리포니아주법률에 따라 유죄판결을 받았다. 법원이 캘리포니아주 법령에 대해 합헌 판정을 내리면서 휘트니가 패소했다.

'**기트로 대 뉴욕(Gitlow v. New York)**' **사건**
연방대법원은 수정헌법 제1조가 연방정부의 행위뿐만 아니라 주정부의 행위도 제한한다는 주장을 받아들였지만, 그러면서도 발언이 먼 미래의 어느 시점에서조차 혼란을 초래할 수 있는 '나쁜 경향'을 만들면 처벌할 수 있도록 '명백한 현재의 위험' 기준의 완화된 버전을 적용했다.

그럼에도 불구하고 브랜다이스는 휘트니의 행동이 제기하는 위험이 너무 멀리 있기에 진압하기 위한 주의 조치는 법으로 용인되지 않는다는 반대의견을 주장했다. 브랜다이스는 "발언에서 흘러나오는 어떠한 위험도 … 주정부에 대한 심각한 손상이 … [그것이] 너무 임박해서 완전한 논의 기회가 주어지기도 전에 일어날 수도 있지 않는 한, 어떤 위험도 명백한 현재의 위험으로 간주될 수 없다… 오직 비상사태만이 억압을 정당화할 수 있다"라고 반대하는 글을 썼다.

'브란덴부르크 대 오하이오' 사건(1969년)에서 비로소 법원은 휘트니 사건에 대한 판정을 번복하여 '기트로 대 뉴욕' 판례가 제시한 '명백한 현재의 임박한 위험 기준'을 받아들였다. 법원은 수정헌법 제1조가 연방정부의 행위뿐만 아니라 주정부의 행위를 제한한다는 주장을 받아들였지만, 먼 미래의 어느 시점에서라도 발언이 혼란을 야기할 수 있는 '나쁜 경향'을 만들면 처벌할 수 있도록 '명백한 현재의 위험 기준'을 완화하여 적용했다. 브랜다이스와 홈즈는 40년 전이었다. 그보다 최근에 법원은 언론의 자유의 표준 개념을 훨씬 뛰어넘어 시위, 피켓 시위, 항의 등을 포함한 **상징적 표현**의 형태 또는 표현적 행위를 보호하였다. 1984년 존슨(Gregory L. Johnson)은 텍사스주 댈러스에서 개최된 공화당 전당대회 밖에서 미국 국기에 등유를 뿌리고 불을 붙인 혐의로 체포되었다. 1989년 대법원은 국기를 불태운 것이 표현적 행위라고 판결했다. '**텍사스 대 존슨**' 사건에서 법원은 "만약 수정헌법 제1조의 근간을 이루는 기본원칙이 있다면, 단순히 사회가 아이디어 자체가 거슬리거나 동의할 수 없다고 여긴다는 이유로 정부가 그 아이디어의 표현을 금지할 수 없다는 것이다"라고 판결했다.

흥미롭게도, 미국 국민 중 유일하게 학생은 표현의 자유에 대한 권리를 제한당하고 있다. 학생들의 표현의 자유에 대한 권리에 관한 결정적 판례는 '팅커 대 디모인 교육구'(1969년) 판례이다. 팅커는 발언이 학교의 기본적인 교육 사명을 과도하게 방해하지 않는 한, 학생들은 정치적 발언을 할 수 있는 추정적 권리가 있다고 주장했다. 2018년, 휴스턴의 윈드펀 고교에 다니는 17세 학생 랜드리(India Landry)는 매일 행하는 국기에 대한 맹세에 참여를 거부했다. 텍사스 주법은 학생의 부모가 공식적으로 참여를 거부하지 않는 한, 국기에 대한 맹세에 의무적으로 참여할 것을 명령했다. 이 거부 조항은 유명한 미연방대법원의 '웨스트버지니아주 교육위원회 대 바넷' 사건(1943년)으로부터 텍사스주 법을 보

상징적 표현(symbolic speech)
실제 발언과 마찬가지로 피켓 시위나 성조기 소각과 같은 표현적 행위는 아이디어나 의견의 전달과 관련되므로 수정헌법 제1조에 따라 보호된다.

'**텍사스 대 존슨**(Texas v. Johnson) 사건
이 사건은 브란덴부르크의 명백한 현재의 위험 기준을 엄격하게 적용하여 국기를 불태운 것을 보호되는 표현적 행위 또는 상징적 발언으로 인정했다.

출처: Getty Images/NY Daily News/Todd Maisel

2004년 민주당 전당대회 마지막 날 시위자들이 성조기와 부시 대통령 및 존 케리 상원의원의 인형을 불태우고 있다. 미국 대법원은 국기를 불태우는 행위 등 상징적 표현이 헌법에 의해 보호된다고 선언했다.

호하기 위한 것이었다. 바넷 사건에서 법원은 학생들에게 국기에 대한 맹세를 낭송하도록 강요하는 것이 학생들의 표현의 자유에 대한 권리를 침해한다고 판결했다. 여러분은 어떻게 생각하는가? 인디아 랜드리가 국기에 대한 맹세에 참여하지 않을 권리를 가져야 하는가, 아니면 만약 그녀가 그렇게 하는 경우 텍사스주는 그녀를 징계할 권리가 있나?

보호되지 않는 표현: 음란물과 십자가 화형 사례. 헌법적 또는 법률적 쟁점으로서 음란죄는 특정 공동체의 기준에 비추어 연설, 인쇄물, 예술 등의 일부 표현에 대해 억제하는 것과 항상 관련이 있었다. 미국 법률의 전통적인 기준은 19세기 영국의 '레지나 대 히클린'(1868년) 판례에서 제시된 기준을 따랐다. 이 사건에서 법원은 "**음란죄**로 기소된 문제가 그러한 부도덕한 행위에 열린 마음을 가진 사람들을 타락시키고 부패하게 하는 경향이 있는지" 여부를 물었다.[6] 이러한 법의 규정, 즉 지역사회 내에서 제안에 가장 개방적인 사람들의 마음을 "타락시키고 부패하게 하는" 경향에 근거하여 음란물을 판명할 수 있는 것은 지역사회 기준에 큰 여지를 남겼다.

이에 관한 미국법률의 현대적 기준은 '로스 대 미국' 사건(1957년)에서 '**밀러 대 캘리포니아**' 사건(1973년)까지 이어진 일련의 소송사건에서 확립되었다. 밀러는 세 부분으로 구성된 음란물 테스트를 도입했다. 현대 사회 표준을 적용하는 평균적인 사람은 작품이 전체적으로 (a) 외설적인 호기심에 호소한다고 생각하는가? (b) 명백하게 모욕적인 방식으로 성적 행위를 그리거나 묘사한다고 생각하는가? (c) 진지한 문학적, 예술적, 정치적, 과학적 가치가 결여되어 있다고 생각하는가? 인터넷의 등장과 함께, 음란물이 너무 만연하게 되면서 대다수 검사는 아동성착취 부분을 제외하고는 범죄로 더 이상 기소하지 않고 있다. 2007년에 대법원은 실제 또는 가상(즉, 컴퓨터로 생성)의 아동포르노의 불법 거래를 불법화한 2003년 「보호법」이 헌법에 부합하며, 수정헌법 제1조의 권리를 침해하지 않는다고 판결했다. 분명히, 음란물을 법원이 받아들일 수 있고 대부분의 미국인이 이해할 수 있는 방식으로 정의하는 것보다, 음란물이 보호받는 표현이 아니라고 말하는 것이 훨씬 더 쉽다.

표현의 자유를 광의로 해석하는 견해조차도 헌법상 모든 표현이 절대적으로 보호된다고 주장하지 않는다. 2003년 '**버지니아 대 블랙**' 사건에서 미연방대법원은 전통적 형태의 인종 위협인 십자가 화형은 수정헌법 제14조에 의해 보호되는 표현이 아니라고 판결했다. 오코너(Sandra Day O'Connor) 대법관이 법정의견을 작성하면서, 언론의 자유 권리가 "절대적인 것은 아니다 … 십자가 화형이 위협을 위해 사용될 때 사실상 이보다 더 강력한 메시지는 거의 없다"라고 언급했다.

하지만 우리는 2017년 8월 버지니아주 샬로츠빌에서 일어난 사건에 대해 어

음란물(obscenity)
말이든, 글이든, 시각적이든 상관없이 '전체적으로 볼 때 … 심각한 문학적, 예술적, 정치적, 과학적 가치가 부족한' 성적으로 노골적인 자료.

'밀러 대 캘리포니아(Miller v. California) 사건
법원은 음란물을 정의하고 규제하는 데 있어 주와 지역사회에 더 큰 재량을 주었다.

'버지니아 대 블랙(Virginia v. Black)' 사건
법원은 인종적 공포와 위협과의 역사적 연관성 때문에 십자가 화형은 보호받지 못하는 표현이라고 판결했다.

출처: Kyodo via AP Images

쿠 클럭스 클랜(Ku Klux Klan) 회원들이 인디애나주 매디슨 인근에서 집회 후 십자가 화형에 참여하고 있다. 십자가 화형은 소수 민족, 특히 흑인을 위협하기 위한 공공연한 백인 우월주의이다.

떻게 생각해야 하는가? 남북전쟁 장군 리(Robert E. Lee) 장군의 동상을 철거하려는 계획에 항의하기 위해 백인 민족주의자, 네오나치, KKK 등이 집회에 모였다. 버지니아 대학교 캠퍼스에서 횃불 행진이 끝난 후, 다음 날 백인 민족주의자와 반대 시위자들이 격렬하게 충돌했고, 백인 민족주의자가 반대 시위자들을 향해 차를 몰고 돌진하여 젊은 여성 한 명이 죽고 많은 사람이 다쳤다.

트럼프 대통령이 지적했듯이 백인 민족주의자들의 시위는 합법적이었다. 그들은 행진 허가를 받았다. 실제로 한 주 전에 미국시민자유연맹(ACLU)은 샬러츠빌 시정부가 백인 민족주의자들의 행진 허가 신청을 거부하지 않았는지 확인하기 위해 법원에 출두했었다. 종종 표현의 자유 절대론자라고 불리는 ACLU의 입장은 모든 발언자는, 심지어 좌파와 우파 언저리에 있는 사람이라고 할지라도, 공개 장소에서 발언할 수 있는 헌법상의 권리가 있다는 것이었다. 다른 사람들은 집회와 연설이 혼란과 폭력이 억제될 수 있는 방향으로 진행하도록 지시할 권리와 책임이 정부 당국에게 있다고 주장한다. 여러분은 어떻게 생각하는가? 미국의 기본적인 헌법적 보장을 고려할 때 우리는 네오나치가 하는 말을 들어야만 하는가?

출판의 자유. 언론의 자유와 출판의 자유는 밀접하게 연관된 자유이다. 그러나 전파 수단의 도움 없이 하는 발언은 소수의 사람들에게만 전달되고 잠재적으로 오직 소수의 사람들에게만 영향을 미칠 수 있는 반면, 인쇄물로 표현되거나 전파 및 인터넷을 통해 배포되는 견해는 동시에 수백만 명에게 전달되어 잠재적으로 수백만 명에게 영향을 미칠 수 있다. 정부는 수십, 어쩌면 수백, 결코 수천을 넘지 않는 사람들에게 전달되는 말보다 몇 초 안에 수백만에 전달될 수 있는 말을 골라내고 제한하는 데 더 큰 책임이 있는가? 앞으로 살펴보겠지만, 답은 일반적으로 '아니오'이다.

사전 제한(prior restraint)
출판 전에 허가를 받거나 승인을 받아야 하는 출판에 대한 모든 제한. 사전 구속이 없다는 것은 출판을 방해할 수 있는 검열이나 허가 과정이 없다는 것을 의미한다.

사전 제한 반대 대 출판할 수 있는 자유. 언론의 자유에 대해서는 두 가지 견해가 있는데, 한 가지 견해는 훨씬 더 폭넓고 풍부하다. 첫째로, 언론이 출판되기 전에 정부의 허가를 받도록 요구해서는 안 된다는 견해이다. 즉 언론의 **사전 제한**, 검열이 없어야 한다는 것이다. 출판의 자유에 대한 두 번째, 더 폭넓은 견해는 사전 제한을 금지할 뿐만 아니라 언론에 실린 발언에 대해 사후에 법적 구제를 구할 수 있는 조건을 심하게 제한하는 것을 금지한다. 사후에 처벌을 걱정해야 한다면

"사전 제한" 없이 출판할 수 있는 권리는 별 도움이 되지 않는다.[7]

두 가지 사건이 언론자유의 이 두 가지 주요 관점에 대한 오늘날 대법원의 입장을 확립했다. 첫 번째 '**니어 대 미네소타**' 사건(1931년)은 대리인이나 정부 차원의 출판에 대한 사전 제한을 거의 완전히 금지했다. 니어(Jay M. Near)는 미네소타주 공무원들을 늘 공격하는 『토요신문(*Saturday Press*)』이라고 하는 신문사의 편집인이었다. 공격받은 공무원 중 한 명이 올슨(Floyd B. Olson)이었다. 니어의 신문의 비난에 지친 올슨은 미네소타주 공공 방해법을 사용하여 『토요신문』을 폐간시키려고 시도했다. 대법원은 신문을 폐간시키는 것은 사전 제한의 한 형태이므로 위헌이라고 판결했다. 니어 사건 이후 미국 법원은 사실상 통제가 불가능한 언론에 대한 사전 제한 요청을 거부했다.

'**뉴욕타임즈사 대 설리번**' 사건은 고소나 추후 처벌에 대한 두려움 없이 출판할 수 있는 자유를 확립했다. 1960년 3월 29일, 마틴 루터 킹 목사의 지지자들은 앨라배마주 몽고메리시 공무원들이 흑인 시위자들을 불법적으로 괴롭혔다고 주장하는 전면 광고를 『뉴욕타임즈』에 실었다. 몽고메리시 경찰국장인 설리번은 이 광고가 자신을 "중대한 위법 행위"와 "몽고메리시 공무원으로서 부적절한 행동과 부작위" 혐의로 명예를 훼손했다고 주장하며 뉴욕타임즈사 등을 상대로 소송을 제기했다.

앨라배마 법원은 설리번 경찰국장의 평판에 잠재적인 피해를 입힐 수 있다는 점을 이유로 뉴욕타임즈사에게 패소판결을 내렸다. 뉴욕타임즈사는 우선 앨라배마주 대법원에 항소했으나 다시 패소했고, 그 후 연방대법원에 상고했다. 뉴욕타임즈사를 대표한 변호사 웩슬러(Herbert Wechsler)는 만약 설리번이 승소한다면 기사의 일부분이 공무원을 불쾌하게 하는 경우 고소당할 수 있다는 두려움 때문에 그 어떤 신문도 정부 정책이나 공무원에 대한 비판을 신문에 실을 수 없을 것이라고 주장했다.

대법원은 설리번에게 패소판결을, 뉴욕타임즈사에게 승소판결을 내렸다. 다수 의견을 작성한 브레넌(Brennan) 대법관은 "공무원의 활동에 대한 자유로운 공개 토론은 … 미국정부 형태의 근본적인 원칙이었다"라고 주장하며 매디슨의 의견을 그대로 따라 했다. 매디슨이 이전에 그랬듯이, 브레넌과 그의 동료 대법관들은 법적 조치를 위협하여 비판자들을 협박할 수 있는 공직자는 감독과 평가로부터 자유로울 것이라는 점을 알고 있었다.

대부분의 연방법원은 오늘날 동의를 얻어서 또는 동의 없이 정치인에 대해 부정적인 논평을 보도하는 언론인을 보호하는 '중립적 보도 특권'을 인정하고 있다. 그럼에도 불구하고, 후보자 시절에 그리고 대통령이 되어서, 도널드 트럼프는 "그들이[언론인들이] 의도적으로 부정적이고 끔찍하며 거짓된 기사를 쓰면, 우리가 그들을 고소하여 많은 돈을 벌 수 있도록 우리의 명예훼손법을 개정하고 싶은" 자

'니어 대 미네소타주(Near v. Minnesota)' 사건
이 결정을 통해 모든 대리인이나 정부에 의한 출판의 사전 제한에 대한 거의 완전한 금지를 확립했다.

'뉴욕타임즈사 대 설리번(New York Times Co. v. Sullivan)' 사건
공직자가 명예훼손 사건에서 손해배상을 받기 위해서는 '실질적 악의' 또는 '무모한 진실 무시' 중 하나를 입증하여야 한다고 판단함으로써, 법원은 본질적으로 출판된 것에 대하여 사후적으로 처벌받지 않을 권리를 확립하였다.

신의 열망에 대해 여러 차례 언급했다.[8] 비록 대통령은 그렇지 않았더라도 대통령의 변호인들은, 설리번 사건 이후 대법원은 대통령을 비롯한 정치인들이 생각하기에 거짓으로 여겨지는 가혹한 언론의 비판에 직면했을 때 느낄 수 있는 고통보다는 자유롭고 거친 정치적 발언에 특권을 부여했다는 사실을 알고 있었다.

언론자유에 대한 제한: 국가안보 및 공정한 재판. 무제한적인 자유는 없다. 홈즈 대법관이 언론의 자유에 대한 권리가 붐비는 극장에서 거짓으로 "불이야"라고 외치는 것까지 확장되지 않는다고 언급했듯이, 다른 사람들은 국가안보 문제나 형사 피고인의 공정한 재판을 받을 권리로 인해 언론의 자유가 제한될 수 있다고 언급했다. 그러나 언론의 자유를 제한하는 이러한 잠재적 이유조차 매우 협소하게 해석되어왔다. 예를 들어, 1973년 **펜타곤 페이퍼 사건**에서 연방정부는 『뉴욕타임즈』와 『워싱턴포스트』를 포함한 여러 신문이 불법적으로 획득한 베트남전쟁 수행 관련 기밀자료를 출판하는 것을 막기 위해 법원에 제소했다. 대법원은 출판의 "사전 제한"에 대한 강력한 추정 근거를 언급하며 금지 명령을 기각했다.

반면에, 특히 전시에 정부관료들은 민감한 정보의 공개를 자제해달라고 언론에 종종 호소한다. 정부가 그럴듯한 이유를 대면, 흔히 언론은 적어도 한동안 정부의 요청을 따른다. 부시 행정부는 의심스러운 정보 수집, 수감자 학대, CIA 비밀 교도소, 국내 통신 감시, 국제 및 국내 은행 기록에 관한 기사를 둘러싸고 『뉴욕타임즈』, 『로스앤젤레스타임즈』, 『워싱턴포스트』 등을 포함한 미국의 주요 신문과 반복적으로 충돌했다. 각각의 경우에 대해 정부는 언론의 보도가 국가안보를 위협한다고 주장했고, 언론인들은 정부가 무엇을 하고 있는지 알아야 하는 국민의 알 권리를 강조했다.[9]

대선후보 시절 버락 오바마는 부시행정부의 국가안보 권한에 관한 가장 적극적인 주장 중 상당수가 '헌법을 침해'했기 때문에 철회하겠다고 공약했다. 그러나 대통령에 취임한 후 버락 오바마는 이러한 권한의 포기를 주저했고, 특히 국내 감시 분야에서 그랬다. 9·11 테러 사건 이전에는 FBI가 미국인의 통화 기록을 도청하거나 확보하려면 「해외 정보 감시법(FISA)」에 따라 승인을 받아야 했다. 9·11 테러 사태 이후 수천 명 시민의 통화 기록을 영장 없이 확보하였다. 2010년 초, 오바마 행정부의 법률고문실은 법원 승인 없이 통화 기록을 획득할 수 있는 권리를 자신들이 여전히 갖고 있다는 FBI의 주장을 지지했다.[10]

마찬가지로, 미국 법원은 오랫동안 대중의 알 권리와 편견 없는 배심원 앞에서 공정한 재판을 받을 형사 피고인의 권리의 균형을 맞추기 위해 노력해 왔다. 일반적인 규칙은 다음과 같다. 즉, "판사는 형사 사건에 관한 정보의 공개를 금지하지 않을 수 있다. 비록 판사의 의견이 그러한 명령이 편파적인 선전을 방지함으로써 피고인에게 공정한 재판을 보장하는 데 도움이 된다고 하더라도 정보의 공개를

펜타곤 페이퍼 사건(Pentagon Papers Case)
공식적인 이름은 '뉴욕타임즈사 대 미국'이다. 법원은 임박한 위험이 입증되지 않는 한 사전 제한이 수정헌법 제1조에 위배한다고 판결했다.

금지하지 않는다."[11] 법원은 일관되게 수정헌법 제1조가 언론을 사법 절차로부터 배제하는 것에 대한 강한 추정을 지시하는 것으로 보아왔다.

종교의 자유

미국 독립혁명이 임박했을 당시 13개 식민지 중 9개 식민지에 주 승인 교회가 있었지만, 1791년에는 오직 3개 식민지에만 여전히 주 승인 교회가 있었다. 곧, "교회와 국가를 분리하는 벽"에 대한 제퍼슨의 견해가 미국정치에서 교회와 국가 관계의 지배적인 이미지가 되었다. 비록 이 문구가 미국 정치사에서 끝없이 반복되었지만, 명확하고 단정적인 의미는 없다.

정교분리를 어떻게 이해해야 하는지와 관련하여 세 가지 기본적인 견해가 있으며, 여전히 치열한 논쟁이 계속되고 있다.[12] 첫 번째 견해는 정부가 종교에 대해 전혀 관심을 두지 않고, 정부의 행동에 종교적 정서나 상징적 발언의 암시를 허용하지 않는 엄격한 정교분리를 요구한다. 두 번째 견해는 정부가 어떤 한 종교를 다른 어떤 종교보다 선호하지 않으며, 확실히 다른 모든 종교를 제쳐두고 어떤 특정 종교만을 선호하지 않더라도 모든 종교에 일반적인 지원과 이익을 제공할 수 있다고 주장한다. 세 번째 견해는 비록 다시 한번 어떤 종교나 종교들이 다른 종교보다 선호되어서는 안 되지만, 국가의 도덕적인 힘과 건강에 유익한 종교를 국가가 적극적으로 장려해야 한다고 주장한다.

국교 금지 조항.　수정헌법 제1조의 **국교 금지 조항**은 "연방의회는 국교를 정하는 법률을 제정할 수 없다"라고 명시하고 있다. 이 확실한 문구는 일반적으로 중앙정부, 특히 의회가 공식적인 국교를 정할 수 없으며, 어떤 한 특정 종교를 선호할 수도 없다는 것을 의미하는 것으로 받아들여졌다. 덜 명확한 것은, 설령 정부가 모든 종교 집단에 대해 공평하게 지원한다고 전제하더라도, 정부가 세금, 공공시설, 도덕적 설득 등을 사용하여 종교 집단을 지원하거나 촉진하거나 협력할 수 있는지 여부이다. 답은 '그렇다'이다. 다만 신중하게 해야 한다.

종교에 대한 정부의 합헌적 개입과 위헌적 개입을 구분하기 위한 연방대법원의 가장 명확한 시도가 **'레몬 대 커츠먼'** 사건(1971년)에서 있었다. 대법원은 종교활동과 종교기관에 대한 주정부 지원의 합헌성을 결정하기 위해 '레몬 테스트'로 널리 알려진 세 가지 기준을 개발했다. 주정부의 프로그램은 (1) 세속적인 목적을 가져야 한다. (2) 그 주요 효과는 종교를 발전시키거나 방해해서는 안 된다. (3) 교회와 국가가 '과도하게 얽히는 것'을 허용하거나 조장해서는 안 된다.

퇴임 전 산드라 데이 오코너, 죽기 전 스칼리아(Antonin Scalia) 등 다양한 대법관들이 레몬 테스트를 개선한 방안이나 대체하는 대안을 제시했지만, 레몬 테스트는 여전히 국교 금지 조항에 대한 법원 법리의 기초로 남아 있다. 오코너는 정부

Q3 정교분리에 대한 우리의 약속은 정부가 종교적 정서나 상징적 흔적을 일절 표출하지 말아야 함을 의미하는가?

국교 금지 조항(establishment clause)
헌법 수정 제1조는 "연방의회는 국교를 정하는 법률을 제정할 수 없다"고 명시하고 있다. 이것은 분명히 의회가 국교를 설립할 수 없다는 것을 의미한다. 종교와 정부 간의 접촉이 얼마나, 만약 있다면, 얼마나 허용되는지에 대한 논쟁이 계속되고 있다.

'레몬 대 커츠먼(Lemon v. Kurtzman)' 사건
이 판례는 국가의 종교 지원을 위한 레몬 테스트를 확립했다. 그러한 지원은 목적상 세속적이어야 하며, 종교를 과도하게 발전시키거나 방해하지 않아야 하며, 국가와 종교가 '과도하게 얽히는 것'이 수반되어서는 안 된다.

가 종교나 비종교를 지지하지 않는 지지 테스트를 제안했고, 스칼리아는 개인한테 종교활동을 지원하거나 참여하도록 강요하지 않는 한 국교 금지 조항을 위반하는 것이 아닌 강제 테스트를 제안했다. 강제 테스트의 경우에는 많은 지지를 얻지 못했지만, 법원은 레몬 테스트의 대체가 아니라 보완으로 지지 테스트를 사용했다.

종교를 바탕으로 설립된 종립학교에 다니는 아이들에게 지원을 제공하려는 정부는 지원이 학교가 아닌 아이들에게 제공되며 일부 아이들은 그저 종립학교 환경에서 주정부의 지원을 받을 뿐이라고 오래전부터 주장해 왔다. 최근의 판결들은 교통, 점심 프로그램, 교과서, 컴퓨터, 심지어 종교 학교의 놀이터 기구에 연방 자금 지원을 허용함으로써 교구 부속 학교에 대한 공공부조를 확대했다.[13]

많은 미국인이 확고한 종교적 신념을 가지고 있고, 일부는 공립학교 교육에 자신의 종교적 신념이 반영되기를 원한다. 예를 들어, 펜실베이니아주 도버의 종교적 보수주의자들은 지역 학교 이사회에서 과반수를 차지했고, 생물학 수업 시간에 진화론에 대한 대안으로 지적 설계(자연이 너무 복잡해서 무작위적으로 우연히 발달하지 않으며 창조자의 흔적을 확연하게 보여준다는 생각)를 가르칠 것을 명령했다. 해리스버그 연방지방법원의 존 E. 존스 3세(John E. Jones III) 판사가 6주간에 걸쳐 재판을 주재했다. 그는 지적 설계는 과학이 아니라 종교이며, 공립학교 과학 수업에서 이를 가르치는 것은 수정헌법 제1조 국교 금지 조항의 위반이라고 선고했다.

처음에는 대선후보로, 나중에는 대통령이 되어 도널드 트럼프가 많은 사람들이 '무슬림 금지'라고 부르는 것을 제안하면서 수정헌법 제1조 국교 금지 조항이 다시 국민적 논의의 중심으로 떠올랐다. 2015년 말, 트럼프는 "우리나라의 대표들이 도대체 무슨 일이 일어나고 있는지 파악할 수 있을 때까지 미국에 들어오는 이슬람교도의 입국을 전원 모두 완전하게 차단"할 것을 촉구했다. 취임 일주일 후, 트럼프 대통령은 이라크, 시리아, 이란, 수단, 리비아, 소말리아, 예멘 등 7대 이슬람국가 국민의 미국 내 입국을 일시적으로 금지하는 행정명령에 서명했다. 일주일 후, 시애틀의 한 연방 판사는 국교와 종교 간의 차별을 금지한 수정헌법 제1조의 위반으로 이 입국 제한 조치의 시행을 막았다. 그해 3월에 일부 수정한 입국 금지 명령이 다시 내려졌다. 대통령의 변호사들은 입국 금지 명령을 위한 법정 투쟁을 계속했지만, 선거운동 과정에서 나온 트럼프의 말은 승소하기 어려웠다. 2018년 6월이 되어서야 대법원의 승인으로 약화된 형태의 입국 금지 명령이 시행에 들어갔다.

자유로운 종교행위 보장 조항. 국교 금지 조항이 본질적으로 국가가 제도화된 종교에 얼마나 많은 지원을 할 수 있는지에 관한 것이라면, **자유로운 종교행위 보장 조항**은 개인이 신앙생활을 하려면 얼마나 완전히 자유로워야만 하는지에 관한 것

자유로운 종교행위 보장 조항 (free exercise clause)
수정헌법 제1조는 연방의회가 국교를 설립하지 못한다고 명시한 직후에, 연방의회가 종교의 '자유로운 종교행위'를 금지하지 않을 수 있다고 말한다. 자유로운 종교행위 보장 조항의 목적은 정치적 간섭으로부터 광범위한 종교적 준수와 관습을 보호하는 것이다.

이다. 자유로운 종교행위 보장 조항은 종교 의식과 관행을 전부는 아니지만 거의 대부분을 국가의 간섭으로부터 보호한다.

자유로운 종교행위 보장 조항은 미국인들이 그들이 원하는 어떤 종교적 원칙도 믿고 주장할 수 있도록 보호한다. 그러나 법원은 오랫동안 행동은 믿음이 아니라고 주장해 왔다. '레이놀즈 대 미국' 사건(1879년)에서 법원은 종교적으로 영감을 받은 행동, 즉 이 경우에는 모르몬교의 복수 결혼 관행이 "주정부가 자유롭게 규제할 수 있는 행동을 금지하는 다른 유효한 법"(즉, 결혼법)을 위반했기 때문에 자유로운 종교 행위 특권에 의해 보호되지 않는다고 판결했다. 마찬가지로, 성찬용 페요테를* 사용했다는 이유로 해고된 두 사람이 실업 수당을 거부당한 사건인 '고용부 대 스미스' 사건(1990년)에서 법원은 심지어 종교적 동기가 있더라도 불법 행위는 "일반적으로 적용 가능한 형법"으로부터 면제를 받지 못한다고 확인했다.

1993년에 의회는 「종교자유회복법(Religious Freedom Restoration Act)」을 통과시켜, 종교의 자유로운 활동을 지지하고 정부의 개입을 제한하고자 했다. 이 법은 어떤 수준의 정부도 "어쩔 수 없는" 필요성을 제시하지 않고 "이용 가능한 최소한의 제한 수단"을 선택하지 않은 채 종교의식에 "상당한 부담을 주는 것"을 금지했다. 대법원은 1997년에 「종교자유회복법」을 파기하면서 이 법이 일반 법률과 규칙을 어기는 종교활동에 대해 수정헌법 제1조가 요구하는 것보다 더 많은 보호를 제공한다고 판결했다.

마지막으로, 중요한 판례인 '매스터피스 케이크 상점 대 콜로라도 민권위원회' 사건(2018년)에서 법원은 동성애 커플의 결혼식 피로연에 케이크 공급을 거부한 제빵사 필립스(Jack Phillips)의 종교적 자유와 법의 평등한 대우를 받을 수 있는 부부의 권리 사이에서 균형을 찾으려고 노력했다. 콜로라도 민권위원회와 하급심 연방법원은 동성커플의 손을 들어줬으나, 대법원은 이 결정을 뒤집었다. 그 이유는 케네디 대법관이 작성한 다수의견에 따르면 콜로라도 민권위원회가 필립스의 종교적 신념을 충분히 인정하거나 평가하지 않았기 때문이다. 반면, 케네디 대법관은 빵집과 같이 대중에게 서비스를 제공하는 사업체는 차별 없이 서비스를 제공해야 한다고 썼다. 비록 필립스가 케이크를 제공하지 않았지만, 재판 결과는 일종의 무승부였다. 게다가 케네디 대법관의 은퇴 및 케버노(Brett Kavanaugh) 대법관으로 교체와 나중에 배럿(Amy Coney Barrett) 대법관의 합류로 연방대법원은 더욱 보수적인 법원이 되었고, 아마도 자신의 행위와 결정에 대해 종교적 근거를 주장하는 사람들의 법적 전망을 개선시켰다.

학교에서의 기도. 교회와 국가의 분리라는 넓은 영역에서 어떤 문제도 학교에서의 기도만큼 지속적으로 논쟁을 불러일으키는 문제는 없다. 1962년 대법원은 '엥겔 대 비탈리' 사건에서 "정부가 추진하는 종교 프로그램의 일부로 모든 미국 국

* 역자주
페요테 선인장. 멕시코 및 미국 남서부 산으로 마취성 물질을 함유한 선인장.

민이 암송할 공식 기도문을 작성하는 일은 정부 업무에 속하지 않는다"라고 선언했다. 엥겔은 공립학교에서의 의무적인 기도가 위헌임을 분명히 했다. 1982년에 대법원은 공립학교에서의 매일 자발적인 기도를 허용한 루이지애나 법령이 위헌이라고 결정했다. 1994년 샌프란시스코 제9순회항소법원은 고등학교 졸업식에서 기도가 학생들의 과반수 찬성으로 승인되었다고 하더라도 위헌이라고 결정했다. 그리고 2000년 대법원은 고등학교 축구 경기 시작 전 미리 계획된 학생 주도의 기도가 국교를 금지한 헌법에 반한다고 결정했다.

반면에, 그 누구도 공립학교에서 개인적으로 기도하는 것을 금지당한 적은 없다. 확실히 대부분 시험 시작 전에 하는 사적인 개인의 기도는 항상 선택사항이었고, 함께하기로 동의하고 참여한 사람들 사이에서 많은 공개 기도가 이뤄졌다. 당연히 종교적 보수주의자들은 항상 이러한 권리를 보장하고 심지어 확대하기 위해 노력하고 있다. 예를 들어, 2012년 플로리다주는 학교 집회와 스포츠 행사 중에 '영감을 주는 메시지'를 낭독하는 것을 허용하는 법을 통과시켰다. 그리고 2013년 주지사 필 브라이언트(공화당, 미시시피)는 학교에 학교 내부 스피커를 통한 기도와 졸업식과 같은 기념식과 스포츠 행사 중에 기도를 허용하는 정책을 개발하도록 지시하는 내용을 담은 법안에 서명했다. 주지사는 "여러분은 만약 축구 경기나 졸업식에서 기도가 있는 경우, 주정부가 승인한 기도가 아니라는 점을 먼저 밝히고 기도를 시작할 수 있다"고 제안했다.[14] 여러분이 생각하기에 판사들은 이를 설득력 있다고 여길까?

대부분의 최근 미국 대통령들은 복잡하고 민감한 공립학교에서의 기도 문제를 명확히 하려고 노력했다. 빌 클린턴과 조지 W. 부시, 두 대통령 모두 법무부와 교육부를 통해 성명을 발표하여 학교 행정가들이 불필요하고 불법적으로 학교에서 종교활동을 억제하지 않도록 했다. 기본적으로 클린턴 대통령은 학생이 주도한 종교활동은 학업과 무관한 다른 사회적, 정치적 활동과 마찬가지로 같은 기회와 제한을 받는다고 주장했다. 다른 학생들이 강요받지 않고 학교 관계자가 참여하지 않는 한, 학생들은 자신의 정치적 또는 경제적 견해를 유지하기 위해 할 수 있는 일을 자신의 종교적 견해를 더욱 발전시키기 위해서도 할 수 있을 것이다.

부시 대통령은 2001년 「낙오아동방지법(No Child Left Behind Act)」에 학교가 자발적인 종교활동에 열려있는지 확인할 것을 교육부에 요구하는 조항을 포함시켰다. 각 주는 주 내의 모든 학교가 연방법 및 정책을 준수하고 있음을 선언해야 했다. 이를 준수하지 않으면 연방자금 지원이 줄어들 수 있었다. 놀랍지도 않게, 트럼프 대통령은 더 공격적이었다. 학교 내 사적인 기도 단체를 보호하기 위한 새로운 규정을 제안하고, 주정부에게 종교단체에 대한 보조금 지원 경쟁을 벌일 것을 독려하는 대통령 집무실에서 열린 행사에서 트럼프 대통령은 "이것은 문화 전쟁이다 … 두 편이 있고, 기도를 매우 강하게 믿는 편이 있고, 그들은 제한을

받고 있으며, 점점 더 약화되고 있다"라고 선언했다.[15]

더욱이, 최근 판결을 통해 대법원과 행정부는 종교기관에 대해서는 다른 기관들이 준수해야 하는 법률의 일부 측면을 면제해 주는 방향으로 움직였다. 법원은 2012년에 모든 고용주는 직원 채용에 있어 차별을 행할 수 없지만, 교회는 자신의 종교를 가진 사람만 채용할 수 있도록 허용하는 "성직자 특권"을 선언했다. 2012년 오바마 행정부 역시 가톨릭교회와 다른 사람들이 새로운 의료법이 그들이 제공하는 의료계획에 피임 및 낙태 서

오렌지 카운티 교육부는 '종교로부터의 자유 재단(Freedom From Religion Foundation)'으로부터 기도를 중단하고 "우리는 하나님을 믿습니다(In God We Trust)" 표지판을 제거하라는 주장을 들었다.

비스를 포함함으로써 종교적 원칙을 어기도록 요구한다고 불평했을 때, 적어도 부분적으로 물러섰다.[16]

그럼에도 불구하고, 교회와 국가의 분리를 옹호하는 캘리포니아의 뉴도우(Michael Newdow)는 지난 20년 동안 적극적인 활동을 벌였다. 2000년에 뉴도우는 '엘크 그로브 통합 교육구 대 뉴도우'라는 소송을 제기하고, 뉴도우의 딸을 포함하여 공립학교 학생들이 낭송하는 충성의 맹세에서 '하나님 아래'라는 문구를 삭제해달라고 요청했다. 2002년 미국 제9순회항소법원은 충성 맹세에 있는 '하나님 아래'라는 문구가 수정헌법 제1조의 '국교 금지 조항'을 위반하는 것이라는 뉴도우의 주장에 동의했다. 2004년에 대법원은 사건이 잘못 결정되었다는 이유가 아니라, 학령기 딸의 비양육 부모인 뉴도우가 소송을 제기할 자격이 없다는 이유로 제9순회항소법원의 판결을 뒤집었다. 2005년에 뉴도우는 이번에는 다른 부모들을 대신하여 동일한 소송을 제기했고, 지방법원은 충성 맹세에서 '하나님 아래서'라는 문구가 위헌 소지가 있다고 판결했다.

이 사건은 2007년 말 제9순회항소법원으로 다시 돌아왔다. 뉴도우는 충성 맹세 지지자들이 "정부가 자신들의 견해를 지지하기를 원한다"고 주장했다. 이번에 제9순회항소법원은 학생들의 참여가 의무적이지 않기 때문에 이 충성 맹세는 국교 금지 조항에 반하는 위헌이 아니라고 선언했다. 더욱이 의견이 2대 1로 나뉜 법원에서 베아(Carlos Bea) 판사는 "충성 맹세는 우리 공화국의 근간인 몇몇 이상들의 자랑스러운 낭송은 광대한 국가를 통합하는 데 도움을 준다"라고 판결했다. 별도의 3-0 판결에서 법원은 미국 동전과 화폐에 표시된 "우리 신을 믿는다(In God We Trust)"라는 문구가 순전히 종교적 의미라기보다는 의례적이고 애국적인 의미를 가지고 있다고 판결했다.[17]

형사 피고인의 권리

형사 피고인들의 권리에 대해 많은 사람의 마음속에 떠오르는 근본적인 질문은 왜 우리가 그들에 대해 관심을 가져야 하는지 하는 것이다. 우리 사회의 범법자로부터 우리를 보호하는 우리의 경찰과 법원을 우리가 융통성 없는 구체적인 절차와 방법으로 제한하는 이유는 무엇인가? 근본적으로, 우리가 가장 극악한 범죄자들에 대해서조차 소위 '적법 절차'를 옹호하는 이유는 우리가 그들에 대해 허락하는 처우가 우리 모두에게 표준이 될 수도 있기 때문이다. 누구도 무심코 잔인하게 취급당하지 않을 것을 요구하는 것은 우리 자신을 보호하는 것이라고 할 수 있다.[18]

Q4 만약 경찰이 수사 과정이나 체포 및 심문 과정에서 절차상의 오류를 범한다면, 중대한 범죄로 기소된 사람을 석방해야 하는가?

피고인의 권리에 대한 사법부의 관심은 사람들이 생각하는 것보다 최근에 등장했다. 1960년대가 되어서야 대법원은 주정부의 경찰, 검찰, 사법 행위를 규제하기 시작했다. 이는 수정헌법 제14조의 '정당한 법의 절차' 조항에 변호사를 선임할 권리, 공정하고 신속한 재판, 부당한 수색 및 압수, 자기부죄, 일사부재리, 잔인하고 비정상적인 처벌 등에 대한 권리장전 보호 조항의 포함을 통해 이루어졌다. 1980년대 중반부터 일종의 과거로의 후퇴가 진행 중이고 테러와의 전쟁의 일환으로 정부가 취한 조치로 인해 많은 새로운 의문점이 제기되었다.

부당한 수색과 압수(unreasonable searches and seizures)
수정헌법 제4조는 시민들이 불합리한 수색과 압수를 당하지 않도록 보장하고 있다. 수색은 특정 장소를 수색할 경우 관련 증거가 발견될 수 있다는 상당한 근거가 제시된 영장에 의해 승인되어야 한다.

수색, 압수, 배제 원칙. 수정헌법 제4조는 "**부당한 수색, 체포, 압수**로부터 신체, 가택, 서류 및 동산의 안전을 보장받는 국민의 권리를 침해할 수 없다. 체포, 수색, 압수의 영장은 상당한 이유에 근거하고, 선서 또는 확약에 의하여 확인되고, 특히 수색 장소, 체포될 사람 또는 압수될 물품을 기재하지 아니하고는 발급되지 아니한다"라고 명시하고 있다. 경찰은 범죄를 밝혀내겠다는 희망으로 일반적인 수색을 벌여서는 안 된다. 전통적으로 수색 영장을 발부받으려면 경찰은 특정 장소를 수색하면 특정 범죄와 관련된 특정 물건을 압수할 것이라고 믿을 만한 '상당한 이유'가 있다고 판사를 납득시켜야 한다.

배제 원칙(exclusionary rule)
배제 원칙은 경찰이 불법적으로 수집한 증거를 법정에서 사용할 수 없다고 주장한다. 대법원은 '위크스 대 미국' 사건(1914)에서 연방 당국에 대한 배제 원칙을 확립했고, '맵 대 오하이오' 사건(1961)에서는 주 당국에 대한 배제 원칙을 확립했다.

경찰이 이러한 엄격한 규칙을 준수하도록 장려하기 위해 미국의 법원들은 **배제 원칙**을 시행했다. 연방 차원에서 '위크스 대 미국' 사건(1914년)에서 처음 확립된 후 '맵 대 오하이오' 사건(1961)에서 주 공무원들에게 적용된 배제 원칙에 따르면 적법한 절차를 따르지 않고 수집한 증거는 재판에서 피고에게 불리하게 사용되는 것으로부터 '배제'될 것이다.[19] 배제 원칙의 장점과 단점은 처음부터 명확했다. 훗날 대법관이 된 두 명의 저명한 변호사가 위크스 사건의 변론 중에 배제 원칙의 장단점을 제시했다. 브랜다이스(Louis Brandeis)는 "정부가 법을 어긴다면, 그것은 법에 대한 경멸을 낳는다"라고 말하며 배제 원칙의 필요성을 설명했다. 카도조(Benjamin Cardozo) 뉴욕 항소법원 판사는 "경찰관이 실수를 범했기 때문에 범인이 석방될 것"이라고 믿을 수 없다는 반응을 보였다.

1980년대 중반 이후, 오염된 증거를 완전히 배제하는 것에서 벗어나려는 움직임이 적지 않았다. 대법원은 1984년에 이 배제 규정에 '선의' 예외를 적용해야 한다고 판결했다. 오랫동안 정부는 제대로 발부받았으나 나중에 결함이 있는 것으로 밝혀진 영장이 '객관적으로 합리적'이라는 가정하에 행동한 경찰관들이 증거를 잃어서는 안 된다고 주장해 왔다. 1984년의 또 다른 사건으로 '닉스 대 윌리엄스'는 비록 증거가 불법 수색에서 처음 드러났다고 하더라도, 그 증거가 인정되어야 한다고 주장했다. "만약 검찰이 해당 정보가 궁극적으로 또는 필연적으로 합법적인 수단에 의해 발견되었을 것이라는 점을 우세한 증거에 의해 입증한다면" '선의'와 '불가피한 발견' 예외는 배제 원칙과 그것이 불법적인 경찰의 행위에 가했던 억지력을 크게 약화시켰다.

2006년 대법원은 '허드슨 대 미시간' 사건에서 비록 경찰이 '노크 및 공지' 규칙(13세기 이후 관습법의 중심)을 준수하지 못했지만, 수집한 증거를 재판에서 여전히 사용할 수 있다고 판결했다. 경찰은 부커 허드슨 주니어(Booker T. Hudson Jr.)의 집에 도착했을 때 자신들이 왔음을 알렸지만, 노크 없이 몇 초만 기다렸다가 잠겨있지 않은 문을 통해 들어갔다. 경찰은 집에서 마약을 발견했다. 5 대 4의 다수의견을 집필한 스칼리아 대법관은 "잠옷을 입고 있을 때 침입을 당하지 않을 권리"와 "관련 유죄 증거의 배제가 항상 수반하는 심각한 반대의 결론"을 비교 검토하여 배제 원칙을 무시했다.[20] 허드슨 사건에서 부동표였던 케네디 대법관은 다수의견에 서명했지만, 별도의 의견을 작성하여 "우리의 선례에 의해 확립되고 정의된 '배제 원칙'의 지속적인 운용에는 의심의 여지가 없다"라고 주장하였다. 다른 대법관들은 그다지 확신하지 못했다.

2009년에 대법원장 로버츠는 '헤링 대 미국' 사건에서 5 대 4의 법정 의견을 집필하면서 배제 규정에 또 한 번 타격을 입혔다. 헤링(Bennie D. Herring)은 압수된 트럭을 확인하기 위해 앨라배마주 커피 카운티 보안관 사무실로 갔다. 트럭을 조사하는 동안 부보안관들은 기록 담당 서기에게 헤링에 대한 미결 영장이 있는지 확인해달라고 요청했다. 서기는 헤링에 대한 공개 중범죄 영장을 보고했고 헤링은 체포되었다. 체포 직후, 경찰은 헤링에게서 필로폰과 장전되지 않은 권총을 발견했다. 거의 즉각적으로 서기는 스스로 정정하여 헤링에 대한 영장이 취소되었다고 보고했지만, 헤링은 어쨌든 마약과 무기 혐의로 체포되었다.

재판에서 헤링의 변호사는 '배제 원칙'에 근거하여 사건을 기각시키려고 움직였다. 1심 재판부는 기각을 거부했고, 항소심은 '신의' 배제 원칙에 대한 예외를 이유로 이 사건의 기각에 동의했다. 헤링 사건의 대법원 상고는 2009년에 결정되었다. 로버츠 대법원장은 이 기회를 통해 배제 원칙에 대한 예외를 확대했다. 로버츠는 "배제 원칙이 발동하려면 경찰의 위법 행위는 배제가 이를 의미 있게 억제할 수 있을 만큼 충분히 고의적이어야 하고, 그러한 억지력은 사법제도가 치른 대가만큼 가치가 있어야 한다"라도 썼다.[21] 경찰의 위법 행위는 나쁜 의도를 의미하는 '고의적'이며 '악의적'이어야 한다는 법원의 판결은 오염된 증거의 자동적인 배제가 아니라 비용 대 편익 균형 평가를 상정하는 것으로 보인다.

마침내 2012년에 대법원은 수정헌법 제4조에 의해 이 역사적인 개인의 사생활 보호 권리를 21세기에 완전히 적용한 압수수색 사건에 대해 판결했다. 경찰은 워싱턴 D.C. 나이트클럽 주인인 존스(Antoine Jones)가 코카인 판매에 연루되었다고 의심했다. 경찰은 조사의 일환으로 존스의 자동차 '지프 그랜드 체로키'의 움직임을 추적하기 위해 GPS 추적 장치를 몰래 자동차에 설치했다. 한 달간의 증거 수집 후, 존스는 체포되었고, 유죄 판결로 종신형을 선고받았다. 미국 컬럼비아 특별구 지방 항소법원은 유죄 판결을 뒤집었고, 미국 연방대법원도 GPS에 의한 집중적인 추적은 수정헌법 제4조가 의미하는 '수색'에 해당하기 때문에 경찰이 영장을 발부받았어야 한다고 선언하고 항소법원의 판결에 동의했다.[22]

변호를 받을 권리. 수정헌법 제6조는 **변호를 받을 연방 권리**를 규정하고 있다. 주법원에서 형사 피고인이 재판 중 변호사의 도움을 받을 수 있는 권리는 '기드온 대 웨인라이트' 사건(1963년)의 판결에서 확립되었다. 기드온(Clarence Earl Gideon)은 플로리다주 파나마시 소재 '바 하버 당구장'에 침입한 혐의로 기소된 51세 남성이었다. 기드온은 당구장에 침입한 사실을 부인하고 재판에서 변호인의 도움을 요청했다. 도움은 거부되었고 기드온은 유죄 판결을 받았다. 그는 훈련받지 않은 시민이 복잡한 법률 및 사법 시스템과 맞서야 하는 것은 수정헌법 제14조의 '정당한 법의 절차' 조항을 위반한 것이라고 주장하며 항소했다. 대법원은 범죄 혐의로 기소된 사람이 스스로 변호사를 선임할 여유가 없는 경우 국가 비용으로 변호사를 선임할 권리가 있어야 한다는 것에 동의했다. "우리의 당사자주의 대심제도 형사사법체제에서는 너무 가난해서 변호사를 고용할 수 없는 사람은 변호사가 제공되지 않는 한 공정한 재판을 보장받을 수 없다."

주정부는 궁핍한 피고인에게 변호인을 제공해야 하는 요건을 준수하지만, 주정부의 예산은 종종 부족하고, 국선 변호인의 업무수행은 부실한 경우가 많다. 피고인의 80%는 너무 가난해서 변호사를 선임할 형편이 안 되기 때문에 국선 변호인이나 법률 구조 변호사에게 의존해야 한다. 일부 국선 변호인은 연간 2,000건에 달하는 사건을 처리하므로 사건 정황에 대한 독립적인 조사는 고사하고 각 사건을 준비하는 데 쓸 수 있는 시간이 매우 제한적이다. 따라서 많은 국선 변호인의 역할은 형량과 유죄 판결의 협상에 그치게 된다.[23]

자기부죄. '제5조 사용(Taking the Fifth, 묵비권 행사 – 역자 주)'은 수정헌법 제5조의 자기 자신에게 불리한 진술을 거부할 권리를 행사하는 것을 줄여서 표현한 것이다. 수정헌법 제5조의 일부는 "누구라도 … 어떠한 형사 사건에 있어서도

변호를 받을 권리(right to counsel) '기드온 대 웨인라이트(Gideon v. Wainwright)' 사건(1963)은 범죄로 기소된 사람은 변호 준비에 있어 변호사의 도움을 받을 권리가 있다고 선언했다. 변호인의 조력을 받을 권리는 수정헌법 제14조가 보장하는 '정당한 법적 절차'의 의미 중 일부이다.

자기에게 불리한 증언을 강요당하지 아니한다"라고 명시하고 있다. 미국 연방대법원은 변호인의 조력을 받을 권리와 마찬가지로 체포로부터 재판에 이르는 법적 절차의 수사 단계부터, 연방법원뿐만 아니라 주법원에서도 **자기부죄** 거부 권리가 적용되도록 조치해 왔다. '미란다 대 애리조나' 사건(1966년) 이후, 구금된 사람에게는 묵비권을 행사할 권리가 있으며 그 권리를 포기하지 않는 한 심문을 받을 수 없다는 점을 구체적으로 알려야 한다. 미란다 경고가 주어지지 않으면 피고인의 진술은 재판에서 사용될 수 없다.

자기부죄 거부 권리는 1986년 '미시간 대 잭슨' 사건으로 강화되었다. '미시간 대 잭슨' 사건에서 대법원은 변호사가 있거나 변호사를 요청한 용의자에 대해 변호사가 참석할 때까지 경찰이 심문을 개시할 수 없다고 판결했다. 미시간 사건은 또한 피고인이 마음을 바꿀 수 없으며, 변호사 임명과 도착 사이에 경찰과 이야기하는 것에 동의할 수 없다고 판결했다. 그러나 압수 및 수색 사건과 마찬가지로 최근 대법원의 자기부죄에 대한 판결은 배제 원칙을 더욱 사건별로 '증거의 완전성' 테스트로 되돌리는 것을 의미한다.

2009년 '몬테요 대 루이지애나' 사건은 피고가 미시간주 심문 금지 조항을 적용하기 위해 변호인을 적극적으로 받아들여야 하는지 여부를 명확히 하려는 시도로 시작되었다. 몬테요(Jesse Jay Montejo)는 2002년에 살인 혐의로 유죄 판결을 받았다. 그는 변호인이 선임되었고, 이를 알고 있었지만, 살인에 사용한 무기를 경찰에게 내놓기 전에 변호인과 상의하지 않았다. 항소심에서 몬테요는 변호사가 도착할 때까지 경찰이 자신을 심문해서는 안 되었다고 주장했다. 연방대법원은 몬테요가 경찰에 협조하기 전에 변호사와 상의했어야 했다는 점만 단순히 인정하기를 거부했다. 그 대신, 법원은 당사자들에게 '미시간 대 잭슨' 사건이 올바르게 결정되었는지에 대한 더 광범위한 질문에 대해 간략히 말하도록 요청했다. 실제로 피고인이 선택한다면 변호인 없이 경찰과 대화할 수 있어야 하는가? 5 대 4의 법정 의견을 집필한 스칼리아 대법관은 이 질문에 대한 답이 '그렇다'라고 결정했다.

스칼리아 대법관은 몬테요 사건에서 "단지 변호사로 선임되었다는 이유만으로 피고인이 경찰의 심문에 동의한 것이 비자발적이거나 강요된 것이라고 추정하는 것은 전혀 타당하지 않다"라고 주장했다. 더욱이 스칼리아는 경찰의 효율성이 가져오는 혜택이 피고인의 권리가 치러야 하는 비용보다 훨씬 크다고 주장했다. "이 사건('미시간 대 잭슨 사건')의 판결이 범죄를 해결하고 범죄자를 처벌하는 사회의 능력에 미치는 상당한 악영향은 변호인 없이 진술하기로 진짜 강요된 합의를 막을 수 있는 능력보다 훨씬 크다."[24] 2010년에 대법원은 피의자가 명시적으로 묵비권을 주장한 다음 침묵을 지킬 것을 요구함으로써 미란다의 권리를 조금 더 제한했다. 피의자가 처음에는 답변을 거부했다가 나중에 경찰의 몇몇 질문에

자기부죄(self-incrimination)
수정헌법 제5조는 '자신에 대한 증인'이 되도록 강요할 수 없다는 것을 보장한다. 자기부죄 금지 권리를 이용하는 것을 흔히 '제5조 사용(taking the Fifth, 묵비권 행사)'이라고 한다.

응답하는 경우와 같이 모호한 묵비권 주장은 경찰에게 유리한 방향으로 결정될 것이다.[25]

마지막으로, 경찰과 국가안보 심문 정책에 대한 많은 논의가 유명한 '시한폭탄 작동' 시나리오를 중심으로 해결된다. 만약 여러분이 미국이나 해외에서 폭탄이 터질 것 같다는 정보를 갖고 있다고 생각되는 테러리스트를 체포한 경우, 미란다 권리나 제네바 협약의 고문 금지와 같은 규정이 의미가 있을까? 어쩌면 고문을 포함하여 테러리스트를 공격적으로 심문하고, 그렇게 하여 아마도 많은 또는 소수의 생명을 구하는 것이 합리적인 절충안인가? 이 가상적인 상황과 비슷한 상황이 실제로 2013년 보스턴 마라톤 대회 폭탄테러를 계기로 일어났다. 폭탄테러가 발생한 지 나흘 후, 주범인 두 형제 중 한 명인 차르나예프(Dzhokhar Tsarnaev)가 심각하게 부상당한 상태에서 미란다 권리의 고지 없이 체포되어 병상에서 심문을 받았다. 연방 당국은 미란다의 정상적인 요건에 대해 '공공 안전 면제'를 주장했다. '시한폭탄 작동' 시나리오에서처럼 가해자가, 즉 이 경우에는 차르나예프가 알 수 있는 다른 음모가 있을지도 모른다는 주장이었다. 그런 음모는 없었었지만, 있었을 수도 있다. '공공 안전 면제'에 대해 어떻게 생각하는가? 너무 광범위한가? 아니면 상식인가?[26]

잔인하고 비정상적인 처벌(cruel and unusual punishment)

미국 수정헌법 제8조는 '잔인하고 비정상적인 처벌'을 금지하고 있다. 역사적으로 이 헌법 조문은 고문과 기타 학대를 금지했다. 오늘날 핵심 질문은 사형이 잔인하고 비정상적인 처벌로 선언되어야 하는지 여부이다.

잔인하고 비정상적인 처벌. 수정헌법 제8조는 **잔인하고 비정상적인 처벌**을 금지하고 있다. 이 조항은 1960년대 미국 전미 유색인 지위 향상 협회(NAACP)가 미국에서 사형이 백인보다 흑인에게 더 빈번하게 자의적으로 적용된다고 설득력 있게 주장하기 전까지는 크게 논란이 되지 않았었다. 대법원은 '퍼먼 대 조지아' 사건(1972년)에서 주정부가 절차를 재검토하여 개선할 때까지 사형을 유예했다. 조지아주가 다시 고쳐 작성한 사형 절차는 '그레그 대 조지아' 사건(1976년)에서 대법원에 의해 승인되었다.

미국은 사형제도를 도입한 몇 안 되는 선진국 중 하나이지만, 대법원은 사형제도가 공정하고 합리적으로 적용된다면 합헌이라고 단호하게 주장해 왔다. 그래서 최근까지, 이 논쟁은 나이와 정신 발달의 문제들을 중심으로 이루어졌다. 즉, 얼마나 어린 경우 처형할 수 없는가? 스스로의 행동에 대해 책임을 묻기 어려운 정신적 장애 정도는? 1989년 대법원은 16세나 17세의 청소년을 처형하는 것이 '잔인하고 비정상적인' 처벌이 아니라고 판결했다. 2005년 '로퍼 대 시몬스'라고 하는 사건에서 법원은 진화하는 국내외 기준을 인용하여 18세 이전에 저지른 범죄에 대한 사형 집행이 헌법상 금지되어 있다고 선언하여서 기존의 결정을 번복했다. 2012년 법원은 18세 미만의 청소년에게 가석방 가능성이 전혀 없는 종신형을 선고하는 것도 위헌이라고 판결했다.[27]

심각한 범죄로 유죄판결을 받은 정신장애인과 정신질환자를 처형하는 문제는 특히 골치 아픈 일이다. 모두는 일정 수준의 정신 능력이 없는 상태에서는 개인이 범죄를 의도할 능력이나 자신의 변호를 도울 능력 또는 이 두 가지 모두가 부족하다는 점을 인정한다. '앳킨스 대 버지니아' 사건(2002년)에서 대법원은 심각한 정신장애인(IQ가 70 미만)을 처형하는 것이 헌법에 반하는 잔인한 처벌이라는 데 동의했지만, 좀 더 일반적인 심하지 않거나 중간 정도의 정신장애인에 대해서는 어떻게 처리해야 하는지에 대한 지침은 거의 제공하지 않았다. 2014년에 대법원은 주정부가 단순히 IQ 70 미만의 사람이 정신 능력이 없는 것으로 선고해서는 안 된다고 판결했다. 더 광범위한 증거가 고려되어야 했다.[28] 법원은 또한 정신질환자를 처벌하는 것이 갖는 의미에 대해 고심하고 있다.

2007년 이후 무척 예상치 못하게 대부분 주에서 사형수를 처형하는 데 사용한 특정한 3가지 약물의 혼합물이 '잔인하고 비정상적인' 행위로 금지되기에 충분할 정도로 고통을 주었는지에 대한 법적 분쟁이 발생했다. 2007년 연방대법원은 켄터키주의 '베이즈 대 리스'(553 U.S. 35) 사건에서 이 문제에 대해 숙고하기로 합의했다. 연말까지 대법원의 결정을 기다리면서 비공식적으로 사형 집행 유예가 시행되었다. 2008년 법원은 3가지 약물의 혼합물을 사용한 독극물 주사가 헌법에 따라 허용된다고 판결했다. 그 결과는 그리 놀랄 일이 아니지만, 브레넌 (William Brennan) 대법관의 보충 의견이 파문을 일으켰다. 88세로 33년간 대법관으로 재직한 당시 대법원의 최고령자이자 최장수 대법관인 브레넌은 '사형 자체에 대한 정당성'을 재고해야 할 때가 되었다고 선언했다.[29] 사형제도에 대한 불안이 커지고 있지만, 서서히 변화가 일어날 것이다.

시민의 자유, 감옥, 사형제도

역설적으로, 시민의 자유에 대한 미국의 헌신은 강하지만, 감옥과 형벌에 대한 헌신도 또한 강하다. 많은 사람이 강력한 중앙정부가 개인의 자유를 위협할 수도 있다고 우려하였기 때문에, 제1차 의회는 권리장전을 헌법에 추가했다. 그러나 오늘날, 전 세계 인구의 5%가 채 되지 않는 인구를 가진 미국은 전 세계 수감자의 4분의 1을 수용하고 있으며, 이는 세계 어느 나라보다 가장 많은 수감자 수이다.[30]

항상 그렇지는 않았다. 알렉시스 드 토크빌은 그의 유명한 저서 『미국 민주주의』(1835)에서 미국 사법 재판의 온건한 모습에 대해 이렇게 언급했다. "어떤 나라에서도 미국보다 형사재판이 너그럽게 운영되는 나라는 없다." 미국 사법제도는 특히 1970년대 마약과의 전쟁이 시작된 후 더욱 가혹한 입장으로 바뀌었다. 세 가지 변화가 있었다. 더 많은 사람이 더 많은 범죄로 체포되고 더 장기간 징역형을 선고받으면서 교도소 수감자 수가 급증했다. 수감자 수가 늘어나면서 비용도 증가했고, 현재 많은 사람은 미국의 교정교화 시스템이 완전히 망가졌는지 아니면 단지 개혁이 필요할 뿐인지 궁금해한다.

'앳킨스 대 버지니아(Atkins v. Virginia)' 사건
대법원은 중증 정신지체자에 대한 처형이 수정헌법 8조의 '잔인하고 비정상적인 처벌'을 금지하는 조항을 위반했다고 판결했다.

Q5 만약 우리가 시민의 자유를 매우 소중하게 여긴다면, 우리는 왜 그렇게 많은 사람을 감옥에 가두고 있는가?

미국 애국법(2001년~현재) 수호

미국 애국법 주요 조항

향상된 정보 공유
국내 법집행기관과 정보기관 간에 더 많은 정보 공유가 가능해진다.

강화된 감시 권한
감시 대상에게 사후 통지하는 '몰래 엿보기(sneak and peek)' 영장을 승인한다.

특정 전화번호를 도청하는 대신 감시 대상이 사용하는 모든 전화기에 대한 '이동 도청(roving wiretaps)'을 승인한다.

FBI 요원이 외국 첩보나 대테러 활동을 증명하는 경우 개인의 건강, 금융, 기타 기록에 대한 FBI 접근을 확대한다.

인터넷 통신, 이메일, 음성메일 등의 기록에 대한 법집행기관의 접근 권한을 확대하고 인터넷 제공 업체의 당국에 협조할 책임을 확대한다.

강화된 테러방지법.

국내 테러의 정의를 대중을 위협하거나 위협, 암살, 대량살상 등으로 정부 정책을 변경하기 위해 고안된 생명을 위협하는 활동으로 확대한다.

테러범들에 대한 물질적 지원과 그에 따른 처벌이 무엇인지에 대한 정의를 확대한다.

연방 판사가 전국 어디에서나 실행할 수 있는 도청 명령을 발부할 수 있도록 한다.

자금의 추적
정보 요원이 국제 테러 사건의 금융 기록에 접근할 수 있도록 한다.

대규모 현금 밀수 사건과 미국에서 테러 행위를 계획하거나 저지르는 사람에 대한 소송사건에서 몰수 확대를 허용한다.

애국법을 둘러싼 논쟁
9·11 테러 사태 이후 불과 몇 주 만에 통과된 「미국 애국법(USA Patriot Act)」은 제정 초기부터 논란을 불러일으켰다. 이 논란은 의회가 2005년과 2006년에 애국법의 16개 핵심 조항을 갱신하기 위해 고군분투했을 때 극명하게 드러났다. 부시 대통령과 곤잘레스(Alberto Gonzales) 법무장관이 주도한 이 법을 지지하는 사람들은 새로운 권한이 조국을 방어하고 글로벌 테러리즘의 위협에 맞서 싸우기 위해 필수적이라고 주장했다. 2005년 4월 곤잘레스 법무장관은 의회에 "알카에다와 다른 테러단체가 여전히 미국인의 안보에 심각한 위협을 가하고 있으며 지금은 이 싸움에서 우리의 가장 효과적인 도구 중 일부를 포기할 때가 아니다"라고 경고했다.

좌파와 우파를 막론하고 비평가들은 애국법과 관련 국가보안법, 그리고 이러한 권한들이 어떻게 사용되어 왔는지에 대해 우려를 표명했다. 이러한 수사, 감시, 체포의 권한은 미국인들이 누려온 전통적인 권리와 자유를 강하게 압박한다. 우리가 더 폐쇄적이고 두려운 사회가 되면 테러범들이 승리한 것이라는 점이 자주 지적된다. 반면, 테러범들이 9·11 테러 사태의 끔찍한 파괴를 자행하는 데 우리의 열린 사회를 이용했다는 사실을 누구도 부인할 수 없다. 1년에 걸친 논쟁 끝에 애국법의 핵심 조항들이 2006년 3월에 갱신되었다.

9·11 테러 사태 이후 20년이 지난 지금, 우리는 안보와 자유의 관계에 대해 어떻게 생각해야 할까? 부시 행정부의 법무장관 알베르토 곤잘레스가 계속되는 테러 위협을 지적한 것은 적절했지만, 오바마 행정부의 법무장관 홀더(Eric Holder)도 같은 견해를 취했다는 사실에 적어도 조금은 놀라야 하지 않을까? 학자들은 독립전쟁, 남북전쟁, 제1차 세계대전, 제2차 세계대전 등 우리 역사의 모든 주요 전쟁이 시민의 자유를 제한했고 나중에 후회하고 제한을 없앴다는 사실을 기억한다. 그러나 어떤 대통령도, 보수적인 공화당이나 진보적인 민주당도 테러 위협에 대해 경계심을 늦추는 것으로 보일 수 있는 위험을 감수할 수는 없다.[31]

개인의 자유와 국가의 안보 사이의 미묘한 균형은 2013년 국가안보국(NSA)의 계약회사 직원인 스노든(Edward Snowden)의 폭로로 다시 주목받았다. 스노든은 이전에 상상하지 못했던 국내외 감시의 다양성과 범위를 보여주는 방대한 규모의 비밀문서를 언론과 대중에게 공개했다. 일반적으로 외국 감시와 국제적인 책무와 관련하여 법원의 승인을 받은 국내 감시 업무를 담당하는 NSA는 실제로는 훨씬 더 많은 일을 하고 있었다. 스노든의 폭로는 NSA와 관련 기관들이 전화, 문자, 인터넷 통신에 대한 국내외 방대한 양의 데이터를 쓸어 담고 있다는 것을 보여주었다. 이 데이터의 대부분이 개인과 연결되지 않고 전체 메시지가 아닌 '메타데이터'로 설명되었지만, 데이터의 수집 범위는 일반 시민들과 개인정보 보호 옹호자들의 심기를 불편하게 했다. 또 다른 사람들은 전체 메시지를 감시했다고 주장했다. 2018년 의회는 NSA의 영장 없는 감시 프로그램을 6년 더 연장했다. 답변되지 않은 많은 질문들이 여전히 남아 있다.

여러분은 어떻게 생각하는가?

- 우리가 애국법에서 안보를 위해 너무 많은 자유를 희생했는가?
- 아니면 위협이 너무 현실적이어서 여러분은 개인적 자유의 희생이 적절하다고 보는가?

찬성	반대
테러와의 전쟁은 더 큰 힘을 요구했다.	국가안보 문제는 종종 과잉 대응을 야기한다.
미국인을 보호하는 것이 최우선 과제여야 한다.	개인의 권리를 희생시켜서는 안 된다.
테러와의 전쟁은 현재 진행 중이다.	끝임없는 전쟁으로 인해 정부는 너무 많은 권력을 갖게 되었다.

미국 전체 주 수감자의 수 및 연방 수감자의 수부터 시작해 보자. 우리는 거의 한 세기 전까지 거슬러 올라가는 확실한 데이터를 가지고 있다. 1925년에는 연방정부 및 주정부에 의해 수감된 수감자 수가 9만 2,000명 미만이었다. 그 숫자는 1930년대의 어려운 대공황 시기 동안 증가하여 1939년 거의 18만 명으로 정점을 찍은 후 1940년대와 1950년대 초에 다시 감소했다. 수감자 수는 1950년대 후반부터 1970년대 초반까지 약 20만 명 수준에 머물렀다가 그 후 급증했다. 1972년에 미국에는 19만 6,092명의 연방 교도소 수감자 및 주 교도소 수감자가 있었고, 1980년에는 31만 6,000명, 1990년까지는 74만 명, 2000년에는 133만 명, 2020년에는 122만 명이 있었다. 전체 인구수가 미국 인구수의 4배에 달하는 중국의 수감자 수는 미국의 수감자 수보다 30% 정도 적다.

연방 교도소 및 주 교도소 수감자의 크기를 생각해 볼 수 있는 또 다른 방법은 수감률이라고도 불리는 전체 인구 10만 명당 수감자 수를 기준으로 하는 것이

출처: AP Photo/Eric Risberg

2016년 8월 16일 일반 수감자들이 일렬로 캘리포니아 산 쿠엔틴 주립 교도소를 가로질러 통과하고 있다. 연방정부의 압력으로 최근 몇 년 동안 캘리포니아 교도소의 과밀화가 감소했다.

다 (도표13.1). 시간이 지남에 따라 인구가 증가하면 교도소 수감자 수도 시간이 지남에 따라 증가할 것으로 예상할 수 있다. 교도소 수감자 수가 일반 인구수 증가와 같은 비율로 증가하면 수감률은 일정하게 유지될 것이다. 미국은 그렇지 않았다. 1925년에 수감률은 인구 10만 명당 79명이었다. 다시 말하지만, 수감률은 대공황 동안 증가했다가 1940년대와 1950년대에 다시 감소세로 돌아섰었다. 수감률은 1972년에 10만 명당 93명, 1980년에 139명, 1990년에 297명, 2000년에 478명이었다가 2020년에는 358명으로 떨어졌다. 이러한 감소는 환영할 만한 일이지만, 1925년 이후 인구 10만 명당 수감자 수가 거의 4배 증가한 것으로 나타났다. 미국은 수감률 세계 1위이다. 러시아가 2위이고 세계 평균 수감률은 미국의 약 6분의 1 정도 수준이다.[32]

더욱 놀라운 것은 연방 및 주 교도소 수감자 수와 지방 교도소 수감자와 보호관찰 및 가석방 중인 사람들을 합치면 미국 교정 시스템에 634만 명의 교정 대상자가 있다는 점이다. 이 숫자는 1982년부터 2007년까지 매년 늘어나면서 걷잡을 수 없이 증가했다. 1982년에는 전체 교정 대상자는 220만 명을 약간 밑돌았다. 1990년에는 435만 명, 2000년에는 645만 명, 2007년에는 734만 명이었다. 2019년까지 미국 교정 시스템의 교정 대상자는 634만 명으로 소폭 감소했다.[33] 여성 89명당 1명이 교정 시스템에 감독하에 있는 반면 남성 18명당 1명이 감독하에 있다. 흑인 11명당 1명이 교정 시스템의 감독하에 있고, 히스패닉계 27명당 1명이 교정

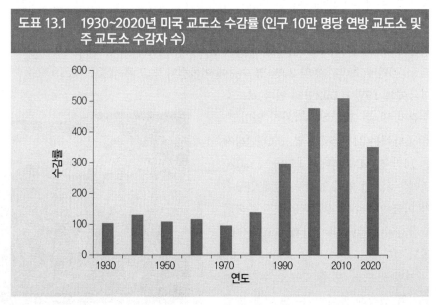

도표 13.1   1930~2020년 미국 교도소 수감률 (인구 10만 명당 연방 교도소 및 주 교도소 수감자 수)

출처: U.S. Census, *Statistical Abstract of the United States, 2003*, Mini-Historical Series, HS-24, Federal and State Prisoners by Jurisdiction, 1925-2001 and Bureau of Justice Statistics, Number of Sentenced Inmates Incarcerated, 다음을 참조할 것. www.ojp.usdoj.gov/bjs/glance/tables/incrttab.htm.

다른 나라와 비교

미국 및 세계의 사형제도

제4장에서 우리는 재거(Bianca Jagger)가 지난 20년 동안 사형제도의 시대가 지났음을 미국에 설득하려는 유럽의 시도를 주도해 왔다는 것을 살펴보았다. 적어도 공식적으로 세계 대부분의 나라에서 그렇다. 전쟁이 결코 지상에서 사라지지 않고 있으며, 매년 상당수의 국가가 내전, 반란, 폭력적인 반대 운동, 치명적인 폭동으로 고통을 당하고 있지만. 대부분의 나라는 범죄 처벌 수단으로 사형제도를 포기했다. 2021년 말까지 공식적으로 198개국이 사형제도를 폐지했다.

게다가, 사형제도를 계속 사용하는 나라들의 명단은 대부분의 미국인에게 굴욕감을 느끼게 한다. 중국, 미국, 이란, 이라크, 사우디아라비아,[34] 태국, 보츠와나, 수단, 방글라데시, 일본, 북한, 말레이시아, 싱가포르, 베트남 등 50개국이 적어도 일부 범죄에 대해 사형제도를 유지하고 있다. 심지어 이 명단에 있는 나라들 대부분도 사형제도를 거의 사용하지 않고 있다. 몇몇 국가들은 정기적으로 사형제도를 사용하고 있고, 미국도 그런 나라 중 하나이다. 중국은 다른 어떤 나라들보다 훨씬 더 자주 사형제도를 사용한다. 국제사면위원회(앰네스티)의 추정에 따르면 2014년 중국의 사형 건수는 2,400건이었다. 2018년에는 중국 외에 23개국이 500명 또는

아마도 그 이상에 대해 사형을 집행했다.

처형 방법은 다양하고 섬뜩하다. 미국은 감전사와 독극물 주사를 사용한다. 중국과 태국도 독극물 주사를 사용한다. 사우디아라비아는 공개 참수를, 이란은 돌팔매질을 사용한다. 전통적인 총살은 중국, 리비아, 시리아, 베트남, 예멘에서 사용된다. 방글라데시, 보츠와나, 이집트, 이란, 이라크, 일본, 북한, 말레이시아, 싱가포르, 수단, 시리아에서는 교수형이 선호된다. 명단에서 볼 수 있듯이, 일부 국가는 여러 가지 처형 기법을 사용한다. 2020년 동안, 총 54개국이 또 다른 1,500명(최소) 사람들에게 사형을 선고했다. 전 세계적으로 수감 중인 사형수는 총 2만 6,604명에 달한다. 미국은 약 2,500명의 사형수가 수감 중이다.

미국에서는 2021년에 11명이 사형당했다. 즉, 오클라호마(2명), 텍사스(3명), 앨라배마(1명), 미시시피(1명), 미주리(1명) 등이다. 반면에, 미국에서 사형 선고를 받은 두 명의 수감자는 총 50년 이상을 사형수로 복역한 후 2021년에 무죄가 선고되어 석방되었다. 많은 사람이 후자의 사실을 매우 걱정스럽게 생각한다. 이러한 무죄 선고를 고려할 때, 다른 무고한 사람들이 사형수로 사형 집행을 기다리고 있거나 더 나쁜 경우 이미 잘못 처형되었을 가능성은 없을까?

2020년 국가 승인 사형집행					
중국	2,400	오만	4	예멘	5
이란	246	이집트	107	인도	4
사우디아라비아	27	미국	17	남수단	2
이라크	45	소말리아	11	방글라데시	2

출처: Amnesty International, Death Sentences and Executions, 2020, April 2021.

시스템의 감독하에 있고, 백인 45명당 1명이 교정 시스템의 감독하에 있다.

이제 우리는 비용을 살펴본다. 2016년에 주정부 전체가 교도소와 구치소, 보호관찰 및 가석방 중인 660만 명을 통제하는 데 800억 달러의 비용이 들었다. 교도소는 분명히 교정 시스템에서 가장 비용이 많이 드는 요소이다. 수감자 한 명을

수감하는 데 연간 평균 2만 9,000달러, 가석방자 한 명당 2,750달러, 보호관찰자 한 명당 1,250달러의 비용이 든다.[35] 당연히, 2007~2009년의 경기침체로 인한 주정부의 재정적자로 인해 많은 주정부가 범죄자들을 보호관찰과 가석방 프로그램으로 전환하는 방법을 사용하여 수감자 수를 줄였다.

흥미롭게도 1970년대와 1980년대에는 범죄율, 수감률, 교정비용이 모두 증가했지만, 지난 20년 동안 범죄율이 하락했음에도 불구하고 교도소 수감자 수와 비용은 계속 증가했다. 1960년과 1970년 사이에 강력 범죄율 및 재산 범죄율이 모두 두 배로 증가했다. 강력 범죄율은 1960년 인구 10만 명당 161건에서 1970년 364건으로, 재산 범죄율은 인구 10만 명당 1,726건에서 3,621건으로 증가했다. 의회와 주에서는 특히 마약 사건에서 더 많은 행동을 범죄로 규정하고 형량을 늘리는 '범죄에 대한 강경 대응' 캠페인으로 대응했다. 범죄는 20년 동안 계속 증가하여 1991년 강력 범죄는 인구 10만 명당 758건, 재산 범죄는 5,140건으로 정점을 찍었다. 그러나 범죄는 그 이후로 꾸준히 감소 추세를 보이고 있다. 2020년에는 인구 10만 명당 399건의 강력 범죄와 1,958건의 재산 범죄가 발생하여 1970년대 초중반 수준으로 돌아갔다.

이 장의 요약

헌법제정회의에 참석한 대부분의 대표자들은 자신들이 초안을 작성한 새로운 헌법에 권리장전이 필요하다고 생각하지 않았다. 그들은 중앙정부에 부여된 제한적인 권한과 양원제, 권력분립, 견제와 균형 등의 제도적 안전장치가 국민의 자유를 충분히 보호할 수 있을 것으로 확신했다. 그러나 비준 과정에서 많은 국민이 이에 동의하지 않으며 자신들의 자유가 안전하지 않다고 우려한다는 사실이 분명해졌다. 다행스럽게도, 이에 대한 대응으로 제임스 매디슨 및 다른 강력한 헌법 지지자들은 이러한 우려에 귀를 기울이고 첫 번째 의회에서 권리장전을 제정하고 각 주의 동의를 확보하였다.

권리장전은 영국 역사와 미국 식민지 경험을 바탕으로 사람들이 자유롭고 자유로운 상태를 유지하기 위해서는 개인의 권리와 자유가 필요하다는 폭넓은 합의를 성문화했다. 그중 가장 중요한 것이 양심의 권리이다. 즉, 말하고, 쓰고, 출판하고, 생각하고, 자신이 원하는 것을 믿을 권리이다. 당연하게도, 유명한 수정헌법 제1조는 또한 사람들이 모여서 의견을 토론하고, 의견을 함께하는 다른 사람들과 결집하고, 그들의 의견을 대변하여 정부에 호소할 수 있는 권리를 주장한다. 수정헌법 제2조는 무기를 가질 권리를 선언한다. 수정헌법 제4조부터 제8조까지는 불합리한 수색 및 압수, 일사부재리, 자기부죄, 과도한 보석금, 잔인하고 비정상적인 처벌에 대한 권리를 포함한 기본적인 절차적, 법적 권리와 동료 배심원단 앞에서 신속한 재판을 받을 권리를 보장한다. 흥미롭게도 수정헌법 제9조는 이 권리 목록이 완전하지 않을 수 있으며 다른 권리를 얻을 수 있다고 명시하고 있고, 반면에 수정헌법 제10조는 중앙정부에 부여되지 않은 모든 권한은 주와 국민에게 있다고 명시하고 있다.

1920년대까지 대부분의 주헌법에는 해당 주에만 적용되는 권리장전이 포함되어 있었지만, 권리장전은 오직 중앙정부에 대한 제한으로 작용했다. 1920년대 이후 '부분 편입' 과정은 수정헌법 제14조의 '정당한 절차 조항'을 통해 언론과 출판의 자유로 시작하는 권리장전의 자유를 주에 적용했다. 1950년대와 1960년대에 워렌(Earl Warren) 대법원장이 이끄는 대법원은 언론, 출판, 집회의 자유, 그리고 논란의 여지가 있는 형사 피고인의 권리를 확대했다. 최근에 렌퀴스트 법원과 로버츠 법원은, 예를 들어, 수색 및 압수, 자기부죄 반대에 대한 권리 등과 관련하여 형사 피고인의 권리를 축소해 왔다.

마지막으로, 우리는 시민의 자유에 그토록 헌신적인 나라가 왜 그토록 많은 사람을 동시에 감옥에 가두는지 질문하였다. 미국에는 수감, 보호관찰, 가석방 중인 교정 시스템의 통제를 받는 사람이 634만 명이 있다. 미국은 세계에서 가장 많은 수감자 수를 가지고 있다. 게다가, 전 세계 3분의 2의 국가가 사형제도를 폐지했지만, 미국은 계속 사형을 집행하고 있다. 미국은 2021년에 11명을 처형했다.*

---

* 역자 주
2022년 18건, 2023년 24건으로 사형집행이 늘어났다 (국제엠네스티, "2023년 전 세계 연례 사형 현황 보고서" 참조).

주요 용어

이 장에서는 다음과 같은 중요한 판례가 언급되었으며, 독자의 편의를 위해 부록 '판례해설'에 수록하였다.

'미시간 대 잭슨(Michigan v. Jackson)'

'브랜드버그 대 오하이오(Brandenburg v. Ohio)'

'솅크 대 미국(Schenck v. United States)'

'애덤슨 대 캘리포니아(Adamson v. California)'

'엘크 그로브 통합 교육구 대 뉴도우(Elk Grove Unified School District v. Newdow)'

'엥겔 대 비탈(Engel v. Vitale)'

'위크스 대 미국(Weeks v. U.S.)'

'팅커 대 디모인 교육구(Tinker v. Des Moines School District)'

'퍼먼 대 조지아(Furman v. Georgia)'

'허드슨 대 미시간(Hudson v. Michigan)'

'헤링 대 미국(Herring v. U.S.)'

'휘트니 대 캘리포니아(Whitney v. California)'

추천 문헌

Chemerinsky, Erwin. *Presumed Guilty: How the Supreme Court Empowered the Police and Subverted Civil Rights*. New York: Liveright, 2021. 체메린스키는 대법원이 시민의 권리와 자유를 경찰이 존중하도록 강제하지 않았다고 비판한다.

Driver, Justin. *The School House Gate: Public Education, the Supreme Court, and the Battle for the American Mind*. New York: Pantheon Books, 2018. 드라이버는 학생들의 언론의 자유가 최근 수십 년 동안 대법원에 의해 부당하게 훼손되었다고 주장한다.

Healy, Thomas. *The Great Dissent: How Oliver Wendell Holmes Changed His Mind—And Changed the History of Free Speech in America*. New York: Metropolitan Books, 2013. '에이브럼스 대 미국' 사건에서 홈즈의 유명한 반대의견이 어떻게 그가 반체제 발언을 통제하는 정부권력의 옹호자에서 "사상의 자유로운 교환"의 옹호자로 전환을 알렸는지에 관한 이야기이다.

Griffth, R. Marie. *Moral Combat: How Sex Divided American Christians and Fractured American Politics*. New York: Basic Books, 2017. 젠더, 성행위, 출산과 관련된 문제의 부각과 이것이 우리 정치에 미치는 영향에 대한 문화사.

Madison, James. "Memorial and Remonstrance Against Religious Assessments," 1785. 매디슨은 종교를 지지하는 정부의 평가나 세금에 반대하는 고전적인 양심의 자유를 주장한다. 📖

Mill, John Stuart. *On Liberty*. 1860. 『자유론』은 지적 자유에 대한 정치적, 사회적 제한에 대한 19세기의 고전적인 주장이다. 📖

Waldman, Steven. *Sacred Liberty: America's Long, Bloody and Ongoing Struggle for Religious Liberty*. New York: Harper One, 2019. 월드먼은 종교적 관용과 자유를 위해 종종 두 걸음 앞으로 나가고, 한 걸음 뒤로 물러나는 오랜 싸움에 관해 이야기한다.

인터넷 자료

1. www.aclu.org
   시민의 자유와 관련된 문제를 다루는 단체인 미국시민자유연맹(American Civil Liberties Union)의 공식 홈페이지. 이 홈페이지는 최신 뉴스뿐만 아니라 법적 결정 및 개인의 권리에 대한 논의도 제공하고 있다.

2. www.nationalgunrights.org
   전국 총기 권리 단체이며, 홈페이지에서 총기 권리를 옹호하는 1차 자료 및 2차 자료를 제공하고 있다.

3. www.deathpenaltyinfo.org
   이것은 사형 반대자들이 운영하는 주요 웹사이트이다. 여기에는 식민지 시대까지 거슬러 올라가는 사형에 관한 데이터를 연도별, 주별, 지역별, 인종별로 구분하여 수록하고 있다.

4. www.bancroft.berkeley.edu/collections/meiklejohn/project.html
   메이클존 시민자유 연구소 기록보관소(Meiklejohn Civil Liberties Institute Archives)에는 1955년 이후 주요 시민 자유 사건에 대한 개요, 녹취록, 의견이 수록되어 있다.

5. www.freedomforum.org
   자유포럼(Freedom Forum)은 기록 보관소, 뉴스룸, 수정헌법 제1조 관련 보고서에 대한 링크를 포함하여 검열, 연설 및 언론에 대한 최신보도를 제공하는 웹페이지를 유지하고 있다.

주

1) Edmund Burke, "A Letter to the Sheriffs of Bristol, on the Affairs of America," *The Works of Edmund Burke* (London: George Ball and Sons, 1892), 2:3.

2) James MacGregor Burns and Stewart Burns, *The People's Charter: The Pursuit of Rights in America* (New York: Vintage Books, 1993), 44.

3) Burns and Burns, *The People's Charter*, 199. 또한, 다음 참조. Henry J. Abraham and Barbara A. Perry, *Freedom and the Court: Civil Rights and Liberties in the United States*, 7th ed. (New York: Oxford University Press, 1998), 30–31.

4) Akhil Reed Amar, *The Law of the Land: A Grand Tour of Our Constitutional Republic* (New York: Basic Books, 2015), 35.

5) Charlie Savage and Jonathan Weisman, "NSA Collection of Bulk Call Data Is Ruled Illegal," *New York Times*, November 8, 2015, A1, A8.

6) Abraham and Perry, *Freedom and the Court*, 206.

7) Anthony Lewis, *Make No Law: The Sullivan Case and the First Amendment* (New York: Vintage Books, 1991), 68. 또한, 다음 참조. David McGraw, "Suing the Times: Read This First," *New York Times*, December 5, 2018, A2.

8) Adam Liptak, "Can Trump Change Libel Laws," *New York Times*, March 30, 2017. 또한, 다음 참조. Michael M. Grynbaum and Marc Tracy, "Trump Campaign Pursues Libel Suit Against Times," *New York Times*, February 27, 2020.

9) James Risen, "The Biggest Secret: My Life as a New York Times Reporter in the Shadow of the War on Terror," *The Intercept*, January 3, 2018.

10) Marisa Taylor, McClatchy Newspapers, "Administration Backing FBI Phone Policy," *Dallas Morning News*, January 23, 2010, A16.

11) Abraham and Perry, *Freedom and the Court*, 180.

12) 핵심 논의는 다음에서 찾아볼 수 있다. Michael J. Malbin, *Religion and Politics: The Intentions of the Authors of the First Amendment* (Washington, D.C.: American Enterprise Institute, 1978), 그리고 Leonard W. Levy, *The Establishment Clause: Religion and the First Amendment* (New York: Macmillan, 1986).

13) Nina Totenberg, "Supreme Court Rules Religious Schools Can Use Taxpayer Funds for Playground," National Public Radio, June 26, 2017.

14) Kim Severson, "Mississippi Tells Public Schools to Develop Policies Allowing Prayers," *New York Times*, March 15, 2013, A12.

15) Noal Bierman, "Trump Woos Religious Groups with Rules that Worry LGBTQ Groups," *Los Angeles Times*, January 16, 2020.

16) Adam Liptak, "Religious Groups Given Freer Hand on Employment," *New York Times*, January 12, 2012, A1, A3.

17) Terrence Chan, AP, "Appeals Court Backs God References," *Dallas Morning News*, March 12, 2010, A16.

18) Erwin Chemerinsky, *Presumed Guilty: How the Supreme Court Empowered the Police and Subverted Civil Rights* (New York: Liveright, 2021).

19) William Yardley, "Dollree Mapp Is Dead, Defed Search in Landmark Case," *New York Times*, December 10, 2014, A29.

20) Linda Greenhouse, "Court Limits Protection against Improper Entry," *New York Times*, June 16, 2006, A24.

21) Adam Liptak, "Supreme Court Edging Closer to Repeal of Evidence Rule," *New York Times*, January 31, 2009, A13.

22) Adam Liptak, "Justices Reject GPS Tracking in a Drug Case," *New York Times*, January 24, 2012, A1, A3.

23) Karen Houppert, *Chasing Gideon: The Elusive Quest for Poor People's Justice* (New York: The New Press, 2013).

24) Jesse J. Holland, AP, "Suspect Questioning Ruling Is Overturned," *Dallas Morning News*, May 27, 2009, A8.

25) Jess Bravin, "Justices Narrow Miranda Rule," *Wall Street Journal*, June 2, 2010, A2.

26) Ethan Bronner and Michael S. Schmidt, "In Questions at First, No Miranda for Suspect," *New York Times*, April 23, 2013, A13.

27) Kettl, *System under Stress*, Chap. 6, "Balancing Liberty with Protection," 104–107, 112–117.

28) Adam Liptak and Ethan Bronner, "Mandatory Life Terms Barred for Juveniles in Murder Cases," *New York Times*, June 26, 2012, A1, A14.

29) Lizette Alvarez and John Schwartz, "After Justices' Ruling on I.Q., Hope for Death Row Reprieves," *New York Times*, May 31, 2014, A1, A3.

30) Linda Greenhouse, "After a 32-Year Journey, Justice Stevens Renounces Capital Punishment," *New York Times*, June 26, 2012, A20.

31) Pew Center for the States, "One in 31: The Long

Reach of America's Corrections," March 2009.

32) E. Ann Carson, "Prisoners in 2020," U.S. Department of Justice, Bureau of Justice Statistics, December, 2021. 또한, 다음 참조. Vera Institute, "People in Jail and Prison in Spring 2021," June 2021.

33) Danielle Kaeble and Barbara Oudakerk, "Probation and Parole in the United States, 2019," U.S. Department of Justice, July, 2021.

34) Vivian Lee, "81 People Are Executed in Saudi Arabia," *New York Times*, March 14, 2022, A9.

35) Peter Wagner and Bernadette Rabuy, "Following the Money of Mass Incarceration," Prison Policy Initiative, January 25, 2017.

출처: AP Photo/Wilfredo Lee

14장

민권:
자유와 평등의 충돌

중점질문 및 학습목표

Q1 사회운동을 추동하는 에너지는 어디에서 나오는가?

Q2 1960년대와 1970년대 사회운동은 미국사회에 자신들의 요구를 압박하기 위해 어떤 공통 주제나 '프레임'을 사용했나?

Q3 대법원은 흑인의 민권을 제한하고 확대하는 데 어떤 역할을 했나?

Q4 소수인종과 여성을 돕기 위한 적극적 우대 조치(affirmative action)는 불가피하게 필연적으로 백인 남성에 대한 역차별을 의미하는가?

Q5 인종평등운동과 성평등운동의 유사점과 차이점은 무엇인가?

DOI: 10.4324/9781003303954-14

오늘날의
헌법

성적 사생활, 수정헌법 제9조, 열거되지 않은 권리

수정헌법 제9조: "본 헌법에 특정 권리들을 열거한 사실이 국민이 보유하는 그 밖의 여러 권리들을 부인하거나 경시하는 것으로 해석되어서는 아니 된다."

수정헌법 제9조는 우리 시민들이 미국 헌법에 명시적으로 열거되지 않은 권리를 가지고 있다고 선언하고 있다. 좋은 소식인 것 같다. 그러나 여러분이 상상할 수 있듯이, 수정헌법 제9조는 대법관 일부를 포함한 일부 사람들을 불안하게 만든다.

처음에 헌법에는 권리장전이 없었다는 사실을 기억하자. 헌법을 지지한 연방주의자들은 그 문서가 중앙정부에 오직 열거된 특정 권한만을 부여하였기 때문에, 권리와 자유에 대한 구체적인 보호는 필요하지 않다고 주장했다. 예를 들어, 그들은 의회가 종교에 관한 법률을 제정할 수 있는 권한을 부여받지 않았으므로 종교의 자유를 보호할 필요가 없다고 주장했다. 헌법에 반대하는 반연방주의자들은 '일반 복지의 증진', '필요하고 적절하며', '이 땅의 최고법' 등과 같은 노골적인 문구가 위험할 정도로 강력한 중앙정부의 망령을 불러일으킨다고 주장했다.

제1차 의회에서 매디슨(James Madison)이 이끄는 헌법 지지자들은 권리장전을 추가하여 반대자들의 우려를 완화하려고 했다. 그러나 권리장전을 추가하는 것은 구체적으로 보호되는 권리들의 목록이 불완전할 수도 있고, 하나 또는 그 이상의 권리들이 제외되거나 일단 한번 정해지고 나면 영원히 고정적으로 변화가 없을 가능성이 제기되었다. 이러한 우려를 해결하기 위해 매디슨과 의회는 수정헌법 제9조(위에 인용됨)를 추가했다. 알겠다. 도대체 그게 갖는 의미는 무엇인가?

대부분의 판사들과 학자들은 수정헌법 제9조가 헌법의 다른 조항을 강화하거나 제한하지 않는다고 주장한다. 이는 주로 해석의 원칙으로 작용하는데, 주장하는 권리가 헌법에 없다는 점을 법원이 그것이 존재하지 않는다는 증거로 받아들일 수 없다고 말한다. 여전히 판사들과 학자들은 수정헌법 제9조에 대해 통일된 의견을 가지고 있지 않다. 2016년 사망할 때까지 대법원의 보수파 지도자였던 스칼리아 판사는 수정헌법 제9조의 "'그 밖의 여러 권리들을 부인하거나 경시하는 것'에 대한 거부는 그 권리 중 어느 하나를 확언하는 것과는 거리가 멀고, 그것들이 무엇인지 확언하도록 판사에게 권한을 부여하는 것과는 더더욱 거리가 멀다"라고 말했다.

비록 수정헌법 제9조는 법원에서 비교적 드물게 언급되었지만, 최근 수십 년 동안 중요한 역할을 했다. 그것은 성적 사생활, 낙태, 동성애자 권리에 관한 소송사건들에서 발생했다. '그리즈월드 대 코네티컷' 사건(1965년)에서 피임을 금지하는 법률은 부부의 사생활 침해로 위헌 판결을 받았다. 더글라스(William O. Douglas) 대법관은 7대 2의 다수의견을 작성하면서 헌법에는 명시적으로 '사생활 보호 권리'가 언급되어 있지 않지만, 수정헌법 제1조, 제3조, 제4조, 제5조,

제9조에 언급된 권리는 "생명과 본질을 주는 데 도움이 되는 그러한 보장들로부터 발산되는 빛에 의해 형성되는 약간 밝은 경계 부분을 가지고 있다"라고 주장했다. 헌법 조항이 성적 사생활 권리에 해당하는 약간 밝은 경계 부분과 발산한다는 생각은 보수주의자들 사이에서 웃음을 자아냈다. 그러나 사생활 보호는 헌법상 나쁜 권리가 아니다.

'로 대 웨이드' 사건(1973년)에서 텍사스 북부 연방지방법원은 텍사스주의 낙태법을 폐지하기 위해 수정헌법 제14조와 수정헌법 제9조의 '정당한 절차 조항'을 인용했다. 심리 후, 대법원은 수정헌법 제14조가 임신 초기의 낙태 결정을 포함하는 사생활에 대한 권리를 보호하기에 충분하다고 선언했다. 블랙먼(Blackmun) 대법관은 다수의견을 작성하면서 수정헌법 제9조를 인용하지는 않았지만, 수정헌법 제9조에 대한 지방법원의 처리에 대해 정중하게 언급했다. 마지막으로 대법원이 텍사스 및 다른 주의 소도미법(sodomy law)을* 헌법 위배로 판결한 '로렌스 대 텍사스' 사건(2003년)에서 케네디 대법관은 수정헌법 제14조의 사생활 보호를 인용했지만, 수정헌법 제9조도 주장했다.[1] 그렇다면 수정헌법 제9조에 따라 여러분은 어떤 권리를 주장하고 싶은가?

* 역자 주
소도미법은 특정한 성적 행위를 규제하거나 처벌하는 법을 통틀어 지칭하는데 상용하는 용어이다 (위키백과 참조).

시민의 자유는 개인에 대한 정부의 권력을 제한하고 통제한다. 시민의 권리(민권)는 정부권력이 개인이 정부와 다른 개인에 의해 평등하고 공정하게 대우받는 것을 보장하는 데 사용될 것이라고 약속한다. 남북전쟁 이전에는 시민의 자유와 시민의 권리는 거의 같은 것으로 여겨졌고 백인 남성에게는 그 두 가지가 매우 유사했다. 소수인종과 여성이 백인 남성과 동일한 자유와 권리를 주장하기 시작한 이후로 그 구별은 더욱 분명해졌다.

미국인들은 소수자와 여성의 권리를 위한 투쟁이 그렇게 길고 힘들었던 것은 건국 세대와 그 이후의 많은 세대가 이에 반대했기 때문이었다는 생각을 좀처럼 지울 수 없다.[2] 게다가, 예를 들어, 노예제도와 결혼과 같은 인종과 성별 간의 관계를 지배하는 법과 정책은 주의 문제이지 국가의 문제가 아니었다. 따라서, 미국의 일부 국민과 일부 지역에서 인종과 성별에 대한 태도가 바뀌기 시작하더라도 미국 연방구조에서는 평등한 권리를 위한 싸움을 주별로 벌여야 하고, 그리고 종종 가장 불리한 지역에서 싸워야 한다는 것을 의미했다.[3]

게다가 대부분의 미국인들은 이제 우리나라의 인종과 성 차별에 대한 오랜 역사를 인정하지만, 종종 완전히 공로를 인정받지 못할 수도 있는 승리주의의 징후(우리가 여기까지 왔다)가 있다. 예일대의 정치학자 메이휴(David Mayhew)가 최근 우리에게 상기시켰듯이, 미국의 민권혁명은 "제2차 세계대전 이후 전 세계에서 동시에 발생한 백인 우월주의와 식민주의를 전복하는 전 세계적 과정의 일부였다."[4] 이러한 세계적 과정에 우리가 참여한 것은 칭찬할 일이지만, 그러나 우리가 주도하지 않았고 많은 사람들이 저항했다.

이 장에서 우리는 남북전쟁과 그 여파가 어떻게 미국의 다양성, 평등, 민권이라는 새로운 이슈를 제기했는지 살펴본다. 첫째, 남북전쟁 이후에도 백인 남성들이 소수인종과 여성들의 평등한 권리 주장에 대해 강력하게 저항한 것을 살펴본다. 둘째, 소수인종과 양성평등을 위한 오랜 투쟁을 살펴본다. 셋째, 소수인종과 여성의 역사적 불이익을 '적극적 우대 조치(affirmative action)'를 통해 시정하려는 노력이 필연적으로 백인 남성에 대한 '역차별'을 수반할 수밖에 없는지에 대한 논쟁을 살펴본다. 이것은 현대 미국정치에서 가장 심각한 논쟁 사안 중 하나이다. 두 경우 모두, 기존의 특권을 타파하고 근본적인 변화를 촉발하기 위해서는 수세기 동안 지속된 광범위한 사회운동이 필요했다.

사회운동이란 무엇인가?

대부분의 정치는 상당히 예측 가능하다. 지배정당이 승리하고, 현역의원이 승리하고, 로비스트가 자기 일을 하고, 회의적인 시민들이 자신의 관심을 가족, 직장, 지역사회로 돌린다. 그러나 때때로 정치활동은 미래의 정치를 위한 새롭고 더 넓은 통로를 개척하기 위해 정상적인 통로를 벗어나기도 한다. **사회운동**은 사회가 조직되고 운영되는 방식을 변화시켜 기회와 보상이 분배되는 방식에 변화를 일으키는 집단적 활동이다. 진정한 사회운동은 기존의 사회질서에서 소외된 많은 사람을 자극하여 근본적이고 영구적인 사회변화를 추동하는 것을 목표로 한다. 기존 질서의 수혜자가 싸우지 않고 포기하는 경우는 거의 없어서 사회운동은 항상 소란스럽다.

사회운동(social movement)
사회가 조직되고 운영되는 방식을 변화시켜 기회와 보상이 분배되는 방식에 변화를 일으키는 집단적 활동.

최저 임금, 근로자 안전, 학교 자금 지원과 같은 좁은 문제에 대해서는 사회운동이 발생하지 않는다. 오히려 사회에서 종교적 가치의 역할, 전쟁과 평화, 생명권, 인종평등과 성평등, 이민, 환경주의 등에 관한 광범위한 우려에 대한 반응으로 사회운동이 발생한다. 사회운동은 전통적인 정치제도가 근본적인 문제를 다루는 방식에 대한 불만에서 비롯된다.

사회운동은 정당, 이익집단 등과 같은 전통적인 정치기관과 이 기관들이 유권

출처: Getty Images/Mark Wilson

미국사회에서 합법적이든 불법적이든 이민자들의 역할에 대한 논쟁은 특히 경제적으로 어려운 시기에 격한 감정을 불러일으킨다. 이 사진에서는 이민 옹호 활동가들이 백악관 앞에서 시위를 벌이고 있다.

자 및 지지자를 위해 개발한 정책 및 프로그램을 동시에 위협한다. 첫 번째 위협은 정책, 프로그램, 기존 혜택의 순환 등에 대한 위협이다. 사회운동 지지자들은 현재의 정책에 불만을 품고 정책을 바꾸려고 한다. 현상유지 관점에서 볼 때 변화는 어제의 내부자가 내일의 외부자가 될 수 있거나 적어도 그들이 더 크고 다양한 집단과 혜택을 공유해야 할지도 모른다는 것을 의미한다.

두 번째 위협은 잠재적으로 더 심각하다. 사회운동은 보통의 경우 정책뿐만 아니라 정책을 생산한 사람, 절차, 기관 등에 대해서도 이의를 제기한다. 당연히 기존 제도를 장악하고 혜택을 누리고 있는 사람, 집단, 기관 등은 가능한 한 변화에 버틸 수 있을 때까지 저항하고, 불가피할 때 마지못해 개혁을 허용하며, 때로는 대중이 원하는 방향으로 충분할 만큼 또는 빠르게 움직이지 못해서 모든 것을 잃게 되는 최악의 상황에 직면한다

사회운동의 기원. 대부분의 미국 역사에서 대중 봉기는 한 여름 폭풍처럼 자연스럽고 예측할 수 없는 것으로 여겨졌다. 제퍼슨(Thomas Jefferson)은 천둥과 번개를 동반한 여름 소나기와 같은 대중의 격변이 축적된 사회적 열기와 긴장을 깨뜨리고, 대기를 정화하고, 시골을 상쾌하게 해주는 것을 보았다.

Q1 사회운동을 추동하는 에너지는 어디에서 나오는가?

현대 사회과학은 사회운동의 기원과 성격에 관한 여러 이론을 발전시켜 왔다. 각각의 이론은 사회운동이 사회가 성장하고 진화함에 따라 발전하고 축적되는 사회적 긴장을 반영한다는 가정에서 시작된다. 서부 개척지 확장, 이민, 산업화, 도시화, 불황 등과 같은 광범위한 과정은 새로운 행위자의 등장과 기회를 제공하며 동시에 전통적인 사회통제를 약화시킨다. 사회운동의 성공과 실패는 각성한 집단이 목표를 추구하기 위해 투입할 수 있는 자원에 달려 있다. 그러한 자원에는 자금, 사무용품, 승합차와 버스, 자원봉사 시간 등이 포함된다. 사회학자 맥아담(Doug McAdam)은 사회운동이 추진력을 얻기 위해서는 '정치적 기회의 확대, 토착 조직 자원의 동원, 공유하는 특정 인식 또는 가치의 존재' 등 세 가지 요인이 필요하다고 말한다.[5]

운동 전술과 폭력의 모호성. 정치체제에서 완전히 배제되지는 않더라도 소외감을 느끼는 사람들에게 시위는 그들이 영향력을 행사할 수 있는 유일한 방법일 수 있다. 시위자들은 전통적인 행위자와 이해관계자에게 충분히 큰 비용을 발생시켜, 그들이 시위자들의 공격적인 행동을 멈추기 위해 양보를 선택하도록 유도한다. 연좌농성, 피켓시위, 보이콧, 행진, 대규모 시위에서부터 특정 대상에 대한 폭력과 폭동에 이르기까지 운동 참여자들이 채택하는 다양한 종류의 시위 행동에는 예측 가능한 비용과 이익을 포함한다.[6]

운동 전술의 선택은 정치체제의 다른 행위자와 집단, 기관에 크고 작은 위협을 가하고 운동, 운동 지도자, 운동이 요구하는 것에 대한 그들의 반응에 따라 달라

출처: AP Photo/Jose Luis Magana

총기 권리 지지자들이 미연방대법원에 모여 뉴욕주 및 그 밖의 다른 주에서 총기 권리에 대한 주정부의 제한에 항의하고 있다.

진다. 심지어 공권력의 폭력적 진압에 직면한 상황에도 불구하고 장기간에 걸쳐 벌어지는 끈질긴 연좌농성, 피켓시위, 보이콧은 변화를 추동할 수 있다. 행진과 대규모 시위는 대중의 의지를 보여주어, 달갑지 않은 관리들을 운동이 요구하는 바에 적어도 일부라도 긍정적으로 반응하는 것 외에는 다른 선택의 여지가 거의 없게 만든다. 특정 대상에 대한 폭력과 폭동은 지역사회 전체가 관련 문제의 해결에 나서도록 강요하거나 반발을 촉발할 수 있다. 사회운동에는 기꺼이 다양한 수단을 사용하려는 다양한 의제를 가진 다수의 사람이 참여한다는 점을 항상 명심해야 한다.[7]

하지만 분명히, 몇몇 형태의 시위들은 민주적 담론의 범위를 훨씬 넘어서 사회로부터 거의 만장일치에 가까운 비난을 촉발한다. 예를 들어, 맥베이(Timothy McVeigh)와 다른 사람들이 오클라호마시에 있는 알프레드 머라 연방 청사를 폭파한 사건에 대한 대중의 반응은 거의 보편적으로 정부 권위에 대한 정당한 저항의 범위를 넘어선 것으로 보았으며, 민병대 운동 전체에 대한 광범위한 비난을 촉발했다.

대중의 관심을 끄는 데 성공하고, 심지어 초기에 승리를 거둔 운동들이 더욱 시위 행동을 강화해야 하는지 아니면 자신들의 이익을 보호하고 지켜줄 기관의 설립에 나서야 하는지를 둘러싸고 학자들의 의견이 엇갈린다. 피븐(Francis Fox Piven)과 클로워드(Richard Cloward)는 시위운동이 무르익은 시점에 할 수 있는 한 기존 체제를 압박하고 밀어붙여야 한다고 주장한다. 그들은 "사람들이 분노에 휩싸여 있는 짧은 기간 동안, 그들이 일반적으로 존중하는 당국에 저항할 준비가 되어 있을 때 … 지도자들은 일반적으로 대중의 시위를 강화하지 않는다"라고 불평한다.[8] 피븐과 클로워드는 사회운동 지도자들이 공식적인 기관을 만드는 것이 운동 이익을 확보하고 미래의 전투를 위한 힘을 기르는 최선의 방법이라고 확신하거나 자신들 스스로의 이익이나 지위를 추구하거나 한다고 말한다.

다른 사람들은 사회운동에 의한 폭력의 분출은 대개 금방 끝난다고 지적한다. 일시적으로 확 불타올라서 아마도 변화와 개혁을 추동하고, 그러고 나서 소멸한다. 사회운동이 제도를 남기지 않는 한, 시민의 불안이 사라지고 나면, 이익을 감시하고 보호할 사람이 아무도 없을 것이다. 민권운동, 여성운동, 환경운동, 동성애 권리운동, 종교적 권리와 같은 대부분의 사회운동의 경우, 운동의 정점과 정점 사이에 지속적으로 제도가 필요하다는 것은 타당하다.

미국정치에서 사회운동

사회운동은 사회경제적 발전이 이념, 인종, 민족, 성별, 생활방식 선호 등 주요 사회 분열에 미치는 영향에서 발생한다. 종종 집단행동의 물결이 사회를 휩쓸고 지나갈 때 양립할 수 있는 운동들은 서로 협력하고 연합한다. 노예 해방과 여성의 권리, 절제를 추구하는 19세기 중반의 사회운동들은 흔히 참여자, 지도자, 자원을 공유했다. 비슷하게, 민권, 여권 신장, 핵무기 반대, 환경주의를 추구하는 20세기 중반의 사회운동은 참여자, 자원, 그리고 심지어 시위 전략까지 공유했다.[9]

사회운동을 연구하는 사람들은 특정 시기 사회운동 활동이 급격하게 늘어남과 동시에 발생하는 운동 간의 유사성은 지배적인 **프레임**이나 조직화 주제의 존재로 설명된다고 주장한다. 19세기 중반의 프레임, 즉 자유노동, 기업가 정신, 계약 권리는 여성운동, 노동운동, 폐지운동을 하나로 묶었다. 대부분의 인종과 민족, 여성, 동성애자, 장애인, 노인, 기타 많은 사람이 동참한 20세기 중반의 민권혁명은 평등한 권리 프레임을 중심으로 이루어졌다.[10]

미국 역사 전반에 걸쳐 사회운동이 일어났다. 동시대의 몇몇 사회운동에 대한 간략한 개요를 제시하기보다는 두 가지 사회운동만 심층적으로 살펴본다. 우리는 민권운동과 미국사회 내 성평등 운동을 살펴본다. 두 운동 모두 완전히 성공하지는 못했다. 사회운동은 추구하는 목표를 완전하게 달성하는 경우가 거의 없다. 우리는 흑인 평등운동과 여권 신장운동이 어떻게 그리고 어떤 이유로 탄력을 받고 초기에 성공을 거두었다가 최종 목표에 도달하기 전에 쇠퇴했는지 탐구할 것이다.

노예제도와 노예제 폐지론.   사회 변화는 경제적 관계와 정치적 기회를 새롭게 재편하며, 이는 이전에는 전혀 생각조차 할 수 없었던 사회운동을 가능케 한다. 그러나 광범위한 사회 변화는 거의 항상 수십 년에 걸친, 심지어 수백 년에 걸친 힘들고 체계적인 작업이다. 흑인들은 식민지 초기부터 노예제도에 저항했다. 19세기 중반 미국에서 노예제 폐지를 도모하는 **노예제 폐지** 운동은 절제, 평화, 여성의 권리의 증진을 촉진하였던 사회개혁 물결의 일환이었다.

어떻게 미국의 노예제를 폐지하기 위한 운동이 흑인들의 저항과 여기저기 흩어져 발생하던 몇몇 백인들의 운동으로부터 국가를 분열시키고 남북전쟁으로 몰아넣은 운동으로 성장했을까? 노예제 폐지론은 혁명 기간 자유와 독립을 둘러싼 애국자들의 논쟁에 기원을 두고 있다. 하지만 백인 중에 흑인들이 자신과 마찬가지로 자유와 독립을 누릴 자격이 있다고 생각하는 사람은 거의 없었다.[11]

독립 이후 남북전쟁이 일어날 때까지 미국인의 삶의 내부 구조와 리듬이 엄청나게 바뀌었다. 이 기간에 미국의 인구는 300만 명 미만에서 3,000만 명 이상으로 늘어났으며, 흑인과 노예 인구의 비율은 약 15% 수준에서 안정적으로 유지되었다.

19세기 첫 10년 동안 정착민들이 서쪽의 오하이오 강과 미시시피 강 유역으

Q2 1960년대와 1970년대 사회운동은 미국사회에 자신들의 요구를 압박하기 위해 어떤 공통 주제나 '프레임'을 사용했나?

프레임(frame)
1960~70년대 대부분의 운동에 동기를 부여한 평등권 이미지와 같은 지배적인 구성 프레임 또는 이미지.

노예제 폐지론(abolitionist)
미국에서 노예제 폐지를 주창한 사람들.

출처: North Wind Picture Archives via AP Images

19세기 미국 남부에서 면화를 재배하는 아프리카 아메리칸 노예들.

로 몰려들었다. 중서부 지역 위쪽 지방의 새로운 백인 가족 농장들은 농산물을 배에 실어 강 하류로 운송하여 남부의 플랜테이션농장에 식량을 공급했다. 증기선의 출현은 1830년대와 1840년대에 오하이오 강과 미시시피 강 수계를 번창하는 교역로로 만들었다. 중서부 지역과 대서양 연안 지역 간의 교역은 산 너머로 물자를 다시 운반하는 것이 너무 어려웠기 때문에 거의 이루어지지 않았다.

미국의 지배적인 교역과 상업의 패턴이 북부와 남부 사이에 있었기 때문에, 미국인의 삶에서 노예제의 역할에 대한 정치적 타협이 필요해 보였다. 그러나 1825년에 이르러 미국정치 지형이 서서히 바뀌기 시작했다. 그해에 이리 운하(Erie Canal)가 완성되어 중서부의 비옥한 농경지대와 뉴욕, 대서양 연안 지역이 연결되었다. 그 후 10년 동안 교역의 흐름은 남북에서 동서로 이동했고, 1840년대와 1850년대에 이르러서는 사실상 전부 동서로만 운행되던 철도가 중서부와 동부를 그 어느 때보다 더욱 확실하게 연결했다. 국가 경제의 축이 남북에서 동서로 이동하면서, 이전에는 적어도 실질적인 정치적 측면에서 전혀 불가능했던 노예 폐지론자, 자유 노동자, 노예제 반대론자 다수 연합이 가능해졌다. 곧 정치적 변화가 뒤따랐다.

조직과 시위. 흑인들은 미국에서 노예 생활하는 동안 자신들의 처지에 대해 항의했다. 비록 베시(Denmark Vesey)와 터너(Nat Turner)와 같은 사람들의 폭력적인 반란이 끊임없이 발생했지만, 초기 시위의 대부분은 반란보다는 태업 형태를 취했다. 북부의 자유 흑인들은 조직하고 시위하는 것이 허용되었지만, 그들에 대한 경제적, 사회적, 정치적 제약은 심했다.[12] 처음에는 소규모였던 백인 시위는 시간이 지나면서 대규모로 커졌는데, 그럴 수 있었던 이유는 당연히 백인들의 경우에는 노예제 폐지의 대의를 실현하기 위해 자유롭게 돌아다니고, 조직하고, 자원을 활용할 수 있었기 때문이다.

자유와 독립에 대한 건국자들의 헌신으로 인해 그들 중 적어도 몇 명은 혁명 이후 노예 해방에 손을 댔다. 벤저민 프랭클린, 알렉산더 해밀턴, 존 제이는 1784년에 '펜실베이니아 노예제도 폐지 협회(the Pennsylvania Society for the Abolition of Slavery)'를 설립했고, 1785년에 '뉴욕 노예 해방 협회(the New York Manumission Society)'를 설립했다. 많은 사람들은 노예제가 사라져가고 있고, 노예제의 종식을 앞당기는 데 큰 노력이 요구되지 않을 것으로 생각했다. 그러나 1810년에 이르러 조면기의 발명은 노예와 그들 노동의 가치를 증가시켰으

며, 그로 인해 사라질 위기에 처했던 노예제가 부활하여 활력을 되찾았다.[13]

1817년에 '미국 식민지 협회(the American Colonization Society)'는 아프리카 서해안에 있는 미국 식민지 라이베리아로 해방된 노예를 수송하는 사업을 촉진하기 위해 설립되었다. 해방된 노예를 다시 아프리카로 돌려보내는 아이디어와 연동하여 노예 해방에 대한 백인들의 관심을 제고하려는 노력은 매디슨(James Madison), 먼로(James Monroe), 마셜(John Marshall), 클레이(Henry Clay)를 포함하여 제퍼슨에서 링컨에 이르기까지 저명한 백인 미국인들의 지지를 받았다.[14] 이 위대한 지도자들은 노예제가 도덕적으로 잘못이라고 생각했지만, 누구도 흑인이 백인과 동등하게 대우받는 두 개의 인종으로 이루어진 사회를 백인 미국인들이 받아들일 수 있을 것으로 생각하지 않았다. 사람들은, 심지어 위대한 사람조차도 자신이 알고 있는 사회의 일반적인 전제를 뛰어넘는 생각을 하는 경우는 거의 없다.

노예제 폐지 운동은 1830년대에 더욱 공격적인 방향으로 변화되었다. 1831년 1월 개리슨(William Lloyd Garrison)은 보스턴에서 『해방자(*The Liberator*)』의 초판을 출판했다. 1832년 개리슨과 다른 11명의 백인 남성은 즉각적인 노예 해방을 목표로 '뉴잉글랜드 노예제도 반대 협회(the New England Anti-Slavery Society)'를 설립했다. 1833년에 개리슨은 자신의 단체를 '미국 노예제도 반대 협회(AASS: American Anti-Slavery Society)'라는 연합단체로 변모시켰다.[15] 1830년대 중반에 이르러 AASS는 200개 이상의 지역 노예제 반대 단체가 연합에 참여하고 있다고 주장했다. 1835년 7월에 17만 5,000개 이상의 팜플렛이 뉴욕 우체국에서 남부 주들로 발송되었다.

남부 전역, 의회, 심지어 북부에서조차 노예제 폐지 운동에 강하게 반대하는 반응이 나타났다. 잭슨 대통령과 의회는 선동적인 팜플렛을 우편으로 발송하는 것을 제한하는 법안을 통과시켰고, 1836년 의회는 원내에서 노예제 반대 청원 논의를 금지하는 '개그 규칙'(발언 제한 규칙 – 역자 주)을 통과시켰다. 이후 20년 동안 '드레드 스콧(Dred Scott)' 사건의 판결과 링컨(Abraham Lincoln)의 대통령 당선이 대중의 분노를 자극할 때까지 긴장이 고조되었다가 감소했다가를 반복했다.

민권과 남북전쟁 수정헌법

흑인의 민권 문제는 유명한 '드레드 스콧 대 샌포드' 사건(1857년), 남북전쟁 수정헌법, 1875년 「민권법」에서 강력히 제기되었다. 드레드 스콧 사건의 법정 의견을 작성한 대법원장 태니(Roger Taney)는 흑인은 '백인이 존중해야 할 권리가 없기' 때문에 백인 노예 소유자는 흑인 노예를 자기 마음대로 할 수 있는 자유가 있다고 주장했다. 버지니아 출신의 흑인 노예였던 스콧(Dred Scott)은 미주리주로 끌려갔다가 새 주인에 의해 자유 주 일리노이로, 나중에는 자유 준(準)주 위스콘신주로 끌려갔다. 태니는 스콧이 자유 준주로 끌려갔다고 해도 자유로울 수 없을 뿐아니라 노예이든 자유인이든 흑인은 모두 어떤 주의 시민도 미국의 시민도 아니라고 선언했다. 남북전쟁 수정헌법은 이전에 노예였던 사람들이 사실은 '백인이 존중해야 할 권리'를 가지고 있음을 확실히 하기 위해 제정되었다. 그리고 마지막으로, 1875년의 「민권법(Civil Rights Act)」은 남북전쟁 이후 미국에서 민권을 정의하고 집행하려는 중앙정부의 시도 중 하나였다. 그러나 미국사회와 법원의 백인들 생각은 흑인 평등을 옹호하고 싶어 하지 않은 것으로 드러났다.

남북전쟁 수정헌법

03 대법원은 흑인의 민권을 제한하고 확대하는 데 어떤 역할을 했나?

에이브러햄 링컨 대통령은 남북전쟁을 다음과 같이 묘사했다. "본질적으로 국민의 다툼이다. 사람들 모두의 어깨를 짓누르는 부담을 덜어주는 것, 모두에게 칭찬할 만한 일을 할 수 있는 길을 열어주는 것, 인생이라는 경주에서 모든 사람에게 자유로운 시작과 공평한 기회를 제공하는 것 등 인간의 처지를 개선하는 것이 우선적 목표인 정부의 형태와 본질을 세상에서 유지하기 위한 [하나의] 투쟁이다."[16] 전쟁이 치열해지자 링컨은 노예해방선언을 통해 노예제를 종식시켰다.[17]

전쟁이 끝난 후에야 의회에서 공화당 의원들은 이전의 노예들이 누릴 권리와 그러한 권리가 어떻게 보장되고 보호될 것인지 규정하는 일에 착수했다. 남북전쟁 수정헌법과 1875년 「민권법」은 완전한 평등에 대한 약속을 제시했다. 그러나 이러한 약속들은 10년도 채 되지 않아 모두 깨졌다. 세기말에는 "분리되어 있지만 평등하다"라는 것이 헌법 원칙이었고, 1910년에는 미국식 아파르트헤이트(인종차별정책)인 짐 크로우 인종 분리 정책이 전국적으로 시행되었다.

수정헌법 제13조: 자유. 수정헌법 제13조는 노예 해방을 완성했다. 수정헌법 제13조는 "노예제도 또는 강제노역제도는 당사자가 정당하게 유죄판결을 받은 범죄에 대한 처벌이 아니면 합중국 또는 그 관할에 속하는 어느 장소에서도 인정되지 않는다"라고 명시하고 있다. 수정헌법 제13조는 1865년 12월 18일 발효되었다.

수정헌법 제14조: 평등. 수정헌법 제14조는 이전에 노예였던 사람들을 직접적으로 언급하지 않으면서 미국사회 내에서 그들의 위치를 규정하려고 했다. 수정헌법 제14조의 핵심 조항은 다음과 같다. "합중국에서 출생하거나 귀화한 합중국의 관할권에 속하는 모든 사람은 합중국 및 그 거주하는 주의 시민이다. 어떠한 주도 합중국 시민의 특권과 면책권을 박탈하는 법률을 제정하거나 시행할 수 없다. 어떠한 주도 정당한 법의 절차에 의하지 아니하고는 어떠한 사람으로부터도 생명, 자유 또는 재산을 박탈할 수 없으며, 관할권 내에 있는 어떠한 사람에 대하여도 법에 의한 평등한 보호를 거부하지 못한다." 이 포괄적이고 관대한 표현은 1868

년 7월 28일에 발효되었다.

수정헌법 15조: 투표. 수정헌법 제15조는 흑인 남성들이 투표장에서 그들의 권리와 자유를 지킬 수 있도록 보장하기 위해 노력했다. 1870년 3월 30일 발효된 수정헌법 제15조는 "합중국 시민의 투표권은 인종, 피부색 또는 과거의 예속 상태로 인해서 합중국이나 주에 의하여 거부되거나 제한되지 아니한다"라고 명시하고 있다. 투표가 앞선 두 수정헌법에서 주어진 권리와 특권을 지키기 위해 사용할 수 있는 강력한 무기가 되기를 바랐다. 한동안 그럴 것 같았다. 하지만 곧 그렇지 않은 것으로 드러났다.

초기 대법원 해석. 남북전쟁 수정헌법의 잉크가 채 마르기도 전에 대법원은 가능한 수정헌법을 가장 좁은 의미로 해석했다. 곧이어 1875년 「민권법」도 같은 운명을 맞이했다. 남북전쟁 수정헌법의 문구와 1875년 「민권법」이 어떻게 흑인 평등을 위한 강력한 도구가 아니라 흑인에 대한 지속적인 억압과 배제의 도구가 되었는지에 대해서는 대법원의 몇 가지 주요 판결을 통해 알 수 있다.

첫 번째 판결에는 흑인이 포함되지도 않았다. 그럼에도 불구하고, 그 판결이 미국사회에서 새롭게 해방된 흑인들의 지위에 미치는 영향은 엄청났다. 루이지애나주 주의회가 도축장 독점권을 만든 것이 수정헌법 14조가 미국 시민으로서 그들에게 약속한 법의 평등한 보호를 침해했다고 주장하는 뉴올리언스 지역의 백인 소유 정육점들이 **도축장 사건들**(1873년)을 제소했다.

밀러(Samuel F. Miller) 대법관은 5대 4로 나뉜 대법원의 다수의견을 작성하면서 국가 민권과 주 민권을 본질적으로 분리된 것으로 보는 엄격한 이중 연방주의 관점을 발표했다. 밀러 대법관의 해석에 따르면, 국가 시민권은 외국 여행을 하거나 주 간 통상 또는 해외 통상에 참여하거나 단일 주 관할권 내에 있지 않은 활동에 참여하는 시민을 보호했다. 다른 모든 권리는 특정 주 시민으로서 미국인에게 속했다. 도축장 사건의 판결은 주정부가 흑인 시민을 포함하여 자기 주 시민의 권리를 원하는 대로 좁게 정의하는 것을 허용하고, 연방정부의 간섭을 금지하는 것을 의미했다.

정부와 같은 공공기관에 의해 행해지든 민간 개인에 의해 행해지든 대부분의 인종차별을 불법으로 규정한 1875년 「민권법」의 첫 번째 주요 시험대는 **민권 사건**(1883년)이었다. 할란(John Marshall Harlan) 대법관이 혼자 반대한 8대1 판결에서 대법원은 1875년 「민권법」이 위헌이라고 선언했다. 브래들리(Joseph P. Bradley) 대법관은 법원의 관점에서는 수정헌법 제14조가 흑인에 대한 차별적인 '주정부의 조치'를 금지한 것이라고 설명했다. 수정헌법 제14조는 한 개인의 다른 개인에 대한 사적인 차별에 대한 금지를 포함하지 않았다. 이 판결로 연방정부는 흑인에 대한 사적 차별과의 싸움에서 손을 뗐다.

도축장 사건들(Slaughterhouse Cases)
이 결정으로 대법원은 미국 민권을 좁게 정의하고 국내 인종 관계의 규제를 주정부에 맡김으로써 남북전쟁 이후 수정헌법의 영향을 제한했다.

민권 사건(Civil Rights Cases)
이 사건의 판결은 1875년 「민권법」의 주요 부분을 무너뜨렸다. 법원은 의회가 주정부에 의한 인종차별만 금지할 수 있을 뿐 개인에 의한 차별은 금지할 수 없다고 판결했다.

'플레시 대 퍼거슨(Plessy v. Ferguson)'
대법원은 교통수단의 사용에 있어서 인종을 분리하는 주법을 지지했다. 대법원의 분석에 따르면 인종은 동등하게 대우받는 한 사회 내에서 별도의 영역에 국한될 수 있다. 이로써 분리되었지만 평등하다는 원칙이 탄생했다.

합법적 인종 차별: '플레시 대 퍼거슨'   1890년 루이지애나주는 철도회사에게 '백인과 유색 인종에게 분리되었지만 평등한 좌석을 제공'하고 '어떤 사람도 자신의 인종에 배정된 좌석 외에는 다른 객실 좌석을 차지할 수 없도록' 할 것을 요구하는 법안을 통과시켰다. 루이지애나주 시민이자 8분의 1 흑인인 플레시(Homer Plessy)는 기차에 탑승하여 백인 승객에게 지정된 객차의 좌석에 앉아, 해당 법률의 시험에 나섰다. 플레시가 체포되자 그의 변호사는 루이지애나주법률이 수정헌법 제14조, 특히 수정헌법 14조의 '평등한 보호' 조항을 위반했다고 주장했다. 대법원은 "흑인이 백인으로부터 분리된 것과 마찬가지로 백인이 흑인으로부터 분리되었기 때문에 이 조치는 차별적이지 않다"라고 지적하면서 루이지애나주의 법률을 지지했고, 암암리에 대부분의 다른 인종 차별 법령도 지지했다.

할란 대법관은 인종차별이 그것을 당했던 흑인들에게 '열등함의 징표'가 아니라는 주장이 명백한 위선이라고 지적하면서 다시 한번 격렬하게 반대했다. 이어서 할란 대법관은 수정헌법 제13조와 수정헌법 제14조에 내포되어 있다고 믿었던 흑인 평등에 대한 자신의 주장을 밝혔다. 그는 "이 나라에는 우월하고, 지배적이며, 통치하는 시민 계급이 따로 없다 … 우리 헌법은 색맹이며, 시민들 사이의 계급을 알지도, 용납하지도 않는다. 민권과 관련하여 모든 시민은 법 앞에 평등하다. 가장 초라한 사람과 가장 힘 있는 사람은 동료이다. 법은 사람을 사람으로 간주하고, 그의 민권과 관련하여 … 그의 피부색을 고려하지 않는다"라고 말했다.[18] 이 강력한 말을 이 나라 최고 법원의 대법관 다수가 받아들이기까지는 반세기 이상의 시간이 더 걸렸다. 놀랍게도 2022년 초 루이지애나주 주지사 에드워즈(John Bel Edwards, 민주당)는 1890년대에 '백인 전용' 기차 객차에 탑승한 혐의로 유죄판결을 받은 호머 플레시를 공식적으로 사면했다.[19]

현대 민권운동

'브라운 대 교육위원회(Brown v. Board of Education)'
이 획기적인 사건은 플레시 사건의 판결을 번복하여 분리는 본질적으로 불평등하다고 판결했다. 결과적으로 공립학교 분리는 위헌이었다.

＊ 역자 주
Deep South 또는 Lower South는 미국 남부 해안 및 평지지역을 지칭한다. 해당 주로는 루이지애나, 미시시피, 앨라배마, 조지아, 사우스캐롤라이나 등이다. 때로는 텍사스와 플로리다도 포함된다(Wikipedia 참조).

20세기 초는 미국 민권의 암울한 시기였다. 1930년대가 되어서야 비로소 국내외적으로 힘이 축적되기 시작했고, 그것이 20세기 중반까지 미국을 인종차별 철폐의 길로 이끌었다. 하지만, 현대 민권운동의 성공과 실패를 돌이켜보면, 표면적으로는 무척 많이 변했지만, 표면 아래에서는 거의 변화가 없다는 것을 알고 흑인이나 백인을 막론하고 많은 미국인은 충격에 빠진다.[20] 지난 40년 동안 발생한 인종차별 시대로의 후퇴는 많은 사람들을 숙연하게 한다.

인종차별 폐지: '브라운 대 교육위원회' 사건의 발생.   학교와 사회 전체에서 인종차별 반대 투쟁을 수십 년에 걸쳐 계획하고 실천한 것은 '전미 유색인 지위 향상 협회(NAACP)' 및 이 협회와 연합한 동맹단체들이었다. 20세기 초 수십 년 동안, 미주리주는 다른 여러 국경 주 및 모든 '딥 사우스'＊ 주와 마찬가지로 유치원부터

대학까지 이중 또는 분리 학교 제도를 운영했다. 그러나 대부분의 다른 주의 분리 교육 제도와 마찬가지로, 미주리주의 흑인 교육기관은 다양한 석박사 학위 및 전문학위 프로그램이 없었다. 따라서, 로이드 게인스는 1935년 학생 전원이 흑인인 미주리주 소재 링컨대학교를 졸업하자마자 곧바로 미주리대학교 법학전문대학원에 입학하기를 원했다. 게인스는 입학을 거부당했고, 그는 수정헌법 14조에 따라 "법의 평등한 보호"에 대한 자신의 권리가 침해당했다고 주장하며 소송을 제기했다. 대법원은 1938년에 게인스의 주장에 동의했고, 미주리주에 흑인 학생만을 위한 별도의 법학전문대학원을 설립하거나 미주리대학교 법학전문대학원에 흑인 학생을 입학시켜야 한다고 통보했다. 미주리주는 이에 대한 대응으로 링컨대학교에 법학전문대학원을 설립했다.

1950년에 일어난 두 개의 획기적 사건이 분리된 시설이 얼마나 평등해야 하는지에 대한 문제를 제기했다. '스웨이트 대 페인터' 사건에서 법원은 텍사스대학교 법학전문대학원에 흑인의 입학을 막을 목적으로 흑인 학생만을 위해 설립된 다른 법학전문대학원들이 시설, 책, 교수진, 법률 교육 및 기회 등에 있어 전반적인 수준이 상대적으로 뒤떨어지기 때문에 인정될 수 없다고 판결했다. '맥로린 대 오클라호마' 사건은 흑인을 백인 교육프로그램에 입학시키지만 '분리 기준'을 적용하려는 시도를 위헌으로 결정했다. 맥로린은 오클라호마주에 비슷한 교육프로그램을 제공하는 흑인 대학교가 없었기 때문에 대학원 공부를 위해 오클라호마대학교 교육대학원에 입학했다. 그러나 그는 교실에 인접한 대기실 좌석과 도서관 및 구내식당의 지정된 공간으로 활동반경이 제한되었다. 미국 대법원은 이러한 처우로 인해 '법의 평등한 보호'가 침해되었다는 맥로린의 주장을 받아들였다.[21]

게인스, 스웨이트, 맥로린 사건 등에서 확립된 판례는 시설이 분리되려면, 실제로 동등해야 한다는 점을 강조했다. 그러나 분리가 실제로 동등할 수 있을까? 기념비적인 '브라운 대 교육위원회' 사건(1954년)에서, 미국 대법원은 정확히 이 질문에 답해야 했다. 즉 분리가 동등할 수 있을까? 또는 분리 자체가 본질적으로 불평등이며, 따라서 수정헌법 제14조의 '평등한 보호' 조항이 의미하는 차별 아닌가? 흑인 고소인들을 대신해 변론한 사람은 NAACP 수석변호사 마셜(Thurgood Marshall)이었다.

'브라운 대 교육위원회' 사건은 보수적인 빈슨(Fred M. Vinson) 대법원장이 사망하고 진보적인 공화당 전 캘리포니아 주지사 워렌(Earl Warren)으로 대법

출처: Thad Allton/The Topeka Capital-Journal via AP

'브라운 대 캔자스주 토피카 교육위원회' 사건을 기념하는 벽화가 2018년 캔자스주 의사당에서 공개되었다.

원장이 교체되었을 때 대법원에 회부되었다. 워렌 대법원장은 인종 분리가 해체되어야 마땅하고 브라운 사건이 그러한 일을 시작하기에 적합한 사건이라고 생각했다. 만장일치로 판결을 내린 대법원을 대표하여 의견을 작성한 워렌은 플레시 사건에서의 할란 대법관의 반대 의견을 부활시켰다. 워렌은 "공립학교에서 백인과 유색인종의 분리는 유색인종의 아이들에게 해로운 영향을 미친다"라고 썼다. 따라서 워렌은 "공교육 분야에서 분리되었지만 평등하다는 법리가 설 자리는 없다. 분리된 교육 시설은 본질적으로 불평등하다. 원고는 수정헌법 제14조에 의해 보장된 법의 평등한 보호를 박탈당했다"라고 결론을 내렸다.

1954년 5월 17일 브라운 사건의 판결이 일반에 공개되기 직전까지 전국적으로 17개 주와 컬럼비아 특별구가 초등학교와 중고등학교에서의 인종 분리를 의무화하고 있었다. 비록 컬럼비아 특별구와 대부분의 국경 주에서는 학교의 분리를 철폐하라는 지시를 따랐지만, 딥 사우스주들은 소위 '대규모 저항'이라고 하는 10년간의 항쟁에 돌입했다.[22] 1960년까지만 해도 앨라배마주, 조지아주, 루이지애나주, 미시시피주, 사우스캐롤라이나주의 백인이 다니는 공립학교나 대학교에는 흑인 학생이 단 한 명도 없었다. 게다가 케네디(John Kennedy)가 1961년 초 미국 대통령으로 취임 선서를 했을 당시, 미시시피주의 투표연령 흑인 중 4% 미만만이 유권자 등록을 했다. 이 수치는 다른 남부 주에서는 약간 더 높았다.

1964년, 1965년, 1968년 「민권법」. 케네디 행정부는 1963년의 '길고 더운 여름' 동안 민권 운동에 대한 점점 더 많은 압력을 받았고, 이는 25만 명의 사람들이 참여한 유명한 '워싱턴 대행진'으로 절정에 달했다. 워싱턴 대행진의 하이라이트는 링컨기념관의 계단에서 있었던 마틴 루터 킹(Martin Luther King Jr.)목사의 "나는 꿈이 있습니다(I Have a Dream)" 연설이었다. 케네디 행정부는 킹 박사와 그의 추종자들의 요구에 부응하여 아이젠하워 행정부의 1957년 「민권법」을 보완하는 새로운 법안을 준비하였다. 남북전쟁의 재건시대 이후 첫 번째 주요 민권법이었던 이 법안은 '미국 민권위원회'를 설립하고 법무부의 민권 부서를 강화했다.

1963년 11월 케네디 대통령이 암살되자, 린든 존슨 대통령은 케네디의 법안을 엄청나게 강화했다. 그 새로운 법안은 1964년 「민권법」으로 알려지게 되었다. 이 법의 중요한 부분인 제6장은 "미국 내 어떤 사람도 인종, 피부색, 출신 국가를 이유로 연방 재정 지원을 받는 프로그램이나 활동에 참여하지 못하거나, 혜택을 받지 못하거나, 차별을 받아서는 안 된다"라고 명시하고 있다.

1963년 8월 28일, 마틴 루터 킹 목사를 포함한 웅변가들의 민권에 대한 연설을 듣기 위해 링컨기념관에 군중들이 모여들었다. 킹 목사는 25만 명의 대중 앞에서 그의 유명한 연설 "나는 꿈이 있습니다"를 연설했다.

이 법의 제7장은 직원이 백 명 이상인 사업체에서 고용주 또는 노동조합이 인종, 피부색, 성별, 종교, 출신 국가를 근거로 차별하는 것을 금지했다. 또한, 모텔, 식당, 영화관, 스포츠 시설을 포함한 모든 공공시설의 차별 또는 서비스 거부를 금지했다. 그리고 공립학교를 포함하여 주정부가 소유, 운영, 관리하는 시설의 인종차별을 철폐하려는 시민들을 미국 법무장관이 대표할 수 있도록 허용했다. 훨씬 더 광범위한 「민권법」이 1965년에 통과되었다. 마침내 1968년 4월, 마틴 루터 킹 목사가 암살된 지 불과 며칠 뒤, 의회는 주택을 판매하거나 임대할 때 인종, 피부색, 종교, 출신 국가에 근거한 차별을 금지하는 법안을 통과시켰다.

1965년의 「초등 및 중등교육법(ESEA)」.   ESEA는 저소득층 학생들이 많은 학군 (교육구)에 차별 없는 운영을 조건으로 연방 교육 자금을 제공했다. 특히 교육 부문에서 주정부 및 지방정부 프로그램을 지원하는 연방자금의 제공은 인종차별의 기반을 깨뜨린 듯했다. 로젠버그(Gerald Rosenberg)는 "재정적으로 궁핍한 학군(교육구)은 연방자금의 유혹을 뿌리칠 수 없게 되었다 … 그리고 연방자금을 받은 후에는, 다음 해에 연방자금을 잃고, 예산을 삭감하고, 프로그램을 줄이고, 직원을 해고하는 것을 생각하는 것 자체가 고통스러웠다"라고 말했다.[23] 의회와 행정부가 인종차별 철폐를 둘러싼 싸움에 뛰어들면서 가져온 가장 놀라운 결과는 미국 남부 지역에서 백인 학생과 함께 같은 학교에 다니는 흑인 학생의 비율이 1964년 1.2%에서 1972년 91.3%로 증가한 것이다.

1965년의 「투표권법」.   짐 크로우*의 근간은 남부 주와 지방 선거구에서 흑인들을 거의 완전히 배제하고, 북부 선거에서 흑인의 참여를 제한하는 것이었다. 읽고 쓰기 능력 테스트, 인두세, 백인 예비선거, 할아버지 조항을 포함한 복잡한 규칙과 관행은 흑인 및 다른 소수인종, 좀 더 일반적으로 가난한 사람들이 유권자 등록을 하고 투표에 참여하는 것을 막았다. 1965년의 「투표권법」은 이러한 관행을 금지했고, 연방 보안관들을 남부 주에 파견하여 지방 선거관리 공무원들이 차별 없이 모든 시민에게 유권자 등록 및 투표 참여를 보장하는지 확인하도록 했다. 1970년까지 1,000만 명의 새로운 흑인 유권자가 등록했고, 1984년까지 흑인 유권자 등록 비율은 유자격자 중 73%로 72%인 백인 유권자 등록 비율을 넘어섰다. 계속 선거에 승리하기를 원하는 정치인들은 유권자 등록을 마친 많은 수의 흑인 유권자들을 무시할 수 없다.[24]

적극적 우대 조치

정부는 현재와 미래의 차별에 맞서 싸울 책임이 있는가? 또는 과거 차별이 남긴 영향을 완화해야 할 책임도 있는가? 1950년대와 1960년대의 민권 의제는 기회의 평등과 비차별을 요구했다. 이러한 아이디어들은 1960년대 중반 「민권법」과 「투

짐 크로우(Jim Crow)
짐 크로우는 19세기 말부터 20세기 중반까지 미국 남부 및 다른 지역에서 인종차별을 시행한 모든 법률과 관행을 총칭한다.

* 역자 주
1880년대부터 1965년까지 미국 남부 여러 주에서 주 법으로 시행했던 인종분리정책을 의미한다. 또한, 그러한 주 법을 짐 크로우 법(Jim Crow laws)이라고 통칭한다. 짐 크로우는 당시 쇼프로그램에 등장한 멍청하고 덜렁거리는 흑인 캐릭터이다. 그에 기인하여 짐 크로우는 흑인을 경멸하는 용어이자 흑인 격리, 흑백 인종 분리를 의미하는 말이 되었다.

Q4 소수인종과 여성을 돕기 위한 적극적 우대 조치는 불가피하게 필연적으로 백인 남성에 대한 역차별을 의미하는가?

적극적 우대 조치(affirmative action)
현재 특정 인종, 민족, 성별 집단에 대한 우대를 통해 과거 차별의 영향을 보완하려는 정책 및 조치이다.

* 역자 주
'affirmative action'은 적극적 우대 조치, 소수인종 우대 정책, 적극적 평등 실현 조치 등 다양하게 번역된다.

직접적 차별(direct discrimination)
한 개인이 다른 개인에 대해 직접적으로 하는 차별.

표권법」에 약속과 보장으로 포함되었다. 적극적 우대 조치는 오늘날 훈련 및 교육 프로그램의 입학과 고용, 승진, 직무 관련 결정에서 일부 구성원들을 우대하여 특정 인종 집단과 성별 집단이 겪은 과거 차별이 남긴 영향의 완화를 추구한다. 놀랄 일도 아니지만, 비차별이 **적극적 우대 조치***보다 좀 더 쉽게 받아들여진다.[25]

직접적 차별에 맞서기. 남북전쟁 수정헌법들은 권리와 기회의 평등을 요구했다. 게다가, 1964년 「민권법」은 한 개인이 다른 개인에 대한 **직접적 차별**과 인종적 선호 모두 금지하기 위해 신중하게 만들어졌다. 1964년 「민권법」 지지자들은 회의적인 동료들에게 이 법이 인종적 편견으로 인해 직접적인 차별을 당했다는 것을 증명할 수 있는 특정인에게만 구제책을 제공한다는 점을 매우 분명하게 확신시켰다. 1964년 「민권법」의 수많은 조항은 백인에 대한 역차별을 초래할 수 있는 인종 할당 또는 채용 목표를 구체적으로 금지하고 있다.

적극적 우대 조치에 대한 요구. 적극적 우대 조치 지지자들은 비차별과 기회의 평등이 분명히 중요하기는 하지만, 이것이 미국사회와 경제에 흑인들과 다른 소수인종 집단들의 완전하고 의미 있는 참여를 보장하기에는 충분하지 않다고 주장한다. 적극적 우대 조치 지지자들은 대표적인 예를 들자면, 현재 미국 흑인들의 불평등한 지위는 흑인 노동의 산물이 백인 노예 소유주들에게 돌아가게 했던 노예제도의 지난 두 세기, 그리고 흑인이 기회와 부를 얻는 것을 거부하기 위해 인종 차별이 사용되었던 또 한 세기를 극명하게 반영한 것이라고 주장한다. 아래에서 살펴보겠지만, 1970년대 후반과 1980년대 동안, 대법원은 미국에서 정의를 증진하기 위해 어느 정도 적극적 우대 조치가 필요하다는 점에 동의한 것 같다. 그러나 많은 사람들은 동의하지 않았다.

역차별(reverse discrimination)
보호 계층 구성원에게 적극적 우대 조치의 혜택을 제공하면 필연적으로 백인 남성에 대한 혜택이나 이익을 부당하게 거부하는 결과를 초래한다는 생각.

역차별 주장. 최초로 **역차별** 판례를 남긴 소송사건은 바키(Allan Bakke)라는 남성과 관련이 있다. 바키는 캘리포니아대학교 데이비스 캠퍼스 의학전문대학원에 입학을 지원했으나 두 차례 모두 떨어졌다. 두 번 모두 바키의 입학 점수는 이 학교의 적극적 우대 조치 프로그램에 따라 입학이 허가된 모든 다른 소수인종 학생의 입학 점수보다 높았다. 이 의학전문대학원은 다른 많은 일반대학원 및 전문대학원들과 마찬가지로 소수인종을 위해 다수의 정원을 할당하였는데 이 경우에는 약 100명 중 16명을 배정하여 가능한 입학 점수가 가장 좋은 소수인종 지원자를 합격자로 뽑았다. 나머지 정원은 입학 점수를 기준으로 가장 뛰어난 지원자들에게 돌아갔다. 바키는 캘리포니아대학교 데이비스 캠퍼스 의학전문대학원을 상대로 고소했고, '**캘리포니아대학교 이사회 대 바키**' (1978년)로 알려진 사건에서 승소했다.

'캘리포니아대학교 이사회 대 바키(Regents of the University of California v. Bakke)'
이 획기적인 적극적 우대 조치 사례에서는 교육기관이 소수인종에게 정원의 일정 수를 할당하지 않는 한 입학 결정에서 인종을 고려할 수 있다고 판시했다.

심하게 의견이 나뉜 대법원을 대표하여 법정 의견을 작성한 파월(Lewis

Powell) 대법관은 캘리포니아대학교가 수정헌법 제14조의 법의 평등한 보호에 대한 바키의 권리를 침해했으며, 따라서 그의 의학전문대학원 입학을 허가해야 한다고 판시했다. 특히 대법원은 5대 4의 근소한 차이로 기관들이 일정 수의 정원을 소수인종에게 할당해서는 안 된다고 판결했다. 백인들이 이 자리를 놓고 경쟁할 기회를 완전히 차단한 것은 헌법에 위배되었다. 그러나 법원은 인종이 입학 결정의 유일한 요인이 아니라면 입학 결정에서 '플러스 요인'으로 사용될 수 있다고 판시하였다.

직장에서의 적극적 우대 조치

바키 사건이 있은 지 1년 후 '미국 철강 노동자 연합 대 웨버' 사건이 제소되었다. 카이저 알루미늄과 철강 노동자 연합은 카이저의 루이지애나주 그래머시 공장에서 진행하는 현장 교육프로그램의 13개 자리 중 최소 절반을 흑인에게 배정하기로 합의했다. 백인인 웨버(Brian Weber)는 자신이 인종에 근거하여 이 훈련 프로그램 참가가 거부되었기 때문에 1964년 「민권법」 제7조에 따라 회사와 노조를 고소했다. 제7조는 고용 차별을 명시적으로 금지했고, 고용주가 '개인이나 집단의 인종을 이유로 특정 개인이나 집단에 특혜'를 주는 것을 금지하고 있었다.

브레넌(William Brennan) 대법관은 다수의견을 작성하면서 카이저와 철강노동자 연합에 의한 적극적 우대 조치 합의가 흑인 노동자들에게 혜택을 주기 위한 민간 경제 당사자들의 '자발적', '일시적' 시도라고 지지했다. 브레넌은 1964년 「민권법」의 '글자'가 비차별을 요구했지만, 그 '정신'은 미국경제에서 흑인들의 삶을 개선하기 위해 고안된 자발적인 합의를 허용했다고 주장했다. 그런 다음 렌퀴스트(William Rehnquist) 대법관은 반대 의견을 표명하면서, 법원이 정부의 정책 입안과 사적 행동에 대한 인종을 고려하는 기준을 선호하여 '인종 블라인드'를 거부했다고 비난했다.

1980년대 내내 할당은 여전히 불법이었지만, 인종적 특혜와 차별은 적극적 우대 조치의 도구로 용인되었다. 그렇지만, 1980년 로널드 레이건이 대통령에 당선되면서 적극적 우대 조치를 지지하는 여론의 추세가 나빠지기 시작했다. 1989년 레이건 대통령은 퇴임할 때까지 연방 사법부의 판사를 절반 이상을 임명했고, 적극적 우대 조치에 대한 압박은 점점 더 거세졌다. 몇 년 안에 다수의 사람들이 적극적 우대 조치에 반대하는 방향으로 바뀔 것처럼 보였다. 그러나 사법적 변화는 거의 항상 느리고 불완전하다.

'리치 대 디스테파노'(2009년)라고 불리는 사건에서 웨버의 사건과 유사한 문제가 다시 제기되었다. 백인 리치(Frank Ricci)는 뉴헤이븐 소방관 승진 시험에 응시한 77명의 지원자 중 6위를 차지했다. 이번 시험에 응시한 아프리카계 미국인 지원자 19명 중 누구도 승진할 수 있을 만큼 높은 점수를 받지 못하자, 뉴헤이븐시는 차별 소송을 우려해 시험 결과를 무효화 했다. 리치와 히스패닉계 한 명을 포함해 다른 17명의 백인 소방관은 자신들이 인종을 이유로 차별을 당했다고 주장하며 소송을 제기했다.

1964년 「민권법」 제7조의 두 조항 간의 균형을 추구하던 대법원은 결국 백인 소방관들에게 유리한 방향으로 판결했다. 제7조는 직원들이 인종에 근거하여 다르게 대우받아서는 안 되고, 아울러 승진 기준과 시험이 소수인종이나 여성과 같은 '보호 계층'의 구성원들에게 '별다른 영향'을 미치지 않을 것을 요구했다. 인종에 따른 차별 대우를 주장하는 백인 소방관들이 승소했다. 케네디 대법관은 5-4로 나뉜 대법원의 보수적 다수의견을 작성하면서 "과정은 개방적이고 공정했다. 물론 문제는 시험이 완료된 후 인종별 결과가 뉴헤이븐시가 시험 결과 자체의 인정을 거부하는 주된 이유가 되었다는 점이다"라고 표명했다. 인종이 관련된 다른 영역과 마찬가지로 인종은 그 결정의 한 가지 요인이 될 수 있지만, 그것이 유일한 요인이거나 추동 요인이 될 수는 없다.

학교에서의 적극적 우대 조치

2003년 미시간대학교의 학부 및 법학전문대학원 입학 기준에 관한 사건이 적극적 우대 조치에 새로운 활력을 불어넣은 것 같다. 학부 수준에서 미시간대학교는 150점 만점 입학 지수에서 '소수인종'에게 20점을 부여하는 한편, 로스쿨은 인종을 '많은 요인 중 하나'로 사용했다. 25년 전 바키 사건과 마찬가지로, 입학한 소수인종 학생들보다 우수한 점수로 입학에 실패한 백인 학생들은 법의 평등한 보호를 받을 권리가 침해되었고 1964년 「민권법」의 비차별 약속에 위반되었다고 주장하면서 소송을 제기했다.

미시간대학교 사건은 세간의 이목을 끌었다. 수많은 대학, 주요 기업, 시민 협회, 군 지도자 등은 다양한 학생을 확보하기 위한 미시간대학교 프로그램과 같은 프로그램이 다양한 노동자, 사회 지도자, 장교들을 확보하는 데 매우 중요하다고 주장했다. 대학의 적극적 우대 조치 노력을 지원하기 위한 64개 의견서에 300개 이상의 조직이 함께 했다. 부시 행정부의 한 개를 포함하여 15개의 의견서가 소송 원고를 대신하여 제출되었는데, 대부분은 적극적 우대 조치가 백인들에게 위헌적으로 해를 끼치며 다른 덜 반대할 만한 방법으로 다양성을 보장할 수 있다고 주장했다.

'그뤼터 대 볼린저(Grutter v. Bollinger)'
법원은 바키의 주장을 지지하여, 인종을 많은 요소 중 하나로 고려하지만 경직되거나 기계적인 방식은 아닌 적극적 우대 조치를 허용했다.

미시간 사건에서 법원은 학부 입학 과정에서 사용되는 특정 점수 제도를 무효화하여 적극적 우대 조치를 간신히 유지했다. '**그뤼터 대 볼린저**' 사건에서 5-4의 근소한 차이로 다수의견을 작성한 오코너(Sandra Day O'Connor) 대법관은 인종이 입학에 "플러스 요소"가 될 수 있지만 정해진 할당량은 위헌이라는 바키 사건의 판결을 지지했다. 오코너는 특히 법학전문대학원 입학 절차를 "각 지원자의 개인 프로필에 대한 고도로 개별적인 총체적 검토"로 승인하여 인종이 역할을 할 수 있도록 허용하지만 "기계적인 방식"은 허용하지 않았다. 오코너 대법관은 "우리와 같은 사회에서 … 불행하게도 인종은 여전히 중요하다"고 말했다. 토마스 대법관은 반대의견을 내며, "정부가 시민을 인종 등록부에 올리고 인종을 부담이나 혜택 제공과 관련시킬 때마다, 그것은 우리 모두를 모욕하는 것이다"고 말했다.

그럼에도 불구하고 적극적 우대 조치와 같은 논쟁적인 문제는 미국정치의 영원한 미해결 과제이다. 법원은 선례를 존중하지만, 다수가 동의하지 않게 된 기존 판결을 대법원이 번복할 수 있다는 사실에 대해 누구도 의심하지 않는다. 그뤼터 사건을 판결하고 다수의견을 작성한 오코너가 대법관직을 은퇴했다. 두 명의 새로운 구성원인 로버츠 대법원장과 알리토 대법관은 적극적 우대 조치에 대해 불편한 심기를 표출했고 적극적 우대 조치를 제한하는 방향으로 신속하게 움직였다. 2007년에 두 사람 모두, 비록 인종 통합을 유지하는 것이 목적이라 할지라도 공립 초등 및 중등 교육구가 학생을 학교에 배정할 때 인종을 고려하지 않을 수 있다고 결정한 5-4의 근소한 차이의 다수의견에 합류했다.

공립학교와 관련하여 50년 이상 이어져 온 인종차별 철폐 정책의 극적인 반전은 두 개의 소송사건에서 발생했다. 켄터키주 루이빌과 워싱턴주 시애틀의 교육위원회는 인종 통합 학교를 만들기 위한 전학 요청을 관리함으로써 학교 내에서 인종의 균형을 유지하려고 노력했다. 다수의견을 작성하면서 로버츠 대법원장은 학생을 학교에 배정할 때 인종을 사용하는 것이 위헌이라고 선언했다. 그는 "인종에 근거한 차별을 멈추는 방법은 인종에 근거한 차별을 멈추는 것"이라는 유명한 판결을 했다. 법원 내의 적극적 우대 조치 지지자들은 충격을 받았다. 근본적인 반대의견에서, 브레이어 대법관은 대법원의 새 구성원인 로버츠와 알리토에 대해 말하면서, "법적으로 그렇게 빨리 변한 사람은 거의 없다"라고 말했다.

그럼에도 불구하고 이러한 의견의 전체적인 영향력은 계속되고 있다. 대법관 중에서 가장 빈번한 부동표인 앤서니 케네디 판사는 루이빌과 시애틀 공립학교 사건에서 다수의견에 합류했지만, 케네디는 별도의 의견서를 작성하여, 이 계획들이 위헌이라고 생각하면서도, "내 생각에는 인종이 고려될 수 있는 경우에도 인종이 요인이 될 수 없다"는 단호한 다수의견 주장에 의문을 제기했다.[26)]

백인 학생인 피셔(Abigail Fisher)가 텍사스대학교 법학전문대학원 입학을 거부당한 후 2008년에 역차별을 주장하며 소송을 제기하자 적극적 우대 조치 옹호론자들의 우려가 다시 커졌다. 피셔는 오스틴 연방지방법원과 일반적으로 보수적인 제5순회항소법원에서 연달아 패소했지만, 관측통들은 대법원의 교체, 가장 중요하게는 오코너 판사의 은퇴와 새뮤얼 알리토 판사의 교체로 인해 그뤼터 사건에서 적극적 우대 조치에 찬성하는 5-4가 다수가 반대하는 5-4의 다수로 바뀌었다는 것을 즉시 알아챘다. 비록 그뤼터 사건에서 오코너 대법관의 의견은 적극적 우대 조치가 앞으로 25년 동안만 필요할 수 있다고 주장했지만, 2012년 초 대법원이 피셔 사건을 받아들인 것은 그 시기가 앞당겨질 수 있음을 시사했다.[27] 사실, 대법원은 피셔 사건을 사용하여 적극적 우대 조치에 대한 판결을 뒤집지 않았다. 그 대신, 대법원은 바키 판례와 그뤼터 판례가 계속 타당하다고 인정하고, 대학이 자기 학교의 입학 프로그램이 "다양성이라는 교육적 이익을 얻기 위해 주의 깊게 만들어졌음을 증명해야 한다"는 지시와 함께 사건을 항소법원으로 되돌려보냈다. 2015년 제5순회법원은 텍사스대학교가 입학 절차에서 인종을 사용하는 방식이 주의 깊게 만들어졌으므로 합헌이라고 판결했다. 애비게일 피셔는 즉시 항고했고 대법원은 2016년 회기에서 해당 사건을 다시 심리하기로 합의했다. 놀랍게도 케네디 판사는 4-3의 다수의견을 작성하면서, 텍사스대학이 학부 입학 사정에서 인종을 '하나의 요인'으로 사용하는 것을 지지했다.[28]

2022년 대법원은 하버드대학교와 노스캐롤라이나대학교 채플힐 캠퍼스가 입학 시 인종을 하나의 기준으로 사용해 백인과 아시아계 학생들에게 피해를 주었다고 주장하는 서로 관련이 있는 두 건의 소송을 재판했다. '공정한 입학을 위한 학생들(Students for Fair admissions)'이라는 시민단체는 대학이 인종을 입학 결정의 유일한 기준은 아니지만 하나의 기준으로 사용할 권리를 입증한 2003년 볼린저 사건의 판결을 뒤집고자 했다. '로 대 웨이드' 판례의 폐기를 또렷이 기억하는, 교육, 기업, 군 복무 등에 있어서 적극적 우대 조치를 옹호하는 사람들은 숨을 죽였다. 재판이 2022년 말에 열렸으며 2023년에 판결이 내려질 것으로 예상된다.*

미국사회가 지난 반세기 동안 민권에 대해 많은 진전을 이루었지만, 많은 사람은 진전이 정체되었고 심지어 후퇴하고 있다고 우려한다. 2019년 『포춘』지 선정 500대 기업 중 흑인이 대표인 기업은 1%에 불과했다. 흑인은 STEM(과학, 기술, 공학, 수학) 분야, 의사, 변호사, 건축가 등의 약 6%를 차지한다. 하지만 흑인은 전체 노동자의 12.3%를 차지한다.[29]

여성인권운동

사회적 변화, 즉 시골에서 도시로 미국사회의 진화, 튼튼한 몸에 대한 의존에서 강한 정신의 필요로 미국사회의 진화는 여성의 권리 강화 시대를 열었다. 식민지 시대부터 19세기 내내 미국사회에서 여성의 위치는 '유부녀'라는 법적 개념으로 정의되었다. **유부녀**는 영국의 유명한 법학자 블랙스톤(William Blackstone)의 말을 빌리자면, 결혼으로 남편과 아내가 '한 사람이 되며, 그 한 사람이 남편'인 법 규정이었다. 유부녀는 남성에 의한, 즉 결혼 전 아버지, 결혼 후 남편에 의한 여성에 대한 법적 보호를 필연적으로 수반했다. 19세기 전반기 동안 결혼한 여성은 재산을 소유하거나 상속을 받을 수도 없었고, 자신의 임금을 관리할 수도 없었고, 법원에 소송을 제기하거나 소송을 당할 수도 없었고, 술주정하거나 학대하는

---

* 역자 주
2023년 6월 29일 미국 연방대법원은 '공정한 입학을 위한 학생들 대 하버드대학교' 사건과 '공정한 입학을 위한 학생들 대 노스캐롤라이나대학교' 사건에서 특정 인종에 대한 적극적 우대 조치에 대해 위헌 결정을 내렸다.

유부녀(Coverture)
영국 관습법의 일부로 미국으로 넘어온 법적 개념으로, 결혼 시 남편과 아내가 "한 사람이 되며, 그 한 사람이 남편"이라고 주장한다.

남편과 이혼할 수도 없었고, 남편에게 이혼당하는 경우 자녀의 양육권을 가질 수도 없었다. 21세 이상의 미혼 여성, 과부, 이혼녀는 좀 더 많은 자율성을 누렸지만, 일반적으로 혼자라는 것은 가난과 소외를 의미했다.

19세기부터 1970년대까지는 변화에 대한 여성들의 요구를 가장 잘 표현하는 방법을 놓고 여성들의 의견이 갈라졌기 때문에 진전이 느렸다. 사회는 항상 남성과 여성을 다소 다른 역할로 사회화해 왔다. 19세기에는 남성과 여성이 '분리된 영역', 즉 남성은 직장에, 여성은 가정에 속한 것으로 여겨졌다. 좀 더 보수적인 여성들은 광범한 남녀 차이를 인정하고, 단순히 더 나은 교육, 더 공정한 재산권 및 상속권, 학대하는 남편으로부터 더 많은 보호 등과 같은 점진적인 변화를 요구했다. 사회, 경제, 정치에서 남성과 완전한 평등을 요구하는 '평등 페미니스트'들은 이러한 '차이 페미니스트'들을 종종 불쾌하게 생각하여 험담했다. 때로는 차이 페미니스트와 평등 페미니스트는 함께 일할 수도 있지만 때로는 그럴 수 없다.[30]

조직과 시위. 만약 어떤 위대한 사회운동이 특정 장소 및 시점에서 시작되었다고 말할 수 있다면, 미국의 여성운동은 1848년 뉴욕의 세네카 폴스에서 시작되었다. 여성의 권리에 관한 **세네카 폴스 대회**는 두 가지 위대한 결과물을 만들어 냈다. 하나는 "감정 선언서"라는 제목의 원칙과 요구를 담은 성명서이고, 다른 하나는 스탠튼(Elizabeth Cady Stanton)과 앤서니(Susan B. Anthony), 그리고 모트(Lucretia Mott), 스톤(Lucy Stone), 트루스(Sojourner Truth) 등 그들의 동맹 및 동료 간의 정치적 연합이다.

미국역사 전반에 걸쳐 여성들은 다른 사회운동의 기술과 기법을 배웠고, 이를 여성의 이익을 위해 활용했다. 노예제도 폐지 운동에 참여한 여성들은 회의를 운영하고, 소식지를 발행하고, 연설자의 일정을 계획하는 방법을 배웠다. 곧 그들은 배후 역할에서 눈에 보이는 대중 지도자의 역할로 옮겨갔다. 수잔 B. 앤서니는 조직가였으며 특히 네트워킹, 로비, 대중 연설에 능숙했고, 엘리자베스 캐디 스탠튼은 유능한 작가이자 전략가였다.

남북전쟁 이전 10년 동안 스탠튼과 앤서니는 여성들의 법적 지위를 개선하기 위해 노력했다. 그들은 뉴욕주 여성의 더 큰 경제적인 권리 획득에 성공했으며, 기혼 여성이 집 밖에서 일할 경우 재산을 소유하고 임금을 통제할 수 있도록 보장하였다. 전쟁이 끝난 후 진전은 느렸다. 연방법원은 여성들의 법률업무('브래드웰 대 일리노이', 1872년), 투표('미국 대 앤서니', 1873년), 배심원 활동('스트로더 대 웨스트버지니아', 1880년)을 금지하는 주법 및 연방법을 일관되게 옹호했다.

19세기 후반에는 다른 전략을 추구하는 다양한 여성단체들이 경쟁적으로 광범위한 사회적, 경제적, 정치적 권리를 위해 싸웠다. 여성들은 천천히 재산을 소유하고 상속받을 권리, 자신의 임금을 관리할 권리, 계약을 맺을 권리, 자신의 이름

Q5 인종평등운동과 성평등운동의 유사점과 차이점은 무엇인가?

세네카 폴스 대회(Seneca Falls Convention)
1848년 뉴욕 세네카 폴스에서 열린 여성 권리 옹호자들의 중요한 이 회의로부터 여권운동이 시작된 것으로 종종 평가된다.

동성결혼에 대한 인식

많은 미국인에게 동성결혼은 지난 20년 동안 갑자기 돌출된 현상처럼 보였다. 어떤 의미에서는 그랬다. 동성결혼에 관한 법률은 2010년까지만 해도 몇몇 주에서만 존재했고, 모두 2003년이후 발효되었다. 동성애자 권리 옹호자들은 완전한 평등을 요구하면서, 이성애자 커플들이 그러하듯이 서로 사랑하는 동성애자 커플들도 결혼에 관한 모든 권리와 특권을 누릴 수 있어야 한다고 주장한다. 동성결혼에 반대하는 사람들은 결혼이 인간 사회의 기반이며 항상 남자와 여자 사이의 관계로 이해되어왔음을 주장한다.

최근까지 미국의 정책은 동성결혼을 말리되 금지하지는 않았다. 1996년 연방법의 목적상 결혼을 남자와 여자 사이의 관계로 정의하는 「결혼 보호법(DOMA)」을 의회가 통과시키고 빌 클린턴 대통령이 서명했다. 이 법은 또한 헌법의 '완전한 신뢰와 신용 조항'에도 불구하고, 어떤 주가 다른 주의 동성결혼을 존중하도록 요구하지 않을 것이라고 규정했다. 2011년 오바마 대통령은 법무부에 DOMA를 시행하지 말라고 명령했지만, 이 법은 여전히 남아있다. 2012년 5월, 바이든 부통령과 오바마 대통령은 처음으로 동성결혼을 지지한다고 선언했고, 2014년 홀더(Eric Holder) 법무장관은 해당 주의 결혼법이 어떻게 규정되어 있든지 상관없이, 모든 주에서 동성애자 부부든 이성애자 부부든 모든 결혼한 부부들에게 연방정부 혜택이 차별 없이 제공될 것이라고 발표

했다. 매사추세츠주를 시작으로 2004년부터 주들은 동성결혼을 도입하기 시작했고, 2016년까지 주로 남부 주를 중심으로 13개 주가 여전히 반대하고 있지만, 37개 주에서 동성결혼을 도입했다.

주 차원에서 동성결혼에 대한 변화는 빨라졌지만, 연방법원의 변화 속도는 느렸다. 옹호자들은 연방법원이 동성애자들이 결혼할 수 있는 헌법적 권리를 언제 판결할지가 궁금했다. 2013년 6월 '미국 대 윈저' 사건에서 미국 연방대법원은 연방정부의 혜택을 부정하는 DOMA의 일부분을 파기했지만, 전국적으로 동성결혼을 승인하는 것에까지는 이르지 못했다. 2015년 1월 미국 연방대법원은 두 가지 질문을 명백하게 제기하는 네 개의 사건을 심리하기로 합의했다. 50개 주 모두가 동성 커플 간의 결혼을 허용해야 하는가? 그렇지 않다면, 동성결혼을 허용하지 않는 주는 다른 주의 합법적인 결혼을 존중해야 하는가? 2015년 4월 '오버지펠 대 호지스' 사건에서 변론이 진행되었고, 2015년 6월 결정이 발표되었다. 5 대 4로 나뉜 미국 연방대법원의 케네디(Anthony Kennedy) 대법관은 동성결혼이 합헌이며, 이성애자 결혼과 완전히 동일하다고 선언했다. 케네디 대법관은 결혼은 동성 커플에게도 주어지는 '자유'라고 썼다. 동성애자 공동체는 이렇듯 오랜 세월 추구해 온 인정을 축하했지만, 법원과 더 광범위한 보수진영의 반응은 신랄했다.[31]

이로 인해 어떤 사람들은 법원이 이와 같은 분열을 조장하는 사회적 문제들을 해결하는 데 적절한 수단인지 의문을 제기한다. 하지만 우리가 법원을 활용하지 않는

으로 소송을 제기할 권리, 이혼 후 아이들의 공동 양육권 등을 획득했다. 그러나 19세기 말이 다가옴에도 불구하고, 많은 곳에서 여성들은 여전히 이러한 기본권을 박탈당했다. 게다가 전통적인 가족에 대한 위협으로 여겨지는 혼외 성관계, 피임, 이혼 등을 포함한 몇몇 문제들은 대다수의 여성단체들이 다루기에는 너무 논란의 여지가 많은 문제였다.[32]

배심원 활동, 투표, 공직 참여 등을 포함한 여성의 시민적 권리는 서부에서 먼저 실현되었다. 1869년 말, 와이오밍 준주는 여성들에게 완전한 시민적 권리를 부여했다. 새로운 수정헌법 제14조와 제15조가 흑인 남성에게 시민적 권리와 투

다면, 정당 간 대립이 심한 입법부가 이 문제를 다뤄야 할 것이다. 동성애 커플들에게 입법부가 평등한 권리를 부여할 때까지 기다리라고 요청할 수 있었을까? 하지만 낙태나 학교에서의 기도와 같이 다른 논란이 있는 문제들과 마찬가지로 대법원의 판결이 싸움을 끝내지 못할 수도 있다. 그러면 어떻게 될까? 어떤 사람들은 피트 부티지지(Peter Buttigieg)가* 2020년에 민주당 대통령 후보 경선에 나왔을 당시 남편인 채스턴도 그와 함께 자주 집회 단상에 올라섰는데, 이는 법률의 제정이나 법원의 판결보다 더 빠르게 대중의 태도를 바꿀지도 모른다고 말한다.

여러분은 어떻게 생각하는가?

- 민권, '적법 절차', '동등한 보호'에 대한 권리가 다수결의 대상이 되어야 하나?
- 동성결혼은 헌법상의 권리여야 하는가?
- 만약 그렇다면, 전술적으로 지금이 이 문제를 대법원에 상정하기에 적절한 시점인가?

찬성	반대
결혼은 인권이다.	결혼은 항상 이성애적이었다.
헌법은 평등한 권리를 요구한다.	주들이 항상 결혼을 정의해 왔다.
여론이 찬성 쪽으로 바뀌고 있다.	공화당 주들(Red States)이 여전히 강하게 반대하고 있다.

표권을 부여한 것을 보상하기 위한 것 등을 포함하여 여성의 권리를 확대한 이유는 다양하지만, 가장 현실적인 이유는 와이오밍주에는 여성 1인당 6명의 성인 남성이 있었다는 점이었고, 참정권이 더 많은 여성을 와이오밍으로 불어들일 수 있을 것으로 생각되었다. 와이오밍주는 1890년 완전한 여성의 권리를 보장하는 주 지위를 얻었고, 그 후 6년 동안 이웃한 콜로라도주, 유타주, 아이다호주가 그 뒤를 따랐다.

여성운동은 1880년대 더 광범위한 전국적 활동을 전개하기 위해 자원을 결집했다. 여성운동은 초점을 좁히고 동맹을 확대했다. 첫째, 스탠튼의 광범위한 평등권 의제는 중점적으로 여성 참정권에 집중하기 위해 뒤로 미뤄두었다. 둘째, 두 경쟁 조직인 스탠튼과 앤서니가 이끄는 '전국 여성 참정권 협회(NWSA)'와 루시 스톤이 이끄는 좀 더 보수적인 '미국 여성 참정권 협회(AWSA)'가 1890년에 통합되어 '전미 여성 참정권 협회(NAWSA)'가 되었다. NAWSA는 프랜시스 윌러드(Frances Willard)의 '여성 기독교 절제 연합', 애덤스(Jane Addams)의 정착촌 운동, '소비자연맹', '여성 클럽 총연맹' 등과 같은 다른 주요 단체에게 여성이 투표권을 가지면 자신들의 목표를 더 쉽게 달성할 수 있다고 설득했다.

1910년 워싱턴주, 1911년 캘리포니아주, 1912년 애리조나주, 캔자스주, 오리건주가 여성 참정권을 승인하면서 다른 주도 참정권 도입 흐름에 편승하기 시작했다. 1990년대 말에는 전체 주 중 절반의 주가 여성의 투표를 허용했지만, 의회와 윌슨 행정부는 여전히 이중적인 태도를 유지했다. 앨리스 폴은 시위, 백악관

* 역자주

부티지지는 2015년 공개적으로 동성애자임을 커밍아웃하였고, 2018년 채스턴 글래즈먼과 결혼하였다. 자신이 성소수자임을 공개적으로 밝힌 최초의 민주당 대선후보 경선 출마자이며(2020년), 2004년 바이든이 후보직을 포기하고 카멀라 해리스가 대선후보가 되면서 한 때 인디애나주 출신 정치인인 부티지지가 러닝메이트로 지명될 가능성이 거론되기도 하였다 (나무위키 참조).

피켓시위, 체포, 단식투쟁 등 직접 행동 대결을 이끌며 워싱턴 D.C.에 있는 권력을 포위 공격했다. 마침내 1919년 6월 윌슨 대통령이 명시적으로 비준을 촉구하였고 상원은 수정헌법 제19조를 비준하였다. 36개 주가 수정헌법 제19조를 비준했고, 1920년 8월 26일 발효되었다. 수정헌법 제19조는 "합중국 시민의 투표권은 성별을 이유로 합중국이나 주에 의하여 거부 또는 제한되지 아니한다"라고 명시하고 있다

1920년에 참정권 획득에 성공한 후에 여성운동은 1960년대까지 초점과 방향을 많이 잃었다. 그럼에도 불구하고, 도시화, 교육 기회 확대, 경제 서비스 부문의 꾸준한 성장 등 광범위한 사회적, 경제적 변화들이 여성들에게 새로운 기회를 제공했다. 하지만, 1950년에 성인 여성의 약 3분의 1이 임금을 받고 일했고, 그들은 남성들이 버는 것의 절반도 안 되는 약 48%를 벌었다.[33]

1960년대 초까지 민권운동과 반전운동에서 부차적인 역할을 했던 여성들은 두 가지 결론에 도달했다. 즉, 그들은 시위를 조직하는 방법을 알고 있었고, 항의할 사항을 많이 가지고 있었다는 점이다. 여성들은 그들 자신의 억압을 이해하기 위해 민권운동의 중심이었던 개인의 권리와 기회균등이라는 주제에 관심을 기울였다. 존 F. 케네디 대통령의 '여성지위위원회(Commission on the Status of Women)'는 1963년 연례 보고서에서 여성에 대한 사회적, 경제적 차별에 대한 자세한 증거를 제시했다. 이와 거의 동시에 프리단(Betty Friedan)의 '여성의 신비(The Feminine Mystique)'는 사회적, 경제적 기회가 거의 없는 것이 능력 있고 교육 수준이 높은 여성들에게 미치는 심리적 영향을 "이름을 붙일 수 없는 문제들"로 파악했다. 여성 종교단체, 시민단체 및 봉사단체, 독서클럽 등이 정치적 토론과 네트워킹, 의식 제고를 위한 장소가 되었다.

여성지위위원회가 여성의 평등한 권리를 추진할 수 없거나 추진할 의사도 없다는 것이 증명되었을 때, 그 위원회의 몇몇 지도자들은 '전국 여성단체(NOW)'를 창립했다. NOW의 헌장은 "남성과 진정으로 동등한 파트너 관계에서 여성의 모든 특권과 책임을 가정하여, 이제 미국사회의 주류에 여성이 완전히 참여할 수 있도록 행동에 나설 것을" 약속했다. NOW는 1970년대에 중요한 승리를 거두었고, 이후 수십 년 동안 여성운동을 보호하기 위해 싸웠으며, 오늘날에도 여성운동의 중심지로 남아있다.

평등한 권리와 개인의 통제. NOW는 1967년에 첫 번째 연례 대회를 열었다. 이 대회는 여성 권리장전을 제정했는데, 이것은 무엇보다도 **수정헌법 평등권 조항(ERA)**을 요구했으며, 아울러 가족계획과 양육 문제에 대한 여성의 통제권을 요구했다. ERA는 1923년에 의회에 처음으로 발의되었고, 그 후 50년 대부분 동안 지속적으로 재발의되었고 대체로 무시되었다. 평등한 권리에 대한 민권운동

수정헌법 평등권 조항(ERA: Equal Rights Amendment)
1923년에 처음 발의되어 1972년 의회에서 수정헌법으로 통과된 ERA는 비준에 3표가 모자랐다.

및 여권신장운동의 주장은 천천히 미국사회의 정치의식을 변화시키기 시작했다. 1970년에 많은 여성 의원이 열정적으로 찬성하는 가운데 하원은 ERA에 대한 청문회를 열었고, 1970년 8월에 하원은 350대 15의 큰 표차로 ERA를 통과시켰다. 상원은 좀 더 천천히 움직였지만, 1972년 3월 22일에 84대 8의 의결로 ERA를 승인했다. ERA는 "법에 따른 권리의 평등은 성별을 이유로 합중국이나 주에 의하여 거부 또는 제한되지 아니한다"라고 명시하고 있다. 상원이 승인한 후 며칠 만에 6개 주가 만장일치로 ERA를 비준했고, 1년 안에 24개 주가 비준을 완료했다. 전문가들 대부분은 결국 38개 주가 비준을 끝낼 것이며 ERA가 헌법에 추가될 것이라고 확신했다.

NOW의 1967년 여성 권리장전은 또한 제한적인 낙태법의 철폐도 요구했다. 1969년 여성의 낙태 서비스 접근권 확보에만 집중하기 위해 '전미 낙태권 행동연맹(NARAL: National Abortion Rights Action League)'이 결성되었다. 낙태법은 주정부 소관이었기 때문에 처음에는 NOW와 NARAL 모두 자신들의 노력을 주 차원에 집중했다. 그러나 각각의 주별 개혁 노력은 항상 느리고 불확실했다. NOW와 NARAL 활동가들은 여성의 선택권에 대한 연방대법원의 지지 판결을 얻어, 여성의 선택권이 단번에 미국 전역에 적용되게 하고자 노력했다.

1973년 미국 연방대법원의 대법관들은 '**로 대 웨이드**' 사건에서 헌법이 여성의 낙태 선택권을 포함한 '사생활 보호권'을 보장한다고 판결했다. 블랙먼(Harry Blackmun) 대법관은 7대 2로 나뉜 법정 의견을 집필하면서 여성의 낙태 선택권을 포함하는 '개인의 자유와 주 조치에 대한 제한에 관한 수정헌법 제14조의 개념'에 포함된 광범위한 사생활 보호권을 설명했다. 비록 블랙먼 대법관은 주정부가 낙태 서비스 제공의 일부 측면을 규제하는 데 합법적인 관심을 가지고 있음을 부인하지 않았지만, '로 대 웨이드' 사건의 판결은 46개 주와 컬럼비아 특별구의 낙태법을 전면적으로 또는 부분적으로 무효화했다.

1973년 의회의 ERA 통과와 대법원의 '로 대 웨이드' 사건 판결은 여성의 권리를 옹호하는 20세기 물결의 정점이었다. 하지만 대부분의 사회운동과 마찬가지로 성공한 동원은 반대쪽의 동원을 낳았다.

반대 동원, 갈등, 교착상태. 자유주의 여성들의 성공적인 행동주의는 보수적인 여성들의 반대 동원을 촉발시켰다. 보수적인 종교 및 정치 단체들의 조직적 기반을 바탕으로 슐라피(Phyllis Schlafy)는 1972년에 'ERA 중지(STOP ERA)'를 설립했고, 그 후 1975년에 더 광범위한 기반에 바탕을 둔 '독수리 포럼(Eagle Forum)'을 설립했다. 르헤이(Beverly LeHaye)의 '미국의 우려하는 여성들(CWA)'의 도움을 받아 슐라피의 독수리 포럼은 ERA로 인해 전통적인 가족의 건강뿐만 아니라 아내와 어머니의 전통적인 역할이 위험에 처했다고 경고했다.

'로 대 웨이드(Roe v. Wade)' 사건
여성의 사생활 보호권에는 낙태 서비스도 포함된다고 판결하여 텍사스주의 낙태 제한을 무너뜨린 1973년 텍사스 사건.

1982년 6월 21일 각 주들이 수정헌법 평등권 조항(ERA)의 비준 시간이 다 끝나 갔을 때, 플로리다주 상원은 22 대 16으로 부결시켰다. 의사당에서 계획된 항의 시위로 쏟아져 나온 ERA 지지자들은 "투표로 그들을 쫓아내자"고 외쳤다.

1980년 로널드 레이건의 대선 선거운동 은 보수진영의 ERA에 대한 반대를 확인 하고 확대했다. ERA를 통과시키기 위한 노력에 앞장선 학생인 맨스브리지(Jane Mansbridge)는 "ERA 반대운동은 평등 권에서 벗어나 ERA가 여성의 역할과 행 동에 변화를 일으킬 가능성에 초점을 맞 추었기 때문에 성공했다"라고 결론지었 다.[34] ERA는 1982년에 죽었다. 비준에 필요한 38개 주보다 3개 주가 부족했다. 아니면 생각이 너무 많았다. 놀랍게도, 35번째 주가 비준한 후 40년이 지난 후, 2017년에 네바다주, 2018년에 일리노이 주, 2020년에 버지니아주가 마침내 비준을 완료했다. 38개 주, 그렇다. 이제 끝 났다! 순탄하지만은 않다. 네브래스카, 테네시, 아이다호, 켄터키 등 임시로 비준 했던 4개 주가 이전의 비준을 철회하기 위한 조치를 취하고 있다. 그것이 가능한 가? 변호사들이 변론을 준비하고 있다.

낙태권을 철회하려는 보수적인 여성들과 그들의 동맹세력의 시도는 단호하고 꾸준했다. '로 대 웨이드' 사건 판결이 내려진 지 몇 달 만에, 각 주의 의회에는 상 담 의무, 대기 기간, 배우자 및 부모 통지 요건, 의사 보고 요건 등 여성의 선택권 을 제한하려는 요구들이 쏟아져 나왔다. 1980년대와 1990년대 내내, 주의회는 여성의 낙태 서비스 접근에 대한 억제 및 제한 사항을 통과시켰다. 보수적인 레이 건 대통령이 임명한 연방 판사들은 주정부의 제한을 그냥 그대로 두겠다고 위협 했을 뿐만 아니라, '로 대 웨이드' 판결 전체를 뒤집겠다고 위협했다. 게다가, 낙 태 찬성론자와 낙태 반대론자 모두 자신들 각자의 주장을 압박하기 위해 거리시 위에 나섰다.

1992년 펜실베이니아주에서 낙태를 어렵게 만들기 위한 규제에 찬성하기 위 해 아버지 부시 대통령 행정부가 펜실베이니아주와 독수리 포럼, 미국 가톨릭 회 의, 전국 생명권 위원회 등 수십 개의 낙태 반대 단체들과 힘을 합치면서 긴장이 최고조에 달했다. NOW, NARAL, '전국 여성 정치 코커스(National Women's Political Caucus)'가 이끄는 낙태 옹호 단체들은 여성들을 거리로 나오도록 동원 했고, 거의 70만 명의 여성들이 1992년 4월 5일 워싱턴에서 열린 '여성의 삶을 위 한 거리 행진'에 동참했다. 이슈가 된 사건은 '펜실베이니아주 남동부 가족계획 대 케이시'라고 하는 사건이었다. 법원은 펜실베이니아주에 제한적인 규제를 허락했 지만, '로 대 웨이드' 판결의 번복을 거부했다.

10년 이상 동안 낙태 전쟁은 반대자들이 특히 불쾌하게 여겼던 '부분 출생 낙태'라고 불리는 특정한 기술에 집중되었다. 이것은 거의 완전히 형성된 태아를 낙태하는 데 사용되는 말기 절차이다. 1990년대에 의회는 이 절차를 금지하기 위해 두 차례에 걸쳐 의결에 성공했지만, 클린턴 대통령이 두 차례 모두 거부권을 행사하여 막았다. 한편, 대법원이 그것들을 낙태 서비스에 대한 여성의 권리에 대한 '부당한 부담'이라고 판결하기 전인 1995년부터 2000년 사이에 31개 주가 부분 출생 낙태 금지를 채택했다. 이에 대해, 의회는 약간 수정된 금지를 통과시켰고, 부시 대통령은 의회 통과 법안에 서명했다. 대법원은 판결을 뒤집고 부분 출생 낙태법을 5대 4의 근소한 차이로 지지했다.

'곤잘레스 대 카하트' 사건(2007년)에서 다수의견을 작성한 앤서니 케네디 대법관은 그 "행위는 인간 생명의 존엄성에 대한 존중을 표현하는 것"이라고 주장했다. 케네디 대법관의 의견은 일반적인 낙태 및 특히 부분 출생 낙태를 둘러싼 '윤리적, 도덕적 우려'를 강조했다. 일부 여성들은 특히 부분 출생 낙태를 금지함으로써 여성들이 나중에 후회할 선택을 하지 않아도 되게 되었다는 다수의견의 주장에 실망했다. 반대 의견을 작성한 긴즈버그(Ruth Bader Ginsburg) 대법관은 "이러한 사고방식은 가족 내에서 그리고 헌법에서 여성의 위치에 대한 먼 옛날의 오래된 개념을 반영한다. 이 사고방식은 신뢰를 잃은 지 오래되었다"라고 말했다.[35]

그러나 진자는 양방향으로 움직인다. 2016년에 대법원은 5대 3의 판결에서 케네디 대법관이 다시 한번 결정적인 투표를 하면서 텍사스 낙태 제한을 낙태를 선택할 수 있는 여성의 권리에 대한 '부당한 부담'으로 위헌 결정을 내렸다. 텍사스 법은 낙태를 제공하는 의사들에게 인근 병원의 입원 특권(admitting privilege)을* 보유할 것을 요구했고, 낙태 클리닉에 대해 병원과 같은 기준을 요구했다. 텍사스주 관료들은 자신들의 목표는 임신 여성과 태아의 건강을 보호하는 것이라고 주장했다. 스티븐 브라이어 대법관은 대표로 다수의견을 작성하면서 '계획된 부모 대 케이시' 판례를 인용하여, 텍사스의 제한사항이 "여성들에게 어떤 건강상 혜택을 거의 제공하지 않으며 … 낙태서비스를 받을 수 있는 헌법상 권리에 과도한 부담을 초래한다"고 선언했다.[36]

텍사스주, 미시시피주, 그 밖의 보수적인 주들은 설득되지 않았다. 텍사스는 일반 시민들이 낙태를 시술하거나 촉진하는 사람에 대해 소송을 제기할 수 있도록 하는 거의 전면적인 낙태 금지 법안을 통과시켰다. 대법원은 텍사스주의 금지령을 그대로 두고 15주 후 미시시피주의 낙태 금지령으로 관심을 돌렸다. '돕스

* 역자 주

입원 특권은 응급실을 먼저 거치지 않고 치료를 위해 환자를 병원에 입원시킬 수 있는 의사의 권리이다. 일반적으로 해당 병원에서 일하는 의사에게 국한되지만, 미국, 캐나다 등에서는 특정 병원 소속이 아닌 다른 의사들에게 입원 특권이 부여된다. 이러한 입원 특권은 감소추세에 있으며 2022년 기준으로 거의 없어졌다 (Wikipedia 참조).

출처: AP Photo/Andrew Harnik

낙태권 옹호자들과 낙태 반대 시위자들의 집회가 대법원 앞에서 열리고 있다. 텍사스주와 미시시피주의 사건은 곧바로 '로 대 웨이드' 판결을 뒤집는 결과를 초래했다.

27개국의 성별 임금격차

전 세계적으로 여성의 소득은 남성의 소득보다 적지만, 어떤 나라에서는 그 격차가 작고, 어떤 나라에서는 그 격차가 훨씬 크다. 경제협력개발기구(OECD) 회원국인 부유한 국가 중에서 성별 임금 격차는 벨기에의 4%부터 한국의 34%까지 다양하다. 성별 임금 격차는 정규직 여성의 중위 임금이 각 OECD 국가의 정규직 남성의 중위 임금의 어느 정도 수준에 해당하는지 비율로 보여준다.

OECD에 속한 아시아의 두 국가는 상대적으로 좀 더 전통적인 성 역할을 갖고 있으며 가장 큰 성별 임금 격차를 가지고 있다. 한국 여성은 남성보다 34% 적게 벌고 일본 여성은 일본 남성보다 25% 적게 번다. 독일 여성은 독일 남성보다 16% 적게 벌고, 미국과 캐나다 여성은 독일 남성보다 19% 적게 번다. 놀랍지 않은 사실은 벨기에, 덴마크, 노르웨이 등 북유럽의 평등주의 사회에서는 성별 임금 격차가 8% 이하이다.

어떤 문화에서는 여성이 가정과 자녀에게 집중하도록 권장되는 반면, 또 다른 문화에서는 여성이 더 넓은 사회 및 경제에서 남성과 동등한 역할 또는 거의 동등한 역할을 하도록 권장된다.

여러분은 어떻게 생각하는가?

- 미국, 영국, 캐나다의 성별 임금 격차가 크다는 사실에 놀랐는가?

- 미국의 성별 임금 격차는 단순히 여성이 한 삶의 선택에 따른 것인가? 아니면 직장과 더 넓은 경제에서 여성에 대한 불법적인 차별의 존재를 입증하는 증거인가?

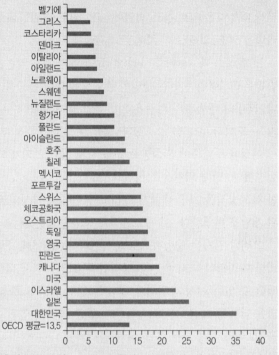

출처: http://data.oecd.org/earnwage/gender-wagegap. htmWomen

대 잭슨 여성 건강 기구' 사건을 판결하면서 법원은 미시시피주의 금지령을 지지할 뿐만 아니라 '로 대 웨이드' 사건 및 케이시 사건 판결을 전부 파기할 기회를 포착했다. 6 대 3의 다수의견을 작성한 알리토(Alito) 대법관은 "로는 처음부터 심각하게 틀렸다"라고 언급했다. 그 여파는 향후 수십 년 동안 오래 지속될 것이다.

학교와 대학의 여성들. 1972년 교육법은 현재 유명한 제9조에서 연방의 자금 지원을 받는 모든 교육프로그램에서 성별에 따른 차별을 금지했다. 제9조는 대학 스포츠 프로그램의 자금 지원에서 평등을 촉진함으로써 직접적으로 가장 큰 영향을 미쳤지만, 여성들은 교육 평등의 급속한 발전을 경험했다. 1980년대 초, 여성들의 대학 진학률이 남성의 진학률과 비슷해졌다. 2019년에 대학 학사 학위의

57%와 석사 학위의 61%가 여성이었다. 전문가 교육 및 박사교육 수준에서도 비슷한 진전이 뚜렷이 나타나고 있다. 현재 전문학위(법률, 의학, 회계 등)의 49%와 박사학위의 54%가 여성이다.[37] 여성의 교육 성취에 있어서 이러한 중요한 추세는 향상된 직업 선택과 소득 증가로 이어지기 시작했다.

일터에서의 여성. 　오늘날 여성은 학교를 졸업하고 직장에 들어가면 여전히 남성보다 뒤처지지만 격차는 줄어들고 있다. 많은 직업이 여전히 성별에 따라 결정된다. 2020년까지만 해도 여성은 여전히 전체 유치원 교사, 치과 보조원, 비서 및 보육사, 영양사, 가정부, 청소부의 90% 이상을 차지했었다. 경제적 지위와 소득 스펙트럼의 반대편에는 여성이 항공 조종사의 6%, 항공우주 엔지니어의 12%, 외과 의사의 26%, 변호사의 37%를 차지했다.[38] 게다가, 남성이 가지는 직업은 훨씬 더 일반적으로 퇴직급여가 포함되는 경우가 많고, 이러한 퇴직급여는 훨씬 더 높은 비율로 지급되는 경향이 있다 (도표 14.1 참조).

　여성 노동자의 경우 뚜렷한 진전이 보이고 있고, 그 속도가 빨라지고 있는 것 같다. 1970년에는 여성의 43%가 임금 노동자였고, 남성이 받는 임금의 평균 52%를 받았고, 남편보다 돈을 더 많이 버는 기혼 여성의 비율은 4%에 불과했다. 2020년에는 성인 여성의 56%가 임금 노동자였고, 남성이 받는 임금의 82%를 받았다. 더욱이, 일하는 여성의 4분의 1 이상에 해당하는 27%가 자기 남편보다 더 많은 돈을 벌었다.[39]

　그러나 이득은 평등하지 않다. 대부분의 여성들이 회사의 중역으로 승진하

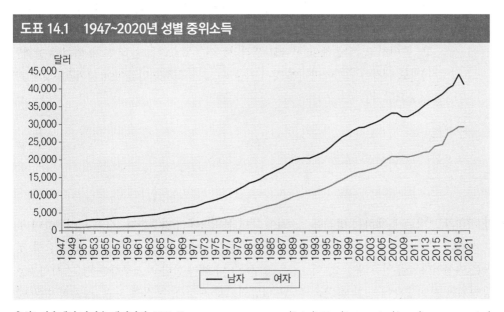

도표 14.1　1947~2020년 성별 중위소득

출처: 다음에서 가져온 데이터임. U.S. Census, www.census.gov/data/tables/time-series/demo/income-poverty/historical-income-people.html, Table P-5 Regions-People by Median Income and Sex, Current dollars.

는 것을 가로막는 '유리 천장'은 여전히 존재한다. 2021년 『포춘』지 선정 500대 기업 중 여성이 대표이사인 기업은 41개뿐으로 여전히 8%에 불과하고, 이사의 30%만을 여성이 차지했다. 여성 인권 운동에 참여하고 있는 사람들 다수가 적극적 우대 조치가 부재한 상황에서 기회가 한정된 시간 내에 진정한 평등을 가져올 수 있을지 의심한다.[40]

마지막으로, 우리는 성희롱에 반대하는 #미투 운동을 어떻게 생각해야 할까? '액세스 할리우드' 테이프가* 공개되고, 여러 여성이 원치 않는 성적 접근에 대한 불만 폭로가 앞서 있기는 했지만, 도널드 트럼프의 대통령 당선이 이 이슈의 도화선이 된 것 같다. 폭스뉴스의 에일스(Roger Ailes)와 오라일리(Bill O'Reilly)의 주변 인물들이 많은 주목을 받았지만, 영화계의 거물 와인스타인(Harvey Weinstein)의 수십 년에 걸친 약탈에 대한 폭로로 성희롱 문제가 밝혀졌다. 잘못된 행동에 대한 여성들의 믿을 만한 비난이 제기되자, 순식간에 6명의 국회의원, 아침 TV 진행자 라우어(Matt Lauer), 저널리스트 할페린(Mark Halperin), 그외 많은 다른 사람이 직장에서 쫓겨났다.

많은 사람이 성희롱에 대한 대대적인 사회적 반응이 새로운 시대를 열었다고 주장했다. 이 새로운 시대에 여성들은 목소리를 낼 수 있게 되었다고 느낄 것이고, 남성들은 학대 행위가 더 이상 용납되지 않는다는 것을 깨닫게 될 것이다. 확실히 이 오래된 문제에 대한 새로운 가시성과 높은 관심은 환영할 만한 일이지만, 이 장에서 우리는 변화를 요구하는 사회운동이 시간이 걸리고, 종종 후퇴하고, 새로운 문제가 대두되면서 관심이 사라지고, 과도한 관심이 반발을 불러일으킨다는 사실을 강조하고자 한다. 따라서, 이제 여러분은 사회운동에 대해 배우고 생각해보았으니, #미투 활동가들은 이익을 방어하고 확장하기 위해 어떤 식으로 계획하고, 준비하고, 행동해야 한다고 생각하는가? 목소리를 높혀 크게 외쳐야 할까? 거리로 나가야 할까? 미래에 맞서 싸울 수 있는 조직을 만들어야 할까? 무엇이 가장 중요할까?

** 역자주
2016년 대선을 한 달 앞두고 트럼프 당시 공화당 대선후보의 음담패설을 담은 '액세스 헐리우드' 방송프로그램 테이프가 공개되어 트럼프의 성추문 이슈가 대선 막판 최대 쟁점으로 떠올랐다. 이 이슈가 대선 결과를 완전히 바꾸지는 못했지만, 막판 유권자의 표심에 일정 정도 영향을 미쳤다고 한다.

이 장의 요약

사회운동은 사회가 기회와 보상을 분배하는 방식에 변화를 일으키고자 사회의 구조를 바꾸려는 집단적 활동이다. 사회운동은 여성이나 소수인종의 장소, 역할, 전망과 같은 광범위한 사회생활에 대한 불만족 또는 평화나 환경과 같은 근본적인 실질적 이슈의 처리에 대한 불만족에서 발생한다. 사회 구성원들이 무기력한 순종 습관을 버리고 정부 당국에 더 잘할 것을 요구하거나 해야 한다고 요구하는 경우, 사회운동은 일반적으로 재정적, 물질적 자원, 정치적 수용 방안, 정당한 목적의식의 공유 등을 필요로 한다.

사회운동은 목표를 신속하게 또는 완전히 달성하지 못한다. 수십 년, 심지어 몇 세기에 걸쳐 커졌다 줄어들었다 하고, 오르고 내리고 하며, 전진과 후퇴를 반복한다. 더 나은 평등한 대우에 대한 초기의 요구는 온건하고, 처음에는 무시된다. 초기의 실패는 더 나은 조직, 더 폭넓은 동맹 모색, 더 큰 대규모 시위, 관련 문제와 주장에 대한 대중의 인식 제고 등으로 이어진다. 사회가 분열하면서 가능한 새로운 다수 연합의 모호하고 유동적인 모습이 윤곽을 드러내고, 기존 단체와 정당들은 그것이 미치는 영향을 평가한다. 개혁이 약속되고, 새로운 접근이 허용되며, 초기 승리를 즐긴다. 그러나 초기 승리는 일부 사람들을 만족시키고 반대파의 성장은 다른 사람들을 위협하여, 운동의 더 넓은 목표가 확보되기 전에 종료의 악순환에 들어선다. 불만이 누적되고, 새로운 지도자가 등장하고, 그 과정이 새롭게 시작된다.

20세기가 훨씬 지나서야 미연방대법원은 처음에는 매우 선택적이고 잠정적으로만 시민의 자유를 그리고 나중에는 시민의 권리를 국가 수준에서 수립하고 이를 전국적으로 동일하게 적용하기 시작했다. 1960년대 이후 미국인들은 개인의 자유와 민권의 대대적 확대를 목격했다. 비록 대부분의 미국인은 소수 인종과 여성에 대한 동등한 기회 보장을 기쁘게 받아들이지만, 동시에 많은 사람이 동등한 기회가 적극적 우대 조치를 넘어 역차별로 이어지는 것을 우려한다. 다른 사람들은 민권이 동성애자, 장애인, 노인들에게까지 확장될 때 흑인과 여성에 대한 민권의 보장에 변화가 있을 것인지에 대해 궁금해 한다.

주요 용어

이 장에서는 다음과 같은 중요한 판례가 언급되었으며, 독자의 편의를 위해 부록 '판례해설'에 수록하였다.

추천 문헌

Branch, Taylor. *The King Years: Moments in the Civil Rights Movement*. New York: Simon & Schuster, 2013. 퓰리처상 수상 작가인 저자는 마틴 루터 킹의 목표와 업적을 역사적 맥락에서 다룬다.

Davis, Theodore J., Jr. *Black Politics Today: The Era of Socioeconomic Transition*. New York: Routledge, 2012. 데이비스는 1950년대와 1960년대의 민권 운동부터 경제적 성공과 실패가 흑인 사회의 분열을 위협하는 더 복잡한 현대 시기에 이르기까지 흑인 정치를 추적한다.

DiMaggio, Anthony R. *Rebellion in America: Citizen Uprisings, the News Media, and the Politics of Plutocracy*. New York: Routledge, 2020. 디마지오는 불평등과 금권정치를 '흑인의 삶이 중요하다(Black Lives Matter)'와 '#미투' 등을 포함한 최근의 사회운동과 연관시킨다.

King, Desmond and Rogers Smith, "Racial Orders in American Political Development," 2005. 킹과 스미스는 미국의 정치발전이 평등주의적 질서와 백인 우월주의적 질서 사이의 상호작용으로 가장 잘 이해될 수 있다고 주장한다. 📖

Luxenberg, Steve. *The Story of Plessy v. Ferguson*. New York: W.W. Norton, 2019. 룩센버그는 남북전쟁 이후 민권정책의 실패와 미국 연방대법원의 인종차별 합법화를 설명한다.

Piven, Francis Fox, and Richard A. Cloward. *Poor People's Movements: Why They Succeed, How They Fail*. New York: Vintage Books, 1979. 이 고전적인 연구는 사회운동 지도자들이 제도를 만들기 위해 조기에 거리를 떠나기보다는 초기 운동 에너지의 급격한 증가를 최대한 오래 유지하는 것이 더 낫다고 주장한다.

Valelly, Richard M. "Institutions and Enfranchisement," 2004. 밸리는 남북전쟁 직후의 첫 번째 재건과 '브라운 대 보드' 사건 이후 두 번째 재건을 비교함으로써 제도가 정치적 결과에 어떻게 영향을 미치는지 설명한다. 📖

인터넷 자료

1. www.womhist.alexanderstreet.com
   이 흥미로운 홈페이지는 1600년부터 현재까지 여성 및 기타 사회운동과 관련된 주요 문서의 텍스트를 제공하고 있다.

2. www.usdoj.gov/crt/
   연방정부는 고용주에 의한 차별을 금지하는 다수의 법령을 통과시켰으며, 이러한 차별금지 법령을 시행하기 위해 법무부에 민권 부서를 설립했다. 이 홈페이지는 사명 선언서, 사례 목록, 차별에 대한 논의를 제공하고 있다.

3. www.naacp.org
   미국 최고의 민권 단체인 '전미 유색인 지위 향상 협회'의 웹 사이트이다.

4. www.now.org
   미국 최고의 여성 인권 단체인 '전미여성기구'의 웹 사이트이다. 이 웹 사이트는 생식권, 경제 정의, 여성에 대한 폭력, 사건을 포함한 주요 문제에 대한 논의를 담고 있다.

5. www.eagleforum.org
   독수리포럼(Eagle Forum)은 가족 가치, 작은 정부, 낮은 세금, 강력한 안보를 지지하는 보수적인 이익단체이다. 독수리포럼은 1967년 필리스 슐라피(Phyllis Schlafy)에 의해 전국 여성조직에 대한 균형추로 설립되었다.

주

1) Lauren McGaughy, "Pivotal Care Laid Groundwork for Gay Rights," *Dallas Morning News*, June 23, 2018, A1, A2.

2) David R. Mayhew, *The Imprint of Congress* (New Haven, CT: Yale University Press, 2017).

3) David Brian Robertson, *Federalism and the Making of America*, 2nd ed. (New York: Routledge, 2018), 49–50, 71–72, 82–83.

4) Mayhew, *The Imprint of Congress*, 2017), 75.

5) Doug McAdam, *Political Process and the Development of Black Insurgency, 1930–1970* (Chicago: University of Chicago Press, 1982), 60–61.

6) Sidney Tarrow, *Power in Movement: Social Movements, Collective Action and Politics* (New York: Cambridge University Press, 1994), 4.

7) Associated Press, "Domestic Extremists Concern Researchers," *Dallas Morning News*, February 18, 2008, 4A.

8) Francis Fox Piven and Richard A. Cloward, *Poor People's Movements: Why They Succeed, How They Fail* (New York: Vintage Books, 1979), xxi–xxii.

9) Bryan D. Jones, Sean M. Theriault, and Michelle Whyman, *The Great Broadening: How the Vast Expansion of the Policymaking Agenda Transformed American Politics* (Chicago: University of Chicago Press, 2019), 2–3, 110–130.

10) Tarrow, *Power in Movement*, 153–157. 또한, 다음을 참조. F. Chris Garcia and Gabriel R. Sanchez, *Hispanics and the U.S. Political System: Moving into the Mainstream* (Upper Saddle River, NJ: Pearson, 2008), 49.

11) Kate Masur, *Until Justice Be Done: America's First Civil Rights Movement, From the Revolution to Reconstruction* (New York: W.W. Norton, 2021).

12) Bruce C. Levine, *Half Slave and Half Free: The Roots of the Civil War* (New York: Hill and Wang, 1992), 153.

13) Van Gosse, *The First Reconstruction: Black Politics in America From the Revolution to the Civil War* (Chapel Hill: University of North Carolina Press, 2021).

14) Robert William Fogel, *Without Consent or Contract* (New York: W.W. Norton, 1989), 303–304.

15) Eric Foner, *Politics and Ideology in the Age of the Civil War* (New York: Oxford University Press, 1980), 62.

16) Speech by Abraham Lincoln delivered to the Congress on July 4, 1861.

17) Noah Feldman, *The Broken Constitution: Lincoln, Slavery, and the Refounding of America* (New York: Farrar, Straus, and Giroux, 2021), 11, 299–300.

18) Glenn Rifkin, "Homer Plessy," *New York Times*, February 3, 2020, B5.

19) Rick Rojas, "After 130 Years, Pardon Clears Record, but Cannot Erase Pain," *New York Times*, January 6, 2022, A16.

20) Derrick Bell, *Faces at the Bottom of the Well* (New York: Basic Books, 1992), 12. 또한, 다음을 참조. David Brooks, "The Quiet Death of Racial Progress," *New York Times*, July 13, 2018, A21.

21) Alfred H. Kelly, Winfred A. Harbison, and Herman Belz, *The American Constitution: Its Origins and Development*, 7th ed. (New York: Norton, 1991), 2: 586.

22) Elizabeth Gillespie McRae, *Mothers of Massive Resistance* (New York: Oxford University Press, 2018).

23) Gerald N. Rosenberg, *The Hollow Hope: Can Courts Bring about Social Change?* (Chicago: University of Chicago Press, 1991), 99, and related tables, 98–100.

24) Charles S. Bullock III, Ronald Keith Gaddie, and Justin J. Wert, *The Rise and Fall of the Voting Rights Act* (Norman: University of Oklahoma Press, 2016).

25) Randall Kennedy, *For Discrimination: Race, Affirmative Action, and the Law* (New York, Vintage, 2015).

26) Linda Greenhouse, "Justices, 5–4, Limit Use of Race for School Integration Plans," *New York Times*, June 29, 2007, A1, A20.

27) Adam Liptak, "Justices Take Up Race as a Factor in College Entry," *New York Times*, February 22, 2012, A1, A13.

28) Robert Barnes, "Supreme Court Upholds University of Texas Affirmative Action Admissions," *Washington Post*, June 23, 2016.

29) U.S. Census Bureau, *Statistical Abstract of the United States, 2020* (Washington, D.C.: Government Printing Office, 2020), table 641.

30) Dorothy E. McBride and Janine A. Perry, *Women's Rights in the USA: Policy Debates and Gender Roles*, 4th ed. (New York: Routledge, 2011).

31) Adam Liptak, "4 Dissents Attest to Deep Divide on Court," *New York Times*, June 27, 2015, A1, A11.

32) Sara M. Evans, *Born for Liberty: A History of Women in America*, 2nd ed. (New York: Free Press, 1997), 93–143.

33) Nancy E. McGlen and Karen O'Connor, *Women, Politics, and American Society*, 2nd ed. (Upper Saddle River, NJ: Prentice-Hall, 1998), 11, 117, 177–181; Evans, *Born for Liberty*, 301–303.

34) Jane J. Mansbridge, *Why We Lost the ERA* (Chicago: University of Chicago Press, 1986), 20.

35) Linda Greenhouse, "In Reversal of Course, Justices 5–4, Back Ban on Abortion Method," *New York Times*, April 19, 2007, A1.

36) Robert Barnes and Mark Berman, "Supreme Court Strikes Down Texas Abortion Clinic Restrictions," *Washington Post*, June 27, 2016.

37) U.S. Census Bureau, *Statistical Abstract of the United States, 2022* (Washington, D.C.: U.S. Government Printing Office, 2022), table 329.

38) U.S. Census Bureau, *Statistical Abstract, 2022*, table 652.

39) U.S. Census Bureau, *Statistical Abstract, 2022*, table 625, 622. See also "Women in the Labor Force: A Databook," April 2021. U.S. Department of Labor, Bureau of Labor Statistics, November 2017, Report 1092, Table 24A.

40) Emma Hanchliffe, "The Fortune CEOs on This Year's Fortune 500 Just Broke Three All-Time Records," *Fortune*, June 2, 2021.

출처: NDZ/STAR MAX/Ipx

15장

정부와 미국경제, 국내정책

중점질문 및 학습목표

Q1 미국정치 역사에서 경제와 관련하여 정부의 역할은 어떻게 바뀌었는가?

Q2 재정정책, 통화정책, 규제정책은 경제정책 결정에서 어떤 역할을 하나?

Q3 국가 차원에서 경제관리를 담당하는 주요 기관으로는 무엇이 있는가? 그 기관들 각각의 역할은 무엇인가?

Q4 매년 연방예산 편성 과정에서 대통령과 의회는 어떤 역할을 하는가?

Q5 사회보장 프로그램에 영향을 미치는 문제는 무엇이며, 어떤 개혁이 제안되었나?

DOI: 10.4324/9781003303954-15

의회는 모든 미국인에게 의료보험 가입을 의무화할 수 있나?

오늘날의
헌법

> 제1조 8항(일부): "의회는 다음의 권한을 가진다 … 조세를 부과 및 징수한다 … [그리고] 주 상호 간의 통상을 규제한다."

2010년 3월 일반 대중에게는 오바마케어로 알려진 민주당의 의료개혁법안이 대통령의 서명을 거쳐 법률로 확정되었을 당시 의회 내 공화당 의원들은 줄기차게 반대의견을 고수했으며, 여론조사에 따르면 의료개혁법에 찬성하는 사람보다 반대하는 사람이 더 많은 것으로 나타났다. 민주당은 의료개혁이 국법이고, 시민들이 곧 의료보험개혁의 혜택을 경험하게 될 것이라고 주장했다. 그러나 대통령이 해당 법안에 서명한 후에도 공화당의 화살통에는 아직 한 발의 화살이 남아있었다. 공화당은 민주당이 의회에서 통과시킨 의료개혁법이 위헌이라고 선언했다.

민주당은 의료보험개혁을 위한 헌법적 토대로 미국헌법 제1조 8항의 세 가지 주요 조항을 거론했다. 위에서 인용한 바와 같이, 첫 번째 조항은 '주 상호 간의 통상을 규제하는' 권한이고, 두 번째 조항은 '세금을 징수하는' 권한이며, 세 번째 조항은 '앞서 언급한 권한을 집행하기 위해 필요하고 적절한 것'을 할 수 있는 권한이다. 지지자들은 '위커드 대 필번' 사건(1942년)으로 거슬러 올라가는 일련의 통상 조항 사례들을 언급했는데, 이는 주 상호 간 통상에 상당히 미미한 영향을 미치는 경제활동의 규제를 허용하였다. 또한, 지지자들은 사회보장과 메디케어의 재원을 조달하기 위해 노동자에게 부과되는 의무적 급여세와 마찬가지로 의료보험에 가입하거나 아니면 불이행에 대한 추징세를 내도록 하는 '개인적 의무'도 세금을 부과하기 위한 적절한 권한의 사용이라고 주장했다.

오바마가 의료개혁에 서명한 지 몇 시간 만에, 플로리다주 법무장관 맥콜롬(Bill McCollom)은 12명의 다른 공화당 법무장관들과 민주당 법무장관 한 명이 함께 이 법안에 이의를 제기하기 위해 법원에 소송을 제기했다. 맥콜롬 법무장관 및 다른 반대자들은 대법원이 학교 근처에서 권총의 소지를 규제하고, 통상 권력 하에서 여성에 대한 가정 폭력을 규제하려고 한 의회의 시도를 기각한 '미국 대 로페즈' 사건(1995년)과 '미국 대 모리슨' 사건(2000년)을 거론했다. 법원은 어느 쪽도 통상과 충분한 직접적인 관계가 없다고 판결했다. 의료보험개혁에 반대하는 사람들은 의료보험 가입을 거부하는 것은 통상이 아니며, 통상에 참여하는 것을 거부하는 것이므로 규제 대상이 아니라고 주장했다. 폭스뉴스의 법률 분석가인 전직 판사 나폴리타노(Andrew Napolitano)는 2009년 9월 15일 『월스트리트저널』의 의견에서 의료 서비스가 주 상호 간 통상에 해당하지 않는다 점을 지적했다. 그는 "거의 모든 경우에 의료 서비스의 전달은 한 곳에서 이뤄지며 주 간의 경계선을 가로지르지 않는다. 사람들이 의사를 찾는 이유는 통상 활동을 하기 위해서가 아니라 건강을 증진하기 위해서다"라고 그 이유를 주장했다.

2012년 3월 대법원에서 구술변론이 진행되었다. 오바마 행정부의 법정 대리인은 법무차관 베릴리(Donald Verrilli)였다. 그는 의료보험법이 통상 조항을 근거로 명백하게 합헌이라고 주장했고, 둘째, 불이행에 따른 벌금을 국세청이 징수하기 때문에 과세 권한하에 있다고 주장했다. 민주당은 대법원 구성원들이 베릴리에게 던진 회의적이고 심지어 적대적인 질문에 흔들렸다. 공화당은 희망에 부풀었다.

2012년 6월 28일, 보수 성향의 로버츠(John Roberts) 대법원장이 5대 4의 근소한 차이로 법원의 결정을 발표했다. 로버츠 대법원장은 통상 조항이 의료보험 구매를 거부하는 비활동에 영향을 미치지 못한다고 선언하고, 통상 조항이 아니라 연방정부의 과세권에 근거해 해당 법률의 주요 부분을 유지하겠다고 발표했다. 양측 모두 놀랐고 많은 공화당 의원들은 분노했다. 민주당 의원들은 기뻤다. 로버츠 대법원장의 캐스팅보트 덕분에 오바마 대통령의 제1기 대표적 정책 성과는 살아남았다. 공화당 의원들은 너무 화가 나서 한동안 로버츠 대법원장이 자신들에게도 승리를 안겨줬다는 사실을 인식하지 못했다. 로버츠는 통상 권한의 범위를 경제활동으로 제한했고(여전히 광범위한 활동), 비활동은 제외했다.

대법원이 합헌을 선언했음에도 불구하고 오바마케어에 대한 공화당의 반대가 사그라들지는 않았다. 대신 반대자는 정치적 싸움으로 전환했다. 도널드 트럼프가 대통령에 당선되자 의회 다수당인 공화당은 2017년 두 차례에 걸쳐 오바마케어를 '폐지하고 대체'하려고 시도했지만 두 번 모두 실패했다. 그러나 그해 말 조세개혁의 일환으로 개인 의무 사항인 오바마케어의 주요 부분을 폐지하는 데 성공했지만, 프로그램의 대부분이 살아남았고 바이든 행정부는 코로나19 팬데믹에 따른 경기부양책의 일환으로 프로그램을 확대했다. 오바마케어를 둘러싼 정치적 싸움처럼, 처음 몇 번의 충돌에서 이기든 지든, 앞으로 수년간 정치적 칼싸움이 기다리고 있다.

정부와 미국경제

미국경제의 조직, 관리, 성과에 있어 정부는 어떤 역할을 해야 할까? 아니면 정부가 경제를 조직하는 것이 정말로 의미 있는 일일까? 정부는 경제를 관리하려고 노력해야 할까? 그리고 마지막으로 시민들은 경제의 건전성과 성과, 실업률과 인플레이션, 새로운 일자리 창출 속도 등에 대해 정부에게 책임을 물어야 할까?

이러한 질문은 오랫동안 미국정치의 중심이 되어왔다. 어떤 사람들은 시장이 자연스럽게 자율적으로 규제되며 정부의 시장 개입이 거의 없을 때 시장이 가장 잘 작동한다고 주장한다. 그러나 정치경제학자 아이스너(Marc Allen Eisner)를 비롯한 다른 사람들은 "정부기관은 재산의 방어와 교환, 계약 분쟁 판결의 중심이다 … [그러므로] 경제활동의 어떤 자율적인 논리를 가정하기보다는 경제가 법과 제도의 촘촘한 네트워크에 내재되어 있다고 보는 것이 훨씬 더 정확하다"라고 보다 근본적인 핵심을 말한다.[1] 그럼에도 불구하고, 아래에서 살펴보겠지만, 우리나라의 역사 속에서 경제 관련 법과 규제와 제도의 네트워크는 눈에 띄게 조밀해졌으며, 심지어 일부 사람들은 너무 조밀하다고 말한다.

이 장에서 우리는 역사적으로 정부와 경제의 관계는 어떠했는지, 그리고 그 관계가 시간이 지나면서 어떻게 바뀌었는지 논의한다. 우리는 경제를 관리하기 위해 정부가 가지고 있는 도구들과 다양한 학파들이 이러한 도구들을 어떻게 사용하라고 주장하고 있는지에 대해 설명한다. 우리는 그런 다음 경제성과를 주시하는 일을 담당하는 주요 정부기관과 그 기관들이 그 일을 수행하는 방법에 대해 살펴본다. 우리는 최근 수십 년 동안 정부의 예산 지출 우선순위에 일어난 큰 변화와 이것이 미래에 제기할 수 있는 문제에 대해 분석한다. 마지막으로, 우리는 중앙정부의 세금, 지출, 적자, 부채 등의 결정에 있어서 뚜렷한 대중의 우선순위가 무엇인지, 그리고 민주정치가 그러한 우선순위의 성격과 구조에 어떤 식으로 영향을 미치는지에 대해 질문한다.

경제관리의 역사

비록 헌법이 중앙정부한테 세금을 부과하고, 외국과 국가 간 통상을 규제하고, 계약과 특허를 보호할 수 있는 권한을 부여했지만, "헌법은 주정부가 … 자신의 경제, 환경, 정치의 성장을 관리하고 육성할 수 있는 권한의 유지를 허용했다."[2] 따라서 19세기 초반 수십 년 동안 중앙정부는 대외관계, 서부 개척지의 토지 분배, 우편물 배달, 소규모 행정기관 감독에 주로 전념했다.

시장과 통상에 대한 연방정부와 주정부 사이의 균형은 1930년대 대공황에 대한 프랭클린 루스벨트 대통령의 대응으로 인해 바뀌었다. 프랭클린 루스벨트의 뉴딜정책의 지속적인 효과 중 하나는 연방정부가 경제 성장과 안정을 촉진하기 위해 더 많은 일을 할 것을 대중이 기대하도록 만들었다. 오늘날의 정치인들, 특히 대통령은 경제 성장, 생산성, 고용, 인플레이션, 무역 등 관련 수치에 자신의 정치 생명이 달려 있다는 생각을 너무나 확고하게 갖고 있다. 그러나 미국인들은 단호하게 세금 반대 정책을 고수하고 있는데, 이는 대부분 사람이 자신이 기꺼이 지불할 의사보다 더 많은 것을 정부에게 기대하고 있음을 의미한다. 그 결과, 미

Q1 미국정치 역사에서 경제와 관련하여 정부의 역할은 어떻게 바뀌었는가?

국은 심각한 재정적자 및 국가부채 문제에 직면해 있음에도 불구하고 대중이나 정치인 모두 감히 증세 문제에 맞서 싸울 용기가 없는 것처럼 보인다.

경제인프라 구축

초기 미국 식민지는 주식회사로 조직되었고, 성장하는 경제 기업이 되고자 했다. 초기에 대부분의 경제활동은 정부의 승인, 지원, 도움이 필요했다. 식민지 정부는 토지를 팔고, 사업을 허가하고, 도로, 항구, 학교를 건설하고, 화폐와 신용을 공급했다.

건국 초기의 경제발전 정책은 금융, 통화, 교통체계 구축에 중점을 두었다. 초대 재무장관 해밀턴(Alexander Hamilton)이 미국경제의 주요 설계자이다.[3] 해밀턴은 새로운 국가의 신용을 확립하기 위해 독립혁명으로 인해 발생한 공공부채를 상환해야 한다고 단호하게 주장했다. 해밀턴은 재정수입을 늘리고 외국의 경쟁으로부터 미국 산업을 보호하기 위해 수입품에 관세를 부과하는 것에 찬성했으며, 통화를 관리하고 상업 거래를 촉진하기 위해 미국 최초의 은행을 설립했다.[4] 19세기 초 주정부는 도로와 운하에 많은 투자를 했다. 19세기 후반에 주정부는 철도와 전신의 발달을 촉진하였으며, 예금을 끌어모아 경제발전에 필요한 신용을 창출하도록 은행 설립을 장려했다.[5] 대부분의 경제활동이 지방에 한정되었고 기껏해야 지역적 범위에서 이뤄졌기 때문에 주정부가 경제발전의 주요 행위자였다.

법인기업(corporation)
육체를 가진 실제 사람이 아닌 법인격이다. 기업은 재산의 매매, 대출, 차입 등 개인이 할 수 있는 모든 일을 할 수 있지만, 주주의 책임은 기업에 대한 투자 금액에 한정된다.

독점(monopoly)
한 생산자가 시장을 독점적으로 통제하여 시장 조작과 임의로 가격 책정이 가능한 상황을 의미한다.

경제규제의 증가

남북전쟁은 북부와 남부 모두에게 공급과 유통에 커다란 문제를 안겨주었다. 북부는 혁신적인 새로운 대량생산 기술로 공급문제를 해결했고, 철도와 전신의 급속한 확대로 유통문제를 해결했다. 남부는 산업이 훨씬 덜 발전하여 이러한 문제의 해결에 크게 실패했다.

또한, 북부의 자본가들은 새로운 형태의 사업 조직을 개발했다. 현대의 **법인기업**은 남북전쟁 이후의 발명품이었다. 기업들은 이전에 비해 거대해졌고, 전국에 산재한 산업시설에 수천 명의 사람들을 고용하는 경우가 많았다. 최초의 새로운 기업 **독점**은 철도였다. 1880년대 초에 록펠러(John D. Rockefeller)는 신흥 석유 산업에 대한 독점적 통제권을 장악했다. 곧 철강, 납, 위스키, 설탕과 같은 상품에서부터 철도, 해운, 은행, 보험과 같은 서비스에 이르기까지 많은 경제활동 분야에서 독점이 발생했다. 록펠러, 밴더빌트, 모건, 카네기, 스탠포드 등이 막대한 부를 축적했다.

기업이 커지고 경제가 복잡해지자, 중앙정부는 경제관리를 위한 새로운 도구를 개발하기 시작했다. 농부들과 화주들의 불만으로 인

출처: The Granger Collection, New York

초대 재무장관 알렉산더 해밀턴은 종종 미국경제의 아버지로 불린다.

해 의회는 1887년에 주간통상위원회(ICC)를 설치하고 공정하고 공평한 운임을 정하고 철도 규정 준수를 감시했다. 「셔먼 반독점법」(1890년)은 '모든 … 무역이나 상업을 억제하는 결합' 또는 '독점 시도'는 불법이라고 명시했다. 「클레이튼법」(1914년)은 경쟁을 약화시키는 기업 합병으로부터 소비자와 시장을 보호하려고 했다. 연방준비제도(1913년)는 중앙은행 시스템을 조정했고, 은행을 보다 안전하고 안정적이 되도록 만들기 위해 의무 규정을 마련했으며, 전국적으로 화폐를 통일했다. 정부는 민간 경제를 진전시키고 규제하는 데 점점 더 관여하게 되었다.[6]

복지국가의 성장과 거시경제적 규제

20세기까지도 정부는 시장이 공정하게 운영되도록 보장하려고 노력했지만, 개인의 성공이나 실패는 경쟁을 통해 결정되었다. 오늘날 우리가 정부 지원 프로그램의 '사회 안전망'이라고 부르는 것은 그때까지만 해도 아직 존재하지 않았다. 가난한 사람들은 가족과 교회, 개인 자선단체에 도움을 요청해야만 했다.

12년(1929~1941년) 동안 지속된 미국 역사상 최악의 경기침체인 대공황으로 인해 빈곤, 실업, 경제성과에 관한 미국인들의 생각에 근본적인 변화가 생겼다. 4천 개의 은행과 7만 개의 공장이 문을 닫았다. 1년 동안 국가 전체가 생산한 상품과 서비스의 가치를 나타내는 국민총생산(GNP)은 1929년과 1933년 사이에 30% 감소했다. 실업률은 1929년 약 3%에서 1930년대 내내 거의 15%로 증가하여 1933년에는 최고치인 25%에 이르렀다. 이미 1920년대에 감소했던 농가 소득은 1929년 평균 900달러에서 1932년 300달러로 또 다시 떨어졌고, 남은 10년 동안 낮은 수준을 그대로 유지했다.[7]

뉴딜은 프랭클린 루스벨트 대통령과 그의 고문들이 경제 대공황을 해결하기 위해 개발한 일련의 프로그램에 붙여진 이름이다. 유명한 루스벨트 행정부의 '처음 100일' 동안 프랭클린 루스벨트는 국가를 안정시키고 사람들을 일터로 복귀시키려고 노력했다. 공공사업국(PWA)은 대형 건설 프로젝트에서 일할 노동자를 고용하기 위해 창설되었다. 나중에 토목사업국(CWA)과 공공사업진흥국(WPA)은 법원 건물이나 우체국 등과 같은 공공 건설사업에 일할 노동자를 고용했다. 민간자원보존단(CCC)은 공공 토지와 공원에서 일할 젊은이들을 고용했다.

경제정책 결정의 두 번째 물결은 도움

뉴딜(New Deal)
대공황을 해결하기 위한 프랭클린 루스벨트 대통령의 정책과 프로그램에 붙여진 이름이다.

출처: AP Photo

이 젊은 여성과 그녀보다 훨씬 나이 어린 아동들은 1916년에 메사추세츠주 폴리버에 있는 미국 린넨사 공장에서 일했다. 1938년에 연방 기준이 제정되기 전까지 아동 노동 기준은 주마다 달랐는데, 북부는 상대적으로 엄격했고 남부는 상대적으로 느슨했다.

이 필요한 개인을 돕고 경제의 전반적인 성과를 안정시키기 위해 고안된 미국 복지국가의 시작을 포함하였다. 1935년 「사회보장법」은 미국 노동자의 90%가 기여금을 납부하는 퇴직연금 제도와 실업수당 제도를 확립했다. 관련 프로그램은 도움이 필요한 시각 장애인, 신체장애인, 노인, 부양 아동 등을 지원했다. 이 프로그램은 퇴직자, 일시적 실업자, 노령이나 질병으로 인해 스스로 자신을 돌볼 수 없는 사람들에게 연금을 제공함으로써 수요 창출을 통한 경제 부양을 도모하였다.[8]

루스벨트 행정부의 노력에도 불구하고 미국경제는 제2차 세계대전이 끝날 때까지 완전히 회복하지 못했다. 1941년부터 1945년까지 제2차 세계대전 기간 연방정부는 3,200억 달러를 지출했으나 세금과 기타 재정수입으로 1,300억 달러만을 거둬들였다. 그 결과 1,900억 달러의 추가 부양책이 수요를 충분히 자극하여 경제를 활력있는 완전 고용 상태로 되돌려 놓았다. 그럼에도 불구하고, 정책결정자들은 전쟁이 끝나고 상품과 노동에 대한 정부 수요가 감소하면 경제가 다시 침체에 빠질 수 있다고 우려했다.

1946년 「고용법」은 미국경제를 건전하게 유지하는 것을 연방정부의 책임으로 공식화했다. 이 법은 "고용, 생산, 구매력을 최대한 촉진하는 것이 연방정부의 지속적인 정책이자 책임이다"라고 명시하고 있다. 또한, 1946년 「고용법」은 대통령실 산하에 경제자문위원회(CEA)를 설립하고, 의회에 합동경제위원회를 설립했다. 마지막으로, 이 법은 대통령으로 하여금 매년 경제 보고서를 의회에 제출할 책임을 지도록 했다.

현대 경제관리에 대한 관점

Q2 재정정책, 통화정책, 규제정책은 경제정책 결정에서 어떤 역할을 하나?

대통령과 의회는 경제를 관리하는 책임을 다하기 위해 어떤 정책수단을 사용해야 하는가? 또 그 수단은 어떻게 활용되고 있는가? 재정정책, 통화정책, 규제정책이 정부가 경제를 관리하는 데 사용하는 주요 정책수단이다. 정확히 이러한 정책수단들을 어떻게 가장 효과적으로 사용해야 하는지는 끊임없이 지속되는 논쟁거리이다.

재정정책은 세입과 지출, 그리고 둘 사이의 관계에 대한 정부의 결정을 의미한다. 대통령과 의회는 매년 연방예산의 편성을 통해 세입 수준과 세출 수준을 정한다. 정부의 세출보다 세입이 크면 **재정흑자**가 발생하고, 세입보다 세출이 크면 **재정적자**가 발생한다.

정부는 경제 전반의 성과에 특정한 영향을 미치기 위한 의도로 세입과 세출 정책에 변화를 시도할 수 있다. 제2차 세계대전 당시와 같이 정부는 재정적자를 발생시켜 경제 수요를 자극할 수 있다. 반면에, 정부는 재정흑자를 발생시켜 경제 수요를 억제하거나 제한할 수 있다. 정부는 세금을 줄이거나 지출을 늘려 적자를

재정정책(fiscal policy)
세금, 지출, 예산, 적자, 부채에 관한 정부 정책.

재정흑자(surplus)
정부가 특정 회계연도에 세출보다 세입이 더 큰 경우 남은 액수를 흑자라고 한다.

재정적자(deficit)
정부가 특정 회계연도에 거둬들이는 세수보다 세출 규모가 큰 경우 부족분을 메우기 위해 차입해야 하는 액수를 적자라고 한다.

창출할 수 있고, 세금을 늘리거나 지출을 줄여 흑자를 창출할 수 있다.[9]

통화정책은 통화 공급과 이자율에 대한 정부의 결정을 말한다. 통화정책은 주로 대통령과 의회가 책임을 맡고 있으며, 통화정책은 일반적으로 '연준(Fed)'이라고 불리는 독립 규제 기관인 연방준비위원회(FRB)가 주로 책임진다. 아래에서 자세히 살펴보겠지만, 연준은 은행 산업에 대한 감독을 통해 국가의 통화 공급과 신용 가용성을* 확대하거나 축소할 수 있다.

규제정책은 법률과 관료적 규칙 제정이 개별 기업의 성과와 경제 전반의 성과에 미치는 영향을 말한다. 규제는 사업 구조와 관행으로부터 작업장 안전 및 환경 영향, 전화와 같은 기본 서비스의 분배에 이르기까지 광범위한 내용을 포괄한다. 기업이 정부 규제를 준수하는 데 드는 비용은 매년 2조 달러가 넘는다.[10] 정부가 건전한 경제를 촉진하기 위해 재정정책, 통화정책, 규제정책을 가장 잘 사용할 수 있는 방법에 대해서는 학자와 정책결정자마다 의견이 다르다.

전통적 보수주의

전통적 보수주의자는 스미스(Adam Smith, 1723~1790년)와 리카도(David Ricardo, 1772~1823년)에서 시작된 고전경제학의 전통으로부터 경제적 통찰력을 가져온다. 그들은 제한정부, 낮은 세금, 적은 규제, 균형 예산 등을 선호한다. 종종 전통적인 보수주의자들은 정부 예산을 일반 가정의 가계예산에 비유한다. 어떤 가정도 파산하지 않고 매년 벌어들이는 것보다 더 많이 쓸 수는 없다. 반면에, 가정은 부채를 갚기 위해 다른 부분에서 기꺼이 지출을 줄일 생각이 있다면, 주택, 자동차, 대학교육 등에 필요한 자금을 조달하기 위해 대출을 받을 수 있다. 전통적 보수주의자들은 정부도 그렇게 행동해야 한다고 주장한다. 사실, 오늘날 미국의 양대 정당에는 전통적인 보수주의자들이 거의 존재하지 않는다.

케인스주의

케인스(John Maynard Keynes, 1883~1946년)는 20세기 가장 영향력 있는 경제학자였다. 케인스는 균형 재정을 유지하기 위해 경제 침체기에 정부가 허리띠를 졸라매야 한다는 전통적 보수주의자의 견해에 반대했다. **케인스주의**는 정부 지출이 경기 대응적이어야 한다는 정반대의 입장을 견지한다. 케인스는 경제의 재화와 서비스에 대한 불충분한 수요가 경기 침체를 가져온다고 주장했다. 따라서, 정부는 경기가 좋지 않아 민간 소비와 기업 투자가 위축되는 시기에는 재정적자가 발생하더라도 세금을 줄이거나 지출을 늘려 수요를 뒷받침해야 한다. 케인스는 또한 경제가 좋을 때도 정부가 늘 경계해야 한다고 주장했다. 너무 많은 돈이 너무 적은 재화를 추구한다고 종종 묘사되는 초과 수요는 인플레이션을 초래하고 금리 인상을 초래한다. 정부는 세금을 올리거나 지출을 줄여 총수요를 억제

통화정책(monetary policy)
통화정책은 통화공급과 통화량과 금리에 대한 정부의 결정을 말한다.

* 역자 주
개인과 기업이 은행 및 기타 금융기관으로부터 신용을 쉽게 얻을 수 있는 정도.

규제정책(regulatory policy)
규제정책은 개별 기업의 성과와 경제 전반에 영향을 미치는 법률과 관료적 규정을 의미한다.

전통적 보수주의자(traditional conservatives)
전통적 보수주의자들은 낮은 세금, 제한적 정부 규제, 균형 예산 등을 믿는다.

케인스주의(Keynesianism)
민간경제의 수요를 관리하기 위한 정부의 경기변동에 대응하는 재정지출 확대를 옹호하는 영국 경제학자 존 메이너드 케인스와 관련된 경제 아이디어.

해야 한다. 비록 특정 연도에 인플레이션을 억제하기 위한 재정흑자나 불황을 방지하기 위한 재정적자가 발생할 수 있지만, 정부 예산은 여러 해에 걸쳐 균형을 유지해야 한다. 다시 말하지만, 사실 미국 양당의 정치인들은 돈을 절약하고 재정흑자를 기록하는 것보다 돈을 쓰고 재정적자를 기록하는 것이 훨씬 수월하다는 것을 알게 되었다.

공급 측면 경제학

공급 측면 경제학(supply-side economics)
공급 중시론자들은 세금을 낮추고 규제를 완화하면 기업 환경이 개선되고 새로운 투자가 촉진되며 생산량이 확대된다고 주장한다.

통화주의자(monetarists)
통화주의자들은 통화공급의 느리고 꾸준한 증가가 원활한 경제 성장과 물가안정을 촉진한다고 주장한다.

대부분이 공화당 지지자인 공급 중시자들은 경제정책의 초점이 수요 관리가 아니라 경제에 대한 재화와 서비스의 공급을 강화하는 데 있어야 한다고 주장한다. **공급 측면 경제학**의 핵심은 세금을 낮추고 규제를 완화하면, 기업 환경이 개선되고 새로운 기업 투자가 촉진되어 생산량의 확대로 이어진다는 주장이다. 공급 중시론자들은 기업 환경이 개선되고 생산이 확대되면 더 많은 일자리와 더 높은 임금을 의미한다고 주장한다. 더 많은 사람이 일하고 세금을 납부한다는 것은 정부 수입이 증가하고 복지, 직업 훈련 등을 위한 정부 프로그램의 비용이 감소한다는 것을 의미한다.

특히 감세 전쟁이 한창일 때, 많은 공급 중시론자들은 감세로 인해 새로운 경제 성장이 크게 촉진되어 낮은 세율에도 불구하고 늘어난 세수를 통해 정부수입이 감세 이전 수준을 "회복할 것"이라고 주장한다. 좋은 초당파적 연구들은 아마도 줄어든 세입의 3분의 1이 경제활동 증가로 인해 메워질 수 있다고 제안한다. 일부 공급 중시자들은 감세로 인해 적자가 발생하더라도 그러한 적자는 새로운 정부 지출을 억제하는 바람직한 결과를 가져온다는 것을 인정한다.[11]

출처: AP Photo

존 메이너드 케인스는 20세기 전반 가장 저명한 진보적 경제학자였다.

통화주의

경제학자 프리드먼(Milton Friedman, 1912~2006년)은 종종 현대 통화주의의 아버지로 불린다. **통화주의자**들은 느리고 꾸준한 통화량의 증가가 원활한 경제 성장과 안정적인 물가를 촉진한다고 주장한다. 둘째, 그들은 상황의 변화에 따라 통화정책을 일 년 내내 언제든지 조정할 수 있는 반면, 재정정책은 매년 예산안의 통과와 함께 결정된다고 주장한다. 마지막으로, 재정정책이 변화하면 누군가의 세금이 늘어나거나 줄어들고, 누군가의 혜택이나 서비스가 확대되거나 축소된다. 통화정책의 변화는 경제 내에서 통화와 신용의 총공급을 증가시키거나 감소시키지만, 가용 통화와 신용의 분배는 시장이 결정한다.

출처: AP Photo/ Eddie Adams, File

밀턴 프리드먼은 20세기 후반 가장 저명한 보수적 경제학자였다.

수사적 경제학

정치인과 그들의 경제 고문들은 일반적으로 여러 다른 경제 관점 중 하나를 채택하지만, 그들은 부주의한 대중에게 경제적 처방을 팔아야 한다는 것도 알고 있다. 보수주의자들은 저항했지만, 케인스주의 사상이 1930년대부터 1970년대까지 공식적인 사고를 지배했다. 민주당은 최소한 부분적으로 사회보장제도(1935년)와 메디케어 및 메디케이드(1965년)의 경기 활성화 효과를 홍보하여 해당 프로그램들을 통과시켰다. 1980년 이후로, 공화당의 공급 측면과 통화주의 사상이 우위를 점했다.

경제 문제에 대한 수사적 우위가 민주당에서 공화당으로 이동하게 된 더 유머러스한 원인 중 하나는 『월스트리트 저널』의 편집장 와니스키(Jude Wanniski)의 1976년 영향력 있는 평론이었다. 와니스키는 민주당의 산타클로스 이점을 비난했다. 민주당은 수십 년 동안 '사회보장'과 '의료'라고 적혀있는 화려하게 포장된 선물을 유권자에게 제공한 반면, 공화당은 선물이 너무 비싸다고 불평하며 스크루지를 연기했다. 와니스키는 민주당이 자격을 선물하고, 공화당은 감세를 제안하는 정당 경쟁의 '두 명의 산타클로스 이론'으로 제시했다.[12] 그는 선거에서 투표참여율이 높은 고소득 유권자는 정부 지출의 증가보다 감세를 선호할 것이라는 쪽에 내기를 걸었고, 그의 판단은 상당 부분 정확했다. 경제정책 결정은 중요한 일이지만, 종종 범퍼 스티커 길이로 여러분의 아이디어를 날카롭게 전달하는 것도 그 일을 잘 수행하는 데 필요하다.[13]

재정정책, 통화정책, 규제정책의 최상의 조합에 대한 논쟁은 의심할 여지 없이 계속될 것이지만, 2008~2009년의 대침체와 2020~2022년의 코로나바이러스 대유행에 따른 경제적 혼란에도 불구하고 정부 정책 덕분에 경제 성과가 개선되었다는 점에는 의심의 여지가 없다. 정치학자 프렌드레이즈(John Frendreis)와 타탈로비치(Raymond Tatalovich)는 1854년과 1945년 사이에 경제가 약 60% 기간 동안 확장되고 약 40% 기간 동안 수축했다고 보고했다. 1945년부터 현재까지 기간 중 경제는 약 85% 기간 동안 확장되고 약 15% 기간 동안 수축했다.[14]

경제정책 결정기관

19세기 내내 의회는 경제정책 결정에 절대적인 영향력을 행사했다. 때로는 행정부의 각 부서가 연간 예산 요청서를 의회에 직접 제출했다. 때로는 재무부 장관이 다른 부서의 예산 요청서를 모두 모아서 한꺼번에 의회에 제출했지만, 부서별 요청을 변경하거나 조정할 수 있는 명확한 권한은 재무부 장관에게도 대통령에게도 없었다.

Q3 국가 차원에서 경제관리를 담당하는 주요 기관으로는 무엇이 있는가? 그 기관들 각각의 역할은 무엇인가?

20세기 들어 전쟁과 경제위기의 비상사태와 우드로 윌슨과 프랭클린 루스벨트 같은 대통령의 행동주의적 리더십에 대응하여 경제정책의 주도권이 행정부로 넘어갔다. 재무부, 연방준비제도이사회, 관리예산실, 경제자문위원회, 국가경제위원회 등 5개 기관이 미국의 경제정책 주요 결정기구이다.

재무부

재무부는 중앙정부의 최초 부서 중 하나였다. 재무부 장관은 경제 사안에 관한 행정부의 수석 대변인이다. 현대 재무부의 임무는 정부의 세입을 거둬들이고 세출을 집행하고, 신용을 확보하는 것이다. 또한, 재무부는 국내 금융시장에서 적극적으로 활동하며, 재정수지적자를 메우기 위해 정기적으로 정부 채권을 발행하여 현금을 조달한다. 재무부는 또한 미국의 세계경제 및 국제통화기금(IMF)과 같은 국제기관과의 상호작용을 관리하는 데 앞장서고 있다.

연방준비제도이사회

연준은 1913년에 창설된 독립 규제 위원회이며 1930년대에 실질적으로 위상이 강화되었다. 연준은 국가의 통화공급을 관리하며, 통화공급의 관리를 통해 금리와 인플레이션을 관리하는 중요한 책임을 맡고 있다. 국가의 모든 예금기관(상업은행, 저축은행, 저축대부조합, 신용협동조합)이 연준의 규제를 받는다. 2007년 말부터 2009년까지 경제 붕괴와 '신용 경색'이 발생한 이후, 일부 사람들은 투자은행과 헤지 펀드와 같은 새로운 행위 주체를 모두 포괄하는 방향으로 연준의 권한을 확대할 것을 요구했다. 또 다른 사람들은 연준이 위기의 발생을 예측하지 못했다고 비난하며 오히려 연준의 권한을 축소해야 한다고 주장했다.

연방준비제도는 7명의 이사로 구성된 이사회가 관리한다. 연방준비제도 이사진은 상원의 동의를 얻어 대통령이 임명한다. 그러나 대통령, 의회, 정치권 전반으로부터 독립을 보장하기 위해 임기는 14년으로 매우 길고 대통령이 이들을 임기 중 해임할 수도 없다. 이사회 의장과 부의장은 대통령이 지명하고 상원이 4년 임기로 인준한다. 현재 연방준비제도 이사회 의장인 제롬 파월은 2022년에 두 번째 4년 임기를 시작했다.

연방준비제도이사회는 은행에 대한 지급준비율과 할인율을 정하여 국가의 통화 공급을 관리한다. **지급준비율**은 금융기관의 총예금 중 현금으로 보유해야 하는 비율을 의미한다. 지급준비율을 낮추면 은행이 대출해 줄 수 있는 돈이 늘어나고, 지급준비율을 높이면 대출해 줄 돈이 줄어든다. 일반적으로 빌려줄 수 있는 돈이 많다는 것은 금리 하락을 의미하고, 빌려줄 수 있는 돈이 적다는 것은 금리 상승을 의미한다. **할인율**은 연준이 시중은행에 대출해 주는 돈에 대해 부과하는 금리이다. 할인율이 높을수록 연준으로부터의 차입이 억제되어 통화공급이 줄어

지급준비율(reserve requirements)
연준이 금융기관에게 총예금 중 일정 비율을 현금으로 보유하도록 규정한 요건.

할인율(discount rate)
연준이 은행에 대출해주는 돈에 대해 부과하는 이자율.

들고 금리가 상승한다. 할인율이 낮아지면 연준으로부터의 차입이 장려되어 통화공급이 확대되고 금리가 떨어진다.

연방준비제도이사회 이외에 연방준비제도의 다른 주요 구성 요소로는 연방공개시장위원회(FOMC)와 12개의 연방준비은행이 있다. FOMC는 연방준비제도이사회 이사 7명과 연방준비은행 총재 12명 중 5명으로 구성된다. FOMC는 미국정부 채권을 매수하거나 매입하는 방식을 통해 통화공급과 금리에 직접 영향을 미친다. 마지막으로, 12개 연방준비은행은 민간은행에 지급준비금을 빌려주고, 은행의 지급준비금을 보관하며, 민간은행으로부터 수표를 징수 및 결제하여 통화를 공급한다.

워싱턴 D.C.에서 열린 프리드먼은행 포럼에 참석한 전 연준 의장 재닛 옐런 재무장관이 카멀라 해리스 부통령과 악수하고 있다. 프리드먼은행은 남북전쟁 이후 과거 노예였던 사람들의 필요를 충족시키기 위해 설립되었다.

관리예산실

1921년 「**예산 및 회계법**」은 통일된 행정부 예산 준비를 돕기 위해 재무부에 예산국(BOB)을 창설했다. 1939년 대통령실이 신설되면서 BOB는 그곳으로 이전했다. 1970년 닉슨 대통령은 BOB를 관리예산실(OMB)로 이름을 바꾸었고, OMB 실장은 장관급으로 내각의 일원이다.

OMB는 연방예산의 편성을 준비하고 관리하기 때문에 경제정책에 대한 대통령 권한을 행사하는 강력한 도구이다. 다른 두 가지 임무는 OMB의 힘과 영향력을 강화한다. 1950년에 해리 트루먼 대통령은 입법 허가 업무를 OMB에 맡겼고, 1980년대에 레이건 대통령은 규제 허가 업무를 맡겼다. 이는 행정부에서 제안된 모든 법안과 규제는 예산에 미치는 영향과 대통령의 정책 목표와 충돌 여부를 분석하기 위해 OMB를 거쳐야 한다는 것을 의미한다.

경제자문위원회

1946년 「고용법」은 경제자문위원회(CEA)를 창설했다. CEA 위원 세 명은 상원의 승인을 얻어 대통령이 임명한다. 그들은 일반적으로 강단 경제학자들이고 그들은 약 24명의 전문 직원을 감독한다. CEA의 임무는 경제의 건전성과 성과에 관해 대통령에게 전문적인 조언을 제공하는 데 있다. CEA는 또한 대통령이 매년 의회에 제출하는 연례 경제 보고서를 준비하는 데 도움을 준다. CEA의 역할이 엄격하게 자문에 한정된다는 사실이 재무부, 연준, OMB와 관계에서 CEA의 입지를 불안정하게 만든다.

1921년 「예산회계법(Budget and Accounting Act of 1921)」
이 법은 재무부에 예산국(BOB)을 신설하고 행정부의 예산처리 과정에 대한 대통령의 통제를 강화했다. BOB는 1970년에 관리예산실이 되었다.

국가경제위원회

국가경제위원회(NEC)는 백악관 내에서 경제정책을 조정하고 중앙집권화하기 위한 목적으로 1993년에 설립되었다. NEC는 국가안전보장회의(NSC)가 국가안보정책에서 수행하는 것과 동일한 통합적 역할을 경제정책에서 수행할 것이 기대된다. 구조적으로 NEC는 대통령이 의장을 맡고 여러 부서가 함께 참여하는 기구이며 부통령, 8명의 내각의 장관들(농업, 상업, 에너지, 주택 및 도시개발, 주, 교통, 재무부), 그리고 다른 고위급 행정관료들이 포함된다.

NEC의 설립을 지시한 행정명령은 NEC의 주요 임무를 4가지로 규정했다. 즉, "(1) 국내외 경제 문제에 관한 경제정책 결정과정을 조정하고, (2) 대통령에 대한 경제 자문을 조정하고, (3) 경제정책 결정과 프로그램이 대통령의 명시된 목표와 일치하는지 그리고 그 목표가 효과적으로 추진되고 있는지 확인하고, (4) 대통령의 경제정책 의제 이행을 감시한다." CEA와 마찬가지로 NEC는 재무부, OMB, 연준 등의 힘 있는 주요 경제정책 담당자들에 대등하게 맞서기 어렵다.

재정 관련 의사결정: 예산, 세금, 지출

한때 작고 눈에 띄지 않았던 연방정부는 이제 사회적, 정치적, 경제적 생활의 거의 모든 측면에 관여하고 있다. 대통령이 제출한 2023년 회계연도 예산안에는 역대 최대규모인 5조 8,000억 달러의 세출이 요구되었다. 놀랄 것도 없이 매년 대통령과 의회는 필요한 세입을 어떻게 거둬들일 것인지, 그리고 그렇게 거둬들인 세수를 어떻게 정부의 다양한 프로그램, 의무, 책임 등에 분배할 것인지를 놓고 큰 싸움을 벌인다.

Q4 매년 연방예산 편성 과정에서 대통령과 의회는 어떤 역할을 하는가?

기본적으로 예산 과정에서는 세입과 세출에 대한 명확한 결정을 통해 정부의 우선순위를 정한다. 세입 측면에서 기본적인 질문은 어떤 종류의 세금과 수수료를 통해 얼마만큼의 돈을 거둬들일 것인지, 누구에게 부과할 것인지 하는 것이다. 세출 측면에서 기본적인 질문은 얼마나 많은 돈을 지출할 것인지, 어떤 프로그램에, 누구의 이익을 위해 지출할 것인지 하는 것이다. 그리고 마지막으로, 세입은 세출보다 더 많이 조달되어야 하는지(정부의 금고에 흑자 발생) 또는 조달된 자금보다 더 많은 돈이 지출되어야 하는지(부족한 액수를 메우기 위해 빚을 져야 하는 적자 발생) 확인하기 위해 세출

출처: AP Photo/Kevin Wolf

기독교 사회정의 단체인 소저너스(Sojourners)의 대표 짐 월리스는 "예산은 도덕적 문서"라고 주장하며 지출 삭감에 반대하고 있다.

과 일치해야 한다. 예산이 발효되기 전에 대통령과 의회는 이러한 모든 문제에 대해 서로 합의하기 위해 협상해야 한다. 앞으로 예상되는 대규모 적자는 이러한 논의가 매우 갈등적일 것임을 예고한다.

예산안 준비

표 15.1에 표시된 표준 예산처리 절차는 매년 발생하지만, 새로운 예산 연도가 10월 1일에 시작될 수 있도록 여름까지 정해진 기한 내에 깔끔하게 마무리되는 경우보다는 의회에서의 싸움이 종종 연말을 넘겨 새해로 이어져서 일련의 임시 지출 조치가 필요하거나 결국에는 지도자들 간의 협상으로 마무리되는 경우가 많다. 연방예산안은 크게 두 단계로 준비된다. 첫 번째는 행정부에서, 두 번째는 입법부에서 일어난다. 2021년 봄부터 행정부가 2023회계연도(FY) 예산안 준비를 시작하였고, 그에 따라 2022년 초 심의를 위해 의회에 제출할 수 있었다. 의회의

표 15.1 2023년 회계연도 예산안 작성 주요 단계	
행정부 준비	
2021년 4월~5월	예산안 기본구조 설정. 대통령과 OMB는 광범위한 예산안 요소를 정하고 이를 각 기관에 전달한다.
6월~8월	기관 예산안 준비. 기관들은 대통령과 OMB의 지시에 따라 예산안을 수립한다.
9월~11월	OMB 검토. OMB는 기관 예산안을 검토하고 청문회를 열고 대통령에게 건의한다. 대통령은 기관 예산안에 대해 최종 결정을 내린다.
12월~1월	최종 예산안 준비. 최종 경제성 검토가 이뤄지고 조정을 거쳐, 의회에 제출할 최종 예산안이 마련된다.
의회 준비	
2022년 2월 첫 번째 월요일	의회는 대통령의 예산안을 제출받는다.
2월 15일	CBO는 재정 전망, 예산 우선순위, 그것들이 대통령의 예산안과 어떤 연관성이 있는지 예산위원회에 보고한다.
2월 25일	의회 각 위원회는 예산위원회에 세입 및 지출 추정치를 제출한다.
4월 1일	상원과 하원의 예산위원회는 예산안에 대한 공동결의안을 상원과 하원에 각각 보고한다.
4월 15일	양원 모두 공동결의안에 대한 조치를 완료한다.
5월15일~6월 10일	하원 세출위원회는 13개 세출 법안 모두에 대한 심의를 완료해야 한다.
6월 15일	의회는 예산안 총액을 승인된 한도에 맞추는 조정안을 통과시켜야 한다.
6월 30일	하원은 모든 세출 법안에 대한 조치를 완료한다.
10월 1일	2023 회계연도가 시작된다.

예산안 심의는 2023년 회계연도가 2022년 10월 1일에 시작될 수 있도록 2022년 여름까지 완료되었어야 했다. 늦었다. 이 과정이 원활하게 진행되는 경우가 거의 없으며 의회에서 양당 간에 큰 갈등을 일으키는 경우가 많다.[15]

행정부 내 예산안 준비 과정은 대통령, 관리예산실(OMB), 행정부 각 부서 간의 일련의 체계적인 논의와 협상으로 이루어진다. 이 과정은 매년 4월에 시작된다. OMB는 대통령에게 경제상황 분석과 내년도 경제성과 전망을 제시한다. 대통령의 광범한 지침을 바탕으로 OMB는 각 기관에 대한 세부 지침을 작성하고, 각 기관은 현재 프로그램을 분석하고 내년 예산 요청 사항을 설명하여 OMB의 세부 지침에 응답한다. OMB는 기관의 의견을 분석하고 이에 대한 대응을 대통령에게 조언하며, 대통령은 해당 기관이 따라야 하는 보다 자세한 지침과 목표를 결정한다.

여름 동안 기관에서는 자신들의 예산 요청을 다시 조정한다. 가을에 기관들은 대통령과 OMB가 처음 제안한 것 이상의 예산 배정을 요청하는 이유를 뒷받침하는 데 필요한 분석 및 주장과 함께 공식적인 예산 제안서를 제출한다. OMB는 각 기관의 요청을 검토하고, 각 기관의 요청에 대해 청문회를 열고, 각 기관의 예산 배정을 결정하는 대통령에게 의견을 제시한다. OMB는 대통령의 결정을 각 기관에 알린다.

겨울 동안 OMB는 의회에 제출할 대통령의 예산 메시지와 예산안 자체를 준비한다. 대통령은 최신 경제 데이터와 전망을 검토하고 의회에 제출할 예산안과 예산 메시지를 최종적으로 조정한 후 2월 첫 번째 월요일까지 의회에 제출한다.

대통령의 예산안이 준비되는 동안 의회예산국(CBO)은 이를 미리 예상하고, 그 안에 포함될 내용을 분석하고, 의회 대안이 필요할 것 같으면 준비한다. CBO는 대통령 예산안 분석을 2월 15일까지 하원과 상원 예산위원회에 제출해야 하며, 양원의 상임위원회들은 각각 2월 25일까지 세입과 세출에 대한 추정치를 각각의 예산위원회에 제출해야 한다.

이 같은 정보를 바탕으로 상·하원 예산위원회는 4월 1일까지 공동 예산 결의안을 작성해야 한다. 공동 예산 결의안에서는 전체 세출 수준을 결정하고 주요 예산 항목에 대한 세출을 추정하며 세입 수준을 권고한다. 의회는 동시 예산 결의안에 대한 조치를 완료하고 4월 15일까지 이를 채택해야 한다.

조정(reconciliation)
세출법안이 지출 목표가 허용하는 것보다 더 많은 지출을 승인하는 경우 차이를 해결하기 위한 의회 절차.

4월 15일부터 6월 10일 사이에 하원 세출위원회는 다음 회계연도의 주요 예산 범주에 대한 세출을 승인하는 13개의 세출법안을 작성한다. 세출법안의 세출 총액이 공동 결의안의 세출 목표를 초과하는 경우, 예산 총액이 의무 한도에 맞도록 **조정**이라는 절차가 발생한다. 조정은 6월 15일까지 완료되어야 하고, 예산 전체 작업은 6월 30일까지 완료되어야 한다. 상원과 대통령의 합의를 전제로, 예산안은 10월 1일부터 발효된다. 이러한 과정이 제시간에 완료되는 경우는 거의 없다. 예를 들어, 2023년 예산은 예정보다 약 9개월 늦겨졌다.

과세

미국은 세금 반란으로 태어났기 때문에 세금을 낮게 유지하는 것이 국가적 강박 관념이었다는 점은 놀라운 일도 아니다. 헌법은 중앙정부가 소득이나 재산에 대한 세금과 같은 직접세의 부과를 금지했지만, 수입 관세와 소비세는 허용했다. 수입 관세는 국내로 수입되는 상품에 대한 세금이고, 소비세는 국내에서 판매되는 특정 상품에 부과하는 세금으로 주로 주류와 담배 소비에 붙는 세금이다. 헌법은 차입과 부채 발행, 화폐 주조 및 통화 규제에 대한 권한을 부여했다.

수입 관세는 19세기 전반에 걸쳐 국가 세수의 기초를 형성했다. 1789년과 1815년 사이에 수입 관세는 국가 세수의 약 90%를 차지했다.[16] 소비세는 1815년 이후 더 큰 역할을 하기 시작했지만, 수입 관세가 19세기 내내 정부 재정수입의 주요 수입원이었다. 그럼에도 불구하고 남북전쟁(1861~1865년)으로 인한 재정적 요구와 19세기 후반의 정부 활동 및 책임 증가는 소득세에 대한 실험을 촉진했다. 남북전쟁 조치로 채택된 첫 번째 연방 소득세는 면제 기준인 개인 소득 800달러 이상의 소득에 대해 3%의 세금을 부과하였다.[17] 소득세는 남북전쟁 이후 중단되었고 1894년까지 다시 시행되지 않았다. 대법원은 즉시 소득세를 위헌으로 판결했다.

1910년에 이르러 술과 담배에 부과한 소비세는 연방 재정수입의 거의 절반을 차지하였으며 수입 관세보다 약간 더 많았다. 그러나 수입 관세와 소비세는 둘 다 본질적으로 한계가 있었다. 비록 세수를 늘리기 위해 세율을 약간 올릴 수 있었지만, 너무 많이 올릴 수는 없었다. 그렇게 하면 수입세와 소비세가 붙은 품목들의 소비가 위축될 수 있었다. 정부의 세입에 비해 세출이 더 빨리 늘어나는 것이 확실해지면서, 소득에 직접세 부과를 허용하는 수정헌법 제16조가 1913년에 통과되었다. 곧바로 의회는 3,000달러 이상의 소득에 대해 1%의 적절한 수준의 세율을 부과했고, 매우 높은 수준의 소득에 대해서는 6%의 추가 세율을 부과했다. 1913년의 평균소득은 621달러에 불과하였기 때문에, 대다수의 임금노동자는 소득세를 내지 않았다. 실제로 첫해에는 성인의 2%만이 소득세를 냈다 (표 15.2 참조).

그러나 제1차 세계대전으로 인해 재정수요에 대한 요구가 커지면서 소득세 최고 세율은 1916년에 15%, 1917년에 67%, 1918년에 77%로 높아졌다.[18] 과세 대상인 소득의 감소는 1918년 전쟁이 끝날 때까지 미국 시민 전체의 20%만이 소득세를 내고 있다는 것을 의미했다. 기업 소득과 사망자의 재산에 대한 새로운 세금도 처음으로 도입되거나 확대되었다. 제1차 세계대전과 제2차 세계대전 사이에 소득세와 소비세는 각각 연방 재정수입의 35~40%를 차지했고, 관세는 그보다 약간 적었다.

1942년 「세입법」은 현대 미국 조세제도의 기틀을 마련했다. 새로운 조세제도

소득세 논쟁

1902년부터 1932년까지 미국 대법원의 대법관이었던 홈스(Oliver Wendell Holmes, 1841~1935년)는 "세금은 우리가 문명화된 사회에 지불하는 대가"라는 유명한 말을 했다. 만약 그것이 사실이고, 그리고 어떤 의미에서는 확실히 그렇다면, 많은 미국인은 자신이 바라는 것보다 더 문명화되고 있다. 대부분의 미국인은 세금의 필요성을 인식한다. 하지만, 그들은 얼마만큼의 세입이 필요한지, 어떤 종류의 세금으로 세수를 조달해야 하는지, 누가 내야 하는가에 대해서는 서로 의견이 다르다.

오늘날, 연방정부의 재정수입은 주로 다음 세 가지 세원에서 나온다. 48%는 개인 소득세에서 나오고, 36%는 사회보장제도와 노인의료보험을 위해 근로자와 고용주에게 부과되는 급여세에서 나오며, 약 12%는 법인세에서 나온다.[19] 나머지 6%는 부과세, 소비세, 상속세 등을 합친 것이다. 조세의 공평성은 보통 특정한 세금이 역진세인지, 누진세인지, 균일세인지 관점에서 논의된다. 급여세와 같은 **역진세**는 고임금 근로자의 소득에서 세금이 차지하는 비중보다 저임금 근로자의 소득에서 세금이 차지하는 비중이 더 높다. 소득세와 같은 **누진세**는 저소득자보다 고소득자에게 더 높은 세율을 부과한다. 역진세와 누진세에 대한 비판자들은 때때로 소득 수준이나 소득 금액과 무관하게 소득에 동일한 비율을 세금으로 내게 하는 **균일세**를 주장한다.

메디케어세는 전체 소득의 2.9% 정도를 세금을 부과한다. 즉, 균일세이다. 사회보장세는 12.4%로 훨씬 더 높으며 역진세이다. 사회보장세는 소득 14만 7,000달러에 대해 과세한다. 미국 근로자 대부분은 14만 7,000달러 미만을 벌기 때문에 소득 전체에 대해 사회보장세를 내야 하며, 반면에 부자들은 자신의 소득 중 14만 7,000달러에 대해서만 세금을 낸다. 실제로 80퍼센트의 근로자들은 소득세보다 급여세에 더 많은 액수를 납부한다.

부자들은 보통 급여세보다 소득세를 훨씬 더 많이 납부한다. 조세 공정성에 대한 논쟁이 소득세에 초점을 맞추고 있다는 것은 놀라운 사실이 아니다. 아래 자료와 같이, 조세정책센터(Tax Policy Center)가 2018년 소득세 납부를 분석한 결과, 소득 상위 20%가 전체 소득세의 91%와 전체 연방세의 70%를 낸 것으로 나타났다. 놀랍게도 소득 하위 80%는 소득세의 9%와 전체 연방세의 30%(급여세를 무척 많이 납부하기 때문)를 냈다.

부자들이 분명히 과도하게 소득세의 상당 부분을 부담하고 있다. 반면, 고소득자에 대한 세율은 최근 수십 년 동안 꾸준히 낮아졌고(1960년대 초반 90%에서 현재 37%로), 미국 전체 소득 중 상위 소득자의 소득이 차지하는 비율은 1980년대 초부터 꾸준히 증가했다.

여러분은 어떻게 생각하는가?

- 어떤 조세제도가 더 공정한가?
- 과세 기준으로 '납세 능력'과 '균등한 부담' 둘 중 어떤 것이 평등을 실현하는데 더 좋은가?

역진세(regressive tax)
부유한 사람보다 가난한 사람의 소득이나 재산에 더 높은 세율을 적용하는 세금.

누진세(progressive tax)
가난한 사람보다 부유한 사람의 소득이나 재산에 더 높은 세율을 적용하는 세금.

균일세(flat tax)
가난한 사람과 부유한 사람 구분 없이 소득이나 재산에 단일세율을을 적용하는 세금.

의 중심에는 점진적으로 누진적인 대규모 개인 소득세가 있었다. 이 세금은 중산층의 임금과 봉급에 직접 부과되었으며, 1944년까지 처음 2,000달러에 대해서는 최저 23%부터 시작하여 20만 달러를 초과하는 소득에 대해서는 최고 94%까지 부과하는 전시 가산세가 추가되었다.[20] 전쟁으로 인한 재정수요는 연방 소득세를 큰 규모의 세금으로 만들었고, 전쟁 후 경제 확장은 전례 없는 새로운 재정수입을 정부에 가져다주었다.

20세기 후반기 동안 연방 세수의 네 가지 주요 원천은 개인 소득세, 법인 소득세, 사회보장과 메디케어, 다양한 연방 퇴직 프로그램 등을 지원하는 급여세, 그리고 소비세였다. 그러나 도표 15.1은 개인 소득세가 전체 재정수입에서 차지하

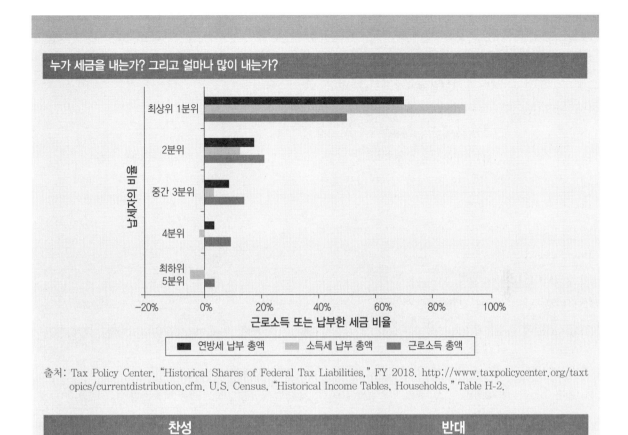

누가 세금을 내는가? 그리고 얼마나 많이 내는가?

출처: Tax Policy Center, "Historical Shares of Federal Tax Liabilities," FY 2018. http://www.taxpolicycenter.org/taxtopics/currentdistribution.cfm. U.S. Census, "Historical Income Tables, Households," Table H-2.

찬성	반대
납세 능력을 인정한다.	일부가 더 높은 비중을 차지하는 것은 부당하다.
소득세는 매우 효율적이다.	근로 의욕을 억누른다.
연방법원이 이를 지지했다.	조세 저항자들은 위헌이라고 주장한다.

는 비율이 꾸준히 안정적으로 유지되고 있는 반면, 법인 소득세와 소비세의 수입은 현저하게 감소하고, 급여세의 수입은 현저하게 증가했음을 분명히 보여준다.[21] 개인 소득세와 급여세는 1970년대 중반까지 전체 연방 세수의 절반 이상을 차지했으며 오늘날에는 무려 81%를 차지한다.

공화당 대통령들은 또한 개인 소득세를 제한하려고 노력했다. 레이건 대통령이 1981년에 발의한 「경제회복세법(ERTA)」은 3년에 걸쳐 개인 소득에 대한 세율을 25% 인하하고 기업에 추가적인 세금 감면과 인센티브를 제공하여 경제 성장을 촉진하려고 했다. 1986년의 「조세 개혁법」은 세 개의 넓은 과세 구간으로 소득세 세율을 대폭 낮췄다. 최고 세율은 31%로 낮아졌고, 600만 명의 저소득 납세자가 비과세 대상자가 되었다.[22] 1990년대 중반 클린턴 대통령은 급증하는 예산적자를 줄이기 위해 특히 상위 소득자를 대상으로 세금을 인상했다.

표 15.2 연방 소득세율의 역사	
년도	세율
1861~1864년	800달러 이상의 소득에 대해 3% 고정
1864~1870년	5~15%, 10,000달러부터 최고 세율 적용
1894년	1,000달러 이상의 소득에 대해 2% 고정
1913년	3,000달러 이상의 소득에 대해서는 1% 고정, 부유층에 대해서는 6%의 가산세율 적용
1916년	2~15%, 1918년까지 77%로 상향 조정
1943~1964년	20~91%
1964~1981년	14~70%
1981~1986년	11~50%
1986~1990년	15%, 28%, 31%
1992~2000년	36%와 39.6% 구간 추가
2001~2012년	새롭게 10~15% 구간 신설. 2003년에 28%, 31%, 36%, 39.6%의 세율을 25%, 28%, 33%, 35%로 세율 인하
2013~2017년	최고 세율 39.6% 복원
2018년	10%, 12% 신설, 중간 세율 22%로 인하, 24%, 32%, 35%, 최고 세율 37%로 결정

출처: 다음에서 인용. James W. Lindeen, *Governing America's Economy* (Englewood Cliffs, NJ: Prentice-Hall, 1994), 151. 최근 자료는 저자가 추가.

* 역자주
부부합산 신고시 겪는 불이익.

부시 대통령은 2001년과 2003년에 의회를 통해 소득세율의 전면적인 인하뿐만 아니라 자녀 세액 공제, 결혼 페널티,* 양도 소득세, 상속세 세율의 조정을 포함한 대규모 감세를 추진했다. 오바마 대통령은 2012년 재선 승리 직후 의회의 공화당 의원들에게 개인 소득세율과 양도 소득세율을 약간 인상하도록 강요했다. 2011년 연방 세금 수입은 GDP의 15%로 1950년 이래로 가장 낮은 수치에 속했다. 2023년 세금 수입은 GDP의 18.9%로 지난 70년 동안의 평균보다 약간 높았다.

2017년 말 트럼프 대통령의 실망스러운 임기 첫해가 끝나고, 의회 양원에서 공화당이 다수를 차지한 가운데, 주요 세제 개혁 프로그램이 공화당 단독으로 처리되었다. 민주당의 비판이나 대대적인 로비 공세로 인해 처리가 어렵게 되기 전에 비공개로 준비하여 서둘러 의회를 통과한 이 법안에 대해 대중은 최근의 몇몇 세금 인상 경우보다 더 양가적 태도를 유지했다. 공화당은 대중이 자신의 급여가 늘어난 것을 보기 시작하면 대중이 다시 돌아올 것이라고 희망했다.

크리스마스를 불과 며칠 앞두고 통과된 이 법안은 법인세율을 35%에서 21%로 낮추는 대폭적이고 영구적인 인하와 개인 소득세율을 보다 완만하고 일시적

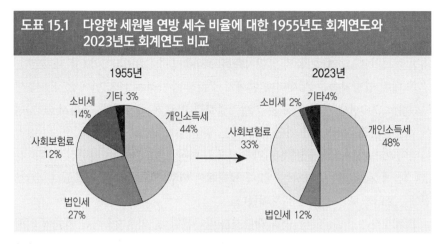

도표 15.1 다양한 세원별 연방 세수 비율에 대한 1955년도 회계연도와 2023년도 회계연도 비교

출처: *Budget of the United States Government, Fiscal Year 2021*, Historical Tables (Washington, D.C.: U.S. Government Printing Office, 2021), Table 2.2. 2021년 수치는 공식 추정치.

으로 인하하는 내용을 담고 있었다. 공화당은 2025년에 만료될 예정인 개인 소득세 인하를 연장하거나 영구화하겠다고 약속했다. 이 법안은 또한 상속세(보수주의자들은 사망세라고 부르기 좋아하는 것) 면제를 1인당 560만 달러, 부부 합산 1,120만 달러로 늘렸다. 법안의 비용은 첫 10년 동안 추가 적자로 인해 1조 5,000억 달러에 달했다. 바이든 행정부는 부유한 개인과 대기업에 대한 세금을 인상하려고 노력했지만, 저항이 심했다.

세율과 세율의 인상 또는 인하 여부 외에도 세금 개혁 주창자들은 또한 미국 세법 속에 숨어 있는 수많은 조세 감면, 혜택, 면제 사항도 지적한다. 주택 대출 이자에 대한 광범위한 공제와 특정 사업 및 투자 유형에 혜택을 주는 한정적인 공제 등 이러한 세금 감면은 종종 같은 액수의 비용을 지출하는 것 만큼이나 국고의 손실을 가져오기에 조세지출이라고 불린다. 조세지출에 의해 미국은 매년 약 1조 5천억 달러의 세수 손실을 감당해야 한다.[23]

지출

19세기의 연방정부는 규모가 작았고, 세입은 적었으며, 지출은 일반적으로 예산 범위 내에서 이뤄졌다. 1800년부터 1860년까지 국민 1인당 연방정부 지출은 전혀 증가하지 않았다. 1800년에는 1인당 2.03달러, 1860년에는 2.00달러였다. 남북전쟁은 연방지출 수준을 매우 급격하게 변화시켰다. 남북전쟁 이후, 1인당 연방지출은 새로운 수준, 더 높은 수준으로 다시 안정을 되찾았으며, 그 후 50년 동안 그대로 그 수준이 유지되었다. 1870년에는 1인당 연방지출이 1인당 7.76달러였고, 1910년에는 7.51달러에 불과했다.[24] 그러나 20세기는 산업화, 도시화, 두 번의 세계대전, 경제공황, 그리고 연방정부 지출의 엄청난 증가가 발생했다.

20세기의 연방정부는 정부의 전통적인 책임(국방, 사법, 토지관리)에다가 경제관리, 사회복지 제공 등과 같이 광범위한 새로운 업무를 추가했다. 제2차 세계대전 직전인 1940년, 미국의 연방지출은 국내총생산(GDP)의 9.6%를 차지했다. GDP 대비 연방지출은 20세기 후반까지 꾸준히 증가하여 1983년에 22.8%에 이르렀다. 1990년대 동안 GDP는 연방지출보다 빠르게 증가했다. 따라서 2000년까지 연방지출은 1966년 이후 가장 낮은 수준인 17.6%로 떨어졌다. 9·11 테러 사태와 아프가니스탄전쟁 및 이라크전쟁의 여파로 GDP 대비 연방정부 지출은 2009년에 24.4%로 증가하여 제2차 세계대전 이후 최고 수준을 기록했다. 2023년에는 24.3%로 꾸준하게 유지되었다.

분석가들은 종종 의무지출과 재량지출을 구분한다. 의무지출이란 법률에 의해 요구되는 지출을 말한다. 즉, 누군가가 정년퇴직 연령에 도달하고 사회보장 연금을 받기 시작할 자격을 갖추게 되면 정부는 법에 따라 지출해야 한다. 군사비 지출이나 고속도로 및 국립공원에 대한 지출과 같은 재량적 프로그램에는 매년 대통령과 의회가 재정 여건을 고려하여 적절하다고 판단되는 수준에서 재정지원이 이뤄진다.

지난 세기에 있었던 가장 극적인 예산 발전 중 하나는 사회복지 지출에 비해 국방비 지출이 상대적으로 감소한 것이다. 1960년 국방비는 GDP의 약 10%, 연방예산의 절반을 차지했었다. 2023년을 기준으로 국방비는 GDP의 3.1%, 연방지출의 12.8%였다 (표 15.3 참조).

국방비에 대한 지출이 감소하면서 사회복지 및 기타 복지 프로그램에 대한 지출이 증가했다. 1960년에 수급 자격 프로그램, 기타 의무지출, 연방부채에 대한 이자 지불 등이 GDP의 6%를 약간 넘었고 연방지출의 약 36%를 차지했다. 2023년까지 이것들이 GDP의 거의 19%, 연방지출의 77.7%를 차지했다. 앞으로 살펴보겠지만, 의무적인 국내 지출 프로그램의 성장이 향후 수십 년 동안 지속 불가능할 것이라는 우려가 많다. 많은 미국인이 높은 수준이라고 생각하는 미국의 지출 수준은 다른 선진 산업국가의 지출 수준에 비해 어떠한가? (글상자 '다른 나라와 비교' 참조)

국내 사회프로그램과 도전과제

우리 미국처럼 부유한 나라에서 수백만 명이 빈곤에 시달리고, 건강보험이 없고, 대학에 갈 여유가 없다는 것이 불합리하다는 주장이 자주 제기된다. 다른 부유한 나라들은 국민에게 더 높은 세율로 세금을 부과하고 국민 모두에게 소득, 의료, 교육을 보장하기 위한 노력을 더 많이 하고 있다. 미국은 세금과 사회서비스가 상대적으로 적으며, 우리가 더 많은 조치를 취해야 하는지에 대해 지속적으로 논쟁을 벌이고 있다. 미국과 같은 개방적이고 경쟁적이며 민주적인 자본주의 사회에

Q5 사회보장 프로그램에 영향을 미치는 문제는 무엇이며, 어떤 개혁이 제안되었나?

표 15.3 1960~2023년 연방예산 우선순위								
(전체 지출에서 차지하는 비율)								
	1960	1970	1980	1990	2000	2010	2020	2023[a]
재량지출								
국방	52.2	41.8	22.7	23.9	16.5	19.3	11.1	12.8
국내 재량	19.6	21.1	24.3	17.5	13.9	15.6	24.3	19.1
의무지출								
사회보장	12.6	15.5	20.1	19.8	23.2	19.4	16.7	21.1
소득보장[b]	8.0	8.0	14.6	11.7	14.2	18.4	19.3	13.5
의료 프로그램[c]	0.1	6.2	9.4	12.4	19.7	22.3	23.3	28.2
부채에 대한 이자	7.5	7.4	8.9	14.7	12.5	5.0	5.3	5.3
총합	100.0	100.0	100.0	100.0	100.0	100.0	100.0	100.0

a 2023년 수치는 추정치이다.

b 공공부조, 식품부조, 실업 수당, 관련 프로그램 등을 포함한다

c 매디케어, 메디케이드, 관련 의료 프로그램, 연구조사 등을 포함한다.

출처: Budget of the United States Government, Fiscal Year 2023, Historical Tables (Washington, D.C.: U.S. Government Printing Office, 2023), Table 3.1.

서 정부가 사회서비스를 제공하여 필요를 해소할 책임은 무엇인가?

사회복지 프로그램은 두 가지 일반적인 유형이 있다. 사회보장제도와 메디케어 같은 첫 번째 유형은 **사회보험 프로그램**이라고 불린다. 노동자와 고용주는 급여세 형태로 보험료를 납부하며, 노동자가 수급 자격을 가지게 될 때 프로그램에서 빠질 수 있는 자격이 있다. 메디케이드, 식품부조, 공공 주거 지원 등과 같은 두 번째 유형의 프로그램은 **적격자 판단 프로그램**이라고 부른다. 이러한 프로그램은 소득이 일정 수준 이하인 사람들에게 돈이나 음식, 주거, 의료 등과 같은 다른 상품을 나눠 준다. 이들 프로그램 각각은 규모가 크며, 수천만 명의 사람들에게 서비스를 제공한다. 비싸고, 매년 수백억 달러 또는 심지어 수천억 달러의 예산이 들어간다. 그리고 조만간 베이비 붐 세대의 은퇴로 인해 비용 증가의 압력이 더욱 커질 것이다.

사회보장제도

사회보장제도(Social Security)는 대공황에 대응하는 프랭클린 루스벨트 대통령의 '뉴딜'정책의 일환으로 1935년에 도입되었다. 역사적으로 일할 나이가 지나서 저축, 가족, 자선단체에 의존하는 노인들은 흔히 빈곤에 직면했다. 루스벨트는 노

사회보험 프로그램(social insurance programs)
미리 프로그램에 기여금을 납부하여 프로그램의 요구 사항을 충족할 때 연금을 수령할 수 있는 자격을 얻게 되는 사회보장제도 및 메디케어와 같은 사회복지 프로그램.

적격자 판단 프로그램(means-tested programs)
낮은 소득과 재산이 거의 없는 사람만 자격이 주어지는 사회복지 프로그램. 메디케이드는 적격자 판단 프로그램이다.

다른 나라와 비교

27개 국가의 정부 부문 지출

미국인들은 많은 정부 지출이 낭비되고 있다는 신념을 가지고 있다. 시민들은 높은 세금에 대해 격렬하게 불평하며, 정치인들은 선거 때마다 세금을 낮추고 지출을 통

제하겠다고 엄숙히 약속한다. 정부지출은 통제 불능 상태인가? 다음 데이터는 그렇지 않다는 것을 시사한다. 사실, 미국은 세계 대부분의 선진 산업국가들에 비해 국가 소득에서 정부 지출이 차지하는 비중이 작다.

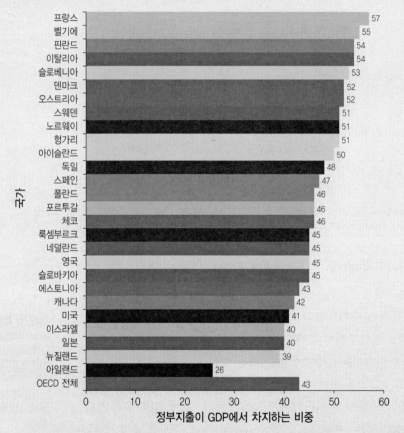

출처: OECD Economic Outlook, June 2021, Annex Table 29, General Government Total Outlays. Data refer to general government outlays of central, state, and local government for 2020.

동자와 고용주가 퇴직 후에도 퇴직 급여를 통해 지속적인 수입을 얻을 수 있도록 사회보장제도에 일정 액수의 돈을 납부하는 사회보험 프로그램이 노인들의 삶을 안전하게 만들 수 있다고 판단했다.

　　사회보장제도는 연방정부가 운영하는 가장 인기 있는 프로그램 중 하나이다. 하지만, 사회보장제도는 이해하기는 쉽지만 해결하기는 쉽지 않은 어려운 문제

에 봉착하고 있다. 1940년 사회보장제도가 매달 퇴직 급여를 지급하기 시작했을 당시, 퇴직자 한 명당 돈을 내는 노동자의 수는 42명이었다. 1945년에는 이 비율이 1대 20으로 떨어졌고, 1955년에는 1대 9로 떨어졌으며, 그 비율은 계속 떨어지고 있다. 기본적으로 미국인들은 더 오래 살고 더 적은 수의 자녀를 낳고 있다. 1955년에는 65세 이상 미국인의 수는 1,400만 명이었고, 오늘날에는 5,400만 명이다. 출산율은 1955년 이래로 절반으로 떨어졌고, 가족당 자녀 수가 평균 3.5명에서 오늘날에는 1.7명으로 줄어들었다. 1975년부터 현재까지, 노동자 수 대 퇴직자 수의 비율은 약 3대 1 수준이었다. 이 비율은 다시 떨어지고 있으며, 2035년에는 2.3대 1까지 떨어질 것으로 예상된다. 점점 더 적은 수의 노동자가 돈을 내고, 점점 더 많은 수의 퇴직자가 더 오랫동안 퇴직 급여를 받는 문제가 사회보장제도를 어떻게 '살릴 것(save)'인지에 대한 열띤 논쟁을 불러일으켰다.

2022년에는 약 1억 8,200만 명의 노동자들이 사회보장제도에 기여금을 납부했고, 7,000만 명의 퇴직자와 장애인들이 사회보장제도로부터 급여를 수령했다. 사회보장제도는 은퇴한 부부들의 약 40%와 은퇴한 독신자들의 거의 4분의 3의 주요 수입원이다. 급여 수준은 개인의 경우에는 월평균 약 1,827달러이고, 부부의 경우에는 월평균 약 2,800달러이다. 장애인들은 월평균 약 1,450달러를 받는다. 2022년에 사회보장제도의 연간 연금 지급액은 1조 2,000억 달러를 넘었다.[25]

사회보장제도는 수입을 지출과 맞추기 위해 여러 차례 수정되거나 개혁되었으며, 가장 최근 개혁은 1980년대 중반에 있었다. 1980년대 중반부터 2009년까지 사회보장제도는 총 3조 달러의 예산 흑자를 기록했다. 이 예산 흑자는 저축되기보다는 다른 정부 프로그램의 운영 자금으로 쓰였지만, 사회보장제도의 회계장부에 자산으로 남아있다. 2008~2009년의 경기침체로 인해 사회보장제도는 2010년에 적자를 기록했고, 예측에 따르면 2037년까지 누적된 장부상 흑자가 전부 없어질 것으로 보인다.

사회보장제도가 직면하고 있는 문제는 분명히 큰 문제이기는 하지만 그렇다고 당황할 정도로 심각한 문제는 아니다. 대부분의 개혁안은 은퇴연령 상향조정, 급여수준 하향조정, 사회보장세 세율 인상, 개인, 특히 젊은 노동자들이 퇴직 기여금의 일부를 개인연금계좌(private account)에 투자할 수 있도록 허용함으로써 사회보장제도의 일부 또는 전부를 민영화하는 것 등을 포함하고 있다. 민주당은 대체로 급여세 대상 소득의 비율을 늘리고, 은퇴 연령을 서서히 높이고, 연간 생계비 증가 대비 연금수령액 인상 계산공식에 대한 조정을 요구한다. 공화당은 때때로 개인연금계좌를 포함한 보다 철저한 개혁을 요구한다.

개인연금계좌 반대론자들은 세 가지 핵심적인 주장을 한다. 첫째, 시장은 때때로 폭락하고 투자자들은 손해를 본다. 둘째, 개인연금계좌는 사회보장제도가 갖는 약속의 보편적인 본질을 약화시킨다. 셋째, 급여세를 개인연금계좌로 전환하는 것을 허용하면 이미 적자가 예상되는 사회보장제도는 더욱 약화 될 것이다. 2008년부터 2009년까지 이어진 주식시장의 혼란으로 인해 개인연금계좌에 대한 논의는 차갑게 식었다.

메디케어와 메디케이드[26)]

미국인들은 전 세계 어느 나라 사람들보다 의료에 더 많은 돈을 쓰고 있다. 1960년에 의료 비용으로 GDP의 약 5%를 썼다. 2020년 기준으로 미국인들은 1인당 12,500달러, 또는 총 4조 1,000억 달러를 의료에 지출했다. 이는 GDP의 19.7%였다. 다른 부유한 나라들은 그 절반 정도를 지출한다. 예를 들어, 캐나다, 프랑스, 영국은 GDP의 10% 미만을 의료에 지출한다.[27)]

전통적으로 미국은 대부분의 다른 부유한 국가에 비해 의료 서비스에 대한 접근이 상대적으로 제한적이었다. 캐나다와 대부분의 유럽 국가는 오랫동안 어떤 형태로든 국가 의료 보험 제도를 시행하고 있지만, 미국은 고용주를 통해서든 개인적으로든 시민들이 스스로 자신의 의료보험을 골라서 선택하여 개인적으로 비용을 지불하도록 하고 있다. 의료서비스와 의료보험이 점점 더 비싸지면서 고용주들은 의료보험 가입을 중단했고, 직장인들은 의료보험 가입 비용을 혼자서 온전히 감당할 수 없었다. 2019년 기준으로 의료보험에 가입하지 않은 미국인의 숫자는 2,800만 명에 이른다.[28)]

반세기 이상 동안 연방정부 의료 시스템의 중심은 메디케어와 메디케이드였다. 메디케어와 메디케이드는 1965년 린든 존슨 대통령가 추진한 '위대한 사회'의 주요 구성 요소로 도입되었다. 메디케어는 사회보장제도와 마찬가지로 급여세로 재원을 충당하는 사회보험 원리 프로그램으로 소득이나 재산에 관계없이 수급 자격을 갖춘 모든 은퇴자를 대상으로 한다. 메디케어는 노인들의 의료서비스 접근을 극적으로 향상시켰지만, 점점 더 많은 돈이 들고 있다.

메디케어는 매년 거의 8,300억 달러의 비용으로 약 6,100만 명의 수혜자에게 서비스를 제공하고 있다. 2008년부터 시작하여 계속 진행 중인 7,600만 명의 베이비붐세대의 은퇴가 사회보장제도와 메디케어 모두에 영향을 미치고 있다. 사회보장제도와 마찬가지로 메디케어는 빠르게 적자 상태에 빠져들고 있다. 2023년 기준으로 메디케어의 혜택을 받는 수혜자는 6,500만 명에 이를 것으로 예상된다. 게다가 부시대통령은 2003년 말 새로운 메디케어 처방약 혜택 법안에 서명했고, 이 법은 2006년에 발효되었다. 오랫동안 노인들이 요구해 온 이 혜택은 앞으로 수십 년 동안 메디케어 비용을 크게 증가시킬 것이다. 2008년에 4,100만 명의 노인들이 처방약 혜택을 신청했다. 이 처방약 혜택에만 2018년에는 950억 달러, 2022년에는 1,150억 달러의 비용이 소요되었다.

반면에 메디케이드는 가난한 사람들의 의료 욕구를 충족하기 위해 연방정부와 주정부가 공동으로 관리하는 복지 프로그램인 '적격자 판단 프로그램'이다. 2007년 경제침체가 발생하자 많은 사람이 일자리를 잃고 자산을 탕진하면서 메디케이드를 신청했다. 메디케이드는 2021년 약 7,600만 명의 시민에게 서비스를 제공하는 데 7,000억 달러 이상의 비용이 들었고, 그중 5,000억 달러가 연방자금이었다.

오바마 대통령은 취임 첫해 의료보험개혁을 국내 최우선 과제로 삼았다. 의회의 민주당 의원들은 2009년부터 2010년까지 종합적인 의료개혁 법안을 만들기 위해 노력했다. 이 법안은 이전에 보험에 가입하지 않은 2,400만 명 이상의 국민을 보험에 가입시키고, 보험을 저렴하게 만들기 위해 보조금을 제공하며, 보험회사가 기존 질환에 관계없이 모든 사람의 보험 가입을 보장할 것을 요구했다. 민주당은 모든 사람을 시스템에 가입시키고, 의료 서비스 제공을 개선하고, 메디케어를 전략적으로 삭감하는 방식을 통해 보장 대상을 확대하면서도 급격한 의료 비용의 증가를 피할 수 있다고 주장했다. 공화당은 민주당의 프로그램이 미국 의료 시스템을 불필요하게 정부가 인수하여 떠맡는 격이라고 주장했다. 민주당은

많은 나이든 미국인들은 노후 소득과 의료 서비스를 사회보장제도와 메디케어에 의존하고 있다. 민주당이든 공화당이든 노인들은 이러한 프로그램의 축소에 반대하는 경향이 있다.

의료개혁 법안을 통과시키는 데 성공했지만, 많은 분석가들은 민주당의 의료개혁이 보장 대상을 확대하고 비용을 낮출 것이라는 점에 대해 확신하지 못한다. 트럼프 대통령은 오바마케어를 폐지하는 것을 국내정책의 최우선 과제로 삼았다. 전면적인 폐지를 위한 초기 시도는 실패했지만, 이를 조끔씩 없애려는 시도는 성공했다. 미국의 중앙정치에서 의료개혁은 정당갈등의 인화점으로 여전히 남아있다.

교육에 있어서 연방정부의 역할

대부분의 미국 역사에서 교육은 주정부와 지방정부의 책임이었으며, 여전히 오늘날에도 많은 점에서 그렇다. 제2차 세계대전 이후 연방정부는 귀국한 참전군인들의 교육을 지원하기 위해 「제대 군인 원호법(GI Bill)」을 제정했고, 1950년대에 아이젠하워 행정부는 수학 및 과학 교육을 지원하는 쪽으로 방향을 옮겼고, 그 후 1965년 존슨 행정부는 빈곤 퇴치, 민권, '위대한 사회' 계획의 일환으로 「초중등교육법(Elementary and Secondary Education Act)」을 제정했다. 2000년에 이러한 프로그램은 정부의 교육에 대한 전체 지출의 약 7%를 차지했다.

의료와 마찬가지로 대부분의 다른 선진국보다 교육에 더 많은 돈을 썼음에도 불구하고, 다른 부유한 나라들과 비교했을 때 미국의 교육 성취도는 보통 수준에서 맴돌고 있다. 단편적인 개혁과 실험이 시도되었으며, 일부 주들은 학생들의 교육 성취도를 향상시켰다. 그래서 텍사스 주지사 조지 W. 부시는 교육 개혁을 공약으로 내세워 2000년에 대통령 선거운동을 벌였다. 초당적으로 다수가 찬성하

* 역자 주
'social promotion'은 자격이 안 되는 학생을 동년배 친구들과 사귀도록 한 학년 진급을 허용하는 제도를 의미한다.

** 역자 주
부시 대통령의 낙오학생방지법은 학력이 향상되지 않는 학교를 공립대안학교로 강제전환하거나 폐교하는 조치를 포함하고 있었다 (『중앙일보』, 2019년 4월 22일, "미국엔 낙오 방지법" 참조).

여 2001년에 통과시킨 부시 대통령의 '낙오 학생 방지(No Child Left Behind)' 프로그램은 3학년부터 8학년까지의 학생들을 대상으로 하는 연례 시험, 사회적 진급*의 중단, 교사의 수업 능력 향상, 실패한 학교(failing schools)**에 다니는 학생의 부모들을 위한 새로운 서비스와 선택권 제공 등을 제시했다.

초등 및 중등 교육에 대한 연방정부의 지출은 2001년부터 2006년 사이에 거의 두 배로 늘어난 후, 2007년과 2008년에는 감소했다 (도표 15.2 참조). 그럼에도 불구하고, 주정부와 지방정부는 꾸준히 교육에 투입되는 공적 자금의 90%를 도맡아 제공하고 있으며, 이들은 엄격한 '낙오 학생 방지' 지침과 요구 사항에 짜증 낸다. 오바마 대통령은 2009년 경기 부양 프로그램에 공립학교에 대한 연방자금의 일시적이나마 큰 폭의 증가를 포함시켰다. 경기 부양 자금은 2011년에 감소하여 그 이후로 중단될 것으로 예상되었지만, 각 주정부는 학교 개선을 촉진하기 위한 새로운 '최상위 계층으로의 경주' 자금 40억 달러를 놓고 다른 주정부들과 경쟁했다. 2015년에 '낙오 학생 방지'가 최종적으로 개정된 결과, 자금 지원은 제한되었지만, 주 및 지방의 덜 거슬리는 규제와 더 많은 지역적 유연성 요구에 귀를 기울였다.[29] 코로나19가 경제에 미치는 영향에 대처하고 공립학교에 전통적인 지원을 제공하기 위한 목적으로 고안된 바이든 대통령의 경기부양 프로그램은 2020년과 2022년 사이에 연방지출을 두 배 이상 증가시켰다.

연방정부의 퇴직금, 의료프로그램, 교육 프로그램의 비용 증가는 전반적인 국가 재정 상태로 인해 더욱 우려스럽다. 1990년대 기술 붐의 붕괴, 9·11 테러,

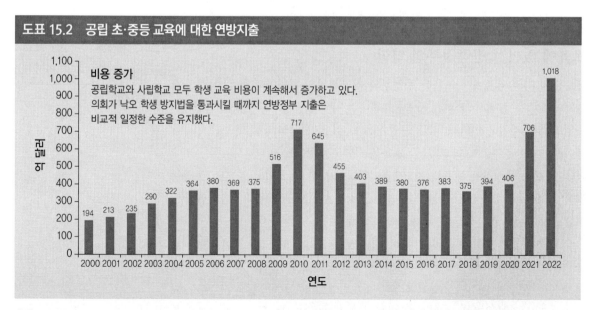

도표 15.2   공립 초·중등 교육에 대한 연방지출

비용 증가
공립학교와 사립학교 모두 학생 교육 비용이 계속해서 증가하고 있다.
의회가 낙오 학생 방지법을 통과시킬 때까지 연방정부 지출은
비교적 일정한 수준을 유지했다.

출처: *Budget of the United States Government, Fiscal Year 2022*, Historical Tables (Washington, D.C.: U.S. Government Printing Office, 2022), Table 9.9. Grants to State and Local Governments for Elementary and Secondary Education.

2001년과 2003년 부시 대통령의 감세 조치, 아프가니스탄전쟁과 이라크전쟁, 2007년 말부터 2009년까지의 경기침체, 그리고 트럼프 대통령의 감세 조치로 인해 연방정부의 세입은 줄어들고 세출은 증가했다. 1990년대 말의 예산흑자는 예산적자의 급증으로 바뀌었고, 분석가들은 국가부채가 경제 성장과 미래 세대의 안보에 부담으로 작용할 것을 우려한다. 불행하게도 우리가 다음에 이어서 다룰 재정적 책임과 부채 감축에 대한 논의는 항상 무엇을 삭감할 것인지에 대한 어려운 결정으로 귀결된다.

적자와 부채의 딜레마

대부분의 주정부의 경우와 달리, 연방헌법은 적자와 부채를 허용하고 있다. 헌법은 연방정부가 때때로 1년 동안 세금으로 거둬들이는 돈보다 더 많은 돈을 쓸 필요가 있다는 점을 인정하고 있다. 따라서, 헌법 제1조 8항은 연방정부에 '세금을 부과 및 징수'하고 '합중국의 신용으로 금전을 차입'하는 권한을 부여하고 있다. 재정적자는 정부가 1년 동안 거둬들인 세입보다 더 많은 돈을 지출할 때 발생한다. 연간 적자가 수년에 걸쳐 누적된 것을 **국가부채**라고 한다.

　놀랄 것도 없이, 적자와 부채는 미국 초기 역사부터 심각한 논란의 대상이었다. 첫 번째 워싱턴 행정부에서 해밀턴(Alexander Hamilton)과 제퍼슨(Thomas Jefferson)이 국가부채의 역할과 결과를 놓고 충돌했다. 그럼에도 불구하고, 20세기 들어서 한참 지났을 때까지도 적자는 비교적 드물었고, 일반적으로 전쟁과 관련하여 적자가 발생하였다. 1800년부터 1930년까지 연방예산은 90차례 흑자를 기록했고 40차례 적자를 기록했다.[30] 1931년부터 1998년까지 연방예산은 단지 8차례 흑자였고, 60차례 적자였다. 1998년부터 2001년까지 기간 동안 잠시 흑자로 돌아섰던 우리 미국은 다시 지속적인 적자 양상으로 되돌아갔다 (도표 15.3 참조).

　연간 적자는 국가부채의 증가로 이어졌다. 제2차 세계대전이 끝난 1945년, 미국의 국가부채 규모는 2,600억 달러였다. 1945년부터 1975년까지 국가부채 규모가 두 배로 늘어나는 데 30년이 걸렸다. 국가부채 규모는 1975년과 1982년 사이에 다시 두 배로 늘어났고, 그 후 1982년과 1993년 사이에는 거의 네 배로 늘어났다.

　1992년 클린턴 대통령이 당선되고 이어진 1994년 공화당이 의회 선거에서 승리하면서 양측 모두 정말로 위태해 보이는 예산적자에 초점을 맞추게 되었다. 1994년에는 연간 적자와 GDP 대비 총부채 모두 수십 년 만에 처음으로 급격하게 감소하였다. 1997년에는 미미한 수준의 적자가 발생했고, 1998년에는 1969년 이후 처음으로 예산 흑자를 기록했다. 2000년 말 클린턴 대통령이 퇴임을 준

국가부채(national debt)
연간 적자가 여러 해에 걸쳐 누적된 것을 국가부채라고 한다.

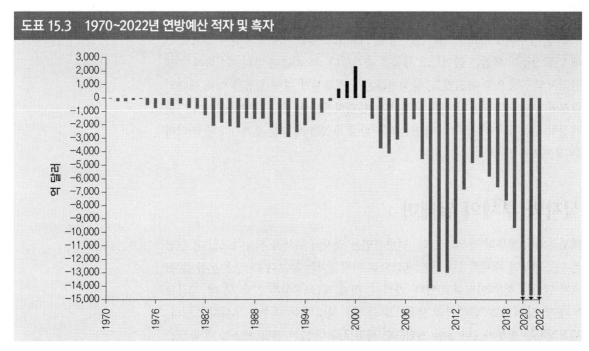

출처: *Budget of the United States Government, Fiscal Year 2023*, Historical Tables (Washington, D.C.: U.S. Government Printing Office, 2023), Table 1.3. 2021년과 2022년 수치는 공식 예산 추정치.

비하면서 OMB는 향후 10년간 5조 6,000억 달러의 흑자를 예상했고, 10년이 조금 더 지나면 국가부채를 모두 갚을 수 있을 것으로 예상했다.

놀라울 정도로 짧은 기간 동안 경기둔화, 감세, 9·11 테러 등의 경제적 여파로 인해 대규모 흑자가 대규모 적자로 바뀌었다. 2003년과 2004년 회계연도 적자는 각각 3,780억 달러와 4,130억 달러로 치솟았다. 적자 규모는 2005년에 3,180억 달러, 2006년에 2,480억 달러, 2007년에 1,610억 달러로 계속 감소했다가 2008년에 4,590억 달러로 반등했다. 2008년 말에 시작된 경제위기로 인해 적자가 1조 4,000억 달러로 늘어날 때까지 2009년 적자는 약 4,820억 달러로 예상되었다. 2010년과 2011년 적자 액수는 1조 4,000억 달러보다 약간 적었다. 2012년 1조 1,000억 달러, 2015년 4,690억 달러, 2017년에는 7,150억 달러로 감소했다. 2019년에는 1조 달러의 적자가 발생했고, 2020년에는 코로나바이러스 팬데믹과 경제적 피해를 막기 위한 연방지출로 인해 적자 액수가 놀랍게도 2조 8,000억 달러, 2021년에는 3조 2,000억 달러로 증가했고, 그 후 2022년부터 감소하기 시작했다. 게다가 국가부채는 2022년에 30조 달러를 돌파했다.

트럼프 행정부, 바이든 행정부, 파월의 연준 모두 코로나바이러스의 경제적 파급 영향에 맞서 싸우는 동안 적자와 부채에 대해 걱정할 여유가 없다고 생각했다. 트럼프 대통령은 2020년 경제 붕괴를 막기 위한 적절한 정책 조합의 일환으로 감세에 대해 계속해서 언급했지만, 대부분의 분석가들은 경제를 활성화하고 일자리 창출을 촉진하는 방법을 모색하면서도 더 이상 적자가 급증하는 것이 마음에 내키지 않았다. 동시에 2008년 말부터 2015년 말까지 금리를 제로에 가깝게 유지하였던 연준은 거의 제로 금리로 되돌아왔고, 자신들이 가진 모든 통화수단을 활용해 경제를 지원하겠다고 약속했다.

이러한 민감한 경제정책 움직임에는 세금과 지출을 의미하는 재정정책을 통제하는 행정부와 의회, 통화공급과 금리를 통제하는 연준 간의 긴밀한 조정이 필요하다. 연방정부의 행정부와 입법부는 명시적으로 정부의 정치적인 부처이고, 그리고 2022년은 선거가 있는 해이었음을 기억하자. 반면에 연준은 독립적인(정치적인 부서로부터 독립적이라는 의미) 규제 기관이었다. 긴밀한 조정이 어려울 수 있다. 하지만, 우리 경제의 건전성과 생산성이 위태로운 상황이다. 그리고 여러분은 불행히도 조만간 그런 경제 상황에서 일자리를 찾아야 한다.

대규모 예산적자와 국가부채의 급격한 증가는 많은 문제를 야기한다. 단기적, 중기적, 장기적 문제에 대해 각각 하나씩 간단히 살펴보자. 단기적으로 재정적자는 정부가 차입 가능한 자금을 놓고 민간 부문과 경쟁해야 한다는 것을 의미하며, 그 결과 금리가 인상될 위험이 있다. 중기적으로 매년 부채 상환, 즉 국가부채에 대한 이자를 상환하는 데 필요한 예산의 비중이 늘어날 것이다. 그리고 장기적으로는 국가부채가 클수록 기존 세대가 다음 세대에게 더욱 감당하기 어려운 빚을 물려주게 된다는 것을 의미한다. 오늘날의 경제정책 결정은 훨씬 더 먼 미래에도 영향을 미친다. 이제 그 결과를 좀 더 자세히 살펴보자.

경제정책 결정의 결과

이 장에서 우리는 정치적 결정이 경제적 기회와 성과에 영향을 미친다는 것을 살펴보았다. 세금, 지출, 적자, 부채와 관련한 정부의 정책은 경제성과, 즉, 그것이 얼마나 많은 부를 창출하는지, 그 부가 사회 내에서, 또 여러 세대에 걸쳐 어떻게 분배하는지에 영향을 미친다. 경제 성장과 부의 분배와 관련하여 정부는 경제정책 결정을 통해 어떤 목표를 달성하려고 노력해야 하나?

성장

정부가 과연 경제 성장을 관리할 수 있을까? 물론 이는 우리가 '경제 성장을 관리'한다는 말이 무엇을 의미하는지에 달려 있다. 최근 몇 년 동안 우리가 보았듯이, 정부는 단순히 높은 성장률을 정한 다음, 다른 복잡한 문제들의 발생 없이 그 목표를 달성하기 위해 경제정책을 사용할 수는 없다. 그러나 정부는 양호하고 꾸준한 경제 성장률 달성을 목표로 정하고 경제성과에 영향을 미치기 위해 재정정책,

통화정책, 규제정책을 통해 노력할 수 있으며, 실제로 그렇게 한다.

똑똑한 경제학자들과 정책결정자들이 생각하는 '양호하고 꾸준한 경제 성장률'은 어느 정도인가? 역사는 이 질문에 대해 흥미로운 관점을 제공하지만, 실질적인 지침은 거의 주지 않는다. 우리가 가진 최선의 정보에 따르면 실질 GNP는 1830년부터 1930년까지 한 세기 동안 연평균 4.5%의 성장률을 기록했다. 4.5%의 성장률은 16년마다 경제 규모가 두 배로 증가하고, (동시에 인구가 증가하기 때문에) 1인당 GNP가 45년마다 두 배로 증가하는 것을 의미한다.[31]

그러나 1830년에서 1930년까지의 기간은 현재의 성장률에 대한 우리의 기대에 대한 좋은 길잡이가 아닐 수도 있다. 이 기간 동안 우리는 아시아가 지난 50년 동안 그랬던 것처럼 개발도상국 경제였고, 개발도상국은 선진경제로부터 기술과 자본을 수입하고 적용할 수 있기 때문에 고도성장을 경험할 수 있다. 1930년에 이르러 미국은 영국과 독일 경제의 두 배 규모인 세계 최고의 선진 산업경제로 전 세계 상품과 서비스의 거의 40%를 생산했다. 1930년대는 대공황의 시기였다. 미국경제는 1929년에서 1933년 사이에 30% 감소하였고, 1939년까지 1929년의 경제규모를 회복하지 못했다.

1939년에 시작된 전쟁 준비와 1940년대 전반 동안 벌어진 실제 전쟁으로 인해 미국경제는 급격히 발전하였다. 미국경제가 말 그대로 세계에서 생산되는 재화와 서비스의 절반을 생산했던 1950년대와 1960년대의 연평균 성장률은 4%에 가까웠다. 그러나 영국, 프랑스, 독일, 일본이 제2차 세계대전의 폐허로부터 회복하고 미국 기업과 경쟁하기 시작하면서 미국의 경제 성장률은 1970년대에 약 3%, 1980년대에 2.5%, 1990년대 초에 2%로 하락하다가 1995년부터 2003년 사이에 2.7%로 반등했다.[32] 미국경제는 2004년부터 2007년까지 1.7%의 성장에 그쳤다. GDP 성장률은 2008년에 0.4%로, 2009년에 −2.4%로 떨어진 후 2010년부터 2021년까지 2.3%로 반등했다.

1970년대의 성장 둔화와 높은 인플레이션은 대부분의 경제학자들로 하여금 우리나라와 같은 선진 산업경제는 노동시장에 대한 압박과 인플레이션의 촉발 없이는 경제 성장률이 약 2.5%를 초과할 수 없다고 확신하게 만들었다. 그럼에도 불구하고 1990년대 후반까지만 해도 연간 3.5~4.5%의 성장률이 달성되었고, 인플레이션은 증가하지 않았다. 도표 15.4는 경제 성장률이 엄청나게 중요하다는 것을 보여준다. 도표는 2000년부터 2019년까지 미국경제의 실질 성장률을 제시한 후, 2019년부터 2050년까지 향후 30년 동안 평균 2.5%, 3.5%, 4.5%의 실질 성장률을 각각 예측한다.[33] 만약 향후 30년 동안 GDP 성장률이 연평균 4.5%라면, 미국경제 규모는 연평균 2.5%의 성장한 경우보다 80% 이상 더 커질 것이다.

분명히 성장률은 미래에 미국경제가 창출할 전체 부의 양에 엄청난 차이를 만든다. 하지만, 만약 전체 부가 증가하고 임금이 오르지 않거나 조금 오른다면, 누

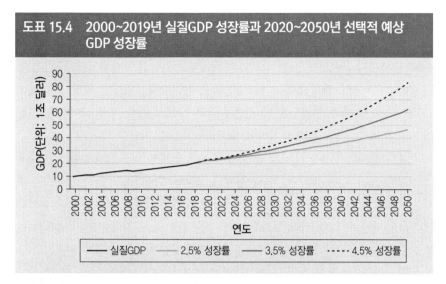

도표 15.4 2000~2019년 실질GDP 성장률과 2020~2050년 선택적 예상 GDP 성장률

출처: *Budget of the United States Government, Fiscal Year 2020*, Historical Tables (Washington, D.C.: U.S. Government Printing Office, 2020), Table 10.1. 2020년에서부터 2050년까지 예상은 필자가 계산하였음.

가 새로운 부의 가장 큰 몫을 차지할까? 미국의 최고 경영자들이 노동자의 평균 월급(3만 9,888달러)의 287배를 번다는 사실이 중요한 문제인가?[34]

공평성

만약 정부 정책이 경제성과에 영향을 미치고, 우리가 그것을 알고 있다면, 그 효과의 공평성을 묻는 것은 전적으로 타당한 것 같다. 이 장에서 내내 살펴보았듯이, 정부 정책이 어떤 경제적 결과를 달성하기 위해 고안되어야 하는지, 다양한 결과가 어떻게 정의롭거나 공평하게 될 것인지를 둘러싸고 치열한 논쟁이 벌어지고 있다.[35] 당연히 우리는 이러한 논쟁을 해결할 수는 없지만, 공평성에 대한 논의가 일어날 수 있고, 일어나고 있고, 일어나야 하는 미국경제의 결과에 대한 두 가지 명백한 사례를 주목할 수 있다.

첫째, 우리는 미국경제가 창출한 부의 계층별 분배를 살펴볼 것이다. 매년 미국경제가 창출하는 부의 어느 정도 비율이 부유층에게 주어지고, 어느 정도 비율이 빈곤층에게 돌아가는가? 둘째, 우리는 연간 소득과 가족의 부가 인종과 민족에 따라 어떻게 차이가 나는지에 대해 질문할 것이다.

연방정부는 세금 및 지출 양상을 포함하여 미국사회 내에서 소득과 부의 분배에 영향을 미치는 많은 결정을 내린다. 연방정부의 세금과 지출 정책이 제2차 세계대전 이후 미국의 계층별 소득 분배에 어떤 영향을 미쳤는가? 도표 15.5를 참조하라. 비록 사회 계층별 소득 분배가 국가 정책의 광범위한 변화에 따라 분명히 달라졌지만, 지난 20년 동안 상위 20%가 차지한 소득의 비율이 꾸준히 증가했다는 사실도 주목할 필요가 있으며, 그 수치가 크게 보아 안정적이었다는 점도 확실하다. 차상위 20%는 전체 소득의 23%를 매우 꾸준히 차지했고, 3분위와 4분위 (대략 중하층과 근로빈곤층)는 각각 15%와 9%로 서서히 악화되었다. 하위 20%는 같은 기간 동안 전체 소득의 4% 미만만을 차지했다. '위대한 사회' 프로그램이 최하위 20% 계층의 소득을 1960년대 말과 1970년대에 6%로 끌어올렸지만, 1980년대 이래로 꾸준하게 하락하여, 2009년에는 4% 미만을 기록했다.

버클리 경제학자이자 사회를 통한 소득 분배에 관한 대표적인 전문가인 사에즈(Emmanuel Saez) 교수는 "만약 경제가 성장하고 있더라도 단지 소수만이 혜택을 누리고 있다면, 이는 우리의 공평성에 영향을 미친다. 이는 중요한 정치적 결과를 가져올 수 있다"라고 언급했다.[36] 다른 한편으로, 우리는 우리 경제가 일부 소수가 다른 사람들보다 훨씬 더 잘 사는 경쟁적인 자본주의 경제라는 점도 알고 있다.[37] 우리는 도표 15.5의 데이터에 대해 걱정해야 하는가, 아니면 그 데이터가 자유시장경제에서는 당연하고 적절한 것이라고 생각하는가?

아마도 더욱 놀라운 점은 제2차 세계대전 이후 미국에서 인종별, 민족별 소득분포의 상대적 안정성이다 (도표 15.6 참조). 비록 비백인에 해당하는 사람을 설명하는 데 사용되는 범주가 시간이 지남에 따라 바뀌었지만, 여전히 우리는 지난 4분의 3세기 동안 인종별, 민족별 소득분포에 대한 꽤 명확한 윤곽을 얻을 수 있다. 흑인과 히스패닉의 소득은 1960년대 초까지 백인 인구 소득의 약 55%로, 1960년대 중반에는 약 60%로 증가했으며, 그 이후로는 거의 변동 없이 60% 내외에 머물러 있다.[38]

흥미롭게도, 1970년대 초 해당 보고서가 보관되기 시작한 시점부터 1980년

도표 15.5   1947~2020년 미국 가구의 전체 소득 5분위 배율

출처: U.S. Census Bureau. 다음을 참조. www.census.gov/hhes/www/income/data/historical/families/F2-All races.

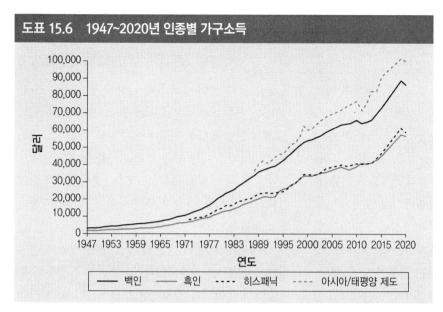

도표 15.6 1947~2020년 인종별 가구소득

출처: U.S. Census Bureau. 다음을 참조. www.census.gov/hhes/www/income/data/historical/
families/F5-FamilyIncome by Race.

대 말까지 히스패닉의 소득수준이 흑인의 소득수준을 약간 앞서 나갔다. 이민 패
턴은 1990년대 중반 히스패닉의 소득수준 정체로 이어졌고, 2005년 히스패닉이
약간 앞섰을 때까지 두 인종집단의 소득수준은 사실상 거의 똑같았다. 아시아계
와 태평양 제도 사람들의 평균 가구 소득은 1980년대 중반에 그러한 기록이 보관
되기 시작한 이후 처음으로 백인의 평균 가구 소득을 추월했다. 불길하게도, 미
국의 중위 가구 소득(median family income)은 물가상승을 반영한다면 지난 20
년 동안 하락했다. 2000년에는 7만 6,469달러, 2015년에는 7만 7,242달러였다.
2016년부터 증가하기 시작하여 2020년에는 8만 4,008달러에 이르렀지만, 2020
년대 초의 경제적 어려움으로 인해 다시 줄어들었다.[39]

이 장의 요약

정부는 세금, 지출, 적자, 부채에 관한 결정을 통해
경제 구조와 성과에 영향을 미친다. 독립 후 처음
100년 동안의 미국 정치사에서 중앙정부는 주로 외
교정책을 시행하고, 국방서비스를 제공하고, 서부 개
척지 땅을 분배하고, 우편물을 배달하는 일을 주로
담당했다. 중앙정부의 재정 조달에 필요한 약간의 세
입은 거의 전적으로 관세와 주류와 담배에 부과한 소
비세로부터 발생했다.

은행, 철도, 철강, 석유 등 주요 경제활동에서 새
로운 기업 독점을 규제할 필요성이 대두되면서 19세

기 말에 경제규제가 확대되었다. 1930년대에 프랭클린 루스벨트와 민주당이 지배하던 의회가 미국 역사상 가장 심각한 경기침체인 대공황으로부터 경제를 구하기 위해 노력하면서 추가로 경제규제가 확대되었다. 정부는 일자리를 만들고, 경제가 다시 돌아가게 만들고, 사회보장과 실업수당을 중심으로 하는 사회안전망을 구축하는 일에 앞장섰다. 1946년 「고용법」은 경제관리에 대한 중앙정부의 책임을 확인했다.

비록 관측통들 대다수는 경제관리에 있어 중앙정부가 어느 정도 역할을 해야 한다는 점에 동의하고 있지만, 그 역할이 무엇인지에 대해서는 의견이 서로 엇갈린다. 전통적인 보수주의자는 정부가 낮은 세금, 제한적인 규제, 균형 예산 등에 집중해야 한다고 주장한다. 케인스주의자는 정부가 경기 침체기에는 지출을 늘리고 경제 팽창기에는 지출을 줄여 경제의 총수요를 관리해야 한다고 주장한다. 통화주의자들은 원활한 경제 성장의 열쇠는 경제가 팽창하는 속도에 맞춰 통화량이 늘어날 수 있게 하는 것에 달려 있다고 주장한다. 공급 측면 경제학자들은 설령 단기적으로 적자가 발생하더라도 정부가 기업 환경 개선을 위해 낮은 세금과 규제 완화를 추진해야 한다고 주장한다. 신경제 옹호자들은 책임 있는 재정정책이 저금리와 급속한 경제 성장을 촉진하는 한편, 글로벌 경쟁과 생산성 향상이 인플레이션을 억제한다고 주장한다.

행정부의 5대 주요 기관과 의회의 세입위원회와 세출위원회는 국가 경제정책의 수립을 가장 직접적으로 책임진다. 재무부는 세입을 징수하고 정부를 대신하여 자금을 차입한다. 연방준비위원회는 미국의 은행 시스템을 감시하고 지급준비율과 할인율의 결정을 통해 통화의 공급과 금리에 영향을 미친다. OMB는 대통령의 예산 준비를 돕고, 경제자문위원회는 경제 전망에 대한 전반적인 조언을 제공하고 대통령이 의회에 보내는 연례 경제 교서를 준비하는 것을 도와준다. 국가경제위원회는 국가안보위원회가 외교정책을 조정하는 것과 매우 흡사하게 국가경제정책을 조정한다.

19세기와 20세기 전반기 동안 연방 세입의 거의 절반이 국방비로 지출되었다. 1960년 이후 정부의 총지출에서 국방비가 차지하는 비율이 감소하기 시작했고, 사회프로그램에 대한 지출이 증가하기 시작했다. 오늘날 사회프로그램에 대한 지출은 전체 예산의 70%를 초과하고, 국방비 지출은 16% 이하로 떨어졌다. 특히 사회보장제도와 메디케어를 중심으로 의무적인 국내 사회프로그램의 비용 급증은 국가부채를 지속 불가능한 수준으로 몰고 갈 위험성이 다분하다.

마지막으로 우리는 경제를 관리하는 정부의 역할이 미국경제가 생산하는 부의 양에 미치는 영향, 미국경제 내에서 부의 분배, 그리고 그러한 양상이 미래 세대에게 의미하는 바를 탐구했다. 정부는 경제에 영향을 미치지만, 정치는 정부가 그렇게 하는 방법에 영향을 미친다.

주요 용어

추천 문헌

Bernanke, Ben S. *The Federal Reserve and the Financial Crisis*. Princeton, NJ: Princeton University Press, 2013. 벤 버냉키 전 연준 의장은 일련의 강연을 통해 연준의 기원과 목적, 2008~2009년과 그 이후의 대침체에 맞서 어떻게 싸우려고 했는지에 대해 얘기했다.

Cogan, John F. *The High Cost of Good Intentions: A History of U.S. Federal Entitlement Programs*. Palo Alto, CA: Stanford University Press, 2017. 적격자 판단 프로그램의 역사와 현재 직면하고 있는 문제에 대한 보수적인 관점.

Johnson, Joel W. *Political Economy of the United States*. New York: Routledge, 2019. 존슨은 경제관리에서 정부의 역할이 어떻게 발전했는지, 그리고 미국 중앙정부가 경제정책을 어떻게 수립하는지에 대해 설명한다.

Kingdon, John W. "American Public Policy in Comparative Perspective," 1999. 킹던은 왜 미국이 국내정책에서는 다른 선진국들보다 적게 지출하고 국방과 형사사법과 같은 영역에서는 다른 선진국들보다 더 많이 지출하는지 묻는다.

Mettler, Suzanne. *The Submerged State: How Invisible Government Policies Undermine American Democracy*. Chicago: University of Chicago Press, 2011. 메틀러는 미국인들이 사회보장제도과 같은 많은 주요 정부 프로그램에 동의하면서도 정부를 조롱하고 있다는 사실을 강조한다.

Noah, Timothy. *The Great Divergence: America's Growing Inequality Crisis and What We Can Do About It*. New York: Bloomsbury Press, 2012. 노아는 미국에서 증가하는 불평등의 원인과 결과를 탐구한다.

Sledge, Daniel. *Health Divided: Public Health and Individual Medicine In the Making of the Modern American State*. Lawrence, KS: University Press of Kansas, 2017. 슬레지는 강력한 공공의료 시스템과 많은 사람들을 소외시키는 개인 의료보험 및 의료전달 시스템으로 크게 둘로 갈라진 미국 의료 시스템의 역사적 기원을 설명한다.

인터넷 자료

1. www.federalreserve.gov
   연방준비제도는 미국의 통화정책을 담당한다. 이 기관은 독립적인 집행기관이므로 다른 기관에서 발견되는 많은 정치적 압력에서 벗어나 있다.

2. www.whitehouse.gov/omb/index.html
   이 홈페이지는 연방예산 전체에 대한 정보뿐 아니라 제안된 예산안과 예산처리 과정에 대한 정보도 제공하고 있는 관리예산처(OMB)의 사이트로 연결된다.

3. www.ustreas.gov
   미국 재무부는 경제를 담당하는 책임을 맡은 대규모 연방정부기관이다. 재무부는 또한 연방정부의 정부회계를 유지 관리할 책임이 있다.

4. www.cbo.gov
   의회예산국(Congressional Budget Office)은 경제 및 예산 결정에 대한 전문적이고 초당파적인 분석을 자랑한다. 이 사이트는 예산처리 과정에 대한 깊이 있는 통찰을 제공한다.

5. www.brook.edu
   브루킹스연구소는 공공정책에 대한 학문적 분석을 제공한다. 이는 정부와 경제에 관한 연구에 큰 도움이 되는 자료의 보고이다.

주

1) Marc Allen Eisner, *The American Political Economy: Institutional Evolution of Market and State*, 2nd ed. (New York: Routledge, 2014), 7, 22.

2) David Brian Robertson, *Federalism and the Making of America*, 2nd ed. (New York: Routledge, 2018), 37.

3) Ron Chernow, *Alexander Hamilton* (New York: Basic Books, 2004). 또한, 다음 참조. Kate Elizabeth Brown, *Alexander Hamilton and the Development of American Law* (Lawrence: University of Kansas Press, 2017).

4) David R. Mayhew, *The Imprint of Congress* (New Haven, CT: Yale University Press, 2017), 20.

5) John P. Frendreis and Raymond Tatalovich, *The Modern Presidency and Economic Policy* (Itasca, IL: Peacock, 1994), 116, 20. 또한, 다음 참조. Lisa A. Keister, *Wealth in America: Trends in Wealth Inequality* (New York: Cambridge University Press, 2000).

6) Jeremi Suri, *The Impossible Presidency: The Rise and Fall of America's Highest Office* (New York: Basic Books, 2017), 116.

7) Ballard C. Campbell, *The Growth of American Government: Governance from the Cleveland Era to the Present* (Bloomington, IN: Indiana University Press, 1995), 83–84.

8) James T. Patterson, *America's Struggle against Poverty in the Twentieth Century* (Cambridge, MA: Harvard University Press, 2000), 60.

9) Jeffrey E. Cohen, *Politics and Economic Policy in the United States* (New York: Houghton Miffin, 2000), 228.

10) Richard Morrison, "Dueling Calculations for the Cost of Federal Regulation," Competitive Enterprise Institute, May 3, 2018. 또한, 다음 참조, Maeve P. Carey, "Methods of Estimating the Total Cost of Federal Regulations," Congressional Research Service, January 21, 2016.

11) John Cassidy, "After the Blowup: Laissez-Faire Economists Do Some Soul-Searching–And Finger-Pointing," *The New Yorker*, January 11, 2010, 28–33.

12) Catherine Rampell, "Tax Pledge May Scuttle a Deal on Defcits," *New York Times*, November 19, 2011, B1, B2.

13) Peter Baker, "A 1970s Economic Theory Comes to Life Once More," *New York Times*, April 26, 2017, A19.

14) National Bureau of Economic Analysis, "U.S. Business Cycle Expansions and Contractions," www.nber.org/cycles/cyclesmain.html.

15) Center for Budget and Policy Priorities, "Policy Basics: Introduction to the Federal Budget Process," July 8, 2019.

16) W. Elliot Brownlee, *Federal Taxation in America: A Short History*, 3rd ed. (New York: Cambridge University Press, 2016), 10–30.

17) Brownlee, *Federal Taxation in America*, 26–28.

18) Carolyn Webber and Aaron Wildavsky, *A History of Taxation and Expenditure in the Western World* (New York: Simon and Schuster, 1986), 421–422.

19) Office of Management and Budget, Historical Tables, Table 2.2, "Percentage Composition of Receipts by Sources, 1934–2026".

20) Department of Commerce, Bureau of the Census, *Historical Statistics of the United States, Colonial Times to 1957* (Washington, D.C.: U.S. Government Printing Office, 1960), 703.

21) Edmund L. Andrews, "Why U.S. Companies Shouldn't Whine About Taxes," *New York Times*, July 9, 2006, Bu3.

22) Campbell, *The Growth of American Government*, 227–228; Brownlee, *Federal Taxation in America*, 1.

23) Congressional Research Service, "Spending and Tax Expenditures," July 2019.

24) U.S. Bureau of the Census, *Historical Statistics of the United States, Colonial Times to 1957* (Washington, D.C.: 1960), Series A 1–3, 7, and Series Y 254–257, 711.

25) Social Security Administration, "Fact Sheet, Social Security," 2021 Social Security Changes.

26) Barbara S. Klees, Eric T. Eckstein, and Catharine A. Curtis, "Brief Summaries of Medicare and Medicaid," Office of the Actuary, Centers for Medicare and Medicaid Services, November 15, 2019.

27) Center for Medicare and Medicaid Services, NHE Fact Sheet 2020.

28) Melissa Healy, "Canada's Single-Payer System Less Costly to Run," *Los Angeles Times*, January 12, 2020.

29) Leslie Brody, "No Child Left Behind Replacement Plan Shifts Power to the States on Education,"

Wall Street Journal, November 30, 2015.

30) U.S. Bureau of the Census, *Historical Statistics of the United States*, Series Y 254–257, 711.

31) U.S. Census Bureau, *Historical Statistics of the United States, Colonial Times to 1957* (Washington, D.C.: U.S. Government Printing Office, 1960), Series F 1–5, 139. 또한, 다음 참조, Jonathan Hughes, *American Economic History*, 3rd ed. (New York: HarperCollins, 1990), 332.

32) *Historical Statistics of the United States*, Series F 1–5, 139; Hughes, *American Economic History*, 530, 582; *Economic Indicators*, December 2019, prepared for the Joint Economic Committee by the Council of Economic Advisers (Washington, D.C.: U.S. Government Printing Office, 2019), 2.

33) Tyler Cowan, "For Much of the World, A Fruitful Decade," *New York Times*, January 3, 2010, BU4.

34) David Gelles, "Millions at the Top, Pittance Below," *New York Times*, May 25, 2018, B1, B6.

35) Timothy Noah, *The Great Divergence: America's Growing Inequality Crisis and What We Can Do About It* (New York: Bloomsbury Press, 2012).

36) David Kay Johnson, "Income Gap Is Widening, Data Shows," *New York Times*, March 29, 2007, C1.

37) Neil Irwin, "Capotalism Is Amazing! (It's Also Inadequate)," *New York Times*, November 15, 2020, B1, B5.

38) Julia B. Isaacs, Pew Charitable Trusts, has offered a number of studies on economic mobility by generation, race, and gender. 다음 참조. www.econmicmobility.org.

39) Ronald Brownstein, "Closing the Book on the Bush Legacy," www.TheAtlantic.com, September 11, 2009

16장

21세기 미국의 글로벌 역할

중점질문 및 학습목표

Q1 역사적으로 미국을 팽창주의 세력이라고 말하는 것이 옳은가?

Q2 제2차 세계대전 이후 서유럽, 소련, 일본에 대한 미국의 정치적, 경제적, 군사적 전략은 무엇이었나?

Q3 오늘날 세계에서 미국은 자국의 압도적인 경제력과 군사력을 어떻게 행사하고 있나?

Q4 세계의 부유한 나라들은 가난한 나라들에 대해, 만약 책임이 있다면, 어떤 책임이 있나?

Q5 우리의 문화적, 경제적, 군사적 자원을 고려할 때, 미국은 21세기 세계를 어떤 세상으로 만들려고 노력해야 하는가?

DOI: 10.4324/9781003303954-16

군통수권자는 고문을 명령할 수 있는가?

제2조 제2항, 제3항 (일부): "대통령은 합중국 육해군의 총사령관이 되며 …
법률이 충실하게 집행되도록 유의한다."

대통령으로 취임한 지 48시간이 채 지나지 않은 2009년 1월 22일 아침, 버락
오바마 대통령은 CIA와 기타 정부기관에 의한 고문 행위를 금지하는 행정명
령을 발표했다. "합법적인 심문 보장"이라는 제목의 오바마 대통령의 행정명
령은, 나중에 많은 사람이 고문이라고 결론을 내린 선진 심문 방식(enhanced
interrogation techniques)을 전쟁 수행에 관한 제네바협약이 허용하고 있다고
해석한 부시 대통령의 행정명령 제13440호를 폐지했다. 놀랍게도, 어쩌면 그다
지 놀랄 일도 아니지만, 도널드 트럼프는 2016년 대선 선거운동 당시 고문 행위
를 국가안보 수단을 담아놓은 공구함에 다시 포함시킬 것임을 약속했다. 이는 도
대체 무엇을 의미하나?

9·11 테러 이후, 조지 W. 부시 대통령과 체니 부통령, 그리고 럼즈펠드 장관,
파월 장관, 테넷 CIA 국장, 콘돌리자 라이스 백악관 국가안전보장회의(NSC) 국
장 등으로 구성된 국가안보팀은 테러집단을 적으로 간주하여 국토방위를 결정
했다. 부시 대통령과 그의 팀은 특히 포로로 잡힌 '적 전투원'의 심문과 관련하여
'테러와의 전쟁'을 얼마나 공격적으로 수행할 수 있는지에 관해 조언을 구했다.
이미 체니 부통령은, 특히 전시 상황에서 대통령의 독자적인 권한을 보장하는 단
일행정부론에 집착하고 있었다. 바이비(Jay Bybee)와 유(John Yoo)가 이끄는
백악관 및 행정부의 많은 법률전문가는 전시에 대통령은 국가를 수호하기 위해
견제받지 않는 무제한적인 권한을 가지고 있다고 결론 내렸다.

법률전문가들은 군통수권자인 대통령이 포로로 잡힌 적 전투원에 대한 심문을
포함하여 전쟁 수행에 관한 모든 권한을 보유하고 있다고 주장했다. 법률전문가
들은 의회와 법원이 전장 작전을 계획하는 데 있어서와 마찬가지로 전시에 심문
을 계획하고 수행하는 데 더 큰 권한이 없다고 주장했다. 가령 포로로 잡힌 전투
원들은 만약 자신이 즉각적으로 자백하면 많은 생명을 구할 수 있음을 알고 있을
수도 있다. 이것이 바로 시한폭탄 시나리오이다. 즉, 수천 명, 혹은 수백만 명의
목숨을 앗아갈 수도 있는 시한폭탄이 어디에 있는지 알고 있는 테러범을 구금하
고 있는 경우, 그러한 정보를 알아내기 위해 그를 고문하는 것이 옳지 않은 일인
가, 아니면 옳은 일인가?

2004년과 2005년 내내 부시 행정부는 그 메모들은 단지 권고일 뿐 실제 정책
을 추진한 적이 없다고 사람들을 납득시켰다. 부시 대통령이 "미국은 고문을 행
하지 않는다"고 여러 차례 말했지만, 이는 여러분이 고문에 대한 행정부의 새로

운 정의를 수용하는 경우에만 사실이라는 증거가 쌓였다. 제이 바이비가 작성한 2002년 메모는 "장기 부전, 신체 기능 손상 또는 심지어 죽음과 같은 심각한 신체적 부상을 동반하는 고통에 상응하는 강도"로 고통받는 경우에만 고문행위에 해당한다고 선언했다. 따라서 이러한 논리에 따르면, 익사의 고통을 주는 물고문은 미국이 100년 이상 고문행위로 간주했음에도 불구하고 고문에 해당하지 않는다.

9·11 테러로 인한 비상사태에 대한 기억이 희미해지기 시작하면서 의회와 법원은 행정부의 권력을 견제하는 자신들의 역할을 다시 강조하기 시작했다. 베트남전쟁 동안 포로로 잡혀서 고문당한 경험이 있는 매케인(John McCain) 상원의원은 고문 금지 법안을 발의했다. 부시 행정부는 CIA가 융통성이 필요하다고 주장하면서 매케인이 발의한 법안에 반대하는 로비 활동을 펼쳤다. 법안은 결국 통과되었고, 부시 대통령은 매케인이 배석한 가운데 2005년 12월 30일 해당 법안에 서명했다. 2006년 1월 4일 부시 행정부는 이 법안에 대한 행정부의 생각을 전달하는 '서명 성명서'를 발표했다. "행정부는 … 군통수권자로서 대통령의 헌법적 권한에 부합하는 방식으로 [법]을 제정할 것이다"라고 언급했다. 부시 행정부가 지난 수년 동안 전시에는 대통령의 권력이 견제받지 않는다고 주장해 왔기 때문에 고문 반대자들은 분노했다.

따라서, 부시 행정부의 심문 정책을 전면 폐기할 것을 지시한 오바마 대통령의 행정명령은 많은 사람으로부터 환영을 받았다. 하지만 얼마 지나지 않아, 슬금슬금 의구심이 생기기 시작했다. 오바마 대통령의 2009년 1월 22일 행정명령은 미국이 당사자인 '무력 충돌'에서 체포된 사람 모두에 대한 고문을 금지했다. 무력충돌이 없는 테러 작전의 경우에는 어떠한가? 일부 사람들은 오바마 행정부의 의도는 이 경우에도 고문을 금지하는 것으로 추정했다. 반면에 9·11 테러와 같은 비상사태가 다시 발생하는 경우, 대통령이 자신의 군통수권자 공구함을 들여다보고 공구함이 텅 비어 있는 것을 확인하고 싶은 대통령은 없다.

트럼프 대통령은 취임 일주일 만에 물고문이 "절대적으로 효과가 있다"고 주장했고 "불로 불에 맞서 싸우기 위해" 훨씬 더 과감한 조치를 승인할 것임을 선언했다. CIA 연설과 이어진 ABC뉴스와의 인터뷰에서 트럼프가 한 이러한 발언들은 국내외적으로 무엇이 고문이고 그것이 '효과가 있는지'에 관한 또 다른 논쟁을 불러일으켰다. 매케인 상원의원은 "우리는 미국에서 고문을 다시 행하지 않을 것"이라고 선언하는 성명서를 발표했다.[1] 여러분은 어떻게 생각하는가? 헌법상 대통령은 고문을 명령할 수 있는 권한을 가지고 있는가? 그렇게 하는 것이 바람직한가?

세계 속의 미국

최근 몇 년간 군사적, 경제적 측면에서 미국의 글로벌 리더십이 흔들리고 있다는 사실을 부인할 사람은 거의 없을 것이다. 그럼에도 불구하고 다른 국가나 국가들이 미국의 리더십 역할을 대신 맡았다거나 심지어 맡을 만한 능력이 있다고 주장하는 사람은 여전히 거의 없다. 만약 미국의 태도와 정책에 변화가 필요하다면, 어떤 변화가 필요한가?

미국이 글로벌 리더십을 유지하려면, 미국 지도자와 시민들은 미래에 자신들이 직면하게 될 도전과 기회에 대해 좀 더 잘 이해해야 한다. 미국인들은 안보와 안보 불안의 근원이 모두 바뀌었음을 근본적인 방식으로 심도 있게 이해해야 한다.

전통적으로 국가안보는 영토, 인구, 경제 등의 규모에 달려있다. 18세기에 이러한 요소들은 대부분 보병 부대로 구성된 군대를 양성하고 군대에 보급물자를 공급하는 능력으로 연결되었다. 19세기와 20세기 초 군대와 장비의 신속한 동원과 이동을 가능하게 하는 전신 및 철도 네트워크에 의해 결합되는 경우 이러한 자연자원, 물리적 자원이 여전히 중요했다. 제2차 세계대전 이후 초강대국 간의 대결이 미국의 승리로 귀결되자, 민주평화 시대가 조만간 실현될 것처럼 보였다. 그러나 9·11 테러 사건은 실패 국가와 글로벌 테러리즘이 안보 불안의 현대적 모습이라는 것을 일깨워 주었다.

2001년 9월 11일 아침에 두 번째 비행기가 세계무역센터 두 번째 타워에 돌진하고 국방부도 공격받았다는 소식이 전해졌을 때, 세계에 대한, 그리고 세계 속에서 미국의 위치에 대한 미국인의 생각에 많은 변화가 생겼다. 그 공격은 다른 강대국이 도발한 것이 아니라, 무국적자인 변절자 빈 라덴(Osama bin Laden)과 널리 흩어져 있는 알카에다 테러범들이 감행한 것이었다. 반격에 대한 보편적인 결의는 서서히 미국 외교정책의 목표와 그러한 목표를 달성하기 위한 최선의 수단에 대한 학계, 정부, 대중의 광범위한 토론을 촉발했다. 러시아의 침략 재개와 중국의 지속적인 부상은 강대국 정치가 여전히 위협으로 남아 있음을 상기시켜 준다.

21세기 세계에서 미국은 어떻게 행동해야 하며 무엇을 성취하기 위해 노력해야 할까? 미국은 세계 문제의 방향을 정하기 위해 어떤 강점, 어떤 자원 또는 자산을 활용해야 할까? 학자들은 미국(또는 모든 국가)이 세계에서 자국의 이익을 추구하는 방법에 대해 생각하는 두 가지 광범위한 시각을 구별해 왔다. **현실주의**는 미국이 국가의 안보와 번영을 지키고 확대하는 데 관심과 자원을 집중해야 하며, 다른 나라들도 그렇게 하고 있다고 주장한다. **이상주의**는 다른 나라들이 안전하고 자유롭고 번영할 때 우리 미국 역시 가장 안전하기 때문에 미국이 세계에서 자유, 민주주의,

현실주의(Realists)
현실주의자들은 미국이 자국의 안보와 번영을 수호하고 확대하는 데 관심과 자원을 집중해야 한다고 주장한다.

이상주의(Idealists)
이상주의자들은 민족국가가 세계의 자유, 민주주의, 기회의 이상을 증진하기 위해 행동해야 한다고 주장한다.

출처: AP Photo/Daniel Hulshizer, File

2001년 9월 11일 아침, 자유의 여신상을 배경으로 쌍둥이 빌딩의 폐허에서 연기가 치솟고 있다. 그날 세계에 존재하는 위험의 종류에 대한 미국의 인식이 바뀌었다.

기회라는 이상을 증진하는 방향으로 행동해야 한다고 주장한다. 물론 오바마 대통령, 당시 부통령이었던 지금의 바이든 대통령, 케리 국무장관, 카터 국방장관이 이끄는 오바마 행정부는 스스로 자신을 강한 이상주의 성향을 가진 현실주의자로 자처하는 것을 선호했다. 트럼프 대통령, 켈리 비서실장, 매티스 국방장관, 전 CIA 국장이자 국무장관인 폼페이오는 스스로 자신을 이상주의에 연연하지 않는 현실주의자라고 생각했다.

현실주의와 이상주의는 미국이 글로벌 이익의 추구에 사용할 수 있는 특정 자산을 보유하고 있다는 점에는 동의하지만, 그 자산을 어떻게 사용해야 하는지에 대해서는 의견이 다르다. 현실주의는 미국이 자신이 선호하는 바를 주장하기 위해 미국의 **하드파워** 자산, 특히 군사력과 경제력에 의존한다. 이상주의는 하드파워 자산이 중요하다는 것에 동의하지만, **소프트파워** 자산, 특히 매력적인 가치, 문화, 번영뿐만 아니라 국제기구 지원과 대외원조 제공을 통해 관대하게 행동하려는 의지가 다른 나라들로 하여금 미국을 따르고 모방하고 싶게 만들 수 있다고 주장한다. 현실주의와 이상주의는 하드파워와 소프트파워의 중요성에 동의하지만, 두 가지 중 무엇을 강조하고 중시하는지에 있어 다르다.[2]

하드파워(hard power)
어떤 한 국가가 자신의 선호를 주장할 수 있게 해주는 자산, 특히 군사력과 경제력을 의미한다.

소프트파워(soft power)
다른 나라들이 어떤 한 국가를 모방하고 협력하도록 만드는 매력적인 가치, 문화, 번영과 같은 자산을 의미한다.

이 책의 마지막 장인 여기에서 우리는 세계 무대에 있어서 미국을 설명한다. 첫째, 우리는 식민지 시대부터 제2차 세계대전까지 미국의 국력이 서서히 강화되는 과정을 살펴본다. 이 기간 동안 미국은 보잘것없는 여러 식민지 전초기지에서 경제 강국으로 성장했지만, 그때까지는 아직 세계적 강대국은 아니었다. 둘째, 우리는 제2차 세계대전 이후의 세계와 그 당시 세계를 특징짓는 냉전 대결에 대해 살펴본다. 미국은 제2차 세계대전 직후 세계를 지배하는 경제 대국이자 소련 및 소련의 전 세계 동맹국에 맞서는 정치적, 군사적 연합의 지도자로 부상했다. 마지막으로, 우리는 현대 세계에서 미국의 위치에 대해 살펴본다. 1980년대 말 소련 제국이 붕괴한 이후, 미국은 한동안 세계 유일의 초강대국인 것처럼 보였지만, 부활한 러시아로부터 코로나바이러스, ISIS 무장테러 집단에 이르기까지 많은 문제가 산재하고 있다.

구 세계질서에서 미국

17세기가 시작되면서 영국, 프랑스, 스페인, 포르투갈, 네덜란드 등 유럽 열강은 서로 끊임없이 경제적, 군사적 경쟁을 벌였고, 이는 종종 전쟁으로 이어졌다. 유럽 열강들은 각자 필요한 상품과 원자재를 유리한 조건으로 확보하기 위해 전 세계 식민지 네트워크의 구축을 놓고 서로 다투었다. 또한, 식민지는 유럽 식민제국의 완제품 판매 시장 역할도 했다. 북아메리카의 영국 식민지를 포함한 모든 식민지는 왕들과 제국들이 세계 지배를 놓고 서로 싸우는 위험한 세계에서 뿌리를 내리기 위해 고군분투했다.

초기 경험과 선례

북아메리카에 있는 영국의 식민지들은, 1607년 제임스타운 식민지 개척자들이 첫발을 내딛던 때부터 1776년 미국이 독립할 때까지 유럽 열강들이 서로 차지하기 위해 싸운 일종의 전리품이었다. 그 기간 대부분 동안 북아메리카 식민지들은 너무 허약해서 유럽 세력균형체제에서 독자적인 영향력을 가질 수 없었다. 심지어 1765년까지도 영국과 프랑스 제국은 인도, 캐나다, 카리브해의 설탕 섬들,* 메인주에서 조지아주까지의 식민지에서 세계 전쟁을 벌였고, 이 전쟁에 그곳 식민지들의 운명이 걸려있었다. 영국이 승리하여 인도와 캐나다를 획득했고, 한동안 북아메리카 식민지들을 차지했다.

    유럽의 정치도 미국 독립 혁명에서 중요한 역할을 했다. 미국이 요크타운에서 영국의 콘월리스 장군을 물리치고 전쟁을 사실상 끝낼 수 있게 도와준 유럽의 차관과 프랑스의 지원이 제때 없었다면 미국의 독립은 실현되지 않았을 것이다. 하지만 미국이 독립에 성공한 후, 어떤 유럽국가도 미국의 이익을 옹호하지 않을 것이라는 사실이 갈수록 확연해졌다.

독립과 그에 따른 위험. 독립으로 인해 국제사회에서 미국의 입장이 까다롭게 되었다. 영국은 여전히 적대적이었지만, 독립전쟁 당시 도움을 준 프랑스와 스페인 등과 같은 나라들 역시 북아메리카에 자신들의 이해관계가 걸려있음을 분명히 했다.[3] 미국이 연방헌법의 채택을 통해 확고한 기반을 다진 것처럼 보일 무렵 유럽에서 전쟁이 일어났다. 프랑스혁명은 1789년에 기존의 군주제를 타파하고 온건한 공화국을 수립하려는 노력으로 시작되었다. 프랑스의 정치개혁이 사회혁명으로 전환되자 영국이 주도하는 유럽의 보수적인 군주제 국가들이 반격에 나섰고, 유럽 전역은 곧 전쟁의 불길에 휩싸였다. 워싱턴 대통령은 곧바로 미국의 중립을 선언하고, 신생국가인 미국이 전쟁에 휘말리지 않도록 부단히 노력했으며, 대통령직에서 물러나면서 고별 연설을 통해 동료 시민들에게 유럽의 외교, 군사 문제에 연루되지 말라고 경고했다. 이 금지 명령은 한 세기가 넘도록 미국 외교정책의 핵심이었다.

    하지만 때로는 유럽에서 벌어진 전쟁 덕분에 미국은 이득을 얻을 수 있었다. 그러한 혜택의 가장 주목할만한 사례는 1803년 제퍼슨 대통령이 나폴레옹으로

* 역자주
사탕수수 플랜테이션 농장이 많았던 식민지를 의미한다.

출처: The Granger Collection, New York

독립전쟁이 끝날 무렵 요크타운에서 워싱턴 장군의 군대가 영국 콘월리스 장군의 군대를 상대로 포위 작전을 펼치고 있을 때. 프랑스 함대가 케이프 해전에서 영국 함대를 저지했다.

부터 루이지애나 영토를 매입한 일이었다. 유럽에서 전쟁이 재개될 조짐이 보이자, 나폴레옹은 뉴올리언스의 항구를 포함하여 미시시피강과 로키산맥 사이의 영토를 1,500만 달러에 미국에 매각하기로 합의했다. 이러한 82만 8,000평방마일의 영토 매입으로 인해 미국 면적이 사실상 두 배로 늘어났다.

일반적으로, 프랑스와 영국 둘 다 자국의 적한테 이익이 될 수 있는 미국의 모든 활동을 금지하려고 했다. 결국, 영국이 미국의 상업적 권리를 지속적으로 침해하자, 매디슨 대통령은 1812년 6월 1일에 의회에 영국에 대한 선전포고를 요청했다. 비록 영국은 유럽에서의 전쟁에 주력했지만, 캐나다와 오대호에서 일반적으로 미국을 압도했다. 1814년 4월 나폴레옹의 패배로 영국은 미국에 집중할 수 있게 되었다. 6월에 4,000명의 노련한 영국군이 배를 타고 미국으로 떠났다. 8월에 이 부대는 체서피크에 진입하여, 메릴랜드의 블래든스버그 근처에서 제대로 무장을 갖추지 못한 미국 민병대를 격파하고, 워싱턴에 있는 미국의 새로운 수도를 불태워 버렸다.

한편, 유럽에 있던 미국과 영국의 외교관들은 적대관계를 끝내기 위해 협상을 시도했다. 10월까지 그들은 협상 조건에 합의했고 1814년 12월 24일에 겐트조약(Treaty of Ghent)을 체결했다. 공식적으로 전쟁이 끝난 지 꼭 2주 지난 후였지만, 아직 그 소식이 미국에 전해지기 전에 잭슨(Andrew Jackson) 장군은 뉴올리언스 전투에서 이 전쟁에서 가장 큰 승리를 거두었다. 이 승리는 수도가 잿더미가 되어 여전히 속이 쓰렸던 미국인의 마음에 강력한 활력을 불어넣었고, 잭슨 장군이 백악관으로 가는 길을 열어주었다. 그 조약은 마침내 1815년 2월 11일에 뉴욕에 도착했고, 4일 후에 미국 상원에서 승인되었다.

먼로독트린. 1815년 유럽 열강은 나폴레옹 이후 유럽 질서의 회복에 머물지 않고, 유럽의 '세력균형'을 유지할 '유럽 협조체제'를 수립하기 위해 '비엔나회의'에 모였다. 신생국가인 미국은 유럽 열강의 유럽에 관한 이러한 신중한 계획에서 어떤 역할도 하지 못했다. 그럼에도 불구하고 스페인과 포르투갈의 라틴아메리카 식민지에서 일련의 반란이 일어나서 여러 개의 독립 공화국이 수립되자, 아메리카 대륙에서 유럽국가들의 역할을 둘러싸고 논쟁이 벌어졌다.

라틴아메리카에 대한 유럽의 지배력이 떨어지기 시작했음에도 불구하고, 미국 정치인들은 미국이 사태를 주도할 능력이 없음을 인정했다. 대통령의 아들이자 미래의 대통령, 그리고 19세기의 미국 외교관 중 한 명인 아담스(John Quincy Adams)는 1821년 7월 4일 하원에서 미국이 "파괴할 괴물[왕과 황제들]을 찾아 해외로 나가지 않는다"라고 선언했다. "미국은 모두의 자유와 독립에 대해 선의를 가진 존재이다. 미국은 오직 자신만의 챔피언이자 옹호자이다." 미국은 1822년에 콜롬비아와 멕시코, 1823년에 칠레와 아르헨티나, 1824년에 브라질과 중앙아메리카 국가연합, 1826년에 페루 등의 독립을 공식적으로 인정했지만, 이 새로운 공화국들의 탄생에 어떤 도움도 주지 못했다.

　1823년 12월 2일 먼로(James Monroe) 대통령은 의회 연설에서 유럽의 아메리카 대륙 개입에 대한 미국의 입장을 더욱 대담하게 표명했다. **먼로독트린**은 아메리카 대륙에 남아 있는 유럽의 식민지들을 방해하지는 않겠지만, 추가로 식민지를 차지하려는 시도에 대해서는 이 지역에서 미국 이익에 반하는 적대 행위로 간주할 것임을 선언했다. 먼로는 영국 해군이 새로 독립한 중남미 시장에 대한 자유로운 접근을 방어할 것임을 알고 있었다. 따라서 먼로독트린을 시행하는 비용은 훨씬 약한 미국 해군이 아니라 영국 해군이 부담하게 될 것이다.[4] 아직 미국이 역외 강대국들에 맞서 이 지역의 패권국 역할을 제대로 할 처지가 아니었음에도 불구하고, 먼로독트린은 이 지역의 패권국으로서 미국의 역할을 선언했다.

명백한 운명. 　서쪽으로의 이주 물결이 캐나다 국경에서 멕시코만으로 이어지는 오하이오 및 미시시피강 유역을 가득 메우자, 미국정부 당국은 이 지역에 대한 지배권을 주장하기 시작했다. 관심은 점차 텍사스로 향했고, 그다음에는 태평양 연안으로 향했다. **명백한 운명**은 미국이 민주주의와 자유 기업을 대신해 아메리카 대륙을 지킬 권리와 의무가 있다는 주장이었다.

　텍사스는 1836년 3월 2일 멕시코로부터 독립을 선언했다. 1837년 3월 잭슨 대통령은 텍사스를 자유 공화국으로 인정했지만, 1845년이 되어서야 텍사스가 미연방에 가입했고, 포크 대통령은 리오그란데강 주변의 분쟁 지역을 지키기 위해 군대를 보냈다. 이어진 멕시코와의 전쟁을 통해 텍사스를 차지했을 뿐만 아니라 현재 미국 남서부와 캘리포니아를 정복하였다. 거의 동시에 포크 대통령은 미국과 영국의 오리건 준주에 대한 공동통치를 끝내고, 이곳을 미국의 새로운 주로 편입하기 위한 협상에 들어갔다. 1848년까지 텍사스와 로키산맥 서쪽에 있는 모든 땅을 획득하면서 오늘날의 대륙 경계까지 미국 영토가 확장되었다.

　남북전쟁에서 북부의 승리는 자유로운 노동과 경쟁적 자본주의를 기반으로 미국의 경제발전이 진행될 것임을 보장했다. 남북전쟁이 끝난 지 10년이 채 지나지 않았던 독립 후 불과 100년 만에 전신과 철도가 대서양 연안과 태평양 연안을 연결하면서 전국적인 시장이 새롭게 형성되었다. 그 후 20년 동안 산업 호황 덕분에 미국은 유럽의 강대국들과 경제적으로 대등한 위치에 올라섰고, 그 후 유럽 열

먼로독트린(Monroe Doctrine)
1823년 제임스 먼로 대통령이 발표한 미국의 정책. 유럽 열강이 아메리카 대륙 어디든 새로운 식민지를 추가로 건설하려는 시도가 있는 경우, 이를 이 지역에서의 미국의 이익에 반하는 행위로 간주한다고 주장했다.

명백한 운명(manifest destiny)
19세기 후반 미국인들은 대서양에서 태평양까지 대륙을 가로질러 확장하는 것이 '명백한 운명'이라는 생각을 공통으로 갖고 있었다.

Q1 역사적으로 미국을 팽창주의 세력이라고 말하는 것이 옳은가?

강을 지배하게 되었다. 많은 미국인은 새롭게 얻은 힘을 기분 좋게 즐겼다. 세계적으로 이 힘을 정확히 어떻게 사용할 것인지가 논쟁의 대상이 되었다.

문호개방정책. 19세기가 끝나갈 무렵, 공업은 농업을 대체하여 미국경제에서 가장 생산적인 부문이 되었다. 곧 국내 시장에서 미국 산업은 포화상태에 이르렀고, 해외에서 상업적 기회를 모색했다. 처음에는 이것이 가능하지 않은 경우 미국의 정책은 현지 정부 당국에 그렇게 할 것을 설득하는 것이었고, 외교로 잘 안되는 경우에는 새로운 정부를 수립하는 것이었다. 1885년과 1900년 사이 파나마, 칠레, 페루, 하와이, 사모아, 쿠바, 필리핀에서 미국은 경제적 이익을 확보하기 위해 군대를 사용하였다.

문호개방정책(Open Door Policy)
19세기 말과 20세기 초 미국의 정책. 중국이 하나 이상의 식민지 강대국의 배타적 지배하에 있기보다는 자유무역에 개방적이어야 한다고 주장했다.

그러나 미국이 **문호개방정책**을 적극적으로 주장하게 된 것은 1899년과 1900년 중국에서 미국과 영국 사이의 갈등 때문이었다. 중국은 매우 허약했고 외국으로부터 광범한 경제적, 군사적 간섭을 당하고 있었다. 미국은 힘이 강해지면서 점점 더 강력한 자유무역 옹호자가 되었고, 영국은 자국의 이익을 지키려고 했다. 미국의 정책은 중국 전역에서 미국에게 동등한 통상 기회를 줄 것을 요구하였고, 영국은 강대국의 명확한 '영향권(spheres of influence)'을 선호했다. 19세기가 20세기로 바뀔 무렵 개발도상국 전체에서 미국정책의 목표는 통상 기회 확보에 있었다.

많은 사람들은 미국의 제1차 세계대전 참전이 유럽 열강과 군사적, 정치적으로 동등한 강대국으로 미국의 부상을 세상에 알리는 신호라고 생각했다. 우드로 윌슨 대통령은 미국이 북미지역에서의 정치적 고립에서 벗어나 민주정치와 시장경제의 이념을 바탕으로 전후 세계 건설에 참여할 수 있길 원했다. 전후 국제기구의 창설, 특히 국제연맹의 창설을 윌슨 대통령이 주도했음에도 불구하고, 상원과 미국 국민은 윌슨이 구상한 국제사회의 리더 역할을 거부했다. 미국은 역할을 했다면, 틀림없이 유럽은 자신의 문제를 정리할 수 있었을 것이다. 그러나 유럽은 그렇게 하지 못했다. 15년도 지나지 않아서 히틀러가 독일에서 정권을 잡았고, 전쟁은 다시 세계를 파괴했다. 미국은 곧 전쟁에 휩쓸려 들어갔다.

제2차 세계대전과 세계 초강대국의 위상

제2차 세계대전이 끝났을 때, 영국, 프랑스, 소련과 같은 동맹국과 이탈리아, 독일, 일본과 같은 적대국 등 세계 대부분의 선진산업국가는 폐허가 되었다. 미국은 세계 초강대국이 되었다. 군사적으로 미국은 히로시마와 나가사키에서 원자폭탄의 놀라운 위력을 보여주었다. 경제적으로 미국은 세계 산업 생산의 절반을 담당했다. 제2차 세계대전 이후 미국은 어떤 세계를 건설하려고 했고, 우리는 실제로 어떤 세계를 만들었나?

Q2 제2차 세계대전 이후 서유럽, 소련, 일본에 대한 우리의 정치적, 경제적, 군사적 전략은 무엇이었나?

국내적으로 미국의 지도자들은 세계에서 더 큰 역할을 하기 위해 국방 및 안보 관련 관료조직을 재편했다. 1947년 의회는 국방부(DOD), 국가안전보장회의(NSC), 중앙정보국(CIA), 합동참모본부(JCS)를 신설하는 것을 골자로 하는 「국가안보법(National Security Act)」을 통과시켰다. DOD는 구 전쟁부와 해군부를 국방부로 통합하고 새롭게 공군을 신설했다.* 합동참모본부는 국방부 장관의 지휘를 받도록 했다. CIA는 전시 '전략국'과 다수의 더 작은 정보국을 대체했다. 마지막으로 NSC는 정부 주변에서 쏟아져 나오는 외교 정책 자료들을 정리하여 대통령에게 보고하는 임무를 맡은 백악관 산하 소규모 부서로 시작했다. 1953년, 아이젠하워 대통령은 종종 국가안보 담당 보좌관이라고 불리는 국가안보 고문을 임명하여 NSC를 지휘하도록 했다. 수십 년에 걸쳐 NSC의 중요성과 영향력이 더욱 커졌다.

국제적으로 미국 정책결정자의 첫 번째 본능은 집단안보와 번영의 확산을 통해 민주주의에 안전한 세계를 만든다는 우드로 윌슨의 꿈을 되찾는 것이었다. 그러나 전쟁이 끝나기도 전에 소련의 공산주의는 이러한 전후 세계에 대한 미국의 비전에 도전했다. 이에 대한 대응으로 미국과 동맹국의 정책결정자들은 민주주의와 자유시장 원칙을 구현하고, 미국의 리더십을 확고히 하기 위해 일련의 국제기구를 창설했다.

소련의 위협 '봉쇄'. 전후 서구 민주주의 국가들과 소련 사이의 갈등이 점차 **냉전**으로 치닫게 되자, 미국의 전략가들은 잠재적 우방국을 튼튼하게 만들고 잠재적 적대국을 약화할 방법을 모색했다. 이러한 **양극체제** 비전은 마셜플랜(1947년)과 북대서양조약기구(NATO, 1949년)의 창설로 이어졌다. 전후 시기 변화하는 미국의 전략 뒤에 숨겨진 정치적, 지적 비전의 상당 부분이 케넌(George Kennan)한테서 나왔다. 1947년 『포린 어페어즈』에 실린 글에서 케넌은 "소련에 대한 미국의 모든 정책의 주요 요소는 러시아의 팽창적 경향에 대해 장기적으로 인내심을 갖고 확실하게 경계하는 **봉쇄**여야 한다"라고 썼다. 국무장관 마셜(George C. Marshall)은 1947년 6월 5일 하버드대학교에서 행한 연설에서 새로운 봉쇄정책을 제시했고, 트루먼(Harry Truman) 대통령은 **트루먼독트린**으로 알려지게 된 더 광범위한 성명을 발표했다. 트루먼 대통령은 트루먼독트린이 "무장된 소수나 외부 압력에 의한 복속 시도에 저항하는 자유민을 지원하는 미국의 정책"이라고 선언했다.[5] 미국의 정책결정자들은 공산주의가 성장하고 확장할 기회를 차단하면 결국 공산주의는 쇠퇴와 붕괴로 이어질 것이라고 믿었다.

미국의 대유럽 정책은 유럽인들이 스스로 자신의 안보를 책임질 수 있도록 정치적, 경제적 안정을 회복시키는 것을 목표하였다. 1947년부터 1953년까지 미국은 **마셜플랜**으로 잘 알려진 '유럽부흥계획(European Recovery Program)'을 통

* 역자주

독립 당시부터 육군을 담당하는 전쟁부와 해군을 담당하는 해군부가 별도로 존재했으며, 각료도 별도로 존재하고 각 군의 군정권과 군령권도 별개로 행사되었다. 1947년 「국가안보법」을 통해 각 군을 국방부로 통합하고 공군을 신설하여 국방장관에게 육군, 해군, 공군을 통솔하도록 했다 (나무위키 참조).

냉전(Cold War)
제2차 세계대전 종전부터 1980년대 중반까지 미국과 소련 사이에 존재했던 실제 전쟁까지는 이르지 않은 지속적인 적대적인 대립의 시기.

양극체제(Bipolar)
두 개의 지배적인 강대국을 중심으로 조직된 국제체제.

봉쇄(containment)
제2차 세계대전 이후 소련 제국 주변에 미국의 동맹을 강화하여 소련의 힘을 억제하고자 마셜, 케넌, 트루먼 등이 개발한 미국의 정책.

트루먼독트린(Truman Doctrine)
제2차 세계대전 이후 전 세계 곳곳에서 국내외 공산주의 압력에 맞서 싸우는 비공산주의자 세력을 지원하는 정책.

마셜플랜(Marshall Plan)
봉쇄 전략의 일환으로, 마셜플랜은 1947년에서 1953년 사이에 유럽의 재건을 돕기 위해 150억 달러의 경제 원조를 서유럽 국가들에 제공했다.

해 총 150억 달러 이상의 경제 원조를 서유럽 국가들에 제공했다. 경제 원조를 받는 나라들은 미국과 "예산의 균형을 유지하고, 가격을 통제하지 않고… 인플레이션을 막고, 환율을 안정시키고, 대부분의 무역 통제를 철폐하기 위한 계획을 세울 것을 약속하는" 협정에 서명해야만 했다.[6] 미국의 정책은 확실하게 유럽 경제가 개방적이고, 안정적이고, 자본주의적이고, 자유무역 노선을 따라 재건될 수 있도록 계획되었다. 미국은 소련과의 세력균형에 일익을 담당하면서 동시에 미국의 상품 수출 시장 역할을 하는 강하고 부유한 유럽의 재건을 원했다.

냉전체제 안보: NATO, 바르샤바 조약, 억지. 미국의 정책결정자들은 또한 1947년에서 1960년 사이에 약 40개 이상의 국가와 다자간 방위조약을 협상하여 체결했다. 미주상호원조조약(리우조약, 1947년), NATO(1949년), 호주·뉴질랜드·미국 상호방위조약(ANZUS, 1951년), 동남아시아조약기구(SEATO, 1955년), 중앙조약기구(CENTO, 1959년) 등이 그것이다. 이 동맹 네트워크는 소련을 포위하고 봉쇄하기 위해 계획된 것이었다. 미국은 이스라엘, 사우디아라비아 등과 같은 나라와 양자관계를 구축함으로써 세계적으로 가장 민감한 지역에서 추가 레버리지를 확보했다.

북대서양조약기구(NATO: North Atlantic Treaty Organization)
1949년 소련의 유럽 확장을 막기 위해 미국, 캐나다, 서유럽 동맹국 사이에 집단안보 협정이 체결되었다.

억지(deterrence)
상대방이 무력에 의존하는 것을 막거나 억제할 수 있는 충분한 힘을 축적하고자 하는 군사적 교리 및 군사적 전략.

제2차 세계대전 이후 미국의 안보동맹체제의 중심은 **북대서양조약기구(NATO)**였다. NATO는 서유럽을 소련의 침략으로부터 보호하기 위해 1949년에 창설되었다. 처음에 12개 회원국(캐나다, 미국, 영국, 프랑스, 이탈리아, 포르투갈, 벨기에, 룩셈부르크, 네덜란드, 덴마크, 노르웨이, 아이슬란드)으로 출범한 NATO는 1951년에 그리스와 튀르키예, 1954년에 서독, 1982년에 스페인 등이 추가로 회원국이 되었다. 소련은 동유럽의 공산주의 국가들로 구성된 안보동맹인 바르샤바조약기구(Warsaw Pact)를 창설하여 NATO에 대응했다. 양측은 **억지**정책을 추구한다고 주장했다. 이는 어느 한쪽이 전쟁을 선택하기에는 너무 위험한 핵무기와 재래식 무기를 양측 모두 엄청나게 보유하고 있는 것이 상대방의 공격을 억제한다는 아이디어였다.

소련의 붕괴와 냉전의 종식으로 NATO는 생소한 위치에 놓이게 되었다. NATO는 두 가지 방식으로 대응했다. 첫째, NATO는 과거 바르샤바조약기구 회원국들을 NATO 회원국으로 통합하면서 이 확대된 동맹이 러시아에 맞서기 위한 것이 아니라고 러시아를 안심시켰다. 과거 바르샤바 조약기구 회원국들은 미래 러시아의 지배로부터 자국을 보호하고 서방에 대한 정치적 헌신을 보여주기 위해 NATO에 가입하길 원했다. 1999년 체코, 폴란드, 헝가리가 공식적으로 NATO에 가입했고, 2004년 루마니아, 불가리아, 슬로바키아, 리투아니아, 슬로베니아, 라트비아, 에스토니아가 가입했으며, 2008년 알바니아와 크로아티아가 가입했다. 2019년 말 작은 나라 북마케도니아가 NATO의 30번째 회원국이 되었다. 둘째, 러

시아의 크림반도 점령, 우크라이나 침공,
시리아 침공 등 러시아의 위협이 다시 커
지는 것처럼 보이자, NATO는 유럽의 중
심부가 아닌 곳에서 발생한 문제에 효과
적으로 대응할 수 있는 보다 유연하고 강
력한 군사구조를 개발하려고 노력했다.[7)
미국 대통령들이 오랫동안 NATO 동맹
국들한테 스스로의 방어에 더 많은 돈을
지출하라고 압박해 왔지만, 미국은 여전
히 NATO 군사비 지출의 4분의 3을 홀로
감당하고 있다. 2022년 러시아의 우크라
이나 침공은 많은 NATO 회원국을 놀라

출처: AP Photo/stf

1944년 여름 제2차 세계대전이 미국에 유리한 방향으로 흘러가자, 루스벨트 대통령과 1944년 선거에서 곧 부통령이 될 해리 트루먼이 함께 백악관 정원에서 즐겁게 점심을 하고 있다.

게 했으며, 많은 회원국이 국방비 지출을 늘리는 방향으로 움직였다.

유엔: 국제 질서 대 테러리즘.　유엔(UN)은 '국제 평화와 안보를 유지하기 위해'
1945년에 창설되었다. 유엔의 제도적 구조의 핵심 구성 요소는 총회와 안전보장
이사회이다. 현재, 193개국이 총회에 대표를 보낸다. 각 회원국은 한 표를 갖지
만, 그들의 권한은 토론과 권고로 한정된다. 15명의 회원국으로 이루어진 안전보
장이사회는 무력 사용을 포함한 행동에 나설 수 있다. 안전보장이사회 내에서 제
2차 세계대전의 승전국인 미국, 러시아, 영국, 프랑스, 중국 등 5개국이 영구적으
로 상임이사국의 자리를 차지하고 있으며, 안전보장이사회의 조치에 대해 거부권
을 행사할 수 있다. 나머지 10개국은 2년 임기로 선출되고 거부권이 없다.

　냉전 시기 동안, 초강대국의 갈등으로 인해 유엔과 안보리는 몹시 걱정했다.
미국과 소련이 전 세계적으로 갈등을 빚었기 때문에, 유엔의 조치에 대해 종종 미
국과 소련 둘 중 하나가 거부권을 행사했다. 양극체제 대립이 미국이 지배하는 단
극체제로 바뀌었어도 러시아와 중국이 일부 미국의 안보리 계획에 반대하는 것을
막을 수는 없었다. NATO와 마찬가지로 유엔도 미국의 강력한 힘을 특징으로 하
는 세계에서 자신의 역할을 재고하지 않을 수 없었다.

　이라크 '석유-식량 프로그램'의 관리부실과 부패, 아프리카에서 유엔평화유지
군에 의한 소녀들의 성 착취, 유엔 전체에 만연한 유엔 직원들의 불만과 비효율
적 관리 등을 포함한 일련의 스캔들로 인해 더욱 심해진 부시 행정부의 유엔에 대
한 경멸이 2005년과 2006년에 유엔개혁을 주요 이슈로 만들었다. 2006년 말 한
국의 전 외교부 장관이었던 반기문이 아난(Kofi Annan) 대신 사무총장이 되었고
몇 주 만에 그는 개혁 논쟁으로 인해 곤경에 빠졌다.[8) 2017년 전 포르투갈 총리
구테레스(Antonio Guterrez)가 유엔 사무총장이 되었다. 유엔은 다루기 힘든 비

**유엔(UN: United Nations, 국제
연합)**
1945년에 결성되어 전 세계 모든
국가에 개방되어 있는 유엔은 다
양한 국제문제를 논의할 수 있는
토론의 장을 제공하며, 주요 평화
유지 책임을 지고 있다.

대한 조직이지만, 적어도 취임 초기에 구테레스는 광범위한 지원을 받았다. 미국은 유엔의 창립 회원국이고, 여전히 유엔 예산에 가장 많은 돈을 지원하는 나라이다. 유엔은 연간 예산으로 운영된다. 미국은 유엔의 30억 달러 운영 예산의 22%, 64억 달러 평화유지활동 예산의 25%를 지원한다. 트럼프 행정부는 유엔에 대해 회의적인 입장이었다. 바이든 행정부는 유엔과의 관계를 재건하기 위해 열심히 노력했다. 유엔은 문제가 있음에도 불구하고 세계 곳곳에서 어느 누구도 절대 대신할 수 없는 구호활동과 평화유지활동을 전개하고 있다.[9]

IMF, 세계은행, GATT. 1944년 7월 미국과 영국이 주도한 '브레튼우즈회담'은 전후 세계경제의 설계를 요청받았다. 각국의 대표들은 전 세계 국가 간의 국제무역을 독려하고 경제발전의 강화를 희망했다.

국제통화기금(IMF: International Monetary Fund)
제2차 세계대전 이후 국제금융체제의 핵심 부분인 IMF는 고정환율제도를 감시하는 역할을 담당했으며, 현재는 국가들의 부채 관리를 도우려고 한다.

전후 경제 구조의 첫 번째 기둥은 **국제통화기금(IMF)**이었다. IMF는 회원국 통화 간의 고정환율제도를 감시하고, 자국의 통화 가치를 유지하기 위해 국내정책의 조정을 약속한 국가에 단기 대출을 제공하며, 각국 통화 간의 환율조정이 공정하면서도 세계경제 전체의 이익에 부합하도록 하기 위해 설립되었다. IMF는 1990년대 후반 아시아를 휩쓴 부채 문제와 통화가치 하락에 대응하기 위해 인도네시아, 말레이시아, 한국 등의 국가에 대규모 대출 자금을 제공했다. 그에 대한 대가로 돈을 빌린 국가들은 광범위한 경제개혁을 받아들여 이행하기로 합의했다. 비록 IMF 내에서 유럽의 영향력을 축소하여 인도와 브라질과 같은 급성장하는 국가에 더 많은 힘을 실어주어야 한다는 압력이 있지만, IMF는 전통적으로 유럽인이 총재 자리를 맡아왔다.

세계은행(World Bank)
제2차 세계대전 이후 국제 금융 시스템의 핵심 부분인 세계은행은 처음에는 서유럽에, 나중에는 제3세계에 전후 복구 및 경제개발에 필요한 자본을 제공했다.

전후 경제 구조의 두 번째 기둥은 **세계은행**이었다. 공식적으로 국제부흥개발은행이라는 이름을 가진 세계은행은 초창기에는 주로 서유럽 국가들이었던 회원국에 자본을 제공하여 제2차 세계대전 이후 전후 복구 및 개발에 필요한 자금을 조달할 예정이었다. 수혜국은 통화를 안정시키고, 금리를 낮게 유지하며, 가능한 한 빨리 자유무역에 자국 경제를 개방하기 위한 국내정책을 추구해야 했다. 비록 세계은행의 초점이 개발도상국으로 옮겨갔고, 빈곤 퇴치를 위한 사회프로그램 및 소규모 경제개발 프로그램에 대한 지원이 추가되었지만, 세계은행은 계속해서 대규모 개발 프로그램에 자금을 조달하고 있다. 세계은행은 전통적으로 미국인이 총재 자리를 맡아왔다.

관세 및 무역에 관한 일반 협정 (GATT: General Agreement on Tariffs and Trade)
국제 무역의 관세 및 비관세 장벽을 합리화하고 줄이기 위해 고안된 일련의 국제 조약으로, 1947년에 처음 체결되었고 가장 최근에는 1994년에 체결되었다. 1995년 1월 GATT는 세계무역기구(WTO)로 대체되었다.

전후 경제 구조의 세 번째 기둥은 특히 자유무역을 촉진 및 증진하는 것을 목표로 했다. **관세 및 무역에 관한 일반 협정(GATT)**은 관세 및 다른 무역 장벽을 낮추어 국제무역이 보다 자유롭게 이뤄질 수 있도록 했다. 1947년 첫 번째 GATT 회담 라운드 이후 7차례의 GATT 라운드가 완료되었다. 각각의 라운드를 통해 새로운 상품과 서비스가 GATT 협정에 포함되었다. 우루과이 라운드로 알려진 마지막

GATT 회담은 1986년에 시작되었고 1994년까지 완료되지 않았다. 우루과이 라운드는 GATT 규정을 확장하여 섬유, 농산물, 은행과 중개 서비스, 팝송부터 컴퓨터 소프트웨어에 이르는 품목에 대한 특허와 저작권 등 전통적으로 민감한 분야를 다루기 시작했다. 1995년 GATT는 '세계무역기구(WTO)'로 대체되었다. WTO는 160개의 회원국을 가지고 있으며, 나이지리아 출신 여성 응고지 오쿤조-이웰라(Ngozi Okunjo Iweala)가 사무총장을 맡고 있다.

유럽의 마셜플랜, 일본의 닷지플랜과 함께 전후 경제구조의 세 가지 기둥인 IMF, 세계은행, GATT는 제2차 세계대전으로 황폐화된 경제를 복구하는 데 필요한 자원을 공급하는 데 성공했다. 더욱이 그들은 점점 더 개방적인 국제정치 및 무역체제에서 미국의 장기적인 이익에 부합하는 정책과 제도를 통해 이를 수행했다. 냉전의 불확실성이 테러와의 전쟁의 불확실성으로 대체된 지금, 일부 사람들은 IMF, 세계은행, WTO가 더 이상 적합하지 않다고 주장한다.[10] 미국은 세계에서 자국의 이익을 보호하고 세계적으로 가장 시급한 문제를 해결하는 데 있어 다른 나라와 함께하기 위해 어떻게 미국 자신을 세계에 위치시켜야 할까? 앞으로 살펴보겠지만, 의견이 분분하다.

새로운 세계질서 속에서 미국

미국은 100년 넘게 경제 초강대국이고, 75년 동안 군사 초강대국이었다. 그럼에도 불구하고, 우리는 9·11 테러와 최근의 글로벌 팬데믹을 계기로 세계가 위험한 곳이고, 우리가 새로운 방식으로 힘과 영향력을 생각하고 적용해야 할지도 모른다는 점을 뼈저리게 느끼고 있다. 우리는 세계에서 미국이 경제력과 군사력을 사용하는 것에 대해 어떻게 생각해야 하나?[11]

Q3 오늘날 세계에서 미국은 자국의 압도적인 경제력과 군사력을 어떻게 행사하고 있나?

이 대단히 중요한 질문에 답하려면, 세계가 21세기에 어떻게 변화할 것인지에 대한 명확한 인식이 있어야 한다. 이미 그 윤곽은 명확해 보인다. 첫째, 아마도 북미, 유럽, 아시아의 지역 무역 블록의 원동력으로서 미국, 서유럽, 중국은 계속해서 중요한 경제활동의 중심지가 될 것이다. 둘째, 글로벌경제는 세계의 가장 가난한 사람들과 국가의 느린 성장을 지원하면서도 인도, 러시아, 브라질 등 강력한 새로운 행위자의 등장에 적응해야 할 것이다. 셋째, 세계의 주요 에너지 저장고 중 하나인 중동의 혼란은 불가피해 보인다. 넷째, 미국

출처: AP Photo/Alex Brandon

바이든 행정부의 국방장관 로이드 오스틴 예비역 장군이 국방부 청사 펜타곤에서 언론과 인터뷰하고 있다. 행정부의 정책은, 심지어 국방정책조차 언론과 대중의 동의가 필요하므로, 질문이 어렵거나 자세히 대답할 수 없는 경우에도 정책을 설명하고 질문에 답변해야 한다.

은 적어도 가까운 미래에도 세계에서 가장 막강한 군사력을 유지할 것이다. 그러한 군사력은 무역, 외교, 문화와 같은 '소프트파워'의 섬세한 사용으로 보충되어야 할 것이다. 그리고 마지막으로 문명 세계는 세상의 어두운 구석에 빛을 비추고 폭력과 테러를 낳는 무지, 빈곤, 절망의 소지를 줄이기 위한 실용적이고 도덕적인 수단을 찾아야 할 것이다.

오늘날 세계적으로 미국의 경제력 및 군사력은 어떤 위치에 있는가? 간단히 말해, 답은 경제력, 군사력 모두 상당하지만, 도전이 전혀 없는 것은 아니라는 것이다. 게다가, 미국의 경제력 및 군사력을 다른 나라의 그것과 비교해 보면 다른 역학 관계가 작용하고 있음을 알 수 있다. 최근 수십 년 동안 미국과 경제적으로 부유한 다른 국가 간의 격차는 줄어든 반면, 아마도 중국을 제외한 다른 나라와 미국 간의 군사력 격차는 더 벌어졌다. 사실을 검토한 다음, 그 의미를 살펴보자.

글로벌경제

제2차 세계대전이 끝난 직후인 1940년대 말과 1950년대 초에 미국은 단순히 세계에서 가장 강하고 부유한 나라일 뿐만 아니라 세계 나머지 모든 다른 나라들의 경제력을 '합친 것'보다 더 강하고 부유한 나라로 특별한 위치에 있었다.

제2차 세계대전 이후 경제적 지배. 미국경제는 제2차 세계대전 동안 50% 성장하였고, 반면 유럽, 소련, 일본의 경제는 4분의 1 이상 감소했다. 1945년 제2차 세계대전이 끝날 무렵, 미국은 세계에서 생산된 상품과 서비스 가치의 약 절반, 공산품 가치의 60% 이상을 차지했고, 20세기 중반에 거의 모든 첨단 기술을 주도했다.

제2차 세계대전 말 미국의 경제적 우위는 미국이 전후 세계의 글로벌경제 질서를 형성하는 데 주도적인 역할을 할 수 있게 해주었다. IMF, 세계은행, GATT, 마셜플랜 등 이들 기관이 제 역할을 다하고 세계 각국이 전쟁의 폐허로부터 회복하면서, 미국의 경제적 우위는 감소하였다. 사실, 서유럽과 일본의 회복은 소련을 '봉쇄'하려는 광범위한 미국 전략의 중요한 부분이었다. 글로벌 총생산에서 미국이 차지하는 비중은 1960년에 40%, 1970년에 36%, 1980년에 25%, 2020년에는 24%로 떨어졌다. 표 16.1에서 볼 수 있듯이 구매력 평가(PPP)라고 하는 또 다른 글로벌 총생산의 척도는 각국 통화의 구매력을 조정하기 때문에 글로벌 부에서 미국이 차지하는 비중은 15%가 된다.

미국의 정책결정자들은 제2차 세계대전 직후 미국이 글로벌 힘의 원천에서 차지하는 비중이 지나치게 높다는 사실이 지속 가능하지 않다는 것을 알고 있었다. 그럼에도 불구하고, 미국인들은 특히 1970년대와 1980년대에 불안해했다. 글로벌 생산에서 미국이 차지하는 비중의 감소가 세계경제 내에서 좀 더 적절한 위치로 돌아가려는 통제된 감소인지 아니면 경제적 한계에 직면하여 발생한 어

표 16.1 세계 최대 경제	
국가	2020년 국내총생산(GDP)
세계	127조 8,000억 달러
중국	23조 달러
미국	**19조 8,000억 달러**
인도	8조 4,000억 달러
일본	5조 2,000억 달러
독일	4조 2,000억 달러
러시아	3조 9,000억 달러
브라질	3조 달러
영국	2조 8,000억 달러
프랑스	2조 8,000억 달러
멕시코	2조 3,000억 달러
이탈리아	2조 3,000억 달러
대한민국	2조 2,000억 달러
캐나다	1조 7,000억 달러

출처: Central Intelligence Agency, *World Factbook 2021* (Washington, D.C.: U.S. Government Printing Office, 2021). 2017년 미국 달러 구매력 평가 기준 GDP.

쩔 수 없는 감소인지 불확실했기 때문이다. 1990년대는 미국경제가 생산성, 성장, 혁신에서 세계를 주도하면서 새로운 자신감을 불러일으켰다. 그러나 미국이 2008~2009년의 글로벌 경기침체에서 느리게 벗어나는 동안, 중국은 2015년에 중국 경제가 눈에 띄게 둔화될 때까지 고속 성장을 지속했고, 따라서 미래에는 승자가 될 것이다.[12] 지금부터는 현대 세계경제 구조와 그 안에서 미국의 경쟁력을 살펴보자.

다극적 세계경제의 발전. 20세기의 마지막 4분기에는 유럽, 북미, 아시아에서 세 개의 슈퍼경제가 등장했다. 다음 25년은 이 세 개의 슈퍼경제가 폐쇄적, 경쟁적 무역 블록이 될지, 아니면 국제 무역장벽을 꾸준히 낮추는 GATT(현재 WTO) 프로세스가 국가들을 점점 더 효율적으로 커지는 세계경제로 통합할 것인지 결정할 것이다.[13]

무역 블록은 전통적으로 서로 지리적으로 가깝거나 종종 서로 인접해 있는 유사한 정치체제와 경제체제를 가진 국가들 사이에 형성되었다.[14] 가장 오래되고 가장 발전된 주요 무역블록은 유럽공동체(EC, 현재의 유럽연합[EU])이다. 유럽

공동체는 1957년 로마조약에 따라 벨기에, 프랑스, 독일, 이탈리아, 룩셈부르크, 네덜란드 등 6개의 창립 회원국으로 설립되었다. 그러자 얼마 지나지 않은 1960년에 오스트리아, 핀란드, 아이슬란드, 리히텐슈타인, 노르웨이, 스웨덴, 스위스는 유럽자유무역연합(EFTA)이라고 하는 또 다른 무역조직을 결성했다. 영국은 1973년에 유럽공동체에 가입했다. 1991년에 EC와 EFTA는 15개 회원국이 함께 공동시장(EU)을 형성하기로 합의했다. 2004년 EU는 사이프러스, 체코, 에스토니아, 헝가리, 라트비아, 리투아니아, 몰타, 폴란드, 슬로바키아, 슬로베니아 등 10개국을 새로운 회원국으로 받아들였다. 불가리아와 루마니아는 2007년에 가입했고, 튀르키예와 서부 발트해 지역의 6개국을 포함한 다른 국가들은 가입 승인을 기다리고 있다. 2014년에 시작된 유럽 이민위기는 1995년 이후 사라졌던 EU 국가 간의 여행 제한으로 이어졌다.[15] 4억 4,800만 명과 연간 15조 3,000억 달러 이상의 경제활동 규모를 가진 27개의 회원국으로 구성된 확장된 EU는 2016년 영국 국민이 국민투표를 통해 근소한 표차로 EU 탈퇴를 결정했을 때 심각하게 흔들렸다. 영국의 탈퇴 협상이 최종 타결까지는 여러 해가 걸렸지만, 유럽의 경제, 외교, 군사 통합에 미치는 보다 광범위한 파급효과는 시간이 지나면서 나타날 것이다.

두 번째 주요 지역 무역 블록은 북미자유무역협정(NAFTA)이다. 1994년에 승인된 NAFTA는 미국, 캐나다, 멕시코 사이에서 한동안 이뤄졌던 무역 자유화를 비준하고 확대했다. NAFTA는 2020년 트럼프 대통령의 명령에 따라 미국-멕시코-캐나다 협정(USMCA)으로 갱신 및 재협상 되었다. 2004년 미국 무역 관료들은 중미 5개국과 새로운 중미자유무역협정(CAFTA)을 체결했다. 오바마 행정부는 2016년 초 12개 환태평양 지역 국가 간의 환태평양경제동반자협정(TPP)에 서명했다. 도널드 트럼프가 대통령으로서 가장 먼저 행한 조치 중 하나는 TPP 탈퇴였다. 미국 의회와 대중은 국제무역에서 발생하는 비용과 이익의 균형에 대해 점점 더 회의적이 되었다. 비평가들은 미국 제조업 일자리의 감소, 무역 적자의 증가, 노동 및 환경 보호 미흡 등을 자유무역에 대한 주요 반대 이유로 말한다. EU는 라틴아메리카와 유럽 간의 보다 긴밀한 무역관계를 제안하여 이러한 불신을 이용하려고 했다.

동아시아 블록(중국, 일본, 인도네시아, 말레이시아, 그리고 홍콩, 싱가포르, 한국, 대만 등 소위 아시아 호랑이들을 포함하는 느슨한 국가집단)은 최근까지 지역 경제통합이라기보다는 무역지대였다. 비록 동아시아는 1990년대 후반 심각한 경제적 혼란을 겪었지만, 지난 반세기 동안 세계경제에서 가장 빠르게 성장한 지역이다. 이 지역의 역내 무역은 이 국가집단의 대외무역의 약 3분의 1 정도에 불과하고, 이 국가 중 몇몇은 대외무역의 절반 이상이 미국과의 무역이다. 그러나 동남아시아는 통합되기 시작했다. 2004년, 중국과 동남아시아국가연합(ASEAN)

10개국은 2010년에 발효된 자유무역협정에 서명했다.[16] 2013년 중국은 대규모 일대일로 글로벌 인프라 계획을 시작하고, 2014년에는 '아시아 인프라 투자은행 (AIIB)'을 출범시켜 워싱턴의 많은 사람들을 놀라게 했다. 2019년 내내 미국과 중국 사이에 무역 긴장이 고조되었고, 일시적으로 가라앉았다가 트럼프 행정부가 코로나바이러스의 확산에 대해 중국을 비난하면서 다시 긴장이 고조되었다. 2020년에는, 중국, 일본, 한국, 호주, 뉴질랜드를 포함한, 그러나 미국을 배제한 15개국이 참여한 확장된 아세안이* 출범했다.

 이러한 지역 경제들이 더욱 개방된 하나의 글로벌 시장으로 계속해서 통합되고 발전될 가능성은 거의 없다. 글로벌 자유무역의 기세는 다소 꺾였다. 2001년 말에 시작하여 2005년 초에 완료될 예정이었던 도하 라운드 글로벌 무역 협상은 세계 빈곤층의 경제 전망에 초점을 맞추려고 했다. WTO 관계자들은 가난한 국가들이 관세와 무역 장벽을 낮추는 대신, 그에 상응하여 부유한 국가들이 농업 보조금과 섬유산업 보조금을 줄이기를 희망했다. 어느 쪽도 먼저 움직이려 하지 않았고, 협상은 결국 2008년 7월에 최종적으로 결렬되었다. 협상을 재개하려는 시도가 있었지만, WTO는 2015년에 공식적으로 협상 실패를 선언했다.[17]

 또 다른 세 가지 중요한 문제가 지속적인 글로벌 무역 자유화를 가로막고 있다. 첫 번째 문제는 국내 시장을 개방하지 않은 채 공격적인 수출을 통해 여태까지 성공한 주요 국가 경제의 존재이다. 중국과 일본이 가장 큰 반칙 국가이다. 두 번째는 USMCA와 같은 다자간 자유무역협정에 대한 미국의 회의론이 커지고 있는 문제이다. 세 번째 문제는 세계화가 지구와 국민에게 미치는 영향에 대한 노동, 환경, 인권 운동가들의 우려를 솔직하게 다룰 필요가 있다는 점이다.[18] 이러한 문제들은 미국이 다시 자유무역을 주도할지에 대한 더 큰 질문을 던진다.

글로벌 경쟁과 미국의 경쟁력. 제2차 세계대전 이전에 미국경제는 거의 전적으로 미국 시장을 대상으로 생산하고 판매하는 미국 회사와 기업으로 구성되어 있었다 (표 16.1 참조). 수출과 수입 모두 GNP 대비 5%도 안 되었다. 기업 소유부터 기업 간 협력 및 합작 투자 양상, 개별 제품 구성에 이르기까지 경제활동은 수십 년 전보다 훨씬 더 복잡해졌다.[19]

 전 세계 상품과 서비스 수출은 현재 20조 달러 이상의 규모이며, 매년 세계경제 생산량의 25%를 차지한다. 미국의 수입은 GDP의 약 15%, 수출은 GDP의 약 12%를 차지한다. 미국의 기업 및 노동자들은 전 세계의 기업 및 노동자들과 경쟁할 수밖에 없다. 글로벌 경쟁은 여러 국가의 생산자들이 자국 시장과 다른 나라 시장에서 판매를 위해 서로 경쟁하는 것을 의미한다. 미국의 경쟁력은 미국 생산자들이 자국 시장과 다른 나라 시장에서 글로벌 경쟁에서 성공하는 정도를 의미한다. 경쟁력이란 한 제품을 유사한 제품보다 더 매력적으로(즉, 더 경쟁력 있게)

* 역자 주

역내포괄적경제동반자협정(RCEP: Regional Comprehensive Economic Partnership)을 의미한다. 아세안 10개국 외에 한국, 중국, 일본, 인도, 호주, 뉴질랜드 등 역내 6개국이 함께 추진한 자유무역협정이다. 2020년 11월 협상이 타결되어 인도를 제외한 15개국이 합의문에 서명하였고, 회원국의 비준동의 절차를 거쳐 2022년 1월 1일 발효되었다.

만드는 품질과 가격의 조합을 설명하는 일반적인 용어이다.

나이(Joseph Nye)는 "미국의 경쟁력을 향상하려면 무엇보다도 생산성, 연구개발, 교육 및 저축에 더 많은 관심을 기울여야 한다"고 지적했다.[20] 이들 문제 중 첫 번째 문제, 생산성에 대해 잠시 생각해 보자. 생산성 증가 또는 시간당 노동자 1인당 생산량 증가는 상품의 단가를 떨어뜨려 해당 상품을 다른 대안에 비해 더 매력적으로 만들거나 가격이 그대로 유지되는 동안 이익과 임금을 증가시켜, 경쟁력을 강화한다. 우리나라 미래의 핵심은 우리 국민의 생산 잠재력이다. 우리 국민 중 몇 퍼센트(즉 20%, 50%, 80%)가 새로운 세계경제의 창의적이고 생산적인 정보 계층에 속할까? 이 질문에 대한 답이 지금으로부터 불과 몇 년 후에 우리가 어떤 국가가 될 것인지를 결정할 것이다.

미국 군사력의 역할: 패권 또는 제국?

이제 우리는 미국의 번영에 관한 문제에서 미국의 안보에 관한 문제로 논의를 전환한다. 비록 집단안보와 봉쇄의 추구가 20세기 후반 동안 미국의 국가안보와 외교정책을 이끌었지만, 일부 현실주의자들은 항상 미국이 국제기구와 동맹에 구속되지 않고 자국의 이익을 위해 막강한 힘을 사용해야 한다고 주장했고, 일부 이상주의자들은 세계 평화, 번영, 인권의 증진을 위해 미국의 힘을 사용해야 한다고 주장했다. 여행 및 통신 분야의 기술 발달이 세계를 훨씬 더 작은 곳으로 여겨지게 만들면서, 현실주의자들은 위로는 유엔과 WTO와 같은 국제기구들에 의해, 아래로는 '그린피스'와 '국제 지뢰 금지 운동'과 같은 비정부기구(NGO)에 의해 미국의 주권이 약화 되고 있다고 우려했다. 이상주의자들은 미국이 그러한 기관들을 통해 일함으로써 미국의 힘이 더욱 커지고 다른 나라들이 미국의 힘의 사용을 더 잘 받아들일 수 있다고 확신했다.

이 절에서 우리는 세계 속에서 미국 힘의 성격과 성향을 설명하고 평가한다. 첫째, 미국의 군사력 규모를 설명하고, 이를 다른 주요국의 군사력과 비교한다. 둘째, 세계에서 미국의 군사력이 어떻게 사용되어야 하는지에 대한 논쟁을 설명한다. 셋째, 바이든 행정부가 약속한 군사안보 및 국가안보와 정책을 설명한다.[21]

미국의 군사력 규모

모든 국가는 전략적 환경의 안정화를 추구한다. 대다수 국가는 자신의 힘이 아니라 더 강력한 국가와 동맹을 체결하고 국제기구에 가입을 통해 안보를 추구한다. 역사상 아주 소수의 국가만이 국제 환경을 완전히 통제하지는 못하더라도 형성할 수 있는 힘을 가지고 있었다. 현재와 가까운 미래에도 미국은 세계 역사상 유례가 없을 정도의 군사적 우위를 점하고 있다. 그러나 한 국가가 다른 국가를 자국이 뜻하는 대로 움직이게 만들려면 순전히 자국의 힘만으로는 충분하지 않다 (도표

16.1 참조).

대부분의 미국인은 미국이 '현존하는 세계 유일의 초강대국'이라는 자주 되풀이해서 언급되는 말을 알고 있지만, 미국 군사력의 전체 규모를 높이 평가하는 미국인은 거의 없다. 다음을 생각해 보자. 2018년에 전 세계 192개 국가가 국방비로 총 1조 8,200억 달러를 썼다. 그 중 36%인 6,490억 달러를 미국이 지출했다. 2001년부터 2018년 사이에 미국의 군사비 지출은 70% 증가했다. 미국은 세계에서 미국 다음으로 가장 군사비 지출이 많은 12개 국가의 군사비 지출을

출처: Jo Jung-ho/Yonhap via AP

미국의 '초대형 항공모함' U.S.S. 존 C. 스테니스가 탑재하고 있는 공격기를 과시하고 있다. 항공모함은 미국이 전 세계에 군사력을 투사할 수 있게 해주며, 미국 말고 미국처럼 할 수 있는 나라는 없다.

모두 '합친 액수'만큼 군사비를 지출하고 있다.[22] 이는 놀라운 수치이지만, 여러분은 중국, 인도, 러시아와 같은 저비용 국가들이 미국과 같은 고비용 국가들보다 비용 대비 더 많은 군사적 효과를 얻을 수 있다는 점을 명심해야 한다.

미국의 군사비 지출은 양과 질 모두 획득하는 데 쓰이지만, 새로운 무기체계에 대한 비용의 급증은 모든 국방서비스의 향후 계획을 위협하고 있다. 예를 들어, 미 해군은 11개의 '초대형 항공모함' 전단을 보유하고 있다. 영국, 프랑스, 인도, 중국, 러시아와 같은 몇몇 나라들이 더 오래되고 작은 항공모함을 가지고 있지만, 세계의 어떤 나라도 초대형 항공모함 전단을 보유한 나라는 없다. 미국은 다른 모든 나라들을 합친 것보다 더 많은 최신 전투기와 폭격기를 가지고 있다. 심지어

도표 16.1   미국 및 글로벌 군사비 지출

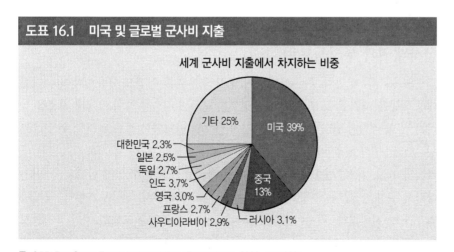

세계 군사비 지출에서 차지하는 비중

미국 39%
중국 13%
러시아 3.1%
사우디아라비아 2.9%
프랑스 2.7%
영국 3.0%
인도 3.7%
독일 2.7%
일본 2.5%
대한민국 2.3%
기타 25%

주: SIPRI Fact Sheet, Trends in World Military Expenditures, 2020, April 2021.

격납고에 스텔스 전투기가 있는 나라는 거의 없다.[23] 기술적 이점을 누리고 있는 덕분에 미 육군은 세계에서 가장 효과적인 전투력을 가지고 있을 뿐만 아니라, 연합군이 중요한 전장 기여는 고사하고 감히 따라잡지도 못할 정도로 미군이 우월하다. 마지막으로, 미국은 글로벌 군사기지 구조, 중무장한 대규모 병력을 이동시킬 수 있는 공중 및 해상 수송 능력, 세계 어느 곳에서나 전투에서 공중, 해상, 지상 병력을 통합하고 조정할 수 있는 컴퓨터 기술 및 통신 기술 등을 가지고 있는 세계에서 유일한 나라이다. 러시아의 극초음속 무기는 확실히 적대국들이 미국보다 앞서 있는 영역 중 하나이다.[24]

그럼에도 불구하고, 비평가들은 미국의 글로벌 약속으로 인해 미군이 가진 능력 이상으로 무리하게 사용되고 있고, 새로운 무기체계의 비용으로 인해 미래 미군의 효율성이 위협받고 있다고 주장한다.[25] 9·11 테러 이후 15년이 넘는 전쟁 동안 군대, 장비, 대중의 지지 등이 약화되었다. 민간 및 군의 전문가들은 '깨진 군대'에 대해 경고한다. 오바마 대통령은 이라크와 아프가니스탄에서의 전쟁을 제한적으로 수행하려고 노력했고, 긴축 예산으로 인해 군사비 지출을 줄여야 했다. 바이든 대통령은 다소 혼란스럽게 아프가니스탄에서 미군을 철수시켜지만, 다른 위협이 발생했다. 일부 군사비는 규모가 크지만 줄이기도 어렵다.

2021년 제작에 들어간 네 번째 새로운 제럴드 R. 포드급 항공모함인 CVN-81은 진주만 공격 당시 용감하게 활약한 흑인 보조 요리사를 기리기 위해 도리스 '도리' 밀러함으로 명명되었으며 가격은 120억 달러로 2008년에 인도된 마지막 니미츠급 항공모함 가격의 두 배였다.[26] 게다가, 2,456대의 비행기를 만드는 데 약 3,000억 달러가 소요되는 공군의 새로운 합동 타격 전투기(Joint Strike Fighter) 프로그램은 미국 역사상 가장 큰 규모의 방위계약이다. 이것들은 1조 5,000억 달러의 예상 비용을 들여 국방부가 개발 중인 80개의 새로운 무기 시스템의 단 두 개에 불과하다.

군사패권과 부시독트린

소련의 붕괴와 냉전의 종식은 미국이 군사적 우위를 어떻게 사용해야 하는지에 대해 의문을 제기했다. 빌 클린턴 행정부는 군사비 지출을 줄이고 국내 지출을 늘리는 '평화 배당금'을 얻으면서도 여전히 글로벌 안보와 성장을 관리할 수 있다고 생각했다. 부시 행정부는 패권이 미국의 국익에 더 많은 관심을 기울이고 다른 나라들의 이익, 가정, 선호에 상대적으로 덜 관심을 기울일 수 있게 한다고 믿었다. 따라서 부시 행정부는 지구 기후 변화에 관한 교토의정서, 생물무기협약, 국제사법재판소, 지뢰협약, 러시아와의 탄도 미사일 방지 조약을 포함한 여러 국제협정에서 탈퇴했다. 각 협정은 미국의 정책 선택을 제한하고 따라서 미국의 주권을 제한하는 것으로 여겨졌다. 2001년 9월 11일의 테러 공격은 국가가 중요한 자국의 국익을 지키기 위해 자유롭게 행동할 수 있어야 한다는 부시 행정부의 인식을 더욱 강화시켰다.

트루먼 행정부 이후 미국 안보 태세에 대한 가장 광범위한 재평가인 **부시독트린**은 2002년 10월 '미국의 국가안보전략'이라는 제목의 문서를 통해 발표되었다.[27] 부시독트린의 어떤 요소도 완전히 새로운 것은 아니었지만, 그 몇 가지 핵심 요소들이 이렇게 대담하게 심지어 노골적으로 언급된 적은 없었다. 전후 미국 외교정책의 핵심 요소는 다자주의, 집단안보, 억지와 봉쇄였다. 부시독트린의 핵심 요소는 주권, 국가안보, 선제공격, 패권이었다.

부시독트린은 다자주의, 봉쇄, 억지라는 고전적인 냉전 독트린이 테러리즘, 불량국가, 대량살상무기 등과 같은 21세기 위험에 맞서는 데 효과가 없을 것이라고 주장했다. 부시 대통령은 미국의 외교정책 및 국가안보 정책에 있어서 유엔, NATO, WTO 등과 같은 다자기구의 중요성을 자주 언급했지만, "위험이 쌓이는 동안 미국은 가만히 손 놓고 있을 수 없으며" 미국이 자신을 방어할 수 있는 권한을 달라고 다른 나라에 요청하지 않을 것이라고 자주 강조했다. 게다가 어떤 위협은 너무 긴급하고 임박해서 일방적인 조치가 필요할 수 있다. 결국 부시독트린은 미국의 군사적 패권에 도전하는 다른 나라들을 막고 설득하겠다는 의도를 천명했다.[28]

2002년 국가안보전략에 포함된 부시독트린은 2006년 3월 전면 수정되었다.[29] 비록 2002년 국가안보전략의 일부 공격적인 자세는 여전했지만, 2006년 문서의 내용은 전통적인 미국 외교정책의 원칙으로 되돌아가는 것을 의미했다. 새로운 전략의 두 기둥은 첫 번째는 인권, 자유, 민주주의였고, 두 번째는 이러한 목표를 달성하기 위해 우방국가 및 동맹국들과의 협력이었다. 새로운 전략은 일방적인 무력 사용과 군사적 우위에서 벗어나 다자외교와 국제외교를 지향했다. 부시 행정부 1기의 기조와 내용 모두 2기에서 변화한 것은 콘돌리자 라이스 국무장관과 그녀의 보다 전통적인 외교 의제의 영향이 결정적이었다.

버락 오바마 시절 미국의 글로벌 태세

오바마 대통령의 첫 국가안보팀은 힐러리 클린턴 국무장관과 전임 대통령 부시가 임명한 국방장관 로버트 게이츠를 중심으로 구성되었다. 이 팀을 설명하는 데 가장 자주 사용된 용어는 실용적(이념적인 것의 반대)이라는 것이었다. 오바마 대통령은 그들에게 미국과 유엔과 같은 국제기구 및 NATO와 같은 전통적인 동맹국과의 관계를 재건하기 위한 새로운 국가안보 방책을 마련하라고 요구했다. 오바마 행정부는 부시 대통령의 '미국의 국가안보전략'에 상응하는 것을 만들었을 때 국력의 요소들을 재조정하려고 했다. 군사적, 경제적 영향력과 같은 '하드파워' 요소들에 대한 강조를 덜 하고, 다자주의, 집단안보, 외교 등의 '소프트파워' 영향력에 더 강조점을 두었다.

부시독트린(Bush Doctrine)
2002년 10월 국가안보전략에서 강조된 부시독트린은 주권, 국가안보, 선제공격, 우위를 미국외교 정책의 핵심으로 삼았다.

오바마 대통령은 2010년 5월 자신의 '국가안보전략'을 제시했다.[30] 오바마 행정부 외교정책을 이끈 주요 원칙은 다음과 같다. (1) 전통적인 우방이든 적이든 관계 없이 외교를 우선하고, (2) 유엔과 같은 국제기구와 NATO와 같은 전통적인 동맹을 협력적 문제 해결의 수단으로 강화하고, (3) 글로벌 개발을 미국의 평화와 안보를 향상시키는 것으로 인식하고, (4) 군사력을 보완하는 것으로 미국의 국가 건설 능력의 민간 요소를 강화하고, (5) 미국의 정치적, 경제적 성공, 민주주의, 자유시장 등을 다른 사람들이 본받을 만한 사례로 홍보했다.

오바마 대통령의 첫 7년 동안 2015년에 다시 발을 담그기 전까지 이라크에서 철수했고, 2016년에는 아프가니스탄에서 철수했다. 오바마 대통령은 미군이 새로운 분쟁에 개입하는 것을 극도로 꺼리는 모습을 보였다. 그는 리비아 분쟁에서 NATO가 주도권을 잡도록 강요했고, 화학무기가 사용된 뒤에도 우크라이나와 시리아 내전에 개입하는 것에 반대했다. 오바마 대통령을 비롯하여 대부분의 미국인은 10년이 넘는 전쟁 끝에 또다시 새로운 장기 분쟁에 개입하는 것을 꺼렸고, 2016년 말 또는 2017년 초까지 아프가니스탄에서 대부분 철수하기로 결정했다.

2015년에 발표된 오바마 대통령의 두 번째 국가안보 청사진은 세계에서 미국의 역할에 대한 그의 오랜 견해 중 많은 것을 확인시켜 주었다. 그는 세계에서 없어서는 안 되는 국가인 미국이 주도해야 하지만, 과도한 개입, 오만, '도를 넘는' 것도 피해야 한다고 강조했다.[31] 종종 의회의 완강한 다수당에 직면한 오바마는 자신이 생각하기에 오래되어 더 이상 적절하지 못한 역사적 적대감을 해결하거나 최소한 시정하려고 노력했다. 이란의 핵무기 프로그램을 억제하고 이란 경제를 개방하기로 한 국제 합의와 쿠바와의 외교 관계를 재개하기로 한 국제 합의 등 두 가지는 적어도 오바마 행정부의 관점에서 볼 때 성공적이었다. 반대자들은 두 가지 모두를 비난했고, 아울러 시리아의 붕괴와 ISIS의 부상에 적극적으로 대처하지 못한 오바마 행정부의 실패를 지적했다. 분명히 오바마는 복잡한 문제의 해결에 무력 사용보다는 외교적 해결을 더 편안하게 여겼다.

도널드 트럼프의 국가안보전략

도널드 트럼프는 본인은 외교정책 경험이 없지만 강력한 '미국 우선주의(America first)' 의제를 들고, 국가안보팀의 막강한 군인들과 함께 백악관에 입성했다. 곧 그는 백악관 비서실장 존 켈리, 국가안보보좌관 맥매스터, 국방부 장관 짐 매티스 등 3명의 장군을 국가안보팀의 핵심으로 삼았다. 그는 또한 북한과 같은 적대국이나 NATO와 같은 동맹국을 상대로 무뚝뚝할 뿐만 아니라 도발에 가까운 직설적 표현을 던지는 경향이 있었다. 2017년 9월 그가 북한 독재자 김정은을 조롱하고 김정은을 '로켓맨'이라고 부르며 미국이 "북한을 완전히 파괴하는 것 외에는 선택의 여지가 없다"고 선언한 기억에 남는 유엔 연설은 국내외 보수주의자들로부터 찬사를 받았고 자유주의자들로부터 비판을 받았다.

트럼프 대통령은 유엔 연설에서 '주권'이라는 단어를 스물한 차례나 사용하였으며, 그로 인해 많은 사람은 트럼프가 다른 사람들의 이익을 우리의 이익보다 우선시한다고 믿었던 제2차 세계대전 이후의 세계주의적 비전에서 의도적으로 발을 빼려 했다고 믿게 되었다. 몇 주 후 2008년 대통령선거에서 공화당 대선후보였던 존 매케인은 2017년 10월 16일 국립 헌법 센터에서 글로벌질서를 옹호하는 연설을 했다. 매케인은 "우리가 4분의 3세기 동안 조직하고 이끌어 온 세계를 두려워하고, 우리가 전 세계적으로 발전시켜 온 이상을 버리고, 국제적 리더십의 의무를 거부하는 … 어설픈 가짜 민족주의는" 부끄러운 일이라고 경고했다. 불과 사흘 뒤인 10월 19일, 전 공화당 대통령 조지 W. 부시는 '미국 우선주의' 전략에 대해 경고했다. 그는 "양당의 역대 대통령들은 미국의 안보와 번영이 전 세계 자유의 성공에 달려있다고 믿었다. 그들은 그 성공이 대부분 미국의 리더십에 달려 있다는 것을 알고 있었다. 우리는 우리 자신의 정체성을 기억하고 회복할 필요가 있다. 우리는 우리의 가치를 기억하기만 하면 된다"라고 말했다. 민족주의와 세계주의 사이의 논쟁은 미국 역사에서 오래된 논쟁 중 하나이지만, 공화당 내 이념의 현대적 충돌은 트럼프 대통령의 첫 번째 공식 국가안보전략에 평소보다 더 많은 관심을 불러일으켰다.[32]

2017년 12월, 트럼프 행정부는 '미국 국가안보전략'을 발표했다. 트럼프 대통령은 '미국 우선주의' 전략을 네 가지 주요 기둥에 근거하려고 했다. 즉, (1) 미국 국민, 조국, 미국식 삶의 방식을 보호하고, (2) 미국의 번영을 촉진하고, (3) 힘을 통해 평화를 유지하고, (4) 미국의 영향력을 확대한다. 이러한 국가안보전략(NSS) 기둥에 대해 반대할 여지가 없지만, 이 문서를 파헤친 많은 분석가는 숨어 있는 미국 철수 전략을 발견했다. NSS는 냉전이 끝난 이후, 미국의 민주당과 공화당 지도자들은 "경쟁국과 관계를 맺고 그들이 국제기구 및 글로벌 통상에 참여하면 그들은 긍정적인 행위자, 신뢰할 수 있는 동반자로 변모할 것이라고 가정했다. 대체로 이 전제는 거짓으로 드러났다"고 비웃었다.

트럼프 NSS는 대안적 비전을 제시했다. "국내에서 안전하고, 번영하고, 자유로운 미국은 해외에서 세계를 이끌 수 있는 힘, 자신감, 의지를 갖춘 미국이다. 미국을 최우선으로 생각하는 것은 우리 정부의 의무이자, 세계를 이끄는 미국 리더십의 기반이다"라고 선언하였다. NSS는 수십 년 동안 다른 나라들이 자신은 더 부유하게 만들고 우리는 더 가난하게 만드는 무역 거래와 다른 나라를 방어하는 비용을 우리에게 부과하는 방위동맹을 통해 미국을 이용했다고 주장했다. NSS는 이러한 불균형을 시정하면 미국이 다시 경제적, 군사적으로 충분히 강해져서 국내는 안전하고, 해외에서는 세계를 이끌 것이라고 주장했다.[33]

미국이 글로벌 기후변화에 앞장서야 할까?

지난 30년 이상 동안 세계의 국가들은 글로벌 기후변화에 대해 무엇을 해야 하는지를 논의하기 위해 적어도 매년 한 번씩 유엔의 후원 아래 회의를 열었다. 기후변화가 현실적이고 위협적이라는 증거가 증가하고 있음에도 불구하고, 이 회의들은 모두가 동의할 수 있는 포괄적인 기후변화협약을 만드는 데 실패했다. 2015년 파리 인근 르부르제에서 열린 회의에서 '획기적인' 합의에 도달했지만, 미국은 여전히 회의적이었다. 왜 그랬나?

미국은 마지못해 이 회의에 참석해 왔으며, 일반적으로 느린 접근 방식, 과감한 목표보다는 적당한 목표, 부유한 나라와 가난한 나라 구별 없이 모든 나라가 비슷하게 구속되는 의무적인 협정보다는 자발적인 협정을 주장했다. 이러한 주저하는 접근 방식은 민주당 정권과 공화당 정권 모두의 특징이었다. 르부르제에서 열린 회의 이전에 세계가 성취한 것 중 포괄적인 기후변화 협약에 가장 근접한 것이 1997년 교토의정서였다. 교토의정서는 선진국들이 달성해야 할 확실한 온실가스 감축 목표를 설정했다. 교토의정서가 체결되기도 전에 미국 상원은 선진국은 물론 개발도상국들, 특히 중국과 인도의 온실가스 감축 목표치가 확정되기 전까지는 미국이 교토의정서에 가입해서는 안 된다는 결의안을 95대 0으로 통과시켰다. 187개국이 교토의정서를 비준했음에도 불구하고 클린턴 대통령과 부시 대통령 둘 다 비준을 위해 의정서를 상원에 정식으로 제출하는 일조차 하지 않았다.

오랫동안 글로벌 기후변화에 대한 미국의 입장을 설명하는 세 가지 이유가 있다. 첫째, 중국이 2006년 미국을 추월할 때까지 미국은 한 세기 이상 동안 세계 최대 온실가스 배출국이었다. 둘째, 클린턴과 부시 대통령은 온실가스 배출을 줄이기 위해 미국 공장을 새로운 기술로 개조하는 데 비용이 많이 들고, 경제 성장이 둔화되고, 일자리가 줄어들 수 있다고 걱정했다. 마지막으로, 부시 대통령은 글로벌 기후변화에 대한 우려의 배후에 있는 과학은 불안정하며, 많은 비용이 요구되는 해결 방안이 경제적으로 정당화되려면 더 많은 연구가 필요하다고 주장했다.

글로벌 기후변화의 배후에 있는 과학에 대한 일부 정치적 의혹에도 불구하고 대부분 전문가는 지구온난화 문제가 해결되어야 한다고 믿는다. 기후변화 학자들은 전 세계적으로 빙산이 빠르게 녹고 있고, 그린란드와 남극 대륙의 빙붕이 줄어들고 있고, 북극의 녹아내린 여름 얼음 사이로 새로운 해상 통로가 생겼다는 점을 지적한다. 또한, AP 통신은 2009년에 "세계의 발전소, 자동차, 불타는 숲, 기타 배출원이 2000년보다 29% 더 많은 이산화탄소를 배출하고 있다"고 썼다.[34]

미국의 지도자들은 온실가스를 제한하는 것에 찬성한다고 주장하고 교토의정서 이후 배출 증가의 대부분

조 바이든의 국가안보전략

바이든의 외교정책은 트럼프 대통령의 '미국 우선주의' 접근 방식에서 좀 더 전통적인 미국의 국제주의적 입장으로 전환하고자 했다. 바이든은 유엔에서의 첫 번째 주요 연설에서 기후변화, 코로나바이러스 팬데믹, 권위주의의 부상과 같은 글로벌 문제를 다루기 위한 다자적인 접근 방식을 약속했다. 그는 동맹국과의 협의와 적대국과의 힘든 협상에 대한 미국의 의지를 회복하겠다고 약속했다.

그러나 파리기후협약과 이란 핵협정의 경우처럼 국제적 약속을 부인하고 NATO의 경우처럼 동맹관계를 파괴한 트럼프의 유산이 바이든의 노력을 괴롭혔다. 동맹국들은 바이든이 아프가니스탄에서 황급히 철수하고, 호주에 핵잠수함

이 주로 인도와 중국과 같은 신흥산업국에서 발생했다고 지적한다. 미국의 지도자들은 글로벌 제한이 효과가 있으려면 개발도상국과 선진국들이 온실가스 배출량 검증 및 감축에 동의해야 한다고 주장한다. 개도국 지도자들은 기후변화가 지난 2세기 동안 서양세계가 만든 산업오염에서 비롯되었다고 주장한다. 서양세계는 이러한 산업 활동으로 부유해졌고 이제는 정화 비용을 지불해야 한다. 인도와 중국과 같은 후기 산업화 국가들은 비록 그들이 현재 온실가스를 많이 배출하고 있지만, 자국의 국민들이 서양세계의 생활수준을 따라잡으려면 제한 없는 경제 성장이 필요하다고 주장한다. 오늘날, 인도의 1인당 GDP는 6,100달러이고, 중국은 1만 6,400달러이며, 미국은 6만 200달러이다. 게다가, 인도 사람은 1인당 1.2톤의 탄소 배출을 생산하고, 중국인은 1인당 6톤, 미국인은 1인당 19톤을 생산한다.

오바마 행정부는 '자발적' 온실가스 감축 목표를 승인했지만, 도널드 트럼프는 2016년 대선 선거운동 동안 파리기후협약에 대한 반대를 분명히 했다. 대통령으로서 트럼프는 2017년 5월 말 백악관 로즈가든 연설을 활용하여 미국의 파리기후협약 탈퇴를 발표했으며, 온실가스 배출 제한이 미국 기업에 해를 끼치고 외국 경쟁자들에게 유리할 것이라고 주장했다. 그렇지는 않지만, 비용이 많이 들 것이고, 많은 기업이 반대했다.[35] 바이든은 미국이 다시 파리기후협약에 참여할 것을 결정했다.

여러분은 어떻게 생각하는가?

- 미국이 기후변화를 주도해야 하는가?
- 아니면 개발도상국에 비해 우리 경제가 불리하지 않은지 좀 더 지켜봐야 하는가?

찬성	반대
선진국들이 이 문제를 야기한 원인이다.	전 세계 모든 국가가 기후변화에 맞서 싸워야 한다.
부유한 나라는 가난한 나라를 도와야 한다.	다른 나라들은 자신들의 몫을 지불하는 법을 배워야 한다.
미국은 이 문제의 해결 노력에 없어서는 안 되는 국가이다.	미국의 경제적 이익에 피해가 예상된다.

을 판매하기로 한 프랑스의 계약을 깜짝 파기하는 등 너무 일방적으로 행동했다고 주장했고, 적대국들은 새로운 미국 선거가 또 다른 공화당 행정부의 출범을 가져와 바이든이 한 모든 약속과 공약이 거부될 가능성 있으며, 또는 반드시 거부될 것이라고 지적했다.

2022년 초로 예상됐던 바이든 행정부의 국가안보전략(NSS) 공개는 2월 24일 시작된 러시아의 우크라이나 침공으로 인해 지연되었다. 2022년 10월 NSS가 공개될 때까지 예상치 못한 우크라이나의 강력한 국방력이 러시아의 진격을 무력화하고 반격을 취했다. 바이든 대통령과 오스틴(Lloyd Austin) 국방장관, 블링컨(Antony Blinken) 국무장관, 설리번(Jake Sullivan) 국가안보보좌관 등이 이끄는 바이든의 국가안보팀은 NATO와 EU의 우크라이나에 대한 지원을 조율하고 그 결과로 얻은 전투의 승리를 축하했다.

48페이지 분량의 NSS는 오바마 국제주의의 다소 강경한 버전이라고 할 수 있는 몇 가지 핵심 사항을 제시했다. 바이든의 NSS는 다음과 같은 네 가지 주요 목표를 확인했다. (1) 미국이 해외에서 힘을 발휘할 수 있도록 국내에서 미국을 튼튼하게 유지한다. (2) 평화와 안보를 지키고 호전적인 권위주의자들로부터 민주주의를 수호하기 위해 국제기구, 동맹, 파트너십을 강화한다. (3) 장기적으로 중국을 이길 수 있는 군사력을 유지하고, 러시아가 유럽에 가하는 지역 안보 위협을 봉쇄하며, 북한과 이란, 기타 위험한 행위자의 위협을 관리한다. (4) 기후변화, 미래의 전염병, 에너지 부족, 식량 불안, 이주, 빈곤 등의 문제에 대처하기 위한 협력 전략을 개발한다.

최근의 모든 행정부와 마찬가지로 바이든 행정부의 근본적인 과제는 강대국 경쟁을 관리하는 동시에 기후변화와 같은 글로벌 과제에 대처하는 협력 방안을 찾는 것이었다.

신질서에 대한 구질서의 부담

Q4 세계의 부유한 나라들은 가난한 나라들에 대해, 만약 책임이 있다면, 어떤 책임이 있나?

미국은 오늘날 세계에서 가장 부유한 나라이자 가장 막강한 나라이다. 대부분의 유럽 국가와 일부 아시아 국가는 군사력은 아닐지라도 미국과 비슷한 수준의 경제적 부를 누리고 있지만, 여전히 세계 많은 나라들은 빈곤, 질병, 기아, 폭력에 시달리고 있다. 심지어 위험이 강자조차 위협하는 세상에서 강자는 약자를 돕기 위해 어떤 책임을 다해야 하는가?

우리는 이 질문에 대해 정확한 답을 내놓을 수 없지만, 관련된 문제들이 얼마나 크고 복잡한지는 보여줄 수 있다. 세 가지 서로 연관된 문제들, 즉 소득, 에너지, 인구에 대해 간략하게 살펴보자. 첫 번째 문제인 소득은 꽤 단순하고, 나머지 두 가지 문제를 제약한다. 미국은 1인당 6만 6,200달러, 독일은 5만 900달러, 멕시코는 1만 7,900달러, 중국은 1만 6,400달러, 우간다는 2,200달러로 나라 사이에 엄청난 부의 격차가 존재한다. 세계 인구의 가장 부유한 10%가 85%의 부를 향유하고 있고, 하위 90%가 나머지 15%로 연명하고 있다.

개발도상국의 입장은 한마디로 우리가 더 많은 것을 가져야 한다는 것이다! 그러므로 세계인들이 직면하고 있는 근본적인 질문은 다음과 같다. 국가들은 에너지 사용 수준을 높이고, 열대우림 파괴와 오존층 파괴와 같은 시급한 환경 문제를 해결하고, 세상 사람들이 더 나은 삶을 살 수 있도록 인구 증가를 통제할 수 있는 일련의 정책을 찾을 수 있을까? 이러한 문제들은, 비록 무척 다루기 힘든 문제는 아니지만, 선진국과 개발도상국이 상호 만족스럽게 해결하기는 어려울 것이다.[36]

에너지

다양한 형태의 에너지는 세계의 경제 엔진을 가동한다. 세계경제에서 에너지와 관련하여 가장 핵심적인 질문은 (1) 누가 에너지를 가지고 있는가? (2) 누가 얻는가? 그리고 (3) 어떤 가격에? 미국이 세계에서 두 번째로 큰 에너지 소비국이기 때문에 이러한 질문들은 특히 미국 입장에서는 매우 중요하다. 미국은 세계 석유의 1/5, 휘발유의 1/3을 사용하고(우리는 세계 인구의 5%도 되지 않는다는 점을 기억하자), 우리는 우리가 사용하는 에너지의 1/6을 수입하고 있는데, 이는 10년 전의 30%에서 감소한 것이다. 미국의 생산 증가는 외국의 에너지 공급에 대한 의존도를 줄였지만, 완전히 없애지는 못했다. 두 차례의 이라크전쟁은 말할 것도 없고, 사우디아라비아, 카타르, 오만, 그 외 석유가 풍부한 페르시아만 국가들과 미국의 긴밀한 관계, 그리고 이란과의 지속적인 긴장은 이 지역의 막대한 석유 매장량에 대한 안정적인 접근을 보장하기 위한 것이었다. 반면, 현재의 추세는 미래의 에너지 사용 증가가 선진국이 아니라 개발도상국에서 발생할 것임을 암시한다. 적절한 가격에 에너지를 확보할 수 있느냐에 따라 개발도상국이 국민의 높아지는 열망에 부응하는 속도로 성장할지 여부가 결정될 것이다.

20세기의 대부분 동안 미국은 싸고 풍부한 에너지의 확보에 별 어려움이 없었다. 1970년대 초까지도, 8개의 다국적 석유 회사들, 특히 그중 미국의 5개 회사가 세계 석유의 생산과 가격을 통제했다. 엑손, 걸프, 모빌, 스탠다드, 텍사코, 브리티시 페트롤리엄(BP), 로열 더치 셸, 프랑세즈 데 페트로렐레스 등이 그러한 회사들이었다. 1970년대 초 **석유수출국기구(OPEC)**를 통해 산유국들이 서양 세계의 거대 석유 회사와 정부로부터 세계 석유시장을 효과적으로 통제하게 되면서 상황이 바뀌기 시작했다. 위에서 제기된 질문들에 대한 대답은 다음과 같다. 즉, 누가 석유를 가지고 있나? OPEC. 누가 그것을 얻는가? 누구든지 OPEC이 말하는 사람. 어떤 가격으로? 엄청나게 더 비싼 가격에.

세계 각국이 엄청나게 더 비싼 에너지에 적응하는 데는 10년이 걸렸고 두 차례의 석유파동을 겪어야 했다. 첫 번째 석유파동은 1973~1974년에 있었고, 두 번째 석유파동은 1979~1980년에 있었다. 이 기간 동안 원유가격은 배럴당 3달러에서 40달러 이상으로 올랐다. 1980년대와 1990년대 대부분 동안 수요와 공급 모두의 조정으로 원유가격은 15~25달러대에 다시 안정을 찾았다. 2000년 이후 가격은 25~35달러대로 치솟았고, 2005년에는 유가 50달러가 표준이 되었으며, 2008년 초에는 배럴당 100달러대를 돌파하여 7월에는 147달러까지 올랐다가 2008년 말과 2009년의 경기 침체가 지속되면서 다시 배럴당 35달러 아래로 떨어졌다. 유가가 다시 100달러대로 올랐다가 2016년에는 미국의 수압파쇄 붐이* 글로벌 공급에 영향을 미치면서 배럴당 30달러 아래로 떨어졌다. 2020년에는 코로나바이러스로 인한 세계적인 둔화로 일시적으로 가격이 0달러 아래로 떨어지기 전까지 유가는 배럴당 60달러대에서 안정된 것처럼 보였다. 유가는 30~40달러대에서 안정되었지만, 여전히 석유생산 국가의 소비 습관을 뒷받침하거나 미국에서 수익성을 확보하기에는 너무 낮은 가격이었다. 그러다가 코로나바이러스 팬데믹이 완화되면서 유가는 배럴당 85달러까지 올랐다가 러시아가 우크라이나를 침

석유수출국기구(OPEC: Organization of Petroleum Exporting Countries)
대부분 중동 산유국들로 구성된 상품 카르텔. 국제경제에서 OPEC은 그 어떤 다른 기구보다 석유의 공급량과 가격을 강력하게 통제한다.

* 역자 주
수압파쇄는 셰일가스 생산방식이다. 즉 '수압파쇄 붐'은 '셰일가스 붐'을 의미한다.

공하면서 한 때 130달러까지 치솟았다. OPEC은 전 세계 석유 수요의 30% 이상, 즉 전 세계 일일 소비량 9,000만 배럴 중 약 3,000만 배럴을 공급했지만, OPEC은 세계적으로 알려진 석유 매장량의 79%를 보유하고 있다.

석유는 세계의 일반적인 에너지 사용 양상에 어떻게 부합하나? 추정치에 따르면 2040년에도 세계 에너지의 75%와 미국 에너지의 80% 이상이 현재와 마찬가지로 석유, 석탄, 천연가스에서 나올 것으로 예상된다. 확인된 석유 매장량은 많지만, 채굴하기 쉬운 매장량이 고갈되고 채굴하기 어려운 매장량에 의존하게 되면서 석유 추출 비용은 점점 더 높아질 것이다.[37] 풍력, 조수, 바이오매스, 지열과 같은 재생가능한 에너지원은 전체 에너지 수요의 작은 부분만 감당하고 있다.

석탄, 천연가스, 원자력, 그리고 수력이나 풍력과 같은 재생에너지는 석유의 주요 대체에너지원이다 (도표 16.2 참조). 석탄은 풍부하지만, '더럽게' 연소하여, 산성비와 지구 온난화의 원인이 되는 탄소를 발생시킨다. 알려진 석탄 매장량의 60%는 미국, 러시아, 중국에 존재한다. 천연가스는 석탄이나 석유보다 깨끗한 에너지이지만, 매장량이 미국과 러시아에 집중되어 있다. 수력, 바이오매스, 풍력은 여전히 더 깨끗한 에너지이지만, 미국 에너지 사용량의 11%만을 차지한다. 이들의 주요 비용은 건설뿐만 아니라 물 사용, 토지 관리에서도 발생한다. 미국 에너지 사용량의 7%를 차지하는 원자력은 사고와 폐기물 처리 측면에서 위험을 잠재하고 있다.

우리가 사용하는 에너지의 종류에 대한 문제를 넘어서 우리가 얼마나 많은 에너지를 사용하는가의 문제가 있다. 개발도상국들은 에너지 사용 증가와 소득 증가 사이의 관계가 매우 밀접하다는 것을 확실하게 인식하고 있다. 어떤 한 국가의 국민 1인당 에너지 소비가 많으면 많을수록, 더 많은 부를 창출한다. 그러므로 비

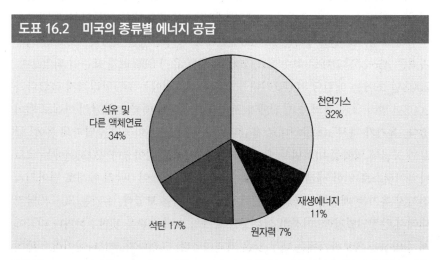

도표 16.2　미국의 종류별 에너지 공급

- 천연가스 32%
- 석유 및 다른 액체연료 34%
- 석탄 17%
- 원자력 7%
- 재생에너지 11%

출처: Department of Energy, Annual Energy Outlook 2021. 다음 사이트에서 온라인으로 이용 가능. www.eia.gov/outlooks/aeo.

록 선진국의 에너지 소비량은 현재 수준을 유지하거나 소폭 증가할 것으로 예상되지만, 개도국의 에너지 소비량은 계속해서 빠른 증가세를 보일 것으로 예상된다. 게다가 이러한 증가는 지구상에서 가장 큰 일부 국가에서 일어나고 있다. 한 분석가는 "중국과 인도를 합치면 전 세계 인구의 3분의 1을 차지하는데, 그들은 더 이상 자전거를 타고 싶어 하지 않는다"라는 말로 이 문제를 요약했다.[38]

출처: AP Photo/Dominico Atinellis

전 사우스캐롤라이나 주지사 데이비드 비즐리는 현재 로마에 본부를 둔 유엔의 세계식량계획(WFP)의 수장이다. 인도주의 프로그램에 대한 미국의 자금 지원은 국가적 '소프트파워' 무기 중 하나이다.

놀랍게도, 중국의 에너지 소비는 1950년부터 2000년 사이에 10년마다 두 배로 늘어났다. 현대 역사상 처음으로 2010년 중국은 미국보다 더 많은 에너지를 소비했다.[39] 인도의 에너지 소비는 1970년에서 2000년 사이에 세 배 이상 증가했고, 2020년까지 또다시 두 배 늘어났다. 일반적으로 개도국의 에너지 소비는 이와 비슷한 추세로 증가하고 있다. 그럼에도 불구하고, 중국과 인도의 1인당 에너지 소비는 여전히 미국의 1인당 에너지 소비에 대비하여 각각 35%와 20% 정도에 불과하다. 놀랍게도, 미국, 중국, 인도는 모두 지구 환경오염과 그 결과인 지구온난화를 제한하려는 시도에 마지막까지 저항한 나라들이다. 오바마 대통령은 부시 대통령보다 환경오염을 막기 위한 글로벌 협력에 좀 더 적극적이었지만, 트럼프 대통령은 글로벌 노력에서 완전히 발을 뺐다. 바이든 대통령은 글로벌 기후 회담에 다시 참여했지만, 바이든의 기후변화 프로그램과 자금 지원을 포함하는 '더 나은 재건(Build Back Better)' 법안은 의회에서 통과가 지연되고 있다.

세계 인구

세계의 인구는 놀라운 속도로 증가하고 있다. 식량 비축과 의료 서비스의 개선은, 확실히 좋은 일로, 전 세계 아동의 생존율을 높이고, 전 세계 성인의 수명을 늘렸다. 그렇지만 이러한 진전은 고르지 못했다. 현재 세계에는 약 80억 명의 인구가 살고 있으며, 유엔은 그중 8억 2,000만 명이 기아로 고통받고 있다고 보고했다.[40] 전 세계 인구가 새로 10억 명이 늘어나는 데 걸린 시간을 확인하면 인구 증가 속도를 짐작할 수 있다.

전 세계 인구가 10억 명에 도달하기까지는 태초부터 1804년까지 기간이 걸렸다. 1804년부터 1927년까지 20억 명에 도달하는 데 123년이 걸렸고, 그 후 새로운 10억 명이 늘어나는 데 걸리는 시간은 훨씬 더 짧아졌다. 전 세계 인구는 1960년에 30억 명, 1974년에 40억 명(단 14년), 1987년에 50억 명(단 13년), 1999년에 60억 명(단 12년)으로 늘어났다. 전 세계 인구는 2011년에 70억 명(단 12년),

2022년에 80억 명(단 11년)에 이르렀다. 현재 추정에 따르면 2050년에 세계는 97억 명의 인구를 부양해야 할 것이다 (도표 16.3 참조). 하지만 불행하게도 인구 증가는 부유한 나라에서는 둔화되었고, 가난한 나라, 특히 아프리카에서는 가속화되었다.

경제 성장 다음으로 선진국과 개도국을 가르는 가장 큰 문제가 인구 증가일 것이다. 선진국과 개도국 모두 인구와 경제개발 문제가 밀접하게 연관되어 있다고 보지만, 양측은 그 관계를 다르게 보고 있다. 선진국은 총인구에 초점을 맞추고 있으며, 인구가 너무 많다는 점을 우려한다. 개발도상국은 세계 인구가 아무리 많아져도 여전히 선진국 사람들이 세계 자원의 대부분을 소비하고 있다는 사실에 주목한다. 두 관점이 모두 타당하다는 사실은 두 관점 간의 차이를 좁히기 어렵다는 것을 의미한다.

미국은 세계에서 어떤 존재여야 하는가?

세계 최고의 군사적, 경제적 강대국으로서 미국은 자산을 세계에 어떻게 배치해야 할까? 1990년대에 미국은 '세계 경찰'의 역할을 축소하고, 국방비를 줄이고, 글로벌경제 내에서 미국의 입지를 강화하는 데 모든 관심을 집중할 수 있을 것처럼 보였다. 9·11 테러 이후 일부 사람들에게는 미국이 세계 유일한 초강대국으로서 세계에서 민주주의, 자유무역, 인권의 궁극적인 보증자로서 역할을 해야만 하는 것처럼 보였다. 만약 우리가 그렇게 하지 않는다면, 누가 할 수 있을까? 트럼

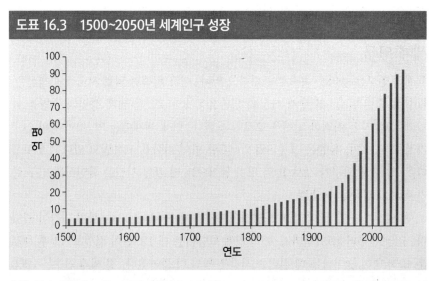

도표 16.3   1500~2050년 세계인구 성장

출처: United Nations Population Division, Department of Economic and Social Affairs, World Population Prospects: The 2019 Revision. http://esa.un.org/unpd/wpp/Excel-Data/population.htm.

소득, 에너지, 인구증가:
발전 대 저발전, 또는
오르막 언덕에서 구르는 돌

이 수치들은 경제적 부, 에너지 소비, 인구 증가가 얼마나 명확하게 연관되어 있는지를 보여준다. 사람들은 연료나 공장과 같이 노동력의 사용을 줄이고 노동력의 생산성을 높이는 도움을 받지 않고도 살아가는 데 필요한 것을 자연으로부터 직접 채취하여 생존할 수 있다. 그런 사람들은 경제적 부를 거의 창출하지 못하고 종종 대가족을 가지고 있기에 가난하고 노년기에 생존을 위해 발버둥 친다. 1인당 경제적 부가 늘어나면 저축과 축적이 가능해지며, 이는 취약성을 줄이고 가족의 자녀 수가 줄어들게 해준다. 아이들은 더 이상 일을 하거나 나이 든 부모를 돌보는 여분의 일손이 아니라, 오히려 잠재력을 최대한 발휘하기 위해 광범위한 양육이 필요한 사람으로 여겨진다.

반면에, 더 많은 부를 생산하려면 거의 항상 더 많은 양의 에너지를 사용해야 하고, 에너지는 자연을 파괴하며 생산되어야 하며, 사용 시 종종 환경오염을 일으킨다. 비록 부유한 국가의 사람들이 환경 문제에 좀 더 신경 쓸지 모르지만, 잘 사는 나라가 가난한 나라와 사람들에게 환경을 보호하기 위해 성장 속도를 줄여야 한다고 말할 위치에 있지는 않다. 좀 더 빨리 잘 사는 나라가 되고 싶은 가난한 나라들이 귀중한 자원을 환경 보호에 사용할 것 같지는 않다.[41]

나라	2020년 1인당 GDP(2017년 미국 달러)	1인당 전력 소비(kWh)	인구 증가율
미국	60,200	12,994	0.70
스위스	68,400	7,520	0.65
스웨덴	50,700	13,480	0.74
캐나다	45,900	15,588	0.77
독일	50,900	7,035	−0.21
영국	41,600	5,130	0.48
일본	41,400	7,820	−0.37
한국	42,300	10,497	0.26
스페인	36,200	5,356	−0.03
이탈리아	39,000	5,002	0.09
멕시코	17,900	2,157	1.04
브라질	14,100	2,620	0.65
중국	16,400	3,905	0.26
알제리	10,700	1,363	1.41
이집트	12,000	1,683	2.17
인도	6,100	806	1.04
가나	5,300	351	2.26
우간다	2,200	55	3.31
니제르	1,200	51	3.65
부룬디	700	26	3.68

출처: Central Intelligence Agency, *World Factbook 2021* (Washington, D.C.: U.S. Government Printing Office, 2021). Electric consumption from http://data.worldbank.org/indicator/EG.USE.ELEC.KH.PC.

프 대통령은 "미국을 최우선으로 생각하겠다"고 약속했고, 다른 지도자들에게도 자국과 관련하여 똑같이 할 것을 촉구했다. 세계경제의 통합, 글로벌 테러의 증가, 환경에 대한 위협, 인구 증가로 인해 미국은 국내외 정책 모두에서 복잡하고 어려운 선택에 직면할 것이다.

국민의 부나 유용한 군사력에 있어서 미국과 비슷한 수준의 나라는 전혀 없다. 한편, 유럽은 미국과 비슷한 생활수준을 누리고 있으며, 아시아 일부 국가는 지난 50년 대부분 기간 동안 미국과 같거나 더 가파른 성장 궤적을 보인 경제 강국이다. 중국, 인도, 러시아, 브라질이 세계경제에 완전히 편입되면 혼란이 발생할 것이다. 그럼에도 불구하고 강력한 성장과 생산성이 21세기 세계경제에서 이 나라를, 비록 고공행진하는 리더는 아니더라도, 부 창출의 중심지로 만들 것이라고 우리는 충분히 확신할 수 있다.

Q5 우리의 문화적, 경제적, 군사적 자원을 고려할 때, 미국은 21세기의 세계를 어떤 세상으로 만들려고 노력해야 하는가?

9·11 테러 공격과 뒤따른 아프가니스탄전쟁, 이라크전쟁이 우리를 잠시 주춤하게 하는 문제들이다. 오사마 빈 라덴의 알카에다 테러범들은 미국경제력과 군사력의 대표적 상징인 세계무역센터 쌍둥이 빌딩과 국방부 청사에 큰 타격을 입혔다. 미국은 다른 나라들로부터 약간의 도움을 받아 전 세계의 알카에다를 압박했고, 아프가니스탄에서 탈레반 지지자들을 전복시켰으며, 이라크에서 사담 후세인을 몰락시키는 데까지 테러와의 전쟁을 확대했다. 아프가니스탄전쟁과 이라크전쟁에서의 주요 전투 작전들은 미국의 군사력이 세계 다른 나라의 군사력과 비교할 수 없을 정도로 우월하다는 사실에 의심의 여지가 없게 했다. 영국, 프랑스, 독일, 일본, 러시아를 제외한 세계 어느 나라도 장거리에 걸쳐 대규모 재래식 병력을 투사하는 중심 역할을 할 수 없었을 것이다.

반면에, 압도적인 군사력의 유지에는 상당히 큰 비용이 들며, 군사력을 사용할 수 있는 경우는 흔히 알카에다와 탈레반에 대한 미국의 무력 사용처럼 명확하지 않다. 사담 후세인의 명백한 악행에도 불구하고 많은 사람은 이라크에서 미국이 흘린 피와 재정 비용이 정당한지 의아해한다. 다른 사람들은 아무리 강력한 미군이라도, 군대는 전투 작전 이후 국가 건설 작전에 알맞은 도구가 아니라고 주장한다. 아프가니스탄에서 미국의 임무 실패는 이러한 결론을 외치는 듯했다. 또 다른 이들은 소말리아, 남수단, 시리아의 기아, 민족 분쟁, 대량학살이 우리가 미래에 보게 될 상황에 더 가깝다고 주장한다.

역대 미국 행정부는 부시와 트럼프의 독트린대로 미국이 21세기까지 세계적인 군사 패권을 유지하기 위해 노력해야 할지, 아니면 군사비 지출을 줄이고 새로운 세기에는 경제발전을 촉진하고 확산시킬 수 있는 미국의 능력을 유지하고 심지어 강화하는 데 집중해야 할지 결정해야 할 것이다. 시민과 정치지도자 모두 미국인들은 이 두 가지 모두 추진하기를 희망한다.[42]

바이든 행정부가 직면한 과제는 미국의 리더십에 대한 세계적인 신뢰를 회복하고 구축하는 일이다. 미국은 여전히 세계에서 가장 강력한 국가이지만, 다른 국가들은 부상하고 있고, 그들과 우리 사이의 격차는 좁혀지고 있기에 가능한 한 많은 나라가 우리가 이끄는 방향으로 따르고 싶어하도록 만드는 것이 목표일 것이다.

이 장의 요약

모든 국가는 국제적 환경 속에 놓여있다. 그 환경 속에서 각 나라는 자국이 갖고 있는 상대적인 힘과 영향력에 따라 특정 역할을 수행한다. 역사의 대부분 시기에 하나 또는 소수의 국가가 영향력을 행사했으며, 나머지 국가들은 주요 강대국과 관련하여 자신의 위치를 찾아야 했다. 로마, 영국, 미국 등 오직 몇몇 국가만이 전반적인 지배력을 얻었고, 일정 기간 동안 이를 유지할 수 있었다. 필연적으로 새로운 정치적, 경제적, 군사적 발전은 강국은 약해지고, 약소국은 강해지게 하며, 이는 지역적, 세계적 세력균형에 변화를 촉발한다. 미국의 국제사회에서 역할은 초창기 취약한 약소국가의 역할에서 군사적, 경제적 패권국가의 역할로 바뀌었다.

세계질서 속에서 북아메리카의 영국 식민지의 초기 경험은 착취였다. 식민지는 원자재와 독점적 시장의 제공을 통해 제국에 이득을 안겨줄 것으로 기대되었다. 독립에도 불구하고 유럽 열강의 군사적, 경제적 강압으로부터 취약한 미국의 처지는 나아지지 않았다. 1803년 루이지애나 매입을 통해 남부에서 스페인과 프랑스의 위협을 제거했고, 영국과의 두 번째 전쟁인 1812년 전쟁을 통해 북쪽과 공해에서 영국의 위협을 제거했다.

그 후 미국은 지역 패권 장악에 나섰다. 먼로독트린은 미국이 아메리카 대륙에 식민지를 건설하려는 유럽 열강의 추가 노력을 적대행위로 간주할 것임을 선언했다. 아메리카 대륙의 국가들은 유럽의 군주정 사례보다는 미국의 공화정 사례를 따라 발전할 것이다. 비록 국제문제에 대한 먼로독트린보다 덜 형식적이지만, 대서양에서 태평양에 이르는 대륙 강대국을 상정한 '명백한 운명' 독트린에 의해 19세기에 미국의 국내 경제·사회 정책이 수립되었다.

남북전쟁으로 노예 대 자유노동의 문제가 결정된 후, 미국 북부는 호황과 불황의 험난한 순환을 겪었으며, 이는 한 세기가 끝날 무렵 미국을 세계 최고 경제 대국으로 만들었다. 수출할 수 있는 농업과 제조업의 막대한 과잉 생산물 때문에 미국은 자유무역을 강력하게 선호했는데, 가장 눈에 띄는 것은 세기말 전환기 중국에 대한 문호개방정책이었다. 그러나 미국은 세계 강대국을 주도하려는 국제적 입장을 취하는 것을 꺼려했다. 그 대신, 제1차 세계대전 이후 미국은 자국의 국내 경제체제를 계속 유지하기 위해 국제정치에서 손을 뗐다. 곧바로 전쟁이 또 한 번 유럽을 집어삼켰다. 제2차 세계대전은 모든 선진경제를 폐허로 만들었다.

제2차 세계대전은 미국을 제외한 세계 모든 선진경제를 황폐화시켰다. 미국은 전후 양면 외교정책을 추구했다. 첫째, 미국은 마셜플랜을 통해 유럽의 전후 복구에 자금을 조달하고 지도하는 데 주도적 역할을 했으며, 유엔, IMF, 세계은행, GATT 등을 통해 글로벌 정치·금융 시스템을 구축하는 데 주도적인 역할을 했다. 둘째, 미국은 소련의 팽창주의를 억제하기 위해 NATO를 중심으로 일련의 집단안보 및 동맹관계를 구축했다.

나머지 세계가 회복되면서 미국과 소련이라는 두

초강대국이 전 세계적 차원에서 대결했다. 그들은 달러화, 루블화를 막론하고 엄청난 비용이 들고, 그로 인해 자국 경제의 구조와 역동성, 건전성 등에 큰 영향을 미친 군비경쟁에 뛰어들었다. 결국 소련은 붕괴했다. 냉전이 끝난 후, 미국은 주변을 둘러보면서, 비록 미국이 세계에 남아 있는 유일한 군사 초강대국이지만, 경제적으로 경쟁자가 많다는 사실을 발견했다.

소련의 붕괴는 미국에게 '평화 배당금(peace dividend)'을 제공하는 것처럼 보였다. 위협의 감소는 적은 국방비 및 해외 정보비와 경제 및 국내정책에 대한 더 큰 관심을 정당화하는 듯했다. 그러한 가정은 2001년 9월 11일 세계무역센터 쌍둥이 타워와 함께 무너졌다. 미국인들은 두 가지 사실을 깨달았다. 하나는 세계가 여전히 위험한 곳이라는 것이고, 다른 하나는 '세계의 경찰'이 되고자 하는 욕구나 의지는 없을지 몰라도 미국만이 도덕적, 군사적 위상을 가지고 있다는 것이다. 가장 최근에는 제2차 세계대전 이후 세계질서에 대한 푸틴의 군사적 도전과 중국의 경제력 및 군사력의 강화로 인해 미국은 계산이 복잡해졌다. 글로벌 차원에서의 경제 경쟁력과 전 세계 곳곳에 압도적 군사력을 투사할 수 있는 군사적 능력 사이에 지속가능한 균형을 이루는 것은 미국만이 갖는 딜레마이다. 미국을 제외한 어떤 나라도 그것을 고려할 필요가 없다.

주요 용어

관세 및 무역에 관한 일반 협정(GATT: General Agreement on Tariffs and Trade) 542

국제통화기금(IMF: International Monetary Fund) 542

냉전(Cold War) 539

마셜플랜(Marshall Plan) 539

먼로독트린(Monroe Doctrine) 537

명백한 운명(manifest destiny) 537

문호개방정책(Open Door Policy) 538

봉쇄(containment) 539

부시독트린(Bush Doctrine) 551

북대서양조약기구(NATO: North Atlantic Treaty Organization) 540

석유수출국기구(OPEC: Organization of Petroleum Exporting Countries) 557

세계은행(World Bank) 542

소프트파워(soft power) 534

양극체제(Bipolar) 539

억지(deterrence) 540

유엔(UN: United Nations, 국제연합) 541

이상주의(Idealists) 533

트루먼독트린(Truman Doctrine) 539

하드파워(hard power) 534

현실주의(Realists) 533

추천 문헌

Haass, Richard. *A World in Disarray: American Foreign Policy and the Crisis of the Old Order*. New York: Penguin Books, 2018. 하스는 가장 성공한 대통령들은 대중을 설득할 수 있는 일관된 외교정책을 가지고 있다고 주장한다.

Hendrickson, David C. *Republic In Peril: American Empire and the Liberal Tradition*. New York: Oxford University Press, 2017. 미국의 군사화된 외교정책은 우리나라를 세운 건국자들의 신중함과 우리의 역사적 원칙에서 벗어난 것이다.

Kagan, Robert. *The Jungle Grows Back: America and Our Imperiled World*. New York: Knopf, 2018. 케이건은 세계에서 떠오르고 있는 비자유주의 세력에 대한 우리의 대응능력을 떨어뜨리는 자신감의 위기를 민주주의 국가들이 겪고 있다는 사실을 발견하였다.

Nye, Joseph S. Jr. *Do Morals Matter: Presidents and Foreign Policy from FDR to Trump*. New York: Oxford University Press, 2020. 나이는 외교정책에서 프랭클

린 루스벨트 이후 미국 대통령들의 도덕적 판단이 어떤 역할을 했는지 탐구한다.

Stiglitz, Joseph E. *Globalization and Its Discontents Revisited.* New York: W.W. Norton, 2017. 노벨 경제학상을 수상한 경제학자인 저자는 세계은행, IMF, WTO 등과 같은 세계화를 촉진해 온 기관들이 실제로 어떤 일을 하는지 설명한다.

Trubowitz, Peter. *Politics and Strategy: Partisan Ambition and American Statecraft.* Princeton, NJ: Princeton University Press, 2011. 트루보비츠는 왜 어떤 미국 대통령들은 공격적인 외교정책을 추구하고 또 어떤 대통령들은 그렇지 않은지 묻는다. 그는 국내정치가 이를 상당 부분 설명한다고 주장한다.

인터넷 자료

1. www.cdi.org
   국방정보센터(Center for Defense Information) 홈페이지에는 월간 간행물인 『국방 모니터(*Defense Monitor*)』, 무기 거래 데이터베이스, 군비 지출 시계, 관련 사이트로의 링크 등을 제공하고 있다.

2. www.nato.int
   북대서양조약기구(NATO)는 학생들이 이 기구의 역사를 배울 수 있는 사이트를 가지고 있다. 이 웹페이지는 또한 냉전 이후 시기 NATO의 역할에 대해서도 살펴보고 있다.

3. www.un.org
   유엔의 공식 홈페이지는 전 세계의 유엔 뉴스, 정보,

활동, 행사 등에 대해 알려준다. 또한, 유엔 내의 부서와 위원회와의 링크도 제공하고 있다.

4. www.imf.org
   국제통화기금(IMF)은 안정적인 통화 매매 시스템을 구축하기 위한 국가들의 자발적인 연합체이다. IMF는 경제 위기 시 특정 재정 개혁 정책을 따르는 조건으로 회원국에 자금을 빌려준다.

5. www.cfr.org
   외교협회(CFR)은 국제문제 연구에 전념하는 초당파적 조직이다. 이 사이트는 또한 외교협회가 발생하는 외교 잡지 『포린 어페어즈(*Foreign Affairs*)』의 링크도 제공하고 있다.

주

1) James Masters, "Donald Trump Says Torture 'Absolutely Works' – But Does It?" CNN, January 26, 2017, www.cnn.com/2017/01/26/politics/donaldtrump-torture-waterboarding/index.html.
2) Joseph S. Nye Jr., *Do Morals Matter: Presidents and Foreign Policy from FDR to Trump* (New York: Oxford University Press, 2020), 1–11. 또한, 다음 참조. Walter Isaacson, "The Return of the Realists," *Time*, November 20, 2006, 39.
3) Frederick W. Marks III, *Independence on Trial: Foreign Affairs and the Making of the Constitution* (Baton Rouge, LA: Louisiana State University Press, 1973), 24.
4) Robert O. Keohane and Joseph S. Nye, Jr. *Power and Interdependence,* 4th ed. (New York: Longman, 2012), 78.
5) 다음에서 재인용. G. John Eikenberry, "Rethinking the Origins of American Hegemony," 24, 26, in Theodore Reuter (ed.), *The United States in the World Political Economy* (New York: McGraw-Hill,

1994).
6) "Bretton Woods Revisited," *The Economist,* July 9, 1994, 69–75.
7) Steven Erlanger and Rick Gladstone, "NATO's Addition of 30th Member, However Small, Is a Setback for Putin," *New York Times*, February 7, 2019, A13.
8) Somini Sengupta, "World Powers Relax the Process for Picking a U.N. Leader, Slightly," *New York Times*, December 16, 2015.
9) Michelle Nichols, "Guterres Warns U.N. May Not Have Enough Money to Pay Staff," Reuters, October 18, 2019.
10) Steven R. Weisman, "Cracks in the Foundation: Three Institutions' Roles in a Changing Global Economy Questioned," *New York Times*, May 23, 2007, C1, C8.
11) Fareed Zakaria, "The Future of American Power," *Foreign Affairs*, vol. 87, no. 3, May/June 2008, 18–43.
12) Justin LaHart, "U.S. Keeps Science Lead, But Other

Countries Gain," *Wall Street Journal*, January 16–17, 2010, A5.

13) Paul Knox, John Agnew, and Linda McCarthy, *The Geography of the World Economy*, 6th ed. (New York: Routledge, 2014).

14) James H. Mittelman, *The Globalization Syndrome: Transformation and Resistance* (Princeton, NJ: Princeton University Press, 2000), 111–146.

15) Steven Erlanger and Stephen Castle, "German Vision Prevails As European Leaders Agree on Fiscal Treaty," *New York Times*, December 10, 2011, A1, A8.

16) Andrew Chatzky and James McBride, "China's Massive Belt and Road Initiative," Council on Foreign Relations, May 21, 2019.

17) FTView, *Financial Times*, "The Doha Round Finally Dies a Merciful Death," December 21, 2015.

18) Brian Knowlton, "Global Support for Trade Mixed with Some Doubts," *New York Times*, October 5, 2007, A10.

19) Michael Mandel, "How Pigs Saved Our Bacon," *BusinessWeek*, March 17, 2008, 26.

20) Joseph S. Nye, *Bound to Lead: The Changing Nature of American Power* (New York: Basic Books, 1990), 209.

21) Eric Schmidt, "U.S. Military Advantage Has Diminished, a Congressional Panel Finds," *New York Times*, November 14, 2018, A9.

22) "Graphic Detail: Military Spending," *The Economist*, May 1, 2021, 73.

23) Farhad Manjoo, "How Much Military Spending is Too Much?" *New York Times* January 16, 2022, Wk3.

24) Julian E. Barnes and David E. Sanger, "Russia Deploys Hypersonic Weapon, Opening Door to Arms Race With the U.S.," *New York Times*, December 28, 2019, A8.

25) John M. Donnelly, "Zombie Zumwalt: The Ship Program That Never Dies," *Roll Call*, May 21, 2018. 또한, 다음 참조. AP, "Navy Considers Cutbacks in Shipbuilding," *Dallas Morning News*, December 29, 2019, 7A.

26) Hugh Lessig, "Daughter Christens Ship Named for Late-JFK," *Dallas Morning News*, December 8, 2019, 9A.

27) The National Security Strategy of the United States of America. 다음 참조, www.whitehouse.gov/nsc/nss.html.

28) Judith Miller, "Keeping U.S. No. 1: Is It Wise? Is It New? The Bush Doctrine of Preemption Plucks a Sensitive Nerve," *New York Times*, October 26, 2003, A19.

29) Louis Fisher, *Presidential War Power*, 3rd ed. (Lawrence, KS: University of Kansas Press, 2013), 201–203.

30) White House, "National Security Strategy," May 2010, www.whitehouse.gov ··· national_security_strategy.gov.pdf.

31) Eduardo Porter, "Politics Plague U.S. on Climate," *New York Times*, February 17, 2016, B1, B5.

32) Robert Kagan, *The Jungle Grows Back: America and Our Imperiled World* (New York: Knopf, 2018).

33) "National Security Strategy of the United States," December 2017, 1, 3–4, 55.

34) White House, "National Security Strategy," February 2015, www.whitehouse.gov ··· 2015_national_security_strategy.pdf.

35) Eduardo Porter, "Pulling Punches in Climate Change Fight," *New York Times*, January 24, 2018, B1, B4.

36) Matthew Schofeld, "World's Richest 85 People Have as Much as Half of Globe's Population," Oxfam Reports, McClatchy D.C., January 20, 2014.

37) *Wall Street Journal Newsgraphics*, "Barrel Breakdown," April 15, 2016.

38) Liam Denning, "China's Dubious Accolade," *Wall Street Journal*, July 20, 2010, C10.

39) Keith Bradsher and David Barbosa, "Pollution from Chinese Coal Casts Shadow around Globe," *New York Times*, June 11, 2006, A1, A14–15.

40) UN News, "Over 820 Million People Suffering from Hunger," July 15, 2019.

41) Thomas Frank, "The 2010s Were the Hottest Decade – The 2020s Will Top Them," *E&E News*, January 16, 2020.

42) Jack A. Goldstone, "The New Population Bomb: The Four Megatrends That Will Change the World," *Foreign Affairs*, January/ February 2010, 31–43.

용어해설

1921년 「예산회계법(Budget and Accounting Act of 1921)」 이 법은 재무부에 예산국(BOB)을 신설하고 행정부의 예산처리 과정에 대한 대통령의 통제를 강화했다. BOB는 1970년에 관리예산실이 되었다 (제15장).

1934년 「통신법(Communications Act of 1934)」 미디어에 대한 규제를 담당하는 연방기관인 '연방 통신 위원회(FCC)'를 설립했다 (제5장).

1차 집단(primary groups) 개인이 정기적으로, 종종 지속적으로 만나는 가족 및 친구와 같은 대면 집단 (제4장).

2차 집단(secondary groups) 1차 집단보다 더 광범위하고 널리 퍼져있는 2차 집단은 종종 구성원들의 삶에서 특정한 역할이나 목적을 수행하며, 구성원 전체가 함께 모이는 경우는 드물다 (제4장).

4인의 규칙(rule of four) 사건이 미연방대법원에서 상고심으로 심리되기 위해서는 4명의 대법관이 상고이유서의 수리에 동의해야 한다 (제12장).

강압적 연방주의(coercive federalism) 1960년대와 1970년대의 연방주의를 경멸적으로 묘사한 용어로, 연방정부가 지방의 필요를 충족시키기 위해서가 아니라 주들에게 연방정부의 명령을 따르도록 강요하기 위한 목적으로 연방정부가 가진 재정권을 사용한다는 것을 암시한다 (제3장).

개인주의(individualism) 국민이 정치적 권위의 정당한 원천이고, 정부가 존중해야 하는 권리가 국민에게 있다는 생각 (제1장).

객관성(objectivity) 저널리즘에서 객관성에 대한 요구는 독자들에게 의견과 해석이 아닌 사실과 정보를 제공하는 보도를 요구했다 (제5장).

거부권(veto power) 대통령은 의회를 통과한 법률안에 대해 거부권을 가지고 있다. 만약 상·하 양원이 거부된 법률안을 3분의 2 이상의 찬성으로 재의결하면,

그 법률안은 법률로 확정된다 (제10장).

게리맨더(gerrymander) 정당이 정치적 이점을 극대화하는 방향으로 선거구를 획정할 때 발생하는 일부 의회 선거구의 이상한 모양을 가리킨다 (제9장).

견제와 균형(checks and balances) 정부의 3부가 서로 다른 부를 견제하고 균형을 유지할 수 있도록 정부의 권력을 분산시켜야 한다는 생각 (제2장).

고유한 권한(inherent powers, 본질적 권한) 헌법에 명시되어 있든 아니든 모든 주권 국가가 갖고 있는 것으로 주장되는 권한으로, 행정부가 국가를 방어하고 국익을 보호하는 데 필요한 모든 행동을 취할 수 있도록 해준다 (제3장 및 제10장).

고전적 공화주의(classical republicanism) 개인의 사리사욕보다 공동선에 대한 관심을 강조하는 몽테스키외와 흄의 교리 (제1장).

고전적 자유주의(classical liberalism) 제한정부와 개인의 권리를 옹호하는 홉스, 로크, 스미스의 교리. 19세기와 20세기 미국의 지배적인 정치이념 및 사회이념 (제1장).

공급 측면 경제학(supply-side economics) 공급 중시론자들은 세금을 낮추고 규제를 완화하면 기업 환경이 개선되고 새로운 투자가 촉진되며 생산량이 확대된다고 주장한다 (제15장).

공화정(republic) 반드시 동등하지는 않지만, 직접적으로 또는 선출된 대표를 통해 국민에게 상당한 권력이 부여되는 제한정부 (제1장).

공화제 정부(republican government) 국민을 기반으로 하지만 일부 군주제 또는 귀족정치의 특권 요소를 가지고 있는 혼합정부 또는 균형정부. 식민지 시대 미국인들은 특히 로마 공화정 사례로부터 깊은 인상을 받았다 (제2장).

과두정(oligarchy) 고대인에게, 또 보다 일반적으로 과두정은 대개 소수의 경제 엘리트가 자신의 이익을 위해 지배하는 것을 의미한다 (제1장).

관료제(bureaucracy) 각 부서에 특정한 임무가 부여되고, 부서의 직원들이 능력, 지식, 경험에 기초하여 책임을 부여받은 계층적 조직 (제11장).

관리예산실(OMB: Office of Management and Budget) 대통령에게 예산 전문지식, 중앙 입법 허가, 관리 지원을 제공하는 대통령실 소속 기관이다 (제10장).

관세 및 무역에 관한 일반 협정(GATT: General Agreement on Tariffs and Trade) 국제 무역의 관세 및 비관세 장벽을 합리화하고 줄이기 위해 고안된 일련의 국제 조약으로, 1947년에 처음 체결되었고 가장 최근에는 1994년에 체결되었다. 1995년 1월 GATT는 세계무역기구(WTO)로 대체되었다 (제16장).

교육 효과(educational effect) 대중은 미디어에서 논의되는 것을 통해 배우고, 미디어에서 다루지 않는 문제에 대해서는 당연히 배울 수 없다 (제5장).

구술 변론(oral argument) 미연방대법원의 상고심 재판에서 서로 다투는 양측 변호인들이 자신의 법적 주장을 구두로 진술할 수 있는 기회이다 (제12장).

국가부채(national debt) 연간 적자가 여러 해에 걸쳐 누적된 것을 국가부채라고 한다 (제15장).

국가안전보장회의(NSC: National Security Council) 대통령실의 일부로 1947년에 만들어졌으며, 국가안보 문제와 관련하여 대통령에 대한 조언과 정책을 조정한다 (제10장).

국가연합(confederation) 개별적으로 독립된 공화국이나 국가들이 함께 연합하여 외교정책과 국방에 대해서는 조율하지만, 내치에 대한 권한은 그대로 유지하는 느슨한 통치체제 (제3장).

국교 금지 조항(establishment clause) 헌법 수정 제1조는 "연방의회는 국교를 정하는 법률을 제정할 수 없다"고 명시하고 있다. 이것은 분명히 의회가 국교를 설립할 수 없다는 것을 의미한다. 종교와 정부 간의 접촉이 얼마나, 만약 있다면, 얼마나 허용되는지에 대한 논쟁이 계속되고 있다 (제13장).

국민주권(popular sovereignty) 모든 합법적인 정부 권한은 국민에게서 나오며 정부가 이를 무시하거나 남용하는 경우 국민이 이를 되찾을 수 있다는 생각이다 (제9장).

국제통화기금(IMF: International Monetary Fund) 제2차 세계대전 이후 국제금융체제의 핵심 부분인 IMF는 고정환율제도를 감시하는 역할을 담당했으며, 현재는 국가들의 부채 관리를 도우려고 한다 (제16장).

군소정당(minor party) 이슈를 제기하고 후보를 내지만 당선 및 집권 가능성이 거의 없는 정당 (제7장).

군주정(monarchy) 고대인에게 군주정은 전체 공동체의 이익을 위해 한 사람이 통치하는 것을 의미했다. 더 넓은 의미로, 군주정은 어떤 사회에서의 왕정 또는 세습통치를 의미한다 (제1장).

권고와 동의(advice and consent) 헌법 제2조 2항은 대통령이 대법관, 행정부 고위 관료, 대사 등을 임명하고 외국과의 조약을 비준할 때 상원의 권고와 동의를 구하도록 규정하고 있다 (제2장).

권력분립(separation of powers) 정부의 특정한 권력이, 즉 가장 명백하게 입법권과 집행권, 그리고 나중에 사법권이, 각각 따로따로 소유되어야 한다는 생각 (제2장).

권력위원회(power committees) 세금 부과, 지출, 입법 의제 통제 등을 담당하는 하원과 상원의 위원회 (제9장).

권리장전(Bill of Rights) 초대 연방의회가 제안하고 1791년에 주들에 의해 비준된 미국헌법의 처음 10개 수정헌법은 새로운 중앙정부의 행위로부터 개인의 권리와 자유를 보호하기 위한 것이었다 (제2장).

권한이양(devolution) 1970년대부터 오늘날에 이르기까지 연방정부의 정치적 권한을 주한테 돌려주는 것이다 (제3장).

귀족정(aristocracy) 고대인에게 귀족정은 공동체 전체의 이익을 위해 대개 부유한 소수에 의한 통치를 의미했다. 더 넓은 의미로 단어 'aristocracy'는 사회 내의 귀족 계급을 의미한다 (제1장).

규제위원회(regulatory commissions) 초당파적 이사회가 이끄는 위원회는 담당 분야의 정책을 개발, 실행, 판결하는 일을 수행한다 (제11장).

규제정책(regulatory policy) 규제정책은 개별 기업의 성과와 경제 전반에 영향을 미치는 법률과 관료적 규정을 의미한다 (제15장).

규칙위원회(Rules Committee) 하원의 본회의에서 법안심사를 위한 토론과 수정에 관한 조건을 정한 의회 규칙이나 특별 명령을 작성하는 위원회 (제9장).

균일세(flat tax) 가난한 사람과 부유한 사람 구분 없이 소득이나 재산에 단일세율을 적용하는 세금 (제15장).

내각(cabinet) 15개 행정 부처의 장관들과 대통령이 지명한 공직자들. 내각은 대통령과 협의할 수 있다 (제10장).

내부 전략(inside strategy) 일반적으로 선출직 및 임명직 공무원 또는 그들의 참모들과 직접 접촉하여 쟁점 이슈에 대한 그들의 견해에 영향을 미치려고 하는 로비 전략 (제6장).

냉전(Cold War) 제2차 세계대전 종전부터 1980년대 중반까지 미국과 소련 사이에 존재했던 실제 전쟁까지는 이르지 않은 지속적인 적대적 대립의 시기 (제16장).

노예제 폐지론자(abolitionist) 미국에서 노예제 폐지를 주창한 사람들 (제14장).

누진세(progressive tax) 가난한 사람보다 부유한 사람의 소득이나 재산에 더 높은 세율을 적용하는 세금 (제15장).

뉴딜(New Deal) 대공황을 해결하기 위한 프랭클린 루스벨트 대통령의 정책과 프로그램에 붙여진 이름이다 (제15장).

뉴저지 안(New Jersey Plan) 작은 주 대표 대부분의 지지를 받아 버지니아 안의 대안으로 제헌회의에 제출된 헌법안으로 기존 연합규약에 새로운 권한을 제한적으로 추가하려는 방안이었다 (제2장).

다원주의(pluralism) 미국정치의 이익집단 구조가 합리적인 정책 균형을 낳는다는 견해 (제6장).

단일정부(unitary government) 중앙정부와 지방정부(주정부)가 서로 권력을 나누어 갖는 연방제와 달리 하나의 단일 권력의 지배하에 있는 중앙집권적 정부 (제3장).

단일행정부론(unitary executive theory) 대통령이 행정권한을 구체적으로 보여주며, 특히 전시에는 국가와 국민을 보호하는 데 필요한 사항을 결정하는 유일한 판단자라고 주장하는 강력한 대통령직 이론 (제10장).

대륙법(civil code, 민법전) 시민이 이해하고 준수할 수 있는 법적 원칙과 명령을 평범한 말로 제시하는 명확한 법령에 기초하여 완전하고 전적으로 명료한 법체계를 구상하는 법적 전통이다 (제12장).

대륙회의(Continental Congress) 1774년 9월에 소집되어, 1775년 5월부터 영국의 정책에 반대하는 시위와 혁명을 조정하기 위해 열렸다. 1781년 3월 1일 연합규약(Articles of Confederation)이 발효되면서 대륙회의는 연합회의(Confederation Congress)로 대체되었다 (제2장).

대리인(delegate) 대표자의 주된 역할을 자신의 선거구 유권자의 견해를 반영하고 이익을 보호하는 것으로 보는 대표성의 관점이다 (제9장).

대의제 정부(representative government) 국민이 직접 정부 업무를 수행하는 것이 아니라 선출된 국민의 대표가 정부의 업무를 수행하는 정부형태 (제2장).

대통령 지지(presidential support) 매년 의회 분기별 보고서(Congressional Quarterly)는 대통령이 명확한 입장을 표하고 의회가 그런 대통령을 지지한 의회 투표 비율을 보고한다 (제7장).

대통령실(EOP: Executive Office of the President) 1939년 설립된 EOP는 대통령을 보좌하는 전문 지원 인력을 보유하고 있다 (제10장).

독립선언문(Declaration of Independence) 이 문서는 미국 식민지가 영국으로부터의 독립을 선언하기로 한 결정을 설명하고 정당화하기 위해 1776년 7월 4일 대륙회의에서 채택되었다 (제2장).

독점(monopoly) 한 생산자가 시장을 독점적으로 통제하여 시장 조작과 임의로 가격 책정이 가능한 상황을 의미한다 (제15장).

동시 권한(concurrent powers) 과세 권한과 같이 연방체제 내의 두 수준 정부 모두 사용할 수 있는 권한으로, 동일한 시민에 대해 중앙정부와 주정부 모두 행사할 수 있는 권한이다 (제3장).

동시 다수(concurrent majority) 사우스캐롤라이나 상원의원 존 칼훈은 각 지역에 그 지역에 해롭다고 판단되는 연방정부의 법률을 거부할 수 있는 권리를 부여하여, 이를 통해 북부와 남부 간의 균형을 회복하자는 의견을 제시했다 (제3장).

뒤베르제의 법칙(Duverger's law) 정치학자 모리스 뒤베리제는 선거규칙이 정당체제에 영향을 미친다는 사실에 가장 먼저 주목했다. 다수제는 일반적으로 양당제를, 비례대표제는 일반적으로 다당제를 가져온다 (제7장).

로비스트(lobbyists) 고객에게 이익이 되거나 피해를 줄이는 방향으로 정부의 의사결정에 영향을 미치려는 고용된 대리인 (제6장).

마셜플랜(Marshall Plan)　봉쇄 전략의 일환으로, 마셜 플랜은 1947년에서 1953년 사이에 유럽의 재건을 돕기 위해 150억 달러의 경제 원조를 서유럽 국가들에 제공했다 (제16장).

마이크로 타겟팅(micro targeting)　선거 컨설턴트는 수십 개의 인구통계학적 자료, 정치 데이터, 소비자 데이터를 분석하여 어떤 한 유권자 또는 비슷한 성향의 유권자 집단을 특정 후보자 지지로 이동시킬 수 있는 이슈, 주제, 주장을 결정한다 (제8장).

만장일치 동의(unanimous consent)　상원이 본회에서의 의사 진행 절차에 관한 의회의 기본 규칙을 따르지 않고, 그 대신 협상을 통해 합의한 방식을 적용할 수 있도록 하는 의회의 제도적 장치. 하원의 규칙이나 특별 명령과 거의 똑같은 기능을 한다 (제9장).

먼로독트린(Monroe Doctrine)　1823년 제임스 먼로 대통령이 발표한 미국의 정책. 유럽 열강이 아메리카 대륙 어디든 새로운 식민지를 추가로 건설하려는 시도가 있는 경우, 이를 이 지역에서 미국의 이익에 반하는 행위로 간주한다고 주장했다 (제16장).

명백한 운명(manifest destiny)　19세기 후반 미국인들은 대서양에서 태평양까지 대륙을 가로질러 확장하는 것이 '명백한 운명'이라는 생각을 공통으로 갖고 있었다 (제16장).

명시적 권한(enumerated powers)　헌법 제1조 제8항에 규정된 구체적으로 명시 또는 열거된 의회의 권한이다 (제2장).

무효화(nullification)　19세기 전반기에 두드러진 주장으로, 주는 연방헌법상의 권한을 넘어선 것으로 생각되는 연방정부의 행위를 무효화하거나 거부할 권리가 있다는 주장 (제3장).

묵시적 권한(implied powers)　구체적으로 명시된 의회의 권한은 아니지만, 명시된 목적이나 활동을 수행하는 데 적절하고 필요한 의회의 권한 (제3장).

문호개방정책(Open Door Policy)　19세기 말과 20세기 초 미국의 정책. 중국이 하나 이상의 식민지 강대국의 배타적 지배하에 있기보다는 자유무역에 개방적이어야 한다고 주장했다 (제16장).

미국노동총연맹(AFL-CIO)　미국 노동 연맹이 산업 단체 총회에 가입한 1955년에 창립한, 1,250만 명의 회원을 가진 AFL-CIO는 미국 최대의 노동조합이다 (제6장).

미국정치발전(APD: American Political Development)　미국의 정치 과정, 제도, 정책의 발전과 변화를 연구하는 학문분야 (제1장).

미연방대법원(Supreme Court)　미연방 사법제도의 최고법원 또는 최종심(=최후의 수단) 법원 (제12장).

민법(civil law)　결혼 및 가족법, 계약 및 재산과 같이 주로 개인과 조직 간의 관계를 다루는 법률. 위반 시 처벌보다는 판결과 벌금이 주로 부과된다 (제12장).

민주주의(democracy)　국민에 의한 통치. 고대 시대 사람들에게 민주주의는 공동체의 이익을 위해 사람들이 한곳에 모이는 대중 통치를 의미했다. 더 넓은 의미로, 민주주의는 자유선거로 공직자를 선출하고 공공정책 과정에 영향을 미치는 정치체제를 의미한다 (제1장).

반연방주의자(Anti-Federalists)　일반적으로 미국헌법의 비준에 반대했던 강력한 중앙정부 반대자들 (제2장).

배제 원칙(exclusionary rule)　배제 원칙은 경찰이 불법적으로 수집한 증거를 법정에서 사용할 수 없다고 주장한다. 대법원은 '위크스 대 미국' 사건(1914)에서 연방 당국에 대한 배제 원칙을 확립했고, '맵 대 오하이오' 사건(1961)에서는 주 당국에 대한 배제 원칙을 확립했다 (제13장).

버지니아 안(Virginia Plan)　버지니아의 매디슨(James Madison)이 작성하고 대다수의 큰 주 대표들이 지지한 강력한 중앙정부 방안이 제헌회의의 초기 논의를 이끌었다 (제2장).

범죄인 인도(extradition)　미국헌법 제4조 2항은 한 주에서 범죄로 기소된 사람이 다른 주로 도피하는 경우 범죄를 저지른 주로 돌려보내야 한다고 규정하고 있다 (제3장).

범주형 보조금(categorical grant)　종종 좁은 특정 목적을 위해 주와 지역사회가 연방 자금을 사용할 수 있도록 제공되며, 일반적으로 별도의 신청, 시행, 보고 절차를 요구하는 프로그램 (제3장).

법률(law)　정부가 만들고 공동체의 조직적인 힘에 의해 뒷받침되는 권위 있는 규칙 (제12장).

법원조직법(Judiciary Act of 1789)　제1차 의회에서 통과된 연방 사법부 창설을 규정한 법률 (제12장).

법인기업(corporation)　육체를 가진 실제 사람이 아닌 법인격이다. 기업은 재산의 매매, 대출, 차입 등 개인이 할 수 있는 모든 일을 할 수 있지만, 주주의 책임은 기업에 대한 투자 금액에 한정된다 (제15장).

벤치마크 조사(benchmark poll) 후보자의 인지도, 대중적 이미지, 당선 가능성 등을 측정하기 위해 선거운동 초기에 실시하는 여론조사이다 (제4장).

변론요지서(briefs) 사건의 변호인이 준비한 서면 변론으로, 관련 법률에 대한 자신의 견해와 법률에 따라 내려져야 할 결정을 개괄적으로 설명한다 (제12장).

변호를 받을 권리(right to counsel) '기드온 대 웨인라이트(Gideon v. Wainwright)' 사건(1963)은 범죄로 기소된 사람은 변호 준비에 있어 변호사의 도움을 받을 권리가 있다고 선언했다. 변호인의 조력을 받을 권리는 수정헌법 제14조가 보장하는 '정당한 법적 절차'의 의미 중 일부이다 (제13장).

보수(conservative) 보수는 일반적으로 작은 정부, 낮은 세금, 규제 완화, 가능한 한 경제적 인센티브의 이용 등을 선호한다 (제4장).

보스턴 대학살 사건(Boston Massacre) 1770년 3월 5일 영국군과 보스턴 폭도 사이에 충돌이 발생하여 식민지 주민 5명이 죽고 8명이 다쳤다 (제2장).

보스턴 차 사건(Boston Tea Party) 보스턴 애국자들은 세금의 납부를 거부하고 보스턴 항구의 바닷속에 차를 던져버려, 식민지에 세금을 부과하려는 영국의 시도에 저항하였다 (제2장).

보통법(common law, 관습법, 영미법) 완전히 통합된 법전과 달리, 판사가 만든 법은 판사가 특정 법적 분쟁을 심리하고 이후 미래의 판사가 유사한 문제를 해결하는 데 있어 이전의 판결을 인용하면서 오랜 세월에 걸쳐 발전되었다 (제12장).

본선거(general election) 각 정당을 대표하는 후보자들이 공직에 선출되기 위해 경쟁하는 최종 또는 확정 선거이다 (제8장).

봉쇄(containment) 제2차 세계대전 이후 소련 제국 주변에 미국의 동맹을 강화하여 소련의 힘을 억제하고자 마셜, 케넌, 트루먼 등이 개발한 미국의 정책 (제16장).

부당한 수색과 압수(unreasonable searches and seizures) 수정헌법 제4조는 시민들이 불합리한 수색과 압수를 당하지 않도록 보장하고 있다. 수색은 특정 장소를 수색할 경우 관련 증거가 발견될 수 있다는 상당한 근거가 제시된 영장에 의해 승인되어야 한다 (제13장).

부시독트린(Bush Doctrine) 2002년 10월 국가안보전략에서 강조된 부시독트린은 주권, 국가안보, 선제공격, 우위를 미국 외교정책의 핵심으로 삼았다 (제16장).

북대서양조약기구(NATO: North Atlantic Treaty Organization) 1949년 소련의 유럽 확장을 막기 위해 미국, 캐나다, 서유럽 동맹국 사이에 집단안보 협정이 체결되었다 (제16장).

블록 보조금(block grants) 주정부 및 지방정부에 제공되는 연방 자금으로, 주정부 및 지방정부는 블록 보조금이 적용되는 광범위한 별도의 영역 내에서 자금이 어떻게 지출되는지에 대한 재량권을 갖는다 (제3장).

사면(pardon) 사면은 법의 관점에서 사면 대상자를 마치 범죄를 저지른 적이 없는 것처럼 새로운 사람으로 만든다 (제10장).

사법 소극주의(judicial restraint) 법원이 정책 결정을 피하고 입법 및 집행 의도를 구현하는 데 국한해야 한다는 생각 (제12장).

사법 적극주의(judicial activism) 특히 인종차별 철폐 및 낙태와 같은 민감한 사건에 대한 법원의 적극적인 정책 결정 (제12장).

사전 제한(prior restraint) 출판 전에 허가를 받거나 승인을 받아야 하는 출판에 대한 모든 제한. 사전 구속이 없다는 것은 출판을 방해할 수 있는 검열이나 허가 과정이 없다는 것을 의미한다 (제13장).

사회계약론(social contract theory) 정부의 정당한 기원이 자유로운 사람들의 동의에 있다는 홉스와 로크의 주장 (제1장).

사회보험 프로그램(social insurance programs) 미리 프로그램에 기여금을 납부하여 프로그램의 요구 사항을 충족할 때 연금을 수령할 수 있는 자격을 얻게 되는 사회보장제도 및 메디케어와 같은 사회복지 프로그램 (제15장).

사회운동(social movement) 사회가 조직되고 운영되는 방식을 변화시켜 기회와 보상이 분배되는 방식에 변화를 일으키는 집단적 활동 (제14장).

사회화 기관(agents of socialization) 정치사회화 과정을 담당하는 부모, 교사와 같은 사람들과 가정, 학교와 같은 환경 (제4장).

상고심 재판 관할권(appellate jurisdiction) 상급법원이 하급법원으로부터 상고된 사건을 심리할 수 있는 실질적인 범위 (제12장).

상고이유서(writ of certiorari, 사건 이송 명령) 상급법원에서 사건을 심리해달라고 정식으로 요청하는 데 사용하는 사법적 수단 (제12장).

상설특별위원회(select committees) 특별히 갱신하지 않는 한 업무를 완료하거나 각 의회의 임기가 끝나면 자동 폐지되는 의회의 임시위원회 (제9장).

상원의원 예우(senatorial courtesy) 대통령은 연방 지방법원 판사가 근무할 주의 소속 정당 상원의원과 함께 연방 지방법원 판사 인선을 처리할 것이라는 기대 (제12장).

상임위원회(standing committee) 정해진 소관업무를 가지고 있으며, 한 의회에서 다음 의회로 의회가 바뀌어도 자동적으로 유지되는 의회의 상설 위원회 (제9장),

상징적 표현(symbolic speech) 실제 발언과 마찬가지로 피켓 시위나 성조기 소각과 같은 표현적 행위는 아이디어나 의견의 전달과 관련되므로 수정헌법 제1조에 따라 보호된다 (제13장).

상호주의 규범(reciprocity norm) 의원들이 다른 위원회 소속 의원들의 견해와 전문성을 존중하면 자기 위원회의 전문성도 존중될 것임을 약속하는 의회 규범 (제9장).

석유수출국기구(OPEC: Organization of Petroleum Exporting Countries) 대부분 중동 산유국들로 구성된 상품 카르텔. 국제경제에서 OPEC은 그 어떤 다른 기구보다 석유의 공급량과 가격을 강력하게 통제한다 (제16장).

선거구 획정(redistricting) 각 인구조사 후에 의회 선거구 경계를 재조정하는 것이다 (제9장).

선거인단(Electoral College) 1787년 연방회의에서 대통령의 선출을 위해 만들어진 제도. 각 주는 해당 하원 의석수와 두 명의 상원의원 수를 합친 것과 동일한 수의 선거인단을 가진다 (제10장).

선동적 명예훼손(seditious libel) 20세기까지 미국에 영향을 미친 영국의 법 원칙으로, 정부의 명성과 영향력을 떨어뜨리는 정부 관리 및 정책에 대한 비판을 처벌할 수 있다는 것이다 (제5장).

선례(precedent) 나중에 유사한 성격의 사건을 판정하기 위한 규칙 또는 지침 역할을 하는 사법적 판결 (제12장).

선례구속(stare decisis) 과거 판결이나 선례에 의존하여 나중에 일어난 사건을 판결하는 사법 원칙 (제12장).

선심정치(pork barrel politics, 돼지여물통 정치) 돼지여물통 정치는 일반적으로 하원의원 또는 상원의원이 정규 세출 절차 외에 획득한 특별 대상 지역 프로젝트에 대한 지출예산을 말한다 (제9장).

「선언법(Declaratory Act)」 1766년 3월 영국 왕과 영국 의회가 아메리카 식민지에 대해 구속력을 갖는 법을 '어떤 경우에도' 통과시킬 수 있는 권한이 있다고 선언하는 법안이 의회에서 통과되었다 (제2장).

선호조사(preference poll) 응답자에게 특정 공직 후보자의 명단을 제시하고 누구를 가장 선호하는지 묻는 여론조사이다 (제4장).

설득 효과(persuasion effect) 미디어가 이슈를 보도하는 방식은 때때로 사람들이 그 이슈에 대해 생각하는 바를 바꿀 수 있다 (제5장).

세계은행(World Bank) 제2차 세계대전 이후 국제 금융 시스템의 핵심 부분인 세계은행은 처음에는 서유럽에, 나중에는 제3세계에 전후 복구 및 경제개발에 필요한 자본을 제공했다 (제16장).

세네카 폴스 대회(Seneca Falls Convention) 1848년 뉴욕 세네카 폴스에서 열린 여성 권리 옹호자들의 중요한 이 회의로부터 여권운동이 시작된 것으로 종종 평가된다 (제14장).

세속(속세, secular) 비종교적이고 현세적이고 일상적인 삶의 측면 (제1장).

셰이즈의 반란(Shays's Rebellion) 1786~1787년 겨울에 매사추세츠주에서 발생한 농민봉기. 이 사건으로 많은 미국인은 주 정부가 갖는 정치적 불안정을 피하려면 좀 더 강력한 중앙정부가 필요하다는 확신을 갖게 되었다 (제2장).

소송(litigation) 유리한 방향으로 정책 변경을 요구하거나 불리한 정책 변경을 피하기 위한 목적으로 법원에 소송을 제기하는 행위 (제6장).

소프트머니(soft money) 1979년에 통과된 FECA 개정안은 창당, 유권자 등록, 유권자 투표 독려를 위해 정당에 대한 무제한 기부를 허용했다 (제8장).

소프트파워(soft power)   다른 나라들이 어떤 한 국가를 모방하고 협력하도록 만드는 매력적인 가치, 문화, 번영과 같은 자산을 의미한다 (제16장).

수정헌법 평등권 조항(ERA: Equal Rights Amendment)   1923년에 처음 발의되어 1972년 의회에서 수정헌법으로 통과된 ERA는 비준에 3표가 모자랐다.

승인위원회(authorizing committees)   입법을 통해 특정 정책이나 프로그램을 개발하거나 승인하는 하원과 상원의 위원회 (제9장).

시민의 권리(civil rights, 민권)   투표권, 인종 차별로부터 자유로울 권리 등과 같은 사회생활 영역으로, 헌법에 따라 정부는 시민들이 평등하게 대우받을 수 있도록 조치를 취해야 한다 (제13장).

시민의 자유(civil liberties)   언론의 자유, 출판의 자유, 종교의 자유 등 헌법이 개인의 자유로운 선택에 대한 정부의 침해를 제한하거나 금지하는 사회생활 영역이다 (제13장).

시행(Implementation)   프로그램이나 정책이 실제로 현실 세계에서 매일 작동하도록 만드는 과정 (제11장).

시행규칙 제정(rule making)   개인, 사건, 활동의 종류에 균일하게 적용되는 규칙 또는 표준을 정하는 절차 (제11장).

신속대응팀(ready response team)   경쟁상대나 언론의 비난이나 부정적인 논평에 즉각적으로 대응하는 임무를 부여받은 선거운동 요원 내부의 집단이다 (제8장).

신탁자(trustee)   대표자가 공공문제에 대해 의사결정을 내릴 때는 자신의 선거구 유권자의 의견을 경청하되 자신의 전문지식과 판단력을 사용해야 한다는 대표성의 관점이다 (제9장).

실질적인 적법 절차(substantive due process)   19세기 후반 대법원 학설은 재산을 규제하려는 대부분의 시도가 적법 절차 위반이라고 주장한다 (제12장).

아나폴리스 회의(Annapolis Convention)   1786년 9월 메릴랜드주 아나폴리스에서 주 간의 통상에 대한 주 정부의 규제로 인해 발생하는 문제를 논의하기 위해 열렸다. 이 회의는 제헌회의(Constitutional Convention)의 개최를 요청하는 사전 회의 역할을 했다 (제2장).

양극체제(bipolar)   두 개의 지배적인 강대국을 중심으로 조직된 국제체제 (제16장).

양원제(Bicameralism)   단원제 또는 1원제 입법부가 아닌 2원제 입법부 (제2장).

양원협의위원회(Conference committees)   상원과 하원 양원 의원들로 구성되며 상원과 하원이 각자 의결한 법안 간의 차이를 통일시키는 임무를 담당하는 위원회 (제9장).

억지(deterrence)   상대방이 무력에 의존하는 것을 막거나 억제할 수 있는 충분한 힘을 축적하고자 하는 군사적 교리 및 군사적 전략 (제16장).

엘리트주의(elitism)   미국정치의 이익집단 구조가 부유층의 이익에 치우쳐 있다는 견해 (제6장).

여론(public opion)   공공문제나 관심사에 대한 시민의 의견 분포이다 (제4장).

역진세(regressive tax)   부유한 사람보다 가난한 사람의 소득이나 재산에 더 높은 세율을 적용하는 세금 (제15장).

역차별(reverse discrimination)   보호 계층 구성원에게 적극적 우대 조치의 혜택을 제공하면 필연적으로 백인 남성에 대한 혜택이나 이익을 부당하게 거부하는 결과를 초래한다는 생각 (제14장).

역피라미드 모델(inverted pyramid model)   신문 기사는 첫 단락에 가장 중요한 사실을 담아야 한다는 생각, 그리고 이야기가 전개되면서 상대적으로 덜 중요한 사실과 세부적인 내용을 담아야 한다는 생각 (제5장).

연공서열 규범(seniority norm, 다선 우선 원칙)   위원회에서 가장 오랫동안 재직한 해당 위원회 소속 위원이 위원장직을 맡는다는 규범 (제9장).

「연방선거운동법(FECA: Federal Election Campaign Act)」   1971년에 선거운동 개혁법안이 통과되었고, 1974년 및 그 이후 주요 개정을 통해 선거 기부금의 공개를 의무화하고, 한도를 설정하고, 대통령선거에 대해 공적자금을 지원하기 시작했다 (제8장).

연방제(federalism)   일부 권한은 중앙정부에 주어지고, 또 일부 권한은 지방정부에 주어지며, 과세 권한과 같은 일부 권한은 중앙정부와 지방정부가 동시에 행사하는 정부형태이다 (제2장).

연방주의자(Federalists)   미국헌법의 비준을 선호했던 강력한 중앙정부 지지자들 (제2장).

연방통신위원회(FCC: Federal Communications Commission)   1934년 「통신법」에 따라 설립된 FCC

는 대중의 이익을 위해 미디어를 규제하는 권한을 가진 5인 위원회이다 (제5장).

연합규약(Articles of Confederation) 1776년과 1777년 대륙회의에서 제정된 미국 최초의 중앙정부를 설명하는 규약으로 1781년 3월 1일에 마침내 채택되었다. 이 연합규약은 1789년 3월 4일에 미국헌법으로 대체되었다 (제2장).

연합회의(Confederation Congress) 연합회의는 1781년 3월 1일 창립된 이후 1789년 3월 4일 미국헌법이 발효되면서 새로운 연방의회로 대체될 때까지 연합규약에 따라 운영되었다 (제2장).

엽관제(spoils system) 1830년에서 1880년 사이에 두드러졌던 후견제. 강력한 정당들이 의회와 대통령직을 장악하기 위해 싸우고, 선거에 승리한 정당이 상으로 관료제와 공무원 자리를 차지했다 (제11장).

예비선거(primary) 유권자가 차후 본선거에서 자신의 정당을 대표하여 입후보할 후보자를 선택하는 예선이다 (제8장).

완전한 신뢰와 신용(full faith and credit) 미국헌법 제4조 1항에 따라 각 주는 반드시 다른 주의 법적 행위에 대해 '완전한 신뢰와 신용'을 가져야 한다 (제2장).

외부 전략(outside strategy) 정책결정자에게 간접적으로 영향을 미치는 방법으로 여론을 전파하고 형성하려는 로비 전략 (제6장).

우선(preemption) 연방법률이 '이 나라의 최고법'이라는 헌법 제6조의 규정은 의회가 입법을 선택한 분야에서 주정부의 결정에 우선하거나 주정부의 결정을 대체할 수 있게 한다 (제3장).

원심 재판 관할권(original jurisdiction) 헌법 제3조에 명시된 대법원의 의무적 관할 (제12장).

위험심사권(judicial review, 사법심사) 어떤 법률이나 법률에 근거한 공식 행위가 헌법과 충돌하기 때문에 집행할 수 없다고 판결할 수 있는 연방법원의 권한 (제12장).

유권자 내 정당(party in the electorate) 어느 정도 직접적이고 일관되게 어떤 한 정당을 지지하는 유권자들이다 (제7장).

유권자 등록(voter registration) 투표 연령 인구가 선거일에 투표할 수 있는 권리를 확립하기 위해 가입하거나 등록하는 절차 (제8장).

유도조사(push poll) 유도조사는 진짜 여론조사가 아니다. 그 대신 부정적이고 종종 잘못된 정보를 제공하여 유권자들에게 영향을 미치기 위한 목적으로 고안되었다 (제4장).

유보된 권한(reserved powers) 미국 수정헌법 제10조는 연방정부에 명시적으로 부여되지 않은 권한은 주 또는 국민이 보유한다고 명시하고 있다 (제3장).

유부녀(coverture) 영국 관습법의 일부로 미국으로 넘어온 법적 개념으로, 결혼 시 남편과 아내가 "한 사람이 되며, 그 한 사람이 남편"이라고 주장한다 (제14장).

유엔(UN: United Nations, 국제연합) 1945년에 결성되어 전 세계 모든 국가에 개방되어 있는 유엔은 다양한 국제문제를 논의할 수 있는 토론의 장을 제공하며, 주요 평화유지 책임을 지고 있다 (제16장).

'유의' 조항("take care" clause) 헌법 제2조 제3항은 대통령이 '법률이 충실하게 집행되도록 유의'할 것을 규정하고 있다 (제2장).

음란물(obscenity) 말이든, 글이든, 시각적이든 상관없이 '전체적으로 볼 때 … 심각한 문학적, 예술적, 정치적, 과학적 가치가 부족한' 성적으로 노골적인 자료 (제13장).

의견(opinion) 법원의 서면 판결 또는 결정 (제12장).

의견조사(opinion survey) 특정 질문이나 이슈에 대한 의견을 측정하기 위해 선거운동, 미디어, 시민단체, 마케팅 담당자 등이 사용하는 여론조사 또는 설문조사이다 (제4장).

의제 설정 효과(agenda-setting effect) 어떤 문제에 대한 미디어 보도량이 대중의 관심과 주의에 영향을 미치는 정도 (제5장).

이상주의(Idealists) 이상주의자들은 민족국가가 세계의 자유, 민주주의, 기회의 이상을 증진하기 위해 행동해야 한다고 주장한다 (제16장).

이익집단(interest groups) 조직의 이익에 부합하는 방향으로 사회와 정부가 행동하도록 유도하려는 공동의 이익에 기초하는 조직 (제6장).

이중적 연방주의(dual federalism) 19세기 연방주의는 중앙정부와 주정부 두 수준이 거의 겹치거나 공유되는 권한 없이 상당히 다른 각자의 책임 영역에서 주권을 가지는 연방제도를 구상했다 (제3장).

인권(human right) 모든 인간이 가지는 자유와 안전에 대한 기본권 (제13장).

인사청문회(confirmation hearing) 연방법원 판사 후보자가 상원 법사위원회에 출석하여 법사위 위원들의 질문에 답변하는 무대 (제12장).

인지세법 회의(Stamp Act Congress) 아홉 개 식민지의 대표들이 1765년 10월 뉴욕시에서 회의를 열고, 식민지에 직접 세금을 부과하려는 영국 의회의 시도에 대한 저항을 조율했다. 회의에 참석한 대표들은 식민지 의회만이 식민지에 세금을 부과할 수 있다고 주장했다 (제2장).

일반 세입 공유(general revenue sharing) 1974년에 도입되어 1986년에 폐지된 프로그램으로, 주정부 및 지방정부가 판단하는 최우선적인 사업을 지원하기 위해 기본적으로 사용에 제한이 없는 연방 자금을 주정부 및 지방정부에 제공하였다 (제3장).

임명권(appointment power) 미국 헌법 제2조 2항은 대통령이 흔히 상원의 권고와 동의를 얻어 많은 고위공직자를 임명할 수 있도록 권한을 부여하고 있다 (제10장).

입법부 우위(legislative supremacy, 입법권의 우월) 정부의 법을 만드는 권한이 행정권과 사법권보다 우위에 있어야 한다는 생각이다 (제9장).

자기부죄(self-incrimination) 수정헌법 제5조는 '자신에 대한 증인'이 되도록 강요할 수 없다는 것을 보장한다. 자기부죄 금지 권리를 이용하는 것을 흔히 '제5조 사용(taking the Fifth, 묵비권 행사)'이라고 한다 (제3장).

자동차 유권자(Motor Voter) 1993년 전국 유권자 등록법(National Voter Registration Act of 1993)의 대중적 명칭이다. 이 법은 운전 면허증의 취득 또는 갱신과 같은 다른 일반적인 업무를 수행하는 동안 투표 등록을 할 수 있도록 허용한다 (제8장).

자연법(Natural Law) 하나님의 창조 행위는 인간을 포함한 자연 세계에 대한 정당하고 적절한 목표나 목적을 수반했다. 인간에 대한 하느님의 목적, 즉 자연법은 인간의 정신과 마음에 새겨졌다.

자유로운 종교행위 보장 조항(free exercise clause) 수정헌법 제1조는 연방의회가 국교를 설립하지 못한다고 명시한 직후에, 연방의회가 종교의 '자유로운 종교행위'를 금지하지 않을 수 있다고 말한다. 자유로운 종교행위 보장 조항의 목적은 정치적 간섭으로부터 광범위한 종교적 준수와 관습을 보호하는 것이다 (제13장).

자유지상주의자(libertarian) 자유지상주의는 일반적으로 개인의 사회생활과 경제생활에 정부가 최소한으로 개입하는 것을 선호하며 정부의 역할은 대부분 국방과 공공 안전에만 국한되어야 한다고 믿는다 (제4장).

잔인하고 비정상적인 처벌(cruel and unusual punishment) 미국 수정헌법 제8조는 '잔인하고 비정상적인 처벌'을 금지하고 있다. 역사적으로 이 헌법 조문은 고문과 기타 학대를 금지했다. 오늘날 핵심 질문은 사형이 잔인하고 비정상적인 처벌로 선언되어야 하는지 여부이다 (제13장).

재정적자(deficit) 정부가 특정 회계연도에 거둬들이는 세수보다 세출 규모가 큰 경우 부족분을 메우기 위해 차입해야 하는 액수를 적자라고 한다 (제15장).

재정정책(fiscal policy) 세금, 지출, 예산, 적자, 부채에 관한 정부 정책 (제15장).

재정흑자(surplus) 정부가 특정 회계연도에 세출보다 세입이 더 큰 경우 남은 액수를 흑자라고 한다 (제15장).

재판 가능성(justiciability) 문제 또는 분쟁이 사법적 해결에 적합하거나 사법적 해결의 대상이 됨을 나타내는 법적 용어 (제12장).

적격자 판단 프로그램(meanstested programs) 낮은 소득과 재산이 거의 없는 사람만 자격이 주어지는 사회복지프로그램. 메디케이드는 적격자 판단 프로그램이다 (제15장).

적극적 우대 조치(affirmative action) 현재 특정 인종, 민족, 성별 집단에 대한 우대를 통해 과거 차별의 영향을 보완하려는 정책 및 조치이다 (제14장).

전국 전당대회(national party conventions) 민주당과 공화당은 4년마다 대통령선거가 열리기 직전 여름에 전당대회를 열어 대선 후보를 선출하고 정강 정책을 채택한다 (제8장).

전문화 규범(specialization norm) 의회 의원이 위원회 소관 분야에 대한 전문지식을 추구하고 전문성을 개발할 것을 권장하는 규범 (제9장).

전원위원회(Committee of the Whole) 하원은 보다 신속한 처리가 가능하도록 토론과 수정을 제한하고 의사 정족수를 218명에서 100명으로 낮춘 일련의 규칙에 따라 회의를 진행한다 (제9장).

전쟁 권한 결의안(War Powers Resolution) 대통령에게 무력 사용에 대해 의회와 협의하고 의회의 승인을 얻는 데 실패하는 경우 분쟁에서 미군을 철수할 것을 명령하는 결의안으로 1973년 의회에서 통과되었다 (제10장).

전통적 보수주의자(traditional conservatives) 전통적 보수주의자들은 낮은 세금, 제한적 정부 규제, 균형 예산 등을 믿는다 (제15장).

정당 예비선거(party primary) 어떤 한 정당을 지지하는 유권자가 다음 총선에서 그 정당의 이름을 달고 선거에 출마할 후보자를 선택하는 선거이다 (제7장).

정당(political party) 조직의 이름을 달고 출마한 후보자를 정부 공직자로 당선시키기 위해 고안된 조직 (제7장).

정당단합(party unity) 매년 「의회 분기별 보고서」는 하원과 상원에서 한 정당의 다수가 다른 정당의 다수에 반대하는 표결의 비율을 보고한다 (제7장).

정당일체감(party identification) 자신이 선호하는 정당에 대한 유권자의 정서적, 지적 헌신 (제7장).

「정보자유법」(FOIA: Freedom of Information Act) 1966년에 통과된 FOIA는 정부기관이 그들이 보유한 대부분의 정보를 언론을 포함한 시민들에게 제공하도록 요구하고 있다 (제5장).

정부 내 정당(party in government) 정당의 공천을 받아 출마했거나 정당 몫으로 임명된 선출직 공직자들과 정당 추천 공직자들이다 (제7장).

정상조직(Peak Associations, 또는 정상연합) 미상공회의소와 같은 정상조직은 재계의 일반적인 이익을 대변한다 (제6장).

정치꾼(politico) 자신의 선거구 유권자의 견해가 명확할 때는 대표자가 유권자의 의견을 따르고, 유권자의 의견이 불분명하거나 분열되어 있을 때는 대표자가 자신의 판단이나 정치적 이해관계를 따른다고 보는 대표성의 관점이다 (제9장).

정치문화(political culture) 한 사회에서 널리 퍼져있는 생각과 행동의 경향이며, 정치와 공공문제에 영향을 미치는 이슈에 대한 시민들과 정부, 시민들 간의 관계를 나타낸다 (제4장).

정치사회화(political socialization) 정치문화의 핵심 신조가 그것에 깊이 빠진 사람들로부터 아이들과 이민자들과 같은 그렇지 않은 사람들에게 전달되는 과정이다 (제4장).

정치이념(political ideology) 정치 세계와 정치 세계의 작동 방식에 대한 관점을 형성하는 체계적이고 일관된 일련의 아이디어이다 (제4장).

정파적 신문(partisan press) 19세기 대부분 신문은 정당과 같은 편으로 여겨졌으며, 모든 대중에게 객관적으로 보도하기보다는 정당의 지지자를 결집하는 역할을 했다 (제5장).

제도(institution) 일반적으로 규칙과 법률에 포함되어 있는 관습 또는 관행, 조직으로 사회활동 및 정치활동을 규정하고 구조화한다 (제1장).

제헌회의(Constitutional Convention) 1787년 5월 25일부터 9월 17일까지 필라델피아에 모여서 미국헌법을 제정했다. 연방회의(Federal Convention) 또는 필라델피아회의(Philadelphia Convention)라고도 한다 (제2장).

조약체결권(treaty-making power) 헌법 제2조 2항은 대통령에게 상원의 권고와 동의를 얻어 외국과 조약을 체결할 수 있는 권한을 부여하고 있다 (제10장).

조정(reconciliation) 세출법안이 지출 목표가 허용하는 것보다 더 많은 지출을 승인하는 경우 차이를 해결하기 위한 의회 절차 (제15장).

조직으로서 정당(party organization) 일상적으로 당 기구를 관리하는 당 사무처와 당료들로 이루어진 상설 구조 (제7장).

주간통상위원회(ICC: Interstate Commerce Commission) 공정하고 합리적인 운임을 개발, 시행, 판정하기 위해 1887년에 설립된 최초의 독립 규제위원회이다 (제11장).

주민발의(Initiative) 시민들이 문제를 투표에 부쳐 유권자가 직접 결정할 수 있도록 하는 주 차원에서의 일반적인 법적 또는 헌법 절차이다 (제7장).

주민소환(Recall) 유권자가 정상적인 임기 중에 마음에 거슬리는 공직자를 쫓아낼 수 있도록 하는 법적 또는 헌법적 장치이다 (제7장).

주민투표(Referendum) 주 및 지방자치단체가 유권자에게 문제를 제시하여 직접 결정할 수 있도록 하는 법적 또는 헌법적 장치이다 (제7장).

지급준비율(reserve requirements) 연준이 금융기관에게 총예금 중 일정 비율을 현금으로 보유하도록 규정한 요건 (제15장).

지방법원(district courts) 연방 사법제도의 94개 일반 재판법원 (제12장).

직능 단체(trade association) 동일한 상업, 무역, 또는 산업 부문과 관련된 기업 및 관련 이해관계자에 의해 설립된 협회 (제6장).

직업 공무원 제도(civil service system) 민간 연방 직원의 채용, 승진, 급여, 징계에 관한 규칙이다 (제11장).

직접적 차별(direct discrimination) 한 개인이 다른 개인에 대해 직접적으로 하는 차별 (제14장).

진보(liberal) 진보는 일반적으로 경제활동과 사회생활에 정부가 개입하여 필요한 사람들에게 동등한 기회와 지원을 보장하는 것을 선호한다 (제4장).

짐 크로우(Jim Crow) 짐 크로우는 19세기 말부터 20세기 중반까지 미국 남부 및 다른 지역에서 인종차별을 시행한 모든 법률과 관행을 총칭한다 (제14장).

집행유예(reprieve) 행정부에게 사면 요청을 고려할 시간을 주기 위해 법원 판결의 효력을 일시적으로 연기하는 것이다 (제10장).

참고인 의견서(amicus curiae brief, 법정 조언자 소견) 사건에 직접 연루된 사건 당사자는 아니지만 사건에 이해관계가 있는 당사자가 법원에 제출한 의견서. Amicus curiae는 '법원의 친구'라는 뜻의 라틴어이다 (제12장).

참을 수 없는 법(Intolerable Acts) 1774년 봄, 보스턴 차 사건 및 이와 유사한 사건들에 대응하여 영국의 식민지 지배를 강화하는 법안들이 영국 의회에서 통과되었다 (제2장).

참정권(suffrage) 법적 선거권을 지칭하는 또 다른 용어 (제8장).

창조적 연방주의(Creative federalism) 주 및 지역 활동을 지원하고 새로운 비정부 주체를 이 과정에 참여시키기 위해 연방 프로그램의 범위를 확장하려고 했던 존슨의 의지를 나타내는 1960년대 연방주의 관점이다 (제3장).

철인왕(philosopher-king) 플라톤과 밀접하게 연관되는 용어로 이상적인 정치적 리더십을 의미한다. 철인왕

은 정의의 진정한 본질과 모든 경우에 정의가 필요로 하는 것이 무엇인지를 알 것이다 (제1장).

초기 실시(front-loading) 대통령 후보 예비선거 및 코커스가 전체 경선 기간 초반 몇 주로 몰리고 있다 (제8장).

「초당적 선거운동 개혁법(BCRA: Bipartisan Campaign Reform Act)」 일반적으로 매케인-파인골드법(McCain-Feingold)으로 알려진 2002년 BCRA는 1970년대 초반 이후 처음으로 선거자금법을 대대적으로 개정한 것이다 (제8장).

최고성 조항(supremacy clause) 미국헌법 제6조는 정당한 권한 범위 내에서 중앙정부의 행위가 주 헌법과 법률보다 우선한다고 명시하고 있다 (제3장).

추문 폭로 전통(muckraking tradition) 정치부패 및 기업부패를 폭로하는데 많은 관심을 기울인 19세기 말과 20세기 초의 진보적 저널리즘이다 (제5장).

추적조사(tracking poll) 조사 표본을 중복적으로 사용하는 빈번한 여론조사를 통해 매일 매일 지지율 경쟁 상황의 변화를 보여준다 (제4장).

출구조사(exit poll) 누가 이겼는지 그 이유가 무엇인지 선거가 종료되자마자 조기에 바로 파악하기 위한 목적으로 유권자가 투표를 끝낸 직후 실시되는 여론조사이다 (제4장).

케이스워크(casework, 민원처리) 케이스워크는 의회 의원이나 의원 보좌진이 연방 기관이나 부서로부터 무언가 필요한 선거구민을 직접 나서서 도와주는 것을 의미한다 (제8, 9장).

케인스주의(Keynesianism) 민간경제의 수요를 관리하기 위한 정부의 경기변동에 대응하는 재정지출 확대를 옹호하는 영국 경제학자 존 메이너드 케인즈와 관련된 경제 아이디어 (제15장).

코커스(caucus) 당원들이 차후 본선거에서 정당을 대표하여 공직선거에 출마할 후보자에 대해 토론하고 투표하는 대면 회의이다 (제8장).

탄핵(impeachment) 중앙정부 공직자를 해임하는 절차. 하원은 세부 사항 또는 혐의에 대해 의결하고, 상원에서 재판을 진행한다 (제10장).

탈퇴(secession) 주들이 연방에서 탈퇴할 권리가 있다는 주장 (제3장).

토론 종결(cloture) 가결을 위해 60명의 찬성을 요구하

는 토론 종결 표결은 상원에서 필리버스터를 중단시킬 수 있는 유일한 방법이다 (제9장).

통합(incorporation) 권리장전의 많은 보호가 원래는 오직 중앙정부에만 적용하려는 의도였다는 생각은 수정헌법 제14조의 '정당한 법의 절차'와 '법의 동등한 보호'에 대한 보장에 '통합'되었기 때문에 각 주정부에도 적용되었다 (제13장).

통화정책(monetary policy) 통화정책은 통화공급과 통화량과 금리에 대한 정부의 결정을 말한다 (제15장).

통화주의자(monetarists) 통화주의자들은 통화공급의 느리고 꾸준한 증가가 원활한 경제성장과 물가안정을 촉진한다고 주장한다 (제15장).

투표율(voter turnout) 투표 자격이 있는 사람 중에서 실제로 선거일에 투표하러 나온 비율 (제8장).

트루먼독트린(Truman Doctrine) 제2차 세계대전 이후 전 세계 곳곳에서 국내외 공산주의 압력에 맞서 싸우는 비공산주의자 세력을 지원하는 정책 (제16장).

특권 및 면책권 조항(privileges and immunities clause) 미국헌법 제4조 2항에 따라 각 주의 시민은 다른 주의 시민이 향유하는 모든 '특권과 면책권'을 보장받는다 (제2장).

특별 세입 공유(special revenue sharing) 닉슨 행정부는 자금 지출 방법에 대한 주 및 지방의 재량권을 강화하기 위해 서로 관련된 다수의 범주형 보조금들을 단일 보조금으로 통합한 블록 보조금을 개발했다 (제3장).

파기(reverse) 하급법원의 결정을 뒤집는 상급법원의 조치 (제12장).

페니 신문(penny press) 19세기 초반 인기 있던 신문으로 거리에서 1페니에 팔았고, 보통 사람을 대상으로 하는 보도를 지향했다 (제5장).

「펜들턴법(Pendleton Act)」 1883년 「펜들턴 법」은 직업 공무원 제도를 확립한 최초의 입법이었다 (제11장).

포커스그룹(focus group, 초점집단조사) 신중하게 선택된 10명에서 15명으로 구성된 소규모 집단은 특정 정치 이슈나 캠페인에 대한 심층적인 토론을 통해 근본 원인을 알아내고자 의견을 캐묻는다 (제4장).

포퓰리스트(populist) 포퓰리즘은 일반적으로 성장과 기회를 보장하기 위해 정부가 경제에 개입하는 것을 선호

하지만, 전통적인 가치를 위협하는 것으로 보이는 개인의 자유에 대한 정부의 보호에는 반대한다 (제4장).

폴리스(polis) 도시 규모의 정치공동체를 가리키는 그리스어 용어 (제1장).

폴리티(polity) 일반적으로 '폴리티'는 공동체를 의미한다. 아리스토텔레스는 이 용어를 과두정과 민주정의 제도가 혼합되어 정치적 안정을 이루는 정치공동체를 설명하는 데 사용했다 (제1장).

프레이밍 효과(framing effect) 이슈가 언론에 의해 에피소드적 또는 주제적으로 프레임되거나 보도되는 방식은 대중에게 칭찬이나 비난의 대상이 누구인지를 제시한다 (제5장).

프레임(frame) 1960~1970년대 대부분의 운동에 동기를 부여한 평등권 이미지와 같은 지배적인 구성 프레임 또는 이미지 (제14장).

필리버스터(filibuster, 의사진행 방해) 상원의원은 무제한 토론의 권리를 누린다. 법안 통과를 지연시키거나 막기 위해 상원의원이 무제한 토론을 진행하는 것을 필리버스터라고 한다 (제9장).

'필요하고 적절한' 조항("necessary and proper" clause) 헌법 제1조 제8항의 마지막 단락은 의회가 제1조 제8항에 구체적으로 열거된 권한을 실행하는 데 필요하고 적절하다고 여겨지는 모든 법률을 제정할 수 있다고 명시하고 있다 (제2장).

하드파워(hard power) 어떤 한 국가가 자신의 선호를 주장할 수 있게 해주는 자산, 특히 군사력과 경제력을 의미한다 (제16장).

할인율(discount rate) 연준이 은행에 대출해주는 돈에 대해 부과하는 이자율 (제15장).

합동위원회(joint committees) 상원과 하원 양원 의원들로 구성되며 특정 주제의 연구를 담당하는 의회의 위원회 (제9장).

항소법원(courts of appeals) 연방 사법제도의 중간 수준을 구성하고 연방 지방법원에서 재판받은 사건의 항소를 심리하는 13개 법원 (제12장).

행정 특권(executive privilege) 대통령이 참모들과의 대화와 의사소통을 기밀로 유지할 수 있는 권리로 대법원이 인정했다 (제10장).

행정심판(administrative adjudication)　일반적인 규칙이 아닌 구체적인 사실에 기반하여 복잡한 문제를 해결할 수 있도록 고안된 절차 (제11장).

「행정절차법(APA: Administrative Procedures Act)」　1946년에 통과된 APA는 관료적 의사결정의 성격과 과정을 규정하려는 의회의 가장 중요한 유일무이한 시도로 남아 있다 (제11장).

행정협정(excutive agreement)　대통령과 외국정부 사이에 협상된 협정. 행정협정은 조약과 동일한 법적 효력을 가지지만 상원의 승인을 요하지 않는다 (제10장).

현실주의(Realists)　현실주의자들은 미국이 자국의 안보와 번영을 수호하고 확대하는 데 관심과 자원을 집중해야 한다고 주장한다 (제16장).

협조적 연방주의(cooperative federalism)　20세기 중반의 연방주의 관점으로, 이 관점에 따르면 사실상 모든 정부 기능에 대해 연방정부, 주정부, 지방자치 정부가 책임을 공유한다 (제3장).

형법(criminal law)　형법은 특정 행위를 금지하고, 그 금지된 행위에 관여한 사람에 대해 처벌을 규정한다 (제12장).

확률표본추출(probability sampling)　대상 모집단의 모든 사람이 표본으로 선택될 가능성이 똑같은 표본추출 모형이다 (제4장).

확정(affirm)　하급법원의 결정을 지지하는 상급법원의 조치 (제12장).

환송(remand)　추가 검토를 위해 사건을 하급법원으로 돌려보내는 것 (제12장).

회부(referral)　최초의 심의를 위해 법안이 상임위원회에 회부 또는 배정되는 과정 (제9장).

후견제(patronage)　능력이나 전문성 대신 당파적 관계에 기초한 정치적 일자리나 계약을 주는 것이다 (제11장).

판례해설

'고용부 대 스미스(Employment Division v. Smith)' 494 U.S. 872 (1990년) 오레곤 주의 "자유로운 종교활동" 사건은 종교 행위는 다른 유효한 법에 의해 통제된다는 '레이놀즈 대 미국' 판결을 유지했다 (제13장).

'그레그 대 조지아(Gregg v. Wainwright)' 372 U.S. 335 (1976년) '퍼먼 대 조지아' (1972년) 판결에서 사형제의 시행을 유예하자 그에 따라 조지아주를 포함한 35개 주가 배심원에게 좀 더 명확한 가이드라인을 제공하기 위해 관련 조항을 개정했다. 대법원은 가이드라인을 승인하고 다시 사형제를 시행했다 (제13장).

'그뤼터 대 볼린저(Grutter v. Bollinger)' 539 U.S. 306 (2003년) 법원은 바키의 주장을 지지하여, 인종을 많은 요소 중 하나로 고려하지만 경직되거나 기계적인 방식은 아닌 적극적 우대 조치를 허용했다 (제14장).

'기드온 대 웨인라이트(Gideon v. Wainwright)' 사건 (1963) 이 판례는 주법원에 범죄로 기소된 사람은 스스로 권리를 포기하지 않는 한 재판에 있어 변호사의 도움을 받을 권리가 있다고 선언했다 (제13장).

'기번스 대 옥덴(Gibbons v. Ogden)' 9 Wheat. 1 (1824년) 이 판결은 통상 조항에 대한 광범위한 해석, 즉 '연속적 이동'의 원칙을 이용하여, 의회가 상거래의 일부분이라도 복수의 주 간의 상거래에 대해서는 규제를 할 수 있도록 허용했다 (제3장).

'기트로 대 뉴욕(Gitlow v. New York)' 268 U.S. 652 (1925년) 연방대법원은 수정헌법 제1조가 연방정부의 행위뿐만 아니라 주정부의 행위도 제한한다는 주장을 받아들였지만, 그러면서도 발언이 먼 미래의 어느 시점에서조차 혼란을 초래할 수 있는 '나쁜 경향'을 만들면 처벌할 수 있도록 '명백한 현재의 위험' 기준의 완화된 버전을 적용했다 (제13장).

'뉴욕타임즈사 대 설리번(New York Times Co. v. Sullivan)' 376 U.S. 254 (1964년) 공직자가 명예훼손 사건에서 손해배상을 받기 위해서는 '실질적 악의' 또는 '무모한 진실 무시' 중 하나를 입증하여야 한다고 판단함으로써, 법원은 이미 출판된 출판물로 인해 사후적으로 처벌되지 않을 권리를 근본적으로 확립했다 (제13장).

'니어 대 미네소타주 (Near v. Minnesota)' 283 U.S. 697 (1931년) 이 판결을 통해 모든 공공기관 직원이나 정부에 의한 출판의 사전 제한이 거의 완전하게 금지되었다 (제13장).

'닉스 대 윌리엄스(Nix v. Williams)' 467 U.S. 431 (1984년) 이 판결은 배제 규정에 대한 "궁극적이고 불가피한 발견 예외"를 설정하여, 검사가 불법적으로 취득한 정보가 결국 합법적 수단에 의해 발견되었을 것이라는 점을 우세한 증거에 의해 입증하는 경우 그 정보를 재판에서 사용할 수 있도록 했다 (제13장).

'도축장 사건들(Slaughterhouse Cases)' 83 U.S. 36 (1873년) 이 결정으로 대법원은 미국 민권을 좁게 정의하고 국내 인종 관계의 규제를 주 정부에 맡김으로써 남북전쟁 이후 수정헌법의 영향을 제한했다 (제14장).

'드레드 스콧 대 샌드포드(Dred Scott v. Sandford)' 60 U.S. 393 (1857년) 대법원은 자유인이든 노예이든 흑인은 미국 시민이 아니라고 선고했다. 더 나아가 노예는 재산이었고, 연방 내의 다른 주로, 심지어 자유주로 가져가서 재산으로 보유될 수 있었다 (제3장).

'레몬 대 커츠만 (Lemon v. Kurtzman)' 403 U.S. 602 (1971년) 이 판례는 국가의 종교 지원을 위한 '레몬 테스트'를 확립했다. 그러한 지원은 목적상 세속적이어야 하며, 종교를 과도하게 발전시키거나 방해하지 않아야 하며, 국가와 종교가 '과도하게 얽히는 것'이 수반되어서는 안 된다 (제13장).

'레이놀즈 대 미국(Reynolds v. U.S.)' 98 U.S. 145 (1878년) 몰몬교의 복수결혼 관행과 관련하여 대법원은 종교의

'자유로운 활동' 주장이 행위를 규율하는 '다른 유효한 법률'에 굴복해야 한다고 판결했다 (제13장)

'레지나 대 히클린(Regina v. Hicklin)' (1868년) 음란성의 기준은 해당 소재가 "어린이나 정신적으로 타락한 사람들과 같이 부도덕한 행위에 마음이 열려 있는 사람들을 타락시키고 부패하게 하는 경향이 있는지" 여부라고 판시한 영국의 판례 (제13장).

'로 대 웨이드(Roe v. Wade)' 410 U.S. 113 (1973년) 이 기념비적인 판결로 법원은 여성의 사생활 보호에 관한 기본적 권리를 침해한다는 이유로 낙태의 기회를 규제한 텍사스 법률을 무효화 했다. 법원은 낙태 처방에 대한 두 주(州)의 관심을 인정하고, 이러한 관심의 강제적 성격은 임신 기간과 현재의 의학적 지식에 따라 달라질 것이라고 판결했다. (제12장).

'로렌스 대 텍사스(Lawrence v. Texas)' 539 U.S. 558 (2003년) 대법원은 동성인 두 사람이 특정 성적 행위를 하는 것을 범죄로 규정한 텍사스주 법령이 미국헌법의 '적법 절차 조항'에 위배 된다고 판결했다 (제14장).

'로스 대 미국(Roth v. United States)' 354 U.S. 476 (1957년) 법원은 음란물이 수정헌법 제1조에 의해 보호되지 않는다고 판단했기 때문에, "동시대 공동체의 기준을 적용하는 평범한 사람"이 해당 자료의 지배적인 주제가 사회의 "욕정을 돋우는 흥미에 호소"하거나 "사회적 중요성을 완전히 무시하고" 있는 경우 해당 자료는 음란물이므로 보호되지 않는다고 판단했다 (제13장).

'로퍼 대 시몬스(Roper v. Simmons)' 543 U.S. 551 (2005년) 법원은 18세 이전에 저지른 범죄에 대한 사형 집행이 잔인하고 비정상적인 처벌에 해당한다고 선언하여 기존의 판결을 번복했다 (제13장).

'리치 대 디스테파노(Ricci v. DeStefano)' 557 U.S. (2009년) 대법원은 승진 자격을 충족할 만큼 높은 점수를 받은 흑인이 없다는 이유로 전체 승진 시험 결과를 무효화하였을 때 백인 소방관인 프랭크 리치(Frank Ricci)가 법의 동등한 보호를 거부당했다고 판결했다 (제14장).

'마버리 대 매디슨(Marbury v. Madison)' 1 Cr. 137 (1803년) 대법원장 존 마셜은 헌법이 최고법이므로 법원은 이에 반하는 입법 행위를 무효화해야 한다는 논거를 통해 헌법에서 사법심사(헌법재판) 권한을 도출했다 (제3장).

'매컬록 대 메릴랜드(McCulloch v. Maryland)' 4 Wheat. 316 (1819년) 대법원은 의회 제1조 제8항의 명시적 권한은 구체적으로 명시되지는 않았으나 해당 권한을 실행할 수 있는 적절한 권한을 내포한다고 주장하여 '필요하고 적절한' 조항에 대한 광범위한 해석을 공표하였다 (제3장).

'매코널 대 F.E.C.(McConnell v. F.E.C.)' 540 U.S. 93 (2003년) 대법원은 소프트머니 및 이슈 광고 규제를 허용하는 조항을 포함하여 2002년 초당적 선거운동개혁법(BCRA)의 모든 주요 요소를 합헌으로 판결했다 (제8장).

'맥도날드 대 시카고(McDonald v. Chicago)' No. 08-1521 (2010년) 법원은 헬러 사건(2008년)을 연방정부뿐만 아니라 주정부 및 지방정부에까지 확대 적용했다. 시민은 무기를 소지할 개인의 권리를 가지고 있으며, 지방 정부는 이를 침해할 수 없다. (제13장).

'맥로린 대 오클라호마(McLaurin v. Oklahoma)' 339 U.S. 637 (1950년) 법원은 고등교육에서의 평등에 대한 무형의 차원을 검토하면서 '플레시 대 퍼거슨' 판례의 분리되어 있지만 평등하다는 원칙을 조금씩 무시하기 시작했다. 비록 이 사건이 플레시 판결을 뒤집지는 않았지만, 법원은 문제의 인종 분리가 이 아프리카계 미국인 학생의 '법의 평등한 보호'를 부정한다고 판결했다 (제14장).

'맵 대 오하이오(Mapp v. Ohio)' 367 U.S. 643 (1961년) 대법원은 '위크스 대 미국' 사건에 한정된 판결을 확장하여 주정부의 행위도 제한했다 (제13장).

'메러디스 대 제퍼슨 카운티 교육위원회(Meredith v. Jefferson County Board of Education)' 551 U.S. (2007년) 연방대법원은 학생을 학교에 배정하는 유일한 기준으로 인종을 사용하는 것은 수정헌법 제14조의 평등한 보호 조항을 침해하는 위헌이라고 판결했다 (제14장).

'몬테요 대 루이지애나(Montejo v. Louisiana)' 556 U.S. (2009년) '미시건 대 잭슨' 판결과 반대로 변호사를 선임했다 하더라도 피고인은 변호사가 입회하지 않은 상태에서 경찰의 심문에 응할지를 선택할 수 있다고 판결했다 (제13장).

'미국 대 나이트(U.S. v. E.C. Knight)' 156 U.S. 1 (1895년) 대법원은 복수의 주 간의 상거래를 규제하는 의회의 권한이 제조나 생산이 아닌 복수의 주의 경계를 가로 지르는 상품 운송에만 있다고 판단했다 (제3장).

'미국 대 로페즈(U.S. v. Lopez)' 514 U.S. 549 (1995년) 법원은 학교 근처에서 권총의 소지를 금지하고자 하는 의회의 요구가 복수의 주들 사이의 상거래 규제 권한과 너무 느슨하게 관련되어 있다고 판단했다. 그러한 문제는 주 경찰의 관할 영역이다 (제3장).

'미국 대 모리슨(U.S. v. Morrison)' 529 U.S. 598 (2000년) '미국 대 로페즈' 사건을 인용하면서 법원은 「여성폭력방지법」이 복수의 주들 사이의 상거래를 규제하는 의회의 권한과 너무 느슨하게 관련되어 있다고 판결했다 (제3장).

'미국 대 앤서니(United States v. Anthony)' 24 F. Cas. 829 (1873년) 대법원은 여성의 투표권을 금지하는 법률을 합헌으로 판결했다 (제14장).

'미국 대 윈저(United States v. Windsor)' No. 12-307 (2013) 법원은 결혼을 한 남자와 한 여자 사이로만 규정한 「결혼보호법」이 동성애자의 평등한 자유를 보호하는 수정헌법 제5조에 반한다고 위헌결정을 내렸다 (제12장, 제14장).

'미국 철강 노동자 연합 대 웨버(United Steelworkers of America v. Weber)' 443 U.S. 193 (1979년) 바키 사건에 대한 판결이 있은 지 1년 후 대법원은 민간의 '자발적'인 적극적 우대 조치 프로그램은 흑인 노동자들에게 혜택을 주기 위한 '일시적'인 조치로 도입될 수 있다고 판결했다 (제14장).

'미란다 대 애리조나(Miranda v. Arizona)' 384 U.S. 436 (1966년) 대법원은 불리한 증언을 거부할 권리가 법적 절차의 초기 단계에서도 적용된다고 결론지었다. 이러한 권리를 보호하기 위해 마련된 미란다 경고는 이 판결 이후 경찰 수사의 표준 절차가 되었다 (제13장).

'미시간 대 잭슨(Michigan v. Jackson)' 475 U.S. 625 (1986년) 대법원은 변호사가 있거나 변호사를 요청한 용의자에 대해 변호사가 참석할 때까지 경찰이 심문을 개시할 수 없다고 판결했다 (제13장).

'민권 사건(Civil Rights Cases)' 100 U.S. 3 (1883년) 이 사건의 판결은 1875년 「민권법」의 주요 부분을 무너뜨렸다. 법원은 의회가 주정부에 의한 인종차별만 금지할 수 있을 뿐 개인에 의한 차별은 금지할 수 없다고 판결했다 (제14장).

'밀러 대 캘리포니아 (Miller v. California) 475 U.S. 15 (1973년) 법원은 음란물을 정의하고 규제하는 데 있어 주와 지역사회에 더 큰 재량을 주었다 (제13장).

'배론 대 볼티모어(Barron v. Baltimore)' Pet. 243 (1833년) 법원은 권리장전이 주 정부가 아닌 연방정부에만 적용된다고 판결했다. 그 결과, 주 정부 및 지방 정부에 의해 권리가 침해된 개인은 주 헌법, 주 판사, 지방 배심원에게 항소해야 했다 (제13장).

'버지니아 대 블랙(Virginia v. Black)' 538 U.S. 343 (2003년) 법원은 인종적 공포와 위협과의 역사적 연관성 때문에 십자가 화형은 보호 영역에 해당하지 않는 표현이라고 판결했다 (제13장).

'버클리 대 발레오(Buckley v. Valeo)' 424 U.S. 1 (1976년) 이 판결은 후보자의 선거운동에 기여할 수 있는 금액을 제한하는 1974년 제정된 연방선거운동법(Federal Election Campaign Act, FECA)의 조항이 언론의 자유에 대한 위헌적 제한이라고 선언했다 (제8장).

'본햄 사건(Bonham's Case)' (1610년) 영국 대법원장 에드워드 코크 경이 사법심사의 토대를 마련했던 영국 판례 (제12장).

'브라운 대 교육위원회(Brown v. Board of Education)' 347 U.S. 483 (1954년) 이 획기적인 판례는 플레시 사건의 판결을 뒤집어서 분리는 본질적으로 불평등하다고 선언했다. 결과적으로 공립학교 분리는 위헌이었다 (제12장, 제14장).

'브래드웰 대 일리노이(Bradwell v. Illinois)' 83 U.S. 130 (1873년) 대법원은 연방정부가 주 변호사 기준을 감독할 권한이 없으므로 일리노이주 변호사협회는 여성을 변호사 업무에서 배제할 수 있다고 결정했다 (제14장).

'브랜드버그 대 오하이오(Brandenburg v. Ohio)' (1969년) 이 판결은 '휘트니 대 캘리포니아' 판결을 뒤집고 명백하게 현재하는 위험 기준의 좀 더 엄격한 버전을 적용하였다. 합법적인 언론에 대한 억압을 정당화하기 위해 주 정부는 그러한 언론으로 인한 위험이 임박했음을 입증해야만 했다 (제13장).

'산타클라라 카운티 대 서던퍼시픽철도(Santa Clara County v. Southern Pacific Railroad) (1986년) 법원은 수정헌법 제14조의 '인간(persons)'이라는 단어를 기업(법인)에도 똑같이 적용하도록 해석했다. 계약을 체결할 수 있는 실질적인 권리도 이 결정에 기초했으며, 이후 정부의 기업 규제를 철폐하기 위한 명분으로 사용 되었다 (제12장).

'셀비 카운티 대 홀더(Shelby County v. Holder)' No. 12-96 (2013년) 연방대법원의 위헌결정으로 '사전 승인' 조항을 포함하여 1965년 민권법의 중요한 요소 들이 효력을 잃었다. 법원은 사전 승인 조항이 적용되 는 주를 결정하는 데 사용된 데이터가 오래되었다고 주장했다 (제12장).

'셴크 대 미국(Schenck v. United States)' 249 U.S. 47 (1919년) 이 판결은 표현이 수정헌법 제1조에 의해 절대적으로 보호되지 않으며, '명백하고 현재적인 위 험'을 야기할 경우 규제될 수 있다고 선언했다. 이 사 건의 경우, 징집 회피를 촉구하는 우편물을 발송한 사 회주의자는 처벌 대상으로 판단되었다 (제13장).

'스웨이트 대 페인터(Sweatt v. Painter)' 339 U.S. 629 (1950년) 대법원은 평등의 유무형 측면(시설, 도서, 교육의 질)을 검토한 결과, 텍사스대학교 법학전문대 학원처럼 인종 분리를 유지하기 위해 설립된 법학전문 대학원이 위헌이라고 결론을 내렸다 (제14장).

'스트로더 대 웨스트버지니아(Strauder v. West Virginia)' 100 U.S. 303 (1880년) 연방대법원은 각 주가 배심 원 제도를 남성으로만 제한할 권리가 있다고 판시했다 (제14장).

'시민연합 대 F.E.C.(Citizens United v. F.E.C.)' 588 U.S. (2010년) 시민연합(Citizens United)은 매케인 대 파인골드와 1907년까지 거슬러 올라가는 다른 법령들 에 있었던 선거 관련 기업 및 노조의 지출 한도를 철폐 했다 (제8장).

'애덤슨 대 캘리포니아(Adamson v. California)' 332 U.S. 46 (1947년) 대법관 휴고 블랙은 수정헌법 제 14조에 의해 수정헌법 제1조의 자유가 완전히 통합되 었다고 주장했다. 그는 5대 4로 졌다 (제13장).

'앳킨스 대 버지니아(Atkins v. Virginia)' 536 U.S. 304 (2002년) 대법원은 중증 정신지체자에 대한 처형이 수정헌법 제8조의 '잔인하고 비정상적인 처벌'을 금지 하는 조항을 위반했다고 판결했다 (제13장).

'엘크 그로브 통합 교육구 대 뉴도우(Elk Grove Unified School District v. Newdow)' 542 U.S. 1 (2004년) 예술가인 마이클 뉴도우는 학교에서 낭송하는 충성 맹 세에서 '하나님 아래'라는 문구를 삭제해달라고 소송

을 제기했다. 뉴도우는 원심에서 승소했지만, 대법원 에 의해 판결이 번복되었다 (제13장).

'엥겔 대 비탈(Engel v. Vitale)' 370 U.S. 421 (1962년) 대법원은 공립학교에서 암송을 위해 정부가 초안을 작 성하고 후원하는 공식 기도문은 위헌이라고 선언했다 (제13장).

'오버지펠 대 호지스(Obergefell v. Hodges)' 576 U.S. (2015년) 연방대법원은 수정헌법 제14조에 따라 각 주에서 동성애 부부에게 결혼 면허를 발급하고, 다른 주 에서 행해진 동성결혼을 인정하도록 요구했다 (제14장).

'웹스터 대 생식 건강 서비스(Webster v. Reproductive Health Services)' 492 U.S. 490 (1989년) 법원은 문제가 된 모든 낙태에 대한 규제를 지지하면서 그러 한 규제가 여성의 낙태를 금지하는 것이 아니라 출산 장려에 대한 국가이익을 상당히 증진시켰다고 결론지 었다. 삼분기(trimester) 분석이 기각되었지만, '로 대 웨이드' 판결은 번복되지 않았다 (제12장).

'위커드 대 필번(Wickard v. Filburn)' 317 U.S. 111 (1942년) 대법원은 '미국 대 나이트' 판례에서의 통 상 권한에 대한 좁은 해석을 거부하고, 의회가 궁극적 으로 모든 상거래 활동을 규제할 수 있는 '기번스 대 옥덴' 판례의 광범한 해석으로 되돌아갔다 (제3장).

'위크스 대 미국(Weeks v. U.S.)' 232 U.S. 383 (1914년) 이 판결은 불법 수색이나 압수를 통해 얻은 정보는 연 방 재판에서 증거로 인정될 수 없다고 판시함으로써 연방정부와 관련된 배제 원칙을 발전시켰다 (제13장).

'찰스 리버 브리지 대 워렌 브리지(Charles River Bridge v. Warren Bridge)' 11 Pet. 420 (1837년) 대법원은 마셜 법원의 보다 광범위한 재산권 판례를 제한하고, 계약 내 모호성은 재산권을 근본적으로 손상시키지 않 으면서 공동체의 권리를 강조하여 공익에 도움이 되도 록 해석되어야 한다고 판결했다 (제12장).

'캘리포니아대학교 이사회 대 바키(Regents of the University of California v. Bakke)' 438 U.S. 265 (1978 년) 이 획기적인 적극적 우대 조치 사례에서는 교육 기관이 소수인종에게 정원의 일정 수를 할당하지 않는 한 입학 결정에서 인종을 고려할 수 있다고 판시했다 (제14장).

'텍사스 대 존슨(Texas v. Johnson)' 491 U.S. 397 (1989년) 이 사건은 '브란덴부르크 대 오하이오' 판례의 명백한

현재의 위험 기준을 엄격하게 적용하여 국기를 불태우는 행위를 보호되어야 하는 표현적 행위 또는 '상징적 표현(symbolic speech)'으로 인정했다 (제13장).

'팅커 대 디모인 교육구' 393 U.S. 503 (1969년) 학교의 기본적인 교육 사명을 과도하게 방해하지 않는 한, 학생들은 정치적 발언을 할 수 있는 권리가 있다 (제13장).

'퍼먼 대 조지아(Furman v. Georgia)' 405 U.S. 238 (1972년) 미국에서 사형이 자의적이거나 인종적으로 편향되지 않도록 하기 위한 배심원단 가이드라인이 주 정부에 의해 개발될 때까지 사형제도의 사용이 중단되었다 (제13장).

'펜타곤 페이퍼 사건' (1971년) '뉴욕타임즈사 대 미국'을 참조 (제13장).

'폴 대 버지니아(Paul vs. Virgina)' 75 U.S. 168 (1869년) 미국헌법의 특권 및 면책 조항이 다른 주를 방문하거나, 일하거나, 사업을 하는 시민들에게 해당 주의 시민에게 주어진 것과 똑같은 자유와 법적 보호를 보장한다고 판결했다 (제3장).

'플레시 대 퍼거슨 (Plessy v. Ferguson)' 163 U.S. 537 (1896년) 대법원은 교통수단에서 인종을 분리하는 주법을 지지했다. 대법원의 분석에 따르면 인종은 동등하게 대우받는 한 사회 내에서 별도의 영역에 국한될 수 있다. 이로써 분리되었지만 평등하다는 원칙이 탄생했다 (제14장).

'허드슨 대 미시간(Hudson v. Michigan)' No. 04–1360 (2006년) 대법원은 비록 경찰이 '노크 및 공지' 규칙을 준수하지는 않았음에도 불구하고 확보된 증거는 여전히 재판에서 사용할 수 있다고 선언했다 (제13장).

'휘트니 대 캘리포니아(Whitney v. California)' 274 U.S. 357 (1942년) 이 판결은 '기트로 대 뉴욕' 사건의 '나쁜 경향' 추론을 적용하였고, 사람들이 공산당을 지지하는 활동에 참여하는 것을 금지하는 캘리포니아법을 합헌으로 인정했다 (제13장).

부록 A

독립선언서

1776년 7월 14일 회의에서

아메리카의 연합한 13개 주의 만장일치 선언.*

인류의 역사에서 한 민족이 다른 민족과의 정치적 결합을 해체하고 세계의 여러 강대국 사이에서 자연법과 자연의 신의 법이 부여한 독립 및 평등한 지위를 차지하는 것이 필요하게 되었을 때, 그들은 인류의 여러 견해를 정중히 받아들여 자신들이 독립을 추진할 수밖에 없게 하는 여러 원인을 선언하지 않을 수 없다.

우리는 다음과 같은 사실을 자명한 진리라고 생각한다. 즉, 모든 사람은 평등하게 태어났고, 조물주는 몇 개의 양도할 수 없는 권리를 부여했으며, 그 권리 중에는 생명과 자유와 행복의 추구가 있다. 이러한 권리를 확보하기 위해 인류는 정부를 조직했으며, 그리하여 정부의 정당한 권력은 인민의 동의에서 나온다. 또 어떤 형태의 정부든 정부가 이러한 목적을 파괴할 때에는 언제든지 정부를 개혁하거나 폐지하고, 인민의 안전과 행복을 가장 효과적으로 가져올 수 있는, 그러한 원칙에 기초를 두고 그러한 형태로 기구를 갖춘 새로운 정부를 조직하는 것이 인민의 권리이다. 실제로 신중하게 생각해보면 오랫동안 확립된 정부를 사소하고 일시적인 이유로 바꿔서는 안 되며, 모든 경험에 비춰봤을 때 인류는 익숙한 형태를 폐지하여 스스로를 구제하기보다는 악폐를 참을 수 있는 데까지는 참는 경향이 있다는 것을 보여줘 왔다. 그러나 오랜 세월에 걸친 학대와 착취가 변함없이 동일한 목적을 추구하고, 인민을 절대 폭정 아래 예속시키려는 계획을 분명히 했을 때에는, 그러

한 정부를 타도하고 미래의 안전을 위해 새로운 보호자를 마련하는 것은 인민의 권리이자 의무이다. 이와 같은 것이 지금까지 식민지가 견디어 온 고통이었고, 이제 종래의 정부를 바꿔야 할 필요성이 바로 여기에 있다. 현재 영국 국왕의 역사는 악행과 착취를 되풀이한 역사이며, 그 직접적인 목적은 이곳 아메리카 국가들에 절대 폭정을 세우는 데 있다. 이 사실을 입증하기 위해 공정하게 사리 판단하는 세계에 아래의 사실을 고발한다.

국왕은 공익을 위해 대단히 유익하고 필요한 법률의 승인을 거부했다.

국왕은 긴급히 요구되는 중요한 법률이라 할지라도 통과를 금지시켰고, 자신의 동의가 있기 전까지는 시행을 유보하라고 식민지 총독에게 명령했다. 그렇게 시행을 금지한 후 그는 해당 법률에 관심을 기울이지 않고 완전히 방치했다.

국왕은 사람들에게는 더할 나위없이 소중한 권리이며 폭군에게는 두려운 권리인 입법부의 대표자를 선출할 권리를 포기하지 않는 한 큰 지역공동체의 형성을 허용하는 법률의 통과에 일체 반대했다.

국왕은 오로지 자신의 조치에 복종하도록 만들기 위해 입법기관들을 괴롭힐 목적으로 입법기관들을 공문서 보관소로부터 멀리 떨어져 있는 특이하고 불편한 장소에 동시에 소집했다.

국왕은 그가 인민의 권리를 침해한 데 대하여 민의원이 강력하게 반발하면 몇 번이고 반복해서 민의원을 해산시켰다.

국왕은 그렇게 민의원을 해산한 뒤 오랫동안 새로운 민의원의 선출을 허가하지 않았다. 그러나 입법권을 완전히 폐지할 수는 없으므로, 입법권은 결국 인민에게 돌아와 다시 행사되게 되었지만, 그동안에 이곳 국가들은 내란과 외적의 침입 등 온갖 위험에 노출되었다.

국왕은 이곳 국가들의 인구를 억제하려고 힘을 썼다. 이를 위하여 '외국인 귀화법'에 반대했고, 외국인의 이주를

---

* 역자 주

독립선언서의 제목은 'The Unanimous Declaration of the thirteen united States of America'이다. 여기서 united가 소문자인 것에 주목하자. 대소문자를 구분하여 번역하면 "아메리카의 연합한 13개 국가들의 만장일치 선언"이다. 즉, 당시는 오늘날의 연방국가 형태의 미합중국이 존재하기 이전이므로 13개 식민지 독립국가가 공동으로 발표한 선언이다. 다음을 참조. 양자오 지음. 박다짐 옮김. 『미국헌법을 읽다』(파주: 유유, 2018).

장려하는 법률의 통과에도 반대하였으며, 새롭게 토지를 취득하는 것을 까다롭게 만들려고 여러 조건을 달았다.

국왕은 사법권을 확립하기 위한 법률의 승인을 거부하여 사법 행정을 방해했다.

국왕은 판사들로 하여금 임기, 봉급의 액수와 지불과 관련하여 오직 국왕 자신의 의사에 따르도록 했다.

국왕은 우리들 인민을 괴롭히고 인민의 재산을 축내기 위해 수많은 새로운 관직을 만들어서 수많은 관리를 떼거리로 이곳으로 보냈다.

국왕은 평화 시에도 우리 입법기관의 동의 없이 우리 한가운데 상비군을 주둔시켰다.

국왕은 시민의 힘의 통제로부터 자유로운, 시민의 힘보다 상위에 있는 군대를 만드는 데 영향력을 미쳤다.

국왕은 다른 기관과 결탁하여 우리의 헌법에 어긋나고 우리의 법률이 인정하지 않는 관할권에 우리를 예속시키려 했고, 식민지에 대한 영국 의회의 아래와 같은 엉터리 입법 조치에 동의했다. 즉,

대규모의 군대를 우리들 사이에 주둔시키고,

군대가 우리들 주민을 살해해도 기만적 재판을 통해 이들을 처벌받지 않도록 보호하고,

우리의 전 세계와의 무역을 차단하고,

우리의 동의 없이 세금을 부과하고,

다수의 소송사건에서 우리가 배심 재판을 받는 혜택을 박탈하고,

허구적 범죄를 재판하기 위해 우리를 본국으로 소환하고,

우리와 인접한 식민지에서 자유로운 영국법률 제도를 철폐하고, 자의적인 정부를 수립하고, 그리고 그 영역을 넓혀 이 정부를 본보기로 삼아 이 땅의 식민지에도 동일한 절대적 통치를 도입하는 적절한 수단으로 하고,

우리의 특허장을* 박탈하고, 우리의 귀중한 법률을 폐지하고, 우리의 정부 형태를 근본적으로 변경시키고,

우리의 입법기관의 기능을 정지하고, 어떠한 경우든 우리를 대신하여 법률을 제정할 수 있는 권한이 있다고 선언하는, 이러한 엉터리 입법 조치에 동의했다.

국왕은 우리를 그의 보호 밖에 있다고 선언하고, 우리를 상대로 전쟁을 벌임으로써 이곳에 대한 통치를 포기했다.

국왕은 우리의 바다에서 약탈을 자행하고, 우리의 해안을 습격하고, 우리의 마을을 불태우고, 우리 인민들의 목숨을 빼앗았다.

국왕은 가장 야만적인 시대에도 유례가 없고, 문명국가의 수장에게는 도저히 어울리지 않는 잔학과 배신의 상황을 이미 시작하였으며, 죽음과 파괴와 폭정의 과업을 완수하기 위해 이 순간에도 대규모 외국 용병 부대를 이곳으로 실어나르고 있다.

그는 공해에서 포로로 잡힌 우리 동포 시민들에게 그들이 사는 나라에 대항하여 무기를 들거나, 친구와 형제자매들을 죽이도록 강요했고, 그렇지 않으면 스스로 목숨을 끊도록 강요했다.

국왕은 우리 사이에 내란을 선동했고, 연령, 성별, 신분 여하를 막론하고 완전히 절멸시킨다는 전쟁 규칙으로 유명한 무자비한 인디언 야만인들을 변경 지역으로부터 끌어들였다.

이러한 탄압을 받을 때마다 우리는 가장 공손한 말로 시정을 탄원했었다. 그러나 우리의 여러 차례의 탄원에 대해 돌아온 것은 거듭된 박해뿐이었다. 이와 같이 그 성격이 모든 행동에 있어서 폭군으로 정의될 수밖에 없는 국왕은 자유로운 인민의 통치자로서는 적합하지 않다.

우리는 또한 영국 형제자매들의 주의를 환기하는 데 있어서 소홀함이 없었다. 우리는 영국 의회가 우리를 억압하려고 부당하게 관할권을 확대하는 데 대해서도 수시로 경고했다. 우리는 그들에게 우리가 여기로 이주하여 정착하게 된 사정을 상기시켰다. 우리는 그들의 타고난 정의감과 아량에 호소하였다. 그리고 그들과 피를 같이 나누고 있음을 호소하여 우리와의 연결과 결합을 결국 단절시킬 것이 분명한 이러한 탄압에 반대해달라고 탄원하기도 했다. 그러나 이들 또한 정의와 핏줄의 호소에 귀를 기울이지 않았다. 그러므로 우리는 우리가 영국으로부터 독립해야 할 제반의 사정을 고발할 필요성에 어쩔 수 없이 동의하며, 세계의 다른 국민에게 대하듯이 영국인에 대하여도 전시에는 적으로, 평화 시에는 친구로 대하지 않을 수 없음을 주장하는 바이다.

이에 아메리카의 연합한 주들의 대표들은 전체 회의에 모여서 우리의 공정한 의도를 세계의 최고 심판에 호소하며, 이들 식민지의 선량한 인민의 이름과 권능으로써 엄숙히 발표하고 선언한다. 이 연합한 식민지들은 마땅히 자유롭고 독립된 국가여야 한다. 이 주들은 영국의 왕에 대한 모든 충성의 의무에서 벗어나며, 이 주들과 대영제국 간의 모든 정치적 관계는 완전히 해소되며 또 해소되어야만 한다. 따라서 이 주들은 자유로운 독립국으로서 전쟁을 선포하고, 강화를 맺고, 동맹을 체결하고, 통상 관계를 수립하

---

* 역자 주

미국 식민지는 영국정부가 직접 지배한 것이 아니라, 지주회사체제 또는 영국 국왕이 수여한 특허장(charter)을 통한 일종의 봉건적 소유 지배 형태로 운영되었다.

고, 그 외 독립국이 마땅히 해야 하는 모든 행동과 일을 할 수 있는 완전한 권리를 갖는다. 이에 우리는 신의 가호를 굳게 믿으면서 우리의 생명과 재산과 신성한 명예를 걸고 이 선언을 지지할 것을 서로 굳게 맹세한다.

조지아:
버튼 그윈넷
라이먼 홀
조지 월튼

노스캐롤라이나:
윌리엄 후퍼
조지프 휴즈
존 펜

사우스캐롤라이나:
에드워드 러틀리지
토마스 헤이워드 주니어
토마스 린치 주니어
아서 미들턴

메릴랜드:
새뮤얼 체이스
윌리엄 파카
토마스 스톤
캐럴턴의 찰스 캐럴

버지니아:
조지 와이트
리처드 헨리 리
토마스 제퍼슨
벤저민 해리슨
토마스 넬슨 주니어
프랜시스 라이트풋
카터 브랙스턴

펜실베이니아:
로버트 모리스
벤저민 러쉬
벤저민 프랭클린
존 모턴
조지 클라이머
제임스 스미스
조지 테일러
제임스 윌슨
조지 로스

델라웨어:
시저 로드니
조지 리드
토마스 맥킨

뉴욕:
윌리엄 플로이드
필립 리빙스턴
프란시스 루이스
루이스 모리스

뉴저지:
리처드 스톡튼
존 위더스푼
프란시스 홉킨스
존 하트
아브라함 클라크

로드아일랜드:
스티븐 홉킨스
윌리엄 엘러리

뉴햄프셔:
조시야 바틀릿
윌리엄 휘플
매튜 손튼

매사추세츠:
존 행콕
새뮤얼 애덤스
존 애덤스
로버트 트리트 페인
엘브리지 게리

코네티컷:
로저 셔먼
새뮤얼 헌팅턴
윌리엄 윌리엄스
올리버 월콧

부록 B

연합규약(Articles of Confederation)*

이 증서를 받을 모든 사람에게, 우리 각자의 이름으로 서명한 각 주의 대표자들이 인사를 드린다. 미국 연합회의의 대표들은 서기 1717년 11월 15일, 그리고 아메리카 독립 두 번째 해에 뉴햄프셔, 매사추세츠만, 로드아일랜드와 프로비던스 플랜테이션, 코네티컷, 뉴욕, 뉴저지, 펜실베이니아, 델라웨어, 메릴랜드, 버지니아, 노스캐롤라이나, 사우스캐롤라이나, 조지아 등 주들 사이의 특정한 연합 및 영속적 연방에 관한 규약에 다음의 문서로 합의한다. 즉, '뉴햄프셔, 매사추세츠만, 로드아일랜드와 프로비던스 플랜테이션, 코네티컷, 뉴욕, 뉴저지, 펜실베이니아, 델라웨어, 메릴랜드, 버지니아, 노스캐롤라이나, 사우스캐롤라이나, 조지아 등 주 간의 간의 연합 및 영속적 연방에 관한 규약'이 그것이다.

제1조

이 연합의 형식은 '미합중국(The United States of America)' 이 된다.

제2조

각 주는 자신의 주권과 자유, 독립, 그리고 이 연합이 명시적으로 미합중국 연합회의에 위임하지 아니한 모든 권력, 관할권, 권리를 보유한다.

제3조

상기한 주들은 이로써 공동 방위, 자유의 보장, 상호 및 일반 복지를 위해 서로 확고한 우의 연맹을 체결하며, 종교, 주권, 교역 또는 기타 모든 구실을 이유로 그들 또는 그들 중 어느 누구에게 가해지는 무력이나 공격에 대항하여 서로를 도와야 할 의무가 있다.

---

* 역자 주

공식 명칭은 '연합 및 영속적 연방에 관한 규약(Articles of Confederation and Perpetual Union)'이다.

제4조

이 연합에 속한 여러 다른 주 사람들 간의 상호 우호와 교류를 더 잘 확보하고 영속시키기 위해, 빈곤자, 부랑자, 지명수배자 등을 제외한 연합 각 주의 자유 시민은 여러 주에서 자유 시민의 모든 특권과 면책을 누릴 권리를 가진다. 그리고 각 주의 인민들은 다른 주에 자유롭게 왕래할 수 있고, 무역과 상업의 모든 특권을 누리며, 그 주에 사는 사람들과 동일한 의무, 부과, 제한의 대상이 된다. 단, 그러한 제한은 어느 주로든, 소유자가 거주하는 주 이외의 다른 주로 들여온 재산의 이동을 금지하는 데까지 확대돼서는 안 된다. 또한, 어떤 주도 미국의 재산 또는 그들 중 어느 한 주의 재산에 대해 부과, 의무, 제한을 가할 수 없다.

어떤 주에서 반역, 중범죄, 기타 중대한 범죄로 유죄를 선고받거나 기소된 사람이 처벌을 피해 도망쳐 미국에 속한 어느 한 주에서 발견될 경우, 그가 도망친 주의 주지사 또는 행정부의 요구에 따라 그 사람은 그의 범죄에 대한 관할권을 가진 주로 인도 및 송환되어야 한다.

각 주는 다른 모든 주의 법원과 치안판사의 기록, 공식 결정, 사법 절차를 전적으로 신뢰하고 존중해야 한다.

제5조

연합한 주들의 일반 이익을 더욱 수월하게 관리하기 위해 매년 11월 첫 번째 월요일 연합회의에 참석할 대표자를 각 주의 입법부가 지정한 방식에 따라 임명해야 한다. 각 주는 일 년 중 언제든지 자신의 대표단 전원 또는 그중 일부를 소환할 수 있고, 그해 잔여기간 동안 대신할 다른 사람을 대표로 보낼 수 있는 권한이 있다.

연합회의에서 모든 주의 대표는 2명 미만이거나 7명 이상이어서는 안되며, 그 누구도 6년의 기간 동안 3년 이상 대표자가 될 수는 없다. 또한, 대표 누구도 자신 또는 다른 사람의 이익을 위해 모든 종류의 급여, 수수료, 수당을 받는 미국 내 어떤 직책도 맡을 수 없다.

각 주는 연합회의의 모임에 자신의 대표를 가져야 하며,

주 위원회의 위원으로 활동해야 한다.

연합회의에서 미국의 문제를 의결할 때 각 주는 한 표씩을 행사한다.

연합회의에서 발언과 토론의 자유는 어떤 법원이나 연합회의 밖에서 탄핵이나 심문의 대상이 되지 않으며, 연합회의 대표들은 반역, 중범죄, 치안 방해 등의 경우을 제외하고는 연합회의에 출석하기 위해 오가는 동안 그리고 연합회의에 참석해 있는 동안 체포 및 구속으로부터 보호받아야 한다.

제6조

미국 연합회의의 동의 없이는 어떤 주도 국왕이나 제후 혹은 국가에 대사를 파견하거나 그들의 대사를 접수해서는 안 되며, 어떠한 회의, 협정, 동맹, 조약도 체결할 수 없다. 또한, 미국이나 그 어느 주에서 영리 직책이나 책임을 맡은 모든 사람 또는 모든 주는 왕, 왕자 또는 외국 국가로부터 특정 종류의 선물, 보수, 직위 또는 직책을 받아서는 안 된다. 또한, 미국 연합회의나 그 어느 주도 귀족의 칭호를 부여해서는 안 된다.

미국 연합회의의 동의 없이는 두 개 이상의 주들이 조약, 연합, 동맹을 체결할 수 없으며, 체결 목적과 지속기간을 정확하게 명시해야 한다.

어떤 주도 이미 연합회의가 제안한 조약에 따라 국왕, 왕자 또는 국가와 함께 미국 연합회의가 체결한 조약의 조항과 충돌할 수 있는 부과금이나 관세를 프랑스와 스페인 법원에 부과할 수 없다. 어떤 주도 평화 시에 군사함정을 보유할 수 없다. 단, 미국 연합회의가 해당 주의 방위 또는 무역에 필요하다고 간주하는 경우는 예외로 한다. 어떤 주도 평화 시에 군대를 보유해서는 안 된다. 단, 미국 연합회의가 해당 주의 방위에 필요한 요새를 수비하는 데 필요하다고 판단한 병력수는 예외로 한다. 그러나 모든 주는 항상 충분히 무장한 잘 규제되고 규율이 잘 잡힌 민병대를 유지해야 하며, 공공 상점에 적절한 수의 야전 장비와 천막, 적절한 수의 무기, 탄약, 야영 장비를 미리 준비하여 언제든지 사용할 수 있도록 해야 한다.

어떤 주도 연합회의의 동의 없이는 전쟁을 벌여서는 안 된다. 다만 어떤 주가 적에게 실제로 침략당하고 있거나 인디언 부족이 어떤 주를 침략하기 위한 결의안을 구성하고 있다는 특정 조언을 받고 위험이 너무 절박하여 연합회의와 협의할 수 있을 때까지 지체할 수 없는 경우를 제외하고 그러하다. 어떠한 주도 선박이나 군함에 위임장을 주거나, 나포 면허장이나 보복 명령을 내릴 수 없다. 다만 연합회의에서 선전포고를 한 후에는 예외이며, 그런 경우도

전쟁이 선포된 왕국이나 주 및 그 주민에 대해서만 가능하며, 연합회의에서 제정하는 규정에 따르는 경우에만 가능하다. 다만 해적이 창궐하는 경우 해당 주는 그 상황에 맞게 군함을 마련하고 위험이 계속되는 한 그대로 유지할 수 있다. 또는 연합회의에서 달리 결정할 때까지 그러하다.

제7조

공동 방위를 위해 어떤 주가 지상군을 모집할 경우 대령 이하의 모든 장교에 대해서는 병력을 모집하는 각 주의 입법부에서 임명하거나 해당 주가 정하는 방식으로 임명하며, 공석이 발생하는 경우 처음 임명한 주에서 채워야 한다.

제8조

모든 전쟁 비용과 공동 방위 또는 일반 복지를 위해 발생하고 미국 연합회의에서 허용한 다른 모든 비용은 공동 재정에서 지출되어야 하며, 이 공동 재정은 각 주 내의 모든 토지의 가치에 비례하여 여러 주가 제공하며, 어떤 사람에게 부여되거나 조사된 토지와 건물 및 그 개량물은 미국 연합회의가 수시로 지지하고 지정하는 방식에 따라 평가되어야 한다. 할당금을 조달하기 위한 세금은 미국 연합회의가 합의한 시간 내에 여러 주의 입법부의 권한과 지시에 따라 부과되고 징수되어야 한다.

제9조

미국 연합회의는 다음과 같은 독점적, 배타적 권리와 권한을 가진다. 미국 연합회의는 평화와 전쟁을 결정할 수 있는 권한을 가진다. 다만 제6조에 언급된 대사를 파견하고 접수하는 경우는 제외한다. 미국 연합회의는 조약과 동맹을 체결하는 권한을 가진다. 다만, 각 주의 입법권이 자신의 주의 주민에 부과하듯이 외국인에게 부과금과 관세를 부과하는 것을 제한하거나, 어떠한 종류의 재화나 상품의 수출 또는 수입을 금지하는 것을 제한하는 통상 조약은 체결할 수 없다. 육상 또는 해상에서 나포가 합법적인지, 미국을 위해 복무하는 육군 또는 해군이 획득한 상금을 어떤 방식으로 분배하거나 할당해야 하는지 결정하기 위한 모든 규칙을 제정하는 권한을 가지며, 평화 시에 나포 허가장과 보복을 승인하고, 공해상에서 자행된 해적 행위 및 중범죄에 대한 재판을 담당할 법원을 임명하고, 모든 나포 사건에 대한 최종 항소를 접수 및 판결할 법원을 설립하는 권한을 가진다. 다만, 연합회의 대표는 상기 법원의 판사로 임명될 수 없다.

미국 연합회의는 또한 현재 존재하거나 향후 발생할 수 있는 두 개 이상의 주 사이의 경계, 관할권, 그 밖의 다른

원인에 관한 모든 분쟁과 의견차이에 대한 항소의 최후의 수단이 된다. 이러한 권한은 항상 다음과 같은 방식으로 행사되어야 한다. 다른 주와 분쟁 중인 주의 입법부 또는 행정기관 또는 합법적 대리인이 연합회의에 문제의 사안을 명시하고 청문회 개최를 요청하는 청원서를 제출하면, 연합회의의 명령에 따라 논쟁 중인 다른 주의 입법부 또는 행정 당국에 전달되고, 합법적 대리인이 당사자의 출두를 위해 날짜를 지정해야 하며, 그런 다음 양측 당사자의 공동합의로 문제의 사안을 심리 및 결정을 위한 법원을 구성하기 위해 위원 또는 판사를 임명할 것이 요구된다. 그러나 당사자들이 합의에 이르지 못하는 경우 미국 연합회의의 각 주가 각각 3명씩 지명하고, 그러한 사람들의 명단에서 청원한 쪽부터 시작하여 각 당사자가 1명씩 교대로 탈락시켜 13명으로 명단을 줄인다. 그리고 13명으로 줄어든 명단에서 연합회의의 주관하에 7명 이상 9명 이하의 이름을 연합회의에 참석하여 추첨으로 뽑으며, 추첨된 사람들 전부 또는 그들 중 5명이 위원 또는 판사가 되어 분쟁을 심리하고 최종적으로 판결한다. 다만, 항상 소송의 심리에 참여한 판사의 대부분이 최종 판결에 동의해야 한다. 어느 한 당사자가 연합회의가 이해할만한 충분한 이유를 밝히지 않고 참석하지 않거나 참석하더라도 탈락자 선택을 거부하는 경우, 연합회의는 각 주에서 3명을 지명하고, 연합회의 의장이 참석하지 않거나 선택을 거부한 당사자를 대신하여 탈락시킬 후보를 선택한다. 그리고 앞에서 설명한 방식으로 임명된 법원의 판결과 선고는 최종적이고 확정적이다. 그리고 어느 한 당사자가 그러한 법원의 권한에 복종하기를 거부하거나 자신의 청구나 소송을 변호하기 위해 출두를 거부하더라도 법원은 선고 또는 판결을 내려야 하며, 이는 최종적이고 확정적이다. 판결이나 선고 및 기타 절차는 어느 경우든 연합회의에 이관되어 관련 당사자의 안전을 위해 연합회의의 행위에 포함되어야 한다. 다만, 모든 위원은 판결을 내리기 전에 소송을 심리하는 주의 최고법원 또는 상급법원의 판사 중 한 명의 지시에 따라 선서를 해야 한다. "호의도, 애정도, 보상에 대한 기대도 없이, 최선의 판단에 따라, 제기된 문제를 진정으로 잘 듣고 결정한다." 또한, 어떠한 주도 미국의 이익을 위해 영토를 박탈당해서는 안 된다.

주의 관할권이 해당 토지와 관련이 있을 수 있고, 그 무상제공을 통과시킨 주들이 조정되고, 해당 무상제공 또는 그 중 어느 하나가 동시에 그러한 관할권의 확정 이전에 발생했다고 주장되는 경우인 두 개 이상의 주의 각자 다른 무상제공으로 청구된 사유지 권리에 관한 모든 분쟁은 어

느 한 당사자가 미국 연합회의에 청원하면, 서로 다른 주들 간의 영토 관할권에 관한 분쟁의 해결을 위해 앞에서 규정한 동일한 방식으로 최종 결정된다.

미국 연합회의는 자체 권한 또는 각 주의 권한에 따라 다음과 같은 독점적, 배타적인 권리와 권한을 갖는다. 주조되는 통화의 합금 및 가치를 규제하고, 미국 전역의 도량형 표준을 정하며, 해당 주의 입법권이 침해되거나 위배되지 않는 범위에서 어떤 주에도 속하지 않은 인디언과의 교역을 규제하고 모든 업무를 관리하며, 미국 전역에 걸쳐 한 주에서 다른 주까지 우체국을 설립하고 규제하며, 해당 우체국의 비용을 충당하고자 동일한 경로를 통과하는 서류에 우편요금을 부과하며, 연대 장교를 제외한 미국을 위해 복무하는 모든 지상군 장교를 임명하고, 모든 해군 장교를 임명하고, 미국을 위해 복무하는 모든 장교에 대해 명령하며, 상기 육해군의 통제 및 규제에 관한 규칙을 만들고, 작전을 지시한다.

미국 연합회의는 다음의 권한을 가진다. 연합회의 휴회 기간에 참석하고, '미국 위원회'로 명명되고, 각 주에서 한 명씩의 대표로 구성되는 위원회를 구성하는 권한을 가진다. 그리고 미국의 일반 업무를 관리하는 데 필요한 다른 위원회와 공무원을 임명하는 권한을 가진다. 그중 한 명을 위원장으로 임명하는 권한을 가진다. 다만, 누구도 3년 임기 중 1년 이상 위원장직을 맡을 수 없다. 미국의 업무활동을 위해 모금해야 할 필요한 금액을 파악하고, 공적 비용 지출에 필요한 금액을 충당하고 사용하는 권한을 가진다. 돈을 빌리거나 미국의 신용으로 어음을 발행하고, 매 반 년마다 빌렸거나 발행한 돈의 총액을 각 주에 통보한다. 해군을 양성하고 무장시킨다. 지상군 수에 합의하고 각 주의 백인 주민 수에 비례한 할당량에 맞춰 징집한다. 그 징집은 구속력을 가지며, 이에 따라 각 주의 입법부는 연대 장교를 임명하고, 병사를 모집하고, 미국의 비용부담으로 군인으로서 복장과 무기와 장비를 갖추게 하며, 그러한 복장, 무기, 장비를 갖춘 장교와 병사들은 지정된 장소로 행진하여 미국 연합회의가 합의한 시간 내에 집결해야 한다. 그러나 만약 미국이 상황을 감안하여 어느 주라도 사람을 모집할 수 없거나, 주어진 할당량보다 더 적은 수의 사람을 모집할 수밖에 없어서 다른 주가 주어진 할당량보다 더 많은 수의 사람을 모집해야 한다고 적절하게 판단하는 경우, 그러한 추가 인원은 해당 주의 할당량에 따라 모집한 인원과 동일한 방식으로 모집되고, 장교를 임명하고, 복장, 무기 및 장비를 갖추도록 해야 한다. 다만, 해당 주의 입법부가 해당 추가 인원을 충분히 구할 수 없다

고 판단하는 경우는 예외로 한다. 그러한 경우에는 그들이 판단하기에 최대한 모집할 수 있을 만큼 추가 인원을 모집하고, 장교를 임명하고, 복장과 무기 및 장비를 갖추도록 해주어야 한다. 그리고 그렇게 군복을 입고 무기와 장비를 갖춘 장교들과 병사들은 지정된 장소로 행진하여 미국 연합회의가 합의한 시간 내에 집결해야 한다.

미국 연합회의는 전쟁을 벌여서는 안 되며, 평화 시에 나포 및 포획 허가장을 발부해서는 안 되며, 조약이나 동맹을 체결해서는 안 되며, 화폐를 주조해서도 안 되며, 그 가치를 규제해서도 안 되고, 미국 또는 각 주의 국방과 복지를 위해 필요한 총액과 비용을 확인해서도 안 되고, 어음을 발행하지 않으며, 미국 신용으로 돈을 빌리거나 충당하지 않으며, 건조 또는 구매할 전쟁 선박의 수 또는 징집할 육군 또는 해군의 병력수를 결정할 수 없으며, 지상군 또는 해군의 총사령관을 임명하지 않는다. 단, 9개 주가 동의하는 경우는 예외로 한다. 또한 의회에서 다수가 의결하지 않는 한, 매일 휴회하는 것을 제외하고는 다른 어떤 사안의 문제도 의결하지 않는다.

미국 연합회의는 1년 중 언제든지, 그리고 미국 내 어느 곳에서나 휴회할 수 있는 권한을 가지며, 휴회 기간은 6개월을 넘을 수 없으며, 의사록을 발행해야 한다. 그들의 판단에 따라 비밀이 요구되는 조약, 동맹 또는 군사작전에 관한 부분을 제외하고는 매월 의사진행을 기록한 의사록을 발행해야 한다. 그리고 대표 중 누군가 원하는 경우 특정 질문에 대한 각 주 대표의 찬성과 반대가 의사록에 기재되어야 한다. 그리고 어떤 주의 대표단이나 그중 누구의 요청이 있는 경우 위에서 언급한 부분을 제외한 해당 의사록의 사본을 여러 주의 입법부에 제출해야 한다.

제10조

주들 또는 그중 9개 주의 위원회는 연합회의 휴회 기간에 9개 주의 동의를 얻어 미국 연합회의 권한을 집행하는 권한을 가져야 하며, 때때로 그들에게 편의상 권한을 주는 것을 생각해야 한다. 단, 상기 위원회에 어떠한 권한도 위임되지 않으며, 위원회가 권한을 행사하기 위해서는 연합규약에 따라 미국 연합회의의 9개 주 대표의 구두 요청이 필요하다.

제11조

이 연합에 동의하고 미국의 조치에 동참하는 캐나다는 이 연합에 가입하고 이 연합의 모든 이점을 누릴 자격이 있다. 그러나 다른 어떤 식민지도 9개 주 동의가 없이는 캐나다와 동일하게 연합에 참여할 수는 없다.

제12조

본 연합에 따라 미국의 결성 이전에, 연합회의의 권한에 의해 또는 권한하에 발부된 모든 신용장, 차입금, 채무는 상기 미국이 지불과 상환해야 하는 미국의 책임으로 간주하고 고려해야 하며, 공공의 준수가 엄숙하게 서약된다.

제13조

모든 주는 이 연합이 제시한 모든 문제에 대해 미국 연합회의의 결정을 준수해야 한다. 그리고 이 연합규약은 모든 주에서 불가침적으로 준수되어야하며, 연방은 영구적이다. 이후 어느 때라도 그 내용을 변경할 수 없다. 그러한 변경은 미국 연합회의에서 합의되어, 이후 모든 주의 입법부의 승인을 얻어야 한다.

그리고 세계의 위대한 통치자는 우리가 연합회의에서 각각 대표하는 입법부의 마음을 움직여, 상기 연합 및 영속적 연방에 관한 규약의 승인하고 비준을 허가한 것을 기뻐했으므로, 아래에 서명한 우리 대표단은 이를 위해 주어진 권한과 권위에 따라 우리 각자 주민의 이름과 대표단을 대신하여 이 증서를 통해 언급된 연합과 영속적 연방에 관한 규약의 모든 사항, 그리고 그 안에 포함된 모든 내용 하나하나를 완전히 비준하고 확인한다. 그리고 우리는 더욱 엄숙하게 우리 각각의 주민의 충성을 맹세하고 약속하며, 주민들은 상기 연합이 자신들에게 제시하는 모든 문제에 대해 미국 연합회의의 결정을 준수한다. 그리고 이 규약은 우리가 각각 대표하는 주에서 불가침적으로 지켜져야 하며, 연합은 영구적이어야 한다. 그 증거로 우리는 연합회의에서 손을 들었다. 서기 1778년, 그리고 미국 독립 3년째 되는 해 7월 9일 펜실베이니아주 필라델피아에서 작성되었다.

뉴햄프셔주를 대표하여:
조슈아 바틀릿
존 웬트워스 주니어
1778년 8월 8일

메사추세츠만주를 대표하여:
존 행콕
새뮤얼 애덤스
엘브리지 게리
프란시스 다나
제임스 로벨
사무엘 홀텐

로드 아일랜드 및 프로비던스 플랜테이션주를 대표하여:
윌리엄 엘러리
헨리 마천트
존 콜린스

코네티컷주를 대표하여:
로저 셔먼
새뮤얼 헌팅턴
올리버 월콧
티투스 호스머
앤드루 애덤스

뉴욕주를 대표하여:
제임스 듀앤
프랜시스 루이스
윌리엄 듀어
고베너 모리스

뉴저지주를 대표하여:
존 위더스푼
너새니얼 스쿠더
1778년 11월 26일

펜실베이니아주를 대표하여:
롭 모리스
다니엘 로버도
존 베이야드 스미스
윌리엄 클링건
조지프 리드
1778년 7월 22일

델라웨어주를 대표하여:
토 맥킨
1779년 2월 12일
존 딕슨
1779년 5월 5일
니콜라스 반다이크

메릴랜드주를 대표하여:
존 핸슨
1781년 3월 1일
다니엘 캐롤

버지니아주를 대표하여:
리차드 헨리 리
존 배니스터
토마스 아담스
제이노 하비
프란시스 라이트풋 리

노스캐롤라이나주를 대표하여:
존 펜
1778년 7월 21일
콘스 하넷
존 윌리엄스

사우스캐롤라이나주를 대표하여:
헨리 로렌스
윌리엄 헨리 드레이턴
존 매튜스
리치 허트슨
토머스 헤이워드 준

조지아주를 대표하여:
존 월튼
1778년 7월 24일
에드워드 텔페어
에드워드 랭워시

부록 C

미국헌법*

우리 합중국 국민은 좀 더 완벽한 연방을 형성하고, 정의를 확립하며, 국내의 안녕을 보장하고, 공동방위를 도모하고, 국민복지를 증진하고 우리와 우리의 후손들을 위한 자유와 축복을 확보할 목적으로 이 미합중국 헌법을 제정한다.

제1조 입법부

제1항. 이 헌법에 의하여 부여되는 모든 입법권은 합중국 의회에 속하며, 합중국 의회는 상원과 하원으로 구성한다.

제2항. 하원은 각 주(states)의 주민이 2년마다 선출하는 의원으로 구성하며, 각 주의 선거인은 가장 많은 의원을 가진 주의회의 선거인에게 요구되는 자격요건을 구비하여야 한다.

누구든지 나이가 25세에 미달한 자, 합중국 시민이 된 지 7년이 되지 아니한 자, 그리고 선거 당시에 선출되는 주의 주민이 아닌 자는 하원의원이 될 수 없다.

하원의원 수와 직접세는 연방에 가입하는 각 주의 인구수에 비례하여 각 주에 배정한다. 각 주의 인구수는 연기계약 노무자를 포함한 자유인의 총수에, 과세하지 아니하는 인디언을 제외하고, 그 밖의 인구총수의 5분의 3을 가산하여 결정한다. 인구수의 산정은 제1회 합중국 의회를 개회한 후 3년 이내에 행하며, 그 후는 10년마다 법률이 정하는 바에 따라 행한다. 하원의원 수는 인구 3만 명당 1인의 비율을 초과하지 못한다. 다만, 각 주는 적어도 1명의 하원의원을 가져야 한다. 위의 인구수의 산정이 있을 때까지 뉴햄프셔주는 3명, 매사추세츠주는 8명, 로드아일랜드주와 프로비던스 플랜테이션(Providence Plantations)는 1명, 코네티컷주는 5명, 뉴욕주는 6명, 뉴저지주는 4명, 펜실베이니아주는 8명, 델라웨어주는 1명, 메릴랜드주는 6명, 버지니아주는 10명, 노스캐롤라이나

주는 5명, 사우스캐롤라이나주는 5명, 그리고 조지아주는 3명의 의원을 각각 선출할 수 있다. 어느 주에서, 그 주에서 선출된 하원의원에 결원이 생겼을 경우에는 그 주의 행정부가 그 결원을 채우기 위한 보궐선거의 명령을 내려야 한다.

하원은 그 의장과 그 밖의 임원을 선임하며, 탄핵권을 독점하여 가진다.

제3항. 상원은 각 주의 주의회에서 선출한 6년 임기의 상원의원 2명씩으로 구성되며, 각 상원의원은 1표의 투표권을 가진다.

상원의원들이 제1회 선거의 결과로 당선되어 회합하면, 즉시 의원총수를 가능한 한 동수의 3개 부류로 나눈다. 제1부류의 의원은 2년 만기로, 제2부류의 의원은 4년 만기로, 그리고 제3부류의 의원은 6년 만기로 그 의석을 비워야 한다. 이렇게 하여 상원의원 총수의 3분의 1이 2년마다 개선될 수 있게 한다. 그리고 어느 주에 있어서나 주의회의 휴회 중에 사직 또는 그 밖의 원인으로 상원의원의 결원이 생길 때에는 그 주의 행정부는 다음 회기의 주의회가 결원의 보충을 할 때까지 잠정적으로 상원의원을 임명할 수 있다.

나이가 30세에 미달하거나 합중국 시민이 된 지 9년이 되지 아니하거나 또는 선거 당시 선출되는 주의 주민이 아닌 자는 상원의원이 될 수 없다.

합중국의 부통령은 상원의장이 된다. 다만, 의결시 가부 동수일 경우를 제외하고는 투표권이 없다.

상원은 의장 이외의 임원들을 선임하며 부통령이 결원일 경우이거나 부통령이 대통령의 직무를 집행하는 때에는 임시의장을 선임한다.

상원은 모든 탄핵에 대한 심판의 권한을 독점하여 가진다. 이 목적을 위하여 상원이 개회될 때, 의원들은 선서 또는 확약을 하여야 한다. 합중국 대통령에 대한 심판을 하는 경우에는 연방대법원장을 의장으로 한다. 누구라도 출석의원 3분의 2 이상의 찬성 없이는 유죄판결을 받지 아니한다.

---

* 역자주

『세계의 헌법 : 35개국 헌법 전문. 1』(국회도서관, 2010)의 번역을 옮겨왔으며, 부분적으로 수정하였다.

탄핵 결정은 면직, 그리고 합중국에서의 명예직, 위임직 또는 유급 공직에 재직하는 자격을 박탈하는 것 이상이 될 수 없다. 다만, 이같이 유죄판결을 받은 자일지라도 법률의 규정에 따른 기소, 재판, 판결 및 처벌을 면할 수 없다.

제4항. 상원의원과 하원의원을 선거할 시기, 장소 및 방법은 각 주에서 그 주의회가 정한다. 그러나 합중국 의회는 언제든지 법률에 따라 그러한 규정을 제정 또는 개정할 수 있다. 다만, 상원의원의 선거 장소에 관하여는 예외로 한다.

연방의회는 매년 적어도 1회 집회하여야 한다. 그 집회의 시기는 법률에 따라 다른 날짜를 지정하지 아니하는 한 12월의 첫째 월요일로 한다.

제5항. 각 원은 그 소속 의원의 당선, 득표수 및 자격을 판정한다. 각 원은 소속 의원 과반수의 출석으로 의사를 진행할 수 있는 정족수를 구성한다. 정족수에 미달하는 경우에는 연일 휴회할 수 있으며, 각 원에서 정하는 방법과 벌칙에 따라 결석의원의 출석을 강요할 수 있다.

각 원은 의사규칙을 결정하며, 원내의 질서를 문란케 한 의원을 징계하며, 의원 3분의 2 이상의 찬성을 얻어 의원을 제명할 수 있다.

각 원은 의사록을 작성하여 각 원에서 비밀에 붙여져야 한다고 판단하는 부분을 제외하고 수시로 공표하여야 한다. 각 원은 출석의원수의 5분의 1 이상이 요구할 경우에 어떠한 문제에 대해서도 소속의원의 찬반투표수를 의사록에 기재하여야 한다.

연방의회의 회기 중에는 어느 원이라도 다른 원의 동의 없이 3일 이상 휴회하거나, 회의장을 양원이 개회한 장소 이외의 장소로 옮길 수 없다.

제6항. 상원의원과 하원의원은 그 직무에 대하여 법률이 정하고 합중국 국고로부터 지급되는 보수를 받는다. 양원의 의원은 반역죄, 중죄 및 치안 방해죄를 제외하고는 어떠한 경우에도 그 원의 회의에 출석 중에 그리고 의사당까지의 왕복 도중에 체포되지 아니하는 특권이 있다. 양원의 의원은 원내에서 행한 발언이나 토론에 관하여 원외에서 문책받지 아니한다.

상원의원 또는 하원의원은 재임 기간 중에 신설되거나 봉급이 인상된 어떠한 합중국 공직에도 임명될 수 없다. 합중국의 어떠한 공직에 있는 자라도 재직 중에 양원 중 어느 원의 의원도 될 수 없다.

제7항. 세입 징수에 관한 모든 법률안은 먼저 하원에서 제안되어야 한다. 다만, 상원은 이에 대해 다른 법안에서와 마찬가지로 수정안을 발의하거나 수정을 가하여 동의할 수 있다.

상원과 하원을 모두 통과한 모든 법률안은 법률로 확정되기에 앞서 대통령에게 이송되어야 한다. 대통령이 이를 승인하는 경우에는 이에 서명하며, 승인하지 아니하는 경우에는 이의서를 첨부하여 이법률안을 발의한 원으로 환부하여야 한다. 법률안을 환부받은 원은 이의의 개요를 의사록에 기록한 후 이 법률안을 다시 심의하여야 한다. 다시 심의한 결과, 그 원의 의원 3분의 2이상의 찬성으로 가결할 경우에는 법률안을 대통령의 이의서와 함께 다른 원으로 이송하여야 한다. 다른 원에서 이 법률안을 재심의하여 의원의 3분의 2이상의 찬성으로 가결할 경우 이 법률안은 법률로 확정된다. 이 모든 경우에 있어서 양원은 호명구두투표결로 결정하며, 그 법률안에 대한 찬성자와 반대자의 성명을 각 원의 의사록에 기재하여야 한다. 법률안이 대통령에게 이송된 후 10일 이내(일요일 제외)에 의회로 환부되지 아니 할때에는 그 법률안은 대통령이 이에 서명한 경우와 마찬가지의 법률로 확정된다. 다만, 연방의회가 휴회하여 이 법률안을 환부할 수 없는 경우에는 법률로 확정되지 아니한다.

양원의 의결을 필요로 하는 모든 명령, 결의 또는 표결(휴회에 관한 결의는 제외)은 이를 대통령에게 이송하여야 하며, 대통령이 이를 승인하여야 효력을 발생한다. 대통령이 이를 승인하지 아니하는 경우에는 법률안에서와 같은 규칙 및 제한에 따라서 상원과 하원에서 3분의 2 이상의 의원의 찬성으로 다시 가결하여야 한다.

제8항. 연방의회는 다음의 권한을 가진다. 합중국의 채무를 지불하고, 공동 방위와 일반 복지를 위하여 조세, 관세, 공과금 및 소비세를 부과징수한다. 다만, 관세, 공과금 및 소비세는 합중국 전역을 통하여 획일적이어야 한다.

합중국의 신용으로 금전을 차입한다.

외국과의, 주 상호 간의 그리고 인디언부족과의 통상을 규제한다.

시민권 부여에 관한 통일적인 규정과 합중국 전체를 위한 파산에 관한 통일적인 법률을 제정한다.

화폐를 주조하고, 미국 화폐 및 외국 화폐의 가치를 규정하며, 도량형의 기준을 정한다.

합중국의 유가증권 및 통화의 위조에 관한 별칙을 정한다.

우편관서와 우편 도로를 건설한다.

저작자와 발명자에게 그들의 저술과 발명에 대한 독점적인 권리를 일정기간 확보해 줌으로써 과학과 유용한 기술의 발달을 촉진시킨다.

연방대법원 아래에 하급법원을 조직한다.

공해에서 발생한 해적행위와 중죄 그리고 국제법에 위배되는 범죄를 정의하고 이에 대한 벌칙을 정한다.

전쟁을 포고하고, 나포인허장을 수여하고, 지상 및 해상의 포획에 관한 규칙을 정한다.

육군을 모집, 편성하고 이를 유지한다. 다만, 이 목적을 위한 경비의 지출기간은 2년을 초과하지 못한다.

해군을 창설하고 이를 유지한다.

육해군의 통수 및 규제에 관한 규칙을 정한다.

연방법률을 집행하고, 반란을 진압하고, 침략을 격퇴하기 위하여 민병의 소집에 관한 규칙을 정한다.

민병대의 편성, 무장 및 훈련에 관한 규칙과 합중국의 군무에 복무하는 자들을 다스리는 규칙을 정한다. 다만, 각 주는 민병대의 장교를 임명하고, 연방의회가 정한 군율에 따라 민병대를 훈련시키는 권한을 각각 보유한다.

특정 주가 합중국에게 양도하고, 연방의회가 이를 수령함으로써 합중국정부 소재지로 되는 지역(10평방마일을 초과하지 못함)에 대하여는 어떠한 경우를 막론하고 독점적인 입법권을 행사하며, 요새, 무기고, 조병창, 조선소 및 기타 필요한 건물을 세우기 위하여 주의회의 승인을 얻어 구입한 모든 장소에 대해서도 이와 똑같은 권한을 행사한다.

위에 기술한 권한들과, 이 헌법이 합중국 정부 또는 그 부처 또는 그 관리에게 부여한 모든 기타 권한을 행사하는데 필요하고 적절한 모든 법률을 제정한다.

제9항. 연방의회는 기존 각 주 중 어느 주가 허용함이 적당하다고 인정하는 사람들의 이주 또는 입국을 1808년 이전에는 금지하지 못한다. 다만, 이러한 사람들의 입국에 대하여 1인당 10달러를 초과하지 아니하는 한도 내에서 입국세를 부과할 수 있다.

인신보호영장에 관한 특권은 반란 또는 침략의 경우에 공공의 안전상 요구되는 때를 제외하고는 이를 정지시킬 수 없다.

사권박탈법 또는 소급처벌법을 통과시키지 못한다.

인두세나 그 밖의 직접세는 앞서(제2항제3호에) 규정한 인구조사 또는 산정에 비례하지 아니하는 한, 이를 부과하지 못한다.

주로부터 수출되는 물품에 조세 또는 관세를 부과하지 못한다.

어떠한 통상 또는 세수입 규정에 의하여서도 다른 주의 항구보다 특혜적인 대우를 어느 주의 항구에 할 수 없다. 또한 어느 주에 도착 예정이거나 어느 주를 출항한 선박을 다른 주에서 강제로 입·출항 수속을 하게 하거나 관세를 지불하게 할 수 없다.

국고금은 법률에 따른 지출 승인에 의하여서만 지출할 수 있다. 또한 모든 공금의 수납 및 지출에 관한 정기적인 명세와 회계를 수시로 공표하여야 한다.

합중국은 어떠한 귀족의 칭호도 수여하지 아니한다. 합중국에서 유급직 또는 위임에 의한 관직에 있는 자는 누구라도 연방의회의 승인 없이는 어떠한 국왕, 왕족 또는 외국으로부터도 종류 여하를 막론하고 선물, 보수, 관직 또는 칭호를 받을 수 없다.

제10항. 어느 주라도 조약, 동맹 또는 연합을 체결하거나, 나포면허장을 수여하거나, 화폐를 주조하거나, 신용증권을 발행하거나, 금화 및 은화 이외의 것으로서 채무지불의 법정수단으로 삼거나, 사권박탈법, 소급처벌법 또는 계약상의 의무에 해를 주는 법률 등을 제정하거나, 또는 귀족의 칭호를 수여할 수 없다.

어느 주라도 연방의회의 동의 없이는 수입품 또는 수출품에 대하여 검사법의 시행상 절대 필요한 경우를 제외하고는 공과금 또는 관세를 부과하지 못한다. 어느 주에서나 수입품 또는 수출품에 부과하는 모든 공과금이나 관세의 순수입은 합중국 재무성의 용도에 제공하여야 한다. 또한 연방의회는 이런 종류의 모든 주법들을 개정하고 통제할 수 있다.

어느 주라도 연방의회의 동의 없이는 선박에 대하여 세금을 부과하거나 평화 시에 군대나 군함을 보유하거나 다른 주나 외국과 협정이나 맹약을 체결할 수 없으며, 실제로 침공당하고 있거나 지체할 수 없을 만큼 급박한 위험에 처해 있지 아니하고는 교전할 수 없다.

제2조

제1항. 행정권은 미합중국 대통령에게 속한다. 대통령의 임기는 4년으로 하며, 동일한 임기의 부통령과 함께 다음과 같은 방법에 의하여 선출된다.

각 주는 그 주의회가 정하는 바에 따라, 그 주가 연방의회에 보낼 수 있는 상원의원과 하원의원의 총수와 동수의 선거인을 임명한다. 다만, 상원의원이나 하원의원 또는 합중국에서 위임에 의한 또는 유급의 관직에 있는 자는 선거인이 될 수 없다.

선거인은 각기 자기 주에서 회합하여 비밀투표에 의하여 2인을 선거한다. 다만, 양인 중 적어도 1인은 선거인과 동일한 주의 주민이 아니어야 한다. 선거인은 모든 득표자들의 명부와 각 득표자의 득표수를 기재한 표를 작성하여 서명하고 증명한 다음, 봉하여 상원의장 앞으로 합중국 정부의 소재지로 송부한다. 상원의장은 상원의원 및 하원의원 앞에서 모든 증명서를 개봉하고 계산한다. 최고득표자의 득표수가 임명된 선거인의 총수의 과반수가 되었을 때에는 그가 대통령으로 당선된다. 과반수 득표자가 2인 이상이 되고, 그 득표수가 동수일 경우에는 하원이 즉시 비밀투표로 그 중 1인을 대통령으로 선임하여야 한다. 과반수 득표자가 없을 경우에는 하원이 동일한 방법으로 최다수 득표자 5명 중에서 대통령을 선임한다. 다만, 이러한 방법에 의하여 대통령을 선거할 때에는 선거를 주단위로 하고 각 주의 대표자는 1표의 투표권을 가지며, 그 선거에 필요한 정족수는 전체 주의 3분의 2의 주로부터 1명 또는 2명 이상의 의원의 출석으로써 성립되며, 전체 주의 과반수의 찬성을 얻어야 선출될 수 있다. 어떤 경우에 있어서나 대통령을 선출하고 난 후에 최다수의 득표를 한 자를 부통령으로 한다. 다만, 동수의 득표자가 2인 이상 있을 때에는 상원이 비밀투표로 그 중에서 부통령을 선출한다.

연방의회는 선거인들의 선임시기와 이들의 투표일을 결정할 수 있으며, 이 투표일은 합중국 전역을 통하여 같은 날이 되어야 한다.

출생에 의한 합중국 시민이 아닌 자, 또는 본 헌법의 제정 시에 합중국 시민이 아닌 자는 대통령으로 선임될 자격이 없다. 나이가 35세에 미달한 자, 또는 14년간 합중국 내의 주민이 아닌 자도 대통령으로 선임될 자격이 없다.

대통령이 면직되거나, 사망하거나, 사직하거나 또는 그 권한 및 직무를 수행할 능력을 상실할 경우에 대통령의 직무는 부통령에게 귀속된다. 연방의회는 법률에 의하여 대통령 및 부통령의 면직 또는 직무수행 불능의 경우를 규정할 수 있으며, 그러한 경우에 대통령의 직무를 수행할 관리를 정할 수 있다. 이 관리는 대통령의 직무수행 불능이 제거되거나 대통령이 새로 선임될 때까지 대통령의 직무를 대행한다.

대통령은 그 직무수행에 대한 대가로 정기적으로 보수를 받으며, 그 보수는 임기 중에 인상 또는 인하되지 아니한다. 대통령은 그 임기 중에 합중국 또는 어느 주로부터 그 밖의 어떠한 보수도 받지 못한다.

대통령은 그 직무수행을 시작하기에 앞서 다음과 같은 선서 또는 확약을 하여야 한다. "나는 합중국 대통령의 직무를 성실히 수행하며, 나의 능력의 최선을 다하여 합중국 헌법을 보전하고, 보호하고, 수호할 것을 엄숙히 선서(또는 확약)한다."

제2항. 대통령은 합중국 육해군의 총사령관 그리고 각 주의 민병이 합중국의 현역에 소집되었을 때는 그 민병대의 총사령관이 된다. 대통령은 행정 각 부의 장관에게 소관 직무사항에 관하여 문서에 의한 견해를 요구할 수 있다. 대통령은 합중국에 대한 범죄에 관하여 탄핵의 경우를 제외하고, 형의 집행유예 및 사면을 명할 수 있는 권한을 가진다.

대통령은 상원의 권고와 동의를 얻어 조약을 체결하는 권한을 가진다. 다만, 그 권고와 동의는 상원의 출석의원 3분의 2 이상의 찬성을 얻어야 한다. 대통령은 대사, 그 밖의 공사 및 영사, 연방대법원 판사, 그리고 그 임명에 관하여 본 헌법에 특별 규정이 없고 법률로써 정하는 그 밖의 모든 합중국 관리를 지명하여 상원의 권고와 동의를 얻어 임명한다. 다만, 연방의회는 적당하다고 인정되는 하급 관리 임명권을 법률에 의하여 대통령에게, 법원에게, 또는 각 부 장관에게 부여할 수 있다.

대통령은 상원의 휴회 중에 생기는 모든 결원을 임명에 의하여 충원하는 권한을 가진다. 다만, 그 임명은 다음 회기가 만료될 때에 효력을 상실한다.

제3항. 대통령은 연방의 상황에 관하여 수시로 연방의회에 보고하고, 필요하고 권고할 만하다고 인정하는 법안의 심의를 연방의회에 권고하여야 한다. 긴급 시에 대통령은 상·하 양원 또는 그중 하나의 원을 소집할 수 있으며, 휴회의 시기에 관하여 양원 간에 의견이 일치되지 아니하는 때에는 대통령은 적당하다고 인정하는 때까지 양원의 정회를 명할 수 있다. 대통령은 대사와 그 밖의 외교사절을 접수하며, 법률이 충실하게 집행되도록 유의하며, 또 합중국의 모든 관리들에게 직무를 위임한다.

제4항. 대통령, 부통령 그리고 합중국의 모든 문관은 반역죄, 수뢰죄, 또는 그 밖의 중대한 범죄 등으로 탄핵을 받거나 유죄판결을 받는 경우 그 직에서 면직된다.

제3조

제1항. 합중국의 사법권은 1개의 연방대법원에, 그리고 연방의회가 수시로 제정 설치하는 하급법원들에 속한다. 연방대법원 및 하급법원의 판사는 중대한 죄가 없는 한 그 직을 보유하며, 그 직무에 대하여 정기에 보수를 받으며, 그 보수는 재임 중에 감액되지 아니한다.

제2항. 사법권은 본 헌법과 합중국 법률과 그리고 합중국의 권한에 의하여 체결되었거나 체결될 조약으로 인하여 발생하는 모든 보통법상 및 형평법상의 사건, 대사와 그 밖의 외교사절 및 영사에 관한 모든 사건, 해사재판 및 해상관할에 관한 모든 사건, 합중국이 한 편의 당사자가 되는 쟁송, 2개 주 또는 그 이상의 주간에 발생하는 쟁송, 어느 한 주와 다른 주 시민 간의 쟁송, 상이한 주의 시민 사이의 쟁송, 다른 주로부터 부여받은 토지의 권리에 관하여

같은 주의 시민 사이에 발생하는 쟁송 및 1개 주 또는 그 주민과 외국 또는 그 시민 또는 그 시민 간에 발생하는 쟁송에 미친다.

대사와 그 밖의 외교사절 및 영사에 관계되는 사건과 주가 당사자인 사건은 연방대법원이 제1심의 재판관할권을 가진다. 그 밖의 모든 사건에 있어서는 연방의회가 정하는 예외의 경우를 두되, 연방의회가 정하는 규정에 따라 법률문제와 사실문제에 관하여 상소심의 재판관할권을 가진다.

탄핵사건을 제외한 모든 범죄의 재판은 배심제로 한다. 그 재판은 그 범죄가 행하여진 주에서 하여야 한다. 다만, 그 범죄지가 어느 주에도 속하지 아니할 경우에는 연방의회가 법률에 의하여 정하는 장소에서 재판한다.

제3항. 합중국에 대한 반역죄는 합중국에 대하여 전쟁을 일으키거나, 또는 적에게 가담하여 원조 및 지원을 할 경우에만 성립한다. 누구라도 명백한 상기 행동에 대하여 2명의 증인의 증언이 있거나 또는 공개법정에서 자백하는 경우 이외에는 반역죄의 유죄선고를 받지 아니한다.

연방의회는 반역죄의 형벌을 선고하는 권한을 가진다. 다만, 반역죄의 선고로 사권이 박탈된 자는 자기의 생존기간을 제외하고 그 혈통을 모독하거나, 상속금지나 재산 몰수를 초래하지 아니한다.

제4조

제1항. 각 주는 다른 주의 법령, 기록 및 사법절차에 대하여 충분한 신뢰와 신용을 가져야 한다. 연방의회는 이러한 법령, 기록 및 사법절차를 증명하는 방법과 그것들의 효력을 일반 법률로써 규정할 수 있다.

제2항. 각 주의 시민은 다른 어느 주에서도 그 주의 시민이 향유하는 모든 특권 및 면책권을 가진다.

어느 주에서 반역죄, 중죄 또는 그 밖의 범죄로 인하여 고발된 자가 도피하여 재판을 면하고 다른 주에서 발견된 경우, 범인이 도피해 나온 주의 행정당국의 요구에 의하여 그 범인은 그 범죄에 대한 재판관할권이 있는 주로 인도되어야 한다.

어느 주에서 그 주의 법률에 의하여 사역 또는 노역을 당하도록 되어 있는 자가 다른 주로 도피한 경우, 다른 주의 어떠한 법률 또는 규정에 의하여서도 그 사역 또는 노역의 의무는 해제되지 아니하며, 그 자는 그 사역 또는 노역을 요구할 권리를 가진 당사자의 청구에 따라 인도되어야 한다.

제3항. 연방의회는 새로운 주를 연방에 가입시킬 수 있다. 다만, 어떠한 주의 관할구역에서도 새로운 주를 형성하거나 설치할 수 없다. 또 각 주의 주의회와 연방의회의 동의 없이는 2개 이상의 주 또는 주의 일부를 합병하여 주를 형성할 수 없다.

연방의회는 합중국 속령 또는 합중국에 속하는 그 밖의 재산을 처분하고 이에 관한 모든 필요한 규칙 및 규정을 제정하는 권한을 가진다. 다만, 이 헌법의 어떠한 조항도 합중국 또는 어느 주의 권리를 훼손하는 것으로 해석하여서는 안된다.

제4항. 합중국은 이 연방내의 모든 주에 공화정체를 보장하며, 각 주를 침략으로부터 보호하며, 또 각 주의 주의회 또는 행정부(주의회를 소집할 수 없을 때)의 요구가 있을 때에는 주 내의 폭동으로부터 각 주를 보호한다.

제5조

연방의회는 양원 의원의 3분의 2가 본 헌법에 대한 수정의 필요성을 인정할 때에는 헌법수정을 발의하여야 한다. 또는 주 중 3분의 2 이상의 주의회의 요청이 있을 때에는 수정발의를 위한 헌법회의를 소집하여야 한다. 어느 경우에 있어서나 수정은 연방의회가 제의한 비준의 두 방법 중의 어느 하나에 따라 4분의 3의 주의 주의회에 의하여 비준되거나, 또는 4분의 3의 주의 주헌법회의에 의하여 비준되는 때에는 사실상 본 헌법의 일부로서 효력을 발생한다. 다만, 1808년 이전에 이루어지는 수정은 어떠한 방법으로도 제1조 제9항 제1호 및 제4호에 변경을 가져올 수 없다. 어느 주도 그 주의 동의 없이는 상원에서의 동등한 투표권을 박탈당하지 아니한다.

제6조

본 헌법이 제정되기 전에 계약된 모든 채무와 체결된 모든 계약은 본 헌법하에서도 연합규약하에서와 마찬가지로 합중국에 대하여 효력을 가진다.

본 헌법에 의거하여 제정되는 합중국 법률 그리고 합중국의 권한에 의하여 체결되었거나 체결될 모든 조약은 이 국가의 최고 법률이다. 모든 주의 법관은 여기에 구속되며, 어떤 주든 헌법이나 법률 중에 이에 배치되는 규정이 있을지라도 그것에 구속되지 아니한다.

앞에서 언급한 상원의원 및 하원의원, 각 주의 의회의원, 합중국 및 각 주의 모든 행정관 및 사법관은 선서 또는 확약에 의하여 본 헌법에 충성할 의무가 있다. 다만, 종교상의 자격은 합중국의 어떠한 관직 또는 위임에 의한 공직에도 그 자격요건으로 요구되지 아니한다.

제7조
본 헌법이 이를 비준하는 각 주 간에 확정되기 위해서는 9개 주의 주헌법회의에 의한 비준을 필요로 한다.

서기 1787년, 미합중국 독립 제12년 9월 17일 헌법회의에서 참석한 각 주의 만장일치의 동의를 얻어 본 헌법을 제정한다. 이를 증명하기 위하여 우리는 여기에 서명한다.

버지니아주
조지 워싱턴. 의장 겸 버지니아주 대표

뉴햄프셔주
존 랭던, 니콜라스 길먼

매사추세츠주
너대니얼 고램, 루퍼스 킹

코네티컷주
윌리엄 새뮤얼 존슨, 로저 셔먼

뉴욕주
알렉산더 해밀턴

뉴저지주
윌리엄 리빙스턴, 데이비드 브리얼리, 윌리엄 패터슨, 조내던 데이튼

펜실베이니아주
벤저민 프랭클린, 토머스 미플린, 로버트 모리스, 조지 클라이머, 토머스 피치먼즈, 자레드 잉거솔, 제임스 윌슨, 구부누어 모리스

델라웨어주
조지 리드, 거닝 베드포드 주니어, 존 디킨슨, 리처드 배시트 제이컵 브룸

메릴랜드주
제임스 멕헨리, 대니얼 오브 세인트, 토머스 제니퍼, 대니얼 캐럴

버지니아주
존 블레어, 제임스 매디슨 주니어

노스 캐롤라이나주
윌리엄 블라운트, 리처드 도브스 스페이트, 휴 윌러엄슨

사우스캐롤라이나주
존 러틀리지, 찰즈 코우츠워스 핑크니, 찰즈 핑크니, 피어스 버틀러

조지아주
윌리엄 퓨, 에이브러햄 볼드원

권리장전
수정헌법 제1조부터 제10조

수정헌법 제1조
연방의회는 국교를 정하거나 또는 자유로운 신앙행위를 금지하는 법률을 제정할 수 없다. 또한 언론, 출판의 자유나 국민이 평화로이 집회할 권리 및 고충의 구제를 위하여 정부에게 청원할 수 있는 국민의 권리를 제한하는 법률을 제정할 수 없다.

수정헌법 제2조
기강이 확립된 민병들로서 자유로운 주의 안보에 필요한 무기를 소장하고 휴대하는 국민의 권리는 침해당하지 않는다.

수정헌법 제3조
평화 시에 군대는 어떠한 주택에도 그 소유자의 승낙을 받지 아니하고는 주둔할 수 없다. 전시에 있어서도 법률이 정하는 방법에 의하지 아니하고는 주둔할 수 없다.

수정헌법 제4조

부당한 수색, 체포, 압수로부터 신체, 가택, 서류 및 동산의 안전을 보장받는 국민의 권리를 침해할 수 없다. 체포, 수색, 압수의 영장은 상당한 이유에 근거하고, 선서 또는 확약에 의하여 확인되고, 특히 수색 장소, 체포될 사람 또는 압수될 물품을 기재하지 아니하고는 발급되지 아니한다.

수정헌법 제5조

누구라도 배심원에 의한 고발 또는 기소가 있지 아니하는 한 사형에 해당하는 죄 또는 중죄에 관하여 심리받기 위하여 구금되지 아니한다. 다만, 육군이나 해군에서 또는 전시나 사변 시에 복무 중에 있는 민병대에서 발생한 사건에 관하여서는 예외로 한다. 누구라도 동일한 범행으로 생명이나 신체에 대한 위험을 재차 받지 아니하며, 어떠한 형사 사건에 있어서도 자기에게 불리한 증언을 강요당하지 아니하며, 누구라도 정당한 법의 절차에 의하지 아니하고는 생명, 자유 또는 재산을 박탈당하지 아니한다. 또 정당한 보상 없이 사유재산을 공공용(公共用)으로 수용당하지 아니한다.

수정헌법 제6조

모든 형사소추에 있어서, 피고인은 범죄가 행하여진 주 및 법률이 미리 정하는 지역의 공정한 배심에 의한 신속한 공판을 받을 권리, 사건의 성질과 이유에 관하여 통고 받을 권리, 자기에게 불리한 증인과 대질심문 받을 권리, 자기에게 유리한 증인을 얻기 위하여 강제적 수속을 취할 권리, 자신의 변호를 위하여 변호인의 도움을 받을 권리를 가진다.

수정헌법 제7조

보통법상의 소송에 있어서, 쟁송의 액수가 20달러를 초과하는 경우에는 배심에 의하여 심리를 받을 권리가 보유된다. 배심에 의하여 심리된 사실은 보통법의 규정에 의하는 이외에 합중국의 어느 법원에서도 재심 받지 아니한다.

수정헌법 제8조

과다한 보석금을 요구하거나, 과다한 벌금을 과하거나, 잔혹하고 비정상적인 형벌을 과하지 못한다.

수정헌법 제9조

본 헌법에 특정 권리들을 열거한 사실이 국민이 보유하는 그 밖의 여러 권리들을 부인하거나 경시하는 것으로 해석되어서는 아니된다.

수정헌법 제10조

본 헌법에 의하여 연방에 위임되지 아니하였거나, 각 주에 금지되지 아니한 권한은 각 주나 국민이 보유한다.

추가 수정조항

수정헌법 제11조

(1798년)

합중국의 사법권은 합중국의 한 주에 대하여 다른 주의 시민 또는 외국의 시민이나 신민에 의하여 개시되었거나 제기된 보통법상 또는 형평법상의 소송에까지 미치는 것으로 해석할 수 없다.

수정헌법 제12조

(1804년)

선거인은 각각 자신의 주에서 회합하여, 무기명으로 대통령과 부통령에게 투표한다. 양자 중 적어도 1인은 선거인과 동일한 주의 주민이 아니어야 한다. 선거인은 투표용지에 대통령으로 투표되는 사람의 이름을 지정하고, 별개의 투표용지에 부통령으로 투표되는 사람의 이름을 지정하여야 한다. 선거인은 대통령으로 투표된 모든 사람의 명부와 부통령으로 투표된 모든 사람의 명부 그리고 각 득표자의 득표수를 기재한 표를 별개로 작성하여 선거인이 이에 서명하고 증명한 다음 봉하여 상원의장 앞으로 합중국 정부 소재지로 송부한다. 상원의장은 상원의원 및 하원의원 참석하에 모든 증명서를 개봉하고 개표한다. 대통령으로서의 투표의 최고득표자를 대통령으로 한다. 다만, 득표수가 선임된 선거인의 총수의 과반수가 되어야 한다. 이와 같은 과반수 득표자가 없을 경우 하원은 즉시 대통령으로 투표된 사람의 명부 중 3인을 초과하지 아니하는 최다수 득표자들 중에서 대통령을 비밀투표로 선거하여야 한다. 다만, 이러한 방법으로 대통령을 선거할 때에는 선거를 주단위로 하고, 각 주는 1표의 투표권을 가지며, 그 선거에 필요한 정족수는 전체 주의 3분의 2의 주로부터 1명 또는 그 이상의 의원의 출석으로써 성립되며, 전체 주의 과반수의 찬성을 얻어야 선출될 수 있다. 대통령선정권이 하원에 귀속된 경우에 하원이 (다음 3월 4일까지) 대통령을 선정하지 않을 때에는 대통령의 사망 또는 그 밖의 헌법상의 직무 수행 불능의 경우와 같이 부통령이 대통령의 직무를 행한다. 부통령으로서의 최고득표자를 부통령으로 한다. 다만, 그 득표수는 선임된 선거인의 총수의 과반수가 되어야 한다. 과반수 득표자가 없을 경우에는 상원이 득표자 명부 중 최다수 득표자 2인 중에서 부통령을 선임한다. 이 목적을 위한 정족수는 상원의원 총수의 3분의 2로 성립되며, 그 선임에는 의원총수의 과반수가 필요하다. 다만, 헌법상 대통령의 직에 취임할 자격이 없는 사람은 합중국 부통령의 직에 취임할 자격도 없다.

수정헌법 제13조

(1865년)

제1항. 노예제도 또는 강제노역제도는 당사자가 정당하게 유죄판결을 받은 범죄에 대한 처벌이 아니면 합중국 또는 그 관할에 속하는 어느 장소에서도 인정되지 않는다.

제2항. 연방의회는 적절한 입법에 의하여 본 조의 규정을 시행할 권한을 가진다.

수정헌법 제14조

(1868년)

제1항. 합중국에서 출생하거나 귀화한 합중국의 관할권에 속하는 모든 사람은 합중국 및 그 거주하는 주의 시민이다. 어떠한 주도 합중국 시민의 특권과 면책권을 박탈하는 법률을 제정하거나 시행할 수 없다. 어떠한 주도 정당한 법의 절차에 의하지 아니하고는 어떠한 사람으로부터도 생명, 자유 또는 재산을 박탈할 수 없으며, 그 관할권 내에 있는 어떠한 사람에 대하여도 법률에 의한 평등한 보호를 거부하지 못한다.

제2항. 하원의원은 각 주의 인구수에 비례하여 각 주에 할당한다. 인구수는 과세되지 아니하는 인디언을 제외한 수이다. 다만, 합중국 대통령 및 부통령의 선거인, 연방의회의 하원의원, 각 주의 행정관, 사법관 또는 각 주의 의회의원을 선출하는 어떠한 선거에서도 반란이나 그 밖의 범죄에 가담한 경우를 제외하고, 21세에 달하고 합중국 시민인 당해 주의 남성주민 중의 어느 누구에게 투표권이 거부되거나 어떠한 방법으로 제한되어 있을 때에는 그 주의 하원의원 할당수의 기준은 그러한 남성주민의 수가 그 주의 21세에 달한 남성주민의 총 수에 대하여 가지는 비율에 따라 감소된다.

제3항. 과거에 연방의회 의원, 합중국 관리, 주의회의원

또는 각 주의 행정관이나 사법관으로서 합중국 헌법을 수호할 것을 선서하고, 후에 이에 대한 폭동이나 반란에 가담하거나 또는 그 적에게 원조를 제공한 자는 누구라도 연방의회의 상원의원이나 하원의원, 대통령 및 부통령의 선거인, 합중국이나 각 주에서 문무의 관직에 취임할 수 없다. 다만, 연방의회는 각 원의 3분의 2의 찬성투표로써 그 실격을 해제할 수 있다.

제4항. 폭동이나 반란을 진압할 때의 공헌에 대한 은급 및 하사금을 지불하기 위하여 발생한 부채를 포함하여 법률로 인정한 국채의 법적효력은 이를 문제로 삼을 수 없다. 그러나 합중국 또는 주는 합중국에 대한 폭동이나 반란을 원조하기 위하여 발생한 부채에 대하여 또는 노예의 상실이나 해방으로 인한 청구에 대하여서는 채무를 부담하거나 지불하지 아니한다. 모든 그러한 부채, 채무 및 청구는 위법이고 무효이다.

제5항. 연방의회는 적절한 입법에 의하여 본 조의 규정을 시행할 권한을 가진다.

수정헌법 제15조

(1870년)

제1항. 합중국 시민의 투표권은 인종, 피부색 또는 과거의 예속 상태로 인해서 합중국이나 주에 의하여 거부되거나 제한되지 아니한다.

제2항. 연방의회는 적절한 입법에 의하여 본 조의 규정을 시행할 권한을 가진다.

수정헌법 제16조

(1913년)

연방의회는 각 주에 소득세를 배당하지 아니하고 국세조사나 인구수 산정에 관계없이, 어떠한 소득원에서 얻어지는 소득에 대하여서도 소득세를 부과, 징수할 권한을 가진다.

수정헌법 제17조

(1913년)

합중국의 상원은 각 주에 2명씩의 상원의원으로 구성된다. 상원의원은 그 주의 주민에 의하여 선출되고 6년의 임기를 가진다. 각 상원의원은 1표의 투표권을 가진다. 각 주의 선거인은 가장 많은 의원수를 가진 주의회의 선거인에게 요구되는 자격을 가져야 한다.

상원에서 어느 주의 의원에 결원이 생긴 때에는 그 주의 행정부는 결원을 보충하기 위하여 선거명령을 발하여야 한다. 다만, 주민이 주의회가 정하는 선거에 의하여 결원

을 보충할 때까지, 주의회는 그 주의 행정부에 임시로 상원의원을 임명하는 권한을 부여할 수 있다.

본 수정조항은 본 헌법의 일부로서 효력을 발생하기 이전에 선출된 상원의원의 선거 또는 임기에 영향을 주는 것으로 해석하지 못한다.

수정헌법 제18조

(1919년)

제1항. 본 조의 비준으로부터 1년을 경과한 후에는 합중국 내와 그 관할에 속하는 모든 영역 내에서 음용할 목적으로 주류를 양조, 판매 또는 운송하거나 합중국에서 이를 수입 또는 수출하는 것을 금지한다.

제2항. 연방의회와 각 주는 적절한 입법에 의하여 본 조를 시행할 동등할 권한을 가진다.

제3항. 본 조는 연방의회로부터 이를 각 주에 회부한 날로부터 7년 이내에 각 주의회가 헌법에 규정된 바와 같이 헌법수정으로서 비준하지 아니하면 그 효력을 발생하지 아니한다.

수정헌법 제19조

(1920년)

합중국 시민의 투표권은 성별을 이유로 합중국이나 주에 의하여 거부 또는 제한되지 아니한다.

연방의회는 적절한 입법에 의하여 본 조를 시행할 권한을 가진다.

수정헌법 제20조

(1933년)

제1항. 대통령과 부통령의 임기는 본 조가 비준되지 아니하였더라면 임기가 만료하였을 해의 1월 20일 정오에 끝난다. 그리고 상원의원과 하원의원의 임기는 그 해의 1월 3일 정오에 끝난다. 그 후임자의 임기는 그때부터 시작된다.

제2항. 연방의회는 매년 적어도 1회 집회한다. 그 집회는 의회가 법률로 다른 날을 정하지 아니하는 한 1월 3일 정오부터 시작된다.

제3항. 대통령의 임기 개시일로 정해놓은 시일에 대통령 당선자가 사망하였으면 부통령 당선자가 대통령이 된다. 대통령 임기의 개시일로 정한 시일까지 대통령이 선정되지 아니하였거나, 대통령 당선자가 자격을 구비하지 못하였을 때에는 부통령 당선자가 대통령이 그 자격을 구비할 때까지 대통령의 직무를 대행한다. 연방의회는 대통령 당선자와 부통령 당선자가 다 자격을 구비하지 못하는 경우

에 대비하여 대통령의 직무를 대행하여야 할 자 또는 그 대행자의 선정방법을 정하여 법률로써 규정하여야 한다. 이러한 경우에 선임된 자는 대통령 또는 부통령이 자격을 구비할 때까지 대통령의 직무를 대행한다.

제4항. 연방의회는 하원이 대통령의 선출권을 갖게 되었을 때에 대통령으로 선출할 인사 중 사망자가 생긴 경우와 상원이 부통령의 선출권을 갖게 되었을 때에 부통령으로 선출할 인사 중 사망자가 생긴 경우를 대비하여 법률로 규정할 수 있다.

제5항. 제1항 및 제2항은 본 조의 비준 후 최초의 10월 15일부터 효력을 발생한다.

제6항. 본 조는 회부된 날로부터 7년 이내에 각 주의 4분의 3의 주의회에 의하여 헌법수정조항으로 비준되지 아니하면 효력을 발생하지 아니한다.

수정헌법 제21조

(1933년)

제1항. 연방 수정헌법 제18조를 폐기한다.

제2항. 합중국의 주 영토 또는 속령의 법률을 위반하여 이들 지역 내에서 주류를 운송 또는 사용할 목적으로 수송 또는 수입하는 것을 금지한다.

제3항. 본 조는 연방의회가 이것을 각 주에게 발의한 날부터 7년 이내에 헌법규정에 따라서 각 주의 헌법회의에 의하여 헌법수정조항으로서 비준되지 아니하면 효력을 발생하지 아니한다.

수정헌법 제22조

(1951년)

제1항. 누구라도 2회를 초과하여 대통령직에 선출될 수 없으며, 타인이 대통령으로 당선된 임기 중 2년 이상 대통령직에 있었거나 대통령 직무를 대행한 자는 1회를 초과하여 대통령직에 당선될 수 없다. 다만, 본 조는 연방의회가 이를 발의하였을 때에 대통령직에 있는 자에게는 적용되지 아니하며, 또 본 조가 효력을 발생하게 될 때에 대통령직에 있거나 대통령직무를 대행하고 있는 자가 잔여임기 중 대통령직에 있거나 대통령직무를 대행하는것을 방해하지 아니한다.

제2항. 본 조는 연방의회가 각 주에 회부한 날로부터 7년 이내에 각 주의 4분의 3의 주의회에 의하여 헌법수정조항으로서 비준되지 아니하면 효력을 발생하지 아니한다.

수정헌법 제23조

(1961년)

제1항. 합중국 정부소재지를 구성하고 있는 지구는 연방의회가 다음과 같이 정한 방식에 따라 대통령 및 부통령의 선거인을 임명한다. 그 선거인의 수는 이 지구가 하나의 주라면 배당받을 수 있는 연방의원내의 상원 및 하원의원수와 동일한 수이다. 그러나 어떠한 경우에도 최소의 인구를 가진 주보다 더 많을 수 없다. 그들은 각 주가 임명한 선거인들에 더해진다. 그러나 그들도 대통령 및 부통령의 선거를 위하여 주가 선정한 선거인으로 간주된다. 그들은 이 지구에서 회합하여 헌법수정조항 제12조가 규정하고 있는 바와 같은 직무를 수행한다.

제2항. 합중국 의회는 적절한 입법에 의하여 본 조를 시행할 권한을 가진다.

수정헌법 제24조

(1964년)

제1항. 대통령 또는 부통령 선거인들 또는 합중국의회 상원의원이나 하원의원을 위한 예비선거 또는 그 밖의 선거에서의 합중국 시민의 선거권은 인두세나 기타 조세를 납부하지 아니하였다는 이유로 합중국 또는 주에 의하여 거부되거나 제한되지 아니한다.

제2항. 합중국 의회는 적절한 입법에 의하여 본 조를 시행할 권한을 가진다.

수정헌법 제25조

(1967년)

제1항. 대통령이 면직, 사망 또는 사임하는 경우에는 부통령이 대통령이 된다.

제2항. 부통령직이 궐위되었을 때에는 대통령이 부통령을 지명하고, 그는 양원의 과반수득표에 의하여 승인을 얻어 그 직에 취임한다.

제3항. 대통령이 상원의 임시의장과 하원의장에게 대통령의 권한과 임무를 수행할 수 없다는 것을 기재한 공한을 송부할 경우에는 이와 반대되는 서면성명서가 나올 때까지 대통령권한대행으로서 그 권한과 임무를 수행한다.

제4항. 부통령과 연방의회가 법률이 정하는 행정부 주요 공무원 또는 기타 기관의 장들의 대다수가 상원의 임시의장과 하원의장에게 대통령이 그의 권한과 임무를 수행할 수 없다는 것을 기재한 공한을 송부할 경우에는 부통령이 즉시 대통령권한대행으로서 대통령직의 권한과 임무를 수행한다.

그리고 대통령이 상원의 임시의장과 하원의장에게 직무수행 불능이 존재하지 아니하다는 것을 기재한 공한을 송부할 때는 대통령이 그의 권한과 임무를 다시 수행한다. 다만, 그러한 경우에 부통령, 행정부 또는 연방의회가 법률에 의하여 규정하는 기타 기관의 장들의 대다수가 4일 이내에 상원의 임시의장과 하원의장에게 대통령이 그의 권한과 임무를 수행할 수 없다는 것을 기재한 서면설명서를 송부하는 경우에는 예외로 한다. 그 경우에 연방의회는 비회기중이라 할지라도 목적을 위하여 48시간 이내에 소집하여 그 문제를 결정한다. 연방의회가 후자의 공한을 수령한 후 21일 이내에 또는 비회기중이라도 연방의회가 소집 요구를 받은 후 21일 이내에 양원의 3분의 2의 표결로써 대통령이 그의 직무의 권한과 임무를 수행할 수 없다는 것을 결의할 경우에는 부통령이 대통령권한대행으로서 계속하여 그 권한과 임무를 수행한다. 다만, 그렇지 아니한 경우에는 대통령이 그의 권한과 임무를 다시 수행한다.

수정헌법 제26조

(1971년)

제1항. 연령 18세 이상의 합중국 시민의 투표권은 연령을 이유로 하여 합중국 또는 주에 의하여 거부되거나 제한되지 아니한다.

제2항. 합중국 의회는 적절한 입법에 의하여 본 조를 시행할 권한을 가진다.

수정헌법 제27조

(1992년)

상·하의원의 세비변경에 관한 법률은 다음 하원의원 선거 때까지 효력을 발생하지 않는다.

부록 D

연방주의자 논고 제10호[*]

국내의 파벌과 반란의 방지책으로서 연방

저자: 제임스 매디슨

뉴욕주 시민 여러분,

잘 구성된 연합이 약속하는 수많은 이점 가운데 파벌의 폭력을 분쇄하고 통제하려는 경향보다 더 가장 확실하게 발전시켜야 하는 것은 없다. 대중 정부가 가지고 있는 이 위험한 경향에 대해 숙고할 때 대중 정부의 옹호자는 대중 정부의 성격과 운명에 대해 심한 우려를 표출한다. 그러므로 대중 정부의 옹호자는 자신의 소중한 원칙에 벗어나지 않으면서 이 문제에 대한 적절한 치료법을 제공하는 헌법안에 대해 정당한 가치를 부여하는 데 소홀하지 않을것이다. 공공 의회에 유입된 불안정성, 불의, 혼란은 사실 모든 곳에서 대중 정부를 파멸로 이끈 치명적인 질병이었다. 왜냐하면 이러한 문제들은 자유에 반대하는 자들이 가장 그럴듯한 선언을 이끌어내기에 가장 좋으면서도 효과적인 주제로 남아있기 때문이다. 고대와 최근을 막론하고 대중 모델과 관련하여 미국 헌법이 이룩한 소중한 개선에 대해서는 아무리 칭찬해도 지나침이 전혀 없다. 그러나 그들이 원하고 기대했던 만큼 이러한 측면의 위험을 완전히 제거했다고 말하는 것은 부당한 편애일 수 있다. 우리의 가장 사려 깊고 도덕적인 시민들, 똑같이 공적 신앙과 사적 신앙, 공적 자유와 사적 자유의 옹호자들로부터 우리 정부가 너무 불안정하고. 서로 대립하는 정파 간 갈등 속에서 공공의 이익이 무시되고 있으며, 정부의 조치가 정의의 규칙과 소수파의 권리에 따라 결정되는 것이 아니라 너무 자주 이해관계에 얽매인 위압적인 다수파의 우월한 힘에 의해 결정되고 있다는 불만이 도처에서 제기된다. 그러나 우리는 이러한 불만이 근거가 없기를 간절히 바라지만, 알려진 사실의 증거는 그것이 어느 정도 진실임을 부인할 수 없게 한다. 사실 우리 상황을 진술하게 평가해보면, 곧바로 우리가 겪고 있는 몇몇 고통의 원인을 우리 정부의 운영 책임으로 잘못 전가했음을 알게 될 것이다. 그러나 동시에 우리의 가장 심각한 문제 중 많은 부분이 다른 원인만으로는 설명될 수 없다는 사실도 알게 될 것이다. 특히, 공공의 약속에 대한 불신이 더욱 커지고 있고, 개인의 권리에 관한 경고음이 아메리카 대륙의 사방 곳곳에서 더욱 크게 울리고 있다. 이것들은 전적으로는 아니더라도 주로 파벌주의가 우리의 공공 행정을 불안정과 불공정으로 오염시킨 결과에 기인하는 것이 틀림없다.

나는 파벌이란, 전체 중에서 다수파에 해당하든 소수파에 해당하든 여부와 관계없이 열정이나 이해관계의 공통된 충동으로 단결하고 행동하며, 다른 시민의 권리나 공동체의 항구적이고 전반적인 이익에 반하는 상당수의 시민으로 이해한다.

파벌의 해악을 치료하는 방법에는 두 가지가 있다. 하나는 그 원인을 제거하는 방법이고, 다른 하나는 그 영향을 통제하는 방법이다.

파벌의 원인을 제거하는 방법에는 또다시 두 가지가 있다. 하나는 파벌의 존재에 필수적인 자유를 말살하는 것이고, 다른 하나는 모든 시민이 동일한 의견, 감정, 이해관계를 공유하도록 만드는 것이다.

첫 번째 치료법과 관련하여 치료법이 질병보다 더 나쁘다는 말보다 더 적절한 표현은 없을 것이다. 자유와 파벌 관계는 공기와 불의 관계와 같고, 공기는 자양분으로 공기가 없으면 불은 즉시 꺼진다. 그러나 정치생활에 없어서는 안 되는 자유를 파벌을 조장한다는 이유로 없애는 것은, 마치 공기가 불에 파괴적인 힘을 부여하기 때문에 동물의 생명에 반드시 필요한 공기를 제거하려는 것만큼 어리석은 일이다.

---

[*] 역자 주

85편의 연방주의자 논고 전체가 우리말로 번역되어 출판되어 있다. 알렉산더 해밀턴, 제임스 매디슨, 존 제이, 박찬표 옮김, 『페더럴리스트』(후마니타스, 2019)을 참조하라.

첫 번째 방법이 현명하지 못하다면, 두 번째 방법은 실현 가능성이 없다. 인간의 이성이 계속 잘못을 저지르기 쉬운 한, 그리고 인간이 그렇게 할 자유가 있는 한, 다양한 의견이 형성되기 마련이다. 인간의 이성이 각자의 이익과 연결되어 있는 한, 인간의 의견과 열정은 상호 영향을 미칠 것이다. 그리고 후자는 스스로 전자에 의존하게 될 것이다. 재산권의 기원이 되는 인간 능력의 차이는 이해관계의 획일성 못지않게 극복할 수 없는 장애물이다. 정부의 첫째 목표는 이러한 능력의 보호에 있다. 재산을 취득하는 데 있어 서로 다르고 불평등한 능력의 보호로 인해 재산권 소유의 양과 종류 측면에서 차이가 발생한다. 그리고 이것이 소유자의 감정과 견해에 미치는 영향으로 인해 사회는 서로 다른 이익집단과 정치적 파벌로 분열된다.

따라서 파벌의 잠재적 원인을 인간의 본성에서 찾을 수 있고, 우리는 시민사회가 처한 각기 다른 상황에 따라 파벌의 활동 정도가 다르다는 것을 도처에서 볼 수 있다. 종교에 관한, 정부에 관한, 기타 여러 사항과 추측 및 실천에 관한 다양한 의견에 대한 열정, 또는 명성과 권력을 위해 야심차게 경쟁하는 다양한 지도자에 대한 충성, 또는 인간의 열정에 흥미를 주는 운명을 가진 다른 종류의 사람들에 대한 충성이 인류를 여러 파벌로 분열시키고, 상호 적대감을 촉발하고, 상호이익을 위해 서로 협력하기보다는 서로 해를 입히고 억압하는 경향이 훨씬 더 거세지도록 만들었다. 이러한 상호 적대감에 빠지려는 인류의 성향이 너무 강해서, 실질적인 계기가 나타나지 않는 한, 가장 경박하고 공상적인 구별만으로도 그들의 비우호적인 열정에 불을 붙이고 가장 폭력적인 갈등을 자극하기에 충분했다. 그러나 가장 보편적이고 지속적인 분열의 원인은 심각한 부의 불평등한 분배라 할 수 있다. 재산을 가진 자와 없는 자는 사회 안에서 언제나 서로 다른 이해관계를 형성해 왔다. 마찬가지로 채권자와 채무자 사이에도 차이가 뚜렷하다. 토지 이익, 제조 이익, 상업 이익, 금전적 이익, 기타 많은 작은 이익들이 문명국가 안에서는 불가피 늘어나고, 그에 따라 서로 다른 정서와 견해를 가진 다양한 계층이 형성된다. 서로 충돌하는 다양한 이해관계를 관리하는 것이 현대 입법자들의 핵심 과제이며, 정부의 필수적이고 일상적인 운영에는 당파성과 파벌주의가 반드시 개입되기 마련이다.

누구든 자기 소송사건의 재판관이 되어서는 안 된다. 왜냐하면 자신의 이해관계에 따른 편향된 판결을 가져오고 그의 진정성이 훼손될 가능성이 거의 확실하기 때문이다. 마찬가지 이유로, 아니 더 큰 이유로, 한 명의 사람이 동시에 재판관이자 소송 당사자가 되는 것은 더더욱 적합하지 않다. 그러나 실제로 개인의 권리에 관한 것이 아니라 다수의 시민의 권리에 관한 가장 중요한 다수의 입법 행위뿐만 아니라 많은 사법적 결정은 어떠한가? 그리고 다양한 계층의 입법자들은 자신이 결정한 대의의 옹호자이자 동시에 당사자가 아니고 무엇인가? 개인 채무에 관한 법안이 발의되었을 때 채권자와 채무자는 서로 상반된 당사자이다. 재판관은 양 당사자 사이에서 결정권을 쥘 것이다. 그러나 그들 스스로 재판관이 되며, 틀림없이 그럴 것이다. 그리고 가장 수적으로 많은 당사자들, 다시 말해 가장 강력한 파벌의 승리가 당연히 예상된다. 국내 제조업을 장려해야 할까? 그리고 외국 제조업에 대한 제한은 어느 정도 해야 할까? 지주 계급과 산업 계급이 각기 다르게 결정할 것이며, 아마도 어느 쪽도 오직 정의와 공공이익만을 고려하여 이를 결정하지 않을 것이다. 다양한 종류의 재산에 대한 세금 부과는 가장 엄정한 공평성이 요구되는 행위로 여겨질 수 있다. 하지만 아마도 이보다 지배하는 정당에게 정의의 규칙을 짓밟을 가장 큰 기회와 유혹이 주어지는 입법 행위는 거의 없을 것이다. 그들이 소수파에게 과도하게 부담시키는 모든 돈은 곧 자신들의 주머니에 쌓이는 돈이 된다.

현명한 정치인이 이러한 상충하는 이해관계를 조정하여, 이들 모두가 공공의 이익에 복종하도록 만들 수 있다고 말하는 것은 헛된 주장에 불과하다. 항상 현명한 정치인이 이끄는 것도 아니다. 또한, 많은 경우 이러한 갈등은 간접적이며 동떨어진 고려 사항을 고려하지 않고는 조정될 수 없으며, 이는 한 파당이 다른 파당의 권리나 전체의 이익을 무시하여 얻을 수 있는 즉각적인 이익에 의해 압도된다.

우리가 도출한 결론은 파벌의 '원인'을 제거할 수 없으며, 그 대신 파벌의 '영향'을 줄이는 방법을 통해 완화해야 한다는 것이다.

파벌이 과반보다 적은 수일 때 정기적인 투표를 통해 다수파가 소수파의 사악한 견해를 물리치는 공화주의를 통해 이 문제가 완화된다. 소수파는 행정을 방해하거나 사회를 어지럽힐 수 있지만, 헌법에 부합하게 해로운 행위를 하거나 위장하는 것은 불가능하다. 반면에 파벌이 다수파일 때 대중 정부의 형태는 공공이익과 다른 시민의 권리를 무시하고 자신의 압도적인 열정이나 이익을 우선시 할 수 있다. 우리의 탐구가 지향하는 최대 목표는 그와 같은 파벌의 위험으로부터 공공이익과 사적 권리를 보호하는 동시에 대중 정부의 정신과 형태를 보존하는 데 있다. 이러한 형태의 정부가 너무 오래 힘들었던 굴레에서 벗어나 인류의 존경과 선택을 받게 되는 것이 우리의 가장 큰 소망이라는 점을 덧붙이고 싶다.

우리는 어떻게 이러한 목표를 달성할 수 있을까? 분명히 둘 중 하나의 방법을 통해서만 가능하다. 다수파가 동시에 동일한 열정이나 관심을 공유하는 것을 방지하거나, 동일한 열정이나 관심을 가지고 있다고 하더라도 다수가 그들의 수적, 지역적 상황으로 인해 억압적인 행동을 조율하고 실행할 수 없게 해야 한다. 동기와 기회가 일치하는 것을 방치하면, 윤리적, 종교적 원칙이 이러한 것들을 제대로 억제할 수 없다는 점을 우리는 잘 알고 있다. 이러한 원칙들은 개인의 불법행위와 폭력에 대해서는 효과적이지 못하고, 이러한 원칙이 필요한 순간인 많은 사람이 협력하여 행동할 때는 더더욱 그렇다.

이 주제에 대한 이러한 관점에서 볼 때, 직접 정부를 만들고 관리하는 소수의 시민으로 구성된 사회를 의미하는 순수 민주주의가 파벌의 해악을 극복하지 못할 것으로 결론을 내릴 수도 있다. 공통의 열정이나 관심은 거의 모든 경우에 전체 구성원 대다수가 느낄 것이고, 소통과 협조는 정부 자체의 형태에서 비롯되며, 약한 파벌이나 싫은 개인을 희생시키려는 동기를 억제할 수 있는 것은 아무것도 없다. 그러므로 그러한 민주주의는 언제나 혼란과 싸움의 장이 되었고, 개인의 안전이나 재산권과는 양립할 수 없는 것으로 드러났으며, 일반적으로 존속기간이 짧고 멸망 시 혼란스러웠다. 이런 종류의 정부를 옹호해온 이론적인 정치인들은 인류를 정치적 권리 측면에서 완전하게 평등하도록 만들면, 자연스럽게 그들의 소유, 의견, 열정도 완벽하게 평등해지고 동질화될 거라고 잘못 생각했다.

공화정, 즉 대의제가 실현된 정부는 다른 가능성을 얘기하며 우리가 찾고 있는 치료법을 약속한다. 공화정이 순수한 민주주의와 어떻게 다른지 살펴보고, 치료의 본질과 공화정이 더 큰 연합의 일원이 되어 얻는 이점을 모두 이해해보자.

민주주의와 공화정 간에는 두 가지 큰 차이점이 있다. 첫째, 공화정의 경우 나머지 다른 사람들에 의해 선출된 소수의 시민에게 정부가 위임된다는 점이고, 둘째, 공화정의 경우 더 많은 수의 시민들을 포함하고 더 넓은 지역으로 확장될 수 있다는 점이다.

첫 번째 차이점의 효과는 한편으로는 그들의 지혜가 그들 나라의 진정한 이익을 가장 잘 분별할 수 있고, 그들의 애국심과 정의에 대한 사랑이 그들 나라의 진정한 이익을 일시적이거나 부분적인 고려에 희생할 가능성이 가장 적

은 선택된 시민 집단을 매개로 하여 대중의 견해를 다듬고 확대한다는 데 있다. 그러한 방식하에서, 그러한 목적을 위해 모인 국민 자신이 발언하는 것보다 국민의 대표자가 발언하는 대중의 목소리가 공공의 이익에 더 부합할 수도 있다. 반면에 다른 결과가 있을 수 있다. 파벌적 성향, 지역적 편견, 사악한 의도 등을 가진 사람이 음모나 부패, 또는 다른 방법을 사용하여 먼저 참정권을 획득한 후 국민의 이익을 배신할 수 있다. 더 작은 공화정과 더 큰 공화정 중 어떤 쪽이 공공의 행복을 보장할 적절한 수호자를 선출하는 데 더 적합한지에 관한 질문으로 귀결된다. 그리고 다음 두 가지 분명한 점 때문에 더 큰 공화정이 선호된다.

첫째, 공화정이 아무리 작더라도 소수의 지배를 방지하려면 일정 수 이상의 대표가 필요하고, 공화정이 아무리 크더라도 너무 많은 목소리로 인한 혼란을 피하려면 대표의 수를 제한해야 한다는 점에 주목해야 한다. 따라서 두 경우의 대표자 수는 각자의 인구 규모에 정확히 비례하지 않고 작은 공화정에서 비례적으로 더 많으며, 그러므로 적합한 인물의 비율이 상대적으로 소규모 공화정에서보다 더 큰 공화정에서 적지 않다면, 대규모 공화정이 더 많은 선택권을 제공하고 결과적으로 적합한 인물을 뽑을 가능성이 높아진다.

둘째, 작은 공화정보다 큰 공화정에서 각 대표자는 더 많은 수의 시민들에 의해 선출될 것이기 때문에, 부적절한 후보자들이 선거에서 흔히 사용하는 악랄한 술책을 성공적으로 사용하기가 좀 더 어려울 것이다. 그리고 국민의 선거권이 더욱 자유로워지면, 가장 훌륭한 자질과 가장 널리 인정받는 후보를 선택할 가능성이 높아진다.

대부분의 다른 경우와 마찬가지로 이 경우에도 양쪽 모두에 불이익이 있다는 것을 인정해야 한다. 유권자 수가 너무 많으면, 대표자들은 자신의 모든 지역 상황과 이해관계에 대해 너무 모르게 된다. 반면 유권자 수가 너무 지나치게 적으면, 대표자들이 선거구 문제에 너무 지나치게 집착하여, 더 넓은 국가적 목표를 파악하고 추진하는 데 너무 부적합하게 된다. 연방헌법은 이 점에서 행복한 조합을 이루고 있으며, 연방의회에서 처리하는 더 일반적 이해관계와 주의회에서 다루는 지역적이고 특정한 이해관계들이 언급되고 있다.

또 다른 중요한 차이는 민주주의 정부보다 공화주의 정부가 통치하는 인구수가 더 많고, 영토가 더 넓다는 점이다. 그리고 이러한 상황 때문에 주로 민주정보다 공화정에서 파벌의 위험이 상대적으로 덜 우려된다. 소규모 사회일수록 사회를 구성하는 뚜렷이 구별되는 파당과 이해관계

가 적을 것이다. 뚜렷이 구별되는 파당과 이해관계가 적을수록 같은 정당이 다수를 차지하는 경우가 좀 더 자주 발생할 것이다. 그리고 다수를 구성하는 사람들의 수가 적고, 영역이 좁을수록 억압 계획을 세우고 실천하기 쉬울 것이다. 영역이 넓어지면 더욱 다양한 파당과 이해당사자들이 포함될 수 있고, 과반 다수가 다른 시민의 권리를 침해하려는 공통된 의도를 가질 가능성이 작다. 또는 그러한 공통된 의도가 있더라도, 공통된 의도를 공유하는 사람 모두가 힘을 모으고 협력하기가 어려울 것이다. 다른 장애물은 차지하더라도, 부당하거나 불명예스러운 목적에 대한 인식이 있는 경우 항상 동의가 필요한 사람의 수가 많아질수록 그에 비례하여 불신이 의사소통을 방해할 가능성이 커진다는 점에 주목해야 할지도 모른다.

따라서, 파벌의 영향을 통제하는 데 있어 공화정이 민주주의에 비해 갖는 동일한 장점을 작은 공화정에 비해 더 큰 공화정이 갖고 있고, 연방을 구성하는 주들보다 연방이 가지고 있는 것이 분명해 보인다. 그 이점은 지역적 편견과 불공정한 계획보다 계몽된 견해와 고결한 정서가 우월한 대표자로 대체하는 데 있는가? 연방의 대표자들이 이러한 필수적인 능력을 소유하고 있을 가능성이 상대적으로 가장 크다는 것을 부인할 수는 없을 것이다. 그것은 어느 한 파당이 나머지 파당을 수적으로 압도하고 억압하는 경우를 대비하여 더 다양한 파당들이 제공하는 더 큰 안전

에 있는가? 마찬가지로, 연방 내에 구성된 다양한 정당의 증가가 이러한 안전을 강화하는가? 아니면 그것은 부당하고 이해관계가 있는 다수의 은밀한 소망을 조율하고 성취하는 데 방해가 되는 더 큰 장애물에 있는가? 다시 한 번 연방의 규모가 큰 장점을 제공한다는 것이 분명하다.

분파 지도자들은 어쩌면 자신의 주 내에서 불을 지필 수는 있지만, 그 불길이 다른 주 전체에 걸쳐 퍼지게 할 힘은 없다. 어떤 한 종교적 종파가 연방의 일부 주에서는 정치적 파벌로 전환될 수 있지만, 연방 전체에 흩어져 있는 다양한 종파들로 인해 중앙정부는 그러한 위협으로부터 안전하다. 과도한 지폐 발행, 부채의 탕감, 재산의 평등한 분배, 그 밖의 부적절하거나 사악한 제안 등에 대한 열광은 연방의 특정 주보다 연방 전체에 퍼질 가능성이 상대적으로 적다. 어떤 한 질병이 주 전체보다 특정 마을이나 지역에 퍼질 가능성이 더 큰 것과 마찬가지로 그럴 것이다.

그러므로 연방의 규모와 적절한 구조 내에서 우리는 공화주의 정부에서 가장 흔히 발생하는 질병에 대한 공화주의적 치료법을 발견하게 된다. 그리고 우리가 공화주의자로서 느끼는 기쁨과 자부심의 정도에 따라, 우리는 연방주의자들의 정신을 소중히 여기고 연방주의자들의 특성을 지지하는 데 열정을 다해야 한다.

푸블리우스.

연방주의자 논고 제51호

서로 다른 부서 간 적절한 견제와 균형이 있는 정부구조

저자: 제임스 매디슨

뉴욕주 시민 여러분,

그렇다면 우리는 헌법에 명시된 대로 여러 부서 간의 필요한 권력 분리가 실제로 유지되려면 궁극적으로 어떤 방법에 의존해야 하는가? 제시할 수 있는 유일한 해답은 이 모든 외부 조치들이 미흡한 것으로 판명되었으므로 정부를 구성하는 서로 다른 부분들이 상호 관계를 통해 서로를 견제하는 수단이 되도록 정부의 내부 구조를 교묘하게 조직하여 그 결함을 보완하는 것이다. 이 중요한 아이디어의 완전한 발전을 약속할 수 없지만, 나는 몇 가지 일반적인 관찰을 과감하게 시도할 것이다. 이를 통해 우리는 상호 견제의 아이디어에 대해 좀 더 명확하게 이해하고 헌법회

의가 제안한 정부의 원칙과 구조에 대한 보다 정확한 판단을 내릴 수 있을 것이다.

많은 사람이 자유를 지키는 데 필수적이라고 인정하는 정부의 다양한 권한의 개별적이고 명확한 행사를 위한 정당한 토대를 마련하기 위해서는 각 부서가 자체 의지를 가져야 한다는 것은 분명하고, 각 부서의 구성원이 다른 부서의 구성원의 임명에 되도록 최소한의 권한만 행사하도록 정부가 구성되어야만 한다. 이 원칙이 엄격하게 고수되려면, 최고 행정부, 입법부, 사법부의 고위직에 대한 모든 임명은 서로 다른 별도의 경로를 통해 동일한 권력의 원천, 즉 국민으로부터 직접 이뤄져야 한다. 아마도 여러 부

서의 구성에 대한 이러한 방안은 생각보다 실제로는 어렵지 않을 것이다. 그러나 이를 실행하는 데에는 약간의 어려움과 추가 비용에 직면할 수 있을 것이다. 따라서 원칙으로부터 약간 벗어나는 것을 받아들여야 한다. 특히 사법부의 구성에 있어서 이 원칙을 엄격하게 주장하는 것은 현명치 않을 수 있다. 첫째, 사법부의 구성원에게는 고유한 자격이 필수적이기 때문에 이러한 자격을 가장 잘 보장하는 선발 방식을 선택하는 것이 최우선으로 고려되어야 한다. 둘째, 사법부의 종신 임명은 임명한 권력에 대한 일체의 의존을 신속하게 없애줄 것이기 때문이다.

마찬가지로, 각 부서의 구성원은 자신의 직책에 부여된 급여와 관련하여 다른 부서의 구성원에게 의존하는 것을 최대한 줄여야 한다는 것도 분명하다. 행정부 수장이나 판사가 이 점에서 입법부로부터 독립되어 있지 않다면, 그들의 다른 부서로부터의 독립은 그저 명목상의 독립에 불과하며 실제로는 그렇지 못하다.

그러나 동일한 부서에 여러 권력이 점진적으로 집중되는 것을 방지하는 최선의 안전책은 각 부서를 관리하는 사람에게 다른 부서의 침해에 저항할 수 있는 필요한 헌법적 수단과 개인적 동기를 부여하는 것이다. 다른 모든 경우와 마찬가지로 이 경우 방어 수단은 위협 수준에 상응해야 한다. 야망에 대항하기 위해서는 야망이 있어야 한다. 개인의 이익은 그 직위의 헌법상 권리와 연결되어야 한다. 어쩌면 정부의 남용을 통제하기 위해 그러한 장치가 필요하다는 것은 인간 본성에 대한 성찰일 수 있다. 하지만 정부 자체가 무엇인가? 인간 본성에 대한 모든 성찰 중 가장 위대한 것이 아닌가? 만약 인간이 천사라면, 정부가 필요하지 않을 것이다. 천사가 인간을 다스린다면, 정부에 대한 외부적 견제도 내부적 견제도 필요 없을 것이다. 인간이 인간을 다스리는 정부를 만드는 데 있어서 가장 큰 어려움이 바로 이 점이다. 즉, 먼저 정부가 피통치자를 통제할 수 있도록 해야 한다. 그다음 정부가 스스로를 통제하도록 해야 한다. 의심할 여지 없이 정부에 대한 근본적인 통제는 국민에게 의지하는 것이다. 하지만 인류의 경험은 보조적인 안전장치가 필수적임을 가르쳐 준다.

더 나은 동기의 부재를 상쇄하기 위해 상반된 이익과 경쟁적인 이해관계를 이용하는 이러한 정책은 공적은 물론 사적인 인간사회의 모든 분야에서 찾아볼 수 있다. 우리는 이를 특히 권력의 분산에서 볼 수 있으며, 여기서 지속적인 목표는 각 직위가 서로를 견제할 수 있는 방식으로 여러 직위를 분리하고 조직하여 모든 개인의 사익이 공공의 권리에 대한 파수꾼 역할을 할 수 있도록 하는 것이다. 이

러한 신중한 계획은 국가의 최고 권력을 분배하는 데에도 마찬가지로 중요하다.

그러나 각 부서에 자기방어를 위한 권한을 동등하게 부여하는 것은 불가능하다. 공화정에서는 입법권이 필연적으로 우세하다. 이러한 불균형에 대한 해결책은 입법부를 각기 다른 원(院)으로 나누는 것이다. 그리고 이들 다른 원들은 공동의 기능과 사회에 대한 공동의 의존성이라는 특징이 허용하는 한에서, 서로 다른 선출방식과 서로 다른 작동 원리에 의해 되도록 서로 거의 연결되지 않는 독립된 기관이어야 한다. 심지어 추가적인 예방 조치를 통해 위험한 침해를 방지할 필요가 있을 수 있다. 입법부의 권한이 차지하는 비중이 크기 때문에 분리가 요구되듯이, 다른 한편으로 행정부는 본질적인 약점 때문에 강화가 필요할 수 있다. 입법부에 대한 절대 거부권은 얼핏 보기에 행정부 수장이 무장해야 할 자연스러운 방어인 것처럼 보인다. 그러나 어쩌면 그것만으로는 완전히 안전하지 않거나 충분하지 않을 수 있다. 평상시에는 행정부가 단호하게 이를 발휘하지 못할 수도 있고, 특별한 상황에서는 위험하게 남용될 수도 있다. 이러한 절대 거부권의 결함은 약한 부서와 강한 부서의 약한 부문 간의 어떤 제한적 연결을 통해 보완될 수 있지 않을까? 이렇게 하면 강한 부서의 약한 부문이 소속 부서의 권리로부터 지나치게 분리되지 않으면서도 약한 부서의 헌법상 권리를 지지하게 될 수 있지 않을까?

만약 내가 확신하는 것처럼 이러한 관찰의 기초가 되는 원칙들이 타당하고, 그 원칙들이 여러 주헌법과 연방헌법에 하나의 기준으로 사용된다면, 후자가 이 원칙들과 완벽하게 일치하지 않을 수 있으며, 전자가 그러한 시험을 견딜 수 있는 능력이 무한하지 않다는 것을 알게 될 것이다. 더욱이 미국 연방제도에 특히 적용되는 두 가지 점이 있으며, 이것들은 미국 연방제도에 대한 매우 흥미로운 관점을 제시한다.

첫째. 단일 공화국에서는 국민이 양도한 모든 권력이 하나의 통치체에 위임되고, 그런 다음 정부는 별도의 부서로 분할되어 권력 남용을 방지한다. 미국 복합공화국에서는 국민이 양도한 권력이 처음에는 두 개의 서로 다른 정부로 나누어지고, 그런 다음 각 정부에 주어진 권력이 별개의 분리된 부서로 다시 나누어진다. 따라서 국민의 권리는 이중으로 보호받는다. 각 정부는 서로를 통제하면서, 동시에 각자 스스로 통제될 것이다.

둘째. 공화정에서는 통치자들의 억압에 맞서 공동체를 보호하는 것뿐만 아니라, 사회의 한 부분이 다른 부분의 불공평함으로부터 보호받는 것이 매우 중요하다. 서로 다

른 계층의 시민 집단은 반드시 서로 다른 이해관계를 가지고 있다. 다수파가 공동의 이해관계로 뭉친다면, 소수파의 권리는 안전하지 못할 것이다. 이러한 해악을 방지하는 방법은 두 가지뿐이다. 하나는 공동체 내에 다수파로부터 독립된, 즉 사회 자체로부터 독립된 독자적 의지를 형성하는 것이다. 다른 하나는 사회 내에 무척 다양한 시민집단이 포함되어 있어 부당한 다수의 결집이 실현 불가능하지는 않더라도 거의 불가능하게 만드는 것이다. 첫 번째 방법은 세습적 권위 또는 스스로 임명된 권위를 가진 정부 모두에서 일반적이다. 이것은 기껏해야 신뢰할 수 없는 보호에 불과하다. 왜냐하면 사회로부터 독립된 권력은 다수의 부당한 견해를 소수의 이익처럼 옹호할 뿐만 아니라 모든 당사자에게 등을 돌릴 수도 있기 때문이다. 두 번째 방법은 미국 연방공화국이 본보기일 것이다. 미국 연방공화국 내에서 모든 권력은 사회에서 유래하고 사회에 의존하지만, 사회 자체는 다양한 부분, 이해관계, 시민 계층 등으로 나누어질 것이기 때문에 다수의 이해관계 카르텔로부터 개인이나 소수의 권리가 위협받는 일은 거의 없을 것이다. 자유 정부에서 시민의 권리에 대한 보호는 종교의 권리에 대한 보호와 마찬가지이다. 하나는 이해관계의 다양성, 다른 하나는 종파의 다양성에 있다. 두 경우 모두 보호 정도는 이해관계의 수와 종파의 수에 달려있으며, 그리고 국가의 규모나 단일 정부 아래 인구의 수에 달려있다고 추정할 수 있다. 이 주제에 대한 이러한 관점은 무엇보다 공화주의 정부의 진정한 모든 옹호자들에게 견고한 연방제도를 추천한다. 왜냐하면 이는 연방의 영토의 정확한 비율에 따라 좀 더 제한적인 연방, 또는 연방의 주들로 형성될 수도 있는 다수의 억압적 결합이 촉진될 수 있음을 보여주기 때문이다. 공화주의 구조 아래에서 모든 시민 계층의 권리에 대한 최선의 보호는 약화될 것이며, 결과적으로 일부 정부 구성원의 안정성과 독립성은 그에 비례하여 늘어나야만 한다. 정의는 통치의 궁극적 목표이다. 이는 시민사회의 목표이다. 정의는 그것이 달성될 때까지, 또는 추구하다 자유를 상실할 때까지 추구되어 왔으며 앞으로도 그래야 한다. 더 강한 분파가 쉽게 뭉쳐서 더 약한 분파를 억압할 수 있는 형태의 사회에서는 약자가 강자의 폭력으로부터 보호되지 않는 자연상태와 마찬가지로 무정부 상태가 만연한다. 그리고 자연상태에서는 더 강한 개인조차도 그들 상태의 불확실성으로 인해, 그들 자신뿐 아니라 약자를 보호할 수 있는 정부에 복종할 것이 요구되기 때문이다. 따라서 무정부 상태에서는 더 강한 파벌이나 정당이, 비슷한 동기로 약한 사람들뿐만 아니라 강한 사람들을 보호할 정부를 점차 선호하게 될 것이다. 만약 로드아일랜드주가 연방으로부터 분리되어 홀로 남겨진다면, 그렇게 좁은 범위 내의 대중 정부 형태하에서 권리가 파벌주의적인 다수의 반복적인 탄압으로 위험해질 것이라는 점은 거의 의심할 여지가 없다. 잘못된 통치가 그 필요성을 입증한 바로 그 다양한 파벌들의 목소리가 국민으로부터 완전히 독립된 어떤 권력을 곧 요구할 것이다. 광범위한 미국 공화국과 미국 공화국이 포함하고 있는 매우 다양한 이해관계, 정당, 종파들 사이에서는, 정의와 공공선의 원칙을 제외하면 사회 전체의 다수가 연합을 형성하는 경우가 거의 드물다. 따라서 다수파의 의지에 따른 소수에 가해지는 위험을 감소시키는 반면, 다수파에 의존하지 않는 의지, 다시 말해, 사회 자체와 독립적인 의지를 정부에 도입함으로써 소수에게 안전을 제공해야 한다는 구실 역시 적을 것이 틀림없다. 반대의견에도 불구하고, 사회가 실용적인 영역 내에 있다면, 사회의 규모가 커질수록 자치정부의 능력이 더욱 적절하게 발휘될 것이라는 점은 중요하다. 그리고 공화주의적 대의를 위해 다행스럽게도, 연방주의 원칙의 신중한 수정과 혼합을 통해 실행 가능한 영역이 매우 크게 확대될 수 있다.

푸블리우스.

연방주의자 논고 제78호

사법부

저자: 알렉산더 해밀턴

뉴욕주 시민 여러분.

우리는 이제 이어서 제안된 정부의 사법부에 대해 살펴본다. 기존 연합의 결함이 드러나면서 연방 사법부가 중요하고 필요하다는 것이 분명해졌다. 이 기관의 타당성은 논쟁의 여지가 없기 때문에, 이전에 주장한 내용을 다시 언급할 필요는 없다. 유일한 논쟁은 이 기관의 설립 방식과 권한의 범위에 관한 것이다. 그러므로 우리의 관찰은 이 점에 집중할 것이다.

사법부를 설립하는 방식은 다음 몇 가지 사안을 포함한다. 첫째. 판사를 임명하는 방식. 둘째. 판사가 판사직을 유지하는 임기. 셋째. 다양한 법원들 사이의 사법권의 분할, 그리고 서로 간의 관계 등이다.

첫째. 판사를 임명하는 방식과 관련하여, 이것은 일반적으로 합중국의 공직자를 임명하는 방식과 동일하며, 지난 두 개의 논고에서 충분히 논의했기 때문에 여기서 쓸데없는 반복을 피하면서 새롭게 추가할 내용이 없을 듯하다.

둘째. 판사가 판사직을 유지하는 임기와 관련하여, 이것은 주로 재임 기간, 지원 조건, 그들의 책임성을 확보하기 위한 예방책 등에 관한 것이다.

대륙회의에서 제시된 헌법안에 따르면, 미합중국이 임명하는 모든 판사는 올바른 행동을 하는 한 판사직을 계속 유지한다. 이는 승인된 주헌법 대부분과 나머지 주 중에서 우리 주의 헌법에 부합한다. 이 헌법안에 반대하는 사람들이 적합성에 대해 의문을 제기하는 것은 반대 욕구의 가벼운 징후가 아니며, 이는 그들의 상상력과 판단을 흐리게 한다. 사법부 판사가 직위를 계속 유지하기 위한 올바른 행동의 기준은 확실히 현대 정부 운영의 발전 중 가장 훌륭한 발전 중 하나이다. 군주제에서는 이것이 군주의 전제 정치를 차단하는 훌륭한 방벽이고, 공화국에서는 대의기관의 침해와 억압을 차단하는 훌륭한 방벽이다. 그리고 이 기준은 모든 정부가 꾸준하고 올바르며 공정한 법 집행의 보장을 위해 생각할 수 있는 가장 효과적인 방법이다.

권력의 각기 다른 부서를 철저하게 살펴본 사람은 누구나 권력분립이 실현된 정부에서 사법부는 사법부의 역할의 특성상 항상 헌법상의 정치적 권리를 가장 덜 위협한다는 점을 인식한다. 왜냐하면 사법부는 그들을 방해하거나 해를 입힐 가능성이 가장 낮기 때문이다. 사법부와는 다르게 행정부는 명예를 나눠줄 뿐만 아니라 공동체의 칼을 휘두른다. 입법부는 돈주머니를 관리할 뿐만 아니라 모든 국민의 의무와 권리를 결정하는 규칙을 만든다. 반면에 사법부는 칼이나 돈주머니에 대해 어떤 권한도 없으며, 사회의 힘이나 부에 대해 지시할 수도 없으며, 어떤 적극적인 조치도 취할 수 없다. 정말로 힘도 의지도 없고, 단지 판단만 할 수 있다고 말할 수 있다. 그리고 사법부는 판결의 집행을 위해 궁극적으로 행정부의 도움에 의존해야만 한다.

이에 대한 이러한 간단한 견해는 몇 가지 중요한 의미를 시사한다. 즉, 사법부는 세 개의 권력 부서 중 가장 허약하

다. [1] 사법부는 다른 두 부서 어느 하나에도 성공적으로 도전하기 어렵다. 그리고 사법부는 다른 두 부서의 침입으로부터 자신을 보호하기 위해 최대한의 주의가 필요하다는 것을 입증하였다. 마찬가지로, 비록 개인의 직권남용이 때때로 법정에서 발생할 수도 있지만, 그 부분으로 인해 국민의 일반적인 자유가 위협받지 않을 것임을 입증하였다. 내 뜻은 사법부가 입법부와 행정부로부터 진정으로 분리되어 있는 한 그렇다는 것이다. 나 자신이 "재판권이 입법권과 집행권으로부터 분리되지 않으면 자유는 없다"는 말에 동의하기 때문이다. [2] 그리고 마지막으로 이는 사법부 혼자서는 자유를 위협하지 않지만, 다른 부서와 결합하면 위협할 수 있다는 것을 입증하였다. 그러한 결합의 영향은 명목상, 외견상 분리에도 불구하고 사법부가 다른 부서에 의존하는 데서 비롯한다. 사법부가 갖는 본질적인 취약성으로 인해 사법부는 공조하는 다른 부서에 의해 끊임없이 압도당하고, 위협받고, 휘둘리는 위험에 처한다. 그리고 그 어떤 것도 종신 임기제만큼 사법부의 안정성과 자율성을 보장해주는 것은 없다. 사법부의 설립에 있어서 종신임기제는 필수적인 요소이자, 크게 보아 공공 정의와 공공 안녕을 위한 최후의 보루로 간주되어야 한다.

제한적인 헌법하에서 법원의 독립은 특히 중요하다. 제한적 헌법이란 입법 권한에 구체적인 예외를 두는 것을 말한다. 예를 들어, 재판 없이 사권을 박탈하는 법이나 사후 입법 등을 금지하는 것이다. 실제로 이와 같은 제한은 헌법 취지에 명백하게 반하는 모든 법률을 무효로 선언할 책임이 있는 법원을 통해서만 유지될 수 있다. 이것이 없다면, 특정 권리나 특권에 대한 제한은 실질적으로 무의미해진다.

헌법에 반한다는 이유로 입법 조치를 무효로 선언하는 사법부의 권리에 관해 약간의 혼란이 있다. 이는 그러한 원칙이 입법부에 대한 사법부의 우위를 의미한다는 생각에서 비롯되었다. 다른 부서의 행동을 무효로 선언할 수 있는 권력기관은 반드시 자신의 행동을 무효로 선언 당하는 다른 권력기관보다 우위에 있어야 한다는 논리이다. 이 견해는 아메리카의 모든 헌법에서 매우 중요하기 때문에 이 견해가 기초하고 있는 근거에 대해 간략하게 검토하는 것은 확실히 환영받을 일이다.

위임 취지에 반하여 행사되는 위임된 권한의 모든 조치는 무효라는 것보다 더 명확한 원칙에 기초한 입장은 없다. 그러므로 헌법에 위배되는 입법행위는 모든 무효이다. 이를 부정하는 것은 대리인이 자신을 임명한 사람보다 더 위에 있고, 하인이 주인보다 높은 지위에 있으며, 국민의 대표자가 국민보다 위에 있다는 것을 의미한다. 권력에 의해 행동하는 사람들은 권력에 부여되지 않은 것뿐만 아니

라 금지하는 것도 할 수 있다는 것을 내포한다.

만약 입법부가 자신의 권한에 대한 헌법 재판관이고, 입법기관이 다른 부서에 대해 결정적 역할을 한다는 주장이 제기된다면, 헌법에 구체적으로 명시되어 있지 않는 한 이러한 가정은 타당하지 않다고 대답할 수 있다. 헌법이 국민의 대표자가 선거구민의 의지를 무시하고 자신의 의지로 대체하는 것을 허용했다고 가정할 수는 없다. 무엇보다도 입법부가 그들에게 주어진 권한 내에서 운영되도록 하기 위한 목적으로 법원이 국민과 입법부 사이에서 중재자 역할을 하도록 설계되었다고 가정하는 것이 훨씬 합리적이다. 법의 해석은 전적으로 법원의 소관 사항이다. 사실 판사는 헌법을 기본법으로 간주해야 한다. 따라서 입법부에서 통과시킨 특정 법률의 의도뿐 아니라 헌법의 의미를 확인하는 것이 판사가 할 일이다. 만약 헌법과 법률이 충돌하면, 둘 중 더 높은 의무와 타당성을 가지는 것이 당연히 우선시 되어야 한다. 즉, 헌법이 법률보다 우선하고, 국민의 뜻이 입법부 의원의 뜻보다 우선되어야 한다.

이러한 결론은 입법권에 대한 사법권의 우월성을 가정하는 것도 아니다. 단지 국민의 권위가 입법권과 사법권 둘 다보다 우월하다는 것을 가정할 뿐이다. 법률 조항에 명시된 입법부의 의사가 헌법에 명시된 국민의 뜻과 반대되는 경우, 판사는 전자보다는 후자를 따라야 한다. 판사는 기본법이 아닌 법률보다는 기본법에 부합하도록 자신들의 결정을 조정해야 한다.

상충하는 두 개의 법률 중 하나를 선택할 때는 사법적 재량권 행사가 일반적인 사례로 설명된다. 동시에 존재하는 두 개의 법령이 전체적으로 또는 부분적으로 서로 충돌하며, 둘 다 어떤 폐지 조항이나 조문을 포함하지 않는 경우가 종종 발생한다. 그런 경우 그 의미와 시행을 명확히 하고 정의하는 것은 법원에 주어진 책임이다. 공정한 해석에 따라 서로 조화될 수 있는 한, 이성과 법 둘 다 그렇게 해야한다고 명령한다. 이것이 실현 불가능한 경우에는 필연적으로 둘 중 하나를 제외하고 다른 하나를 실행하는 것이 불가피하게 된다. 우선순위를 정하는 법원의 확립된 규칙은 시간 순서에 따라 가장 최근에 제정된 법률이 우선되어야 한다는 것이다. 하지만 이것은 특정 법률에서 비롯된 것이 아니라 상황의 성격과 논리에 기반을 두고 있다. 이는 법률 조항에 의해 법원에 명령된 규칙은 아니지만, 법원이 법 해석의 지침으로 삼기 위해 진실성과 타당성에 따라 스스로 채택한 규칙이다. 법적 권한이 '동등한' 법률이 충돌하면 그중 가장 최근에 나타난 의도가 우선해야 한다는 것이 합리적이라고 생각했다.

그러나 상위권력과 하위권력, 근원 권력과 파생 권력의 상반된 행위에는 상황의 성격과 논리를 고려해 반대의 규칙이 적용된다는 것을 알 수 있다. 우리에게 상위권력의 앞선 행위가 더 낮은 하위권력의 나중 행위보다 우선하는 것이 타당하다고 일깨워준다. 따라서 특정 법률이 헌법에 위배될 때마다 법원의 의무는 헌법을 옹호하고 헌법과 충돌하는 법률을 무시하는 것이다.

법원이 모순을 찾는다는 구실로 입법부의 의도한 의미를 자신의 선호로 대체할 수 있다는 주장은 전혀 가치 없는 얘기이다. 이러한 상황은 두 개의 상충하는 법률의 처리에서나, 아니면 어떤 한 법률에 대한 법적 판결에서 발생할 수 있다. 법원은 법의 의미를 결정해야 한다. 그리고 만약 법원이 '판단' 대신 '의지'를 행사한다면, 그 결과는 똑같이 입법부의 선호 대신 자신의 선호로 대체하는 것이 된다. 뭔가 조금이라도 입증된다면, 이 관찰은 판사가 입법기관과 분리되어야 한다는 것을 입증할 것이다.

그러므로 법원이 입법부의 침해에 맞서는 제한 헌법의 방어벽으로 간주되어야 한다면, 이러한 고려는 이처럼 고된 의무를 충실하게 수행하는 데 반드시 필요한 판사들의 독립 정신에 종신 임기제만큼 큰 도움이 되는 것이 없을 것이기 때문에 이에 대한 강력한 근거가 된다.

판사의 이러한 독립성은 개인을 조종하거나 특정 상황으로 인해 대중이 겪을 수 있는 유해 풍조의 영향으로부터 헌법과 개인의 권리를 보호하기 위해서도 똑같이 필요하다. 그런 유해 풍조는 빠르게 더 나은 정보와 심사숙고에 밀려나지만, 그 사이에 정부에 위험한 변화를 몰고 와 지역사회 내 소수집단에 심각한 피해를 초래하는 경향이 있다. 비록 나는 제안된 헌법안을 지지하는 사람들이 기존 헌법이 자신의 행복과 일치하지 않는다고 판단할 때마다 국민이 헌법을 변경하거나 폐지할 권리를 인정하는 공화주의 정부의 기본 원칙에 대해 의심하지 않을 것이라고 믿지만, [3] 이 원칙으로부터 기존 헌법의 조항과 불일치하는 일시적인 성향이 유권자의 다수를 점할 때마다 국민의 대표가 그것을 근거로 해당 조항을 위반하는 것이 정당화된다거나 또는 법원은 대의기구의 도당으로 말미암아 야기되는 헌법위반에 비해 이러한 형태의 위반을 묵인해야 할 더 큰 의무를 지게 될 것을 뜻하는 것은 아니다. 국민들이 엄숙하고 권위 있는 어떤 행위에 의해 기존 헌법을 폐지하거나 개정하기 전까지는 개별적으로는 물론 집단적으로 기존 헌법을 준수해야 한다. 그리고 그러한 행위에 앞서 그들의 감정에 대한 어떤 추정이나 심지어 지식조차도 그들의 대표자들이 헌법을 위반하는 것을 정당화하지는 못한다. 그러나 지역사회의 주요 목소리에 의해 입법적 침해가 선동되었을 때 판사가 헌법의 충실한 수호자로서 의무를 다하려면 특별한 용기가 필요하다는 점은 명백하다.

그러나 법관의 독립성은 헌법 위반을 방지할 뿐만 아니라 이 사회에 가끔 발생하는 유해 풍조의 영향을 막는 데 반드시 필요한 안전장치가 될 수 있다. 이는 때때로 부당하고 불공정한 법에 의해 특정 계층의 시민의 사적 권리의 침해로 이어진다. 여기서도 사법 당국의 단호함은 그러한 법률의 심각성을 완화하고 그러한 법률의 적용 범위를 제한하는 데 중요한 역할을 한다. 이는 통과된 법률안의 해악을 즉시 완화하는 역할을 할 뿐만 아니라 법안 통과 과정에서 입법 기관을 억제하는 역할도 한다. 법원의 의심으로 말미암아 자신들의 불의한 의도가 성공하지 못하도록 가로막는 장애물이 예상된다는 사실을 인식하는 입법기관들은 그들이 숙고하는 바로 그 불의한 동기에 의해 그들의 시도를 제한할 수밖에 없을 것이다. 이것은 사람들이 거의 알지 못하는 우리 정부의 성격에 더 많은 영향을 미치는 것으로 추정되는 상황이다. 공정하고 균형 잡힌 사법부의 가치는 이미 한 곳 이상 여러 주에서 감지되고 있다. 비록 사악한 기대에 입각한 자신의 계획에 실망한 사람들은 좌절감을 느꼈겠지만, 의심할 여지 없이 도덕적이고 사심 없는 사람들 모두의 존경과 박수를 받았을 것이 틀림없다. 사회 각 계층의 사려 깊은 사람들은 법정에서 이러한 공정성을 장려하거나 강화하는 모든 것을 소중히 여겨야 한다. 왜냐하면 어느 누구도 자신이 내일 불의의 정신의 희생자가 되지 않을 것이라고 확신할 수 없기 때문이다. 그리고 이제 모든 사람은 그러한 정신의 피할 수 없는 경향이 공적 및 사적 신뢰의 토대를 약화시키고, 광범위한 불신과 고난을 불러온다는 것을 인식해야만 한다.

헌법과 개인의 권리에 대한 흔들림 없는 확고한 준수는 우리 법원에 필수적이며, 이는 임시직 판사에게서는 제대로 기대할 수 없다. 정기적인 재임명은 어떤 식으로 진행하든, 누가 담당하든 간에 어떤 식으로든 그들의 중요한 독립성에 치명적인 타격을 입힐 것이다. 만약 판사를 임명할 수 있는 권한이 행정부나 입법부에 주어져 있으면, 판사는 임명 권한을 가진 부서에 부적절하게 고분고분할 위험성이 있다. 만약 두 부서 모두에게 있다면, 어느 쪽도 불쾌하게 만드는 것을 망설일 것이다. 만약 국민이나 특별한 목적을 위해 국민이 선택한 사람들에게 임명권이 있다면, 헌법과 법률 외에는 다른 어떤 것도 고려하지 않는다는 의지를 관철하기보다는 대중의 인기에 연연하는 경향이 지나치게 높을 것이다.

판사의 종신임기를 주장하는 하는 더 중요한 이유가 있

다. 해당 직무에 필요한 자격의 특성으로부터 추론할 수 있다. 방대한 법전은 자유 정부의 장점과 필연적으로 연결되는 불편함 중 하나라는 것이 매우 적절한 말로 자주 언급되어 왔다. 법원의 자의적 재량을 피하기 위해서는 사법기관이 그들 앞에 오는 모든 특정 사건에 그들의 의무를 정의하고 지적하는 역할을 하는 엄격한 규칙과 판례에 구속되어야 한다는 것은 필수적이다. 그리고 인간의 어리석은 행동과 불법행위에서 비롯되는 다양한 분쟁을 고려하면, 그러한 판례들에 대한 기록은 필연적으로 크게 늘어나게 될 것이며, 이를 완전히 이해하기 위해서는 길고 힘든 연구가 필요하다는 것을 쉽게 짐작할 수 있을 것이다. 그러므로 사회에서 판사가 될 수 있는 자격을 충족하기에 충분한 법적 전문지식을 가진 사람은 극소수에 불과하다. 그리고 인간 본성의 공통적인 약점을 생각한다면, 요구되는 성실성과 지식을 모두 갖춘 사람은 훨씬 더 드물다. 이러한 점들은 정부가 적합한 인물을 선택할 때 선택의 여지가 제한적이라는 것과 그러한 인물들이 고수입의 좋은 직업을 그만두고 법관 자리에 앉는 것을 본질적으로 어렵게 하는 한시적인 재임기간으로 인해 사법 행정을 효과적이고 명예롭게 수행할 능력과 자격이 부족한 사람들의 손에 맡기는 결과를 초래할 것임을 우리에게 말해준다. 우리나라의 현재와 예상 가능한 미래 상황을 생각할 때 판사의 단기 임기가 초래할 불이익은 처음에 언뜻 생각하기보다 더 클 수 있다. 그러나 실제로 이 문제는 이 주제의 다른 고려 사항에서 나타나는 문제들에 비해서는 덜 심각하다.

전반적으로 볼 때, 이 대륙회의가 판사의 임기와 관련하여 '올바른 행동'을 기준으로 종신 임기를 확립한 여러 헌법들의 모범을 따름으로써 현명한 선택을 했다는 데에는 의심의 여지가 없을 것이다. 그리고 만약 좋은 정부의 이 중요한 특징이 없었다면, 그들이 제안한 헌법안은 비난받는 정도가 아니라 변명할 수 없을 정도로 결함이 있었을 것이라는 데에 의심의 여지가 없을 것이다. 영국의 경험은 이 기관의 가치를 잘 보여주는 사례이다.

푸블리우스.

주

1. 유명한 몽테스키외(Montesquieu)는 이에 대해 다음과 같이 말한다. "위에 언급된 세 가지 권력 중에서 사법부는 아무것도 아니다." 『법의 정신』 제1권, p. 186.
2. 같은 책, p. 181.
3. 마틴의 연설 "펜실베이니아 회의 소수파의 항의(Protest of the Minority of the Convention of Pennsylvania)" 등을 참조.

대통령직, 연방의회, 연방대법원을 장악한 정당

기간	대통령	정당	의회	다수당		지명한 대통령의 소속 정당
				하원	상원	연방대법원
1789~1797년	조지 워싱턴	연방당	제1차	모름	모름	6F
			제2차	모름	모름	
			제3차	모름	모름	
			제4차	모름	모름	
1797~1801년	존 애덤스	연방당	제5차	모름	모름	6F
			제6차	연방당	연방당	
1801~1809년	토머스 제퍼슨	민주공화당	제7차	민주공화	민주공화	5F	1DR
			제8차	민주공화	민주공화	
			제8차	민주공화	민주공화	
			제10차	민주공화	민주공화	
1809~1817년	제임스 매디슨	민주공화당	제11차	민주공화	민주공화	3F	4DR
			제12차	민주공화	민주공화	
			제13차	민주공화	민주공화	
			제14차	민주공화	민주공화	
1817~1825년	제임스 먼로	민주공화당	제15차	민주공화	민주공화	2F	5DR
			제16차	민주공화	민주공화	
			제17차	민주공화	민주공화	
			제18차	민주공화	민주공화	
1825~1829년	존 퀸시 애덤스	민주공화당	제19차	국민공화	국민공화	2F	5DR
			제20차	잭슨민주	잭슨민주	
1829~1837년	앤드루 잭슨	민주당	제21차	민주	민주	2D 1F	4DR
			제22차	민주	민주	
			제23차	민주	민주	
			제24차	민주	민주	
1837~1841년	마틴 밴 뷰런	민주당	제25차	민주	민주	7D	2DR
			제26차	민주	민주	
1841~1841년	윌리엄 헨리 해리슨	휘그당	제27차	휘그	휘그	7D	2DR
1841~1845년	존 타일러	휘그당	제27차	휘그	휘그	7D	2DR
			제28차	민주	휘그	
1845~1849년	제임스 K. 포크	민주당	제29차	민주	민주	8D	1W
			제30차	휘그	민주	

기간	대통령	정당	의회	다수당		지명한 대통령의 소속 정당	
				하원	상원	연방대법원	
1849~1850년	재커리 테일러	휘그당	제31차	민주	민주	8D	1W
1850~1853년	밀러드 필모어	휘그당	제32차	민주	민주	7D	2W
1853~1857년	프랭클린 피어스	민주당	제33차	민주	민주	7D	2W
			제34차	공화	민주		
1857~1861년	제임스 뷰캐넌	민주당	제35차	민주	민주	8D	1W
			제36차	공화	민주		
1861~1865년	에이브러햄 링컨	공화당	제37차	공화	공화	5D 1W	3R
			제38차	공화	공화		
1865~1869년	앤드루 존슨	공화당	제39차	국민연합	국민연합	2D 1W	6R
			제40차	공화	공화		
1869~1877년	율리시스 S. 그랜트	공화당	제41차	공화	공화	2D	7R
			제42차	공화	공화		
			제43차	공화	공화		
			제44차	민주	공화		
1877~1881년	러더퍼드 B. 헤이스	공화당	제45차	민주	공화	1D	8R
			제46차	민주	민주		
1881년	제임스 A. 가필드	공화당	제47차	공화	공화		
1881~1885년	체스터 A. 아서	공화당	제48차	민주	공화		9R
1885~1889년	그로버 클리블랜드	민주당	제49차	민주	공화		9R
			제50차	민주	공화		
1889~1893년	벤저민 해리슨	공화당	제51차	공화	공화	2D	7R
			제52차	민주	공화		
1893~1897년	그로버 클리블랜드	민주당	제53차	민주	공화	2D	7R
			제54차	공화	공화		
1897~1901년	윌리엄 매킨리	공화당	제55차	공화	공화	3D	6R
			제56차	공화	공화		
1901~1909년	시어도어 루스벨트	공화당	제57차	공화	공화	3D	6R
			제58차	공화	공화		
			제59차	공화	공화		
			제60차	공화	공화		
1909~1913년	윌리엄 하워드 태프트	공화당	제61차	공화	공화	1D	8R
			제62차	민주	공화		
1913~1921년	우드로 윌슨	민주당	제63차	민주	민주	2D	7R
			제64차	민주	민주		
			제65차	민주	민주		
			제66차	공화	공화		
1921~1923년	워런 G. 하딩	공화당	제67차	공화	공화	3D	6R
1923~1929년	캘빈 쿨리지	공화당	제68차	공화	공화	2D	7R
			제69차	공화	공화		
			제70차	공화	공화		

기간	대통령	정당	의회	다수당		지명한 대통령의 소속 정당	
				하원	상원	연방대법원	
1929~1933년	허버트 후버	공화당	제71차	공화	공화	2D	7R
			제72차	민주	공화		
1933~1945년	프랭클린 D. 루스벨트	민주당	제73차	민주	민주	5D	4R
			제74차	민주	민주		
			제75차	민주	민주		
			제76차	민주	민주		
			제77차	민주	민주		
			제78차	민주	민주		
1945~1953년	해리 S. 트루먼	민주당	제79차	민주	민주	9D	
			제80차	공화	공화		
			제81차	민주	민주		
			제82차	민주	민주		
1953~1961년	드와이트 D. 아이젠하워	공화당	제83차	공화	공화	6D	3R
			제84차	민주	민주		
			제85차	민주	민주		
			제86차	민주	민주		
1961~1963년	존 F. 케네디	민주당	제87차	민주	민주	4D	5R
1963~1969년	린든 B. 존슨	민주당	제88차	민주	민주	5D	4R
			제89차	민주	민주		
			제90차	민주	민주		
1969~1974년	리처드 M. 닉슨	공화당	제91차	민주	민주	4D	5R
			제92차	민주	민주		
1974~1977년	제럴드 R. 포드	공화당	제93차	민주	민주	2D	7R
			제94차	민주	민주		
1977~1981년	지미 카터	민주당	제95차	민주	민주	2D	7R
			제96차	민주	민주		
1981~1989년	로널드 레이건	공화당	제97차	민주	공화	2D	7R
			제98차	민주	공화		
			제99차	민주	공화		
			제100차	민주	민주		
1989~1993년	조지 부시	공화당	제101차	민주	민주	1D	8R
			제102차	민주	민주		
1993~2001년	윌리엄 클린턴	민주당	제103차	민주	민주	2D	7R
			제104차	공화	공화		
			제105차	공화	공화		
			제106차	공화	공화		
2001~2009년	조지 W. 부시	공화당	제107차	공화	민주	2D	7R
			제108차	공화	공화		
			제109차	공화	공화		
			제110차	민주	민주		

기간	대통령	정당	의회	다수당		지명한 대통령의 소속 정당	
				하원	상원	연방대법원	
2009~2017년	버락 오바마	민주당	제111차	민주	민주	2D	7R
			제112차	공화	민주	4D	5R
			제113차	공화	민주		
			제114차	공화	공화		
2017~2021년	도널드 트럼프	공화당	제115차	공화	공화	4D	4R
			제116차	민주	공화	4D	5R
2021년~	조 바이든	민주당	제117차	민주	민주	3D	6R
			제118차	공화	민주		

찾아보기

저자소개

칼 질슨(Cal Jillson)

오리건주립대 정치학과 졸업
메릴랜드대 파크컬리지 정부 및 정치학 석사, 박사

현 서던메소디스트대학교 정치학과 교수
정치학 교육 및 연구와 관련된 여러 지역 및 국가 위원회, 이사회, 협회에서 활동

콜로라도 대학교 볼더 캠퍼스 정치학과 학과장
켈러 수정헌법 제1조 연구센터의 창립이사
사우스웨스트 정치학 협회 회장 역임

주요 저서

Texas Politics: Governing the Lone Star State (Routledge)
Lone Star Tarnished: A Critical Look at Texas Politics and Public Policy
  (Routledge)
Congressional Dynamics: Structure, Coordination, and Choice in the First
  American Congress, 1774–1789 (Stanford University Press)
Constitution-Making: Conflict and Consensus in the Federal Convention 1787
  (Algora Pub)
The American Dream in History, Politics, and Fiction (University Press of
  Kansas) 외 다수

역자소개

민병오 (mbo1996@hanmail.net)

연세대 정치외교학과 졸업
미국 켄터키대 정치학 석사
영국 글라스고대 정치학 박사

현 (사)생활정치연구소 부소장
    인하대 아태물류학부 겸임교수

민주당 민주정책연구원 상근부원장 국회정책연구위원/민주당 정책위원회 정책실장
연세대 국가관리연구원 연구교수/연세대 통일연구원 전문연구원
켄터키대 정치학과, 연세대, 숙명여대 정외과 강사
건국대 글로컬캠퍼스 초빙교수 역임

주요논저
『현대 미국의 이해』(역서, 명인문화사)
『국제안보』(역서, 명인문화사)
『국제정치경제』(공역, 명인문화사)
『국제기구의 이해: 글로벌 거버넌스의 정치와 과정, 제3판』(공역, 명인문화사)
『비교정부와 정치, 제12판』(공역, 명인문화사)
『세계화와 글로벌 이슈』(공역, 명인문화사)
『정치학개론, 15판』(공역, 명인문화사) 외 다수

| 명인문화사 정치학 관련 서적 |

정치학 분야

정치학의 이해 Roskin 외 지음 / 김계동 옮김
정치학개론: 권력과 선택, 제15판 Shively 지음 / 김계동, 민병오 외 옮김
비교정부와 정치, 제12판 McCormick 외 지음 / 김계동, 서재권 외 옮김
정치학방법론 Burnham 외 지음 / 김계동 외 옮김
정치이론 Heywood 지음 / 권만학 옮김
정치 이데올로기: 이론과 실제 Baradat 지음 / 권만학 옮김
국가: 이론과 쟁점 Hay, Lister 외 엮음 / 양승함 옮김
민주주의국가이론 Dryzek, Dunleavy 지음 / 김욱 옮김
사회주의 Lamb 지음 / 김유원 옮김
자본주의 Coates 지음 / 심양섭 옮김
신자유주의 Cahill, Konings 지음 / 최영미 옮김
정치사회학 Clemens 지음 / 박기덕 옮김
정치철학 Larmore 지음 / 장동진 옮김
문화정책 Bell, Oakl 지음 / 조동준, 박선 옮김
시민사회, 제3판 Michael Edwards지음 / 서유경 옮김
복지국가: 이론, 사례, 정책 정진화 지음
포커스그룹: 응용조사 실행방법 Krueger, Casey 지음 / 민병오 외 옮김

국제관계 분야

국제관계와 글로벌정치, 제3판 Heywood, Whitham 지음 / 김계동 옮김
국제정치경제 Balaam, Dillman 지음 / 민병오 외 옮김
국제관계이론 Daddow 지음 / 이상현 옮김
국제개발: 사회경제이론, 유산, 전략 Lanoszka 지음 / 김태균 외 옮김
국제기구의 이해: 글로벌 거버넌스의 정치와 과정, 제3판
Karns, Mingst, Stiles 지음 / 김계동, 김현욱 외 옮김
글로벌연구: 이슈와 쟁점 McCormick 지음 / 김계동, 김동성 외 옮김
글로벌 거버넌스: 도전과 과제 Weiss, Wilkinson 편저 / 이유진 옮김
현대외교정책론, 제4판 김계동, 김태환, 김태효, 김현, 마상윤 외 지음
외교: 원리와 실제 Berridge 지음 / 심양섭 옮김
세계화와 글로벌 이슈, 제6판 Snarr 외 지음 / 김계동, 민병오 외 옮김
세계화의 논쟁: 국제관계 접근에서의 찬성과 반대논리, 제2판
Haas, Hird 엮음 / 이상현 옮김
세계무역기구: 법, 경제,정치 Hoekman 외 지음 / 김치욱 옮김
현대 한미관계의 이해 김계동, 김준형, 박태균 외 지음
현대 북러관계의 이해 박종수 지음
중국의 외교정책과 대외관계 Shambaugh 편저 / 김지용, 서윤정 옮김
한국의 외교정책과 대외관계 김계동, 김태균, 김태환, 김현 외 지음
글로벌 환경정치와 정책 Chasek 외 지음 / 이유진 옮김
지구환경정치: 형성, 변화, 도전 신상범 지음
기후변화와 도시: 감축과 적응 이태동 지음
핵무기의 정치 Futter 지음 / 고봉준 옮김
비핵화의 정치 전봉근 지음

비정부기구의 이해, 제2판 Lewis 외 지음 / 이유진 옮김

지역정치 분야

동아시아 국제관계 McDougall 지음 / 박기덕 옮김
동북아 정치: 변화와 지속 Lim 지음 / 김계동 옮김
일본정치론 이가라시 아키오 지음 / 김두승 옮김
현대 중국의 이해, 제3판 Brown 지음 / 김흥규 옮김
현대 미국의 이해 Duncan, Goddard 지음 / 민병오 옮김
현대 러시아의 이해 Bacan 지음 / 김진영 외 옮김
현대 일본의 이해 McCargo 지음 / 이승주, 한의석 옮김
현대 유럽의 이해 Outhwaite 지음 / 김계동 옮김
현대 동남아의 이해, 제2판 윤진표 지음
현대 아프리카의 이해 Graham 지음 / 김성수 옮김
현대 동북아의 이해 Holroyd 지음 / 김석동 옮김
현대동아시아의 이해 Kaup 편 / 민병오, 김영신 외 옮김
미국외교는 도덕적인가: 루스벨트부터 트럼프까지 Nye지음 / 황재호옮김
미국정치와 정부 Bowles, McMahon 지음 / 김욱 옮김
한국정치와 정부 김계동, 김욱, 박명호, 박재욱 외 지음
중일관계 Pugliese, Insisa 지음 / 최은봉 옮김

북한, 남북한 관계 분야

북한의 외교정책과 대외관계: 협상과 도전의 전략적 선택 김계동 지음
북한의 통치체제: 지배구조와 사회통제 안희창 지음
남북한 체제통합론: 이론·역사·경험·정책, 제2판 김계동 지음
남북한 국가관계 구상: 대북정책의 뉴 패러다임 김계동 지음
한반도 평화: 분단과 통일의 현실 이해 김학성 지음
한국전쟁, 불가피한 선택이었나 김계동 지음
한반도 분단, 누구의 책임인가? 김계동 지음
한류, 통일의 바람 강동완, 박정란 지음

안보, 정보 분야

국가정보학개론: 제도, 활동, 분석 Acuff 외 지음 / 김계동 옮김
국제안보의 이해: 이론과 실제 Hough 외 지음 / 고봉준, 김지용 옮김
전쟁과 평화 Barash, Webel 지음 / 송승종, 유재현 옮김
사이버안보: 사이버공간에서의 정치, 거버넌스, 분쟁
Puyvelde, Brantly 지음 / 이상현, 신소현, 심상민 옮김
국제분쟁관리 Greig, Owsiak, Diehl 지음 / 김용민, 김지용 옮김
국제안보: 쟁점과 해결 Morgan 지음 / 민병오 옮김
전쟁: 목적과 수단 Codevilla 외 지음 / 김양명 옮김
국가정보: 비밀에서 정책까지 Lowenthal 지음 / 김계동 옮김
국가정보의 이해: 소리없는 전쟁 Shulsky, Schmitt 지음 / 신유섭 옮김
테러리즘: 개념과 쟁점 Martin 지음 / 김계동 외 옮김